J. von Staudingers
Kommentar zum Bürgerlichen Gesetzbuch
mit Einführungsgesetz und Nebengesetzen
Fünftes Buch. Erbrecht
Einleitung; §§ 1922–1966

J. von Staudingers
Kommentar zum Bürgerlichen Gesetzbuch
mit Einführungsgesetz und Nebengesetzen

Fünftes Buch
Erbrecht
Einleitung; §§ 1922–1966

Dreizehnte
Bearbeitung 1994
von
Wolfgang Marotzke
Gerhard Otte
Olaf Werner

Redaktor
Gerhard Otte

Sellier – de Gruyter · Berlin

Die Kommentatoren

Dreizehnte Bearbeitung 1994
Einleitung: GERHARD OTTE
§ 1922: WOLFGANG MAROTZKE
§ 1923: GERHARD OTTE
§§ 1924–1936: OLAF WERNER
§§ 1937–1957: GERHARD OTTE
§§ 1958–1966: WOLFGANG MAROTZKE

12. Auflage
Einleitung: GERHARD OTTE (1988)
§ 1922: WOLFGANG MAROTZKE (1988)
§ 1923: GERHARD OTTE (1988)
§§ 1924–1936: OLAF WERNER (1978)
§§ 1937–1941: GERHARD OTTE (1978)
§§ 1942–1966: GERHARD OTTE/WOLFGANG
MAROTZKE (1978)

11. Auflage
Einleitung: Professor Dr. GUSTAV BOEHMER
(1954)
§ 1922: Professor Dr. GUSTAV BOEHMER
(1954)
§§ 1923–1966: Professor Dr. HEINRICH LEHmann (1954)

Sachregister

Rechtsanwalt Dr. Dr. VOLKER KLUGE, Berlin

Zitierweise

STAUDINGER/OTTE (1994) Einl 1 zu §§ 1922 ff
STAUDINGER/MAROTZKE (1994) § 1922 Rn 1

Zitiert wird nur nach Paragraph bzw Artikel
und Randnummer.

Hinweise

Das vorläufige Abkürzungsverzeichnis für das
Gesamtwerk STAUDINGER befindet sich in
einer Broschüre, die zusammen mit dem Band
§§ 985–1011 (1993) geliefert worden ist.

Der Stand der Bearbeitung ist jeweils mit
Monat und Jahr auf den linken Seiten unten
angegeben.

Am Ende eines jeden Bandes befindet sich
eine Übersicht über den aktuellen Stand des
Gesamtwerkes STAUDINGER.

Die Deutsche Bibliothek – CIP-Einheitsaufnahme

J. von Staudingers Kommentar zum Bürgerlichen Gesetzbuch : mit Einführungsgesetz und
Nebengesetzen / Kommentatoren Hermann Amann . . . – Berlin : Sellier – de Gruyter.
Teilw. im Verl. Schweitzer de Gruyter, Berlin. – Teilw. u. d. T.: J. v. Staudingers Kommentar zum Bürgerlichen Gesetzbuch
ISBN 3-8059-0784-2 (Gesamtwerk)
NE: Staudinger, Julius von [Begr.]; Amann, Hermann; Staudingers Kommentar zum Bürgerlichen Gesetzbuch; Kommentar zum Bürgerlichen Gesetzbuch; J. v. Staudingers Kommentar zum Bürgerlichen Gesetzbuch

Buch 5. Erbrecht.
§§ 1922–1966 / von Wolfgang Marotzke; Gerhard Otte; Olaf Werner. Red. Gerhard Otte.
– 13. Bearb. – 1994
ISBN 3-8059-0829-6
NE: Marotzke, Wolfgang

Printed in Germany. – Satz und Druck: Buch-
und Offsetdruckerei Wagner GmbH, Nördlingen. – Bindearbeiten: Lüderitz und Bauer,
Buchgewerbe GmbH, Berlin. – Umschlaggestaltung: Bib Wies, München.

⊗ Gedruckt auf säurefreiem Papier, das die
US-ANSI-Norm über Haltbarkeit erfüllt.

Inhaltsübersicht

---

* Zitiert wird nicht nach Seiten, sondern nach
Paragraph bzw Artikel und Randnummer; siehe
dazu auch S VI.

Fünftes Buch
Erbrecht

Einleitung zu §§ 1922 ff

Schrifttum

I. Kommentare
1. ältere

FROMMHOLD, Das Erbrecht des Bürgerlichen
Gesetzbuchs (1900)
KUHLENBECK, Das Bürgerliche Gesetzbuch für
das Deutsche Reich, 3. Bd (2. Aufl 1904)
F LEONHARD, Erbrecht (2. Aufl 1912)
LOEWENWARTER, Lehrkommentar zum Bürger-
lichen Gesetzbuch, 6. Bd (1930)
PLANCK, Kommentar zum Bürgerlichen Ge-
setzbuch, 5. Bd (4. Aufl 1930), bearb v EBBEK-
KE, FLAD, GREIFF und STRECKER.

2. aktuelle

Alternativkommentar zum Bürgerlichen Ge-
setzbuch, Bd 6 (1990), bearb v BUCHHOLZ,
DÄUBLER, DERLEDER, DUBISCHAR, FINGER, F
PARDEY, K-D PARDEY, SCHAPER, TEUBNER und
WENDT
Das Bürgerliche Gesetzbuch mit besonderer
Berücksichtigung der Rechtsprechung des
Reichsgerichts und des Bundesgerichtshofes,
Kommentar hrsg v Mitgliedern des Bundesge-
richtshofes, Bd V (12. Aufl 1974 f), bearb v JO-
HANNSEN und KREGEL
ERMAN, Handkommentar zum Bürgerlichen
Gesetzbuch, 2. Bd (9. Aufl 1993), Erbrecht be-
arb v SCHLÜTER u M SCHMIDT
JAUERNIG, Bürgerliches Gesetzbuch mit Erläu-
terungen (6. Aufl 1991), Erbrecht bearb v
STÜRNER
Münchener Kommentar zum Bürgerlichen Ge-
setzbuch, Bd 6 (2.Aufl 1989), bearb v BRAND-
NER, BURKART, DÜTZ, FRANK, GRUNSKY, LEI-
POLD, MUSIELAK, PROMBERGER, SIEGMANN,
SKIBBE und STROBEL

PALANDT, Bürgerliches Gesetzbuch (52. Aufl
1993), Erbrecht bearb v EDENHOFER
SOERGEL, Bürgerliches Gesetzbuch, Bd 7 (12.
Aufl 1992), bearb v DAMRAU, DIECKMANN,
HARDER, LORITZ, STEIN und WOLF.

II. Lehrbücher
1. ältere

BINDER, Erbrecht (2. Aufl 1930)
BLEIER, Das deutsche Erbrecht (1949)
vBLUME, Recht des Bürgerlichen Gesetzbu-
ches, 5. Buch, Erbrecht, I. u II. Abt (1913)
BOEHM, Das Erbrecht des Bürgerlichen Gesetz-
buchs (2. Aufl 1900)
BORCHERDT, Das Erbrecht und die Nachlaßbe-
handlung nach den vom 1. Januar1900 an gel-
tenden Reichs- und Landesgesetzen (1901)
COSACK, Lehrbuch des Bürgerlichen Rechts, 2.
Bd 2. Abt (7./8. Aufl 1924) §§ 112 ff
CROME, System des Deutschen Bürgerlichen
Rechts, 5. Bd (1912)
DERNBURG, Das bürgerliche Recht des Deut-
schen Reichs und Preußens, 5. Bd (3. Aufl
1911), bearb v ENGELMANN
DIETZ, Erbrecht (1949)
ENDEMANN, Lehrbuch des Bürgerlichen
Rechts, 3. Bd (8./9. Aufl 1919 f)
ders, Erbrecht des Bürgerlichen Gesetzbuches
(1923)
ISELE, Familie und Familienerbe (1938)
KIPP, Erbrecht (8. Aufl 1930)
KRETZSCHMAR, Das Erbrecht des Deutschen
Bürgerlichen Gesetzbuchs (2. Aufl 1913)
KRÜCKMANN, Institutionen des Bürgerlichen
Gesetzbuchs (5. Aufl 1929) §§ 129 ff
KUHLENBECK, Von den Pandekten zum Bürger-
lichen Gesetzbuch, 3. Theil (1901) V. Buch

Gerhard Otte

LANDSBERG, Das Recht des Bürgerlichen Gesetzbuchs (1904) §§ 266 ff
LEOPOLD, Testamentsrecht (1939)
P MEYER, Das Erbrecht des Bürgerlichen Gesetzbuchs für das Deutsche Reich (1.–7. Lief 1904–1921)
R SCHMIDT, Bürgerliches Recht, 5. Bd (2. Aufl 1955)
SIBER, Erbrecht (1928)
STROHAL, Das deutsche Erbrecht, 2 Bde (3. Aufl 1903 f)
ders, Grundriß des deutschen Erbrechts (1914)
WINDSCHEID/KIPP, Lehrbuch des Pandektenrechts, III. Bd (9. Aufl 1906).

2. aktuelle

BROX, Erbrecht (14. Aufl 1993)
EBENROTH, Erbrecht (1992)
FRIEDRICH, Testament und Erbrecht (16. Aufl 1991)
GURSKY, Erbrecht (1988)
HARDER, Grundzüge des Erbrechts (3. Aufl 1992)
JOHN, Grundzüge des Erbrechts (2. Aufl 1984)
KIPP/COING, Erbrecht (14. Aufl 1990)
LANGE/KUCHINKE, Lehrbuch des Erbrechts (3. Aufl 1989)
LEIPOLD, Erbrecht (9. Aufl 1991)
vLÜBTOW, Erbrecht (1971)
OTTE, Erbrecht (1974)
SCHLÜTER, Erbrecht (12. Aufl 1986), bis zur 11. Aufl (1980) BARTHOLOMEYCZIK/SCHLÜTER.

III. Sonstige Studienliteratur

HELDRICH, Fälle und Lösungen nach höchstrichterlichen Entscheidungen, BGB Erbrecht (3. Aufl 1989)
HOLZHAUER, Familien- und Erbrecht, Freiwillige Gerichtsbarkeit (2. Aufl 1988)
SCHLÜTER, Prüfe Dein Wissen, BGB Erbrecht (7. Aufl 1983)
SIMON/WERNER, 21 Probleme aus dem Familien- und Erbrecht (2. Aufl 1991)
STURM (Hrsg), Wahlfach Familien- und Erbrecht (1980)
WERNER, Fälle zum Erbrecht (1976).

IV. Rechtsprechungsberichte

JOHANNSEN, Die Rechtsprechung des Bundesgerichtshofs auf dem Gebiete des Erbrechts, WM 1969, 1222, 1314, 1402
1970, 2, 110, 234, 573, 738
1971, 402, 918
1972, 62, 642, 866, 914, 1046
1973, 530
ders, Erbrecht in der Rechtsprechung des Bundesgerichtshofs 1973–1976, WM 1977, 270, 302
ders, Erbrecht in der Rechtsprechung des Bundesgerichtshofs 1977 und 1978, WM 1979, 598, 630
ders, Erbrecht in der Rechtsprechung des Bundesgerichtshofes 1979–1981, WM 1982, Beil 2
ders, Erbrecht in der Rechtsprechung des Bundesgerichtshofs 1982 bis 1984, WM 1985, Beil 2
ders, Das Familien- und Erbrecht in der Rechtsprechung des Bundesgerichtshofs, 25 Jahre Bundesgerichtshof (1975) 47
KESSLER, Rechtsprechung des Bundesgerichtshofs zum Erbrecht seit 1964, DRiZ 1966, 395
ders, Rechtsprechung des Bundesgerichtshofs zum Erbrecht, DRiZ 1969, 278
MATTERN, Erbrechtliche Fragen in der Rechtsprechung des BGH, BWNotZ 1961, 277
SIBER, Auslegung und Anfechtung der Verfügungen von Todes wegen, Die Reichsgerichtspraxis im deutschen Rechtsleben III (1929) 350.

V. Monographien und Sammelwerke

BINDER, Die Rechtsstellung des Erben nach dem deutschen BGB, I-III (1901–1905)
BOEHMER, Erbfolge und Erbenhaftung (1927)
ders, Zur Entwicklung und Reform des deutschen Familien- und Erbrechts, Ausgewählte Schriften (1970)
BOSCH, Gesammelte Abhandlungen zum Familien- und Erbrecht (1991)
HOLZHAUER, Erbrechtliche Untersuchungen (1973)
KRESS, Die Erbengemeinschaft nach dem bürgerlichen Gesetzbuche für das Deutsche Reich (1903)
F LEONHARD, Testamentserrichtung und Erbrecht (1914)
vLÜBTOW, Probleme des Erbrechts (1967)

MEINCKE, Das Recht der Nachlaßbewertung im BGB (1973)

MEISCHEIDER, Die letztwilligen Verfügungen nach dem BGB (1900).

VI. Zur erbrechtlichen Praxis (Nachlaßgericht, Notariat, Vermögensverwaltung)

BRAND/KLEEFF/FINKE, Die Nachlaßsachen in der gerichtlichen Praxis (2. Aufl 1961)

DITTMANN/REIMANN/BENGEL, Testament und Erbvertrag (2. Aufl 1986)

ESCH/SCHULZE ZUR WIESCHE, Handbuch der Vermögensnachfolge (4. Aufl 1991)

FIRSCHING, Nachlaßrecht (6. Aufl 1986)

FLICK, Rechtzeitige Erbfolgeplanung (1989)

FRITZ/BÜNGER, Praxishandbuch Erbrecht (1992)

GROSS/SCHNEIDER, Formularbuch für die freiwillige Gerichtsbarkeit, Erbrecht (2. Aufl 1972)

HARTMANN/ASCHFALK, Testamentsvollstreckung, Nießbrauch und Vorerbschaft zur Sicherung der Nachfolge des Einzelunternehmers im Zivil- und Steuerrecht (2. Aufl 1983)

HEROLD/KIRMSE, Vorteilhafte Testamentsgestaltung (6. Aufl 1993)

HOFFMANN-BECKING/SCHIPPEL, Beck'sches Formularbuch zum Bürgerlichen, Handels- und Wirtschaftsrecht (5. Aufl 1991)

JAHRMARKT, Vorteilhafte Unternehmernachfolge (2. Aufl 1977)

JOACHIM/POHL, Pflegschaft, Vormundschaft und Nachlaß (1989)

KAPP/EBELING/GRUNE, Handbuch der Erbengemeinschaft (4. Aufl Loseblatt-Sammlung Stand 1992)

KEIM, Testamente und Erbverträge, Diktat- und Arbeitsbuch für Rechtsanwälte und Notare (Loseblatt-Sammlung Stand 1985)

KERSTEN/BUEHLING/APPEL/KANZLEITER, Formularbuch und Praxis der Freiwilligen Gerichtsbarkeit (19. Aufl 1987)

KÖHNE/FEIST, Die Nachlaßbehandlung, 2 Bde (19. Aufl 1917)

LANGENFELD/GAIL/SCHUBERT, Handbuch der Familienunternehmen (7. Aufl Loseblatt-Sammlung Stand 1992)

LANGENFELD/GÜNTHER, Grundstückszuwendungen im Zivil- und Steuerrecht (3. Aufl 1992)

MITTELBACH, Erbfolge, Testamente, Vermögensübertragungen (2. Aufl 1978)

MODEL/LANGENFELD, Im Falle meines Todes (8. Aufl 1985)

MÖHRING/BEISSWINGERT/KLINGELHÖFFER, Vermögensverwaltung in Vormundschafts- und Nachlaßsachen (7. Aufl 1992)

NIEDER, Handbuch der Testamentsgestaltung (1992)

PEISER, Handbuch des Testamentsrechts (2. Aufl 1907)

PETER/PETZOLD/WINKLER, Unternehmernachfolge, Testamente und Gesellschaftsverträge in der Praxis (4. Aufl 1977)

PRAUSNITZ, Formular-Kommentar Bd 6: Bürgerliches Recht III, Erbrecht (22. Aufl 1986)

SCHLITT, Klassische Testamentsklauseln (1991)

SCHNEIDER/MARTIN, Familienunternehmen und Unternehmertestament (4. Aufl 1963)

SUDHOFF, Handbuch der Unternehmensnachfolge (3. Aufl 1984)

WEIRICH, Erben und Vererben (3. Aufl 1991)

WEISSLER, Das Nachlaßverfahren (1920)

WURM/WAGNER/ZARTMANN, Das Rechtsformularbuch (11. Aufl 1983).

VII. Höferecht

BARNSTEDT/BECKER/BENDEL, Das nordwestdeutsche Höferecht (1977)

BENDEL, Landwirtschaftliches Sondererbrecht in den fünf neuen Bundesländern, AgrarR 1991, 2

FASSBENDER, Zur vertragsbrechenden Hofererklärung, AgrarR 1987, 295 u 1988, 125

FASSBENDER/HÖTZEL/vJEINSEN/PIKALO, Höfeordnung (2. Aufl 1991)

LANGE/WULFF/LÜDTKE-HANDJERY, Höfeordnung (9. Aufl 1991)

OTTE, Aufhebung der Hofeigenschaft trotz bindender Bestimmung eines Hofnachfolgers, NJW 1988, 672

ders, Höferecht und eheliches Güterrecht, AgrarR 1989, 232

SCHAPP, Der Schutz des Unternehmens in der Vererbung im Landwirtschaftsrecht und im Personengesellschaftsrecht (1975)

STEFFEN, Höfeordnung und Höfeverfahrensordnung (1977)

Gerhard Otte

WÖHRMANN/STÖCKER, Landwirtschaftserbrecht
(5. Aufl 1988)
weitere Lit s STAUDINGER/PROMBERGER/
SCHREIBER[12] Art 64 EGBGB vor Rn 1 u Rn 97,
110, zu den landesrechtlichen Anerbengesetzen
dort Rn 115, 121, 128 u 142 und zum Grund-
stücksverkehrsG dort 146.

VIII. Geschichte des Erbrechts

vAMIRA, Erbenfolge und Verwandtschaftsglie-
derung nach den altniederdeutschen Rechten
(1874)
BECKHAUS, Grundzüge des gemeinen Erbrechts (1860)
BEUTGEN, Die Geschichte der Form des eigen-
händigen Testaments (1992)
BRUCK, Kirchenväter und soziales Erbrecht
(1956)
COING, Europäisches Privatrecht I (1985)
§§ 117 ff, II (1989) §§ 122 ff
GANS, Das Erbrecht in weltgeschichtlicher Entwicklung, 4 Bde (1824–55)
ECKERT, Der Kampf um die Familienfideikom-
misse in Deutschland (1992)
HATTENHAUER, Zur Dogmengeschichte des
Erbrechts, Jura 1983, 9 ff, 68 ff
HESSE, Der Einfluß des wirtschaftlichen Fort-
schritts auf die Entwicklung der Testierfreiheit
(Diss Bonn 1980)
HOLTHÖFER, Fortschritte in der Erbrechtsge-
setzgebung seit der französischen Revolution,
in MOHNHAUPT (Hrsg), Zur Geschichte des Fa-
milien- und Erbrechts (1987) 121
KLIPPEL, Familie versus Eigentum, SZGA 101,
118–168
KOEPPEN, Lehrbuch des heutigen römischen
Erbrechts (1895)
KRAGLUND, Familien- und Erbrecht, Materielles Recht und Methoden der Rechtsanwendung
in der Rechtsprechung des Oberappellationsge-
richts der vier Freien Städte Deutschlands zu
Lübeck (1991)
LANDAU, Hegel und das preußische Obertribu-
nal, Ein Beitrag zur preußischen Rechtsgeschichte und der Geschichte des Pflichtteilsrechts, FS Gagnér (1991) 177
LASSALLE, Das System der erworbenen Rechte, Bd II: Das Wesen des Römischen und Ger-

manischen Erbrechts in historisch-philosophi-
scher Entwicklung (1861)
vLÜBTOW, Erbrecht I (1971) 1–16
MEINCKE, Erbschaftsteuer und Zivilrecht in
Rom, StuW 1978, 1
MERTENS, Die Entstehung der Vorschriften des
BGB über die gesetzliche Erbfolge und das
Pflichtteilsrecht (1970)
OLZEN, Vorweggenommene Erbfolge in histo-
rischer Sicht (1988)
PAULUS, Die Idee der postmortalen Persönlich-
keit im römischen Testamentsrecht (1992)
SCHRÖDER, Abschaffung oder Reform des Erb-
rechts (1981)
SCHULTZE, Augustin und der Seelteil des ger-
manischen Erbrechts (1928)
SIEGEL, Das deutsche Erbrecht nach den
Rechtsquellen des Mittelalters in seinem inne-
ren Zusammenhange dargestellt (1853)
STAUDINGER/BOEHMER[11] Einl §§ 1, 5–7, 12, 14,
19
STOBBE, Handbuch des deutschen Privatrechts,
Bd V (2. Aufl 1885)
vSYDOW, Darstellung des Erbrechts nach den
Grundsätzen des Sachsenspiegels (1828)
TSCHÄPPELER, Die Testierfreiheit zwischen
Freiheit des Erblassers und Gleichheit der
Nachkommen (1983)
WEGMANN, Die Begründung des Erbrechts im
19. Jahrhundert (Diss Münster 1969)
WESENER, Zur Erbenhaftung in historischer
Sicht, in: FS vLübtow (1991) 113
WLASSAK, Studien zum altrömischen Erb- und
Vermächtnisrecht I (1933).

IX. Rechtsvergleichung

EBENROTH § 1 VI
FERID/FIRSCHING/LICHTENBERGER, Internatio-
nales Erbrecht (4. Aufl 1993)
NEUMAYER, Einheit in der Vielfalt – Bewegung
und Bewahrung im Erbrecht der Nationen, in:
FS Ferid (1978) 659
RHEINSTEIN/KNAPP/SUNDBERG/BROMLEY/
RIEG/REICHERT-FACILIDES, Das Erbrecht der
Familienangehörigen in positiv-rechtlicher und
rechtspolitischer Sicht (1971)
STAUDINGER/BOEHMER[11] Einl §§ 2, 8, 15

Weitere Lit bei STAUDINGER/FIRSCHING[12] Vorbem zu Art 24 EGBGB.

Schrifttumsangaben zur Erbschaftsteuer vor Rn 16, zur Entstehungsgeschichte des 5. Buches des BGB vor Rn 28, zur Bedeutung des Grundgesetzes für das Erbrecht vor Rn 60, zum Erbrecht der DDR vor Rn 109, zur Erbrechtsreform vor Rn 113 und zum IPR vor Rn 142.

Systematische Übersicht

Alphabetische Übersicht

Gerhard Otte

I.   Erbrecht im objektiven Sinn

1.   Der Gegenstand des Erbrechts kann nicht treffender umschrieben werden als mit **1** den Worten WINDSCHEIDS, die den Erbrechtsband seines Pandektenlehrbuchs einleiten:

„Durch den Tod des Menschen gehen seine Familienverhältnisse unter, und mit denselben erlöschen die auf ihnen beruhenden Rechte und Verbindlichkeiten. Dagegen erlöschen durch den Tod des Menschen die vermögensrechtlichen Rechtsverhältnisse, in welchen er als Berechtigter oder Verpflichteter stand, abgesehen von Ausnahmen, nicht; sie gehen vielmehr auf eine andere Person oder auf eine Mehrheit anderer Personen über. Die Rechtsregeln, nach welchen dieser Übergang erfolgt, bilden das Erbrecht." (WINDSCHEID/KIPP III § 527)

Nicht nur **privatrechtliche** Rechte und Pflichten, sondern auch **öffentlich-rechtliche** **2** können vererblich sein. Bei diesen ist jedoch Vererblichkeit – anders als im Privatrecht – nicht die Regel; ob sie beim Tode des Inhabers erlöschen oder auf seine Erben übergehen, ist im Einzelfall aus Sinn und Zweck der öffentlichrechtlichen Regelung zu entnehmen (hierzu STAUDINGER/MAROTZKE § 1922 Rn 351 ff). Soweit das öffentliche Recht Vererblichkeit vorsieht, ist das Erbrecht des BGB direkt anwendbar; von einer nur analogen Anwendbarkeit des BGB-Erbrechts zu sprechen (Münch-Komm/LEIPOLD Einl Rn 1, 92), besteht kein Anlaß, da der Vermögensbegriff des § 1922 nicht auf privatrechtliche Positionen beschränkt ist.

Zweifelhaft kann die Einordnung solcher Rechtsübergänge erscheinen, die nicht im **3** Rahmen der für das Erbrecht des BGB wesentlichen Gesamtnachfolge (hierzu STAU-

DINGER/MAROTZKE § 1922 Rn 44 ff) vor sich gehen, sondern **Sonderrechtsnachfolgen** sind. Wenn ihre Voraussetzungen oder Wirkungen wenigstens teilweise durch das 5. Buch des BGB bestimmt werden, kann man, wie bei der *Hoferbfolge*, der *Heimstättenerbfolge* nach dem bis zum 30.9.1993 geltenden RHeimstG und der *Vererbung von Personengesellschaftsanteilen*, von Sonder*erb*folgen sprechen (Überblick bei STAUDINGER/MAROTZKE § 1922 Rn 62, 168 ff, 224 ff, 227; ferner STAUDINGER/WERNER[12] Vorbem 20 ff zu § 2032 mwN). Sonder*nach*folgen, die beim Tode des Rechtsinhabers eintreten, aber von der Erbfolge unabhängig sind und weder auf einer Verfügung von Todes wegen beruhen noch Wirkungen einer letztwilligen Zuwendung (zum Begriff s STAUDINGER/OTTE[12] Vorbem 171 zu § 2064) besitzen, gehören hingegen nicht zum Erbrecht. Solche Sonder(rechts)nachfolgen sind die lebzeitig vollzogenen *Schenkungen auf den Todesfall*, der Übergang von *Wohnraummietverhältnissen* und der Übergang einiger *öffentlich-rechtlicher Ansprüche auf Angehörige* des Verstorbenen (Näheres bei STAUDINGER/MAROTZKE § 1922 Rn 17, 54 ff u 351 ff, jeweils mwN).

4 Der Tod eines Menschen löst auch vermögensrechtliche Folgen aus, die *nicht als Übergang* von Rechten oder Pflichten des Verstorbenen zu verstehen sind und auch nicht an einen solchen Übergang anknüpfen. Sie gehören nicht zum Erbrecht. Dies gilt beispielsweise für die *Versorgungsansprüche der Hinterbliebenen* aus der Sozialversicherung und dem Beamtenrecht (hierzu STAUDINGER/MAROTZKE § 1922 Rn 359 u 366). Sie sind zwar aus dem Versicherungs- bzw Beamtenverhältnis des Verstorbenen abgeleitet, gehen aber nicht von diesem auf die Hinterbliebenen über, sondern entstehen in deren Person neu.

2. Aufbau des 5. Buches des BGB

5 Das **Pandektensystem**, das dem Aufbau des BGB zugrundeliegt, faßt die erbrechtlichen Normen, von Ausnahmen abgesehen (hierzu Rn 9 ff), in einem besonderen Buch zusammen, äußerlich getrennt sowohl vom allgemeinen Vermögensrecht (Sachen- und Schuldrecht) als auch vom Familienrecht (hierzu STAUDINGER/BOEHMER[11] Einl § 1 mit Schrifttum in § 3).

6 Innerhalb dieses 5. Buches ist der Stoff auf eine Weise geordnet, die nicht unbedingt einleuchtet und das Auffinden von Regelungen für den im Erbrecht weniger Bewanderten unverhältnismäßig schwierig macht. Im wesentlichen geht die Gliederung des Erbrechts auf die 2. Kommission zurück. Hatte die 1. Kommission die *gewillkürte Erbfolge* vor der *gesetzlichen* und erst im Anschluß an beide die *Rechtsstellung des Erben* behandelt, so glaubte die 2. Kommission unter dem Eindruck der Kritiken am E I (Zusammenstellung der gutachtlichen Äußerungen zu dem Entwurfe eines BGB V 2 ff; weitere Hinweise bei STAUDINGER/BOEHMER[11] Einl § 17 Rn 2, § 28 Rn 2), der Bedeutung der gesetzlichen Erbfolge trotz ihrer Subsidiarität nur dadurch gerecht werden zu können, daß sie sie an den Anfang stellte (Prot V 1). Zugleich wurde die Regelung der gewillkürten Erbfolge, von den fünf grundlegenden Bestimmungen der jetzigen §§ 1937–1941 abgesehen, hinter die Hauptmasse der die Rechtsstellung des Erben betreffenden Vorschriften (jetzt §§ 1942–2063) gesetzt, obwohl diese für beide Arten der Erbfolge in gleicher Weise gelten, also besser nach ihnen behandelt worden wären. Das im E I noch bei der gesetzlichen Erbfolge stehende Pflichtteilsrecht erhielt aus Gründen innerer Folgerichtigkeit seinen Platz hinter der gewillkürten Erbfolge, was als eine „seiner zentralen Bedeutung nicht würdige Stelle" bezeichnet worden ist (STAU-

DINGER/BOEHMER[11] Einl § 28 Rn 10). Daraus ergibt sich nun folgende Anordnung des Stoffes in den neun Abschnitten des 5. Buches:

Der 1. mit „**Erbfolge**" überschriebene Abschnitt beginnt mit zwei Vorschriften **7** (§§ 1922 f), die erbrechtliche Grundbegriffe definieren und das Prinzip der Universalsukzession (Gesamtnachfolge) sowie die Regelung der Erbfähigkeit enthalten; darauf folgen die Bestimmungen über die gesetzliche Erbfolge (§§ 1924–1936) und schließlich allgemeine Vorschriften über Verfügungen von Todes wegen (§§ 1937–1941).

Der 2. Abschnitt „**Rechtliche Stellung des Erben**" enthält in vier Titeln die Vorschriften über *Annahme und Ausschlagung der Erbschaft sowie die Fürsorge des Nachlaßgerichts* (§§ 1942–1966), über die *Erbenhaftung* (§§ 1967–2017), den *Erbschaftsanspruch* (§§ 2018–2031) und die *Erbengemeinschaft* (§§ 2032–2063).

Im 3. Abschnitt „**Testament**" (§§ 2064–2273) sind die Inhalte und Formen letztwilliger Verfügungen im einzelnen geregelt. Er enthält nach *Allgemeinen Vorschriften* (§§ 2064–2086) die Bestimmungen über die *Erbeinsetzung* (§§ 2087–2099), die *Einsetzung eines Nacherben* (§§ 2100–2146), das *Vermächtnis* (§§ 2147–2191), die *Auflage* (§§ 2192–2196), den *Testamentsvollstrecker* (§§ 2197–2228), die *Errichtung und Aufhebung eines Testaments* (§§ 2229–2264) und das *Gemeinschaftliche Testament* (§§ 2265–2273).

Es folgen der 4. Abschnitt über den „**Erbvertrag**" (§§ 2272–2302), der 5. Abschnitt „**Pflichtteil**" (§§ 2303–2338 a), der 6. Abschnitt „**Erbunwürdigkeit**" (§§ 2339–2345), der 7. Abschnitt „**Erbverzicht**" (§§ 2346–2352), der 8. Abschnitt „**Erbschein**" (§§ 2353–2370) und zuletzt der 9. Abschnitt „**Erbschaftskauf**" (§§ 2371–2385).

Unter Beibehaltung des Beginns mit der gesetzlichen Erbfolge, im übrigen aber in **8** weitgehender Anlehnung an den E I wäre eine Anordnung des Stoffes möglich, die weder die positiven Voraussetzungen des Erbewerdens (gesetzliche Erbfolge, Testament, Erbvertrag) noch die „Durchkreuzungen" der Erbfolge (Erbverzicht, Ausschlagung, Erbunwürdigkeit) noch die Wirkungen der Erbfolge (Pflichtteilsrecht, Erbanfall, Haftung, Geltendmachung des Erbrechts, Erbengemeinschaft) mehr als unbedingt nötig auseinanderzieht und so aussehen könnte:

1. Abschnitt „Allgemeine Vorschriften" (§§ 1922 f),
2. Abschnitt „Gesetzliche Erbfolge",
3. Abschnitt „Verfügungen von Todes wegen" (§§ 1937–1941, 2064–2302),
4. Abschnitt „Pflichtteil",
5. Abschnitt „Erbverzicht",
6. Abschnitt „Rechtsstellung des Erben",
   1. Titel „Annahme und Ausschlagung der Erbschaft, Fürsorge des Nachlaßgerichts",
   2. Titel „Erbunwürdigkeit",
   3. Titel „Haftung des Erben für die Nachlaßverbindlichkeiten",
   4. Titel „Erbschaftsanspruch",
   5. Titel „Erbschein",
   6. Titel „Erbschaftskauf",

Gerhard Otte

7. Titel „Erbengemeinschaft" (dieser Titel könnte auch zwischen der Erbenhaftung und dem Erbschaftsanspruch stehen).

Eine etwas andere Gliederung schlägt vLÜBTOW I 37 vor.

3. Erbrechtliche Vorschriften außerhalb des 5. Buches des BGB

a) Bundesrecht

9 Zahlreiche Vorschriften außerhalb des 5. Buches regeln (positiv oder negativ) die *Vererblichkeit von Rechten, Pflichten oder sonstigen rechtlich relevanten Positionen.* Hierher gehören im BGB §§ 38 S 1, 81 Abs 2 S 3, 130 Abs 2, 153, 185 Abs 2, 221, 514, 530 Abs 2, 613, 672 f, 791, 794 Abs 2, 857, 858 Abs 2 S 2, 1061 S 1, 1090 Abs 2, 1300 Abs 2, 1378 Abs 3 S 1, 1482, 1586, 1586 b, 1587 e Abs 2 und 4, 1587 k Abs 2, 1587 m, 1615, 1615 n, im HGB §§ 22 und 52 Abs 3, ferner § 1 Abs 1 ErbbauVO, § 33 Abs 1 S 1 WEG, § 15 Abs 1 GmbHG, § 77 GenG, Art 33 ScheckG, § 28 UrhG, § 3 GeschmMG, § 15 Abs 1 S 1 PatG, § 22 Abs 1 S 1 GebrMG, § 8 Abs 1 S 1 WZG, § 40 Abs 1 KO, § 11 Abs 1 AnfG, § 86 ZPO, § 46 Abs 2 GewO, § 10 GaststG, § 13 Abs 1 ApothG, § 4 HdwO, § 19 GüKG.

10 Große Bedeutung hatten in der Nachkriegszeit erbrechtliche Vorschriften in der Gesetzgebung zum *Lastenausgleich*, zur *Rückerstattung*, zur *Entschädigung* und zur *Währungsreform*; inzwischen hat sich dies durch Erfüllung oder Verjährung der Ansprüche oder Ablauf von Ausschlußfristen weitestgehend erledigt, so daß wegen der Einzelheiten auf ältere Darstellungen verwiesen werden kann (vgl vor allem BGB-RGRK/KREGEL Einl 4, 10 f).

11 Für die **Erbfähigkeit einer Stiftung** ist § 84 zu beachten.

12 Durch den erbrechtlichen **Zugewinnausgleich** (§ 1371) ist das gesetzliche Erbrecht und Pflichtteilsrecht des im gesetzlichen Güterstand lebenden Ehegatten erweitert. Bei der **fortgesetzten Gütergemeinschaft** treten hinsichtlich des Anteils des zuerst versterbenden Ehegatten am Gesamtgut die §§ 1483—1518 (s die Erl dazu) an die Stelle der erbrechtlichen Vorschriften.

13 Eine **Sondererbfolge** sieht die *HöfeO* vor (hierzu STAUDINGER/PROMBERGER/SCHREIBER[12] Art 64 EGBGB Rn 97 ff; ferner STAUDINGER/WERNER Vorbem 4 ff u 43 zu § 1924; STAUDINGER/WERNER[12] Vorbem 20 ff zu § 2032 u 2046 Rn 19; STAUDINGER/MAROTZKE[12] § 2058 Rn 45 u § 2059 Rn 16; STAUDINGER/FERID/CIESLAR[12] Einl 117 ff zu § 2303). Eine Sondererbfolge kannte auch das *Heimstättenrecht* gemäß § 24 RHeimstG mit AusfVO v 19. 7. 1940 (hierzu STAUDINGER/WERNER[12] Vorbem 32 zu § 2032), das durch G v 17.6.1993 mit Wirkung vom 1.10.1993 aufgehoben ist. Von der Rspr entwickelt worden ist auch eine Sondererbfolge in *Anteile an Personengesellschaften* (hierzu vor allem STAUDINGER/MAROTZKE § 1922 Rn 176 ff, 187 f, 197; ferner u Rn 133 sowie STAUDINGER/WERNER[12] Vorbem 24 ff zu § 2032 und STAUDINGER/FERID/CIESLAR[12] Einl 121 ff zu § 2303).

14 *Sonderrechtsnachfolgen* und sonstigen *vom Verstorbenen abgeleiteten* **Rechtserwerb außerhalb des Erbrechts** regeln §§ 331 (hierher gehört auch § 167 Abs 2 VVG), 569 a, b, 736, 1595 a, 1596 Abs 1 Nr 1, 1600 g Abs 2 (beide mit § 640 g ZPO) sowie § 22 S 3 u 4 KunstUrhG. Darüberhinaus eröffnen §§ 158 ff generell die Möglichkeit, im Rahmen der Privatautonomie die Wirkung von Rechtsgeschäften vom Todeszeitpunkt einer Person oder von der Bedingung des Überlebens einer Person abhängig zu machen. Die Abgrenzung solcher Vorgänge, insbesondere der Verträge zugunsten Dritter auf den Todesfall und der Schenkungen von Todes wegen, vom Erbrecht bereitet uU dogmatische und praktische Schwierigkeiten (s u Rn 132 sowie STAUDINGER/ KADUK[12] Vorbem 40 zu § 328, § 328 Rn 24, § 330 Rn 13 ff; STAUDINGER/REUSS[12] § 516 Rn 33 ff; STAUDINGER/KANZLEITER[12] Erl zu 2301; ferner M REINICKE, Die unmittelbaren Schenkungen von Todes wegen [Diss Münster 1979]; LANGEN, Anwendungsbereich und Rechtsfolgen des § 2301 I 1 BGB [Diss Köln 1984]; OLZEN, Die vorweggenommene Erbfolge [1984] m Bespr OTTE AcP 186, 313; weitere Lit bei STAUDINGER/KANZLEITER[12] vor § 2301 Rn 1.

Sondervorschriften für *Rechtsgeschäfte und Verwaltungshandlungen bzgl eines erb-* **15** *rechtlichen Erwerbs* enthalten das BGB in §§ 312, 1089, 1374 Abs 2, 1418 Abs 2 Nr 2, 1432, 1455 Nr 1-3, 1472 Abs 4 S 1, 1477 Abs 2 S 2, 1478 Abs 2 Nr 2 u 3, 1638 ff, 1643, 1698 b, 1803, 1822 Nr 1 u 2, 1908 i Abs 1 S 1, 1909 Abs 1 S 2 und § 18 Abs 3 S 2 GmbHG. In diesen Zusammenhang gehören auch §§ 35 ff, 40, 51 f, 82 ff GBO und § 3 a AnfG.

Das **ErbStG** unterwirft den erbrechtlichen Erwerb einer besonderen Steuer.* Zu den **16** verfassungsrechtlichen Fragen der Erbschaftsteuer s u Rn 73 ff.

Die **Beurkundung** von Testamenten und Erbverträgen richtet sich nach den Vorschrif- **17** ten des Ersten und Zweiten Abschnitts des *BeurkG* mit nur für Verfügungen von Todes wegen geltenden Besonderheiten in §§ 27—35. (Für die Beurkundung anderer erbrechtlich relevanter Erklärungen [§§ 2033 Abs 1, 2282 Abs 3, 2290, 2296, 2348 mit 2351 f, 2371] gelten die §§ 27 ff BeurkG nicht.) Wegen der Beurkundung entsprechender Erklärungen durch *Konsularbeamte* vgl §§ 10 f KonsularG (s STAUDIN-GER/FIRSCHING[12] Vorbem 75 ff zu § 2229). Bei der Aufnahme eines *Nachlaßinventars* (§ 2003) oder *Nachlaßverzeichnisses* (§§ 2121 Abs 3, 2215 Abs 4, 2314) durch den

---

* **Schrifttum zur Erbschaftsteuer:** BEYER, Grundprobleme des Erbschaftsteuerrechts in der Bundesrepublik Deutschland (1976); CREZELIUS, Erbschaft- und Schenkungsteuer in zivilrechtlicher Sicht (1979); CREZELIUS/MARTIN/PETZOLDT, Erbschaftsteuer- und Schenkungsteuergesetz, Kommentar (3. Aufl 1992); HOFMANN, Erbschaft- und Schenkungsteuer (3. Aufl 1985); KAPP, Kommentar zum Erbschaftsteuer- und Schenkungsteuergesetz (10. Aufl 1992); ders, Schwerpunkte des Erbschaft- und Schenkungsteuerrechts (1981); MEINCKE, Erbschaftsteuer- und Schenkungsteuergesetz, Kommentar (9. Aufl 1992); MOENCH, Erbschaft- und Schenkungsteuergesetz, Kommentar (1991); PIETSCH/SCHULZ, Grundfälle Erbschaftsteuer/ Schenkungsteuer, 52 praktische Fälle des Steuerrechts (2. Aufl 1992); SCHULZ, Erbschaftsteuer/Schenkungsteuer (4. Aufl 1991); SCHULZE ZUR WIESCHE, Lehrbuch der Erbschaftsteuer (3. Aufl 1991); SEGEBRECHT, Besteuerung der Erben und Erbengemeinschaften (5. Aufl 1982); TESS, Erbschaftsteuer – Grundsteuer (1990); TROLL, Erbschaftsteuer und Schenkungsteuergesetz, Kommentar (5. Aufl 1991); ders, Nachlaß und Erbe im Steuerrecht (2. Aufl 1978); aus steuerrechtlichen Lehrbüchern außerdem: CREZELIUS, Steuerrecht II – Besonderes Steuerrecht §§ 19 ff; TIPKE/LANG, Steuerrecht § 12 C; ferner die Kurzdarstellungen in den Erbrechtslehrbüchern und Kommentaren: BROX Rn 34 ff; EBENROTH § 19; KIPP/ COING § 132; LANGE/KUCHINKE § 54; AK/ DÄUBLER Einl 183 ff; ERMAN/SCHLÜTER Einl 29 ff; MünchKomm/LEIPOLD Einl 117 ff; PALANDT/EDENHOFER Einl 12 ff; SOERGEL/STEIN Einl 24 ff.

Gerhard Otte

Notar sind §§ 36 f BeurkG, bei der *Entgegennahme einer eidesstattlichen Versicherung* gemäß § 2356 Abs 2 durch den Notar § 38 BeurkG, bei *Beglaubigungen* erbrechtlich relevanter Erklärungen (§§ 1945, 1955, 2120, 2121 Abs 1, 2198, 2215 Abs 2) §§ 39 f BeurkG zu beachten.

18 Für einige *Rechtsgeschäfte*, deren *Inhalt nicht erbrechtlicher Natur* ist, wird die *Form einer Verfügung von Todes wegen* verlangt oder zugelassen (die Vorschriften sind in Vorbem 9 zu § 1937 genannt).

19 Die *Umgestaltung von Dauerschuldverhältnissen* durch den Tod (Kündbarkeit, Auflösung, Aufhebbarkeit) regeln BGB §§ 569, 594 d, 605 Nr 3, 727, 750 und HGB §§ 131 Nr 4, 137, 139; eine ähnliche Funktion haben § 34 Abs 1 u 2 VerlG. Nach § 207 hemmt der Erbfall den Ablauf der *Verjährung*.

20 Sonderregelungen für die *Auseinandersetzung* einer auf gesetzlicher Erbfolge beruhenden Miterbengemeinschaft bzgl eines *landwirtschaftlichen Betriebes* außerhalb des Anwendungsbereichs des Anerbenrechts enthalten §§ 13—17 GrdstVG (Näheres s STAUDINGER/PROMBERGER/SCHREIBER[12] Art 64 EGBGB Rn 146 ff).

21 Für die *Haftung des Erben* sind von Bedeutung §§ 884, 1439, 1461, § 27 HGB, §§ 305, 780—785 ZPO (Haftungsbeschränkung), §§ 989—1000 ZPO (Aufgebot der Nachlaßgläubiger), §§ 175—179 ZVG, §§ 214—235 KO (Nachlaßkonkurs) und § 113 VerglO (Nachlaßvergleich).

22 Auswirkungen des Erbfalls auf das *Erkenntnis-* und das *Vollstreckungsverfahren* ergeben sich aus ZPO §§ 239, 242 f, 246, 325—327, 619 einerseits, §§ 727 f, 747—749, 778—785 andererseits. Die Zuständigkeit und das Verfahren des **Nachlaßgerichts**, das in zahlreichen erbrechtlichen Angelegenheiten (§§ 83, 1507, 1953 Abs 3, 1957 Abs 2, 1960 f, 1964 f, 1981 ff, 1993 ff, 2081, 2146 Abs 2, 2198 Abs 2, 2200, 2202 Abs 3, 2216 Abs 2, 2224 Abs 1 S 2, 2227 f, 2248, 2258 a ff, 2260 ff, 2273, 2281, 2300 f, 2331 a [auch mit § 1934 b Abs 2], 2353 ff, 2368 f, 2384 Abs 2 sowie §§ 86 ff FGG u § 83 GBO) Aufgaben zu erfüllen hat, richten sich, soweit das BGB keine Regelungen trifft, nach den Allgemeinen Vorschriften (§§ 1-34) und den Vorschriften des Fünften Abschnitts (§§ 72 ff) des **FGG**; hilfsweise ergibt sich die Zuständigkeit aus § 7 Zuständigkeitsergänzungsgesetz v 7. 8. 1952 (BGBl I 407). In *Landwirtschaftssachen* tritt gemäß § 18 HöfeO für Anträge und Streitigkeiten, die sich aus der HöfeO ergeben, das **Landwirtschaftsgericht** an die Stelle des Nachlaßgerichts, aber auch des Prozeßgerichts (vgl auch § 1 Nr 5, 6 LwVG). Insbesondere gilt das für die Erteilung von *Erbscheinen* und *Hoffolgezeugnissen* (hierzu STAUDINGER/FIRSCHING[12] Vorbem 16 ff zu § 2353) und für *Feststellungsverfahren* bzgl der Hoferbfolge nach § 11 Abs 1 g HöfeVfO (hierzu STAUDINGER/FIRSCHING[12] Vorbem 32 f zu § 2353). Das Landwirtschaftsgericht ist gem § 1 Nr 2 LwVG auch zuständig für die *gerichtliche Zuweisung eines landwirtschaftlichen Betriebes* nach §§ 13 ff GrdstVG (s o Rn 20). Das Verfahren des Landwirtschaftsgerichts richtet sich nach **LwVG** und **HöfeVfO** (vgl auch STAUDINGER/PROMBERGER/SCHREIBER[12] Art 64 EGBGB Rn 110, 151 f) und ergänzend nach FGG (§ 9 LwVG).

23 Ganz außerhalb des Erbrechts stehen Vorschriften, in denen der *Tod* einer Person *Tatbestandsmerkmal*, die Rechtsfolge aber weder ein Übergang von Rechten des

Verstorbenen noch ein an Rechte des Verstorbenen anknüpfender Rechtserwerb ist. Hierher gehören §§ 844, 1681 Abs 1, 1753, 1764 Abs 1 S 2, § 7 ProdHaftG, § 12 UmweltHG und die auf den Tod bezüglichen Bestimmungen des *PStG*, ferner das Recht der *Totenfürsorge*, insbesondere das Bestattungsrecht (hierzu STAUDINGER/ MAROTZKE § 1922 Rn 117 ff).

b) Landesrecht

Als Teil des bürgerlichen Rechts unterliegt das Erbrecht der *konkurrierenden* **24** *Gesetzgebung* (Art 74 Nr 1 GG). Als grundsätzlich abschließende Regelung (vgl Art 55 EGBGB) räumt das gemäß Art 125 GG als Bundesrecht fortgeltende Erbrecht des BGB der Landesgesetzgebung nur geringen Spielraum ein, nämlich nur dort, wo Landesrecht durch das BGB oder das EGBGB ausdrücklich zugelassen ist (Art 1 Abs 2 EGBGB). Das BGB selbst macht im Bereich des Erbrechts keinen Vorbehalt zugunsten von Landesrecht. Anders das EGBGB, doch ist die Relevanz der dortigen Vorbehalte rückläufig.

Das EGBGB enthielt ursprünglich mehrere *allgemeine landesrechtliche Vorbehalte* **25** (zum Begriff STAUDINGER/MERTEN/KIRCHHOF[12] Vorbem 22 zu Art 55 EGBGB) mit erbrechtlicher Bedeutung. Von ihnen sind außer Kraft Art 57 f – betr die *Autonomie des hohen Adels* -, Art 59 – betr *Familienfideikommisse, Lehen* und *Stammgüter* (hierzu STAUDINGER/PROMBERGER/SCHREIBER[12] Erl zu Art 59) -, Art 62 – betr *Rentengüter* (hierzu STAUDINGER/ KRIEGBAUM[12] Art 62 Rn 7) – und Art 63 – betr das *Erbpachtrecht* (aufgehoben durch Art III Nr 2 KRG Nr 45). In Geltung ist nur noch Art 64. Diese Vorschrift, die das **Anerbenrecht** der Landesgesetzgebung überläßt, ist in ihrem Anwendungsbereich jedoch – nach vorübergehender fast vollständiger Verdrängung durch das Reichserbhofgesetz – durch die zum Bundesrecht gehörende (Art 125 Nr 1 GG) HöfeO erheblich eingeschränkt (Näheres zum Anerbenrecht nach HöfeO und Landesrecht bei STAUDINGER/PROMBERGER/SCHREIBER[12] zu Art 64 EGBGB; zum Landwirtschaftserbrecht in der DDR [vor Inkrafttreten des ZGB] STAUDINGER/WERNER Vorbem 4 zu § 1924).

Besondere landesrechtliche Vorbehalte (Begriff s STAUDINGER/MERTEN/KIRCHHOF[12] Vor- **26** bem 22 zu Art 55 EGBGB) in bezug auf das Erbrecht enthalten Art 86, der den *Rechtserwerb* – auch von Todes wegen – *durch juristische Personen* betrifft – die Vorschrift gilt heute nur noch für *ausländische* juristische Personen mit Ausnahme der in einem EG-Staat ansässigen Gesellschaften (hierzu STAUDINGER/MERTEN/KIRCH-HOF[12] Art 86 EGBGB Rn 4 ff) und stellt in S 2 für die nach Landesrecht etwa erforderliche Genehmigung eine Rückwirkungsfiktion auf (hierzu § 1942 Rn 6 f, § 1944 Rn 16, ferner STAUDINGER/OTTE[12] § 2176 Rn 1 und STAUDINGER/MERTEN/KIRCHHOF[12] Art 86 EGBGB Rn 24 ff); Art 88 betr den *Grundstückserwerb durch Ausländer* – nicht mehr anwendbar auf Staatsangehörige und Gesellschaften der EG-Staaten sowie auf heimatlose Ausländer (vgl STAUDINGER/MERTEN/KIRCHHOF[12] Art 88 EGBGB Rn 4 f); Art 137 betr die für die Erbauseinandersetzung (§ 2049) und die Berechnung des Pflichtteilsanspruchs (§ 2312) relevante Aufstellung von Grundsätzen für die *Ermittlung des Ertragswerts von Landgütern* – die Vorschrift ermächtigt den Landesgesetzgeber nicht, den *Ertragswert* vom *steuerlichen Einheitswert* abzuleiten (BVerfG NJW 1988, 2723 ff zum insoweit gegen Art 72 GG, Art 137 EGBGB, § 2049 Abs 2 verstoßenden § 23 SchlHAGBGB); Art 138 betr das *gesetzliche Erbrecht* einer juristischen Person des öffentlichen Rechts *an Stelle des Fiskus* (§ 1936); Art 139 betr das *Erbrecht* oder *erbrechtliche Ansprüche* des Fiskus oder einer juristischen Person *wegen Verpflegung oder Unterstützung des Erb-*

lassers; Art 140 betr *nachlaßgerichtliche Sicherungsmaßnahmen* außerhalb der Voraussetzungen des § 1960 Abs 1; Art 147 betr die *Zuständigkeit von Behörden* in Nachlaßsachen; Art 148 betr den Ausschluß der Zuständigkeit des Nachlaßgerichts zur Inventaraufnahme. Wegen der Einzelheiten, insbesondere auch des in Ausnutzung der Vorbehalte geltenden Landesrechts, wird auf die Erl zu den einschlägigen Art des EGBGB verwiesen.

27 *Aufgehoben* sind die besonderen Vorbehalte der Art 87 (Rechtserwerb durch Mitglieder von *religiösen Orden* und *ordensähnlichen Kongregationen*), Art 141 (*Zuständigkeit* der Gerichte oder Notare *für Beurkundungen*) sowie Art 149–151 (betr *Einzelheiten der Beurkundung* von Verfügungen von Todes wegen).

II. Grundlagen und Entwicklung des geltenden Erbrechts

1. Zur Entstehungsgeschichte des 5. Buches des BGB*

28 Im Rahmen der von JAKOBS und SCHUBERT herausgegebenen Materialien zur Ent-

---

* **Materialien:** Motive zu dem Entwurfe eines bürgerlichen Gesetzbuches für das Deutsche Reich, Bd V (1888); MUGDAN, Die gesammten Materialien zum Bürgerlichen Gesetzbuch für das Deutsche Reich, Bd V (1899); Protokolle der Kommission für die zweite Lesung des Entwurfs des Bürgerlichen Gesetzbuchs, Bd V (1899); SCHUBERT (Hrsg), Die Vorlagen der Redaktoren für die erste Kommission zur Ausarbeitung des Entwurfs eines Bürgerlichen Gesetzbuches: Erbrecht, Teil 1 und 2 (1984), Entwürfe eines bürgerlichen Gesetzbuchs (1986) 505, 1171; Zusammenstellung der gutachtlichen Aeußerungen zu dem Entwurf eines Bürgerlichen Gesetzbuchs gefertigt im Reichsjustizamt, Bd V: Äußerungen zum Erbrecht (1890), Bd VI: Nachträge (1891) 647.

Stellungnahmen und Gegenentwürfe: BÄHR, Zum Erbrecht des bürgerlichen Gesetzbuchs, ArchBürgR 3, 141; ders, Gegenentwurf zu dem Entwurfe eines bürgerlichen Gesetzbuches für das Deutsche Reich, 5. H (1892); BARON, Das Erbrecht in dem Entwurf eines bürgerlichen Gesetzbuches für das Deutsche Reich, AcP 75, 177; BRUNS, Ob und in wie weit die Testierfreiheit mit Rücksicht auf eine Pflichttheilsberechtigung eingeschränkt werden soll?, Verh d 14. DJT (1878) I 1. H 72; ECK, Die Behandlung des Erbrechts im Entwurf eines bürgerlichen Gesetzbuches für das Deutsche Reich, 30. Jahresbericht über die Wirksamkeit der juristischen

Gesellschaft zu Berlin (1889); ders, Die Stellung des Erben, dessen Rechte und Verpflichtungen in dem Entwurfe eines Bürgerlichen Gesetzbuches für das Deutsche Reich (1890); GIERKE, Der Entwurf eines bürgerlichen Gesetzbuches und das deutsche Recht, 8. Abschn: Das Erbrecht des Entwurfes, SchmollersJb 13, 865; ders, Die Stellung des künftigen bürgerlichen Gesetzbuchs zum Erbrecht in ländlichen Grundbesitz, SchmollersJb 12, 401; KLÖPPEL, Das Familien- und Erbrecht des Entwurfs zum bürgerlichen Gesetzbuch, Gruchot 33, 338; KÜHNAST, Das Erbrecht des Entwurfs eines bürgerlichen Gesetzbuchs für das Deutsche Reich (1888); MENGER, Das bürgerliche Recht und die besitzlosen Volksklassen (4. Aufl 1908) 214; MEYERSBURG, Ob und in wie weit die Testierfreiheit mit Rücksicht auf eine Pflichttheilsberechtigung eingeschränkt werden soll?, Verh d 14. DJT (1878) I 1. H 50; MOMMSEN, Entwurf eines Deutschen Reichsgesetzes über das Erbrecht nebst Motiven (1876); PETERSEN, Die Berufung zur Erbschaft und die letztwilligen Verfügungen überhaupt nach dem Entwurfe eines Bürgerlichen Gesetzbuches für das Deutsche Reich (1889); PROBST, Die amtliche Einflußnahme des Nachlaßgerichts auf die Abhandlung der Verlassenschaften nach dem Entwurf eines bürgerlichen Gesetzbuches für das Deutsche Reich, AcP 75, 1; SCHULTZENSTEIN, Über die Beibehaltung und Gestaltung des Pflichttheilsstehungsgeschichte des BGB (Die Beratung des Bürgerlichen Gesetzbuchs in systematischer Zusammenstellung der unveröffentlichten Quellen, 1978 ff) fehlt leider immer noch der das Erbrecht betreffende Band. Die Beratungen der **1. Kommission** über das Erbrecht können daher außer aus den nicht allgemein zugänglichen metallographierten Protokollen nur aus den gedruckten Motiven (Bd V, auch in MUGDAN Bd V) erschlossen werden. Diese sind bekanntlich nicht authentisch, geben aber (entgegen dem strengen Urteil von SCHUBERT, Materialien zur Entstehungsgeschichte des BGB [1978] 50: „nicht geeignet, die Entstehung des 1. Entwurfs…zu erhellen, und insoweit als Quellenwerk unbrauchbar") die wesentlichen Gründe für die Beschlüsse der Kommission hinreichend verläßlich wieder. Die Beratungen der 1. Kommission über das Erbrecht erfolgten auf der Grundlage des **Teilentwurfs**, den das Kommissionsmitglied GOTTFRIED vSCHMITT 1878 fertiggestellt hatte. SCHMITT war bayerischer Richter und Ministerialbeamter, zuletzt Präsident des Bayerischen Obersten Landesgerichts (zur Person JAHNEL in SCHU-BERT 85 f; MERTENS 7 ff; SCHRÖDER 7 ff; SCHUBERT in: Die Vorlagen der Redaktoren XV ff). An der Ausarbeitung der Reichscivilprozeßordnung von 1877 hatte er maßgeblichen Anteil. Sein Teilentwurf des Erbrechts, der sich durch begriffliche Klarheit und Praktikabilität der Lösungen auszeichnet, hat Form und Inhalt des 5. Buches des BGB entscheidend geprägt. Dieser durchdachten Leistung verdankt der 1. Entwurf des Erbrechts die überwiegend günstige Aufnahme durch die Kritik; stellvertretend für viele:

„Das fünfte, vom Erbrecht handelnde Buch (ist) der durchsichtigste und auch in der Fassung einer der bestgelungenen Theile des Entwurfs." (KLÖPPEL, Der Entwurf eines Deutschen Bürgerlichen Gesetzbuchs, in: Gutachten aus dem Anwaltstande [1890] 1486)

Bereits der Teilentwurf enthielt die inhaltlichen Festlegungen auf *Anerkennung der* **29** *Testierfreiheit, Beibehaltung des Pflichtteilsrechts* und *Ablehnung einer Beschränkung des Verwandtenerbrechts zugunsten des Staates*, die in den Beratungen der 1. Kommission dann nicht mehr problematisiert wurden (vgl Mot V 7, 366 f, 382).

Man wird kaum sagen können, daß SCHMITT insoweit reformerische Tendenzen „abgeblockt" habe (so aber SCHRÖDER passim): Erstens konnte es nicht Aufgabe der 1. Kommission sein, andere als parlamentarisch mehrheitsfähige Vorschläge zu machen; zweitens sollte man die Überzeugungskraft der These, Beschränkungen des Privaterbrechts zugunsten des Staates oder der Testierfreiheit zugunsten der Familie kämen als Mittel zur Lösung der sozialen Frage in Betracht, nicht überschätzen; drittens wurde die seinerzeit rechtspolitisch wichtigste erbrechtliche Frage, nämlich die nach der *weiteren Zulassung gebundener Güter* (Fideikommisse, Anerbenrecht), in den Entwürfen zum BGB gerade nicht in der einen oder anderen Weise beantwortet, sondern der Landesgesetzgebung über-

---

rechts, Gruchot 23, 661; STEIN, Errichtung letztwilliger Verfügungen und Verfügungen von Todes wegen durch Vertrag, Gutachten aus dem Anwaltstande (1890) 470; STROHAL, Die Anfechtung letztwilliger Verfügungen im deutschen Entwurf (1892); VOLLERT, Das Weimarische Erbgesetz und der Entwurf des bürgerlichen Gesetzbuchs, ThürBl 36, 193, 289; WILKE, Gesetzliche Erbfolge und Pflichttheil, Gutachten aus dem Anwaltstande (1890) 975.

Neueres Schrifttum: KLIPPEL, Familie versus Eigentum, SZGA 101, 118; MERTENS, Die Entstehung der Vorschriften des BGB über die gesetzliche Erbfolge und das Pflichtteilsrecht (1970); ders, Die Beratung des Pflichtteilsentzuges bei der Abfassung des BGB, in: FS Gmür (1983) 191; SCHRÖDER, Abschaffung oder Reform des Erbrechts (1981); WEGMANN, Die Begründung des Erbrechts im 19. Jahrhundert (Diss Münster 1969).

lassen (Art 59, 64 EGBGB). Bezeichnenderweise richtete MENGER (220 ff) seine Kritik am Erbrecht des BGB vor allem dagegen, daß insoweit Vorbehalte zugunsten des Landesrechts gemacht, die Prinzipien des Entwurfs also nicht ausnahmslos durchgeführt werden sollten; wegen dieser Prinzipien, nämlich der Testierfreiheit mit der in ihr enthaltenen Befugnis, das Vermögen unter Miterben zu verteilen, sowie der Anerkennung des Pflichtteilsrechts, meinte MENGER (218 f):

„Während sie (die Verfasser des Entwurfs) *sonst die gesetzgeberischen Gedanken, welche den besitzlosen Volksklassen nachteilig sind, überall bis zur äußersten Schärfe und Schroffheit gesteigert haben, ist auf dem Gebiete des Erbrechts eher eine Milderung und Abschwächung wahrzunehmen."*

30 Wichtige Änderungen erfuhr der 1. Entwurf (abgesehen von der in Rn 6 erwähnten Umstellung der Gliederung) in der **2. Kommission** durch die *Zulassung des gemeinschaftlichen Testaments* (E II §§ 2132 ff; Prot V 423 ff gegenüber E I § 1913; Mot V 253 ff) und die *Beseitigung der Abzugseinrede* (E I § 2133 ff) als eines Mittels der Haftungsbeschränkung für Nachlaßverbindlichkeiten (Prot V 759 ff). Die bemerkenswerteste Modifikation des Entwurfs durch den **Reichstag** bestand in der Anerkennung des von der 1. und 2. Kommission (Mot V 257 f; Prot V 326 ff) abgelehnten *eigenhändigen Testaments* als gleichwertiger Testamentsform neben dem gerichtlich oder notariell beurkundeten (KommBer 318 ff; StenBer 726 ff).

2. Gesetzesänderungen im Erbrecht

31 Substantielle Änderungen hat das Erbrecht des BGB seit seinem Inkrafttreten in dreifacher Hinsicht erfahren: Das TestG hat die *überzogene Formstrenge abgebaut*, mit der die ursprüngliche Fassung die Testamentserrichtung, vor allem beim eigenhändigen Testament, ausgestaltet hatte; das GleichberG hat das *Ehegattenerbrecht* stark modifiziert, und das NichtehelG hat ein gesetzliches *Erbrecht des nichtehelichen Kindes* nach seinem Vater eingeführt.

Insgesamt sind, in chronologischer Reihenfolge, die nachstehenden Änderungen von Vorschriften des 5. Buches erfolgt:

32 a)   Durch G v 25. 3. 1930 (RGBl I 93) wurde § 1980 Abs 1 dahingehend erweitert, daß die Beantragung des *Vergleichsverfahrens über den Nachlaß* als Alternative zur Beantragung des Nachlaßkonkurses zugelassen wurde; redaktionell geändert durch § 125 Nr 3 VerglO.

33 b)   Eine NotVO v 18. 3. 1933 (RGBl I 109) erweiterte in § 2116 den Kreis der *hinterlegungsfähigen Kreditinstitute* (vgl STAUDINGER/BEHRENDS[12] § 2116 Rn 6).

34 c)   §§ 27 f der 1. DVO zum EheG 1938 (RGBl I 923) paßten §§ 1933, 2077 der *Änderung des Scheidungsrechts* an (hierzu STAUDINGER/OTTE[12] § 2077 Rn 1 ff); diese Neufassungen sind inzwischen durch das 1. EheRG überholt.

35 d)   § 50 Abs 3 Nr 1 **TestG** v 31. 7. 1938 hob die §§ 2064, 2229—2267, 2272—2277, 2300 auf; ihr Inhalt wurde, unter teilweiser Neuregelung, in das TestG übernommen (Einzelheiten bei STAUDINGER/FIRSCHING[12] Vorbem 5 ff zu § 2229). Das GesEinhG hat die Ausgliederung dieser Materie (Errichtung von Testamenten und Erbverträgen) aus dem BGB wieder rückgängig gemacht (s STAUDINGER/FIRSCHING[12] Vorbem 33 ff zu § 2229).

e)   Die DVO vom 21. 12. 1940 zum *SchiffsRG* (RGBl I 1609) stellte in §§ 2113 Abs 1, 2114, 2135   **36**
eingetragene Schiffe, Schiffsbauwerke und Schiffshypotheken den Grundstücksrechten gleich und
erweiterte in entsprechender Weise den Anwendungsbereich der §§ 2165—2167 durch Einfügung des
§ 2168 a.

f)   § 23 der VO des Zentral-Justizamts für die Britische Zone v 12. 7. 1948   **37**
(VOBlBrZ 210) holte die bei Erlaß der EheG 1938 und 1946 vergessene *Anpassung*
des § 2335 an die Änderung des Scheidungsrechts für das Gebiet der BrZ nach (nicht
erwähnt bei Staudinger/Ferid/Cieslar[12] § 2335 Rn 1 ff); für das übrige Bundesgebiet
erfolgte die Anpassung erst durch das FamRÄndG (Staudinger/Ferid/Cieslar[12] § 2335
Rn 4).

g)   Das **GesEinhG** v 5. 3. 1953 brachte außer der Wiedereingliederung des Rechts   **38**
der Errichtung von Testamenten und Erbverträgen in das BGB (Staudinger/Fir-
sching[12] Vorbem 33 ff zu § 2229) Änderungen in §§ 2031, 2370, welche die Feststellung
der Todeszeit eines angeblich Verstorbenen nach §§ 39 ff VerschG berücksichtigen
(hierzu Staudinger/Gursky[12] § 2031 Rn 1 und Staudinger/Firsching[12] § 2370 Rn 1).

h)   Durch das **GleichberG** v 18. 6. 1957 wurde das Ehegattenerbrecht wesentlich   **39**
verändert, und zwar durch Erhöhung des gesetzlichen Erbteils des im Güterstand
der Zugewinngemeinschaft lebenden Ehegatten um ein Viertel des Nachlasses
(§§ 1371 Abs 1, 1931 Abs 3), den sog *„erbrechtlichen Zugewinnausgleich"*, mit teilweise komplizierten Auswirkungen auf das Pflichtteilsrecht (§§ 1371 Abs 2 u 3, 2303
Abs 2 S 2). Der Voraus der Ehegatten wurde ausgebaut (§§ 1932, 2311). Weitere
Ausstrahlungen der Neugestaltung des Ehegüterrechts zeigen sich in §§ 2008, 2054,
2331 u 2356. Wegen der Einzelheiten ist auf die Erläuterung der genannten Vorschriften zu verweisen.

i)   Das *FamRÄndG* v 11. 8. 1961 nahm außer der überfälligen Anpassung des § 2335 (s o Rn 37)   **40**
eine verbale Änderung in § 1963 („angemessen" statt „standesgemäß") vor.

j)   Das **NichtehelG** v 19. 8. 1969 hat in den §§ 1934 a-e (mit Auswirkungen auf   **41**
§§ 1930, 2043 Abs 2 u 2338 a) versucht, dem Verfassungsauftrag zur Schaffung glei-
cher Bedingungen für die unehelichen Kinder (Art 6 Abs 5 GG) durch Sonderregelungen gerecht zu werden (hierzu – auch kritisch – Rn 93 ff sowie Staudinger/Werner
Vorbem 34 ff zu § 1924 u § 1934 a Rn 39 f). Außerdem hat dasselbe Gesetz eine Reihe von
Neuerungen gebracht, die mit der Nichtehelichenproblematik nichts zu tun haben:
Erhöhung des Ehegattenerbteils bei Gütertrennung (§ 1931 Abs 4, vgl dort Staudinger/
Werner Rn 43 ff), *Ausgleichspflicht unter Miterben wegen Mitarbeit oder Pflegetätigkeit*
(§§ 2057 a, 2316 Abs 1 S 1), *Stundung des Pflichtteilsanspruchs* gegen einen selbst
pflichtteilsberechtigten Erben (§ 2331 a).

k)   Das **BeurkG** v 28. 8. 1969 hat in §§ 2033, 2231, 2249, 2250, 2252, 2256, 2258 a,   **42**
2276, 2282, 2291, 2296, 2346 u 2371 die gerichtliche Zuständigkeit zur Beurkundung
(bzw ihre Erwähnung) beseitigt. Außerdem hat es die verfahrensrechtlichen Bestimmungen für die Errichtung ordentlicher öffentlicher Testamente aus dem BGB
herausgenommen (Änderung der §§ 2232 f und Aufhebung der §§ 2234—2246).
Diese Regelungen sind jetzt Inhalt des BeurkG, speziell der §§ 27—35 (Einzelheiten bei
Staudinger/Firsching[12] Vorbem 62 zu § 2229, § 2232 Rn 1 ff und Anhang nach § 2246). Schließ-

lich hat das BeurkG in § 2247 Abs 1 die Worte „in ordentlicher Form" als überflüssig gestrichen.

43 l)   Das G v 27. 6. 1970 (BGBl I 911) hat den *„Offenbarungseid"* (§§ 2006, 2028, 2057) durch die *„eidesstattliche Versicherung"* ersetzt.

44 m)   Das *EGStGB* v 2. 3. 1974 ersetzte in §§ 2025, 2339 den Begriff der „strafbaren Handlung" durch „Straftat".

45 n)   Das *1. EheRG* v 14. 6. 1976 brachte im Rahmen der Scheidungsrechtsreform Änderungen der §§ 1933, 2077, 2268, 2331 a und 2335 (Einzelheiten, auch zur zeitlichen Geltung der Neufassungen, bei STAUDINGER/WERNER § 1933 Rn 1 ff, STAUDINGER/OTTE[12] § 2077 Rn 2 f, STAUDINGER/KANZLEITER[12] § 2268 Rn 2, STAUDINGER/FERID/CIESLAR[12] § 2331 a Rn 1 u § 2335 Rn 5 f).

46 o)   Durch das **AdoptG** v 2. 7. 1976 wurden §§ 1925, 1926, 2043 im Rahmen der Neugestaltung des Adoptionsrechts geändert (vgl STAUDINGER/WERNER Vorbem 46 ff zu § 1924, § 1925 Rn 7 ff, § 1926 Rn 1, 7 ff u STAUDINGER/WERNER[12] § 2043 Rn 1). Außerdem wurden in § 2253 die Worte „oder Rauschgiftsucht" eingefügt.

47 p)   Das G zur *Neuordnung des landwirtschaftlichen Pachtrechts* v 8. 11. 1985 (BGBl I 2065) hat § 2130 dahingehend geändert, daß statt auf §§ 592, 593 auf die neugefaßten §§ 596 a, 596 b verwiesen wird.

48 q)   Das **Betreuungsgesetz** (BtG) v. 12.9.1990 hat die Vormundschaft über Volljährige und die Gebrechlichkeitspflegschaft durch die Betreuung ersetzt; dies berücksichtigen die Einfügung der §§ 1999 S 2 und 2347 Abs 1 S 2 sowie die Änderung der §§ 2201, 2290 Abs 3 S 1, 2351. Außerdem hat es die Entmündigung abgeschafft; infolgedessen wurden §§ 2229 Abs 3, 2230, 2253 Abs 2 gestrichen und § 2229 Abs 2 geändert (zu den genannten Änderungen vgl HAHN FamRZ 1991, 27 ff).

49 Wie die Übersicht zeigt, waren die Novellierungen im wesentlichen, nämlich abgesehen von den Erleichterungen der Testamentsform und der Ausweitung der Ausgleichspflicht, Ausstrahlungen von Reformen an anderen Stellen des Rechtssystems, vor allem im Familienrecht. Zwei besonders wichtige dieser familienrechtlichen Reformgesetze, das GleichberG und das NichtehelG, dienten der Erfüllung der Verfassungsaufträge in Art 3 Abs 2, 117 bzw Art 6 Abs 5 GG (hierzu Rn 88 f, 93 ff).

Zu weiterer nationalsozialistischer Gesetzgebung im Bereich des Erbrechts, die formell nicht in das 5. Buch des BGB eingriff und durch die Kontrollratsgesetzgebung beseitigt wurde, vgl MünchKomm/LEIPOLD Einl 25, 31 ff; AK/DÄUBLER Einl 28; LANGE/KUCHINKE § 2 II, III.

3. Prinzipien des Erbrechts

50 Grundgedanken des Erbrechts des BGB sind die **Familiengebundenheit des Vermögens** (Familienerbrecht) und die **Testierfreiheit** sowie – in konstruktiver Hinsicht – die ipso iure eintretende **Gesamtnachfolge**.

51 Zwar ist nicht die Familie als solche Rechtssubjekt, sondern nur das einzelne Familienmitglied; der Erwerb und die Erhaltung von Vermögensrechten werden aber in hohem Maße durch Rücksichten auf Angehörige motiviert sowie durch ideelle oder wirtschaftliche Beiträge von Angehörigen (Erziehung, finanzielle Unterstützung, Mitarbeit, Konsumverhalten) ermöglicht, und die Nutzung von Vermögensrechten erfolgt weithin im Familienverband. Mithin hat das Erbrecht die Aufgabe, die Fortsetzung des ideellen und wirtschaftlichen **Zusammenhangs von Vermögen und Familie** über den Tod des Vermögensinhabers hinaus zu ermöglichen.

Dem dienen in erster Linie das gesetzliche Erbrecht und das Pflichtteilsrecht. Bei **52** *gesetzlicher Erbfolge* sind zunächst die Abkömmlinge und der Ehegatte des Erblassers zur Nachfolge in sein Vermögen berufen (§§ 1924, 1931), wobei die Stellung des Ehegatten noch durch den Anspruch auf den Voraus (§ 1932) verbessert ist; Verwandte in aufsteigender Linie und in der Seitenlinie sind beim Fehlen von Abkömmlingen zur Erbfolge berufen, soweit sie nicht durch das Erbrecht des Ehegatten ausgeschlossen werden (§§ 1925 ff). Das *Pflichtteilsrecht* gewährt nächsten Angehörigen (nämlich den Kindern und dem Ehegatten, uU auch entfernteren Abkömmlingen und den Eltern), wenn der Erblasser sie bei der rechtsgeschäftlichen Regelung der Erbfolge übergangen hat, einen Anspruch auf den Wert ihres halben gesetzlichen Erbteils (§§ 2303 ff) und bindet auf diese Weise das Vermögen des Erblassers wenigstens teilweise innerhalb der Familie. Indirekt wirkt auch das *Erbschaftsteuerrecht* in diesem Sinne, indem es den Erwerb durch entferntere Angehörige und Familienfremde höheren Steuersätzen unterwirft als den Erwerb durch die nächsten Angehörigen (§§ 15, 19 ErbStG) und letzteren wesentlich größere Freibeträge zubilligt (§§ 16 f ErbStG).

Die Familiengebundenheit des Vermögens berücksichtigt das BGB ferner dadurch, daß es die *Testa-* **53** *mentsanfechtung wegen irrtümlicher Übergehung von Pflichtteilsberechtigten* in § 2079 unter geringeren Voraussetzungen zuläßt als die Anfechtung wegen Motivirrtums, sowie dadurch, daß es Ehegatten die Möglichkeit eröffnet, aufeinander abgestimmte und in ihrer Wirksamkeit miteinander verknüpfte Verfügungen von Todes wegen *(gemeinschaftliches Testament,* §§ 2265 ff; *Ehegattenerbvertrag,* § 2280) zu treffen. Schließlich kommt der Gedanke der Familiengebundenheit des Vermögens auch in einigen *Auslegungsregeln* (insbesondere in § 2069) sowie in den Vorschriften über die *Ausgleichung unter Abkömmlingen* (§§ 2050 ff, 2316), über die *Pflichtteilsbeschränkung in guter Absicht* (§ 2338) und über den *Dreißigsten* (§ 1969) zum Ausdruck.

Die **Testierfreiheit** gibt dem Erblasser die Möglichkeit, über das Schicksal seines Ver- **54** mögens ohne Bindung an die gesetzliche Erbfolge zu verfügen. Er ist dabei selbstverständlich an die Grenzen gebunden, die für die rechtsgeschäftliche Freiheit überhaupt gelten (§§ 134, 138; hierzu STAUDINGER/OTTE[12] Vorbem 135 ff zu § 2064), zusätzlich aber auch einem erbrechtlichen *Typenzwang* (s Vorbem 14 f zu § 1937), einem entsprechenden *Formzwang* (Rn 57) und dem Gebot der *Höchstpersönlichkeit* (Rn 58) unterworfen. Die Testierfreiheit ist kein pflichtgebundenes Recht, das nur zum Wohle der Familie ausgeübt werden dürfte, sondern (entgegen STAUDINGER/BOEHMER[11] Einl § 17 Rn 1) ein individuelles Freiheitsrecht, das der Verwirklichung der Privatautonomie auf dem Gebiete des Erbrechts dient.

Die Testierfreiheit darf nicht als Gegenpol zum Familienerbrecht verstanden wer- **55** den; sie ist nämlich auch und gerade notwendig, um bei der Weitergabe des Vermögens in der Familie von der gesetzlichen Erbfolge, deren Schematismus den persönlichen und wirtschaftlichen Gegebenheiten oft nicht voll gerecht wird, abzu-

Gerhard Otte

weichen und so das Vermögen den Angehörigen überhaupt erst oder leichter zu erhalten (ebenso PAPANTONIOU AcP 173, 393 ff). Allerdings schließt die Testierfreiheit auch die Befugnis ein, das Vermögen teilweise oder – soweit dem im wirtschaftlichen Ergebnis nicht das Pflichtteilsrecht entgegensteht – in vollem Umfang familienfremden Personen zuzuwenden. Eine Begründung für die Übergehung aller gesetzlichen Erben braucht der Erblasser ebensowenig zu geben wie für eine von der gesetzlichen Erbfolge abweichende Vermögensverteilung unter seinen Angehörigen.

56 Die Testierfreiheit äußert sich im *Vorrang der gewillkürten vor der gesetzlichen Erbfolge*. Die ihr zu Gebote stehenden Mittel sind in *inhaltlicher* Hinsicht folgende Anordnungen: Einsetzung eines oder mehrerer Erben (§ 1937), Ausschluß von der gesetzlichen Erbfolge (§ 1938), Vermächtnis (§ 1939), Auflage (§ 1940), Anordnungen bzgl der Auseinandersetzung einer Erbengemeinschaft (§§ 2044, 2048 f), Anordnung der Testamentsvollstreckung (insbesondere Ernennung des Testamentsvollstreckers, § 2197, sowie Festlegung seiner Befugnisse, §§ 2207–2209, 2222 f, und seiner Vergütung, § 2221), Anordnungen bzgl der Pflichtteilslast (§ 2324), Entziehung oder Beschränkung des Pflichtteilsrechts (§§ 2333 ff), Entziehung des Erbersatzanspruchs (§ 2338 a), Einsetzung eines Schiedsgerichts (§ 1048 ZPO, hierzu Vorbem 6 ff zu § 1937), Wahl des deutschen Rechts für im Inland belegenes unbewegliches Vermögen (Art 25 Abs 2 EGBGB). Die Anordnungen können mit Bedingungen oder Zeitbestimmungen verbunden werden. In engen Grenzen kann der Erblasser die Befugnis, Anordnungen zu treffen, auch Dritten übertragen (vgl STAUDINGER/OTTE[12] § 2065 Rn 4-7). Durch Kombination zulässiger Anordnungen ergibt sich ein außerordentlich weiter Gestaltungsspielraum (hierzu Vorbem 12 zu § 1937).

57 In *formeller* Hinsicht stehen für die Ausübung der Testierfreiheit verschiedene Geschäftsformen zur Verfügung: Das widerrufliche Testament, das eigenhändig (§ 2247) oder zur Niederschrift eines Notars (§ 2232), in Notfällen auch vor anderen Personen (§§ 2249 ff) errichtet werden kann, sowie der bindende, dh nicht widerrufliche Erbvertrag (§ 2276). Die Formvorschriften für Verfügungen von Todes wegen bezwecken den Schutz des Erblasserwillens (vor Übereilung, Verfälschung und Unterdrückung) und stehen daher im Dienste der Testierfreiheit (vgl STAUDINGER/OTTE[12] Vorbem 38 f zu § 2064).

58 Abgesichert wird die Testierfreiheit in spezifisch erbrechtlicher Weise durch die Gebote der *Höchstpersönlichkeit* der Verfügungen von Todes wegen (§§ 2064 f, 2274 sowie Verweisung in § 2279 Abs 1 auf § 2065) und das Verbot schuldrechtlicher Verpflichtungen zur Errichtung oder Aufhebung einer Verfügung (§ 2302), ferner durch die Anfechtbarkeit von Verfügungen wegen Irrtums und widerrechtlicher Drohung (§§ 2078, 2281) sowie durch die Vorschriften über Erbunwürdigkeit (vgl die Erbunwürdigkeitsgründe in § 2339).

59 Zum rechtstechnischen Prinzip der **Gesamtnachfolge** s STAUDINGER/MAROTZKE § 1922 Rn 44 ff, zum „Automatismus" des Vermögensübergangs *(Vonselbsterwerb oder Anfallprinzip)* s § 1942 Rn 1 ff.

4. Erbrecht und Verfassung*

a) Erbrechtsgarantie

Das Erbrecht wird durch Art 14 Abs 1 S 1 GG ausdrücklich gewährleistet. Anders **60**
als Art 154 WRV bindet diese Gewährleistung die staatliche Gewalt als unmittelbar
geltendes Recht (Art 1 Abs 3 GG). Sie wirkt sich nach zwei Seiten aus: als **Institutsgarantie** und als **Garantie von Individualrechten**. Die Garantie des Erbrechts als
Rechtsinstitut umfaßt nicht das Erbrecht in seiner konkreten Ausgestaltung durch
das 5. Buch des BGB, sondern die dieses Rechtsgebiet konstituierenden Prinzipien
oder, in Abwandlung eines Wortes von MARTIN WOLFF, der den Gedanken der
Institutsgarantie für das Eigentum entwickelt hat (Festgabe W Kahl [1923] IV 6), einen
Bestand von Normen, *der den Namen Erbrecht verdient*. Als garantiert anzusehen
sind die Prinzipien (s o Rn 50 ff) der **Testierfreiheit** und (nicht unstr, s u Rn 68 ff) der **Familiengebundenheit des Vermögens**, letztere in Gestalt des gesetzlichen Erbrechts der
Verwandten und des Ehegatten sowie des Pflichtteilsrechts der nächsten Angehöri-
gen, also die das deutsche Erbrecht seit der Rezeption des römischen Rechts
prägenden materiellen Grundsätze. Grundlegend hierfür sind immer noch die Ausführungen von GUSTAV BOEHMER (in: NIPPERDEY, Die Grundrechte und Grundpflichten der
Reichsverfassung, Kommentar zum zweiten Teil der Reichsverfassung, 3. Bd [1930] 253 ff), der die
Lehre WOLFFS von der Institutsgarantie auf die Erbrechtsgewährleistung (Art 154
WRV) angewandt hat.

---

* **Schrifttum:** BARNSTEDT, Das Höferecht und
die Erbrechtsgarantie des Art. 14 des Grundgesetzes, DNotZ 1969, 14; BOEHMER, Erbrecht,
in: NEUMANN/NIPPERDEY/SCHEUNER, Die
Grundrechte II (1954) 401; BOWITZ, Zur Verfassungsmäßigkeit der Bestimmungen über die
Pflichtteilsentziehung, JZ 1980, 304; BRÜGGE-
MANN, Einige Bemerkungen zur Verfassungsmäßigkeit des vorzeitigen Erbausgleichs,
ZBlJugR 1972, 242; HETMEIER, Grundlagen
der Privaterbfolge in der Bundesrepublik
Deutschland und in der DDR (1990); JAYME,
Europäische Menschenrechtskonvention und
deutsches Nichtehelichenrecht, NJW 1979,
2425; LEIPOLD, Wandlungen in den Grundlagen
des Erbrechts, AcP 180, 160; LEISNER, Grundrechte und Privatrecht (1960); ders, Verfassungsrechtliche Grenzen der Erbschaftsbesteuerung (1970); ders, Erbrecht, in: ISENSEE/
KIRCHHOF, Handbuch des Staatsrechts VI
(1989) § 150; LORITZ, Das Grundgesetz und die
Grenzen der Besteuerung, NJW 1986, 1; MI-
KAT, Gleichheitsgrundsatz und Testierfreiheit,
in: FS Nipperdey (1965) I 581; MUSSGNUG,
Verfassungsrechtlicher und gesetzlicher Schutz
vor konfiskatorischen Steuern, JZ 1991, 993;
NOHL, Vermögensredistribution durch die Besteuerung von Erbschaften und die Erbrechts-
und Eigentumsgarantie in Artikel 14 des
Grundgesetzes (Diss Marburg 1979); OTTE, Die
Nichtigkeit letztwilliger Verfügungen wegen
Gesetzes- oder Sittenwidrigkeit, JA 1985, 192;
ders, Ist § 2325 III 2. HalbsatzBGB wirklich
verfassungswidrig? in: FS vLübtow (1991) 305;
K PETERS, Pflichtteilsergänzungsansprüche we-
gen Schenkungen des Erblassers an seinen Ehegatten, FamRZ 1973, 169; PIEROTH, Grundge-
setzliche Testierfreiheit, sozialhilferechtliches
Nachrangprinzip und das sogenannte Behinder-
tentestament, NJW 1993, 173; QUEBE, Die
Erbrechtsgarantie, Inhalt und Schranken (Diss
Bielefeld 1993); A ROTH, Die aktuelle Bedeutung des Art. 6 V GG für das Recht des nichtehelichen Kindes, FamRZ 1991, 139; STÖCKER,
Über die Anwendung der Menschenrechte auf
„Nichteheliche", DAV 1978, 481; ders, Das
Grundrecht zu erben, WM 1979, 214; ders, Die
einkommensteuerliche Behandlung der Unternehmensvererbung – Eingriff in die Erbrechtsgarantie, WM 1981, 570; THIELMANN, Sitten-
widrige Verfügungen von Todes wegen (1973);
ferner die Kommentare zum GG, insbesondere
zu Art 14.

61 Üblicherweise wird zum Inhalt der Erbrechtsgarantie auch das Prinzip des **Privaterbrechts** gezählt (statt aller MünchKomm/LEIPOLD Einl 17). Privaterbrecht ist jedoch kein mit anderen auf gleicher Stufe stehender Grundsatz des Erbrechts, sondern das Erbrecht selbst. Die Gegenansicht (zB PAPANTONIOU AcP 173, 386) verkennt, daß eine Rechtsordnung, die das Vermögen eines Menschen bei seinem Tod nicht nur in besonderen Fällen, sondern grundsätzlich auf den Staat übergehen ließe, das Erbrecht nicht modifizieren, sondern abschaffen würde (und zugleich innerhalb einer Generation im wesentlichen auch das Privateigentum, soweit es nicht durch Vermögensübertragung unter Lebenden der Nachlaßkonfiskation entzogen wird, was eine solche Rechtsordnung konsequenterweise zu verhindern suchen müßte). Privaterbrecht kann als Negation des Staatserbrechts auch keinen außerhalb der Prinzipien der Testierfreiheit und der Familiengebundenheit des Vermögens liegenden Inhalt haben (ebenso SOERGEL/STEIN Einl 6 Fn 8). Es erübrigt sich daher, vom Privaterbrecht als einem besonderen Inhalt der Erbrechtsgarantie zu sprechen.

62 Die **Vererblichkeit** des Vermögens natürlicher Personen schließt nicht die Vererblichkeit *aller* Vermögensrechte ein. Was vererblich und was unvererblich ist, kann die Gesetzgebung, selbstverständlich unter Beachtung der Eigentumsgarantie des Art 14 Abs 1 S 1 GG, regeln. Beispiele aus der Rspr des BVerfG: Verfassungsrechtlich unbedenklich sind das Erlöschen einer Apothekenkonzession mit dem Tod ihres Inhabers (BVerfGE 17, 249) und die Unvererblichkeit von Ansprüchen aus der gesetzlichen Rentenversicherung, die der Versicherte zu seinen Lebzeiten nicht geltend gemacht hatte (BVerfGE 19, 202 ff).

63 Die Garantie der **Testierfreiheit** würde sich nach richtiger Ansicht auch ohne ausdrückliche Erwähnung des Erbrechts in Art 14 Abs 1 S 1 GG aus dieser Vorschrift herleiten lassen, nämlich aus der Garantie des *Eigentums*. Denn Eigentum im Sinne des Art 14 GG schließt nicht nur die Befugnis zur Nutzung von Vermögensrechten, sondern grundsätzlich auch die Befugnis zu ihrer Übertragung, und zwar mit dauernder Wirkung, ein. Die Aufhebung der Befugnis, von Todes wegen über Vermögensrechte zu verfügen, käme bei Beibehaltung der Familiengebundenheit des Vermögens durch gesetzliche Erbfolge einer Umwandlung des Individualeigentums in Familieneigentum gleich; bei gleichzeitiger Abschaffung der gesetzlichen Familienerbfolge bliebe vom Eigentum nur noch ein zeitlich begrenztes Nutzungsrecht übrig. In beiden Fällen läge ein unzulässiger (Art 19 Abs 2 GG) *Eingriff in den Wesensgehalt* des Eigentums vor. Schon deswegen muß der Gesetzgeber rechtsgeschäftliche Anordnungen über die Vermögensverteilung im Todesfalle anerkennen.

Wie hier sehen den Zusammenhang zwischen Erbrechts- und Eigentumsgarantie BOEHMER in: NEUMANN/NIPPERDEY/SCHEUNER II 407 und PAPIER in: MAUNZ/DÜRIG GG Art 14 Rn 244; vgl ferner, allerdings ausdrücklich auf „Privaterbrecht" und nicht auf den Grundsatz der Testierfreiheit bezogen, BonnKomm/KIMMINICH GG Art 14 Rn 95; BRYDE in vMÜNCH/KUNIG[4] Art 14 GG Rn 45; SCHLÜTER § 2 II; MünchKomm/LEIPOLD Einl 17; auch BVerfGE 67, 341: „die Testierfreiheit ... ist als Verfügungsbefugnis des Eigentümers über den Tod hinaus eng mit der Garantie des Eigentums verknüpft"; **aM** SOERGEL/STEIN Einl 4, wonach sogar die Beseitigung des Privaterbrechts – also nicht nur der Testierfreiheit – das Eigentum nicht in seinem Wesensgehalt treffen soll.

64 Daß die Testierfreiheit schon von der Eigentumsgarantie gedeckt ist, nötigt indessen nicht zu der Annahme, die Garantie des Erbrechts in Art 14 Abs 1 S 2 GG bezöge sich nicht auch auf sie. Hingegen will STÖCKER (WM 1979, 217 ff) die Testierfreiheit ganz aus der Erbrechtsgarantie ausklammern und nur der Eigentumsgarantie zuweisen, um innerhalb der Erbrechtsgarantie Raum für ein am Gleichheitsgrundsatz orientiertes „Grundrecht zu erben" zu gewinnen. Ähnlich sieht BRINKMANN (GG Art 14 Anm I 1 b) das „Erbrecht" in Art 14 GG als Anrecht des Erben auf Gesamtnachfolge, während die Testierfreiheit nur durch Art 2 Abs 1 GG gewährleistet sei (was zur Folge hätte, daß sie durch jedes zur „verfassungsmäßigen Ordnung", die ja als Gesamtheit der verfassungsmäßigen Rechtsnormen verstanden wird [BVerfGE 6, 32, 38; 72, 200, 245], gehörende Gesetz eingeschränkt werden könnte). Derartige Deutungen des verfassungsrechtlichen Begriffs des Erbrechts widersprechen jedoch der grammatischen, historischen und systematischen Interpretation und sind daher abzulehnen.

Die Gesetzgebung kann (nicht beliebig, wohl aber) zur Herstellung praktischer Kon- **65** kordanz zwischen Testierfreiheit und anderen Rechtsgütern *Inhalt und Schranken der Testierfreiheit* bestimmen (Art 14 Abs 1 S 2 GG). Verfassungsrechtlich unbedenklich sind daher der Form- und der Typenzwang für Verfügungen von Todes wegen, aber auch die zeitliche Begrenzung der Wirkungsdauer bestimmter Verfügungen (§§ 2044 Abs 2, 2109, 2162 f, 2210).

Keine unzulässige Beschränkung der Testierfreiheit stellt das in § 14 Abs 1 u 5 **HeimG** **66** enthaltene Verbot für Heimträger sowie Leiter, Beschäftigte und sonstige Mitarbeiter eines Heimes dar, sich über das nach § 4 HeimG vereinbarte Entgelt hinaus von oder zugunsten von Bewohnern Geld oder geldwerte Leistungen versprechen oder gewähren zu lassen (BayObLG NJW 1992, 56; **aA** BISCHOFF DÖV 1978, 203 f; KORBMACHER, Grundfragen des öffentlichen Heimrechts [Diss FU Berlin 1989] 161 ff). Denn nach richtiger Auslegung steht dieses Verbot keineswegs der Gültigkeit solcher testamentarischen Erbeinsetzungen entgegen, die ohne Kenntnis der Bedachten und daher auch nicht im Einvernehmen mit ihnen vorgenommen werden und zu Lebzeiten des Erblassers auch nicht zu ihrer Kenntnis gelangen (BayObLG 56 f; KUNZ/RUF/WIEDEMANN[6] § 14 HeimG Rn 3, 7, 24; SOERGEL/STEIN § 1923 Rn 11).

Im **Landwirtschaftserbrecht** stellt das Gebot der geschlossenen Vererbung, wonach **67** zum Hoferben immer nur *eine* Person berufen werden kann (§ 16 Abs 1 S 1 iVm § 4 S 1 HöfeO), ebenfalls nur eine zulässige Schrankenbestimmung der Testierfreiheit dar. Verfassungsrechtliche Bedenken bestehen jedenfalls seit der Einführung des fakultativen Höferechts (§ 1 Abs 4 HöfeO) durch die Novelle v 29. 3. 1976 nicht mehr (wie hier WÖHRMANN/STÖCKER § 1 HöfeO Rn 5; LANGE/WULFF/LÜDTKE-HANDJERY § 16 HöfeO Rn 3; **aA** KROESCHELL AgrarR 1974, 86 u 1982, 265 f; STAUDINGER/PROMBERGER/SCHREIBER[12] Art 64 EGBGB Rn 106, weitere Nachweise dort Rn 158). Aus den gleichen Erwägungen ist auch die Einschränkung des Rechts zur freien Bestimmung des Hoferben durch § 7 Abs 2 HöfeO als zulässig anzusehen (**aA** KROESCHELL AgrarR 1974, 86). Landesrechtliche Anerbengesetze können wegen Art 64 Abs 2 EGBGB die Testierfreiheit nicht beschränken (hierzu STAUDINGER/PROMBERGER/SCHREIBER[12] Art 64 EGBGB Rn 33 ff, 134, 153 ff mwN, auch zur umstr Frage der Geltung von Art 6 des württ G über das Anerbenrecht v 14. 2. 1930; ferner BOEHMER in: NEUMANN/NIPPERDEY/SCHEUNER II 419 f, der aber übersieht, daß die HöfeO wegen Art 125 Nr 1 GG nicht Landesrecht ist). Fraglich ist, ob § 8 Abs 2 HöfeO in verfassungsrechtlich zulässiger Weise Verfügungen eines Ehegatten über seinen Anteil am Ehegattenhof ausschließt (hierzu WÖHRMANN/STÖCKER § 8 HöfeO Rn 16 ff).

68 Der Grundsatz der **Familiengebundenheit des Vermögens** wird nach verbreiteter Ansicht ebenfalls von der Erbrechtsgarantie umfaßt (BOEHMER in: NEUMANN/NIPPERDEY/ SCHEUNER II 416 f; vLÜBTOW I 20 f; MünchKomm/LEIPOLD Einl 17; JAUERNIG/STÜRNER Vorbem 1; EBENROTH Rn 60; vMANGOLDT/KLEIN GG Art 14 Anm III 2; PAPIER in: MAUNZ/DÜRIG GG Art 14 Rn 239, 244 ff; BRYDE in: vMÜNCH/KUNIG[4] Art 14 GG Rn 48; AK/RITTSTIEG GG Art 14 Rn 134; BGHZ 98, 226, 233 [für das Pflichtteilsrecht]; iE auch STÖCKER WM 1979, 219 ff). Nach anderer Ansicht ist er ausschließlich aus Art 6 Abs 1 GG abzuleiten (SOERGEL/STEIN Einl 7; STAUDINGER/FERID/CIESLAR[12] Einl 22 zu § 2303; LANGE/KUCHINKE § 2 IV 214; BVerfGE 67, 329, 341 hat die Frage ausdrücklich offen gelassen; nach BGB-RGRK/KREGEL Einl 4, der allerdings auf Art 6 GG nicht eingeht, soll überhaupt nur die Testierfreiheit Verfassungsschutz genießen).

69 Eigener Standpunkt: Die Auffassung, nur die Testierfreiheit sei verfassungsrechtlich geschützt, ist aus mehreren Gründen nicht vertretbar: Zunächst wäre schon die besondere Erwähnung des Erbrechts in Art 14 GG überflüssig, weil die Garantie der Testierfreiheit schon aus der Eigentumsgarantie gefolgert werden kann. Außerdem würde die Abschaffung der gesetzlichen Erbfolge der Verwandten und des Ehegatten einen derart radikalen Bruch mit der Rechtstradition darstellen, daß die Bezeichnung des Gegenstandes der Verfassungsgarantie als „Erbrecht" (und nicht als „Testierfreiheit") unverständlich bliebe, wenn dem Gesetzgeber eine so weitreichende Dispositionsbefugnis hätte eingeräumt werden sollen. – Für die Herleitung des Schutzes der Familiengebundenheit des Vermögens (nur) aus Art 6 Abs 1 GG besteht die Schwierigkeit, daß diese Vorschrift keinen Ansatzpunkt für die unterschiedliche rechtliche Behandlung von Vermögensübertragungen unter Lebenden einerseits und erbrechtlichem Erwerb andererseits bietet. Unter Lebenden ist der Gedanke der Familiengebundenheit des Vermögens im geltenden Recht nur schwach entwickelt, nämlich in den Verfügungsbeschränkungen der §§ 1365, 1369, im Wahlgüterstand der Gütergemeinschaft und in einer gewissen Vorzugstellung von Unterhaltsansprüchen im Zwangsvollstreckungs- und Konkursrecht (§§ 850 c, d ZPO, vgl auch § 811 ZPO, insbes Nr 1-5, § 58 Nr 3 KO). Will man diesen Rechtszustand nicht als verfassungswidrig bezeichnen, weil er dem Auftrag zum Schutz von Ehe und Familie nicht genüge (was, soweit ersichtlich, von keiner Seite geschieht), kann man eine *erbrechtliche* Gebundenheit des Vermögens kaum auf Art 6 Abs 1 GG stützen. Die praktische Relevanz des Meinungsstreits liegt darin (vgl SOERGEL/ STEIN Einl 7 f), daß eine (nur) durch Art 6 Abs 1 GG gewährleistete Familiengebundenheit des Vermögens lediglich den persönlichen Schutzbereich dieser Vorschrift hätte, der nur Ehe und Kleinfamilie umfaßt (vgl statt aller GERNHUBER, Lehrbuch des Familienrechts § 5 I 1), und daß Art 6 Abs 1 GG einer Ersetzung des Familienerbrechts durch alternative staatliche Maßnahmen zur wirtschaftlichen Sicherstellung der Familienangehörigen nicht entgegenstände. Damit wären das gesetzliche Erbrecht nicht nur aller Seitenverwandten, sondern auch zwischen Eltern und ihren volljährigen, wirtschaftlich selbständigen Abkömmlingen und darüberhinaus das gesamte Pflichtteilsrecht zur Disposition des Gesetzgebers gestellt. Die hier vertretene Ansicht, Art 14 Abs 1 S 1 GG schütze *beide* materiellen Prinzipien des Erbrechts, vermeidet dieses Ergebnis. Sie macht zugleich deutlich, daß das *Spannungsverhältnis zwischen Testierfreiheit und Familiengebundenheit* selbst unter die Verfassungsgarantie fällt und nicht vom Gesetzgeber nach der einen oder der anderen Seite gänzlich zum Verschwinden gebracht werden darf. Damit gewinnt die Erwähnung des Erbrechts neben dem Eigentum erst ihren eigentlichen Sinn, denn die Eigentumsgarantie selbst enthält keine Bindung zugunsten der Familie. Das Spannungsverhältnis zwischen Testierfreiheit und Familiengebundenheit ist im geltenden Recht so ausgestaltet, daß die Familienerbfolge als gesetzliche gegenüber der gewillkürten Erbfolge subsidiär ist, also in Ausübung der Testierfreiheit verdrängt werden kann, den Angehörigen des Erblassers aber durch das Pflichtteilsrecht grundsätzlich die Hälfte des Nachlaßwertes gesichert bleibt.

Die *gesetzliche Erbfolge der Verwandten* ist nach einhelliger Auffassung nicht in der **70** konkreten Ausgestaltung durch das BGB, das in § 1929 auch die entferntesten Verwandten noch zu den gesetzlichen Erben zählt, verfassungsrechtlich geschützt (statt aller MünchKomm/Leipold Einl 17). Über den Umfang der zulässigen Einschränkung besteht jedoch keine Einigkeit. In historischer und rechtsvergleichender Hinsicht ist zu bemerken, daß in den Beratungen zum BGB die Grenze des gesetzlichen Erbrechts nach der 4. Parentel gezogen wurde (Prot V 469 ff); erst die Reichstagskommission (KommBer 305 f) kehrte zum unbegrenzten Verwandtenerbrecht des E I § 1969 (hierzu Mot V 366 f) zurück, obwohl dieses schon die Mehrzahl der Kritiker gegen sich gehabt hatte (Belege bei Staudinger/Boehmer[11] Einl § 7 Rn 10). Regierungsvorlagen eines Gesetzes „Über das Erbrecht des Staates" von 1908 und 1913, die im Reichstag scheiterten, sahen sogar nur noch für die 2. Parentel und die Großeltern ein gesetzliches Erbrecht vor (hierzu Staudinger/Boehmer[11] Einl § 7 Rn 11). Die ausländische Gesetzgebung kennt neben der Anerkennung einer unbeschränkten Verwandtenerbfolge auch Beispiele von Beschränkungen auf die 4. oder 3. Parentel, bei Gradualsystemen auf den 4. Grad der Seitenverwandtschaft (Großonkel, -tante; Vetter, Cousine; Großneffe, -nichte). In sozialistischen Rechtsordnungen kamen sogar Beschränkungen auf die 1. Parentel und die Eltern vor (Einzelheiten bei Staudinger/Boehmer[11] Einl § 8). Vor diesem Hintergrund kann nicht von einer Bestandsgarantie des Erbrechts der entfernteren Ordnungen ausgegangen werden. Andererseits würde man den geschützten Personenkreis in ungerechtfertigter Weise einengen, wenn man nur den Pflichtteilsberechtigten ein garantiertes gesetzliches Erbrecht zuerkennen will (so aber Staudinger/Boehmer[11] Einl § 7 Rn 24 und § 23 Rn 16 sowie in: Neumann/Nipperdey/Scheuner II 411 f, 417; ihm folgend Papier in: Maunz/Dürig GG Art 14 Rn 245; Bryde in: vMünch/Kunig[4] Art 14 Rn 48; Soergel/Stein Einl 8 unter Berufung auf den Schutzbereich des Art 6 GG; ähnlich Brox Rn 24 „Ehegatten und Kinder"; zurückhaltend auch MünchKomm/Leipold Einl 18 „Ehegatten und engere Familie"; weitergehend, aber unscharf Lange/Kuchinke § 2 IV 3 b „Ehegatten und nahe Verwandte"). Dies dürfte am Beispiel folgender Fallgestaltung leicht erkennbar sein: Eltern haben ihr ältestes Kind zum Alleinerben eingesetzt; sie und kurz danach auch dieses Kind kommen ums Leben. Nach der hier abgelehnten Ansicht wäre es zulässig, die überlebenden Geschwister von Gesetzes wegen auf gegen den Staat als Erben geltend zu machende Pflichtteilsansprüche nach den Eltern zu beschränken und im Falle eines Pflichtteilsverzichts sogar völlig leer ausgehen zu lassen. Dabei würde aber verkannt, daß die Vorstellung, derzufolge kinderlose, unverheiratete Personen nach Vorversterben der Eltern bei gesetzlicher Erbfolge von ihren Geschwistern oder deren Abkömmlingen beerbt werden, mit der Idee der Familiengebundenheit des Vermögens fest verbunden war und noch immer ist. Das gesetzliche Erbrecht nicht nur der Verwandten gerader Linie, sondern auch der Seitenverwandten in der 2. Ordnung muß daher wohl als verfassungsrechtlich garantiert angesehen werden. Der „Erbonkel" gehört also zum unantastbaren Bestand, nicht hingegen die „Erbvettern" oder „Erbneffen", die der Sprachgebrauch ja auch nicht kennt (so schon die amtliche Begründung zu den Regierungsentwürfen von 1908 und 1913, vgl STAUDINGER/BOEHMER[11] Einl § 7 Rn 22).

71 Der fast allgemein bejahte verfassungsrechtliche Schutz des *Pflichtteilsrechts* der Abkömmlinge und des Ehegatten (BVerfGE 67, 329, 341; BOEHMER in: NEUMANN/NIPPERDEY/SCHEUNER II 417; vLÜBTOW I 21; BROX Rn 24; LANGE/KUCHINKE § 2 IV 3 b; MünchKomm/LEIPOLD Einl 18; PAPIER in MAUNZ/DÜRIG GG Art 14 Rn 246; zweifelnd SOERGEL/STEIN Einl 7 f; **aA** – ohne Begründung – BGB-RGRK/KREGEL Einl 4 unter verfehlter Berufung auf STAUDINGER/BOEHMER[11] Einl § 23 Rn 18, vgl dort Rn 16) bedeutet, daß die Familiengebundenheit des Vermögens nicht nur gegenüber staatlichem Zugriff, sondern wirtschaftlich in erheblichem Umfang auch gegen eine familienfremde Ausübung der Testierfreiheit gesichert ist.

72 Art und Umfang der gesetzlichen Nachlaßbeteiligung der Angehörigen kann die Gesetzgebung gemäß Art 14 Abs 1 S 2 GG abweichend vom derzeitigen Recht regeln. In Betracht kommen beispielsweise (nur unter dem Gesichtspunkt verfassungsrechtlicher Zulässigkeit betrachtet): Ausgestaltung der Ehegattenbeteiligung bei bekinderter Ehe als bloße Vorerbschaft oder Nießbrauchsvermächtnis (der auf dem GleichberG beruhende Erbteil aus § 1371 Abs 1 müßte aber, weil er nur formal aus dem Vermögen des Erblassers stammt, materiell hingegen pauschalierter Zugewinnausgleich, also selbstverdient ist, anders behandelt werden, dh für den Ehegatten frei verfügbar bleiben oder durch den schuldrechtlichen Zugewinnausgleich ersetzt werden); Abschwächung des Erbrechts der Abkömmlinge zur Nacherbfolge nach dem überlebenden Ehegatten, uU mit Erhöhung der auf die Kinder entfallenden Quote; Verteilung unter entfernteren Abkömmlingen, Aszendenten und Seitenverwandten gleichen Grades nicht nach Stämmen und Linien, sondern nach Köpfen; Ersetzung des Parentelsystems von der 2. Ordnung an durch das Gradualsystem; Verstärkung des Pflichtteilsrechts zu einem materiellen Noterbrecht (vgl STAUDINGER/FERID/CIESLAR[12] Einl 23 zu § 2303); Einbeziehung der Geschwister in den Kreis der Pflichtteilsberechtigten. – Unzulässig wäre der Ausschluß jeglicher Nachlaßbeteiligung des Ehegatten zugunsten der Abkömmlinge oder der Abkömmlinge zugunsten des Ehegatten. Verfassungsrechtlich nicht haltbar ist daher der Vorschlag von BUCHHOLZ (FamRZ 1985, 883), den im „Berliner Testament" (§ 2269) als Schlußerben eingesetzten oder ganz übergangenen Abkömmlingen den Pflichtteilsanspruch nach dem erstversterbenden Ehegatten zu nehmen. – Zur Frage nach der Bedeutung des allgemeinen Gleichheitsgrundsatzes (Art 3 Abs 1 GG) für die Behandlung der Nachlaßbeteiligung gleich naher Angehöriger (insbesondere Kinder) s u Rn 81 ff.

73 Problematisch ist angesichts der Erbrechtsgarantie die Grenze verfassungsrechtlich zulässiger Besteuerung erbrechtlichen Erwerbs. Die Zulässigkeit der **Erbschaftsteuer** an sich geht aus Art 106 Abs 2 Nr 2 GG hervor. Durch hohe Erbschaftsteuern können jedoch Testierfreiheit, gesetzliches Erbrecht und Pflichtteilsrecht ohne formelle Beseitigung materiell weitgehend entleert werden. Es bedarf daher einer Grenzziehung. Dabei ist zu beachten, daß die Sozialpflichtigkeit aus Art 14 Abs 2 GG sich nicht auf das Erbrecht, sondern nur auf das Eigentum bezieht. Vermögen ist demnach zwar in der Hand des Erben ebenso wie in der des Erblassers sozialpflichtig, der Übergang auf den Erben begründet aber als solcher keine zusätzliche oder gesteigerte Sozialbindung (ebenso MünchKom/LEIPOLD Einl 16; vMANGOLDT/KLEIN[2] Art 14 GG

Anm IV 1 b; Nohl 124; aA Bryde in vMünch/Kunig⁴ Art 14 GG Rn 45; Brox Rn 24). Erbrechtlicher Erwerb kann daher wie anderer Erwerb zur Deckung des staatlichen Finanzbedarfs besteuert werden, ist jedoch kein gerechtfertigter Anlaß zur Umverteilung (bedenklich, gegenüber dem ErbStG als Bundesrecht allerdings auch bedeutungslos Art 123 Abs 3 BayVerf). Wenn die Steuer das zu vererbende (Schutz der Testierfreiheit!) bzw ererbte (Schutz der Nachlaßbeteiligung der Familienangehörigen!) Vermögen ganz oder auch nur teilweise vernichtet, ist sie verfassungswidrig. Es darf also nicht zu einem für den Erblasser und den steuerpflichtigen Nachlaßbeteiligten unabwendbaren *Eingriff in die Substanz* kommen (zu dieser Grenze der Besteuerung – nach Aufgabe der die Relevanz des Art 14 GG an dieser Stelle verneinenden Position im Investitionshilfe-Urteil BVerfGE 4, 7, 17 – BVerfGE 14, 241; 19, 128 f; 27, 131; Leisner, Verfassungsrechtliche Grenzen der Erbschaftsbesteuerung, 35 ff, 59 f, 89 ff; Friauf DÖV 1980, 484 ff; Loritz NJW 1986, 9 f; Mussgnug JZ 1991, 993 ff). Das Maß des verfassungsrechtlich Zulässigen wäre bei einem Steuersatz von 90% sicherlich überschritten (aA Nohl 207). Daß es, wie BVerfG NJW 1990, 1593 in einem konkreten Fall bei einem Steuersatz von 62% angenommen hat, noch eingehalten sei, weil dem Steuerpflichtigen nach Abzug der Steuer immerhin noch Werte in Höhe von 6 433 362 DM verblieben, vermag nicht recht zu überzeugen. Die Sätze des § 19 ErbStG 1974 werden teils als verfassungsrechtlich bedenklich (Leipold AcP 180, 170 f; MünchKomm/Leipold Einl Rn 167; Troll § 19 ErbStG Rn 2; Meincke ErbStG Einf 5), teils als gerade noch zulässig (Papier in Maunz/Dürig GG Art 14 Rn 28; Mussgnug JZ 1991, 998) angesehen. Soergel/Stein (Einl 6) scheint noch einen Spielraum für die Erhöhung der Steuer anzunehmen.

Die Grenze der unzulässigen, weil konfiskatorischen Steuer wird sich letztlich nicht **74** allein an der Höhe des Vom-Hundert-Satzes der Steuer festmachen lassen. (Die 50%-Grenze nennen Leisner 58 f, 82 u Hdb d Staatsrechts VI § 150 Rn 27; Troll aaO; MünchKomm/Leipold Einl 167; Beyer [s Schrifttum zu Rn 16] will die Grenze bei 75% ziehen.) Es hängt vielmehr von einem Zusammenspiel von Steuersatz (§ 19 ErbStG), Befreiungen (§ 13 ErbStG), Freibeträgen (§§ 16 f ErbStG), Stundungsmöglichkeiten (§ 28 ErbStG, § 222 AO) und (vor allem auch!) Bewertungsvorschriften (§ 12 ErbStG, BewG) ab, ob die Erbschaftsteuer aus den Erträgen des ererbten Vermögens aufgebracht werden kann oder zu wesentlichen Eingriffen in die Substanz zwingt. Die Bevorzugung des Grundbesitzes durch die Anknüpfung an den steuerlichen Einheitswert in § 12 Abs 2 ErbStG ist nach BVerfG NJW 1990, 1593 verfassungsrechtlich unbedenklich.

Für die Steuerklasse I (Ehegatte, Kinder, Abkömmlinge verstorbener Kinder), in **75** welcher der Steuersatz maximal, nämlich bei einem Wert des steuerpflichtigen Erwerbs von über 100 Mio DM, 35% beträgt, dürfte die Grenze noch nicht überschritten sein. Zur Verteidigung der Sätze der anderen Steuerklassen (zB in Klasse IV schon bei einem Erwerb von 1–2 Mio DM 50% und bei über 100 Mio DM 70%) weist Papier aaO auf die mit zunehmender Entfernung vom Erblasser abnehmende Intensität des Schutzes des Familienerbrechts hin. Der stärkere Eingriff in die Testierfreiheit durch die höheren Sätze der Steuerklassen II – IV bedarf jedoch einer zusätzlichen Rechtfertigung. Sie kann sich aus dem Spannungsverhältnis zwischen Familiengebundenheit und Testierfreiheit (s o Rz 54 ff, 69) ergeben, das eine Einflußnahme auf die Vermögensverteilung zugunsten der näheren Angehörigen des Erblassers erlauben dürfte (Bryde in vMünch/Kunig⁴ Art 14 GG Rn 49). Problematisch bleibt aber, daß die beim Tode eines unverheirateten und kinderlosen Erblassers unvermeidliche Vererbung an Personen der Steuerklassen III (zB Geschwister) oder IV (zB mit dem Erblasser nicht näher verwandte testamentarische Erben) zur Vermögensvernichtung durch Besteuerung führen kann (vgl Leisner Hdb d Staatsrechts VI § 150 Rn 29; Mussgnug JZ 1991, 998; bzgl der Testamentserben auch Bryde in vMünch/Kunig⁴ aaO).

76 Die **Gesamtnachfolge**, obwohl nur rechtstechnisches Prinzip des Erbrechts, wird von einigen Autoren (Leisner Rn 21 u Verfassungsrechtliche Grenzen der Erbschaftsbesteuerung 51 ff; Papier in: Maunz/Dürig Art 14 GG Rn 239; BonnKomm/Kimminich Art 14 GG Rn 94; vLübtow I 21) zu Unrecht in den Schutzbereich der Erbrechtsgarantie einbezogen. Sondererbfolgen für bestimmte Gegenstände oder Sachgesamtheiten sind mit Sicherheit verfassungskonform und könnten über das geltende Recht hinaus in weiteren Fällen eingeführt werden (MünchKomm/Leipold Einl 18; AK/Rittstieg Art 14 GG Rn 150; BSG NJW 1974, 1579 ff betr § 65 Abs 1 AVG).

77 Soweit die Institutsgarantie des Erbrechts reicht, gewährt Art 14 Abs 1 S 1 GG auch **subjektive Rechte** auf Freiheit von staatlichen Eingriffen, nämlich des Erblassers bzgl der Testierfreiheit und der nächsten Angehörigen bzgl der Aussicht auf Teilhabe am Nachlaß (unstr; die gelegentlich für die gegenteilige Auffassung zitierte Entscheidung BSG NJW 1974, 1579 ff sieht das nicht anders).

b) Eigentumsgarantie

78 Mit dem Erbfall *erworbene Vermögensrechte*, insbesondere also angefallene Erbschaften und Vermächtnisse, Pflichtteilsansprüche sowie das Anwartschaftsrecht des Nacherben, und vor dem Erbfall bereits die Erwerbsaussicht des vertragsmäßig Bedachten fallen selbstverständlich unter den Schutz des Eigentums, so daß es insoweit auf die Erbrechtsgarantie nicht ankommt. Dieser Eigentumsschutz besteht unabhängig davon, ob der Erwerber naher Angehöriger des Erblassers ist. Auch die Möglichkeit der Nachlaßgläubiger, sich aus dem Aktivnachlaß zu befriedigen, fällt unter den Eigentumsschutz.

79 Die in der Lit (van de Loo NJW 1990, 2856) vorgeschlagene Überleitung des Ausschlagungsrechts auf den Sozialhilfeträger nach § 90 Abs 1 S 1 BSHG, die diesem ermöglichen soll, im Falle des § 2306 Abs 1 S 2 auf den Pflichtteilsanspruch des Sozialhilfeempfängers zuzugreifen, soll nach Pieroth NJW 1993, 177 ein Eingriff in den Wesensgehalt des Erbrechts sein, weil mit der Ausübung des Ausschlagungsrechts an die Stelle des (einer Beschränkung oder Beschwerung unterworfenen) Erbteils das qualitativ schwächere Pflichtteilsrecht tritt. Abgesehen davon, daß das Ausschlagungsrecht nicht übergeleitet werden kann und auch nicht als Annex eines überleitbaren Pflichtteilsanspruchs auf den Sozialhilfeträger übergeht (§ 1942 Rn 11), würde es sich, wie auch sonst bei der Beurteilung der Verfassungsmäßigkeit der Überleitung von Vermögensrechten, um die Frage handeln, ob der Eingriff in das Eigentum iS von Art 14 GG zulässig ist. Die Verfassungsmäßigkeit von § 90 Abs 1 BSHG dürfte aber unproblematisch sein, auch wenn der Nachrangigkeit der Sozialhilfe selbst kein Verfassungsrang zukommt (so Pieroth 175 f).

80 Mit der Eigentumsgarantie unvereinbar sind Gesetze, die die Erbfolge auf das Vermögen oder Teile des Vermögens *eines noch lebenden Dritten* erstrecken. Verfassungswidrig war daher die „Beerbung bei lebendigem Leibe" nach § 8 Abs 1 HöfeO in der Fassung vor dem 1. 7. 1976, derzufolge bei einem Ehegattenhof auch der Anteil des überlebenden Ehegatten von der Erbfolge nach dem Verstorbenen ergriffen werden konnte (Pikalo DNotZ 1965, 649 ff, 709 ff). Streitig ist, ob eine solche Beerbung nach § 8 Abs 2 HöfeO nF dann zulässig ist, wenn sie auf gemeinsamer Bestimmung der Ehegatten beruht (s Lange/Wulff/Lüdtke-Handjery § 8 HöfeO Rn 34 und BGHZ 98, 1, 4 f [verneinend] sowie Wöhrmann/Stöcker § 8 HöfeO Rn 25 ff [bejahend], jeweils mwN). Verfassungsrechtliche Bedenken bestehen insoweit nicht. Unhaltbar, auch wegen Eingriffs in das Eigentum, ist die Auffassung des OLG Hamm (Beschluß v 16. 10. 1986 – 10 WLw 18/86 – als Vorinstanz von BGH NJW 1988, 710), daß die Vereinbarung der Gütergemeinschaft durch einen Hofeigentümer bei vorherigem Abschluß eines Erbvertrages mit dem Erbfall insoweit unwirksam werden soll, als sie die Erbenstellung des Vertragserben beeinträchtigt; denn nach dieser Ansicht verlöre der überlebende Ehegatte mit dem Erbfall ohne sein Zutun seine Mitberechtigung an dem bis dahin zum Gesamtgut gehörenden Hof (hierzu auch Otte NJW 1988, 675). Der *vorzeitige Erbausgleich* (§§ 1934 d, e) stellt keine „Beerbung bei lebendigem Leibe" dar, da er nur formal zum Erbrecht gehört, inhaltlich aber eine Ausstattung, also familienrechtlicher Natur ist (Staudinger/Werner § 1934 d Rn 2; BGH NJW 1980, 937).

c)   Gleichheitsgrundsatz

Der *allgemeine* Gleichheitsgrundsatz des Art 3 Abs 1 GG kann – unabhängig von der   **81** Frage nach einer etwaigen Drittwirkung der Grundrechte – für den *Inhalt der Verfügungen von Todes wegen* keine Bedeutung haben, weil die verfassungsmäßig geschützte Testierfreiheit gerade die Befugnis des Erblassers einschließt, sein Vermögen frei, also ohne Bindung an bestimmte Verteilungsgrundsätze, zuzuwenden, wem er will.

Die *gesetzlichen* Regelungen über Nachlaßbeteiligung dürfen hingegen Personen in   **82** gleicher Lage nicht ohne sachlich gerechtfertigten Grund unterschiedlich behandeln. Dasselbe gilt für die *Rechtsprechung*: Verfassungsrechtlich höchst bedenklich ist daher das Festhalten des BGH an einem auf das Geltungsgebiet der HöfeO beschränkten *formlosen Hoferb-* bzw *Hofübergabevertrag* (BGHZ 73, 329; 87, 237), ganz abgesehen davon, daß diese Rspr zumindest nach der Regelung der Thematik durch die Neufassung von §§ 6 Abs 1, 7 Abs 2 HöfeO den Primat der Gesetzgebung verletzt.

Die *Zurücksetzung weichender Erben* durch die „schwache" Ausgestaltung ihrer Abfindungs- und   **83** Ausgleichsansprüche gemäß §§ 12 f HöfeO aF hat BVerfGE 67, 329, 345 ff unter dem Aspekt der Gleichbehandlung geprüft und für (noch) verfassungsgemäß erklärt. Seit dem 2. G zur Änderung der HöfeO v 29. 3. 1976 (BGBl I 881) gelten die §§ 12 f HöfO in einer den weichenden Erben günstigeren Fassung, gegen deren Verfassungsmäßigkeit keine Bedenken bestehen dürften (Lange/Wulff/ Lüdtke-Handjery § 12 HöfeO Rn 136).

Eine Zurücksetzung von Nachlaßbeteiligten kann auch darin gesehen werden, daß   **84** ein *Landgut* bei der *Erbauseinandersetzung* (§ 2049 Abs 1) und bei der Berechnung des *Pflichtteils-* (§ 2312) und des *Erbersatzanspruchs* (§ 1934 b Abs 1 S 3) uU nur mit dem Ertragswert und nicht mit dem meist erheblich höheren Verkehrswert zu veranschlagen ist. BVerfGE 67, 348 hat § 1376 Abs 4, die entsprechende Vorschrift für den Zugewinnausgleich, insoweit für unvereinbar mit Art 3 Abs 1 iVm Art 6 Abs 1 GG erklärt, als der Ertragswert ausnahmslos den Bewertungsmaßstab bilden soll; eine Ausnahme sei geboten, wenn im Entstehungszeitpunkt des Anspruchs nicht mehr mit der Bewirtschaftung der Grundstücke *als Hof* gerechnet werden könne. Nach

BVerfG FamRZ 1989, 939 soll dasselbe gelten, wenn der Hof zwar fortgeführt wird, aber nicht durch den Eigentümer oder einen Abkömmling. Der BGH hat diesen vom BVerfG für den Zugewinnausgleichsanspruch entwickelten Gedanken auf den Pflichtteilsanspruch (§ 2312) angewandt (BGHZ 98, 375, 379 f und 382, 388; zur Begr dieser Entsch s u Rn 85 aE).

85 Auf die Erbauseinandersetzung kann dies nicht ohne weiteres übertragen werden, da ein wesentlicher Unterschied gegenüber dem Zugewinnausgleich besteht (ebenso für das Verhältnis des Zugewinnausgleichs zur Abfindung nach §§ 12 f HöfeO LANGE/WULFF/ LÜDTKE-HANDJERY § 12 HöfeO Rn 136): Die den Zugewinnausgleich regelnden Vorschriften konkretisieren das Verfassungsgebot, Eheleute auch in vermögensrechtlicher Hinsicht als gleichberechtigt zu behandeln (Art 3 Abs 2, 117 Abs 1 GG). Die Verdichtung dieses Gebots zu einem Anspruch des ausgleichsberechtigten Ehegatten auf Beteiligung am Zugewinn des anderen stellt kein „Geschenk" dar, sondern ist nach der pauschalierenden Betrachtungsweise, die der gesetzlichen Konzeption des Zugewinnausgleichs zugrundeliegt, „verdient". Anspruchsmindernde Eingriffe in den Zugewinnausgleich bedürfen daher einer besonderen Rechtfertigung. Diese kann für die Anwendung eines dem Inhaber eines landwirtschaftlichen Betriebes besonders günstigen Bewertungsmaßstabes im öffentlichen Interesse an der Erhaltung leistungsfähiger Höfe in der Hand besonders begünstigter Personen gefunden werden. Die Rechtfertigung entfällt, wenn ein bäuerlicher Betrieb nicht mehr geführt wird, etwa weil die Flächen verpachtet oder Bauland geworden sind, aber auch wenn der günstige Bewertungsmaßstab einer familienfremden Person zugute käme (BVerfGE 67, 348, 367; BVerfG FamRZ 1989, 941; BGHZ aaO). Bei der Erbauseinandersetzung beruht hingegen die Begünstigung des Übernehmers eines Landguts auf dem zu vermutenden *Erblasserwillen* und entzieht sich daher einer Überprüfung anhand des Gleichheitsgrundsatzes. Da der Erblasser die Erbteile der Miterben unterschiedlich bemessen kann, kann es nicht grundgesetzwidrig sein, wenn ihm das Gesetz in § 2049 einen zweiten Weg eröffnet, auf dem er ohne Veränderung der Erbquoten eine Veränderung der wirtschaftlichen Teilhabe am Nachlaß erreichen kann (der erste besteht in der Anordnung eines *Vorausvermächtnisses* mit dem Inhalt, daß der bedachte Miterbe das Landgut *unter* dem Verkehrswert übernehmen kann [hierzu STAUDINGER/OTTE[12] § 2150 Rn 11 f]). Freilich spricht die Einstellung des landwirtschaftlichen Betriebes gegen die Annahme, der Erblasser habe den Erben, der den Grundbesitz übernehmen soll, durch die Anrechnung nach dem Ertragswert begünstigen wollen, so daß § 2049 Abs 1 aus diesem Grunde nicht anzuwenden sein dürfte. Die im Ergebnis überzeugenden Entscheidungen des BGH zu § 2312 (o Rn 84 aE) wären daher besser auf Überlegungen zur Testamentsauslegung anstatt auf solche zur Verfassungsmäßigkeit gestützt worden. – Daß §§ 2049, 2312 nicht einfach deswegen unanwendbar sein können, weil das Landgut nur als Nebenerwerbsstelle geführt wird, stellt BGH NJW 1988, 710, 712 zutreffend fest. – Grundsätze für die Ermittlung des Ertragwerts kann der Landesgesetzgeber aufstellen (s o Rn 26).

86 Die Ungleichbehandlung von *Eheleuten* und *Partnern einer nichtehelichen Lebensgemeinschaft*, die darin liegt, daß letztere kein gemeinschaftliches Testament errichten können (§ 2265), hat BVerfG NJW 1989, 1986 mit Recht als verfassungsrechtlich unbedenklich erklärt, zumal der Gesetzgeber, indem er Eheleuten diese besondere Form der letztwilligen Verfügung eröffnet, nur dem Wesen der durch Art 6 Abs 1 GG geschützten ehelichen Lebensgemeinschaft Rechnung trägt. – Auch eine Verpflichtung des Gesetzgebers, Partner einer nichtehelichen Lebensgemeinschaft im *Erbschaftsteuerrecht* Eheleuten gleichzustellen, hat BVerfG NJW 1990, 1593 im Hinblick darauf, daß die formwirksam geschlossene Ehe vielfältige, bei der nichtehelichen Lebensgemeinschaft fehlende Rechte und Pflichten begründet, zu Recht verneint.

Die *fehlende Korrespondenz der Pflichtteilsentziehungsgründe* (Abkömmlingen kann **87** der Pflichtteil wegen Mißhandlungen des Erblassers und seiner Angehörigen sowie wegen ehrlosen und unsittlichen Lebenswandels entzogen werden, § 2333 Nr 2 u 5, Eltern hingegen nicht, § 2334, dem Ehegatten wohl wegen Mißhandlungen, aber nicht wegen des Lebenswandels) verstößt entgegen BOWITZ (JZ 1980, 304 ff) nicht gegen Art 3 Abs 1 GG; die Differenzierungen beruhen auf sachlichen Erwägungen (vgl STAUDINGER/FERID/CIESLAR[12] § 2334 Rn 1, § 2335 Rn 5).

Die Herstellung der **Gleichberechtigung von Mann und Frau** (Art 3 Abs 2 GG) hatte **88** für das Erbrecht des BGB keine unmittelbare Bedeutung, da die Vorschriften des 5. Buches ausnahmslos geschlechtsneutral formuliert waren. Indessen hat die *Änderung des ehelichen Güterrechts* durch das GleichberG (s o Rn 39) erhebliche Auswirkungen auf das Erbrecht gehabt, da der Gesetzgeber für die verfassungsrechtlich gebotene Beteiligung des nichterwerbstätigen oder schlechter verdienenden Ehegatten am Vermögenszuwachs des anderen das Modell der Zugewinngemeinschaft mit pauschalem Zugewinnausgleich durch Erhöhung des gesetzlichen Erbteils (§ 1371 Abs 1) gewählt hat. Diese Form des Zugewinnausgleichs ist nur eine unter mehreren denkbaren und daher als solche nicht verfassungsrechtlich geboten; jedoch stände Art 3 Abs 2 GG einer ersatzlosen Aufhebung des § 1371 entgegen.

Unvereinbar mit Art 3 Abs 2 GG war der **Vorrang des männlichen Geschlechts** bei der **89** *gesetzlichen* Erbfolge nach § 6 Abs 1 S 3 HöfeO (BVerfGE 15, 337). Das G vom 24. 8. 1964 (BGBl I 693) hat diesen Vorrang beseitigt. – *Verfügungen von Todes wegen*, die Angehörige auf Grund ihres Geschlechts unterschiedlich behandeln, stellen hingegen keine Grundrechtsverletzung dar, da die Garantie der Testierfreiheit, selbst wenn man die Möglichkeit der Drittwirkung von Grundrechten bejahen würde, es verbietet, den Inhalt des Erblasserwillens dem Maßstab des Art 3 Abs 2, 3 GG zu unterwerfen (vgl STAUDINGER/OTTE[12] Vorbem 138, 145 ff zu § 2064).

Aus demselben Grunde verstoßen Verfügungen, die nach *Abstammung, Rasse,* **90** *Sprache, Heimat, Herkunft, Glauben oder religiöser oder politischer Anschauung* differenzieren, nicht gegen Art 3 Abs 3 GG; sie können aber gegen die *guten Sitten* verstoßen und sind dann nach § 138 nichtig (beides nicht unstr; Näheres bei STAUDINGER/ OTTE[12] Vorbem 138, 145 ff zu § 2064; ferner OTTE JA 1985, 192 ff).

d) Schutz von Ehe und Familie

Nach der hier (Rn 69) vertretenen Auffassung ist die Gewährleistung der Familienge- **91** bundenheit des Vermögens Inhalt der Erbrechtsgarantie des Art 14 Abs 1 S 1 GG. Das Gebot des Art 6 Abs 1 GG, Ehe und Familie zu schützen, hat insoweit keine unmittelbare Bedeutung, zumal aus ihm die charakteristischen Einzelheiten der erbrechtlichen Familiengebundenheit nicht abgeleitet werden können. – Zur Ausstrahlung der verfassungsrechtlichen Wertung des Art 6 Abs 1 GG auf den Inhalt der „guten Sitten" (§ 138 Abs 1), insbesondere im Hinblick auf den Schutz der Ehe-

Gerhard Otte

schließungsfreiheit gegen den Druck, der von testamentarischen *Zölibats-, Wieder-verheiratungs-* und ähnlichen auf die *Eingehung oder Scheidung einer Ehe* abstellenden Klauseln ausgehen kann, vgl STAUDINGER/OTTE[12] § 2074 Rn 32 ff.

92 Eine verschiedentlich geäußerte Ansicht (SCHELTER DNotZ 1969 [Sonderheft] 75 ff; K PETERS FamRZ 1973, 169 ff; LG Wiesbaden FamRZ 1975, 654 f; LG Mönchengladbach FamRZ 1985, 428 f; LG Braunschweig NJW 1988, 1857) hält den 2. HS von § 2325 Abs 3, wonach die *Zehnjahresfrist* für die Berücksichtigung von *Schenkungen unter Ehegatten* bei der *Pflichtteilsergänzung* erst mit Auflösung der Ehe beginnt, für unvereinbar mit Art 6 Abs 1 GG. Diese Ansicht überzeugt nicht. Sie kann nicht auf die Gründe gestützt werden, mit denen BVerfGE 24, 104 die Verfassungswidrigkeit von § 45 KO bejaht hat (so aber SCHELTER aaO; dagegen mit Recht PETERS aaO); der wesentliche Unterschied gegenüber § 45 KO besteht darin, daß der durch § 2325 Abs 3 HS 2 Begünstigte ein Pflichtteilsberechtigter, also kein Außenstehender, sondern ein naher Angehöriger des Erblassers ist. Art 6 Abs 1 GG bietet aber keine Handhabe, die gesetzliche Zubilligung von Ansprüchen zwischen Familienmitgliedern zu korrigieren. Soweit der Pflichtteilsergänzungsanspruch sich gegen einen nicht pflichtteilsberechtigten Erben richtet, kommt eine Verletzung von Art 6 Abs 1 GG ohnehin nicht in Betracht (iE auch OLG Celle FamRZ 1989, 1012 f; SANDWEG NJW 1989, 1972 f; AK/DÄUBLER § 2325 Rn 31). Diskutabel kann daher nur sein, ob die Sonderregelung für Ehegattenschenkungen gegen Art 3 Abs 1 GG verstößt (so SCHELTER und PETERS aaO). Die Differenzierung zwischen Schenkungen an den Ehegatten und an andere Personen ist jedoch nicht willkürlich, sondern knüpft daran an, daß der Erblasser bei einer Ehegattenschenkung kein echtes Vermögensopfer bringt und daß hier die Besorgnis besonders naheliegt, daß Pflichtteilsansprüche verkürzt werden sollten (Prot V 588; STAUDINGER/FERID/CIESLAR[12] § 2325 Rn 23). Sie beruht somit „zwar auf einer recht grob typisierenden, nicht aber auf einer sachfremden Überlegung" (MünchKomm/FRANK § 2325 Rn 26), so daß kein Verstoß gegen den Gleichheitsgrundsatz vorliegt (ebenso BVerfG v 12. 9. 1980 – 1 BvR 1145/75; BVerfG NJW 1991, 217; OLG Celle FamRZ 1989, 1012 f; BGB-RGRK/JOHANNSEN § 2325 Rn 25; PALANDT/EDENHOFER § 2325 Rn 15; STAUDINGER/FERID/CIESLAR[12] aaO; ausführlich OTTE, in: FS vLübtow [1991] 305 ff).

e) Gleichstellung nichtehelicher Kinder

93 Den Verfassungsauftrag des Art 6 Abs 5 GG hat der Gesetzgeber (nach der dringenden Mahnung durch BVerfGE 25, 167) mit dem NEhelG einzulösen gesucht. Kernstück dieses Gesetzes war die Aufhebung von § 1589 Abs 2. Dadurch wurden alle Personen, deren Verwandtschaft mit dem Erblasser auf *nichtehelicher Vaterschaft* beruht, insbesondere die nichtehelichen Kinder eines männlichen Erblassers, für Erbfälle nach dem Inkrafttreten des NEhelG (1.7.1970) in den Kreis der gesetzlichen Erben einbezogen. (Nichteheliche Abstammung *mütterlicherseits* vermittelte schon zuvor ein gesetzliches Erbrecht, ohne Unterschied zur ehelichen Abstammung.) Jedoch wurde diese Gleichstellung in wesentlichen Punkten durch die §§ 1934 a-e wieder abgeschwächt (zur *rechtspolitischen* Beurteilung dieses Vorgangs vgl STAUDINGER/WERNER § 1934 a Rn 39 f, § 1934 d Rn 1; MünchKomm/LEIPOLD § 1934 a Rn 6 ff; SOERGEL/STEIN Einl 73 u Vorbem 4 ff zu § 1934 a, jeweils mwN; ferner STÖCKER DAV 1978, 481, 492, 506 f).

94 In *verfassungsrechtlicher* Hinsicht gilt: Die Rechtslage bis zum Inkrafttreten des NEhelG war verfassungsgemäß, weil Art 6 Abs 5 GG nur einen Verfassungsauftrag, kein unmittelbar geltendes Recht enthält (BVerfGE 8, 210, 216; 25, 167). Der Ausschluß vor dem 1. 7. 1949 geborener Nichtehelicher, also derer, die bei Inkrafttreten des NEhelG das 21. Lebensjahr bereits vollendet hatten, aus dem Anwendungsbereich der erbrechtlichen Neuregelung (Art 12 § 10 Abs 2 NEhelG, Wortlaut s Vorbem 27 zu § 1924) ist ebenfalls verfassungsgemäß (BVerfGE, 44, 1; hierzu STAUDINGER/WERNER Vorbem 36 zu § 1924; MünchKomm/LEIPOLD Einl 61).

Die Beschränkung des Nichtehelichen und seiner Verwandten auf einen *Erbersatz-* **95**
anspruch in den Fällen des § 1934 a Abs 1-3 war bisher nicht direkt Gegenstand verfassungsgerichtlicher Beurteilung. Das Schrifttum bejaht überwiegend die Verfassungsmäßigkeit, teilweise allerdings unter Zurückstellung erheblicher Bedenken (MünchKomm/LEIPOLD § 1934 a Rn 6 ff mwN; kritisch STAUDINGER/WERNER § 1934 a Rn 39 f; für Verfassungswidrigkeit SOERGEL/STEIN Vorbem 5 zu § 1934 a; AK/DERLEDER § 1934 a Rn 1; A ROTH FamRZ 1991, 146 f unter Betonung der Auswirkungen des § 1934 a Abs 1 auf die Hoferbfolge gemäß § 5 S 2 HöfeO; vgl hierzu auch SOERGEL/STEIN § 1922 Rn 81).

Eigener Standpunkt: Es wird nach den Lebensverhältnissen zu differenzieren sein: **96**
Die Ausgestaltung der Nachlaßbeteiligung des Nichtehelichen beim Tode seines Vaters und des Vaters beim Tode seines nichtehelichen Kindes als Erbersatzanspruch und nicht als Erbteil und der damit verbundene Ausschluß aus der Erbengemeinschaft beruhen auf der Annahme, daß das nichteheliche Kind in der Regel nicht mit seinem Vater und dessen Ehefrau und ehelichen Kindern und der Vater in der Regel nicht mit der nichtehelichen Mutter in einer Lebensgemeinschaft leben bzw gelebt haben und daher die Beteiligung des nichtehelichen Kindes bzw Vaters an der Erbengemeinschaft leicht Unfrieden stiften könne. Soweit diese Voraussetzung zutrifft, besteht ein sachlicher Grund für die besondere Ausgestaltung der Nachlaßbeteiligung. In einer zunehmenden Zahl von Fällen lebt aber das nichteheliche Kind mit beiden Eltern in einer Lebensgemeinschaft zusammen, und in nicht ganz seltenen Fällen gehören zu dieser auch eheliche Kinder des Mannes. Die Anwendung des § 1934 a würde dann in krassem Gegensatz zu den gelebten Verhältnissen stehen. Daß sie seitens eines testierfähigen Erblassers durch Erbeinsetzung des nichtehelichen Kindes bzw Vaters vermieden werden kann, mildert die Problematik, beseitigt sie aber nicht. Die Beschränkung der gesetzlichen Nachlaßbeteiligung auf einen schuldrechtlichen Anspruch ist in diesen Fällen eine gänzlich unangemessene Lösung. Es verstößt daher gegen das Gleichstellungsgebot des Art 6 Abs 5 GG, das nichteheliche Kind auch dann auf einen Erbersatzanspruch zu beschränken, wenn es mit seinem Vater in einer Lebensgemeinschaft lebt oder gelebt hat. (Diese Differenzierung liegt auf derselben Linie, die BVerfGE 84, 168 für die Beurteilung der Verfassungsmäßigkeit von § 1738 Abs 1 eingeschlagen hat; hierzu auch BOSCH FamRZ 1991, 1121, 1130 f u 1992, 999, der allerdings die Entscheidung des BVerfG kritisch beurteilt.) Das nötigt aber nicht dazu, § 1934 a Abs 1-3 für verfassungswidrig zu halten, denn das verfassungskonforme Ergebnis läßt sich schon durch teleologische Reduktion der Vorschrift auf die Fälle erzielen, von deren Anschauung sich der Gesetzgeber bestimmen ließ, dh auf die Fälle, in denen eine Lebensgemeinschaft des nichtehelichen Kindes mit seinem Vater nicht bestand. Die mit dieser Reduktion verbundenen Abgrenzungsschwierigkeiten sind nicht zu verkennen, müssen jedoch um des Verfassungsgebots des Art 6 Abs 5 GG willen in Kauf genommen werden; aus ihnen abgeleitete rechtspolitische Bedenken (zB STAUDINGER/WERNER § 1934 a Rn 39) können nicht gegen eine verfassungskonforme Auslegung, sondern müssen gegen die Regelung als solche gerichtet werden.

97 Daß § 1934 c das gesetzliche Erbrecht und den Erbersatzanspruch des nichtehelichen Kindes an die Voraussetzung knüpfte, daß beim Tode seines Vaters *dessen Vaterschaft bereits anerkannt oder rechtskräftig festgestellt* oder wenigstens ein gerichtliches Verfahren zur Vaterschaftsfeststellung anhängig war, hat das BVerfG (BGBl 1987 I 757 = NJW 1987, 1007; hierzu HOHLOCH JuS 1987, 570) mit Recht als verfassungswidrige Ungleichbehandlung Nichtehelicher erkannt und für nichtig erklärt, denn eheliche Abkömmlinge, die – zB im Fall einer zunächst unentdeckt gebliebenen Kindesvertauschung – ihre Abstammung erst nach dem Erbfall nachweisen können, haben selbstverständlich ein gesetzliches Erbrecht.

98 Die Zubilligung eines dem ehelichen Kind nicht zustehenden Anspruchs auf *vorzeitigen Erbausgleich* durch § 1934 d verstößt nach BVerfGE 58, 377 nicht gegen Bestimmungen des Grundgesetzes, weil sie als Ausgleich realer Benachteiligungen des nichtehelichen Kindes gemäß dem Gleichstellungsgebot des Art 6 Abs 5 GG gerechtfertigt ist (so auch BGH NJW 1980, 936 f) und die Bemessungsvorschrift des Abs 2 hinreichenden Spielraum für die Berücksichtigung der Leistungsfähigkeit des Vaters läßt, so daß verfassungswidrige Verstöße gegen Art 3 Abs 1, 6 Abs 1 GG vermieden werden können (zur Entscheidung des BVerfG vgl BOSCH FamRZ 1982, 141; STAUDINGER/ WERNER § 1934 d Rn 2; SOERGEL/STEIN § 1934 d Rn 3; PALANDT/EDENHOFER Vorb 5 zu § 1934 a; BROX Rn 71 [sämtlich zustimmend]; Nachweise zum älteren Diskussionsstand bei MünchKomm/ LEIPOLD § 1934 d Rn 4 ff).

99 Die in § 1934 e angeordnete Folge des vorzeitigen Erbausgleichs, daß auch der Vater und väterliche Verwandte ihr gesetzliches Erbrecht nach dem Nichtehelichen verlieren, wird teilweise als verfassungswidriger Verstoß gegen die Erbrechtsgarantie angesehen (BRÜGGEMANN ZBlJR 1972, 253 ff; JOCHEM FamRZ 1974, 363; SOERGEL/STEIN Vorbem 7 zu § 1934 a; mE mit Recht anders wegen der Kompensation des Erbrechtsverlustes des Vaters durch den Wegfall des Erbrechts des Kindes MünchKomm/LEIPOLD § 1934 d Rn 7).

100 Abwegig ist die Ansicht des LG Braunschweig (NJW 1988, 1859), die Regelung des *Fristbeginns* für die bei der Pflichtteilsergänzung zu berücksichtigenden *Ehegattenschenkungen* in § 2325 Abs 3 2. HS verstoße gegen Art 6 Abs 5 GG, denn die Norm differenziert nicht nach dem Status des durch die Schenkung beeinträchtigten pflichtteilsberechtigten Kindes, sondern nach dem Verhältnis des Beschenkten zum Erblasser (vgl OTTE in: FS vLübtow [1991] 312).

101 Der Pflichtteilsanspruch eines nur erbersatzberechtigten Kindes (§ 2338 a) hat *konkursrechlich* selbstverständlich den gleichen *Rang* wie der der übrigen Pflichtteilsberechtigten, nämlich den des § 226 Abs 2 Nr 4 (nicht Nr 6) KO; die gegenteilige Auffassung würde gegen Art 6 Abs 5 GG verstoßen (BGH NJW 1988, 136 f).

102 Teilweise wird vertreten, es sei verfassungsrechtlich geboten, *postmortal gezeugten* Kindern eines Samenspenders ein gesetzliches Erbrecht (oder einen Erbersatzanspruch) nach ihrem Vater zuzubilligen (hierzu § 1923 Rn 28).

f) Allgemeines Persönlichkeitsrecht
103 Gewisse Auswirkungen auf das Erbrecht hat möglicherweise die Entscheidung BVerfGE 72, 155. Danach ist es mit dem allgemeinen Persönlichkeitsrecht Minderjähriger (Art 2 Abs 1 iVm Art 1 GG) nicht zu vereinbaren, *daß Eltern ihre Kinder*

kraft der elterlichen Vertretungsmacht (§ 1629 BGB) bei Fortführung eines ererbten Handelsgeschäftes in ungeteilter Erbengemeinschaft unbegrenzt verpflichten können. Der BGH hat das Ausgangsverfahren bis zur gesetzlichen Neuregelung ausgesetzt (NJW-RR 1987, 450). Es bleibt abzuwarten, welche der denkbaren Lösungen der Gesetzgeber wählen wird. Ein Referentenentwurf des Bundesjustizministeriums vom Juli 1993 sieht eine *umfassende haftungsrechtliche* Lösung durch Einführung eines § 1629 a vor, wonach sich nach Eintritt der Volljährigkeit die Haftung des Kindes für Verbindlichkeiten, die seine Eltern im Rahmen ihrer gesetzlichen Vertretungsmacht begründet haben, sowie für Verbindlichkeiten aus eigenen Rechtsgeschäften im Rahmen der §§ 107 f, 111 auf sein dann vorhandenes Vermögen beschränkt, sofern nicht die Verbindlichkeiten der Befriedigung seiner persönlichen Bedürfnisse dienten. In Betracht kämen aber auch weniger weitgehende Lösungen: eine *familienrechtliche* in Form einer Beschränkung der elterlichen Vertretungsmacht, etwa durch das Erfordernis der vormundschaftsgerichtlichen Genehmigung für die Fortführung eines ererbten Handelsgeschäfts (der Fall wird bislang von §§ 1643 Abs 1 iVm 1822 Nr 3, 1645 nicht erfaßt), eine *erbrechtliche* in Form einer Haftungsbeschränkung für minderjährige Erben auch bei Nachlaßerbenschulden oder eine *handelsrechtliche* in Form der Verneinung der Kaufmannsfähigkeit der Erbengemeinschaft (Lit zu BVerfGE 72, 155 bei STAUDINGER/MAROTZKE § 1922 Rn 218). – Die grundgesetzlichen Wertungen haben, soweit es um den Schutz der freien Entfaltung der Persönlichkeit und spezieller Freiheiten wie der Glaubens-, Gewissens- oder Berufsfreiheit gegenüber freiheitsbeschränkenden Testamentsklauseln (namentlich auch Verwirkungsklauseln) geht, Bedeutung im Rahmen des § 138 Abs 1 (vgl STAUDINGER/OTTE[12] § 2074 Rn 39 ff).

5. Erbrecht und internationale Menschenrechtsabkommen

Im Fall „Marckx" hat der Europäische Gerichtshof für Menschenrechte die Testier- **104** freiheit als Ausfluß des Rechts auf Achtung des Eigentums angesehen, das durch Art 1 des 1. Zusatzprotokolls zur **EMRK** geschützt wird (EuGRZ 1979, 454,460 = NJW 1979, 2449; das entspricht der hier in Rn 63 vertretenen Auffassung). Ein über Art 14 Abs 1 S 1 GG hinausgehender Inhalt läßt sich dieser Bestimmung jedoch nicht entnehmen. Die Entscheidung des EuGMR betraf im Kern die Diskriminierung des nichtehelichen Kindes in seiner Beziehung zur Mutter und zur mütterlichen Verwandtschaft durch das belgische Zivilrecht (Familien- und Erbrecht). Da nach BGB die erbrechtlichen Beziehungen Nichtehelicher zu ihrer Mutter und deren Verwandtschaft denen ehelicher Kinder entsprechen und auch eine Eltern-Kind-Beziehung mit Unterhaltsansprüchen von Geburt an besteht, gibt es im deutschen Recht eine Parallele zum Fall Marckx nicht. Jedoch kommen Fernwirkungen der Entscheidung in Betracht: Der EuGMR entnimmt nämlich Art 8 EMRK eine Verpflichtung der Vertragsstaaten, bei der Normierung familienrechtlicher Verhältnisse so zu verfahren, daß die Führung eines normalen Familienlebens, wozu er auch die Existenz erbrechtlicher Beziehungen zwischen nahen Verwandten zählt, ermöglicht wird; dabei sollen gemäß dem *Diskriminierungsverbot* des Art 14 EMRK unterschiedliche Regelungen für eheliche und nichteheliche Kinder nur insoweit zulässig sein, wie sie durch objektive und vernünftige Gründe gerechtfertigt sind. Die Frage, ob §§ 1934 a ff vor diesem Maßstab Bestand haben können, wird unterschiedlich beurteilt (für Vereinbarkeit mit der EMRK JAYME NJW 1979, 2428; BOSCH FamRZ 1980, 854; STURM FamRZ 1982, 1156 ff; **aA** STÖCKER DAV 1978, 492, 507; J WOLF ZRP 1991, 376; zweifelnd KROPHOLLER AcP 185, 249;

Gerhard Otte

SOERGEL/STEIN Vorbem 8 zu § 1934 a). Art 14 EMRK enthält kein unmittelbar aus sich heraus geltendes Gleichheitspostulat, sondern untersagt nur ungerechtfertigte Differenzierungen, auch – hier einschlägig – aufgrund der Geburt, bezüglich des Genusses der in der Konvention festgelegten Rechte. Der in Art 8 EMRK festgelegte Anspruch auf Achtung des Familienlebens wird durch das Nichtehelichenerbrecht der §§ 1934 a ff, anders als durch die eine Nachlaßbeteiligung versagenden oder im Umfang schmälernden angegriffenen Vorschriften des belgischen Rechts, nicht schlechthin tangiert. Der Ausschluß des nichtehelichen Kindes bzw Vaters aus einer Erbengemeinschaft mit bestimmten nahen Angehörigen des Erblassers verletzt aber dann den Anspruch auf Achtung des Familienlebens, wenn eine Lebensgemeinschaft des Ausgeschlossenen mit dem Erblasser bestand (vgl o Rn 96 zum Verhältnis von § 1934 a Abs 1-3 zu Art 6 Abs 5 GG), so daß in diesen Fällen ein nur durch teleologische Reduktion zu vermeidender Verstoß gegen die EMRK anzunehmen ist (anders noch STAUDINGER/OTTE[12] Einl 87).

105 Einen Verstoß der §§ 1934 d, e (*vorzeitiger Erbausgleich*) gegen das Diskriminierungsverbot des Art 14 EMRK iVm dem in Art 1 Abs 1 des 1. Zusatzprotokolls v 20. 3. 1952 (BGBl 1956 II 1880) genannten Recht auf Achtung des Eigentums nimmt STÖCKER (DAV 1978, 492) zu Unrecht an. Zwar ist die Testierfreiheit Ausfluß des Eigentums (s o Rn 63, 104). Sie wird durch die Zubilligung eines Anspruchs des nichtehelichen Kindes auf eine Art von Ausstattung (vgl o Rn 80 aE) aber nicht berührt.

106 Der **Zivilpakt** (Internationaler Pakt über bürgerliche und politische Rechte v 19. 12. 1966, BGBl 1973 II 1533 ff mit ZustimmungsG v 15. 11. 1973) enthält in Art 26 ein allgemeines Diskriminierungsverbot. Daraus folgt (entgegen STÖCKER DAV 1978, 503 ff u KOEPPEL/REEKEN ZfJ 1992, 256) jedoch kein Gebot zur Gleichbehandlung nichtehelicher und ehelicher Kinder hinsichtlich des gesetzlichen Erbrechts nach ihrem Vater. Der Zivilpakt gebietet nämlich nicht die Anerkennung familienrechtlicher Beziehungen zwischen dem nichtehelichen Kind und seinem Vater und bleibt insoweit deutlich hinter Art 6 Abs 5 GG zurück. Insbesondere enthält Art 23 Zivilpakt kein derartiges Gebot. Daher fehlt im Zivilpakt die notwendige Voraussetzung, von der aus ein gleiches Erbrecht nichtehelicher und ehelicher Kinder gefordert werden könnte. Art 24 Abs 1 Zivilpakt kann für eine erbrechtliche Gleichstellung nicht herangezogen werden, da die Vorschrift nur Maßnahmen des Minderjährigenschutzes betrifft, zu denen die Gewährung eines gesetzlichen Erbrechts nicht zählt (so zutr STÖCKER 503). Auch die übrigen Bestimmungen des Zivilpakts betreffen das Erbrecht nicht.

107 Das *UN-Übereinkommen über die Rechte des Kindes* v 20. 11. 1989 (BGBl 1992 II 121 ff mit ZustimmungsG v 17. 2. 1992) enthält ebenfalls keine eigentums- oder erbrechtlichen Garantien (J WOLF ZRP 1991, 376), so daß das Diskriminierungsverbot des Art 2 Abs 1 des Übereinkommens, das nur für die im Übereinkommen festgelegten Rechte gilt, für das Erbrecht ohne Bedeutung ist. Ob die in Art 2 Abs 2 des Übereinkommens ausgesprochene Staatenverpflichtung zum Schutz des Kindes vor allen Formen der Diskriminierung wegen seines Status, wie WOLF (376 f) meint, die Gewährung eines gesetzlichen Erbrechts des nichtehelichen Kindes nach seinem Vater generell oder in bestimmten Fällen gebietet, ist streitig (vgl o Rn 95 f), kann aber hier dahingestellt bleiben, weil insoweit höchstens ein Verstoß gegen eine spezielle völkerrechtliche Verpflichtung, aber nicht gegen eine allgemeine Regel des Völkerrechts iSv Art 25 S 1 GG vorläge und von daher die Fortgeltung der §§ 1934 a ff nicht in Frage gestellt werden kann. (Zur Frage, ob das Übereinkommen überhaupt Individualrechte des Kindes begründet und nicht lediglich Verpflichtungen des Staates, wie die Bundesregierung bei Hinterlegung der Ratifikationsurkunde erklärt hat [BGBl 1992 II 990], vgl die kritische Stellungnahme von WOLF 374 ff, ferner ULLMANN FamRZ 1991, 898 u 1992, 892, andererseits STOECKER FamRZ 1992, 245 u 895.)

Das *Internationale Übereinkommen zur Beseitigung jeder Form von Rassendiskriminierung* v 7. 3. 1966 (BGBl 1969 II 961 mit ZustimmungsG v 9. 5. 1969) verbietet in Art 5 lit d VI jegliche Rassendiskriminierung in Bezug auf das „Recht zu erben". Solche Diskriminierungen enthielten zB das G über erbrechtliche Beschränkungen wegen gemeinschaftswidrigen Verhaltens v 5. 11. 1937 (RGBl I 1161) und die 11. DVO zum Reichsbürgergesetz v 25. 11. 1941 (RGBl I 722). Da aber schon Art 3 Abs 3 GG die Rassendiskriminierung verbietet, hat das Übereinkommen keine aktuelle innerstaatliche Auswirkung. **108**

6. Das Erbrecht der DDR*

In der DDR führte zunächst das **EGFGB** vom 20. 12. 1965 (GBl I 1966, 19 ff) gewisse **109**

---

* **Schrifttum:** APPELL, Das neue Notariatsgesetz in der DDR, DNotZ 1976, 580; BERGER/MARKO/ORTH, Modernes Erbrecht in einem vereinigten Deutschland, NJ 1990, 384; BERGMANN, Zur Regelung des Pflichtteilsrechts im ZGB-Entwurf, NJ 1975, 237; BOSCH, Familien- und Erbrecht als Themen der Rechtsangleichung nach dem Beitritt der DDR zur Bundesrepublik Deutschland, § 6: Erbrecht, FamRZ 1992, 869; BRÄUER, Das Erbrecht der Bundesrepublik Deutschland und der Deutschen Demokratischen Republik in vergleichender Gegenüberstellung, Rechtspfleger-Jahrbuch 1983, 335; BROSS, Das Erbrecht in der DDR, BWNotZ 1975, 153; DÖRNER, Zur Behandlung von deutschen Erbfällen mit interlokalem Bezug, DNotZ 1977, 324; DREWS, Die Grundlagen des sozialistischen Erbrechts, Wissenschaftliche Zeitschrift der Humboldt-Universität Berlin, Gesellschafts- und sprachwissenschaftliche Reihe, 1978, 141; ders, Der Nachlaß und die Erben (6. Aufl 1988); DREWS/HALGASCH, Erbrecht (3. Aufl 1979); DROBNIG (Hrsg), Grundstücksrecht und Erbrecht in beiden deutschen Staaten – heute und künftig (1993); EBENROTH § 1 VIII sowie die das Recht der DDR betr Abschn in §§ 2-18; EBERHARDT, Das Erbrecht, NJ 1974, 732; ders, Die Stellung des überlebenden Ehegatten im Erbrecht und Familienrecht, NJ 1981, 269; FELDMANN, Der Anwendungsbereich des Art. 235 § 1 Abs. 2 EGBGB (Diss Bielefeld 1994); FERID/FIRSCHING/LICHTENBERGER, Internationales Erbrecht (3. Aufl 1993) Bd II: Deutschland, DDR; FREYTAG, Das neue neue Erbrecht der DDR aus der Sicht des BGB (Diss Freiburg 1981); ders, Das (neue) gesetzliche Erbrecht der DDR, ZRP 1984, 66; ders, Das Pflichtteilsrecht nach dem BGB und dem ZGB im Vergleich, ZRP 1991, 304; GOLDHAMMER, Zur Berechnung des Pflichtteilsanspruchs, NJ 1986, 194; GRÄF, Handbuch der Rechtspraxis in der DDR (1988) 301; HALGASCH, Grundfragen der Neugestaltung des Erbrechts, StuR 1963, 311; ders, Die Rechtsnachfolge des überlebenden Ehegatten in die zum ehelichen Haushalt gehörenden Gegenstände, NJ 1977, 137; ders, Zur Bedeutung und zum Gegenstand des Erbrechts, NJ 1977, 360; ders, Berechnung des Pflichtteilsanspruchs, NJ 1980, 19; HERRMANN, Erbrecht und Nachlaßverfahren in der DDR (1989); HILDEBRANDT/JANKE, Die Rechtsprechung zum Erbrecht, NJ 1985, 441, 487; HETMEIER, Grundlagen der Privaterbfolge in der Bundesrepublik Deutschland und in der DDR (1990); HORN, Das Zivil- und Wirtschaftsrecht im neuen Bundesgebiet (2. Aufl 1993) 197; JANKE, Der Anspruch des Erben auf Auskunftserteilung nach § 399 Abs 2 ZGB, NJ 1980, 276; JANSEN, Zur Konzeption des sozialistischen Erbrechts, NJ 1959, 345; KITTKE, Das

Abweichungen vom Erbrecht des BGB ein, nämlich in § 9 ein beschränktes gesetzliches Erbrecht des nichtehelichen Kindes nach seinem Vater und in § 10 die Einreihung des überlebenden Ehegatten in die 1. Ordnung der gesetzlichen Erbfolge (Näheres hierzu bei Bosch FamRZ 1992, 878 f; Schotten/Johnen DtZ 1991, 225 f).

110 Mit Wirkung vom 1. 1. 1976 wurde dann das BGB durch das **ZGB** abgelöst. Es regelte das Erbrecht in 66 Paragraphen (§§ 362—427). Systematik und Terminologie waren vom BGB abgeleitet. Die außerordentliche Knappheit der Regelung spiegelte in erster Linie die geringe Bedeutung wieder, die das Eigentum natürlicher Personen in der DDR besaß. Es genoß volle Anerkennung gemäß Art 11 Abs 1 DDR-Verf v 1968/74 (*„Das persönliche Eigentum der Bürger und das Erbrecht sind gewährleistet"*) und §§ 1 Abs 2 S 3, 3 S 2, 4 S 1, 6 Abs 2, 22 ZGB nur noch als Eigentum an Arbeitseinkünften, Ersparnissen, Ausstattung von Wohnung und Haushalt, Gegenständen des persönlichen Bedarfs, für die Berufsausbildung, Weiterbildung und Freizeitgestaltung erworbenen Sachen, zur Befriedigung der Wohn- und Erholungsbedürfnisse des Bürgers und seiner Familie dienenden Grundstücken und Gebäuden sowie dem Wesen des persönlichen Eigentums entsprechenden Rechten einschließlich der vermögensrechtlichen Ansprüche aus Urheber-, Neuerer- und Erfinderrechten (§ 23 Abs 1 ZGB). Eigentum natürlicher Personen an Produktionsmitteln (*„Privateigentum"*) war weitgehend beseitigt oder wurde faktisch nicht mehr beachtet. Soweit es noch bestand, wurde es nur als überwiegend auf persönlicher Arbeit beruhendes Eigentum der Handwerker und Gewerbetreibenden dem persönlichen Eigentum gleichgestellt (Art 14 Abs 2 DDR-Verf v 1974, § 23 Abs 2 ZGB), im übrigen aber bloß rechtstechnisch wie sonstiges Eigentum behandelt (§ 3 EGZGB). Es war kein verfassungsrechtlich garantiertes Recht, was sich vor allem für Mietshäuser und landwirtschaftliche Grundstücke auswirkte. Entsprechend der weitgehenden Besei-

---

neue Erbrecht der DDR, ROW 1976, 29; ders, Erbrecht, in: Westen (Hrsg), Das neue Zivilrecht der DDR (1977) Kap 12; Kittke/Kringe, Neues Notariats- und Grundbuchrecht in der DDR, NJW 1977, 183; Knodel/Krone, Grundsatzbestimmungen und Verfahrensregelungen für das Staatliche Notariat, NJ 1976, 165; Kringe, Das Erb- und Devisenrecht bei innerdeutschen Beziehungen, NJW 1983, 2292; Lochen, Das neue Erbrecht der DDR, DeutschlandArchiv 1977, 19; Lüdtke-Handjery, Das neue Erbrecht der DDR, Betrieb 1976, 229; Mampel, Das Erbrecht im neuen Zivilrecht der DDR, NJW 1976, 593; Meincke, Das neue Erbrecht der DDR, JR 1976, 9, 47; Ministerium der Justiz (Hrsg), Kommentar zum Zivilgesetzbuch der Deutschen Demokratischen Republik (1985) 413; Mollnau ua, Rechtshandbuch für den Bürger (1985) 295; Müller-Engelmann, Die Erbrechtssysteme beider deutscher Staaten, RpflStud 1990, 1 u 43; Orth, Zur Funktion und zum Inhalt des so-

zialistischen Erbrechts nach dem ZGB-Entwurf, NJ 1975, 141; ders, Zur Regelung des Pflichtteilsrechts im ZGB-Entwurf, NJ 1975, 238; Rodemer, Die Rechtsbeziehungen im Erbrecht zwischen beiden deutschen Staaten, RpflStud 1990, 67; Schotten/Johnen, Erbrecht im deutsch-deutschen Verhältnis, DtZ 1991, 225; Seifert, Sozialökonomische Grundlagen des Erbrechts und ihre Umsetzung im ZGB-Entwurf, StuR 1975, 275; ders, Nochmals: Zur Berechnung des Pflichtteilsanspruchs, NJ 1986, 284; ders, Teilung des gemeinschaftlichen Eigentums der Ehegatten bei Auflösung der Ehe durch Tod, NJ 1990, 120; Soergel/Stein Einl Rn 101 ff; Trittel, Deutsch-Deutsches Erbrecht nach dem Einigungsvertrag, DNotZ 1991, 237; Voss, Das Erbrecht des nichtehelichen Kindes in beiden Teilen Deutschlands (1974); Westen/Schleider, Zivilrecht im Systemvergleich (1984) 787; Wölki, Die Entwicklung des Erbschaftssteuerrechts in der DDR, ROW 1984, 133.

tigung des Privateigentums an Produktionsmitteln kannte das Erbrecht des ZGB einige Rechtsinstitute, deren wirtschaftliche Bedeutung in erster Linie im Zusammenhang mit Produktivvermögen zu sehen ist, nicht mehr (Verwaltungstestamentsvollstreckung, Vor- und Nacherbschaft, Erbvertrag, Erbverzicht); bei ihrer Abschaffung spielte auch der Gedanke eine Rolle, die Auferlegung weitreichender Bindungen dürfe nicht privatautonomer Gestaltung überlassen werden. Ein zusätzlicher Grund für den geringen Umfang der erbrechtlichen Regelungen des ZGB lag im Streben nach Vereinfachung. Ihm fielen allerdings nicht nur Vorschriften zum Opfer, die als entbehrlich gelten konnten, sondern es entstanden auch Lücken infolge des Desinteresses des Gesetzgebers, dem Bürger ausreichende Grundlagen für eine vom gesetzlichen Erbrecht abweichende, den Bedürfnisssen des Einzelfalles gerecht werdende Vermögensverteilung zur Verfügung zu stellen.

Das ZGB ist durch den **Einigungsvertrag** mit Wirkung vom 3.10.1990 grundsätzlich **111** außer Kraft gesetzt worden. An seine Stelle trat wieder das BGB (Art 8 EinigsV, Art 230 Abs 2 EGBGB). Wegen der Einzelheiten des Erbrechts des ZGB wird daher auf STAUDINGER/OTTE[12] Einl 116 ff und die dortigen Angaben verwiesen. Soweit erbrechtliche Vorschriften des ZGB auch heute noch praktische Bedeutung haben, wird in der vorliegenden Bearbeitung darauf bei der Kommentierung der entsprechenden Vorschriften des BGB eingegangen. Es handelt sich namentlich um die Errichtung und Aufhebung von Verfügungen von Todes wegen sowie die Bindungswirkung von gemeinschaftlichen Testamenten, die im Beitrittsgebiet in der Zeit vom 1.1.1976 bis zum 2.10.1990 einschließlich errichtet worden sind, auch wenn der Erbfall erst nach dem 2.10.1990 eingetreten ist (Art 235 § 2 EGBGB), sowie um die Abwicklung von Erbfällen im Beitrittsgebiet aus der Zeit vom 1.1.1976 bis zum 2.10.1990 einschließlich (Art 235 § 1 EGBGB).

Nicht nach ZGB, sondern nach den Vorschriften des BGB über das Erb- und Pflicht- **112** teilsrecht der *ehelichen* Kinder richten sich das gesetzliche Erbrecht und das Pflichtteilsrecht der vor dem 3.10.1990 geborenen *nichtehelichen* Kinder (Art 235 § 1 Abs 2 EGBGB; zum Anwendungsbereich der Vorschrift s STAUDINGER/RAUSCHER[12] Art 235 EGBGB Rn 3 ff; umfassend jetzt FELDMANN [s Schrifttum zu Rn 109]). Die Regelung beruht auf der Anerkennung der Reformbedürftigkeit des Nichtehelichenerbrechts des BGB, das solchen Nichtehelichen, für die schon eine Erbaussicht nach ZGB begründet war, nicht mehr aufgezwungen werden sollte. Zur Frage, ob auch außerhalb des Nichtehelichenrechts Gedanken des ZGB-Erbrechts für die Erbrechtsreform Bedeutung haben, s die Nachweise in Rn 125, 134.

7. Erbrechtsreform*

a) Deutsches Reich
Ungeachtet der grundsätzlich positiven Aufnahme, die das Erbrecht des BGB **113**

---

* **Schrifttum:** Einschlägige Werke aus der Zeit **vor 1900** bei R SCHRÖDER, Abschaffung oder Reform des Erbrechts (1981) 519 ff sowie STAUDINGER/BOEHMER[11] Einl § 11 I.
a) 1900–1933: ANTWEILER, Erbschaftssteuer und soziale Reform (Diss Köln 1933); BAMBERGER,

Vom Recht der lachenden Erben, DJZ 1907, 632; ders, Erbrechtsreform (1908); ders, Vom Erbrecht des Reichs, DJZ 1910, 69; ders, Für das Erbrecht des Reichs (1912); ders, Erbrecht des Reichs und Reichserbschaftsteuer (1917); vBERNHARDI, Deutschland und der nächste Krieg (4. Aufl 1912)

Gerhard Otte

durch die Kritik erfuhr, begann schon im ersten Jahrzehnt seiner Geltung eine intensive Reformdiskussion. Ihr Schwerpunkt lag zunächst bei der *staatlichen Nachlaßbeteiligung*. Aus sozialpolitischen und fiskalischen Erwägungen (nicht zuletzt ging es um die Kosten der Rüstung), die auf wenig realistischer Einschätzung der finanziellen Ergiebigkeit staatlicher Eingriffe in das Erbrecht beruhten, wurde eine Begrenzung des

308; vBLUME, Umbau und Ausbau des deutschen Erbrechts (1913); ders (anonym), Die Revolution des Erbrechts (1919); BOEHMER, Erbfolge und Erbenhaftung (1927); HERMES, Der Gesetzentwurf über das Erbrecht des Staates (1913); KUCZINSKI-MANSFELD, Der Pflichtteil des Reichs (1917); LANGE, Die Verwirklichung des wahren letzten Willens des Erblassers, JherJb 82, 1; OELEN-HEINZ, Abschaffung des Erbrechts (1919); STIL-LICH, Die Lösung der sozialen Frage durch die Reform des Erbrechts (1924).

b) **1933–1945:** BARTHOLOMEYCZIK, Zur Auseinandersetzung der Miterbengemeinschaft im neuen Erbrecht, ZAkDR 1938, 626; BAUMECKER, Handbuch des Großdeutschen Erbhofrechts (4. Aufl 1940); BINDER, Das Recht des Testaments, DRWiss 1938, 246; ders, Zur Erbrechtsreform, DR 1939, 107; ders, Zur Reform des Erbrechts, DR 1939, 566; BODE, Rechtserneuerung im Erbrecht, DJ 1935, 1408; BOEHMER, Anregungen zur Änderung der gesetzlichen Erbfolgeordnung, in: Festgabe für Jung (1937) 45; ders, Zur erbrechtlichen Stellung des unehelichen Kindes, JbAkDR 1937, 80; ders, Vorschläge zur Neuordnung der gesetzlichen Erbfolge (1938); ders, Zur Reform des Pflichtteilsrechts, AcP 144, 249; ders, Privattestamente mit vorgedruckter Ortsangabe, ZAkDR 1938, 264; ders, Die Bedeutung des § 48 Abs 2 des Testamentsgesetzes für einfache und gemeinschaftliche Testamente, ZAkDR 1939, 413; ders, Schenkungen von Todes wegen und Schenkungen unter Lebenden, ZAkDR 1939, 610; ders, Das Recht des Testaments, KritV 66, 221, 383; ders, Die Vermögensverfassung des deutschen „Hauses" (1943); BOSCH, Gedanken zur Rechtserneuerung im Erbrecht, DJ 1935, 782; DANIELCIK, Neues Rechtsdenken im Erbrecht, DR 1936, 291; DÖLLE, Lehrbuch des Reichserbhofrechts (2. Aufl 1939); EICHLER, Vom alten zum neuen Erbrecht, DR 1936, 270; ErbrA d AkDR s u LANGE; GENRICH, Rechtserneuerung im Erbrecht, DJ 1936, 1410; GREISER, Das Gesetz über erbrechtliche Beschränkungen wegen gemeinschaftswidrigen Ver-

haltens, DFG 1938, 31; ders, § 48 Abs 2 des Testamentsgesetzes, DFG 1939, 52; GUGGUMOS, Altes und neues Erbrecht, DFG 1943, 61; HAWLITZKY, Das eigenhändige Testament, DNotZ 1935, 715; HAUPT, Anm zu GUGGUMOS, Altes und neues Erbrecht, DFG 1943, 63; HERSCHEL, Familienhabe und Erbrecht, DGWR 1936, 161; HESSE, Die Erbregelungsverordnung vom 4. Oktober 1944, DJ 1944, 296; F vHIPPEL, Formalismus und Rechtsdogmatik (1935); ders, Rechtsform und Rechtsformalismus, JW 1938, 625; HÖVER, Aufgaben der freiwilligen Gerichtsbarkeit im Erbrecht, DFG 1936, 112; HOPP, Gesetzliche Erbfolge in besonderen Fällen, Zur Erbregelungsverordnung vom 4. Oktober 1944, DR 1944, 890; KLAUS, Rechtserneuerung im Erbrecht, DJ 1935, 1412; ders, Ein Vorschlag über die Behandlung des „Voraus" nach § 1932 BGB, DGWR 1937, 294; KÜBLER, Erbrechtliche Betrachtungen, ZAkDR 1936, 89; LANGE, Gemeinschaftsgebundenes Erbrecht, JbAkDR 1935, 6; ders, Grundfragen der Erneuerung des Erbrechts, ZAkDR 1935, 357; ders, Bericht über die zweite Arbeitstagung des Erbrechtsausschusses, ZAkDR 1935, 883; ders, Zur Frage des handgeschriebenen Testaments, JbAkDR 1936, 129; ders, Pflichtteilsanspruch oder Noterbrecht, DR 1936, 398; ders, Rasse und Erbe, DJ 1936, 802 und DR 1936, 230; ders, Das Recht des Testaments, in: 1. Denkschr d ErbrA d AkDR (1937); ders, Bespr v F vHippel, Formalismus und Rechtsdogmatik, AcP 143, 99; ders, Zur Reform des Pflichtteilsrechts, AcP 144, 188; ders, Das Gesetz über die Errichtung von Testamenten und Erbverträgen, ZAkDR 1938, 577, 634; ders, Die Ordnung der gesetzlichen Erbfolge, in: 2. Denkschr d ErbrA d AkDR (1938); ders, Die Regelung der Erbenhaftung, in: 3. Denkschr d ErbrA d AkDR (1939); ders, Erwerb, Sicherung und Abwicklung der Erbschaft, in: 4. Denkschr d ErbrA d AkDR, bearb v BARTHOLOMEYCZIK, KAEMPF, LANGE, OHR, REIF (1940); ders, Erbeinsetzung, andere Zuwendungen und Erbschein, 5. Denkschr d ErbrA d AkDR, bearb v BARTHOLOMEYCZIK (1942);

Verwandtenerbrechts auf die ersten drei Ordnungen gefordert (zu den im Reichstag gescheiterten Entwürfen von 1908 und 1913 über das Staatserbrecht vgl STAUDINGER/BOEHMER[11] Einl § 6 Rn 1, § 7 Rn 11 ff). Über die Einführung einer reichsrechtlichen Erbschaftsteuer im Jahre 1906 gelangten diese Bestrebungen indessen nicht hinaus.

---

ders, Die Neugestaltung des deutschen Erbrechts, DR 1942, 1713; LEHMANN, Zum eigenhändigen Testament, DGWR 1935, 84; PALANDT, Das deutsche Erbrecht und seine Entwicklungstendenzen, DGWR 1935, 33, 49; ROTH, Rechtsform und Rechtsformalismus, DNotZ 1938, 281; ders, Zum § 48 Absatz 2 des Testamentsgesetzes, DR 1941, 166; SAURE, Erbhofrecht und Bevölkerungspolitik, JbAkDR 1935, 23; SCHMIDT-KLEVENOW, Kann ein Jude einen Deutschen beerben?, DR 1940, 1354; SCHMITZ, Das Problem der Beschränkung der Testierfreiheit (1936); SIBER, Haftung für Nachlaßschulden nach geltendem und künftigem Recht (1937); SINGER, Abschaffung des eigenhändigen Testaments, DNotZ 1934, 482; STEINHAUS, Änderung des ehelichen Güterrechts und Erbrechts tut not!, ZAkDR 1936, 319; STRUNCK, Der Gedanke der Erbrechtsreform seit dem 18. Jahrhundert (Diss Leipzig 1935); SÜSS, Die Ehefrau im Erbrecht, DR 1936, 286; VOGELS, Inwieweit sind die Testamentsformen des Bürgerlichen Gesetzbuchs erneuerungsbedürftig?, ZAkDR 1935, 635; ders, Erbrechtliche Beschränkungen wegen gemeinschaftswidrigen Verhaltens, DJ 1937, 1802; ders, Reichserbhofgesetz (4. Aufl 1937); ders, Der Stand der Vorarbeiten zur Erneuerung des deutschen Erbrechts, ZAkDR 1937, 743; ders, Das neue Testamentsrecht, DJ 1938, 1269; ders, Das eigenhändige Testament nach dem Gesetz vom 31. Juli 1938, JW 1938, 2161; ders, Gesetz über die Errichtung von Testamenten und Erbverträgen, 3. Aufl bearb v SEYBOLD (1943); WEYER, Das eigenhändige Testament, DNotZ 1935, 348; WIEAKKER, Arbeit am „Bürgerlichen Recht", I. Das Recht des Testaments, DR 1938, 67.

Aus der neueren Lit über Erbrecht und Erbrechtsdiskussion in der Zeit des Nationalsozialismus vgl vor allem GRUCHMANN, Die Entstehung des Testamentsgesetzes vom 31. Juli 1938, ZNR 1985, 53; GRUNDMANN, Agrarpolitik im „Dritten Reich": Anspruch und Wirklichkeit des Reichserbhofgesetzes (1979); HÜTTE, Der Gemeinschaftsgedanke in den Erbrechtsreformen des Dritten Reichs

(1988), dazu R SCHRÖDER ZNR 1989, 250 u KIEFNER JusCommune 19 (1992) 448; KÖNIG, Die Stellung der Frau im Recht des Nationalsozialismus (1988); SCHLIEPKORTE, Entwicklungen des Erbrechts zwischen 1933 und 1953 (Diss Bochum 1989).

c) seit 1945: BATTES, Gemeinschaftliches Testament und Ehegattenerbvertrag als Gestaltungsmittel für die Vermögensordnung der Familie (1974); ders, Die Änderung erbrechtlicher Vorschriften im Zusammenhang mit der Reform des Scheidungsrechts, FamRZ 1977, 433; BERGER/MARKO/ORTH, Modernes Erbrecht in einem vereinigten Deutschland, NJ 1990, 384; BOCK, Empfiehlt es sich, den vorzeitigen Erbausgleich nach den §§ 1934 d und e BGB wieder abzuschaffen? (Diss Bonn 1976); BOEHMER, Zur Entwicklung und Reform des deutschen Familien- und Erbrechts, Ausgewählte Schriften (1970); BOSCH, Aktuelle Probleme des Familien- und Erbrechts, FamRZ 1970, 497; ders, Empfiehlt es sich, das gesetzliche Erbrecht und Pflichtteilsrecht neu zu regeln?, FamRZ 1972, 417; ders, Rückblick und Ausblick, FamRZ 1980, 739, 854; ders, Ist das geltende Ehegatten-Erbrecht bei kinderloser Ehe reformbedürftig?, FamRZ 1983, 227; ders, Familien- und Erbrecht als Themen der Rechtsangleichung nach dem Beitritt der DDR zur Bundesrepublik Deutschland, § 7 IV, FamRZ 1992, 996; BUCHHOLZ, Berliner Testament (§ 2269 BGB) und Pflichtteilsrecht der Abkömmlinge – Überlegungen zum Ehegattenerbrecht, FamRZ 1985, 872; ders, Gestaltungsprobleme des Ehegattenerbrechts: Teilungsprinzip oder Nutzungsprinzip, MDR 1990, 375; BÜHLER, Zur Reform des gesetzlichen Erbrechts des Ehegatten neben Abkömmlingen, DNotZ 1975, 5; BURKART, Das eigenhändige Testament nach § 2247 BGB – Seine Problematik und seine Zukunft, in: FS vLübtow (1991) 253; COING, Empfiehlt es sich, das gesetzliche Erbrecht und Pflichtteilsrecht neu zu regeln?, Verh d 49. DJT (1972) Bd I Teil A 11; DÄUBLER, Abschaffung des Erbrechts?, RuG 1974, 43; ders, Entwicklungstendenzen im Erbrecht, ZRP 1975,

114 In der Zeit des *Nationalsozialismus* kam es zunächst zur stark ideologisch („Blut und Boden") geprägten **Erbhofgesetzgebung** (hierzu STAUDINGER/PROMBERGER/SCHREIBER[12] Art 64 EGBGB Rn 73 ff; umfassend GRUNDMANN; zur auffällig frauenfeindlichen Tendenz des REG, die unter dem Druck der Verhältnisse durch VOen von 1936 und 1943 abgemildert wurde, KÖNIG 137 ff). Das **TestG**, das im Zuge der nach dem Anschluß Österreichs in Angriff genommenen Privatrechtsvereinheitlichung erlassen wurde, beseitigte die übertriebene Formstrenge beim eigenhändigen Testament (§ 2247 aF), die in der Lit heftig bekämpft worden war (maßgeblich vHIPPEL, Formalismus und Rechtsdogmatik) und in der Rspr zu problematischen Abgrenzungen und Zufallsentscheidungen geführt hatte (vgl STAUDINGER/FIRSCHING[12] § 2247 Rn 1 ff, 22 ff, 41 ff, 61 ff). Gleichzeitig schuf es in der Generalklausel des § 48 Abs 2 TestG (Wortlaut s STAUDINGER/FIRSCHING[12] Vorbem 39 zu § 2229) eine über § 138 Abs 1 hinausgehende Möglichkeit der Inhaltskontrolle von

136; DETHLOFF, Reform des Kindschaftsrechts, NJW 1992, 2200; DIECKMANN, Empfiehlt es sich, das gesetzliche Erbrecht und Pflichtteilsrecht neu zu regeln?, Verh d 49. DJT (1972) Bd II Teil K 8; DUMOULIN, Gesetzliches Erbrecht und Pflichtteilsrecht, Änderungsvorschläge aus der Sicht eines Notars, DNotZ 1973, Sonderheft, 84; EHRENKÖNIG, Die Erbenhaftung – Ein Vorschlag zur Neuregelung (1991); FIRSCHING, Zur Reform des deutschen Erbrechts, JZ 1972, 449; FREYTAG, Neuordnung des gesetzlichen Erbrechts, ZRP 1991, 106; ders, Das Pflichtteilsrecht nach dem BGB und ZGB im Vergleich, ZRP 1991, 304; GERKEN, Pflichtteilsrecht zwischen Testierfreiheit und Familienerbfolge, Rpfleger 1989, 45; ders, Zur Familien- und Lebenssituation der Menschen – Wandel in den Grundlagen des Erbrechts, ZRP 1991, 426; GÖRGENS, Die Bindung des Richters an das Gesetz und die Formerfordernisse des eigenhändigen Testaments. Zugleich ein Beitrag zur Reform des § 2247 BGB (Diss Bochum 1977); ders, Überlegungen zur Weiterentwicklung des § 2247 BGB, JR 1979, 357; GOETZ, Erbrechtliche Ansprüche außerhalb des Familienerbrechts, FamRZ 1985, 987; HAEGELE, Zur Weiterentwicklung der Güterstände der Zugewinngemeinschaft und der Gütertrennung mit Ausblick auf eine künftige Erbrechtsgestaltung, Rpfleger 1976, 274, 343; HILLERMEIER, Überlegungen über eine Neuordnung der Registrierung von Testamenten, StAZ 1979, 137; JUNG, Reformbestrebungen im Erbrecht, FamRZ 1976, 134; KÜHNE, Zur Reform des gesetzlichen Erb- und Pflichtteilsrechts, JR 1972, 221; LEIPOLD, Wandlungen in den Grundlagen des Erbrechts?, AcP 180, 160; LÖVENICH, Zur Neugestaltung des gesetzlichen Erbrechts, insbesondere des Ehegat-

tenerbrechts (Diss Köln 1979); MAYER-MALY, Die Unentbehrlichkeit des Erbrechts, RuG 1974, 40; OTTE, Erbrecht, in: LÖWISCH/GRIMM/OTTE (Hrsg), Funk-Kolleg Recht Bd 3 (1985) 178; PAPANTONIOU, Die soziale Funktion des Erbrechts, AcP 173, 385; RAUSCHER, Neuordnung des gesetzlichen Erbrechts, ZRP 1992, 272; REICHERT-FACILIDES, Empfiehlt es sich, das gesetzliche Erbrecht und Pflichtteilsrecht neu zu regeln?, Verh d 49. DJT (1972) Bd I Teil A 58; RHEINSTEIN ua, Das Erbrecht von Familienangehörigen in positivrechtlicher und rechtspolitischer Sicht (1971); RUTHE, Erbrechts-Reform?, FamRZ 1972, 626; SCHILCHER, Erbrecht und bewegliches System, JBl 1977, 57; R SCHRÖDER, Der Funktionsverlust des bürgerlichen Erbrechts, in: MOHNHAUPT (Hrsg), Zur Geschichte des Familien- und Erbrechts (1987) 281; SCHWENZER, Empfiehlt es sich, das Kindschaftsrecht neu zu regeln?, Verh d 59. DJT (1992) Bd I A 5, 100, 112; STEFFEN, Empfiehlt es sich, das gesetzliche Erb- und Pflichtteilsrecht neu zu regeln?, DRiZ 1972, 263; STÖCKER, Der Ausbau des Ehegattenerbrechts, FamRZ 1969, 444; ders, Grenzen der Erbrechtsreform, WM 1969, 774; ders, Die Neuordnung der gesetzlichen Erbfolge im Spiegel des mutmaßlichen Erblasserwillens, FamRZ 1971, 609; ders, Ist unser Erbrecht sozial?, JZ 1973, 15; ders, „Beerbung bei lebendigem Leibe", Stand und Perspektiven der Diskussion um den vorzeitigen Erbausgleich, JZ 1979, 87; ders, Das Grundrecht zu erben, WM 1979, 214; TRITTEL, Deutsch-Deutsches Erbrecht nach dem Einigungsvertrag, DNotZ 1991, 237; ZAWAR, Notarielle Rechtsgestaltung: Das Erbrecht im sozialen Wandel, DNotZ 1989 (Sonderheft) 116.

Verfügungen, die zum Einfallstor nationalsozialistischen und insbesondere antisemitischen Gedankenguts in die erbrechtliche Rspr werden sollte (hierzu HÜTTE 185 ff, 256 ff). Umgekehrt eröffnete die **ErbregelungsVO** vom 4.10.1944 (RGBl I 242) die Möglichkeit, aus Gründen des „gesunden Volksempfindens" von der gesetzlichen Erbfolge in Richtung auf den Inhalt eines nicht gültig geäußerten Erblasserwillens abzuweichen (hierzu HÜTTE 246 ff). Die schon mit § 13 REG einsetzende *Diskriminierung der Juden* durch erbrechtliche Gesetzgebung steigerte sich in §§ 1 f des *Gesetzes über erbrechtliche Beschränkungen wegen gemeinschaftswidrigen Verhaltens* v 5.11.1937 (RGBl I 1161) sowie in der 11. und der 13. DVO zum **Reichsbürgergesetz** (RGBl 1941 I 722 und 1943 I 372) bis zur Aberkennung der Erbfähigkeit von Juden und zur Konfiskation jüdischer Nachlässe (hierzu HÜTTE 255 ff; zur Aufhebung dieser Gesetzgebung durch den Kontrollrat MünchKomm/LEIPOLD Einl 34 ff).

Die **Reformdiskussion** erstreckte sich über diese von der Gesetzgebung aufgegriffenen **115** Themen hinaus auf das gesamte Erbrecht. Anfangs stand dabei der Gedanke im Vordergrund, eine „Erneuerung" des Erbrechts unter weitestgehender Loslösung von Grundgedanken des BGB sei angezeigt. So wurde etwa die *Abschaffung des* (nunmehr als „heimliches" Testament diskreditierten) *eigenhändigen Testaments* oder die Umgestaltung des Pflichtteilsrechts in ein *materielles Noterbrecht* gefordert. Im Laufe der Jahre wich der Reformeifer jedoch einer nüchternen Betrachtung der Leistung des BGB-Gesetzgebers. Der unter der Leitung von HEINRICH LANGE stehende Erbrechtsausschuß der **Akademie für Deutsches Recht**, der von 1937 bis 1942 fünf Denkschriften zur Erbrechtsreform und einen (bislang noch unveröffentlichten) vollständigen Entwurf des Erbrechts als Teil eines nationalsozialistischen **Volksgesetzbuches** ausarbeitete (zum Volksgesetzbuch HATTENHAUER, in: FS Gmür [1983] 225; BRÜGGEMEIER JZ 1990, 24) machte zwar eine Fülle von Änderungsvorschlägen, konnte aber letztlich kein neues, sondern nur ein mehr oder weniger modifiziertes BGB-Erbrecht vorlegen.

Die wichtigsten Änderungsvorschläge, die weithin auf Gedanken aus der Zeit vor **116** 1933, teilweise sogar aus der Zeit der Entstehung des BGB zurückgriffen, betrafen die *Begrenzung des gesetzlichen Erbrechts der Verwandten* auf die ersten drei Parentelen, die *Erhöhung des Ehegattenerbteils* neben Abkömmlingen auf die Hälfte des Nachlasses (allerdings nur als Vorerbschaft), eine gewisse Besserstellung (nicht Gleichstellung) *unehelicher Kinder* beim Tode des Vaters, eine *Erweiterung der Befugnisse des Nachlaßgerichts* bei der Erbauseinandersetzung (Näheres zu den Vorschlägen bei HÜTTE 24 ff, 197 ff) sowie Modifikationen der *Haftungsbeschränkung des Erben* (hierzu STAUDINGER/MAROTZKE[12] Vorbem 46 ff zu § 1967). Nur zum kleinsten Teil waren die Reformvorschläge der AkDR typisch nationalsozialistisch. Zwar war die Diktion weitgehend der damaligen Zeit verhaftet, doch verdienen die Inhalte auch heute noch Aufmerksamkeit. Sie wurden denn auch nach 1945 wieder aufgegriffen, begünstigt freilich durch die personelle Kontinuität (in erster Linie ist hier GUSTAV BOEHMER zu nennen, der schon vor 1945, damals in vielfach kontroverser Diskussion mit HEINRICH LANGE, zu den angesehensten Erbrechtslehrern gehörte und in den 50er Jahren nahezu unangefochtene Autorität erlangte). In der gegenwärtigen und künftigen Reformdiskussion sollte allerdings bedacht werden, daß die von der AkDR entwickelten Vorstellungen, auch soweit sie nicht als typisch nationalsozialistisch zu bezeichnen sind, von einer ausgeprägt freiheitsbeschränkenden Tendenz bestimmt waren (stärkere Bindung des Erblassers und des Ehegatten als Erben zugunsten der Abkömmlinge, Beschränkung des Verwandtenerbrechts zugunsten des Staates, stärkere richterliche Kontrolle des Erblasserwillens und der Erbauseinandersetzung), was in der Summierung für sich genommen wenig auffälliger Einzelheiten schließlich ein Gesamtbild ergab, das nur in dieser Epoche zustandekommen konnte.

b)   Bundesrepublik Deutschland

117 Nach dem Inkrafttreten des GG waren die Reformaufgaben der **Gleichberechtigung von Mann und Frau** sowie der **Gleichstellung unehelicher Kinder** zu bewältigen. Deren Erledigung durch GleichberG und NichtehelG (s o Rn 39, 41, 88, 93 ff) ließ indessen den Ruf nach einer umfassenden Erbrechtsreform nicht verstummen. Der Bundestag ersuchte am 14.5.1969 die Bundesregierung, in der folgenden Legislaturperiode (dh bis 1973) einen Entwurf für die Reform des Erbrechts, insbesondere des gesetzlichen Erbrechts der Ehegatten und Kinder vorzulegen. Der 49. DJT (1972) befaßte sich mit dem Thema „Empfiehlt es sich, das gesetzliche Erbrecht und Pflichtteilsrecht neu zu regeln?" Jedoch gelangten die Reformüberlegungen trotz der lebhaften Debatte zu Beginn der 70er Jahre zu keinem greifbaren Resultat, und später kam auch die Diskussion selbst nahezu zum Erliegen. Dies hatte zwei Gründe: Einmal bestanden bzgl des Ehegattenerbrechts, das den Angelpunkt der Erbrechtsreform hätte bilden sollen, schon 1969 keine klaren Vorstellungen über Gründe und Richtung einer etwaigen Reform, und diese Unsicherheit besteht ein Vierteljahrhundert später angesichts der (durch die Scheidungsrechtsreform noch sichtbarer gewordenen) Krise des Eherechts verstärkt (hierzu auch LEIPOLD AcP 180, 177 ff). Zum anderen hatten die sonstigen Reformpunkte weder das Gewicht noch die Dringlichkeit, eine Gesamtreform initiieren zu können. So gewann ein (mE wohlbegründeter) Reformskeptizismus die Oberhand; vgl etwa BOSCH (FamRZ 1983, 239): *„Eine große Erbrechtsreform sollte nicht weiter in Betracht gezogen werden"* (ferner MünchKomm/ LEIPOLD Einl 19; STAUDINGER/FERID/CIESLAR[12] Einl 33 f zu § 2303; STAUDINGER/WERNER § 1931 Rn 53).

118 Daß die Erbrechtsreform in den allerletzten Jahren dennoch wieder häufiger thematisiert wurde – ohne daß grundsätzlich neue Argumente aufgetaucht wären -, ist als Ausstrahlung der intensiven Diskussion um die *Reform des Kindschaftsrechts* (dazu zuletzt SCHWENZER Verh d 59. DJT Bd I A 9 ff mwN) und vor allem als Ergebnis des *deutschen Einigungsprozesses* zu verstehen, der von mehreren Autoren (BERGER/MARKO/ ORTH NJ 1990, 384; BOSCH FamRZ 1992, 996; FREYTAG ZRP 1991, 106 u 304; TRITTEL DNotZ 1991, 246) zum Anlaß genommen wird, Elemente des ZGB-Erbrechts daraufhin zu überprüfen, ob sich ihre Aufnahme in das BGB empfiehlt.

119 Eine Wiederbelebung der Debatte wird man nicht von rechtssoziologischen Überlegungen und von der Rechtstatsachenforschung erwarten dürfen (so aber SOERGEL/STEIN Einl 71 ff). Denn das Erbrecht des BGB hat sich, wie ein Jahrhundert nach seiner Abfassung unbedenklich festgestellt werden kann, als gesellschaftspolitisch neutrales Recht erwiesen. Seine Normen erhalten Sinn und Berechtigung nicht von einer bestimmten Konzeption von Gesellschaft und auch nicht von der größeren oder geringeren statistischen Häufigkeit bestimmter Lebenssachverhalte. Der in jüngster Zeit öfter angesprochene *„Funktionswandel"* im Erbrecht (Nachweise bei LEIPOLD AcP 180, 161 f; R SCHRÖDER spricht sogar von einem *„Funktionsverlust"*) kann die Erforderlichkeit einer umfassenden Erbrechtsreform jedenfalls nicht begründen. Wandlungen im Gegenstandsbereich erbrechtlicher Regelungen in den letzten hundert Jahren sind allerdings nicht zu leugnen. Zu nennen sind hier die abnehmende Bedeutung vererblicher Vermögensrechte für die wirtschaftliche und gesellschaftliche Stellung des Einzelnen bei gleichzeitiger Zunahme der Bedeutung von Ausbildung und Arbeitsplatz, ferner ein überproportionales Anwachsen des dem Erbgang nicht unterworfenen Vermögens juristischer Personen im Verhältnis zum Vermögen natürlicher Personen und schließlich Veränderungen in Struktur und Funktion der Familie (hierzu LEIPOLD AcP 180, 173 ff), vor allem infolge höherer Lebenserwartung, Rückgang der Kinderzahl, geringerer Stabilität der Ehen und Rückläufigkeit häuslicher Produktion. Die Feststellung solcher Veränderungen macht indessen noch keinen Reformvorschlag schlüssig.

Zu einzelnen Reformvorschlägen: **120**

Für einen **Ausbau des Ehegattenerbrechts** (befürwortend STÖCKER FamRZ 1970, 444 ff; 1971, 609 ff; JZ 1973, 15 ff; COING Verh d 49. DJT I A 42 f, 73 f; DIECKMANN Verh d 49. DJT II K 14 ff, 33; KÜHNE JR 1972, 221 f; STEFFEN DRiZ 1972, 263 f; BOSCH FamRZ 1972, 418 u 1983, 232 ff; FIRSCHING JZ 1972, 455; DUMOULIN DNotZ 1973 [Sonderheft] 84 ff; BÜHLER DNotZ 1975, 8 f; SOERGEL/STEIN Einl 68) wird vor allem angeführt, wegen der gestiegenen Lebenserwartung kämen Kinder heute durchschnittlich erst im fünften Lebensjahrzehnt und über 15 Jahre später als gegen Ende des 19. Jahrhunderts zur Erbfolge nach ihren Eltern; dann bedürften sie einer Starthilfe für die Erlangung wirtschaftlicher Selbständigkeit nicht mehr; dem gesetzlichen Erbrecht komme daher primär die Aufgabe zu, den Lebensstandard des überlebenden Ehegatten zu sichern. Zu bedenken bleibt freilich, daß der Ausbau der Hinterbliebenenversorgung, vor allem durch das Sozialversicherungsrecht, der zu den bedeutendsten Rechtsreformen der Neuzeit zählt, das Erbrecht gerade von dieser Aufgabe weitgehend entlastet hat. Außerdem wird der Umstand, daß Kinder, die erst im mittleren Lebensalter zur Erbfolge gelangen, den erbrechtlichen Erwerb nicht als Starthilfe für sich selbst benötigen, häufig durch deren zusätzlichen finanziellen Bedarf wegen der Ausbildung und Ausstattung eigener Kinder aufgewogen (ähnlich DIECKMANN 20; DÄUBLER ZRP 1975, 141). Jede Erhöhung des Ehegattenerbteils schmälert zudem die Erbaussichten derjenigen Kinder des Erblassers, die nicht zugleich Kinder seines Ehegatten sind, und die der gemeinsamen Kinder jedenfalls bei Wiederheirat des überlebenden Ehegatten (das sieht auch SOERGEL/STEIN Einl 69, ohne Lösungen anzubieten). Auch die Verknüpfung zwischen gesetzlichem Erbteil und Pflichtteil sollte bedacht werden: Eine Erhöhung des Ehegattenerbteils zu Lasten der Verwandten würde die Testierfreiheit zumindest des kinderlosen Erblassers einengen. Letztlich droht auch die Gefahr, daß ein erweitertes Ehegattenerbrecht zum Motiv für die Scheidung getrenntlebender Eheleute oder für die Aufrechterhaltung gescheiterter Ehen wird. Eine Alleinerbschaft des Ehegatten ist daher abzulehnen, auch wenn es nur (nach dem Vorbild des ZGB, das den Ehegatten in § 365 Abs 1 zu den Erben der 1. Ordnung zählte) beim Fehlen von Abkömmlingen des Erblassers vorgesehen würde (ebenso BOSCH FamRZ 1992, 998; BUCHHOLZ MDR 1990, 378; FREYTAG ZRP 1991, 107 f; RAUSCHER ZRP 1992, 272). Auch als bloße Vorerbschaft kann sie, schon wegen der Beschränkungen der §§ 2113 ff, nicht wünschenswert erscheinen (BUCHHOLZ 378; FREYTAG 106 f). – Vielfach wird eine *güterstandsunabhängige* Erhöhung des Erbteils aus § 1931 Abs 1 gefordert. Problematisch ist dann allerdings, ob im gesetzlichen Güterstand beim Tode eines Ehegatten der Zugewinnausgleich *schuldrechtlich* und ggf auch *zu Lasten* des erbenden Ehegatten durchgeführt werden soll (dafür AK/DÄUBLER Einl 57; Bedenken hiergegen äußert RAUSCHER aaO; gegen den Zugewinnausgleich in beiden Richtungen FREYTAG 109, die beide die Zugewinngemeinschaft als nicht mehr zeitgemäß bezeichnen). Eine Staffelung des Ehegattenerbteils nach der Ehedauer (nach dem Vorgang von COING, Verh d 49. DJT A 43 ff, erneut zur Diskussion gestellt von BOSCH, FamRZ 1992, 996) erscheint angesichts der Verschiedenartigkeit der Lebensachverhalte (kurze, aber bekinderte Ehe; Versorgungsehe; lange Doppelverdienerehe usw) kaum als interessengerechte Lösung und sollte auch wegen der zusätzlichen Verunsicherung, die sie für die Erbaussichten der Abkömmlinge bedeuten würde (man denke nur an die Schwierigkeit, den wirtschaftlichen Wert eines Erbverzichts und damit zugleich die Angemessenheit einer Abfindung zu bestimmen) nicht in Erwägung gezogen werden.

121 Des öfteren wird vorgeschlagen, den *Voraus* (§ 1932) auf die *Ehewohnung* zu erstrekken (BOSCH FamRZ 1983, 235; SOERGEL/STEIN Einl 70; AK/DÄUBLER Einl 56). Notwendigkeit und Auswirkungen einer solchen Regelung werden aber wohl falsch eingeschätzt. Wo Grundvermögen vorhanden ist, kann testamentarische Vorsorge erwartet werden (daher zutr gegen einen gesetzgeberischen Handlungsbedarf ZAWAR DNotZ 1989 [Sonderheft] 127). Ein gesetzlicher Anspruch auf ein lebenslanges Wohnrecht würde vielfach zur Zementierung unvernünftiger Verteilung von Wohnraum führen (zB: der verwitwete Ehegatte allein in dem auf eine kinderreiche Familie zugeschnittenen Haus!). Auf jeden Fall verschöbe sich angesichts von § 2311 Abs 1 S 2 die Nachlaßverteilung zu Lasten pflichtteilsberechtigter Abkömmlinge. Der Hinweis auf den für Mietwohnungen geltenden § 569 a verfängt nicht: Erforderlichkeit und Folgen dieser Regelung sind ganz anders zu beurteilen als eine Ausweitung des § 1932, denn weder ist die Mieterposition als solche von Todes wegen disponibel, noch wird durch ihre Zuweisung an den überlebenden Ehegatten den übrigen Nachlaßbeteiligten ein verwertbarer Gegenstand entzogen.

122 Die Forderung nach **Beschränkung des gesetzlichen Erbrechts der Seitenverwandten** auf die 3. Parentel (Nachweise bei STAUDINGER/WERNER Vorbem 57 zu § 1924) verbindet sich heute meist nicht mehr mit übertriebenen Erwartungen hinsichtlich der finanziellen Ertragskraft eines erweiterten Staatserbrechts (schon STAUDINGER/BOEHMER[11] Einl § 7 Rn 21: „keine Finanz- oder Verwaltungsfrage, sondern eine Grundfrage staatspolitischer Weltanschauung und sozialer Gerechtigkeit"; MünchKomm/LEIPOLD Einl 19; AK/DÄUBLER Einl 70; SOERGEL/STEIN Einl 72; anders wohl noch BOSCH FamRZ 1992, 997). Für die Beschränkung spricht, daß die entfernte Blutsverwandtschaft mit dem Erblasser kein hinreichender Grund für eine (vom Erblasser nicht angeordnete) Nachlaßbeteiligung ist. Jedoch bestehen mE auch ernstliche Zweifel am Sinn des Staatserbrechts (RAUSCHER ZRP 1992, 272 vermißt sogar „jede rechtspolitisch *positive* Begründung"): Bei geringfügigen Nachlässen, um die es sich meist handeln wird, weil bei mittleren und größeren Vermögen der Erblasser, der keine nahen Angehörigen hat, Vorsorge gegen den Eintritt der gesetzlichen Erbfolge treffen wird, steht der Aufwand einer den haushaltsrechtlichen Vorschriften genügenden Erfassung und Verwaltung des Nachlasses in keinem vernünftigen Verhältnis zum Ertrag und liegt sicherlich deutlich höher als die immer wieder angeführten Kosten der Ermittlung der Erben. Der Anfall größerer Nachlässe wirft die Frage nach der wirtschaftspolitischen Erwünschtheit eines zufallsbedingten punktuellen staatlichen Eindringens in den privatwirtschaftlichen Sektor auf.

123 Zur Kritik der durch das **NichtehelG** eingeführten besonderen Form der Nachlaßbeteiligung (§§ 1934 a ff) s die Angaben in Rn 93 ff, zum Regierungsentwurf eines

Gesetzes zur Streichung der §§ 1934 a-e, 2338 a, der dieser Kritik Rechnung trägt, vgl STAUDINGER/WERNER § 1934 a Rn 41.

Vorgeschlagen werden auch ein gesetzliches Erbrecht der Partner einer **nichtehelichen Lebensgemeinschaft** (SOERGEL/STEIN § 1931 Rn 16 unter Hinweis auf israelisches Recht; dagegen aber BOSCH FamRZ 1983, 238) oder eine andere gesetzliche oder vom Richter festzusetzende Nachlaßbeteiligung (STÖCKER FamRZ 1971, 616 f; DÄUBLER ZRP 1975, 142 f; LEIPOLD AcP 180, 180 f; GOETZ FamRZ 1985, 990 f). Dagegen sprechen aber erhebliche und von den Befürwortern solcher Lösungen meist bagatellisierte Abgrenzungsschwierigkeiten; außerdem müßte die verfassungsrechtliche Frage geklärt werden, ob der Gesetzgeber eine Nachlaßbeteiligung des Partners einer nichtehelichen Lebensgemeinschaft bei noch bestehender Ehe des Erblassers anordnen darf (mE stände Art 6 Abs 1 GG entgegen). Die Problematik, die sich aus der Bedürftigkeit des Partners einer langjährigen Beziehung ergeben kann, ist freilich unübersehbar. Ihre Lösung sollte jedoch nicht von der erbrechtlichen Gesetzgebung erwartet werden, zumal auch eine Unterhaltspflicht für den Fall der Trennung der Partner nicht zur Diskussion steht. Unter Lebenden wie von Todes wegen sind rechtsgeschäftliche Lösungen zwar lange durch die Rspr zum „Mätressentestament" (hierzu STAUDINGER/OTTE[12] Vorbem 155 ff zu § 2064) verbaut gewesen, heute aber sicherlich möglich. Ein Reformbedarf besteht daher nicht, es sei denn im Erbschaftsteuerrecht, wo die Fragwürdigkeit der Sätze der Steuerklasse IV im Falle von Zuwendungen an Partner nichtehelicher Lebensgemeinschaften (aber nicht nur in diesem Falle!) drastisch hervortritt (ähnlich BOSCH FamRZ 1983, 237 f). **124**

Für die **Erbenhaftung** wird (im Anschluß an SIBER [1937], die 3. Denkschr d ErbrA d AkDR und §§ 409 ff ZGB der DDR) der Grundsatz der *von vornherein auf den Nachlaß beschränkten Haftung* diskutiert (hierzu STAUDINGER/MAROTZKE[12] Vorbem 46 ff zu § 1967 u Vorbem 12 zu § 2058 mit Weiterverweisungen, vor allem auf § 2060 Rn 6; SOERGEL/STEIN Vorbem 30 zu § 1967; TRITTEL DNotZ 1991, 246). **125**

Für die **Erbauseinandersetzung** wird auf Vorschläge der AkDR zur Erweiterung der Befugnisse des Nachlaßgerichts zurückgegriffen (STAUDINGER/WERNER[12] Vorbem 16 ff zu § 2032 und § 2042 Rn 21; auch BOSCH FamRZ 1992, 997). Zu bedenken ist jedoch, daß die Rechtsprechung keine Gewähr für die wirtschaftliche Vernunft einer von den Teilungsregeln des BGB abweichenden Auseinandersetzung des Nachlasses übernehmen kann, was allein die Durchsetzung einer solchen Aufteilung gegen den Willen der Erben rechtfertigen könnte. **126**

Im Vermächtnisrecht wurde die Frage nach der Zulassung eines **Vindikationslegats** (dinglichen Vermächtnisses) aufgeworfen (zuletzt von STAUDINGER/BOEHMER[11] § 1922 Rn 240; hierzu STAUDINGER/OTTE[12] 2174 Rn 2 ff u OTTE NJW 1987, 3165; zu weiteren Vorschlägen im Vermächtnisrecht STAUDINGER/OTTE[12] Vorbem 12 zu § 2147). **127**

Nach *Herabsetzung des Volljährigkeitsalters* auf die Vollendung des 18. Lebensjahres durch G v 31. 7. 1974 erscheint eine besondere, nur noch zwei Lebensjahre umfassende Altersstufe, in der trotzBeschränkung der Geschäftsfähigkeit bereits **Testierfähigkeit** besteht, entbehrlich (SOERGEL/STEIN Einl 51; GÖRGENS JR 1979, 363). § 2229 könnte daher geändert werden. **128**

129 Problematisch ist der Vorschlag, beim **privatschriftlichen Testament** auf die Eigenhändigkeit der Niederschrift zu verzichten (GÖRGENS JR 1979, 360 ff; BURKART, in: FS vLübtow [1991] 262 f, der eine dem § 2249 Abs 6 entspr Regelung in § 2247 vorschlägt). Die Gefahr, daß dem Erblasser Texte zur Unterschrift vorgelegt werden, deren Wortlaut er nicht kennt oder nicht versteht, ist zu groß. Besonders bedenklich erscheint die Zulassung nicht-eigenhändiger Zusätze und von Bezugnahmen auf nicht der Testamentsform genügende Texte, selbst wenn sie vom Erblasser unterschrieben sind (dafür aber BURKART 262). Ob bei Selbstbenennung im Text der Niederschrift und anderweitig zu gewinnender Klarheit darüber, daß die Erklärung abgeschlossen ist, auf das Erfordernis der Unterschrift verzichtet werden kann (GÖRGENS u BURKART aaO), ist eine andere Frage. Zu bedenken bleibt, daß die Gültigkeitsvoraussetzungen des § 2247 Abs 1 klar formuliert sind und jede Aufweichung gerade Rechtsunkundige zu neuen Zweifeln veranlassen würde. Deshalb ist auch dem Vorschlag, das Dreizeugentestament als ordentliche Testamentsform zuzulassen (BURKART aaO) nicht zu folgen. Einen Gesetzgebungsbedarf im Bereich des § 2247 verneint GRUNDMANN (AcP 187, 475 f).

130 Dem **gemeinschaftlichen Testament** wird vielfach die Existenzberechtigung abgesprochen. Es sei neben dem Ehegattenerbvertrag überflüssig, seine Rechtsfolgen seien zu kompliziert und (daher auch) zu unbekannt, und es erlaube dem zielbewußten Ehegatten, seinen eigenen Willen dem anderen als gemeinsamen aufzunötigen (STAUDINGER/KANZLEITER[12] Vorbem 52 zu § 2265; LANGE/KUCHINKE § 22 I 1 B; BROX Rn 177; KIPP/COING § 32 III 2). Unbestreitbar erfreut sich aber gerade das eigenhändige gemeinschaftliche Testament so weiter Verbreitung, daß seine Beseitigung in der Bevölkerung auf Unverständnis stoßen müßte. Die Komplikationen, die es mit sich bringen kann, beruhen auch zum großen Teil nicht auf der gesetzlichen Regelung, sondern auf den von der Kautelarjurisprudenz entwickelten Klauseln, insbesondere den Wiederverheiratungsklauseln (dazu STAUDINGER/KANZLEITER[12] § 2269 Rn 38 ff, aber auch STAUDINGER/OTTE[12] § 2074 Rn 34 ff; zuletzt BUCHHOLZ, Erbfolge und Wiederverheiratung [1986] m Bspr von OTTE AcP 1987, 603, ZAWAR NJW 1988, 16 u LEIPOLD FamRZ 1988, 352) und Pflichtteilsstrafklauseln (dazu STAUDINGER/KANZLEITER[12] § 2269 Rn 54 ff, aber auch STAUDINGER/OTTE[12] § 2074 Rn 54; zuletzt BUCHHOLZ FamRZ 1985, 872) sowie auf der Rspr zum Zugang des Widerrufs eines gemeinschaftlichen Testaments (hierzu STAUDINGER/KANZLEITER[12] § 2296 Rn 8 u 10). Allerdings ist zu bemängeln, daß eine gesetzliche Definition des gemeinschaftlichen Testaments fehlt (zu den hieraus folgenden Zweifelsfragen bzgl des Vorliegens eines gemeinschaftlichen Testaments STAUDINGER/KANZLEITER[12] Vorbem 13 ff zu § 2265) und die Anfechtung einer bindenden Verfügung durch den Erblasser sowie die Folgen beeinträchtigender lebzeitiger Geschäfte ungeregelt sind, so daß mit analoger Anwendung der §§ 2281 ff, 2287 f geholfen werden muß. Um die im Falle des § 2269 beabsichtigte Vermögensteilung nicht durch die Geltendmachung von Pflichtteilsansprüchen nach dem Erstverstorbenen mehr als unumgänglich zu gefährden, sollte die Einsetzung als Schlußerbe der Nacherbeinsetzung in § 2306 Abs 2 gleichgestellt werden (zum Vorschlag von BUCHHOLZ FamRZ 1985, 883, das Pflichtteilsrecht der als Schlußerben eingesetzten Abkömmlinge nach dem Erstverstorbenen zu beseitigen, s o Rn 72 aE). – Im Gegensatz zu den Kritikern des Rechtsinstituts plädiert BATTES (Gemeinschaftliches Testament und Ehegattenerbvertrag 303 f, 374 f) für einen Ausbau des gemeinschaftlichen Testaments zum Instrument der materiellen Sicherstellung der Familie, insbesondere des überlebenden Ehegatten (hierzu die kritische Bespr von FINGER JZ 1975, 334 f), und schlägt zu diesem Zweck gewisse Gesetzesänderungen vor, die eine Annäherung an den Erbvertrag bedeuten würden.

Ein Bedürfnis, nicht miteinander verheirateten Personen die Möglichkeit der Errich- **131** tung eines gemeinschaftlichen Testaments zu eröffnen (dafür wohl SOERGEL/STEIN Einl 74), ist nicht zu erkennen, da der Erbvertrag als Rechtsform zur Verfügung steht und notarielle Beratung noch eher als bei Eheleuten angezeigt erscheint, weil Unverheiratete sich mit wechselseitiger Bedenkung viel weiter von der gesetzlichen Erbfolge entfernen als Eheleute.

Änderungsbedürftig erscheint die *Abgrenzung zwischen Rechtsgeschäften unter* **132** *Lebenden und Verfügungen von Todes wegen* (ebenso MünchKomm/LEIPOLD Einl 19). Zwar ist es gewiß möglich, auf der Grundlage der jetzigen Gesetzesformulierungen (§§ 2301, 331) zu stringenten Lösungen zu gelangen, die eine Umgehung erbrechtlicher Form- und Bindungsvorschriften und eine Benachteiligung der Nachlaßgläubiger verhindern. Angesichts der gefestigten Rspr zum Verhältnis von § 331 zu § 2301, zur Unzulässigkeit des Verfügungsvertrages zugunsten Dritter und zur Unanwendbarkeit des § 2301 auf befristete Schenkungen sowie angesichts des Meinungsstreits über die Kriterien des Schenkungsvollzuges im Sinne des § 2301 Abs 2 (zu diesen Problemen STAUDINGER/KADUK[12] Vorbem 67 ff zu § 328, § 328 Rn 6 ff u 24 ff, § 331 Rn 9 u 14 ff; STAUDINGER/ REUSS[12] Vorbem 8 zu § 516 Rn 33 ff sowie STAUDINGER/KANZLEITER[12] § 2301, jeweils mwN) erscheint aber die Erzielung eines Konsenses über die richtige Lösung in absehbarer Zeit wenig wahrscheinlich. Die gegenwärtige Handhabung ist die, daß der Erblasser durch Vertrag mit seinem Schuldner einem Dritten zwar nicht eine bereits bestehende, wohl aber eine neuzubegründende Forderung zuwenden kann, wobei dann weder für die Leistungspflicht des Schuldners noch für den Rechtsgrund der Zuwendung im Verhältnis zwischen dem Erblasser bzw seinem Erben und dem Dritten die Wahrung einer Form erforderlich sein soll, auch wenn die Zuwendung nur für den Fall des Überlebens des Dritten gemacht wird; andererseits soll der Erblasser dem Dritten durch Vertrag mit diesem selbst für den Fall seines Überlebens einen Anspruch auf eine unentgeltliche Zuwendung (auch einer bestehenden oder erst zu begründenden Forderung) nur unter Wahrung der Erbvertragsform verschaffen können, sofern nicht gewisse zusätzliche Bedingungen, über die im einzelnen Streit herrscht (Stichwort „lebzeitiger Vollzug"), erfüllt sind; auf die Erbvertragsform soll es jedoch wiederum nicht ankommen, wenn es dem Erblasser auch recht ist, daß im Falle des Vorversterbens des Dritten dessen Erben die Zuwendungsempfänger sind. Eine derart unterschiedliche Behandlung vergleichbarer Interessenlagen ist weder durchdacht, noch haben ihre Ergebnisse etwas mit Gerechtigkeit zu tun.

Klare gesetzliche Grundlagen müßten auch für den im Grenzbereich zwischen Erb- **133** recht und Gesellschaftsrecht liegenden Problemkreis der *Nachfolge in Anteile an Personengesellschaften* (hierzu STAUDINGER/MAROTZKE § 1922 Rn 168 ff) geschaffen werden (MünchKomm/LEIPOLD Einl 19). Viel wäre hier allerdings schon de lege lata zu gewinnen, wenn dem BGH nur die Überwindung der Widersprüche zwischen der Rspr des für das Gesellschaftsrecht zuständigen II. und des für das Erbrecht zuständigen IV. Zivilsenats gelänge.

Das **Pflichtteilsrecht**, vom liberalen Standpunkt aus schon immer als unbequeme **134** Schranke der Testierfreiheit abgelehnt, aus konservativer Sicht hingegen als Ausdruck der Familiengebundenheit des Vermögens verteidigt, wird neuerdings unter Berufung auf das ZGB der DDR in seinen Grundzügen zur Disposition gestellt. Der Anspruch der Abkömmlinge solle künftig von wirtschaftlicher Bedürftigkeit abhängig sein und eine Art von Unterhaltsersatz darstellen, der Pflichtteil des Ehegatten hingegen erhöht werden (BERGER/MARKO/ORTH NJ 1990, 385; TRITTEL DNotZ 1991, 246; BOSCH FamRZ 1992, 999 f; entschieden dagegen FREYTAG ZRP 1991, 306 f). In solchen Vorschlägen drückt sich (freilich unreflektiert) die Krise aus, in die die Familie als Institution geraten ist (zur Infragestellung des Pflichtteilsrechts durch Reformvorstellungen im Bereich des Familienrechts vgl OTTE Verh d 59. DJT [1992] II/M 222 f). In der Diskussion sollte auch beachtet werden, daß der Sinn aller familienbezogenen Komponenten der Subventionierung von Vermögensbildung untergraben wird, wenn das bürgerliche Recht den Gedanken der Familiengebundenheit des Vermögens fallen läßt (zu weiteren, auch Details betreffenden Reformvorstellungen im Bereich des Pflichtteilsrechts vgl STAUDINGER/FERID/ CIESLAR[12] Einl 25 ff zu § 2303 mwN).

7.   Zur Auslegung erbrechtlicher Normen

135 Das Erbrecht ist in besonderem Maße durch Unterscheidungen von erheblicher rechtlicher (und oft auch wirtschaftlicher) Tragweite geprägt: gewillkürte/gesetzliche Erbfolge, widerrufliche/bindende Verfügungen, Rechtsgeschäfte unter Lebenden/ Verfügungen von Todes wegen, Erbenstellung/Anspruch gegen den Nachlaß. Auch die Formbedürftigkeit der Verfügungen von Todes wegen und die meist „aufs Ganze gehenden" Rechtsfolgen von Ausschlagung, Anfechtung, Erbunwürdigkeit und Verzicht tragen zum „dichotomischen" Charakter dieses Rechtsgebietes bei. Solche auf klassifikatorischer Begriffsbildung beruhende Normierung kann schon bei geringfügigen Veränderungen auf der Sachverhalts- oder der Bewertungsebene zu gravierenden Änderungen der Rechtsfolgen führen. Daher fühlt sich die Rechtsanwendung immer wieder herausgefordert, nach Möglichkeiten zu suchen, wie die Auswirkung von Veränderungen des Sachverhalts auf die Rechtsfolgen abgemildert und vor allem die Alternative „alles oder nichts" vermieden werden kann.

136 Gewöhnlich ist diese Suche nicht von einem methodischen Konzept geleitet. Daher haftet ihren Resultaten oft Zufallscharakter an. SCHILCHER (Erbrecht und bewegliches System, JBl 1977, 57) hat demgegenüber vorgeschlagen, eine methodisch angeleitete Überwindung des dichotomischen Denkens im Erbrecht (konkret geht es ihm um die Grenzziehung zwischen gewillkürter und gesetzlicher Erbfolge in Fällen der Testamentsnichtigkeit wegen Sittenwidrigkeit oder Formmangels nach österreichischem Recht, aber mit Ausblicken auf die deutsche Rspr zur Teilnichtigkeit beim „Mätressentestament" – hierzu STAUDINGER/OTTE[12] Vorbem 155 ff zu § 2064) anhand der von WILBURG entwickelten *Lehre vom beweglichen System* zu wagen (in der deutschen erbrechtlichen Lit wurde diese Anregung, soweit ersichtlich, bisher nur aufgegriffen von KEYMER, Die Anfechtung nach § 2078 Abs 2 BGB und die Lehre von der Geschäftsgrundlage [1984] 182, 204 f). Hierzu ist zu bemerken: Die Lehre vom beweglichen System (grundsätzlich: WILBURG, Die Elemente des Schadensrechts [1941]; ders, Entwicklung eines beweglichen Systems im bürgerlichen Recht [1950]; ders, Zusammenspiel der Kräfte im Aufbau des Schuldrechts, AcP 163, 346; OTTE, Komparative Sätze im Recht – zur Logik eines beweglichen Systems, Jb f Rechtssoziologie u Rechtstheorie 2, 301; BYDLINSKI, Juristische Methodenlehre und Rechtsbegriff [2. Aufl 1991] 529; ders, Bewegliches System und Methodenlehre, in: Das Bewegliche System im geltenden und künftigen Recht [1986] 21; OTTE, Zur Anwendung komparativer Sätze im Recht, ebenda 271) ist notwendig, um Rechtsnormen als Ausdruck wertender Berücksichtigung bestimmter (nicht etwa beliebiger !) Faktoren zu verstehen. Insoweit hat sie für jedes Rechtsgebiet und sicher auch für das Erbrecht Gültigkeit. Ein derartiges Normverständnis kann auf die Rechtsanwendung durchschlagen in Gestalt von ausdehnender oder einschränkender Anwendung, Analogie oder teleologischer Reduktion. Das bedeutet Kompensation der Erfüllung oder Nichterfüllung eines Tatbestandsmerkmals, auf das es bei wörtlicher bzw unmittelbarer Anwendung der Norm ankäme, durch einen besonderen Grad der Ausprägung eines oder mehrerer anderer Faktoren, auf deren Bewertung die Norm beruht (Beispiel von SCHILCHER 58, 68 f nach STEINWENTER Zentralbl f d jur Prax 1937, 1: Unerheblichkeit des Formmangels wegen zweifelsfrei feststehenden Testierwillens und sittlicher Pflicht entsprechenden Testamentsinhalts [Erbeinsetzung als Dank für Rettung der wirtschaftlichen Existenz]). Man darf jedoch solche Kompensationen auch nach der Lehre vom beweglichen System nicht als stets und überall geboten ansehen, denn die Fassung der Norm hat immer auch die Funktion, die Frage nach der Relevanz von Faktoren bzw deren Ausprägungsgraden, die im Normtext nicht angesprochen sind, abzuschneiden. Es ist daher jeweils sorgfältig zu prüfen, ob die Wahrung dieser Funktion nicht den Vorzug vor der Berücksichtigung weiterer Umstände haben muß. Die Rechtssicherheit, die vor dem Erbfall möglichste Klarheit über die dem Erblasser zur Verfügung stehenden Gestaltungsmöglichkeiten und nach dem Erbfall möglichst feststehende, unberechenbarer richterlicher Wertung nicht unterworfene Rechtsverhältnisse verlangt, dürfte im Erbrecht sehr stark (und anders als im Schuldrecht) gegen ein Durchschlagen der Lehre vom beweglichen System auf die Rechtsanwendung sprechen. Das wird schon an SCHILCHERS Beispiel deutlich: Wenn der Erblasser später das formungültig errichtete Testament inhaltlich nicht mehr bejaht, könnte er nicht wissen, ob er es widerrufen muß, und wenn er stirbt, ohne widerrufen zu haben, müßte im Streitfall gerichtlich entschieden werden, wie zweifelsfrei seine Sinnesänderung gewesen sein muß, um beachtlich zu sein; die strenge Anwendung der Formvorschriften vermeidet diese Unsicherheiten und verdient daher den Vorzug.

Im Rahmen der auch im Erbrecht anwendbaren Generalklauseln der §§ 138, 242 ist **137** selbstverständlich die Berücksichtigung aller werthaltigen Faktoren und ihrer Ausprägungsgrade und damit auch kompensierendes Abwägen im Sinne der Lehre vom beweglichen System erforderlich. Gefahr droht für die Rechtssicherheit und für die Praktikabilität der Handhabung erbrechtlicher Normen aber von unbedachter Ausdehnung des Geltungsbereichs der Generalklauseln. Das hat die (überwundene) Rspr zur „Aushöhlungsnichtigkeit" gezeigt (hierzu STAUDINGER/KANZLEITER[12] § 2286 Rn 4, 13 ff) und zeigt noch die Rspr zu den formlosen (Hof-)Erb- und Übergabeverträgen (vgl STAUDINGER/KANZLEITER[12] § 2276 Rn 14 ff). Auch die frühere überzogene Rspr zum Mätressentestament (vgl STAUDINGER/OTTE[12] Vorbem 155 ff zu § 2064) wäre hier zu nennen.

Neuerdings mehren sich die Versuche, größeren Spielraum für die Interpretation **138** erbrechtlicher Normen durch Berufung auf sozialen Wandel zu gewinnen (Beispiele s Voraufl Rn 110). So richtig es ist, daß die Neuinterpretation einer Norm angezeigt ist, wenn die Verhältnisse, die zu ihrer Setzung geführt haben, nicht mehr bestehen, so sehr ist zu beachten, daß die erbrechtlichen Normen primär und notwendig die Regelung privater Interessenkonflikte bezwecken und nur sekundär und keineswegs in jedem Falle auch gesellschaftliche Steuerung. Die für den Erlaß erbrechtlicher Normen *maßgeblichen* Verhältnisse sind also (anders als etwa bei polizei- und ord-

Gerhard Otte

nungsrechtlichen Normen) nicht in erster Linie durch die absolute oder relative Häufigkeit bestimmter Sachverhalte gekennzeichnet, sondern durch die Qualität der konfligierenden Interessen. Diese bleibt von statistisch erfaßbaren Veränderungen weitgehend unberührt. Treffend hat das vLÜBTOW (FS Bosch [1976] 573 ff) in seiner Kritik an der Entscheidung BGHZ 59, 210 gezeigt. Der BGH hatte dort in Abweichung von der bisherigen Rspr und gegen die einhellige Meinung in der Lit dem Ehegatten den Pflichtteilsergänzungsanspruch (§§ 2325 ff) wegen Schenkungen aus der Zeit *vor* der Eheschließung versagt mit der Begründung, die sozialen Verhältnisse hätten sich, insbesondere bezüglich der Zusammensetzung vererblichen Vermögens, seit dem Ausgang des 19. Jahrhunderts wesentlich verändert. Dabei bleibt aber – ganz abgesehen davon, daß Wortlaut und Entstehungsgeschichte der Normen eindeutig gegen die neue Auslegung sprechen (vgl vLÜBTOW 584 ff) – „völlig rätselhaft" (vLÜBTOW 599), was die Absicherung des Ehegattenpflichtteils gegen beeinträchtigende Schenkungen mit den sozialen Verhältnissen im allgemeinen und der Struktur vererblichen Vermögens im besonderen zu tun hat. Die Herstellung eines solchen Zusammenhangs mit der in § 2325 entschiedenen Frage, ob die Pflichtteilsberechtigung im Zeitpunkt der Schenkung oder im Zeitpunkt des Erbfalles bestehen muß, erscheint rein willkürlich. Da der Gesetzgeber mit der Norm einen schon damals vorkommenden Interessenkonflikt geregelt hat, dessen Bedeutung für die Beteiligten sich in den zurückliegenden fast 100 Jahren nicht geändert hat, ist ein Anlaß zur Uminterpretation der Norm wegen sozialen Wandels nicht ersichtlich.

III. Zeitliche und räumliche Geltung des Erbrechts

1. Zeitlicher Geltungsbereich

139 Das Erbrecht des BGB gilt für Erbfälle seit dem 1.1.1900 (Art 213 EGBGB). Die vor dem 1.1.1900 erfolgte Errichtung oder Aufhebung einer Verfügung von Todes wegen, desgleichen die Bindungswirkung einer vor dem 1.1.1900 errichteten Verfügung werden jedoch auch bei späteren Erbfällen nach dem älteren Recht beurteilt, Art 214 EGBGB. Dasselbe gilt für die Errichtung und die Wirkungen eines vor dem 1.1.1900 geschlossenen Erbverzichts sowie eines auf die Aufhebung eines Erbverzichts gerichteten Vertrages, Art 217 EGBGB (wegen der Einzelheiten vgl STAUDINGER/ WINKLER[12] Vorbem zu Art 213 EGBGB und Erl zu Art 213 f, 217 EGBGB). Im Beitrittsgebiet galt vom 1.1.1976 bis zum 2.10.1990 das ZGB (s o Rn 110 f). Der EinigsV hat dort das Erbrecht des BGB nach Maßgabe des Art 235 EGBGB wieder in Kraft gesetzt. Bzgl der vor dem 3.10.1990 erfolgten Errichtung oder Aufhebung einer Verfügung von Todes wegen sowie der Bindungswirkung eines gemeinschaftlichen Testaments enthält Art 235 § 2 EGBGB eine dem Art 214 EGBGB entsprechende Regelung.

140 Die Auslegung einer *vor* dem 1.1.1900 errichteten Verfügung unterliegt, falls der Erbfall *nach* diesem Zeitpunkt eingetreten ist, den Vorschriften des BGB. Jedoch können altrechtliche Vorstellungen den Erblasserwillen geprägt und daher für den Inhalt der Verfügung Bedeutung behalten haben (vgl STAUDINGER/WINKLER[12] Art 217 EGBGB Rn 36 ff). Altrechtliche Verhältnisse können auch noch für die Ermittlung des Erblasserwillens bei Testamentserrichtung *nach* Inkrafttreten des neuen Rechts heranzuziehen sein (vgl STAUDINGER/OTTE[12] Vorbem 63 u 75 zu § 2064).

141 Bzgl des Inkrafttretens und der Übergangsregelungen von Gesetzesänderungen im

Erbrecht (s o Rn 31 ff) wird auf die Erläuterungen zu den betreffenden Vorschriften verwiesen. Für das *gesetzliche Erbrecht* sind vor allem von Bedeutung das GleichberG (hierzu STAUDINGER/THIELE [1994] Einl 39 zu § 1363), das NichtehelG (STAUDINGER/WERNER Vorbem 34 ff zu §§ 1924 ff) und das AdoptG (STAUDINGER/WERNER Vorbem 46 ff zu §§ 1924 ff), für die Errichtung von Verfügungen von Todes wegen das TestG (hierzu STAUDINGER/FIRSCHING[12] Vorbem 31 u 48 ff zu §§ 2229 ff), das GesEinG (STAUDINGER/FIRSCHING[12] Vorbem 33 ff zu §§ 2229 ff) und das BeurkG (STAUDINGER/FIRSCHING[12] Vorbem 3 ff zu § 27 BeurkG). Alle Änderungen in der gesetzlichen Erbfolge können von Bedeutung *für die Auslegung von Verfügungen von Todes wegen* sein, und zwar unabhängig davon, ob diese *vor* oder *nach* dem Inkrafttreten der betreffenden Änderungen errichtet worden sind (vgl hierzu STAUDINGER/OTTE[12] § 2066 Rn 7 ff, § 2068 Rn 4, 7 f, § 2069 Rn 3 u 19).

2. Internationales Erbrecht*

Das IPRG v 25.7.1986 (BGBl I 1142) hat auch das internationale Erbrecht neu geregelt (zum zeitlichen Anwendungsbereich dieser Neuregelung vgl STAUDINGER/DÖRNER[12] Art 220 EGBGB Rn 53 ff). An die Stelle der Art 24−26 EGBGB aF sind nunmehr die Art 25, 26 nF getreten. Das Erbstatut richtet sich grundsätzlich nach dem Recht des Heimatstaates (Art 25 Abs 1). Die Ausnahmen, die Art 24 Abs 1, 25 S 2 aF von diesem Grundsatz machten, gelten nicht mehr. Ein Ausländer kann jedoch für sein im Inland belegenes unbewegliches Vermögen die Geltung deutschen Erbrechts wählen (Art 25 Abs 2 nF). Die Form letztwilliger Verfügungen richtet sich nicht mehr nach Art 11 aF, sondern nach Art 26 Abs 1-3 nF. Diese Formvorschriften entsprechen (mit Ausnahme von Art 26 Abs 1 Nr 5) den Art 1 Abs 1 u 3, 2, 4 und 5 des Haager Übereinkommens über das Internationale Privatrecht der Form testamentarischer Verfügungen v 5.10.1961. Insoweit kann auf die Erl dieses Übereinkommens (STAUDINGER/FIRSCHING[12] Vorbem 411 ff zu Art 24 EGBGB) verwiesen werden. Die Regelung gilt gem Art 26 Abs 4 auch für Erbverträge. Die Gültigkeit einer Verfügung von Todes wegen und ihre Bindungswirkung bestimmen sich nach dem Recht, das im Zeitpunkt der Verfügung für die Erbfolge maßgebend wäre (Art 26 Abs 5 S 1). Einmal erlangte Testierfreiheit wird durch eine Änderung der Staatsangehörigkeit nicht berührt (Art 26 Abs 5 S 2).

142

---

* **Schrifttum:** vBAR, Internationales Privatrecht II (1991) § 3; EBENROTH § 18; FERID, Internationales Privatrecht (3. Aufl 1986) § 9; FERID/FIRSCHING/LICHTENBERGER, Internationales Erbrecht (3. Aufl 1993); FIRSCHING, Einführung in das internationale Privatrecht (3. Aufl 1987) § 23 ff; KEGEL, Internationales Privatrecht (6. Aufl 1987) § 21; KROPHOLLER, Internationales Privatrecht (1990) § 51; LÜDERITZ, Internationales Privatrecht (1987) 206; SIEHR, Das internationale Erbrecht nach dem Gesetz zur Neuregelung des IPR, IPRax 1987, 4.

Erster Abschnitt
Erbfolge

§ 1922

[1] **Mit dem Tode einer Person (Erbfall) geht deren Vermögen (Erbschaft) als Ganzes auf eine oder mehrere andere Personen (Erben) über.**

[2] **Auf den Anteil eines Miterben (Erbteil) finden die sich auf die Erbschaft beziehenden Vorschriften Anwendung.**

Materialien: E I §§ 1749, 1750; II § 1799 rev § 1900; III § 1898; Mot V 1−3; Prot V 1−3.

Schrifttum

DIETZEL, Untergang statt Fortbestand – Zur Abgrenzung der unvererblichen Rechtsbeziehungen im Schuldrecht (1991)
DÖRNER, Das Erbrecht als subjektives Recht, in: FS Ferid (1988) 57
SCHACK, Weiterleben nach dem Tode – juristisch betrachtet, JZ 1989, 609.
Vgl ferner die unten im Textzusammenhang angegebenen Beiträge, das bei STAUDINGER/ BOEHMER[11] als Fußnote zu § 1922 abgedruckte Verzeichnis älteren Schrifttums (unterteilt in solches zum „bürgerlichen Tod" und zur Todeserklärung [dazu unten Rn 4, 7 f] und solches zu den Begriffen „Vermögen" und „Gesamtrechtsnachfolge" [dazu unten Rn 41 ff, 64 ff, 113 ff]) sowie als weitere Fundstelle einiger der unten zitierten Abhandlungen von GUSTAV BOEHMER: BOEHMER, Zur Entwicklung und Reform des deutschen Familien- und Erbrechts, ausgewählte Schriften, herausgegeben von KARL F KREUZER (1970).

Systematische Übersicht

1. Abschnitt. Erbfolge

Wolfgang Marotzke

Alphabetische Übersicht

Wolfgang Marotzke

A. Der Erbfall

I. Tod einer Person

1 Wie die **Rechtsfähigkeit** eines Menschen bei Vollendung seiner Geburt beginnt (§ 1), so **erlischt** sie bei seinem Tode (zu den verbleibenden Möglichkeiten des – juristischen – Weiterlebens vgl SCHACK JZ 1989, 609; AG Hersbruck NJW 1992, 3245). In bezug auf die Rechte und Pflichten des Verstorbenen bedeutet dies den Wegfall ihres Zuordnungssubjekts (Trägers). Die sich hieraus ergebenden Probleme hinsichtlich des Fortbestands und gegebenenfalls der (Neu-)Zuordnung der Rechte und Pflichten des Verstorbenen zu lösen (vgl Rn 41), ist Aufgabe des Erbrechts; dementsprechend bezeichnet Abs 1 den diese Probleme erzeugenden Sachverhalt „Tod einer Person" als „Erbfall".

2 Aus der Definition des Erbfalls als „Tod" einer Person folgt im Umkehrschluß, daß eine **„Beerbung bei lebendigem Leibe"** grundsätzlich nicht möglich ist (LANGE/KUCHINKE § 4 II 1). Seit dem 1.7.1976 gilt das auch im Bereich des alten § 8 Abs 1 HöfeO (BGHZ 98, 1, 3 ff = NJW 1986, 2434). Vgl ergänzend Rn 10 und STAUDINGER/OTTE Einl 80 zu § 1922.

3 Juristische Personen können zw nicht wie ein Mensch leben und sterben und auch keine „Verwandten" oder „Ehegatten" iSd §§ 1924 ff haben; ihre Rechtsfähigkeit können sie aber gleichwohl verlieren (vgl zB §§ 42 ff, 86 S 1; teilw kritisch K SCHMIDT KTS 1984, 345, 368 f). Letzteres ist jedoch kein Fall für das Erbrecht (also kein „Erbfall"), sondern vom Gesetzgeber an anderen, manchmal allerdings auf einzelne erbrechtliche Bestimmungen verweisenden Stellen geregelt worden (vgl zB §§ 46 S 1, 88 S 2) u deshalb *dort* zu kommentieren. Verwiesen sei ferner auf die gehaltvolle Darstellung von STAUDINGER/BOEHMER[11] Rn 8 ff, 41 ff mit Ausführungen ua zu folgenden Gesichtspunkten: Liquidation (Rn 42), Vermögensübergang auf den Fiskus (Rn 43), Vermögensübernahme durch andere juristische Personen (echte u unechte Umwandlung, Verstaatlichung, Verschmelzung [Fusion], Gesamtrechtsnachfolge bei öffentlichen Verbänden: Rn 44 ff), Staatensukzession (Rn 56 ff; vgl hierzu auch EBENROTH/WILKEN RiW 1991, 885 ff). Zur Frage einer analogen Anwendung erbrechtlicher Haftungsnormen im Falle des Erlöschens einer Personengesellschaft infolge Vereinigung aller Anteile in einer Hand s MAROTZKE ZHR 156 (1992) 17, 29 ff.

II. Begriff und Zeitpunkt des Todes

4 Mit „Tod einer Person" meint Abs 1 also nicht auch das Ende einer juristischen, sondern nur den Tod einer natürlichen Person: den Tod eines Menschen. Auch der **Todesbegriff** ist in seinem Kern (vgl aber Rn 5) ein natürlicher: Erbfall ist nur der *körperliche* Tod eines Menschen. Nicht hierher gehören die von STAUDINGER/BOEHMER[11] Rn 7, 13 ff ausführlich behandelten Fälle des sog „bürgerlichen" Todes (Siechentod, Straftod, Klostertod), in denen es letztlich darum ging, eine unserem heutigen Recht fremde (Rn 2) „Beerbung bei lebendigem Leibe" herbeizuführen.

Gleichwohl sind die Ausführungen BOEHMERS in rechtshistorischer u rechtsvergleichender Hinsicht von bleibendem Wert. Vgl auch Mot V 3.

Der **Zeitpunkt** des Todes kann in erbrechtlicher Hinsicht von größter Bedeutung sein **5** (zB im Rahmen der §§ 1923 ff). Seine genaue Feststellung setzt in Grenzfällen eine Präzisierung des in Rn 4 erwähnten „natürlichen" Todesbegriffs voraus, wobei uU sogar die (vorsichtige!) Hereinnahme „normativer" – hier: erbrechtsbezogener – Elemente nicht ganz auszuschließen ist (vgl zB AK/DERLEDER Rn 2). Weitere Einzelheiten bei STAUDINGER/WEICK/HABERMANN (1994) Vorbem 3 ff zu § 1 VerschG; PALANDT/EDENHOFER Rn 3; SOERGEL/STEIN Rn 3; MünchKomm/LEIPOLD Rn 12; LEIPOLD, Erbrechtliche Aspekte der künstlichen Befruchtung u der künstlichen Verlängerung des Lebens, in: FS Kralik (1986) 467, 478 ff; NAGEL, Das Versterben unter erbberechtigten Personen aufgrund derselben Ursache (Diss Göttingen 1982) 80 ff; JOERDEN, Tod schon bei „alsbaldigem" Eintritt des Hirntodes?, NStZ 1993, 268 ff. Das OLG Köln (FamRZ 1992, 860, 862 = NJW-RR 1992, 1480, 1481) bezeichnet als „Todeszeitpunkt iS der §§ 1922, 1923" den Zeitpunkt des Eintritts des Hirntodes „iS eines irreversiblen Funktionsverlustes des Gehirns, so daß dauerhaft keine Gehirnkurven mehr mitgeschrieben werden können und eine Reanimation ausgeschlossen ist". Wenn mehrere Personen aufgrund gemeinsamer Ursache gestorben seien, sei Gleichzeitigkeit anzunehmen, falls statt der genauen Todeszeitpunkte nur einander überlappende Zeiträume feststellbar seien, innerhalb derer der Tod eingetreten sein müsse.

III. Beweis des Todes

1. Im Allgemeinen

Der Beweis des Todes u des Todeszeitpunktes kann durch das vom Standesbeamten **6** geführte Sterbebuch sowie die Sterbeurkunde erbracht werden. Vgl insoweit STAUDINGER/WEICK/HABERMANN (1994) Vorbem 9 ff zu § 1 VerschG.

2. Bei Verschollenheit

„Verschollen" ist gem § 1 Abs 1 VerschG, „wessen Aufenthalt während längerer Zeit **7** unbekannt ist, ohne daß Nachrichten darüber vorliegen, ob er in dieser Zeit noch gelebt hat oder gestorben ist, sofern nach den Umständen hierdurch ernstliche Zweifel an seinem Fortleben begründet werden". Solch eine Person kann unter den Voraussetzungen der §§ 3–7 VerschG **für tot erklärt** werden. Gem § 9 Abs 1 VerschG begründet diese Todeserklärung die widerlegliche (§ 292 S 1 ZPO) Vermutung, daß der Verschollene in dem im Beschluß festgestellten Zeitpunkt gestorben ist. Diese Vermutung ist auch für das Erbrecht von Bedeutung; vgl STAUDINGER/OTTE § 1923 Rn 6 ff; STAUDINGER/WEICK/HABERMANN (1994) § 9 VerschG Rn 33, 38 sowie erg Vorbem 19 ff zu § 1 VerschG (auch zum Recht der ehemaligen DDR u zu ausländischen Rechten) sowie bei rechtshistorischem, rechtsvergleichendem oder rechtspolitischem Interesse STAUDINGER/BOEHMER[11] § 1922 Rn 26 ff.

Nicht verschollen ist nach § 1 Abs 2 VerschG, „wessen Tod nach den Umständen nicht **8** zweifelhaft ist". In diesem Falle ist eine Todeserklärung unzulässig. Jedoch kann, wenn eine Eintragung in das Sterbebuch nicht erfolgt ist, nach § 39 VerschG bean-

Wolfgang Marotzke

tragt werden, „den Tod und den **Zeitpunkt des Todes** durch gerichtliche Entscheidung festzustellen". Wird der Antrag von dem Ehegatten des Verstorbenen gestellt, so entfällt das Erfordernis fehlender Eintragung im Sterbebuch (§ 39 S 2 VerschG). Der den Todeszeitpunkt feststellende Beschluß begründet nach § 44 Abs 2 VerschG die Vermutung, daß der Tod in dem darin festgestellten Zeitpunkt eingetreten ist. Auch diese Vermutung ist gem § 292 S 1 ZPO widerleglich. Vgl erg STAUDINGER/WEICK/ HABERMANN (1994) Vorbem 16 ff zu §§ 13—45 VerschG; STAUDINGER/OTTE § 1923 Rn 7.

IV. Die Rechtslage vor dem Erbfall

1. Allgemeines

9 Vor dem Erbfall ist für eine *erbrechtliche* Nachfolge in das Vermögen des (späteren!) Erblassers kein Raum; dementspr ist auch noch niemand „Erbe" (vgl Rn 34 f). Möglich ist allerdings eine vertragliche Vermögensübernahme *unter Lebenden;* vgl die Erl zu §§ 311, 419 u STAUDINGER/BOEHMER[11] § 1922 Rn 63, 87 ff. Ein Vertrag, durch den sich der eine Teil verpflichtet, sein *künftiges* Vermögen oder einen Bruchteil desselben zu übertragen oder mit einem Nießbrauch zu belasten, ist jedoch nach § 310 nichtig. Entsprechendes gilt gem § 312 für Verträge über den Nachlaß eines noch lebenden Dritten mit Ausnahme notariell beurkundeter Verträge, die unter künftigen gesetzlichen Erben über den gesetzlichen Erbteil oder den Pflichtteil eines von ihnen geschlossen werden. Über seinen *eigenen* Nachlaß kann hingegen jeder selbst disponieren: Durch sog „Verfügung von Todes wegen" (§ 1937) kann er ua seinen (künftigen!) Erben bestimmen; vgl STAUDINGER/OTTE Einl 54 ff zu § 1922.

2. Die sog „vorweggenommene Erbfolge"

10 **Sie ist in Wirklichkeit keine Erbfolge** (s Rn 9), sondern meist – zumindest nach den Intentionen der Beteiligten – **eine „Nachfolge am Erbrecht vorbei"**. Vgl OLZEN, Die vorweggenommene Erbfolge (1984) 21 ff, 46 ff, 110 ff, 281 ff, 287 ff, 307; dens Jura 1987, 16 ff, 116 ff; OTTE AcP 186, 313 ff; BGH NJW 1991, 1345. Über geeignete Techniken s unten Rn 54 ff. Zum Thema „Störungen bei vorweggenommener Erbfolge" vgl H P WESTERMANN, in: FS Kellermann (1991) 505 ff. Einkommensteuerrechtliche Aspekte der vorweggenommenen Erbfolge erörtert MEINCKE NJW 1991, 198 ff, „Aktuelle Fragen der vorweggenommenen Erbfolge" KOLLHOSSER AcP 194, 231 ff.

Ist Gegenstand der vorweggenommenen Erbfolge **ein Hof** iSd § 1 HöfeO, so kommt es uU zu einer *fiktiven* Vorverlegung des Erbfalls: Übergibt der Eigentümer den Hof im Wege der vorweggenommenen Erbfolge an einen hoferbenberechtigten Abkömmling, dann „gilt zugunsten der anderen Abkömmlinge der Erbfall hinsichtlich des Hofes mit dem Zeitpunkt der Übertragung als eingetreten". Zur Bedeutung dieser auf **§ 17 Abs 2 HöfeO** beruhenden Fiktion vgl WÖHRMANN/STÖCKER, HöfeO § 17 Rn 60 ff.

3. Die Rechtsstellung des künftigen Erben

11 Die Person, die Erbe werden wird, hat vor dem Erbfall (Rn 9) meist nur eine mehr oder weniger **unsichere Erwerbsaussicht:**

– **Ein erster Unsicherheitsfaktor** ergibt sich **aus § 1923**, wonach Erbe grundsätzlich **12** (aber: §§ 2101, 2108) nur werden kann, wer zur Zeit des Erbfalls lebt (oder wenigstens schon gezeugt ist u später lebend geboren wird): Stirbt eine als Erbe in Betracht kommende Person vor dem Erblasser oder gleichzeitig mit ihm (vgl zB § 11 VerschG), so scheidet sie als Erbe aus. Ihre Erbaussicht erlischt, ist also nicht etwa ihrerseits vererblich; vgl i übr STAUDINGER/OTTE § 1923 Rn 4.

– **Weitere Unsicherheitsfaktoren** ergeben sich **bei der „gesetzlichen" Erbfolge** (Rn 33) **13** daraus, daß die Person des Erben u der Umfang seines Erbrechts gem §§ 1924 ff davon abhängen, ob der Ehegatte u bestimmte Verwandte des Erblassers zZ des Erbfalls (noch) leben u falls ja, ob sie dann erbberechtigt sein werden u falls ja, ob sie die Erbschaft annehmen oder ausschlagen werden. Hinzu kommt die weitere Ungewißheit, ob der (spätere) Erblasser nicht doch noch von seinem Recht Gebrauch machen wird, die gesetzliche Erbfolge durch Errichtung einer „Verfügung von Todes wegen" (§ 1937) auszuschließen.

– Auch wer in einer formgültigen **„Verfügung von Todes wegen"** unbedingt als Erbe **14** benannt ist (zur bedingten Erbeinsetzung vgl §§ 2074 ff), hat zu Lebzeiten des Erblassers noch keine sichere Erwerbsaussicht: Zum einen trifft auch ihn das in Rn 12 angesprochene Überlebensrisiko, und zum anderen ist seine Chance, Erbe zu werden, mit dem Risiko behaftet, daß der Erblasser seine die Erbeinsetzung enthaltende Verfügung widerruft oder ändert (vgl §§ 2253 ff, 2271, 2272, 2289 ff). Das letztgenannte Risiko ist freilich geringer, wenn die Erbeinsetzung nicht auf einseitigem (§ 2229 ff), sondern auf einem gemeinschaftlichen (§ 2265 ff) Testament oder sogar auf einem **Erbvertrag** (§ 2274 ff) beruht. Zu der Frage, ob und gegebenenfalls unter welchen Voraussetzungen in den beiden letzteren Fällen von einem „Anwartschaftsrecht" die Rede sein kann, vgl BGHZ 37, 319, 321 ff (dazu auch Rn 15); BGH NJW-RR 1990, 662, 663; STAUDINGER/KANZLEITER[12] § 2269 Rn 14, 19 f; Vorbem 5, 10 a zu §§ 2274 ff; § 2286 Rn 6; § 2290 Rn 8.

Das in Rn 11 ff Ausgeführte gilt bis zum Erbfall auch für die **Erwerbsaussicht des 15 Nacherben.** Relativ sicher, meist sogar vererblich (§ 2108 Abs 2 S 1) und nach ganz hM auch übertragbar (Rn 38) wird diese erst mit Eintritt des (vom Nacherbfall zu unterscheidenden) Erbfalls. Vgl STAUDINGER/BEHRENDS[12] § 2100 Rn 53 ff, § 2108 Rn 7 ff.

Weder vererblich (sondern: § 2069) noch übertragbar ist die Erwerbsaussicht eines durch Berliner Testament (§ 2269) oder Ehegattenerbvertrag (§ 2280) bezeichneten **Schlußerben** (vgl BGHZ 37, 319, 323, wo „die Frage, ob der Schlußerbe nach dem Tod des erstversterbenden Ehegatten ein Anwartschaftsrecht besitzt", offen gelassen wird, weil „dieses etwaige Anwartschaftsrecht ... jedenfalls kein übertragbares Recht" sei; hiergegen wendet sich KUCHINKE JZ 1990, 601 f unter 5.).

4. Sicherungsgeschäfte zugunsten des künftigen Erben

Sie sind vor dem Erbfall **nur in Grenzen möglich** (zu ihnen STROBEL, Mittelbare Sicherung **16** erbrechtlicher Erwerbsaussichten [1982]). Die Erwerbsaussicht des potentiellen künftigen Erben ist selbst dann nicht völlig sicher, wenn sie auf einem gemeinschaftlichen Testament oder gar auf einem Erbvertrag beruht (vgl Rn 14). Ein Vertrag, durch den

Wolfgang Marotzke

sich der künftige Erblasser verpflichtet, eine derartige oder eine andere Verfügung von Todes wegen zu errichten oder nicht zu errichten, aufzuheben oder nicht aufzuheben, ist nach § 2302 nichtig. Entsprechendes gilt gem § 312 für einen Vertrag über den Nachlaß eines noch lebenden Dritten (vgl aber die Ausnahmen in § 312 Abs 2). Da das Erbrecht einer Person weder vor noch nach dem Erbfall ein (künftiger oder gegenwärtiger) „Anspruch" ist, kann es auch nicht durch Pfandrecht (§§ 1204 ff, 1273 ff), Vormerkung (§§ 883 ff) oder Hypothek (§§ 1113 ff) gesichert werden (vgl OLG Kassel OLGE 14, 97 f; KGJ 40 A 258, 260; KG OLGE 43, 12 f; STAUDINGER/GURSKY[12] § 883 Rn 33; STAUDINGER/SCHERÜBL[12] § 1113 Rn 22). Entsprechendes gilt aus etwas anderen Gründen hinsichtlich der Sicherung künftiger Pflichtteils- und Vermächtnisansprüche für die Zeit bis zum Erbfall (vgl STAUDINGER/GURSKY[12] § 883 Rn 50 ff; STAUDINGER/OTTE[12] § 2174 Rn 14; STAUDINGER/KANZLEITER[12] Vorbem 10 a zu §§ 2274 ff, § 2286 Rn 7, § 2287 Rn 18, § 2288 Rn 3; mißverständlich OLG Kassel 98).

17 Versuche, den späteren Erblasser zu bewegen, sich der Verfügungsmacht über sein Vermögen ganz oder teilweise schon zu Lebzeiten zu entäußern, müßten an § 137 S 1 scheitern. Möglich, wenn auch letztlich am Erbrecht vorbeiführend, ist dagegen eine sog „vorweggenommene Erbfolge" (Rn 10) durch Verfügungen unter Lebenden, insbes durch „Verfügungen unter Lebenden auf den Todesfall" (dazu auch Rn 55 f und Erl zu § 2301; zu dem für ähnliche Zwecke verwendbaren Instrument des „Vertrages zugunsten Dritter auf den Todesfall" vgl Rn 59; STAUDINGER/KADUK[12] Vorbem 40 zu §§ 328 ff, § 328 Rn 24 ff, § 330 Rn 13 ff, 21 ff, § 331 Rn 1 ff; STAUDINGER/REUSS[12] § 516 Rn 33 ff; STAUDINGER/KANZLEITER[12] § 2301 Rn 42 ff; STAUDINGER/FERID/CIESLAR[12] § 2325 Rn 17 f). Möglich ist wegen § 137 S 2 ferner, daß sich der spätere Erblasser durch Vertrag verpflichtet, bestimmte dem späteren Erben nachteilige Verfügungen (nicht jedoch solche „von Todes wegen"; s Rn 16) zu unterlassen; die aus einer etwaigen Verletzung solcher Unterlassungspflichten resultierenden Sekundäransprüche können schon vorab dinglich gesichert werden (vgl STAUDINGER/DILCHER[12] § 137 Rn 19; STAUDINGER/GURSKY[12] § 883 Rn 50 [im zweiten Absatz]; STAUDINGER/OTTE[12] § 2174 Rn 14; STAUDINGER/KANZLEITER[12] § 2286 Rn 16 f).

18 **Ist die Einräumung einer Erbenstellung aufgrund eines schuldhaften Verhaltens des Rechtsberaters des Erblassers unterblieben,** kommt uU ein Schadensersatzanspruch des verhinderten Erben in Betracht; vgl STAUDINGER/KADUK[12] Vorbem 76 b zu §§ 328 ff und § 328 Rn 72.

5.   Feststellungsklagen zu Lebzeiten des Erblassers

19 Umstritten ist, ob schon zu Lebzeiten des Erblassers auf positive oder negative Feststellung (künftiger!) Erbberechtigungen u sonstiger Nachlaßbeteiligungen geklagt werden kann (vgl MOSER, Die Zulässigkeitsvoraussetzungen der Feststellungsklage unter besonderer Berücksichtigung erbrechtlicher Streitigkeiten zu Lebzeiten des Erblassers [Diss Erlangen-Nürnberg 1981] 195–422). Die Frage wird verneinen, wer der hM folgt, daß *künftige* Rechtsbeziehungen oder rechtliche *Vorfragen* keine „Rechtsverhältnisse" iSd § 256 Abs 1 ZPO seien (so zB RGZ 49, 270, 272; BGHZ 37, 137, 144 f m Anm JOHANNSEN LM ZPO § 256 Nr 74; MünchKomm/LEIPOLD Rn 79; SOERGEL/STEIN Einl 2 u § 1922 Rn 7). Da diese hM nicht unbestritten ist (vgl JOHANNSEN Bl 2 Mitte; TRZASKALIK, Die Rechtsschutzzone der Feststellungsklage im Zivil- und Verwaltungsprozeß [1978] S 72 ff, 127 f; MOSER 110 ff), empfiehlt es sich, die Basis der Argumentation zu verbreitern. In Rechnung zu stellen ist vor allem, „daß das Interesse des Erblassers an einer Klärung der Grenzen seiner alsbald wahrzunehmenden Testierfreiheit im allgemeinen geringeren Aufschub verträgt als das Interesse von ungeduldigen Angehörigen an der Feststellung einer Rechtsstellung, die für sie erst nach dem Erbfall fühlbare rechtliche Folgen haben kann" (BGHZ 109, 306, 309 = JZ 1990, 697, 698 m Anm LEIPOLD). Folgende Fallkonstellationen sind zu unterscheiden:

a) Prozesse ohne Beteiligung des Erblassers
Ein Kriterium zur Beurteilung der Zulässigkeitsfrage ergibt sich aus § 312 Abs 1: Wenn **20** nach dieser Vorschrift ein **Vertrag** über den Nachlaß eines noch lebenden Dritten oder über den Pflichtteil oder ein Vermächtnis *aus* dem Nachlaß eines noch lebenden Dritten nichtig ist, dann muß Entsprechendes hinsichtlich der sogar zu einem **Rechtsstreit** über den Nachlaß eines noch lebenden Dritten und die diesbezüglichen Erbberechtigungen, Pflichtteile (dazu auch Rn 21, 24 ff) oder Vermächtnisse führenden **Klage** gelten: Analog § 312 Abs 1 ist solch eine Klage (natürlich nicht „nichtig", sondern:) unzulässig. Vgl auch STAUDINGER/WUFKA[12] § 312 Rn 8; BGHZ 37, 137, 145 m Anm JOHANNSEN LM ZPO § 256 Nr 74 (Unzulässigkeit von Feststellungsklagen über das Erbrecht nach noch lebenden dritten Personen) und – allerdings ohne Rückgriff auf § 312 – OLG Köln JW 1930, 2064 Nr 5 m Anm HERZFELDER (Unzulässigkeit einer Feststellungsklage über die Gültigkeit des Testaments eines noch lebenden Dritten); RG JW 1911, 186 Nr 16 (Unzulässigkeit der Klage eines möglichen künftigen Erben auf Feststellung der Unwirksamkeit eines zwischen dem Beklagten und dem späteren Erblasser geschlossenen Vertrages [mE schon deshalb zutreffend, weil der Rechtsgedanke des § 312 Abs 1 eine gerichtliche Prüfung der künftigen Erbenstellung des Klägers auch insoweit ausschließt, als dessen Erbaussicht als Grundlage des für § 256 Abs 1 ZPO erforderlichen Feststellungsinteresses in Betracht kommt]); OLG Celle MDR 1954, 547 (Unzulässigkeit der Klage eines möglichen künftigen pflichtteilsberechtigten [dazu noch Rn 21, 24] Erben oder Nacherben gegen einen möglichen künftigen Miterben auf Feststellung, daß ein Grundstück, das der künftige Erblasser dem letzteren übereignet hatte, wegen Nichtigkeit dieser Übereignung im Vermögen des noch lebenden Erblassers verblieben sei [eigene Stellungnahme: wie vor]). Unvereinbar mit dem Rechtsgedanken des § 312 Abs 1 ist dagegen die (aus anderen Gründen auch von STAUDINGER/KANZLEITER[12] § 2269 Rn 14 kritisierte) Entscheidung des RG in HRR 1928 Nr 843.

Nach **§ 312 Abs 2** finden die Bestimmungen des § 312 Abs 1 keine Anwendung auf **21** „einen Vertrag, der **unter künftigen gesetzlichen Erben** über den gesetzlichen Erbteil oder den Pflichtteil eines von ihnen geschlossen wird". Entsprechend ihrem Zweck, eine vorausschauende *einvernehmliche* Regelung unter künftigen gesetzlichen Erben zu ermöglichen (vgl STAUDINGER/WUFKA[12] § 312 Rn 19), erweitert diese Ausnahmevorschrift nicht auch die Zulässigkeit von *Rechtsstreitigkeiten,* die unter künftigen gesetzlichen Erben über den gesetzlichen Erbteil oder den Pflichtteil eines von ihnen anhängig gemacht werden (aM wohl BGB-RGRK/KREGEL Rn 5 und, unter Berufung auch auf nationalsozialistische Rechtsanschauungen und den damaligen § 48 Abs 2 TestG, RGZ 169, 98, 99 f [dort hatte allerdings *die Erblasserin* geklagt; vgl dazu unten Rn 26]): insoweit bleibt es bei der zur Unzulässigkeit führenden (Rn 20) Analogie zu § 312 Abs 1. Für dieses Ergebnis läßt sich unterstützend anführen, daß § 312 Abs 2 „eng auszulegen" ist u nur „schuldrechtliche" Dispositionen, nicht aber solche mit „erbrechtlich-dinglicher" Wirkung gestattet (vgl BGHZ 37, 319, 325 mwN): Feststellungsklagen über künftige Erbberechtigungen werden idR auf „erbrechtlich-dingliche" Feststellungen abzielen.

22 Eine **Klage auf Feststellung der Wirksamkeit** oder Unwirksamkeit **eines unter § 312** Abs 1 oder 2 **fallenden Vertrages** ist selbstverständlich auch schon vor dem Erbfall zulässig, wenn das in § 256 Abs 1 ZPO vorausgesetzte Rechtsschutzinteresse besteht.

b) Prozesse gegen den Erblasser

23 Aus der Unzulässigkeit von Prozessen über den Nachlaß eines noch lebenden *Dritten* (Rn 20, 21) ergibt sich a fortiori (erst recht) die Unzulässigkeit derartiger Prozesse gegen den künftigen *Erblasser.* Das würde selbst dann gelten, wenn man die Stellung des wahrscheinlichen künftigen Erben nicht als eine mehr oder weniger unsichere Erwerbsaussicht (vgl Rn 11), sondern mit vLÜBTOW II 619 f als eine als *gegenwärtiges* Rechtsverhältnis iSd § 256 Abs 1 ZPO zu behandelnde „Rechtsanwartschaft" ansähe. Denn auch die Konstruktion einer „Rechtsanwartschaft" (dazu in anderem Zusammenhang kritisch MAROTZKE, Das Anwartschaftsrecht – ein Beispiel sinnvoller Rechtsfortbildung? [1977]) vermag nichts daran zu ändern, daß das in der Testierfreiheit (bes §§ 1937 ff, 2253 ff), in §§ 2232 S 2, 2247 f (Zulassung „heimlicher" Testamente) und wohl auch in § 312 Abs 1 anerkannte Interesse des Erblassers, nicht schon zu Lebzeiten über das Schicksal seines späteren Nachlasses Rechenschaft geben und sich von seinen potentiellen Erben nicht „zu Tode prozessieren" lassen zu müssen (wie zB die Mutter des Kl in BGH FamRZ 1993, 689 = NJW-RR 1993, 391), idR – u zw entgegen LANGE NJW 1963, 1571, 1574; MOSER 407 f und MünchKomm/LEIPOLD Rn 80 Fn 154 *ganz besonders* in möglichen Fällen der §§ 2333 ff, 2339 (über deren Vorliegen der *Erblasser* nicht sollte streiten müssen; vgl auch §§ 2336 Abs 1 und 3, 2340 Abs 2, 2341) – *höher* zu bewerten sein wird als ein wie immer auch geartetes Feststellungsinteresse (§ 256 Abs 1 ZPO) der potentiellen künftigen Nachlaßbeteiligten (im Ansatz ähnlich LANGE NJW 1963, 1571, 1573 f; MOSER 305 ff; RECKER MittRhNotK 1978, 125, 126; TRZAS-KALIK [o Rn 19] 75 f; vgl auch BGHZ 109, 306, 309 = JZ 1990, 697, 698 m Anm LEIPOLD; der dort behandelte Rechtsstreit fand seine Fortsetzung in BGH FamRZ 1993, 689 = NJW-RR 1993, 391). Etwas anderes kann nur gelten, wenn u soweit sich der künftige Erblasser bereits (unwiderruflich) gebunden hat. Als schon vor dem Erbfall einklagbares Rechtsverhältnis ist aber auch in diesem Falle nicht die (nach wie vor ungewisse; s Rn 12, 14!) künftige Erbenstellung, sondern analog dem in Rn 20 ff Ausgeführten die von dem Erblasser eingegangene rechtliche Bindung anzusehen (iE ebenso MünchKomm/LEIPOLD Rn 80): also die Bindung an einen Erbvertrag und, wenn man von der (aber wohl unzutreffenden) hM ausgeht, daß das Klagerecht gegen den Erblasser nicht auf die „Parteien" des die Bindung erzeugenden Rechtsgeschäfts beschränkt sei: gegebenenfalls die mit dem Tod des Ehegatten u dem Ablauf der Ausschlagungsfrist (§ 2271 Abs 2) einsetzende Bindung an wechselbezügliche Verfügungen eines „gemeinschaftlichen" Testaments (alles sehr str; vgl STAUDINGER/KANZLEITER[12] § 2269 Rn 14, § 2271 Rn 32, 74, § 2281 Rn 39). Soweit eine Bindung des künftigen Erblassers nicht besteht (etwa beim „normalen" Testament), ist eine auf ihre Feststellung gerichtete Klage gegen ihn analog dem in Rn 22 Ausgeführten zwar nicht von vornherein unzulässig, aber unbegründet.

24 Das **Pflichtteilsrecht** beschränkt zwar teils unmittelbar (§ 2306 Abs 1 S 1), teils mittelbar die Gestaltungsmöglichkeiten des Erblassers; es „verpflichtet" jedoch letztlich nicht ihn, sondern je nach Inhalt seiner Verfügung von Todes wegen erst die Erben (vgl §§ 1967 Abs 2, 2303 Abs 1 S 1, 2305 etc). Sowohl aus diesem als auch aus dem weiteren Grunde, daß der Erblasser zu Lebzeiten (vgl § 2263) niemandem Rechenschaft über die erfolgte oder nicht erfolgte Errichtung pflichtteilsrelevanter Verfügungen von Todes wegen schuldet u derartige Verfügungen zudem meist „heimlich" und frei widerrufen kann (vgl §§ 2253 ff, 2336), sollte man das Pflichtteilsrecht betreffende Feststellungsklagen *gegen den Erblasser* nicht zulassen (vgl auch Münch-Komm/LEIPOLD Rn 80; MOSER 404 ff [die aber jeweils Ausnahmen anerkennen wollen]; wohl schon im Grundsätzlichen aM OLG Saarbrücken NJW 1986, 1182; vgl auch BGH NJW 1974, 1084, 1085 im ersten Abs von 1 [obiter dictum]; sehr nachdenklich jedoch nunmehr BGHZ 109, 306, 309 = JZ 1990, 697, 698 [in derselben Sache erneut BGH FamRZ 1993, 689 = NJW-RR 1993, 391!] m Anm LEIPOLD [der zu Recht die wenig überzeugende Begründung kritisiert, mit der der BGH die Klage „jedenfalls im vorliegenden Fall" zuließ]; zu den Sonderfällen der §§ 2333 ff vgl soeben Rn 23). Für entspr Klagen potentieller Pflichtteilsberechtigter *gegen die (wahrscheinlichen) künftigen Erben* gilt wegen der in Rn 20, 21 befürworteten Analogie zu § 312 Abs 1 iE nichts anderes. Zum *Klagerecht des Erblassers* vgl Rn 26.

Weitere Ausführungen u Nachweise zu diesem Problemkreis finden sich bei STAUDINGER/FERID/CIESLAR[12] Einl 66, 161 zu §§ 2303 ff; § 2317 Rn 2; Vorbem 10 zu §§ 2325–2330 u Vorbem 12, 22 zu §§ 2333–2337.

Ein **Erb- oder Pflichtteilsverzicht** ist gem §§ 2346 Abs 1 S 1, 2347 Abs 2 ein Vertrag zwi- **25** schen dem Verzichtenden u dem Erblasser. Dessen Nichtvorliegen bzw Unwirksamkeit kann derjenige, der nach den Behauptungen des Erblassers verzichtet haben soll, analog dem in Rn 22 Gesagten auch durch *Klage gegen den Erblasser* gerichtlich feststellen lassen (MATTERN BWNotZ 1962, 229, 240). Entsprechendes gilt im Hinblick auf §§ 1934 d Abs 4, 1934 e für die Feststellung der Unwirksamkeit einer **Vereinbarung über einen vorzeitigen Erbausgleich.** Zum Klagerecht *des Erblassers* vgl Rn 26 aE.

c)   **Der Erblasser als Kläger**

Klagt der Erblasser auf Feststellung des Bestehens oder Nichtbestehens eines für die **26** spätere Zuordnung seines Nachlasses relevanten Rechtsverhältnisses, so begibt er sich selbst des ihm idR zustehenden (vgl Rn 23) Schutzes vor derartigen Prozessen. Dies rechtfertigt es, Klagen *des* Erblassers in weiterem Umfange zuzulassen als Klagen *gegen* ihn (vgl auch LANGE NJW 1963, 1571, 1573; MOSER 282, 307, 410 sowie die in Rn 19 wiedergegebene Bemerkung in BGHZ 109, 306, 309; skeptisch MünchKomm/LEIPOLD Rn 79 Fn 141, Rn 80 Fn 154 u OLG Saarbrücken NJW 1986, 1182, das freilich schon Klagen *gegen* den Erblasser recht großzügig zuläßt; s oben Rn 24). Ein Interesse an „alsbaldigen" (§ 256 Abs 1 ZPO) gerichtlichen Feststellungen wird der Erblasser insbes dann haben, wenn ihm bestimmte erbrechtliche Gestaltungsmöglichkeiten, die er zu haben glaubt u von denen er natürlich nur *vor* seinem Tode Gebrauch machen könnte, streitig gemacht werden (vgl auch BGHZ 37, 137, 144; BGH NJW 1974, 1084 f ad 1; MOSER 255 ff, 265 ff, 409 f). Zu denken ist zB an gerichtliche Feststellungen des Inhalts, daß der Beklagte im Falle des Vorversterbens des klagenden Erblassers nicht zu den Pflichtteilsberechtigten gehöre (vgl RGZ 92, 1, 3 f; **aM** MünchKomm/LEIPOLD Rn 80), daß der klagende Erblasser berechtigt sei, dem Beklagten den Pflichtteil gem §§ 2333 ff zu entziehen (RGZ 92, 1, 4 ff; BGH NJW 1974, 1084 f; LEIPOLD aaO; MATTERN BWNotZ 1962, 229, 240; vgl auch STAUDINGER/FERID/CIESLAR[12] Vorbem 12 zu §§ 2333–2337; BGHZ 37, 137, 144 und das die Zulässigkeit solcher Klagen ausdrücklich offenlassende Urteil des BGH in NJW-RR 1990, 130) oder ihn unter Belassung eines etwaigen Pflichtteils zu enterben (auch das Recht zur Enterbung kann nämlich fraglich sein; vgl STAUDINGER/OTTE[12] Vorbem 135 ff zu §§ 2064–2086 [zu etwaigen sich aus §§ 134, 138 ergebenden Nichtigkeitsgründen] u

RGZ 169, 98, 99 f [noch unter dem Eindruck nationalsozialistischer Rechtsanschauungen und des damaligen § 48 Abs 2 TestG]). Unzulässig ist hingegen eine Klage des Erblassers auf Feststellung, daß eine bestimmte Person nicht zu seinen gesetzlichen Erben gehöre (MATTERN aaO; MünchKomm/LEIPOLD Rn 79; **aM** das RG aaO und infolge seines o Rn 23 kritisierten „Anwartschaftsdenkens" auch vLÜBTOW II 619 f): Wer eine sich als seinen gesetzlichen Erben bezeichnende Person nicht zum Zuge kommen lassen will, kann sie „sicherheitshalber" gem §§ 1937 ff enterben und sollte eine Feststellungsklage nur dann erheben dürfen, wenn ihm, etwa unter Berufung auf § 138, auch das Recht der Enterbung streitig gemacht wird. Anders jedoch im Falle des (wirklichen oder behaupteten) Erbverzichts: *Dessen* Wirksamkeit muß der Erblasser in seiner Eigenschaft als Vertragspartei (§§ 2346 Abs 1 S 1, 2347 Abs 2) auch selbst – dh schon vor dem Erbfall – durch Klage gegen den Verzichtenden gerichtlich feststellen lassen können (ebenso MATTERN aaO). Entsprechendes gilt für die Feststellung der Wirksamkeit einer Vereinbarung (§§ 1934 d Abs 4, 1934 e) über den vorzeitigen Erbausgleich. Vgl auch Rn 25 und die den Erb- bzw Pflichtteilsverzicht betreffenden Andeutungen in RGZ 92, 1, 3; 169, 98, 99.

B.   Der Erblasser

27   Als „Erblasser" bezeichnet das BGB (zB §§ 1924 ff) **den Verstorbenen**: Dieser hat sein Vermögen, das in Abs 1 als „Erbschaft" bezeichnet wird, bei seinem Tode „hinterlassen". Entspr dem in Rn 3 Ausgeführten kommen als Erblasser nicht juristische, sondern nur natürliche Personen (also Menschen) in Betracht.

28   Die Erblassereigenschaft setzt weder eine bestimmte Mindestgröße des hinterlassenen Vermögens (vgl Mot V 3) noch bestimmte Eigenschaften des Verstorbenen wie zB Geschäftsfähigkeit voraus. Auch von der **Staatsangehörigkeit** ist die Erblassereigenschaft des Verstorbenen unabhängig. Jedoch ist die Staatsangehörigkeit wichtig für die Frage, ob der Verstorbene nach deutschem oder nach ausländischem Recht beerbt wird (Art 25 f EGBGB).

C.   Der Erbe

I.   Begriff

29   Als „Erben" bezeichnet Abs 1 **die Person(en), auf die das Vermögen des Verstorbenen (Erblassers) gem §§ 1922, 1942 übergeht.** Nicht unter diesen Begriff fallen Pflichtteilsberechtigte (§§ 2303 ff), Erbersatzberechtigte (§§ 1934 a ff) und Vermächtnisnehmer (§§ 1939, 2147 ff). Diese Personen werden beim Erbfall nicht automatisch (Mit-)Träger des Nachlasses, sondern bloß Inhaber von *gegen* den Nachlaß gerichteten Ansprüchen, für die ihnen die „wirklichen" Erben nach §§ 1967 ff, 2058 ff haften (vgl ferner §§ 2147, 2186 ff, wonach mit einem Vermächtnis statt des Nachlasses bzw des Erben auch ein Vermächtnisnehmer beschwert werden kann).

30   Von **Miterben** spricht das Gesetz (Abs 2, §§ 2032 ff), wenn der Verstorbene *mehrere* Erben hinterläßt (vgl Rn 64 ff, 78, 101 ff und §§ 2032 ff). Über **Vor- und Nacherben** vgl Rn 34, 37, 38, 42, 79, 83 und §§ 2100 ff; über **Erbeserben** unten Rn 229 f.

II. Erbfähigkeit

Erbfähig ist grundsätzlich jede „andere", dh vom Erblasser verschiedene (vgl BGHZ 98, 1, 5 **31** = NJW 1986, 2434, 2435) **Person**. Vgl aber STAUDINGER/OTTE § 1942 Rn 6, 7 und §§ 2339 ff.

Juristische Personen können zwar nicht Erblasser sein (Rn 3, 27); erben können aber **32** auch sie (arg §§ 1936, 2044 Abs 2 S 3, 2101 Abs 2, 2105 Abs 2, 2106 Abs 2 S 2, 2109 Abs 2, 2163 Abs 2, EGBGB Art 86 S 2). Vgl STAUDINGER/OTTE § 1923 Rn 30 ff; § 1942 Rn 7.

III. Berufung zum Erben

Wer Erbe wird, richtet sich in erster Linie nach dem Willen des Erblassers, dem durch die **33** §§ 1937 ff, 2064 ff, 2229 ff das Recht zugestanden wird, durch eine sog „Verfügung von Todes wegen" (Testament oder Erbvertrag) die Person des Erben zu bestimmen. Nur für den Fall, daß der Erblasser von dieser sog **„Testierfreiheit"** (vgl STAUDINGER/ OTTE Einl 54 ff zu § 1922 und STAUDINGER/OTTE Vorbem 14 zu § 1937) keinen Gebrauch macht, regelt das BGB in seinen §§ 1924 ff die **„gesetzliche" Erbfolge**. Weitere Berufungsgründe gibt es nicht; insbes kann eine Erbenstellung nicht allein nach Treu und Glauben entstehen oder verloren gehen (BayObLGZ 1965, 86, 90; vgl auch BGH NJW 1967, 1126 ff).

IV. Zeitpunkt des „Erbe-Werdens"

Der vom Erblasser oder kraft Gesetzes Berufene (Rn 33) erwirbt die ihm zukom- **34** mende Erbenstellung **erst beim Erbfall**, der Nacherbe erlangt sie erst beim Nacherb-fall (§§ 2100, 2139). Dementspr kann Erbe (Nacherbe) nur werden, wer zZ des Erbfalls (Nacherbfalls) lebt oder wenigstens schon gezeugt war (und später lebend geboren wird); vgl §§ 1923, 2101, 2108.

Vor dem Erbfall gibt es keinen Erben, sondern höchstens Erb*aussichten* (zu ihnen **35** Rn 11 ff). Zur sog „vorweggenommenen Erbfolge" s Rn 10.

V. Nachträgliche Dispositionen über die Erbenstellung

Wer bereits Erbe *ist*, kann sich dieser Rechtsstellung *rückwirkend* entledigen, indem **36** er die Erbschaft form- und fristgemäß ausschlägt (vgl §§ 1942 ff, 2142, 2306). Wegen § 1942 Abs 2 gilt das aber nicht für den Fiskus, falls er kraft Gesetzes (§ 1936) Erbe geworden ist.

Ebenfalls mit Rückwirkung verliert seine Erbenstellung, wer für erbunwürdig erklärt (§ 2344) oder wessen Erbeinsetzung wirksam angefochten worden ist (§§ 142 Abs 1, 2078 ff).

Wer vom Erblasser unter einer auflösenden Bedingung oder Befristung zum Erben **37** bestimmt worden ist (also wer Vorerbe ist; vgl STAUDINGER/BEHRENDS[12] § 2100 Rn 25 und, unter besonderer Berücksichtigung der diesen Zusammenhang mitunter leugnenden Rspr zur sog Wiederverheiratungsklausel: OTTE AcP 187, 603, 605; ZAWAR NJW 1988, 16 ff; WILHELM NJW

1990, 2857, 2860 ff), verliert seine Erbenstellung **ohne Rückwirkung** bei Eintritt der Bedingung bzw bei Fristablauf. Vgl § 2139: „Mit dem Eintritte des Falles der Nacherbfolge hört der Vorerbe auf, Erbe zu sein, und fällt die Erbschaft dem Nacherben an." Handelt es sich bei der die Nacherbfolge auslösenden Bedingung um ein Ereignis, dessen Eintritt von dem Willen des Vorerben (vgl § 2075), des Nacherben oder eines Dritten abhängt, so ergibt sich hieraus eine zusätzliche Dispositionsmöglichkeit über eine bereits erworbene (Vor-)Erbenstellung; die Grenze liegt insoweit bei § 2065 (vgl STAUDINGER/OTTE[12] § 2065 Rn 13 ff).

38 Im übrigen unterliegt eine bereits entstandene Erbenstellung nicht der Disposition des Erben oder dritter Personen (DÖRNER, in: FS Ferid [1988] 57, 68 ff; zu gegenläufigen Tendenzen im Bereich des Erbschaftsteuerrechts vgl SOERGEL/STEIN Rn 6; Crezelius, Erbschaft- und Schenkungsteuer in zivilrechtlicher Sicht [1979] 43 ff, 191 f). Nicht einmal ein notariell beurkundeter (vgl BGH JR 1986, 373 ff m Anm DAMRAU = BGH DNotZ 1987, 109 ff m Anm CIESLAR) Vergleichs- oder sonstiger Vertrag zwischen allen als Erben in Betracht kommenden Personen vermag an der bereits eingetretenen Erbfolge etwas zu ändern (BayObLGZ 1918/19, 343, 346; 1920, 210, 214; 1966, 233, 236; LG Freiburg BWNotZ 1979, 67; vgl auch BGH JR 1986, 373, 374 f; LG Aachen NJW-RR 1988, 263 [betr Anerkenntnis im Erbunwürdigkeitsverfahren]; JOHANNSEN WM 1977, 270 [unter Hinweis auf ein nicht veröffentlichtes Urteil des BGH vom 22.9.1976 – IV ZR 177/74]; WEISS, Wirkungen erbrechtlicher Auslegungsverträge, Gedächtnisschr Küchenhoff [1987] 389 ff; SOERGEL/DAMRAU § 2358 Rn 11; STAUDINGER/FIRSCHING[12] § 2359 Rn 9). IdR wird sich aus solch einem Vertrag jedoch eine schuldrechtliche Verpflichtung der Parteien ergeben, einander so zu stellen, als seien die in ihm enthaltenen Feststellungen zutreffend (BGH JR 1986, 375). Mit Hilfe entsprechender Erbteilsübertragungen kann die Stellung der Beteiligten der vereinbarten Rechtslage „auch dinglich angenähert werden" (BGH aaO). Mehr als solch eine „Annäherung" läßt sich jedoch auch durch **Erbteilsübertragungen** nicht erreichen (mißverständlich JOHANNSEN aaO); denn solche Übertragungen erfassen zwar die Beteiligung an dem geerbten Vermögen, nicht aber die Erbenstellung als solche (vgl BGHZ 121, 47, 50; STAUDINGER/WERNER[12] § 2033 Rn 23 f; STAUDINGER/FERID/CIESLAR[12] Einl 29 f zu § 2371 u hinsichtlich der *Vererblichkeit* von Erbenstellungen unten Rn 229). Entsprechendes gilt nach wohl hM für den Fall, daß eine zur Nacherbfolge berufene Person ihre zwischen Erb- und Nacherbfall bestehende sog **Nacherbenanwartschaft** veräußert (vgl OLG Düsseldorf OLGZ 1991, 134 ff = NJW-RR 1991, 332; vLÜBTOW II 633, 880; hinsichtl des Einflusses auf die Rechtsstellung des Veräußerers teilw **aM** STAUDINGER/BEHRENDS[12] § 2100 Rn 66, 68, § 2142 Rn 14; STAUDINGER/FERID/CIESLAR[12] Einl 31, 54 zu § 2371; vgl auch STAUDINGER/WERNER[12] § 2033 Rn 11).

39 Ähnlich wie ein Feststellungs*vertrag* (s Rn 38) wirkt auch die **Führung eines** auf Feststellung gerichteten **Prozesses**. So wirkt die *Rechtskraft* eines Gerichtsurteils, das das Bestehen oder Nichtbestehen einer Erbenstellung feststellt, grundsätzlich nur zwischen den Parteien und ihren Rechtsnachfolgern (vgl § 325 ZPO; STAUDINGER/GURSKY[12] Vorbem 17 zu §§ 2018–2031; aber auch § 1965 Rn 15 ff; STAUDINGER/FIRSCHING[12] § 2360 Rn 9 ff). Dogmatische Probleme bereitet in diesem Zusammenhang das im Falle einer Erbunwürdigkeitsklage anzuwendende Verfahren (vgl KG NJW-RR 1989, 455 f; STAUDINGER/FERID/CIESLAR[12] § 2342 Rn 8). Eine nach §§ 1964, 1965 getroffene *Feststellung des Nachlaßgerichts,* daß ein anderer Erbe als der Fiskus nicht vorhanden sei, wirkt zwar für und gegen jedermann; dies jedoch nicht iS einer unangreifbaren Feststellung, sondern nur iS einer „Vermutung" des Inhalts, „daß der Fiskus gesetzlicher Erbe sei"

(§ 1964 Abs 2). Entspr verhält es sich hinsichtlich der *Richtigkeitsvermutung eines Erbscheins* (§ 2365). Beide Vermutungen sind gem § 292 ZPO widerlegbar.

VI. Prozessuale Durchsetzung des Erbrechts

Zur prozessualen Durchsetzung des Erbrechts vgl Rn 39; Staudinger/Gursky[12] **40** Vorbem 2 ff zu §§ 2018–2031 und für die Zeit vor dem Erbfall oben Rn 19 ff.

D. Der Vermögensübergang auf den oder die Erben

I. Übergang statt Untergang

Seiner in Rn 1 beschriebenen Aufgabe, die sich beim Erbfall ergebenden Probleme **41** hinsichtlich des Fortbestands und gegebenenfalls der (Neu-)Zuordnung der Rechte und Pflichten des Verstorbenen zu lösen, kommt das Erbrecht gem §§ 1922, 1967, 2032, 2058 in der Weise nach, daß es die ihres bisherigen Zuordnungssubjekts beraubten Rechte und Pflichten grundsätzlich (vgl aber Rn 113–116; Staudinger/ Marotzke[12] § 1967 Rn 8) nicht *unter-*, sondern auf eine oder mehrere andere Personen (Erben) *über*gehen läßt. Zur näheren Ausgestaltung dieses Lösungsansatzes vgl Rn 42 ff sowie den rechtsgeschichtlichen Überblick bei Staudinger/Boehmer[11] Rn 98–120. Zu beachten ist auch die von Staudinger/Otte Einl 60 ff zu § 1922 dargestellte **verfassungsrechtliche** Dimension.

II. Vonselbsterwerb mit Ausschlagungsmöglichkeit (Anfallprinzip)

Nach Abs 1 geht das Vermögen des Erblassers (die Erbschaft) beim Erbfall *ohne* **42** *weiteres* auf den oder die Erben über. § 1942 Abs 1 bezeichnet diesen sog Vonselbsterwerb (hierzu Staudinger/Otte § 1942 Rn 1 ff) treffend als **Anfall der Erbschaft** und erkennt dem Erben zugleich das Recht zu, diesen Vorgang durch **Ausschlagung** wieder rückgängig zu machen. Nur der *Fiskus* kann die ihm als gesetzlichem Erben angefallene Erbschaft nicht ausschlagen (§ 1942 Abs 2).

Dem **Nacherben** fällt die Erbschaft abweichend von Abs 1 nicht schon beim Erbfall, sondern erst beim Nacherbfall an (§ 2139).

Der in Rn 42 beschriebene „Anfall" der Erbschaft bewirkt den **automatischen und** **43** **einheitlichen Übergang aller vererblichen Rechtspositionen.** Etwaige für die Einzelübertragung unter Lebenden maßgebliche Formvorschriften, die je nach der rechtlichen oder wirtschaftlichen Eigenart des Gegenstandes verschieden sein können, gelten für die Vererbung nicht. Insbes vollzieht sich der erbrechtliche Übergang von Grundstücksrechten ohne Eintragung im Grundbuch, von Fahrnisrechten ohne Übergabe. Wird der der Verlautbarung der Rechtsänderung dienende Formalakt nach dem Erbfall vorgenommen, so bestätigt er nur die bereits eingetretene Rechtsänderung, hat also im Grundbuch nur die Funktion einer Berichtigung nach § 894. Die GBO sorgt durch ihre §§ 82, 82 a, 83 dafür, daß diese Berichtigungen in einem von Amts wegen zu betreibenden Verfahren stattfinden.

III. Grundsatz der Gesamtrechtsnachfolge (Universalsukzession)*

1. Fortsetzung der Rechts- und Pflichtstellung des Erblassers

44 Der Erbe wird nicht nur Inhaber des „Vermögens" des Erblassers (dazu Rn 113 ff), sondern er setzt insoweit auch die Rechts- und Pflichtstellung des Erblassers fort (vgl erg Rn 46 sowie die von RUPPE in DStJG 10 [1987] 45, 47 ff wiedergegebenen und kritisierten Äußerungen des BFH). ZB wird er gem § 1967 bzw § 2058 *persönlicher Schuldner* (s Vorbem 7 zu §§ 1967–2017) aller nicht an den individuellen Pflichtträger geknüpften Verbindlichkeiten des Erblassers; auch tritt er in eine Reihe sonstiger Rechts- und Bindungslagen des Erblassers aus rechtsgeschäftlichem Verkehr, verfahrensrechtlichen Situationen und haftungsbegründenden Verhältnissen ein, und zw unabhängig von Bestand und Wert der aktiven Nachlaßgüter. Vgl Rn 248 ff, 273 f, 275 ff, 303 ff u § 1967 Rn 19 ff.

45 **Der Erbe setzt die Rechts- und Pflichtverhältnisse des Erblassers grundsätzlich mit demselben rechtlichen Inhalt und in demselben Entwicklungszustand fort**, wie sie beim Erbfall gegeben waren; er erbt das hinterlassene Vermögen „wie es steht und liegt" (OLG Hamm OLGZ 1979, 44, 45; vgl auch BFH bei RUPPE aaO). Etwaige **der Rechtsstellung des Erblassers anhaftende Mängel** (zB aus §§ 817 S 2 [s unten Rn 274], 858 Abs 2 S 2, 992 [s unten Rn 252, 260, 274]) wirken folglich auch gegen den Erben (nach STAUDINGER/ BOEHMER[11] Rn 123 jedoch nur, „soweit sie nicht in höchstpersönlichen tatsächlichen oder rechtlichen Lagen, wie zB Beschränkung der Geschäftsfähigkeit oder der ehelichen Verfügungsmacht . . . oder in seelischen Zuständen des Erblassers, wie zB gutem oder bösem Glauben . . ., ihren Ursprung haben" [dazu unten Rn 252, 253 ff, 260, 274, 310 ff, 320]). Die Rechtsstellung des Erben ist im wesentlichen eine abgeleitete. Sie beruht nach Rechtsgrund und -inhalt wie im römischen Recht (dazu STAUDINGER/BOEHMER[11] Rn 99 ff) auf der rechtlichen Stellung des Erblassers und stellt nicht wie im alten deutschen Recht (dazu STAUDINGER/BOEHMER[11] Rn 109 ff [bes Rn 112]) ein selbständiges Recht des Erben dar. Nur ausnahmsweise treten gewisse inhaltliche Änderungen ein, sei es kraft Gesetzes (zB gem §§ 81 Abs 2 S 3, 530 Abs 2, 532 S 2 [vgl auch Rn 300 und Abs 2 des inzwischen aufgehobenen – dazu BGHZ 87, 145, 147 ff – § 73 EheG], 1586 b Abs 1 S 2 und 3 [dazu DIECKMANN FamRZ 1977, 161, 168 ff]; §§ 727 Abs 1 BGB, 131 Nr 4 HGB [dazu unten Rn 168 ff]), sei es kraft Wahl- oder Gestaltungsrecht des Erben (vgl § 139 HGB [dazu Rn 174, 196], den inzwischen aufgehobenen § 1712 Abs 2 BGB [dazu BGH NJW 1975, 1123 f] und Abs 2 des inzwischen

---

* **Schrifttum:** BOEHMER, Der Übergang des Pflichtlebens des Erblassers auf den Erben, RG-FS III (1929) 216; ders, Eintritt des Erben in pflichtbelastete Rechtslagen des Erblassers, JW 1938, 2364; STAUDINGER/BOEHMER[11] § 1922 Rn 64 ff (Der rechtliche Begriff des „Vermögens" iSd § 1922), 98 ff (Der Begriff der Gesamtrechtsnachfolge), 233 ff (Kritische Wertung der erbrechtlichen Gesamtrechtsnachfolge); LEIPOLD, Wandlungen in den Grundlagen des Erbrechts?, AcP 180, 160, 204 ff; OTTE, Läßt das Erbrecht des BGB eine Erbeinsetzung auf einzelne Gegenstände zu?, NJW 1987, 3164;

RUPPE, Einkommensteuerrechtliche Positionen bei Rechtsnachfolge, DStJG 10 (1987) 45, 47 ff; SCHRADER, Erb- und Nacherbeneinsetzung auf einzelne Nachlaßgegenstände, NJW 1987, 117 (direkt dazu OTTE aaO); SCHWIND, Grenzen der Universalsukzession, in: FS Kralik (1986) 515; WACKE, Der Tote erbt den Lebendigen (Le mort saisit le vif), JA 1982, 242; WESENER, Sondervermögen u Sondererbfolge im nachklassischen römischen Recht, in: FS Kaser (1986) 331. Weitere ältere Nachweise bei STAUDINGER/ BOEHMER[11] unter Abschnitt II. der dortigen Fn zu § 1922.

durch § 1586 b BGB ersetzten [dazu DIECKMANN aaO] § 70 EheG). Auch ein **Schutz des guten Glaubens** des Erben an die Rechtsscheintatsachen des Rechtsverkehrs unter *Lebenden* findet beim erbrechtlichen Erwerb von *Todes* wegen nicht statt; der Erbe setzt nur die Rechtsscheinstellung des Erblassers aus §§ 891 ff, 932 ff, 1006 usw fort (s Rn 262 ff).

2. Übergang des Vermögens „als Ganzes"

a) Allgemeines

Mit der Formulierung, daß beim Tode einer Person deren „**Vermögen (Erbschaft) als Ganzes**" auf den oder die Erben übergehe, gibt Abs 1 „der Idee des Erbganges einen plastischen Ausdruck" (vgl Prot V 2). Auch nimmt diese Formulierung den von einigen Mitgliedern der II. Komm (vgl Prot V 2) angesprochenen Gedanken, daß sich die gesamte Rechts- und Pflichtstellung des Erblassers in der Person des Erben fortsetze (dazu schon Rn 44 f und Vorbem 7 zu §§ 1967–2017), andeutungsweise in sich auf, wobei die von STAUDINGER/BOEHMER[11] Rn 101 f, 246 kritisierten mystischen Übersteigerungen geschickt vermieden werden (weniger gut dagegen RFHE 45, 346, 348 [die Erben setzten „die Persönlichkeit" des Erblassers fort] und BFHE 139, 265, 268 [der Gesamtrechtsnachfolger setze „die Person" seines Rechtsvorgängers fort]; sehr kritisch zur „Fortsetzungsthese" des BFH RUPPE DStJG 10 [1987] 45, 47 ff, 53 ff). **46**

Durch die Worte „als Ganzes" macht Abs 1 zweierlei deutlich: zum einen, daß der Begriff des „Vermögens", auf den sie sich beziehen, in einem möglichst weiten, „umfassenden" Sinne zu verstehen ist (vgl Rn 53, 115 f und MünchKomm/LEIPOLD Rn 15), und zum anderen, daß das Vermögen des Verstorbenen „insgesamt" und „ungeteilt" auf den oder die Erben übergeht (dazu Rn 47 ff, 64 ff).

b) Keine Sonderguts- oder Einzelrechtsnachfolge / kein dingliches Vermächtnis

„Als Ganzes" geht das vererbliche Vermögen auf den **Alleinerben** als *Allein*träger, auf **Miterben**, gleichgültig ob sie durch Gesetz oder durch Verfügung von Todes wegen berufen sind, als gemeinschaftliche *Mit*träger (§ 2032 Abs 1) über. **Eine sachliche Aufteilung des Nachlasses in einzelne Vermögensmassen** mit getrennter Erbfolgeordnung oder sonstiger rechtlicher Selbständigkeit, insbes in der Schuldenhaftung, **ist dem BGB fremd** (wegen einiger weniger *Ausnahmen* s Rn 54 ff). Liegenschaften und Fahrnis, Handelsvermögen und Privatvermögen, Mannesgut und Frauengut, Vatergut und Muttergut, sachliche und persönliche Gebrauchsgegenstände, Hausrat und Familienerinnerungsstücke: sie alle unterliegen heute grundsätzlich gleichen Erbregeln (über *Ausnahmen* s Rn 54, 60, 62 ff). Das war nicht immer so (vgl STAUDINGER/BOEHMER[11] Rn 108 ff, 233 ff; STAUDINGER/WERNER[12] § 1932 Rn 2). Wo ausnahmsweise auch heute noch Sonderrechte auf wirtschaftlich zweckgebundene Nachlaßgegenstände anerkannt werden, wie beim **Voraus** des Ehegatten (§ 1932), versagt das Gesetz dem Berechtigten idR den unmittelbaren dinglichen Erwerb (anders jedoch § 365 Abs 1 S 3 ZGB der ehemaligen DDR: s HALGASCH NJ 1977, 137 f; STAUDINGER/WERNER § 1932 Rn 32) und verweist ihn auf einen vermächtnisartigen Anspruch gegen den Erben, der seinerseits zunächst diese Gegenstände als Bestandteile des „als Ganzes" auf ihn übergehenden Nachlasses erwirbt. Die gesonderte Vererbung *einzelner* Nachlaßgegenstände und Sonderrechtsnachfolgen „am Erbrecht vorbei" sind nach heutigem Recht nur in engen Grenzen möglich (dazu Rn 54 ff, 62 ff). **47**

48 Selbst durch Verfügung von Todes wegen kann der Erblasser eine unmittelbare Nachlaß-aufteilung in unterschiedlich zugeordnete Gütermassen oder Einzelgüter nicht mit „ding-licher" Wirkung herbeiführen (vgl auch den in Rn 55 erwähnten und von der II. Komm als „selbstverständlich" gestrichenen E I § 1749 Abs 2). Stets werden die Erben zunächst nach § 1922 Abs 1 alleinige Rechtsträger *aller,* auch der sonderzugeteilten Nachlaßgüter und alleinige Pflichtträger aller, auch der auf diese sich beziehenden Nachlaßver-bindlichkeiten und sind aufgrund der Anordnung des Erblassers *nur schuldrechtlich verpflichtet,* diese Gegenstände auf die Bedachten zu übertragen, und berechtigt, von ihnen die Erfüllung der diese Gegenstände betreffenden Verbindlichkeiten zu verlangen (s bes §§ 2166 f); nur soweit letztere als subjektiv-dingliche Verpflichtun-gen (Belastungen) dem *jeweiligen* Eigentümer, dinglich Berechtigten oder Besitzer auferlegt sind, gehen sie mit der Überführung des Eigentums, dinglichen Rechts oder Besitzes ohne weiteres auf den Bedachten über (s Rn 237, 242 f, 246 f).

49 Beherrscht vom Grundsatz der Universalsukzession hat das BGB **dingliche Vermächt-nisse** grundsätzlich abgelehnt (dazu STAUDINGER/OTTE[12] § 2174 Rn 1 ff). Dadurch unter-scheidet es sich von den meisten früheren und ausländischen Rechtsordnungen, die das sog **Vindikationslegat** aufrechterhalten haben (sehr kritisch denn auch STAUDINGER/ BOEHMER[11] Rn 105, 240 ff; zurückhaltender STAUDINGER/OTTE[12] § 2174 Rn 4).

50 Wenn *mehrere* Personen erbberechtigt sind, wird der Nachlaß zunächst „als Ganzes" (§ 1922 Abs 1) „gemeinschaftliches Vermögen" (§ 2032 Abs 1) aller Erben; etwaige **Teilungsanordnungen** des Erblassers (§ 2048) bewirken nur, daß die Miterben einan-der schuldrechtlich verpflichtet sind, durch rechtsgeschäftliche Einzelakte unter Lebenden die Gegenstände auf die Bedachten zu übertragen.

c)   Keine Erbeinsetzung auf einzelne Nachlaßgegenstände

51 Unvereinbar mit dem in Abs 1 verankerten Grundsatz, daß das Vermögen des Erb-lassers „als Ganzes" auf den oder die Erben übergeht, wäre ein Versuch des Erblassers, jemanden nur hinsichtlich *einzelner* Nachlaßgegenstände zum Erben zu berufen. Eine dahin gehende Verfügung von Todes wegen kann also (vorbehaltlich der von STAUDINGER/OTTE[12] § 2087 Rn 17 ff behandelten Auslegungsmöglichkeiten) nicht „dinglich" als Erbeinsetzung (richtig STAUDINGER/OTTE[12] § 2087 Rn 3; ders NJW 1987, 3164 gegen SCHRA-DER NJW 1987, 117 f), sondern allenfalls „schuldrechtlich" als Vermächtnis, als Tei-lungsanordnung oder – seltener – als Auflage wirken (s Rn 48 ff). Über mögliche Ausnahmen im Bereich des Höferechts s §§ 4 ff, 7, 11, 15 Abs 1 HöfeO; STAUDIN-GER/OTTE § 1951 Rn 4; STAUDINGER/WERNER[12] Vorbem 22 aE zu §§ 2032–2057 a; STAUDINGER/MAROTZKE[12] § 2058 Rn 45.

d)   Einheitliche Form

52 Da das Vermögen des Verstorbenen „als Ganzes" auf den oder die Erben übergeht, ist auch die **Form** des erbrechtlichen Übergangs für alle Rechtspositionen gleich (vgl STAUDINGER/BOEHMER[11] Rn 106 [speziell zum römischen Recht], 131): Sie alle fallen dem Erben völlig formlos und ohne dessen eigenes Zutun von selbst an (dazu schon Rn 42 f).

IV. Ausnahmen von der Gesamtrechtsnachfolge

1. Unvererbliche Rechtspositionen

„Als Ganzes" (Abs 1) kann das Vermögen des Verstorbenen natürlich nur insoweit **53** vererbt werden, als es *überhaupt* vererblich ist. Streng genommen beschränkt sich die Gesamtrechtsnachfolge also auf die vererblichen *Teile* des hinterlassenen Vermögens, während die unvererblichen Rechtspositionen beim Tode ihres bisherigen Inhabers erlöschen (vgl Rn 116 für die Aktiva und § 1967 Rn 8 ff, 18 für die Passiva). Jedoch läßt sich aus der Verwendung der Worte „Vermögen . . . als Ganzes" schließen, daß das BGB die Vererblichkeit als Regel und die Unvererblichkeit als (begründungsbedürftige) Ausnahme verstanden wissen will. Näheres in Rn 115 ff, 302.

2. Sukzessionen „am Erbrecht vorbei"

a) Kraft Gesetzes
Ausnahmen vom Grundsatz der Gesamtrechtsnachfolge statuieren auch diejenigen **54** gesetzlichen Bestimmungen, die bestimmte Personen selbst dann, wenn sie *nicht* erbberechtigt sein sollten, „am Erbrecht vorbei" in bestimmte Rechtspositionen des Erblassers einrücken lassen. Beispiele sind der Übergang eines **Wohnraum-Mietverhältnisses** auf den Ehegatten oder andere Familienangehörige des Erblassers gem §§ 569 a, 569 b (vgl STAUDINGER/SONNENSCHEIN[12] § 569 a Rn 1, 11, 22, 27 ff, § 569 b Rn 1, 10 ff; STAUDINGER/MAROTZKE[12] § 1967 Rn 25, § 1969 Rn 10 und erg WoBindG § 4 Abs 7 [dazu unten Rn 375]), der entsprechende Übergang des **Dauerwohnrechts an einer Wohnbesitzwohnung** bis zur Abschaffung dieses Rechtsinstituts (vgl die durch Art 1 Ziff 23 des G v 11. 7. 1985 [BGBl I 1277] bereits wieder aufgehobenen §§ 62 a Abs 4, 62 d Abs 2 ff des Zweiten WohnungsbauG idF v 1. 9. 1976 [BGBl I 2673] und dazu PICK NJW 1976, 1049, 1052; SOERGEL/STEIN § 1922 Rn 74) sowie der Übergang **sozialrechtlicher Geldansprüche und Verbindlichkeiten** auf Angehörige des Erblassers nach §§ 56 ff SGB I (vgl Boch-Komm/HEINZE SGB-AT § 56 Rn 5 ff, 29 ff, § 57 Rn 17 und unten Rn 356 ff). Weitere Beispiele bei STAUDINGER/OTTE Einl 14 zu § 1922. Zur Frage einer die Vererbung ausschließenden Sonderrechtsnachfolge in sog **Siedlungseigentum** vgl BezG Dresden ZIP 1992, 866, 871 ff. Danach war diese im Zuge der Bodenreform auf dem Gebiet der SBZ und späteren DDR geschaffene Eigentumsform vererblich (sehr str; vgl BezG Rostock VIZ 1992, 193 f; KreisG Rostock-Stadt VIZ 1992, 195 f; BezG Dresden VIZ 1992, 198 f; GOLLASCH/KROEGER VIZ 1992, 196 ff). S auch BVerwG ZIP 1994, 564 ff.

b) Kraft Rechtsgeschäfts
§ 1749 Abs 2 des E I bestimmte: „Der Übergang des Vermögens als eines Ganzen **55** (Erbfolge) kann von dem Erblasser nicht ausgeschlossen werden." Die II. Komm entschied sich für die Streichung dieses Satzes; aber nicht weil er falsch, sondern weil er selbstverständlich sei (vgl Prot V 2 und STAUDINGER/BOEHMER[11] Rn 1 f). Dennoch ist heute unbestritten, daß der Erblasser den Übergang seines Vermögens „als eines Ganzen" wenn schon **nicht durch Verfügung von Todes wegen** (nur auf diese schon in Rn 48 ff erörterte Möglichkeit bezog sich wohl der gestrichene E I § 1749 Abs 2), so doch immerhin **durch Verfügung unter Lebenden** verhindern bzw beschränken kann (dazu sehr ausführlich und kritisch STAUDINGER/BOEHMER[11] Einl 24 ff vor § 1922; ders § 1922 Rn 205, 217): Er braucht nur durch geeignete Rechtsgeschäfte dafür zu sorgen, daß diejenigen Rechtspositionen, deren Vererbung er verhindern will, spätestens beim Erbfall aus

Wolfgang Marotzke

seinem Vermögen – denn nur dieses kann er ja vererben – ausscheiden, daß sie also spätestens beim Erbfall entweder erlöschen oder in das Vermögen einer *anderen* Person übergehen (dazu Rn 56 ff, 302; vgl auch Endemann III 1, 210 f, 214 ff [dem freilich nicht in jeder Hinsicht zuzustimmen ist; s unten Rn 321 ff]).

56 Als Instrument, bestimmte Gegenstände in dem für § 1922 Abs 1 entscheidenden Zeitpunkt des Erbfalls aus dem Vermögen des Erblassers „entweichen" zu lassen und sie so der *erb*rechtlichen Sukzession zu entziehen, eignet sich die sog **Verfügung unter Lebenden auf den Todesfall:** Der spätere Erblasser veräußert bestimmte Gegenstände nach den für *lebzeitige* Verfügungen geltenden Vorschriften (zB bewegliche Sachen nach §§ 929 ff) an Dritte mit der (bei Grundstücken jedoch wegen § 925 Abs 2 [vgl erg Rn 302] nicht in Betracht kommenden) Maßgabe, daß diese Verfügungen erst beim Erbfall (*Befristung* gem § 163) und evtl auch dann nur unter der zusätzlichen Voraussetzung (*Bedingung* iSd § 158 Abs 1) wirksam werden sollen, daß der Verfügungsempfänger zu diesem Zeitpunkt noch lebt. Möglich ist sogar, daß sich der Erblasser das Recht vorbehält, solch eine Verfügung bis zu seinem Tode frei zu widerrufen. Soweit bestimmte Gegenstände durch derartige Verfügungen der Vererbung entzogen werden, stellt sich die schwierige Frage, ob der Verfügungsempfänger das auf diese Weise Erlangte *endgültig* behalten darf oder ob er dem oder den Erben oder, wenn er selbst zu den Erben gehört, seinen Miterben zur Herausgabe (§ 812) bzw zur Ausgleichung (§§ 2050 ff) verpflichtet ist (vgl insoweit die Kommentare zu §§ 2050 ff, zu § 2301 [zB Staudinger/Kanzleiter[12] 4 ff, 10 ff, 21 f] und für den Fall, daß der Erblasser Mitglied einer Personengesellschaft war: Marotzke AcP 184, 541, 560 ff, 582 f). Nicht weniger schwierig gestaltet sich die Rechtslage in bezug auf die Interessen der Pflichtteilsberechtigten (vgl §§ 2303 ff und Staudinger/Ferid/Cieslar[12] § 2325 Rn 2 ff, 26 ff) und der sonstigen Nachlaßgläubiger (zu beiden Gesichtspunkten Marotzke aaO; die dort 569 f, 580, 582 f und von Staudinger/Ferid/Cieslar[12] § 2325 Rn 26 ff kritisierte Auslegung des § 2325 Abs 3 HS 1 in BGH NJW 1970, 1638 wurde inzwischen korrigiert durch BGHZ 98, 226 ff = NJW 1987, 122 ff = DNotZ 1987, 315 ff m Anm Nieder = JR 1987, 240 ff m Anm Frank = JZ 1987, 150 ff m Anm Paulus).

57 Bei **Personengesellschaftsanteilen** kann die (grundsätzlich mögliche; vgl Rn 62, 168, 169 ff) Vererbung außer auf dem in Rn 56 erwähnten, wegen §§ 717 S 1, 719 Abs 1 BGB, 105 Abs 2, 161 Abs 2 HGB jedoch nur bei Zustimmung aller Mitgesellschafter gangbaren Wege auch dadurch verhindert werden, daß in den Gesellschaftsvertrag eine Bestimmung des Inhalts aufgenommen wird, daß die Gesellschaft beim Tode eines Gesellschafters unter den übrigen Gesellschaftern fortbestehen soll: Aufgrund dieser sog **„Fortsetzungsklausel"** (terminologisch besser wäre wohl: **Ausschluß-** oder **Anwachsungsklausel**; s Rn 172, 175) scheidet der betreffende Gesellschafter beim Erbfall mit Wirkung für und gegen seine Erben aus der Gesellschaft aus (§ 736 bzw HGB §§ 138, 161 Abs 2), was nach § 738 Abs 1 S 1 (gegebenenfalls iVm HGB §§ 105 Abs 2, 161 Abs 2) zur Folge hat, daß sein Anteil am Gesellschaftsvermögen den übrigen Gesellschaftern zuwächst *und auf diese Weise seinen Erben vorenthalten wird* (vgl auch Staudinger/Kessler[12] § 727 Rn 13). Allerdings sind die übrigen Gesellschafter den Erben dann nach § 738 Abs 1 S 2 (gegebenenfalls iVm HGB §§ 105 Abs 2, 161 Abs 2) verpflichtet; ua haben sie ihnen also den Geldbetrag zu zahlen, den letztere bei der Auseinandersetzung erhalten würden, wenn die Gesellschaft beim Erbfall aufgelöst worden wäre. Auch dieser sog „Abfindungsanspruch" der Erben kann jedoch durch den Gesellschaftsvertrag ausgeschlossen werden (BGHZ 22, 186, 194 f; 98,

48, 56); zu den sich hieraus ergebenden erbrechtlichen Problemen vgl STAUDINGER/ KANZLEITER[12] § 2301 Rn 50; STAUDINGER/FERID/CIESLAR[12] Einl 121 ff zu §§ 2303 ff; § 2311 Rn 50 ff; MAROTZKE AcP 184, 541, 572 ff (unter besonderer Berücksichtigung der von STAUDINGER/KESSLER[12] § 727 Rn 14 ff behandelten sog „Eintrittsklausel"); dens ZHR 156 (1992) 17, 38 ff.

Ein **GmbH-Anteil** kann zwar nicht durch eine „Fortsetzungsklausel" der in Rn 57 erwähnten Art, wohl aber durch eine **„Einziehungsklausel"** der Vererbung entzogen werden: durch eine gesellschaftsvertragliche Bestimmung des Inhalts, daß der betreffende Geschäftsanteil *mit erst beim Erbfall einsetzender Wirkung* eingezogen (§ 34 GmbHG) sein soll. Die Möglichkeit solch einer **automatischen** Einziehung ist zwar umstritten (für sie NIEMEIER, Rechtstatsachen und Rechtsfragen der Einziehung von GmbH-Anteilen [1982] 333 ff; SCHULER GmbH-Rdsch 1962, 114 ff; DÄUBLER, Die Vererbung des Geschäftsanteils bei der GmbH [1965] 117 ff; HECKELMANN ZZP 92 [1979] 28, 55 f; FINGER GmbH-Rdsch 1975, 97, 98 f, 101; LANDMANN, Zur Regelung der Gesellschaftsnachfolge in der Satzung einer GmbH [Diss Bonn 1968] 30 ff; SCHEFER GmbH-Rdsch 1961, 57; gegen sie STAUDINGER/FERID/ CIESLAR[12] § 2311 Rn 60; BARELLA GmbH-Rdsch 1959, 45; BAUMBACH/HUECK[15], GmbHG § 34 Rn 13; WIEDEMANN, Die Übertragung und Vererbung von Mitgliedschaftsrechten bei Handelsgesellschaften [1965] 78 ff; KÄPPLER ZGR 1978, 542, 569 ff; KOCH, Die Zuordnung des vererbten GmbH-Geschäftsanteils [Diss Heidelberg 1981] 201 ff; LESSMANN GmbH-Rdsch 1986, 409, 410 f; KESSELMEIER, Ausschließungs- und Nachfolgeregelung in der GmbH-Satzung [1989] 216 ff, 242 f, 252 f [die 226 f, 255 f aber immerhin eine statutarische „Kaduzierung" als möglich erachtet]; unentschieden PETZOLDT GmbH-Rdsch 1977, 25, 29; SCHOLZ/H P WESTERMANN GmbHG § 34 Rn 42, 43; BUCHHOLZ MittRhNotK 1991, 1, 41 f), aber mE jedenfalls dann zu bejahen, wenn die gesetzlichen Einziehungsvoraussetzungen, nämlich volle Einlageleistung (arg § 19 Abs 2 S 1 GmbHG) und Möglichkeit der Zahlung eines etwa vereinbarten Entgelts ohne Beeinträchtigung des Stammkapitals (§ 30 Abs 1 GmbHG), beim Erbfall noch – oder wieder – erfüllt sind (vgl auch HECKELMANN aaO 56; GRUNEWALD, Der Ausschluß aus Gesellschaft und Verein [1987] 201 ff [die sich 203, 213 gegen Übertragbarkeit dieser Lösung auf die **AG** und die **Genossenschaft** ausspricht]; selbst für diesen Fall **aM** KÄPPLER aaO 571 [mit im übrigen sehr beachtlichen Ausführungen zur erbrechtlichen Problematik einer statutarischen „Ermächtigung" zur *unentgeltlichen* Einziehung; dazu auch HABERSACK ZIP 1990, 625 ff]). Soweit sich aus dem Gesellschaftsvertrag nichts anderes ergibt (vgl § 15 Abs 5 GmbHG), kommt selbstverständlich auch der in Rn 56 erwähnte Weg der Verfügung unter Lebenden auf den Todesfall in Betracht (aM STAUDINGER/FERID/CIESLAR[12] § 2311 Rn 61). Vgl erg unten Rn 174, 208 ff, 302.

Auch durch einen **Vertrag zugunsten Dritter auf den Todesfall** – der nach st Rspr allerdings nur mit *schuld*rechtlichen Wirkungen möglich sein soll (BGHZ 68, 225, 231; 41, 95 f mwN; kritisch STAUDINGER/KADUK[12] Vorbem 67 ff zu §§ 328 ff und § 328 Rn 6 ff) – kann der Erblasser erreichen, daß sich sein Vermögen in dem für § 1922 Abs 1 maßgeblichen Zeitpunkt des Erbfalls vermindert (vgl schon Rn 17 mwN). Zu der Frage, ob und gegebenenfalls wie sich die Nachlaßbeteiligten die ihnen auf diese Weise vorenthaltenen Vermögenswerte ganz oder teilweise „zurückholen" können, vgl STAUDINGER/ REUSS[12] § 516 Rn 33 ff; STAUDINGER/KANZLEITER[12] § 2301 Rn 42 ff; STAUDINGER/ FERID/CIESLAR[12] § 2325 Rn 17 f und unter besonderer Berücksichtigung des Falles, daß der Erblasser Mitglied einer Personengesellschaft war: MAROTZKE AcP 184, 541, 557 ff, 574 ff.

60 **Ehegatten** können durch **Vereinbarung der „fortgesetzten Gütergemeinschaft"** verhindern, daß der Gesamtgutsanteil des Erstversterbenden sofort beim Erbfall auf die „erbrechtliche Bahn" gerät (vgl § 1483 Abs 1 S 3; aber andererseits auch §§ 1483 Abs 2 [iVm § 1485 Abs 1], 1484 Abs 3, 1482 S 1 sowie die schon von STAUDINGER/BOEHMER[11] Einl 20 zu § 28 hervorgehobenen Analogien zum Erbrecht in §§ 1484 Abs 2, 1489 Abs 2, 1503 ff).

61 Zu der Möglichkeit, **durch Vertrag** zu **bestimmen, daß ein an sich vererbliches Recht beim Erbfall erlischt**, und den *Wert* dieses Rechts auf diese Weise am Erbrecht vorbei dem Verpflichteten zuzuwenden, vgl unten Rn 302.

3.   Sondererbfolgen

62 **Sonder**erbfolgen nennt man diejenigen Ausnahmen vom Grundsatz der Universalsukzession, die sich nicht wie die in Rn 54 ff behandelten Sukzessionen „am Erbrecht vorbei", sondern *innerhalb* des Erbrechts vollziehen, wobei das „Besondere" dieser Erbfolgen darin besteht, daß die von ihnen betroffenen Gegenstände durch erbrechtliche Sondervorschriften in *andere* Bahnen gelenkt werden als der den *allgemeinen* Regeln folgende übrige Nachlaß. Trotz dieser Besonderheit erwirbt der Empfänger die sondervererbten Gegenstände *als Erbe* (so schon STAUDINGER/BOEHMER[11] Rn 148). Derartige Sondererbfolgen finden sich im Bereich des Höferechts (Rn 224 mwN), bis zum 30.9.1993 auch im Bereich des Heimstättenrechts (s Rn 227) und nach st Rspr ferner bei der Vererbung von Personengesellschaftsanteilen (Rn 176 ff, 187 f, 197, 206, 210 f). In anderen Bereichen kann die Geltung irgendwelchen *Sonder*erbrechts auch durch Rechtsgeschäft *nicht* begründet werden. ZB kann ein subjektiv-dingliches Vorkaufsrecht nicht in der Weise bestellt werden, daß die Vererblichkeit auf die *Abkömmlinge* des Berechtigten selbst für den Fall beschränkt sein soll, daß neben ihnen noch andere Personen zur Erbfolge berufen sind (vgl die sogar noch etwas strenger formulierende Entscheidung LG Stuttgart BWNotZ 1974, 85 und die einen vormerkungs-bewehrten Rückübereignungsanspruch betreffenden Ausführungen von AMANN MittBayNot 1990, 225, 229 mit Fn 29 [Rezensionsabhandlung zu BayObLG MittBayNot 1990, 243 = NJW-RR 1990, 662]). Auch die Vererblichkeit einer Nacherbenanwartschaft kann für den Fall des Vorhandenseins *mehrerer* Erben nicht in der Weise beschränkt werden, daß einer der Miterben die Anwartschaft analog den in Rn 181 dargestellten Grundsätzen „unmittelbar im Ganzen" erhält (vgl LG Stuttgart aaO in Abgrenzung zu den zumindest unklaren Ausführungen in BGH NJW 1963, 1150 r Sp). Gleiches gilt in bezug auf GmbH-Anteile (s Rn 211).

V.   Rechtspolitische Würdigung der Gesamtrechtsnachfolge

63 Eine *rechtspolitische* Würdigung des Grundsatzes der Gesamtrechtsnachfolge (und seiner Ausnahmen!) müßte weiter ausholen, als dies im Rahmen einer *Kommentierung* des § 1922 vertretbar erscheint. Anstelle eigener Ausführungen sei deshalb verwiesen auf die umfangreiche und gehaltvolle Darstellung von STAUDINGER/BOEHMER[11] 98 ff (geschichtlicher Rückblick), 233 ff (kritische Würdigung; zu einem Teilaspekt hieraus STAUDINGER/OTTE[12] § 2174 Rn 2 ff) sowie auf LEIPOLD AcP 180 (1980) 160, 204 ff; MEINCKE DStJG 10 (1987) 19, 29 ff.

E. Die Rechtslage nach dem Übergang der Erbschaft

I. Übergang auf mehrere Erben

1. Der Nachlaß als „gemeinschaftliches Vermögen" iSd § 2032 Abs 1

a) Grundsatz

„Als Ganzes" geht die Erbschaft nach Abs 1 auch dann über, wenn der Verstorbene **64** *mehrere* Erben hinterläßt. In diesem Falle wird der Nachlaß gem § 2032 Abs 1 „gemeinschaftliches" Vermögen aller Miterben. Wie sich aus den §§ 2033 ff ergibt, handelt es sich nicht um eine einfache Bruchteilsgemeinschaft, sondern um eine **gesamthänderische Bindung**.

Allen Miterben „gemeinschaftlich" sind idR auch die Nachlaß*verbindlichkeiten* (Aus- **65** nahmen bei Staudinger/Marotzke[12] § 2058 Rn 12 ff); gem § 2058 haften die Miterben insoweit als Gesamtschuldner. Wird der Nachlaß geteilt, so verwandelt sich die gesamtschuldnerische Haftung der Miterben uU (vgl §§ 2060, 2061) in eine teilschuldnerische.

b) Ausnahmen

Kennzeichnendes Merkmal der in Rn 62 erwähnten **Sondererbfolgen** ist, daß die **66** ihnen unterliegenden Gegenstände entgegen § 2032 Abs 1 an der Gesamthand der Erbengemeinschaft „vorbeivererbt" werden, daß sie also beim Erbfall sofort und unmittelbar demjenigen Erben zufallen, für den sie letztlich bestimmt sind (vgl Staudinger/Werner[12] Vorbem 20 ff zu §§ 2032–2057 a). Daraus folgt aber nicht, daß die „sondervererbten" Gegenstände nicht zum „Nachlaß" des Verstorbenen gehören würden (vgl Rn 102, 107).

2. Der „Anteil eines Miterben (Erbteil)" gem § 1922 Abs 1

a) Begriff

Der „Anteil eines Miterben", in Abs 2 auch als „Erbteil" bezeichnet, ist der Anteil **67** eines Miterben am gesamthänderisch gebundenen (Rn 64) Nachlaß. Dieser Anteil besteht in einer ideellen Quote (einem Bruchteil) des Nachlasses, deren Höhe sich aus der Verfügung von Todes wegen bzw beim Fehlen einer solchen aus dem Gesetz ergibt. Ist die testamentarische oder erbvertragliche Zuwendung von Einzelgegenständen entgegen der Auslegungsregel des § 2087 Abs 2 als Erbeinsetzung (auf den *Gesamt*nachlaß oder eine Quote hiervon! s Rn 51) anzusehen, so sind die Erbquoten nach den von Staudinger/Otte[12] § 2087 Rn 25 ff dargestellten Grundsätzen zu ermitteln.

Als Anteil am *Gesamt*nachlaß ist der Erbteil zu unterscheiden von den Anteilen jedes **68** Miterben an den *einzelnen* Nachlaß*gegenständen*. Ein Miterbe kann zwar über „seinen Anteil an dem Nachlasse" (§ 2033 Abs 1), nicht aber über „seinen Anteil an den einzelnen Nachlaßgegenständen" – dessen Existenz zudem umstritten ist (vgl Staudinger/Werner[12] § 2032 Rn 6 ff) – verfügen (§ 2033 Abs 2). Über die Nachlaßgegenstände können die Miterben zwar verfügen, jedoch wegen §§ 2032 Abs 1, 2040 Abs 1 nur „gemeinschaftlich". Entsprechendes gilt für die Zwangsvollstreckung: Der Pfändung unterworfen ist gem §§ 859 Abs 2, 859 Abs 1 S 1 ZPO zwar „der Anteil eines Miterben an dem Nachlaß", nicht aber der Anteil eines Miterben „an den einzelnen Nachlaßgegen-ständen" (vgl §§ 859 Abs 2, 859 Abs 1 S 2 ZPO und Staudinger/Werner[12] § 2033 Rn 33 ff). Die einzelnen Nachlaßgegenstände sind zwar pfändbar, jedoch bedarf es dazu bis zur Teilung des Nachlasses eines Titels gegen *sämtliche* Erben (§ 747 ZPO; vgl auch Staudinger/Werner[12] § 2040 Rn 23; Staudinger/Marotzke[12] § 2058 Rn 16, 28).

b)   Anwendbare Vorschriften

69   Grundsätzlich finden auf den Anteil eines Miterben (Erbteil) **die sich auf die Erbschaft beziehenden Vorschriften** Anwendung (Abs 2). Wie der Alleinerbe die Erbschaft, so kann der Miterbe den ihm angefallenen Erb*teil* nach §§ 1942 ff annehmen oder aus-schlagen (vgl auch §§ 1951, 1952 Abs 3); während der Schwebezeit kann für ihn uU ein „Nachlaßpfleger" bestellt werden (dazu § 1960 Rn 15, 28). Der Verkauf eines Erb-teils richtet sich nach denselben Vorschriften wie der Verkauf der ganzen Erbschaft (Näheres bei Staudinger/Ferid/Cieslar[12] Einl 37 ff, 138 ff zu §§ 2371 ff). Auch auf den Erb-*teil* anwendbar sind ferner zB die §§ 1089, 1432, 1439, 1455 Nrn 1 und 3, 1461, 1822 Nrn 1 und 2 (MünchKomm/Leipold Rn 71).

70   Ausnahmen von der in Abs 2 vorgeschriebenen Anwendung der sich auf die Erb-schaft beziehenden Vorschriften ergeben sich **im Bereich der Haftungsverwirklichung und -beschränkung:** So kann zwar über einen „Nachlaß" (§§ 214 ff KO), nicht aber über einen „Erbteil" ein besonderes *Konkursverfahren* durchgeführt werden (§ 235 KO). Entsprechendes gilt für das *Vergleichsverfahren* (§ 113 VerglO), für die *Nach-laßverwaltung* (vgl Staudinger/Marotzke[12] § 2062 Rn 4; zur Nachlaß*pflegschaft* s dagegen o Rn 69) sowie für das an die Stelle von Konkurs- und Vergleichsverfahren tretende *einheitliche Insolvenzverfahren* nach der voraussichtlich am 1. 1. 1999 in Kraft treten-den Insolvenzverordnung (§ 316 Abs 3 InsO). Zu der Frage, ob der Anteil eines Miterben *im Rahmen der §§ 1975, 1984, 1990 BGB, 784 ZPO* als „Nachlaß" gilt, vgl Staudinger/Marotzke[12] § 1984 Rn 9, 32, § 1990 Rn 45 und § 2058 Rn 5 ff.

3.   Keine Verfügungen über die Erbschaft im Ganzen

71   Daß jeder Miterbe über seinen Erb*teil* selbständig verfügen kann (Rn 68), bedeutet nicht, daß auch die ganze *Erbschaft* Gegenstand einer einheitlichen Verfügung sein könnte: Eine Verfügung der Miterbengemeinschaft über die Erbschaft im Ganzen ist nach dem BGB nicht bzw nur durch gleichgerichtete Verfügungen aller Miterben über sämtliche Erb*teile* möglich (vgl Staudinger/Werner[12] § 2040 Rn 12). Ferner ist an die in § 2040 Abs 1 vorausgesetzte, aber sehr umständliche Möglichkeit zu denken, über jeden einzelnen Nachlaßgegenstand nach den für diesen geltenden Bestimmun-gen *gesondert* zu verfügen. Ein *Allein*erbe hat idR *nur* diese Möglichkeit (vgl Rn 96 ff; Staudinger/Werner[12] § 2033 Rn 3; Staudinger/Ferid/Cieslar[12] Einl 101 ff zu § 2371 und, zu einer die Nacherbenanwartschaft betreffenden Ausnahme, Staudinger/Werner[12] § 2033 Rn 11; Staudinger/Behrends[12] § 2100 Rn 59).

II.   Übergang auf einen Alleinerben

1.   Verschmelzung von Erbschaft und bisherigem Vermögen des Erben

72   Fällt das Vermögen des Verstorbenen, das im folgenden als „Erbschaft" oder „Nach-laß" bezeichnet wird (dazu unten Rn 102 f), einem *Allein*erben an, so vereinigt es sich dort mit dessen bisherigem Vermögen (dem sog Eigenvermögen) zu einem Gesamt-vermögen (anders beim Übergang auf *mehrere* Erben, weil der Nachlaß dann „gemeinschaftliches" Vermögen wird; s Rn 64, 78). Da diese „confusio bonorum" (zu ihr unter rechtshistorischen und -vergleichenden Gesichtspunkten STAUDINGER/BOEHMER[11] Rn 107, 115 ff, 133) eine *rechtliche* ist, tritt sie auch dann ein, wenn der Erbe Nachlaß und Eigenvermögen getrennt aufbewahrt und verwaltet (ausführlicher STAUDINGER/BOEHMER[11] Rn 132 [unter f], 133, 136) oder wenn sich der Nachlaß nicht im Gewahrsam des Erben, sondern in der Hand eines Erbschaftsbesitzers befindet (dazu auch Rn 87, 98). Die Frage, ob die Vereinigung des Nachlasses mit dem Eigenvermögen des Erben *schon mit dem Anfall oder erst mit der Annahme* der Erbschaft eintritt, ist wegen der §§ 1958 ff, 1995 Abs 2, 207 BGB, 239 Abs 5, 778, 779 ZPO und wegen der der Aus-schlagung durch § 1953 beigelegten Rückwirkung eher akademischer Natur. Wegen des Anfallprinzips (Rn 42) erscheint es folgerichtig (entgegen STAUDINGER/BOEHMER[11] Rn 132, 142) auf den Zeitpunkt des Erb*anfalls* abzustellen; davon gehen wohl auch die §§ 1976, 1991 Abs 2, 2143, 2175, 2377 („infolge des Erbfalls") aus. (vgl auch Rn 81 f).

2. Konsequenzen

Die in Rn 72 beschriebene Vermögensverschmelzung hat folgende Konsequenzen: **73**

Schuldrechtliche Beziehungen zwischen dem Erblasser und seinem Alleinerben er-löschen, soweit sich Recht und Verbindlichkeit infolge des Erbfalls in der Person des Erben vereinigen (**Konfusion**); das ist in den *Ausnahme*bestimmungen der §§ 1976, 1991 Abs 2, 2143, 2175, 2377 als *Regel*fall vorausgesetzt. Vgl auch STAUDINGER/MAROTZKE[12] § 1967 Rn 13.

Soweit es infolge des Erbfalls zu einer **Vereinigung von Rechten und auf ihnen ruhenden** **74** **Belastungen (Konsolidation)** kommt, führt dies meist zum Erlöschen der Belastung (vgl aber auch insoweit die in Rn 73 genannten Ausnahmevorschriften). Das gilt idR für Nießbräu-che *des Erben* (solche des *Erblassers* erlöschen schon nach § 1061 S 1!) an beweg-lichen Sachen (§ 1063) oder an Rechten (§ 1068) des Erblassers und für Pfandrechte des Erben *oder des Erblassers* an beweglichen Sachen (§ 1256) oder an Rechten (§ 1273) des jeweils anderen, **nicht** aber für auf *Grundstücken* ruhende Belastungen (§ 889; zum Schicksal einer *Vormerkung* vgl STAUDINGER/GURSKY[12] Rn 3). Vgl ferner STAU-DINGER/MAROTZKE[12] § 1976 Rn 8 zur (Rückgängigmachung der) durch Erbgang bewirkten Vereinigung mehrerer *Miteigentumsanteile*. Zur ebenfalls durch Erbgang bewirkten Vereinigung aller *Gesellschaftsanteile* in der Hand des Gesellschaftererben sowie der Frage, ob diese Vereinigung durch Einsetzung eines Nacherben oder Anordnung einer Testamentsvollstreckung verhindert oder durch Anordnung einer Nachlaßverwaltung rückgängig gemacht werden kann, vgl BGHZ 98, 48, 57 f; 108, 187, 199; ULMER JuS 1986, 856 f; ders NJW 1990, 73, 76 f; REIMANN MittBayNotV 1986, 232, 234; MAROTZKE AcP 187, 223, 240 ff; FLUME in: FS Der Betrieb (1988) 181, 188 ff; GÖTTE DNotZ 1988, 603, 611 f und – betr Nachlaßverwaltung und Nach-laßkonkurs – MAROTZKE ZHR 156 (1992) 17, 30 ff.

Der Erbe kann über die Nachlaßgegenstände in gleicher Weise **verfügen** wie über sein **75** Eigenvermögen (zu dem Sonderfall, daß er die Erbschaft später ausschlägt, vgl § 1959 Rn 8 ff). Verfügungen, die der Erbe *vor* dem Erbfall als Nichtberechtigter getroffen hat, wer-den deshalb beim Erbfall gem § 185 Abs 2 S 1 Fall 2 wirksam, wenn die betroffen

Gegenstände zur Erbschaft gehören (vgl erg STAUDINGER/MAROTZKE[12] § 1976 Rn 10, § 1978 Rn 6). Entsprechendes gilt gem § 185 Abs 2 S 1 Fall 3 für nichtberechtigte Verfügungen des Erblassers über Gegenstände aus dem Eigenvermögen des Erben, falls und sobald dieser für die Nachlaßverbindlichkeiten unbeschränkt (also auch mit den von der Verfügung des Erblassers betroffenen Gegenständen) haftet; vgl STAUDINGER/DILCHER[12] § 185 Rn 14 f; STAUDINGER/MAROTZKE[12] § 1976 Rn 10 u § 2063 Rn 14.

76 **Vollstreckungsrechtlich** wirkt sich die Verschmelzung des Nachlasses mit dem Eigenvermögen des Erben in der Weise aus, daß, sobald diese Verschmelzung durch Annahme der Erbschaft verfestigt worden ist (arg § 778 ZPO), die Eigengläubiger des Erben auch in den Nachlaß (vgl MAROTZKE JR 1988, 184, 185 f; zumindest mißverständlich die dort [sowie außerdem von ULMER JZ 1987, 881 ff; FLUME NJW 1988, 161 ff und GÖTTE DNotZ 1988, 603 ff] kritisierte Entscheidung des II. Zivilsenats des BGH) und die Nachlaßgläubiger auch in das Eigenvermögen des Erben vollstrecken können (wobei sich hier wie dort geringfügige und zudem nur vorübergehende Behinderungen über §§ 782, 783 ZPO ergeben können; dazu § 2014 Rn 13). Allerdings gibt es Mittel und Wege, diese erweiterten Zugriffsmöglichkeiten der beiden Gläubigergruppen nachträglich wieder derart zu beschränken, daß die Nachlaßgläubiger nur noch in den Nachlaß und die Eigengläubiger nur noch in das Eigenvermögen des Erben vollstrecken können, vgl unten Rn 84.

77 Durch die Vereinigung von Nachlaß und Eigenvermögen des Erben können sich für den Erben, seine Eigengläubiger und die Nachlaßgläubiger **Aufrechnungsmöglichkeiten** ergeben, die vorher mangels „Gegenseitigkeit" der Forderungen nicht bestanden. Vgl STAUDINGER/MAROTZKE[12] § 1977 Rn 1 ff u § 2014 Rn 11.

3.   Ausnahmen

a)   Bei Übergang auf Miterben
78 Die in Rn 72 ff beschriebene Verschmelzung des Nachlasses mit dem Eigenvermögen tritt nicht ein, wenn der Verstorbene *mehrere* Erben hat und der Nachlaß deshalb gem § 2032 Abs 1 „gemeinschaftliches" Vermögen aller Erben wird (vgl STAUDINGER/WERNER[12] Vorbem 13 ff zu §§ 2032–2057 a). Nur in engen Grenzen können die *Nachlaß*gläubiger auf das *Eigen*vermögen eines Miterben (vgl § 2059 Abs 1 S 2) und die *Eigen*gläubiger der Erben auf den gesamthänderisch gebundenen *Nachlaß* (vgl STAUDINGER/MAROTZKE[12] § 2058 Rn 11) übergreifen (wegen „übergreifender" *Aufrechnungs*möglichkeiten vgl STAUDINGER/WERNER[12] § 2040 Rn 10, 27).

Anders verhält es sich hinsichtlich der Erb*teile*: diese fallen den Miterben *einzeln* zu und können ohne weiteres auch von einem *Eigen*gläubiger ihres jeweiligen Inhabers gepfändet werden (vgl § 859 Abs 2 ZPO und STAUDINGER/MAROTZKE[12] § 2058 Rn 7). Vgl zu alldem MAROTZKE, Drei Ziele unter einem Hut? JR 1988, 184, 186 (betr die von BGH JR 1988, 205 ff gegebenen und außer vom Verfasser auch von ULMER JZ 1987, 881 ff; FLUME NJW 1988, 161 ff und GÖTTE DNotZ 1988, 603 ff kritisierten Hinweise zur Gestaltung der Gesellschafter-Nachfolge).

b)   Bei Übergang auf einen Vorerben
79 **Der Vorerbe ist**, wie sich aus §§ 2100, 2139 ergibt, **idR nur „Erbe auf Zeit"** (i Zw allerdings auf Lebenszeit: § 2106 Abs 1). Wegen dieser Besonderheit ist die Ver-

schmelzung des Nachlasses mit dem Eigenvermögen des Vorerben von geringerer Intensität als die Verschmelzung des Nachlasses mit dem Eigenvermögen eines unbeschränkten Alleinerben (vgl §§ 2111 ff, 2129, 2143, oben Rn 74 aE, unten Rn 83). Näheres bei STAUDINGER/BEHRENDS[12] § 2100 Rn 40 ff, § 2111 Rn 1, § 2139 Rn 1 ff, § 2143 Rn 1 ff; vgl bei weitergehendem Interesse auch STAUDINGER/BOEHMER[11] § 1922 Rn 138, 144.

c) Im Falle der Testamentsvollstreckung

Die Verschmelzung des Nachlasses mit dem Eigenvermögen des Erben ist weniger intensiv als in Rn 72 ff beschrieben, wenn und soweit der Verstorbene den Nachlaß der Verwaltung eines Testamentsvollstreckers unterstellt hat. Vgl zB §§ 2205 ff, 2211 ff, 2214, 2218 f; STAUDINGER/REIMANN[12] Vorbem 22 zu §§ 2197 ff und bei weitergehendem Interesse STAUDINGER/BOEHMER[11] § 1922 Rn 138, 143. Beachtenswert ist in diesem Zusammenhang auch BGHZ 98, 48 ff (Anfall eines [in gewissen Grenzen] unter Testamentsvollstreckung stehenden Personengesellschaftsanteils an den einzigen Mitgesellschafter des Erblassers; vgl auch BGHZ 108, 187, 199; ULMER JuS 1986, 856 ff und NJW 1990 73, 76 f; REIMANN MittBayNotV 1986, 232, 234; MAROTZKE AcP 187, 223, 237 ff; FLUME, in: FS Der Betrieb [1988] 181, 188 ff; SCHMITZ ZGR 1988, 140, 156 ff und unten Rn 190, 199).

4. Nachträgliche Trennung des Nachlasses vom Eigenvermögen des Erben

a) Bei Ausschlagung der Erbschaft bzw Anfechtung der Annahme

Schlägt der Erbe die ihm angefallene Erbschaft aus oder ficht er, was gem § 1957 Abs 1 gleichsteht, die bereits erfolgte Annahme der Erbschaft an, so macht er die (nach der hier in Rn 72 vertretenen Ansicht bereits zZ des Anfalls eintretende) Verschmelzung des Nachlasses mit seinem Eigenvermögen rückwirkend (§ 1953 Abs 1) ungeschehen. Gem § 1953 Abs 2 fällt die Erbschaft demjenigen an, welcher berufen sein würde, wenn der Ausschlagende zZ des Erbfalls nicht gelebt hätte; dieser Anfall gilt als mit dem Erbfall erfolgt. „Als mit dem Erbfall erfolgt" gilt deshalb auch die Vereinigung des Nachlasses mit dem Eigenvermögen derjenigen Person, die anstelle des Ausschlagenden Erbe wird; dem steht nicht entgegen, daß sich der Nachlaß vielleicht noch im Gewahrsam des Ausschlagenden befindet (vgl Rn 72).

b) Sonstige rückwirkende Dispositionen

Das in Rn 81 Ausgeführte gilt entsprechend, wenn die Person, der die Erbschaft zuerst angefallen ist, für **erbunwürdig** erklärt wird (vgl § 2344) oder wenn die ihre Erbeinsetzung enthaltende **Verfügung von Todes wegen angefochten** wird (vgl §§ 142 Abs 1, 2078 ff).

c) Eintritt der Nacherbfolge

Die Vereinigung des Nachlasses mit dem Eigenvermögen eines *Vor*erben (vgl schon Rn 79) endet mit dem Eintritt des *Nach*erbfalls. Dann „hört der Vorerbe auf, Erbe zu sein, und fällt die Erbschaft dem Nacherben an" (§ 2139), wo sie mit *dessen* Eigenvermögen zu einem Gesamtvermögen verschmilzt (mit allen in Rn 73 ff erwähnten Konsequenzen). Dementspr ist der Vorerbe dem Nacherben nun gem §§ 2130 ff zur Herausgabe des Nachlasses verpflichtet; zudem stellt § 2143 klar, daß die infolge des Erbfalls durch Vereinigung von Recht und Verbindlichkeit oder von Recht und Bela-

§ **80**

§ **81**

§ **82**

§ **83**

stung erloschenen Rechtsverhältnisse (vgl Rn 73 f) von nun an „als nicht erloschen" gelten. Zur Haftung für die Nachlaßverbindlichkeiten vgl § 2144 ff.

d) Haftungs- und gläubigerbezogene Vermögenstrennung durch Nachlaßverwaltung, Nachlaßkonkurs etc

84 Der Wegfall bzw die Lockerung einer bereits eingetretenen rechtlichen Verschmelzung von Nachlaß und Eigenvermögen des Erben muß nicht wie in den in Rn 81—83 genannten Fällen auf einem Wechsel in der Person des Erben beruhen: **Auch ohne einen völligen Wechsel des Zuordnungssubjekts können bestimmte Wirkungen der Vermögensverschmelzung wieder rückgängig gemacht werden.** So zB die durch die Vermögensverschmelzung eröffneten (Rn 76) vollstreckungsrechtlichen Zugriffsmöglichkeiten der *Nachlaß*gläubiger auf das *Eigen*vermögen des Erben (vgl zB § 1975 und ZPO § 784 Abs 1), die entsprechenden (Rn 76) Übergriffsmöglichkeiten der *Eigen*gläubiger des Erben auf den *Nachlaß* (vgl zB § 1984 Abs 2 und ZPO § 784 Abs 2), die Wirkungen entsprechender „Übergriffe" durch Aufrechnung (vgl Rn 77 und § 1977), ferner die dem Erben hinsichtlich des Nachlasses zugewachsene Verfügungsmacht (vgl Rn 75, § 1984 Abs 1, KO §§ 6 ff, 214 ff) sowie das infolge des Erbfalls eingetretene Erlöschen bestimmter Rechtsverhältnisse durch Konfusion oder Konsolidation (s Rn 73 f und §§ 1976, 1991 Abs 2). Instrumente, die eine derartige Lockerung der bereits eingetretenen Verschmelzung von Nachlaß und Eigenvermögen des Erben mehr oder weniger weitgehend ermöglichen, sind die **Nachlaßverwaltung** (§ 1975 ff), der **Nachlaßkonkurs** (§§ 1975 ff, KO 214 ff) und, wenn auch mit geringer Absonderungswirkung, das **Nachlaßvergleichsverfahren** (§ 113 VerglO; dazu STAUDINGER/MAROTZKE[12] § 1975 Rn 1, 4 f, 30 ff mwN) sowie die **Einreden des Erben aus §§ 1973, 1974, 1989 ff, 2014 f** (vgl dortige Erl und erg STAUDINGER/MAROTZKE[12] Vorbem 10 ff, 40, 46 ff zu §§ 1967—2017; Vorbem 3 ff zu §§ 1975—1992; § 1975 Rn 1 ff und bei weitergehendem Interesse STAUDINGER/BOEHMER[11] § 1922 Rn 107 [römisches Recht], 117 ff [Rezeption und Neuzeit, ausländische Rechte], 126 ff, 139, 141, 147, 244 ff). Ergänzend ist anzumerken, daß der Reformgesetzgeber beschlossen hat, das oben erwähnte Nachlaßkonkurs- und das Nachlaßvergleichsverfahren zu einem „einheitlichen" Nachlaßinsolvenzverfahren neuen Zuschnitts zusammenzufassen (vgl §§ 315 ff EInsO in BRDrucks 336/94 v 29. 4. 1994). Das neue Gesetz wird voraussichtlich am 1. 1. 1999 in Kraft treten.

e) Vermögenstrennung durch Erbschaftskauf, Erbvergleich oder unberechtigten Erbschaftsbesitz?

85 Der **Verkauf der Erbschaft (§§ 2371 ff)** ist ein *schuldrechtliches* Geschäft. Er führt deshalb trotz § 2377 (s dort Rn 5 ff bei STAUDINGER/FERID/CIESLAR[12]) und § 2382 nicht mit unmittelbarer „dinglicher" Wirkung zu einer echten Verselbständigung des Nachlasses gegenüber dem Eigenvermögen des Erben (ausführlicher STAUDINGER/BOEHMER[11] Rn 136 in Auseinandersetzung mit ENDEMANN § 4 IV, § 9 IV und V, § 10 IV und V, § 67 II und III, § 108). *Über die rein internen Beziehungen zwischen Käufer und Verkäufer hinaus* wirkt der Erbschaftskauf nur durch die schon mit Abschluß des schuldrechtlichen Kaufvertrages eintretende kumulative Schuldenhaftung des Käufers, die aber erbenmäßig beschränkbar und deshalb, solange der Käufer nichts vom Nachlaß erhalten hat, praktisch nahezu bedeutungslos ist. Insbes führt sie nicht zu einer Sonderung des Nachlasses vom Erbenvermögen, vielmehr läßt sie die Rechts- und Pflichtstellung des *Erben* unberührt (§ 2382). Auch hinsichtlich der *Aktiva* tritt die rechtliche Zweiung von Nachlaß und Eigenvermögen des Erben nicht schon bei Abschluß des schuldrechtlichen Kaufvertrages, sondern erst mit der „dinglichen", durch gewöhn-

liche Einzelakte zu vollziehenden (s Rn 94, 96) Übertragung der Nachlaßgegenstände auf den Käufer ein. Weitere Einzelheiten zur dogmatischen Einordnung des Erbschaftskaufs sind dargestellt bei STAUDINGER/BOEHMER[11] Rn 91, 136 („ein wenig folgerechtes Kompromißgebilde aus Verkauf einer Sachgesamtheit und Verkauf einer Rechtsstellung") und bei STAUDINGER/FERID/CIESLAR[12] Einl 25 ff zu § 2371 f.

Die Ansicht, daß auch ein **Erbvergleich** (vgl Rn 38) unmittelbar zu einer „dinglichen" **86** Abtrennung des Nachlasses vom Eigenvermögen des Erben führe, kann heute als widerlegt gelten (ausführlicher STAUDINGER/BOEHMER[11] Rn 136).

Daß jemand „auf Grund eines ihm in Wirklichkeit nicht zustehenden Erbrechts **87** etwas aus der Erbschaft erlangt hat" und somit **Erbschaftsbesitzer** iSd § 2018 ist, ändert nichts oder nur wenig (im letzteren Sinne STAUDINGER/BOEHMER[11] Rn 140, 145 ff) an der Verschmelzung des Nachlasses mit dem Vermögen des *Erben;* vgl schon Rn 72 und unten Rn 98.

5. Der Nachlaß als Sondervermögen

a) Der rechtlich isolierte Nachlaß
Wenn und soweit die rechtliche Verschmelzung des Nachlasses mit dem Eigenver- **88** mögen des Erben noch nicht eingetreten (s Rn 76, 78 ff) oder nachträglich wieder aufgehoben oder gelockert worden ist (s Rn 81 ff), bildet der Nachlaß ein sog „Sondervermögen". Das ist kaum zu bestreiten.

b) Der mit dem Vermögen des Erben verschmolzene Nachlaß
Umstritten und Gegenstand ausgedehnter Erörterungen ist hingegen die Frage, ob **89** der Nachlaß auch dann ein „Sondervermögen" darstellt, wenn er sich in der Hand eines unbeschränkten Alleinerben mit dessen Eigenvermögen zu einem Gesamtvermögen vereinigt hat (vgl STAUDINGER/BOEHMER[11] Rn 132 ff, 177). Die Beantwortung dieser Frage setzt voraus, daß man sich darüber verständigt, welche Vorstellungen man mit dem Begriff „Sondervermögen" verbindet:

Läßt man für die Annahme eines Sondervermögens genügen, daß für das betref- **90** fende Vermögen **„besondere"**, dh nicht auch auf das „übrige" Vermögen des Inhabers anwendbare **Vorschriften** existieren, dann ist der Nachlaß schon wegen der bloßen *Existenz* der §§ 1975 ff (*Möglichkeit* der Haftungsbeschränkung und Nachlaßabsonderung durch Nachlaßverwaltung etc), 1993 ff (*Recht* bzw *Pflicht* zur Errichtung eines Nachlaßinventars), 2371 ff (*Möglichkeit* des Erbschaftskaufs) als „Sondervermögen" anzusehen (so anscheinend STAUDINGER/DILCHER[12] Vorbem 22 zu § 90).

Anders verhält es sich hingegen, wenn man das kennzeichnende Merkmal eines **91** Sondervermögens mit STAUDINGER/KADUK[12] § 419 Rn 40 darin erblickt, daß das mit diesem Begriff umschriebene Vermögen seinem Inhaber im Gegensatz zu seinem übrigen Vermögen nur mit gewissen **„dinglichen" Beschränkungen**, die idR Ausdruck einer besonderen **Zweckbindung** sein werden, zugeordnet ist: Dann wäre der auf einen unbeschränkten Alleinerben übergegangene Nachlaß normalerweise (dh nach Annahme der Erbschaft und vor Anordnung einer Nachlaßverwaltung, Eröffnung eines Nachlaßkonkurses etc) *nicht* als Sondervermögen anzusehen. In diesem Sinne

STAUDINGER/BOEHMER[11] § 1922 Rn 132 ff mit Nachweisen auch zur Gegenansicht; vgl ferner RGZ 101, 185, 189.

Die praktischen Konsequenzen dieser Betrachtungsweise sollen nach BOEHMER aaO zum einen in den oben Rn 73 ff erwähnten Rechtsfolgen (die sich in Wirklichkeit aber schon unmittelbar oder mittelbar aus dem *Gesetz* ergeben) und außerdem in folgendem bestehen:

92 Für die **Verwaltung des Nachlasses** sei der Erbe den Nachlaßgläubigern nicht in höherem Maße verantwortlich als jeder Schuldner seinen Gläubigern (STAUDINGER/BOEH-MER[11] Rn 132 unter e). Das ist zwar richtig, bedarf aber der Ergänzung. Denn die Nachlaßgläubiger haben das Recht, den Erben durch Herbeiführung einer Nachlaß-verwaltung oder eines Nachlaßinsolvenzverfahrens für die Verwaltung des Nachlasses in gesteigertem Maße (und rückwirkend; vgl § 1978 Abs 1!) verantwortlich zu *machen* (§§ 1978 ff, 1981 Abs 2 BGB, §§ 217 ff KO, §§ 317 ff der voraussichtlich am 1. 1. 1999 in Kraft tretenden InsO). Wenn man diese Rechtslage mit dem Begriff des Sondervermögens kennzeichnen will, so sollte man dies zweckmäßigerweise in der Weise tun, daß man den Nachlaß auch schon *vor* Anordnung einer Nachlaßverwal-tung bzw Eröffnung eines Nachlaßinsolvenzverfahrens als ein (zumindest potentiel-les) Sondervermögen anerkennt, dessen sorgfältige Verwaltung für den Erben – schon jetzt! – ratsam ist (dagegen legte STAUDINGER/BOEHMER[11] Rn 135 mehr Wert auf die [natürlich ebenfalls zutreffende] Feststellung, daß die Verantwortlichkeit des Erben für die Verwal-tung des Nachlasses gem § 1978 Abs 1 nur „als *Reaktions*wirkung" eintrete, „wenn nachher durch Nachlaßverwaltung oder -konkurs eine wirkliche *Nachlaßabsonderung* erfolgt").

93 Veräußert der Erbe Nachlaßgegenstände oder zieht er Nachlaßforderungen ein oder erwirbt er sonstwie „mit Mitteln des Nachlasses" Vermögenswerte, so sollen diese nach STAUDINGER/BOEHMER[11] Rn 132 (unter c) zwar Bestandteile seines „Gesamtver-mögens", nicht aber auch solche des „Nachlasses" werden; eine **dingliche Surrogation** finde insoweit nicht statt (anders jedoch im Falle anschließender wirksamer Erb-schaftsausschlagung: hier gelte § 2019 analog; vgl STAUDINGER/BOEHMER[11] Rn 142). Diese Ansicht ist aber wohl unzutreffend; zumindest läßt sie sich nicht allein mit dem Argument begründen, daß der Nachlaß kein Sondervermögen sei (ausführlicher STAU-DINGER/MAROTZKE[12] § 1978 Rn 15, 17; vgl auch dort § 1991 Rn 4).

94 B OEHMER hat es als „ein schiefes, die wahre Rechtslage verzeichnendes Bild" bezeichnet, die Rechtsstellung des Erben in bezug auf den Nachlaß „nach dem Muster eines eigentumsähnlichen Herrschaftsrechts" zu konstruieren, als dessen Gegenstand der Nachlaß als die „vermögensrechtliche Einheit einer Gesamtsache" fungiere (STAUDINGER/BOEHMER[11] Rn 132 [unter g], 137 in Auseinandersetzung mit den rechts*po-litisch* gemeinten Ausführungen von O GIERKE, Personengemeinschaften und Vermögensinbegriffe [1889] 112 ff; zu diesem Fragenkreis auch DÖRNER, Das Erbrecht als subjektives Recht, FS Ferid [1988] 57). **Der Erbe habe kein eigentumsähnliches subjektives Herrschaftsrecht am Nach-laßganzen**; vielmehr sei seine erbrechtliche Stellung nur der einheitliche gemeinsame „Rechtsgrund", auf dem seine Eigenschaft als Rechts- und Pflichtsubjekt der zum Nachlaß gehörenden *einzelnen Gegenstände* und Verbindlichkeiten beruhe.

Diese von STAUDINGER/BOEHMER[11] Rn 137, 177 noch weiter ausgeführte Feststel-lung ist iE nicht zu kritisieren (vgl auch STAUDINGER/DILCHER[12] Vorbem 21 zu § 90 und unten

Rn 96 ff). Sie setzt jedoch nicht voraus, daß man die Sondervermögensqualität des Nachlasses verneint, sondern gilt zB auch dann, wenn es infolge einer Nachlaßverwaltung oder eines Nachlaßkonkurses zu einer Absonderung des Nachlasses vom Eigenvermögen des Erben kommt (s Rn 99).

Zur dogmatischen Erfassung des Herausgabeanspruchs gegen einen Erbschaftsbesitzer im Zusammenhang mit der Frage nach dem Sondervermögenscharakter des Nachlasses vgl STAUDINGER/BOEHMER[11] Rn 137 (unter b) und STAUDINGER/WERNER[12] Vorbem 10 ff zu §§ 2018—2031.

Zusammenfassend sei nochmals hervorgehoben, daß der in Rn 89 ff beschriebene Streit um die Sondervermögensqualität des in der Hand eines unbeschränkten Alleinerben befindlichen Nachlasses wenig fruchtbar ist, solange man sich nicht auf eine einheitliche Definition des Begriffs „Sondervermögen" einigt (vgl Rn 89 ff). Aber selbst wenn dies gelänge, bliebe zweifelhaft, ob mit einer den Sondervermögenscharakter bejahenden oder ihn verneinenden Antwort zugleich ein Patentrezept zur Entscheidung praktisch bedeutsamer Zweifelsfragen gewonnen wäre (vgl auch MARTIN AcP 102 [1907] 444, 453 ff). Unter diesen beiden Vorbehalten dürfte die Streitfrage dahingehend zu entscheiden sein, daß der Nachlaß selbst dann, wenn er sich in der Hand eines unbeschränkten Alleinerben befindet (andernfalls s Rn 88), ein *zumindest potentielles* Sondervermögen ist (vgl auch MünchKomm/SIEGMANN § 1967 Rn 23; STAUDINGER/DILCHER[12] Vorbem 22 zu § 90 u unten Rn 102 ff [bes Rn 104, 106]). **Konsequenzen (wenn überhaupt):** STAUDINGER/MAROTZKE[12] §§ 1978 Rn 17, 1991 Rn 4, 2060 Rn 13, 16, 17. **95**

6. Keine Verfügungen über die Erbschaft im Ganzen

a) Grundsatz

Der Erbe kann die ihm angefallene Erbschaft durch notariell beurkundeten Vertrag **96** (§ 2371) **verkaufen.** Gleichwohl kann die Erbschaft als Ganzes grundsätzlich nicht (vgl aber Rn 97 ff) Gegenstand einer einheitlichen **Verfügung** sein; die *Erfüllung* des schuldrechtlichen Erbschafts(ver)kaufvertrages erfolgt also grundsätzlich nicht durch *einen* einheitlichen Übertragungsakt, sondern dadurch, daß der Verkäufer dem Käufer alle Nachlaßgegenstände nach den für sie maßgeblichen Rechtsvorschriften einzeln überträgt (vgl Prot V 837 f; STAUDINGER/DILCHER[12] Vorbem 20—22 zu § 90; STAUDINGER/WERNER[12] § 2033 Rn 3; STAUDINGER/FERID/CIESLAR[12] Einl 101 ff zu § 2371 und zu den sich beim Vorhandensein *mehrerer* Erben ergebenden Besonderheiten oben Rn 71).

b) Ausnahmen

Eine Ausnahme gilt jedoch hinsichtlich des **Nacherben** und seiner zwischen Erb- und **97** Nacherbfall bestehenden **Anwartschaft:** Über sie kann ihr Inhaber in gleicher Weise einheitlich verfügen wie ein **Miterbe** über seinen **Erbteil** (vgl STAUDINGER/WERNER[12] § 2033 Rn 11; STAUDINGER/BEHRENDS[12] § 2100 Rn 59 und oben Rn 38).

Befindet sich der Nachlaß in der Hand eines Erbschaftsbesitzers (vgl Rn 87 und § 2018), so **98** soll der Erbe nach STAUDINGER/BOEHMER[11] Rn 146 in der Lage sein, „den *Gesamt*nachlaß jedenfalls mittelbar ohne die Formen des Einzelrechtsverkehrs unter Lebenden, ja sogar, was sehr bedenklich (sei), ohne jede Rechtsform, durch *bloße Abtretung des Erbschaftsanspruchs* nach § 413 in das Vermögen eines anderen zu überführen"; in diesem Sonderfalle sei „also in der Tat eine *dinglich wirkende Verfügung über den Gesamtnachlaß als geschlossenes Sondervermögen* möglich . . ., während eine solche sonst nur dem *Mit*erben über seinen *Nachlaßanteil*, aber in gerichtlicher oder notarieller Form", zustehe. Diese Ausführungen sind zumindest mißverständlich. Denn eine Übertragung des Erbschafts*anspruchs* ist noch keine „dinglich wirkende Verfügung über den Gesamtnachlaß" selbst, sondern allenfalls eine „dingliche" Verfügung über den gegen den Erbschaftsbesitzer gerichteten *Anspruch* auf Herausgabe der Erbschaft *bzw des aus ihr Erlangten* (vgl § 2018). *Eigentümer* der von dem Erbschaftsbesitzer herauszugebenden Nachlaßgegenstände wird der Zessionar also weder durch die Zession des Herausgabeanspruchs noch durch die spätere Erfüllung des zedierten Anspruchs (zumal der Schuldner als bloßer Erbschafts*besitzer* ja auch selbst nicht Eigentümer ist!), sondern nur, wenn und soweit der *Erbe* ihm das Eigentum durch entsprechende *Einzel*verfügungen (bei beweglichen Sachen zB nach § 931) überträgt.

99 Das Vorstehende gilt entspr, wenn sich der **Nachlaß in den Händen eines Nachlaßpflegers, Nachlaßverwalters oder Testamentsvollstreckers** befindet und der gegen *diesen* gerichtete Herausgabeanspruch (dazu § 1960 Rn 59; STAUDINGER/MAROTZKE[12] § 1986 Rn 2 ff; STAUDINGER/REIMANN[12] § 2218 Rn 25 ff) abgetreten wird.

100 Solange der Erbe die Erbschaft nicht angenommen hat, kann er gem §§ 1942, 1944 ff durch **Ausschlagung der Erbschaft** über den Nachlaß im Ganzen verfügen; gem § 1953 wirkt diese Verfügung auf den Zeitpunkt des Erbfalls zurück. Vgl erg Rn 36, 81.

III. Begriffe

1. „Erbschaft" und „Erbteil"

101 Das auf den oder die Erben übergehende „Vermögen" (Rn 113 ff) des Erblassers wird in **Abs 1** als *Erbschaft*, der an einer solchen bestehende „Anteil eines Miterben" (Rn 67 ff) in **Abs 2** als Erb*teil* bezeichnet.

2. „Erbschaft" und „Nachlaß"

102 **Umstritten ist, in welchem Verhältnis die Begriffe** „Erbschaft" und „Nachlaß" **zueinander stehen.** Ausgangspunkt dieses Meinungsstreits ist meist § 2032 Abs 1: Nach dieser Bestimmung wird, wenn der Erblasser mehrere Erben hinterläßt, der „Nachlaß" *gemeinschaftliches* Vermögen der Erben. In Rspr u Schrifttum ist die Ansicht geäußert worden, daß bestimmte Gegenstände (Personengesellschaftsanteile), die solch einer gesamthänderischen Bindung nicht zugänglich seien und deshalb kraft Sondererbrechts (Rn 62) an einer etwaigen Erben*gemeinschaft* „vorbeivererbt" würden, trotz unbestrittener Zugehörigkeit zur „Erbschaft" (§ 1922 Abs 1) nicht zum „Nachlaß" des Verstorbenen, sondern zum „Eigen-" bzw „Privatvermögen" (vgl Rn 104 ff) des sie empfangenden einzelnen Erben – selbst wenn dieser *keine* Miterben hat! – gehören würden (in diesem Sinne zB der **II. Zivilsenat des BGH** in BGHZ 91, 132, 135 ff sowie in BGH JZ 1987, 880 m Anm ULMER = NJW-RR 1987, 989 m Stellungnahme FLUME NJW 1988, 161 ff = JR 1988, 205 ff m Stellungnahme MAROTZKE JR 1988, 184 ff).* Diese These ist von Bedeutung ua

---

* Weitere Vertreter dieser Ansicht sind oder   waren KOCH NJW 1983, 1762 ff; ders BB 1987, für die Zugriffsmöglichkeiten der verschiedenen Gläubigergruppen (Nachlaß- und Eigengläubiger; s oben Rn 76, 78, 84) und für den (grundsätzlich auf den „Nachlaß" beschränkten) Machtbereich eines etwaigen Nachlaßinsolvenzverwalters oder Testamentsvollstreckers. Gerade hier erweisen sich jedoch auch die Schwächen dieser Betrachtungsweise.* Es ist deshalb zu begrüßen, daß sich der für das Erbrecht zuständige **IV a. Zivilsenat des BGH** in seinem Grundsatzurteil vom 14. 5. 1986** gegen sie ausgesprochen und die Nachlaßzugehörigkeit ererbter Personengesellschaftsanteile trotz der insoweit stattfindenden Sondererbfolge ausdrücklich *bejaht* hat (BGHZ 98, 48, 50 ff; insoweit zustimmend BFH FamRZ 1991, 937 f; BayObLG MittRhNotK 1988, 22, 23 [zu § 107 Abs 2 S 1 KostO]; K Müller JR 1986, 507 f; Reimann MittBayNotV 1986, 232, 233; Marotzke AcP 187, 223 ff, 227; Schmitz ZGR 1988, 140, 149 f; Flume NJW 1988, 161 ff; vgl auch die nicht unproblematische Folgeentscheidung desselben Senats in BGHZ 109, 214 ff [dazu Martinek ZGR 1991, 74 ff] und D Weber, in: FS Stiefel [1987] 829, 834 [zu weiteren Thesen dieses Autors unten Rn 190, 199]; kritisch bis ablehnend dagegen Ulmer JuS 1986, 856, 859 ff; Koch, Streit der BGH-Senate um die Nachlaßzugehörigkeit des vererbten Gesellschaftsanteils, BB 1987, 2106 ff). Der für das *Gesellschaftsrecht* zuständige **II. Zivilsenat des BGH** scheint seine die Nachlaßzugehörigkeit ererbter Personengesellschaftsanteile leugnende Ansicht neu zu überdenken (vgl BGHZ 108, 187, 192 ff; besprochen ua von Ulmer NJW 1990, 73; Mayer ZIP 1990, 976; Brandner, in: FS Kellermann [1991] 37 mwNw in Fn 3, 5). Diese Entwicklung ist zu begrüßen (Stodolkowitz, in: FS Kellermann [1991] 439 ff; Raddatz, Die Nachlaßzugehörigkeit vererbter Personengesellschaftsanteile [1991] 141, 179; zum letztgenannten Buch s auch Kick ZHR 156 [1992] 77 ff).

Die Begriffe „Nachlaß" und „Erbschaft" sind nämlich **vollkommen identisch**; beide meinen übereinstimmend das *gesamte* „nachgelassene" und dabei auf („normale" oder „besondere"; vgl Rn 62, 107) *erb*rechtliche Bahnen geratene (also nicht „am Erbrecht vorbei" vergebene; s oben Rn 54 ff) Vermögen des Verstorbenen. Bestätigt wird diese Definition durch die Motive (vgl Esch NJW 1984, 331, 340), die ausdrücklich darauf hinweisen, daß die im BGB verwendeten Begriffe „Erbschaft" und „Nachlaß" keinen Gegensatz ausdrücken sollen, sondern daß das BGB das Wort „Nachlaß" verwende, „um die Gesamtheit der einzelnen Stücke oder Bestandteile des Vermögens des Erblassers (bona defuncti), sowohl der aktiven als der passiven, zu bezeichnen", während das Wort „Erbschaft" gebraucht werde „von dem nachgelassenen (!) Vermögen einer Person, wenn dieses zugleich als mit einem bestimmten neuen Subjekte (Erbe), auf welches das Vermögen übergeht (Erbfolge), in Beziehung stehend bezeichnet werden soll" (Mot V 603). Nicht einmal diese, letztlich nur zwei verschiedene Aspekte desselben Gegenstandes betreffende, Unterscheidung ist vom BGB konsequent durchgeführt worden (vgl MünchKomm/Leipold Rn 16).

103

2106 ff; Ulmer NJW 1984, 1496, 1497 f; OLG Frankfurt NJW 1983, 1806; BayObLG DNotZ 1986, 549, 550; wohl auch Hüffer ZHR 1987, 396, 403.

* Das haben im einzelnen nachgewiesen Brox JZ 1984, 892 f; Brüggehagen, Der Konkurs über den Nachlaß eines Gesellschafters einer Personenhandelsgesellschaft (Diss Göttingen 1985) 97 ff (zum Thema dieser Diss s unten Rn 188); Damrau NJW 1984, 2785, 2786 f; Esch NJW 1984, 339 ff; K Müller JR 1986, 507 ff; Marotzke JZ 1986, 457, 458 ff; ders AcP 187, 223 ff; ders JR 1988, 184 ff; Flume ZHR 155 (1991) 501, 504 ff.

** Gem Beschluß des Präsidiums des BGH v 29. 3. 1989 (NJW 1989, 1474) führt der bisherige IV a. Zivilsenat des BGH ab 1. 1. 1990 die Bezeichnung „IV. Zivilsenat".

Wolfgang Marotzke

3. „Erbschaft (Nachlaß)" / „Eigenvermögen (Privatvermögen)" / „Gesamtvermögen"

104 Auch wenn die Erbschaft (der Nachlaß) einem unbeschränkten **Alleinerben** angefallen ist und sich deshalb, wie in Rn 72 ff ausgeführt, mit dessen bisherigem Vermögen (dem sog „Eigen-" oder „Privatvermögen") vereinigt hat, ist sie von diesem begrifflich streng zu unterscheiden: Der „Nachlaß" wird nicht etwa *Bestandteil* des „Eigenvermögens" des Erben (terminologisch fragwürdig deshalb BGHZ 98, 48, 53 [„Privatvermögen"], 54 [„Eigenvermögen"]; dazu MAROTZKE AcP 187, 223, 229 f), sondern er vereinigt sich mit diesem zu einem sog „Gesamtvermögen" (vgl STAUDINGER/BOEHMER[11] Rn 97, 132). Diese schon in Rn 72 ff beschriebene Vermögensverschmelzung ändert aber nichts daran, daß das Gesetz das geerbte Vermögen weiterhin als „Nachlaß" ansieht und dem Erben zB das Recht zusteht, seine Haftung für die Nachlaß*verbindlichkeiten* gem §§ 1975 ff auf eben diesen „Nachlaß" zu beschränken (vgl erg Rn 106 aE). Die Nachlaßzugehörigkeit ererbter Vermögensgegenstände endet also erst, wenn diese Gegenstände auch im Vermögen des *Erben* nicht mehr vorhanden sind, etwa weil dieser sie wirksam an Dritte veräußert hat (zur Nachlaßzugehörigkeit etwaiger Ersatzansprüche oder Surrogate vgl §§ 2019 Abs 1, 2041, 2111 und STAUDINGER/MAROTZKE[12] § 1978 Rn 15 ff, 36).

105 Komplizierter ist die Rechtslage, wenn der Verstorbene **mehrere Erben** hat: Der in § 1922 Abs 1 vorgesehene Übergang der Erbschaft „als Ganzes" bedeutet hier, daß der Nachlaß (= die Erbschaft) zunächst einmal „gemeinschaftliches Vermögen" aller Erben wird (vgl § 2032 Abs 1 und oben Rn 64 ff, 78). Erst wenn diese sich auseinandergesetzt und den Nachlaß untereinander aufgeteilt haben, vereinigen sich die jedem einzelnen Miterben zugeteilten Gegenstände mit dessen übrigem Vermögen. Gehören sie dann noch zum „Nachlaß"?

106 Die Frage wäre mit KOCH BB 1987, 2106, 2110 (vor 2.) zu verneinen, wenn als „Nachlaß" nur das *gesamthänderisch gebundene* Vermögen in Betracht käme. Das ist jedoch nicht der Fall (vgl schon Rn 102). Denn sonst könnte es entgegen dem in Rn 104 Ausgeführten auch dann keinen „Nachlaß" geben, wenn nur *ein* Erbe vorhanden wäre. Zum „Nachlaß" gehört also auch bei *mehreren* Erben nicht nur das gesamthänderisch gebundene, sondern ebenso auch dasjenige Vermögen, das bereits zugunsten einzelner Miterben aus der gesamthänderischen Bindung entlassen wurde (vgl BGHZ 98, 48, 53 f [unter ausdrücklicher Einbeziehung auch des Falles der gerichtlichen **Zuweisung eines landwirtschaftlichen Betriebes** an einen von mehreren Miterben gem §§ 13 ff GrdstVG] und STAUDINGER/MAROTZKE[12] §§ 1990 Rn 45, 2058 Rn 4, 2059 Rn 14). Das setzt offenbar auch das Gesetz voraus, indem es anerkennt, daß Miterben den Nachlaßgläubigern in bestimmten Fällen (vgl aaO §§ 1990 Rn 45, 2060 Rn 1) selbst nach bereits abgeschlossener Erbauseinandersetzung nur mit dem „Nachlaß" haften, und indem es in § 216 Abs 2 KO (ab 1. 1. 1999: in § 316 Abs 2 InsO) bestimmt, daß selbst über einen vollständig auseinandergesetzten Nachlaß noch ein besonderes Insolvenzverfahren eröffnet werden kann (vgl BGHZ 98, 48, 53 f; MAROTZKE JZ 1986, 457, 459 [zu denkbaren Gegenargumenten dort Fn 34]). Die Nachlaßzugehörigkeit von Gegenständen, die an *mehrere* Personen vererbt worden sind, endet also nicht schon mit der Überführung aus der Gesamthand der Erbengemeinschaft in das Einzelvermögen eines der Erben, sondern erst, wenn sie auch aus dem Vermögen des betr einzelnen Miterben ausgeschieden sind (vgl auch Rn 104 aE).

Das Vorstehende gilt entsprechend für Gegenstände, die der **Sondererbfolge** (Rn 62, **107**
66) unterliegen: Erkennt man an, daß der „Nachlaß" in Fällen, in denen *mehrere*
Erben zum Zuge kommen, sowohl aus dem noch der Erbengemeinschaft zugeord-
neten Vermögen als auch aus solchem Vermögen bestehen kann, das bereits auf
einzelne Miterben weiterübertragen worden ist (Rn 106), so gibt es keinen Grund zu
der schon in Rn 102 kritisierten Annahme, daß Vermögensgegenstände, die unter
Umgehung einer etwaigen Erben*gemeinschaft* kraft „Sondererbrechts" *unmittelbar*
an den ausersehenen Nachfolger-Erben gelangen, nicht zum „Nachlaß" gehören
würden: Diese Gegenstände gehören sehr wohl zum „Nachlaß" (vgl für **Heimstätten**
§§ 25 ff der – inzwischen zusammen mit dem RHeimstG aufgehobenen [Rn 227] – AVO zum
RHeimstG vom 19. 7. 1940 [RGBl I 1030] und BGHZ 98, 48, 54 sowie für **Personengesellschaftsanteile**
die Nachweise in Rn 102), nur eben nicht zu dem *gesamthänderisch gebundenen Teil*
desselben. Für den gesetzlich besonders geregelten Fall der Sondererbfolge in einen
Hof wird die Erbschaftszugehörigkeit (= Nachlaßzugehörigkeit; vgl Rn 102 f) durch
§ 4 HöfeO* ausdrücklich bestätigt (BGH aaO; vgl auch DAMRAU NJW 1984, 2785, 2787).
Kritisch jedoch KOCH BB 1987, 2106, 2110 f, der trotz dieser gesetzlichen Anhaltspunkte die Nachlaßzugehörigkeit sowohl hinsichtlich des Hofes als auch hinsichtlich
der Heimstätte und „sondervererbter" Personengesellschaftsanteile bezweifelt.

4. Zusammenfassung

Zusammenfassend ist festzustellen, daß die Begriffe „Erbschaft" (zB § 1922 Abs 1) **108**
und „Nachlaß" (zB § 2032 Abs 1) gleichermaßen das *gesamte* vererbte Vermögen
meinen (Rn 103) und daß dieses selbst in der Hand eines *un*beschränkten *Allein*erben
nicht *Bestandteil* des sog „Privat-" oder (gleichbedeutend) „Eigenvermögens" wird,
sondern mit diesem zu einem „Gesamtvermögen" verschmilzt (Rn 104). Ebenso wie
man (vgl ZPO § 778 Abs 2 und STAUDINGER/MAROTZKE[12] BGB § 1967 Rn 4 ff) als Privat- oder
Eigen*verbindlichkeiten* des Erben nur solche Verbindlichkeiten bezeichnet, die *nicht*
zugleich Nachlaßverbindlichkeiten iS der §§ 1967 ff sind (obwohl der Erbe „persönlicher Schuldner" auch der letzteren ist; vgl STAUDINGER/MAROTZKE[12] Vorbem 7 zu
§§ 1967–2017), sollte man als Privat- oder Eigen*vermögen* nur dasjenige Vermögen des
Erben bezeichnen, das nicht zugleich Nachlaßvermögen ist (terminologisch anders wohl
BGHZ 98, 48, 53 [„Privatvermögen"], 54 [„Eigenvermögen"]; dazu MAROTZKE AcP 187, 223, 229 f).
Diese einheitliche Terminologie führt zu folgender Unterscheidung:

Eigenvermögen (= Privatvermögen) ist dasjenige Vermögen des Erben, das nicht zum **109**
Nachlaß gehört (*negative* Umschreibung in Anlehnung an die das *Passiv*vermögen –
also die Verbindlichkeiten – betreffenden §§ 1977 Abs 2, 1984 Abs 2, 2214 BGB,
783, 784 Abs 2 ZPO).

Nachlaß (= Erbschaft) ist dasjenige Vermögen, das der Erbe auf *erbrechtlichem* Wege **110**
erlangt hat (*positive* Umschreibung analog dem den *Passiv*nachlaß definierenden
§ 1967).

Sind *mehrere* Erben vorhanden, dann gehören zum „Nachlaß" (zur „Erbschaft")
nicht nur diejenigen Gegenstände, die einer gesamthänderischen Bindung an die

---

* „Der Hof fällt *als Teil der Erbschaft* kraft Gesetzes nur einem der Erben (dem Hoferben) zu.

An seine Stelle tritt *im Verhältnis der Miterben
untereinander* der Hofeswert."

Erbengemeinschaft unterliegen, sondern auch diejenigen Gegenstände, die zugunsten einzelner Miterben aus dieser Bindung entlassen worden sind (Rn 105 f) oder die von vornherein kraft „Sondererbrechts" an der Miterbengemeinschaft „vorbeivererbt" wurden (Rn 102, 107).

111 Zum **Gesamtvermögen** des Erben gehören *sowohl* dessen Eigenvermögen (Privatvermögen) *als auch* der Nachlaß (die Erbschaft): eben das „gesamte" Vermögen des Erben. Diese begriffliche Zusammenfassung von Nachlaß (bei Miterben: Erbteil) und Eigenvermögen des Erben ändert nichts an der „Nachlaßzugehörigkeit" derjenigen Gegenstände, die der Vermögensträger unmittelbar kraft „normalen" (Rn 104) oder „besonderen" (Rn 107) *Erb*rechts erlangt hat oder die bei Vorhandensein von Miterben aus dem dann zunächst gesamthänderisch gebundenen Nachlaß in sein Einzelvermögen überführt worden sind (Rn 105 f). Eine gewisse Sonderstellung kommt allerdings dem Erb*teil* (Rn 101) zu: vgl STAUDINGER/MAROTZKE[12] § 1984 Rn 9, 32, § 1990 Rn 45, § 2058 Rn 5–7.

5. Stellenwert der Begriffe

112 Abschließend ist vor einer Überschätzung des begrifflichen Instrumentariums zu warnen: So wichtig es einerseits ist, einer drohenden Verwirrung der Begriffe (Rn 102) durch exakte Definitionen entgegenzutreten (anders wohl HÜFFER ZHR 1987, 396, 403, der davor warnt, „durch Überlegungen zum Nachlaßbegriff neue Schwierigkeiten zu schaffen"), so gefährlich wäre andererseits der Glaube, daß die Richtigkeit bestimmter Problemlösungen schon dadurch garantiert werden könne, daß man sich der richtigen Begriffe bedient habe. Die Verwendung der richtigen Begriffe kann die Lösung rechtlicher Probleme zwar *fördern* und die Gefahr des „Aneinandervorbeiredens" verringern; sie kann aber niemals eine wertende Kontrolle der prima facie gefundenen Ergebnisse ersetzen (insoweit vorbildlich die vom Verf in AcP 187, 223 ff besprochene Entscheidung BGHZ 98, 48, 50 ff, die zwar die „Nachlaßzugehörigkeit" ererbter Personengesellschaftsanteile bejaht, deren Verwaltung durch einen Testamentsvollstrecker aber gleichwohl nur in engen Grenzen zuläßt; vgl jetzt auch BGHZ 108, 187, 192 ff).

F. Die vererblichen Rechtsstellungen im einzelnen*

I. Allgemeine Umschreibung

1. Nicht nur „Vermögen" iSd § 1922 Abs 1

113 Gegenstand der Vererbung ist nach § 1922 Abs 1 das „Vermögen" des Erblassers. Gleichwohl hat die **Unterscheidung zwischen vermögenswerten** („wirtschaftlichen", „materiellen", „geldwerten") **und nicht-vermögenswerten** (sondern „ideellen", „immateriellen") **Lebensgütern** im Rahmen des § 1922 nicht dieselbe große Bedeutung wie etwa im Rahmen des § 253 (zur Abgrenzung vgl STAUDINGER/MEDICUS[12] § 253 Rn 15 ff; STAUDINGER/BOEHMER[11] § 1922 Rn 64 ff; zum „Vermögen" im allgemeinen auch STAUDINGER/DILCHER[12]

---

* **Schrifttum:** DIETZEL, Untergang statt Fortbestand – Zur Abgrenzung der unvererblichen Rechtsbeziehungen im Schuldrecht (1991)

Vorbem 21 zu § 90). Denn § 1922 Abs 1 wird ergänzt und zT auch abgewandelt durch zahlreiche **Sonder**vorschriften (s STAUDINGER/OTTE Einl 9 ff zu § 1922), die den Umfang des vererblichen „Vermögens" näher präzisieren oder sogar abweichend von dem *allgemeinen* Vermögensbegriff dahingehend regeln, daß sie bestimmte Rechtspositionen, die durchaus einen Vermögenswert haben, von der Vererbung ausschließen (vgl zB § 1061 S 1 für den Nießbrauch) und bestimmte andere Rechtspositionen, deren vermögensrechtliche Natur vielleicht zweifelhaft ist, als vererblich ausgestalten. Diese mit dem allgemeinen Vermögensbegriff nicht immer deckungsgleichen Grenzen des vererblichen „Vermögens" sind in Rn 115 ff näher umschrieben; bei besonderem Interesse an einer zusammenfassenden Darstellung speziell der *Divergenzfälle* vgl STAUDINGER/BOEHMER[11] Einl § 28 Rn 21 ff (bes 26–28) und aaO § 1922 Rn 197 (dazu nunmehr kritisch unten Rn 275) sowie DIETZEL 18.

2. Verbindlichkeiten

Gegenstand umfangreicher wissenschaftlicher Erörterungen ist die Streitfrage, ob **114** auch „die **Verbindlichkeiten** einer Person zu ihrem Vermögen gehören und ob, wenn eine allgemeine Lösung dieser Frage möglich sein sollte, sie für den Vermögensbegriff des § 1922 maßgebend ist" (vgl STAUDINGER/BOEHMER[11] Rn 69). Diese von STAUDINGER/BOEHMER[11] (Rn 69–97 und Einl § 28 Rn 26) ausführlich behandelte Frage braucht im Zusammenhang mit § 1922 nicht entschieden zu werden, da sich die Haftung des Erben für die Nachlaßverbindlichkeiten auf jeden Fall – zumindest auch – aus § 1967 ergibt. Ebenso übrigens STAUDINGER/BOEHMER[11] Rn 71, der jedoch der erwähnten Streitfrage im Schlußsatz der Rn 71 eine „entscheidende Bedeutung" zuschreibt „für den *Rechtsbegriff des Vermögens* und für die Einsicht, daß mit dem *Vermögensübergange* des § 1922 die Wirkungen der Erbfolge durchaus *nicht erschöpft* sind" (dazu STAUDINGER/MAROTZKE[12] Vorbem 5 f zu §§ 1967–2017).

3. Kriterien zur Grenzziehung zwischen Vererblichkeit und Unvererblichkeit

Ob eine Rechtsposition vererblich ist oder nicht, richtet sich in erster Linie nach den **115** für sie maßgeblichen Sondervorschriften (Rn 113). Soweit diese die Vererblichkeit nicht oder nicht eindeutig regeln, muß die Antwort durch Auslegung gesucht werden (vgl zB BGHZ 70, 227, 230 betr Unvererblichkeit des sich aus § 56 Abs 1 des II. WoBauG ergebenden Anspruchs eines „geeigneten" Erwerbers auf Abschluß eines Veräußerungsvertrages über ein Kaufeigenheim). Gegen die Vererblichkeit selbst *vermögenswerter* Rechtspositionen kann sprechen, daß das betr Recht *höchstpersönlichen Zwecken oder individuellen Bedürfnissen gerade des Erblassers* dient oder aus sonstigen Gründen untrennbar mit seiner Person verknüpft ist (vgl zB OLG Hamm RdL 1963, 70 f für Altenteilsrechte [dort: ein der Witwe des Hofeigentümers von diesem zur Sicherung ihrer Altersversorgung vermachtes „Holzeinschlagrecht"] und BAG NJW 1987, 461, 462/63 für den Urlaubsanspruch des Arbeitnehmers [dazu noch unten Rn 277]). Daß die *Übertragung* eines Rechts gesetzlich ausgeschlossen ist, kann ein Indiz gegen die Vererblichkeit sein; ein *zwingender* Zusammenhang besteht indes nicht (vgl MünchKomm/LEIPOLD Rn 17 und unten Rn 169, 208, 276, 279, 282, 302). Denn die Alternative „Übergang oder Untergang" stellt sich nicht im Zusammenhang mit der Übertragbarkeit, sondern nur im Zusammenhang mit der Vererblichkeit: Bei der Auslegung ist zu berücksichtigen, daß die Rechtssicherheit und der Rechtsverkehr eine gewisse Kontinuität, dh im Zweifel eher einen Übergang als einen Untergang bestehender Rechtsverhältnisse verlangen (DIETZEL 25). Nicht einmal der Umstand, daß ein vertraglicher Anspruch auf Bestellung eines *un*vererbli- chen Rechts gerichtet ist, soll nach BGHZ 28, 99, 102 f (besonders gelagerter Fall!) zwingend gegen die Vererblichkeit *des Anspruchs* sprechen (vgl auch Rn 291). Führt die Auslegung des Gesetzes oder – innerhalb der Grenzen der Privatautonomie – eines bestehenden Vertrages zu keinem eindeutigen Ergebnis, wird man wegen § 1922 Abs 1 darauf abstellen müssen, ob die betreffende Rechtsposition im weitesten Sinne als Bestandteil des „Vermögens" angesehen werden kann: Soweit das Gesetz bzw ein der Rechtsposition zugrundeliegender Vertrag nichts anderes bestimmt, ent- scheidet letztlich das *Kriterium des Vermögenswertes* über die Vererblichkeit (iE ebenso DIETZEL 17 ff; vgl auch STAUDINGER/BOEHMER[11] Rn 149; nur scheinbar anders wohl die dortige Rn 197), wobei man den Vermögens*begriff* (s oben Rn 113) großzügig auslegen, also im Zweifel die Vererblichkeit bejahen sollte (vgl schon Rn 46, 53; gegen enge Ausle- gung des Vermögensbegriffs auch OLG Hamm OLGZ 1979, 44 ff).

116 Unvererbliche Rechte und Pflichten *erlöschen* beim Tode des Inhabers (zu Ausnahmen vgl Rn 118, 131, 298 und – unter mehr terminologischen Gesichtspunkten – DIETZEL 8 f).

II. Körper und Persönlichkeitsrechte des Erblassers

1. Der Körper des Erblassers*

117 Gegenstand der Vererbung ist nach § 1922 Abs 1 nicht der Erblasser selbst, sondern sein „Vermögen". **Das rechtliche Schicksal des Körpers des Erblassers richtet sich nicht nach Erbrecht**, sondern nach anderen, im wesentlichen bereits von STAUDINGER/ DILCHER[12] bei § 90 (dortige Vorbem 39 und Rn 14 ff, 19 ff, 24 ff) dargestellten Regeln.

118 **Die Bestattung** der Leiche ist grundsätzlich nicht Sache des Erben als solchem (zu einer Ausnahme vgl Rn 123), dem durch § 1968 nur die *Kosten* auferlegt werden, sondern als Bestandteil der **Totenfürsorge** gewohnheitsrechtlich (GAEDKE 117 f) den nächsten Familienangehörigen des Verstorbenen anvertraut. Als Ausfluß familienrechtlicher Rechte und Pflichten hat die Totenfürsorge privatrechtlichen Charakter; öffentlich- rechtlicher Natur sind hingegen die sich aus den landesrechtlichen Bestattungsgeset- zen (Rn 119) ergebenden Bestattungs*pflichten* (vgl schon Mot V 535; Näheres bei GAEDKE 113 ff).

119 **Rechtsgrundlagen des Bestattungswesens** sind das teilweise als Landesrecht fortgel- tende **FeuerbestattungsG** vom 15. 5. 1934 (RGBl I 380; dazu MASSFELLER DJ 1934, 766 ff; RGZ 154, 269 ff) nebst DVO v 10. 8. 1938 (RGBl I 1000) und **eigenständige Bestattungsge- setze einiger Bundesländer** wie zB in *Baden-Württemberg* das G v 21. 7. 1970 (GBl 395), in *Bayern* das G v 24. 9. 1970 (GVBl 417), in *Berlin* das G v 2. 11. 1973 (GVBl 1830), in *Brandenburg, Mecklenburg-Vorpommern, Sachsen, Sachsen-Anhalt* und *Thüringen*

---

* **Schrifttum:** GAEDKE, Handbuch des Fried- hofs- und Bestattungsrechts (6. Aufl 1992); KIESSLING, Verfügungen über den Leichnam oder Totensorge?, NJW 1969, 533; MAIER, Der Verkauf von Körperorganen (1991) 34 ff, 59 ff; WIDMANN, Die Durchsetzung von Bestattungs- anordnungen des Verstorbenen im Rahmen der familienrechtlichen Totenfürsorge, FamRZ 1992, 759; vgl ferner die Angaben bei STAUDIN- GER/DILCHER[12] § 90 Rn 14, 19 und STAUDIN- GER/SCHÄFER[12] § 823 Rn 107 f. Weitere, ältere Nachweise bei STAUDINGER/BOEHMER[11] § 1922 Rn 150 und bei STAUDINGER/MAROTZKE[12], Schrifttumsangaben zu § 1968.

die VO v 17. 4. 1980 (GBl II DDR 159), in *Bremen* das G v 16. 10. 1990 (GBl 303), in *Hamburg* das G v 14. 9. 1988 (GVBl 167), in *Hessen* das G v 17. 12. 1964 (GVBl 225) idF v 29. 10. 1969, 6. 10. 1970, 31. 1. 1978 und 4. 11. 1987 (GVBl 199, 598, 109 und 193), in *Niedersachsen* das G v 29. 3. 1963 (GVBl 142) idF v. 24. 6. 1970, 2. 2. 1974 und 5. 12. 1983 (GVBl 237, 535 und 281) und in *Rheinland-Pfalz* das G v 4. 3. 1983 (GVBl 69). Diese und andere einschlägige Vorschriften sind auch abgedruckt bei GAEDKE 285 ff (staatliches Recht, kirchliches Recht, Musterfriedhofssatzungen). **Die folgende Darstellung beruht auf der Geltung des FeuerbestattungsG,** dessen (keineswegs nur für die *Feuer*bestattung einschlägigen!) Grundsätze im wesentlichen auch in solchen Bundesländern erhalten geblieben sind, die eigene Bestattungsgesetze in Kraft gesetzt haben. In Zweifelsfällen vgl die eingehende Darstellung von GAEDKE.

D ie Art und Weise der Bestattung richtet sich gem § 2 Abs 1 des soeben erwähnten **120** FeuerbestattungsG in erster Linie **nach dem Willen des Verstorbenen** (einschränkend AG Opladen FamRZ 1968, 205 LS 1: der Mann könne auch gegen den Willen seiner verstorbenen Ehefrau verlangen, daß auf deren Grabstein der gemeinsame Familienname angeführt werde; zur Verbindlichkeit des Willens des Verstorbenen vgl MAIER 37 ff, 59 ff, 62 ff [unter besonderer Berücksichtigung der Problematik vorheriger Organentnahmen u dergl]). War dieser zZ seines Todes noch nicht 16 Jahre alt oder war er geschäftsunfähig, so entscheidet nach § 5 FeuerbestattungsG derjenige, dem die Sorge für die Person des Verstorbenen oblag.

Soweit es auf den Willen des Verstorbenen ankommt, ist eine besondere **Form der** **121** **Willensäußerung** nur für die (nach § 3 FeuerbestattungsG zudem noch einer staatlichen Genehmigung bedürfende) *Feuer*bestattung vorgeschrieben: Der Nachweis, daß *sie* dem Willen des Verstorbenen entspricht, kann gem § 4 FeuerbestattungsG erbracht werden „1. durch eine von dem Verstorbenen getroffene Verfügung von Todes wegen; 2. durch eine von dem Verstorbenen abgegebene mündliche Erklärung, die von einer zur Führung eines öffentlichen Siegels berechtigten Person als in ihrer Gegenwart abgegeben beurkundet ist; 3. durch eine unter Angabe des Ortes und Tages eigenhändig geschriebene und unterschriebene Erklärung des Verstorbenen". Im übrigen – also hinsichtlich *anderer* Bestattungsarten – entscheidet der Wille des Erblassers unabhängig von der Form, in der er geäußert wurde: Nach RGZ 154, 269, 270 „genügen auch Tatsachen und Umstände, aus denen ein bestimmter Wille des Verstorbenen hinsichtlich seiner Bestattung mit Sicherheit gefolgert werden kann" (iE übereinstimmend BGH FamRZ 1978, 15, 16 und die schon vor Inkrafttreten des FeuerbestattungsG ergangenen Entscheidungen RGZ 100, 171, 173; 108, 217, 220; zur Feststellung des maßgeblichen Erblasserwillens vgl auch OLG Oldenburg NJW-RR 1990, 1416, 1417; BGH FamRZ 1992, 657 ff = NJW-RR 1992, 834 f). Nicht selten wird der Erblasser seine die Bestattungsart betreffenden Anordnungen in eine Verfügung von Todes wegen aufnehmen (vgl RG WarnR 1912 Nr 219 [= JW 1912, 540 f]; 1925 Nr 203; OLG Frankfurt NJW-RR 1989, 1159 f und speziell zu der Möglichkeit diesbezüglicher Auflagen RGZ 100, 171, 172; 154, 269, 271; STAUDINGER/MAROTZKE[12] § 1968 Rn 11).

Der Erblasser braucht die Art der Bestattung nicht selbst zu regeln, sondern kann damit **eine andere Person betrauen.** Das Recht, die Totenfürsorge wahrzunehmen, insbes den Ort der Bestattung zu bestimmen oder für die Bestattung an dem vom Verstorbenen bestimmten Ort zu sorgen und den Leichnam erforderlichenfalls dorthin umzubetten, steht in erster Linie demjenigen zu, den der Verstorbene mit der Wahrnehmung dieser Belange betraut hat, auch wenn er nicht zum Kreis der sonst berufenen Angehörigen zählt (BGH FamRZ 1992, 657=NJW-RR 1992, 834).

122 **Fehlt es an einer Willensbekundung des Verstorbenen,** so ist die Bestattungsart gem § 2 Abs 2 FeuerbestattungsG von den dort näher definierten „Angehörigen" des Verstorbenen zu bestimmen, wobei der Wille des Ehegatten demjenigen der Verwandten, der Wille der Kinder oder ihrer Ehegatten dem der übrigen Verwandten, der Wille näherer Verwandter dem der entfernteren Verwandten oder des Verlobten vorgeht (§ 2 Abs 3 FeuerbestattungsG; zu dem Recht des Verstorbenen, einzelne Angehörige von ihrem etwaigen Bestimmungsrecht auszuschließen, vgl RGZ 154, 269, 272 f und GAEDKE 118, der zutreffend darauf hinweist, daß *uU* auch die *Enterbung* eines Familienangehörigen dahin verstanden werden kann, daß dem Enterbten „zugleich auch das Verfügungsrecht über die Bestattung entzogen" sein solle). War einer der Angehörigen oder ein Dritter zum Pfleger (jetzt: Betreuer) des Erblassers bestellt, so steht ihm das Recht der Totenfürsorge vorrangig zu (LG Bonn FamRZ 1993, 1121 f = NJW-RR 1994, 522). Wird bei *Meinungsverschiedenheiten* unter Angehörigen gleichen Grades (hierzu GAEDKE 123 f; BAUMANN FamRZ 1958, 281 f) die für eine Feuerbestattung erforderliche polizeiliche Genehmigung beantragt, so hat die Polizeibehörde, bei der der Antrag gestellt worden ist, ihre Entscheidung gem § 2 Abs 4 FeuerbestattungsG „unter Berücksichtigung der Umstände des Falles" zu treffen (zur Auslegung dieser nicht unproblematischen Bestimmung vgl ebenfalls GAEDKE 124). Wer nicht „Angehöriger" des Verstorbenen ist, kann die Feuerbestattung gem § 2 Abs 5 Feuerbestattungs G nur beantragen, wenn der Verstorbene sie gewollt hat. § 11 Abs 4 des Hamburgischen G v 14. 9. 1988 (GVBl 167) zählt zu den bestimmungsberechtigten Personen auch den Lebensgefährten.

123 Der in einigen älteren Gerichtsentscheidungen erwogene Gedanke, daß wegen seiner Verpflichtung zur Tragung der Bestattungskosten (§ 1968) evtl auch **der Erbe als solcher** über Art und Ort der Bestattung entscheiden könne, wenn es an einer diesbezüglichen Willensäußerung des Erblassers fehle (OLG Hamburg OLGE 16, 262; KG OLGE 22, 180; RG WarnR 1912 Nr 219; RGZ 108, 217, 220), kann seit Inkrafttreten des FeuerbestattungsG (Rn 119) nur noch dann Bedeutung erlangen, wenn bestimmungsberechtigte „Angehörige" iSd § 2 Abs 2 FeuerbestattungsG nicht vorhanden sind (ebenso schon STAUDINGER/BOEHMER[11] § 1922 Rn 150, STAUDINGER/LEHMANN[11] § 1968 Rn 11 und GAEDKE 124, vgl auch BGB-RGRK/KREGEL Rn 10; mißverständlich LG Detmold FamRZ 1958, 280 f; LG Köln NJW 1991, 2974; nicht gesehen wurde dieser Sonderfall in RGZ 154, 269, 271). Besonderheiten gelten jedoch in Rheinland-Pfalz, dessen BestattungsG in § 9 die Verantwortung für die Bestattung in erster Linie dem Erben auferlegt. Eine letztwillige Verfügung, mit der zum Erben diejenige Person eingesetzt wird, die den Erblasser einäschern läßt, kann leicht an § 2065 scheitern (vgl LG Frankfurt MDR 1987, 762; OLG Frankfurt OLGZ 1992, 271 f = MDR 1992, 162).

124 Mitunter wird von einzelnen Angehörigen des Verstorbenen eine „**Umbettung**" der bereits bestatteten Leiche gewünscht (dazu ausführlich GAEDKE 219 ff; vgl auch WIDMANN FamRZ 1992, 759 f). Dieser Wunsch kann unter den Angehörigen und/oder den Erben des Verstorbenen zu Streitigkeiten führen. Für deren Entscheidung sind die ordentlichen Gerichte zuständig (vgl RGZ 100, 171, 172 f; 108, 217, 219; KG FamRZ 1969, 414, 415; LG München I FamRZ 1982, 849; BGH FamRZ 1992, 657 = NJW-RR 1992, 834 und für Prozesse gegen den *Friedhofsträger* OLG Hamburg OLGE 16, 262 f; RGZ 71, 20 ff; RG WarnR 1912 Nr 219;

1913 Nr 303; RG Recht 1926 Nr 461; VG Arnsberg FamRZ 1969, 416 f [je nach Streitgegenstand Zivilrechtsweg oder Verwaltungsrechtsweg]).

Da sich die Bestattungsart in erster Linie nach dem Willen des Verstorbenen richtet **125** (vgl Rn 120), kann eine „Umbettung" grundsätzlich nicht verlangt werden, *wenn der Verstorbene in der von ihm gewünschten Weise bestattet worden ist* (KG FamRZ 1969, 414; OLG Frankfurt NJW-RR 1989, 1159, 1160). Etwas anderes kann in diesem Falle nur dann gelten, wenn der Verstorbene auch seine spätere *Umbettung* gewollt hat (zB weil er den Eintritt bestimmter für sie sprechender Ereignisse vorhergesehen und deshalb vielleicht sogar, wie im Falle RG WarnR 1912 Nr 219, „eventuell provisorische Beisetzung" angeordnet hat) oder wenn sich nachträglich Umstände solchen Gewichts ergeben, daß anzunehmen ist, daß der Verstorbene, hätte er sie bedacht, für den Fall ihres Eintritts seiner Umbettung zugestimmt *hätte* (wobei hinsichtlich der Feststellung solch eines hypothetischen Willens Zurückhaltung geboten ist). Das Recht, die Umbettung zu *verlangen*, wird man nur denjenigen Personen zugestehen dürfen, die zur Entscheidung über Art und Ort der ursprünglichen Bestattung berufen wären, wenn diese Entscheidung *jetzt* zu treffen wäre.

Ist der Verstorbene in einer Weise bestattet worden, die zwar nicht er selbst, wohl aber **126** mangels einer von ihm ausgehenden Willensäußerung *ein dazu berufener Angehöriger* (vgl Rn 122) *bestimmt hat,* so kann auch eine „Umbettung" nur von diesem Angehörigen (nach seinem Tode von dem Nächstberufenen iSd § 2 Abs 3 FeuerbestattungsG) verlangt werden (ebenso wohl RGZ 154, 269, 273; LG München I FamRZ 1982, 849, 850). Dieser kann die Umbettung nicht nach seinem freien Belieben, sondern nur bei Vorliegen eines die beabsichtigte Störung der Totenruhe rechtfertigenden wichtigen Grundes verlangen (OLG Zweibrücken NJW-RR 1993, 1482); dies gilt auch dann, wenn die Bestattung an einem von diesem Angehörigen *nicht* gewollten Ort erfolgte (vgl RGZ 154, 269, 275), und nach LG Kiel FamRZ 1986, 56 ff auch für einen Anspruch auf *Rück*umbettung in dem Fall, daß die *erste* Umbettung des Leichnams oder der Aschenreste einen vorsätzlichen und rechtswidrigen Eingriff in das durch § 823 Abs 1 geschützte Totenfürsorgerecht des Bestimmungsberechtigten darstellte (vgl zu letzterer Entscheidung noch Rn 128). Als einen die Umbettung rechtfertigenden Grund hat man zB den Wunsch der Witwe angesehen, mit ihrem verstorbenen Manne dieselbe Grabstätte zu teilen, sofern dieser Wunsch nicht auf andere Weise erfüllt werden kann (vgl OLG Hamburg OLGE 16, 262, 263 f [zu dieser Entscheidung auch Rn 127]; RGZ 71, 20, 22 [wohl in derselben Sache]; 108, 217, 220; LG München I FamRZ 1982, 849, 850). Ob *allein* schon eine *vertragliche Übereinkunft* aller Angehörigen die Umbettung rechtfertigen kann (in diesem Sinne wohl RG DJZ 1904, 265; OLG Posen SeuffA 67 Nr 172), erscheint zweifelhaft.

Stehen Art oder Ort der erfolgten Bestattung in Widerspruch zu dem maßgeblichen **127** (Rn 120 f) *Willen des Verstorbenen,* so kann dies eine Umbettung rechtfertigen (BGH FamRZ 1978, 15; OLG Oldenburg NJW-RR 1990, 1416, 1417). Ein *zwingender* Zusammenhang besteht indes nicht. Es kann durchaus sein, daß der hypothetische Wille des Verstorbenen dahin geht, lieber an falscher Stelle „in Ruhe gelassen" als an richtiger Stelle zum zweiten (oder dritten!) Mal beerdigt zu werden. Im Zweifel sollte man die Entscheidung derjenigen Person überlassen, die nach § 2 Abs 2, 3 FeuerbestattungsG über die Bestattungsart zu entscheiden hat, wenn es an einer diesbezüglichen Willensbekundung des Verstorbenen fehlt. Hat sich diese Person jedoch durch die

Wolfgang Marotzke

Wahl des Ortes der ursprünglichen Bestattung *bewußt* über den Willen des Verstorbenen hinweggesetzt, so ist „ihre Reue darüber" für sich allein kein ausreichender
Grund für eine Exhumierung (OLG Hamburg OLGE 16, 262, 263; vgl auch RG WarnR 1925
Nr 203 S 272; BGH FamRZ 1978, 15, 16); *diese* Person sollte die Exhumierung schon
wegen ihres vorangegangenen Tuns nicht verlangen können (**aM** das OLG Hamburg 263 f
im Hinblick auf den Wunsch der betr Person [Witwe], mit ihrem verstorbenen Manne später dieselbe
Grabstätte zu teilen), sondern ihr Bestimmungsrecht an die nächstberufenen (vgl § 2
Abs 3 FeuerbestattungsG) Angehörigen verlieren, die dann ihrerseits gehalten sind,
die für die Exhumierung vorgebrachten Argumente aus der Sicht des *Verstorbenen*
(vgl RG DJZ 1904, 265 Nr 19; RGZ 100, 171, 173) zu würdigen.

128 Spätestens seit Inkrafttreten des FeuerbestattungsG genießen die in einer Urnen-
halle, in einem Urnenhain oder in einem Grab beigesetzten **Aschenreste des Verstorbenen** den gleichen Anspruch auf pietätvolle Behandlung und auf Wahrung der
Totenruhe wie ein in der Erde bestatteter Leichnam (RGZ 154, 269 [LS 3], 273 ff; OLG
Karlsruhe MDR 1990, 443 f). Der Grundsatz, daß die Umbettung der einmal beigesetzten Leiche nur aus ganz besonderen Gründen verlangt werden kann (Rn 125 ff), ist
auch auf derart beigesetzte Aschenurnen anzuwenden (RGZ 154, 274 f; OLG Karlsruhe
aaO; LG Kiel FamRZ 1986, 56, 58 [Klage auf *Rück*-Umbettung!]; zT weniger streng die das
erwähnte Urteil des LG Kiel aufhebende Entscheidung OLG Schleswig NJW-RR 1987, 72 f [die
wegen der Besonderheiten des konkreten Falles Zustimmung verdient] und die schon *vor* Inkrafttreten des FeuerbestattungsG ergangenen Entscheidungen RG DJZ 1904, 265 Nr 19; RG WarnR
1912 Nr 219; 1925 Nr 203; RG Recht 1926 Nr 461). Nicht unvereinbar mit dieser prinzipiel-
len Gleichbehandlung ist eine Berücksichtigung der naheliegenden Annahme, daß
ein die „Umbettung" rechtfertigendes (Rn 125) Einverständnis des Verstorbenen in
Fällen, in denen er **in einer Urne** (und vielleicht sogar *oberirdisch*, vgl RG WarnR 1925
Nr 203 S 271 f) beigesetzt werden möchte, wahrscheinlicher ist als sonst.

129 **Vereinbarungen** der bestattungsberechtigten Hinterbliebenen über die Art der
Bestattung sind mit und ohne Beteiligung der Erben zulässig (vgl RG DJZ 1904, 265;
OLG Posen SeuffA 67 Nr 172 [zu beiden Entscheidungen auch Rn 126 aE]; KG OLGE 22, 180),
soweit ihr Inhalt nicht dem nach § 2 Abs 1 FeuerbestattungsG maßgeblichen Willen
des Verstorbenen zuwiderläuft. Zu Vereinbarungen mit Beteiligung der Erben vgl
STAUDINGER/MAROTZKE[12] § 1968 Rn 12.

130 **Eine umfassendere Darstellung des Bestattungsrechts, als sie hier gegeben werden kann**,
findet sich in dem bei Rn 117 angeführten Handbuch von GAEDKE. Wegen der Haftung des Erben für die Bestattungs*kosten* vgl zudem die Erl zu § 1968 (zu der dort
erwähnten Diss von BERGER nunmehr auch WIDMANN, Zur Bedeutung des § 1968 BGB als
Anspruchsgrundlage, FamRZ 1988, 351). Weitere **Einzelheiten zur „Rechtslage des Leichnams"** sind dargestellt bei STAUDINGER/DILCHER[12] § 90 Rn 19 ff und STAUDINGER/
SCHÄFER[12] § 823 Rn 107 ff. Zu der Frage, wann die Leiche eines im Krankenhaus
Verstorbenen in den „Gewahrsam" (§ 168 StGB) der totensorgeberechtigten Angehörigen gelangt, vgl OLG Zweibrücken MDR 1992, 503 f. Zur Zulässigkeit von
Sektionen vgl LG Köln NJW 1991, 2974 f; BVerfG NJW 1994, 783 ff; zur rechtlichen
Behandlung vorformulierter Einwilligungserklärungen in Krankenhausaufnahme-
verträgen BGH JZ 1990, 923 m Anm ACKMANN = NJW 1990, 2313 m Anm
DEUTSCH; zur Zulässigkeit einer Exhumierung auf Betreiben einer Lebensversiche-
rungsgesellschaft BGH NJW-RR 1991, 982 f (verlangt zu Recht die Zustimmung der

Totensorgeberechtigten); 1992, 853 und 982 f (betr Auswirkungen der Zustimmungsverweigerung auf Leistungspflicht des Versicherers). Mit Verwendungsmöglichkeiten für den Körper des Erblassers befaßt sich Maier, Der Verkauf von Körperorganen (1991) 34 ff, 59 ff, 62 ff, der zutreffend das Selbstbestimmungsrecht des Verstorbenen betont.

2. Persönlichkeitsrechte

Ebensowenig wie der Körper (Rn 117) sind auch die sog „Persönlichkeitsrechte" des **131** Verstorbenen Gegenstand der Vererbung (Ausnahme: das in Rn 268 behandelte Urheberpersönlichkeitsrecht). Soweit sie den Erbfall „überleben" (vgl BGHZ 107, 384, 389 ff betr Emil Nolde), obliegt ihre Wahrnehmung nicht den Erben als solchen, sondern ähnlich wie die Totenfürsorge (Rn 118) den nächsten Angehörigen des Erblassers. Vgl zu all diesen Fragen Staudinger/Schäfer¹² § 823 Rn 259 ff; Rüthers/Berghaus, Der ungerechte Zorn des Dichters . . . (Zur Veröffentlichung ehrverletzender Falschbehauptungen in Schriftstellerbriefen), JZ 1987, 1093; Stein, Der Schutz von Ansehen und Geheimsphäre Verstorbener, FamRZ 1986, 7 ff; Bizer, Postmortaler Persönlichkeitsschutz? – Rechtsgrund und Länge der Schutzfristen für personenbezogene Daten Verstorbener nach den Archivgesetzen des Bundes und der Länder, NVwZ 1993, 653 ff sowie die rechtspolitisch und -historisch interessante Darstellung von Staudinger/Boehmer¹¹ § 1922 Rn 151.

3. Ansprüche aus vor dem Erbfall erfolgten Körper- oder Persönlichkeitsverletzungen

Hatte die Körper- oder Persönlichkeitsverletzung schon zu Lebzeiten des Erblassers **132** in seiner Person (dazu Staudinger/Medicus¹² § 249 Rn 187 f und BGH LM Nr 5 zu § 1922 = MDR 1962, 392 f) zu einem Schadensersatzanspruch geführt, so geht dieser als Anspruch auf Wiederherstellung oder Geldersatz auf die Erben über. Hinsichtlich der nach § 1300 zu ersetzenden *immateriellen* Schäden gilt dies jedoch nur, wenn der Anspruch „durch Vertrag anerkannt oder . . . rechtshängig geworden ist". Eine entsprechende Vererblichkeitsbeschränkung galt bis zum 30. 6. 1990 (vgl G v 14. 3. 1990, BGBl I 478) für Ansprüche aus §§ 847 BGB, 34 Abs 1 Nr 2 Satz 2 BundesgrenzschutzG, 29 Abs 2 AtomG, 53 Abs 3 LuftVG. Die Tatsache, daß ein nach § 847 BGB geschuldetes Schmerzensgeld nach dem Tode des Verletzten dem Erben zugute kommt, ist für die Bemessung bedeutungslos, auch wenn der Anspruch nicht schon vom Erblasser, sondern erstmals vom Erben geltend gemacht worden ist (OLG Köln NJW-RR 1992, 221). Zur Vererblichkeit der Chance, einen Anspruch auf soziale Ausgleichsleistungen wegen in der ehemaligen DDR erlittenen Freiheitsentzugs zuerkannt zu erhalten, vgl KG JR 1993, 81 f unter 2. (dazu auch Rn 346).

Wenn eine gegen den Erblasser begangene Körper- oder Persönlichkeitsrechtsver- **133** letzung zu einem Anspruch auf Ersatz eines *Vermögens*schadens geführt hat, ist die Vererblichkeit des Anspruchs beschränkt, soweit dieser im Hinblick auf eine Beeinträchtigung der Erwerbsfähigkeit oder eine Vermehrung der Bedürfnisse die Entrichtung einer *Geldrente* beinhaltet (vgl §§ 842, 843 Abs 2 S 1, 760 Abs 3).

Wolfgang Marotzke

4. Selbständige Entschädigungsansprüche Hinterbliebener

134 Zwar Rechtsfolgen des Todes, aber nicht *vererbte* Ansprüche sind im Falle der von einem anderen zu verantwortenden **Tötung** des Erblassers die Entschädigungsansprüche derjenigen Personen, denen dieser als Verwandter oder Ehegatte gesetzlich **unterhaltspflichtig** war oder werden konnte (§ 844 Abs 2) oder als Kind (vgl STAUDINGER/SCHÄFER[12] § 845 Rn 1 Abs 2) kraft Gesetzes (§ 1619) dienstleistungspflichtig war (§ 845), sowie der Ersatzanspruch desjenigen, der gesetzlich die **Beerdigungskosten** zu tragen hat (§ 844 Abs 1), dh des Erben (§ 1968) oder uU einer sich aus § 1615 m ergebenden Person (zum Kreis möglicher Ersatzberechtigter vgl ergänzend STAUDINGER/SCHÄFER[12] § 844 Rn 35 ff). Diese Ansprüche sind selbständige Ersatzforderungen wegen der **eigenen** Schäden, die diese Personen durch den Fortfall der Unterhalts- oder Dienstpflicht des Getöteten oder durch die Beerdigungskostenlast erleiden. Mit der Frage, ob der Reformgesetzgeber den Angehörigen des Getöteten unabhängig von der Erbenstellung auch **Schmerzensgeldansprüche** zugestehen sollte, befaßt sich GONTARD DAR 1990, 375. Nach Ansicht des BGH (NJW 1989, 2317 f) können Trauer und Schmerz der Angehörigen des Getöteten nur dann zu eigenen Ansprüchen aus § 823 Abs 1 führen, wenn diese Beeinträchtigungen pathologisch faßbar sind.

III. Familienrechtliche Positionen

1. Personenrechtliche

135 Ähnlich wie die in Rn 131 erwähnten Persönlichkeitsrechte sind auch familienrechtliche Positionen **unvererblich, soweit sie Ausdruck höchstpersönlicher Beziehungen sind.**

136 Das zeigt sich bes bei der **Ehe,** die wegen der höchstpersönlichen Natur der durch sie begründeten Verpflichtung zur ehelichen Lebensgemeinschaft nur „auf *Lebens*zeit" geschlossen (§ 1353 Abs 1), durch den Tod eines Ehegatten folglich „aufgelöst" wird (vgl § 1482 S 1) und trotzdem in *vermögens*mäßiger Hinsicht zu mancherlei *vererblichen* Rechtspositionen führen kann (zB zu einer – durch § 1371 modifizierten – Vererbung der Zugewinnausgleichspflicht [dazu BFH NJW 1993, 2461 f] oder im Falle der Gütergemeinschaft zur Vererbung des Gesamtgutsanteils gem § 1482 S 1 [vgl aber auch § 1483 Abs 1 S 3]).

137 Da die Ehe durch den Tod aufgelöst wird (Rn 136), erlischt auch ein etwaiges **Recht des Erblassers auf Scheidung, Aufhebung oder Nichtigerklärung der Ehe.** Ein zwischen den Ehegatten anhängiges Verfahren auf Scheidung, Aufhebung oder Nichtigerklärung der Ehe ist gem § 619 ZPO „in der Hauptsache als erledigt anzusehen", falls einer der Ehegatten vor rechtskräftigem Abschluß des Verfahrens stirbt; in diesem Falle kann das Verfahren nur noch wegen der *Kosten* (BAUMBACH/ALBERS, ZPO § 619 Anm 1), nicht auch wegen der materiellrechtlichen Auswirkungen des Prozesses auf etwaige letztwillige Verfügungen des Verstorbenen (vgl §§ 2077 Abs 1 S 2 und 3, 2268 Abs 2, 2279 Abs 2) fortgesetzt werden; in letzterer Hinsicht bedarf es einer neuen Klage (ALBERS aaO; mißverständlich STAUDINGER/BOEHMER[11] Rn 155), über die im gewöhnlichen Verfahren zu entscheiden ist (STEIN/JONAS/SCHLOSSER, ZPO § 619 Rn 1).

138 Solange wenigstens noch *ein* Ehegatte lebt, kann jedoch der *Staatsanwalt* auch *nach*

Auflösung der Ehe die Nichtigkeitsklage erheben (§ 24 Abs 1 S 2 und Abs 2 EheG, vgl auch §§ 632 Abs 1 S 1, 634, 636 ZPO und BOEHMER, Grundlagen der bürg Rechtsordnung II 2 [1952] 210 ff). Dieses Recht steht dem Staatsanwalt *als solchem* zu; er hat es nicht von dem Verstorbenen „ererbt".

Unvererblich ist auch die **elterliche Sorge** (OLG München JFG 14, 37, 38), die als „das **139** Recht und die Pflicht, für das minderjährige Kind zu sorgen", durch § 1626 Abs 1 S 1 den Eltern als solchen zugewiesen wird (bei *nicht*ehelichen Kindern vgl §§ 1705 ff; zum Tode der hiernach sorgeberechtigten *Mutter* OLG München aaO [wegen zwischenzeitlicher Gesetzesänderungen nur noch beschränkt verwertbar!]). Ist ein Elternteil gestorben, steht die elterliche Sorge grundsätzlich „dem anderen Teil allein" zu (§ 1681 Abs 1 S 1). Stirbt auch dieser, erhält das Kind einen Vormund (§ 1773 Abs 1), dessen Amt natürlich ebensowenig vererblich ist wie zuvor die *elterliche* Sorge (vgl auch Rn 156). Den Tod des Vormunds hat dessen Erbe dem Vormundschaftsgericht unverzüglich anzuzeigen (§ 1894 Abs 1).

Die elterliche Sorge endet auch beim Tode des *Kindes* (SOERGEL/STRÄTZ[12] § 1626 Rn 28); **140** in diesem Falle haben die Eltern die Geschäfte, die nicht ohne Gefahr aufgeschoben werden können, zu besorgen, bis der Erbe anderweitig Fürsorge treffen kann (§ 1698 b). Entsprechendes gilt gem §§ 1882 (vgl dortige Rn 2 bei SOERGEL/DAMRAU[12]), 1884 Abs 2, 1893 Abs 1 für den Vormund beim Tode des Mündels; die Ansprüche aus § 1890 stehen in diesem Falle dem Erben zu (vgl OLG Hamm Betrieb 1976, 1228).

Ebenfalls unvererblich ist das Recht des Mannes zur **Anfechtung der Ehelichkeit eines** **141** während seiner Ehe oder innerhalb von 302 Tagen nach Auflösung oder Nichtigerklärung der Ehe geborenen **Kindes**: Stirbt der Mann, so geht sein Anfechtungsrecht nicht auf den oder die Erben, sondern unter den Voraussetzungen des § 1595 a auf seine Eltern über, die es gem § 1599 Abs 2 S 1 durch Antrag beim Vormundschaftsgericht ausüben. Ist der Mann gestorben oder für tot erklärt, ohne sein Anfechtungsrecht nach § 1594 verloren zu haben, so kann nach § 1596 Abs 1 Nr 1 auch das Kind seine Ehelichkeit anfechten, und zwar nach § 1599 Abs 2 S 2 ebenfalls durch Antrag beim Vormundschaftsgericht.

Unvererblich sind ferner das Recht des nichtehelichen Vaters, seine **Vaterschaft** anzu- **142** erkennen (vgl KG JFG 22, 227 ff; der gegenteilige Standpunkt von STAUDINGER/BOEHMER[11] § 1922 Rn 154 Abs 2 beruhte auf dem inzwischen aufgehobenen § 1589 Abs 2), und das Recht des Kindes zur Erteilung der nach § 1600 c erforderlichen Zustimmung (vgl STAUDINGER/ GÖPPINGER[12] §§ 1600 a Rn 43, 1600 c Rn 11 f, 1600 d Rn 2, § 1722 Rn 4). Nach dem Tode des Mannes ist die Vaterschaft auf Antrag des Kindes, nach dem Tode des Kindes auf Antrag der Mutter vom Vormundschaftsgericht festzustellen (§ 1600 n Abs 2). Hat der Mann die Vaterschaft anerkannt und stirbt er dann innerhalb eines Jahres, ohne die Anerkennung angefochten zu haben, so geht sein etwaiges Anfechtungsrecht nicht auf den Erben als solchen (vgl STAUDINGER/GÖPPINGER[12] § 1600 g Rn 8 f), sondern auf seine Eltern über (vgl §§ 1600 g Abs 2, 1600 h Abs 1, 3). Das Anfechtungsrecht des Kindes und seiner Mutter (§ 1600 g Abs 1) erlischt beim Tode des Kindes bzw der Mutter (Gegenschluß aus § 1600 g Abs 2). Ist der Mann oder das Kind gestorben, so wird die Anerkennung durch Antrag beim Vormundschaftsgericht angefochten; jedoch fechten die Eltern des Mannes bei Lebzeiten des Kindes die Anerkennung durch Klage gegen das Kind an (§ 1600 l Abs 2). Die Erben eines als Vater eines

Wolfgang Marotzke

nichtehelichen Kindes festgestellten Mannes können nicht die Restitutionsklage nach § 641 i ZPO erheben (OLG Stuttgart FamRZ 1982, 193).

143 Die **Eheschließung zwischen den Eltern eines nichtehelichen Kindes** hat für dessen Abkömmlinge auch dann *Legitimationswirkung*, wenn das Kind vor der Eheschließung gestorben ist (§ 1722).

144 Jedoch kann die **Ehelicherklärung** eines nichtehelichen Kindes nach dessen Tod nicht mehr erfolgen (s § 1733 Abs 1, § 1740 a Abs 2 und STAUDINGER/GÖPPINGER[12] § 1740 a Rn 45), auch nicht zugunsten seiner Abkömmlinge (dazu STAUDINGER/ GÖPPINGER[12] § 1733 Rn 3). Nach dem Tod des *Vaters* ist die Ehelicherklärung außer auf Antrag des *Kindes* (§§ 1740 a, 1740 e) nur zulässig, wenn der *Vater* den Antrag beim Vormundschaftsgericht eingereicht oder bei oder nach der Beurkundung des Antrags den Notar mit der Einreichung betraut hat (§ 1733 Abs 2); die Rücknahme solch eines Antrags durch den Erben ist nicht möglich (STAUDINGER/GÖPPINGER[12] § 1733 Rn 20). Der Tod der Mutter des Kindes oder der Ehefrau des Vaters hindert die Ehelicherklärung nie (STAUDINGER/GÖPPINGER[12] § 1733 Rn 2). Vgl erg STAUDINGER/ GÖPPINGER[12] § 1740 a (Ehelicherklärung auf Antrag des *Kindes*) Rn 2, 4 ff, 9 f (Tod des Vaters), 3 ff, 8 ff (Tod der Mutter), 15 (Tod beider Eltern), 45 (Tod des Kindes).

145 Der vormundschaftsgerichtliche (§ 1752 Abs 1) Ausspruch der **Annahme als Kind** ist nach dem Tod des Annehmenden nur zulässig, wenn der Annehmende den Antrag beim Vormundschaftsgericht eingereicht oder bei oder nach der notariellen Beurkundung des Antrags den Notar mit der Einreichung des Antrags betraut hat (§§ 1753 Abs 2, 1767 Abs 2). In keinem Falle kann der Ausspruch der Annahme noch nach dem Tod des Kindes erfolgen (§§ 1753 Abs 1, 1767 Abs 2). Das Recht, einen Adoptionsvertrag gem § 119 Abs 2 anzufechten, ist unvererblich (BGH FamRZ 1969, 479 [dazu auch Rn 322]).

146 Unvererblich sind der **Familienname** – nicht hingegen der *Unternehmensname* (s STAU-DINGER/DILCHER[12] § 90 Rn 39 und unten Rn 218 f, 267) – und die sich auf ihn beziehenden Rechte (Ausnahmen jedoch in §§ 22 Abs 1, 24 Abs 2 HGB; vgl BGH ZIP 1989, 368 ff) und Pflichten (vgl auch STAUDINGER/COING/HABERMANN[12] § 12 Rn 135 und STAUDINGER/BOEHMER[11] § 1922 Rn 156 [dessen Beispiele heute weitgehend überholt sind]; s ferner BGHZ 107, 384, 389 f zu der Streitfrage, ob die unvererblichen Ausprägungen des Namensrechts beim Erbfall ausnahmslos erlöschen, oder ob einige von ihnen das unter Rn 131 beschriebene Schicksal von Persönlichkeitsrechten teilen). Das gilt heute auch für ein etwaiges *Adelsprädikat (Graf, Fürst usw)*, obwohl man manchmal noch von „erblichem Adel" zu sprechen pflegt (s § 5 preuß G v 23.7.1847): Der Name, auch der dem bürgerlichen seit Art 109 Abs 3 S 2 WRV gleichgestellte adelige (dazu STAUDINGER/COING/HABERMANN[12] § 12 Rn 4 ff), wird nicht erst „derivativ" aus Anlaß eines Erbfalls, sondern aufgrund *eigener* Familienzugehörigkeit idR schon mit der Geburt erworben (vgl §§ 1616, 1617 und STAUDINGER/ COING/HABERMANN[12] zu § 12).

2. Vermögensrechtliche

147 Dem Familienrecht können auch *vermögensbezogene* Rechte und Pflichten entspringen (vgl schon Rn 136). Jedoch ergibt sich insoweit nicht selten aus dem Gesetz oder aus einer höchstpersönlichen Zweckbestimmung, daß die betr Rechtsposition beim Tode des Inhabers erlischt.

Letzteres gilt zB für **familienrechtliche Verwaltungs-, Verwendungs- und Nutznießungs-** **148** **rechte,** die idR höchstpersönlicher Natur sind (vgl für § 1649 Abs 2 die dortige Rn 13 bei SOERGEL/STRÄTZ[12] sowie STAUDINGER/ENGLER[12] § 1649 Rn 26) und deshalb nicht auf den Erben übergehen (vgl auch STAUDINGER/BOEHMER[11] Rn 160 für das inzwischen abgeschaffte [vgl STAUDINGER/W THIELE[12] Einl 12 ff zu §§ 1363 ff] Verwaltungs- und Nutznießungsrecht des Ehemanns am Vermögen der Frau und für das inzwischen ebenfalls entfallene [vgl STAUDINGER/ ENGLER[12] § 1649 Rn 1 ff] Nutznießungsrecht des Vaters am Vermögen des Kindes). Gehört beim Tode eines in **Gütergemeinschaft** lebenden Ehegatten dessen Gesamtgutsanteil zum Nachlaß (dazu § 1482 S 1 einerseits und § 1483 Abs 1 S 3 andererseits sowie unten Rn 163), so steht dem Erben die Verwaltung des Gesamtguts wegen §§ 1471, 1472 auch dann, wenn diese bis zum Erbfall dem verstorbenen Ehegatten *allein* oblag (§ 1422), nur *gemeinschaftlich* mit dem überlebenden Ehegatten zu (vgl STAUDINGER/W THIELE/B THIELE[12] § 1472 Rn 2; über abweichende Dispositionsmöglichkeiten dort Rn 18). Entsprechendes gilt bei fortgesetzter Gütergemeinschaft (§ 1483) für den Erben des letztversterbenden Ehegatten; vgl §§ 1494 (und STAUDINGER/W THIELE/B THIELE[12] § 1494 Rn 12, 13), 1497, 1472. Der Gesamtgutsanteil eines an einer fortgesetzten Gütergemeinschaft beteiligten *Abkömmlings* gehört beim Tode des letzteren *nicht* zum Nachlaß (§ 1490). Unvererblich ist auch das Recht eines in fortgesetzter Gütergemeinschaft lebenden (also verwitweten) Ehegatten, das Gesamtgut oder einzelne dazu gehörende Gegenstände gegen Wertersatz zu übernehmen (§ 1502 Abs 1 S 2). Vererblich sind dagegen das unter den Voraussetzungen des § 1502 Abs 2 S 2 gegebene Übernahmerecht der *Abkömmlinge* (vgl STAUDINGER/W THIELE/B THIELE[12] § 1502 Rn 16) und die bei „normaler" Beendigung der Gütergemeinschaft bestehenden Übernahmerechte der Ehegatten aus § 1477 Abs 2 (vgl STAUDINGER/W THIELE/B THIELE[12] § 1477 Rn 14, 25).

Vererblich ist ferner der gegen den **Vormund** gerichtete Anspruch des Mündels auf **149** Herausgabe und Rechenschaftslegung nach § 1890 (vgl OLG Hamm Betrieb 1976, 1228).

Der **Unterhaltsanspruch aus Verwandtschaft** erlischt gem § 1615 Abs 1 mit dem Tode **150** des Berechtigten oder des Verpflichteten, soweit er nicht auf Erfüllung oder Schadensersatz wegen Nichterfüllung für die Vergangenheit oder auf solche im voraus zu bewirkende Leistungen gerichtet ist, die zZ des Todes des Berechtigten oder des Verpflichteten fällig sind. Jedoch hat der Verpflichtete beim Tode des Berechtigten nach § 1615 Abs 2 die Beerdigungskosten zu tragen, soweit ihre Bezahlung nicht von dem Erben (§ 1968) zu erlangen ist.

Beide Absätze des § 1615 gelten heute auch für den **Unterhaltsanspruch des nichtehe-** **151** **lichen Kindes.** Vgl § 1615 a, aber auch §§ 1615 k-n (Entbindungskosten; Unterhalt **der** **Mutter** aus Anlaß der Geburt; Tod der Mutter, des Vaters, des Kindes).

Der **Unterhaltsanspruch eines geschiedenen Ehegatten** (§§ 1569 ff) erlischt beim Tode **152** des letzteren (§ 1586 Abs 1); vererblich sind nur etwaige Ansprüche auf Erfüllung oder Schadensersatz wegen Nichterfüllung für die Vergangenheit und der Anspruch auf den zZ des Erbfalls fälligen Monatsbetrag (§ 1586 Abs 2). Beim Tode des *Ver-*

pflichteten geht die Unterhaltspflicht nach Maßgabe des § 1586 b auf den Erben über (vgl auch STAUDINGER/MAROTZKE[12] § 1967 Rn 9). Entsprechendes gilt gem § 1933 S 3, wenn der überlebende Ehegatte wegen § 1933 S 1 oder 2 (Ehescheidungs- oder -aufhebungsgrund) nicht erb-, sondern nur unterhaltsberechtigt ist.

153 Der Anspruch des geschiedenen Ehegatten auf „dinglichen" **Versorgungsausgleich** (§§ 1587, 1587 b) erlischt gem § 1587 e beim Tode des Berechtigten (Abs 2), nicht aber beim Tode des Verpflichteten (Abs 4). Nicht nur beim Tode des Berechtigten (vgl insoweit §§ 1587 k Abs 2, 1587 m), sondern auch beim Tode des Verpflichteten erlischt nach hM ein Anspruch auf „schuldrechtlichen" Versorgungsausgleich (vgl DIETZEL 179 ff, 192; BGH FamRZ 1989, 950 f = NJW-RR 1989, 963 f; DÖRR NJW 1990, 2721, 2730 f [die beiden letztgenannten mit beachtenswerten Ausführungen zur Vererblichkeit von sich auf die Vergangenheit und auf den Sterbemonat beziehenden Versorgungsausgleichspflichten]). Jedoch gewährt der am 1. 1. 1987 in Kraft getretene § 3 a des G zur Regelung von Härten im Versorgungsausgleich (vgl BGBl I 1986, 2317) im letztgenannten Falle einen Direktanspruch gegen den Versorgungsträger (zur Begründung vgl S 10 f der BT-Drucks 10/5447 v 7. 6. 1986).

Ansprüche aus §§ 4–8 des G zur Regelung von **Härten** im Versorgungsausgleich v 21. 2. 1983 (BGBl I 105) sind nach dessen § 9 Abs 3 vererblich, wenn bereits der Erblasser den Antrag auf Härtekorrektur gestellt hatte (vgl Erl zu § 1587 b). Das in § 10 a dieses Gesetzes (VAHRG) geregelte Verfahren zur Abänderung rechtskräftiger Versorgungsausgleichsentscheidungen endet mit dem Tod des antragstellenden Ehegatten, wenn nicht ein Antragsberechtigter binnen drei Monaten gegenüber dem Familiengericht erklärt, das Verfahren fortsetzen zu wollen; nach dem Tod des Antraggegners wird das Verfahren gegen dessen Erben fortgesetzt (§ 10 a Abs 10 VAHRG; dazu BGH FamRZ 1990, 1339, 1340).

154 Lebte der Erblasser mit seinem Ehegatten im gesetzlichen Güterstand der **Zugewinngemeinschaft** (§ 1363) und endete dieser Güterstand „auf andere Weise als durch den Tod" (§ 1372), so ist ein dem Erblasser zustehender Anspruch auf Ausgleich des Zugewinns „von diesem Zeitpunkt an vererblich" (§ 1378 Abs 3 S 1). Gleiches gilt für die Rechte aus § 1379 (vgl STAUDINGER/W THIELE[12] § 1379 Rn 5, 8) und, obwohl im Gesetz nicht ausdrücklich hervorgehoben (vgl aber immerhin § 1371 Abs 2, 3), für eine etwaige Zugewinnausgleichs*pflicht* (vgl SOERGEL/LANGE[12] § 1378 Rn 18; STAUDINGER/W THIELE[12] § 1371 Rn 69). Zu dem rechtlich anders geregelten Fall, daß der gesetzliche Güterstand durch den *Tod* eines oder beider Ehegatten beendet wird, vgl § 1371 und STAUDINGER/W THIELE[12] Vorbem 14 zu § 1371, § 1371 Rn 59, § 1378 Rn 13, § 1384 Rn 7 (nunmehr bestätigt durch BGH WM 1987, 566 ff); BFH NJW 1993, 2461 f.

155 Die vermögensrechtlichen Folgen der **Nichtigkeit oder** der **Aufhebung einer Ehe** bestimmen sich gem § 26 Abs 1 bzw § 37 Abs 1 EheG „nach den Vorschriften über die Folgen der Scheidung". Das unter den Voraussetzungen des jeweils zweiten Absatzes dieser Bestimmungen bestehende Recht eines Ehegatten, diese Konsequenz durch (rechtzeitige) Erklärung für die Zukunft auszuschließen, ist *vermögens*-rechtlicher Natur und deshalb vererblich (vgl STAUDINGER/HÜBNER/FUNK[12] EheG § 26 Rn 27; STAUDINGER/KLIPPEL[12] EheG § 37 Rn 10; SOERGEL/HEINTZMANN[12] EheG § 26 Rn 6, § 37 Rn 5 Fn 4).

IV. Amtsrechte, gesetzliche Vertretungsverhältnisse

Wie die elterliche Sorge (Rn 139) ist auch das **Amt des Vormunds** unvererblich. Ent- **156** sprechendes gilt für alle sonstigen privaten (und erst recht für alle öffentlichen) Amtsstellungen wie etwa diejenige eines **Pflegers, Nachlaßpflegers oder -verwalters, Konkurs-, Vergleichs- oder Zwangsverwalters, Testamentsvollstreckers, Vorstands einer juristischen Person:** Diese Rechtsstellungen erlöschen beim Tode ihrer Inhaber. Das gilt jedoch nicht für etwaige aus der Führung solcher Ämter entstandene vermögensbezogene Ansprüche (zB auf rückständige Vergütungen oder Schadensersatz) und Verpflichtungen (zB zur Herausgabe, Rechnungslegung [dazu KUHN/UHLENBRUCK, KO § 86 Rn 2; unrichtig WINKLER vMOHRENFELS an der unten Rn 276 aE zitierten Stelle], Leistung von Schadensersatz); diese gehen nach §§ 1922, 1967 auf den Erben über (zur Zulässigkeit einer erst nach dem Tod des Pfleglings erfolgenden Festsetzung einer Pflegervergütung vgl BayObLG FamRZ 1989, 1119 ff). Auch können den Erben nach dem Vorbild des § 673 S 2 Anzeige- und Besorgungspflichten treffen (vgl § 2218 Abs 1 für den Erben eines *Testamentsvollstreckers* und *im übrigen* STAUDINGER/BOEHMER[11] § 1922 Rn 161; SOERGEL/ STEIN Rn 32). Der Erbe eines *Vormunds* hat dessen Tod unverzüglich dem Vormundschaftsgericht anzuzeigen (§ 1894 Abs 1).

Obwohl die Amtsstellung als solche unvererblich ist (Rn 156), geht der auf ihrer **157** Grundlage erlangte **Besitz** nach § 857 auf den Erben über (SOERGEL/STEIN Rn 32; ERMAN/ SCHLÜTER Rn 43; vgl auch STAUDINGER/BUND[12] § 857 Rn 9; Prot V 652; differenzierend die 4. Denkschr d ErbRA d AkDR 103 f; BINDER I 54 ff; speziell zum Besitz des *Konkursverwalters* JAEGER/WEBER, KO 117 Rn 7 ff). Gleiches gilt für eine etwaige Verpflichtung des Verstorbenen zur *Herausgabe* dieses Besitzes wie auch umgekehrt für ein etwaiges *Zurückbehaltungsrecht*, auf Grund dessen der Erblasser die Herausgabe von der Zahlung des ihm zustehenden Aufwendungsersatzes und dergl abhängig machen konnte (vgl auch Prot V 652).

Anders als der Tod des Amts*inhabers* führt der Tod der Person, für und gegen die **158** jener kraft seines Amtes handelt, nicht in allen Fällen zum Erlöschen des Amtes. So endet das Amt des Testamentsvollstreckers nicht beim Tod des Erben (STAUDINGER/ REIMANN[12] § 2225 Rn 6) und das Amt des Konkursverwalters nicht beim Tod des Gemeinschuldners (vgl JAEGER/WEBER, KO § 214 Rn 21 ff). Anders verhält es sich mit der Vormundschaft: diese betrifft den Mündel nicht nur um seines Vermögens, sondern in erster Linie um seiner Person willen und endet deshalb bei deren Tod (s Rn 140). Hinsichtlich der Abwesenheitspflegschaft vgl § 1921.

V. Rechtsgeschäftlich begründete Vertretungsmacht, Verfügungsmacht, Treuhandschaft

Zur Vererblichkeit einer *durch Rechtsgeschäft* erlangten Vertretungsmacht (= Voll- **159** macht) vgl STAUDINGER/DILCHER[12] § 168 Rn 19; BGHZ 61, 84 ff; BGH MDR 1982, 487 f (beide zur *Prozeß*vollmacht); zum Schicksal der Vollmacht beim Tode des Vollmacht*gebers* BayObLG FamRZ 1990, 98 f; STAUDINGER/DILCHER[12] § 168 Rn 26—35 und unten Rn 319 ff; STAUDINGER/MAROTZKE[12] § 1967 Rn 28, 29; § 1984 Rn 4; § 1985 Rn 24; STAUDINGER/WERNER[12] § 2038 Rn 5; STAUDINGER/BEHRENDS[12] § 2112 Rn 30, 33; STAUDINGER/REIMANN[12] Vorbem 102 ff zu §§ 2197 ff. Zu der Frage, ob man die zu diesen beiden Fällen entwickelten Grundsätze auf eine rechtsgeschäftlich

Wolfgang Marotzke

erteilte *Verfügung*smacht oder *Einziehungsbefugnis* entsprechend anwenden kann (so wohl MünchKomm/LEIPOLD Rn 28, der eine analoge Anwendung des § 168 S 1 befürwortet), s unten Rn 324 und STAUDINGER/DILCHER[12] § 183 Rn 3. Unvererblich ist idR die dem Erblasser erteilte Ermächtigung, als gewillkürter Prozeßstandschafter ein fremdes Recht im eigenen Namen geltend zu machen (BGH ZIP 1993, 1412 f).

160 *Treuhandvermögen* geht beim Tode des Treuhänders zwar auf dessen Erben über (s aber Rn 293 aE), jedoch unterliegt es dort denselben Bindungen wie zuvor in der Hand des Erblassers (vgl auch § 1967 und KG HRR 1931 Nr 1866 [ua zur Herausgabepflicht der Erben]). Zur Beerbung des Treu*gebers* vgl BGH Betrieb 1976, 2295 f.

VI. Mitgliedschaftsrechte

161 Den Familien-, Amts- und Vertretungsrechten (Rn 135 ff) ähneln die sog „Mitgliedschaftsrechte" insofern, als auch sie meist einen mehr oder weniger starken *persönlichen* Charakter haben. Das gilt jedoch nicht für alle Mitgliedschaftsrechte gleichermaßen:

1. Erben- und sonstige Rechtsgemeinschaften

162 Nicht personengebunden, sondern ohne weiteres vererblich ist die Mitgliedschaft in einer Erbengemeinschaft (Näheres in Rn 229) oder einer sonstigen Rechtsgemeinschaft iSd §§ 741 ff. Das ergibt sich a fortiori aus §§ 747 S 1, 2033 Abs 1, wonach jeder Teilhaber bzw Miterbe selbstständig über seinen Anteil an dem gemeinschaftlichen Recht bzw an dem (Gesamt-)Nachlaß verfügen kann. Auf den Erben eines **Wohnungseigentümers** gehen sowohl das Sondereigentum an der Wohnung als auch der mit diesem verbundene (§ 1 Abs 2 WEG) Miteigentumsanteil an dem gemeinschaftlichen Eigentum über. Diese Nachfolge in die „Gemeinschaft der Wohnungseigentümer" (§§ 10 ff WEG) führt zu einer Haftung des Erben auch für das *nach* dem Erbfall fällig werdende Wohngeld (ausführl OLG Hamburg NJW-RR 1986, 177 f, das dem Erben auch insoweit ein Haftungsbeschränkungsrecht zugesteht [ebenso OLG Köln NJW-RR 1992, 460, 461] und damit wohl *nicht* richtig liegt; s zu vergleichbaren Fällen unten Rn 243 und STAUDINGER/MAROTZKE[12] § 1967 Rn 36, 4 ff).

2. Eheliche und fortgesetzte Gütergemeinschaft

163 *Im Gegensatz zur Ehe selbst*, die wegen ihres höchstpersönlichen Charakters „aufgelöst" wird, sobald einer der Ehegatten stirbt, geht beim Tode eines in Gütergemeinschaft (§§ 1415 ff) lebenden Ehegatten dessen *Anteil am ehelichen Gesamtgut* nach § 1482 auf den oder die Erben über (vgl auch Rn 136, 148). Die Ehegatten können das jedoch verhindern (Rn 60), indem sie durch Ehevertrag vereinbaren, daß die Gütergemeinschaft nach dem Tode eines Ehegatten zwischen dem überlebenden Ehegatten und den gemeinschaftlichen Abkömmlingen fortgesetzt wird (vgl § 1483 Abs 1 S 3, aber auch §§ 1483 Abs 2 [iVm § 1485 Abs 1], 1484 Abs 3, 1482 S 1). Kommt es zu solch einer „fortgesetzten" Gütergemeinschaft (streng zu unterscheiden von einer bloßen *Erben*gemeinschaft; zu ihr soeben Rn 162!), so ist die diesbezügliche Mitgliedschaft eines anteilsberechtigten *Abkömmlings* nicht vererblich (§ 1490 S 1). Beim Tode des *überlebenden Ehegatten* geht dessen Gesamtgutsanteil bei gleichzeitiger

Beendigung der fortgesetzten Gütergemeinschaft (§§ 1494, 1497 ff) auf den oder die Erben über (vgl Staudinger/W Thiele/B Thiele[12] § 1494 Rn 12, 13).

Zu erbfallbedingten Veränderungen in der *Verwaltung* des Gesamtguts s o Rn 148.

3. Verein und Genossenschaft*

a) Rechtsfähiger Verein

Soweit die Vereinssatzung nichts anderes bestimmt (§ 40), ist die Mitgliedschaft in **164** einem rechtsfähigen (§§ 21, 22, 54 S 1) Verein „nicht übertragbar und **nicht vererblich**" (§ 38 S 1). Der Grundsatz der Unvererblichkeit gilt jedoch, soweit überhaupt (dazu Sernetz 152 ff, 218 f), nur für die Mitgliedschaft als solche, nicht etwa auch für schon vor dem Erbfall entstandene vermögensrechtliche Ansprüche (Staudinger/ Coing[12] § 38 Rn 3) und Pflichten wie zB solcher auf Rück- bzw *Be*zahlung von Beiträgen oder Gewinnanteilen oder, bes bei Kartellen, auf Vertragsstrafen oder auf Schadensersatz wegen Nichtbeachtung mitgliedschaftlicher Pflichten (vgl auch RGZ 92, 341, 343 [betr BGB-Gesellschaft]; Staudinger/Boehmer[11] Rn 162 [S 261]; Oertmann § 38 Anm 5 d).

b) Nicht-rechtsfähiger Verein

Auf nicht-rechtsfähige Vereine finden gem § 54 S 1 die Vorschriften über die Gesell- **165** schaft Anwendung. Nähme man diese Bestimmung beim Wort, wäre die Mitgliedschaft in einem nicht-rechtsfähigen Verein im Gegensatz zu der Mitgliedschaft in einem rechtsfähigen Verein (Rn 164) nicht „im Zweifel *un*vererblich", sondern „im Zweifel vererblich bei – soweit nicht abbedungen – gleichzeitiger Auflösung des Vereins" (vgl §§ 54 S 1, 727 und unten Rn 168 ff). Man ist sich jedoch darin einig, daß der letztere, dem Gesellschaftsrecht entnommene Grundsatz im Vereinsrecht nicht paßt (vgl Staudinger/Coing[12] § 54 Rn 2, 81, 83), so daß sich die Vererblichkeit der Mitgliedschaft beim nicht-rechtsfähigen Verein iE nach denselben Regeln richtet wie beim rechtsfähigen Verein (MünchKomm/Leipold Rn 31; differenzierend Lange/Kuchinke § 5 VII 3).

c) Versicherungsverein auf Gegenseitigkeit (VVaG)

Auf die Mitgliedschaft in einem VVaG (geregelt in §§ 15 ff VAG) finden die §§ 38, **166** 40 (dazu soeben Rn 164) nur insoweit Anwendung, als sich aus dem Versicherungsverhältnis nichts anderes ergibt. Selbst wenn es an einer satzungsmäßigen „Vererblichstellung" fehlt, geht die Mitgliedschaft auf den Erben über, wenn dieser *den versicherten Gegenstand* erbt und die Satzung für diesen Fall nicht das Erlöschen der Versicherung vorschreibt (vgl Kisch, Das Recht des Versicherungsvereins auf Gegenseitigkeit [1951] 126 f; Goldberg/Müller VAG § 20 Rn 4 [mit Meinungsunterschieden hinsichtlich der Frage, ob dies auch gilt, wenn der Erbe nach Wohnort, Alter, Beruf etc nicht die satzungsmäßigen Voraussetzungen für eine Aufnahme als Mitglied erfüllt]). Denn es ist anerkannt, daß die *Veräußerung* des versicherten Gegenstandes wegen § 69 VVG auch dann zum Übergang der Mitgliedschaft auf den Erwerber führt, wenn diese Folge satzungsmäßig nicht vorgesehen ist (vgl Kisch und Goldberg/Müller [jeweils aaO und wiederum mit Meinungsverschiedenheiten hinsichtlich der bereits erwähnten Spezialfrage]); auch kann diese

---

* **Schrifttum:** Köbler, Erbrecht und Gesellschaft (1974) 8 ff; Sernetz, Die Rechtsnachfolge in die Verbandsmitgliedschaft insbes beim Unternehmerwechsel (1973) 51 f, 152 ff, 218 f.

Wolfgang Marotzke

Folge des § 69 VVG nicht durch die Satzung ausgeschlossen werden (arg § 72 VVG; vgl auch KISCH aaO mit Fn 8 [ausführlich]; GOLDBERG/MÜLLER aaO; **aM** OLG Hamburg APV 1928 Bd 27 S 10 Nr 1798 und, beschränkt auf den Fall der *erb*rechtlichen Nachfolge, PRÖLSS/SCHMIDT/SASSE VAG § 20 Rn 12). Dies muß für die *Vererbung,* obwohl in § 69 VVG nicht ausdrücklich erwähnt, *erst recht* gelten.

d) Genossenschaft*

167 Die Mitgliedschaft in einer Genossenschaft geht mit dem Tode ihres Inhabers auf den Erben über; sie endet jedoch mit dem Schluß des Geschäftsjahres, in dem der Erbfall eingetreten ist. Wegen weiterer Einzelheiten, insbes der Möglichkeit abweichender statutarischer Bestimmungen, vgl die detaillierten Regelungen des § 77 GenG, die diesbezügliche Schrift von SCHAFFLAND, die vom selben Autor besorgte Kommentierung des § 77 GenG in LANG/WEIDMÜLLER, GenG (32. Aufl 1988) sowie GRUNEWALD, Der Ausschluß aus Gesellschaft und Verein (1987) 213 f. Ohne weiteres vererblich sind rein *vermögens*rechtliche Ansprüche des Erblassers „aus" der Mitgliedschaft (vgl OLG Schleswig SCHlHA 1961, 196 f für einen durch satzungsgemäße Zuweisung erworbenen Anspruch auf Übereignung eines genossenschaftlichen Hausgrundstücks [dazu auch DOCKHORN MDR 1959, 623 ff; OSCHMANN MDR 1960, 196 f]). Zur Rechtslage bei Beerbung des Mitglieds einer nach dem Recht der ehemaligen DDR errichteten LPG vgl BGHZ 120, 352, 356 = NJW 1993, 857 (LS 4), 858 = ZIP 1993, 300 (LS 4), 301; BGHZ 120, 357, 360 = ZIP 1993, 302 (LS 2), 303; BGH ZIP 1993, 871 f.

4. Personengesellschaft**

a) Gesellschaft des bürgerlichen Rechts

168 Die Mitgliedschaft in einer Gesellschaft des *bürgerlichen* Rechts (§§ 705 ff BGB) folgt beim Tode ihres Inhabers weitgehend den Regeln, die auch beim Tode des Mitglieds einer offenen *Handels*gesellschaft gelten (dazu sogleich Rn 169 ff). Dies ergibt sich sowohl aus der Parallele zwischen den §§ 727, 736 BGB (vgl die dortigen Erl!) und den §§ 131 Nr 4, 137 Abs 1, 138 HGB als auch aus der Verweisung des § 105 Abs 2 HGB auf „die Vorschriften des *Bürgerlichen* Gesetzbuchs über die Gesellschaft" (zu immanenten Grenzen dieser Argumentation SIEGMANN 180 Fn 109). Allerdings hat der Erbe des Mitglieds einer BGB-Gesellschaft nicht das Wahlrecht aus § 139 HGB (eine bedenkenswerte Teilanalogie wird jedoch vorgeschlagen von HÜFNER, Testamentsvollstreckung an Personengesellschaftsanteilen [1990] 156 f). Zur Rechtslage nach dem Tod des Mitglieds einer *Jagdpachtgesellschaft* vgl OLG Karlsruhe AgrarR 1982, 75 f (s auch Rn 282 aE).

---

* **Schrifttum**: BARTHOLOMEYCZIK, Welchen Einfluß hat der Tod des Mitgliedes einer eingetragenen Genossenschaft auf die Mitgliedschaft?, AcP 163 (= 1964, also *vor* der 1973 erfolgten Neufassung des § 77 GenG) 97; HORNUNG, Die Fortsetzung der Mitgliedschaft des verstorbenen Genossen durch dessen Erben (§ 77 GenG nF) Rpfleger 1976, 37; KÖBLER, Erbrecht und Gesellschaft (1974) 10; SCHAFFLAND, Die Vererbung der Mitgliedschaft nach § 77 GenG (1982); SCHNORR vCAROLSFELD,

Zur Frage des statutarisch geordneten Übergangs von Mitgliedschaftrechten eines Genossen einer eingetragenen Genossenschaft auf seine Erben, ZgesGenW 29 (1979) 333.

** **Schrifttum zu 4. a)-c)**: BARZ, Gestaltungen in der erbrechtlichen Praxis heute, Deutscher Notartag 1965, 52; BEHRENS, OHG und erbrechtliche Nachfolge. Eine rechtsvergleichende Untersuchung (1969); BLETZ, Die Mitglieder der Erbengemeinschaft in der OHG (Diss Marburg 1983); BOMMERT, Neue Entwicklungen zur Frage der Testamentsvollstreckung in Personengesellschaften, BB 1984, 178; BÖRNER, Die Erbengemeinschaft als Gesellschafterin einer offenen Handelsgesellschaft, AcP 166 (1966) 426; BORRMANN, Pflichtteilsrecht und gesellschaftsvertragliche Fortsetzungsvereinbarungen (1972); BRANDNER, Die Testamentsvollstrekkung an Kommanditanteilen ist zulässig (zu BGHZ 108, 187), in: FS Kellermann (1991) 37; BROX, Zweckmäßige Gestaltung der Erbfolge im Unternehmen, JA 1980, 561; ders, Anm zu BGH JZ 1984, 890; BRÜGGEHAGEN, Der Konkurs über den Nachlaß eines Gesellschafters einer Personenhandelsgesellschaft (Diss Göttingen 1985); BRUNSTÄDT, Die Beerbung eines Kommanditisten durch mehrere Erben (1939); BUCHWALD, Das Verhältnis von Erbrecht und Gesellschaftsvertrag, JR 1955, 173; ders, Gesellschaftsanteil und Erbrecht, AcP 154 (1955) 22; BUSCHMANN, Die Testamentsvollstreckung im Gesellschaftsrecht (1982); BUSS, Die Rechte des Testamentsvollstreckers in der werbenden OHG (Diss Münster 1971); DAMRAU, Zur Testamentsvollstreckung am Kommanditanteil, NJW 1984, 2785; ders, Kann ein Testamentsvollstrecker einen Kommanditanteil erwerben?, DNotZ 1984, 660; ders, Anm zu OLG Frankfurt JR 1983, 330; DEMELIUS, Zum Grenzstreit zwischen Gesellschaftsrecht und Nachlaßverteilung, Gedenkschr Franz Gschnitzer (1969) 117; DIETRICH, Die materiell-rechtliche Bedeutung der Rechtsnachfolge beim Kommanditistenwechsel, DRW 1943, 1201; DONNER, Der Testamentsvollstrecker des eingetragenen Einzelkaufmanns, des offenen Handelsgesellschafters, des Komplementärs und des Kommanditisten, DNotZ 1944, 143; ders, Mehrheit von Erben eines Kommanditisten im Falle des § 177 HGB, DRWiss 1943, 1205; DURCHLAUB, Fortsetzung der Kommanditgesellschaft auf Aktien mit den Erben des Komplementärs, BB 1977, 875; ders, Die Ausübung von Gesellschaftsrechten in Personengesellschaften durch Testamentsvollstrekker, Betrieb 1977, 1399; DÜTTMANN, Erbe und Testamentsvollstrecker des Gesellschafters einer offenen Handelsgesellschaft im Falle des § 139 HGB (Diss Bochum 1956); EBEL, Nachfolge von Todes wegen in die Personengesellschaft – ein „Jahrhundertproblem"?, Jura 1980,

367; EBERT, Die rechtsfunktionelle Kompetenzabgrenzung von Gesellschaftsrecht und Erbrecht (1972); EINMAHL, Die Ausübung der Verwaltungsrechte des Gesellschaftererben durch den Testamentsvollstrecker, AcP 160 (1961) 29; EISELT, Die Vererbung der Beteiligung an einer OHG, AcP 158 (1959/1960) 319; EISENHARDT, Sondererbfolge in einen Gesellschaftsanteil bei der Personalgesellschaft, MDR 1969, 521; ders, Die Stellung des Gesellschaftererben am Beispiel der kapitalistisch organisierten Kommanditgesellschaft, JuS 1975, 413; EMMERICH, Die Testamentsvollstreckung an Gesellschaftsanteilen, ZHR 132 (1969) 297; ders, Die Haftung des Gesellschaftererben nach § 139 HGB, ZHR 150 (1986) 193; ESCH, Die Nachlaßzugehörigkeit vererbter Personengesellschaftsbeteiligungen, NJW 1984, 339; ESCH/ SCHULZE ZUR WIESCHE, Handbuch der Vermögensnachfolge (4. Aufl 1992) Rn 23–35; FABIAN, Gesellschaftsverträge und letztwillige Verfügungen der einzelnen Gesellschafter (Diss Heidelberg 1934); FEDDERSEN, Die Behandlung der Abkömmlinge bei der Erbfolge in Gesellschaftsanteile unter vorrangiger Erhaltung der Kontinuität des Unternehmens und unter Beachtung des Primats der Unternehmensnachfolge, in: FS Stiefel (1987) 197; FERID, Zur Behandlung von Anteilen an Personalgesellschaften beim zwischenstaatlichen Erbgang, in: FS Alfred Hueck (1959) 343; FINGER, Die Nachfolge in einer offenen Handelsgesellschaft beim Tod eines Gesellschafters (1974); ders, Die Vererbung von Anteilen einer Personengesellschaft, JR 1969, 409; ders, Der Ausschluß von Abfindungsansprüchen bei der Nachfolge in Personengesellschaften beim Tod eines Gesellschafters, Betrieb 1974, 27; R FISCHER, Die Stellung des vermeintlichen Erben in der OHG, in: FS 150 Jahre Carl Heymanns Verlag (1965) 271; ders, Die Geschäftsführungs- und Vertretungsbefugnis eines Erben in einer Personengesellschaft des Handelsrechts, BB 1956, 839; ders, Anm zu BGH LM HGB § 139 Nr 1; FLUME, Die Nachfolge in die Mitgliedschaft in einer Personengesellschaft beim Tode eines Gesellschafters, in: FS Schilling (1973) 23; ders, Allgemeiner Teil des Bürgerlichen Rechts Bd I 1, Die Personengesellschaft (1977) § 18; ders, Die

Abfindung nach der Buchwertklausel für den Gesellschafter minderen Rechts einer Personengesellschaft, NJW 1979, 902; ders, Teilungsanordnung und Erbschaftsteuer (mit 4: Die Erbschaftsbesteuerung bei der qualifizierten Nachfolgeklausel in die Beteiligung an einer Personengesellschaft), Betrieb 1983, 2271, 2272; ders, Die Erben-Nachfolge in die Beteiligung an einer Personengesellschaft und die sonstige Erbfolge in Hinsicht auf die Problematik von Nachlaßverwaltung, Nachlaßkonkurs und Testamentsvollstreckung, in: FS Müller-Freienfels (1986) 113; ders, Die Erbennachfolge in den Anteil an einer Personengesellschaft und die Zugehörigkeit des Anteils zum Nachlaß, NJW 1988, 161; ders, Erbrecht und Gesellschaftsrecht als die beiden Momente der Erbennachfolge in die Beteiligung an einer Personengesellschaft, in: FS Der Betrieb (1988) 181; ders, Die Nachlaßzugehörigkeit der Beteiligung an einer Personengesellschaft in ihrer Bedeutung für Testamentsvollstreckung, Nachlaßverwaltung und Nachlaßkonkurs und Surrogatserwerb, ZHR 155 (1991) 501; FRENZ, Rechtsnachfolge in Kommanditanteile, MittRhNotK 1988, 1, 10; FREY, Tod des einzigen Komplementärs (zu BGHZ 101, 123), ZGR 1988, 281; FRIEDRICH, Die Testamentsvollstreckung an Kommanditanteilen (1988) 51 ff; FUNKE/KAISER, Die Stellung des Testamentsvollstreckers in der offenen Handelsgesellschaft (Diss Köln 1956); GLASER, Haftungsfragen bei einer mit Erben fortgesetzten offenen Handelsgesellschaft, Betrieb 1956, 933; GÖBEL, Gestaltung der Gesellschafternachfolge für den Todesfall, DNotZ 1979, 133; GÖTTE, Die Gewinn- und Auseinandersetzungsansprüche bei einer Gesellschafternachfolge aufgrund rechtsgeschäftlichen Eintrittsrechtes, DNotZ 1988, 603; HABERSTROH, Die Nachfolge einer Erbenmehrheit in die Mitgliedschaft eines Handelsgesellschafters (Diss Frankfurt aM 1976); HAEGELE, Zu den Beziehungen zwischen Gesellschafts- und testamentarischem Erbrecht, JurBüro 1968, 670; ders, Gesellschafts- und Erbrecht in ihren Beziehungen zueinander, BWNotZ 1973, 76; HAEGELE/LITFIN, Handbuch der Familienunternehmen (1979) Teil V; HECKELMANN, Abfindungsklauseln in Gesellschaftsverträgen (1973)

199; ders, Materielle und vollstreckungsrechtliche Folgeprobleme der Entscheidung des BGH für die Sondernachfolge in den Gesellschaftsanteil an der OHG bei sog qualifizierter Nachfolgeklausel, in: De justitia et jure, in: FS vLübtow (1980) 619; HENRICH, Die Vererbung von Gesellschaftsanteilen bei OHG und KG, JA 1971, 755; HINKE, Der Pflichtteil beim Tod des Gesellschafters einer offenen Handelsgesellschaft (Diss Bonn 1966); HOLZHAUER, Erbrechtliche Untersuchungen/Einschränkungen der Verwaltungstestamentsvollstreckung im Handelsrecht (1973) 1; HOMANN, Die angemessene Berücksichtigung der weichenden Erben bei der Vererbung von Gesellschaftsanteilen einer Personengesellschaft (Diss Bielefeld 1985); U HUBER, Vermögensanteil, Kapitalanteil und Gesellschaftsanteil an Personalgesellschaften des Handelsrechts (1970) 419; A HUECK, Das Recht der offenen Handelsgesellschaft (4. Aufl 1971) §§ 23−29; ders, Der gemeinschaftliche Vertreter mehrerer Erben in einer Kommanditgesellschaft, ZHR 125 (1963) 1; ders, Gesellschaftsvertrag und Erbrecht, DNotZ 1952, 550; HÜFFER, 100 Bände BGHZ: Personengesellschaftsrecht, ZHR 1987, 396, 401 ff; HÜFNER, Testamentsvollstreckung an Personengesellschaftsanteilen, (1990); HURST, Die Vertreterklausel bei der offenen Handelsgesellschaft, DNotZ 1967, 6; JAHRMARKT, Vorteilhafte Unternehmensnachfolge (2. Aufl 1977); JOHANNSEN, Die Rechtsprechung des Bundesgerichtshofs auf dem Gebiete des Erbrechts, WM 1972, 914, 915; ders, Erbrecht in der Rechtsprechung des Bundesgerichtshofes 1977 und 1978, WM 1979, 630, 637; ders, Die Nachfolge in kaufmännische Unternehmen und Beteiligungen an Personengesellschaften beim Tode ihres Inhabers, FamRZ 1980, 1074; ders, Erbrecht in der Rechtsprechung des Bundesgerichtshofs 1982 bis 1984, WM Sonderteil 1/1985, 34 ff; KAPP/EBELING/GRUNE, Handbuch der Erbengemeinschaft (4. Aufl Stand 1992) III Rn 147; KAUFMANN, Zur Zulässigkeit der gesellschaftsvertraglichen Vermögensbildung, JZ 1959, 522; KIESERLING, Die erbrechtliche Haftung des Miterben-Gesellschafters einer Personengesellschaft bis zur Nachlaßteilung (Diss Münster 1972); KNIEPER/FROMM, Erbrecht und

Gesellschaftsrecht bei der Gesellschafternachfolge, NJW 1980, 2677; KNÖCHLEIN, Abfindungsvereinbarungen bei Personalhandelsgesellschaften, DNotZ 1960, 452, 457; KÖBLER, Erbrecht und Gesellschaft (1974); ders, Die Erbengemeinschaft als Kommanditistin, Betrieb 1972, 2241; KOCH, Kommanditanteil und Testamentsvollstreckung, NJW 1983, 1762; ders, Streit der BGH-Senate um die Nachlaßzugehörigkeit des vererbten Gesellschaftsanteils, BB 1987, 2106; KONZEN, Der vermeintliche Erbe in der OHG, ZHR 145 (1981) 29; KRETZSCHMAR, Die Gestaltung der Haftung des Erben, wenn der Erblasser Einzelkaufmann war oder einer offenen Handelsgesellschaft oder einer Kommanditgesellschaft als Teilhaber angehörte, ZBlFG 17, 1; KRUSE, Die Vererbung des Mitgliedschaftsrechts an der offenen Handelsgesellschaft im Falle der Nachfolgeklausel, Ius et commercium, in: FS Laufke (1971) 179; E KÜSTER, Gesellschafternachfolge und Erbengemeinschaft bei OHG und KG (1970); W KÜSTER, Zur Frage der Gestaltbarkeit der Rechtsnachfolge für den Todesfall bei der OHG, DNotZ 1956, 460; KUSSMAUL, Unternehmerkinder. Ihre zivil- und steuerrechtliche Berücksichtigung in personenbezogenen, mittelständischen Familienunternehmen (1983); LAMERS, Die Kommanditeinlage der Miterbengesellschafter, MDR 1960, 888; LIEBISCH, Über die Rechtsstellung der Erben eines offenen Handelsgesellschafters, ZHR 116 (1954) 128; LUTTER, Zur Beschränkung des Vorerben im Gesellschaftsrecht, ZGR 1982, 108; MAIBERG, Nachfolgeprobleme bei Vertretungsgeschäften in Familien-Kommanditgesellschaften mit nur einem Komplementär, Betrieb 1979, 2021; MAROTZKE, „Höferechtliche Tendenzen" und dogmatische Lösungen bei der Beerbung des Mitglieds einer offenen Handelsgesellschaft, AcP 184 (1984) 541; ders, Die Mitgliedschaft in einer offenen Handelsgesellschaft als Gegenstand der Testamentsvollstreckung, JZ 1986, 457; ders, Die Nachlaßzugehörigkeit ererbter Personengesellschaftsanteile und der Machtbereich des Testamentsvollstreckers nach dem Urteil des BGH vom 14. Mai 1986 (BGHZ 98, 48), AcP 187 (1987) 223; ders, Drei Ziele unter einem Hut? Neue Hinweise des BGH zur Gestaltung

der Gesellschafter-Nachfolge, JR 1988, 184 (ausführlichere Darlegung der aaO 188 bei Fn 46 angedeuteten These zur „Zwangsvollstreckung in Gesellschaftsanteile nach Abspaltung der Vermögensansprüche" nunmehr in ZIP 1988, 1509); ders, Haftungsverhältnisse und Probleme der Nachlaßverwaltung bei der Beerbung des einzigen Komplementärs durch den einzigen Kommanditisten (zu BGHZ 113, 132), ZHR 156 (1992) 17; MARTINEK, Der Kommanditanteil als Nachlaßsurrogat – ein neuer Konflikt zwischen Erb- und Gesellschaftsrecht?, ZGR 1991, 74; MÄRKLE, Der Erbfall und die Erbauseinandersetzung im Ertragsteuerrecht, BWNotZ 1984, 73, 80 ff; MÄRKLE/FRANZ, Die Erbauseinandersetzung eines Nachlasses mit Gesellschaftsanteilen, BB 1991, 2494; MERKEL, Die Rechtsnachfolge beim Tode eines Gesellschafters einer offenen Handelsgesellschaft, BB 1956, 835; ders, Übergang der Geschäftsführungs- und Vertretungsbefugnis eines persönlich haftenden Gesellschafters auf seine Erben, MDR 1963, 102; MICHALSKI, Gesellschaftsrechtliche Gestaltungsmöglichkeiten zur Perpetuierung von Unternehmen (1980); ders, Nachfolgeregelungen in Personengesellschaften, Betrieb 1980 Beil Nr 5; ders, Die Vor- und Nacherbschaft in einen OHG (KG)- und GmbH-Anteil, Betrieb 1987 Beil Nr 16; MILEWSKI, Der Erwerb eines Gesellschaftsanteils auf Grund Gesellschaftsvertrages zu Gunsten Dritter auf den Todesfall . . . (Diss Köln 1950) 7; MODEL, Letztwillige Verfügung und Gesellschaftsvertrag, GmbHRdsch 1959, 6; MÜLLER, Die Vererbung des OHG-Anteils, in: FS Wahl (1973) 369; MÜLLER-GRAFF, Ein vorsorgender Familienvater, JuS 1977, 323; MÜMMLER, Kommanditeinlage als Nachlaßbestandteil (unter kostenrechtlichen Aspekten), JurBüro 1986, 1464; MUSCHELER, Die Haftungsordnung der Testamentsvollstreckung (1994) 431 ff; NEUFANG, Die Erbfolge bei Anteilen an Personengesellschaften, Inf 1986, 442; PARDEY, Gesetzlich Vertretene als Erben eines Kaufmannes oder Komplementärs (Verfahrensprobleme für Register- und Vormundschaftsgerichte), FamRZ 1988, 460; PASCHKE, Nacherbenschutz in der Vorerben-Personengesellschaft, ZIP 1985, 129; PATZSCHKE, Probleme in bezug auf das Weiterbestehen der offenen Handelsgesellschaft mit den Erben eines Gesellschafters, ZHR 113 (1950) 1; PETERSEN, Zum Verhältnis von Gesellschaftsvertrag und Erbrecht bei der Nachfolge von Erben in eine Personalgesellschaft, JZ 1960, 211; ders, Zur Gestaltung von gesellschaftsvertraglicher Nachfolgeklausel und letztwilliger Verfügung bei der Nachfolge von Erben in eine offene Handelsgesellschaft, BB 1963, 331; PETZOLDT, Gesellschaftsvertrag und Erbrecht bei der GmbH und der GmbH & Co KG, GmbHRdsch 1977, 25, 32; PRASCH, Die unmittelbare Nachfolge der Erben in die Mitgliedschaft eines offenen Handelsgesellschafters (Diss München 1961); PRIESTER, Anmerkung zu BGH DNotZ 1977, 550, DNotZ 1977, 558; QUACK, Die Testamentsvollstreckung an Kommanditanteilen, BB 1989, 2271; RADDATZ, Die Nachlaßzugehörigkeit vererbter Personengesellschaftsanteile (1991); RAUCH, Parteiwille und Nachfolge in die Personengesellschaft, Betrieb 1969, 1277; ders, Die erbrechtliche Rechtsnachfolge eines Miterben in die Mitgliedschaft eines Personalgesellschafters, DNotZ 1970, 78; ders, Grundsätzliche Rechtsfragen zur Nachfolge von Todes wegen in die Apothekengesellschaft, in: FS G Küchenhoff (1972) Bd I 301; REHMANN, Testamentsvollstreckung an Gesellschaftsanteilen, BB 1985, 297; REIMANN/SPIEGELBERGER, Aktuelle Fragen der Unternehmensnachfolge, RWS-Skript Nr 163 (1986); ders, Testamentsvollstreckung an Gesellschaftsanteilen jetzt möglich?, MittBayNotV 1986, 232; G und D REINICKE, Zur Kollision von Gesellschaftsrecht und Erbrecht, NJW 1957, 561; REITHMANN, Testamentsvollstreckung und postmortale Vollmacht als Instrumente der Kautelarjurisprudenz, BB 1984, 1394; RENZ, Zur Frage des Wechsels der Gesellschafter bei offenen Handelsgesellschaften und Kommanditgesellschaften (Diss Tübingen 1937) 32 ff; REUTER, Gesellschaftsvertragliche Nachfolgeregelung und Pflichtteilsrecht (zu BGH NJW 1970, 1638), JuS 1971, 289; ders, Privatrechtliche Schranken der Perpetuierung von Unternehmen (1973) 319; ders, Die Bestandssicherung von Unternehmen, AcP 181 (1981) 1; ders, Probleme der Unternehmensnachfolge, ZGR 1991, 467; RICHARDI, Das

Verwaltungsrecht des Testamentsvollstreckers an der Mitgliedschaft in einer Personenhandelsgesellschaft (1961); RIESENFELD, Die Erbenhaftung I (1916) 117, 239: Haftung wegen Geschäftsschulden gem § 139 HGB; ROKAS, Die Teilhaberschaft an der OHG und ihre Vererbung (1965); RÖMER, Nachfolge und Bestandssicherung der Personalgesellschaften des Handelsrechts im Erbfall (1963); ROTH, Die Erbfolge des nichtehelichen Kindes in OHG- und KG-Anteile, BB 1972, 1340; ROWEDDER, Die Zulässigkeit der Testamentsvollstreckung bei Kommanditbeteiligungen, in: FS Goerdeler (1987) 445; RÜTHERS, Die privatautonome Gestaltung der Vererbung des Anteils an einer Offenen Handelsgesellschaft durch eine beschränkte Nachfolgeklausel, AcP 168 (1968) 263; SÄCKER, Gesellschaftsvertragliche und erbrechtliche Nachfolge in Gesamthandsmitgliedschaften (1970); ders, Anm zu KG JR 1971, 421, 423; SCHAPP, Der Schutz des Unternehmens in der Vererbung im Landwirtschaftsrecht und im Personengesellschaftsrecht (1975); SCHLICHT, Zugehörigkeit des Gesellschaftsanteils zum Nachlaß bei Fortsetzungsklausel (§ 139 HGB)?, NJW 1954, 984; SCHMELLENKAMP, Die Testamentsvollstreckung an Gesellschaftsanteilen, insbes Kommanditanteilen und Ersatzlösungen, MittRhNotK 1986, 181; K SCHMIDT, Gesellschaftsrecht (2. Aufl 1991) 1096 ff, 1249 ff, 1311 ff, 1460 f, 1475 f; ders, Zur kombinierten Nachfolge- und Umwandlungsklausel bei OHG- oder Komplementäranteilen, BB 1989, 1702; E SCHMITZ, Testamentsvollstreckung an Personengesellschaftsanteilen (Folgerungen für die Praxis aus BGHZ 98, 48), ZGR 1988, 140; SCHMITZ-HERSCHEIDT, Die Unternehmernachfolge in der OHG von Todes wegen (1969); ders, Die Mitgliedschaft in der OHG als Gegenstand der Erbfolge, WM 1971, 1110; U H SCHNEIDER, Anm zu BGH JR 1983, 502, 504; SCHNEIDER/MARTIN, Familienunternehmen und Unternehmertestament (4. Aufl 1963) 427; SCHOPP, Letztwillige Bestimmungen über die Unternehmensfortführung durch Dritte, Rpfleger 1978, 77; JAN SCHRÖDER, Stimmrechtskonsortien unter Aktionären: Gesellschafts- und erbrechtliche Probleme, ZGR 1978, 578; SCHULZE ZUR WIESCHE, Die GmbH

& Co KG (1985) 111, 115; ders, Erbauseinandersetzung und Gesellschaftsanteil im Ertragsteuerrecht, BB 1987, 2419; SIEBERT, Die Nachfolge von Todes wegen in die Mitgliedschaft des Gesellschafters einer offenen Handelsgesellschaft, NJW 1955, 809; ders, Die Rechtsnachfolge beim Tode eines Gesellschafters einer offenen Handelsgesellschaft, BB 1956, 837; ders, Nachfolge eines Miterben in die Gesellschafterstellung bei der offenen Handelsgesellschaft, BB 1957, 18; ders, Gesellschaftsvertrag und Erbrecht bei der Offenen Handelsgesellschaft (3. Aufl 1958); ders, Gesellschaftsvertragliche Abfindungsklauseln und Pflichtteilsrecht, NJW 1960, 1033; SIEGMANN, Personengesellschaftsanteil und Erbrecht (1992); SOMMER, Rechtliche Wege zur Bestands- und Nachfolgesicherung von Familiengesellschaften (Diss Hamburg 1967) 198; SPIRITUS, Haftungsbeeinflussende Nachlaßteilung zugleich mit erbrechtlicher Nachfolge in eine Personalhandelsgesellschaft? (1974); STAUDER/WESTERHOFF, Die Auswirkungen des Erbrechts des nichtehelichen Kindes auf den Unternehmensbereich, FamRZ 1972, 601; STÖBER, Der minderjährige Gesellschafter einer offenen Handelsgesellschaft oder Kommanditgesellschaft, Rpfleger 1968, 2, 9; STODOLKOWITZ, Nachlaßzugehörigkeit von Personengesellschaftsanteilen, in: FS Kellermann (1991) 439; STÖTTER, Die Nachfolge in Anteile an Personengesellschaften auf Grund Gesellschaftsvertrages oder Erbrechts, Betrieb 1970, 525, 573; SUDHOFF, Handbuch der Unternehmensnachfolge (3. Aufl 1984) 105 ff; ders, Der Gesellschaftsvertrag der Personengesellschaften (6. Aufl 1985) 377; ders, Der Gesellschaftsvertrag der GmbH & Co (4. Aufl 1979) §§ 98–107; TIEDAU, Gesellschaftsrecht und Erbrecht, MDR 1978, 353; ders, Die Abfindungs- und Ausgleichsansprüche der von der gesellschaftlichen Nachfolge ausgeschlossenen Erben, NJW 1980, 2446; TIEFENBACHER, Die Personengesellschaft und das neue eheliche Güterrecht, BB 1958, 565; P ULMER, Gesellschafternachfolge und Erbrecht, ZGR 1972, 195, 212, 332; ders, in GroßKomm HGB (3. Aufl 1973) § 139;

ders, Die Sonderzuordnung des vererbten OHG-Anteils, in: FS Schilling (1973) 79; ders, Zur Gesellschafternachfolge im Todesfall, BB 1977, 805; ders, Nachlaßzugehörigkeit vererbter Personengesellschaftsbeteiligungen?, NJW 1984, 1496; ders, Richterrechtliche Entwicklungen im Gesellschaftsrecht 1971–1985 (1986) 22 ff; ders, Probleme der Vererbung von Personengesellschaftsanteilen (zu BGHZ 98, 48 = NJW 1986, 2431), JuS 1986, 856; ders, Anm zu BGH JZ 1987, 880, 881; ders, Testamentsvollstreckung am Kommanditanteil – Voraussetzungen und Rechtsfolgen, NJW 1990, 73; DOLF WEBER, Testamentsvollstreckung an Kommanditanteilen? in: FS Stiefel (1987) 829; WEIDLICH, Die Testamentsvollstreckung im Recht der Personengesellschaften (1993) 9 ff; WEILER, Die Rechtsstellung des Testamentsvollstreckers gegenüber den Erben hinsichtlich einer personengesellschaftlichen Beteiligung des Erblassers, DNotZ 1952, 283; WEIPERT, Anm zu BGH JR 1954, 59, 60; WENDELSTEIN, Die Unterbeteiligung als zweckmäßige Erbfolgeregelung, BB 1970, 735; H WESTERMANN in WESTERMANN/SCHERPF/PAULICK/BULLA/HACKBEIL, Handbuch der Personengesellschaften (4. Aufl 1979) Rn 452; H P WESTERMANN, Haftung für Nachlaßschulden bei Beerbung eines Personengesellschafters durch eine Erbengemeinschaft, AcP 173 (1973) 24; ders, Die höchstrichterliche Regelung der Erbfolge in Beteiligungen an Personengesellschaften, JuS 1979, 761; WIEDEMANN, Die Übertragung und Vererbung von Mitgliedschaftsrechten bei Handelsgesellschaften (1965); ders, Anm zu BGH JZ 1977, 685, 689; H WOLF, Fragen um die Rechtsnachfolge des verstorbenen „offenen" Gesellschafters, NJW 1954, 1549; ZIMMERMANN, Nachfolge in Anteile von Personalgesellschaften auf Grund Gesellschaftsvertrages oder Erbrechts, Arbeiten zur Rechtsvergleichung Bd 46 (1970) 49; ZUNFT, Unklarheiten zu § 139 HGB, NJW 1957, 1129.

Vgl auch die Schrifttumshinweise bei § 727 und bei Vorbem 24 zu §§ 2032–2057 a.

Wolfgang Marotzke

b)   Offene Handelsgesellschaft (OHG)

aa)   Vererblichkeit der Mitgliedschaft

169 **Nach einer weit verbreiteten Meinung**, die auch von Staudinger/Boehmer[11] (§ 1922 Rn 162 und Einl § 28 Rn 23) und vom BGH vertreten worden ist (BGHZ 22, 186, 191; vgl auch BGH NJW 1983, 2376, 2377 ad 3; anders mglw BGHZ 98, 48, 50 f m zust Anm Marotzke AcP 187, 223, 226 f), **soll die Mitgliedschaft in einer offenen Handelsgesellschaft (OHG) grundsätzlich nicht vererblich sein.** Das überrascht, wenn man bedenkt, daß § 1922 Abs 1 die „Erbschaft" grundsätzlich mit dem ganzen „Vermögen" des Verstorbenen gleichsetzt (über Ausnahmen s Rn 113, 115) und daß zum Vermögen selbstverständlich auch die Beteiligung an einer OHG gehört. Letzteres zeigt sich zB darin, daß auf solche Beteiligungen im Wege der Anteilspfändung zugegriffen werden kann (vgl §§ 859 Abs 1 S 1 ZPO, 725 BGB, 105 Abs 2 HGB; aber auch § 135 HGB, der nicht von einer [nach BGH WM 1972, 81 f jedoch auch bei der OHG zulässigen] *Anteils*pfändung, sondern von einer Pfändung des „Anspruchs" auf dasjenige spricht, „was dem Gesellschafter bei der Auseinandersetzung zukommt"). Zwar ist der Anteil an einer OHG grundsätzlich nicht übertragbar (§§ 717, 719 Abs 1 BGB, 105 Abs 2 HGB). Daraus kann aber schon deshalb nicht auf die Unvererblichkeit geschlossen werden (vgl auch Rn 115, 208, 276), weil sich der zur *erb*rechtlichen Nachfolge führende Tod eines Gesellschafters im Gegensatz zu einer Verfügung unter Lebenden normalerweise nicht als Willkürakt gegenüber den übrigen Gesellschaftern begreifen läßt (vgl in etwas anderem Zusammenhang BGH NJW-RR 1991, 75, 76) und weil zudem durch § 131 Nr 4 HGB dafür gesorgt ist, daß die OHG beim Tod eines Gesellschafters mangels abweichender gesellschaftsvertraglicher Bestimmung „aufgelöst" wird, so daß sich die werbende Gesellschaft in eine Liquidationsgesellschaft verwandelt mit entsprechend beschränkten Befugnissen des den übrigen Gesellschaftern aufgedrängten neuen Gesellschafters (des Erben). Die Dinge liegen hier anders als zB beim rechtsfähigen *Verein* (Rn 164), wo *das Gesetz selbst* neben der Übertragung ausdrücklich (!) auch die Vererbung der Mitgliedschaft ausschließt (§ 38 S 1 BGB), soweit satzungsmäßig nichts anderes bestimmt ist (§ 40 BGB). Dennoch will BGHZ 22, 186, 191 die Vererblichkeit von *OHG-Anteilen* nur anerkennen, „wenn und soweit sie in dem Gesellschaftsvertrag vorgesehen und zugelassen ist" (vgl auch BGHZ 68, 225, 229; BGH NJW 1983, 2376 f ad 3; BGH NJW-RR 1986, 28, 30; Brox Rn 756, 762; MünchKomm/Ulmer § 727 Rn 21 mit Fn 24; H Westermann Rn 471; Hüffer ZHR 1987, 396, 401 Fn 35; GroßKommHGB/ Schilling[4] § 173 Rn 10, § 177 Rn 25; noch restriktiver Hüfner 93 ff, 158 ff, der meint, daß Gegenstand der Vererbung niemals der Gesellschaftsanteil als solcher, sondern allenfalls ein Optionsrecht sei; kritisch zu den Thesen des letztgenannten Autors Marotzke ZHR 1991, 81 ff; Siegmann 91 ff; Weidlich 12 f).

170 Mit dieser so oder ähnlich immer wiederkehrenden Formulierung wird die Vererbung des Anteils an einer werbenden OHG von einer sog (s BGHZ 68, 225, 229) „Vererblichstellung" abhängig gemacht. Die dafür gegebene **Begründung** vermag jedoch nicht zu überzeugen: In seinem Urteil BGHZ 22, 186, 191 beruft sich der BGH auf einen im Jahre 1954 gehaltenen Vortrag von Siebert, der sich seinerseits auf den oben erwähnten § 131 Nr 4 HGB gestützt hat (Siebert, Gesellschaftsvertrag und Erbrecht bei der Offenen Handelsgesellschaft [3. Aufl 1958] 9; vgl auch BGB-RGRK/Kregel Rn 11, 14; Rüthers AcP 168, 263, 265 f, 276; H Westermann Rn 474 [im vorletzten Absatz]; H P Westermann JuS 1979, 761 [ad I 2], 766 [ad II 2 b]; GroßKommHGB/Schilling[4] § 173 Rn 10; Michalski, Gesellschaftsrechtliche Gestaltungsmöglichkeiten zur Perpetuierung von Unternehmen

[1980] 150 mwN). Wie im Prinzip auch SIEBERT (aaO) erkannt hat, folgt aus dieser Bestimmung aber nicht, daß ein OHG-Anteil grundsätzlich unvererblich wäre (man folgert ja auch nicht aus § 131 Nr 5 HGB, daß ein OHG-Anteil nicht Bestandteil einer Konkursmasse sein könne [vgl aber für den Sonderfall des Nachlaßkonkurses die vom Verfasser in AcP 187, 223, 234 f kritisierte Entscheidung BGHZ 91, 132, 137]!), sondern nur, daß sich die OHG beim Tode eines Gesellschafters von einer „werbenden" in eine „Liquidationsgesellschaft" verwandelt, falls der Gesellschaftsvertrag diese Umwandlung nicht ausschließt. Dementsprechend hat selbst SIEBERT (aaO) anerkannt, daß die Erben als solche „Mitglieder der Liquidationsgesellschaft" werden und „in ihr sowohl Verwaltungs- wie Vermögensrechte" haben, so daß man „insoweit" durchaus von einer Fortsetzung der Mitgliedschaft des Erblassers durch dessen Erben sprechen könne (im gleichen Sinne äußern sich H WESTERMANN Rn 453, 669; H P WESTERMANN aaO ad I 2; BROX Rn 746; MünchKomm § 727 Rn 9 [ULMER], § 1922 Rn 32 [LEIPOLD]; HINKE [vgl Schrifttum vor Rn 168] 13; vgl auch BGH NJW-RR 1986, 256). Wenig später macht SIEBERT allerdings die Einschränkung, daß diese „Fortsetzung" der Mitgliedschaft wegen der mit ihr verbundenen Liquidation der Gesellschaft keine „echte" sei (SIEBERT 9), um sodann (SIEBERT 19 f, 25; vgl auch BROX Rn 756, 762; H P WESTERMANN aaO unter II 2 b) zu der nun auch vom BGH vertretenen These zu gelangen, daß die „Vererbung" eines OHG-Anteils nur möglich sei, wenn und soweit sie im Gesellschaftsvertrag besonders vorgesehen und zugelassen sei.

Diese These ist jedoch nur dann zutreffend, wenn man sie auf diejenigen gesell- **171** schaftsrechtlichen Befugnisse beschränkt, die eine „werbende" Gesellschaft voraussetzen und deshalb bei „Auflösung" der letzteren entfallen. Nur insoweit ergeben sich die grundsätzliche Unvererblichkeit wie auch die Möglichkeit der „Vererblichstellung" aus § 131 Nr 4 HGB. Im übrigen, also **hinsichtlich des Gesellschaftsanteils als solchem, ist die These, daß es einer „Vererblichstellung" bedürfe, evident unrichtig** (vgl MÜLLER in: FS Wahl [1973] 369 ff; MAROTZKE AcP 184, 541, 543 ff, 555 f; der dort geäußerten Kritik stimmen zu FLUME in: FS Der Betrieb [1988] 181, 183 f; FRIEDRICH 52 ff; MünchHdbKG/KLEIN § 43 Rn 1, § 44 Rn 26 Fn 83; K SCHMIDT, Gesellschaftsrecht 1101, 1104; ders in: SCHLEGELBERGER⁵, HGB § 131 Rn 24, § 139 Rn 16; SOERGEL/STEIN Rn 54 Fn 108; SIEGMANN 33 ff, 266). Insoweit beruht sie auf einer gedanklichen Ungenauigkeit. Diese besteht darin, daß die beiden Fragen, ob der Gesellschaftsanteil des Erblassers auf den oder die Erben übergeht und falls ja, ob das *Substrat* dieses Anteils eine werbende OHG bleibt oder sich in eine Liquidationsgesellschaft verwandelt, nicht auseinandergehalten werden. Nach § 131 Nr 4 HGB bedarf nicht schon die „Vererbung" des OHG-Anteils, sondern erst das über einen bloßen Anteilserwerb hinausgehende Recht des Erben, die Gesellschaft mit den übrigen Gesellschaftern iSd § 139 Abs 1 HGB als *werbende* OHG „fortzusetzen" (statt sich nur als Mitglied einer *Liquidations*gesellschaft zu betätigen), einer besonderen Grundlage im Gesellschaftsvertrag (zu der Möglichkeit, diesen notfalls durch *Auslegung* zu „ergänzen", vgl BGH NJW-RR 1986, 256). Ein Grund, in Fällen, in denen dieses Erfordernis nicht erfüllt ist, nicht nur die „Fortsetzung" der Gesellschaft als „werbende", sondern auch die „Vererbung" der von dem verstorbenen Gesellschafter hinterlassenen Beteiligung scheitern zu lassen (was iE wohl *niemand* will; s Rn 170, 173!), ist gerade *wegen* des sich aus § 131 Nr 4 HGB ergebenden Schutzes der übrigen Gesellschafter vor gesellschaftsvertraglich nicht vorgesehenen Fortsetzungswünschen des ihnen durch das Erbrecht aufgedrängten neuen Gesellschafters nicht ersichtlich (zu dem umgekehrten Fall, in dem die „Fortsetzung" einer nach § 131 Nr 4 HGB „aufgelösten" OHG nicht von dem Erben, sondern *gegen* dessen Willen von

Wolfgang Marotzke

den *übrigen* Gesellschaftern gewünscht wird, vgl BGH NJW-RR 1986, 256). Ebensowenig ist solch ein Grund dann anzuerkennen, wenn die Gesellschafter vor dem Erbfall auf den Schutz des § 131 Nr 4 HGB verzichten, indem sie vereinbaren, daß die Gesellschaft beim Tode eines Gesellschafters entgegen § 131 Nr 4 HGB *nicht* aufgelöst werden solle (anders die Vertreter der hM [vgl statt aller H WESTERMANN Rn 471; SCHAPP 142/143], obwohl der von ihnen – zu Unrecht – herangezogene § 131 Nr 4 HGB in diesen Fällen doch gerade *abbedungen* ist!): Wer auf einen ihm nach dem Gesetz zustehenden Schutz freiwillig verzichtet, hat seine daraus resultierende Schutz*losigkeit* selbst zu verantworten.

172 Unrichtig ist auch die These, daß sich das Erfordernis einer „Vererblichstellung" aus den „insoweit klaren Regelungen" der §§ **138, 139 HGB** ergebe (so jedoch MünchKomm/ULMER² § 727 Rn 21 Fn 24). Denn im Falle des § 138 HGB ist der Gesellschaftsanteil der Vererbung nicht deshalb entzogen, weil der Gesellschaftsvertrag insoweit schweigen würde, sondern deshalb, weil der Gesellschaftsvertrag die Beteiligung durch die positive Bestimmung, daß die Gesellschaft beim Tode seines Inhabers unter den *übrigen* Gesellschaftern fortbestehen soll, *am Erbrecht vorbeisteuert* (vgl schon Rn 57; unrichtig spricht auch hier von „Vererblichstellung" GroßKommHGB/SCHILLING⁴ § 177 Rn 25). Zudem sind die §§ 138, 139 HGB, auf die sich die hier kritisierte Ansicht stützt, im **Zusammenhang mit § 131 Nr 4 HGB** zu sehen, aufgrund dessen die OHG durch den Tod eines Gesellschafters aufgelöst wird, „sofern nicht aus dem Gesellschaftsvertrage sich ein anderes ergibt": Eine gesellschaftsvertragliche Klausel des Inhalts, daß die OHG beim Tode eines Gesellschafters *nicht* aufgelöst wird, läßt sich immer auch positiv dahingehend formulieren, daß die OHG über den Erbfall hinaus als *werbende* Gesellschaft „fortbestehen" (§ 138 HGB) bzw „fortgesetzt" (§ 139 Abs 1 HGB) werden soll. *Bezeichnet solch eine „Fortsetzungsklausel" iS einer* **abschließenden** *Regelung die Personen, unter denen die Gesellschaft fortgesetzt werden soll*, so kann sie ihr Ziel, die in § 131 Nr 4 HGB zur Regel erhobene Auflösung der Gesellschaft zu vermeiden, nur erreichen, wenn der Gesellschaftsanteil beim Tode seines Inhabers nicht endgültig (s Rn 180 aE) an einen diesem Personenkreis *nicht* angehörenden, den übrigen Gesellschaftern also ohne ihren Willen „aufgedrängten" (vgl Rn 169 aE, 171 aE) Erben gelangt. Die §§ 138, 105 Abs 2 HGB, 738 Abs 1 S 1 BGB versuchen derartige „Pannen" zu vermeiden, indem sie den Gesellschaftsanteil des Erblassers in dem Fall, daß die Gesellschaft nach dem Vertrage bloß „unter den übrigen *Gesellschaftern* fortbestehen" soll, rechtzeitig zum Erbfall aus dem Vermögen des Erblassers entweichen lassen (vgl Rn 57) und ihn auf diese Weise von der (vielleicht bei einem *Nicht*gesellschafter endenden!) „erbrechtlichen Bahn" abbringen. Daß der Gesellschaftsanteil in diesem Fall *nicht vererbt* wird, ist keine Folge davon, daß er nicht „vererblich gestellt" wurde, sondern ergibt sich aus einer *besonderen* Bestimmung des Gesellschaftsvertrages iVm §§ 138, 105 Abs 2 HGB, 738 Abs 1 S 1 BGB (zu diesbezüglichen Sachverhaltsfeststellungs- und Auslegungsschwierigkeiten vgl die sich auf die *zwei*gliedrige Gesellschaft beziehenden Hinweise des Verfassers in ZHR 156 [1992] 17, 18 [Fn 6], 34 [Fn 70]).

Enthält sich der Gesellschaftsvertrag hingegen einer genauen Bezeichnung der Personen, die für die - im Prinzip gewollte – „Fortsetzung" der Gesellschaft akzeptiert werden (vgl zB § 177 HGB für den Tod eines *Kommanditisten!*), *und ergibt auch eine Auslegung des Vereinbarten* (vgl SIEGMANN 34 Fn 71) *nicht mit hinreichender Sicherheit, daß die Gesellschafter auf jeden Fall „unter sich bleiben" wollten, dann sollte man von einer* **„offenen" Fortsetzungsklausel** *sprechen.* Diese hat nicht den in § 138

HGB bezeichneten Inhalt (dazu Rn 57), sondern erstrebt eine Fortsetzung der Gesellschaft mit *der* Person, auf die der Anteil des Erblassers beim Erbfall übergeht. Fortsetzungsberechtigter neuer Gesellschafter ist dann also, wenn der Erblasser nicht durch eine (wegen §§ 717, 719 Abs 1 BGB, 105 Abs 2, 161 Abs 2 HGB der Zustimmung seiner Mitgesellschafter bedürftigen) Verfügung unter Lebenden auf den Todesfall abweichend disponiert hat, gem § 1922 Abs 1 BGB **der Erbe** (das ist allgemein anerkannt im Zusammenhang mit der sich auf Kommanditanteile beziehenden, ebenfalls „offenen" *gesetzlichen* Fortsetzungsklausel des § 177 HGB [vgl Rn 194 ff], nicht jedoch in allen übrigen Fällen, wo eine „Vererblichstellung" noch überwiegend gefordert wird; vgl H WESTERMANN Rn 471 Sätze 1 und 2; SCHAPP 142/143; MünchKomm/ULMER § 727 Rn 21, 9 Satz 3). Eine den § 131 Nr 4 HGB abdingende „offene" Fortsetzungsklausel ermöglicht also *zumindest auch* die Fortsetzung der Gesellschaft mit dem oder den *Erben;* insoweit hat sie *zumindest auch* den in § 139 Abs 1 HGB vorausgesetzten Inhalt (zu einer den *Fiskus* betreffenden Ausnahme vgl STAUDINGER/WERNER § 1936 Rn 12). Aber selbst wenn die Klausel *ausdrücklich* auf Fortsetzung der Gesellschaft mit dem oder den „Erben" gerichtet ist (bzgl des Fiskus vgl STAUDINGER/WERNER § 1936 Rn 12), hat sie nicht die Funktion, den Gesellschaftsanteil des Erblassers erst einmal „vererblich zu stellen" (so aber offenbar H WESTERMANN, SCHAPP und ULMER aaO; BGB-RGRK/KREGEL Rn 11, 14; BGHZ 68, 225, 229; vgl auch BGH NJW 1983, 2376 f ad 3; GroßKomm-HGB/SCHILLING[4] § 173 Rn 10, § 177 Rn 6, 25), sondern sie verhindert nur, daß die grundsätzlich auch ohne sie mögliche Anteilsvererbung zu der in § 131 Nr 4 HGB vorgesehenen Umwandlung der *werbenden* Gesellschaft in eine *Liquidations*gesellschaft führt (vgl schon Rn 169, 171). Die Vertreter der Gegenansicht verwischen diesen Unterschied auch terminologisch (vgl schon MAROTZKE AcP 184, 541, 547; kritisch auch K SCHMIDT, Gesellschaftsrecht 1098, 1101, 1104; SIEGMANN 35 f): Sie bezeichnen die in § 139 Abs 1 HGB vorausgesetzte gesellschaftsvertragliche Bestimmung, daß die Gesellschaft beim Tode eines Gesellschafters mit dessen Erben „fortgesetzt" werden solle, entgegen dieser vom Gesetzgeber verwendeten Terminologie nicht als „Fortsetzungs-", sondern als „erbrechtliche **Nachfolge**klausel" (BGHZ 68, 225, 229, 231, 237; vgl auch MünchKomm/ULMER § 727 Rn 21), um sodann den durch den Wortlaut des § 139 Abs 1 HGB nahegelegten Begriff „**Fortsetzungs**klausel" auf den Fall des § 138 HGB zu beschränken (vgl statt aller GroßKommHGB/ULMER § 139 Rn 5, 6; H WESTERMANN Rn 455 ff; zur Terminologie auch unten Rn 175).

Die oben kritisierte Ansicht, daß die Vererbung eines OHG-Anteils nur in Betracht 173 **komme, wenn und soweit sie in dem Gesellschaftsvertrag vorgesehen und zugelassen sei, wird nicht einmal von ihren eigenen Anhängern konsequent durchgehalten.** So sieht sich der **BGH** durch sein verbales Festhalten am Erfordernis der „Vererblichstellung" (BGHZ 22, 186, 191; 68, 225, 229; BGH NJW 1983, 2376 f ad 3; vgl auch BGH NJW-RR 1986, 28, 30) nicht gehindert, den Gesellschaftsanteil auch dann (bzw *nur* dann; s Rn 102 ff, 186) zum „Nachlaß" zu rechnen, wenn es an der von ihm als „Vererblichstellung" gedeuteten Klausel, daß die Gesellschaft beim Tode eines Gesellschafters mit dessen Erben „fortgesetzt" (§ 139 Abs 1 HGB) werden solle, *fehlt* und die Gesellschaft somit nach § 131 Nr 4 HGB aufgelöst wurde (vgl BGH NJW 1982, 170, 171; BGHZ 98, 48, 58; s auch unten Rn 177). Zum „Nachlaß" kann aber nur gehören, was auf *erb*rechtlichen Bahnen an den oder die Nachfolger gelangt ist (s Rn 103, 110). In der Sache sind die Vertreter der hM der ihren *Formulierungen* zuwiderlaufenden Erkenntnis, daß die Vererbung von OHG-Anteilen eine besondere „Vererblichstellung" nicht voraussetzt, also schon recht nahe (vgl auch BGH NJW-RR 1986, 256, wo es nur noch darum ging, die

Witwe des Erblassers zur *Aufgabe* der ererbten Gesellschafterstellung zu zwingen!). **Ausdrücklich verneint** wird das Erfordernis der „Vererblichstellung" von den im dritten Satz der Rn 171 Genannten; *zumindest konkludent* wohl auch von AK-BGB/DERLEDER Rn 24; ERMAN/ SCHLÜTER Rn 26; REIMANN in: DITTMANN/REIMANN/BENGEL, Testament und Erbvertrag (2. Aufl 1986) Systematischer Teil A, S 15 Rn 42 aE (anders aber dortige Rn 45 ff) und wohl auch vom IV a. Zivilsenat des BGH in BGHZ 98, 48, 50 f (dazu MAROTZKE AcP 187, 223, 226 f mit Fn 22).

bb) Grenzen der Vererblichkeit; Besonderheiten des § 139 HGB

174 Die hier vertretene Ansicht, daß ein OHG-Anteil auch dann vererblich ist, wenn der Gesellschaftsvertrag insoweit schweigt, gilt nur für den Gesellschaftsanteil als solchen und – insoweit übereinstimmend die hM – für die sich auf ihn gründenden Vermögensansprüche. Hingegen ist das Recht des Erben, die Gesellschaft mit den überlebenden Gesellschaftern als *werbende* OHG „fortzusetzen" (statt sie als *Liquidations*gesellschaft „abzuwickeln"), nach der insoweit in der Tat „klaren" (vgl Rn 172) Gesetzeslage nur gegeben, wenn es im Gesellschaftsvertrag besonders vorgesehen ist (vgl Rn 170 ff). Enthält der Gesellschaftsvertrag solch eine „Fortsetzungsklausel" (in der bei Rn 172 abgelehnten herkömmlichen Terminologie: eine „erbrechtliche *Nachfolge*klausel"), so hat der Erbe in der nach Maßgabe des § 139 Abs 1 HGB „fortsetzenden" OHG grundsätzlich die gleichen Rechte (auch Verwaltungsrechte) und Pflichten wie zuvor der Erblasser (vgl FRIEDRICH 62 ff; zu eng hingegen ERMAN/SCHLÜTER Rn 32). Abweichende Bestimmungen sind jedoch möglich (BGH LM Nr 2 zu § 139 HGB; H WESTERMANN Rn 474 ff; FRIEDRICH 65 ff) und insb bei auf die Persönlichkeit des Erblassers „maßgeschneiderten" Sonderrechten naheliegend (Auslegung der Fortsetzungsklausel!). Über Hinauskündigungsklauseln zu Lasten der Erben vgl BGHZ 105, 213 ff. Eine *gesetzliche* Besonderheit ergibt sich aus der Bestimmung des § 139 HGB, nach der jeder Erbe sein Verbleiben in der Gesellschaft davon abhängig machen kann, daß ihm unter Belassung des bisherigen Gewinnanteils (abdingbar nach Abs 5!) die Stellung eines Kommanditisten eingeräumt und der auf ihn fallende Teil der Einlage des Erblassers als seine Kommanditeinlage anerkannt wird. Zur Auslegung dieser auch für die *Schuldenhaftung* wichtigen Vorschrift vgl die handelsrechtlichen Spezialkommentare sowie STAUDINGER/MAROTZKE[12] § 1967 Rn 61 ff, MünchKomm/SCHWAB[3] § 1822 Rn 23 (Minderjährigenschutz); THIELE FamRZ 1992, 1001, 1004 f (Minderjährigenschutz); SASSENRATH, Die Umwandlung von Komplementär- in Kommanditbeteiligungen (1988) 156 ff (speziell zum Minderjährigenschutz 213 ff) und im Zusammenhang mit den in Rn 190 angedeuteten Fragen bei angeordneter Testamentsvollstreckung MAROTZKE JZ 1986, 457, 461 ff.

Dem Erwerb des Gesellschaftsanteils im Wege der Erbfolge steht nicht entgegen, daß der Erbe bis zum Tode des Gesellschafters eine Unterbeteiligung innehatte oder der Kapitalanteil des Erblassers zZ des Erbfalls negativ ist (BGHZ 101, 123, 125 = NJW 1987, 3184, 3185 [an letzterer Stelle auch die in BGHZ nicht mit abgedruckten Ausführungen zur Unterbeteiligung] m Bespr Frey ZGR 1988, 281, 288; BUCHNER DNotZ 1988, 467; BLAUROCK/ SUTTMEYER JuS 1989, 96).

cc) Nachfolgeregelungen „am Erbrecht vorbei"

175 Die *erbrechtliche* Nachfolge ist nicht der einzige Weg, um den Gesellschaftsanteil beim Tode seines Inhabers auf eine andere Person übergehen zu lassen. Sie erweist sich sogar als untauglich, **wenn der ausersehene Nachfolger nicht Erbe des bisherigen Anteilsinhabers wird** (zu Umdeutungsmöglichkeiten vgl STAUDINGER/KESSLER[12] § 727 Rn 26;

BGH NJW 1978, 264 ff = LM Nr 9 zu § 139 HGB; OLG Frankfurt NJW-RR 1988, 1251 = Betrieb 1988, 104). Aber selbst wenn abzusehen ist, daß die zur Nachfolge in den Gesellschaftsanteil vorgesehene Person den betreffenden Gesellschafter beerben wird, kann es im „Kapitalerhaltungsinteresse" zweckmäßig sein, den Gesellschaftsanteil am Erbrecht vorbeizusteuern. Geht man davon aus, daß die *Vererbung* von OHG-Anteilen nicht voraussetzt, daß sie im Gesellschaftsvertrage besonders vorgesehen und zugelassen ist (s Rn 169 ff), so können die Gesellschafter die Anteilsvererbung *nicht schon durch bloßes Stillschweigen* verhindern, sondern nur, indem sie *aktiv* etwas dafür tun, daß die betreffenden Anteile spätestens beim Erbfall aus dem „Vermögen" des Erblassers ausscheiden (vgl § 1922 Abs 1; oben Rn 55 ff und zu den Möglichkeiten der „ergänzenden" Auslegung von Gesellschaftsvertrag und Testament BGH JZ 1987, 880 ff m Anm ULMER = NJW-RR 1987, 989 m Aufsatz FLUME NJW 1988, 161 ff = JR 1988, 205 ff m Aufsatz MAROTZKE JR 1988, 184 ff).

Die hier in Betracht kommenden Möglichkeiten

– Verfügung unter Lebenden (insbes solche „auf den Todesfall")

– „Fortsetzungsklausel" iSd § 138 HGB
   (Diese schon in Rn 57 näher umschriebene Klausel sollte man zur besseren Unterscheidung von der in § 139 Abs 1 HGB vorausgesetzten Klausel besser als „Anwachsungs-" oder, aus der Sicht des *Erben,* als „Ausschlußklausel" bezeichnen [im letzteren Sinne K SCHMIDT, Gesellschaftsrecht 1098, 1100, 1104; allgemein zur Terminologie oben Rn 172].)

– „Eintrittsklausel"

und ihre Auswirkungen auf weichende Erben, Pflichtteilsberechtigte und Nachlaßgläubiger habe ich bereits beschrieben in AcP 184, 541, 546, 552 ff (ausführlich) und in JR 1988, 184 ff (kurze Stellungnahme zu der letztgenannten Entscheidung des BGH; vgl ergänzend MAROTZKE ZIP 1988, 1509). Vgl ferner die aE von Rn 56 erwähnte neuere Entscheidung des BGH; STAUDINGER/KESSLER[12] § 727 Rn 13–17, 23; STAUDINGER/KANZLEITER[12] § 2301 Rn 50; STAUDINGER/FERID/CIESLAR[12] Einl 121 ff zu §§ 2303 ff; § 2311 Rn 50 ff sowie die ausführliche Darstellung in MünchHdbKG/KLEIN §§ 45, 46.

Wenn es die Vorsorge für die Zukunft des Gesellschaftsunternehmens erfordert, kann der Gesellschafter einer OHG aus dem Gesichtspunkt der gesellschaftlichen Treuepflicht uU gehalten sein, dem Verlangen eines Mitgesellschafters zuzustimmen, daß dieser seine Stellung als persönlich haftender Gesellschafter *schon zu Lebzeiten* auf seinen zur Nachfolge berufenen Erben überträgt (BGH NJW 1987, 952 ff = JZ 1987, 95 ff m Anm H P WESTERMANN).

dd) Anteilsvererbung auf (einzelne oder mehrere) Miterben
Wenn der verstorbene Gesellschafter von *mehreren* Personen beerbt wird, stellt sich **176** die Frage, ob eine Erbengemeinschaft (vgl § 2032 Abs 1) Mitglied einer OHG sein kann. Bei der Lösung ist zu unterscheiden:

Wolfgang Marotzke

α)   Liquidationsgesellschaft

177 Nach hM ist die aufgeworfene Frage zu *bejahen,* wenn die Gesellschaft spätestens durch den Tod des Erblassers (vgl § 131 Nr 4 HGB) „aufgelöst" wurde (GroßKomm-HGB/ULMER § 131 Rn 93 f mwN auch zur Gegenansicht). In diesem Falle wird der hinterlassene Gesellschaftsanteil gem § 2032 „gemeinschaftliches" Vermögen aller Miterben (vgl OLG Düsseldorf ZIP 1987, 227, 229 = NJW-RR 1987, 732/33 und für die BGB-Gesellschaft BGH LM Nr 21 [Bl 3] zu § 1353 = NJW 1982, 170, 171; **aM** BGB-RGRK/vGAMM § 727 Rn 5; HÜFNER 158 ff und anscheinend auch BGHZ 1, 324, 327; gegen *jede* Form der Nachlaßzugehörigkeit zu Unrecht BRÜGGEHAGEN 1). Das wird wohl auch in § 146 Abs 1 HGB vorausgesetzt, der die Liquidation der aufgelösten Gesellschaft zu einer Angelegenheit sämtlicher Gesellschafter erklärt und dann hinzufügt: Mehrere *Erben* eines Gesellschafters haben einen gemeinsamen Vertreter zu bestellen.

Eine *Sondererbfolge* der in Rn 179 ff beschriebenen Art ist hinsichtl der Mitgliedschaft in einer „aufgelösten" OHG nicht möglich (OLG Düsseldorf aaO).

β)   Werbende Gesellschaft

178 Anders ist die Rechtslage, wenn der Gesellschaftsvertrag bestimmt, daß die Gesellschaft beim Erbfall entgegen § 131 Nr 4 HGB nicht aufgelöst, sondern mit den Erben des verstorbenen Gesellschafters fortgesetzt werden soll: In diesem Fall verwandelt sich die Gesellschaft beim Erbfall nicht in eine Liquidationsgesellschaft, sondern sie bleibt eine „werbende" OHG, was nach **hM** (BGHZ 22, 186, 192 mwN; 68, 225, 237; BGH NJW 1981, 749 f ad 4 a [betr BGB-Gesellschaft]; 1983, 2376 f ad 3) zur Folge haben soll, **daß die Erbengemeinschaft als solche nicht Mitglied werden könne.** Letzteres wird vom BGH damit begründet, daß die werbende OHG „in der Regel eine persönlichkeitsbezogene Arbeitsgemeinschaft und stets eine persönlichkeitsbezogene Haftungsgemeinschaft" sei (BGHZ 22, 186, 192), in der „Rechte und Pflichten in der Regel sachgerecht nur von voll verantwortlichen und selbst handlungsfähigen Personen wahrgenommen werden" könnten (BGH NJW 1981, 749 f ad 4 a [betr BGB-Gesellschaft]; 1983, 2376 f ad 3). Obwohl diese Ansicht nicht unbestritten ist (ablehnend die in BGHZ 68, 225, 237 genannten Autoren [mit z T sehr beachtlicher Argumentation] sowie aus neuerer Zeit noch BLETZ, Die Mitgliedschaft der Erbengemeinschaft in der OHG [Diss Marburg 1983]; LANGE/KUCHINKE § 5 VII 2 Fn 257 [nur für die BGB-Gesellschaft]; JAN SCHRÖDER ZGR 1978, 578, 600 ff [BGB-Gesellschaft]; KNIEPER/FROMM NJW 1980, 2677, 2680 f [BGB-Gesellschaft] und BROX Rn 757 [der jedoch der hM, daß bei einer Nachfolgeklausel zugunsten der Miterben „Einzelnachfolge" eintrete, eine „gewohnheitsrechtliche Geltung" zugesteht]) und auch in einem gewissen Spannungsverhältnis zu der in BGHZ 92, 259, 262 ff (s Rn 218) bejahten Möglichkeit steht, ein ererbtes *einzelkaufmännisches* Handelsgeschäft in ungeteilter Erbengemeinschaft fortzuführen, haben sowohl der für das Gesellschaftsrecht zuständige II. als auch der für das Erbrecht zuständige IV a. Zivilsenat des BGH deutlich gemacht, daß sie „im Hinblick auf die notwendige Kontinuität einer revisionsgerichtlichen Rechtsprechung" nicht gewillt sind, diesen Standpunkt noch einmal in Frage zu stellen (so der II. Zivilsenat in BGHZ 68, 225, 229 ff und fast wortgleich der IV a. Zivilsenat in NJW 1983, 2376 f ad 3; vgl auch STODOLKOWITZ, in: FS Kellermann [1991] 439, 442 f).

179 Aus seiner These, daß eine Erbengemeinschaft nicht Mitglied einer werbenden OHG sein könne, hat der BGH zwei weitere **Konsequenzen** gezogen:

Die erste betrifft den Fall, daß die im Gesellschaftsvertrag enthaltene Vorschrift über die Fortsetzung der Gesellschaft mit den Erben (§ 139 Abs 1 HGB) es vermeidet, den Teil des Gesellschaftsanteils, der jedem einzelnen Miterben im Endergebnis zukommen soll, in einer Weise zu definieren, die von der quotenmäßigen Beteiligung am übrigen Nachlaß abweicht. Enthält der Gesellschaftsvertrag eine solche Abweichungen vermeidende sog **„einfache" Nachfolgeklausel** (treffender wäre die Bezeichnung „einfache *Fortsetzungsklausel*"; s Rn 172), dann soll der Gesellschaftsanteil des Verstorbenen nach ständiger Rspr des BGH trotz § 2032 Abs 1 BGB „nicht gemeinschaftliches Vermögen der mehreren Nachfolger-Erben" werden, sondern „im Wege der **Sondererbfolge** unmittelbar und geteilt" entsprechend der jeweiligen Erbquote (BGHZ 22, 186, 193; BGH NJW 1983, 2376 f [aE von 3.]) „ohne weiteres Dazutun an die einzelnen Nachfolger" gelangen (BGH NJW 1983, 2376 LS 1; iE übereinstimmend schon BGHZ 22, 186, 192 f; 68, 225, 237 und für die *BGB*-Gesellschaft BGH NJW 1981, 749 f [ad 4 a]; BayObLGZ 1986, 34, 37 = NJW-RR 1986, 629, 630). Mit dieser Rspr hat der BGH den erbrechtlichen Grundsatz der Universalsukzession für die Vererbung von Personengesellschaftsanteilen praktisch außer Kraft gesetzt (vgl schon Rn 62). Das Schrifttum hat sich weitgehend angeschlossen (s STAUDINGER/KESSLER[12] § 727 Rn 18 ff; kritischer STAUDINGER/WERNER[12] Vorbem 24 zu §§ 2032 – 2057 a und die soeben Rn 178 genannten Autoren sowie HÜFNER, Testamentsvollstreckung an Personengesellschaftsanteilen [1990] 104 f, 106, 113 f). Mit einkommensteuerrechtlichen Folgen dieser Rechtsfortbildung befassen sich schon mehrere Urteile des BFH (BFHE 163, 186 ff = BStBl II 1992, 510 ff; BFHE 166, 431 ff = BStBl II 1992, 512 ff).

Die zweite Konsequenz, die der BGH aus seiner zu Beginn der Rn 179 erwähnten **180** These zog, betrifft die sog **„qualifizierte" Nachfolgeklausel** (vgl BGHZ 68, 225, 237; BGH NJW 1983, 2376 f ad 3). Man versteht hierunter eine gesellschaftsvertragliche Bestimmung, die zur Fortsetzung der Gesellschaft mit den überlebenden Gesellschaftern nur *bestimmte* erbberechtigte Personen zuläßt oder aus welchen Gründen auch immer eine *von den Erbquoten abweichende* Zuweisung des hinterlassenen Gesellschaftsteils vorsieht. Oft besagen solche Klauseln, daß die Gesellschaft nur mit *einem* der mehreren möglichen Erben fortgesetzt werden soll. Geht man entsprechend dem in Rn 169 ff Ausgeführten davon aus, daß ein Personengesellschaftsanteil ohne weiteres vererblich ist und die in § 139 Abs 1 HGB erwähnte gesellschaftsvertragliche Bestimmung, daß die Gesellschaft beim Tode eines Gesellschafters mit dessen Erben fortgesetzt werden solle, lediglich die Funktion hat, die in § 131 Nr 4 HGB vorgesehene Umwandlung der werbenden Gesellschaft in eine Liquidationsgesellschaft zu vermeiden, so liegt es nahe, auch solch einer „qualifizierten Nachfolgeklausel" einen Einfluß nicht schon auf die „Vererbung" des Gesellschaftsanteils, sondern nur auf das Schicksal der Gesellschaft als solcher und auf das Verhältnis der Erben zu den übrigen Gesellschaftern einzuräumen: auf das Schicksal der Gesellschaft insofern, als diese beim Erbfall entgegen § 131 Nr 4 HGB nicht aufgelöst wird, und auf das Verhältnis der Erben zu den übrigen Gesellschaftern insofern, als sie diesen (und vielleicht auch dem vorgesehenen Alleinnachfolger) aufgrund ihrer erbrechtlichen Nachfolge in den Gesellschaftsvertrag zur *Erfüllung* der darin enthaltenen Bestimmung, daß letztlich nur einer von ihnen anstelle des Erblassers in der Gesellschaft bleiben soll, verpflichtet sind und sie somit ihre geerbten Anteile auf diesen einen übertragen müssen.

Möglich wäre aber auch, die „qualifizierte Nachfolgeklausel" nicht nur als eine den **181** § 131 Nr 4 HGB *abdingende,* sondern zusätzlich als eine den § 138 HGB mit § 139

Wolfgang Marotzke

HGB *kombinierende* Bestimmung des Inhalts zu interpretieren, daß der Erblasser bei seinem Tode mit *den* Teilen seines Gesellschaftsanteils, die auf die von der Nachfolge *ausgeschlossenen* Erben entfallen würden, zu Lasten *dieser* Erben aus der Gesellschaft ausscheiden (insoweit also § 138 HGB) und hinsichtlich des dem Erblasser verbleibenden *Rest*anteils eine auf den zum Alleinnachfolger ausersehenen Miterben beschränkte erbrechtliche Sukzession (mit *Fortsetzungs*möglichkeit iSd § 139 Abs 1 HGB) stattfinden solle, wobei den übrigen Gesellschaftern noch die Verpflichtung auferlegt werden könnte, den auf den Alleinnachfolger übergegangenen Restanteil durch Rechtsgeschäft unter Lebenden wieder bis zur Größe des Anteils des Verstorbenen aufzufüllen (zur rechtstechnischen Durchführung dieser „Auffüllung" vgl die interessanten Ausführungen von Huber 468 ff). Ganz ähnlich – wenn auch ausgehend von seiner oben Rn 169 ff kritisierten These, daß die Vererbung eines OHG-Anteils nur in Betracht komme, „wenn und soweit sie in dem Gesellschaftsvertrag vorgesehen und zugelassen" sei – hat der für das Gesellschaftsrecht zuständige II. Zivilsenat des BGH in einer **im Jahre 1956** ergangenen Entscheidung angenommen, daß der Gesellschaftsanteil des Verstorbenen dann, wenn nach dem Gesellschaftsvertrage bloß *einer* von mehreren Miterben als Nachfolger zugelassen sei, *nur in Höhe der Erbquote* auf diesen einen übergehe, während der Rest zunächst den übrigen Gesellschaftern anwachse (vgl §§ 138, 105 Abs 2 HGB, § 738 Abs 1 BGB), die uU im Gegenzuge schuldrechtlich verpflichtet seien, dem im Gesellschaftsvertrag bezeichneten Nachfolger durch Vertrag unter Lebenden einen Gesellschaftsanteil in dem Umfange einzuräumen, wie ihn der Verstorbene bei seinem Tode hatte (BGHZ 22, 186 f [Leitsätze 2, 3], 193 ff). **Im Jahre 1977** hat derselbe Senat des BGH diese Ansicht zugunsten einer direkteren Lösung revidiert, die den Umweg über das Privatvermögen der übrigen Gesellschafter vermeidet. **Der insoweit maßgebliche neue Leitsatz lautet** (BGHZ 68, 225): **„Läßt der Gesellschaftsvertrag die Nachfolge in den Anteil eines Gesellschafters nur für einen von mehreren Miterben zu, so erwirbt dieser den Anteil beim Tode des Gesellschafters, wenn die erbrechtlichen Voraussetzungen gegeben sind, unmittelbar im Ganzen** (Weiterführung von BGHZ 22, 186, 195)."

182 Von den erbrechtlichen Grundsätzen des BGB weicht diese vom BGH nunmehr ständig vertretene Ansicht nicht nur dadurch ab, daß sie bei Gesellschaftsanteilen eine Sondererbfolge anerkennt, sondern auch dadurch, daß sie es bei einer entsprechenden gesellschaftsvertraglichen Vereinbarung für möglich hält, daß einem Miterben von dem hinterlassenen Gesellschaftsanteil kraft seines Erbrechts (!) mehr zufällt, als sich aus dem Zuweisungsgehalt seiner Erb*quote* ergibt; Zuweisung einer nur „symbolischen" Erbquote müßte demnach genügen!

Letzteres ist eine Konsequenz, die einerseits höchst interessante Gestaltungsmöglichkeiten eröffnet (vgl Marotzke JR 1988, 184, 186 l Sp), andererseits aber zu der grundsätzlichen Frage führt, welchen Sinn dann überhaupt noch die vom BGH behauptete Abhängigkeit der geschilderten *Sonder*-(allein-)erbfolge von einer hinsichtlich des *übrigen* Nachlasses bestehenden (Mit-)Erbenstellung des Bedachten haben kann. Letztlich geht es bei diesem Junktim wohl darum, den der Sondervererbung unterliegenden Gesellschaftsanteil nur an eine Person gelangen zu lassen, die auch – ua mit diesem Anteil! – für die Nachlaßverbindlichkeiten haftet: zur Erreichung *dieses* Ziels genügt wegen §§ 2058, 421 in der Tat die Zuweisung einer *sehr geringen* Erbquote.

Vom Standpunkt der in Rn 169 ff kritisierten Ausgangsthese, daß OHG-Anteile grundsätzlich unvererblich seien, die Vererblichkeit aber durch entsprechende gesellschaftsvertragliche Vereinbarungen besonders begründet werden könne, scheint die Ansicht des BGH durchaus nahe zu liegen. Wenn OHG-Anteile eigentlich unvererblich sind, der Gesellschaftsvertrag das aber ohne weiteres ändern kann: weshalb soll der Gesellschaftsvertrag die Vererbung dann nicht auch in der Weise eröffnen können, daß der zur *alleinigen* Fortsetzung der Mitgliedschaft ausersehene einzelne Miterbe den Anteil beim Tode des bisherigen Inhabers sofort „unmittelbar im Ganzen" erbt (in diesem Sinne SCHAPP 180 f und – wenn auch nicht ganz ohne „Skrupel" – H P WESTERMANN JuS 1979, 761, 766 f; vgl auch RÜTHERS AcP 168, 263, 276 ff)? Es sei einmal dahingestellt, was aus dieser Gedankenkette werden soll, wenn man erkennt (s oben Rn 169 ff), daß schon ihr erstes Glied nicht haltbar ist (zu den *immanenten* Schwächen des angedeuteten Gedankenganges vgl in anderem Zusammenhang – s Rn 62 aE – LG Stuttgart BWNotZ 1974, 85). Denn das **Ergebnis** beeindruckt durch seine „Griffigkeit" auch den, der eine tragfähige Begründung noch vermißt (den Gefahren, die sich im Falle einer Anwendung des § 2306 Abs 1 Satz 1 ergeben könnten, ist die Rspr bisher geschickt ausgewichen; vgl OLG Hamm NJW-RR 1991, 837, 839; MAROTZKE EWiR § 2306 BGB 1/1991, 977 f). Im Interesse der Rechtssicherheit sollte man es trotz bleibender dogmatischer Bedenken als ein **entwicklungsfähiges Produkt höchstrichterlicher Rechtsfortbildung** akzeptieren (vgl auch STAUDINGER/KESSLER[12] § 727 Rn 18, 24; zurückhaltender STAUDINGER/WERNER[12] Vorbem 24, 27 zu §§ 2032–2057 a; LANGE/KUCHINKE §§ 5 VI 4, 31 V 3; völlig ablehnend BLETZ [s oben Rn 178] 174 ff, 207 ff; zu den *steuerrechtlichen* Konsequenzen dieser Rechtsfortbildung FLUME Betrieb 1983, 2271, 2272; SCHULZE ZUR WIESCHE BB 1987, 2419 ff; MÄRKLE/FRANZ BB 1991, 2494 ff; MünchHdbKG/TÖBEN § 47; BFHE 166, 431 ff = BStBl II 1992, 512, 514 ff).

Folgt man der Ansicht des BGH, so stellt sich die Frage, ob und ggfls auf welcher **183** Grundlage der durch eine „qualifizierte Nachfolgeklausel" *begünstigte* Erbe seinen durch dieselbe Klausel *benachteiligten* Miterben zum **Wertausgleich** verpflichtet ist. BGHZ 68, 225, 238 f hat dazu festgestellt, daß im Endergebnis „auch der Gesellschafter-Erbe nicht mehr erhalten bzw behalten (dürfe), als ihm aufgrund Erbrechts" zustehe. Wenn auch die Erbquote, die sein Recht umreiße, „keine *gegenständliche* Begrenzung seines Erwerbs in dem Sinne (sei), daß er keinen über diese Quote hinausgehenden Teil des Gesellschaftsanteils erwerben könnte" (vgl Rn 180 ff), so bestimme sie doch „zwingend den Anteil am *Wert* des Gesamtnachlasses, der ihm im Endergebnis zufließen" dürfe und solle: Auch im Falle erbrechtlicher *Voll*nachfolge eines *einzelnen* Miterben in den *gesamten* Gesellschaftsanteil des Erblassers behalte die Erbquote „die volle ihr nach Erbrecht zukommende Bedeutung für die Ansprüche der Miterben untereinander – einschließlich des Gesellschafter-Erben – auf Wertausgleich". Dem ist im Grundsatz zuzustimmen. Weitere Einzelheiten und Nachweise bei MAROTZKE AcP 184, 541, 552–556; unten Rn 188 sowie STAUDINGER/MAROTZKE[12] § 1978 Rn 39. Für den an letzterer Stelle vorgeschlagenen *bereicherungsrechtlichen* Ansatz plädierte schon früher und ausführlicher HECKELMANN, in: FS vLübtow (1980) 619, 627 f. Hinsichtl Entstehungszeitpunkt und Geltendmachung des Bereicherungsanspruchs gilt das in BGH NJW-RR 1992, 771 f Ausgeführte analog (dieses Urteil betrifft den Fall einer nicht durch Sondererbfolge, sondern *durch Rechtsgeschäft* bewirkten „Teilauseinandersetzung"). Gegen eine bereicherungsrechtliche Lösung jedoch HUBER 446 f, 481 f wegen seiner von BGHZ 68, 225, 237 f abweichenden Konstruktion der Nachfolge; MünchKomm/ULMER § 727 Rn 32 und HOMANN 60 f, der jedoch übersieht, daß die von ihm befürchtete „verschärfte Haftung des § 819 Abs 1" in Wirklichkeit nur eine (vielleicht sogar auf das ererbte Vermögen beschränkbare; vgl unten Rn 188 iVm STAUDINGER/MAROTZKE[12] § 2058 Rn 12 ff) Haftung nach den „allgemeinen" Vorschriften wäre (vgl den von § 819 Abs 1 in Bezug genommenen § 818 Abs 4).

184 *Überhaupt keine „gesetzliche" Möglichkeit einer Ausgleichspflicht* sieht ZUNFT NJW 1957, 1129, 1132 f (obwohl auch er den Gesellschaftsanteil zum „Nachlaß" rechnet). Selbst wenn dieser Befund richtig wäre, würde dies jedoch nicht im Gegenschluß zur Ablehnung einer Wertausgleichspflicht zwingen. Denn man kann nicht erwarten, daß das Gesetz ausgerechnet die Folgen seiner späteren *Durchbrechung* (!) ausdrücklich und erschöpfend regelt: Notfalls könnte man die Ausgleichspflicht des durch eine „qualifizierte Nachfolgeklausel" begünstigten Erben auch *ohne* gesetzlich normierte Anspruchsgrundlage bejahen (vgl auch HECKELMANN aaO 624; WIEDEMANN JZ 1977, 689, 691): nämlich als eine in BGHZ 68, 225 ff selbst formulierte (s oben Rn 183!) und in diesem Sinne durchaus „immanente" Schranke der in demselben Grundsatzurteil vorgenommenen „rechtsfortbildenden" Durchbrechung sowohl des § 2032 Abs 1 als auch des Zuweisungsgehalts von Erbquoten.

ee) Vor- und Nacherben

185 Vgl STAUDINGER/BEHRENDS[12] § 2100 Rn 52, § 2112 Rn 23, § 2113 Rn 14, § 2130 Rn 10 sowie BGHZ 69, 47 ff (bes 49 f); 78, 177 ff; 98, 48, 57 f; 109, 214; KG OLGZ 1991, 261 ff; JOHANNSEN WM-Sonderbeilage Nr 2/1982 (zu Heft 16) 22 ff; MICHALSKI Betrieb 1987 Beilage Nr 16 (zu Heft 35); SCHLEGELBERGER/K SCHMIDT, HGB § 139 Rn 34 ff; FLUME FS Betrieb (1988) 181, 188 ff; MARTINEK, Der Kommanditanteil als Nachlaßsurrogat – ein neuer Konflikt zwischen Erb- und Gesellschaftsrecht?, ZGR 1991, 74 (zu BGHZ 109, 214). Weitere Nachweise oben Rn 74 aE.

ff) Nachlaßzugehörigkeit

186 Die Streitfrage, ob **vererbte OHG-Anteile** auch dann zum „Nachlaß" gehören, wenn die Gesellschaft durch den Erbfall nicht aufgelöst (§ 131 Nr 4 HGB) wurde, ist mit der Grundsatzentscheidung des IV a. Zivilsenats des BGH vom 14. 5. 1986 – BGHZ 98, 48, 51 ff – zu bejahen (ausführlich oben Rn 102 ff). Entsprechendes gilt für den (künftigen) Anspruch auf das **Auseinandersetzungsguthaben** und für vor oder nach dem Erbfall entstandene **Gewinnansprüche** (BGHZ 98, 48, 56 mwN). Zu berücksichtigen ist jedoch, daß „es sich bei einer Personenhandelsgesellschaft um ein lebendes Unternehmen handelt, dessen Gewinne und dessen Wert im Laufe der Zeit zum Teil auch auf der verantwortlichen Mitwirkung des Gesellschafter-Erben beruhen" (BGHZ 98, 48, 56). Der BGH (BGHZ 98, 48, 57) bezeichnet es deshalb als „naheliegend, die laufenden Gewinne und jedenfalls nach längerer Zeit erfolgreichen Einsatzes für das Unternehmen auch den Wert nicht völlig dem Nachlaß, sondern zu einem angemessenen Anteil ausschließlich dem Gesellschafter-Erben zuzuordnen". In AcP 187, 223, 233 f habe ich zu bedenken gegeben, ob es nicht besser wäre, die „laufenden Gewinne" und den „Wert" des Gesellschaftsanteils auch in diesen Fällen *vollständig* dem Nachlaß zuzuordnen (vgl auch K MÜLLER JR 1986, 507, 509; WEIDLICH 102 f) und dem vom BGH mit Recht zur Sprache gebrachten Umstand, daß diese Werte uU „auch auf der verantwortlichen Mitwirkung des Gesellschafter-Erben beruhen", im Falle der Nachlaßverwaltung oder eines Nachlaßinsolvenzverfahrens durch Zuerkennung angemessener Aufwendungsersatzansprüche nach § 1978 Abs 3 Rechnung zu tragen (insoweit zustimmend SIEGMANN 201 ff; skeptisch hingegen WEIDLICH in Fn 343).

Keine eindeutige Stellungnahme enthält das erwähnte Urteil des BGH zu der sich **187** beim Vorhandensein **mehrerer** Erben (und einer zwar nicht die Anteilsvererbung, wohl aber die in § 131 Nr 4 HGB vorgesehene „Auflösung" der Gesellschaft verhindernden Klausel) ergebenden **Frage, ob die nach dem Erbfall entstehenden Gewinnansprüche** (soweit sie nach dem in Rn 186 Gesagten zum Nachlaß gehören) **und der künftige Anspruch auf das Auseinandersetzungsguthaben der gesamthänderischen Bindung an die Erbengemeinschaft unterliegen** oder ob sie ebenso wie der Gesellschaftsanteil, dem sie entspringen, zu dem solch einer Bindung *nicht* unterliegenden Teil des Nachlasses gehören. ME ist die Frage im letzteren Sinne zu beantworten. Anderer Ansicht ist der für das Gesellschaftsrecht zuständige II. Zivilsenat des BGH, der in einer Entscheidung vom 30. 4. 1984 gemeint hat, es gebe „keinen Grund anzunehmen, daß die Sondervererbung des Gesellschaftsanteils auch aus ihm abzuleitende übertragbare Vermögensrechte umfassen müßte" (BGHZ 91, 132, 136), und der wenig später in einer Entscheidung vom 25. 2. 1985 ausgesprochen hat, daß zu dem „gesamthänderisch gebundenen Nachlaß" unbeschadet der Sondernachfolge, die hinsichtlich des Gesellschaftsanteils (dort: Kommanditanteils) stattfinde, „der Anspruch auf das Auseinandersetzungsguthaben" gehöre (BGH NJW 1985, 1953, 1954). Gegen diesen Standpunkt des II. Zivilsenats ist jedoch mit FLUME (in: FS Müller-Freienfels [1986] 113, 114) einzuwenden, daß keine Notwendigkeit besteht, die künftigen Gewinnansprüche und den künftigen Anspruch auf das Auseinandersetzungsguthaben beim Erbfall von dem Gesellschaftsanteil – dem gemeinsamen „Stammrecht" – abzulösen. Der II. Zivilsenat des BGH sah sich zu solch einer Abtrennung offenbar gezwungen, weil er davon ausging, daß nur sie es ermögliche, die aus der höchstpersönlichen Gesellschafterstellung fließenden Vermögensansprüche dem Recht eines Nachlaßverwalters (vgl BGHZ 47, 293, 296; 91, 132, 136 f), Nachlaßkonkursverwalters (vgl BGHZ 91, 132, 136 f) oder Testamentsvollstreckers (vgl BGH NJW 1985, 1953, 1954) zu unterstellen. Dieser Grund fällt jedoch weg, wenn man mit der in Rn 102, 186 erwähnten Entscheidung des für das Erbrecht zuständigen IV a. Zivilsenats des BGH anerkennt, daß der Gesellschaftsanteil als solcher trotz des Umstandes, daß er an der Erben*gemeinschaft* vorbeivererbt wurde, zum *Nachlaß* gehört. Folgt man dem, so ist der Weg frei zu einem „glatten Schnitt": **Wenn** man es schon für möglich hält, daß der Gesellschaftsanteil als Bestandteil des Nachlasses an der Erbengemeinschaft vorbeivererbt wird (vgl Rn 178 ff), dann sollte man **nicht auf halbem Wege stehen bleiben, sondern diese Sondererbfolge auch auf die aus dem Gesellschaftsanteil fließenden künftigen Vermögensansprüche erstrecken** und auf diese Weise **eine die Rechtslage unnötig verkomplizierende Aufspaltung bisher einheitlicher Rechts- und Verwaltungszuständigkeiten vermeiden** (iE ebenso FLUME aaO 119 ff; HECKELMANN [oben Rn 183] 634 f; WIEDEMANN JZ 1977, 689, 691 f; JOHANNSEN FamRZ 1980, 1074, 1082; SOERGEL/M WOLF § 2032 Rn 14; KIESERLING, Die erbrechtliche Haftung des Miterben-Gesellschafters einer Personengesellschaft bis zur Nachlaßteilung [Diss Münster 1972] 26 ff; STODOLKOWITZ, in: FS Kellermann [1991] 439, 443 ff; MünchHdbKG/KLEIN § 43 Rn 21; WEIDLICH 30; **aM** der II. Zivilsenat des BGH in BGHZ 91, 132, 136; 108, 187, 192; BGH NJW 1985, 1953, 1954; BGH JZ 1987, 880 m krit Anm ULMER [zu diesem Urteil auch FLUME NJW 1988, 161 ff; GÖTTE DNotZ 1988, 603 ff; RADDATZ 135 ff; MAROTZKE JR 1988, 184 ff]; ULMER JuS 1986, 856, 859 ff; ders, Richterrechtliche Entwicklungen im Gesellschaftsrecht 1971–1985 [Heidelberg 1986] 24 [wo er seine Ansicht selbst als eine „auf den ersten Blick ungewöhnliche, rechtlich Zusammenhängendes unterschiedlich behandelnde Konstruktion" bezeichnet]; Koch BB 1987, 2106, 2110 f; Spiritus, Haftungsbeeinflussende Nachlaßteilung zugleich mit erbrechtlicher Nachfolge in eine Personalhandelsgesellschaft? [1974] 195, 211 ff; Emmerich ZHR 1986, 193, 205; Siegmann 185–206, 218, 222, 267 und Staudinger/Kessler[12] § 727 Rn 24 aE). **Ausgenommen von der Sondererbfolge sollten mE nur diejenigen Vermögensansprüche (Gewinnansprüche) bleiben, deren Entwicklung zur Zeit des Erbfalls bereits völlig abgeschlossen war** (auch insoweit für Sondererbfolge jedoch Soergel/Stein Rn 57). Eine rechtlich nicht haltbare (vgl Ulmer JZ 1987, 881 ff; Flume NJW 1988, 161, 164; Götte DNotZ 1988, 603 ff; Raddatz 135 ff) „Sonderbehandlung" wird den Vermögensansprüchen in BGH JZ 1987, 880 f = JR 1988, 205 ff zuteil. Dazu Marotzke in JR 1988, 184 ff und – über die Kritik von Ulmer, Flume und Götte noch hinausgehend – ders in ZIP 1988, 1509 ff (hierzu wiederum Raddatz 113 ff; Armbrüster NJW 1991, 606 ff).

188 Ist schon *der Gesellschaftsanteil selbst* Bestandteil des Nachlasses (s Rn 186), so können nicht auch noch die in Rn 183 f behandelten **Ausgleichsansprüche der durch eine „qualifizierte Nachfolgeklausel" verdrängten Miterben** des Gesellschafter-Erben dem Nachlaß zugerechnet werden (und zw weder dem gesamthänderisch gebundenen – so aber mglw Soergel/M Wolf § 2032 Rn 14; richtig hingegen Stodolkowitz in: FS Kellermann [1991] 439, 456 f – noch dem solch einer Bindung *nicht* unterliegenden Teil des Nachlasses). Denn sonst wäre der (Gesamt-)*Nachlaß* größer als das „hinterlassene" Vermögen des Verstorbenen; das kann nicht sein. Eher wäre schon in umgekehrter Richtung zu erwägen, ob die Inhaber solcher Ausgleichsansprüche nicht ähnlich wie Pflichtteils- und Erbersatzberechtigte gem § 1967 Abs 2 als Nachlaß*gläubiger* zu gelten haben (in diesem Sinne Heckelmann [oben Rn 183] 628; ablehnend Homann [vgl Schrifttumsverzeichnis vor Rn 168] 79 f, dessen Argument, daß die Ausgleichspflicht des Nachfolgers „schon aufgrund der Erbenstellung der Ausgleichsempfänger" nicht als Nachlaßverbindlichkeit qualifiziert werden könne, jedoch durch die §§ 2305, 2316 Abs 2 [jeweils iVm § 1967 Abs 2] entkräftet wird). Im **Nachlaßkonkurs** bzw im **Nachlaßinsolvenzverfahren** nach der am 1. 1. 1999 in Kraft tretenden InsO müßte man derartige Ausgleichsansprüche wohl gleichberechtigt mit anderen nichtpflichtteilsrechtlichen Er*bersatz*ansprüchen an letzter Stelle (§ 226 Abs 2 Nr 6 KO) rangieren lassen (vgl auch Heckelmann aaO). Dies gilt selbst dann, wenn man entgegen BGHZ 91, 132, 135 ff (= JZ 1984, 890 ff m Anm Brox) und Stodolkowitz, in: FS Kellermann (1991) 439, 454 davon ausgeht, daß der Nachlaßkonkurs die Gesellschaft gem § 131 Nr 5 HGB „auflöst" (so zB Brox aaO 892 f [gegen ihn Flume NJW 1988, 161, 162 bei Fn 27]; Brüggehagen, Der Konkurs über den Nachlaß eines Gesellschafters einer Personenhandelsgesellschaft [Diss Göttingen 1985] 115 ff; vgl auch Raddatz 144 ff; Marotzke AcP 187, 223, 234 f mit Fn 59). Denn diese erst *nach* dem Erbfall erfolgte Auflösung der Gesellschaft würde am Fortbestand der *bereits eingetretenen* Sondererbfolge und deshalb auch am Fortbestand der durch sie bedingten Wertausgleichsansprüche nichts mehr ändern (vgl aber MünchKomm/Ulmer § 727 Rn 10, 16 aE zu dem umgekehrten Fall, daß die Gesellschaft *schon beim Erbfall* nach § 727 Abs 1 BGB oder § 131 Nr 4 HGB aufgelöst wurde, der Anteil des Verstorbenen deshalb [s Rn 177] nach *allgemeinem* Erbrecht an eine Erben*gemeinschaft* gelangt ist und dann die Rückverwandlung der aufgelösten Gesellschaft in eine werbende Gesellschaft beschlossen wird).

189 Selbstverständlich gehört der Gesellschaftsanteil dann *nicht* zum Nachlaß, wenn er auf einem der in Rn 55 ff, 175 erwähnten Wege **„am Erbrecht vorbeigesteuert"** wurde. Dazu ausführlich Marotzke AcP 184, 541, 556 ff und aus gegebenem Anlaß nochmals kurz in JR 1988, 184, 186 ff (zu dem an letztgenannter Stelle besprochenen Urteil des BGH vgl auch Rn 187 aE).

gg) Testamentsvollstreckung

In seinem schon in Rn 186 erwähnten Grundsatzurteil vom 14. 5. 1986 (BGHZ 98, 48, **190**
55 ff, 57 f) hat der **Erbschaftssenat des BGH** entgegen der bis dahin herrschenden Meinung (vgl STAUDINGER/REIMANN[12] Vorbem 79 zu §§ 2197–2228) anerkannt, daß es in noch
näher zu ermittelnden Grenzen möglich sei, einen OHG-Anteil auch dann der Verwaltung eines Testamentsvollstreckers zu unterstellen, wenn die Gesellschaft beim
Erbfall *nicht* aufgelöst wird. Im wesentlichen zustimmend K MÜLLER JR 1986, 507,
508 f; REIMANN MittBayNotV 1986, 232 ff; MAROTZKE AcP 187, 223, 234 ff; ders JR
1988, 184 ff; SCHMITZ ZGR 1988, 140, 148 ff; vgl auch SCHLEGELBERGER/K SCHMIDT
HGB § 139 Rn 45 ff, 51 und – trotz seiner in Rn 169 angedeuteten anderen Ansicht
zur Vererblichkeit von Personengesellschaftsanteilen – HÜFNER 114 ff; **kritisch bis
ablehnend** hingegen FLUME, in: FS Der Betrieb (1988) 181, 188 ff, 191 f; ULMER JuS
1986, 856 ff; KOCH EWiR 1986, 1117 f; ders BB 1987, 2106 ff und D WEBER, in: FS
Stiefel (1987) 829, 832 f, 840 f, 845, der sich auf S 838 f, 843 mit meinen in JZ 1986,
457 ff unterbreiteten Vorschlägen für eine „echte" Testamentsvollstreckung befaßt
und insoweit Einwände erhebt, die er, wären sie berechtigt, eigentlich auch gegen
die seinerseits empfohlene „Vollmachtslösung" (dazu STAUDINGER/REIMANN[12] Vorbem
73 ff, 80 zu §§ 2197 ff) richten müßte (denn ebensowenig wie den „echten" Testamentsvollstrecker würde ja auch den *Bevollmächtigten* eine verschuldensunabhängige
„Eigenhaftung" treffen; und ebensowenig wie die Ausübung eines dem Erben im
Gesellschaftsvertrag vorbehaltenen Rechts, sich „von heute auf morgen" mehr oder
weniger weitgehend [Näheres in JZ 1986, 457, 467 ff] aus der Gesellschaft zurückzuziehen, wäre auch der *Widerruf einer Vollmacht* geeignet, dem Gesellschafter-Erben die
Haftung für die *schon vorher begründeten* Verbindlichkeiten zu ersparen).

Der für das Gesellschaftsrecht zuständige II. Zivilsenat des BGH hat sich einer Stellungnahme zu der oben erwähnten Ansicht des Erbschaftssenats bisher enthalten. In
BGHZ 108, 187, 195 geht er nach wie vor davon aus, daß „ein Testamentsvollstrecker den Anteil eines persönlich haftenden Gesellschafters nicht verwalten" könne.
Wesentlich großzügiger hingegen WEIDLICH, Die Testamentsvollstreckung im Recht
der Personengesellschaften (1993) 31 ff, 133 ff; MUSCHELER, Die Haftungsordnung
der Testamentsvollstreckung (1994) 460 ff, 549 ff.

hh) Zweigliedrige Gesellschaft

Vgl STAUDINGER/KESSLER[12] § 727 Rn 16; § 736 Rn 1, 7 ff; Vorbem 9 (e) zu **191**
§§ 736–740 und BGH NJW 1981, 1956 ff; BGH LM Nr 2 zu § 138 HGB = BB 1957,
345; BGHZ 98, 48, 57 f; 113, 132 ff sowie das in der Fn zu Rn 193 genannte Schrifttum.

ii) Sonstiges

Wegen weiterer Einzelheiten wird auf die Kommentare und Lehrbücher zum **Gesell-** **192**
schaftsrecht sowie auf das bei Rn 168 angegebene Schrifttum verwiesen. Mit der
Nachfolge in **Apothekengesellschaften** befaßt sich RAUCH, in: FS Küchenhoff Bd I
(1972) 301 ff.

c) Kommanditgesellschaft (KG)*

aa) Tod eines Komplementärs

193 Beim Tod eines Komplementärs (eines „persönlich haftenden Gesellschafters" iSd § 161 Abs 1 HGB) gilt wegen § 161 Abs 2 HGB das für die OHG Ausgeführte (Rn 169 ff). Die Gesellschaft wird aufgelöst, sofern sich aus dem Gesellschaftsvertrag nichts Gegenteiliges ergibt (§§ 131 Nr 4, 161 Abs 2 HGB).

bb) Tod eines Kommanditisten

194 Durch den Tod eines Kommanditisten (eines beschränkt haftenden Gesellschafters iS der §§ 161 Abs 1, 171 ff HGB) wird die Gesellschaft nach der gesetzlichen Regel des § 177 HGB *nicht* aufgelöst (zu den Gründen dieser Regelung s Rn 195). Die *Vererblichkeit* von Kommanditanteilen wird deshalb auch von denjenigen nicht von einer besonderen **„Vererblichstellung"** abhängig gemacht (vgl BGHZ 68, 225, 230), die die Vererbung von *OHG*-Anteilen wegen des (hinsichtlich des Kommanditanteils durch § 177 HGB verdrängten) § 131 Nr 4 HGB nur dann für möglich halten, wenn sie im Gesellschaftsvertrag besonders vorgesehen und zugelassen ist (dazu Rn 169 ff).

195 **Die in § 177 HGB statuierte Ausnahme von dem Grundsatz des § 131 Nr 4 HGB** wird dadurch gerechtfertigt, daß bei einem Kommanditisten die *Einlage des Kapitals* die Hauptrolle spielt, während die persönliche Seite nach der gesetzlichen Regel weniger stark ausgeprägt ist (vgl GroßKommHGB/Schilling[3] § 177 Rn 1): So ist der Kommanditist idR von der Geschäftsführung ausgeschlossen (§§ 163, 164 HGB) und zur Vertretung der Gesellschaft nicht ermächtigt (§ 170 HGB). Sollten die Gesellschafter das im Einzelfall anders geregelt haben, wird sorgfältig zu prüfen sein, ob die gesellschaftsinterne (also nicht die haftungsmäßige) Stellung des betreffenden Kommanditisten derjenigen eines *offenen* Handelsgesellschafters so weit angeglichen wurde, daß man den § 177 HGB zugunsten des durch ihn verdrängten § 131 Nr 4 HGB als abbedungen ansehen muß (allgemein zur Abdingbarkeit GroßKommHGB/Schilling[3] § 177 Rn 20; Schlegelberger/K Schmidt, HGB § 177 Rn 8, 10). Führt diese Prüfung zu einem negativen Ergebnis, bleibt es also bei der Anwendbarkeit des § 177 HGB und damit bei der Nichtauflösung der Gesellschaft, so wird man die insoweit verdrängte Wertung des § 131 Nr 4 HGB gleichwohl nicht völlig vernachlässigen dürfen, sondern *analog* § 131 Nr 4 HGB annehmen müssen, daß das dem Kommanditisten entgegen der gesetzlichen Regel eingeräumte *Geschäftsführungs- und/oder Vertretungsrecht* beim Erbfall erlischt, „sofern nicht aus dem Gesellschaftsvertrage sich ein anderes ergibt" (iE ähnlich GroßKommHGB/Schilling[3] § 177 Rn 11 mwN auch zu abweichenden Ansichten). Vgl zu diesen Fragen auch Soergel/Stein Rn 61.

196 Wird die KG beim Tod eines Kommanditisten nicht „aufgelöst" (s Rn 195), so kommt

---

* **Schrifttum:** wie bei Rn 168; vgl ferner Blaurock/Suttmeyer, Kommanditeinlage und negatives Kapitalkonto (BGHZ 101, 123), JuS 1989, 96; Buchner, Die Kommanditistenhaftung bei Rechtsnachfolge in Gesellschaftsanteile (BGHZ 101, 123), DNotZ 1988, 467; Frey, Tod des einzigen Komplementärs (zu BGHZ 101, 123) ZGR 1988, 281; Lieb, Haftungspro-bleme beim Übergang des Gesellschaftsvermögens auf einen Kommanditisten (zu BGHZ 113, 132), ZGR 191, 572; Marotzke, Haftungsverhältnisse und Probleme der Nachlaßverwaltung bei der Beerbung des einzigen Komplementärs durch den einzigen Kommanditisten (zu BGHZ 113, 132), ZHR 1992, 17; Karsten Schmidt, Anm zu BGHZ 113, 132, JZ 1991, 731 ff.

es beim Erbfall automatisch zu einer „Fortsetzung" der Gesellschaft (vgl RG DNotZ 1944, 195, 197 = WM 1964, 1130, 1132; BGHZ 68, 225, 230). Analog den in Rn 172 entwikkelten Grundsätzen handelt es sich idR um eine Fortsetzung *mit dem Erben* (eine besondere „Vererblichstellung" wird beim Kommanditanteil wohl von *niemandem* verlangt; vgl schon Rn 194). Dies führt zu der Frage, ob dem Erben des Kommanditisten in diesem Falle über § 161 Abs 2 HGB auch das **Wahlrecht aus § 139 HGB** zusteht. Trotz § 161 Abs 2 HGB scheint diese Frage bislang ausnahmslos verneint worden zu sein (vgl KGJ 44 A 132, 134 = RJA 12, 229, 230; GroßKommHGB/Schilling[3] § 177 Rn 36 Abs 1; Knieper/Fromm NJW 1980, 2677, 2681; Köbler Betrieb 1972, 2241, 2243 und – jedoch unter Darlegung von Zweifeln bzgl des Falles, daß die Kommanditistenstellung des Erblassers nicht im Handelsregister eingetragen war – Schlegelberger/K Schmidt[5] HGB § 139 Rn 64). Das ist sicher richtig, wenn der Erblasser seine Kommanditeinlage bereits vollständig erbracht hat. Denn in diesem Falle ist der Erbe in die Rechtsstellung, von deren Einräumung er sein Verbleiben in der Gesellschaft nach §§ 139 Abs 1, 161 Abs 2 HGB abhängig machen könnte, ja *schon kraft Erbrechts* eingerückt. Anders verhält es sich jedoch, wenn der Erblasser seine Einlage noch nicht vollständig erbracht hat und man unter der „Einlage des Erblassers", von deren Anerkennung als „seine" *Kommandit*einlage der Erbe eines *OHG*-Mitglieds oder eines *Komplementärs* sein Verbleiben in der Gesellschaft gem §§ 139 Abs 1, 161 Abs 2 HGB abhängig machen kann, mit der wohl hM (ausführl Huber 423 ff mwN) nicht dasjenige versteht, was der Erblasser einzulegen *verpflichtet* war, sondern dasjenige, was er bis zum Erbfall *tatsächlich eingelegt (und nicht wieder zurückempfangen) hat:* Wenn man diese „Wohltat" dem Erben eines *un*beschränkt haftenden Gesellschafters zu gewähren bereit ist (der durch ihre Inanspruchnahme entweder *ohne* Zwang zu weiteren Einlageleistungen Kommanditist würde oder aus der Gesellschaft ausschiede), wird man sie auch dem Erben eines *Kommanditisten* nicht vorenthalten dürfen (kritisch Soergel/Stein Rn 61; Siegmann 75 Fn 20). Andernfalls könnte die an sich zutreffende Ansicht, daß der in die Kommanditbeteiligung des Erblassers einrückende Erbe für die noch nicht gezahlte Haftungssumme des Erblassers *ohne erbrechtliche Beschränkungsmöglichkeit* aufkommen müsse (OLG Hamburg ZIP 1994, 297, 299), zu erheblichen Härten führen. Vgl ergänzend Staudinger/Marotzke[12] § 1967 Rn 62 ff.

Hinterläßt der Kommanditist **mehrere Erben,** so stellt sich die Frage, ob sein Kommanditanteil nach § 2032 Abs 1 „gemeinschaftliches Vermögen" aller Erben werden kann. Die Rspr verneint dies ebenso wie bei OHG-Anteilen für den – beim Tode eines Kommanditisten die *Regel* darstellenden (Rn 194 f) – Fall, daß die Gesellschaft infolge des Erbfalls nicht „aufgelöst" wurde (vgl für OHG-Anteile Rn 176-178 und für Kommanditanteile RGZ 171, 328 ff = DR 1943, 1228; BGHZ 58, 316, 317 [II. Zivilsenat]; BGH WM 1976, 738, 739 [II. Zivilsenat]; 1983, 672, 673 = NJW 1983, 2376, 2377 [IV a. Zivilsenat]; BayObLG Betrieb 1979, 86; BayObLG WM 1983, 1092; OLG Hamburg ZIP 1984, 1226, 1227; *anders noch* KGJ 44 A 132 ff = RJA 12, 229 ff; RGZ 123, 366, 369 f), und bringt sodann ihre für *OHG*-Anteile entwickelten und oben Rn 179 ff dargestellten Regeln der **Sondererbfolge** zur Anwendung (vgl BGH NJW 1983, 2376, 2377 ad 3 [IV a. Zivilsenat] und BGHZ 101, 123, 126 = NJW 1987, 3184 f [II. Zivilsenat; dort war die Beteiligung eines Komplementärs bei gleichzeitiger Umwandlung in mehrere Kommanditanteile vererbt worden]). Von Teilen des Schrifttums wird demgegenüber noch immer geltend gemacht, daß diese Durchbrechung des § 2032 Abs 1 BGB beim *Kommandit*anteil nicht erforderlich sei (Brox Rn 762; Köbler Betrieb 1972, 2241 ff; Knieper/Fromm NJW 1980, 2677, 2681; Soergel/Stein Rn 61 Fn 141; vgl auch Damrau NJW 1984, 2785, 2787; der Rspr *zustimmend* hingegen Schlegelberger/Martens

197

HGB § 161 Rn 34; STODOLKOWITZ, in: FS Kellermann [1991] 439, 448 f; SIEGMANN 77 ff). Da die von der Rspr gewählte Lösung vertretbar erscheint und die Praxis sich auf sie eingestellt hat, sollte man sie „im Hinblick auf die notwendige Kontinuität ... nicht mehr in Frage ... stellen" (vgl BGH NJW 1983, 2376, 2377).

198 Hinsichtlich der **Nachlaßzugehörigkeit** ererbter Kommanditanteile gilt das bei Rn 186 ff Ausgeführte entsprechend.

199 **Testamentsvollstreckung** ist in bezug auf Kommanditanteile in größerem Umfange möglich als hinsichtlich des Anteils eines unbeschränkt haftenden Gesellschafters (vgl BGHZ 108, 187, 189 ff; KG OLGZ 1991, 261 ff; WEIDLICH 114 ff sowie für OHG-Anteile oben Rn 190). Ausnahmslos verneint wird ihre Zulässigkeit jedoch hier wie dort (und sogar in bezug auf Anteile an *aufgelösten* Gesellschaften!) von D WEBER, in: FS Stiefel (1987) 829, 832, 837 ff; vgl insoweit schon Rn 190.

200 **Im übrigen** richtet sich die Beerbung eines Kommanditisten weitgehend nach denselben Regeln wie die des Mitglieds einer OHG (vgl auch § 161 Abs 2 HGB und in Zweifelsfällen die Kommentare zu § 177 HGB sowie das oben bei Rn 168, 193 angeführte Schrifttum).

cc) GmbH & Co KG*

201 Bei der GmbH & Co KG (= KG mit einer GmbH als Komplementär) richtet sich die Nachfolge nach den für die Gesellschafterstellung des jeweils Verstorbenen maßgeblichen Regeln (dazu KNIEPER/FROMM NJW 1980, 2677, 2679 [II 7]; SCHULZE ZUR WIESCHE 111 ff). Vgl für den Tod eines Kommanditisten soeben Rn 194 ff und für den Tod eines Mitglieds der GmbH unten Rn 208 ff.

dd) Kommanditgesellschaft auf Aktien (KGaA)**

202 Gem § 289 Abs 1 AktG richten sich die Gründe für die Auflösung der KGaA und das Ausscheiden eines von mehreren persönlich haftenden Gesellschaftern vorbehaltlich etwaiger sich aus Abs 2-6 ergebender Abweichungen nach den Vorschriften des HGB über die KG. Hieraus ergibt sich, daß die KGaA mangels abweichender Vereinbarungen zwar beim Tode des Komplementärs (§§ 131 Nr 4, 161 Abs 2 HGB, 289 Abs 1 AktG), nicht aber beim Tode eines Kommanditaktionärs (§§ 177 HGB, 289 Abs 1 AktG) aufgelöst wird. Im übrigen vererbt sich die Stellung des Komplementärs wie diejenige eines „offenen" Handelsgesellschafters (dazu oben Rn 193, 169 ff sowie wegen einiger den § 139 HGB betreffender Besonderheiten GroßKommAktG/BARZ § 289 Anm 9) und diejenige der Kommanditaktionäre nach aktienrechtlichen Grundsätzen (zu ihnen unten Rn 214 ff).

d) Stille Gesellschaft

aa) Tod des Geschäftsinhabers

203 Der Tod des Geschäftsinhabers (also der Person, an deren Handelsgewerbe der stille Gesellschafter iSd § 230 HGB „mit einer Vermögenseinlage beteiligt" ist) löst die

---

* **Schrifttum:** vgl die Angaben bei Rn 168 und 208.

** **Schrifttum**: DURCHLAUB, Fortsetzung der KG

auf Aktien mit den Erben des Komplementärs, BB 1977, 875.

stille Gesellschaft nach der gesetzlichen Regel des § 727 Abs 1 BGB auf, „sofern nicht aus dem Gesellschaftsvertrage sich ein anderes ergibt". Wegen weiterer Einzelheiten vgl SCHLEGELBERGER/K SCHMIDT HGB § 234 Rn 22 ff.

bb) Tod des „Stillen"

Für den Fortbestand der stillen Gesellschaft kommt es auf die Person des „Stillen" **204** noch weniger an als bei der KG auf diejenige des Kommanditisten. Ähnlich wie § 177 HGB für den Tod des Kommanditisten (s Rn 194 ff) bestimmt deshalb § 234 Abs 2 HGB für den Tod des „Stillen", daß dieser die Gesellschaft **nicht auflöst.** Ebenso wie § 177 HGB (s o Rn 195) ist aber auch § 234 Abs 2 HGB abdingbar (SCHLEGELBERGER/K SCHMIDT HGB § 234 Rn 8).

Die **Vererbung** der „stillen" Beteiligung setzt ebensowenig eine besondere *Vererblich-* **205** *stellung* voraus wie die eines Kommanditanteils (zu letzterem s Rn 194).

Hinterläßt der stille Gesellschafter **mehrere Erben,** so wird seine Beteiligung gem **206** § 2032 Abs 1 BGB „gemeinschaftliches Vermögen" aller Miterben (vgl RGZ 126, 386, 390 ff); eine *Sondererbfolge* wie beim Kommanditanteil (Rn 197) findet hier also nicht statt (vgl SCHLEGELBERGER/K SCHMIDT HGB § 234 Rn 5). Eine Ausnahme sollte man auch hinsichtlich der Mitgliedschaft eines *atypischen* stillen Gesellschafters nicht zulassen; und zwar selbst dann nicht, wenn diese sowohl vermögensrechtlich als auch organisatorisch wie die eines Kommanditisten gestaltet ist (aM wohl SCHLEGELBERGER/K SCHMIDT HGB § 234 Rn 6). Denn schon beim *Kommandit*anteil war die von der Rspr praktizierte Durchbrechung des § 2032 Abs 1 BGB keineswegs so dringend geboten (s oben Rn 197), daß man sie nun auch noch auf bestimmte Beteiligungsformen eines *stillen* Gesellschafters erweitern sollte. Zudem dürfte das Kriterium, ob die Mitgliedschaft des stillen Gesellschafters nach den im konkreten Falle getroffenen Vereinbarungen vermögensrechtlich und organisatorisch „wie" eine Kommanditistenstellung gestaltet ist, wegen der Vielfalt der möglichen Abstufungen kaum geeignet sein, mit der im Interesse der Rechtssicherheit notwendigen Zuverlässigkeit die Grenze zwischen „normalem" und „besonderem" Erbrecht zu markieren.

e) Partenreederei

Der Tod eines Mitreeders löst die Reederei nicht auf (§ 505 Abs 2 HGB). Die **207** Schiffspart ist vererblich und wird bei Miterben deren „gemeinschaftliches" Vermögen nach § 2032 Abs 1. Weitere Einzelheiten bei RUHWEDEL, Die Partenreederei (1973) 395–399; SCHAPS/ABRAHAM, Das Seerecht in der Bundesrepublik Deutschland (4. Aufl 1978) Teil 1 HGB § 505 Rn 2.

5. Kapitalgesellschaft

a) GmbH*

Daß die **GmbH** durch den Tod eines Gesellschafters aufgelöst wird, ist gesetzlich **208**

---

* **Schrifttum:** BARELLA, Erbfolge bei GmbH-Gesellschaftern, GmbH-Rdsch 1959, 45; BEKKER, Tod des Gesellschafters der GmbH, GmbH-Rdsch 1937, 215; ders, Einziehung zwecks Ausschluß der Vererbung an Geschäfts- anteilen, GmbH-Rdsch 1941, 243; BORRMANN, Pflichtteilsrecht und gesellschaftsvertragliche Fortsetzungsvereinbarungen (1972); vBUR-CHARD, Die Befugnisse eines Testamentsvollstreckers in einer GmbH, GmbH-Rdsch 1954,

Wolfgang Marotzke

nicht vorgesehen und nur dann anzunehmen, wenn dies im Gesellschaftsvertrag besonders bestimmt ist (SCHEFER 111 f). Unabhängig von der erfolgten oder nicht erfolgten Auflösung der Gesellschaft (SCHEFER 111 f) ist der **Geschäftsanteil** des Verstorbenen gem § 15 Abs 1 GmbHG **ohne weiteres vererblich** (zu den *haftungs*mäßigen Folgen der Vererbung WIEDEMANN 234 ff; DÄUBLER 12 f, 20 ff; KOCH 102 ff). Die Bestimmung

150; BUCHHOLZ, Rechtsnachfolge in GmbH-Geschäftsanteile, MittRhNotK 1991, 1, 37, 40 ff; COHN, Der Ausschluß der Vererblichkeit bei den Geschäftsanteilen der GmbH (Diss Greifswald 1919); DÄUBLER, Die Vererbung des Geschäftsanteils bei der GmbH (1965); ders, Der Scheinerbe im Recht der GmbH, GmbH-Rdsch 1963, 181; DILTHEY, Die unentgeltliche Einziehung von GmbH-Anteilen (Diss Bonn 1937); FABIAN, Gesellschaftsverträge und letztwillige Verfügungen der einzelnen Gesellschafter (Diss Heidelberg 1934) 12, 21; FELLER, Zur Vorerbschaft an GmbH-Geschäftsanteilen (Diss Mainz 1974); P FINGER, Einziehung des Geschäftsanteils beim Tode eines Gesellschafters und Nachfolgeregelung, GmbH-Rdsch 1975, 97; GEBEL, Die Bedeutung erbfallbezogener Klauseln in GmbH-Satzungen für die Erbschaftsteuer, DStR 1993, 282, 325; GOTTSCHLING, Schutz der GmbH vor Überfremdung, GmbH-Rdsch 1953, 20; HABERSACK, Die unentgeltliche Einziehung des Geschäftsanteils beim Tod des GmbH-Gesellschafters, ZIP 1990, 625; HADDING, Zur Rechtsstellung des Vorerben von GmbH-Geschäftsanteilen, in: FS BARTHOLOMEYCZIK (1973) 75; HAEGELE, Vererbung von GmbH-Geschäftsanteilen, Rpfleger 1969, 186; ders, Rechtsbeziehungen und Wechselwirkungen zwischen GmbH-Satzung und Gesellschaftertestament, GmbH-Rdsch 1972, 219; ders, Erbrechtsfragen zur GmbH, BWNotZ 1976, 53; HEFERMEHL, Satzung und Erbrecht bei der GmbH unter Berücksichtigung der Zugewinngemeinschaft (Korreferat f d GmbH-Sachverständigenausschuß beim BJM vom 6. 1. 1962); HILGER, Zur Anwendbarkeit statutarischer Vinkulierungsklauseln bei der Übertragung von GmbH-Geschäftsanteilen in Ausführung letztwilliger Verfügungen, in: FS Quack (1991) 259; G HUBER, Das Testament des Gesellschafter-Geschäftsführers der GmbH (1985); A HUECK, Gesellschaftsvertrag und Erbrecht, DNotZ 1952, 550; ders, Der Ge-

schäftsanteil der GmbH als Gegenstand eines Vermächtnisses, Betrieb 1956, 735; KÄPPLER, Die Steuerung der Gesellschaftererbfolge in der Satzung einer GmbH, ZGR 1978, 542; KESSELMEIER, Ausschließungs- und Nachfolgeregelung in der GmbH-Satzung (1989) 239 ff; U KOCH, Die Zuordnung des vererbten GmbH-Geschäftsanteils (Diss Heidelberg 1981); KRAKER, Übertragung und Vererbung von GmbH- und Kommanditanteilen, BWNotZ 1961, 2; KNUR, Die Familiengesellschaft (1941) 107; KREMER/LAUX, Die Rechtsstellung des vermeintlichen Erben in der GmbH, BB 1992, 159; KUSSMAUL, Unternehmerkinder. Ihre zivil- und steuerrechtliche Berücksichtigung in personenbezogenen, mittelständischen Familienunternehmen (1983); LANDMANN, Zur Regelung der Gesellschafternachfolge in der Satzung einer GmbH (Diss Bonn 1968); LANGENFELD, Das Testament des Gesellschafter-Geschäftsführers einer GmbH und GmbH & Co (1980); LESSMANN, Vinkulierungsklauseln bei der Vererbung von GmbH-Geschäftsanteilen, GmbH-Rdsch 1986, 409; MICHALSKI, Gesellschaftsrechtliche Gestaltungsmöglichkeiten zur Perpetuierung von Unternehmen (1980) 212 ff, 258 f, 300 ff; ders, Die Vor- und Nacherbschaft in einen OHG (KG)- und GmbH-Anteil, Betrieb 1987 Beil Nr 16 (zu Heft 35); MILEWSKI, Der Erwerb eines Gesellschaftsanteils auf Grund Gesellschaftsvertrages zu Gunsten Dritter auf den Todesfall . . . (Diss Köln 1950) 47; MODEL, Letztwillige Verfügungen und Gesellschaftsvertrag, GmbH-Rdsch 1959, 6; NEUKIRCHEN, Zuwendungen für die Zeit nach dem Tode in Gesellschaftsverträgen (Diss Köln 1939); NIEMEIER, Rechtstatsachen und Rechtsfragen der Einziehung von GmbH-Anteilen (1982); PETZOLD, Gesellschaftsvertrag und Erbrecht bei der GmbH und der GmbH & Co KG, GmbH-Rdsch 1977, 25; PINKERNELLE, Gesellschaft mit beschränkter Haftung und Erbrecht (Diss Bonn 1960); PRIESTER, Nachfolgeklauseln im GmbHdes § 15 Abs 5 GmbHG, nach der der Gesellschaftsvertrag die (in Abs 1 ebenfalls für zulässig erklärte) *Abtretung* der Geschäftsanteile „an weitere Voraussetzungen" knüpfen, insbes sie „von der Genehmigung der Gesellschaft abhängig" machen kann, ist auf die *Vererbung* weder unmittelbar noch analog anwendbar (str; wie hier ERMAN/SCHLÜTER Rn 21; MICHALSKI 258; SOERGEL/STEIN Rn 65; vgl auch BGHZ 92, 386, 390 [Vererbung], 393 [anschließende Verfügung über Miterbenanteil]; MünchKomm/LEIPOLD Rn 31;

Vertrag, GmbH-Rdsch 1981, 206; ders, Der vermeintliche Erbe als GmbH-Gesellschafter, GmbH-Rdsch 1984, 193; ders, Testamentsvollstreckung am GmbH-Anteil, in: FS STIMPEL (1985) 463; PROMBERGER, Auslegung unvollständiger Nachfolgeklauseln in der Satzung der GmbH, ZHR 1986, 585; REIMANN/SPIEGELBERGER, Aktuelle Rechtsfragen der Unternehmensnachfolge, RWS-Skript Nr 163 (1986); REUTER, Privatrechtliche Schranken der Perpetuierung von Unternehmen (1973) 409 ff; ders, Die Bestandssicherung von Unternehmen, AcP 181 (1981) 1; ROWEDDER, Die Zulässigkeit der Testamentsvollstreckung ..., in: FS Goerdeler (1987) 445, 454 ff, 465; SAENGER, Beschränkungen hinsichtlich Veräußerung und Vererbung von Geschäftsanteilen einer GmbH, RG-FS IV (1929) 17; SCHEFER, In welcher Weise kann die Satzung einer GmbH den Erwerb von Geschäftsanteilen durch Erbgang ausschließen oder beschränken? (Diss Mainz 1960); ders, Sondererbfolge in den GmbH-Geschäftsanteil?, GmbH-Rdsch 1960, 203; ders, Wie kann die Satzung einer GmbH die Vererbung von Geschäftsanteilen ausschließen?, Betrieb 1961, 57; SCHILLING, GmbH-Recht und Erbrecht unter Berücksichtigung der Zugewinngemeinschaft (Referat f d Sachverständigenausschuß beim BJM, 1961); ders, Die Regelung der Gesellschafternachfolge in der Satzung der GmbH, GmbH-Rdsch 1962, 205; SCHNEIDER, Der GmbH-Anteil bei der Auseinandersetzung eines Gesamthandsvermögens, insbesondere der Erbengemeinschaft, GmbH-Rdsch 1964, 157; SCHOLZ, Der Tod des Gesellschafters einer GmbH, Centrale Rundschreiben (Centrale für GmbH) 1948, 48; ders, Die Vererbung des GmbH-Anteils, JR 1955, 331; SCHULER, Einziehung von GmbH-Anteilen kraft Satzung, GmbH-Rdsch 1962, 114; SCHULZE ZUR WIESCHE, Der Nießbrauch am GmbH-Anteil in steuerlicher Sicht, GmbH-Rdsch 1977, 153, 183; ders, GmbH & Co KG (1985) 111; SIEBERN, Über die Bestimmung des Gesellschaftsvertrags einer Gesellschaft mit beschränkter Haftung, daß ein Geschäftsanteil nach dem Tode eines Gesellschafters einem Dritten zufallen solle (Diss Greifswald 1916); SIEGELMANN, Die Erbfolge bei dem Einmann-Gesellschafter einer GmbH, GmbH-Rdsch 1956, 118; ders, Die Erbfolge in den Nachlaß des verstorbenen Einmann-Gesellschafters einer GmbH, Betrieb 1964, 397; SOMMER, Rechtliche Wege zur Bestands- und Nachfolgeregelung von Familiengesellschaften (Diss Hamburg 1967) 232; SOUFLEROS, Ausschließung und Abfindung eines GmbH-Gesellschafters (1983); STRICKRODT, Die Zukunftssicherung des Unternehmens im Rahmen der GmbH, GmbH-Rdsch 1955, 157; SUDHOFF, Der Gesellschaftsvertrag der GmbH (8. Aufl 1992) 513; ders, Die Vererbung von GmbH-Anteilen, Betrieb 1963, 1109; TÖTEBERG, Die Erbfolge in Geschäftsanteil und Mitgliedschaft bei der GmbH (Diss Göttingen 1955); VINS, Kann im Gründungsvertrag einer GmbH unter Zustimmung aller Gesellschafter rechtswirksam vereinbart werden, daß der Geschäftsanteil eines Gesellschafters mit dessen Tode nicht seinen Erben, sondern Dritten zustehen soll?, ZHR 86 (1923) 325; VOGEL, Zur Vererbung eines Geschäftsanteils, GmbH-Rdsch 1971, 132; H P WESTERMANN, Zum Anwendungsbereich von Vinkulierungsklauseln bei der Vererbung von GmbH-Geschäftsanteilen, ZIP 1985, 1249; WIEDEMANN, Die Übertragung und Vererbung von Mitgliedschaftsrechten bei Handelsgesellschaften (1965) 92 ff, 234 ff; ders, GmbH-Anteile in der Erbengemeinschaft, GmbH-Rdsch 1969, 247; WITTEK, Die gesellschaftsrechtliche Behandlung der Familien-GmbH (Diss Erlangen-Nürnberg 1969) 92; WOLANY, Rechte und Pflichten des Gesellschafters einer GmbH (1964) 83, 128.

Wolfgang Marotzke

PETZOLDT, GmbH-Rdsch 1977, 25, 28 f; PRIESTER, GmbH-Rdsch 1981, 206, 208; **aM** STAUDINGER/
BOEHMER[11] Rn 163; mit Einschränkungen auch RGZ 80, 175, 179; die Frage letztlich offenlassend
BGH WM 1977, 192; vgl auch die ähnliche Problematik in Rn 169). Die Gesellschafter einer
GmbH können die Vererbung ihrer Geschäftsanteile nur dadurch verhindern, daß
sie diese durch geeignete (s Rn 55 ff), evtl aufschiebend bedingte, Rechtsgeschäfte
unter Lebenden rechtzeitig zum Erbfall aus dem „Vermögen" des Erblassers ausscheiden (ebenso KÄPPLER ZGR 1978, 542, 569 f; ERMAN/SCHLÜTER Rn 21 und letztlich wohl auch
SCHEFER 12 ff; KESSELMEIER 241 ff [die beiden Letztgenannten trotz ihrer radikal abweichenden
Ausgangsthese, daß § 15 Abs 1 GmbHG insgesamt, also auch hinsichtlich der „Vererblichkeit",
abdingbar sei]; **aM** STAUDINGER/BOEHMER[11] Rn 163; vielleicht auch RGZ 80, 175, 179 [löst den konkreten Fall aber schließlich mit – kaum haltbaren – Ausführungen zum Vertrag zugunsten Dritter auf
den Todesfall]; unentschieden BGH WM 1977, 192). Nach § 140 BGB besteht jedoch uU die
Möglichkeit, eine an sich nichtige „Unvererblichstellung" in ein derartiges Rechtsgeschäft oder hilfsweise in die gesellschaftsvertraglich mögliche Bestimmung umzudeu-
ten, daß der GmbH-Anteil beim Erbfall zwar zunächst nach § 1922 Abs 1 BGB auf
die Erben übergehen, er dann aber an die Gesellschaft oder an Dritte abgetreten
oder den Erben gem § 34 GmbHG entzogen werden soll (vgl PRIESTER aaO; SOERGEL/
STEIN Rn 65 mwN). Zu Satzungsbestimmungen über den *nachträglichen* Ausschluß des
Erben vgl BGHZ 105, 213 ff und GRUNEWALD, Der Ausschluß aus Gesellschaft und
Verein (1987) 211 ff. Zur Möglichkeit einer *automatischen* Einziehung des Geschäftsanteils oben Rn 58. Zu den Auswirkungen all dieser Vereinbarungen auf das
Pflichtteilsrecht s STAUDINGER/FERID/CIESLAR[12] § 2311 Rn 58 ff.

209 Daß die Vererbung des *Geschäftsanteils* außer durch rechtzeitige Ausscheidung desselben aus dem „Vermögen" des Erblassers nicht verhindert werden kann (s Rn 208),
bedeutet nicht, daß Gleiches auch für die gesellschaftsvertraglichen **Verwaltungs- und
Mitwirkungsrechte** des Erblassers gelten müsse: Soweit diese nach Gesellschaftsrecht
abdingbar sind, können sie durch den Gesellschaftsvertrag auch „unvererblich
gestellt" (vgl KOCH 70 ff; SCHEFER 112 ff; BUCHHOLZ MittRhNotK 1991, 1, 41, 42 und die oben
Rn 174 dargestellte Rechtslage bei der Personengesellschaft) oder zum „Ruhen" gebracht werden (vgl LG Berlin BB 1985, 1752 f = NJW-RR 1986, 195). Nicht vererblich sind Rechte, die
dem Erblasser nur *höchstpersönlich* zustanden, wie iZw ein ihm aus persönlichen
Gründen eingeräumtes Mehrstimmrecht oder eine Geschäftsführungsbefugnis
(DÄUBLER 9 f; PETZOLDT GmbH-Rdsch 1977, 25 ad II 1 a). Wegen etwaiger **Bezugsrechte** s
unten Rn 215 und, unabhängig von der Vererbungsfrage, PRIESTER Betrieb 1980,
1925 ff.

210 Hinterläßt ein Gesellschafter **mehrere Erben,** so wird sein Geschäftsanteil gem § 2032
Abs 1 BGB „gemeinschaftliches Vermögen" aller Miterben. § 18 GmbHG geht wie
selbstverständlich davon aus, daß ein GmbH-Anteil „mehreren Mitberechtigten
ungeteilt" zustehen kann (Abs 1) und daß als „Mitberechtigte" in diesem Sinne gegebenenfalls auch Mit*erben* anzusehen sind (Abs 3 S 2). Zudem ergibt sich aus § 17
GmbHG, daß „die Teilung von Geschäftsanteilen verstorbener Gesellschafter unter
deren Erben" (Abs 3) nur mit Genehmigung der Gesellschaft (Abs 1) oder bei Vorliegen einer dieses Genehmigungserfordernis abdingenden Bestimmung des Gesellschaftsvertrages möglich ist (Abs 3) und daß die Teilung im Gesellschaftsvertrag
sogar für den Fall der Vererbung generell *ausgeschlossen* werden kann (Abs 6). Aus
alldem folgt, daß eine **Sondererbfolge** der in Rn 178 ff, 197 beschriebenen Art, die ja
zu einer automatischen Zersplitterung des sondervererbten Gegenstandes führen

würde, bei GmbH-Anteilen **jedenfalls nicht schon kraft Gesetzes** stattfindet (vgl auch BGHZ 92, 386, 390 ff; KOCH 58–187; STAUDINGER/WERNER[12] § 2032 Rn 23).

Auch durch entsprechende „Nachfolgeklauseln" läßt sich eine Sondererbfolge in GmbH- **211** **Anteile nicht herbeiführen** (ganz hM; vgl zB BAUMBACH/HUECK GmbHG § 15 Rn 9; DÄUBLER 105 f; HECKELMANN, in: FS vLübtow [1980] 619, 638 ff; LANDMANN 139 ff; KOCH 91 ff, 188; MICHALSKI 225–228; **aM** wohl nur SCHEFER, FINGER und KÄPPLER [dazu sogleich]). Für sog **„einfache" Nachfolgeklauseln** des Inhalts, daß der zu vererbende Gesellschaftsanteil entgegen § 2032 Abs 1 BGB nicht „gemeinschaftliches" Vermögen aller Miterben werden, sondern im Wege der Sondererbfolge unmittelbar und den Erbquoten entsprechend *geteilt* an die einzelnen Miterben gelangen solle (s Rn 179), folgt das schon daraus, daß § 17 Abs 6 S 1 GmbHG eine *Teilung* von GmbH-Geschäftsanteilen nur im Fall der „Veräußerung" und der „Vererbung" zuläßt und unter Teilung im Fall der „Vererbung" ersichtlich (vgl §§ 18 Abs 1, Abs 3 S 2, 17 Abs 3 und 4, 5 Abs 1 und 3 GmbHG) nicht eine der einfachen Nachfolgeklausel entsprechende *automatische* Teilung, sondern nur eine *rechtsgeschäftliche* Teilung im Wege der Erbauseinandersetzung versteht (SCHEFER 64 ff; ders GmbH-Rdsch 1960, 203, 204 f; ders Betrieb 1961, 57, 60; vgl auch KESSELMEIER 260; bejaht wird die Möglichkeit, durch „einfache Nachfolgeklausel" eine „aufgeteilte Nachfolge aller Erben" herbeizuführen, wohl nur von FINGER GmbH-Rdsch 1975, 97, 102 mit Fn 72 [„aber lediglich bei Beachtung von §§ 5 Abs 1 und 3, 17 GmbHG"]). Dieses Gegenargument entfällt allerdings bei der sog **„qualifizierten" Nachfolgeklausel** (s Rn 180 ff), wenn diese bestimmt, daß der Geschäftsanteil beim Erbfall *ungeteilt* auf *einen* der mehreren Erben übergehen solle. Gleichwohl kann auch eine Sondererbfolge *dieser* Art beim GmbH-Anteil nicht zugelassen werden (hM; **anders** wohl nur SCHEFER 69 ff; ders Betrieb 1961, 57, 59 f; FINGER GmbH-Rdsch 1975, 97, 102 f; EDER in GmbH-Handbuch I [Lfg März 1982] Rn 334.12; KESSELMEIER 261 ff, 269, 296; „zumindest" für die personalistisch strukturierte GmbH wohl auch KÄPPLER ZGR 1978, 542, 575). Das ergibt sich zum einen aus der Unabdingbarkeit der §§ 15 Abs 1 GmbHG, 2032 Abs 1 BGB (vgl oben Rn 208) und zum anderen aus dem Fehlen eines die Einführung solch einer Sondererbfolge rechtfertigenden praktischen Bedürfnisses: Wenn die Gesellschafter wollen, daß ihre GmbH-Anteile unter Umgehung einer etwaigen Erben*gemeinschaft* sofort an den oder die ausersehenen Nachfolger gelangen, können sie den Gesellschaftsanteil auf einem der in Rn 55 ff genannten Wege „am Erbrecht vorbeisteuern". Dabei muß es auch bei der personalistisch strukturierten GmbH bleiben (überzeugend HECKELMANN, in: FS vLübtow [1980] 619, 640 f; vgl auch KOCH 144–187 sowie die aE der Rn 206 behandelte vergleichbare Problematik).

Steht ein GmbH-Anteil mehreren Miterben gemeinschaftlich zu, so kann jeder von **212** ihnen ohne Mitwirkung der anderen **Anfechtungsklage gegen einen Gesellschafterbe-** **schluß** erheben (so BGHZ 108, 21, 30 f wegen § 2038 Abs 1 S 2 HS 2). Zur Bedeutung von **Vinkulierungsklauseln** für die Vererbung von GmbH-Geschäftsanteilen und für die Erbauseinandersetzung vgl LESSMANN GmbH-Rdsch 1986, 409 ff; HILGER, in: FS QUACK (1991) 259 ff; OLG Düsseldorf NJW-RR 1991, 1056 ff.

Zur **GmbH & Co KG** s oben Rn 201. **213**

b) Aktiengesellschaft*

214 Wie GmbH-Anteile (Rn 208) sind auch Aktien *ohne weiteres vererblich;* das gilt selbst für vinkulierte Namensaktien und kann durch Satzung nicht ausgeschlossen werden (vgl statt aller GroßKommAktG/Barz § 68 Anm 8 und zu den haftungsrechtlichen Folgen der vom Erben veranlaßten Eintragung ins Aktienbuch Wiedemann 234 ff; KölnerKomm/Lutter AktG § 67 Rn 20 f). Hinterläßt ein Aktionär *mehrere* Erben, wird die Aktie gem § 2032 Abs 1 „gemeinschaftliches" Vermögen aller Miterben; eine „Sondererbfolge" ist hier ebensowenig möglich wie beim GmbH-Anteil. Jedoch kann die Satzung für den Fall des Todes die Zwangseinziehung nach § 237 AktG zulassen (vgl Barz aaO; Wiedemann 86 f; Reuter 438 f).

215 Mit der Aktie gehen auch die mit ihr verbundenen **Nebenrechte** auf den Erben über, soweit sie nicht ausnahmsweise höchstpersönlicher Natur sind. **Bezugsrechte** sind vererblich, wenn sie dem Aktionär als solchem zugewiesen sind (vgl RG JW 1901, 484 f Nr 7; RGZ 65, 21 ff). *Un*vererblich sind sie jedoch dann, wenn sie „vertragsmäßig auf die Person des ursprünglich Berechtigten beschränkt" sind (RGZ 65, 21 f), was notfalls durch *Auslegung* zu klären ist (instruktiv RGZ 97, 239, 241).

216 Zur **Kommanditgesellschaft auf Aktien** s oben Rn 202.

6. Stiftung

217 Im Gegensatz zu Vereinen, Genossenschaften und Gesellschaften hat die Stiftung keine Mitglieder (s BGHZ 99, 344, 349, 350; Staudinger/Coing/Habermann[12] Vorbem 1 zu §§ 80–88), so daß sich bei ihr die Frage der Vererblichkeit einer „Mitgliedschaft" nicht stellt. Grundsätzlich *un*vererblich ist die Rechtsstellung der Stiftungs*organe* (zB des Vorstands); s oben Rn 156. Auch die – nicht notwendig einen klagbaren Anspruch enthaltende – Rechtsstellung eines „Destinatärs" (dazu BGHZ 99, 344, 350 ff; Staudinger/Coing/Habermann[12] Vorbem 1, 15 zu §§ 80–88; § 80 Rn 13; § 85 Rn 3) wird meist höchstpersönlicher Natur und somit unvererblich sein (Auslegung der Satzung!). Mit dem Erlöschen der Stiftung fällt das Vermögen an die in der Verfassung bestimmten Personen (§ 88 Abs 1). Zu dem Fall, daß diese nicht mehr leben, vgl Soergel/Neuhoff § 88 Rn 7.

„Probleme bei letztwilligen Zuwendungen für Stiftungszwecke" behandelt

---

* **Schrifttum:** Bartholomeyczik, Das Aktienpaket der Miterbengemeinschaft, in: FS Lange (1970) 343; Knur, Die Familiengesellschaft (1941) 120; Köbler, Erbrecht und Gesellschaft (1974) 15 ff; Michalski, Gesellschaftsrechtliche Gestaltungsmöglichkeiten zur Perpetuierung von Unternehmen (1980) 239 ff; Monteil, Zum Erwerb vinkulierter Namensaktien im Erbgang (betr schweizerisches Recht), in: FS Obrecht (1961) 406; Reuter, Privatrechtliche Schranken der Perpetuierung von Unternehmen (1973) 243, 438 f; ders, Die Bestandssicherung von Unternehmen, AcP 181 (1981) 1; Rowedder, Die Zulässigkeit der Testamentsvollstreckung..., in: FS Goerdeler (1987) 445, 454 ff, 465; Schröder, Stimmrechtskonsortien unter Aktionären: Gesellschafts- und erbrechtliche Probleme, ZGR 1978, 578, 594 ff; Sommer, Rechtliche Wege zur Bestands- und Nachfolgesicherung von Familiengesellschaften (Diss Hamburg 1967) 245; Wiedemann, Die Übertragung und Vererbung von Mitgliedschaftsrechten bei Handelsgesellschaften (1965).

KUCHINKE in: FS Neumayer (1986) 389 ff. Zum Thema „Unternehmensnachfolge mittels stiftungshafter Gebilde" vgl FLÄMING Betrieb 1978 Beil 22 (zu Heft 45).

VII. Handelsgeschäft und Unternehmen*

Von der Vererbung der mitgliedschaftlichen Beteiligung an einer Handelsgesell- **218**

* **Schrifttum:** AICHER/OSTHEIM, OHG und Erbengemeinschaft, ÖJZ 1981, 253; ARMBRUSTER, Die Erbengemeinschaft als Rechtsform zum Betrieb eines vollkaufmännischen Handelsgeschäfts (Diss Tübingen 1965); BARELLA, Möglichkeit der Haftungsbeschränkung beim Übergang eines Einzelhandelsgeschäftes auf den Erben, Betrieb 1951, 676; BARTHOLOMEYCZIK, Die Haftung des Erben für die neuen Geschäftsverbindlichkeiten, DGWR 1938, 321; F BAUR, Der Testamentsvollstrecker als Unternehmer, in: FS Dölle (1963), 249; BEUTHIEN, Die Miterbenprokura, in: FS Fischer (1979) 1 (dazu STAUDINGER/MAROTZKE[12] § 1967 Rn 28 f); BINDER, Die Rechtsstellung des Erben I (1901) 31; BOLTE, Der § 27 des neuen HGB, ZHR 51 (1902) 413; BRANDNER, Das einzelkaufmännische Unternehmen unter Testamentsvollstreckung, in: FS Stimpel (1985) 991; BUCHWALD, Der Betrieb eines Handelsgewerbes in Erben- oder Gütergemeinschaft, BB 1962, 1405; COHN, Die Tätigkeit des Registerrichters bei der Firmenfortführung eines von Todes wegen erworbenen Handelsgeschäfts, JW 1926, 481; DAMRAU, Die Fortführung des von einem Minderjährigen ererbten Handelsgeschäfts, NJW 1985, 2236; DONNER, Der Testamentsvollstrecker des eingetragenen Einzelkaufmanns, des offenen Handelsgesellschafters, des Komplementärs und des Kommanditisten, DNotZ 1944, 143; FELIX, Steuerberatung und Unternehmernachfolge, DStR 1987, 145; ders, Testament und Erbvertrag (ua zur„vorzeitigen Erbfall-Gesellschaft"), DStR 1987, 599; ders, Testamentarische Gestaltungsempfehlungen aus der Sicht der Steuerberatung (ua ebenfalls zur „vorzeitigen Erbfall-Gesellschaft"), Stbg 1988, 117; FISCHER, Fortführung eines Handelsgeschäfts durch eine Erbengemeinschaft?, ZHR 144 (1980) 1; FLÄMING, Unternehmensnachfolge mittels stiftungshafter Gebilde, Betrieb 1978 Beil 22 (zu Heft 45); FROHWEIN, Erbengemein-

schaft und offene Handelsgesellschaft, DFG 1940, 103; FROMM, Unternehmensnachfolge (1986); GANSSMÜLLER, Identitätswahrende Umwandlung der Erbengemeinschaft in eine Personalgesellschaft?, DNotZ 1955, 172 (m Erwiderung von FISCHER DNotZ 1955, 182); GOLDSTEIN, Die Miterbengemeinschaft als Organisationsform zur Fortführung des ererbten Handelsunternehmens eines Einzelkaufmanns (Diss Köln 1972); GOLDMANN, Inwieweit haftet der Erbe, wenn derselbe ein zu einem Nachlasse gehörendes Handelsgeschäft fortführt, für die früheren Geschäftsverbindlichkeiten? in: FS Richard Wilke (1900) 117; GRUSS, Die Fortführung eines Handelsgeschäfts durch eine Erbengemeinschaft, Betrieb 1955, 573; HAEGELE, Zur Regelung der Nachfolge in der Leitung eines Familienunternehmens, BWNotZ 1968, 133; HARTMANN/ASCHFALK, Testamentsvollstreckung, Nießbrauch und Vorerbschaft zur Sicherung der Nachfolge des Einzelunternehmens im Zivil- und Steuerrecht (2. Aufl 1984); HEINEN, Die Fortführung des Handelsgeschäfts eines Einzelkaufmanns durch eine Erbengemeinschaft, RhNotK 1962, 108; HEINTZENBERG, Die Einzelunternehmung im Erbgang (1957); HILDEBRANDT, Das Handelsgeschäft als Nachlaßgegenstand, DFG 1937, 153; ders, Die handelsrechtliche Erbenhaftung, DFG 1938, 48; HUECK, Schuldenhaftung bei Vererbung eines Handelsgeschäfts, ZHR 108 (1941) 1; HOLZHAUER, Erbrechtliche Untersuchungen/Einschränkung der Verwaltungstestamentsvollstreckung im Handelsrecht (1973) 1; HÜFFER, Das Namensrecht des ausscheidenden Gesellschafters als Grenze zulässiger Firmenfortführung (zu BGHZ 92, 79 [vgl jetzt auch BGHZ 100, 75]), ZGR 1986, 137; ders, Die Fortführung des Handelsgeschäfts in ungeteilter Erbengemeinschaft und das Problem des Minderjährigenschutzes (zu BGHZ 92, 259 und BVerfGE 72, 155), ZGR 1986, 603; JOHANNSEN, Die schaft (Rn 169 ff) ist zu unterscheiden die Vererbung eines Handelsgeschäfts oder eines sonstigen, nichtkaufmännischen Unternehmens: Eine solche setzt voraus, daß das Handelsgeschäft bzw Unternehmen dem Erblasser *nicht nur mittelbar* über eine Beteiligung an einer es betreibenden Gesellschaft, *sondern unmittelbar* gehörte (im ersten Falle wird nur der Gesellschaftsanteil als solcher vererbt). Nur wenn diese

Rechtsprechung des Bundesgerichtshofs auf dem Gebiete des Erbrechts, WM 1972, 914; ders, Die Nachfolge in kaufmännische Unternehmen und Beteiligungen an Personengesellschaften beim Tode ihres Inhabers, FamRZ 1980, 1074; JOHN, Testamentsvollstreckung über ein einzelkaufmännisches Unternehmen, BB 1980, 757; ders, Anm zu BGHZ 92, 259, JZ 1985, 246; KAPP/EBELING/GRUNE, Handbuch der Erbengemeinschaft Rn I 336 ff; KRABBEN-HÖFT, Übergang von Geschäftsverbindlichkeiten und Geschäftsforderungen beim Erwerb eines Handelsgeschäfts und beim Eintritt eines Gesellschafters in das Geschäft eines Einzelkaufmanns, Rpfleger 1957, 158, 161; KRETZ-SCHMAR, Die Gestaltung der Haftung des Erben, wenn der Erblasser Einzelkaufmann war oder einer offenen Handelsgesellschaft oder einer Kommanditgesellschaft als Teilhaber angehörte, ZBlFG 17 (1917) 1; KUCHINKE, Die Firma in der Erbfolge, ZIP 1987, 681; KUSS-MAUL, Unternehmerkinder. Ihre zivil- und steuerrechtliche Berücksichtigung in personenbezogenen, mittelständischen Familienunternehmen (1983); LION, Der Übergang des einzelkaufmännischen Geschäfts auf mehrere Erben, LZ 1925, 842; LÖHR/RICHTER, Fortführung einer freiberuflichen Praxis bei fehlender beruflicher Qualifikation des Erben: Freiberufliche oder gewerbliche Einkünfte?, BB 1980, 673; MÄRKLE, Der Erbfall und die Erbauseinandersetzung im Ertragsteuerrecht, BWNotZ 1984, 73; MORMANN, Die Rechtsprechung des BGH zur Haftung aus § 419 BGB und § 25 HGB, WM 1965, 634, 641; NELSON, Die Haftung des Erben eines Handelsgeschäfts für die früheren Geschäftsverbindlichkeiten (Diss Berlin 1906); NOLTE, Zur Frage der Zulässigkeit der Testamentsvollstreckung nach Handelsrecht, in: FS Nipperdey Bd I (1965) 667; PAR-DEY, Gesetzlich Vertretene als Erben eines Kaufmannes oder Komplementärs (Verfahrensprobleme für Register- und Vormundschaftsgerichte), FamRZ 1988, 460; PFEIFFER, Die Fortführung eines Handelsgeschäfts eines Einzelkaufmanns durch eine Mehrheit von Erben (Diss Tübingen 1961); PISKO, Das kaufmännische Unternehmen, Ehrenbergs Handbuch des gesamten Handelsrechts Bd II 1 (1914) § 26.2: Die Vererbung des Unternehmens; REIMANN/SPIEGELBERGER, Aktuelle Rechtsfragen der Unternehmensnachfolge, RWS-Skript Nr 163 (1986); RENKERT, Die Schuldenhaftung des Erben eines Handelsgeschäfts (Diss Heidelberg, Cottbus 1911); REUSCH, Die Bewertung und Verwertung des Fabrikgeschäfts im Nachlaß hinsichtlich des Verhältnisses mehrerer Erben zueinander (Münster 1920); REUTER, Die handelsrechtliche Erbenhaftung (§ 27 HGB), ZHR 1971, 511; ders, Probleme der Unternehmensnachfolge, ZGR 1991, 467; RIESENFELD, Die Erbenhaftung I (1916) 18, 112, 237: Haftung wegen Geschäftsschulden (§ 27 HGB); SÄCKER, Die handelsrechtliche Haftung für Altschulden bei Übertragung und Vererbung von Handelsgeschäften, ZGR 1973, 261; U SCHLÜTER, Die Schuldenhaftung bei Geschäftsübernahme (Diss München 1971) 55; W SCHLÜTER, Anm zu BGHZ 92, 79, JZ 1986, 151; K SCHMIDT, Anm zu BGHZ 92, 259, NJW 1985, 138; ders, Die Erbengemeinschaft nach einem Einzelkaufmann (Verfassung, Haftung, Umwandlung und Minderjährigenschutz), NJW 1985, 2785; ders, Gesetzliche Vertretung und Minderjährigenschutz im Unternehmensprivatrecht (zu BVerfGE 72, 155), BB 1986, 1238; SCHMITZ, Steuerrechtliche Behandlung von gewerblichen Gewinnen nach einem Erbfall: Verstoß gegen das steuerliche Rückwirkungsverbot?, BB 1985, 585; SCHREIBER, Das Verpachtungsrecht der Apotheker-Erben, MittBayNot 1983, 107; SCHULTESS, Die Schuldenhaftung des Erben nach § 27 HGB (Diss Leipzig 1903); SCHULZ/SCHAEFFER, Witwenprivileg und Stellvertretungserlaubnis nach § 46 GewO, MDR 1961, 379; SCHULZE ZUR WIESCHE, Die freiberufli-

Voraussetzung erfüllt ist, geht das Handelsgeschäft als Bestandteil des Nachlasses (vgl § 27 Abs 1 HGB) auf den Erben über (= Erwerb „von Todes wegen" iSd § 22 Abs 1 HGB). Mit dem **Handelsgeschäft** erwirbt der Erbe auch das Recht zur Führung der **Firma** des Erblassers (vgl § 22 Abs 1 HGB und KUCHINKE ZIP 1987, 681 ff). Das Ausmaß der Haftung für die vom Erblasser begründeten Geschäftsverbindlichkeiten hängt ua davon ab, ob und ggfls unter welcher Firma der Erbe das Handelsgeschäft fortführt (vgl § 27 HGB; STAUDINGER/MAROTZKE[12] § 1967 Rn 57 ff und zu Fragen des Minderjährigenschutzes BVerfGE 72, 155, 167 ff [m Anm EMMERICH JuS 1986, 806 und Bespr HERTWIG FamRZ 1987, 124]; BGH NJW-RR 1987, 450; DAMRAU NJW 1985, 2236; SOERGEL/DAMRAU[12] § 1822 Rn 13; MünchKomm/SCHWAB[3] § 1822 Rn 24 f; K SCHMIDT NJW 1985, 2785 und BB 1986, 1238; HÜFFER ZGR 1986, 603; KOCH NJW 1987, 2483, 2485; M WOLF AcP 187, 319; PARDEY FamRZ 1988, 460; SASSENRATH, Die Umwandlung von Komplementär- in Kommanditbeteiligungen [1988] 215 ff; THIELE FamRZ 1992, 1001 ff). Zur Geschäftsfortführung durch *mehrere* Erben und der sich hier stellenden Frage des Entstehens einer OHG vgl STAUDINGER/WERNER[12] § 2032 Rn 18 ff, § 2038 Rn 4, 9 f, 16 sowie das og Schrifttum und aus der neueren Rspr die vergleichsweise schon in Rn 178 erwähnte Entscheidung BGHZ 92, 259, 262 ff (aus Gründen des Minderjährigenschutzes aufgehoben durch BVerfGE 72, 155 ff; sodann Aussetzung des Verfahrens bis zur gesetzlichen Neuregelung: BGH NJW-RR 1987, 450) sowie BFH NJW 1988, 1343. Zu der Frage, ob ein Handelsgeschäft unter **Testamentsvollstreckung** gestellt werden kann, vgl STAUDINGER/REIMANN[12] Vorbem 70 ff zu §§ 2197 ff, § 2205 Rn 71 ff; D WEBER in: FS Stiefel (1987) 829, 841 ff (schon erwähnt in Rn 190, 199) und das in der Fn angeführte Schrifttum.

Der Vererbung unterliegt grundsätzlich **das gesamte Geschäfts- und Betriebsvermögen** 219 einschließlich Firma (ausführl KUCHINKE aaO), Warenzeichen (Rn 267, 269 f), immaterieller Güter- und gewerblicher Schutzrechte (Näheres in Rn 267 ff, 271 f). Vererblich ist auch die rechtliche (s Rn 236) Zuordnung bzw der nur potentielle rechtliche Gehalt (s zB §§ 16−20 UWG) zunächst rein tatsächlicher Beziehungen, die in dem Tätigkeitsbereich des Unternehmens entstehen, wie zB der Geschäftserfahrungen, der Fabrikationsgeheimnisse, der Kenntnisse von Bezugs- und Absatzquellen, der Ver-

---

che Praxis im Erbfall, BB 1984, 1612; SEEMÜLLER, Die fortgesetzte Erbengemeinschaft (Diss Hamburg 1976) 134; SOBICH, Erbengemeinschaft und Handelsgeschäft, zur Zulässigkeit der Geschäftsfortführung (Diss Kiel 1975); STEGEMANN, Die Vererbung eines Handelsgeschäfts, Rostocker Rechtswissenschaftliche Studien Bd I Heft 3 (1903); STÖCKER, Die einkommensteuerliche Behandung der Unternehmensvererbung – Eingriff in die Erbrechtsgarantie, WM 1981, 570; STROTHMANN, Die letztwillige Gesellschaftsgründungsklausel (1983); ders, Einzelkaufmännisches Unternehmen und Erbenmehrheit im Spannungsfeld von Handels-, Gesellschafts-, Familien- und Erbrecht (zu BGHZ 92, 259), ZIP 1985, 969; STÜRNER, Die Unternehmensnachfolge (Vertragsentwürfe in juristischen Übungsarbeiten), JuS 1972, 653;

SUDHOFF, Handbuch der Unternehmensnachfolge (3. Aufl 1984); TRÖSTER, Miterbengemeinschaft und Handelsgeschäft, Betrieb 1961, 765; VOIGTEL, Aus dem kaufmännischen Erbrechte, BuschsArch 10 (1867) 67; WALKER, Der Vollzug der Arbeitgebererfolge mit einem vermeintlichen Erben (1985; dazu MAROTZKE AcP 186, 316); WERTHER, Der Ausschluß der handelsrechtlichen Erbenhaftung nach Fortführung des ererbten Handelsgeschäfts unter der bisherigen Firma (Diss Köln 1968); M WOLF, Die Fortführung eines Handelsgeschäfts durch die Erbengemeinschaft, AcP 181, 480; ders, Vermögensschutz für Minderjährige und handelsrechtliche Haftungsgrundsätze, AcP 187, 319. Vgl auch die Schrifttumsangaben bei STAUDINGER/DILCHER[12] Vorbem 23 zu § 90 und STAUDINGER/BOEHMER[11] § 1922 Rn 167.

Wolfgang Marotzke

bindungen mit der Kundschaft, der inneren Ordnung des Betriebes und der Organisationspläne, und letztlich des gesamten „goodwill" (vgl BGH LM § 1922 Nr 7 Bl 1 R und zur Wertermittlung STAUDINGER/FERID/CIESLAR[12] § 2311 Rn 46 ff; MEINCKE, Das Recht der Nachlaßbewertung im BGB [1973] 198 f). Gegen die zT abweichenden Thesen von BINDER ausführlich STAUDINGER/BOEHMER[11] Rn 167.

220   Vererblich ist auch ein vom Erblasser betriebenes **nichtkaufmännisches Unternehmen** (BGH NJW 1951, 229 f = LM § 1922 Nr 1 m Anm ASCHER; BGH LM § 1922 Nr 7; zur Erblichkeit des Unternehmens*namens* s Rn 267). Anders nur, wenn das Unternehmen seiner Art nach so eng mit der Person des Erblassers verbunden war, daß es weder von dem Erben (RGZ 144, 1, 4 [Arztpraxis]; BGH LM § 1922 Nr 7) noch von einer anderen Person (so richtig JOHANNSEN WM 1972, 914) fortgesetzt werden kann und deshalb den Wegfall des Inhabers nicht überlebt. In diesem Falle erwirbt der Erbe statt des Unternehmens nur dessen einzelne erbliche Bestandteile (vgl für Arztpraxen RGZ 144, 1, 2/3).

221   **Die Zugehörigkeit** eines Handelsgeschäfts oder sonstigen Unternehmens **zum vererblichen Nachlaß** ist wichtig für die Rechtsstellung der Nachlaßgläubiger, der Pflichtteilsberechtigten (STAUDINGER/FERID/CIESLAR[12] § 2311 Rn 46 ff), der sonstigen Nachlaßbeteiligten und auch für die Frage, wem die Erträgnisse gebühren, wenn das Unternehmen nach dem Erbfall von einem der Miterben weitergeführt wird (vgl zu letzterer Frage BGH LM § 1922 Nr 7; JOHANNSEN WM 1972, 914). Gehört zum Nachlaß ein gewerbliches Unternehmen, so behandelt das Steuerrecht die Erben vom Erbfall an als **„Unternehmer"** (vgl BFHE 166, 149 ff = BStBl II 1992, 392, 393 ff).

222   Die **Kaufmannseigenschaft** ist nicht erblich, sondern wird bei Fortführung des hinterlassenen Betriebes „originär" erworben. Jedoch müssen die Erben *bereits gegen den Erblasser eingetretene Rechtsfolgen* seiner Kaufmannseigenschaft nach Maßgabe der §§ 1922, 1967 ff auch dann gegen sich gelten lassen, wenn *ihnen* die Kaufmannseigenschaft fehlt. So zB die Wirkungen einer mündlichen Bürgschaft oder eines mündlichen Schuldanerkenntnisses oder -versprechens nach § 350 HGB, die Nichtherabsetzbarkeit einer Vertragsstrafe nach § 348 HGB, die höhere oder früher fällige Zinspflicht nach §§ 352, 353 HGB, die Haftung für die Sorgfalt eines ordentlichen Kaufmanns nach § 347 HGB, die Verpflichtung aus kaufmännischer Anweisung (§ 363 HGB), die Pflicht zur Mängelrüge (§ 377 HGB), die Bindung an eine nach § 38 Abs 1 ZPO wirksame Gerichtsstandsvereinbarung (letzteres str; s unten Rn 339).

223   Sonstige mit Einkünften verknüpfte **Berufsstellungen** sind einer Vererbung ebensowenig zugänglich wie die Kaufmannseigenschaft; auch sie können nur „originär" erworben werden (iE ebenso STAUDINGER/BOEHMER[11] im 2. Abs der Rn 167). Zu den Möglichkeiten einer zumindest vorübergehenden **Fortführung einer freiberuflichen Praxis bei fehlender Qualifikation des Erben** vgl LÖHR/RICHTER BB 1980, 673 f (unter besonderer Berücksichtigung steuerrechtlicher Aspekte) und BFHE 133, 396 ff = BStBl II 1981, 665 ff. Zur Vererblichkeit öffentlich-rechtlicher **Konzessionen und dergl** unten Rn 369.

VIII. Landgüter und Höfe*

Für die Vererbung *landwirtschaftlicher* Unternehmen gilt das allgemeine Erbrecht **224** nur, soweit sich aus den in manchen Bundesländern geltenden Höfeordnungen, Anerbenrechtsgesetzen und dergl nichts anderes ergibt. Nicht selten kommt es hinsichtlich des **„Hofes"** zu einer **Sondererbfolge** iS des bei Rn 62 Gesagten. Eine Zusammenstellung der einschlägigen landesrechtlichen Vorschriften findet sich bei STAUDINGER/PROMBERGER/SCHREIBER[12] EGBGB Art 64 Rn 91 ff (vgl auch STAUDINGER/WERNER Vorbem 4 zu §§ 1924–1936). Wegen der Einzelheiten sei auf das dort angegebene Schrifttum verwiesen. Vgl ferner STAUDINGER/OTTE Einl 22, 67, 80, 82, 89 zu § 1922; STAUDINGER/WERNER Vorbem 4 ff, 43 zu §§ 1924–1936, STAUDINGER/WERNER[12] Vorbem 20 ff zu §§ 2032–2057 a, § 2046 Rn 19; STAUDINGER/MAROTZKE[12] § 2058 Rn 45, § 2059 Rn 16; STAUDINGER/FERID/CIESLAR[12] Einl 117 ff zu § 2303 sowie unten Rn 237, 242. Nach AG Pinneberg DtZ 1992, 300 f ist mecklenburgisches Erbrecht aus der Zeit vor Inkrafttreten des Reichserbhofgesetzes als Rechtsquelle für ein Anerbenrecht nicht mehr anwendbar. Zur Vererblichkeit des im Zuge der Bodenreform auf dem Gebiet der SBZ und späterer DDR geschaffenen sog **Siedlungseigentums** vgl BezG Dresden ZIP 1992, 866, 871 ff (bejaht Vererblichkeit ohne Sonderrechtsnachfolge; sehr str; weitere Nachweise oben Rn 54).

Soweit das BGB zur Anwendung kommt, sind in bezug auf Landgüter die **Bewer- 225 tungsvorschriften** der §§ 2049, 2312 BGB, 16 Abs 1 S 2 GrdstVG zu beachten (dazu unter verfassungsrechtlichen Gesichtspunkten BGHZ 98, 375; 98, 382 = NJW 1987, 951; 1987, 1260). Vgl auch STAUDINGER/OTTE Einl 72 ff zu § 1922.

Über die **gerichtliche Zuweisung eines landwirtschaftlichen Betriebes** an einen von meh- **226** reren Erben und die hieraus resultierenden Ausgleichsansprüche vgl §§ 13 ff GrdstVG und STAUDINGER/WERNER[12] § 2042 Rn 20, § 2049 Rn 6. Das BVerfG (NJW-RR 1992, 898 r Sp) hat eingeräumt, daß insoweit „noch nicht geklärte Fragen zum Inhalt der Erbrechtsgarantie sowie zur Vereinbarkeit der Vorschriften über die Zuweisung landwirtschaftlicher Betriebe an einen Miterben mit dem Gleichheitssatz" bestehen.

---

* **Schrifttum:** STAUDINGER/BOEHMER[11] Einl § 19 Rn 9 ff und § 28 Rn 18 f; FASSBENDER, Zur vertragsbrechenden Hoferklärung, AgrarR 1987, 295; 1988, 125; FASSBENDER/HÖTZEL/PIKALO, Höfeordnung, Höfeverfahrensordnung und Überleitungsvorschriften. Kommentar (2. Aufl 1991); KREUZER/HORNSTEIN, Vererbung landwirtschaftlicher Betriebe in Baden-Württemberg – eine rechtstatsächliche Untersuchung (1985); LANGE/WULFF/LÜDTKE-HANDJERY, Höfeordnung (9. Aufl 1991); OTTE, Aufhebung der Hofeigenschaft trotz bindender Bestimmung eines Hofnachfolgers (zu BGH NJW 1988, 710), NJW 1988, 672; SCHAPP, Der Schutz des Unternehmens in der Vererbung im Landwirtschaftsrecht und im Personengesellschaftsrecht (1975); VIDAL, Unternehmensnachfolge in der Landwirtschaft. Möglichkeiten ihrer rechtlichen Ausgestaltung und deren Verbreitung im altbayerischen Raum (Diss Freiburg 1980); ders, Die Praxis der Hofnachfolge im altbayerischen Raum, AgrarR 1980, 3; WÖHRMANN/STÖCKER, Das Landwirtschaftserbrecht/Kommentar zur HöfeO (5. Aufl 1988); vgl ferner die Nachweise bei Art 64 EGBGB.

IX. Heimstätten*

227 Eine dem höferechtlichen Anerbenrecht (Rn 224) vergleichbare **Sondererbfolge** war bis zur Aufhebung des RHeimstG durch das am 1. 10. 1993 in Kraft getretene G v 17. 6. 1993 (BGBl I 912) auch in bezug auf „Heimstätten" vorgesehen. Wegen der Einzelheiten vgl STAUDINGER/WERNER[12] Vorbem 23 zu §§ 2032—2057 a.

X. Erbrechtliche Stellungen

1. Allgemeines

228 **Der früheste Zeitpunkt, von dem an eine Aussicht auf erbrechtlichen Erwerb eine ihre eigene (Weiter-)Vererbung ermöglichende rechtliche Stabilität erlangen kann, ist** nach heutigem Recht **der Tod des ersten Erblassers.** Die noch ziemlich unsichere (Rn 11 ff) Erwerbsaussicht, die der gesetzliche oder testamentarische oder erbvertragliche künftige Erbe oder Vermächtnisnehmer *vor* dem Erbfall hat, ist keine vererbliche Rechtsposition; ein schon zu Lebzeiten des Erblassers bestehendes „Warterecht" nach deutschrechtlichem Muster ist dem BGB fremd (ausführlicher STAUDINGER/BOEHMER[11] Einl § 19 Rn 3 und § 1922 Rn 170 unter VIII 1 a). Soweit der Rechtsschutz der *Pflichtteilsberechtigten* in §§ 2325 ff, der *erbvertraglich* Bedachten in §§ 2287—2289 und der in einem *gemeinschaftlichen Testament* bedachten Dritten nach Annahme des Zugewendeten durch den überlebenden Ehegatten wegen § 2271 Abs 2 „in das Leben des Erblassers zurückreicht" (STAUDINGER/BOEHMER[11] Rn 170), kann man zwar von einer *sachlich* schon vor dem Erbfall bestehenden rechtlichen Sicherung des künftigen Erberwerbes sprechen; aber *persönlich* ist auch dann nur eine „nuda spes" vorhanden: Erleben der gesetzliche, testamentarische oder erbvertragliche Erbe oder sonstige Bedachte, der Nacherbe oder Nachvermächtnisnehmer den Erbfall nicht, so sind auch ihre Erwerbsaussichten hinfällig, sie gehen nicht auf die Erben der primär Bedachten über. Das bestimmen die §§ 1923, 2108 Abs 1, 2160 ausdrücklich (anderes gilt jedoch, wenn eine als Nacherbe eingesetzte Person zwischen Erbfall und Nacherbfall stirbt; vgl STAUDINGER/BEHRENDS[12] § 2108 Rn 7 ff). Die §§ 2074, 2108 Abs 2 S 2 ergänzen dies dahin, daß *aufschiebend bedingte Zuwendungen,* auch wenn der Bedachte den Erbfall oder Nacherbfall erlebt, im Zweifel unwirksam sind und keine vererbliche Anwartschaft begründen, wenn der Bedachte bei Bedingungseintritt nicht mehr lebt. Zu der Frage, ob und ggfls inwieweit diese Zweifelsregel auch für aufschiebend bedingte oder befristete *Vermächtnisse* gilt, vgl STAUDINGER/BOEHMER[11] Rn 170 (aE von VIII 1 a) einerseits und STAUDINGER/OTTE[12] § 2179 Rn 8 andererseits.

2. Dingliche Nachlaßbeteiligungen

229 **War einem Erblasser vor seinem Tod auch selbst eine Erbschaft (oder ein Erbteil) angefallen,** so wird diese(r) als Bestandteil *seines* Nachlasses weitervererbt (vgl Mot V 492, 612 f). Ob entsprechend auch *die Erbenstellung als solche* weitervererbt wird (so

---

* **Schrifttum:** Vgl die Angaben bei STAUDINGER/WERNER[12] Vorbem 23 zu §§ 2032—2057 a sowie ergänzend STAUDINGER/BOEHMER[11] Einl § 19 Rn 10, § 28 Rn 18, 19; SEYBOLD, Die Erbfolge im neuen Reichsheimstättengesetz, WürttZ 1941, 57; WESTPHAL, Probleme zum Heimstättenerbrecht, Rpfleger 1981, 129.

wohl STAUDINGER/BOEHMER[11] Rn 174 aE [wo von einem Übergang der „Miterbenstellung" die Rede ist]; verneinend MünchKomm/LEIPOLD Rn 55; unklar BGHZ 121, 47, 48; für Vererblichkeit des „subjektiven Erbrechts" DÖRNER, in: FS Ferid [1988] 57, 69), mag zweifelhaft sein, da der Erbeserbe ja nicht *unmittelbarer* Rechtsnachfolger des ersten Erblassers wird (vgl auch oben Rn 38 für die Erbteilsübertragung unter Lebenden). Vererblich sind aber jedenfalls die sich auf die eigene Erbenstellung des Verstorbenen beziehenden wie auch die *aus* ihr fließenden Rechte, Pflichten (s zB OLG München MDR 1987, 416) und Bindungen. So zB das Ausschlagungsrecht (§ 1952 Abs 1 mit Modifizierungen in Abs 2 und 3), das Recht zur Beantragung eines Erbscheins (dazu STAUDINGER/FIRSCHING[12] § 2353 Rn 42), etwaige Ausgleichsansprüche bzw -pflichten aus §§ 2050 ff (vgl STAUDINGER/WERNER[12] § 2050 Rn 15), das Vorkaufsrecht aus § 2034 (vgl BGHZ 121, 47, 48; STAUDINGER/WERNER[12] § 2034 Rn 11), das Recht, die Haftung für die Schulden des ersten Erblassers auf *dessen* Nachlaß zu beschränken, und dementsprechend auch die diesem Recht korrespondierende sog „Inventarpflicht" (vgl § 1995 Rn 3 und § 1998). Weitere Beispiele bei DÖRNER aaO. Auch etwaige der Erbenstellung des Erblassers anhaftende *Mängel* muß der Erbeserbe gegen sich gelten lassen; so etwa den der Erbunwürdigkeit des ursprünglichen Erben, selbst wenn gegen diesen eine Anfechtungsklage noch nicht erhoben war (vgl BOEHMER in STAUDINGER[11] Rn 176 und in RG-FS III [1929] 216, 268 zu dem von SORGENFREY in DJZ 1908, 1339 mitgeteilten Fall, in dem die anfechtungsberechtigten Geschwister des erbunwürdigen Erben gemeinsam mit der Mutter *dessen* Erben wurden und sie diese Erbschaft wegen der Unzulässigkeit von Insichprozessen ausschlagen mußten, um sodann gegen die an ihrer Stelle berufenen Erbeserben Anfechtungsklage erheben zu können).

Der **Nacherbe** ist nicht Erbe des Vorerben, sondern gem §§ 2100, 2139 Erbe des ursprünglichen Erblassers.

Hatte der Erblasser die ihm selbst angefallene Erbschaft bereits angenommen, so soll **230** nach STAUDINGER/BOEHMER[11] Rn 170 ein „Endpunkt" erreicht sein, von dem an „von einer selbständigen erbrechtlichen Stellung, die einer Vererbung fähig ist", nicht mehr die Rede sein könne, da die betreffenden Gegenstände jetzt „gewöhnliche Bestandteile" des Erblasservermögens seien und „nicht mehr einer erbrechtlichen Sonderbehandlung" unterlägen. Dem kann nur zum Teil zugestimmt werden. Richtig ist zwar, daß die endgültig erworbene (also nicht mehr ausschlagbare) Erbschaft nach dem Tod des Erben als „normaler" Bestandteil *seines* Nachlasses auf den nächsten Erben – den Erbeserben – übergeht (s schon Rn 229) und der Erbeserbe sich einer bereits für seinen Rechtsvorgänger (§ 1952 Abs 1) unausschlagbar gewordenen Erbschaft nur noch dadurch entledigen kann, daß er den sie mitumfassenden Nachlaß „seines" Erblassers *insgesamt* ausschlägt (§ 1950). Daraus folgt jedoch nicht, daß der Nachlaß des *ersten* Erblassers in diesem Falle „nicht mehr einer erbrechtlichen Sonderbehandlung" unterliegen würde: Der Nachlaß des *ersten* Erblassers unterliegt auch in der Hand des *Erbes*erben allen erbrechtlichen Bindungen (zB zugunsten der Gläubiger des ersten Erblassers; vgl §§ 1984, 1985 Abs 1, 1998 BGB, 784 Abs 2 ZPO, 221, 226 KO), denen er auch schon in der Hand des *ersten* Erben unterlag. Vor diesem Hintergrund **erscheint es weder möglich noch sinnvoll, hinsichtlich der Anerkennung vererblicher „selbständiger erbrechtlicher Stellungen" einen zeitlichen „Endpunkt" zu definieren** (auch der in § 1981 Abs 2 S 2 BGB und § 220 KO bezeichnete Zeitpunkt setzt keine absolute Zäsur, da er das Antragsrecht des *Erben* unberührt läßt). Die diesbezüglichen Versuche von STAUDINGER/BOEHMER[11] Rn 170-177 beruhen teils (zB dortige Rn 170 aE, 177) auf den oben Rn 90 ff kritisierten Thesen des Autors zum „Son-

Wolfgang Marotzke

dervermögenscharakter" des Nachlasses, teils auf der unten Rn 239 kritisierten Überbewertung der Rechtsfigur des „Anwartschaftsrechts" (vgl Staudinger/Boehmer[11] Rn 170 vor a; richtig dagegen Soergel/Stein Rn 31).

231 Das Vorstehende gilt auch für die Weitervererbung einer dem Erblasser bereits zu Lebzeiten angefallenen **Nacherbschaft** (§§ 2100, 2139). Zur Vererblichkeit der zwischen Erb- und Nacherbfall bestehenden **Nacherbenanwartschaft** vgl Staudinger/ Behrends[12] § 2108 Rn 7 ff. Unvererblich ist die Erwerbsaussicht des als **Schlußerbe** Eingesetzten (vgl Rn 15 aE).

232 **War der Erblasser Vorerbe**, so kann die Vorerbschaft nur dann auf seine Erben übergehen (zu denen der *Nach*erbe als solcher wegen §§ 2100, 2139 nicht gehört), wenn als das die Nacherbfolge auslösende Ereignis nicht der Tod des Vorerben, sondern ein anderer, etwa in der Person des Nacherben liegender Umstand wie zB Heirat oder Erreichung eines bestimmten Lebensalters, bestimmt war: Stirbt der Vorerbe vor Eintritt dieses Ereignisses, dann geht die (Vor-)Erbschaft als Bestandteil *seines* Nachlasses (s Rn 229) auf *seine* Erben über. Dem *Nach*erben fällt sie erst bei Eintritt des zum Nacherbfall bestimmten Ereignisses an, und zw in seiner Eigenschaft als Erbe des *ursprünglichen* Erblassers (vgl §§ 2100, 2139).

233 Steht ein Nachlaß unter **Testamentsvollstreckung**, so überdauert diese idR auch den Tod des Erben (vgl Staudinger/Reimann[12] § 2225 Rn 6). Für die Weitervererbung des von ihr erfaßten (ersten) Nachlasses gilt das in Rn 229 f Ausgeführte. *Un*vererblich ist jedoch das Amt des Testamentsvollstreckers (was natürlich erst bei *dessen* Tod praktisch wird, s o Rn 156).

3. Schuldrechtliche Nachlaßbeteiligungen

234 Vererblich sind auch die meisten *schuldrechtlichen* „Nachlaßbeteiligungen" wie zB **Pflichtteils- und Erbersatzansprüche** (§§ 2317 Abs 2, 1934 b Abs 2), Ansprüche aus **Vermächtnissen** (zu ihnen schon Rn 228) und das Recht, sie auszuschlagen (§§ 2180 Abs 3, 1952 Abs 1, 3). Unvererblich sind dagegen wegen ihrer höchstpersönlichen Natur bzw Zweckbestimmung der Anspruch auf den **„Dreißigsten"** gem § 1969 (Erman/Schlüter Rn 44; Soergel/Stein Rn 31), der Anspruch auf ein vermachtes **„Altenteil"** (OLG Hamm RdL 1963, 70 f [speziell zu einem der Witwe des Hofeigentümers von diesem vermachten „Holzeinschlagrecht"]), nicht aber der **„Voraus"** des Ehegatten aus § 1932 (s dortige Rn 22 bei Staudinger/Werner). Zur Vererblichkeit des Anspruchs auf **vorzeitigen Erbausgleich** nach § 1934 d vgl dortige Rn 40 ff bei Staudinger/Werner. Bei einer **Auflage** (§§ 2192 ff) kommt auf der Aktivseite als Gegenstand einer Weitervererbung nicht ein Anwartschaftsrecht des Begünstigten (vgl Staudinger/Otte[12] § 2192 Rn 12; **aM** Staudinger/Boehmer[11] § 1922 Rn 171), sondern nur die Vollziehungsberechtigung in Betracht (vgl insoweit Staudinger/Otte[12] § 2194 Rn 6). Die **Verpflichtung** eines Erbanwärters gegenüber dem Erblasser **zum Abschluß eines Erbverzichtsvertrags** endet, sollte sie überhaupt rechtlich möglich sein, mit dem Tode des Erblassers (BGHZ 37, 319, 329 f).

235 Vererblich sind die **Abfindungsansprüche** der „weichenden" Erben **gegen den Hofer-ben**. Vgl § 13 Abs 9 S 1 HöfeO (ähnlich § 17 Abs 2 S 1 GrdstVG); Lange/Wulff/ Lüdtke-Handjery, HöfeO (9. Aufl 1991) § 12 Rn 101, § 13 Rn 79 sowie ergänzend

STAUDINGER/BOEHMER[11] Rn 172 (mit vergleichender Heranziehung auch des alten [s STAUDINGER/PROMBERGER/SCHREIBER[12] Rn 91 zu Art 64 EGBGB] REG und unter Einbeziehung sonstiger im Zusammenhang mit der Hoferbfolge stehender Ansprüche). Gleichermaßen vererblich wie derartige Abfindungs*ansprüche* ist die ihr korrespondierende Abfindungs*pflicht* des Hoferben. Vgl auch § 13 Abs 7 HöfeO (ähnlich § 17 Abs 1 S 2 GrdstVG), der im Rahmen seines Anwendungsbereichs den Rückgriff auf die älteren Entscheidungen in BGHZ 31, 151 und BGH NJW 1965, 819 verbietet (gegen diese Rspr schon damals LUKANOW RdL 1964, 194; RÖTELMANN DNotZ 1964, 609; ders NJW 1965, 819 und aufgrund der neuen Gesetzeslage LANGE/WULFF/LÜDTKE-HANDJERY HöfeO § 13 Rn 69 ff; WÖHRMANN/STÖCKER, Das Landwirtschaftserbrecht [5. Aufl 1988] HöfeO § 13 Rn 19). Zur Vererblichkeit des auf einem Übergabevertrag beruhenden Anspruchs auf Übereignung des Hofes vgl SOERGEL/STEIN Rn 38; LANGE/WULFF/LÜDTKE-HANDJERY, HöfeO § 17 Rn 122 (mwN); WÖHRMANN/STÖCKER, HöfeO § 17 Rn 165 f; BGH RdL 1968, 293 m Anm BARNSTEDT.

XI. Sachenrechtliche Positionen

1. Grundsätzliches zur Vererblichkeit

Nicht die dem Erblasser zustehenden Sachgüter als solche, sondern nur die sich auf sie beziehenden persönlichen (schuldrechtlichen) oder dinglichen Rechte oder Besitzverhältnisse (§ 857) kommen für eine Vererbung in Betracht (vgl schon STAUDINGER/BOEHMER[11] § 1922 Rn 178 mwN und für den ähnlich liegenden Fall der *Verfügung* über eine „Sache" MAROTZKE AcP 186, 490, 496 Fn 30 mwN). Das zeigt sich bes bei herrenlosen Sachen und den sie betreffenden Aneignungsrechten wie Jagd- und Fischereirechten: Zum vererbbaren „Vermögen" einer Person gehören nicht diese (herrenlosen!) Sachen als solche, sondern nur die erwähnten **Aneignungsrechte**. Aber auch wenn eine Sache im alleinigen Eigentum des Erblassers steht, ist Gegenstand der Vererbung nicht die Sache selbst, sondern das sie betreffende Recht, also das **Eigentum** des Erblassers. *Dessen* Vererblichkeit ist selbstverständlich (vgl auch Art 14 Abs 1 S 1 GG). Entsprechendes gilt für **Miteigentumsanteile** (Rn 162) und **andere dingliche Rechte**, soweit nicht ausnahmsweise Sonderregelungen entgegenstehen (dazu sogleich Rn 237 f). Vererblich sind insbes Pfandrecht, Hypothek, Grundschuld und Rentenschuld (vgl erg Rn 293). Gleiches gilt unabdingbar (LANGE/KUCHINKE § 5 III 3 a Fn 48; wohl auch BGHZ 52, 269, 271) für Erbbaurecht (§§ 1 Abs 1 ErbbauVO) und Dauerwohnrecht (§ 33 Abs 1 S 1 WEG); wegen § 1 Abs 4 S 1 ErbbauVO (s STAUDINGER/RING[12] ErbbauVO § 1 Rn 28, 29, 31, 38) und § 33 Abs 1 S 2 WEG können diese Rechte auch nicht unter einer auflösenden Bedingung bestellt oder sonstwie auf die Lebenszeit des Berechtigten oder des Bestellers (vgl BGHZ 52, 269, 271 ff) beschränkt werden.

Daß Eigentum und sonstige dingliche Rechte im Leben die „Hauptbestandteile" des vererblichen Vermögens bilden (so noch STAUDINGER/BOEHMER[11] Rn 178), läßt sich heute nicht mehr behaupten (vgl LEIPOLD AcP 180 [1980] 160, 204 ff).

2. Subjektiv-dingliche Rechte

Subjektiv-dingliche Rechte sind Rechte, die nicht einer *individuell* bestimmten Person, sondern dem *jeweiligen* Eigentümer eines Grundstücks zustehen, wie die **Grunddienstbarkeit** (§ 1018), das **Jagdrecht** und in Eigenjagdbezirken idR auch das

Jagdausübungsrecht (BJagdG v 29. 9. 1976 §§ 3 Abs 1, 7 Abs 4), die „unselbständigen" **Fischereirechte** (vgl zB §§ 7, 22 prFischG v 11. 5. 1916 [prGS 1916 Nr 14 S 55 ff]; §§ 4 Abs 1 S 1, 5 Abs 1 S 2, 6 FischG BW v 14. 11. 1979 [GBl 466]; § 4 FischG NRW v 11. 7. 1972 [GV 226]; § 5 FischG Rh-Pf v 9. 12. 1974 [GVBl 601 GS 793–1]), die **Reallasten** im Falle des § 1105 Abs 2 und das **Vorkaufsrecht** im Falle des § 1094 Abs 2. Diese Rechte sind, da sie nach § 96 als Bestandteile des Grundstücks gelten, nur zusammen mit dem Grundstückseigentum vererblich. Der Erbe erwirbt sie nicht kraft der *allgemeinen* vermögensübertragenden Funktion der Erbfolge, sondern weil er Eigentümer des *Grundstücks* wird. Praktisch zeigt sich dieser Unterschied vor allem im Bereich des höferechtlichen *Anerbenrechts* (s Rn 62, 224): Hier erwirbt die Realrechte der Anerbe, wenn sie mit dem Hof, die Erbengemeinschaft, wenn sie mit einem anerbenfreien Grundstück verknüpft sind (vgl zu einer ähnlichen Erscheinung unten Rn 242). Ferner beim *Vermächtnis*: Ist das Grundstück einem Vermächtnisnehmer zugedacht, so gehen bei der Übereignung (s oben Rn 48) auch die Realrechte auf *ihn* über, sie verbleiben nicht beim Erben.

3. Höchstpersönliche Rechte

238 Unvererblich sind Rechte, die so sehr persönlichen Unterhalts- oder Nutzungszwecken des Berechtigten dienen, daß sie mit dessen Tod ihre Daseinsberechtigung verlieren. Darunter können **Reallasten** fallen, wenn die wiederkehrenden Leistungen aus dem Grundstück Inhalt eines **Altenteilsrechts** und damit nach Art 15 § 2 prAGBGB (s STAUDINGER/KRIEGBAUM[12] EGBGB Art 96 Rn 5) als Leibrente auf die Lebenszeit des Berechtigten beschränkt sind (§ 759 Abs 1). Ist Gegenstand einer im Rahmen eines Leibgedings bestellten Reallast auch die Sicherung der Kosten der Beerdigung und der Grabpflege, so ist das Recht insoweit vererblich (BayObLGZ 1983, 113, 116 f; BayObLG NJW-RR 1988, 464 f). Unvererblich sind der **Nießbrauch** und **beschränkte persönliche Dienstbarkeiten**, die alle „mit dem Tode" des Berechtigten erlöschen (§§ 1061 S 1, 1090 Abs 2; vgl aber auch unten Rn 291 sowie die Sonderregelungen für juristische Personen in §§ 1061 S 2, 1059 a, 1092 Abs 2). Etwaiger *Besitz* des Berechtigten geht gleichwohl gem § 857 auf den Erben über, und zw aus demselben Grunde und in denselben Grenzen wie der aufgrund eines unvererblichen Amtes erlangte Besitz (hier wie dort [Rn 157] str). Hatte der Erblasser den Gegenstand seines Nießbrauchs **vermietet**, so endet beim Erbfall zwar der Nießbrauch, nicht aber der Mietvertrag; für die Erfüllung des letzteren haftet der Erbe nach § 1967 (BGHZ 109, 111 ff = NJW 1990, 443 ff; vgl auch Rn 283). Zum dinglichen **Vorkaufsrecht** s unten Rn 290.

4. „Unfertige" dingliche Rechtsstellungen

239 Erst „im Werden begriffene" dingliche (oder schuldrechtliche: s Rn 281) **Rechtsstellungen** sind vererblich, wenn auch das „fertige" Recht vererblich wäre. Die Vererblichkeit solch einer unvollendeten Rechtsstellung setzt nicht voraus, daß sich die auf ihr beruhende Erwerbsaussicht des Erblassers bereits zu einem sog **Anwartschaftsrecht** verfestigt hat (aM STAUDINGER/BOEHMER[11] Rn 181 Satz 1). Selbst wenn der Begriff des Anwartschaftsrechts einen guten Sinn hätte (skeptisch MAROTZKE, Das Anwartschaftsrecht -- ein Beispiel sinnvoller Rechtsfortbildung? [1977] 137 f), bestünde dieser jedenfalls nicht darin, die „unfertigen" Rechtspositionen des Erblassers je nach Höhe ihres Sicherheitsgrades in vererbliche und unvererbliche zu unterteilen. Denn es gibt keinen sachlichen Grund, der es gebieten würde, *nur sichere* - wie sichere? – Erwerbsaussichten unter den erbrechtlichen Vermögensbegriff des § 1922 Abs 1 zu subsumieren (vgl auch MAROTZKE 63 ff und JAEGER/HENCKEL [9. Aufl 1977] KO § 1 Rn 129 [beide zur Bedeutung des Anwartschaftsbegriffs für den Vermögensbegriff des § 1 Abs 1 KO]).

Vererblich sind zB schuldrechtliche *Ansprüche* auf dingliche Rechtsänderungen und **240** *mit* ihnen etwaige (!) ihrer Sicherung dienende *Vormerkungen* i S der §§ 883 ff (vgl aber Rn 302), auch wenn die „Sicherheit" der durch sie vermittelten Erwerbsaussicht wegen bestehender Rücktrittsrechte des Schuldners oder aus anderen Gründen gering ist (zu dem für die *Vormerkbarkeit* erforderlichen Sicherheitsgrad vgl STAUDINGER/ GURSKY[12] § 883 Rn 118 ff, 122 ff); ferner die *Anwartschaft* dessen, dem eine bewegliche Sache unter Eigentumsvorbehalt (§§ 158 Abs 1, 455) übereignet wurde, die Anwartschaft des Grundstückseigentümers auf Erwerb der Hypothek als Eigentümerpfandrecht im Falle der Zahlung (§§ 1142, 1143, 1163 Abs 1 S 2), des persönlichen Schuldners auf Erwerb der Hypothek im Falle der Befriedigung des Gläubigers (§ 1164), des eingetragenen Gläubigers auf Erwerb der noch nicht valutierten Hypothek (§§ 1113 Abs 2, 1163; s dazu LENT ZAkDR 1937, 37 ff). Auch das *Recht des Finders* auf Erwerb des Eigentums an der Fundsache (§ 973) sowie des *Schatzentdeckers* auf Erwerb der Eigentumshälfte (§ 984) geht auf die Erben über. Die Anwartschaften gutgläubiger Besitzer auf Eigentumserwerb durch *Ersitzung* und auf *Fruchterwerb* werden bei der Vererbung des Besitzes (s unten Rn 253 ff, 258 ff), die *Anwartschaften aus begonnenem Rechtsverkehr* in Rn 308 f (s auch Rn 318) behandelt.

5. Schuldverhältnisse aus dinglichem Recht

a) Zwischen Eigentümer und beschränkt dinglich Berechtigtem
Den beschränkten dinglichen *Rechten* stehen auf seiten des Eigentümers der bela- **241** steten Sache idR eine Reihe von *Pflichten* gegenüber, denen meist auch wiederum Pflichten auf seiten des Berechtigten entsprechen. Die auf diesem sog **gesetzlichen Schuldverhältnis** beruhenden Rechte und Pflichten sind nicht an die individuelle Person des Gläubigers bzw Schuldners, sondern an die dingliche Rechtsstellung geknüpft, sofern sie sich nicht schon in Gestalt selbständiger Ansprüche von dieser gelöst haben. Dementsprechend ist für ihre Vererbung wie folgt zu unterscheiden:

aa) Primärrechte und -pflichten
Die den „eigentlichen" Inhalt dieser gesetzlichen Schuldverhältnisse bildenden pri- **242** mären Pflichten (zB aus §§ 1021–1023, 1036–1038, 1041–1047, 1098–1100, 1108, 1214 ff uam) und die ihnen entsprechenden primären Rechte der Gegenpartei sind **„Akzessorien" der dinglichen Rechtsstellung** (Ausnahmen bilden die §§ 1214 ff, soweit sie auf der Aktivseite nicht den Eigentümer als solchen, sondern den „Verpfänder" berechtigen) und gehen als solche auf denjenigen über, der in diese einrückt. Das ist zwar in der Regel der Erbe oder die Erbengemeinschaft. Aber die dingliche Bindung zeigt sich zB dann, wenn, wie im Anerbenrecht (s Rn 224), *getrennte* Erbfolge in den Hof einerseits und in das sonstige Vermögen andererseits stattfindet: Hier kommt es darauf an, zu welcher der beiden Vermögensmassen das dingliche Rechtsverhältnis gehört (vgl auch Rn 237 aE). Ferner dann, wenn die Sache Gegenstand eines *Vermächtnisses* (§§ 2147, 2174) ist: Hier gehen die primären dinglichen Pflichten des Eigentümers kraft Gesetzes mit der Sache zunächst auf den Erben und bei Erfüllung des

Wolfgang Marotzke

Vermächtnisses durch diesen – also bei Übereignung der Sache – auf den Vermächtnisnehmer über (vgl schon Rn 48). Dies tritt besonders klar in Erscheinung, wenn der
Vermächtnisgegenstand für eine Schuld des Erblassers *verpfändet* oder hypotheka-
risch belastet war. Die *dingliche Last* haftet dann auf dem Gegenstand und geht bei
dessen Übereignung mit ihm auf den *Vermächtnisnehmer* über, aber die *persönliche
Schuld* bleibt als vom Erblasser herrührende Verbindlichkeit (§ 1967) beim *Erben,*
bis der Vermächtnisnehmer der ihm nach § 2166 obliegenden Befreiungspflicht nachgekommen ist.

243 Gegenstück ist die Pflichtstellung des Eigentümers bei der **Reallast:** Hier ist auch die
persönliche Haftung des Eigentümers für die während der Dauer seines Eigentums
fällig werdenden Leistungen an seine *dingliche* Rechtsstellung gebunden (§ 1108
Abs 1). Ist also das belastete Grundstück einem Dritten *vermacht,* so haftet für die
rückständigen Leistungen *aus der Lebenszeit des Erblassers* der Erbe gem § 1967, für
die *vom Erbfall bis zur Übereignung* an den Vermächtnisnehmer fällig werdenden
Leistungen der Erbe *in seiner Eigenschaft als Grundstückseigentümer* (und allenfalls
daneben noch aus § 1967), also aus eigener Pflichtstellung und daher ohne Befugnis
zur Haftungsbeschränkung, *und erst von da an treffen die künftigen Leistungspflich-
ten den Vermächtnisnehmer,* der als Einzelnachfolger seinerseits nicht etwa in die
rückständigen Pflichten seiner beiden Vorgänger eintritt, wenngleich er im Innenverhältnis zum Erben zur Schuldbefreiung verpflichtet sein kann. Vgl auch STAUDIN-
GER/AMANN[12] § 1108 Rn 2, 3.

bb)   Sekundärrechte und -pflichten

244 Anders als die in Rn 242 f erwähnten *primären* sind etwaige *sekundäre* Rechte und
Pflichten, die sich in Gestalt von **Schadens-, Nutzungs- oder Verwendungsersatzansprü-
chen** aus ihnen entwickelt haben, gegenüber ihrer dinglichen Grundlage derart
verselbständigt, daß sie bei späterer Übereignung der Sache nicht auf den Erwerber
übergehen (aber: Rn 247). War zB der Inhaber eines Pfandrechts durch Pflichtverlet-
zung nach §§ 1214, 1215 schadensersatzpflichtig oder durch Verwendungen nach
§ 1216 ersatzberechtigt geworden, so gehen sowohl diese Pflichten wie diese Rechte
auf seinen Erben als solchen über und bleiben dort, auch wenn er die durch das
Pfandrecht gesicherte Forderung mit der sich aus § 1250 Abs 1 ergebenden Folge
(Übergang auch des *Pfandrechts)* auf einen Vermächtnisnehmer überträgt (s zB STAU-
DINGER/WIEGAND[12] § 1251 Rn 12). Auch im *Innenverhältnis* zwischen diesem und dem
Erben hat das Gesetz eine Befreiungspflicht des Vermächtnisnehmers und einen
Anspruch auf Abtretung der Ersatzforderung *nicht* geschaffen. Erst das *künftige*
gesetzliche Schuldverhältnis besteht dann zwischen dem Vermächtnisnehmer und
dem Verpfänder (genauer § 1251 Abs 2 und dortige Rn 7–12 bei STAUDINGER/WIEGAND[12]).

b)   Zwischen Mitberechtigten

245 Das Vorstehende gilt entsprechend bei Vererbung dinglicher Mitberechtigungen wie
zB des **Miteigentums.** Das „gesetzliche Schuldverhältnis" ergibt sich hier aus
§§ 741 ff, 1008 ff.

c)   Zwischen dinglich Berechtigtem und Dritten

aa)   Primäre Unterlassungs-, Beseitigungs- und Herausgabeansprüche

Das in Rn 242−243 Ausgeführte gilt entsprechend für die zum Schutze dinglicher **246** Rechte gegen Dritte gewährten Unterlassungs-, Beseitigungs- und Herausgabeansprüche: so bes die Schutzansprüche aus §§ 899, 1004, 1027, 1090 Abs 2, 1051, 1065, 1134−1135, 1227 und die Ansprüche aus §§ 894, 985, 1065, 1227. Sie alle sind auf der *Aktiv*seite an das dingliche Recht gebunden (vgl zB STAUDINGER/GURSKY[12] § 985 Rn 19; STAUDINGER/GURSKY[12] § 894 Rn 65; STAUDINGER/GURSKY[12] § 1004 Rn 65 ff, 140 f); einige von ihnen auch auf der *Passiv*seite an das Eigentum oder den Besitz an einer zu beseitigenden Störungsquelle (vgl STAUDINGER/GURSKY[12] § 1004 Rn 76, 80 ff, 92 ff, 141, 148; BGH NJW 1989, 2541, 2542), den Besitz an einer herauszugebenden Sache (vgl STAUDINGER/ GURSKY[12] § 985 Rn 11, 24 ff) oder den „Besitz" einer unrichtigen Grundbucheintragung (vgl STAUDINGER/GURSKY[12] § 894 Rn 79, 87). Hat zB der Erblasser eine in seinem Besitz befindliche, wegen § 935 aber niemals in sein Eigentum gelangte Sache einem Dritten vermacht, so trifft die Pflicht zur Herausgabe aus § 985 oder § 1007 zwar zunächst den Erben, da er nach § 857 Besitzer wird, nach der Übergabe an den Vermächtnisnehmer aber diesen als nunmehrigen Besitzer (in Betracht kommt freilich noch eine *Schadensersatz*pflicht des *Erben* aus §§ 989 f). Das gleiche gilt, wenn eine an den Erblasser zurückgezahlte, aber noch nicht gelöschte Hypothek von ihm einem bösgläubigen Dritten vermacht ist: Bis zur „Übertragung" an diesen (§§ 2174, 1153 f) und der entsprechenden Eintragung ins Grundbuch (Ausnahme: § 1155) richtet sich der Berichtigungsanspruch (§§ 894, 899) des Grundeigentümers (§ 1163 Abs 1 S 2) oder seines Erben gegen den Erben des früheren Hypothekengläubigers als neuen Inhaber des „Buchbesitzes" (vgl STAUDINGER/GURSKY[12] § 894 Rn 79), nachher gegen den Vermächtnisnehmer. Vgl auch Rn 48.

bb)   Sekundäre Ersatzansprüche

Dagegen gehen die schon in der Person des Erblassers entstandenen Sekundäran- **247** sprüche auf **Schadens- und Nutzungsersatz**, insbes aus §§ 987 ff und § 992 iVm §§ 823 ff, § 1007 Abs 3 S 2, ohne weiteres auf den Erben als solchen über und bleiben dort auch dann, wenn der betreffende Gegenstand einer anderen Person vermacht und auf diese übertragen worden ist.

Eine **Ausnahme** statuiert das BGB **für** die **Verwendungsersatzansprüche** des Besitzers gegenüber dem Eigentümer und früheren Besitzer, indem es diese nach §§ 999 Abs 1 und Abs 2, 1007 Abs 3 S 2 aktiv und passiv nicht nur auf den Erben, sondern gegebenenfalls auch auf einen etwaigen *Einzel*nachfolger im Besitz bzw im Eigentum übergehen läßt: Die Sachgebundenheit der *versio in rem* macht den Anspruch wie die Pflicht auf Verwendungsersatz zum Annex der dinglichen Rechtsstellung (s zu diesen Fragen BOEHMER, Erbfolge und Erbenhaftung [1927] 107 ff).

Wolfgang Marotzke

XII. Besitz*

1. Geschichtliches und Rechtsvergleichendes

248 Insoweit wird verwiesen auf die gehaltvollen Ausführungen von STAUDINGER/BOEH-
MER[11] Rn 186 ff und auf STAUDINGER/BUND[12] § 857 Rn 1.

2. Vererblichkeit gem § 857

a) Vererblichkeit des „Besitzes"

249 Der E I ging noch von der Unvererblichkeit des Besitzes aus (§ 2052), machte von
diesem Grundsatz aber so erhebliche Ausnahmen, daß letztlich nicht viel von ihm
übrig blieb. So sollten nicht nur die schon für und gegen den Erblasser entstandenen
„Rechte und Verbindlichkeiten aus verbotener Eigenmacht" auf den Erben überge-
hen (§ 2053), sondern auch dieser selbst sollte schon vor der Besitznahme wie ein
Besitzer Schutz genießen (§ 2054). Ebenso sollte einerseits die Ersitzungszeit für den
Erben durch den Tod nicht unterbrochen werden (§ 882 Abs 2), andererseits der
Erbschaftsbesitzer dem Erben gegenüber nicht ersitzen können (§ 888). Die wissen-
schaftliche Kritik (s Zus g Ä Bd V [Reichsjustizamt Berlin 1890] 148 ff) verlangte zT volle
Vererblichkeit, zT Kompromißlösungen. In der II. Komm wurde der Antrag auf
Einführung der Vererblichkeit fast einstimmig angenommen (E II § 779 a). Die
Lösung des E I, die dem Erben fast alle Rechte des Besitzers zusprach, ihm aber die
Pflichten der Verantwortlichkeit gegenüber dem Eigentümer ersparte, wurde mit
Recht als einseitig und unbillig verworfen (Prot V 650 ff). So kam es zu § 857 BGB:
„Der Besitz geht auf den Erben über."

b) Unvererblichkeit von „Gewahrsam" und „Besitzdienerschaft"

250 Hinsichtl der alten Streitfrage, ob der Besitz als *Tatbestand* der tatsächlichen Gewalt
oder als Summe der an diese geknüpften *Rechtswirkungen* auf den Erben übergeht,
sei verwiesen auf STAUDINGER/BUND[12] § 857 Rn 2 ff. Mit STAUDINGER/BOEHMER[11]
§ 1922 Rn 188 ist anzunehmen, daß § 857 dem Erben vom Erbfall an, auch schon vor
der tatsächlichen Besitzergreifung, grundsätzlich **die volle Rechts- und Pflichtstellung
des Besitzers** zuweist, ohne jedoch damit zugleich die *Fiktion* einer „tatsächlichen
Gewalt" zu verbinden (arg § 2025 S 2: „wenn der Erbe den Besitz der Sache bereits
tatsächlich ergriffen hatte"). Zu dieser Betrachtungsweise paßt, daß § 857 sich weder
auf die Stellung des Besitzdieners (arg § 855: „so ist *nur der andere* Besitzer"),
obwohl dieser tatsächliche Gewalt ausübt, noch auf den Gewahrsam iS des Straf- und
Prozeßrechts, der gleichfalls eine tatsächliche Innehabung ist, erstreckt. Im ersteren
Falle hängt die Fortdauer der Besitzdienerschaft davon ab, ob die Erben des Besitzdieners die tatsächliche Gewalt weiter ausüben, sonst geht diese und mit ihr der
Besitz des Besitzherrn nach § 856 unter. Im zweiten Falle hört der Gewahrsam mit
dem Tode auf; er wird erst durch tatsächliches Verhalten des Erben oder eines Dritten wiederhergestellt. In der Zwischenzeit hat niemand Gewahrsam, was strafrecht-

---

* **Schrifttum:** Vgl die Angaben bei § 857; ferner
CRULL, Der Besitz des Erben unter besonderer
Berücksichtigung des Besitzbegriffs überhaupt
nach dem BGB (1906); GURSKY, Nachträgli-

cher guter Glaube, JR 1986, 225; WEIMAR,
Rechtsfragen zur Vererblichkeit des Besitzes,
JR 1978, 102.

lich dazu führt, daß widerrechtliche Aneignung solcher Nachlaßsachen nicht Diebstahl, sondern Unterschlagung ist (RGSt 58, 228 f).

3. Arten des Erbenbesitzes

Der Erbe erlangt dieselbe Form des Besitzes, die der Erblasser bei seinem Tode **251** innehatte: **unmittelbarer** Besitz des Erblassers geht auf den Erben als unmittelbarer, **mittelbarer** Besitz als mittelbarer über (vgl STAUDINGER/BUND[12] § 857 Rn 8 ff). Das gilt unabhängig von der Willensrichtung und den tatsächlichen Einwirkungsmöglichkeiten des Erben und setzt nicht voraus, daß der Erbe vom Erbfall und den zu diesem Zeitpunkt bestehenden Besitzverhältnissen weiß (vgl STAUDINGER/BUND[12] § 857 Rn 11, 12). Mittelbarer Besitz des Erblassers erlischt jedoch, wenn der Erbe mit dem bisherigen Besitzmittler identisch ist (zB wenn er die Sache von dem Erblasser geliehen, gemietet oder für den Erblasser in Verwahrung genommen hatte) und das Besitzmittlungsverhältnis weder der Verwaltung eines Testamentsvollstreckers unterliegt noch nach § 1976 wieder auflebt. Selbst bei angeordneter Testamentsvollstreckung (vgl STAUDINGER/REIMANN[12] § 2205 Rn 23, mißverständl STAUDINGER/BOEHMER[11] § 1922 Rn 189) verwandelt sich im umgekehrten Falle, in dem der Erblasser unmittelbaren Besitz hatte und diesen aufgrund eines Besitzmittlungsverhältnisses für seinen späteren Erben ausübte, der zZ des Erbfalls vorhandene mittelbare Besitz des Erben in *un*mittelbaren. Gem § 857 erlangter unmittelbarer Besitz des Erben verwandelt sich jedoch nachträglich in mittelbaren, wenn die Sache von einem Nachlaßpfleger (§§ 1960, 1961), Nachlaß(konkurs)verwalter (STAUDINGER/MAROTZKE[12] § 1985 Rn 13) oder Testamentsvollstrecker (STAUDINGER/BUND[12] § 857 Rn 28; STAUDINGER/REIMANN[12] § 2205 Rn 23) in Besitz genommen wird. Zu dem von STAUDINGER/BOEHMER[11] Rn 189 ebenfalls genannten Fall der Besitzergreifung durch einen vorläufigen Erben vgl STAUDINGER/BUND[12] § 857 Rn 21 ff; ders § 868 Rn 34 (iVm § 1959 Abs 1) und STAUDINGER/MAROTZKE § 1959 Rn 7, 14.

Eigenbesitz (§ 872) oder **Fremd**besitz des Erblassers bleibt auch nach der Vererbung **252** Eigen- bzw Fremdbesitz, bis der Erbe durch eigene Willensbetätigung die „causa possessionis" ändert (vgl auch STAUDINGER/BUND[12] § 857 Rn 13, 872 Rn 9: danach soll diese Änderung erst nach Ergreifung der tatsächlichen Gewalt erheblich sein). Ebenso geht der **Makel der Fehlerhaftigkeit** nach § 858 Abs 2 auf den Erben über und setzt ihn dem Besitzschutzanspruch des § 861, die von ihm Erwerbenden dem Ausschluß des Gutglaubensschutzes aus (§§ 935, 1007 Abs 2). Auch die verschärfte **Haftung des sog Deliktsbesitzers** nach §§ 992, 1007 Abs 3 S 2 trifft, falls der Erblasser den Besitz durch verbotene Eigenmacht oder strafbare Handlung erworben hatte, als *Nachlaß*verbindlichkeit (unklar STAUDINGER/BOEHMER[11] Rn 189 aE, 193 aE, 206 aE; BOEHMER RG-FS III [1929] 216, 275) den Erben völlig unabhängig von dessen eigener Kenntnis (vgl auch Rn 260 aE, 274 aE).

4. Gut- oder bösgläubige Besitzinnehabung*

War der Erblasser gut- oder bösgläubiger Besitzer und hat der Erbe den *entgegen-* **253**

---

* Schrifttum: BOEHMER, Der Übergang des Pflichtlebens des Erblassers auf den Erben, RG-FS III (1929) 216, 274 ff (dazu auch Rn 285); GURSKY, Nachträglicher guter Glaube, JR 1986, 225 ff.

gesetzten Glauben, dann kann die Frage praktisch werden, **wie solch ein Erbe zu behandeln ist, solange er den nach § 857 auf ihn übergegangenen Besitz noch nicht tatsächlich ergriffen hat.** Insoweit kommt es darauf an, ob für die Rechtsstellung des Besitzers ausschließlich der Glaube zZ des Besitz*erwerbs* entscheidend ist, wie zB in § 932 und § 1007 Abs 1 und 3: **dann** rückt der Erbe in die Rechtsposition des Erblassers unabhängig von seinem eigenen Glauben ein; oder ob, wie meist, nachträgliche *Änderungen* des Glaubens erheblich sind, wie insbes für die Ersitzung (§ 937 Abs 2), das Fruchtziehungsrecht (§ 955 Abs 1 S 2) und die Verantwortlichkeit gegenüber dem Eigentümer oder früheren Besitzer (§§ 990 Abs 1 S 2, 1007 Abs 3 S 2): **dann** ist **wie folgt** zu differenzieren:

254 **Einerseits** bestehen die an den guten oder bösen Glauben des Erblassers geknüpften rechtlichen Chancen und Risiken nur so lange fort, wie sich aus den rechtlich relevanten (dazu sogleich Rn 255 und STAUDINGER/GURSKY[12] § 990 Rn 23, 24) Kenntnissen oder Verhaltensweisen (zB Sorgfaltspflichtverletzungen) *des Erben* nichts anderes ergibt. Das gilt auch, wenn der Erbe den ihm nach §§ 857, 1922, 1942 „angefallenen" Besitz noch nicht tatsächlich „ergriffen" hat. Die Gegenansicht würde zu dem von STAUDINGER/BOEHMER[11] Rn 190 zu Recht als „unsinnig" bezeichneten Ergebnis führen, daß der infolge eigener positiver Kenntnis *bösgläubige* Erbe eines gutgläubigen Besitzers weiter ersitzt, Früchte erwirbt und nur nach § 993 haftet, solange er sich nur einer tatsächlichen Besitzergreifung enthält (hiergegen auch STAUDINGER/GURSKY[12] § 955 Rn 8), und daß umgekehrt der *gutgläubige* Erbe des bösgläubigen Erblassers vor tatsächlicher Ergreifung des Besitzes keine Ersitzung beginnen und keine Früchte erwerben kann (zur Verantwortlichkeit aus § 990 vgl STAUDINGER/GURSKY[12] § 990 Rn 23, 24 und GURSKY JR 1986, 225, 226 f).

255 **Andererseits** kann der Erbe eines *gutgläubigen* Besitzers bis zur tatsächlichen Besitzergreifung nur dann als *bösgläubig* betrachtet werden, wenn er die Nichtberechtigung des Erblassers *kennt* oder von ihr erfährt. Da er bis zur eigenen Besitzergreifung lediglich den Besitz des Erblassers fortsetzt, muß er zunächst ebenso behandelt werden wie der Erblasser. Für den *nachträglichen* bösen Glauben verlangen aber die §§ 937 Abs 2, 955 Abs 1 S 2 und 990 Abs 1 S 2 *positive Kenntnis;* grobfahrlässige Unkenntnis lassen sie, anders als beim *anfänglichen* bösen Glauben, nicht genügen. Es wäre wenig einleuchtend, dem Erben eine Prüfungspflicht aufzubürden, obwohl er von dem Besitzerwerb überhaupt keine Kenntnis zu haben braucht, nur um ihm den Vorwurf „grobfahrlässiger Unkenntnis" machen zu können (zutreffend STAUDINGER/BOEHMER[11] Rn 190 [mwN]; BOEHMER RG-FS III [1929] 216, 276 ff; vgl ferner STAUDINGER/WIEGAND[12] § 943 Rn 5 Abs 1 mwN auch zur Gegenansicht).

256 **Wenn der Erbe den ihm „angefallenen" Besitz tatsächlich „ergreift",** ist zu unterscheiden: War der Erblasser *gutgläubig,* so kommt dies dem Erben als Rechtsnachfolger zustatten (für die Ersitzung aM KIPP/COING § 91 IV 10), so daß dieser gem §§ 937 Abs 2, 955 Abs 1 S 2, 990 Abs 1 S 2 nur durch eigene positive Kenntnis der Nichtberechtigung bösgläubig werden kann und es somit nicht schadet, daß er bei „Ergreifung" des Besitzes grob fahrlässig ist (aM wohl STAUDINGER/WIEGAND[12] § 955 Rn 8; STAUDINGER/BOEHMER[11] § 1922 Rn 190 aE; BOEHMER, in: RG-FS aaO 277 f). War der Erblasser hingegen *bösgläubig,* so kann der Erbe vom Zeitpunkt der tatsächlichen Besitzergreifung an gleichwohl als *gut*gläubig anzusehen sein; es sei denn, daß er bei „Ergreifung" des Besitzes von der Nichtberechtigung weiß *oder infolge grober Fahrlässigkeit nicht* *weiß* (insoweit ebenso BOEHMER aaO; STAUDINGER/WIEGAND[12] § 955 Rn 8, § 943 Rn 5 Abs 2 mwN auch zur Gegenansicht). Diese Gutgläubigkeit des *Erben* schließt freilich nicht aus, eine wegen der Bösgläubigkeit des *Erblassers* entstandene Haftungsverschärfung (§ 990) zu Lasten des *Nachlasses* und des Erben „als solchen" (§ 1967) fortwirken zu lassen (vgl GURSKY JR 1986, 225, 226 f; STAUDINGER/GURSKY[12] § 990 Rn 23 f); das bei STAUDINGER/ MAROTZKE[12] § 1967 Rn 53 S 1 Ausgeführte gilt in diesem Sonderfall – Bösgläubigkeit nur des *Erblassers* - nicht (vgl auch Rn 274).

5. Bedeutung des ererbten Besitzes

Der possessorische Schutz der §§ 859—869 steht, mit den Beschränkungen der §§ 861   **257** Abs 2, 862 Abs 2 und 864 Abs 2, *jedem* (auch dem *nichtberechtigten, bösgläubigen* und *fehlerhaften)* Besitzer zu. Selbst wenn der Besitz des Erblassers Diebes- oder Hehlerbesitz war, hat der Erbe die *possessorischen* Besitzschutzmittel und den Abholungsanspruch (§ 867): als vom Erblasser ererbte Ansprüche, wenn schon vor dem Erbfall, als eigene (aber mE gleichwohl zum „Nachlaß" gehörende) Ansprüche, wenn erst nachher ein Dritter sich der Sache bemächtigt hat oder die Sache auf ein fremdes Grundstück gelangt ist. Eine Besitz*entziehung* begeht ein die Sache an sich nehmender unberechtigter Erbprätendent (Erbschaftsbesitzer) auch dann, wenn der Erbe nur Besitzer nach § 857 war. Wenn der Erbe ihn hierfür nicht bloß nach § 861 auf Herausgabe, sondern mit dem Erbschaftsanspruch der §§ 2018 ff (der sich auch auf Sachen erstreckt, die der Erblasser lediglich im *Besitze* hatte, was E I § 2081 Ziff 1 ausdrücklich aussprechen wollte, E II § 1892 aber als entbehrlich strich, s Mot V 580 ff, Prot V 701, Denkschr 727) nach § 2025 auf *Schadensersatz* in Anspruch nehmen will, kann er das gegen einen gutgläubigen Erbschaftsbesitzer nur unter der Voraussetzung tun, daß er seinerseits schon den Besitz „tatsächlich ergriffen" hatte (§ 2025 S 2). *Keine* verbotene Eigenmacht ist darin zu sehen, daß der vorläufige Erbe Nachlaßgegenstände in Besitz nimmt und die Erbschaft später ausschlägt (vgl STAU-DINGER/MAROTZKE § 1959 Rn 7, 14; STAUDINGER/BOEHMER[11] § 1922 Rn 191; STAUDINGER/BUND[12] § 857 Rn 21 ff).

Wenn eine nicht als Erbe berufene Person eine bewegliche Nachlaßsache gegen oder   **258** ohne den Willen des wahren Erben in Besitz nimmt, ist diese Sache mit dem **Makel des „Abhandengekommenseins"** behaftet und ein *gutgläubiger Erwerb* Dritter ausge-schlossen (vgl §§ 935, 1007 Abs 2 und zu einer die Besitzergreifung durch den „vorläufigen" Erben betreffenden Ausnahme STAUDINGER/MAROTZKE § 1959 Rn 14): ein für den Erben überaus wirksamer Schutz. Eine ähnliche Beschränkung des Gutglaubensschutzes im Inter-esse des wahren Erben ist der Ausschluß der *Ersitzung* und des *Fruchtgenusses* durch den gutgläubigen Erbschaftsbesitzer (§§ 2026, 2020).

Im Gegensatz zum possessorischen Schutz kommen die **Nutzungs- und Erwerbsfunk-**   **259** **tionen der §§ 955 und 937** nur dem *gutgläubigen* Besitzer zugute. Inwieweit hier der gute Glaube des *Erblassers* oder der des *Erben* entscheidend ist, wurde schon in Rn 253 ff erörtert. Über etwaige bereicherungsrechtliche Verpflichtungen zur Her-ausgabe des durch Ersitzung oder Fruchterwerb Erlangten vgl STAUDINGER/BOEH-MER[11] Rn 192; STAUDINGER/WIEGAND[12] § 937 Rn 18 ff; STAUDINGER/GURSKY[12] Vorbem 5 zu §§ 987—993, § 988 Rn 3.

Auch die Rechtsstellung des Besitzers als dem Eigentümer und früheren Besitzer   **260** nach §§ 987 ff, 1007 Abs 3 S 2 **verantwortlicher Sachverwalter** ist, sowohl was die **Haftung** für die Hauptsache und die Früchte, wie was die Verwaltungsentlohnung durch **Fruchtbezug** und **Verwendungsersatz** betrifft, sehr verschieden geregelt, je nachdem ob der Besitzer gut- oder bösgläubig ist (s § 993 gegen §§ 987, 990—992; §§ 994 Abs 1, 995, 996 gegen § 994 Abs 2). Da der gute Glaube auch hier ein *fortdauernder* sein muß (§ 990), kommen sowohl die Person des Erblassers wie die des *Erben* in Betracht (dazu schon Rn 253 ff). Für die Deliktshaftung des Besitzers nach § 992 kommt es lediglich auf die Art des Besitz*erwerbs* an: Hatte der *Erblasser* sich den Besitz „durch verbotene Eigenmacht oder durch eine Straftat" verschafft, so trifft die durch § 992 verschärfte Haftung den Erben auch dann, wenn er insoweit gutgläubig ist (so schon STAUDINGER/BOEHMER[11] Rn 189, 193, 206 [jeweils aE]; BOEHMER RG-FS III [1929] 216, 275). Allerdings trifft diese Haftung den Erben nicht als Eigen-, sondern nur als Nachlaßverbindlichkeit (vgl zu dem vergleichbaren Fall des § 990 STAUDINGER/GURSKY[12] § 990 Rn 24; GURSKY JR 1986, 225, 227; oben Rn 256 aE sowie zu dem ebenfalls vergleichbaren Fall des § 819 Abs 1 unten Rn 274).

261 Auch in sonstige mit dem Besitz verknüpfte **verantwortungsbelastete Rechtslagen** tritt der Erbe ein: so wenn der Erblasser *Tierhalter* (§ 833) oder *Hausbesitzer* (§§ 836, 837) oder *Kraft- oder Luftfahrzeughalter* (§§ 7 ff StVG, 33 ff LuftVG) war, Stellungen, für die nicht Eigentum erforderlich ist, sondern Eigenbesitz (§ 836) oder Nutzbesitz (§§ 833, 837, § 7 StVG, § 33 LuftVG) genügt. Dazu ausführlich STAUDINGER/BOEHMER[11] Rn 194; STAUDINGER/MAROTZKE[12] § 1967 Rn 23; STAUDINGER/SCHÄFER[12] § 836 Rn 59 ff sowie ELKE HERRMANN, Der Störer nach § 1004 BGB (1987) 209 f, 271 ff, 279, 280, 369 f, 557, 568 (bes zu § 936).

262 **Die Eigentumsvermutung des § 1006** kommt dem Erben – auch wenn er verheiratet ist (BGH FamRZ 1993, 668, 669) – aufgrund des nach § 857 auf ihn übergegangenen Besitzes schon vor dessen tatsächlicher „Ergreifung" in gleicher Weise zugute wie zuvor dem Erblasser (beweisen muß der Erbe aber notfalls sein in § 857 vorausgesetztes Erbrecht). Dagegen kann die materiell-rechtliche Wirkung, die die §§ 932 ff, 1032 S 2, 1207, 851, 793 Abs 1 S 2 **zugunsten gutgläubiger Dritter** an den Besitz oder die Innehabung knüpfen, *vor* der tatsächlichen Besitznahme nur praktisch werden, soweit eine *tatsächliche* Sachübergabe oder -innehabung nicht erforderlich ist. Wo eine solche für das Funktionieren des Gutglaubensschutzes verlangt wird, wie normalerweise in den §§ 932, 933, 936 Abs 1 S 3, 1032 S 2, 1207 und 793 (vgl zu Ausnahmen STAUDINGER/WIEGAND[12] § 932 Rn 20, § 933 Rn 17 f, 23), kann der Erbe erst nach *tatsächlicher* Besitz*ergreifung* das seinerseits Erforderliche beitragen.

XIII. Sonstige Rechtsscheinstellungen

263 Auch sonstige einen Rechtsschein erzeugende Positionen des Erblassers gehen auf den Erben über. Einige von ihnen sind dem Besitz verwandt und werden deshalb im Schrifttum als „Buchbesitz" oder „Tabularbesitz" bezeichnet. So etwa beim **Grundbuch** (vgl STAUDINGER/GURSKY[12] § 891 Rn 23, § 892 Rn 36, § 894 Rn 79). War für den Erblasser ein Recht im Grundbuch eingetragen, so wirkt die Vermutung, daß ihm das Recht zustehe (§ 891), auch zugunsten seines Erben. Bei Unrichtigkeit der Eintragung können gutgläubige Dritte vom Erben in gleicher Weise nach §§ 892, 893 erwerben, wie sie vor dem Erbfall vom Erblasser hätten erwerben können. Gegenüber dem Grundbuchamt kann der Nachweis der Erbfolge aber gem § 35 GBO grundsätzlich nur

durch einen Erbschein geführt werden. Hiervon hängt der gutgläubige Erwerb Dritter aber ebensowenig ab wie davon, daß der Erbe zunächst selbst im Grundbuch eingetragen wird: Auch soweit die formellen Vorschriften der GBO solch eine Voreintragung verlangen (vgl §§ 39 f), hängt die Wirkung des öffentlichen Glaubens des Grundbuchs nicht von ihr ab.

Entsprechendes gilt für den öffentlichen Glauben des **Schiffsregisters** nach §§ 15–17 **264** SchiffsRG v 15. 11. 1940 und für den Rechtsschein des **Handelsregisters** nach § 15 und bes nach § 5 HGB: War der Erblasser „Kaufmann kraft Eintragung", so ist es auch der Erbe, wenn er bei fortbestehender Eintragung die gewerbliche Tätigkeit des Verstorbenen tatsächlich weiterführt. Vgl auch STAUDINGER/MAROTZKE[12] § 1967 Rn 12, 63 f.

Andererseits verbindet sich mit der ererbten Rechtsscheinstellung uU die **Passivlegi- 265 timation** gegenüber Ansprüchen und Gestaltungsrechten Dritter. Solch eine Passivlegitimation kann sich ergeben aufgrund einer unwiderleglichen Fiktion, wie zB bei der **Kündigung und Rechtsverfolgung aus der Hypothek** (§§ 1141 Abs 1 S 2, 1148), oder als gewöhnliche, nach § 292 ZPO widerlegliche *Präsumtion.*

Ist der Erblasser zu Unrecht im Grundbuch eingetragen, so kann die Zustimmung zur **266 Berichtigung** nunmehr vom Erben verlangt werden (vgl schon Rn 246 aE und STAUDINGER/ GURSKY[12] § 894 Rn 79). Nach hM sollen auf diesen Berichtigungsanspruch die **§§ 987 ff analog** anzuwenden sein. Folgt man dem (dazu STAUDINGER/GURSKY[12] § 894 Rn 107 ff, 123), nimmt man also zB mit RGZ 121, 335 f an, daß der bösgläubige „Bucheigentümer" dem wahren Eigentümer analog §§ 989, 990 **Schadensersatz** zu leisten hat, wenn er über das Grundstück zugunsten eines gutgläubigen (§ 892) Dritten verfügt, so gilt Entsprechendes auch für den Erben: Verfügt *er* aufgrund der unrichtigen Eintragung des Erblassers, so haftet *er* dem wirklichen Eigentümer analog §§ 989, 990, wobei hinsichtlich der in § 990 vorausgesetzten Bösgläubigkeit das in Rn 253 ff Ausgeführte entsprechend gilt mit der Maßgabe, daß eine „tatsächliche Ergreifung" des ererbten (Buch-)Besitzes nicht erst dann vorliegt, wenn der Erbe anstelle des Erblassers sich selbst eintragen läßt, sondern schon dann, wenn er ohne eigene Voreintragung (§ 40 GBO) unter Ausnutzung der noch auf den *Erblasser* lautenden Eintragung verfügt (iE ebenso, wenn auch unter Fortschreibung der oben Rn 256 abgelehnten Beurteilung der Rechtsfolgen einer groben Fahrlässigkeit des Erben, STAUDINGER/BOEHMER[11] Rn 196 aE).

XIV. Immaterialgüterrechte*

Den *Sachen*rechten (Rn 236 ff) ähneln trotz ihres andersartigen Gegenstandes die **267** sog (STAUDINGER/COING/HABERMANN[12] § 12 Rn 26 f, 30, 36) *Immaterial*güterrechte, da auch

---

* **Schrifttum:** BARTENBACH, Die Rechtsstellung der Erben eines Arbeitnehmererfinders, Mitt d dt Patentanwälte 1982, 205; FROMM, Die neue Erbrechtsregelung im Urheberrecht, NJW 1966, 1244; HÜFFER, Das Namensrecht des ausscheidenden Gesellschafters als Grenze zulässiger Firmenfortführung (zu BGHZ 92, 79 [vgl auch BGHZ 100, 75]), ZGR 1986, 137; KU-
CHINKE, Die Firma in der Erbfolge, ZIP 1987, 681; MÜLLER, Rechtsprobleme bei Nachlässen in Bibliotheken und Archiven (1983); SCHACK, Das Persönlichkeitsrecht der Urheber und ausübenden Künstler nach dem Tode, GRUR 1985, 352; W SCHLÜTER, Anm zu BGHZ 92, 79 (Thema wie HÜFFER aaO), JZ 1986, 151.

sie bestimmte Rechtsgüter in eigentumsähnlicher Weise (STAUDINGER/COING/HABER-
MANN[12] § 12 Rn 27) „dinglich" zuordnen (vgl zB § 12 BGB für den bürgerlichen Namen;
§ 37 HGB für die Firma; §§ 15, 24 ff WZG für Warenzeichen; §§ 8 ff, 139 ff PatG für
gewerblich anwendbare Erfindungen; §§ 11 ff, 96 ff UrhG für Urheber- und verwandte Schutzrechte an Werken der Literatur, Wissenschaft und Kunst; §§ 8, 9
VerlG für das sog „Verlagsrecht"; §§ 1 ff, 14 a GeschmMG für das Urheberrecht an
Mustern und Modellen [„Geschmacksmustern"]; §§ 11, 24 GebrMG für Gebrauchsmuster). Auch sie sind **grundsätzlich vererblich**, wenn und soweit ihr Gegenstand
nicht ausnahmsweise höchstpersönlicher Natur ist. Höchstpersönlich und damit
unvererblich ist zB der *bürgerliche* Name (s Rn 146), dessen Eigenschaft als Immate-
rialgüterrecht denn auch umstritten ist (s STAUDINGER/COING/HABERMANN[12] § 12 Rn 26 f,
30, 36). Vererblich ist dagegen die **Firma** als der *Handels*name (§ 17 HGB) des Kaufmanns, jedoch nur gemeinschaftlich mit dem Handelsgeschäft (vgl § 22 Abs 1 HGB
und für die Übertragung unter Lebenden § 23 HGB; ausführlich KUCHINKE, Die Firma in
der Erbfolge, ZIP 1987, 681 ff; BGH ZIP 1989, 368 ff; zur Vererbung des *Handelsgeschäfts* oben
Rn 218 ff). Entsprechendes gilt hinsichtlich des Namens eines nicht firmenpflichtigen
Unternehmens (vgl STAUDINGER/COING/HABERMANN[12] § 12 Rn 38, 39) sowie für **Warenzeichen** (§ 8 Abs 1 S 1 und 2 WZG).

268 Vererblich sind ferner das Recht des Erfinders auf das **Patent**, der Anspruch auf
Erteilung des Patents und das Recht aus dem Patent (§§ 6 S 1, 15 Abs 1 S 1 PatG);
ebenso das Recht auf ein **Gebrauchsmuster**, der Anspruch auf seine Eintragung und
das durch die Eintragung begründete Recht (§ 22 Abs 1 S 1 GebrMG), das **Urheberrecht** an Mustern und Modellen (§ 3 GeschmMG), das Urheberrecht an Werken der
Literatur, Wissenschaft und Kunst (§§ 28 ff, 42 Abs 1 S 2, 64, 115−118 UrhG [über
„Rechtsprobleme bei Nachlässen in Bibliotheken und Archiven" vgl die 1983
erschienene Schrift von MÜLLER und BGH NJW 1988, 332 ff]) sowie das in §§ 8, 9
VerlG behandelte „Verlagsrecht" (zum Tod des *Verfassers* vgl § 34 Abs 1 und 2
VerlG). Das gilt auch hinsichtlich der Befugnis zur Ausübung der Urheber*persön-
lichkeitsrechte* (s etwa § 42 Abs 1 S 2 UrhG), selbst wenn die Erben nicht zu den nächsten
Angehörigen des Verstorbenen gehören (SOERGEL/STEIN Rn 33; MünchKomm/LEIPOLD
Rn 47; HUBMANN/REHBINDER, Urheber- und Verlagsrecht [7. Aufl 1991] § 39; FROMM NJW 1966,
1244, 1245; FROMM/NORDEMANN/VINCK, Urheberrecht [7. Aufl 1988] § 30 Rn 1; einschränkend
LANGE/KUCHINKE § 5 III 6 a); hierin unterscheidet sich das *Urheber*persönlichkeitsrecht
von anderen Persönlichkeitsrechten (FROMM/NORDEMANN/VINCK § 30 Rn 1 und Vorbem 4 zu
§ 12 UrhG; vgl auch oben Rn 131). Zum Schutz des Urhebers *gegen seine Erben* s SCHACK
GRUR 1985, 352, 356 ff. Nicht auf die Erben als solche, sondern auf die Angehörigen gehen über das Recht des Abgebildeten „am eigenen Bilde" (§§ 22 S 3, 23 Abs 2
KunstUrhG), das Vervielfältigungs- und Verbreitungsrecht des Bestellers eines Bild-
nisses (§ 60 Abs 2 UrhG) und das Recht des ausübenden Künstlers, bestimmte
Entstellungen oder Beeinträchtigungen seiner Darbietung zu verbieten (§ 83 Abs 3
S 2 UrhG). Wenn und soweit die spezialgesetzliche Ausgestaltung des Urheberper-
sönlichkeitsrechts verfassungsrechtlichen Postulaten ausnahmsweise nicht genügen
sollte, kommt ein Rückgriff auf das *allgemeine* Persönlichkeitsrecht in Betracht
(SCHACK 359 f, 361). Zum **Schicksal des wissenschaftlichen Nachlasses eines Hochschulleh-
rers** vgl BGHZ 112, 243; OLG Karlsruhe GRUR 1988, 536 (als Vorinstanz);
GÜNTER Die Welt v 27. 5. 1986 S 26; WASSNER FAZ v 6. 4. 1988 S 29.

269 Soweit die in Rn 267 f genannten Rechte vererblich sind, gilt das auch für etwaige aus der *Verletzung* solcher Rechte entspringende **Entschädigungs-, Beseitigungs- und Unterlassungsansprüche** (vgl §§ 16 UWG, 37 Abs 2 HGB, 24, 25 WZG, 139 PatG, 97 ff UrhG, 9 Abs 2 VerlG, 14 a GeschmMG, 24 GebrMG und erg unten Rn 270). Vererblich ist auch der nicht ohne weiteres übertragbare Anspruch auf Ersatz eines *immateriellen* Schadens nach § 97 Abs 2 UrhG (ebenso FROMM/NORDEMANN/VINCK, Urheberrecht [7. Aufl 1988] § 97 Rn 13 mwN auch zur Gegenansicht). Hinsichtlich des in § 63 PatG verankerten *Anspruchs des Erfinders auf Namensnennung* ist zu beachten, daß das Patentamt diese gem § 63 Abs 1 S 1 PatG von Amts wegen vornehmen muß, sofern ihm der Erfinder bereits benannt worden ist (zur Benennungspflicht des Anmelders s § 37 PatG). Für eine Vererbung kommen folglich nur in Betracht die Befugnis des Erfinders zur Beantragung der Nichtnennung (§ 63 Abs 1 S 3 PatG), der Anspruch auf Zustimmung zur Berichtigung einer unrichtigen oder zur Nachholung einer unterlassenen Benennung sowie ein etwaiger Schadensersatzanspruch gegen den zustimmungspflichtigen zu Unrecht Benannten, Patentsucher oder Patentinhaber (vgl schon STAUDINGER/BOEHMER[11] Rn 164 – auf älterer Gesetzesgrundlage).

Entschädigungsansprüche, die schon in der Person des Erblassers entstanden waren, **270** gehen auch dann auf die Erben über, wenn das Recht, auf dessen Verletzung sie beruhen, erlöschen oder aufgegeben werden sollte. Denn als Wiedergutmachung in der Vergangenheit liegender Beeinträchtigungen sind solche Ansprüche von dem Fortbestehen des verletzten Rechts unabhängig. Demgegenüber setzt ein *Unterlassungs*anspruch, der sich in die Zukunft richtet, den Fortbestand des verletzten Rechts voraus (vgl schon Rn 246 f). Letzteres dürfte auch für einen etwaigen *Beseitigungs*anspruch anzunehmen sein (vgl in anderem Zusammenhang oben Rn 246 und STAUDINGER/GURSKY[12] § 1004 Rn 65 f, 141; **aM** STAUDINGER/BOEHMER[11] § 1922 Rn 164).

XV. Wettbewerbsbezogene Abwehrrechte

1. Gesetzliche

Die durch das **UWG** gewährten Ansprüche auf Unterlassung unlauterer Wettbe- **271** werbshandlungen und die entsprechenden Beseitigungs- und Schadensersatzansprüche (§§ 1 ff, 13 ff UWG) sind nicht höchstpersönlicher Natur, sondern aktiv und passiv vererblich (heute unstr; zur Widerlegung der Gegenansicht vgl RGZ 86, 252 ff = JW 1915, 517 ff und SALINGER LZ 1919, 1153, 1214), die Unterlassungs- und Beseitigungsansprüche allerdings nur zusammen mit dem Geschäftsbetrieb, den gegen unlauteren Wettbewerb zu schützen ihre Aufgabe ist (vgl STAUDINGER/BOEHMER[11] Rn 166 [mit einer zu Unrecht auch die *Schadensersatz*ansprüche einbeziehenden Formulierung] und für Unterlassungsansprüche RGZ 86, 252, 254 = JW 1915, 517, 518; **aM** für Beseitigungsansprüche SALINGER LZ 1919, 1153, 1214/15); das in Rn 246 Ausgeführte gilt insoweit entsprechend. Zur *passiven* Vererblichkeit vgl auch STAUDINGER/MAROTZKE[12] § 1967 Rn 10, 11.

2. Vertragliche

Bei *vertraglichen* Wettbewerbsverboten oder -beschränkungen ist zu prüfen, ob der **272** Zweck nur Ausschaltung *persönlicher* Konkurrenz eines einzelnen ist, wie regelmäßig gegenüber Angestellten (§ 74 HGB), was sich auch aus der kurzen gesetzlichen Höchstfrist von 2 Jahren (§ 74 a Abs 1 S 3 HGB) und den mannigfachen sachlichen Schranken in §§ 74 Abs 2 – 75 d HGB ergibt, oder ob es sich um *sachliche* Wettbewerbsbehinderung anderer selbständiger Gewerbetreibender, zB eines Verkäufers oder Käufers des Handelsgeschäfts oder, der praktische Hauptfall, eines Kartellgenossen, handelt. Im *ersten* Falle sind nur solche Ansprüche vererblich, die dem Grunde nach schon vor dem Tode des Angestellten entstanden waren, seien es solche des Prinzipals auf Schadensersatz oder Vertragsstrafe nach § 75 c HGB oder solche des Angestellten auf Entschädigung nach §§ 74 Abs 2, 74 b und c HGB, nicht aber die Ansprüche auf *künftige* Unterlassung und Entschädigung; dagegen hat der Tod des *Prinzipals* keinen Einfluß auf das Fortbestehen der beiderseitigen Verpflichtungen. Anders im *zweiten* Falle: hier bezieht sich die Wettbewerbsregelung auf das *Unternehmen* und besteht deshalb im Falle ihrer Wirksamkeit (dazu §§ 1 ff GWB) mit diesem trotz Todes und Wechsels der Inhaber weiter (s auch STAUDINGER/ MAROTZKE[12] § 1967 Rn 10, 11).

XVI. Schadens-, Delikts- und Bereicherungsrecht

273 Auch die aus **unerlaubter Handlung** oder **ungerechtfertigter Bereicherung** entspringenden Unterlassungs-, Ersatz- und Herausgabeansprüche bzw -pflichten sind grundsätzlich vererblich (zu einigen Ausnahmen s oben Rn 132 f). Wegen konkurrierender „dinglicher" Anspruchsgrundlagen s Rn 241−247, 252 ff; zur **Vererbung „unfertiger"** **Schadensersatzansprüche** aus Vertrag oder Delikt MünchKomm/LEIPOLD Rn 22 und STAUDINGER/MEDICUS[12] § 249 Rn 187 f.

274 **Bei der ungerechtfertigten Bereicherung** stechen zwei Problemfelder besonders hervor: Soweit der *Erblasser* nach §§ 814, 815, 817 eines sonst gegebenen Herausgabeanspruchs durch bestimmte innere oder äußere Tatsachen verlustig geht, die subjektiv in seiner Person begründet sind, wie Kenntnis der mangelnden Verpflichtung (§ 814) oder der Unmöglichkeit des Erfolgseintritts (§ 815 Fall 1) oder gegen Treu und Glauben verstoßende Erfolgsverhinderung (§ 815 Fall 2) oder Verletzung des Gesetzes oder der guten Sitten durch den Leistungszweck (§ 817 S 2), kann auch der *Erbe* keinen Bereicherungsanspruch erhalten, gleichgültig ob auch in *seiner* Person die anspruchsfeindlichen Umstände vorliegen (s STAUDINGER/LORENZ § 817 Rn 16) − ja sogar dann, wenn der Sittenverstoß des Schenkers sich *gegen den Erben selbst* richtete (vgl den Fall RGZ 111, 151 ff sowie direkt dazu STAUDINGER/BOEHMER[11] Einl § 20 Bem 1 und 2 [auch zu der Frage, ob hier mit § 826 zu helfen ist]). Auf der anderen Seite trifft, wenn bereits der ungerechtfertigt bereicherte Erblasser durch Kenntnis der Rechtsgrundlosigkeit verschärft nach § 819 haftete, auch den Erben die verstärkte Herausgabepflicht nach §§ 819, 818, Abs 4 iVm §§ 291, 292, 987 ff. Ist der Erbe selbst *gut*gläubig, so kann er diese verschärfte Haftung trotz des bei STAUDINGER/MAROTZKE[12] § 1967 Rn 53 Ausgeführten auch hinsichtlich der von ihm selbst „verschuldeten" (§ 989) Schäden nach §§ 1975 ff auf den Nachlaß beschränken (ebenso GURSKY JR 1986, 225, 226 f, während BOEHMER in STAUDINGER[11] Rn 206 und in RG-FS III [1929] 216, 278/279 für eine ex nunc eintretende Reduzierung des Haftungs*maßstabes* auf das in § 818 Abs 1, 2 und bes 3 vorgeschriebene Maß eintrat [hiergegen überzeugend GURSKY aaO]). Entsprechendes gilt, wenn die herauszugebende Bereicherung auf durch *verbotene Eigenmacht* oder *strafbare Handlung* erlangtem Besitz beruht: Zwar kann die bereits durch den Erblasser herbeigeführte strenge Haftung aus §§ 292, 992, 823 ff (bes § 848) nicht allein durch späteren guten Glauben des Erben abgeschwächt werden, da diese Art der Haftung lediglich auf der Art der Besitz*erlangung* beruht (ebenso STAUDINGER/BOEHMER[11] Rn 206 aE). Jedoch kann uU auch die „verschärfte" Haftung mit erbrechtlichen Mitteln auf den *Nachlaß* beschränkt werden (vgl schon Rn 260 aE).

XVII. Vertragliche Schuldverhältnisse*

1. Nichtvermögensrechtliche

Die aktive und passive Vererblichkeit eines Schuldverhältnisses hängt nicht mehr **275** und nicht weniger von der Vermögensbezogenheit ab als die Vererblichkeit anderer Rechtspositionen. Vorrang hat deshalb (vgl Rn 113, 115) auch hier die Frage, „ob auf der einen Seite das wirtschaftliche oder kulturelle Bedürfnis, das zu befriedigen Aufgabe des Schuldverhältnisses ist, nach der Wirtschaftsstruktur und Sozialauffassung der jeweiligen Zeit oder der konkreten Fallage an die *individuelle Person* eines bestimmten Gläubigers gebunden ist oder mehr den *sachlichen* Zwecken des Lebensausschnittes dient, dem der Schulderfolg angehört, und ob auf der anderen Seite die zur Befriedigung dieses Bedürfnisses erforderliche Tätigkeit des Schuldners auf die Person *eines bestimmten* Pflichtträgers abgestellt ist oder auch von einem *anderen* vollzogen werden kann" (so schon STAUDINGER/BOEHMER[11] Rn 197; vgl auch die wertvollen Konkretisierungs- und Systematisierungsversuche von DIETZEL). In beiden Beziehungen können auch Bedürfnisse, die weder als solche der wirtschaftlichen Sphäre angehören noch zu ihrer Befriedigung irgendwelche Einwirkung auf die Vermögensgüter des Leistenden oder des Leistungsempfängers erfordern, person*un*gebunden sein: dann ist auch das ihnen dienende Schuldverhältnis nicht „höchstpersönlich" (dazu DIETZEL 9 ff), sondern aktiv bzw passiv vererblich (so STAUDINGER/BOEHMER[11] Rn 197 unter Hinweis auf einige die *passive* Vererblichkeit betreffende „Beispiele" in dortiger Rn 81 [einige davon nunmehr bei STAUDINGER/MAROTZKE[12] § 1967 Rn 10 und ein weiteres aaO § 1967 Rn 12], wozu freilich zu bemerken ist, daß die meisten der in BOEHMERS Rn 81 erwähnten Verbindlichkeiten keineswegs vermögens*neutral* sind). Auch „amtsrechtliche" Stellungen, die an sich beim Tode ihres Inhabers erlöschen, können uU einstweilen für und gegen den Erben weiterwirken und ihn zu Leistungen auch nichtvermögenswerter Art, wie zB Anzeige- und Besorgungstätigkeiten, verpflichten (Rn 156 aE). Ähnliches gilt für Verträge über Arbeitsleistungen und dergl; vgl sogleich Rn 276.

2. Verträge über Werk-, Dienst-, Geschäftsbesorgungs- und sonstige Arbeitsleistungen

a) Tod des „Arbeitspflichtigen"

An die Person des Pflichtigen gebunden und deshalb unvererblich sind idR **Arbeits-** **276** **pflichten,** und zw sowohl solche aus **Dienst-** oder **Arbeits**vertrag (§ 613 S 1; vgl STAUDINGER/RICHARDI[12] § 613 Rn 12; STAUDINGER/NEUMANN[12] Vorbem 15 f zu § 620) wie auch solche aus unentgeltlichem (§ 662) oder entgeltlichem (§ 675) **Geschäftsbesorgungs**vertrag (§§ 673, 675), uU auch solche aus **Werk**vertrag, nämlich sofern dieser zu Leistungen verpflichtet, bei denen es entscheidend auf die Geschicklichkeit, Fähigkeit, Sachkunde, künstlerische oder wissenschaftliche Eignung oder Vertrauenswürdigkeit einer *bestimmten* Person ankommt (vgl auch STAUDINGER/PETERS[12]

---

* **Schrifttum:** DIETZEL, Untergang statt Fortbestand – zur Abgrenzung der unvererblichen Rechtsbeziehungen im Schuldrecht (1991)

Vorbem 63 zu §§ 631 ff, der hier mit dem Unmöglichkeitsrecht helfen will). Erlischt ein Auftrag oder ein Geschäftsbesorgungsvertrag durch den Tod des „Beauftragten", so hat der Erbe des Beauftragten den Tod dem Auftraggeber unverzüglich anzuzeigen und, wenn mit dem Aufschube Gefahr verbunden ist, die Besorgung des übertragenen Geschäfts fortzusetzen, bis der Auftraggeber anderweit Fürsorge treffen kann; der Auftrag gilt insoweit als fortbestehend (§§ 673 S 2, 675). Derartige Anzeige- und vielleicht auch Fortsetzungspflichten lassen sich uU auch außerhalb des Auftrags- und Geschäftsbesorgungsrechts denken (s STAUDINGER/BOEHMER[11] Rn 161, 198 und für den Bereich der „Amtsrechte" oben Rn 156). Beachtung verdient ferner der Hinweis von STAUDINGER/BOEHMER[11] Rn 198, daß es sich bei der *Vererblichkeit* einer schuldrechtlichen Verpflichtung in doppelter Beziehung um eine andere Frage als bei der Übernahme *unter Lebenden* handelt: einmal insoweit, als im letzteren Falle eine höchstpersönliche Schuld nicht *erlischt* wie beim Tode des Schuldners, sondern bei dem bisherigen Schuldner *verbleibt;* ferner insoweit, als eine Übernahme hier *nie ohne den Willen* beider Parteien, sowohl *des Schuldners wie des Gläubigers,* möglich ist (§§ 414, 415), während bei der Vererbung der Erbe *kraft Gesetzes* an die Stelle des Erblassers treten würde. Man wird daher in jedem Einzelfalle sorgfältig zu prüfen haben, ob der sachliche Zweck des Schuldverhältnisses eine (zumindest vorläufige) Fortsetzung der schuldnerischen Tätigkeit durch den Erben *möglich* erscheinen läßt und im Interesse des Schulderfolgs gebietet, oder ob die Leistung so eigenartig und „unvertretbar" (s ZPO §§ 888−890) ist, daß sie einen solchen Personenwechsel *unmöglich* oder doch für den Erben des Schuldners oder den Gläubiger un*tragbar* macht (vgl auch DIETZEL 66 f, 69, 75 ff). Insbes bei Werk- und mehr noch bei Werk*lieferungs*verträgen kann sich zudem ergeben, daß die aus ihnen resultierenden Pflichten ähnlich wie gewerbliche Schutzrechte (s Rn 267 ff, 271 f) so eng mit einem vom Erblasser betriebenen gewerblichen Unternehmen verknüpft sind, daß sie *nur zusammen mit diesem* vererbt werden können (BOEHMER aaO).

Zum Umfang der auf den Erben des Beauftragten übergehenden (STAUDINGER/ MAROTZKE[12] § 1967 Rn 10) Pflicht zur **Auskunftserteilung, Rechenschaftslegung** (§ 259 Abs 1) und **eidesstattlichen Versicherung** (§ 259 Abs 2) vgl DIETZEL 175 ff; BGHZ 104, 369 ff = EWiR § 259 BGB 1/1988, 687 (KELLER). Die Ansicht, daß die Informationspflichten aus § 666 nur insoweit auf die Erben übergingen, als der Auftrag gem § 673 als fortbestehend gelte (so WINKLER VON MOHRENFELS, Abgeleitete Informationspflichten im deutschen Zivilrecht [1986] 167), ist unzutreffend (richtig hingegen insoweit BGHZ 104, 369, 372 f; STAUDINGER/WITTMANN[12] § 673 Rn 7; DIETZEL 178). Denn § 673 entscheidet nur über das Recht und die Pflicht zur **Fortführung** des übernommenen Auftrags, nicht über die bereits eingetretenen sonstigen Rechtsfolgen desselben. Zudem gilt § 666 über § 681 S 2 sogar für die Geschäftsführung **ohne** Auftrag, und zwar wegen § 687 Abs 2 S 1 sogar für den (meist als „unechte GoA" bezeichneten) Fall der **auftragslosen Geschäftsanmaßung.**

277 **Gegenansprüche** des Leistungspflichtigen **auf Vergütung etc sind idR vererblich** (s auch STAUDINGER/NEUMANN[12] Vorbem 15 zu § 620; zu diesbezügl Auskunftsansprüchen gegen Arbeitgeber LAG Berlin NZA 1990, 482 und unten Rn 294; speziell zum Ausgleichsanspruch des *Handelsvertreters* aus § 89 b HGB BGHZ 24, 214 ff, 223 ff; 73, 99 ff = NJW 1979, 651).

Eine **Ausnahme** macht die Rspr für Ansprüche auf *Urlaubsabgeltung:* diese Ansprüche seien wegen ihres sich aus der Zweckbestimmung ergebenden höchstpersönlichen Charakters unvererblich (BAG AP Nr 7 zu § 611 Urlaubsrecht; vgl auch BAG NJW 1987, 461, 462/63 = BB 1986, 1916 ff m Anm STRUCK; BAG Betrieb 1990, 1925 f; BAG BB 1992, 1353; DIETZEL 140 ff, 156 ff; vgl auch STAUDINGER/RICHARDI[12] § 613 Rn 14; aus guten Gründen aM COMPENSIS Betrieb 1992, 888, 891 f; SOERGEL/STEIN Rn 39). Jedoch haben die Tarifvertragsparteien im Rahmen ihrer Rechtsetzungsautonomie die Möglichkeit, zugunsten des Erben eines verstorbenen Arbeitnehmers anstelle der unerfüllt gebliebenen urlaubsrechtlichen Ansprüche eine andersartige tarifliche Leistung zu gewähren (vgl BAG NJW 1987, 461 ff; BAG Betrieb 1990, 1925 f; BAG NJW 1992, 3317 f = BB 1992, 1793 f).

Auch ein vertragliches *Ruhegehalt* ist nur für die Zeit *bis* zum Tode des Berechtigten geschuldet; vom Erben des Berechtigten kann es also nur beansprucht werden, soweit es sich um rückständige Leistungen für die Zeit *vor* dem Erbfall handelt (BGH WM 1983, 43). Wurde das Ruhegehalt auf Grundlage der mutmaßlichen Lebensdauer des Berechtigten kapitalisiert, so schuldet der Verpflichtete den *gesamten* Betrag natürlich auch, wenn der Berechtigte *vorzeitig* stirbt; der Anspruch geht dann ohne weiteres auf den Erben über (BGH aaO; einen Zweifelsfall behandelt OLG Stuttgart ZIP 1990, 402 ff m krit Anm SCHAUB EWiR § 69 KO 1/1990, 273 f).

Nur eingeschränkt vererblich ist nach hM das Recht des Arbeitnehmers, im Kündigungsschutzprozeß die *Auflösung des Arbeitsverhältnisses gegen Zahlung einer Abfindung* zu verlangen (vgl STAUDINGER/RICHARDI[12] § 613 Rn 15).

In bezug auf *Konkursausfallgeld* hat das BSG entschieden, daß es dem Erben eines vor dem Insolvenzereignis verstorbenen Arbeitnehmers nicht zustehe (BSG ZIP 1987, 795 f [= KTS 1987, 525 ff], 796 ff). Dazu kritisch DENCK, Konkursausfallgeld von Todes wegen – eine unzulässige Rechtsfortbildung?, SGb 1987, 485 ff.

Abfindungsansprüche aus Sozialplänen sind idR vererblich (vgl DIETZEL 160 ff). Nach ihrem Sinn und Zweck setzen sie jedoch voraus, daß das Arbeitsverhältnis nicht durch den Tod des Arbeitnehmers, sondern durch eine ihm gegenüber ausgesprochene Kündigung beendet wird. Stirbt der Arbeitnehmer *vor* Erhalt der Kündigung, so kann ein Abfindungsanspruch auch in der Person des *Erben* nicht mehr entstehen. Ebenso wird iZw zu entscheiden sein, wenn der Tod zeitlich zwischen Zugang der Kündigung und Eintritt des Kündigungs*termins* fällt (str; vgl die einander insoweit widersprechenden Urteile des LAG Frankfurt in NZA 1985, 634 und dazu HANSEN NZA 1985, 609 ff; wie hier DIETZEL 165, 168 f; aM COMPENSIS, Die Vererblichkeit von Sozialplanansprüchen und anderen Abfindungen, Betrieb 1992, 888, 892 f).

Nicht geteilt wird die hier vertretene Ansicht von BAG Betrieb 1988, 864 = BB 1988, 1392 = NZA 1988, 466: Vereinbaren Arbeitgeber und Arbeitnehmer die Auflösung des Arbeitsverhältnisses gegen Zahlung einer Abfindung für den Verlust des Arbeitsplatzes und stirbt der Arbeitnehmer vor dem Termin der Beendigung des Arbeitsverhältnisses, so soll der Anspruch auf die Abfindung nach diesem Urteil (welches auch Ausführungen zu vergleichbaren anderen Fällen enthält) nicht entfallen, sondern dem Erben zustehen. Vgl auch COMPENSIS aaO 890, 892 f.

Zu gewagt erscheint der Vorschlag von COMPENSIS aaO 893, auf Sozialplanansprüche, soweit sie laufende Geldleistungen zum Inhalt haben und beim Tode des

Wolfgang Marotzke

Berechtigten nicht erlöschen, den zu einer Sonderrechtsnachfolge führenden § 56 SGB I analog anzuwenden (vgl zu § 56 SGB I unten Rn 356).

Zur *Rechtsstellung des Erben eines Arbeitnehmererfinders* vgl BARTENBACH Mitt d dt Patentanwälte 1982, 205 ff.

b) Tod des Auftraggebers, Dienstherrn, Arbeitgebers etc

278 Ein **Auftrag** oder ein entgeltlicher **Geschäftsbesorgungsvertrag** erlischt im Zweifel *nicht* durch den Tod des Auftraggebers (§ 672 S 1; s erg unten Rn 324). Erlischt er ausnahmsweise doch (zu den hier in Betracht kommenden Fällen vgl Rn 280 und STAUDINGER/ WITTMANN[12] § 672 Rn 4, 14), so hat der Beauftragte, wenn mit dem Aufschube Gefahr verbunden ist, die Besorgung des übertragenen Geschäfts fortzusetzen, bis der Erbe anderweit Fürsorge treffen kann; der Auftrag gilt insoweit als fortbestehend (§ 672 S 2).

279 Auch **Werk-**, **Dienst-** und **Arbeits**verträge erlöschen beim Tode des Bestellers, Dienstherrn bzw Arbeitgebers im Zweifel *nicht* (vgl STAUDINGER/PETERS[12] Vorbem 62 zu §§ 631 ff; STAUDINGER/RICHARDI[12] § 613 Rn 17; STAUDINGER/NEUMANN[12] Vorbem 17 zu § 620; BAG 70, 104, 110; LAG Köln ZIP 1989, 1143 f [dazu LÜKE EWiR § 59 KO 2/1989, 913 f]; speziell zur Vererblichkeit der „Arbeitgeberstellung" das vom Verfasser in AcP 186, 316 ff besprochene Buch von WALKER, Der Vollzug der Arbeitgeberserbfolge mit einem vermeintlichen Erben [1985] 20; alle mwN auch zu möglichen Ausnahmen [zu diesen sogleich Rn 280]). Daß ein Anspruch auf Leistung von „Diensten" wegen § 613 S 2 im Zweifel nicht *übertragbar* ist, rechtfertigt selbst im Bereich des *Dienst*vertragsrechts nicht den Schluß, daß Entsprechendes auch hinsichtlich der *Vererblichkeit* anzunehmen sei. Zudem wird die (auf Rechtsgeschäfte unter Lebenden beschränkte) Bedeutung des § 613 S 2 weitgehend aufgehoben durch den neuen § 613 a, der für den Fall, daß ein Betrieb oder Betriebsteil durch Rechtsgeschäft unter Lebenden übertragen wird, einen automatischen Eintritt des Erwerbers in die zZ des Betriebsübergangs bestehenden Arbeitsverhältnisse anordnet. Überholt ist deshalb die von STAUDINGER/BOEHMER[11] Rn 199 aE zitierte Entscheidung OLG Rostock OLGE 20, 157 f: Nach heutigem Recht hätte der dort betroffene Redakteur bei Unzumutbarkeit des Zusammenarbeitens mit dem die politische Richtung der Zeitschrift ändernden neuen Betriebsinhaber nicht Unabtretbarkeit des Arbeitsverhältnisses, sondern nur ein Recht zur fristlosen Kündigung „aus wichtigem Grund" nach § 626 einwenden können; entsprechend wird nunmehr im Falle des *erb*rechtlichen Betriebsübergangs zu entscheiden sein.

280 **Besonderheiten** ergeben sich, wenn der betreffende Auftrags-, Geschäftsbesorgungs-, Werk-, Dienst- oder Arbeitsvertrag zu Leistungen verpflichtet, die untrennbar mit der Person des anspruchsberechtigten Erblassers verbunden sind (vgl auch STAUDINGER/ RICHARDI[12] § 613 Rn 17; STAUDINGER/NEUMANN[12] Vorbem 17 zu § 620, WALKER aaO und soeben Rn 279 aE): zB können ärztliche und heilkundliche Beratung und Behandlung, insbes operative Eingriffe, körperliche oder geistige Ausbildung oder Unterweisung, Porträtierung oder Lichtbildaufnahme, meist auch Auskunftserteilung und Beratung geschäftlicher, beruflicher und wissenschaftlicher Art idR nur *bestimmten* Personen, nicht auch den Erben geleistet werden. In diesen Fällen wird ebenso wie bei Verpflichtungen zur Vorlegung und Einsichtgestattung von Urkunden, Briefen, Büchern, Sammlungen oft auch das Interesse des Verpflichteten an der Vertrauenswürdigkeit und Sachkunde des Berechtigten hinzukommen, um die Vererblichkeit des Anspruchs auszuschließen (so mit Recht ENDEMANN III 1, 55 gegen STROHAL I, 23 Anm 42). Ansprüche auf Dienst-, Werk- oder Geschäftsbesorgungsleistungen *dieser Art* erlöschen also mit dem Tode des Berechtigten (vgl AG Dortmund NJW-RR 1991, 689 betr Partnerschaftsvermittlungsvertrag; LAG Berlin Betrieb 1990, 1828 betr Arbeitsverhältnis einer Altenpflegerin [dieses sei „auf den Tod ihres Arbeitgebers zweckbefristet", ende jedoch erst nach einer „Auslauffrist von Länge der ordentlichen Kündigungsfrist ab ihrer Kenntnis vom Todesfall"]). Ob und inwieweit die Vergütungs- und Aufwendungsersatzpflicht für die Erben bestehen bleibt, zB nach dem **Tod des Patienten,** ist eine andere Frage: insbes ist fraglich, ob man hier mit den Regeln über Unmöglichkeit der Leistung (§ 323) oder über Annahmeverzug (§§ 324 Abs 2, 615, 642) oder mit analoger Anwendung der §§ 626, 627, 628 bzw §§ 645, 649 operieren kann (vgl zB STAUDINGER/OTTO[12] § 324 Rn 27). Das LG Düsseldorf entschied sich bei einem **Heimpflegevertrag** für Anwendung des § 323 (NJW-RR 1991, 184, 185). Eine Fortgeltungsklausel in einem Heimvertrag, die bestimmt, daß die Pflegekosten bis zu einem Monat nach dem Tod des Heiminsassen fortzuentrichten sind, ist rechtlich zulässig und verstößt auch nicht gegen § 9 AGBG (LG Hildesheim NJW-RR 1992, 1276 f). Zum Thema „Ärztliche Schweigepflicht, Zeugniszwang und Verpflichtung zur Auskunft nach dem Tod des Patienten" vgl KUCHINKE, Gedächtnisschr Küchenhoff (1987) 371 ff sowie unten Rn 296 ff (bes Rn 298). Die Frage, welche Rechtsfolgen der Tod des Bestellers beim **Reisevertrag** auslöst, wird ausführlich erörtert von CLAUSSEN NJW 1991, 2813. Vgl auch LG Frankfurt NJW 1991, 498 f. Der in § 651 f Abs 2 begründete Anspruch des Reisenden auf Entschädigung wegen nutzlos aufgewendeter Urlaubszeit ist vererblich (ausführl DIETZEL 134 ff m Nw auch zur Gegenansicht).

3. Mäklervertrag

Ein Mäklervertrag endet idR zwar nicht beim Tod des Auftraggebers (STAUDINGER/ **281** REUTER[12] §§ 652, 653 Rn 55), wohl aber nach hM beim Tod des Mäklers (kritisch STAUDINGER/REUTER[12] §§ 652, 653 Rn 54). Zu Recht ist jedoch anerkannt, daß der Provisionsanspruch des Mäklers bzw seiner Erben nicht dadurch ausgeschlossen wird, daß der Mäkler, der eine für das Zustandekommen des provisionspflichtigen Geschäfts ursächliche Tätigkeit entfaltet hat, vor dem endgültigen Abschluß dieses Geschäfts stirbt (vgl BGH LM § 652 Nr 15 = NJW 1965, 964; bestätigend BGH WM 1976, 503, 505).

4. Gebrauchs- und Nutzungsverhältnisse

Auch Verträge über Gebrauchs- und Nutzungsüberlassung enthalten ein mehr oder **282** weniger stark ausgeprägtes persönliches *Vertrauenselement,* bes von seiten des Vermieters, Verpächters und noch mehr des Verleihers. Daraus wird mit Recht die Folgerung gezogen, daß **Mieter, Pächter** und **Entleiher** ihre Rechte *unter Lebenden* nicht einseitig übertragen können. Soweit sie den Gebrauch oder die Nutzung einem anderen überlassen, *ohne* daß dieser auch in das Vertragsverhältnis eintritt, ist die Frage in den Vorschriften über Untermiete usw in §§ 549, 581 Abs 2, 596 Abs 3, 603 S 2, 605 Nr 2 ausdrücklich geregelt. Noch weniger dürfen sie ohne Zustimmung des anderen Teils einen neuen Gebrauchsberechtigten an ihrer Stelle in das ganze Vertragsverhältnis einsetzen: das ergibt sich schon aus §§ 414, 415. Anderes gilt beim *Tode* des Gebrauchsberechtigten. Hier tritt der Erbe in das Vertragsverhältnis ein. Aber bei der Leihe ist dem Verleiher ein sofortiges (§ 605 Nr 3), bei der Miete beiden Parteien (§ 569 mit einer die *Wohnraum*miete betreffenden Ausnahme in Abs 2) und bei der Pacht den Erben des Pächters (§ 584 a Abs 2) ein befristetes **Kündigungsrecht** gegeben. Für die Miete von **Wohnräumen** sind freilich in §§ 569 Abs 2−569 b und für die **Landpacht** in § 594 d (dazu DIETZEL 83 f) Sonderregelungen geschaffen worden. Zu Besonderheiten des **Jagd**pachtrechts vgl OLG Düsseldorf MDR 1970, 140; OLG Karlsruhe AgrarR 1982, 75 f und BGH MDR 1987, 741 f.

Unwirksam ist nach OLG Düsseldorf NJW-RR 1990, 1469 eine in den AGB eines KFZ-Leasingvertrages enthaltene Bestimmung, nach der dem Leasinggeber bei Tod des Vertragspartners gegenüber dessen Rechtsnachfolger ein Recht zur fristlosen Kündigung zusteht, welches eine Schadensersatzpflicht des letzteren zur Folge hat.

283 **Kein** gesetzlicher **Kündigungsgrund** ist der Tod des *Ver*mieters, *Ver*pächters oder *Ver*leihers (vgl erg STAUDINGER/REUTER[12] § 605 Rn 6). Das gilt auch, wenn dem Erblasser an dem vermieteten Gegenstand nur ein Nießbrauch zustand; der Erbe kann den Mietvertrag in diesem Falle nicht analog § 1056 Abs 2 vorzeitig kündigen (BGHZ 109, 111, 113 ff, 117 f = NJW 1990, 443 ff; **aM** STAUDINGER/PROMBERGER[12] § 1056 Rn 25; vgl ergänzend oben Rn 238). Das Recht des Vermieters von Wohnraum zur Kündigung wegen Eigenbedarfs (§ 564 b Abs 2 Nr 2) oder wegen seines eigenen Wohnens im selben Ein- oder Zweifamilienhaus (§ 564 b Abs 4) richtet sich nach dem Tod des Vermieters nach den Verhältnissen des Erben (OLG Karlsruhe NJW-RR 1994, 80 f). Zur Wirksamkeit eines vom Erblasser formlos gegebenen „(Wohnungs-)Leihversprechens von Todes wegen" vgl LANGEN ZMR 1986, 150 ff; NEHLSEN-VON STRYK AcP 187, 552 ff, 596 ff und BGH NJW 1985, 1553 f = WM 1984, 1258 f.

5.   Dauerschuldverhältnisse

a)   Vererblichkeit, Auflösbarkeit

284 Die Frage der Vererblichkeit und der Auflösbarkeit stellt sich auch in bezug auf sonstige Dauerschuldverhältnisse wie zB *Gesellschaftsverhältnisse* (dazu §§ 727 BGB, 131 Nr 4, 137 ff, 146 Abs 1 S 2, 161 Abs 2, 177, 234 Abs 2 HGB und oben Rn 168 ff, 177 ff, 193 ff, 203 f, 207, 208), langfristige *Grabpflegeverträge* (dazu LG München I NJW-RR 1989, 197), langfristige *Automatenaufstellungsverträge* (dazu OLG Hamburg MDR 1976, 577 f [Tod des Inhabers der Gaststätte]) und *Sukzessivlieferungsverträge* (vgl für Bierlieferungsverträge OLG Nürnberg NJW 1965, 1919 ff [Tod des *Brauers*]). Ob und ggfls mit welcher Frist der Erbe und/oder der Vertragspartner des Erblassers einen Sukzessivlieferungsvertrag anläßlich des Erbfalls kündigen kann, ist mangels gesetzlicher oder vertraglicher Sonderregelungen je nach Lage des Falles unter Berücksichtigung aller Umstände zu beurteilen (vgl STAUDINGER/BOEHMER[11] Rn 200: „nach Art des Vertrages, insbes dem Gegenstand [Gas, Wasser, elektrische Kraft, Bier usw]"). Wegen weiterer Einzelheiten wird verwiesen auf die ausführliche, in erster Linie allerdings dem *österreichischen* Recht gewidmete Darstellung von FENYVES, Erbenhaftung und Dauerschuldverhältnis – Zur Auflösbarkeit von Dauerschuldverhältnissen anläßlich des Todes einer Vertragspartei (1982) 171−369 (bes zu Arbeits-, Miet-, Pacht-, Verwahrungs-, Leih- und Versicherungsverträgen) sowie auf die Rezension von LITTBARSKI AcP 183, 191 ff. Vgl auch OETTINGHAUS, Das rechtliche Schicksal von Dauerschuldverhältnissen beim Tod des Verpflichteten (1990) und DIETZEL 80 ff, 91 ff.

b) Übergang der Rechte und Pflichten in das „Rechtsleben" des Erben

Vor allem bei auf *lange* Dauer angelegten Schuldverhältnissen kann der Eintritt des **285** Erben in die Rechte und Pflichten des Erblassers zu der Frage führen, bis wann diese Schuldverhältnisse noch als solche des ererbten fremden Rechtskreises aufgefaßt werden können, in dem die „tote Hand" des Erblassers noch maßgeblich nachwirkt (so sehr plastisch STAUDINGER/BOEHMER[11] Rn 213) und in dem der Erbe nur als „Liquidator des abgeschlossenen Rechtslebens" (Boehmer) fungiert, und von welchem Zeitpunkt an sie endgültig in die *eigene* Lebenssphäre des Erben hineingezogen werden, so daß sie nunmehr als seine persönlichen Rechtsverhältnisse gelten. Die genaue Fixierung des „Schnittpunkts zwischen den beiden Rechtsleben" (Boehmer) kann im Einzelfall sehr schwierig sein (vgl zB Rn 186 f für künftige Vermögensansprüche aus ererbten Gesellschafterstellungen und Rn 304 mwN für sog „Rechtsverkehrslagen"). Zudem vollzieht sich der Übergang der mit einer Person verknüpften rechtlichen Beziehungen aus dem Bereich des bisherigen Rechtsträgers in den des Nachfolgers nicht überall in klaren und scharfen Konturen. Meist kommt es irgendwann zu einem schwer definierbaren *Zwischenzustand,* in dem die Rechtsverhältnisse **„zwischen zwei Rechtsleben"** schweben und „mit dem einen Fuße noch in der Rechtswelt des Verstorbenen, mit dem anderen schon in der des Lebenden stehen" (Formulierungen von BOEHMER aaO). Dazu mit Blick auf die *Pflichten*seite des Schuldverhältnisses STAUDINGER/BOEHMER[11] Rn 213 ff (**„Nachlaß-Erbenschuld"**); BOEHMER, Der Übergang des Pflichtlebens des Erblassers auf den Erben, RG-FS III (1929) 216, 261 ff sowie STAUDINGER/ MAROTZKE, hier vorliegende Bearbeitung, Rn 253 ff, 259 ff, 274, 303 ff (bes 306 ff); STAUDINGER/MAROTZKE[12] § 1967 Rn 4 ff, 19 ff, 24 ff, 39 ff, 45 ff, 51 f, 53 ff, 57 ff. Speziell mit den **einkommensteuerrechtlichen** Aspekten befassen sich G und M SIEGMANN StVj 1993, 337, 344 ff.

6. Versicherungen, Bankkonten, Wertpapiere, Bausparverträge

Sachversicherungen, insbes **Hausratsversicherungen** (s BGH NJW-RR 1993, 1048 f = **286** FamRZ 1993, 1060 f; OLG Frankfurt VersR 1984, 1059; OLG Hamm VersR 1986, 331 ff), gehen beim Tode des Versicherungsnehmers auf den Erben über. Für Hausratsversicherungen gilt dies auch, wenn der Erbe nicht schon bisher in der Wohnung des Erblassers mit diesem zusammengelebt hatte. Daß die Wohnung für den Erben uU keine „ständig bewohnte Hauptwohnung" ist, ist eine Frage der Gefahrerhöhung, nicht eine solche des Interessewegfalls (ebenso die zitierten Gerichtsentscheidungen). Wiederbeschaffung von Hausrat mit der Folge der Entstehung des Anspruchs auf Neuwertentschädigung kann auch durch den *Erben* des nach Eintritt des Versicherungsfalles verstorbenen Versicherungsnehmers erfolgen (OLG Hamm aaO).

Zum vererblichen Nachlaß gehören grundsätzlich auch die **Rechte aus Bankguthaben, 287 Wertpapierdepots und Bausparverträgen** (zum *Darlehns*anspruch des Bausparers s Rn 288) sowie etwaige **anläßlich des Erbfalls fällig werdende Ansprüche aus Lebens- oder Unfallversicherungen** (vgl für Lebens- und Unfallversicherungen BGHZ 32, 44, 46 ff; BFH NJW 1963, 1223 f [*aber:* BFH NJW 1979, 944]; FG Bremen VersR 1977, 73 f). Oft wird deren Vererbung jedoch daran scheitern, daß der Erblasser diese Rechte auf einem der in Rn 55 ff genannten Wege am Erbrecht vorbeisteuert. Vgl dazu und zu den Folgeproblemen STAUDINGER/KADUK[12] Vorbem 40 zu §§ 328 ff, § 328 Rn 19, 24, 32, 50, 72, 116, 120 ff, § 330 Rn 9, 13 ff, 21 ff, § 331 Rn 3 a ff; STAUDINGER/REUSS[12] § 516 Rn 33 ff, § 518 Rn 22, 24; STAUDINGER/KANZLEITER[12] § 2301 Rn 25—48; STAUDINGER/FERID/

CIESLAR[12] § 2325 Rn 17 f, 77 sowie die engagierte Darstellung der Problematik von STAUDINGER/BOEHMER[11] Einl §§ 24 ff vor §§ 1922 ff und § 1922 Rn 205. Bei Vorversterben des gem § 331 Begünstigten steht das Recht auf die Leistung im Zweifel dem Versprechensempfänger zu oder fällt in dessen Nachlaß, soweit kein Ersatzbegünstigter benannt worden ist (BGH FamRZ 1993, 1059 f). Mit dem Versuch einer Erbin, eine vom Erblasser hinsichtlich seiner Lebensversicherung vorgenommene Bestimmung des Bezugsberechtigten nach Eintritt des Versicherungsfalles zu ändern, befaßt sich OLG Stuttgart NJW-RR 1990, 924 f. Der Nachlaßkonkursverwalter hat gegenüber der Lebensversicherungsgesellschaft uU Anspruch auf Auskunft über Bezugsrechte Dritter und bereits erfolgte Auszahlungen (vgl AG und LG Duisburg KTS 1992, 135 ff, 137 f = ZIP 1991, 1299 f). Nach BGHZ 107, 104, 109 ff = JR 1989, 421 ff m Anm E HERRMANN = JZ 1990, 650 ff m Anm KUCHINKE hat der Erbe des Bankkunden uU einen an Pflichtteilsberechtigte abtretbaren Anspruch gegen die Bank auf Auskunfterteilung über das vererbbare Vermögen schmälernde Guthabenabtretungen und -auszahlungen an Dritte, auf namentliche Benennung der Empfänger sowie auf Auskunft darüber, ob die Bank Unterlagen über die Unentgeltlichkeit der Zuwendungen hat. Zu den prämien- und steuerrechtlichen Fragen nach dem Tode eines *Bau*sparers vgl JANSEN Betrieb 1971, 1342 und unten Rn 371. Zur Nachfolge in sonstige Bankkonten vgl CANARIS, Bankvertragsrecht I (3. Aufl 1988) Rn 204 ff; PALANDT/EDENHOFER Rn 30 f und, speziell zu „Anderkonten", SOERGEL/STEIN Rn 40 (je mwN). Zum *Post*girokonto s Postbank-AGB Ziff 10. Das dem Inhaber eines Sparkontos aufgrund des Bankvertrages zustehende *Auskunftsrecht* über Vorgänge auf dem Sparkonto geht auf die Erben über; das Bankgeheimnis steht nicht entgegen (OLG Frankfurt MDR 1966, 503; BGHZ 107, 104, 109 f = JR 1989, 421 ff; vgl auch Rn 296 ff). Den Erben können die entsprechenden Auskünfte nicht mit der Begründung verweigert werden, das Sparkonto sei aufgelöst und habe zZ des Erbfalls kein Guthaben mehr aufgewiesen, weil dieses außerhalb des Erbganges auf einen Dritten übergegangen sei (OLG Frankfurt aaO). Ebensowenig hat der BGH den Einwand gelten lassen, daß die Vorgänge, über die jetzt vom Erben Auskunft begehrt werde, dem *Erblasser* bekannt gewesen seien (BGHZ 107, 104, 109 f; vgl auch E HERRMANN JR 1989, 424 r Sp; KUCHINKE JZ 1990, 653; anders jedoch LAG Berlin NZA 1990, 482 betr Auskunftsanspruch des Erben gegen Arbeitgeber des Erblassers wegen unerfüllter Vergütungsansprüche). Der der Bank obliegende Beweis, daß ein vom Erben ihres Kunden nach dessen Tod vorgelegtes unentwertetes Sparbuch aufgelöst ist und kein Guthaben mehr aufweist, kann uU auch durch gewichtige Indizien erbracht sein (KG NJW-RR 1992, 1195 f). Der BFH hat entschieden, daß die Finanzämter berechtigt sind, bei der Veranlagung zur Einkommensteuer Mitteilungen der Erbschaftsteuerstellen auszuwerten, zu denen diese aufgrund von Anzeigen über Bankguthaben des Erblassers, die die Kreditinstitute nach § 33 ErbStG machen mußten, imstande waren (BFH Betrieb 1992, 1459 f). Ob ein **Trust-Guthaben,** das ein deutscher Erblasser bei einer amerikanischen Bank unterhielt, zum Nachlaß gehört, bestimmt sich nach dortigem Recht (BGH BB 1969, 197; vgl auch OLG Frankfurt DNotZ 1972, 543 ff und speziell zur erbschaftsteuerrechtlichen Seite HAAS ZGR 1974, 461 ff).

7. Vorverträge über Darlehen, Leihe, Verwahrung usw

288 Die sog Vorverträge über **Gewährung eines Darlehens** sowie über **Verleihung** oder **Verwahrung** von Sachen (soweit sie überhaupt als *Vor*verträge vorkommen, s dazu ua STAUDINGER/RIEDEL[11] Vorbem 2, 3 zu § 607; STAUDINGER/HOPT/MÜLBERT[12] § 607 Rn 12 ff, 24 ff;

STAUDINGER/REUTER[12] Vorbem 4 zu §§ 598 ff; STAUDINGER/REUTER[12] Vorbem 2 zu § 688; SIBER JherJb 70, 245 ff; BOEHMER ArchBürgR 38, 314 f) sind in der Regel auf persönliches Vertrauen in die Kreditwürdigkeit und Zuverlässigkeit des Partners abgestellt. Eine einseitige *Abtretung* des Anspruchs auf Vertragsabschluß ist rechtlich ausgeschlossen, weil sonst dem Versprechenden ohne oder gar gegen seinen Willen ein anderer Schuldner aufgedrängt werden könnte, was schon nach § 415 unzulässig ist (s STAUDINGER/KADUK[12] § 399 Rn 25 ff; STAUDINGER/HOPT/MÜLBERT[12] § 607 Rn 26 ff; PLANCK/SIBER Bem 1 c zu § 399). Die Antwort auf die Frage, ob ein etwaiger Anspruch auf *Auszahlung* der versprochenen Darlehenssumme abtretbar oder vererblich ist (dazu STAUDINGER/HOPT/MÜLBERT[12] § 607 Rn 29, 407), läßt sich nicht ohne weiteres übertragen auf die etwas anders lautende Frage nach der Übertragbarkeit und der Vererblichkeit eines noch unerfüllten Anspruchs auf *Abschluß des Hauptvertrages* (vgl auch STAUDINGER/KADUK[12] § 399 Rn 25 ff, 32). Ob eine Vererbung des Anspruchs auf Abschluß des Hauptvertrages möglich ist, ist eine Frage des Einzelfalles (zu bejahen etwa bei Darlehensansprüchen aus vererbten Bausparverträgen). UU greift auch § 610 ein, der dem ein **Darlehen** Versprechenden ein Widerrufsrecht gewährt, wenn die Vermögensverhältnisse des Erben wesentlich schlechter als die des Erblassers zZ des Erbfalls sind (zur Anwendbarkeit auf Darlehens*vor*verträge vgl STAUDINGER/HOPT/MÜLBERT[12] § 610 Rn 8). Denn obwohl der Erbe das die Kreditgrundlage bildende Vermögen übernimmt, besteht doch bei eigener schlechter Vermögenslage die Gefahr des Übergreifens von Erbengläubigern auf den Nachlaß, der durch Erwirkung der Nachlaßverwaltung nach §§ 1981 Abs 2, 1984 Abs 2 vorzubeugen dem Darlehensgeber nicht zugemutet werden kann. Auch sonst wird der Zweck des Darlehens oft an die Person des Empfängers gebunden sein, so daß die Gewährung an eine mehr oder weniger große Zahl dem Geber unbekannter Erben nicht dem Sinne des Vertrags entspricht: dann ist ohne Widerruf Unvererblichkeit anzunehmen. Gleiches wird für eine dem Erblasser als Hauptschuldner zugesagte **Bürgschaft** gelten (SOERGEL/STEIN Rn 38), nicht aber auch für die bereits *übernommene* Bürgschaft (vgl § 768 Abs 1 S 2). Auch bei **Leihe** und **Verwahrung** wollte STAUDINGER/BOEHMER[11] Rn 201 „zum mindesten dem Verleiher und dem Hinterleger, die im Hinblick auf die Vertrauenswürdigkeit des Gegners die Gebrauchsüberlassung zugesagt oder die Aufbewahrung sich haben zusagen lassen, ein Rücktrittsrecht gewähren . . ., wenn der Erbe des Entleihers oder Verwahrers dieses Vertrauen nicht verdient". Bei der Leihe komme hinzu, daß sie oft persönlichen Zwecken des Entleihers diene, so daß eine Erfüllung an den Erben sinnlos und bei Mehrheit von Erben undurchführbar wäre: dann sei „auch ohne Rücktritt mit dem Tode des Entleihers das Versprechen hinfällig (wird ausgeführt)". ME bedarf es dieser Annahme bei der *Leihe* nicht, da der Verleiher nach § 605 Nr 3 ohne weiteres kündigen kann, „wenn der Entleiher stirbt" (vgl schon Rn 282 und STAUDINGER/REUTER[12] § 605 Rn 6 Satz 2).

8. Schenkungs- und Mitgiftverträge

Bei Schenkungsverträgen ist eine *Abtretbarkeit* des Anspruchs des Empfängers unter Lebenden gleichfalls in der Regel zu verneinen (vgl STAUDINGER/KADUK[12] § 399 Rn 35). *Stirbt* einer der Beteiligten, so ist der Zweck der Schenkung zu prüfen. War er höchstpersönlich, so erlischt das Versprechen mit dem Tode des Empfängers, nicht aber mit dem des Versprechenden. Bei wiederkehrenden Unterstützungsleistungen ergibt sich die aktive Unvererblichkeit aus unmittelbarer oder entsprechender Anwendung des § 759 Abs 1, die passive wird durch die Auslegungsregel des § 520

289

bestimmt. Auch bei Ansprüchen aus Mitgiftversprechen, über deren Abtretbarkeit Streit herrscht (s STAUDINGER/KADUK[12] § 399 Rn 55), wird auf die Lage des Falls abzustellen sein. Stirbt die Tochter, der es gegeben ist, *vor* der Ehe, so wird es hinfällig (ebenso STAUDINGER/BOEHMER[11] Rn 202 unter Hinweis auf das vergleichbare Schicksal des dort in Rn 158 behandelten Aussteueranspruchs aus dem inzwischen aufgehobenen § 1620). Stirbt sie *während* der Ehe unter Hinterlassung von Mann und Kindern, so geht ihr Anspruch auf diese als Erben über, da die Mitgift Beitrag zu den ehelichen Lasten sein sollte. Stirbt sie kinderlos, so soll nach STAUDINGER/BOEHMER[11] Rn 202 höchstens der Teil des Anspruchs vererblich sein, der dem Manne als Miterben zukomme, also meist die Hälfte (§ 1931). Diese Einschränkung erscheint nicht gerechtfertigt; konsequent zuendegedacht, liefe sie auf eine *Sonder*vererbung (vgl Rn 62) an den Mann hinaus. Vererblich ist auch die *Verpflichtung* zur Leistung des Geschenks oder der Mitgift: Stirbt der Versprechende (Vater, Mutter, sonstiger Verwandter oder Dritter), so geht seine Verpflichtung auf den Erben über (Ausnahme: § 520). Zur Vererblichkeit von *Widerrufs- und Rückforderungsrechten* des Schenkers s Rn 300.

9. Sonstiges

290 Das schuldrechtliche **Vorkaufsrecht** geht, sofern nichts anderes bestimmt ist (zur Unzulässigkeit von *Sonder*erbfolgebestimmungen s LG Stuttgart BWNotZ 1974, 85 und oben Rn 62), nicht auf den Erben des Berechtigten über (§ 514 S 1). Ist es jedoch auf eine bestimmte Zeit beschränkt, so ist es im Zweifel vererblich (§ 514 S 2). Beide Vorschriften des § 514 gelten über § 1098 Abs 1 S 1 auch für das *dingliche* Vorkaufsrecht (zum *subjektiv*-dinglichen Vorkaufsrecht s oben Rn 237). Das gesetzliche Vorkaufsrecht des Miterben ist gem § 2034 Abs 2 auf zwei Monate befristet (Satz 1) und ausdrücklich für vererblich erklärt (Satz 2). Unanwendbar ist § 514 auf **Ankaufs- und Wiederkaufsrechte;** diese sind im Zweifel vererblich (OGHBrZ DNotZ 1951, 124, 128; MünchKomm/ LEIPOLD Rn 18).

291 Daß ein vertraglicher **Anspruch auf Einräumung eines unvererblichen Rechts** gerichtet ist, soll nach BGHZ 28, 99, 102 f einer Vererbung *des Anspruchs* (dort: auf Bestellung einer beschränkten persönlichen Dienstbarkeit) nicht entgegenstehen. Der vom BGH entschiedene Fall wies die Besonderheit auf, daß „der schuldrechtliche Anspruch von vornherein eine andere Person als den ursprünglichen Gläubiger (Versprechensempfänger) begünstigen" sollte (BGHZ 28, 99, 102).

Nach LG Traunstein NJW 1962, 2207 kann sich der Grundstückseigentümer gegenüber einem **Nießbraucher** trotz der Unvererblichkeit des diesem zustehenden dinglichen Rechts (s Rn 238) wirksam verpflichten, nach dem Tode des Nießbrauchers für dessen Erben einen neuen Nießbrauch – mit neuem Rang im Grundbuch – zu bestellen; auch soll der aus einer derartigen Verpflichtung resultierende Anspruch Gegenstand einer Vormerkung sein können.

292 Zur Vererblichkeit vertraglicher **Unterlassungsansprüche** und -pflichten vgl Rn 272 und STAUDINGER/MAROTZKE[12] § 1967 Rn 10 f, 22; zu entspr *gesetzlichen* Ansprüchen und Pflichten oben Rn 246, 269–271. Ansprüche des Erblassers auf *Verschwiegenheit* sind in Rn 296 ff behandelt.

XVIII. Sicherungs-, Hilfs- und Nebenrechte

Nicht selbständig, sondern nur zusammen mit dem Hauptanspruch vererblich sind **293** die meisten sog „Hilfsrechte". So zB alle akzessorischen (ohne diese Einschränkung STAUDINGER/BOEHMER[11] Rn 203) **Sicherungsrechte** wie Bürgschaften, Pfandrechte, Hypotheken, deklaratorische Schuldanerkenntnisse. *Nichtakzessorische* Sicherungsrechte wie sicherungszedierte Forderungen oder sicherungsübertragenes Sacheigentum gehen selbst bei Unvererblichkeit der gesicherten Forderung auf den Erben des Sicherungsnehmers über (vgl auch Rn 160; aM STAUDINGER/BOEHMER[11] Rn 202); anders nur, wenn die Sicherungsübertragung unter der auflösenden Bedingung des Wegfalls der gesicherten Forderung vorgenommen wurde.

Die Vererbung eines (Haupt-)Anspruchs erstreckt sich idR auch auf etwaige ihn **294** vorbereitende oder begleitende oder seine Zwangsbeitreibung unterstützende (Hilfs-)Rechte wie zB Ansprüche auf **Auskunftserteilung** (vgl WINKLER V MOHRENFELS, Abgeleitete Informationsleistungspflichten im deutschen Zivilrecht [1986] 162 ff; OLG Hamburg MDR 1964, 672 f; OLG Frankfurt MDR 1966, 503; BGHZ 107, 104, 108 ff = JR 1989, 421 ff m Anm E HERRMANN = JZ 1990, 650 ff m Anm KUCHINKE [vgl zu dem letztgenannten Urteil auch Rn 287]; OLG Frankfurt aM NJW-RR 1994, 405 f [Auskunftsanspruch der Architektenerbin gegen Bauherrn]; zur Vererbung von Auskunfts*pflichten* s oben Rn 156, 276 und STAUDINGER/MAROTZKE[12] § 1967 Rn 10; DIETZEL 170 ff, 175 ff; BGHZ 104, 369 = EWiR § 259 BGB 1/1988, 867 m Kurzkommentar KELLER), Rechnungslegung, eidesstattliche Versicherung (früher: „**Offenbarungseid**") sowie das Recht zur **Anfechtung gläubigerbenachteiligender Rechtshandlungen** des Schuldners (zur *passiven* Vererblichkeit des Anfechtungsrechtsverhältnisses s §§ 11 Abs 1 AnfG, 40 Abs 1 KO [ab 1. 1. 1999: § 15 Abs 1 AnfG, § 145 Abs 1 InsO]). Selbst in vermögensbezogenen Angelegenheiten kann jedoch zwischen dem Erblasser und dem ihm zur Auskunft Verpflichteten vereinbart werden, daß die Auskunftspflicht nur gegenüber dem Erblasser höchstpersönlich und folglich nicht auch gegenüber Erben oder Testamentsvollstreckern bestehen soll (so geschehen und als zulässig erachtet in BGH NJW-RR 1990, 131; vgl auch unten Rn 302; kritisch KUCHINKE JZ 1990, 653 r Sp). Zur Frage eines Anspruchs des Nachlaßkonkursverwalters gegen die Lebensversicherungsgesellschaft über Bezugsrechte Dritter und bereits erfolgte Auszahlungen vgl LG Duisburg ZIP 1991, 1299 f. Gemeinsam mit der Rechtsstellung des Schenkers vererbt sich dessen Recht, gem § 525 die Vollziehung einer **Auflage** zu verlangen (vgl auch STAUDINGER/REUSS[12] § 525 Rn 28 im letzten Absatz und § 527 Rn 5; nicht auf Vererbung beruht die entspr Befugnis der „zuständigen Behörde" nach § 525 Abs 2).

Umgekehrt erstreckt sich die Vererbung einer *Verbindlichkeit* (§ 1967) auf die dem **295** Schuldner als solchem zustehenden Rechte wie zB das Recht zur **Besitzaufgabe** (§ 303) oder zur **Hinterlegung** (§§ 372 ff).

Die Erfüllung ererbter **Auskunftsansprüche** (Rn 294) wird vom Gegner manchmal **296** unter Hinweis auf dem Erblasser gegenüber bestehende **Verschwiegenheitspflichten** verweigert. In *vermögens*bezogenen Angelegenheiten ist solch eine Weigerung idR (vgl aber Rn 298) ungerechtfertigt, da der Erbe *insoweit* ja gerade in die Rechtsstellung des Erblassers einrückt und somit im Zweifel (dazu OLG Hamburg MDR 1964, 672 f) nicht zu den „Dritten" gehört, denen gegenüber dem Pflichtigen die Auskunftsgewährung untersagt ist. Vgl für die Verschwiegenheitspflicht eines mit der Verwaltung von Geldbeträgen beauftragten *Rechtsanwalts* OLG Hamburg aaO; für die Verschwiegenheitspflicht des *Notars* OLG Köln OLGZ 1982, 1, 3 (aber auch die in Rn 297 erwähnte

Wolfgang Marotzke

Entscheidung BGH NJW 1975, 930 f); für diejenige eines *Rechtsanwalts* OLG Köln OLGZ 1986, 59, 61 f (und sogleich Rn 297); für diejenige eines *Steuerberaters* OLG Stuttgart OLGZ 1983, 6, 8 f (und sogleich Rn 297); hinsichtlich des *Bank*geheimnisses OLG Frankfurt MDR 1966, 503; BGHZ 107, 104, 109 f = JR 1989, 421 ff (m Anm E HERR-MANN) = JZ 1990, 650 ff (m Anm KUCHINKE) und die eine *Lebensversicherung* betreffenden Beschlüsse des AG Duisburg und des LG Duisburg in KTS 1992, 135 ff, 137 = ZIP 1991, 1299 f; hinsichtlich des *Steuer*geheimnisses Schreiben des BMF v 17. 3. 1981 – IV A 7 – S 0130 – 18/81 in BB 1981, 963.

297 Der dem Erblasser zustehende **Anspruch auf Verschwiegenheit** geht, soweit er vermögensbezogen ist, auf die Erben über mit der Folge, daß diese den Gegner **von** seiner **Schweigepflicht befreien** können (OLG Stuttgart aaO; SOERGEL/STEIN Rn 45). Von der gegenüber dem Erblasser bestehenden Verschwiegenheitpflicht eines *Notars* kann nach § 18 Abs 1 S 2 BNotO nur die Aufsichtsbehörde, nicht der Erbe oder ein sonstiger Angehöriger befreien (BGH NJW 1975, 930 f; unklar OLG Köln OLGZ 1982, 1, 3). Unter die Schweigepflicht des Notars fallen aber solche Angelegenheiten nicht, die der Geheimnisgeschützte nicht geheimhalten wollte, deren Offenlegung vielmehr seinem wirklichen oder mutmaßlichen Willen entspricht (OLG Köln OLGZ 1982, 1 LS 3 [Notar]; OLGZ 1986, 59, 61 f [Rechtsanwalt]; BayObLG FamRZ 1991, 231, 232 f = NJW-RR 1991, 6, 7 f [Rechtsanwalt, Steuerberater]; BayObLG FamRZ 1991, 962, 963 f [Rechtsanwalt]; jeweils betr „Klarstellung des wirklichen Willens des Testators").

298 **Dient die Verschwiegenheitspflicht dem Schutze höchstpersönlicher Belange** des Erblassers, so gehen die entspr *Ansprüche* auf Verschwiegenheit selbst dann, wenn die geheimzuhaltenden Umstände auch *vermögens*mäßig bedeutsam sind (vgl für Beobachtungen des Steuerberaters, Rechtsanwalts oder Arztes zur Testierfähigkeit des Erblassers OLG Stuttgart OLGZ 1983, 6, 9; BayObLGZ 1966, 86, 90 ff; 1986, 332, 335; BayObLG NJW-RR 1991, 1287), nicht auf die Erben als solche, sondern als fortwirkende Elemente des Persönlichkeitsrechts (s Rn 131) auf seine nächsten Angehörigen über (aM DIETZEL 110, 122, 126, 132 f; vgl zu dieser Problematik auch SOERGEL/STEIN Rn 46; KUCHINKE, Ärztliche Schweigepflicht, Zeugniszwang und Verpflichtung zur Auskunft nach dem Tod des Patienten, Gedächtnisschr Küchenhoff [1987] 371, 374 ff). Diese können die Verschwiegenheitspflicht des Gegners dann zwar mit rechtlichen Mitteln durchsetzen bzw auf etwaige Pflicht*widrig*keiten reagieren, nicht aber ohne weiteres von ihr befreien (vgl LG Koblenz AnwBl 1983, 328 f; GITTER, Gedächtnisschr Küchenhoff [1987] 323, 330) oder gar ohne weiteres selbst Mitteilung des Geheimnisses verlangen (BGH NJW 1983, 2627 f ad II 3 c [Einsicht in Krankenpapiere] = FamRZ 1983, 1098 f m krit Anm BOSCH = JZ 1984, 279 ff m krit Anm GIESEN; für strikte Unterscheidung „zwischen dem Recht auf *Mitteilung* des Geheimnisses und dem auf *Wahrung* des Geheimnisses" in etwas anderem Zusammenhang [s Rn 296] auch OLG Hamburg MDR 1964, 672, 673). Noch weniger hat dieses Recht in derartigen Fällen *der Erbe als solcher*, selbst wenn durch die Schweigepflicht ein ihm „an sich" zustehender Anspruch auf *Auskunft* undurchsetzbar (vgl zB BGH NJW 1983, 2627 ff ad II 2, 3 d und KUCHINKE aaO 382 ff zu dem aE dieser Rn behandelten Fall, daß die Kenntnis eines *persönlichkeitsbezogenen* Geheimnisses Voraussetzung für die Geltendmachung *vermögenswerter* Schadensersatzansprüche [dort: gegen den Arzt] ist) oder die Verteidigung gegen eine angebliche Nachlaßverbindlichkeit (zB auf Vergütung aus Altenheimvertrag; vgl LG Düsseldorf NJW 1990, 2327) unmöglich wird (kritisch SOERGEL/STEIN Rn 46). Denn die Geheimhaltung kann ja auch gegenüber den nächsten Angehörigen und/oder den Erben gewollt sein (BGH NJW 1983, 2627, 2628 f; GITTER aaO 330; SOERGEL/STEIN Rn 47; vgl auch LG Düsseldorf NJW 1990, 2327 betr Zeugnisverweigerungsrecht des Arztes im Prozeß des Altenheimbetreibers gegen den Geschäftsunfähigkeit des Erblassers bei Abschluß des Aufnahmevertrages behauptenden Erben; zu „offenbarungsfreudig" hingegen DIETZEL 107 f, 122 ff). UU wird allerdings ein die Beachtlichkeit dieses Erblasserwillens minderndes oder ausschließendes Offenbarungsinteresse der Angehörigen bestehen, soweit sonst ihre eigenen *persönlichkeitsbezogenen* Rechtsgüter gefährdet würden. So zB dann, wenn es um die Kenntnis eines Arztes über Erbkrankheiten des Verstorbenen geht, nicht dagegen schon dann, wenn die gesetzlichen Erben die Gültigkeit eines Testaments bezweifeln und von dem Arzt des Erblassers Aufschluß über dessen Testierfähigkeit zu erlangen hoffen (zutreffend SOERGEL/STEIN[11] Rn 37 [von STEIN aber aufgegeben in FamRZ 1986, 7, 14, 16, 17, 18; SOERGEL/STEIN[12] Rn 47]). Auf eine unzulässige Bevormundung in persönlichen Angelegenheiten (Anspruch auf Wahrung des Arztgeheimnisses), die auch durch ihren auf dem Gebiete des Vermögensrechts (Erbrechts) liegenden *Zweck* nicht „geheiligt" wird, läuft die in BGHZ 91, 392, 400 (vgl auch OLG Düsseldorf NJW 1959, 821; LG Augsburg NJW 1964, 1186 ff; BayObLGZ 1986, 332, 336; BayObLG NJW-RR 1991, 1287; DIETZEL 130) ausgesprochene Unterstellung hinaus, daß das „wohlverstandene" Interesse und deshalb auch der mutmaßliche *Wille* selbst eines testier*un*fähigen Erblassers „im allgemeinen" dahin gehe, „aufkommende Zweifel über seine Testierfähigkeit nach Möglichkeit auszuräumen", und nicht etwa dahin, seine etwaige Testier*un*fähigkeit zu verbergen (was übrigens schon wegen der im Falle eines „non liquet" anzuwendenden Beweislastregel durchaus nicht so sicher ist, wie vom BGH angenommen wird). Gegen die hier kritisierte Ansicht wenden sich auch LENCKNER NJW 1964, 1186 ff (zu dem an gleicher Stelle veröffentlichten Beschluß des LG Augsburg); BayObLGZ 1966, 86, 91 f; OLG Stuttgart OLGZ 1983, 6, 10 f; vgl auch LG Düsseldorf NJW 1990, 2327; über den Standpunkt des BGH sogar noch hinausgehend aber KUCHINKE aaO 384 ff unter Berufung auf §§ 11, 28 BeurkG, 10 Abs 3 KonsG, 2249 Abs 1 S 4, 2250 Abs 3 BGB (die jedoch nicht für den *Arzt,* sondern nur für die Urkundsperson gelten – und selbst das nur für den Fall, daß der Erblasser es nicht vorzieht, gem § 2247 „heimlich" zu testieren). Zu Recht verneint das BSG auch einen gegen die *Krankenkasse* des Erblassers gerichteten Anspruch des durch Testament zurückgesetzten Erben auf Auskunft über die dem Erblasser im Zeitraum der Testamentserrichtung verordneten Medikamente (BSGE 59, 76 ff = Betrieb 1986 Beil 12 S 20 Nr 71; vgl auch das denselben Streitfall betreffende Urteil BGH WM 1989, 548 f). **Sprechen konkrete Anhaltspunkte dafür, daß der Arzt den Erblasser falsch behandelt und dadurch dessen Tod (mit)verursacht hat,** so wird aber i Zw anzunehmen sein, daß der Erblasser eine Klärung dieser Frage durch seine nächsten Angehörigen (s BGH NJW 1983, 2627, 2629 ad III 3 e) nicht behindern, den Arzt für diesen Fall also nicht auch ihnen gegenüber zur Verschwiegenheit verpflichten wollte (vgl auch GITTER aaO; KUCHINKE aaO 381–384). Analog dem in Rn 131 zur Wahrnehmung von Persönlichkeitsrechten des Erblassers Gesagten wird man davon auszugehen haben, daß der gegen den Arzt gerichtete Auskunftsanspruch des Erblassers nicht auf die Erben als solche, sondern auf seine nächsten Angehörigen übergeht und es *diesen* überlassen bleibt, treuhänderisch für den Verstorbenen zu entscheiden, ob sie dessen Auskunftsanspruch geltend machen und ggfls die ihnen von dem Arzt gewährten Auskünfte trotz des persönlichkeitsbezogenen Inhalts an den (gem § 1922 Abs 1 nur zur Nachfolge in das *Vermögen* des Erblassers berufenen) Erben weitergeben wollen. Dies gilt wegen des Persönlichkeitsbezugs der in Frage stehenden Auskünfte selbst dann, wenn von ihnen die Durchsetzbarkeit von *vermögenswerten* und deshalb *vererblichen* Schadensersatzansprüchen (zB eines Schmerzensgeldanspruchs, s oben Rn 132) des Erblassers gegen den Arzt abhängt (aM Dietzel 110). Eine echte „Vererbung" auch des *Auskunfts*anspruchs wird in diesen Fällen jedoch für möglich gehalten – unbeschadet einer etwaigen Schweigepflicht des Arztes – von BGH NJW 1983, 2627 ff (ad II 2, 3 d); Kuchinke aaO 382 ff; Stein FamRZ 1986, 7, 12 ff, 18; Soergel/Stein Rn 46; vgl auch Gitter aaO 330 f und Dietzel 107 f (der die mit dem Schutzzweck der ärztlichen Schweigepflicht unvereinbare Ansicht vertritt, daß eine Schweigepflicht gegenüber dem *Erben* des Patienten schon deshalb nicht bestehe, weil eine solche auch gegenüber einem Auskunftsbegehren des *Erblassers* nicht hätte eingewendet werden können).

XIX. Gestaltungsrechte und Ähnliches

299 Gestaltungsrechte gehen auf den Erben über, soweit sie nicht ausnahmsweise höchstpersönlicher Natur sind (was selbst für die **Anfechtungsrechte** aus §§ 119 ff grundsätzlich zu verneinen ist; vgl BGH NJW 1951, 308 [LS]; Staudinger/Boehmer[11] Rn 203 und wegen einer sich aus dem Gegenstand des angefochtenen Vertrages [Adoption] ergebenden Ausnahme BGH FamRZ 1969, 479). Im allgemeinen sind sie nicht selbständig, sondern nur als Teil oder Annex des Rechtsverhältnisses vererblich, auf das sie sich beziehen (Soergel/Stein Rn 50). Das gilt zB für das Recht zur **Anfechtung gläubigerbenachteiligender Rechtshandlungen** nach §§ 1 ff AnfG (dessen Qualifikation als *Gestaltungs*recht freilich umstritten ist [dazu Marotzke KTS 1987, 1 ff, 569 ff]), für **erbrechtliche Gestaltungsrechte** wie zB das Ausschlagungsrecht (s Rn 229), für **Widerrufs-, Rücktritts- und Kündigungsrechte** (s für das Widerrufsrecht aus § 130 Abs 1 S 2 unten Rn 306, 308 und für dasjenige aus § 178 SchlHOLG SchlHA 1965, 276 ff), für das Recht, das Fehlen oder den Wegfall der **Geschäftsgrundlage** geltend zu machen (vgl die den Sonderfall des § 779 Abs 1 betreffenden Ausführungen in BSGE 65, 165, 168) sowie für das Recht des Gläubigers oder des Schuldners zur **Leistungsbestimmung** (§§ 315, 316) oder zur **Wahlrechtsausübung** (§§ 262, 2151 ff). Ist hingegen ein *Dritter* zur Leistungsbestimmung oder Wahlerklärung berechtigt (§§ 317–319, 2151 ff), so beruht dies meist wie jede private Schiedsrichterstellung auf persönlichem Vertrauen: Stirbt der Dritte, so wird man die Vorschrift des § 319 Abs 1 S 2 (Bestimmung durch richterliches Urteil) sinngemäß anzuwenden haben, beim Vermächtnis je nach dessen Inhalt entweder die des § 2151 Abs 3 (s Staudinger/Otte[12] § 2151 Rn 9) oder die des § 2154 Abs 2 S 1.

Unvererblich ist ein vom Erblasser nicht ausgeübtes Pflichtteilsentziehungsrecht aus §§ 2333 ff (BGH NJW-RR 1990, 130).

300 Das **Widerrufsrecht** ist in zwei Fällen einer Sonderregelung unterworfen: *Das des Schenkers wegen groben Undanks* bezweckt persönliche Genugtuung für diesen und persönliche Strafe für den Beschenkten, es erlischt deshalb beim Tode des *Beschenkten* (§ 532 S 2) und steht den Erben des *Schenkers* nur zu, wenn der Beschenkte vorsätzlich und widerrechtlich den Schenker getötet oder am Widerruf gehindert hat (§ 530 Abs 2). Ferner kann das dem *Stifter* nach § 81 Abs 2 S 1 bis zur Genehmigung der Stiftung zustehende Widerrufsrecht nur dann von dessen Erben ausgeübt werden, wenn der Stifter nicht schon bei Lebzeiten die entscheidenden Schritte zur Erlangung der Genehmigung der Stiftung getan hatte (§ 81 Abs 2 S 3).

Der Rückforderungsanspruch wegen **Notbedarfs des Schenkers** wird nicht dadurch ausgeschlossen, daß der Notbedarf erst nach dem Tode des Beschenkten eintritt. Der Anspruch trifft dann als Nachlaßverbindlichkeit den Erben (BGH NJW 1991, 2558 f). Stirbt *der Schenker*, so erlischt der Anspruch nach hM (OLG Düsseldorf FamRZ

1984, 887, 890; OLG Stuttgart BWNotZ 1985, 70 f; zweifelnd BVerwG NJW 1990, 3288, 3289).
Nach der Rspr des BGH gilt dies jedoch nicht, wenn der Träger der Sozialversicherung den Anspruch vorher nach § 90 BSHG auf sich übergeleitet hat (BGHZ 96, 380 ff) oder soweit die öffentliche Hand oder Dritte zunächst für den hilfsbedürftigen Schenker sorgen mußten, weil der Beschenkte seiner Verpflichtung aus § 528 Abs 1 trotz Aufforderung nicht oder nur zögerlich nachgekommen ist (BGH ZEV 1994, 49 f m Anm KOLLHOSSER = NJW 1994, 256 f m Bespr LANGENFELD LM H 3/1994 § 528 Nr 7 und VOLLKOMMER EWiR § 528 BGB 1/1994, 235 f. Vgl auch die noch weiter gehenden Formulierungen in LG Karlsruhe NJW 1994, 137 f. Sehr skeptisch hingegen aus verfassungsrechtlichen Gründen OLG Frankfurt aM NJW 1994, 1805 f.).

Zu **Vor-, An- und Wiederkaufsrechten** s Rn 290; zu Gestaltungsmöglichkeiten in **301** „Rechtsverkehrslagen" unten Rn 306 ff und SOERGEL/STEIN Rn 50.

XX. Vertraglicher Ausschluß der Vererblichkeit

Schließt das Gesetz die *Übertragung* eines Rechts aus, so spricht dies nicht zwingend **302** auch gegen die *Vererblichkeit* (vgl schon Rn 115, 169, 208, 276, 279, 282). Dies gilt erst recht für *vertraglich vereinbarte* Ausschlüsse oder Beschränkungen der Abtretbarkeit, wie sie in §§ 399 Fall 2, 413 BGB, 15 Abs 5 GmbHG (dazu schon Rn 208) ausdrücklich zugelassen sind. Zudem ermächtigen die genannten Vorschriften zwar abweichend von dem zwingenden § 137 S 1 BGB (str; s STAUDINGER/DILCHER¹² § 137 Rn 13) zum Ausschluß oder zur Beschränkung der *Abtretbarkeit*, nicht aber auch abweichend von dem ebenfalls zwingenden (s Rn 55) § 1922 zum Ausschluß oder zur Beschränkung der *Vererblichkeit*. Gleichwohl ist es im Rahmen der allgemeinen Vertragsfreiheit – dh soweit nicht gesetzliche Sonderregelungen wie zB § 1 Abs 4 S 1 ErbbauVO (s STAUDINGER/RING¹² ErbbauVO § 1 Rn 28, 29, 31, 38) und § 33 Abs 1 S 2 WEG oder Typenzwänge wie zB der numerus clausus der Sachenrechte entgegenstehen – möglich, auf *Rechtsgeschäft* beruhende Rechte in der Weise zu begründen, daß sie als höchstpersönliche (s Rn 174, 209, 215, 294) oder wegen einer beigefügten auflösenden Bedingung oder Befristung (§§ 158 Abs 2, 163) beim Tode ihres Inhabers erlöschen und dadurch aus dem der Vererbung unterliegenden Vermögen ausscheiden (vgl in bezug auf eine Auflassungsvormerkung BGHZ 117, 390 ff = NJW 1992, 1683 f; TIEDTKE DNotZ 1992, 539). Bei GmbH-Anteilen tritt an die Stelle dieser hier nicht möglichen (str; vgl dazu KESSELMEIER [Schrifttumsangaben bei Rn 208] 241 ff, 248 ff, 296 und oben Rn 208) Konstruktion die in Rn 58 bejahte Möglichkeit der statutarischen Einziehung (aM KESSELMEIER aaO, die stattdessen statutarische *Kaduzierung* vorschlägt), bei Personengesellschaftsanteilen die in Rn 57, 175 erwähnte „Fortsetzungsklausel" (terminologisch besser: „Anwachsungs-" oder „Ausschlußklausel"). Zulässig ist im Rahmen der allgemeinen Vertragsfreiheit (s oben) ferner, die *Übertragung* eines vererblichen Rechts (Entsprechendes gilt für die Bestellung eines vererblichen Rechts *an* solch einem Recht) durch Beifügen einer auflösenden Bedingung oder Befristung so zu gestalten, daß der Veräußerer beim Tode des Erwerbers automatisch wieder (Voll-)Rechtsinhaber wird (Ausnahmen: § 925 Abs 2 BGB und die bereits erwähnten §§ 1 Abs 4 S 1 ErbbauVO, 33 Abs 1 S 2 WEG). Eine *unzulässige* Umgehung des § 1922 ist hierin nicht zu sehen (vgl zu einem ähnlichen Problem STAUDINGER/DILCHER¹² § 137 Rn 6). Über sonstige Möglichkeiten, an sich *vererbliche* Gegenstände der Vererbung zu entziehen, s oben Rn 55 ff. *Sonder*erbfolgen können durch Vertrag nicht beliebig ermöglicht werden (s Rn 62, 290).

XXI. Rechtsverkehrslagen

1. Überblick

303 Der Tod unterbricht die rechtlichen Beziehungen des Menschen in dem Zustande, in dem sie sich zufällig gerade befinden. Es kann sich um bereits „fertige", abgeschlossene Rechtsverhältnisse handeln, aber auch um **„unfertige", erst „im Werden begriffene" Rechtsbeziehungen**, deren Entstehungstatbestand zwar begonnen hatte, aber noch nicht vollendet war (vgl schon Rn 239 f). Ihr *Entwicklungszustand* kann sehr verschieden sein. Von den ersten Anfängen eines **rechtsgeschäftlichen Verkehrs** oder sonstiger Rechtshandlungen oder Rechtslagen bis zu ihrer Vollendung ist oft ein weiter Weg, insbes bei sog „gestreckten" Rechtsgeschäften und Tatbeständen. So kann ein vom Erblasser beabsichtigter rechtsgeschäftlicher Verkehr beim Erbfall schon dadurch *vorbereitet* sein, daß der Erblasser einen anderen damit *beauftragt* (§ 672) oder *bevollmächtigt* (§ 168) oder zu dessen Verfügungsakt seine *Einwilligung* (§ 185 Abs 1) gegeben hatte. Oder es kann der vom Erblasser ausgehende oder an ihn gerichtete *Vertragsantrag* zwar beim Tode schon abgefaßt, aber noch nicht abgesandt oder doch noch nicht angekommen sein, und in denselben Entwicklungsstadien kann sich die *Annahmeerklärung* des Gegners oder des Erblassers befinden (§§ 130 Abs 2 und 153, die aber nur Anträge *des Erblassers* betreffen). Der Vertragsabschluß kann als solcher schon vollendet sein, aber vielleicht fehlt noch zu seiner endgültigen Wirksamkeit der *Eintritt einer Bedingung* (§ 158 Abs 1), die *Genehmigung* eines Dritten (zB §§ 108, 177, 185 Abs 2, 1366 uam), die *Entstehung oder Abtrennung der verkauften Früchte oder Bestandteile* (§ 956) oder eine sonstige „Wirksamkeitsvoraussetzung" (s OERTMANN, Die Rechtsbedingung [Leipzig 1924, Neudruck Aalen 1968] 14). Ebenso können bei **sonstigen rechtlich erheblichen Handlungen** zwar diese selbst schon ganz oder zT vom Erblasser vorgenommen sein, aber der *Erfolg*, zB die Verletzung des fremden Rechtsguts (vgl §§ 823 ff und STAUDINGER/MAROTZKE[12] § 1967 Rn 21 ff), die Verwirklichung der rechtsgrundlosen Vermögensverschiebung (vgl §§ 812 ff und STAUDINGER/MAROTZKE[12] § 1967 Rn 15, 52), der Eintritt der Verbindung, Vermischung, Verarbeitung (§§ 946–950), die Geburt des vom Erblasser erzeugten nichtehelichen Kindes (§ 1615 n S 1) usw, vollendet sich erst nach dem Tode.

304 In fast allen solchen Fällen gilt als **Grundsatz, daß die Erben in diese werdenden oder schwebenden Rechtsbeziehungen**, soweit sie nicht *höchstpersönliche* Angelegenheiten des Erblassers betreffen, **eintreten** und daß die endgültigen Rechtswirkungen sich in *ihrer* Rechtssphäre vollenden. Die Annahme, daß der Erbe diese schwebenden Rechtsbeziehungen „als eigene" fortsetze (STAUDINGER/BOEHMER[11] Rn 216 aE, 221 [bes S 288 unten]), ist jedoch nur dann richtig, wenn man sie im Sinne einer Fortsetzung durch den Erben *„als solchen"* und nicht ohne weiteres (s Rn 285) auch im Sinne einer aktiven oder passiven (= haftungsmäßigen) Zugehörigkeit der betr Angelegenheit zum „Eigenvermögen" des Erben (statt zum „Nachlaß") oder gar im Sinne einer künftigen *alleinigen* Maßgeblichkeit von in der Person des Erben (statt des Erblassers) liegenden Umständen versteht. Vgl Rn 253 ff, 260, 274, 285, 310 ff (bes 316), 321 ff und STAUDINGER/MAROTZKE[12] § 1967 Rn 19 ff, 28, 53 ff.

2. Eingrenzung des Themas

Für den rechtsgeschäftlichen Verkehr des Erblassers ist mit STAUDINGER/BOEHMER[11] **305**
Einl §§ 24–27 (s bes § 26 Rn 18) **zu unterscheiden zwischen gewöhnlichen Verkehrsge-**
schäften unter Lebenden, die *zufällig* durch den Tod unterbrochen werden, **und**
etwaigen Versuchen, Zuwendungen von Todes wegen, dh solche, die *erst und nur* für den
Fall des Todes des Zuwendenden und des Überlebens des Empfängers gewollt sind,
in die Form lebzeitiger Geschäfte zu kleiden. Die letzteren sind bereits an anderen
Stellen dieses Kommentars ausführlich behandelt (zB bei § 2301; vgl auch die engagierte
Darstellung von STAUDINGER/BOEHMER[11] Einl §§ 24 ff des Erbrechtsbandes) und deshalb *hier*
nicht mehr zu erörtern (vgl aber die Nachweise in Rn 10, 17, 55 ff, 286). Auszuscheiden sind
ferner die – im Leben allerdings häufigen – Versuche, mittels einer **Generalvollmacht**,
die über den Tod hinaus wirken oder gar erst mit dem Tode wirksam werden soll und
daher meist „unwiderruflich" erteilt oder doch für die Erben unwiderruflich gemacht
wird, die Verwaltung und Verfügung über den Nachlaß in die Hände eines Bevollmächtigten zu legen und sie dadurch den Erben zu entziehen (s dazu STAUDINGER/
BOEHMER[11] Einl § 26 Rn 17 f). Solche Handlungen des Erblassers verfolgen gleiche oder
ähnliche Zwecke wie die Ernennung eines *Testamentsvollstreckers* und sind deshalb
im Zusammenhang mit der Testamentsvollstreckung zu erörtern (STAUDINGER/REI-
MANN[12] Vorbem 102 ff zu §§ 2197 ff; vgl auch STAUDINGER/DILCHER[12] § 168 Rn 28 ff). **Die folgende**
Darstellung beschränkt sich auf die Fälle „gewöhnlicher" geschäftlicher Maßnahmen, die
noch zu Lebzeiten des Erblassers begonnen waren und (vielleicht) vollendet worden wären,
wenn der Tod sie dem Erblasser nicht aus der Hand genommen hätte.

3. Durch Tod unterbrochene Vertragsanbahnungen

a) Allgemeines
Stirbt der Erblasser vor Vollendung des rechtsgeschäftlichen „Errichtungstatbestandes", **306**
so ist zu unterscheiden, ob er die seinerseits erforderliche Willenserklärung bereits
„abgegeben" hatte oder nicht (vgl STAUDINGER/DILCHER[12] § 130 Rn 2 ff, 67). Nur im ersten
Falle ist der Tod des Erblassers auf die Wirksamkeit seiner Willenserklärung „ohne
Einfluß" (§ 130 Abs 2). Eine *empfangsbedürftige* und deshalb gem § 130 Abs 1 S 1
erst mit *Zugang* wirksam werdende Willenserklärung kann von dem *Erben* des
Erklärenden grundsätzlich in gleicher Weise nach § 130 Abs 1 S 2 (also bis zum
Zugang) widerrufen werden wie vom Erblasser, wenn er noch lebte (s STAUDINGER/
KANZLEITER[12] § 2301 Rn 43).

Versäumt der Erbe diese Widerrufsmöglichkeit in bezug auf einen **Vertragsantrag des**
Erblassers oder stirbt der Erblasser *nach* Zugang seines Vertragsantrags, aber vor
Abgabe oder Eingang der Annahmeerklärung des gewünschten Vertragspartners
(§ 153), so ist der Vertragsantrag grundsätzlich für die Erben bindend (§ 145), und
der Vertrag kommt durch die ihnen gegenüber erklärte Annahme zustande – es sei
denn, daß aus dem erkennbar gewordenen Willen des Verstorbenen oder dem Ver-
tragszweck hervorgeht, daß er nur für sich selbst hat abschließen wollen (dazu im
einzelnen STAUDINGER/DILCHER[12] § 130 Rn 64 f, § 153 Rn 3 ff). Die umgekehrte Frage, welchen Einfluß der **Tod des Antragsgegners** vor oder nach dem Zugang des Antrags hat,
insbes ob seine Erben berechtigt sind, *ihrerseits* durch Annahme des Antrags den
Vertrag für sich zustande zu bringen, kann nur nach Art und Zweck des angestrebten
Vertrages entschieden werden (s STAUDINGER/DILCHER[12] § 130 Rn 63, § 153 Rn 5, 10 ff).

Wolfgang Marotzke

307 Wenn infolge eines vom Erblasser ausgehenden Antrags der Vertrag für die Erben zustande kommt, haben die daraus für sie entstehenden Verbindlichkeiten den Charakter „vom Erblasser herrührender" **Nachlaßverbindlichkeiten** iS des § 1967 Abs 2 (zu dem Sonderfall, daß es sich um ein Dauerschuldverhältnis handelt und die Erben dieses über den ersten zulässigen Kündigungstermin hinaus fortsetzen, s STAUDINGER/BOEHMER[11] Rn 215, 219 einerseits und – die dort vertretene Ansicht nicht ganz teilend – STAUDINGER/MAROTZKE[12] § 1967 Rn 24 andererseits). Wenn jedoch, was seltener ist, ein *an* den Erblasser gerichteter Vertragsantrag für die Erben ein Annahmerecht begründet und diese den Vertrag nicht nur in ihrer Eigenschaft „als Erben", sondern ohne diese Einschränkung „für sich" abschließen, dann müssen sie auch *persönlich* für die Erfüllung einstehen. Gleichzeitig ist ihre Schuld *Nachlaß*verbindlichkeit, da der Vertragsgegner den Antrag noch an den *Erblasser* gerichtet und daher *dessen* Vermögen als Haftungsgrundlage angenommen hatte (also **Nachlaßerbenschuld** iS des bei STAUDINGER/MAROTZKE[12] § 1967 Rn 5 ff Gesagten). Wenn der Antrag durch den Tod des Antragenden *erlischt*, sind die Erben aufgrund des vom Erblasser begonnenen rechtsgeschäftlichen Verkehrs verpflichtet, **dem Gegner unverzüglich Mitteilung von dem Tode zu machen**. Bei schuldhafter Verletzung dieser Anzeigepflicht haften sie aus cic auf Ersatz des Vertrauensschadens (entspr dem bei STAUDINGER/MAROTZKE[12] § 1967 Rn 53 Ausgeführten ohne Haftungsbeschränkungsrecht). Die Auffassung, daß in analoger Anwendung des § 122 diese Ersatzpflicht auch ohne Verschulden eintrete, ist mit der hM abzulehnen (s STAUDINGER/DILCHER[12] § 153 Rn 9; PLANCK/FLAD § 153 Anm 2).

b) Dingliche Verträge

308 Die Anwendung der §§ 130 Abs 2 iVm 145 und 153 ist auf Bedenken gestoßen, soweit es sich um **dingliche Verfügungen des Fahrnisverkehrs** handelt. Während für den Grundstücksverkehr in §§ 873 Abs 2, 875 Abs 2 Sondervorschriften über den Zeitpunkt der Bindung der Parteien enthalten sind, die auch im Falle des Todes eines Beteiligten gelten (STAUDINGER/ERTL[12] § 873 Rn 42), ist die Frage der Bindung für die Übereignung **beweglicher** Sachen nach § 929 noch immer umstritten. Die §§ 130 Abs 2, 153 wollen dem Erben in bezug auf den Vertragsantrag des Erblassers keine stärkere Bindung auferlegen als diejenige, der zuvor der Erblasser unterlag. Konnte dieser sich noch von dem Antrag lösen, so kann es nunmehr auch sein Erbe. Für die dingliche Einigung des § 929 ist nun aber nicht nur die Bindung an den *Antrag*, sondern sogar diejenige an die „Einigung" insofern bestritten, als eine verbreitete Auffassung nur die *mit der Besitzübergabe verbundene* Einigung als bindend anerkennen will (dazu STAUDINGER/WIEGAND[12] § 929 Rn 71 ff, 80 ff; ältere Nachweise bei STAUDINGER/BOEHMER[11] § 1922 Rn 220). Selbst wenn man dieser Ansicht folgte, müßte man jedenfalls einen *mit der Übergabe verbundenen* Einigungsantrag des Erblassers nach §§ 130 Abs 2, 145, 153 als bindend auch für den Erben betrachten und es diesem somit verwehren, sich den Wirkungen des erblasserischen Antrags dadurch zu entziehen, daß er diesen *nach* Zugang beim Empfänger widerruft (§ 130 Abs 1 S 2). Nicht mehr vertreten wird heutzutage die vom RG im **„Bonifatius-Fall"** (RGZ 83, 223, 229 f) zugrundegelegte Ansicht, daß die in § 929 vorausgesetzte „Einigung" nicht eine Übereinstimmung zweier Willens*erklärungen*, sondern eine solche zweier *innerer* Willen sei und daher Fortdauer des *subjektiven* Übereignungs*willens* des Erblassers auch bei den Erben bis zur Vollendung der Sachübergabe verlange – selbst wenn der Erblasser auch diese schon durch Absendung der Sache begonnen hatte: Nach heute hM (vgl STAUDINGER/WIEGAND[12] § 929 Rn 8) besteht die „Einigung" des § 929 aus zwei Willens*erklärungen;* deshalb ist wie der Veräußerer selbst, so auch dessen Erbe an die noch von jenem begonnene Übereignung *zumindest insofern* gebunden, als er den Einigungsantrag des Erblassers nicht allein schon durch seinen nicht geäußerten abweichenden eigenen Willen zu Fall bringen kann (vgl auch BOEHMER in STAUDINGER[11] Rn 220; ders RG-FS III [1929] 216, 306 ff mwN; ders Grundlagen der bürg Rechtsordnung II 1 [1951] 84 f).

Ist zum Erwerb eines Grundstücksrechts nach § 873 die **Grundbucheintragung** erfor- **309** derlich und stirbt der Erwerber während des Eintragungsverfahrens, so hat die dennoch erfolgende Eintragung des Verstorbenen zugunsten des Erben dieselben Wirkungen wie eine *vor* dem Erbfall erfolgte Eintragung (vgl RG JW 1926, 1955 f m zust Anm FISCHER). Zwar hätte das Grundbuchamt, wenn ihm der Tod bekannt gewesen wäre, den Verstorbenen nicht mehr als Berechtigten eintragen dürfen (KG Rpfleger 1965, 366 f ad 1a; unentschieden das RG aaO). Die gleichwohl vorgenommene Eintragung des Verstorbenen ist zwar (grundbuch-)ordnungswidrig, hat aber *materiellrechtlich* die gleichen Wirkungen wie eine Eintragung des *Erben* (vgl KG aaO [mwN]).

Stirbt der in einer Eintragungsbewilligung bezeichnete Berechtigte, so ist das Bewilligte auf Antrag zugunsten des *Erben* einzutragen, ohne daß es einer Ergänzung der Eintragungsbewilligung bedarf (LG Düsseldorf Rpfleger 1987, 14 f = MDR 1987, 153).

c) **Mangelnde Geschäftsfähigkeit, Verfügungs-, Verpflichtungs- oder Vertretungsmacht**
aa) **Auf seiten des Erblassers**
Spielt sich der Gesamtvorgang des Vertragsschlusses teils vor und teils nach dem **310** Erbfall ab und fehlte auf seiten des *Erblassers* die erforderliche Geschäftsfähigkeit, Verfügungs-, Verpflichtungs- oder Vertretungsmacht, so fragt es sich, ob dieser Mangel durch den Eintritt eines voll geschäftsfähigen, verfügungs-, verpflichtungs- und vertretungsberechtigten *Erben* geheilt werden kann.

War der Erblasser geschäftsunfähig iSd § 104, so ist zu unterscheiden: Bestand dieser **311** Mangel *schon bei Abgabe* der Willenserklärung des Erblassers, so ist die Willenserklärung unheilbar nichtig (§ 105) und deshalb auch für den Erben weder zu retten noch sonstwie bindend (die Frage, ob der Erbe nichtige Verfügungen des Erblassers in besonders gelagerten Fällen ausnahmsweise doch gegen sich gelten lassen muß, wird thematisiert in BGH NJW 1994, 1470 f). Umgekehrt ist es auf die Wirksamkeit einer Willenserklärung *ohne* Einfluß, „wenn der Erklärende *nach* der Abgabe stirbt oder geschäftsunfähig wird" (§ 130 Abs 2). Die Willenserklärung des *nach* der Abgabe geschäftsunfähig werdenden Erblassers wirkt also ohne weiteres für und gegen den Erben „als solchen" (vgl Rn 304), selbst wenn auch *ihm* die Geschäftsfähigkeit fehlt (so insbes für die *Vollmachterteilung* KISCH BayZ 1918, 1 f). Zur Annahmefähigkeit eines vor dem Verlust der Geschäftsfähigkeit oder dem Eintritt eines geschäftsunfähigen Erben abgegebenen Vertragsantrags vgl §§ 153, 131 und unten Rn 317.

War der Erblasser bei „Abgabe" seiner Willenserklärung (s Rn 311) **beschränkt 312 geschäftsfähig iS der §§ 106 ff** und der Vertrag zZ des Erbfalls noch genehmigungsfähig iSd § 108, so kann nach dem Erbfall der geschäftsfähige *Erbe* (s STAUDINGER/ DILCHER[12] § 108 Rn 3, 20) bzw für einen geschäftsunfähigen Erben *dessen* gesetzlicher Vertreter genehmigen (so schon STAUDINGER/BOEHMER[11] Rn 221 S 289 mwN – allerdings für den Fall, daß der Erbe *beschränkt geschäftsfähig* war). Voraussetzung hierfür soll aber nach

KG OLGE 4, 416, 417 sein, „daß der Vertragsgegner (des Mündels) den Vertrag nicht nur mit diesem, sondern uU auch mit dessen Erben abschließen will, und daß ... sich aus den Umständen nicht ergibt, daß der Antrag den Erben nicht gemacht sein würde, weil es ... auf die Person des Erblassers ankam (vgl § 153)“.

313 Hatte **der beschränkt geschäftsfähige Erblasser als „falsus procurator“** ohne Zustimmung seines gesetzlichen Vertreters einen Vertrag geschlossen, so haftete er wegen seiner nur beschränkten Geschäftsfähigkeit nicht nach § 179 (vgl § 179 Abs 3 S 2). Ebensowenig trifft diese Haftung in solch einem Falle den *Erben*, selbst wenn dieser voll geschäftsfähig ist und der vom Erblasser im fremden Namen gestellte Vertragsantrag (§§ 164, 130 Abs 2, 153) erst nach dem Erbfall *ihm (dem Erben) gegenüber* angenommen wird. Umgekehrt kann sich der Erbe nicht auf Mängel der eigenen Geschäftsfähigkeit berufen, wenn der *Erblasser* voll geschäftsfähig war und bereits durch *seine* Tätigkeit die Grundlage für die Haftung aus § 179 geschaffen hatte: in diese Haftung tritt der Erbe unabhängig von der eigenen Geschäftsfähigkeit „als solcher“ (§ 1967 Abs 2) ein, wenn er bzw sein gesetzlicher Vertreter (vgl STAUDINGER/ OTTE § 1943 Rn 5, § 1944 Rn 14, 24 ff, § 1945 Rn 4 ff) die Erbschaft nicht rechtzeitig ausschlägt. Vgl auch STAUDINGER/BOEHMER[11] Rn 218, 221 (jeweils aE).

314 **Hat der Erbe selbst die Vertretungsmacht**, die dem Erblasser fehlte, **oder ist gar er selbst der Vertretene**, so kann *er* den vom Erblasser als falsus procurator geschlossenen Vertrag gem § 177 genehmigen (vgl auch Rn 319). Da er in die Rechtsstellung des Erblassers nur in seiner Funktion „als Erbe“ eintritt, behält er aber das von seiner Erbenstellung unabhängige Recht, die Genehmigung zu *verweigern*. Tut er dies, so haftet er dem Gegner uU gleichwohl nach dessen Wahl entweder auf Schadensersatz *oder auf Erfüllung* (§§ 179, 1967; zu dem Sonderfall, daß der Erblasser nur beschränkt geschäftsfähig war, s Rn 313).

315 **Hatte der Erblasser als Nichtberechtigter** über einen Gegenstand **verfügt** und wird er dann vom verfügungsberechtigten Inhaber beerbt, so wird die Verfügung des Erblassers *automatisch* wirksam, wenn der ihn beerbende Rechtsinhaber „für die Nachlaßverbindlichkeiten unbeschränkt haftet“ (§ 185 Abs 2 S 1 Fall 3; dazu STAUDINGER/ DILCHER[12] § 185 Rn 14 f; STAUDINGER/MAROTZKE[12] § 1976 Rn 10, § 2063 Rn 14). Haftet der verfügungsberechtigte Erbe nur beschränkt, so hängt die Wirksamkeit der Verfügung gem § 185 Abs 2 S 1 Fall 1 von seiner Genehmigung ab.

316 **Bei sonstigen Verpflichtungs- und Verfügungsbeschränkungen** des Erblassers ist jeweils zu fragen, ob ihr *Schutzzweck* ein Fortwirken über den Zeitpunkt des Erbfalls hinaus erfordert oder nicht (im Ausgangspunkt anders STAUDINGER/BOEHMER[11] Rn 221 S 288 unten: diese Fragen könnten „rechtslogisch und rechtspolitisch befriedigend nur entschieden werden, wenn man darüber klar [sei], daß der Erbe zwar in die Rechts- und Pflichtlage des Erblassers ein[trete], diese nunmehr aber als *eigene*“ fortsetze [dazu schon oben Rn 304]). Im *ersteren* Sinne wird diese Frage entschieden von STAUDINGER/THIELE[12] § 1365 Rn 106 hinsichtlich der sich aus §§ 1365, 1366 ergebenden Beschränkungen der **Verpflichtungs- und Verfügungsmacht eines** im gesetzlichen Güterstand der Zugewinngemeinschaft lebenden **verheirateten Erblassers** (zum Tod des durch diese Beschränkungen geschützten *anderen* Ehegatten s STAUDINGER/THIELE[12] § 1365 Rn 107). Anders dagegen STAUDINGER/BOEHMER[11] § 1922 Rn 221 für die weitergehenden Beschränkungen einer Ehefrau nach *damali-*

gem gesetzlichen Güterrecht (bis 31. 3. 1953). Vgl auch KÜNZL, Heilung schwebend unwirksamer Gesamtvermögensgeschäfte eines Ehegatten?, FamRZ 1988, 452 ff.

bb) Auf seiten des Erben

Fehlt die Fähigkeit zum Abschluß des noch vom Erblasser begonnenen Geschäfts **317** nicht auf seiten des Erblassers, sondern auf seiten des Erben, so ist zu beachten, daß es auf die Wirksamkeit einer Willenserklärung ohne Einfluß ist, wenn der Erklärende (Erblasser) „nach der Abgabe stirbt *oder geschäftsunfähig wird*" (§ 130 Abs 2), und daß auch das Zustandekommen eines *Vertrages* im Zweifel nicht dadurch gehindert wird, „daß der Antragende vor der Annahme stirbt *oder geschäftsunfähig wird*" (§ 153). Umso weniger kann folglich eine etwaige Geschäftsunfähigkeit des *Erben* das Wirksamwerden der von einem geschäftsfähigen Erblasser abgegebenen Willenserklärung bzw die Annahmefähigkeit des erblasserischen Vertragsantrags hindern. Entsprechendes gilt für etwaige auf seiten des Erben bestehende *sonstige Beschränkungen der Verfügungs- oder Verpflichtungsmacht,* soweit es sich um solche handelt, auf die die §§ 130 Abs 2, 153 analog angewendet werden können (s dazu STAUDINGER/ DILCHER[12] § 130 Rn 66, § 153 Rn 14 ff sowie zu den bis 31. 3. 1953 gültigen §§ 1395, 1399 Abs 2, 1412 STAUDINGER/BOEHMER[11] Rn 221 S 289; BOEHMER RG-FS III [1929] 216, 273 f). Fehlt dem Erben die *Geschäftsfähigkeit,* so kann ein Vertragsantrag des Erblassers gem § 131 idR nur noch gegenüber dem *gesetzlichen Vertreter* des Erben angenommen werden (ebenso STAUDINGER/BOEHMER[11] Rn 221 S 289). Hatte der Erblasser jedoch durch einen Bevollmächtigten gehandelt, so wird sein Vertragsantrag auch *diesem* gegenüber angenommen werden können (Fortbestand der Vollmacht vorausgesetzt; vgl dazu STAUDINGER/DILCHER[12] § 168 Rn 26 ff). Zur Bindung geschäftsunfähiger oder beschränkt geschäftsfähiger Erben an Rechtsgeschäfte, die ein vom Erblasser Bevollmächtigter nach dem Erbfall tätigt, vgl unten Rn 321.

d) Sonderfälle (§§ 791, 794 Abs 2, 657; 873 Abs 2, 875 Abs 2; 313, 518, 766)

Die allgemeinen Vorschriften der §§ 130 Abs 2, 153 werden durch eine Reihe von **318** Einzelbestimmungen ergänzt. So erstreckt § 791 die Wirksamkeit einer **Anweisung,** auch wenn sie noch nicht angenommen ist, auf die Erben der drei Beteiligten, vorbehaltlich des beim Tode des Anweisenden dem Erben nach § 790 zustehenden Widerrufsrechts. § 794 Abs 2 läßt die Verpflichtung aus einer vom Erblasser ausgestellten **Inhaberschuldverschreibung** auch dann für die Erben entstehen, wenn der Aussteller vor der Ausgabe gestorben ist. **Im Grundbuchverkehr** (dazu auch Rn 309, 328) treten die Erben in die durch formgerechte Einigung, insbes Aushändigung einer Eintragungsbewilligung, für die Beteiligten entstandene Bindungslage (s §§ 873 Abs 2, 875 Abs 2 und oben Rn 308) ein. Auch die durch eine **Auslobung** nach § 657 begründete Verpflichtungslage geht auf die Erben über, nur können sie wie der Erblasser die Auslobung vor Vornahme der Handlung in der Form des § 658 Abs 1 widerrufen, soweit dies nicht nach Abs 2 unzulässig ist. Ebenso ist die schwebende (Un-)Wirksamkeit gewisser der gesetzlichen Form ermangelnder **Verträge, bei denen der Formmangel durch Leistungsbewirkung geheilt werden kann** (vgl zB §§ 313 S 2, 518 Abs 2, 766 S 2), auch von den *Erben* beider Parteien hinzunehmen.

e) Vollmachtlose Vertretung

Der Abschluß eines vermögensbezogenen Vertrages durch einen vollmachtlosen **319** Vertreter und dessen Selbstkontrahieren können nach dem Tode des Vertretenen von dessen Erben genehmigt werden (OLG Hamm OLGZ 1979, 44 ff; vgl auch Rn 314).

Wolfgang Marotzke

f) Vom Erblasser erteilte Vollmachten

320 Die Frage, ob und unter welchen Voraussetzungen eine Vollmacht über den Tod des Vollmachtgebers hinaus wirksam bleibt, ist bereits an den in Rn 159 genannten Stellen behandelt (vgl bes STAUDINGER/DILCHER[12] § 168 Rn 26 ff; STAUDINGER/REIMANN[12] Vorbem 102 ff zu §§ 2197 ff). **Die folgende Darstellung beschränkt sich auf Fälle, in denen die Vollmacht ihren Urheber „überlebt"** (Beispiel: BayOblG FamRZ 1990, 98 f). Entspr dem in Rn 305 Gesagten beschränkt sie sich ferner auf Fälle, **in denen der Vollmachtgeber (Erblasser) keine verschleierte Schenkung auf den Todesfall und keine verdeckte Stellvertretung, sondern ein „normales" Rechtsgeschäft unter Lebenden zustandebringen wollte.** Einbezogen sind jedoch Vollmachten zu *einzelnen,* nicht testamentsvollstreckerartigen Verwaltungsgeschäften, die die Abwicklung von Nachlaßangelegenheiten erleichtern und die Befriedigung der dringendsten Bedürfnisse der Erben unmittelbar nach dem Tode sicherstellen sollen, wie zB Vollmachten zur Verfügung über ein Bank- oder Sparkassenguthaben zu solchen Zwecken (so auch STAUDINGER/BOEHMER[11] Rn 224, 226).

321 **Wen vertritt der Bevollmächtigte** nach dem Tode des Vollmachtgebers: den Toten oder dessen Erben? Die Frage ist streitig, die praktische Bedeutung des Streits jedoch gering:

Auch wer nach dem Erbfall nur noch eine Vertretung des *Erben* für möglich hält (so STAUDINGER/BOEHMER[11] Rn 218, 224 ff; BOEHMER RG-FS III [1929] 216, 309 f; BGH FamRZ 1969, 479 [dazu Rn 322]; OLG Köln NJW-RR 1992, 1357 [unter II 2 b]; EULE, Die über den Tod des Machtgebers erteilte Vollmacht [1933] 26 ff, 74; KLEINSCHMIDT, Die über den Tod hinaus erteilte Vollmacht [Diss Frankfurt a M 1928] 61 ff, 73 ff; OERTMANN Bankarchiv 13, 5; vgl auch STAUDINGER/DILCHER[12] § 168 Rn 31; STAUDINGER/REIMANN[12] Vorbem 106 zu §§ 2197 ff; SOERGEL/STEIN Rn 49; **aM** ENDEMANN III 1, 218 ff [richtiger „Vertretener" sei der *Verstorbene* in seiner Eigenschaft als Vollmachtgeber]; LEONHARD JherJb 86, 1, 28 ff; vgl auch KISCH BayZ 1918, 1, 3 f und für die *Prozeß*vertretung §§ 86, 246 ZPO sowie unten Rn 332 ff; STAUDINGER/MAROTZKE[12] § 1967 Rn 20), wird anerkennen müssen, daß der vom *Erblasser* Bevollmächtigte den *Erben* nur „als solchen" vertreten kann (vgl KLEINSCHMIDT 87 ff und OERTMANN aaO) mit der Folge, daß der Erbe berechtigt ist, die Haftung für die in seinem Namen begründeten Verbindlichkeiten gem §§ 1975 ff auf den Nachlaß zu beschränken (vgl STAUDINGER/MAROTZKE[12] § 1967 Rn 28 mwN; KLEINSCHMIDT 89 f). Kontrahiert der vom Erblasser Bevollmächtigte ohne Hinweis auf die Herkunft der Vollmacht und die Erbenstellung der von ihm vertretenen Person, so geht er das Risiko ein, dem Vertragspartner gem § 179 den Ausfall ersetzen zu müssen, den dieser dadurch erleidet, daß der Erbe seine Haftung auf den Nachlaß beschränkt.

Zudem wird auch derjenige, der „den Erben als solchen" als den richtigen „Vertretenen" ansieht, nicht umhin können, diesem die erst *nach* dem Erbfall im Namen des *Erblassers* getätigten Rechtsgeschäfte in gleicher Weise zuzurechnen, wie wenn sie schon vor dem Erbfall getätigt worden wären (vgl zB KISCH BayZ 1918, 1, 3 f [für den Fall, daß der Vertreter in Unkenntnis des Erbfalls handelte] und zu Besonderheiten des Grundbuchverkehrs oben Rn 309). Dies gilt entgegen STAUDINGER/BOEHMER[11] Rn 225 auch dann, wenn der vom Erblasser Bevollmächtigte ausdrücklich im Namen des *Erben* kontrahiert (für *Grundstücks*geschäfte s STAUDINGER/DILCHER[12] § 168 Rn 33; STAUDINGER/REIMANN[12] Vorbem 107, 109 zu §§ 2197 ff; anders noch STAUDINGER/BOEHMER[11] aaO) und dieser nur beschränkt oder gar nicht geschäftsfähig ist und deshalb *selbst* nur mit Zustimmung seines gesetzlichen Vertreters bzw nur „durch" diesen kontrahieren könnte (vgl auch Staudinger/Dilcher[12] § 168 Rn 33; Staudinger/Reimann[12] Vorbem 109 zu §§ 2197 ff; Kisch BayZ 1918, 1 ff und Endemann III 1, 222 unter 3; zu ähnlichen Fragen bei Vertretung durch einen Nachlaßpfleger, Nachlaßverwalter oder Testamentsvollstrecker vgl Staudinger/Marotzke[12] § 1985 Rn 33; Staudinger/Reimann[12] § 2204 Rn 16; § 2205 Rn 58, 59; Vorbem 28 zu §§ 2197 ff). Denn den *Erben* vertritt der vom Erblasser Bevollmächtigte ja allenfalls „als solchen". Zudem wird der nicht oder nur beschränkt geschäftsfähige Erbe schon dadurch genügend geschützt, daß er die (mit der Vertretungsmacht des Dritten „belastete") Erbschaft nur mit Einwilligung bzw „durch" seinen gesetzlichen Vertreter annehmen kann (s Staudinger/Otte § 1943 Rn 9 ff und § 1944 Rn 14).

Umgekehrt werden auch diejenigen, die als Vertretenen den *verstorbenen Vollmacht-* **322** *geber* ansehen (zB Endemann und Leonhard), zugeben müssen, daß dessen Recht zum **Widerruf der Vollmacht** nach Maßgabe des bei Staudinger/Dilcher[12] § 168 Rn 34 ff und Staudinger/Reimann[12] Vorbem 113 ff zu §§ 2197 ff Ausgeführten auf die Erben übergeht (so auch Leonhard JherJb 86, 1, 31 f gegen Endemann III 1, 119 f), daß der Erblasser einen Vermächtnisnehmer zur Auflassung des vermachten Grundstücks an sich selbst bevollmächtigen, ihn maW auch postmortal **vom Verbot des Selbstkontrahierens (§ 181) befreien** kann (nur iE ebenso OLG Köln NJW-RR 1992, 1357) und daß eine **postume Vertretung in der Ausübung von Gestaltungsrechten** nur möglich ist, wenn diese Befugnisse den Vollmachtgeber „überleben" (iE zutreffend deshalb die schon in Rn 299, 321 erwähnte Entscheidung BGH FamRZ 1969, 479 betr Anfechtung eines Adoptionsvertrages). Durch die Annahme einer postmortalen Vertretung des *Verstorbenen* nicht zu rechtfertigen ist die These von Endemann (III 1, 220), daß Gegenstände, über die zu verfügen der Erblasser einen Dritten für die Zeit nach dem Erbfall bevollmächtigt habe, auch *nach* dem Erbfall noch „seine eigenen" Rechte seien, über die „er" durch den Bevollmächtigten verfügen könne und die deshalb aufgrund der erteilten Vollmacht „von dem Nachlasse und der Erbfolge" ausgesondert seien: So richtig es ist, daß der vom Erblasser Bevollmächtigte im Rahmen seiner Vollmacht **über Nachlaß- gegenstände verfügen** und dadurch deren Nachlaßzugehörigkeit *beenden* kann (denn das könnte ja sogar der *Erbe!* s oben Rn 104 aE, 106 aE), so verfehlt wäre die Annahme, daß solch eine Verfügung (oder gar schon die *Bevollmächtigung* zu einer solchen) den betroffenen Gegenstand von der „*Erbfolge*" ausscheide (was eine *Rückwirkung* der Verfügung auf den Zeitpunkt des Erbfalls voraussetzen würde; s oben Rn 42, 55 ff!). Vgl auch Kleinschmidt (oben Rn 321) 64 ff und die noch etwas weiter gehende Kritik von Staudinger/Boehmer[11] Rn 218 (dazu nunmehr oben Rn 304) sowie das von mir in EWiR § 32 KO 1/1988, 911 kommentierte Urteil OLG Köln ZIP 1988, 1203 betr auf § 32 Nr 1 KO gestützte Anfechtungsklage eines Nachlaßkonkursverwalters wegen gläubigerbenachteiligender Ausübung einer postmortalen Kontovollmacht. Auch für die Zuständigkeitsabgrenzung zwischen einem über den Tod hinaus Bevollmächtigten und einem **Testamentsvollstrecker** kommt es entgegen Endemann aaO weniger auf die (hier wie dort problematische!) Bestimmung des „richtigen Vertretenen" als vielmehr auf den *Willen* des Erblassers an (s Staudinger/Reimann[12] Vorbem 110 zu §§ 2197 ff; § 2211 Rn 12 [wo der Bestimmung des „richtigen Vertretenen" aber immer noch erhebliche Bedeutung beigemessen wird]; Kisch BayZ 1918, 1, 3 [Fn 4]) und vielleicht auch auf die *Form,* in der er geäußert wurde (dazu Staudinger/Reimann[12] § 2211 Rn 12 aE; Vorbem 105 zu §§ 2197 ff [mwN]).

Wolfgang Marotzke

323 Leicht fällt den Vertretern der eine postume Vertretung *des verstorbenen Vollmachtgebers* für möglich haltenden Ansicht eine **positive Stellungnahme zu der iE wohl richtigen** (s Staudinger/Marotzke[12] § 1967 Rn 29; Oertmann Bankarchiv 13, 5, 7; Kleinschmidt [oben Rn 321] 68 ff; Leonhard JherJb 86, 1, 30 f; **aM** Staudinger/Boehmer[11] Rn 225; Eule [oben Rn 321] 74 ff; Beuthien, Die Miterbenprokura, in: FS Fischer [1979] 1, 6 f; vgl auch KGJ 43 A 157, 160 [besonders gelagerter Fall!]) **These, daß eine vom Erblasser erteilte Vollmacht nicht schon deshalb erlöschen muß, weil der Bevollmächtigte im konkreten Falle Alleinerbe wird.** Daß aus diesem Grunde „nichts anderes" möglich sei „als die Auffassung, daß auch hier nicht der Erbe, sondern nur der Erblasser vertreten" werde (so Leonhard 31), ist aber wohl nur in dem Sinne richtig, daß zwischen einer Vertretung *des Erben „als solchem"* und einer postumen Vertretung *des Erblassers* letztlich kein Unterschied besteht (zu Besonderheiten der *Prozeß*vertretung s die Hinweise in Rn 321).

g) Sonstige vom Erblasser erteilte Einwilligungen und Ermächtigungen

324 Auch sonstige vom Erblasser erteilte Einwilligungen (zB Verfügungsermächtigungen iSd § 185 Abs 1; Empfangsermächtigungen iSd §§ 362 Abs 2, 185 Abs 1; Einziehungsermächtigungen iS der Ausführungen von Staudinger/Dilcher[12] Vorbem 66 ff zu § 164) sind **gem § 183 S 1** bis zur Vornahme des zustimmungsbedürftigen Rechtsgeschäfts **widerruflich, „soweit nicht aus dem ihrer Erteilung zu Grunde liegenden Rechtsverhältnisse sich ein anderes ergibt".** Soweit hiernach ein Widerrufsrecht des Erblassers besteht, geht dieses bei seinem Tode auf den Erben über (über Ausnahmen s Rn 327). Daß sich das Erlöschen der Einwilligung analog dem für *Vollmachten* geltenden § 168 S 1 „nach dem ihrer Erteilung zu Grunde liegenden Rechtsverhältnisse" bestimme und es eines Widerrufs somit nur „bei dem *Fortbestehen* des Rechtsverhältnisses" bedürfe (§ 168 S 2), ist in § 183 nicht gesagt und wegen der abweichenden Gesetzesfassung auch nicht anzunehmen (wie hier Staudinger/Boehmer[11] Rn 223; Staudinger/Dilcher[12] § 183 Rn 3; Planck/Flad § 183 Anm 1; **aM** die bei Planck/Flad aaO Zitierten und wohl auch MünchKomm/Leipold Rn 28; Erman/Schlüter Rn 50). Da aber jedenfalls die *Widerruflichkeit* der Einwilligung nach § 183 S 1 von „dem ihrer Erteilung zu Grunde liegenden Rechtsverhältnisse" abhängt (soweit sich aus diesem Anhaltspunkte *gegen* das in § 183 S 1 grundsätzlich bejahte Widerrufsrecht ergeben), muß von Fall zu Fall untersucht werden, welcher Art das Grundverhältnis ist und ob es auf den Erben übergeht. Nicht selten wird es sich um *Schenkung* oder *Auftrag* handeln. Versteckt sich hinter der Einwilligung eine *Schenkung von Todes wegen,* so kommt auf diese § 2301 Abs 1 oder – wenn es sich um eine schon *vollzogene* Schenkung handelt – § 2301 Abs 2 zur Anwendung (s Staudinger/Kanzleiter[12] § 2301 Rn 3 ff, 18 ff). Ein *Auftrag* „überlebt" den Auftraggeber im Zweifel gem § 672 S 1 (s oben Rn 278); ebenso also auch ein etwaiger sich aus dem Auftragsverhältnis ergebender Ausschluß des Rechts zum Widerruf einer dem Beauftragten erteilten Verfügungsermächtigung. Selbst für diesen Fall ist jedoch nicht ohne weiteres anzunehmen, daß der Auftrag „und damit auch die Einwilligung im Zweifel für den Erben bindend" bleibe (so aber Staudinger/Boehmer[11] Rn 223). Denn gem § 671 Abs 1 kann der Auftrag von dem Auftraggeber und deshalb auch von dessen Erben im Zweifel „jederzeit gekündigt werden".

325 **Gesetzlich geregelte Fälle einer Verpflichtung zur Einwilligung** sind die der §§ 2120, 2206 Abs 2: Einwilligung des Nacherben zu gewissen Verfügungen des Vorerben und des Erben zu gewissen Verpflichtungsgeschäften des Testamentsvollstreckers. Beide

Einwilligungen binden selbst *vor* Abschluß des Hauptgeschäfts auch die *Erben* des Nacherben bzw des Erben.

Unwiderruflich kraft Gesetzes sind die Zustimmung des Inhabers eines Nießbrauchs **326** oder Pfandrechts an einem Recht (§§ 1071, 1255 Abs 2, 1276), insbes an einem Grundstücksrecht, zu dessen Aufhebung, Inhalts- oder Rangänderung (§§ 876, 877, 880 Abs 3), die Zustimmung des Grundstückseigentümers zu Verfügungen über eine Hypothek oder Grundschuld, die den Rang (§ 880 Abs 2 S 2) oder das Bestehen (§ 1183) betreffen, die Zustimmung des gütergemeinschaftlichen Ehegatten zu gewissen Verfügungen des anderen oder eines Abkömmlings (§§ 1516, 1517), die Einwilligungen, die nach §§ 1746, 1747, 1749 bei einer Annahme als Kind erforderlich sind (vgl § 1750 und zu einer Ausnahme dessen Abs 2 S 2 HS 2), die Zustimmung zur Aufhebung eines erbvertraglich bestimmten Vermächtnisses durch Testament seitens des anderen Vertragschließenden (§ 2291). In all diesen Fällen bindet die einmal erteilte Zustimmung oder Einwilligung auch die Erben, wenn der Zustimmende vor Vornahme des Hauptgeschäftes stirbt, sofern nicht überhaupt, wie in den Fällen der Kindesannahme, ein Übergang des Zustimmungsrechts auf die Erben nicht in Betracht kommt, da dieses höchstpersönlich ist.

Wo die Einwilligung widerruflich ist, was § 183 als Regel hinstellt, steht auch dem in **327** die Rechtslage des Erblassers eintretenden Erben der Widerruf zu. Dies gilt natürlich nur, wenn die das Zustimmungs- bzw Widerrufsrecht gewährende Rechtsstellung auch selbst der Vererbung unterliegt, was in zahlreichen Fällen der familien- und vormundschaftsrechtlichen Zustimmung nicht der Fall ist. Hatte zB der Vormund eines Minderjährigen zu einem Geschäft des Mündels (§ 107) bereits die Einwilligung gegeben, so kann diese nach seinem Tode nur von dem neuen gesetzlichen Vertreter des Mündels, nicht etwa von den Erben des Vormunds widerrufen werden (vgl auch STAUDINGER/BOEHMER[11] Rn 223 aE mit weiteren Beispielen aus dem damaligen ehelichen Güterrecht [zum *neuen* Güterrecht s nunmehr STAUDINGER/ W THIELE[12] § 1365 Rn 107]).

Nach BGHZ 48, 351, 356 genügt die **Eintragungsbewilligung des Erblassers** zur Eigen- **328** tumsumschreibung auf einen Grundstückserwerber auch dann, wenn inzwischen der *Erbe* als Berechtigter im Grundbuch eingetragen worden ist.

XXII. Prozeß- und Verfahrenslagen*

Da das Vermögen des Erblassers so auf den Erben übergeht, wie es beim Erbfall **329** „steht und liegt" (Rn 45), muß der Erbe auch **Beweislastregeln** (BGH FamRZ 1993, 1311 = NJW-RR 1994, 323), schwebende **Prozeßrechtsverhältnisse** und sonstige Verfahrenslagen, in denen sich der Erblasser befand, für und gegen sich gelten lassen. Hieran ändert auch die öffentlich-rechtliche Natur des Prozeßrechtsverhältnisses nichts (s Rn 351 ff). Nur wenn Streit- bzw Verfahrensgegenstand eine *unvererbliche*

---

* **Schrifttum:** FISCHER, Die Fortführung eines durch den Tod des Erblassers unterbrochenen Prozesses durch den mit Erbschein legitimierten Nichterben (Diss München 1953); FRANK, Einfluß des Todes einer Partei auf das Feststel- lungsverfahren im ordentlichen Prozesse, ZZP 13 (1889) 184; SOJKA, Tod eines Prozeßbeteiligten, MDR 1982, 13. Vgl ferner die Angaben in Rn 334, 336, 339.

Wolfgang Marotzke

Rechtsposition ist, bedarf die Vererblichkeit des Prozeßrechtsverhältnisses einer
besonderen gesetzlichen oder aus dem Gesetz (zB § 239 ZPO; vgl sogleich Rn 330)
ableitbaren Begründung. **Zeugnisverweigerungsrechte** sind meist personengebunden
und dann nicht vererblich (vgl etwa LG Koblenz AnwBl 1983, 328). Der Anspruch auf
rechtliches Gehör (Art 103 Abs 1 GG) erlischt mit dem Tode des Inhabers, kann also
durch Nichtanhörung eines bereits Verstorbenen nicht mehr verletzt werden.
Anspruch auf rechtliches Gehör haben die am Verfahren „jeweils" Beteiligten (so zur
BFHE 165, 330 [LS 4], 333 ff = BStBl II 1992, 9, 11 f im Zusammenhang mit der – iE bejahten –
Frage, ob noch nach dem Tode des Steuerpflichtigen der objektive und der subjektive Tatbestand
einer Steuerhinterziehung festgestellt werden darf).

1.   Zivilprozessuale Rechtslagen

a)   Vererblichkeit oder Unvererblichkeit des Streitgegenstandes
330 **Der Übergang zivilprozessualer Rechtsstellungen auf die Erben einer Prozeßpartei setzt
nicht voraus, daß der Gegenstand des Rechtsstreits auch selbst vererblich ist** (MünchKomm/
LEIPOLD Rn 81; STEIN/JONAS/SCHUMANN, ZPO § 239 Rn 4). ZB werden auch die personen-
rechtlichen **Familienrechtsprozesse** des Ehe- und Kindschaftsrechts mit dem Tode
einer Partei nicht völlig gegenstandslos; oft sind sie dann aber „in der Hauptsache
erledigt" (§§ 619, 640 g Abs 3 ZPO), so daß das Verfahren nur noch wegen der
Kosten fortgesetzt wird (vgl SCHUMANN aaO). Dagegen überdauerte das – durch
Art 4 BetreuungsG v 12. 9. 1990 (BGBl I 2002) abgeschaffte – **Entmündigungsverfahren**
weder den Tod des Antragstellers (STEIN/JONAS/SCHLOSSER, ZPO § 645 Rn 5) noch den
des zu Entmündigenden, auch wenn dieser nach Ausspruch, aber vor Rechtskraft
der Entmündigung, sei es vor Erhebung der Anfechtungsklage, sei es während des
Anfechtungsprozesses, starb (STEIN/JONAS/SCHLOSSER, ZPO § 664 Rn 12 f); beim Tode des
Antragstellers war ein neuer Antrag eines anderen Antragsberechtigten erforderlich, andernfalls das Verfahren einzustellen. Die Erben des als Vater eines nichtehelichen Kindes festgestellten Mannes sind nicht berechtigt, die Restitutionsklage nach
§ 641 i ZPO zu erheben (OLG Stuttgart FamRZ 1982, 193).

331 Geht das streitige Recht beim Erbfall nicht auf den Erben, sondern auf einen **Sonderrechtsnachfolger** über, so ist nur *dieser* als „Prozeßrechtsnachfolger" anzusehen
(BGH MDR 1978, 309 LS a [zu Art VI Nr 1 Abs 5 S 1 und Abs 6 BEG-SchlußG]).

b)   Eintritt bzw Einbeziehung des Erben in das Verfahren

aa)   Erkenntnisverfahren
332 **Die prozessuale Rechtsstellung** des Erblassers **geht auf den Erben über** (vgl auch STAUDIN-
GER/MAROTZKE[12] Vorbem 21 zu §§ 1967–2017). Zwar wird das Erkenntnisverfahren entweder automatisch nach § 239 Abs 1 ZPO „unterbrochen" (wenn der Erblasser nicht
durch einen Prozeßbevollmächtigten vertreten war) oder (wenn der Erblasser vertreten war) auf Antrag seines Prozeßbevollmächtigten (zum Fortbestand der Vollmacht s
Rn 333) oder des Gegners nach § 246 Abs 1 ZPO „ausgesetzt". Jedoch ist diese Verfahrensunterbrechung oder -aussetzung meist nur eine vorübergehende (vgl ZPO
§§ 239 Abs 2 ff [zu Abs 5 s STAUDINGER/MAROTZKE § 1958 Rn 8], 243, 246 Abs 2 und speziell
zur Prozeßaufnahme bei bestehender Testamentsvollstreckung BGH NJW 1988,
1390 ff). War der Erblasser durch einen Prozeßbevollmächtigten vertreten und wird
der nach § 246 Abs 1 HS 2 ZPO zulässige Antrag auf Aussetzung des Verfahrens

nicht gestellt, so kann es wegen §§ 86 HS 1, 246 Abs 1 HS 1 ZPO auch noch *nach* dem Erbfall zu einem auf den *Erblasser* lautenden Urteil kommen (vgl RG WarnR 1911 Nr 295; OLG Celle NJW-RR 1988, 133 f [dazu demnächst auch Vorbem 21 zu §§ 1967 ff]; FRANK ZZP 13, 184, 209; HELLWIG, Lehrbuch des deutschen Zivilprozeßrechts II [Leipzig 1907, Neudruck Aalen 1968] 466). Zulässig ist aber auch ein auf die nicht namentlich bezeichneten *Erben* der verstorbenen Prozeßpartei lautendes Urteil (vgl FRANK aaO; BGH LM ZPO § 325 Nr 10; OVG Münster OVGE 38, 128 f und für *Kosten*entscheidungen zu Lasten „der Erben" VGH Mannheim ESVGH 33, 150 ff = NJW 1984, 195 f). Beide Urteilsformen wirken in gleicher Weise (vgl auch Rn 321 ff, 323 aE) für oder gegen die *Erben* der verstorbenen Prozeßpartei (vgl für Urteile auf den Namen des *Erblassers* die vom VGH Mannheim aaO zustimmend zitierte Entscheidung RGZ 124, 146, 150 sowie ROSENBERG/SCHWAB/GOTTWALD, Zivilprozeßrecht [15. Aufl 1993] § 43 II 1 a β – letzterer allerdings mit zumindest mißverständlichem Hinweis auf § 579 Abs 1 Nr 4 ZPO). Jedoch wirken sie für oder gegen die *Erben* nur genauso wie ein noch *vor* dem Erbfall auf den Namen des *Erblassers* ergangenes Urteil. Das ist wichtig im Hinblick auf die Anwendbarkeit der §§ 750, 727 ff ZPO (s unten Rn 337 und speziell für Fälle der hier interessierenden Art VGH Mannheim aaO; unrichtig hingegen die in BAG AP 1974 Bl 266, 267 [= Nr 2 zu § 246 ZPO] erwähnte hM, daß das auf die verstorbene Partei lautende Rubrum des Urteils „von Amts wegen zu berichtigen" sei [s auch Rn 335]), des § 780 Abs 1 ZPO (s STAUDINGER/MAROTZKE[12] § 1967 Rn 20 aE; Vorbem 21 zu §§ 1967–2017; OLG Celle aaO) und für die Frage, ob die Erben ihre Haftung für auferlegte Prozeßkosten auf den Nachlaß beschränken können (dazu STAUDINGER/ MAROTZKE[12] § 1967 Rn 20 aE, 47; OLG Celle aaO; offen gelassen vom VGH Mannheim aaO). Zu einer vor Eintritt der Rechtskraft erfolgten Einbeziehung des Erben in einen nach Verurteilung des Erblassers ausgesetzten Rechtsstreit vgl OLG Düsseldorf NJW 1970, 1690 f.

Obwohl eine **Prozeßvollmacht** beim Tode des Vollmachtgebers nicht erlischt (§ 86 **333** HS 1 ZPO), legitimiert sie doch nur zur Prozeßführung im Namen des *Vollmachtgebers* oder – gleichbedeutend (s Rn 321 ff, 332) – seines Erben „als solchem" (gegen die in OLG Hamm SeuffA 78 Nr 155 [S 254] ausdrücklich bejahte Möglichkeit der Prozeßführung im Namen eines *Verstorbenen* wenden sich zu Unrecht BGH LM ZPO § 325 Nr 10 [hilft dann aber durch Annahme einer unschädlichen „falsa demonstratio"] und AG Wangen AnwBl 1976, 345 f [will die Anwendbarkeit des § 86 ZPO davon abhängig machen, „daß der Anwalt im Zeitpunkt des Todes des Auftraggebers bereits die Klage erhoben oder das Mahnverfahren eingeleitet, zumindest aber die Klageschrift oder den Zahlungsbefehlsantrag unterschrieben hat"]). Vgl auch den zu § 6 BRAGO ergangenen Beschluß OLG Düsseldorf Rpfleger 1989, 214. Sobald der vom Erblasser Bevollmächtigte eine *bestimmte* Person als Erbe in den Prozeß einführt, handelt er aber nicht mehr nur im Namen „des Erben als solchem" (wer immer das sein mag), sondern im Namen der von ihm als Erbe bezeichneten *Person* (und zw *weil* sie Erbe sei, nicht etwa nur für den Fall, *daß* sie es ist [treffend HELLWIG 466]). Gem § 86 HS 2 ZPO hat er deshalb *deren* Vollmacht beizubringen (dazu HELLWIG 466 f; LG Berlin ZMR 1992, 25 f). Ihre Haftung für die durch die weitere Prozeßführung entstehenden und ihr etwa auferlegten Prozeßkosten kann diese Person selbst dann nicht auf den Nachlaß beschränken, wenn sie die behauptete Erbenstellung wirklich innehat (s STAUDINGER/MAROTZKE[12] § 1967 Rn 47). Fehlt ihr die Erbenstellung, so verliert sie zwar den Prozeß (wenn in diesem ein zum Nachlaß gehörendes Recht geltend gemacht wird); jedoch wirkt ihre Prozeßführung nicht zu Lasten des wahren Erben (vgl GRUNSKY AP 1974 Bl 269 f; dazu auch STAUDINGER/MAROTZKE § 1959 Rn 21 f).

334 Der in ein Prozeßrechtsverhältnis einrückende **Erbe ist an den bisherigen Stand des Verfahrens** und etwaige vor dem Erbfall ergangene rechtskräftige oder nicht rechtskräftige gerichtliche Entscheidungen in gleichem Maße **gebunden** wie zuvor der Erblasser (MünchKomm/LEIPOLD Rn 81). Das ergibt sich aus dem Wesen der Rechtsnachfolge und für **rechtskräftige Urteile** auch aus § 325 ZPO (zu den Grenzen dieser Rechtskrafterstreckung BGH LM Nr 6 zu § 325 ZPO).

335 Stirbt eine Partei vor Zustellung der Klageschrift oder vor Einlegung eines Rechtsmittels, so ist zu unterscheiden: **Eine dem Beklagten nach dem Tode des Klägers zugestellte Klage ist nicht gegenstandslos** (so aber STAUDINGER/BOEHMER[11] Rn 229 im Anschluß an KISCH JW 1921, 41 zu Nr 4), sondern wirksam „erhoben" iSd §§ 253, 261 ZPO. Jedoch gilt solch eine Klage trotz ihrer letztlich die *Erben* treffenden „Wirkungen" nicht ohne weiteres als „im *Namen* der Erben" erhoben (so aber OLG Dresden JW 1919, 327 m zust Anm HEINSHEIMER; OLG Dresden SeuffA 75 Nr 173 = JW 1921, 41 Nr 4; BGH LM ZPO § 325 Nr 10; vgl auch OLG Saarbrücken NJW 1973, 854, 857 und HELLWIG [oben Rn 332] 300). ME ist das Verfahren wie ein nach § 239 ZPO durch Tod des Klägers (also des Erblassers, nicht der Erben!) „unterbrochenes" Verfahren zu behandeln oder, wenn der Erblasser durch einen Prozeßbevollmächtigten vertreten war (s Rn 333 zu der Frage, wen dieser *jetzt* vertritt), nach §§ 86, 246 ZPO abzuwickeln (iE ebenso HELLWIG aaO). Zutreffend hat das LG Frankfurt a M (NJW-RR 1991, 1470 f) entschieden, daß ein Urteil, welches zugunsten einer schon vor Eintritt der Rechtshängigkeit verstorbenen Person ergangen sei, *nicht im Wege der Berichtigung nach § 319 ZPO* auf den Erben umgeschrieben werden könne (vgl auch Rn 332). In dem entschiedenen Falle war nicht nur die *Zustellung* der Klageschrift, sondern auch die *Einreichung* (dort: des durch einen Prozeßbevollmächtigten gestellten Antrages auf Erlaß eines Mahnbescheids) erst nach dem Tode des „Klägers" erfolgt, und zwar erst *mehrere Monate* später!

Auch ein im Namen einer bereits verstorbenen Partei eingelegtes Rechtsmittel ist nicht unwirksam. Es gilt jedoch ebenfalls nicht ohne weiteres als für die *Erben* eingelegt (insoweit mißverständlich RGZ 68, 390, 391; OLG Naumburg JW 1936, 810); anzuwenden sind vielmehr – in der Rechtsmittelinstanz – die §§ 86, 246 ZPO (vgl RGZ 68, 390; für *§ 239 Abs 1* ZPO wird idR wegen Anwaltszwangs kein Raum sein). Zu den Voraussetzungen, unter denen bei Tod des Klägers (nach Klageerhebung) das Verfahren namens „der unbekannten Erben" fortgesetzt und in eine höhere Instanz gebracht werden kann, vgl OVG Münster OVGE 38, 128 f.

336 Das Vorstehende gilt entsprechend, wenn der **Beklagte** zZ der – zB an seinen Prozeßbevollmächtigten erfolgten – Zustellung nicht mehr lebte (aM STAUDINGER/BOEHMER[11] Rn 229 im Anschluß an WURZER JW 1922, 471 f und LZ 1924, 435, 436 mit Fn 1). Auch in solchen (seltenen) Fällen genügt zum Schutze der Erben eine Anwendung der §§ 239, 246 ZPO. Vgl auch HELLWIG (oben Rn 332) 301 (ausführlich). Zur Bedeutung des § 1958 in solchen Fällen vgl STAUDINGER/MAROTZKE § 1958 Rn 8.

bb) Zwangsvollstreckung

337 Die Zwangsvollstreckung aus einem zu Gunsten (oder zu Lasten) des Erblassers ergangenen Urteil ist auch für (gegen) den Erben möglich. Handelt es sich nicht um die „Fortsetzung" einer bereits für (oder gegen) den Erblasser begonnenen, sondern um den „Beginn" der Zwangsvollstreckung, so bedarf es gem § 750 Abs 1 ZPO einer vorherigen Titelumschreibung (§§ 727, 730 ff ZPO) für (gegen) den Erben. Ist wegen Unbekanntseins des/der endgültigen Erben ein Nachlaßpfleger bestellt (vgl § 1960), so kann dieser aus einem zu Lebzeiten des Erblassers erwirkten Titel ohne vorherige Umschreibung vollstrecken; er muß aber seine Bestallungsurkunde vorlegen (AG Hamburg DGVZ 1992, 43 f). Beginnt der Erbe eines verstorbenen Gläubigers die Zwangsvollstreckung *ohne* vorherige Titelumschreibung und wird dieser Mangel während des Beschwerdeverfahrens durch Titelumschreibung und Zustellung behoben, so ist der Mangel auch im Hinblick auf die schon getroffene Vollstreckungsmaßnahme geheilt (LG Bielefeld DGVZ 1987, 9 f).

Eine bereits vom *Erblasser* begonnene Zwangsvollstreckung wird beim Erbfall nicht nach § 239 ZPO unterbrochen (BAUMBACH/HARTMANN, ZPO Übers 1 B vor § 239 und Grdz 6 B vor § 704; vgl auch OLG Frankfurt Rpfleger 1975, 441; **aM** SOJKA MDR 1982, 13, 14 f), sondern ohne weiteres fortgesetzt. § 750 Abs 1 ZPO steht nicht entgegen, da er nur für den „Beginn" der Zwangsvollstreckung durch die Erben eine Titelumschreibung auf diese verlangt (vgl auch STAUDINGER/MAROTZKE[12] § 1984 Rn 26–28). Befand sich der Erblasser in der Rolle des *Schuldners* und hatte die gegen ihn gerichtete Zwangsvollstreckung bereits vor dem Erbfall begonnen, so wird sie ebenfalls beim Erbfall nicht nach § 239 ZPO unterbrochen, sondern gem § 779 ZPO ohne weiteres „in seinen Nachlaß fortgesetzt" (vgl erg STAUDINGER/MAROTZKE § 1958 Rn 9 sowie die §§ 778–785 ZPO).

cc) Prozeßkosten
Wegen der Haftung des Erben für Prozeßkosten vgl STAUDINGER/MAROTZKE[12] **338** § 1967 Rn 20, 47, 56 und oben Rn 332 f. **Prozeßkostenhilfe** endet mit dem Tod der Partei, der sie bewilligt war (vgl OLG Frankfurt MDR 1985, 238 f = Rpfleger 1985, 123). Hinsichtlich der bereits erfüllten Kostentatbestände wirkt die Bewilligung jedoch weiter (vgl KG Rpfleger 1986, 281 f m Anm d Schriftleitung; LG Bielefeld Rpfleger 1989, 113 m Anm SOMMERFELD sowie zur ausnahmsweisen Zulässigkeit einer *nachträglichen* Bewilligung BSG MDR 1988, 610 f).

c) Prozeßverträge
Vereinbarungen über zivilprozessuale Rechtsfolgen (Prozeßverträge) wirken, soweit **339** sie rechtlich möglich sind, idR auch für und gegen die *Erben* der Vertragspartner (MünchKomm/LEIPOLD Rn 82; SCHIEDERMAIR, Vereinbarungen im Zivilprozeß [1935] 159; SOEHRING, Die Nachfolge in Rechtslagen aus Prozeßverträgen [1968] 18). Das gilt zB für Schiedsverträge (BGHZ 68, 356, 359 = NJW 1977, 1397, 1398; BGH NJW 1979, 2567), beweisrechtliche Vereinbarungen, Vollstreckungsverträge und Prozeßvergleiche (vgl LEIPOLD aaO mwN und Einzelheiten). Eine nach § 38 ZPO wirksame Gerichtsstandsvereinbarung bindet den Erben auch dann, wenn er selbst nicht zu dem prorogationsfähigen Personenkreis gehört (MEYER-LINDEMANN JZ 1982, 592 ff; OLG Köln NJW-RR 1992, 571; **aM** LG Trier NJW 1982, 286 f = ZIP 1982, 460 ff m abl Anm ACKMANN); vgl auch Rn 222.

2. Freiwillige Gerichtsbarkeit

Eine allgemeine Regelung wie in §§ 239 ff ZPO existiert für die freiwillige Gerichtsbarkeit 340 nicht. Ein Grund dafür ist vielleicht die sehr uneinheitliche Struktur der Angelegenheiten, die der freiwilligen Gerichtsbarkeit zugewiesen sind. Zudem können Rechtsgrund und Art der Verfahrensbeteiligung in der freiwilligen Gerichtsbarkeit sehr unterschiedlich sein. Oft spielt der „Antragsteller" in dem materiellrechtlichen Verhältnis gar nicht die Rolle eines mitbeteiligten Subjekts. Dann ist er meist nur „Anreger" des Verfahrens. Da der „Antrag" hier nur die Funktion hat, ein Verfahren, das auch von Amts wegen stattfinden könnte, von außen her in Gang zu bringen, ist der Tod des „Antragstellers" für den Fortgang des Verfahrens ohne Bedeutung. Wo aber die Beteiligten Rechts- oder Pflichtsubjekte des *materiellen* Verhältnisses sind, hängt die Fortsetzung des Hauptsacheverfahrens von der Vererblichkeit des betr Rechtsverhältnisses ab (vgl KGJ 41 A 8, 9/10; BGHZ 66, 297, 299 f). In privatrechtlichen Streitsachen wird man sogar eine **analoge Anwendung des § 239 ZPO** in Betracht ziehen müssen (vgl Brehm, Freiwillige Gerichtsbarkeit [2. Aufl 1993] Rn 368).

341 **Einzelbeispiele:** Von der Mutter gegen den Vater (oder umgekehrt) beantragtes Verfahren zur Entziehung des Sorgerechts nach §§ 1666, 1666 a BGB darf zwar beim Tode des Antragsgegners, nicht aber beim Tode der Antragstellerin für erledigt erklärt werden, da das Verfahren ohnehin keinen Antrag voraussetzt (anders jedoch das *Beschwerde*verfahren; vgl deshalb KGJ 41 A 8). Das Verfahren zur Regelung der elterlichen Sorge nach §§ 1671 ff BGB, §§ 620 S 1 Nr 1, 621 a Abs 1 ZPO wird mit dem Tode des einen oder des anderen Ehegatten gegenstandslos. Entsprechendes gilt für das Verfahren zur Ehelicherklärung eines Kindes bei dessen Tod (vgl STAUDINGER/GÖPPINGER[12] § 1733 Rn 4, § 1740 a Rn 45). Dagegen läuft ein Erbauseinandersetzungsverfahren nach §§ 86 ff FGG beim Tode eines Miterben für und gegen dessen Erben weiter, da diese materiellrechtlich in seinen Erbteil einrücken (s Rn 229). Auch ein Verfahren nach § 1961 zur Bestellung eines Nachlaßpflegers wird durch den Tod des beantragenden Gläubigers nicht beendet, da dessen Gläubigerstellung auf seine Erben übergeht. In Fällen schließlich, in denen gesellschafts- und körperschaftsrechtliche, familienrechtliche oder erbrechtliche Streitverhältnisse der freiwilligen Gerichtsbarkeit anvertraut sind, hat der Tod eines Streitbeteiligten keine Unterbrechungswirkung wie in § 239 ZPO, sondern das Verfahren läuft weiter, zumal nach § 12 FGG die Tatsachenermittlung von Amts wegen zu erfolgen hat. Nur wenn der Tod das materielle Rechtsverhältnis beendet, wie zB in manchen Streitfällen des ehelichen Güterrechts, endet auch das Verfahren (vgl KGJ 41 A 8, 9/10). Sonst geht es weiter; zweckmäßigerweise kann es bis zur Feststellung der Erbeslegitimation *ausgesetzt* werden. Ein Verfahren nach §§ 90, 91 BRAO, in dem ein Beschluß der Rechtsanwaltskammerversammlung für nichtig erklärt werden soll, wird durch den Tod des antragstellenden Kammermitglieds in der Hauptsache erledigt (BGHZ 66, 297, 299 f – auch zur Kostenentscheidung). Vgl zu all diesen Fragen auch OLG Frankfurt a M FamRZ 1981, 474 ff (Verfahren über Versorgungsausgleich); Brehm, Freiwillige Gerichtsbarkeit (2. Aufl 1993) Rn 368, 369; Habscheid, Freiwillige Gerichtsbarkeit (7. Aufl 1983) § 22 III 1; Keidel/Kuntze/Winkler, Freiwillige Gerichtsbarkeit Teil A (12. Aufl 1987) FGG § 12 Rn 79 ff.

3. Verwaltungsverfahren, Verwaltungsgerichtsprozeß

342 Im Verwaltungsgerichtsprozeß **gelten die §§ 239 ff ZPO entsprechend** (vgl Baumbach/Hartmann, ZPO § 239 Anm 6, § 246 Anm 5; Kopp, VwGO [9. Aufl 1992] § 61 Rn 21 mwN sowie speziell zum Tod des *Beigeladenen* Sojka MDR 1982, 13 f). Bei *höchstpersönlichen* Rechten oder Pflichten hat der Tod des Berechtigten bzw Verpflichteten auch hier – vgl im übrigen schon oben Rn 330 – die Erledigung der Hauptsache zur Folge (Kopp aaO; zur Zulässigkeit von Fortsetzungsfeststellungsklagen in solchen Fällen Sojka MDR 1982, 13 ff ad 2 und 4). Entsprechendes gilt für das *außergerichtliche* Verwaltungsverfahren (vgl Münch-

Komm/Leipold Einl 94 zu Bd 6 und Kopp, VwVfG [5. Aufl 1991] § 11 Rn 22, § 14 Rn 16 f sowie speziell für das Widerspruchsverfahren OVG Bremen NVwZ 1985, 917 f). In ein Umlegungsverfahren (§§ 45 ff BauGB) tritt der Rechtsnachfolger eines Beteiligten – also auch der Erbe – gem § 49 BauGB ein. Einschränkungen bei der analogen Anwendung des § 239 ZPO macht FG Saarland EFG 1986, 193 f (will Abs 2 und 4 nicht anwenden). Ein gegen den Erblasser zu dessen Lebzeiten gem § 29 S 2 BSHG erlassener Leistungsbescheid entfaltet Rechtswirkungen auch gegenüber dem Erben und kann deshalb von diesem mit der Anfechtungsklage angegriffen werden (OVG Münster NJW 1989, 2834).

4. Strafprozeß*

War gegen den Erblasser ein Strafverfahren anhängig, so muß dieses wegen der höchst- **343** persönlichen Natur der Strafe (hinsichtl auferlegter *Geld*strafen und Verfahrenskosten vgl Staudinger/Marotzke[12] § 1967 Rn 18) **mit dem Erbfall jedenfalls insoweit ein Ende finden, als es die Verhängung einer Strafe zum Gegenstand hat.** Umstritten ist jedoch, ob das Strafverfahren mit dem Tod des Beschuldigten oder Angeklagten *automatisch* endet oder ob es noch eines förmlichen Einstellungsbeschlusses bzw -urteils bedarf, ob noch eine *Kosten- und Auslagenentscheidung* möglich ist und nach welcher Vorschrift sich diese ggfls richtet, und schließlich, ob der vom Erblasser (Beschuldigten bzw Angeklagten) beauftragte Strafverteidiger noch in der Lage ist, aufgrund der ihm erteilten *Prozeßvollmacht* die Überbürdung der Auslagen des Verstorbenen auf die Staatskasse zu beantragen sowie gegen eine abschlägige Entscheidung des Gerichts Beschwerde einzulegen. Vgl zu all diesen Fragen BGH NStZ 1983, 179 m Anm Schätzler und BGHSt 34, 184 ff = JR 1987, 346 ff m Anm Bloy = NStZ 1987, 336 ff (der Tod des Angeklagten beende das Verfahren ohne weiteres von selbst; keine förmliche Einstellung des Verfahrens; ebensowenig ein Recht der Angehörigen, das Verfahren zum Zwecke der Rehabilitierung des vor Rechtskraft seiner Verurteilung gestorbenen Angeklagten fortzusetzen; Unzulässigkeit der Überbürdung der notwendigen Auslagen des Angeklagten auf die Staatskasse; kritisch dazu Kühl NStZ 1987, 338 ff; Laubenthal/Mitsch NStZ 1988, 108 ff; Pflüger NJW 1988, 675 ff; ders, Goltdammer's Archiv f Strafrecht 1992, 20 ff); BFH NJW 1990, 2492, 2494 (Konsequenzen bzgl steuerrechtlicher Behandlung angefallener Strafverteidigungskosten); OLG Schleswig NJW 1978, 1016 (Rücknahme einer in Unkenntnis des Todes des Angeklagten ergangenen Sachentscheidung); OLG Düsseldorf MDR 1993, 162 l Sp = NJW 1993, 546 (der Tod des Angeklagten beende auch die Vollmacht des Strafverteidigers); OLG Düsseldorf MDR 1993, 162 r Sp (die Vollmacht des Verteidigers dauere „zumindest dann" über den Tod des ehemaligen Angeklagten hinaus fort, wenn in eine noch zu dessen Lebzeiten entstandene verfahrensrechtliche Position nachträglich eingegriffen werde). Beteiligungsrechte von Angehörigen eines wäh-

---

* **Schrifttum:** Laubenthal, Wiederaufnahme des Verfahrens zugunsten eines vor Rechtskraft des verkündeten Urteils verstorbenen Angeklagten?, Goltdammer's Archiv f Strafrecht 1989, 20; Laubenthal/Mitsch, Rechtsfolgen nach dem Tod des Angeklagten im Strafverfahren, NStZ 1988, 108; Pflüger, Der Tod des Beschuldigten im Strafverfahren (Diss Tübin- gen 1987); ders, Der Abschluß des Strafverfahrens beim Tod des Angeklagten, NJW 1988, 675; ders, Entschädigung für Strafverfolgungsmaßnahmen zugunsten des verstorbenen Angeklagten, Goltdammer's Archiv f Strafrecht 1992, 20; Schlüchter, Beteiligung der Angehörigen eines verstorbenen Mitbeschuldigten im Strafverfahren, JZ 1990, 585.

rend des Strafverfahrens verstorbenen Mitbeschuldigten erörtert SCHLÜCHTER JZ 1990, 585 ff. Das *Zeugnisverweigerungsrecht*, das dem Angehörigen eines Beschuldigten im Verfahren gegen den Mitbeschuldigten zusteht, erlischt mit dem Tod des angehörigen Mitbeschuldigten (so BGH NJW 1992, 1118 f [dazu HASSEMER JuS 1992, 706 f] gegen die bisherige Rspr).

344 Maßnahmen der **Vermögensbeschlagnahme,** die zur Sicherung der Strafverfolgung gegen den Beschuldigten erfolgt sind (zB im Verfahren gegen Abwesende nach § 290 StPO oder im Verfahren wegen Hoch- oder Landesverrats nach § 443 StPO), sind beim Tode des Beschuldigten aufzuheben (vgl §§ 293, 443 Abs 3 StPO); das beschlagnahmte Vermögen ist dem *Erben* herauszugeben.

345 Anders verhält es sich mit Vermögensgegenständen des Straftäters, die dem **Verfall** oder der **Einziehung** unterliegen (§§ 73 ff StGB, §§ 430 ff, 442 StPO): Wird ein Gegenstand eingezogen oder sein Verfall angeordnet, so geht das Eigentum an der Sache oder das eingezogene bzw verfallene Recht gem §§ 73 e Abs 1 S 1, 74 e Abs 1 StGB „mit der Rechtskraft der Entscheidung auf den Staat über"; hieran ändert der spätere Tod des Täters nichts (LÖWE/ROSENBERG/SCHÄFER StPO § 459 g Rn 10 [auch zur Anordnung der „Unbrauchbarmachung" einer Sache]; vgl aber auch dens §§ 433 Rn 27 ff, 440 Rn 8 für den Fall, daß der Täter oder ein anderer Einziehungs- oder Verfallbeteiligter *vor* Eintritt der Rechtskraft stirbt). Entsprechendes galt für die in nationalsozialistischer Zeit praktizierte **Vermögenseinziehung** (hierzu STAUDINGER/BOEHMER[11] Rn 17, 227). Zur Vererblichkeit von **Geldstrafen,** Geldbußen und strafprozessualen Kostentragungspflichten vgl STAUDINGER/MAROTZKE[12] § 1967 Rn 18.

346 **Die Wiederaufnahme eines** rechtskräftig abgeschlossenen **Strafverfahrens** ist zugunsten des Verurteilten uU (§ 359 StPO) auch noch nach seinem Tode möglich (vgl §§ 361, 371 Abs 1 StPO). Antragsberechtigt sind nicht die Erben als solche, sondern gem § 361 Abs 2 StPO der Ehegatte, die Verwandten auf- und absteigender Linie sowie die Geschwister des Verstorbenen. Umstritten ist, ob eine Wiederaufnahme des Verfahrens auch dann zulässig sein kann, wenn der Verurteilte *vor* Eintritt der Rechtskraft gestorben ist (dazu LAUBENTHAL Goltdammer's Archiv f Strafrecht 1989, 20 ff).

Das Recht des Ehegatten einer von einem Strafgericht der ehemaligen **DDR** verurteilten Person, nach § 10 Abs 1 Nr 2 RehaG deren **Rehabilitierung** zu beantragen, begründet keinen eigenen Anspruch auf Zuerkennung sozialer Ausgleichsleistungen (KG JR 1993, 81 f). Die Vererblichkeit solcher Ansprüche ist noch ungeklärt (dazu KG aaO unter 2.).

347 **Der Tod eines Privatklägers** hat gem § 393 Abs 1 StPO die Einstellung des Verfahrens zur Folge; jedoch kann die Privatklage gem § 393 Abs 2 StPO nach dem Tode des Klägers von den nach § 374 Abs 2 StPO zur Erhebung der Privatklage Berechtigten (nicht von den Erben als solchen) fortgesetzt werden. Vgl erg §§ 374 Abs 3, 394 StPO.

348 **Der Tod eines Nebenklägers** hat gem § 402 StPO die Unwirksamkeit seines nach §§ 395, 396 StPO erklärten Anschlusses an die öffentliche Klage zur Folge. Dazu OLG Nürnberg NJW 1978, 1017; OLG Düsseldorf GA 1985, 570 f; GERAUER NJW 1986, 3126 f.

Unvererblich ist das Recht des durch eine Straftat Verletzten, nach §§ 77 ff StGB **349** **Strafantrag** zu stellen; das gilt auch bei Vermögensdelikten (OLG Hamm NJW 1977, 64 mwN). Stirbt der Verletzte, so geht sein Antragsrecht „in den Fällen, die das Gesetz bestimmt", auf den Ehegatten und die Kinder, hilfsweise evtl auf andere Angehörige über (§ 77 Abs 2 StGB; vgl auch § 77 d Abs 2 StGB). Dieser Übergang findet nicht statt, wenn die Strafverfolgung dem erklärten Willen des Verletzten widerspricht (§ 77 Abs 2 S 4 StGB). Ein Übergang auf den *Erben* ist für einige wenige Ausnahmefälle nur in § 205 Abs 2 S 2 und 3 StGB vorgesehen.

Ebenfalls unvererblich ist das Recht des durch eine Straftat Verletzten, nach **350** § 172 StPO das **Klageerzwingungsverfahren** zu betreiben (OLG Düsseldorf NJW 1992, 2370 f); das gilt auch bei Vermögensdelikten (letzteres str; wie hier OLG Karlsruhe Justiz 1985, 361; OLG Stuttgart NJW 1986, 3153; LÖWE/ROSENBERG/MEYER-GOSSNER, StPO § 172 Rn 50 mit Fn 4).

G. Nachfolge von Todes wegen im öffentlichen Recht*

I. Anwendbarkeit der §§ 1922, 1967 BGB auch im öffentlichen Recht?

Entsprechend ihrer systematischen Stellung im *Bürgerlichen* Gesetzbuch gelten die **351**

---

* **Schrifttum:** APP, Die Dürftigkeitseinrede des Erben bei Steuerschulden, DStR 1985, 31; ders, Beschränkung der Geschäftsführerhaftung nach dem Tod des Geschäftsführers, DStR 1987, 152; BETTERMANN, Anm zu BSG DVBl 1961, 919, 921; BEYER, Rechtsnachfolge bei Wahlgräbern, NJW 1958, 1813; BRUNN, Zur Vererblichkeit der Entschädigungsansprüche, NJW 1957, 297; BÜLTMANN, Rechtsnachfolge in sozialrechtliche Ansprüche (1971); COMPTER, Nochmals zur Frage der freien Vererblichkeit von Beitragserstattungen in den gesetzlichen Rentenversicherungen, BB 1964, 930; DÖRR, Rückforderung nach Rentenüberzahlung „von Todes wegen", NZS 1993, 150; ERICHSEN/MARTENS, Allgemeines Verwaltungsrecht (9. Aufl 1992) § 10 III 6; FINGER, Zur Vererblichkeit der in § 157 BBG genannten Ansprüche, ZBR 1969, 40; FORSTHOFF, Lehrbuch des Verwaltungsrechts I (10. Aufl 1973) § 10, 4; FUCHS, Zivilrecht und Sozialrecht (1992) 319 ff, 324 ff; GEILERT, Erbfolge in Einkommensteuervergünstigungen? (Diss Münster 1966); GILOY, Steuerrechtliche Fragen beim Tod des Arbeitnehmers, BB 1979, 624; GITTER, Bundessozialgericht und Zivilrecht, NJW 1979, 1024, 1030; HÄNLEIN, Wohngeld für den Erben? Zur Rückforderung nach dem Tode weitergezahlter Sozialleistungen (BVerwGE 84, 274), JuS 1992, 559; HANISCH, Die Rückforderung zu Unrecht erbrachter Leistungen im Bereich des § 51 Abs 1 SGG (Diss Würzburg 1973) 418 ff; HAUEISEN, Die Einbeziehung Dritter in öffentlich-rechtliche Unterordnungsverhältnisse, DVBl 1962, 547; HEITMANN, Die Rechtsnachfolge in verwaltungsrechtliche Berechtigungen und Verpflichtungen einer Zivilperson von Todes wegen (Diss Münster 1970); HURST, Probleme der Zustandshaftung nach dem Polizei- und Ordnungsrecht im Falle der Rechtsnachfolge, DVBl 1963, 804; HÜTTENHAIN, Sachbezogene Regelungen und Rechtsnachfolge im Verwaltungsrecht (Diss Bonn 1973); IHMELS, Sind vor dem Tode des Hilfempfängers entstandene und nicht erfüllte Sozialhilfeansprüche vererblich?, DVBl 1979, 579; ders, Anm zu BVerwG DVBl 1980, 370 ff (zum gleichen Thema); W JELLINEK, Verwaltungsrecht (3. Aufl 1931, Neudruck 1948) § 9 II 2, IV 6; JORDAN, Wiedergutmachung und Erbrecht, JZ 1951, 166; KNÖPFLE, Die Nachfolge in verwaltungsrechtliche Rechts- und Pflichtenstellungen, in:FS Maunz (1971) 225; MÄRKER, Restituierte Erbfälle bei Rückübertragung von enteigneten Vermögen?, VIZ 1992, 174; MAR-

---

Wolfgang Marotzke

Bestimmungen des fünften Buches „Erbrecht" in erster Linie für die Vererbung *privat*rechtlicher Positionen. Jedoch gelten sie keineswegs *nur* für diese (so aber PEINE DVBl 1980, 941, 946). Vielmehr können auch *öffentlich*-rechtliche Positionen nach

TENS, Zur Rechtsnachfolge in sozialversicherungs- und versorgungsrechtliche Ansprüche, Wege zur Sozialversicherung 1968, 170; vMAYDELL, Die Regelung der Rechtsnachfolge im Allgemeinen Teil des Sozialgesetzbuches, BlStSozArbR 1975, 371; vMUTIUS, Zur Pflichtnachfolge „kraft Dinglichkeit", VerwArch 63 (1972) 87; ders, Verwaltungsvollstreckung gegen den Rechtsnachfolger?, VerwArch 71 (1980) 93; OLDIGES, Rechtsnachfolge im Polizei- und Ordnungsrecht, JA 1978, 541; ORTLOFF, Baurechtliche Abrißverfügung und Rechtsnachfolge, JuS 1981, 574; OSSENBÜHL, Die Rechtsnachfolge des Erben in die Polizei- und Ordnungspflicht, NJW 1968, 1992; OTTO, Die Nachfolge in öffentlich-rechtliche Positionen eines Bürgers (1971); PAHLKE, Die Rechtsstellung der Erbeserben nach BEG, RzW 1958, 123; PEINE, Rechtsnachfolge in öffentlich-rechtliche Rechte und Pflichten, DVBl 1980, 941; RATHMANN, Sonderrechtsnachfolge und Vererbung im Recht der sozialen Entschädigung, ZfS 1979, 138; RAUCH, Grundsätzliche Rechtsfragen zur Nachfolge von Todes wegen in die Apothekengesellschaft, in:FS Küchenhoff I (1972) 301; REICHEL, Zur Sonderrechtsnachfolge von Todes wegen in den §§ 56 ff SGB I (Diss Bayreuth 1987); RIMANN, Zur Rechtsnachfolge im öffentlichen Recht, DVBl 1962, 553; RUMPF, Die Rechtsnachfolge im öffentlichen Recht, dargestellt am Beispiel des Baurechts, des Polizeirechts und des Organisationsrechts, VerwArch 78 (1987) 269; TEGTMEYER, Erbfolge und Sonderrechtsnachfolge im Sozialversicherungsrecht (Diss Göttingen 1974); SCHENKE, Rechtsnachfolge in polizeiliche Pflichten?, GewArch 1976; SCHLABACH/SIMON, Die Rechtsnachfolge beim Verhaltensstörer, NVwZ 1992, 143, 145; SCHMELING, Die Sondererbrechtsvorschriften der §§ 56—59 des Sozialgesetzbuches (SGB), MDR 1976, 807; SCHNORR vCAROLSFELD, Zur Rechtsnachfolge in Rentenberechtigungen der Sozialversicherung, in:FS Rudolf Schmidt (1966) 279; SCHOCH, Rechtsnachfolge in die bauordnungsrechtliche Beseitigungsverfügung, BauR 1983, 532; SCHREIBER, Das Verpachtungsrecht der Apotheker-Erben, MittBayNot 1983, 107; SCHULZE/OSTERLOH (Hrsg), Rechtsnachfolge im Steuerrecht, DStJG 10 (1987), darin Beiträge von KRUSE (Die Ansprüche aus dem Steuerschuldverhältnis bei Gesamt- und Einzelrechtsnachfolge), MEINCKE (Die Auswirkungen der Rechtsnachfolge auf das Steuerrechtsverhältnis), RUPPE (Einkommensteuerrechtliche Positionen bei Rechtsnachfolge), HEINICKE (Der Rechtsnachfolger im Sinn des § 24 EStG), GROH (Die steuerlichen Folgen der Erbauseinandersetzung) und SCHULZE/OSTERLOH (Resümee); SCHULZ/SCHAEFFER, Witwenprivileg und Stellvertretungserlaubnis nach § 46 GewO, MDR 1961, 379; SCHÜSSLER, Freie Vererblichkeit der Beitragserstattungen aus der gesetzlichen Rentenversicherung, BB 1963, 982 (dazu Compter aaO); SIEG, Die Vererblichkeit von sozialversicherungsrechtlichen Ansprüchen, in: FS Hirsch (1968) 187; G und M SIEGMANN, Einkommensteuerschuld und Erbenhaftung, StVj 1993, 337; SPEICH, Der Rechtsnachfolger im Besteuerungsverfahren, NWB 1979 II, 3461; STADIE, Rechtsnachfolge im Verwaltungsrecht, DVBl 1990, 501; STOBER, Anm zu VGH Kassel NJW 1976, 1910 in: NJW 1977, 123; STÖCKER, Die einkommensteuerliche Behandlung der Unternehmensvererbung – Eingriff in die Erbrechtsgarantie, WM 1981, 570; TRZASKALIK, Personalgebundene Einkommensteuerpflicht und Gesamtrechtsnachfolge, StuW 1979, 97; WALLERATH, Die Rechtsnachfolge im Verwaltungs- und Verwaltungsprozeßrecht (zu BayVGH BayVBl 1970, 328) JuS 1971, 460; WEBER, Der Erstattungsanspruch – Die ungerechtfertigte Bereicherung im öffentlichen Recht (1970) 87; WEISSSTEIN, Beschränkt-vererbliche und unvererbliche Entschädigungsansprüche, JR 1954, 96; WILLEMER, Rechts- und Pflichtennachfolge im Verwaltungsrecht (Diss Hamburg 1972); WOLFF/BACHOF, Verwaltungsrecht I (9. Aufl 1974) § 42 IV d, § 43 V b 2.

§§ 1922, 1967 vererbt werden, wenn sie sich als aktive oder passive (§ 1967) Bestandteile des „Vermögens" (§ 1922 Abs 1) begreifen lassen (was aber keine *zwingende* Voraussetzung ist [s Rn 113, 115 sowie speziell für öffentlich-rechtliche Positionen Otto 61 f]) und ihre Vererbung nicht aus besonderen Gründen ausgeschlossen ist. Mit diesem Vorbehalt läßt sich durchaus die Ansicht vertreten, daß die **§§ 1922, 1967** auf die Vererbung öffentlich-rechtlicher Positionen nicht nur analog, sondern **unmittelbar anwendbar** sind (überzeugend Stadie DVBl 1990, 501 ff; für unmittelbare Anwendung wohl auch PrOVGE 53, 108, 110 [für § 1967]; BVerwGE 15, 234, 238 = NJW 1963, 1075, 1076 [auch für § 1922 und §§ 1975 ff, 1990]; BSGE 15, 157, 158 [zu § 1922]; BSG NJW 1967, 126, 127 [für Vererbung „nach den Vorschriften des bürgerlichen Rechts"]; OVG Bremen NVwZ 1985, 917; Haueisen DVBl 1962, 547, 548 [gegen seine Begründung Willemer 6 f]; Hurst DVBl 1963, 804, 806; Staudinger/Marotzke[12] § 1967 Rn 14 ff; vielleicht auch Staudinger/Boehmer[11] § 1922 Rn 207 ff [trotz dortiger Einl § 1 Rn 3]). Nach hM soll freilich nur eine *analoge* Anwendung in Betracht kommen (Bettermann DVBl 1961, 921; Hanisch 430 ff; Heitmann 48 ff, 51 ff, 62 ff, 176 f; Otto 60 ff; Tegtmeyer 79 ff; Willemer 6 ff; BSGE 24, 190, 193; BVerwGE 21, 302, 303; 64, 105, 108 f mwN; BVerwG NJW 1987, 3212 l Sp; OVG Münster NJW 1989, 2834; VGH Kassel NVwZ-RR 1989, 517) mit der Folge, daß die in §§ 1922, 1967 zum Ausdruck gebrachten Rechtssätze im Rahmen dieser Analogie zu solchen des *öffentlichen* Rechts (Bettermann DVBl 1961, 921; Hanisch 442 f; Heitmann 56 ff; Tegtmeyer 82 ff; BVerwGE 64, 105, 108; vgl auch BSGE 24, 190, 193), im Falle der Anwendung auf *landes*rechtlich begründete Positionen sogar zu solchen des öffentlichen *Landes*rechts würden (vgl Heitmann 59 Fn 30, nach dessen Ansicht eine „direkte" Anwendung des *bundes*rechtlichen § 1922 auf *landes*rechtlich begründete Positionen verfassungswidrig wäre). Dieser „Metamorphose" bedarf es jedoch *zumindest* in bezug auf diejenigen öffentlich-rechtlichen Positionen nicht, die der Gesetzgebungskompetenz des *Bundes* unterliegen: Auch wenn sich die Vererbung solcher Positionen unmittelbar nach §§ 1922, 1967 und folglich nach *Privat*recht vollzöge, hätte das nicht die von einigen Vertretern der „Analogielösung" befürchtete (vgl Bettermann 922 f; Heitmann 58 ff; Tegtmeyer 83 f; BSGE 24, 190, 193) Konsequenz, daß der privatrechtliche Charakter der §§ 1922, 1967 auf die zu vererbende Rechtsposition „abfärben" könnte und sie in der Hand des Erben zu einer *privat*rechtlichen werden ließe. Richtig ist vielmehr, daß selbst eine *un*mittelbare Anwendung *privat*rechtlicher Sukzessionsvorschriften auf öffentlich-rechtliche Positionen deren Zugehörigkeit zum *öffentlichen* Recht ebensowenig beenden würde wie umgekehrt eine kraft *öffentlichen* Rechts (zB gem § 90 oder § 91 BSHG) erfolgte Überleitung *privat*rechtlicher Positionen deren Zugehörigkeit zum *Privat*recht aufheben könnte (was mitunter selbst von Befürwortern einer *un*mittelbaren Anwendung der §§ 1922, 1967 verkannt wird: zB von BSGE 15, 14, 16/17 = DVBl 1961, 919, 920 [m Anm Bettermann]; BSG MDR 1967, 436 f [dazu Heitmann 58 f]; Haueisen DVBl 1962, 547, 551 [ad II 3]; *nicht* aber zB von BVerwGE 15, 234, 238 [bejaht den Übergang einer *öffentlich*-rechtlichen Leistungspflicht nach den Erbrechtsvorschriften „des *bürgerlichen* Rechts"], 237, 239 [bejaht auch für diesen Fall die grundsätzliche Zulässigkeit eines „Leistungsbescheids" gegen den Erben]; BGH NJW 1978, 1385; BGHZ 72, 56, 58 = BGH NJW 1978, 2091 f).

Sollte manchen Vertretern einer nur *analogen* Anwendung der §§ 1922, 1967 daran **352** gelegen sein, die Vererbung als eine dem öffentlichen Recht grundsätzlich wesensfremde Ausnahme hinzustellen (genau das Gegenteil will aber zB Otto 61 f), so wäre dem zumindest (weitergehend Otto aaO) für **„vermögensbezogene" Rechtspositionen** zu widersprechen: Diese sind hier wie auch sonst (s Rn 46, 53, 115) **im Zweifel vererblich** (ebenso wohl BVerwGE 21, 302, 303; VGH Kassel NVwZ-RR 1989, 517 [beide zugleich mit Ausführungen zur Vererblichkeit von Ansprüchen auf Ermessensentscheidung über die Gewährung vermögenswerter Leistungen; s auch Rn 366!]; BVerwGE 30, 123, 124; 64, 105, 108 ff; BVerwG NJW 1987, 3212 l Sp; OVG Bremen NVwZ 1985, 917; BFHE 96, 19, 21 = BStBl II 1969, 520, 521; BFHE 109, 123, 126 = BStBl II 1973, 544, 545; für grundsätzliche *Un*vererblichkeit jedoch OVG Hamburg DVBl 1957, 548 f [dazu unten Rn 374]). Wie sonst (Rn 113, 115) steht die Vererblichkeit aber auch hier unter dem Vorbehalt, daß sich aus dem Gesetz, dem Inhalt oder dem Zweck der in Frage stehenden Rechtsposition nichts anderes ergibt (vgl auch die erwähnten Gerichtsentscheidungen). Daß dieser Vorbehalt bei öffentlich-rechtlichen Positionen zu einer Ergebniskontrolle anhand *öffentlich*-rechtlicher Wertungen führt, gilt unabhängig davon, ob man die unter diesem Vorbehalt stehende Anwendbarkeit der §§ 1922, 1967 für eine unmittelbare oder nur für eine analoge hält. Auch darf der Umstand, daß dieser Vorbehalt bei öffentlich-rechtlichen Positionen *häufiger* eingreifen wird als sonst (aber keineswegs häufiger als zB im Familienrecht! s oben Rn 135 ff), nicht dazu verleiten, die angebliche *Un*vererblichkeit einer bestimmten Position allein mit ihrer etwaigen Zugehörigkeit zum *öffentlichen* Recht zu begründen (zumal sich über diese „Vorfrage" oft trefflich streiten läßt! vgl WOLFF/BACHOF, Verwaltungsrecht I § 22): Vorrang gegenüber dem eher sach*fernen* Kriterium der Zugehörigkeit zu einem bestimmten Rechts*gebiet* haben hier wie auch sonst (vgl zB Rn 135 ff für familienrechtliche Positionen) die oben Rn 113—115 genannten sach*näheren* Kriterien und ihre – zumindest analoge – Anwendung auf die für die Vererbung in Frage stehende konkrete Rechts*position* (vgl auch MünchKomm/LEIPOLD Einl 87 ff; methodisch fragwürdig dagegen OVG Hamburg DVBl 1957, 548 f betr Vererblichkeit öffentlich-rechtlicher Gebrauchserlaubnisse [s dazu Rn 374]).

II. Sondernachfolgen außerhalb des allgemeinen Erbrechts

353 Wie im Privatrecht (Rn 54 ff, 62) ist auch im öffentlichen Recht zu unterscheiden zwischen der Frage, ob eine bestimmte Rechtsposition einer Rechtsnachfolge von Todes wegen *überhaupt* zugänglich ist, und der weiteren Frage, ob sich diese Rechtsnachfolge gegebenenfalls nach *normalem* Erbrecht, nach *Sonder*erbrecht oder völlig *außerhalb* des Erbrechts vollzieht. Letzteres ist zB der Fall bei bestimmten sozialrechtlichen Geldansprüchen (s Rn 356 ff).

III. Sozialrecht

1. Ansprüche auf Sozialleistungen

354 Zu den „Sozialleistungen" gehören gem §§ 18 ff des am 1.1.1976 in Kraft getretenen SGB I vor allem bestimmte Leistungen der Ausbildungsförderung, der Arbeitsförderung, Vorruhestandsleistungen, zusätzliche Leistungen für Schwerbehinderte, Leistungen der gesetzlichen Kranken- und Unfallversicherung, der gesetzlichen Rentenversicherung (einschließl der Altershilfe für Landwirte), Versorgungsleistungen bei Gesundheitsschäden, Kinder- und Erziehungsgeld, Wohngeld, Leistungen der Jugend- und der Sozialhilfe, Leistungen zur Eingliederung Behinderter. **Mit dem Tod des Anspruchsberechtigten befassen sich die §§ 56—59 SGB I** (vgl hierzu die SGBKommentare wie zB BochKomm/HEINZE; Kasseler Komm/SEEWALD; SGB-SozVers-GesKomm/ SCHROETER; GIESE; BURDENSKI/vMAYDELL/SCHELLHORN; HAUCK/HAINES; PETERS/HOMMEL; WANNAGAT/THIEME). Die genannten Vorschriften stehen unter dem sich aus § 37 SGB I ergebenden **Vorbehalt abweichender Sonderregelungen** (vgl zB für Leistungen nach dem *BSHG* die in Rn 355 erwähnten Entscheidungen des BVerwG und des OVG Münster). Zudem gelten sie nur für den Fall, daß der Berechtigte nach dem 1. 1. 1976 gestorben ist (SGB Art II §§ 19, 23); dies ist bei der Lektüre des vor Rn 351 angegebenen Schrifttums zu beachten.

Sozialrechtliche Ansprüche auf Dienst- oder Sachleistungen erlöschen mit dem Tode des **355** Berechtigten (§ 59 S 1 SGB I). Für Ansprüche auf **Geldleistungen** gilt dies nur, wenn sie im Zeitpunkt des Todes des Berechtigten weder festgestellt sind noch ein Verwaltungsverfahren über sie anhängig ist (§ 59 S 2 SGB I); andernfalls „überleben" sie ihren Inhaber, soweit sie bei dessen Tod schon fällig (dazu § 41 SGB I und BSGE 55, 250, 253) waren (arg §§ 56 Abs 1, 58 S 1 SGB I; vgl auch die Sonderregelungen in § 102 Abs 5 SGB VI [Rente bis zum Ende des Sterbemonats; s erg Rn 359] und § 30 Abs 3 WoGG). Zur Übertragbarkeit dieser Regelung auf zwar schon anhängig gemachte, aber noch nicht zuerkannte **Sozialhilfeansprüche nach dem BSHG** vgl BVerwG NJW 1980, 1119 f = DVBl 1980, 370 ff und OVG Münster ZfSozH 1994, 31 f einerseits (lassen idR den Anspruch beim Erbfall untergehen) und Iнмелs DVBl 1979, 579 ff; 1980, 372 ff andererseits (für Vererblichkeit). Bereits *vor* Schaffung des SGB hat BVerfGE 19, 202 ff entschieden, daß es nicht gegen Art 14 Abs 1 GG verstoße, die Vererblichkeit von Ansprüchen aus Rentenversicherungen davon abhängig zu machen, daß der Erblasser diese Ansprüche schon selbst geltend gemacht habe. Setzt der Erbe (Rn 358) oder ein Sonderrechtsnachfolger (Rn 356 f, 331) einen **schwebenden Rechtsstreit** über nachfolgefähige Ansprüche auf Sozialversicherungsleistungen fort, so ist er in diesem Rahmen auch zur Fortsetzung eines etwaigen Streits über für den geltend gemachten Anspruch vorgreifliche *un*vererbliche Rechtsverhältnisse wie zB Beginn und Modalitäten der Mitgliedschaft des Erblassers berechtigt (BSG NJW 1967, 126).

Soweit fällige Geldansprüche sich auf „laufende" Leistungen richten und beim Tode **356** des Berechtigten nicht erlöschen (s Rn 355), gehen sie idR (aber: Rn 358) nicht auf den Erben als solchen, sondern gem § 56 SGB I auf den Ehegatten, hilfsweise auf die Kinder, hilfsweise auf die Eltern, hilfsweise auf den Haushaltsführer über, wenn diese mit dem Berechtigten zZ seines Todes in einem gemeinsamen Haushalt gelebt haben oder von ihm wesentlich unterhalten worden sind. Dabei handelt es sich um eine **Sonderrechtsnachfolge** (so ausdrücklich §§ 57, 58 SGB I), die sich hier sogar *außerhalb* des Erbrechts vollzieht (MünchKomm/Leipold Einl 99) und deshalb keinesfalls als „Sonder*erb*folge" bezeichnet werden sollte (so aber Schmeling MDR 1976, 807 ff; Fuchs, Zivilrecht und Sozialrecht [1992] 334; vgl auch Soergel/Stein Rn 99; zur Terminologie s oben Rn 54, 62). Beachtliche und tiefgehende Kritik an der gesetzlichen Regelung übt Fuchs 335 ff.

Soweit Ansprüche auf einen „Sonderrechtsnachfolger" übergegangen sind, trifft *ihn* **357** die Haftung für die nach dem SGB bestehenden **Verbindlichkeiten** des Verstorbenen (zB für eine sich aus § 50 SGB X ergebende Verpflichtung zur Erstattung rechtsgrundlos erlangter Sozialleistungen) gegenüber dem für die Ansprüche zuständigen Leistungsträger; eine Haftung des *Erben* „entfällt" insoweit (§ 57 Abs 2 SGB I). **Gem § 57 Abs 1 SGB I kann der Sonderrechtsnachfolger auf seinen Erwerb** innerhalb von sechs Wochen nach Kenntniserlangung durch schriftliche Erklärung gegenüber dem Leistungsträger **verzichten** mit der Folge, daß die Ansprüche als auf ihn nicht übergegangen gelten und den Personen zustehen, die ohne ihn nach § 56 SGB I berechtigt wären.

358 Soweit fällige Ansprüche auf Geldleistungen den Berechtigten nach § 59 S 2 SGB I „überleben" (dazu Rn 355) und dann trotzdem nicht oder nicht endgültig an einen Sonderrechtsnachfolger gelangen (zB weil sie sich nicht, wie in § 56 Abs 1 SGB I vorausgesetzt, auf *laufende* Geldleistungen richten oder weil alle in Betracht kommenden Sonderrechtsnachfolger nach § 57 Abs 1 SGB I „verzichtet" haben), **werden sie nach den Vorschriften des BGB vererbt (§ 58 S 1 SGB I).** Der Fiskus als gesetzlicher (§ 1936) Erbe kann diese Ansprüche jedoch nicht geltend machen (§ 58 S 2 SGB I).

2.   Hinterbliebenenversorgung aus der gesetzlichen Sozialversicherung

359 Versorgungsansprüche der Hinterbliebenen, also „Renten wegen Todes" (§ 33 Abs 4 SGB VI) aus der gesetzlichen Rentenversicherung und „Hinterbliebenenrenten" aus der gesetzlichen Unfallversicherung (§§ 547, 589 Abs 1 Nr 3, 590-599, 600-602 RVO), sind keine „ererbten" Ansprüche, sondern stehen den Berechtigten **unabhängig von** ihrer etwaigen **Erbenstellung** zu. Ansprüche auf rückständige Versorgungsbeträge erlöschen beim Tode des berechtigten Hinterbliebenen, wenn sie zu diesem Zeitpunkt weder festgestellt sind noch ein Verwaltungsverfahren über sie anhängig ist (§ 59 S 2 SGB I). Soweit Hinterbliebenenrenten hiernach *nicht* erlöschen, werden sie gleichwohl nur für die Zeit bis zum Ende des Sterbemonats gezahlt (§ 102 Abs 5 SGB VI). Anspruchsberechtigt sind insoweit nicht in erster Linie die *Erben* des Hinterbliebenen, sondern vorrangig die in § 56 SGB I (ähnlich schon die durch Art II § 4 Nr 1 SGB I mit Wirkung vom 1. 1. 1976 aufgehobenen §§ 1288 RVO, 65 AVG) genannten „Sonderrechtsnachfolger" (s Rn 356 ff).

3.   Rückerstattung von Sozialversicherungsbeiträgen

360 Das Gesetz unterscheidet zwischen der Erstattung von *rechtmäßig* (§ 210 SGB VI) und der von *zu Unrecht* (§§ 26 SGB IV, 211 SGB VI; § 185 a AFG) entrichteten Beiträgen zur gesetzlichen Sozialversicherung. Im Rahmen der erstgenannten Fallgruppe, die bis zum 31. 12. 1991 in § 1303 RVO und § 82 AVG geregelt war, zählten die damaligen §§ 1235 Nr 4 RVO, 12 Nr 4 AVG auch die Beitrags*erstattung* zu den „Leistungen aus der Versicherung" (vgl auch v Maydell in GK-SGB IV § 26 Rn 7). Heute findet sich eine entsprechende Regelung in § 23 Abs 1 Nr 1 d SGB I. Der Erstattungsanspruch unterliegt deshalb (vgl die schon vor Schaffung des SGB ergangene Entscheidung BSGE 24, 126, 127/128) den für „Sozialleistungen" maßgeblichen Vererbungsregeln. Anwendbar ist zB der in Rn 355 behandelte § 59 S 2 SGB I (vgl Eicher/Haase/Rauschenbach, Die Rentenversicherung der Arbeiter und Angestellten [Stand Nov 1992] RVO § 1303 [AVG § 82] Anm 5), nicht aber die *Sonder*rechtsnachfolgeregelung der §§ 56 ff SGB I, da Beitragserstattungen nicht „laufende", sondern „einmalige" Geldleistungen darstellen (vgl MünchKomm/Leipold Einl 100; Eicher/Haase/Rauschenbach aaO Anm 14 [„einmalige" Leistungen], 15 [bei Todesfällen vor dem 1. 1. 1976 noch Sonderrechtsnachfolge nach § 1288 RVO bzw § 65 AVG]).

361 Nicht zu den Ansprüchen auf „Sozialleistungen" gehören trotz § 23 Abs 1 Nr 1 d SGB I etwaige Ansprüche auf **Erstattung zu Unrecht entrichteter Sozialversicherungs-**

beiträge aus §§ 26 SGB IV, 211 SGB VI und § 185 a AFG (vgl vMAYDELL in GK-SGB IV § 26 Rn 7, 8 und schon vor Schaffung des SGB BSGE 24, 126, 128 [mit einer auf § 26 SGB IV nicht in vollem Umfange übertragbaren Argumentation]). Ihre Vererblichkeit richtet sich deshalb nicht nach § 59 S 2 SGB I, sondern nach allgemeinen Grundsätzen. Da die betr Ansprüche rein vermögensrechtlicher Natur sind und keinem höchstpersönlichen Zweck dienen, sind sie uneingeschränkt vererblich (vgl GRÜNER/DALICHAU SGB IV 1/3 § 26 Rn 3.4; SCHWERDTFEGER in SGB-SozVers-GesKomm I SGB IV § 26 Anm 17 c; HAUCK/HAI-NES/GLEITZE SGB IV 1, K § 26 Rn 16 und die schon vor Schaffung des SGB ergangene Entscheidung BSGE 24, 126 ff = NJW 1966, 1045 ff). Zu der Frage, ob die Erben Nachentrichtungsbeiträge des Erblassers, aus denen keine Rentenansprüche entstanden sind, zurückverlangen können, vgl BSG DAngVers 1978, 118 ff m Anm WÜNNEMANN.

4. Rückerstattung von Sozialleistungen

Die seit dem 1. 1. 1981 in **§ 50 SGB X** geregelte Verpflichtung zur Erstattung rechts- **362** grundlos erlangter Sozialleistungen ist, außer vielleicht in den seltenen und möglicherweise allein nach § 812 BGB zu beurteilenden Fällen der versehentlichen Überweisung an eine falsche Person, **öffentlich-rechtlicher Natur** (vgl BSGE 24, 190 ff; 55, 250 ff; VGH Mannheim NJW 1986, 272 f; BGHZ 71, 180, 182 mwN; BGH NVwZ 1988, 92 f sowie speziell zu der erwähnten möglichen **Ausnahme** die zT recht kontroversen Stellungnahmen in BGHZ 71, 180, 183 ff; 73, 202, 203 f; OLG Frankfurt NVwZ 1989, 797; AG Kassel NJW-RR 1992, 585 f [*privat*rechtliche Verbindlichkeit aus § 812 BGB]; OLG Hamm NJW 1986, 2760 [dem BGH unter Berufung auf § 50 Abs 2 SGB X widersprechend]; BSGE 61, 11 ff = NVwZ 1988, 95 f [dem BGH trotz § 50 Abs 2 SGB X zustimmend; ebenso BVerwGE 84, 274, 276 f = JZ 1990, 862 f m krit Anm MAURER und – zugleich dem OLG Hamm widersprechend – OLG Karlsruhe NJW 1988, 1920 f]; BETHGE NJW 1978, 1801 f). Gleichwohl ist sie wegen ihres rein vermögensrechtlichen Charakters **ohne weiteres vererblich** nach § 1967 BGB (s STAUDINGER/MAROTZKE[12] § 1967 Rn 14 f); uU kommt es allerdings gem § 57 Abs 2 SGB I zu einer **Sonderpflichtnachfolge** außerhalb des Erbrechts (s oben Rn 357). Der Übergang auf den Erben (oder auf einen Sonderrechtsnachfolger gem § 57 Abs 2 SGB I) setzt nicht voraus, daß die betr Erstattungspflicht bereits zZ des Erbfalls durch Leistungsbescheid oder Urteil festgestellt war (s Rn 363). Da die Vererbung an dem öffentlich-rechtlichen Charakter der Erstattungspflicht nichts ändert (Rn 351), fällt die Verpflichtung auch nach dem Übergang auf den Erben in die **Zuständigkeit der Sozialgerichte** (BGHZ 71, 180, 182) **bzw der allgemeinen Verwaltungsgerichte** (vgl BGH NVwZ 1988, 92 f; zur Kompetenzabgrenzung zwischen Sozial- und Verwaltungsgerichtsbarkeit HAUCK/HAINES SGB X/1, 2 K § 50 Rn 23 [HERMSEN], § 62 Rn 6, 7 [NEHLS]) und kann die Behörde ihren Anspruch gegenüber dem Erben in gleicher Weise geltend machen, wie ihr das zu Lebzeiten des Erblassers *diesem* gegenüber möglich gewesen wäre, also zB durch **Erlaß eines Leistungsbescheides** (BSGE 24, 190, 192 f; zur Geltendmachung des Haftungsbeschränkungsrechts in solchen Fällen vgl BVerwGE 15, 234 ff; BVerwG BayVBl 1977, 740; VGH Mannheim NJW 1986, 272 f). **Dies gilt auch, wenn der Erstattungsanspruch erst im Zeitpunkt des Erbfalls entsteht** (zB in bezug auf Vorauszahlungen, denen durch den späteren Tod des Empfängers ganz oder teilweise der Rechtsgrund entzogen wird*) und *nur aus diesem Grunde* nicht schon gegenüber dem Erblasser verfolgt werden konnte (iE ebenso BETTERMANN DVBl 1961, 921, 922 f [ad 5.]; BIRK, SGb 1979, 302 ff; vgl auch BVerwGE 37, 314, 316 ff [Rückforderung beam-

---

* Hier besteht uU sogar eine Rücküberweisungspflicht des Geldinstituts nach § 118 Abs 3 SGB VI bzw § 620 Abs 4 RVO! Vgl auch DÖRR NZS 1993, 150, 151.

tenrechtlichen Ruhegehalts, das sich infolge Todes des Empfängers als zuviel gezahlt erwies]; **aM** BSGE 15, 14, 16 f =DVBl 1961, 919, 920 [dazu kritisch BETTERMANN aaO und – die Frage letztlich offen lassend – BSGE 24, 190, 191/192; BGHZ 71, 180, 182]). **Nicht anders sollte man schließlich auch den Fall behandeln, daß der zurückzuzahlende Betrag erst nach dem Tode des Erblassers auf dessen Konto überwiesen wurde,** wenn das Konto zu diesem Zeitpunkt (noch) Bestandteil des „Nachlasses" war (nicht hierher gehört der in BSGE 32, 145 ff entschiedene Fall, in dem das Geld nicht überwiesen, sondern bar ausgezahlt worden war [an eine *erbberechtigte* Person? dazu BSGE 55, 250, 252]; vgl auch LG Karlsruhe NJW-RR 1988, 818 f zur Haftung *der kontoführenden Bank* wegen Weiterbuchung von Rentenzahlungen auf dem nach dem Tode des Rentenberechtigten *auf dessen Ehefrau umgeschriebenen* Girokonto). **Hier ist die Verpflichtung zur Rückgewähr des eingegangenen Betrages eine „den Erben als solchen" treffende Nachlaßverbindlichkeit** (s STAUDINGER/MAROTZKE[12] § 1967 Rn 52 und § 2058 Rn 21), **für die der Erbe** ebenso wie für „vom Erblasser herrührende" Schulden (§ 1967 Abs 2) nicht als „Dritter" iS des in BGHZ 73, 202, 203 f; BSGE 32, 145 ff; 61, 11 ff; OLG Karlsruhe NJW 1988, 1920; OLG Frankfurt NVwZ 1989, 797; VGH München NJW 1990, 933, 934 Ausgeführten, sondern **in seiner Eigenschaft als Rechtsnachfolger in den Nachlaß dessen haftet, für den die Überweisung eigentlich bestimmt war*. Zumindest in diesem Fall** (ohne diese Beschränkung BSGE 55, 250, 252 f; OLG Hamm NJW 1986, 2769 [jeweils mit zweifelhafter – s BSGE 61, 11 ff – Berufung auf § 50 Abs 2 SGB X]; BETHGE NJW 1978, 1801 f; BIRK, SGb 1979, 302, 304; SCHNORR vCAROLSFELD, in:FS BSG [1979] 765, 775; Münch-Komm/LEIPOLD Einl 93 Fn 132) **ist der Erstattungsanspruch des Leistungsträgers öffentlich-rechtlicher Natur** (ebenso die Vorgenannten und MAURER JZ 1990, 863 ff; HÄNLEIN JuS 1992, 559, 562 f; nicht jedoch BGHZ 73, 202, 203 f; OLG Karlsruhe NJW 1988, 1920 f; OLG Frankfurt NVwZ 1989, 797; BVerwGE 84, 274, 275 ff = JZ 1990, 862 f = NJW 1990, 2482; AG Kassel NJW-RR 1992, 585 f sowie die im Schlußsatz von STAUDINGER/MAROTZKE[12] § 1967 Rn 15 und bei STAU-DINGER/MAROTZKE[12] § 2058 Rn 21 zitierten Entscheidungen des BGH und des LG Krefeld sowie das die Rückforderung einer beamtenrechtlichen Beihilfe [dazu Rn 367] betreffende Urteil VGH München NJW 1990, 933 f) **und kann er in gleicher Weise durch Leistungsbescheid verfolgt werden wie die Erstattung einer vor dem Erbfall bewirkten Leistung** (vgl BSGE 55, 250 ff; HÄNLEIN aaO und schon *vor* Inkrafttreten des § 50 SGB X BIRK, SGb 1979, 302, 305; BGH DVBl 1961, 333 m abl Anm HAUEISEN DVBl 1961, 452 [zur Rückforderung von Entschädigungsleistungen nach dem BEG]; für den vergleichbaren Fall der Rückforderung beamtenrechtlicher Dienst- oder Versorgungsbezüge ebenso SCHWEGMANN/SUMMER, BBesG Bd I [Stand: 1991] § 12 Rn 12, nicht aber zB OVG Münster NJW 1985, 2438; VGH Mannheim NVwZ 1989, 892 ff; WEIDES JuS 1992, 52, 56 ff). Zu der Frage, ob sich der Erbe durch die Entgegennahme von Rentenüberzahlungen **strafbar** macht, vgl MÖHLENBRUCH NJW 1988, 1894 f.

363 Der Anspruch auf Erstattung von *aufgrund Verwaltungsakts* erbrachten Leistungen entsteht erst mit der **Rücknahme des** den Rechtsgrund dieser Leistungen darstellenden **Verwaltungsaktes** (vgl BVerwGE 78, 165, 169, 171 und § 50 Abs 1 S 1, Abs 3 S 2 SGB X). Ist die Rücknahme zZ des Erbfalls noch nicht erfolgt, so kann sie nunmehr gegenüber dem Erben (im Falle des § 57 Abs 2 SGB I [dazu Rn 357] gegenüber dem an dessen Stelle haftbaren Sonderrechtsnachfolger) geschehen. Sind *mehrere* Erben vorhan-

---

* Ob diese Haftung uU nach § 57 Abs 2 SGB I (dazu oben Rn 357) statt des Erben einen Sonderrechtsnachfolger treffen kann, ist zweifelhaft, da § 57 Abs 2 SGB I nur von Verbindlichkeiten „des Verstorbenen" spricht und somit enger gefaßt ist als § 1967 Abs 2, der den „vom Erblasser herrührenden" Schulden ausdrücklich die „den Erben als solchen treffenden Verbindlichkeiten" gleichstellt.

den, haften sie für die Rückerstattung als Gesamtschuldner (§ 2058), so daß die Behörde gem § 421 S 1 berechtigt ist, einen beliebigen einzelnen Miterben auf Erfüllung des *gesamten* Erstattungsanspruchs in Anspruch zu nehmen. Jedoch soll die *Entstehung* solch eines Erstattungsanspruchs in Fällen, in denen der den Rechtsgrund der zurückverlangten (Sozialhilfe-)Leistungen bildende Verwaltungsakt noch in Kraft ist, nach VGH München NJW 1985, 2439 (vgl auch BVerwG NJW 1988, 1927 betr Rückforderung beamtenrechtlicher Versorgungsbezüge) voraussetzen, daß dieser Verwaltungsakt gegenüber *allen* Miterben zurückgenommen wird (mE zweifelhaft; s zum Vergleich VGH Mannheim NJW 1986, 272 f [mit insoweit nicht ganz eindeutiger Sachverhaltsschilderung] und STAUDINGER/WERNER[12] § 2040 Rn 24 aE [Kündigung einer Grundschuld]). Nach Ansicht des BVerwG sind **Wohngeldzahlungen,** die nach dem Tode des Berechtigten über den im WoGG für diesen Fall vorgesehenen Zeitraum hinaus erbracht werden, vom Bewilligungsbescheid nicht gedeckt; einer Aufhebung des Bewilligungsbescheids soll es insoweit nicht bedürfen (BVerwGE 84, 274, 277 f = NJW 1990, 2482 = JZ 1990, 862, 863 m Anm MAURER und Aufsatz HÄNLEIN JuS 1992, 559 ff; ebenso auch für andere Sozialleistungen DÖRR NZS 1993, 150, 152).

5. Ersatzpflichten des Erben

Gem § 92 c Abs 1 S 1 des BSHG idF vom 23. 3. 1994 (BGBl I 646) ist der Erbe des Sozialhilfeempfängers oder seines Ehegatten, falls dieser vor dem Hilfeempfänger stirbt, zum Ersatz der Kosten der Sozialhilfe mit Ausnahme etwaiger vor dem 1. 1. 1987 entstandener Kosten der Tuberkulosehilfe verpflichtet (vgl aber die sich aus §§ 92 Abs 2, 92 c Abs 1 S 2−4 BSHG ergebenden Beschränkungen und Ausnahmen sowie BVerwGE 78, 165 ff, wonach der die Ersatzpflicht des Erben begründende § 92 c Abs 1 S 1 BSHG voraussetzt, daß die Hilfegewährung **rechtmäßig** war). Diese Verpflichtung trifft den Erben unabhängig von der Existenz einer schon gegenüber dem *Erblasser* begründet gewesenen Ersatz- oder Rückerstattungspflicht (zu *deren* Vererblichkeit vgl den folgenden Text und oben Rn 362 f). Als eine „den Erben als solchen" treffende Verbindlichkeit gehört sie aber zu den Nachlaßverbindlichkeiten (vgl § 1967 Abs 2 und dort Rn 31). Das wird in § 92 c Abs 2 BSHG ausdrücklich bestätigt und zugleich dahin abgewandelt, daß der Erbe *von vornherein* nur „mit dem Wert des im Zeitpunkt des Erbfalles vorhandenen Nachlasses" haftet (nicht einmal einen „haftungserweiternden Rückgriff auf § 1978 BGB" will hier zulassen BVerwG NJW 1993, 1089 f = FamRZ 1993, 186 [ergangen aufgrund der etwas anders formulierten früheren Fassung des § 92 c Abs 2 S 2 BSHG]). Nach § 92 c Abs 3 BSHG soll der Anspruch in bestimmten Fällen (geringer Nachlaß, besondere Härte) nicht geltend gemacht werden. Der Anspruch erlischt in 3 Jahren nach dem Tod des Hilfeempfängers oder seines Ehegatten (§ 92 c Abs 4 BSHG). Entsprechende Beschränkungen gelten für die gem § 92 a Abs 2 BSHG auf den Erben übergehende Kostenersatzpflicht dessen, der nach Vollendung des 18. Lebensjahres die Voraussetzungen für die Gewährung der Sozialhilfe an sich selbst oder an seine unterhaltsberechtigten Angehörigen durch vorsätzliches oder grobfahrlässiges Verhalten herbeigeführt hat; auch für diese Ersatzpflicht haftet der Erbe von vornherein nur „mit dem Wert des im Zeitpunkt des Erbfalles vorhandenen Nachlasses", § 92 a Abs 2 S 2 BSHG. Unanwendbar sind die §§ 92 a Abs 2, 92 c Abs 2 BSHG auf die ebenfalls vererbliche (BGH JR 1971, 391 = MDR 1971, 553; BVerwGE 52, 16, 20 ff; 78, 165, 171 f; OVG Münster NJW 1989, 2834; **aM** OVG Münster ZfSozH 1977, 178) Aufwendungsersatzpflicht des Empfängers „erweiterter" Sozialhilfe nach § 29 S 2 BSHG; insoweit

364

richtet sich die Haftungsbeschränkung des Erben ausschließlich nach BGB (BVerwGE 52, 16, 22 ff [auch zur Dürftigkeitseinrede nach § 1990]; 78, 165, 171 f). Ein gegen den Erblasser zu dessen Lebzeiten gem § 29 S 2 BSHG erlassener Leistungsbescheid wirkt auch gegenüber dem Erben und kann deshalb von diesem mit der Anfechtungsklage angegriffen werden (OVG Münster NJW 1989, 2834).

IV. Beamtenrecht

365 Das **Beamtenverhältnis** endet beim Tode des Beamten (vgl § 21 Abs 1 BRRG). Nach § 61 Abs 3 BBG (ähnlich § 79 Abs 3 LBG-BW, Art 71 BayBG, § 26 Abs 3 LBG-Bln, § 61 Abs 3 LBG-Bremen, § 63 Abs 3 LBG-Hbg, § 75 Abs 3 HessBG, § 71 NdsBG, § 64 Abs 3 LBG-NW, § 71 LBG-RhPf, § 74 Abs 3 SaarlBG, § 77 Abs 3 LBG-SchlH) sind seine „Hinterbliebenen" (s § 18 BeamtVG) und seine „Erben" auf Verlangen des letzten Dienstvorgesetzten des Erblassers verpflichtet, **amtliche Schriftstücke**, Zeichnungen, bildliche Darstellungen sowie **Aufzeichnungen jeder Art** über dienstliche Vorgänge, auch soweit es sich um Wiedergaben handelt, herauszugeben. Zu den Rechtsverhältnissen hinsichtlich des **wissenschaftlichen Nachlasses eines Universitätsprofessors** vgl die aE von Rn 268 Genannten sowie die vor allem die soeben erwähnten Herausgabeansprüche betreffenden Ausführungen in BGHZ 112, 243, 251 f. Dazu Lippert NJW 1993, 769 ff.

366 **Vermögensrechtliche Ansprüche**, die schon zu Lebzeiten des Beamten entstanden waren, sind grundsätzlich vererblich (vgl Rn 352). Das gilt zB für Ansprüche auf **rückständige Dienst- und Versorgungsbezüge** und uU sogar für etwaige Ansprüche auf *Ermessensentscheidung* über die Gewährung beamtenrechtlicher Versorgung (vgl BVerwGE 21, 302 ff; VGH Kassel NVwZ-RR 1989, 517 f). Gem § 17 Abs 1 BeamtVG verbleiben dem Erben eines Beamten, Ruhestandsbeamten oder entlassenen Beamten *auch für den Sterbemonat* die Bezüge des Verstorbenen und eine für den Sterbemonat gewährte Aufwandsentschädigung. Jedoch können die an den Verstorbenen noch nicht gezahlten Teile der Bezüge für den Sterbemonat gem § 17 Abs 2 BeamtVG statt an die Erben an die in § 18 Abs 1 BeamtVG bezeichneten „Hinterbliebenen" gezahlt werden. Sie sind dann Bestandteil der in §§ 16–28 BeamtVG geregelten **„Hinterbliebenenversorgung"** (Bezüge für den Sterbemonat im Falle des § 17 Abs 2, Sterbegeld, Witwengeld, Witwenabfindung, Waisengeld, Unterhaltsbeiträge, Witwerversorgung), die den „Hinterbliebenen" auch dann gewährt wird, wenn sie nicht als Erben berufen sind (vgl zB für Witwengeld OLG München NJW-RR 1988, 576). Ansprüche auf Hinterbliebenenversorgung gehören also nicht zum „Nachlaß" iS der erbrechtlichen Vorschriften. Jedoch können sie beim Tode des *Hinterbliebenen* uU weitervererbt werden (vgl für den Anspruch auf Sterbegeld Finger ZBR 1969, 40, 41 f [im Rahmen einer Abhandlung „zur Vererblichkeit der in § 157 BBG genannten Ansprüche"]; Fürst/ Arndt/Finger/Mühl/Niedermaier, Beamtenrecht des Bundes und der Länder, Teil 4, O § 18 BeamtVG Rn 6; MünchKomm/Leipold Einl 103). Unvererblich ist ein dem geschiedenen Ehegatten eines verstorbenen Beamten nach dem BeamtVG zustehender Anspruch auf **Unterhaltsbeitrag** (VGH Kassel NVwZ-RR 1989, 517).

367 **Beihilfeansprüche** erlöschen beim Tode des berechtigten Beamten (BVerwGE 16, 68 ff; 50, 292, 296 ff; BVerwG NVwZ 1983, 225 f = ZBR 1983, 106 f; OVG Münster DÖD 1982, 181; BAG DÖD 1976, 163 f; BVerwG NVwZ 1991, 168 f [dazu auch Rn 368]). Eine billigenswerte Ausnahme macht das BVerwG (NVwZ 1991, 169 f) jedoch für den Fall, daß die Beihilfe

bereits zu Lebzeiten des Berechtigten durch Bescheid festgesetzt und zur Auszahlung angewiesen wurde. Vererblich ist der Beihilfeanspruch nach OVG Münster NVwZ 1992, 86 auch schon dann, wenn der vom Erblasser beantragte Beihilfebescheid zZ des Erbfalls zwar „erlassen", aber noch nicht „bekanntgemacht" war (einen weiteren Grenzfall betrifft das bereits in Rn 362 erwähnte Urteil VGH München NJW 1990, 933 f). Zudem gewährt § 16 der Beihilfevorschriften v 19. 4. 1985 (Gemeinsames Ministerialblatt 290) den Hinterbliebenen (nicht: den Erben) eigene Beihilfeansprüche, die sich auch auf beihilfefähige Aufwendungen des Verstorbenen beziehen. Vgl für das Land NW auch BVerwG NVwZ 1991, 168 f.

Die Verpflichtung des Beamten zur **Rückzahlung zuviel empfangener Dienst- oder Versorgungsbezüge** (vgl §§ 12 Abs 2 BBesG, 52 Abs 2 BeamtVG, 53 Abs 2 BRRG) ist rein vermögensrechtlicher Natur und deshalb trotz ihres öffentlich-rechtlichen Charakters ohne weiteres vererblich nach § 1967. Analog dem in Rn 362 f Ausgeführten (außer Betracht bleiben natürlich die dort genannten Bestimmungen des SGB) ändert der Erbfall an dem öffentlich-rechtlichen Charakter dieser Verpflichtung nichts; auch hinsichtlich der Zulässigkeit einer **Heranziehung** der Erben **durch Leistungsbescheid** kann auf das dort Ausgeführte verwiesen werden (vgl die schon dort zitierte Entscheidung BVerwGE 37, 314 ff; HessVGH ZBR 1968, 410 f; zu Unrecht für Notwendigkeit einer [verwaltungsgerichtlichen] Leistungs*klage* BayVGH ZBR 1968, 324 ff; einen besonders liegenden Sachverhalt betrifft das solch einer Leistungsklage stattgebende Urteil BVerwG DVBl 1990, 870 f = NVwZ 1991, 168 f: dort hatte das klagende Land die Beihilfe in Kenntnis des Erbfalls auf das Konto der Erblasserin überwiesen und sich zugleich gegenüber dem Erben die Rückforderung vorbehalten). **368**

V. Gewerbeberechtigungen

Die zur Ausübung mancher Gewerbe erforderlichen öffentlich-rechtlichen Konzessionen, Erlaubnisse, Gestattungen oder Bewilligungen (zB gem §§ 30 ff GewO, §§ 1 Abs 1, 6 ff HandwO, §§ 2 ff GaststättenG, §§ 1 ff FahrlehrerG, §§ 3 ff SchornsteinfegerG, §§ 1 ff ApothekenG, §§ 32 ff KWG, §§ 2 ff PBefG, §§ 8 ff GüKG; weitere Nachweise bei Schiedermair, Die apothekenrechtliche Zuverlässigkeit, Gedächtnisschr Küchenhoff [1987] 301 ff) werden meist im Hinblick auf bestimmte vom Gesetz geforderte *persönliche* Eigenschaften wie zB Sachkunde und Zuverlässigkeit des Antragstellers erteilt und sind deshalb grundsätzlich unvererblich (vgl zB § 3 Nr 1 ApothekenG, § 8 Nr 5 SchornsteinfegerG). Zahlreiche Sondervorschriften gestatten es jedoch den *Erben* oder bestimmten *Angehörigen* des Erblassers, ein genehmigtes bzw erlaubtes gewerbliches Unternehmen (zur Vererblichkeit des letzteren s Rn 218 ff) zumindest vorübergehend fortzuführen (vgl zB § 46 GewO [dazu Schulz-Schaeffer MDR 1961, 379 f], §§ 4, 22 Abs 4 HandwO, § 10 GaststättenG, § 15 FahrlehrerG, § 21 SchornsteinfegerG, §§ 13, 9 Abs 1 Nrn 2, 3 ApothekenG [zur früheren Rechtslage Staudinger/Boehmer[11] Rn 169], § 34 Abs 2 KWG, § 19 PBefG, § 19 GüKG). Wegen weiterer Einzelheiten muß auf die Spezialkommentare verwiesen werden (zB Landmann/Rohmer [GewO]; Eyermann/Fröhler [HandwO]; Eckhardt [FahrlehrerG]; Musielak/Cordt/Manke [SchornsteinfegerG]; Michel/Kienzle [GaststättenG]; Schiedermair/Pieck [ApothekenG]). Zum Verpachtungsrecht der Apotheker-Erben vgl Schreiber MittBayNot 1983, 107. „Grundsätzliche Rechtsfragen zur Nachfolge von Todes wegen in die Apothekengesellschaft" behandelt Rauch, in: FS Küchenhoff Bd I (1972) 301 ff. **369**

VI. Steuerrecht*

370 Gem § 45 Abs 1 AO gehen „die Forderungen und Schulden aus dem Steuerschuldverhältnis" mit Ausnahme etwaiger Zwangsgelder **auf den oder die Erben über.** Diese haben
gem § 45 Abs 2 AO „für die aus dem Nachlaß zu entrichtenden Schulden nach den
Vorschriften des bürgerlichen Rechts über die Haftung des Erben für Nachlaßverbindlichkeiten einzustehen" (hierzu und zu dem sich aus § 45 Abs 2 S 2 AO ergebenden
Vorbehalt zugunsten der „Vorschriften, durch die eine steuerrechtliche Haftung der Erben begründet wird", vgl STAUDINGER/MAROTZKE[12] § 1967 Rn 16, 33 ff). Für die **Vollstreckung gegen
Erben** schreibt § 265 AO die entsprechende Anwendung der §§ 1958, 1960 Abs 3,
1961 BGB und der §§ 747, 748, 778, 779, 781–784 ZPO vor (eine *un*mittelbare
Anwendung würde daran scheitern, daß es hier um eine Vollstreckung „im *Verwal-
tungsweg*" geht [vgl § 249 Abs 1 S 1 AO]). Nicht vorgesehen ist dagegen eine
entsprechende Anwendung des § 780 ZPO (vgl BFHE 133, 494 ff = BStBl II 1981, 729 f und
zu den sonstigen Aspekten einer erbrechtlichen Haftungsbeschränkung SCHWARZ in: HÜBSCH-
MANN/HEPP/SPITALER, AO § 265 Rn 7 ff). Soweit die Steuerschuld auf einer unternehme-
rischen Tätigkeit des Erblassers beruht, kann eine **Außenprüfung** nach § 193 Abs 1
AO auch gegenüber dem Erben angeordnet werden (BFHE 158, 114, 116 ff = BStBl II
1990, 2 ff). Eine unanfechtbare **Steuerfestsetzung** wirkt auch gegenüber dem Erben des
Steuerschuldners (vgl § 166 AO). Zur Bindung des Erben an einen gegenüber dem
Erblasser ergangenen Feststellungsbescheid über einen Einheitswert, an einen
Grundsteuermeßbescheid oder an einen Zerlegungs- oder Zuteilungsbescheid über
einen Grundsteuermeßbetrag vgl §§ 182 Abs 2, 184 Abs 1 S 4, 185, 190, 353 AO.
Hinterziehungszinsen gem § 235 AO können auch noch nach dem Tode des Steuerpflichtigen, der den Tatbestand der Steuerhinterziehung verwirklicht hat, festgesetzt
werden (BFHE 165, 330 ff = BStBl II 1992, 9 ff), u zw gegenüber dem Erben. Nimmt das
Finanzamt einen von mehreren Miterben durch Einzelsteuerbescheid als Gesamtschuldner für die Steuerschuld des Erblassers in Anspruch, so gehört die Erwähnung
der übrigen Miterben nicht zu dem nach § 157 Abs 1 AO notwendigen Inhalt des
Steuerbescheids (BFHE 141, 641 ff = BStBl II 1984, 784 f; zur Zustellung an Eheleute nach Tod
des Ehemannes vgl BFH NVwZ 1987, 926 f). Nach BFHE 156, 8, 10 = BStBl II 1990, 360
können Miterben einen **Anspruch auf Erlaß (§ 227 AO) von Säumniszuschlägen (§ 240
AO)** aus sachlichen in der Person des Erblassers liegenden Billigkeitsgründen *einzeln*
geltend machen. Nach Ansicht des BFH folgt dies aus § 2039. Diese Begründung
erscheint jedoch zweifelhaft. Unabhängig von § 2039 ist dem BFH aber schon deshalb zuzustimmen, weil *der Anspruch auf Erlaß* ein Verteidigungsmittel gegenüber
der *Haftung* für die Säumniszuschläge darstellt und die Haftung von Miterben ebenfalls *jeden einzelnen* als Gesamtschuldner trifft (vgl §§ 2058, 421 BGB iVm § 45 Abs 2
S 1 AO). Ganz ähnlich argumentiert in anderem Zusammenhang BFHE 153, 504,
506 = BStBl II 1988, 946, 947 betr trotz bestehender Testamentsvollstreckung erhobene Klage mehrerer Erben des ursprünglichen Steuerschuldners gegen an sie selbst
gerichteten Steuerbescheid.

371 **Über den Wortlaut des § 45 Abs 1 AO hinaus tritt der Erbe** nicht nur in die steuerrechtlichen „Forderungen und Schulden", sondern **in das Steuerschuldverhältnis als solches
ein** mit der Folge, daß er auch die auf diesem beruhenden sonstigen Rechte des

---

* **Schrifttum:** TROLL, Nachlaß und Erbe im   steuerrechtlichen Titel des bei Rn 351 angeführ-
Steuerrecht (2. Aufl 1978). Vgl ferner die   ten Schrifttums.

Erblassers erwirbt, soweit diese nicht trotz ihrer steuer- und damit *vermögens*rechtlichen Natur ausnahmsweise (s Rn 352) auf die Lebenszeit des Erblassers beschränkt sind (gegen solch ein Regel-Ausnahme-Verhältnis offenbar RUPPE, Einkommensteuerrechtliche Positionen bei Rechtsnachfolge, DStJG 10 [1987] 45, 53 ff [bes 56], während die von ihm 47 ff referierten Stellungnahmen des BFH eher auf der Linie der *hier* vertretenen Ansicht liegen). Vererblich sind zB das Recht zur Sonderabschreibung nach dem (seit 1. 1. 1987 nur noch auf Altfälle anwendbaren) § 7 b EStG (BFHE 66, 181 = BStBl III 1958, 72; BFHE 162, 404 [auch zu Fragen des „Objektverbrauchs"]), die Abzugsberechtigung nach dem am 1. 1. 1987 an dessen Stelle getretenen § 10 e EStG (Einzelheiten bei SCHMIDT/DRENSECK, EStG § 10 e Anm 6 c); das Recht zum Verlustabzug nach § 10 d EStG (BFHE 75, 328 = BStBl III 1962, 386; BFHE 105, 483 = BStBl II 1972, 621; BFHE 129, 262 = BStBl II 1980, 188 = NJW 1980, 1184), das Wahlrecht zwischen Zusammen- und getrennter Veranlagung (BFHE 81, 236 = BStBl III 1965, 86; BFHE 129, 262 = BStBl II 1980, 188 f = NJW 1980, 1184; BFH NVwZ 1987, 926, 927) und viele andere Steuervergünstigungen (vgl GEILERT, Erbfolge in Einkommensteuervergünstigungen? [Diss Münster 1966]). Vererblich ist auch die steuer- und prämienrechtliche Stellung des Bausparers (BFHE 110, 30 = BStBl II 1973, 737 = WM 1973, 1276; BFHE 111, 218 = BStBl II 1974, 229 = WM 1974, 580; JANSEN Betrieb 1971, 1342). Geht ein verpachteter Betrieb unter Fortbestand des Pachtvertrages auf einen Erben des Verpächters über, so tritt dieser hinsichtlich des Rechts, die Betriebsaufgabe zu erklären, in die Rechtsstellung des Erblassers ein (BFHE 166, 149, 153 = BStBl II 1992, 392, 394). Nach BFHE 167, 58 ff = BStBl II 1992, 550 ff sind Sonderausgaben, die im Falle beschränkter Steuerpflicht nicht abzugsfähig sind, auch dann nicht abzugsfähig, wenn sie von einem beschränkt steuerpflichtigen Erben eines unbeschränkt Steuerpflichtigen geleistet werden und vor dem Erbfall liegende Zeiträume betreffen. Wegen weiterer Einzelheiten der Rechtsnachfolge im Steuerrecht vgl RUPPE 45 ff; MEINCKE DStJG 10 (1987) 19, 23 ff, 29 ff, 34 ff; G und M SIEGMANN StVj 1993, 337 ff; STÖCKER WM 1981, 570 ff und die übrigen steuerrechtlichen Titel des vor Rn 351 abgedruckten Schrifttumsverzeichnisses. Vgl ferner MünchKomm/LEIPOLD Einl 106; MünchKomm/SIEGMANN § 1967 Vorbem 5 ff.

VII. Sonstiges

Eine **Baugenehmigung** wirkt nach den Bauordnungen der Länder (§ 59 Abs 2 LBO- **372** BW, Art 79 Abs 3 BayBauO 1994, § 62 Abs 4 BauO-Bln, § 95 Abs 2 LBO-Brem, § 99 Abs 4 HbgBauO, § 96 Abs 3 HessBauO, § 70 Abs 2 BauO-NW, § 75 Abs 6 NdsBauO, § 68 Abs 1 S 2 HS 2 LBO-RhPf, § 96 Abs 2 Saarl BauO, § 69 Abs 2 LBO-Schlh, § 70 Abs 2 des in Brandenburg, Mecklenburg-Vorpommern, Sachsen, Sachsen-Anhalt und Thüringen als Landesrecht weitergeltenden [vgl § 2 Abs 1 EG-BauO v 20. 7. 1990, GBl DDR I 950] Gesetzes über die BauO v 20. 7. 1990 [GBl DDR I 929]) für und gegen den Rechtsnachfolger des Bauherrn, also auch für und gegen den Erben.

Erlaubnis und Bewilligung zur **Gewässerbenutzung** gehen, soweit bei der Erteilung **373** nichts anderes bestimmt ist, mit der Wasserbenutzungsanlage oder dem Grundstück, für die bzw für das sie erteilt sind, auf den Rechtsnachfolger über (§§ 7 Abs 2, 8 Abs 6 WHG). Auch eine Genehmigung von Rohrleitungsanlagen zum **Befördern wassergefährdender Stoffe** geht mit der Anlage auf den Rechtsnachfolger über (§ 19 a Abs 4 WHG).

374 Als vererblich sollte man auch sonstige **öffentlich-rechtliche Gebrauchserlaubnisse** ansehen, soweit sie nicht ausnahmsweise höchstpersönlichen Belangen des Erblassers dienen oder aus sonstigen Gründen mit seiner Person untrennbar verknüpft sind (grundsätzlich *gegen* Vererblichkeit jedoch die in Rn 352 erwähnte Entscheidung OVG Hamburg DVBl 1957, 548 f, obwohl die im *dortigen* Falle erlaubte Nutzung [„Aufstellung eines Benzinzapfständers auf öffentlichem Grunde"] nicht höchstpersönlichen Belangen des Erblassers, sondern *betrieblichen* Belangen eines von diesem betriebenen Tankstellenunternehmens und somit *vermögensbezogenen* Interessen diente!). Auch Nutzungsrechte an **Wahlgräbern** gehen auf die Erben über (Beyer NJW 1958, 1813 f; Soergel/Stein Rn 97; für Übergang auf die totensorgeberechtigten – s Rn 117 ff – *Angehörigen* des Erblassers jedoch Palandt/Edenhofer Rn 27).

375 Unvererblich sind nach BVerwG NJW 1987, 3212 der sich aus § 6 Abs 2 S 3 WoBindG ergebende **Anspruch des Bauherrn von mindestens vier öffentlich geförderten Wohnungen auf Genehmigung der Selbstbenutzung einer dieser Wohnungen (sog Bauherrenprivileg)** und nach BGHZ 70, 227, 230 = LM II. WoBauG Nr 21 (nur LS und Anm Linden) der sich aus § 56 Abs 1 des II. WoBauG ergebende **Anspruch eines „geeigneten" Erwerbers auf Abschluß eines Veräußerungsvertrages über ein Kaufeigenheim.** Ebenfalls unvererblich ist ein vom Erblasser vor seinem Tode nicht geltend gemachter Anspruch auf Erteilung einer **Wohnberechtigungsbescheinigung** nach § 5 WoBindG, da das Gesamteinkommen des Erben und seiner haushaltszugehörigen Familienangehörigen im Zeitpunkt der Antragstellung die Einkommensgrenze nicht übersteigen darf (BVerwG aaO). War bereits der Erblasser *Inhaber* einer Wohnberechtigungsbescheinigung, so „darf der Verfügungsberechtigte die Wohnung dessen Haushaltsangehörigen nur nach Maßgabe der Absätze 1 bis 6 (des § 4 WoBindG) zum Gebrauch überlassen; haushaltszugehörigen Familienangehörigen, die nach § 569 a Abs 2 BGB in das Mietverhältnis eingetreten sind, und dem Ehegatten darf die Wohnung auch ohne Übergabe einer Wohnberechtigungsbescheinigung zum Gebrauch überlassen werden" (§ 4 Abs 7 WoBindG; vgl dazu die diese Vorschrift und den von ihr in Bezug genommenen § 569 a Abs 2 zu Unrecht [s oben Rn 54, 62] als Sonder*erb*folgeregelung deutende Entscheidung des BVerwG aaO).

376 Vererblich ist die durch eine schuldhafte **Verletzung des Fehlbelegungsverbots** (§ 4 Abs 2 S 1 WoBindG) durch den Hauseigentümer begründete Pflichtigkeit des Verfügungsberechtigten, mit Geldleistungen nach § 25 Abs 1 WoBindG belastet zu werden (BVerwGE 64, 105 ff).

377 **Öffentlich-rechtliche Wiedergutmachungs- und Entschädigungsansprüche** sind grundsätzlich vererblich. Das gilt insbes für die Entschädigungs- und Wiedergutmachungsansprüche, die die nationalsozialistischen Unrechtsmaßnahmen, der zweite Weltkrieg und seine Folgen notwendig gemacht haben (so schon Staudinger/Boehmer[11] Rn 210 [mit Hinweisen auch auf die durch den *ersten* Weltkrieg erzeugten Entschädigungsansprüche]; eine Zusammenstellung der *nicht* oder nur *beschränkt* vererblichen Entschädigungsansprüche gibt Weissstein JR 1954, 96 f; zu Grenzen der Vererblichkeit auch Brunn NJW 1957, 297 ff). Vgl im übrigen MünchKomm/Leipold Einl 113 ff und Soergel/Stein Rn 101 ff; beide mit weiterführenden Rechtsprechungs- und Schrifttumsangaben zu den einschlägigen Bestimmungen des **BEG,** des **LAG** und des **BRüG.** Neu hinzugekommen sind seit dem Beitritt der DDR zur Bundesrepublik Deutschland die Rückübertragungs-, Rückgabe- und Entschädigungsansprüche nach dem **Gesetz zur Regelung offener Vermögensfragen (VermG)** v 23. 9. 1990. Die Vererblichkeit dieser Ansprüche folgt aus

§ 2 Abs 1 S 1 („sowie ihre Rechtsnachfolger") und § 3 Abs 1 S 2 (Zulassung der Anspruchsabtretung) VermG. Vgl dazu MÄRKER, Restituierte Erbfälle bei Rückübertragung von enteigneten Vermögen?, VIZ 1992, 174 ff. Mit pflichtteilsrechtlichen Konsequenzen befaßt sich BGHZ 123, 76 ff = NJW 1993, 2176 f.

Öffentlich-rechtliche *Verbindlichkeiten* sind vererblich nach Maßgabe des bei STAUDIN- **378** GER/MAROTZKE[12] § 1967 Rn 12, 14 ff Ausgeführten. Vgl auch oben Rn 351−353 (Grundsätzliches), 357 (Sonderrechtsnachfolge), 362−364, 368, 370 f, 376 sowie zu zahlreichen Spezialproblemen das vor Rn 351 angegebene Schrifttum.

H.   Zum Recht der früheren DDR vgl STAUDINGER/MAROTZKE[12] § 1922 Rn 382 **379** sowie STAUDINGER/OTTE Einl 109 ff (Übergangsrecht).

§ 1923

[1] **Erbe kann nur werden, wer zur Zeit des Erbfalls lebt.**

[2] **Wer zur Zeit des Erbfalls noch nicht lebte, aber bereits erzeugt war, gilt als vor dem Erbfalle geboren.**

Materialien: E I §§ 1752, 1758 Abs 1, 1954, 1964 Abs 2, 2026 Abs 1; II 1800; III 1899; Mot V 4 f, 11 ff, 332 f, 357 f, 488 f; Prot V 4, 7 f, 398, 463, 614; VI 90, 335 ff.

Systematische Übersicht

Wolfgang Marotzke
Gerhard Otte

I. Erbfähigkeit natürlicher Personen

1. Allgemeines

1 Nach § 1922 Abs 1 geht die Erbschaft mit dem Erbfall auf den oder die Erben über. Der Übergang vollzieht sich automatisch – Anfallprinzip oder Vonselbsterwerb, § 1942 Abs 1 (vgl dort Rn 1 f, 7 f). Er setzt auf seiten des Erben Rechtsfähigkeit zZ des Erbfalls voraus. Im Grundsatz (Abs 1) und unabhängig vom Berufungsgrund (Testament, Erbvertrag, gesetzliche Erbfolge) bedeutet das, daß der Erbe zZ des Erbfalls bereits geboren sein muß, aber noch nicht gestorben sein darf; er muß also den Erblasser um eine wenn auch noch so geringe Zeitspanne überleben. Die sich daraus ergebende Möglichkeit von Zufallserbfolgen, wenn nahe Angehörige kurz nacheinander (etwa aufgrund desselben Unglücksfalls) sterben, ist de lege ferenda fragwürdig (vgl ErbrA d AkDR 4. Denkschr 4 ff, 2. Denkschr 146 f; Lange/Kuchinke § 4 III 2 a; ferner Rn 6 aE).

2. Beginn und Ende der Erbfähigkeit

2 Die Rechtsfähigkeit und damit generell auch die Erbfähigkeit *beginnt* mit der Vollendung der Geburt (Einzelheiten s Staudinger/Weick/Habermann[1994] § 1 Rn 4 ff). Für die Erbfähigkeit bringt jedoch Abs 2 eine spezielle Erweiterung bzgl des *nasciturus* (s u Rn 16 ff).

3 Die Rechts- und damit auch die Erbfähigkeit *endet* mit dem Tod. (Zum Begriff des Todes und zur Bestimmung des Zeitpunkts vgl Staudinger/Marotzke § 1922 Rn 4 f und Staudinger/Weick/Habermann[1994] Vorbem 3 ff zu § 1 VerschG, aber auch unten Rn 6 aE, ferner Leipold in FS Kralik [1986] 478 ff.) Wer *vor* dem Erblasser oder *gleichzeitig* mit ihm verstorben ist, kann ihn daher nicht beerben. Bei *gesetzlicher* Erbfolge ist Rechtsfolge des Vorversterbens von Verwandten primär der *Eintritt* ihrer Abkömmlinge §§ 1924 Abs 3, 1925 Abs 3 S 1, 1926 Abs 3-5, 1928 Abs 3), hilfsweise die *Erhöhung der* auf die nicht ausgestorbenen Stämme bzw Linien entfallenden *Anteile* (§§ 1924 Abs 4, 1925 Abs 3 S 2, 1926 Abs 3 S 1, Abs 4, 1928 Abs 2), äußerst hilfsweise die *Berufung der Erben der nächsten Ordnung zur Erbfolge* (§ 1930). Das Vorversterben eines *eingesetzten* Erben führt dazu, daß die Erbschaft dem *Ersatzerben* anfällt (§ 2096, beachte auch §§ 2068 f); hilfweise (§ 2099) tritt *Anwachsung* ein (§ 2094), äußerst hilfsweise die *gesetzliche Erbfolge.* Zur *Auslegung von Verfügungen zugunsten bereits Verstorbener* s Staudinger/Otte[12] § 2084 Rn 12 f.

3. Nacherb- und Vermächtnisfähigkeit

4 Bei der *Nacherbfolge* ist § 1923 gemäß § 2108 Abs 1 entsprechend anzuwenden; erforderlich, aber auch ausreichend ist, daß der Nacherbe zZ des Nacherbfalls lebt oder wenigstens schon erzeugt ist (Staudinger/Behrends[12] § 2108 Rn 1 ff). Beim *Vermächtnis* darf der Bedachte nicht schon vor dem Erbfall verstorben sein (§ 2160); nicht erforderlich ist, daß er zZ des Erbfalls bereits lebt oder erzeugt ist (§ 2178). Keine Frage der Erbfähigkeit, sondern der *Auslegung einer Zuwendung* behandelt § 2074 (Staudinger/Otte[12] § 2074 Rn 58 ff).

4. Beweis des Überlebens

Daß ein zur Erbfolge Berufener den Erblasser überlebt bzw nicht überlebt hat (und **5** ihn somit beerben konnte bzw nicht beerben konnte), kann mittels öffentlicher Urkunden, in erster Linie mittels der **Personenstandsbücher** oder -urkunden (§§ 60, 66 PStG), bewiesen werden (Einzelheiten bei STAUDINGER/FIRSCHING[12] § 2356 Rn 4 ff und STAUDINGER/WEICK/HABERMANN[1994] Vorbem 10 zu § 1 VerschG; BAUMGÄRTEL/STRIEDER § 1922 Rn 1), aber auch (im Erbscheinsverfahren jedoch nur nachrangig, § 2356 Abs 1) durch andere zulässige Beweismittel (STAUDINGER/FIRSCHING[12] § 2356 Rn 31 ff).

Unter Umständen kann der Beweis des Vorversterbens oder Überlebens nicht **6** geführt werden, so wenn eine Sterbeurkunde, weil Ort oder Zeitpunkt des Todes unbekannt sind, nicht beschafft werden kann oder wenn sie, weil sie dieselbe Todesstunde wie die des Erblassers und keinen genaueren Zeitpunkt angibt (vgl § 64 Nr 3 sowie § 37 Abs 1 Nr 3 PStG), nicht erkennen läßt, ob der Verstorbene *nach* dem Erblasser gestorben ist. Falls dann auch keine anderen Beweismittel zur Verfügung stehen, kann die **Kommorientenvermutung** des § 11 VerschG eingreifen. Sie setzt voraus, daß der, um dessen Erbenstellung es geht, tot oder für tot erklärt ist. Es wird dann vermutet, daß er *gleichzeitig mit dem Erblasser* verstorben ist (und ihn somit nicht beerben konnte).

Mit beachtlichen Gründen für eine Erweiterung des Anwendungsbereichs der Vermutung SOERGEL/STEIN § 1922 Rn 3, § 1923 Rn 3: Es sei nicht von einem Zeitpunkt, sondern von einer Zeitspanne des Sterbens auszugehen; jede Überschneidung dieser Zeitspannen sei „Gleichzeitigkeit" iSv § 11 VerschG; ebenso OLG Köln FamRZ 1992, 862.

Keine Voraussetzung der Vermutung ist das *Umkommen in gemeinsamer Gefahr*; anders früher § 20 BGB (hierzu STAUDINGER/WEICK/HABERMANN[1994] § 11 VerschG Rn 1 ff; unrichtig BGB-RGRK/KREGEL Rn 3).

Folge der Anwendung von § 11 VerschG ist, daß für den, dessen gleichzeitiges Ver- **7** sterben mit dem Erblasser vermutet wird, *kein Erbschein* erteilt (STAUDINGER/WEICK/HABERMANN[1994] § 11 VerschG Rn 5, 13; KG FamRZ 1967, 514) und auch *kein Abwesenheitspfleger zur Wahrnehmung seines Erbrechts* bestellt werden kann. Andererseits reicht die Vermutung aus für den nach §§ 2354 Abs 2, 2355, 2356 Abs 1 erforderlichen *Nachweis, daß eine Person*, die den Antragsteller von der Erbfolge ausschließen oder seinen Erbteil mindern würde, *weggefallen* ist; denn wer den Erblasser nicht überlebt, fällt als sein Erbe weg (STAUDINGER/FIRSCHING[12] § 2356 Rn 3).

Str ist das Verhältnis von § 11 VerschG zu den **Todeszeitvermutungen** der §§ 9 Abs 1, **8** 44 Abs 2 VerschG. Nach diesen Vorschriften wird vermutet, daß ein *Verschollener* (Definition in § 1 Abs 1 VerschG) bis zu dem im Todeserklärungsbeschluß und ein *Verstorbener*, dessen *Tod nicht im Sterbebuch eingetragen* ist (§ 39 VerschG), bis zu dem im Todeszeitfeststellungsbeschluß genannten Zeitpunkt gelebt hat. Liegt dieser Zeitpunkt *nach* dem Erbfall, könnte der Betreffende Erbe geworden sein. Nach BGHZ 62, 112, 118 (auch BGH WM 1974, 1256) und einer verbreiteten Auffassung in der Lit (BAUMGÄRTEL/STRIEDER § 1922 Rn 10; STAUDINGER/FIRSCHING[12] § 2356 Rn 20; SOERGEL/SCHULTZE-vLASAULX[11] § 11 VerschG Rn 4; **aM** STAUDINGER/WEICK/HABERMANN[1994] § 11 VerschG Rn 11 und SOERGEL/SCHULTZE-vLASAULX[10] aaO mit Nachweisen zum Streitstand; ferner NAGEL,

Das Versterben untereinander erbberechtigter Personen aufgrund derselben Ursache [Diss Göttingen 1983] 125 ff) hat jedoch die Vermutung des § 11 VerschG Vorrang, *soweit* es um die Frage geht, ob *eine Person die andere überlebt* hat.

9 Die Vermutung gleichzeitigen Versterbens mit dem Erblasser gemäß § 11 VerschG ist nicht anwendbar, wenn der Tod der Person, um die es geht, nicht feststeht und sie auch nicht für tot erklärt ist. Ist der Betreffende verschollen (§ 1 Abs 1 VerschG), wird nach § 10 VerschG vermutet, daß er bis zu dem aus § 9 Abs 3, 4 VerschG sich ergebenden Zeitpunkt (hierzu STAUDINGER/WEICK/HABERMANN[1994] § 9 VerschG Rn 4 ff) lebt oder gelebt hat. Liegt dieser Zeitpunkt *nach* dem Erbfall, so besteht für ihn die Vermutung, daß er den Erblasser überlebt hat und daher nicht als Erbe weggefallen, sondern (bei Vorliegen der sonstigen Voraussetzungen gesetzlicher oder gewillkürter Erbfolge) Erbe geworden ist (BGB-RGRK/KREGEL Rn 3). Für ihn kann ein *Erbschein* erteilt und zur Wahrnehmung seines Erbrechts ein *Abwesenheitspfleger* bestellt werden. Diese Wirkungen des § 10 VerschG können aber jederzeit durch Nachweis des Todes oder Todeserklärung zunichte gemacht werden (Konsequenz aus der Ansicht vom Vorrang des § 11 VerschG, s o Rn 8, die insoweit nicht unproblematisch erscheint).

10 Liegt das *Ende* der **Lebenszeitvermutung** des § 10 VerschG *vor* dem Erbfall, kommt mangels Nachweises der Voraussetzung des § 1923 Abs 1 ein *Erbschein* für den Verschollenen *nicht in Betracht* (BGB-RGRK/KREGEL Rn 3). Andererseits besteht keine Todesvermutung (STAUDINGER/WEICK/HABERMANN[1994] § 10 VerschG Rn 7). Der Verstorbene kann also *nicht als weggefallen* iS v § 2354 Abs 1 angesehen werden, so daß auch für den *nach* ihm Berufenen kein Erbschein zu erteilen ist. Vielmehr ist „der Erbe unbekannt", so daß bei Fürsorgebedürfnis *Nachlaßpflegschaft* gemäß § 1960 anzuordnen ist und sich auch die Frage stellen kann, ob auch noch *nach* Ablauf der Lebenszeitvermutung *Abwesenheitspflegschaft* möglich ist (zu beidem STAUDINGER/MAROTZKE § 1960 Rn 26 und STAUDINGER/WEICK/HABERMANN[1994] § 10 VerschG Rn 8 f; ferner BGHZ 5, 243 f). Für den **Prozeß** wird die Ansicht vertreten, wer aus dem Vorversterben Rechte herleite, müsse dieses, wer sich auf das Überleben berufe, müsse jenes beweisen (STAUDINGER/WEICK/HABERMANN[1994] § 10 VerschG Rn 7). Dann wäre ein Prozeß um das Erbrecht zwischen einem (gesetzlich oder durch Abwesenheitspfleger vertretenen) Verschollenen und demjenigen Erbprätendenten, dem dessen Wegfall zugute käme, unentscheidbar. Zum Teil wird eine *Beweislast nur für das Überleben* angenommen (BAUMGÄRTEL/STRIEDER Rn 4; MünchKomm/LEIPOLD Rn 9; SOERGEL/STEIN Rn 3). Die hierin liegende Bevorzugung des Nachrückers (Ersatzerben oder nächsten gesetzlichen Erben) ist jedoch ungerechtfertigt. Wer den Tod eines Verschollenen behauptet, mag das *Aufgebotsverfahren zwecks Todeserklärung* beantragen. Erfolgt sie, gilt das zu Rn 6 Gesagte; wird der Antrag nicht gestellt (zum Antragsrecht aus § 16 Abs 2 VerschG STAUDINGER/WEICK/HABERMANN[1994] Vorbem 4 zu § 13 VerschG), kann das Prozeßgericht diesen Umstand frei würdigen.

11 **5.** Bei der Auslegung letztwilliger **Verfügungen für den Fall „gleichzeitigen Versterbens"** handelt es sich nicht um eine Frage der Erbfähigkeit, sondern darum, ob eine bedingte Erbeinsetzung vorliegt und welchen Inhalt die Bedingung hat (vgl STAUDINGER/OTTE[12] Vorbem 57, 80 zu § 2064).

6. Relative Erbunfähigkeit

Dieselben Wirkungen auf die Erbfolge wie das Vorversterben (s o Rn 3) haben die **12** *Enterbung* (§ 1938), die *Ausschlagung* (§ 1953 Abs 2), die *Erbunwürdigerklärung* (§ 2344 Abs 2) und der *Erbverzicht* (§ 2346 Abs 1 S 2), ferner der *vorzeitige Erbausgleich* (§ 1934 e). In diesen Fällen besteht aber nur eine relative Erbunfähigkeit, weil der Enterbte, der Ausschlagende usw andere Personen, uU auch den Erblasser selbst aus einem *anderen Berufungsgrund*, beerben kann (wegen der Einzelheiten vgl die Erl zu den genannten Vorschriften).

Nicht die Erbfähigkeit, sondern die Gültigkeit von Testamenten und Erbverträgen betreffen die Vor- **13** schriften über den **Ausschluß der Mitwirkung** von *Notaren, Dolmetschern* und *zugezogenen Vertrauenspersonen* bei der Errichtung einer Verfügung von Todes wegen in notarieller Form (§§ 7, 16 Abs 3 S 2, 24 Abs 2, 27 BeurkG) sowie von *Bürgermeistern* und *Zeugen* bei der Errichtung von Nottestamenten (§§ 2249 Abs 1 S 3 und 4, 2250 Abs 3 S 2), wenn die betreffenden Personen oder ihre Angehörigen in der Verfügung bedacht oder zum Testamentsvollstrecker ernannt werden. Dies ergibt sich schon daraus, daß die ausgeschlossenen Personen und ihre Angehörigen ohne weiteres durch eigenhändiges Testament oder kraft Gesetzes zur Erbfolge berufen werden können. Zu dem von manchen (zB Soergel/Stein Rn 11) zu Unrecht als Beispiel relativer Erbunfähigkeit angesehenen § 14 HeimG s Einl 66 u § 1945 Rn 29.

7. Keine gesetzliche Beschränkung der Erbfähigkeit

Art 87 Abs 2 EGBGB, wonach Landesgesetze den Erwerb von Todes wegen durch **14** Mitglieder **religiöser Orden** oder ordensähnlicher **Kongregationen** von staatlicher Genehmigung abhängig machen konnten, verstieß gegen Art 3, 4 und 14 GG und ist durch das GesEinhG auch formell aufgehoben worden.

Art 88 EGBGB über landesrechtliche Genehmigungsvorbehalte für den **Grund-** **15** **stückserwerb durch Ausländer**, der auch den Erwerb von Todes wegen betrifft (Kipp/Coing § 84 I 1), ist bezüglich ausländischer *natürlicher* Personen in keinem Bundesland mehr ausgefüllt (vgl Staudinger/Merten/Kirchhof[12] Art 88 EGBGB Rn 17). Für *heimatlose* Ausländer und für *Angehörige von EG-Staaten* sind solche Genehmigungserfordernisse nunmehr bundesrechtlich ausgeschlossen (Staudinger/Merten/ Kirchhof[12] Art 88 EGBGB Rn 4, 5).

II. Erbfähigkeit Ungeborener

1. Sinn der Vorschrift

Abs 2 erstreckt die Erbfähigkeit auf die **Leibesfrucht** *(nasciturus)*. Die Vorschrift hat **16** vor allem Bedeutung für die erbrechtliche Gleichbehandlung nachgeborener *(posthumer)* Kinder des Erblassers mit ihren älteren Geschwistern. Sie erreicht ihr Ziel durch die **Fiktion** der *Geburt vor dem Erbfall*.

2. Voraussetzungen

Die Fiktion setzt voraus, daß der noch nicht geborene Mensch zur Zeit des Erbfalls **17** bereits gezeugt war und später lebend geboren wird. Letzteres ergibt sich aus den

Gerhard Otte

Worten „noch nicht lebte". Zur Lebendgeburt und ihrer Feststellung vgl STAUDIN-GER/WEICK/HABERMANN[1994] § 1 Rn 4 ff. Bei *Fehl-* und *Totgeburten* ist die Vorschrift unanwendbar. *Lebensfähigkeit* des Neugeborenen wird nicht gefordert.

3.   Rechtsfolgen der Erbfähigkeit der Leibesfrucht

18   § 1923 Abs 2 bedeutet nicht, daß der zur Zeit des Erbfalls noch nicht Geborene, aber bereits Erzeugte schon mit dem Erbfall Erbe wird. Da er die zweite Voraussetzung der Vorschrift (s o Rn 17) erst mit der Geburt erfüllt, kann ihm die Erbschaft erst dann anfallen. Die *Ausschlagungsfrist* beginnt dementsprechend frühestens mit der Geburt (§ 1944 Rn 17; § 1942 Rn 8). Die *Wirkungen des Erbanfalls werden* aber, wenn er erfolgt, *auf den Erbfall zurückbezogen;* dies ist der Sinn der Worte „gilt als vor dem Erbfall geboren". *Nach den Verhältnissen zZ des Erbfalls* und nicht nach denen zZ der Geburt *sind auch die sonstigen Voraussetzungen* für das Erbrecht des nasciturus *zu beurteilen;* Veränderungen im Kreis der Miterben, zB der zwischenzeitliche Tod eines Miterben, berühren sein Erbrecht nicht; etwas anderes gilt selbstverständlich für solche Veränderungen, deren Wirkungen gleichfalls auf den Erbfall zurückbezogen werden (Ausschlagung, Erbunwürdigerklärung, Geburt eines zZ des Erbfalls bereits gezeugten Miterben).

19   In der Zeit zwischen dem Erbfall und der Geburt des zum Erben berufenen nasciturus ist noch ungewiß, ob er oder statt seiner ein anderer Erbe werden wird. Bei entsprechendem Fürsorgebedürfnis für den Nachlaß ist dann ein *Nachlaßpfleger* (§ 1960) *wegen Unbekanntheit des Erben* zu bestellen. Davon zu unterscheiden (vgl STAUDINGER/MAROTZKE § 1960 Rn 24; unrichtig PALANDT/DIEDERICHSEN § 1912 Rn 4; wie hier MünchKomm/LEIPOLD Rn 20) ist die wegen Wahrung des (künftigen) Erbrechts uU angezeigte *Pflegschaft für die Leibesfrucht* (§ 1912). Die Eltern (vgl § 1912 Abs 2) oder der Pfleger nach § 1912 können für den nasciturus auf *Feststellung seiner bedingten Erbberechtigung,* die in der Schwebezeit bis zur Geburt bereits ein feststellungsfähiges Rechtsverhältnis ist (vgl RGZ 75, 408), *klagen.* Die *Erbauseinandersetzung* ist bis zur Geburt *ausgeschlossen* (§ 2043 Abs 1). Ein *Erbschein* für den nasciturus kommt selbstverständlich nicht in Betracht, da er noch nicht Erbe ist. Für Miterben, deren Erbteile der Größe nach wegen der Ungewißheit des Erbrechts des nasciturus noch nicht feststehen, kann ein *Mindesterbteilerbschein* ausgestellt werden (STAUDINGER/FIRSCHING[12] § 2353 Rn 75).

4.   Beweis der Zeugung vor dem Erbfall

20   Nach ganz hM soll die Frage, ob ein nach dem Erbfall Geborener schon vor dem Erbfall gezeugt ist, Gegenstand freier Beweiswürdigung sein (statt aller MünchKomm/LEIPOLD Rn 16). Die **Vermutungen der Abstammung** (§§ 1591 f, 1600 o Abs 2) sollen nicht anwendbar sein und allenfalls tatsächliche Anhaltspunkte (welche?) liefern. Auf diesen Standpunkt hatten sich schon die Motive (V 11 f) gestellt. Demgegenüber wurde in der 2. Kommission die Auffassung vertreten, die familienrechtlichen Vermutungen seien auch im Erbrecht anwendbar (Prot V 8; unrichtig hierzu STAUDINGER/LEHMANN[11] Rn 5). Soweit ersichtlich, hat sich in der älteren Lit nur F LEONHARD (Anm III B 2 a u Die Beweislast[2] § 131 I) für die Anwendung des § 1591 ausgesprochen.

21   Die hM führt dazu, daß uU ein Kind, das innerhalb von 302 Tagen nach dem Tode eines Mannes von dessen Ehefrau geboren ist und daher, falls seine Ehelichkeit nicht erfolgreich angefochten wird, nach § 1593 als ehelich angesehen werden muß, kein gesetzliches Erbrecht und damit auch kein Pflichtteilsrecht nach seinem Vater hat. Es müßte nämlich, wenn die Zeitspanne zwischen Erbfall und Geburt länger ist als die Mindesttragezeit des § 1592 Abs 1 (dazu STAUDINGER/GÖPPINGER[12] Rn 3), zum Nachweis seines Erbrechts sowohl im Erbscheinsverfahren als auch im Prozeß seine *Zeugung vor dem Erbfall* (nicht seine Zeugung durch den Erblasser!) beweisen. Diese Schlechterstellung gegenüber einem früher geborenen Kind, das ceteris paribus ohne weiteres ein gesetzliches Erbrecht nach dem Ehemann seiner Mutter hat, ist nicht gerechtfertigt. Die von MANSEES (Das Erbrecht des Kindes nach künstlicher Befruchtung [1991] 67) gegen die hier vertretene Auffassung angeführte Manipulationsgefahr erscheint angesichts der bei normaler Tragezeit nur etwa einen Monat ab Erbfall bestehenden Möglichkeit, die Geburt eines Erben innerhalb der für § 1593 maßgeblichen Frist herbeizuführen, konstruiert und ist nicht vergleichbar mit den Folgen einer in der Lit teilweise befürworteten analogen Anwendung des § 1923 Abs 2 auf nach Ablauf der Frist des § 1593 geborene *künstlich* gezeugte Kinder (hierzu unten Rz 26 ff). Nur de lege ferenda für die Anwendung des § 1593 im Rahmen des § 1923 Abs 2 tritt SCHÜNEMANN (Verh d 56. DJT K 152) ein.

Die hM führt auch zu Wertungsungleichheiten, da sie, wenn das Erbrecht eines **22** entfernteren Abkömmlings (§ 1924 Abs 3) davon abhängt, ob der Vorverstorbene, an dessen Stelle er tritt, eheliches Kind des Erblassers war, § 1593 uneingeschränkt anwendet (statt aller PALANDT/EDENHOFER Rn 5). Auch bei der Beurteilung des Erbrechts nach einem Vermißten gehen die Vertreter der hM davon aus, daß das innerhalb von 302 Tagen nach dem festgestellten Todeszeitpunkt (§§ 9 oder 44 VerschG) geborene Kind gesetzlicher Erbe des Verschollenen ist (SOERGEL/STEIN § 1924 Rn 4; PALANDT/EDENHOFER § 1924 Rn 6; ebenso STAUDINGER/WERNER Vorbem 22 zu § 1924).

Dies alles spricht *für die Anwendung des § 1593* im Rahmen des § 1923 Abs 2: Ein **23** innerhalb der Frist des § 1593 von der Ehefrau des Erblassers geborenes Kind ist vorbehaltlich erfolgreicher Anfechtung als ehelich, somit auch als vom Erblasser und daher zwangsläufig *vor dem Erbfall gezeugt* anzusehen (F LEONHARD Anm III B 2 a). Für Anwendung des § 1593 jetzt auch BROX (FS Stree und Wessels [1993] 976), der damit aber nur die Ehelichkeit des Kindes begründen, nicht das Erfordernis der Zeugung vor dem Erbfall ersetzen will, da er dieses bei postmortaler künstlicher Zeugung aus Gründen der Gleichheit für entbehrlich hält (dazu u Rn 26 ff). Durch Anwendung von § 1593 ist schließlich auch das Problem zu lösen, ob es bei Zeugung außerhalb des Mutterleibes *(In-Vitro-Fertilisation, „Retortenbaby")* auf die Befruchtung oder auf Einpflanzung der befruchteten Eizelle in die Gebärmutter *vor* dem Tode des Vaters ankommt: Entscheidend ist, ob das Kind aufgrund des Zeitpunkts der Geburt rechtlich ein eheliches Kind des Ehemannes der Mutter ist (ebenso ZIERL DRiZ 1986, 303).

Bei *nichtehelicher* Abstammung stellen sich keine vergleichbaren Probleme. Entgegen MANSEES 67 f **24** ergibt sich daraus kein auf Art 6 Abs 5 GG gestütztes Argument gegen die Anwendung des § 1593 zur Bestimmung des Zeugungszeitpunkts ehelicher Kinder. Es handelt sich nur um eine Konsequenz der verfassungsrechtlich unbedenklichen Unterschiedlichkeit der Abstammungsregelung: Die Anerkennung eines nichtehelichen Kindes ist zwar schon vor der Geburt (§ 1600 b Abs 2), aber nicht vor der Zeugung möglich, und eine gerichtliche Feststellung der Vaterschaft (§ 1600 n) ist bei schwerwiegenden Zweifeln an der Zeugung durch den Erblasser nicht an die Zeugungsvermutung des

§ 1600 o Abs 2 gebunden. Daher kann – natürliche Zeugung vorausgesetzt, zur postmortalen Zeugung s u Rn 26 ff – der Fall nicht eintreten, daß ein nichteheliches Kind erst nach dem Erbfall gezeugt, aber dennoch als Kind des Erblassers anzusehen ist.

5. Erbfähigkeit bei Zeugung nach dem Erbfall

25 Wer nicht vor dem Erbfall erzeugt (oder wegen § 1593 als vor dem Erbfall erzeugt anzusehen) ist, kann nicht Erbe des Erblassers sein. Innerhalb der zeitlichen Grenzen des § 2109 kann er aber zur *Nacherbfolge* gelangen (§ 2108 Abs 1, Einzelheiten dort).

26 Die durch die Entwicklung der Fortpflanzungstechnologie möglich gewordene Zeugung eines Menschen nach dem Tode seines Vaters (**postmortale Zeugung**) wirft auch im Erbrecht schwierige Fragen auf, deren Lösung von den Verfassern des BGB nicht antizipiert werden konnte. Angesichts der Verantwortung beider Eltern für das Kind, die verletzt wird, wenn das Kind planmäßig als Halbwaise zur Welt kommt, ist postmortale Zeugung ethisch und rechtlich (Art 6 Abs 2 GG) zu mißbilligen (STARCK Verh d 56. DJT A 21; Beschlüsse II 5 und III 5, K 234 f), auch wenn sie durch § 4 Abs 1 Nr 3 EmbryonenschutzG v 13. 12. 1990 (BGBl I 2746) nicht verboten ist. Unter der Bewertung des Verhaltens der für die Zeugung Verantwortlichen darf jedoch die Rechtsstellung des Kindes nicht leiden. Das heißt allerdings noch nicht, daß postmortal Gezeugten auf Kosten anderer, bereits Erbe gewordener Personen eine erbrechtliche Stellung verschafft werden müßte. Überwiegende Gründe sprechen vielmehr dagegen.

27 Keine Bedenken bestehen gegen die Berufung postmortal Gezeugter zu *Nacherben*. Sie können wie jeder andere auch in den zeitlichen Grenzen des § 2109 Abs 1 zur Nacherbfolge gelangen (unstr). Ihre Erbeinsetzung ist im Zweifel als Nacherbeinsetzung auszulegen; andernfalls ist sie unwirksam (§ 2101 Abs 1), denn Erbe können sie wegen § 1923 nicht werden, auch nicht Ersatzerbe (unrichtig COESTER-WALTJEN Verh d 56. DJT B 42).

28 Ein *gesetzliches Erbrecht* postmortal Gezeugter wäre, soll nicht die Erbfolge in einer für alle Beteiligten unerträglichen Weise auf Dauer ungewiß bleiben, nur in Form einer dem BGB unbekannten *gesetzlichen Nacherbfolge* denkbar. Freilich würde sich in der Mehrzahl der Fälle die Problematik für die übrigen gesetzlichen Erben – solange §§ 1934 a ff gelten – dadurch etwas entschärfen, daß der postmortal Gezeugte, der später als 302 Tage nach dem Tod seines Vaters geboren wird, auf jeden Fall *nichtehelich* ist, auch wenn seine Mutter die Ehefrau seines Vaters war (vgl STAUDINGER/GÖPPINGER[12] § 1591 Rn 41; SELB, Rechtsordnung und künstliche Reproduktion des Menschen [1987] 28 u 119; BROX 976 f; aM ohne Begr DEUTSCH MDR 1985, 180). Daher stände ihm bei Konkurrenz mit ehelichen Abkömmlingen seines Vaters nur ein Erbersatzanspruch nach § 1934 a Abs 1 zu (aM jetzt BROX 977 u Rn 9). Es wäre jedoch unerträglich, die gesetzlichen Erben der Möglichkeit künftiger Erbersatzansprüche auszusetzen, die noch in einem nicht absehbaren Zeitraum nach dem Erbfall entstehen könnten, oder von Nacherbrechten (§§ 2112 ff !) bis zum Ablauf der Zeitspanne des § 2109, zumal die Entstehung solcher Nachlaßbeteiligungen der *Absicht* zu verdanken sein könnte, *die Erbfolge zu manipulieren*. Aus dem gleichen Grund wäre es unerträglich, die Rechtsstellung eingesetzter Erben noch dreißig Jahre nach dem

Erbfall (§ 2082 Abs 3) der Anfechtungsmöglichkeit durch postmortal gezeugte Pflichtteilsberechtigte auszusetzen. Die Situation ist nicht vergleichbar mit der sich aufgrund des § 1923 Abs 2 ergebenden relativ kurzen Schwebelage. Daß der Gesichtspunkt der Rechtssicherheit für die Auslegung des § 1923 Abs 2 nicht relevant sein soll, weil er bei der Schaffung der Vorschrift keine Rolle gespielt hat (SOERGEL/STEIN Rn 6), vermag nicht zu überzeugen, geht es doch um die Lösung eines seinerzeit nicht existenten Problems. Eine gesetzliche Erbfolge postmortal Gezeugter kann wegen der Besonderheit der Situation *de lege lata* nicht aus dem Gleichheitsgrundsatz des Art 3 Abs 1 GG, aber auch nicht aus dem Gleichstellungsgebot des Art 6 Abs 5 GG oder der Erbrechtsgarantie abgeleitet werden (iE ebenso COESTER-WALTJEN Verh d 56. DJT B 42; EBENROTH Rn 15 f; SCHUMACHER FamRZ 1987, 314 f; BRITTING, Die postmortale Insemination als Problem des Zivilrechts [1989] 152 ff; aM LEIPOLD, in: FS Kralik 472 f; MünchKomm/LEIPOLD Rn 15; SOERGEL/STEIN aaO) und auch nicht aus einem „hypothetischen Willen des Gesetzgebers" (so BROX Rn 9 u in: FS Stree u Wessels 972 ff), denn der BGB-Gesetzgeber hat Vaterschaft nicht primär als eine biologische, sondern als rechtlich-soziale verstanden. Das postmortal gezeugte und nicht innerhalb der Frist des § 1593 geborene Kind hat daher weder ein gesetzliches Erbrecht noch ein Pflichtteilsrecht nach dem Samenspender und daher auch kein Anfechtungsrecht nach § 2079. Eine Änderung ist auch *de lege ferenda* nicht zu befürworten (iE ebenso für das österr Recht BERNAT, Rechtsfragen medizinisch assistierter Zeugung [1989] 190 f).

Bei *extrakorporaler* Befruchtung will MANSEES (64 f, 155 f, 164 u FamRZ 1986, 758) ein **29** Erbrecht des Kindes schon bejahen, wenn die *Befruchtung vor* dem Erbfall erfolgte (ebenso SELB 119; noch weitergehend LEIPOLD 477: Zeitpunkt der Samenspende soll entscheidend sein). Dies ist aus den oben angeführten Gründen, die durch die Ausführungen von MANSEES (178 ff) nicht entkräftet, sondern eher bestätigt werden, abzulehnen (wie hier EBENROTH Rn 15; ERMAN/SCHLÜTER Rn 3; LANGE/KUCHINKE § 4 III 2 b; ZIERL DRiZ 1986, 303).

III. Erbfähigkeit juristischer Personen

1. Allgemeines

Auch juristische Personen können erben. Der dies eigens aussprechende E I § 1759 **30** wurde von der 2. Kommission als selbstverständlich gestrichen (PROT V 7 ff). Erbfähig sind somit *alle* juristischen Personen des privaten und des öffentlichen Rechts. Den früheren *landesrechtlichen Genehmigungsvorbehalten* für den erbrechtlichen Erwerb durch (ausländische) juristische Personen ist heute weithin die Geltung entzogen (s § 1942 Rn 5 f und STAUDINGER/MERTEN/KIRCHHOF¹² Art 86 EGBGB Rn 24 ff). Die Erbeinsetzung von *Organen* oder *unselbständigen Anstalten* ist gemäß § 2084 (hierzu STAUDINGER/OTTE¹² § 2084 Rn 12) als Einsetzung der juristischen Person bzw des Trägers der Anstalt, uU verbunden mit einer Auflage, auszulegen (STAUDINGER/OTTE¹² § 2072 Rn 6), die Einsetzung einer *nicht mehr bestehenden juristischen Person* als Einsetzung derjenigen Person, die jetzt ihre Aufgaben wahrnimmt. Ein *gesetzliches* Erbrecht gibt es nur für den *Staat* (Bundesland) gemäß § 1936, sonst allenfalls noch nach Landesrecht gemäß Art 138 f EGBGB für *andere* juristische Personen des öffentlichen Rechts *anstelle des Staates* (s STAUDINGER/WINKLER¹² Art 138 EGBGB Rn 8) sowie für den Staat oder andere (auch dem Privatrecht angehörende) juristische Personen in bezug auf

Gerhard Otte

den *Nachlaß verpflegter oder unterstützter Personen* (s STAUDINGER/WINKLER[12] Art 139 EGBGB Rn 9 ff).

2. Personengesellschaften und nichtrechtsfähige Vereine

31 Eine *OHG* (oder *KG*) soll nach hM Erbe sein können, da sie gemäß § 124 Abs 1 (§ 161 Abs 2) HGB unter ihrer Firma Rechte erwerben kann (MünchKomm/LEIPOLD Rn 29; PALANDT/EDENHOFER Rn 1; SOERGEL/STEIN Rn 8; BGB-RGRK/KREGEL § 1922 Rn 4; vLÜBTOW II 643; dagegen mit beachtlichen Gründen FLUME ZHR 1972, 193 und Personengesellschaft § 7 III 6). Andere Gesamthandsgemeinschaften *(BGB-Gesellschaft, Gütergemeinschaft, Erbengemeinschaft)* werden mangels hinreichender rechtlicher Verselbständigung als nicht erbfähig angesehen (aM FABRICIUS, Die Relativität der Rechtsfähigkeit 236; für die BGB-Gesellschaft AK/DERLEDER Rn 1). Erbeinsetzungen solcher Gemeinschaften sind gemäß § 2084 als *Einsetzungen ihrer Mitglieder* auszulegen. Dasselbe gilt beim *nichtrechtsfähigen Verein* (§ 54 S 1). Eine andere Frage ist, ob die Erbschaft den Mitgliedern *unmittelbar als Vereinsvermögen* anfällt oder ob die einzelnen Mitglieder erst ihre Erbteile in das Vereinsvermögen einbringen müssen, wie die früher hM annahm (RG Recht 1929 Nr 975; PLANCK/FLAD Vorbem 2 zu § 2064; weitere Nachweise bei STAUDINGER/LEHMANN[11] Rn 18; heute noch BGB-RGRK/STEFFEN § 54 Rn 17 und vLÜBTOW II 641 ff). Im Rahmen der Anwendbarkeit des für nichtrechtsfähige Vereine entsprechend geltenden § 718 Abs 1 wird jeder Erwerb unmittelbar Gesamthandsvermögen. Daher wurde schon früher (STAUDINGER/LEHMANN[11] Rn 18) ein erbrechtlicher Erwerb des Vereins als „durch die Geschäftsführung erworben" angesehen, weil die Zuwendung im Hinblick auf die Tätigkeit des Vereins gemacht wird; andere (vLÜBTOW aaO; STAUDINGER/KESSLER[12] § 718 Rn 6) bejahten das jedenfalls für den Erwerb eines Vermächtnisanspruchs, nicht jedoch für die Erbeinsetzung, da sonst die Vorschriften über die Erbengemeinschaft verletzt würden. Im Ergebnis wird heute der unmittelbare Übergang der Erbschaft in das Vereinsvermögen von der hM anerkannt (KIPP/COING § 84 I 2 b; EBENROTH Rn 18; HABSCHEID AcP 155, 401; FLUME Personengesellschaft § 7 III 6; SOERGEL/STEIN Rn 8; ERMAN/SCHLÜTER Rn 1; PALANDT/HEINRICHS § 54 Rn 9; MünchKomm/LEIPOLD Rn 30; MünchKomm/REUTER § 54 Rn 13 jedenfalls für den Idealverein). Es kann aber im Hinblick auf die *zweifelhafte Grundbuchfähigkeit* nichtrechtsfähiger Vereine angezeigt sein (§ 2084 !), die Erbeinsetzung des Vereins als Einsetzung natürlicher Personen (Vorstand, notfalls auch Mitglieder) mit einer Auflage zugunsten des Vereins anzusehen (vgl KG JFG 13, 133).

3. Künftige juristische Personen

32 Die juristische Person muß, um erben zu können, zZ des Erbfalls bestehen. Eine Ausnahme gilt nur für Stiftungen (Rn 33). Abs 2 ist auf „werdende" juristische Personen nicht entsprechend anwendbar (PALANDT/EDENHOFER Rn 6; BGB-RGRK/KREGEL Rn 7; aM SOERGEL/STEIN Rn 8). Die Rechtsfähigkeit muß also schon beim Erbfall vorhanden sein. Andernfalls kommt nur Erbeinsetzung der Gründer mit der Auflage, die angefallenen Erbteile nach Entstehung der juristischen Person auf diese zu übertragen, oder Nacherbfolge (vgl §§ 2101 Abs 2, 2106 Abs 2 S 2) in Betracht.

33 Für **Stiftungen**, die durch Verfügung von Todes wegen errichtet werden (§ 83), kann die zur Entstehung erforderliche Genehmigung (§ 80) naturgemäß erst nach dem

Erbfall eingeholt werden. Wird die Genehmigung erteilt, so wirkt sie, soweit es um (letztwillige oder lebzeitige) *Zuwendungen des Stifters* geht, auf den Erbfall zurück, § 84 (wegen der Einzelheiten s die Erl dort). Es handelt sich um eine Parallele zu § 1923 Abs 2. § 84 gilt auch für Stiftungen, die *durch Rechtsgeschäft unter Lebenden* errichtet und *bis zum Tod des Stifters noch nicht genehmigt* wurden. Bis zur Entscheidung über die Genehmigung der Stiftung ist wegen Unbestimmtheit der Erbteile die Erbauseinandersetzung ausgeschlossen (§ 2043 Abs 2).

Vorbemerkungen zu §§ 1924—1936

Schrifttum

ADLERSTEIN/DESCH, Das Erbrecht in den neuen Bundesländern, DtZ 1991, 193

BELLING, Einführung in das Recht der gesetzlichen Erbfolge, Jura 1986, 579

BOEHMER, Vorschläge zur Neuordnung der gesetzlichen Erbfolge (Schriften der AkDR, 1938)

ders, Die Rechtsstellung des Stiefkindes nach heutigem und künftigem Recht (Schriften der AkDR, 1941)

ders, Die Vermögensverfassung des deutschen Hauses (1943)

BOSCH, Aktuelle Probleme des Familien- und Erbrechts, FamRZ 1970, 497

COING, Empfiehlt es sich, das gesetzliche Erb- und Pflichtteilsrecht neu zu regeln? Gutachten für den 49. DJT, Verhandlungen des 49. DJT (1972) I A 1

DIECKMANN, Empfiehlt es sich, das gesetzliche Erb- und Pflichtteilsrecht neu zu regeln? Referat, 49. DJT (1972) II K 8

ders, Erbrechtliche Fragen familienrechtlicher Reformgesetze im Spiegel neuerer Lehrbücher, FamRZ 1979, 389

DIESTELKAMP, Adoption und Erbrecht, NJW 1965, 2041

DITTMANN, Adoption und Erbrecht, Rpfleger 1978, 277

DUMOULIN, Gesetzliches Erbrecht und Pflichtteilsrecht, Änderungsvorschläge aus der Sicht eines Notars, DNotZ Sonderheft 19. Notartag 1973, 84

EBBECKE, Der selbständige Anspruch des in zweiter Reihe berufenen Erben oder Pflichtteilsberechtigten, LZ 1919, 505

FIRSCHING, Zur Reform des deutschen Erbrechts, JZ 1972, 449

FREYTAGH-LORINGHOVEN, Der Sukzessionsmodus des deutschen Erbrechts (1908)

FRIESER, Innerdeutsches Erbrecht nach dem Einigungsvertrag, AnwBl 1992, 293

HEYMANN, Grundzüge des gesetzlichen Verwandtenerbrechts nach dem BGB (1896)

KÜHNE, Zur Reform des gesetzlichen Erb- und Pflichtteilsrechts, JR 1972, 221

LANGE, Die Ordnung der gesetzlichen Erbfolge, 2. Denkschr d ErbrA d AkDR (1938)

LEIPOLD, Erbrechtliche Aspekte der künstlichen Befruchtung und der künstlichen Verlängerung des Lebens, in: FS Kralik (1986) 467

LINDACHER, Änderung der gesetzlichen Erbfolge, mutmaßlicher Erblasserwille und Normativität des dispositiven Rechts, FamRZ 1974, 345

MANSEES, Das Erbrecht des Kindes nach künstlicher Befruchtung (1991)

ders, Einige Gedanken zum gesetzlichen Erbrecht des auf nicht natürlichem Wege erzeugten Kindes, FamRZ 1986, 756

MERTENS, Die Entstehung der Vorschriften des BGB über die gesetzliche Erbfolge und das Pflichtteilsrecht (1970)

NÄGELE, Auswirkungen des § 1925 IV BGB auf die Erbfolge, BWNotZ 1978, 79

RAUSCHER, Reformfragen des gesetzlichen Erb- und Pflichtteilsrechts (1993)

Gerhard Otte
Olaf Werner

REICHERT-FACILIDES, Empfiehlt es sich, das gesetzliche Erbrecht und Pflichtteilsrecht neu zu regeln? Rechtsvergleichender Überblick, 49. DJT (1972) A 57

RHEINSTEIN/KNAPP/SUNDBERG/BROMLEY/ RIEG/REICHERT-FACILIDES, Das Erbrecht von Familienangehörigen in positivrechtlicher und rechtspolitischer Sicht – Länderberichte zu den Rechten der Vereinigten Staaten, der sozialistischen Länder, Skandinaviens, Englands und Frankreichs mit einem rechtsvergleichenden Generalreferat (1971)

ROTH, Erbrechtliche Probleme bei der Adoption, (Diss Freiburg 1979)

RÜTHE, Erbrechtsreform, FamRZ 1972, 626

SCHMITT-KAMMLER, Zur erbrechtlichen Problematik der Verwandten- und Stiefkinderadoption nach § 1756 BGB, FamRZ 1978, 570

SCHRAMM, Zum Erbrecht des Adoptivkindes, BWNotZ 1962, 40

STEFFEN, Empfiehlt es sich, das gesetzliche Erb- und Pflichtteilsrecht neu zu regeln?, DRiZ 1972, 263

STÖCKER, Grenzen der Erbrechtsreform, WM 1970, 774

ders, Die Neuordnung der gesetzlichen Erbfolge im Spiegel des mutmaßlichen Erblasserwillens, FamRZ 1971, 609

ders, Ist unser Erbrecht sozial? Zum Deszendentenerbrecht beim Ehegattenerbfall, JZ 1973, 15

WIEACKER, Hausgenossenschaft und Erbeinsetzung, in: FS Siber (1941) 1.

Systematische Übersicht

Alphabetische Übersicht

I. Allgemeines über die Berufungsgründe

1. Nach § 1922 (Tod des Erblassers) und § 1923 (Erbfähigkeit) behandeln **1** §§ 1924 ff die dritte Voraussetzung der Erbfolge, den **Berufungsgrund,** dh die Rechtsbeziehung, die die Vermögens- und Rechtsnachfolge einer bestimmten Person (des Erben) begründet. Neben der auf dem Willen des Erblassers beruhenden sog gewillkürten Erbfolge (§§ 1937—1941) regeln die §§ 1924—1936 die gesetzliche Erbfolge. Diese Erbenbestimmung kraft Gesetzes kommt allein zum Tragen, soweit der Erblasser nicht durch letztwillige Verfügung einen oder mehrere Erben eingesetzt hat *(Subsidiarität der gesetzlichen Erbfolge,* §§ 1937, 1941, 2088, 2089, 2104). Das bedeutet jedoch nicht, daß der das gesetzliche Erbrecht Geltendmachende das Fehlen einer wirksamen Verfügung von Todes wegen zu beweisen hätte. Der gesetzliche Regelfall ist die gesetzliche Erbfolge; den Hinderungsgrund einer letztwilligen Verfügung muß daher beweisen, wer sich auf ihn beruft (SOERGEL/STEIN § 1924 Rn 31; BAUMGÄRTEL/STRIEDER, Handbuch der Beweislast, §§ 1924 – 1930 Rn 6 mN zum Streitstand). Ohne den Vorrang der gewillkürten Erbfolge wäre diese unmöglich, die Bestimmungen über letztwillige Verfügungen überflüssig (BROX Rn 36). Dementsprechend wurde im ersten Entwurf und in den Beratungen zum zweiten Entwurf die gewillkürte vor der gesetzlichen Erbfolge unter Ablehnung eines entgegenstehenden Antrages abgehandelt (MERTENS 15, 19). Aufgrund der dagegen erhobenen Kritik (vgl MERTENS 15, 38 ff) wurde nach den sachlichen Beratungen der einzelnen Vorschriften zum zweiten Entwurf die gesetzliche Erbfolge vorangestellt, um äußerlich dem tragenden Gedanken der Erbfolge Rechnung zu tragen, der sich entsprechend dem altdeutschrechtlichen Grundsatz „Das Gut geht wie das Blut" aus den Bindungen des Blutes und der Ehe sowie aus der Notwendigkeit ergibt, den Erwerbstrieb und den Trieb zur Fürsorge für die Familie anzuspornen, um die Weiterführung der Lebensarbeit durch die kommenden Geschlechter zu ermöglichen. Damit wird gleichzeitig die wirtschaftliche Existenz der Familie gesichert, die staatliche Fürsorge braucht nicht in Anspruch genommen zu werden. Persönliche Bindung, wirtschaftliche Verflechtung und Versorgung der Familie stützen somit den im BGB verankerten Grundsatz der Familienerbfolge (BELLING Jura 1986, 579, 580). Im altgermanischen Recht bestand ausschließlich ein Familienerbrecht, das nicht durch Verfügungen des Erblassers beeinträchtigt werden konnte (MERTENS 30 ff; Zur geschichtlichen Entwicklung des Verwandtenerbrechts vgl LANGE/KUCHINKE § 10 I).

Olaf Werner

Die gesetzliche Erbfolge orientiert sich am mutmaßlichen Erblasserwillen, der regelmäßig auf eine Begünstigung der jüngeren Generation und gegen die Zersplitterung des Nachlasses unter entfernteren Verwandten gerichtet ist (BELLING 581). Die in den §§ 1924—1936 getroffenen Regelungen haben in der Bevölkerung weitgehend Anerkennung gefunden. Der weitaus größte Teil (lt EMNID-Umfrage etwa 2/3, vgl Stöcker-FamRZ 1971, 610) aller Bürger verzichtet auf das ihm nach dem Grundsatz der Testierfreiheit zustehende Recht, nach eigenem Belieben seine Erben zu bestimmen. Zudem enthalten Verfügungen von Todes wegen oft einen Verweis auf die gesetzliche Erbfolge oder treffen die gleiche Anordnung wie das Gesetz. Das gilt zumindest für die Erblasser, die kein größeres Vermögen oder kein Geschäftsunternehmen hinterlassen. Gesetzliche und gewillkürte Erbfolge können nebeneinander zur Anwendung kommen, wenn der Erblasser nur über einen Teil seines Nachlasses letztwillig verfügt hat, es gilt allein für diesen die gewillkürte, für den Rest aber die gesetzliche Erbfolge (§ 2088 Abs 1) (BELLING 580). Bestimmt der Erblasser letztwillig lediglich einen Nacherben, so bestimmt sich der Vorerbe nach der gesetzlichen Erbfolge, setzt der Erblasser eine Person unter einer auflösenden Bedingung oder Befristung ein, ist der Bedachte Vorerbe, die Nacherben bestimmen sich nach §§ 1924 ff.

2 Die Anwendbarkeit der §§ 1924 ff im gesamten Bundesgebiet nach dem Beitritt der DDR zur Bundesrepublik Deutschland am 3. Oktober 1990 richtet sich nach dem durch Anlage I, Kapitel III, Sachgebiet Bürgerliches Recht, Abschnitt 2 des Vertrages zwischen der Bundesrepublik Deutschland und der Deutschen Demokratischen Republik über die Herstellung der Einheit Deutschlands (Einigungsvertrag) vom 31. 8. 1990 (BGBl II 889) eingefügten sechsten Teil des EGBGB. Im Grundsatz gilt gem Art 230 Abs 2 EGBGB das Erbrecht des BGB. Nach Art 235 § 1 EGBGB findet das bisherige Recht auf vor dem Beitritt liegende Erbfälle Anwendung, was nicht notwendig bedeutet, daß in Brandenburg, Mecklenburg-Vorpommern, Sachsen, Sachsen-Anhalt, Thüringen und dem Ostteil Berlins das Recht der ehemaligen DDR zur Anwendung gelangt (STAUDINGER/DÖRNER[12] Art 236 §§ 1 – 3 EGBGB Rn 61; FRIESER AnwBl 1992, 295 f). Welches das bisherige Recht ist, hängt von dem innerdeutschen Kollisionsrecht ab (BezG Erfurt FamRZ 1994, 465; ausführlich PALANDT/EDENHOFER Art 235 § 1 EGBGB Rn 4 ff mwN; FRIESER AnwBl 1992, 295), für das bei nicht abgeschlossenen Vorgängen nach dem 3. 10. 1990 in der gesamten Bundesrepublik die analoge Anwendung des EGBGB maßgeblich ist (PALANDT/EDENHOFER 236 §§ 1–3 EGBGB Rn 4; BOSCH FamRZ 92, 993, 996; ADLERSTEIN/DESCH DtZ 1991, 193, 195 f; aA STAUDINGER/DÖRNER[12] Art 236 §§ 1 – 3 EGBGB Rn 73 ff mit ausführlicher Darstellung des Streitstands). Maßgeblich ist danach anders als im internationalen Privatrecht der ehemaligen DDR nicht die Staatsangehörigkeit des Erblassers, sondern sein letzter gewöhnlicher Aufenthaltsort (BezG Erfurt aaO; zumindest für Fälle einer Übersiedlung aus der DDR in die Bundesrepublik auch BayObLG FamRZ 1994, 466, 468 f; STAUDINGER/RAUSCHER[12] Art 235 § 1 EGBGB Rn 3; MünchKomm/LEIPOLD, Zivilrecht im Einigungsvertrag, Art 235 § 1 EGBGB, Rn 648). Im Einzelfall kann das Erbrecht der früheren DDR zur Anwendung gelangen: Bis zum Inkrafttreten des ZGB am 1. 1. 1976 galt das BGB mit den durch die sozialistische Gesellschaftsordnung und familienrechtliche Reformen (zB: Verordnung vom 29. 11. 1956 zur Gleichstellung angenommener Kinder mit ehelichen; EGFGB 9: Gleichstellung auch nichtehelicher Kinder; EGFGB 10: Ehegatte als Erbe erster Ordnung) bedingten Änderungen. Auch das ZGB normierte die Besserstellung des Ehegatten sowie die Gleichstellung nichtehelicher Kinder.

Zur Rechtslage nach dem früheren ZGB siehe die Kommentierungen zu §§ 1924 – 1936 im einzelnen. Das ZGB stellte in § 370 Abs 3 den Vorrang der gewillkürten Erbfolge ausdrücklich fest. Darüber hinaus wurde in §§ 364 – 369 ZGB die Regelung der §§ 1924 – 1936 im wesentlichen übernommen.

Eine Ausnahme von der grundsätzlichen Anwendbarkeit des BGB auf nach dem 3. 10. 1990 liegende Erbfälle (EGBGB 230 II, 235 § 1 Abs 1) bilden gem EGBGB 235 § 1 Abs 2 die §§ 1934 a bis 1934 e dann, wenn das nichteheliche Kind vor dem Beitritt geboren wurde, um die nach dem Recht der DDR begründete Erbaussicht des nichtehelichen Kindes nicht zu enttäuschen (STAUDINGER/RAUSCHER[12] Art 235 § 1 EGBGB Rn 2; PALANDT/EDENHOFER 235 § 1 EGBGB Rn 2).

2. Die gesetzliche Erbfolge kennt drei **Berufungsgründe:** (1.) *Verwandtschaft* **3** (§§ 1924–1930, 1934 a-1934 e), (2.) *Ehe* (§§ 1931–1934) und (3.) *Staatsangehörigkeit* (§ 1936). Im Hinblick auf die ersten beiden Berufungsgründe, die nebeneinander gelten und das Erbrecht des Staates (§ 1936) ausschließen, sind die Vorschriften des vierten Buches und des EheG mit einzubeziehen, so zur Bestimmung des zur Erbschaft berufenen Verwandten (§§ 1589 ff) und Ehegatten, zur Berechnung der Erbquote (§ 1371 Abs 1, 3) oder der Nachlaßbelastungen (§§ 1371 Abs 2, 3, 4) und zur fortgesetzten Gütergemeinschaft (§§ 1483–1518).

3. Die **gesetzliche Hoferbfolge** bestimmt sich in teilweiser Abweichung von **4** §§ 1924 ff nach §§ 5, 6, 8 HöfeO (zum Anerbenrecht hinsichtlich land- und forstwirtschaftlicher Grundstücke sowie zum Geltungsbereich der Anerbengesetze ausführlich Erl zu § 1922) sowie nach den ähnlichen Regelungen des § 11 Bremisches Höfegesetz (GVBl 1948, 124–128; 1965, 134; 1971, 14), der §§ 16 ff HöfeO RhPf (GVBl 1967, 138; 1974, 155; 1981, 331), der §§ 7 ff des Badischen Hofgütergesetzes (Bad GVBl 1898, 405; Bad-Württ GVBl 1965, 301; 1970, 290) und Art 8 ff des Württembergischen Anerbengesetzes (RegBl 1930, 5; Bad-Württ GVBl 1965, 301; 1970, 290). In Hessen besteht nach der Hessischen Landgüterordnung idF v 13. 8. 1970 (GVBl 1970, 548–551) keine besondere gesetzliche Hoferbenordnung, sondern lediglich ein Übernahmerecht eines Miterben (§§ 11 ff).

In der DDR galt für Erbfälle vor dem 1. 1. 1976 gem Art II des KRG Nr 45 das landwirtschaftliche Sondererbrecht, wie es am 1. 1. 1933 auf dem Gebiet der neuen Bundesländer bestand, also die Anerbenrechte einer Exklave Braunschweigs sowie die Landgüterordnungen der preußischen Provinzen Brandenburg, Schlesien und Hannover (BENDEL, Landwirtschaftliches Sondererbrecht in den fünf neuen Bundesländern, AgrarR 1991, 1, 2 f). Die Anerbenrechte von Mecklenburg-Strelitz und Mecklenburg-Schwerin sind durch Gesetz des Landes Mecklenburg vom 24. 8. 1951 (Regierungsblatt für Mecklenburg 1951 Nr 19, 86) aufgehoben worden (AG Pinneberg DtZ 1992, 300, 301; aA BENDEL aaO). Für spätere Erbfälle galt dagegen nur noch das ZGB (AG Pinneberg aaO; BENDEL 4). Genossenschaftlich genutztes Eigentum wurde im Prinzip nach allgemeinen erbrechtlichen Bestimmungen vererbt (BENDEL 4).

Zur Bedeutung des Erbrechts der DDR nach gegenwärtiger Rechtslage vgl Rn 2

Bei der gesetzlichen Hoferbfolge fällt der Hof als ein Teil der Erbschaft an den sog **5** Hoferben, § 4 S 1 HöfeO. Diesen kann der Erblasser letztwillig bestimmen (§ 7

HöfeO, § 8 Bremisches Höfegesetz, § 15 HöfeO RhPf, § 6 Badisches Hofgüter-
gesetz, Art 6 Württembergisches Anerbengesetz). Hat er dies unterlassen, gilt die
gesetzliche Hoferbfolge (Subsidiarität der gesetzlichen gegenüber der gewillkürten
Erbfolge, vgl Vorbem 1). Diese bestimmt § 5 HöfeO (ebenso die zuvor aufgeführten
Anerbengesetze) in Abweichung von §§ 1924 ff. Entspr §§ 1924 ff schließt ein
Hoferbe einer niederen Ordnung den einer höheren aus. Verwandte des Erblassers
können Hoferbe jedoch nur werden, wenn sie „wirtschaftsfähig" sind, sie müssen
fähig und in der Lage sein, den Hof selbständig zu bewirtschaften. Allerdings
schließt eine auf mangelnder Altersreife beruhende Unfähigkeit die Hoferbenschaft
nicht aus, § 6 Abs 6, 7 HöfeO, § 17 Abs 4 HöfeO RhPf, § 11 Bremisches Höfegesetz.
In Baden, Hessen und Württemberg ist keine Wirtschaftsfähigkeit erforderlich.

6 a) Gesetzliche **Hoferben erster Ordnung** sind die **Kinder des Erblassers** und deren
Abkömmlinge, § 5 Abs 1 Nr 1 HöfeO, § 16 Abs 1 Nr 1 HöfeO RhPf (zur nichtehelichen
Abstammung vgl Rn 24), soweit sie gesetzliche Erben iSd § 1924 BGB sind, § 5 Abs 1
HöfeO. Existieren mehrere solcher Erben, bestimmt sich der Hoferbe nach § 6
Abs 1 HöfeO. Zunächst erhält derjenige den Hof, dem vom Erblasser die Bewirt-
schaftung des Hofes auf Dauer übertragen war, sofern sich der Erblasser dabei die
Hoferbenbestimmung nicht vorbehalten hatte, § 6 Abs 1 Nr 1 HöfeO. In zweiter
Linie soll der miterbende Abkömmling berufen sein, durch dessen Ausbildung bzw
durch dessen Beschäftigung auf dem Hof der Erblasser hat erkennen lassen, daß er
den Hof übernehmen soll, § 6 Abs 1 Nr 2 HöfeO. Liegen diese Voraussetzungen bei
mehreren Abkömmlingen vor, ist je nach Ortsbrauch der Älteste oder Jüngste berufen, § 6 Abs 1 aE HöfeO. Das gleiche gilt, wenn kein Abkömmling die Voraussetzungen der Nrn 1 und 2 des § 6 Abs 1 HöfeO erfüllt, § 6 Abs 1 Nr 3 HöfeO.

7 b) Gesetzlicher **Hoferbe zweiter Ordnung** ist der **Ehegatte** des Erblassers, § 5 Abs 1
Nr 2 HöfeO. Der Ehegatte scheidet jedoch als Hoferbe aus, wenn Verwandte der
dritten und vierten Hoferbenordnung leben und ihr Ausschluß von der Hoferbfolge
durch den Ehegatten grob unbillig wäre, wobei insbesondere Leistungen der nachrangigen Personen für den Hof zu berücksichtigen sind, § 6 Abs 2 Nr 1 HöfeO. Der
Ehegatte scheidet weiterhin bei Ausschluß von der gesetzlichen Erbfolge gem § 1933
BGB aus.

8 c) Gesetzliche **Hoferben der dritten Ordnung** sind die **Eltern** des Erblassers, wenn
der Hof von ihnen oder aus ihren Familien stammt oder mit ihren Mitteln erworben
ist, § 5 Abs 1 Nr 3 HöfeO. Der Hof fällt beiden Elternteilen gemeinschaftlich als
Ehegattenhof an. Lebt nur noch ein Elternteil, erhält er den Hof allein. Ist die Ehe
der Eltern vor dem Erbfall auf andere Weise als durch Tod eines von ihnen aufgelöst
worden, scheiden sie als Hoferben aus, § 6 Abs 4 S 3 HöfeO.

9 d) Gesetzliche **Hoferben der vierten Ordnung** sind die **Geschwister** des Erblassers
und deren Abkömmlinge, § 5 Abs 1 Nr 4 HöfeO. Existieren mehrere solcher Erben,
erhält – wie bei den Hoferben der ersten Ordnung – zunächst derjenige den Hof,
dem vom Erblasser die Bewirtschaftung des Hofes ohne Vorbehalt späterer Hoferbenbestimmung auf Dauer übertragen war. In zweiter Linie erbt derjenige, durch
dessen Ausbildung oder Beschäftigung auf dem Hof der Erblasser hat erkennen
lassen, daß er den Hof übernehmen solle, § 6 Abs 5 S 1, Abs 1 HöfeO. Sind solche
Personen nicht vorhanden, erben in Abweichung zur ersten Ordnung in erster Linie

die Geschwister, die mit dem Erblasser den Elternteil gemeinsam haben, von dem oder aus dessen Familie der Hof stammt, § 6 Abs 5 S 2 HöfeO. Sind ältere Geschwister vorverstorben, so rücken deren Abkömmlinge abweichend vom Stammessystem nicht vor jüngeren Geschwistern nach, sondern es gilt das Gradualsystem (OLG Oldenburg NJW-RR 1993, 1227).

e) Bei einem **Ehegattenhof** fällt der Anteil des Erblassers allein dem überlebenden **10** Ehegatten als Hoferben zu, § 8 HöfeO (Hofvollerbe).

f) Sind keine Personen vorhanden, die die Voraussetzungen der speziellen Hofer- **11** beneigenschaft iSd HöfeO erfüllen, vererbt sich der Hof gem § 10 HöfeO nach dem allgemeinen Erbrecht der §§ 1924 ff (Subsidiarität der allgemeinen gesetzlichen Erbfolge gegenüber der speziellen gesetzlichen Hoferbfolge).

II. Grundlagen der Verwandtenerbfolge

Bei der Regelung der gesetzlichen Verwandtenerbfolge geht das BGB von der sog **12** **Parentelordnung** aus, die bei einigen deutschen Stämmen galt (insbes Sachsenspiegel I 5 § 1; zur Rechtslage vor 1900 MERTENS 44 ff), letztlich aber auf Justinian zurückgeht (BELLING Jura 1986, 579, 581). Sie liegt dem ABGB und dem Schweizer ZGB (Art 457 ff) zugrunde und ist im skandinavischen Rechtskreis, im türkischen und griechischen Recht maßgebend.

1. Im Gegensatz zum sog *Gradualsystem* ist nicht die Nähe der Verwandtschaft **13** mit dem Erblasser, die Gradesnähe entscheidend (der Vater des Erblassers würde zB nach dem Gradualsystem dessen Enkel von der Erbschaft ausschließen). Vielmehr bezweckt das *Parentelsystem,* die Erbschaft möglichst der jüngeren Generation zukommen zu lassen, um dieser beim Aufbau einer wirtschaftlichen Existenz zu helfen und ihre Selbständigkeit zu sichern. Die Verwandten des Erblassers werden daher zu Gruppen, sog **Ordnungen** oder **Parentelen,** zusammengefaßt. Zu jeder Parentel gehören alle von demselben Vorfahren (parens) abstammenden Verwandten sämtlicher Generationen einschl dieses Vorfahren selbst (BELLING 581). Die erste *Parentel* geht vom Erblasser selbst aus, dh der ersten Ordnung gehören die Abkömmlinge des Erblassers an (§ 1924). Die weiteren Parentelen sind in der Reihenfolge von der Nähe des Vorfahren zum Erblasser abhängig, dh der nähere Vorfahre begründet die nähere Parentel. Ausgehend von dem Erblasser bauen sich, wenn man zu seinen Vorfahren aufsteigt, die weiteren Parentelen auf, die zweite wird von den Eltern des Erblassers und deren Abkömmlingen (§ 1925), die dritte von den Großeltern des Erblassers und ihren Abkömmlingen (§ 1926), die vierte von den Urgroßeltern des Erblassers und deren Abkömmlingen (§ 1928) usw gebildet. Die Zahl der erbberechtigten Ordnungen ist unbegrenzt, § 1929. Die durch einen näheren Vorfahren verbundenen Verwandten schließen die durch einen entfernteren verbundenen aus. Ein Angehöriger einer entfernteren Ordnung ist erst dann zur Erbfolge berufen, wenn kein einziger Angehöriger einer näheren Ordnung vorhanden ist, § 1930. Durch Art 1 Nr 2 NichtehelG ist mit Aufhebung des § 1589 Abs 2 aF ein nichteheliches Kind mit seinem Vater verwandt und schließt damit als Angehöriger einer vorangehenden Ordnung die einer nachgehenden aus, § 1930 aE. Damit erben Enkel, Urenkel und entferntere Nachkommen des Erblassers vor dessen Eltern (näheres § 1930).

Olaf Werner

14 2.   Ergänzt wird das Parentelsystem durch das sog **Stammes- und Liniensystem.** Dieses entscheidet die Erbfolge, wenn innerhalb ein- und derselben Ordnung mehrere mit dem Erblasser verwandte Personen vorhanden sind. Innerhalb einer jeden Parentel werden *Untergruppen* gebildet, das Erbrecht wird auf verschiedene *Stämme* aufgeteilt.

15 a)   Zu einem **Stamm** gehören jeweils die Personen, die durch ein- und dieselbe Person (Stammvater, Stammutter) mit dem Erblasser verwandt sind (BELLING Jura 1986, 579, 582). Der Stamm erfaßt also das Abstammungsverhältnis des Stammvaters bzw der Stammutter zu ihren Abkömmlingen (Verhältnis *abwärts* zu den Nachkommen). Das Verhältnis derselben Personen *aufwärts* zu ihren Stammeltern (Vorfahren) wird als **Linie** bezeichnet (BELLING aaO). Die Erbberechtigung des jeweiligen Stammvaters oder der Stammutter bestimmt das Erbrecht in jeder dieser Untergruppen, *Stammesgrundsatz*. In der ersten Ordnung gehen die Stämme von den jeweiligen Kindern des Erblassers aus, von seinen Enkeln Unterstämme. In der zweiten und den entfernteren Ordnungen gehen die Linien auf die mehreren der jeweiligen Ordnung angehörigen Eltern bzw Voreltern zurück. Jeder dieser Elternteile (Abkömmlinge können auch halbbürtige Geschwister sein) ist wiederum Ausgangspunkt eines neuen Stammes, die Kinder dieser Elternteile bilden mit ihren Nachkommen Unterstämme. Vollbürtige Geschwister des Erblassers gehören dem mütterlichen wie väterlichen Stamm an (BELLING aaO). Innerhalb einer Ordnung (Parentel) erhält jeder Stamm den gleichen Erbteil, dh die Erbschaft wird nicht nach der Zahl der noch vorhandenen Verwandten (Köpfe), sondern nach der Zahl der Stämme verteilt. Dadurch wird wiederum einer zu weitgehenden Nachlaßzersplitterung entgegengewirkt (BELLING aaO).

16 b)   Die **Repräsentation des Stammes** durch den lebenden Stammelternteil und das **Eintrittsrecht der Kinder** für einen wegfallenden Stammelternteil bedeuten, daß ein noch lebender erbberechtigter Stammelternteil seine durch ihn vertretenen mit dem Erblasser verwandten Abkömmlinge von der Erbschaft ausschließt, während an die Stelle eines weggefallenen (durch Tod vor dem Erbfall; Enterbung, § 1938; Ausschlagung, § 1953 Abs 2; Erbunwürdigkeitserklärung, § 2344; Erbverzicht, § 2346 Abs 1 S 2; Ausnahme: § 2349) Stammelternteiles seine durch ihn mit dem Erblasser verwandten Abkömmlinge treten. Dieses Eintrittsrecht ist ein *eigenes Recht* (Mot V 367, 375, 481, 705; Prot V 607; vLÜBTOW I 47) des für einen weggefallenen Stammelternteil eintretenden Abkömmlings und nicht davon abhängig, daß der ausfallende Stammelternteil den Erblasser beerbt hat. Der Eintretende erbt aufgrund seiner blutsmäßigen Beziehung zum Erblasser. Treffen also mit den Abkömmlingen ersten Grades entferntere Abkömmlinge zusammen (mit einem Sohn des Erblassers die Kinder einer verstorbenen Tochter des Erblassers) oder erben nur entferntere Abkömmlinge (etwa Enkel des Erblassers), so erhalten sie zusammen den Erbteil, den ihr weggefallener Stammelternteil erhalten hätte, wenn er zur Erbfolge gelangt wäre. Da Kinder zu gleichen Teilen erben (§ 1924 Abs 4), wird hierdurch ebenso eine schematische Kopfteilung wie eine Bevorzugung der näheren zufällig noch lebenden Abkömmlinge vermieden, das Abfließen des Gutes in die jüngere Generation gesichert.

17 c)   Die Parentelordnung in Verbindung mit dem Stammesgrundsatz und dem Eintrittsrecht macht mithin die Erbfolge von dem zufälligen früheren oder späteren

Versterben eines Familienmitgliedes völlig unabhängig und führt zu einer Verteilung der Erbschaft, wie wenn sie durch alle verstorbenen Familienmitglieder vererbt worden wäre. Aufgrund der Zugehörigkeit zu mehreren Stämmen ist eine *mehrfache Erbberechtigung* möglich. In den ersten drei Ordnungen erhält, wer mehreren Stämmen angehört, in jedem Stamm den ihm zufallenden Anteil, § 1927.

3. Das Parentelsystem mit Erbfolge nach Stämmen und Eintrittsrecht gilt nur für **18** die ersten drei Ordnungen. **Von der vierten Ordnung an** entscheidet innerhalb der jeweiligen Ordnung allein die **Gradesnähe** (§ 1589 S 3). Gleich nahe Verwandte erben ohne Unterscheidung von Stämmen und Linien nach **Kopfteilen**, § 1928. Auf diese Weise wird eine zu große Zersplitterung des Nachlasses verhindert (BELLING Jura 1986, 579, 583).

III. Verwandtschaft

Aus §§ 1924, 1928, 1930, 1934, 1934 a, 1936, 2067, 2346 ergibt sich, daß die Ver- **19** wandtschaft (vgl §§ 1589, 1741 ff) mit dem Erblasser Voraussetzung für die Zugehörigkeit zu einer der zur gesetzlichen Erbfolge berufenen Ordnungen (Parentelen) ist. Das verwandtschaftliche Verhältnis bestimmt sich nach den familienrechtlichen Vorschriften des vierten Buches des BGB. Die Verwandtschaft mit dem Erblasser beruht auf **Abstammung** oder **Adoption**. Die Ehe begründet keine Verwandtschaft unter den Eheleuten und deren Verwandten (Schwägerschaft, § 1590). Für die Verwandtschaftsverhältnisse zwischen der eigenen bzw den die Verwandtschaft vermittelnden Personen und dem Erblasser ist der gesetzliche Erbe beweispflichtig (BAUMGÄRTEL/ STRIEDER §§ 1924 – 1930 Rn 1). Zur Frage, inwieweit die Beweislast auch das Fehlen näherer oder gleichnaher Verwandter umfaßt, vgl § 1930 Rn 8.

1. Abstammung §§ 1589 ff

Mit dem Erblasser verwandt sind einmal die Personen, von denen er bzw die von ihm **20** in gerader Linie, zum anderen Personen, die mit ihm gemeinsam von einer dritten Person (Seitenlinie) abstammen, § 1589. Diese natürliche Abstammung (Blutsverwandtschaft) wird durch Zeugung und Geburt begründet.

a) Für das Abstammungsverhältnis eines ehelichen Kindes zum leiblichen Vater **21** hat das Gesetz in §§ 1591—1600 besondere Vermutungs- und Anfechtungsregeln aufgestellt. Ein nach Eheschluß geborenes Kind gilt grundsätzlich als ehelich, dh von beiden Eheleuten abstammend, sofern es vor oder während der Ehe empfangen worden ist und der Mann der Frau innerhalb der Empfängniszeit beigewohnt hat, § 1591 Abs 1 S 1. Dies wird bei einer vor und nach dem Eheschluß liegenden Empfängniszeit vermutet (§ 1591 Abs 2). Diese Vermutung gilt nicht, wenn es offenbar unmöglich ist, daß das Kind vom Ehemann empfangen ist (§ 1591 Abs 1 S 2). Ein während der Ehe geborenes Kind stammt daher vom Ehemann ab, ist mit diesem verwandt und dessen gesetzlicher Erbe, solange die Vaterschaft nicht durch Anfechtungsklage angefochten ist (SOERGEL/STEIN § 1924 Rn 2; dazu im einzelnen §§ 1593 ff).

Auch **Kinder für vermißt erklärter Männer** gelten als von ihnen ehelich abstammend, **22** sofern sie innerhalb von 302 Tagen nach dem gem §§ 9, 39, 44 VerschG festgestellten und im Personenstandsbuch gem § 60 Abs 1 PStG eingetragenen Todeszeitpunkt

Olaf Werner

geboren worden sind, und die Ehelichkeit nicht rechtskräftig angefochten worden ist, §§ 1595 a, 1596 Abs 1 Nr 1, Abs 2 (PALANDT/EDENHOFER § 1924 Rn 6; SOERGEL/STEIN § 1924 Rn 4). Hat die Mutter wieder geheiratet, so findet § 1600 über § 38 EheG Anwendung (SOERGEL/STEIN aaO). Bei lediglich unzutreffender Beurkundung des Todes des ersten Ehegatten ist für die Abstammung der während der zweiten nach § 20 EheG vernichtbaren Ehe geborenen Kinder § 1600 maßgebend, sofern diese innerhalb von 302 Tagen nach dem in der Sterbeurkunde genannten Datum zur Welt gekommen sind (SOERGEL/STEIN aaO). Ohne Wiederheirat gelten sie nach der Vermutung des § 1591 auch über diesen Zeitraum hinaus als eheliche Kinder des verschollenen Ehegatten (BAUMGÄRTEL/STRIEDER, Handbuch der Beweislast, §§ 1924 – 1930 Rn 3).

23 Grundsätzlich gilt für die Abstammung zunächst die Eintragung in den *Personenstandsbüchern,* denn diese beweisen gem § 60 PStG die Angaben über Eheschließung und Geburt. Gegenbeweis ist gem § 60 Abs 2 PStG zulässig.

24 b) Das **nichteheliche Kind** stammt wie das eheliche von seinen leiblichen Eltern ab (zum Begriff der Nichtehelichkeit vgl Erl zu § 1705). Nach Streichung des § 1589 Abs 2 aF (vgl Rn 40) besteht hinsichtlich der Verwandtschaft grundsätzlich kein Unterschied, ob sie auf einer ehelichen oder nichtehelichen Abstammung beruht. Die nichteheliche Abstammung vom Erzeuger (Vater) und damit die Zuordnung zu dessen erbberechtigten Verwandten besteht, wenn die *Vaterschaft anerkannt* oder durch gerichtliche Entscheidung vor oder nach dem Erbfall rechtskräftig festgestellt worden ist, §§ 1600 a, 1600 n, §§ 640—641 k ZPO, § 55 b FGG. Die gerichtliche Vaterschaftsfeststellung wird gem §§ 55 b Abs 2, 16 Abs 2 S 1 FGG frühestens zwei Wochen nach Zustellung der Verfügung wirksam. Diese Feststellung wirkt auf den Zeitpunkt der Geburt zurück (SOERGEL/STEIN § 1924 Rn 7). Das bedeutet freilich nicht, daß dadurch erbrechtliche Rechtshandlungen, die das nichteheliche Kind vor rechtskräftiger Vaterschaftsfeststellung vorgenommen hat, geheilt würden. Pflichtteilsansprüche müssen wegen der Sperre des § 1600 a S 2 BGB erneut geltend gemacht (BGHZ 85, 274, 277), Testamentsanfechtungen wiederholt werden. Das gilt auch nach dem Tode des Scheinvaters (§§ 1591, 1593 BGB; vgl MünchKomm/LEIPOLD § 1924 Rn 4). Die nichteheliche Abstammung wird gem § 34 AVPStG idF v 27. 6. 1970 (BGBl I 1015) als solche im Personenstandsbuch vermerkt. Die Anerkennungserklärung muß der Vater noch zu seinen Lebzeiten abgeben, während die Zustimmung gem §§ 1600 c, 1600 d Abs 2 auch nach seinem Tod vom nichtehelichen Kind bzw seinem Erben erklärt werden kann (SOERGEL/STEIN § 1924 Rn 9). Anerkennung oder gerichtliche Feststellung der Vaterschaft begründen nur dann ein erb- bzw erbersatzanspruchberechtigendes Verwandtschaftsverhältnis, wenn sie endgültig sind. Die Anerkennung darf nicht durch Anfechtung unwirksam geworden sein (§§ 1600 f-1600 m, §§ 640 Abs 2 Nr 3, 640 h, 641 ff ZPO, § 56 c FGG), die gerichtliche Feststellung nicht durch Restitutionsklage (§§ 580 ff, 641 i ZPO) oder Wiederaufnahmeverfahren gegen den Beschluß des Vormundschaftsgerichts (gem § 1600 n Abs 2, § 55 b FGG) aufgehoben worden sein (§§ 580 ff, 641 i ZPO analog, dazu ODERSKY § 1600 n Anm V 8). Nach Art 12 § 3 NichtehelG steht eine frühere Anerkennung der Vaterschaft oder der Unterhaltspflicht in öffentlichen Urkunden oder in gerichtlichen Verfahren dem Anerkenntnis und der gerichtlichen Feststellung der Vaterschaft gleich.

25 Das **Kind aus dem Ehebruch** einer Ehefrau gilt bis zur Anfechtung der Ehelichkeit als eheliches Kind auch des Ehemannes der Mutter, nicht aber als von dem wirklichen

Erzeuger abstammend, § 1593. Die sog *Brautkinder* stehen mangels besonderer Vorschriften den nichtehelichen gleich (vgl Art 208 Abs 2 EGBGB für die Übergangszeit). Es besteht jedoch eine spezielle Möglichkeit der Ehelicherklärung gem §§ 1740 a—1740 g (MünchKomm/LEIPOLD § 1924 Rn 9, vgl Rn 33).

c) Besondere Probleme wirft das Erbrecht **künstlich erzeugter Kinder** auf. Dabei **26** ist zwischen Befruchtung innerhalb (in-vivo-Fertilisation) und außerhalb des Mutterleibes (in-vitro-Fertilisation) sowie danach zu unterscheiden, ob der Samen vom Ehemann (homologe Fertilisation) oder einem samenspendenden Dritten stammt (heterologe Fertilisation).

Erbrechtlich unproblematisch ist dabei nur die **homologe in-vivo-Fertilisation,** weil **27** hier die Eltern-Kind-Zuordnung nicht von der bei natürlicher Fortpflanzung abweicht (LEIPOLD, in: FS Kralik 469).

Bei **heterologer in-vivo-Fertilisation** (Insemination) sowie heterologer **in-vitro-Fertilisa- 28 tion mit der Eizelle der gebärenden Mutter** erbt das Kind bei bestehender Ehe gem §§ 1924 Abs 1, 1591 Abs 1 S 1, Abs 2 S 1 als scheineheliches Kind vorbehaltlich einer Ehelichkeitsanfechtung nach dem Ehemann seiner Mutter.

Greift die Ehelichkeitsvermutung nicht, so steht ihm gem § 1924 Abs 1 das Erbrecht bzw nach § 1934 a ein Erbersatzanspruch nach dem Samenspender zu (LEIPOLD, in: FS Kralik 469 f). Dies kann weder durch einen Vertrag zwischen Mutter und Samenspender beschnitten werden, der ein Vertrag zu Lasten Dritter wäre, noch durch die Adoption des Kindes durch die Mutter (§§ 1741 Abs 3 S 2, 1755 Abs 1 S 1), die insoweit dem Kindeswohl widerspräche (MANSEES FamRZ 1986, 756, 757 f).

Bei **homologer in vitro – Fertilisation mit anschließendem Embryotransfer oder nach Eis- 29 pende** ist problematisch, ob die Zuordnung zur Mutter durch die genetische Herkunft oder durch das Merkmal des Gebärens bestimmt wird. Aufgrund der in den §§ 1591 Abs 1 S 1, 1600 a, 1705 vorausgesetzten Mutterschaftsvermutung erbt das Kind gem § 1924 Abs 1 nach der Gebärenden sowie ggf nach deren Ehemann als dessen scheineheliches Kind, § 1591 Abs 1 S 1, Abs 2 S 1 (SOERGEL/STEIN § 1924 Rn 24; MANSEES FamRZ 1986, 756, 758). Nach seinem genetischen Vater ist es erst nach Ehelichkeitsanfechtung und Vaterschaftsfeststellung gem § 1600 a S 2 zur Erbschaft berufen (MANSEES, Das Erbrecht des Kindes nach künstlicher Befruchtung 162; ders FamRZ 1986, 758).

Neben dem Erbrecht nach der gebärenden Mutter wird teilweise auch ein solches nach der genetischen Mutter befürwortet, da § 1600 a als von der natürlichen Zuordnung abweichende Ausnahmebestimmung nicht analog anwendbar sei (MANSEES, Das Erbrecht des Kindes nach künstlicher Befruchtung, 155; ders FamRZ 1986, 756, 758 f). Eine solche doppelte Nachlaßbeteiligung benachteiligt jedoch die von der genetischen Mutter geborenen Kinder (SOERGEL/STEIN aaO; abw MANSEES FamRZ 1986, 756, 759). Die moderne Gesetzgebungspraxis ist wie die Reformen im Adoptions- und Nichtehelichenrecht zeigen, von dem Bestreben bestimmt, die gesetzliche Erbfolge mit der familienrechtlichen Zuordnung zur Deckung zu bringen. Das spricht dafür, den Abstammungsbegriff mit Rücksicht auf die familiäre Einbindung zugunsten der Gebärenden zu interpretieren (SOERGEL/STEIN aaO). Es wäre daher auch nicht ange-

Olaf Werner

messen, der genetischen Mutter das Recht einzuräumen, deren „Scheinmutterschaft" anzufechten (dafür aber Leipold, in: FS Kralik 474 f).

30 d)   Kinder aus einer **aufgehobenen Ehe** stehen denen aus einer geschiedenen gleich, sind also ehelich, § 37 EheG. Kinder **aus nichtigen Ehen** (§§ 16 ff EheG) sind ehelich, wenn sie im Falle der Gültigkeit ehelich wären, § 1591 Abs 1 S 1. Kinder aus einer Ehe, die aufgrund des Blutschutzgesetzes, des Erbgesundheitsgesetzes oder aus dem Gesichtspunkt der Namens- und Staatsangehörigkeitsehe vor dem 1. 3. 1946 für nichtig erklärt worden ist, sind unehelich, § 29 des jetzt aufgehobenen EheG von 1938. Gleiches gilt für Kinder aus Nichtehen (Soergel/Stein § 1924 Rn 3).

31 e)   Da die nichteheliche Abstammung bereits ein Verwandtschaftsverhältnis begründet, führt die **Legitimation durch nachfolgende Ehe** gem §§ 1719, 1722 lediglich zur Beendigung der Nichtehelichkeit, das Kind wird ehelich, es unterliegt hinsichtlich seiner Erbenstellung nicht mehr den Sondervorschriften nichtehelicher Kinder (§§ 1934 a ff). Die Rechtsstellung eines ehelichen Kindes erlangt das nichteheliche Kind nicht rückwirkend, sondern erst mit der Eheschließung (vgl § 1719). Nach § 1722 hat der Eheschluß diese Legitimationswirkung für die Abkömmlinge des nichtehelichen Kindes auch dann, wenn letzteres vor dem Eheschluß gestorben ist. Eine nichtige Ehe (Putativehe, §§ 16 ff EheG) führt wie eine gültige zur vollen Legitimation der Kinder, §§ 1719 S 1 HS 2, 1722.

32 f)   Kinder aus **Ehen,** die **nach dem Tod des Vaters geschlossen** worden sind (Hitler-Erlaß v 6. 11. 1941), haben die Rechtsstellung ehelicher Kinder (§ 1 Nr 3 Gesetz v 29. 3. 1951 BGBl I 215) und sind gesetzliche Erben des Vaters, sofern sie die Voraussetzungen des § 1923 erfüllen (vgl § 1931 Rn 10). Entsprechend sind Kinder aus anerkannten freien Ehen rassisch oder politisch Verfolgter zu behandeln.

33 g)   Durch die **Ehelicherklärung** (§§ 1723—1740 g) wird das nichteheliche Kind (auch Brautkind), soweit die Erklärung auf *seinen Antrag* hin erfolgt ist, gem § 1740 f auch erbrechtlich einem Kinde gleichgestellt, das durch Eheschließung der Eltern legitimiert worden ist (vgl Rn 31). Es gilt als vor dem Tod des vorverstorbenen Elternteiles für ehelich erklärt. Gem § 1740 f iVm § 56 b FGG wird die Ehelicherklärung mit Rechtskraft der Verfügung des Vormundschaftsgerichtes wirksam. Erfolgte die Ehelicherklärung auf *Antrag des Vaters,* erlangt das Kind gem § 1736 die (erb)rechtliche Stellung eines ehelichen Kindes. Die Ehelicherklärung zeitigt keine Rückwirkungen (MünchKomm/Leipold § 1924 Rn 8; Soergel/Stein Rn 3), sie erhält Wirksamkeit mit der Bekanntmachung an den Vater, § 1736 iVm § 56 a FGG. Eine nach dem Tod des Vaters ausgesprochene Ehelicherklärung wirkt allerdings gem § 1733 Abs 3 vor den Todeszeitpunkt zurück. Da das nichteheliche Kind bereits mit dem Vater und dessen Verwandten ein gegenseitiges Erbrecht besitzt, ändert die Ehelicherklärung das Erbrecht des nichtehelichen Kindes lediglich im Hinblick auf den nunmehrigen Ausschluß der §§ 1934 a ff.

34 2.   Das gesetzliche **Erbrecht des nichtehelichen Kindes** (Schrifttum s bei § 1934 a) ist durch das am 1. 7. 1970 in Kraft getretene Gesetz über die rechtliche Stellung der nichtehelichen Kinder vom 19. 8. 1969 (NichtehelG, BGBl I 1243) neu geregelt. In diesem Zusammenhang sind §§ 1931 Abs 4, 1934 a–1934 e, 2057 a, 2331 a, 2338 a in das 5. Buch des BGB eingefügt worden. Auswirkungen auf das gesetzliche Erbrecht zeitigt dieses Gesetz jedoch auch darüber hinaus, soweit es die familienrechtlichen Beziehungen (Verwandtschaft) neu gestaltet hat. Durch das NichtehelG wird das nichteheliche Kind verwandtschaftlich dem ehelichen auch in Beziehung zum Vater weitgehend gleichgestellt. Damit erfüllte der Gesetzgeber den ihm von Art 6 Abs 5 GG erteilten Auftrag zur Reform des Unehelichenrechts auf dem Gebiet des Bürgerlichen Rechts (BVerfGE 25, 167 = NJW 1969, 597; dazu auch BVerfG FamRZ 1964, 186; 1967, 559; OLG Frankfurt FamRZ 1968, 666 m Anm KROHN FamRZ 1969, 163; FLESSNER JuS 1969, 558; SIMITIS JZ 1969, 277; DIECKMANN FamRZ 1969, 297).

Für die neuen Bundesländer gelten die §§ 1934 a ff nur, wenn das nichteheliche Kind nach dem 3. 10. 1990 geboren wurde (vgl Rn 2 aE). Zu Reformbestrebungen in der Gesetzgebung vgl § 1934 a Rn 41 und § 1934 d Rn 2 aE.

Art 12 § 10 NichtehelG bestimmt, welche Erbfälle nach §§ 1934 a ff und welche nach **35** altem Recht (vgl Rn 36-38) zu beurteilen sind:

Für die erbrechtlichen Verhältnisse bleiben, wenn der Erblasser vor dem Inkrafttreten dieses Gesetzes gestorben ist, die bisher geltenden Vorschriften maßgebend. Das gleiche gilt für den Anspruch des nichtehelichen Kindes gegen den Erben des Vaters auf Leistung von Unterhalt.

Für die erbrechtlichen Verhältnisse eines vor dem 1. Juli 1949 geborenen nichtehelichen Kindes und seiner Abkömmlinge zu dem Vater und dessen Verwandten bleiben die bisher geltenden Vorschriften auch dann maßgebend, wenn der Erblasser nach dem Inkrafttreten dieses Gesetzes stirbt. Ist der Vater der Erblasser und hatte er zur Zeit des Erbfalls dem Kinde Unterhalt zu gewähren, so ist der Erbe zur Gewährung des Unterhalts verpflichtet; der bisher geltende § 1712 Abs 2 des Bürgerlichen Gesetzbuchs ist auf den Unterhaltsanspruch des Kindes anzuwenden.

Maßgebender Zeitpunkt für die Anwendung des alten oder neuen Rechts ist allein der **Zeitpunkt des Todes** des Erblassers, nicht der der Entstehung des Verwandtschaftsverhältnisses noch der des Erbantritts (zB ein später eintretender Nacherbfall). Ist der Erblasser vor dem 1. 7. 1970 verstorben, sein Abkömmling lediglich zum Nacherben berufen und tritt der Nacherbfall nach dem 30. 6. 1970 ein, ist hinsichtlich des nichtehelichen Nachkommen das alte Recht heranzuziehen. Ist der Vater eines nichtehelichen Kindes vor, der Vater des nichtehelichen Vaters nach dem 1. 7. 1970 verstorben, so gilt hinsichtlich der Beerbung des nichtehelichen Vaters das alte Recht (kein Erbrecht des nichtehelichen Kindes, sondern Unterhaltsanspruch gem § 1712 aF), hinsichtlich der Beerbung des Großvaters gilt das neue Recht, das nichteheliche Kind zählt zu den gesetzlichen Erben, § 1924 evtl § 1934 a (BGH FamRZ 1977, 314; 1977, 388 = NJW 1977, 1138, 1139 = MDR 1977, 651).

a) Der bis zum **30. 6. 1970 geltenden Regelung** unterstehen gem Art 12 § 10 Nicht- **36** ehelG alle Erbfälle, die durch den Tod des Erblassers vor dem Inkrafttreten des NichtehelG (1. 7. 1970) eingetreten sind. Dies gilt für das Erbrecht des Kindes selbst bzw für das seiner Verwandten, denen es die Verwandtschaft und damit die erbrechtlichen Beziehungen zum Erblasser mittelt. Das gesetzliche Erbrecht bestimmt sich weiterhin nach altem Recht, wenn das nichteheliche Kind vor dem 1. 7. 1949 geboren ist, selbst wenn der Erbfall nach dem 30. 6. 1970 eingetreten ist. Damit behält das vor

Olaf Werner

dem NichtehelG geltende Recht für eine Vielzahl von Erbfällen seine Bedeutung. Den Ausschluß der Kinder, die bei Inkrafttreten bereits das 21. Lebensjahr vollendet hatten, von der Anwendung des NichtehelG glaubte der Gesetzgeber damit zu rechtfertigen, daß in diesem Alter der Eintritt des nichtehelichen Kindes in das Berufsleben bereits erfolgt sei und damit die Unterhaltspflicht, die mangels anderer familiärer Bindungen die einzige Beziehung des Vaters zu seinem Kinde ist, erloschen sei (BT-Drucks V/4179, Ber 9; dazu auch BVerfG FamRZ 1977, 446–448). Der Ausschluß der am 1. 7. 1970 21-jährigen nichtehelichen Kinder von der gesetzlichen Erbfolge und vom Erbersatzanspruch ist verfassungsmäßig (BVerfG FamRZ 1977, 446, 450 ff.; BayObLG NJW 1976, 1947 = MDR 1976, 666; Odersky Art 12 § 10 Anm I 2; aM Soergel/ Stein § 1924 Rn 14; Flessner JuS 1969, 560; Schultz MDR 1969, 986; Storr, Der Verfassungsauftrag an den Gesetzgeber unter besonderer Berücksichtigung der Stellung des nichtehelichen Kindes. Erfüllt das NichtehelichenG vom 19. 8. 1969 den Verfassungsauftrag? [Diss Würzburg 1971] 134 ff, 159 f). Die vor dem 1. 7. 1970 geltende Regelung war nicht verfassungswidrig, da der Gesetzgeber nach Art 6 Abs 5 GG nur den Auftrag hatte, die Stellung der nichtehelichen Kinder in der Zukunft derjenigen der ehelichen anzugleichen und eine Rückwirkung des NichtehelG gegen allgemeine Grundsätze verstoßen hätte (BayObLG NJW 1976, 1947). Trotzdem erscheint der Ausschluß der am 1. 7. 1970 21-jährigen von den Vorteilen des NichtehelG willkürlich (Schultz MDR 1969, 986). Das Rückwirkungsverbot dürfte nur eine Erstreckung des Gesetzes auf Erbfälle vor dem 1. 7. 1970 verbieten, nicht aber einen darüber hinausgehenden Ausschluß der in diesem Zeitpunkt 21jährigen.

37 **Unehelich** war ein Kind, das nicht während einer Ehe (einschl Nichtehe) geboren wurde, das 302 Tage nach Auflösung (durch Tod, Scheidung) oder Nichtigkeitserklärung einer Ehe geboren wurde oder dessen Unehelichkeit vom Vormundschaftsgericht rechtskräftig festgestellt worden war, §§ 1593 ff, 1721, 1738 a aF.

38 Entsprechend § 1589 Abs 2 aF war das uneheliche Kind trotz seiner Abstammung vom Vater mit diesem **nicht verwandt.** Es (bzw seine Nachkommen) hatte also selbst bei anerkannter Vaterschaft kein gesetzliches Erbrecht gegenüber seinem Vater und dessen Verwandten. Jedoch stand ihm gem § 1712 aF ein Unterhaltsanspruch nach dem Tode des Vaters gegen dessen Erben zu. Auch waren der Vater und seine Verwandten keine gesetzlichen Erben des unehelichen Kindes und dessen Verwandten. Ebensowenig hatte das uneheliche Kind (bzw seine Nachkommen) noch der Vater (und seine Verwandten) einen Erbersatzanspruch bzw einen Anspruch auf vorzeitigen Erbausgleich oder Pflichtteil. Gem § 1705 aF bestand ein gegenseitiges Erbrecht allein zwischen dem unehelichen Kind und seiner Mutter und deren Verwandten. Diese Regelung war nach Ansicht des BVerfG nicht wegen Verstoßes gegen Art 6 Abs 5 GG unwirksam, da diese Verfassungsnorm allein einen Auftrag an den Gesetzgeber enthält (BVerfGE 8, 210, 216; 25, 167 = NJW 1969, 597). Zur geschichtlichen Entwicklung bis zur Streichung des § 1589 Abs 2 aF vgl Lange/Kuchinke § 14 V 1–3.

39 **b)** Der **seit dem 1. 7. 1970 geltenden Regelung** unterstehen alle Erbfälle, die durch Tod des Erblassers nach diesem Zeitpunkt eingetreten sind, soweit das nichteheliche Kind, dessen erbrechtliche Stellung (bzw die seiner Nachkommen) zu beurteilen ist, nicht vor dem 1. 7. 1949 geboren ist, Art 12 § 10 NichtehelG. Zur nichtehelichen Abstammung vgl Rn 24 ff.

Wegen der von Art 6 Abs 5 GG gebotenen Gleichstellung der nichtehelichen mit **40** den ehelichen Kindern ist durch Art 1 Nr 3 NichtehelG § 1589 Abs 2 aF (vgl Rn 38) gestrichen worden, das nichteheliche Kind ist daher wie das eheliche nicht nur mit der Mutter und deren Verwandten, sondern auch mit dem leiblichen Vater und dessen Verwandten verwandt. Das nichteheliche Kind zählt damit wie das eheliche zu den gesetzlichen Erben der Mutter und deren Verwandten und – soweit §§ 1934 a-1934 e keine Sonderregelung treffen – auch zu denen des Vaters und dessen Verwandten. Ebenso sind Mutter und Vater gemeinsam gesetzliche Erben des nichtehelichen Kindes.

Die erbrechtliche Stellung des nichtehelichen Kindes und des nichtehelichen Vaters **41** (einschl der jeweiligen Verwandten) erfährt durch § 1934 a eine Einschränkung, indem an Stelle des gesetzlichen Erbrechts lediglich ein **Erbersatzanspruch** tritt, dh ein Geldanspruch in Höhe des Wertes des gesetzlichen Erbteils. Eine solche unterschiedliche Behandlung des nichtehelichen und des ehelichen Kindes verstieß nach früherer Anschauung nicht gegen Art 6 Abs 5 GG, denn diese Verfassungsnorm fordere nicht die völlige Gleichstellung der nichtehelichen mit den ehelichen Kindern, sondern lediglich die Schaffung einer den ehelichen gleichwertigen Position für die nichtehelichen Kinder (BT-Drucks V/2370, 89; BVerfGE 8, 215; 17, 284; SOERGEL/STEIN vor § 1934 a Rn 4; vLÜBTOW I 56; LEIPOLD § 7 IV 1; beachte aber § 1934 a Rn 39). Die volle erbrechtliche Gleichstellung der nichtehelichen mit den ehelichen Kindern besteht nur, wenn bei dem Tod des nichtehelichen Vaters oder väterlicher Verwandter weder eheliche Abkömmlinge des Erblassers noch dessen Ehefrau Erben sind (§ 1934 a Abs 1). Der Vater und seine Verwandten sind gesetzliche Erben des nichtehelichen Kindes allein, wenn letzteres nicht von seiner Mutter oder deren ehelichen Abkömmlingen beerbt wird (§ 1934 a Abs 2). Als eheliche Abkömmlinge, die das nichteheliche Kind gem § 1934 a von der gesetzlichen Erbfolge ausschließen, gelten die ehelich geborenen (Rn 21), die durch spätere Ehe legitimierten (Rn 31), die für ehelich erklärten (Rn 33) und die Adoptivkinder (Rn 46 ff). Hinterläßt das nichteheliche Kind bzw ein Kind des nichtehelichen Kindes bei seinem Tod einen erbenden Ehegatten, sind der nichteheliche Vater und dessen Verwandtschaft von der gesetzlichen Erbfolge ausgeschlossen (§ 1934 a Abs 3). Sie haben lediglich einen Erbersatzanspruch. Ein Unterhaltsanspruch des Kindes gegen den Nachlaß, wie ihn § 1712 aF vorsah, besteht gem § 1615 nicht mehr. Allerdings kann eine Unterhaltspflicht der Erben aufgrund ihrer Verwandtschaft bestehen, §§ 1602, 1606, 1615 e (SOERGEL/STEIN § 1924 Rn 15). Im Hinblick auf Art 14 Abs 1 GG wird § 1934 a als zulässige Inhalts- und Schrankenbestimmung des Erbrechts betrachtet (SOERGEL/STEIN vor § 1934 a Rn 4). Zur Vereinbarkeit mit Art 14 EMRK, Zivilpakt und UN-Übereinkommen über die Rechte des Kindes vgl STAUDINGER/OTTE Einl 104-107 zu §§ 1922 ff.

Der **Erbersatzanspruch** der §§ 1934 a ff wurde geschaffen, um eine Erbengemein- **42** schaft der ehelichen Abkömmlinge und Ehefrau des Erblassers mit dem nichtehelichen Kind und dessen Abkömmlingen oder der Ehefrau, Mutter (einschl deren ehelichen Abkömmlinge) des nichtehelichen Kindes zu verhindern, um wahrscheinlichen Spannungen zu begegnen (ERMAN/SCHLÜTER § 1924 Rn 6; EBENROTH Rn 124; LUTTER 29). Das nichteheliche Kind ist häufig nicht in die Familie des Vaters eingegliedert, träte als Fremder in die familienmäßig bestimmte Gesamthandsgemeinschaft der gesetzlichen Erben ein und würde als Störfaktor empfunden. Es würde auch selbst weder den Miterben noch dem Erblasser gegenüber familienbandähnliche Verpflich-

Olaf Werner

tungen kennen. Diese Gefahr besteht jedoch nur, wenn es bei der gesetzlichen Erbenstellung des nichtehelichen Kindes und seiner Abkömmlinge bzw des Vaters und seiner Verwandten zu einer Erbengemeinschaft mit den in § 1934 a bevorzugten Personen käme. Entscheidend für den Ausschluß von der gesetzlichen Erbfolge durch § 1934 a ist damit nicht lediglich die Existenz der in dieser Norm bevorzugten Personen, diese müssen vielmehr Erben sein. Das nichteheliche Kind, seine Abkömmlinge bzw der nichteheliche Vater und seine Verwandten genießen das volle auf Verwandtschaft beruhende dingliche Erbrecht, wenn zwar gem § 1934 a sie von der Erbschaft ausschließende Personen vorhanden, diese aber aufgrund Erbverzichts (§ 2346), Erbunwürdigkeit (§ 2344), Ausschluß (§§ 1938, 2303 ff) oder Ausschlagung (§ 1953 Abs 1) keine Erben sind. Insoweit gilt der allgemeine erbrechtliche Grundsatz, daß eine gesetzlich vorangehende Person eine nachgeordnete lediglich dann von der Erbfolge ausschließt, wenn erstere tatsächlich die Erbenstellung einnimmt (vgl §§ 1924 Abs 2, 1930, 1953 Abs 1, 2).

43 Der Ausschluß von der gesetzlichen Erbfolge und die Beschränkung auf den Erbersatzanspruch wirkt sich gem § 5 S 2 HöfeO auch in der Hoferbenordnung aus, da **gesetzlicher Hoferbe** nur ein gesetzlicher Erbe, nicht der Inhaber eines Ersatzanspruches sein kann (vgl Rn 6). Gem § 12 Abs 10 HöfeO besteht jedoch Anspruch auf eine Abfindung.

44 Im Gegensatz zu den ehelichen Nachkommen kann das nichteheliche Kind gem § 1934 d einen Anspruch auf **vorzeitigen Erbausgleich** geltend machen. Es hat idR, da außerhalb der Familie des Vaters lebend, nicht wie die ehelichen Kinder vor dem Erbfall Anteil am Vermögen des Vaters. Ausgleichend sollen ihm berufliche und wirtschaftliche Starthilfen durch § 1934 d geboten werden (näheres vgl §§ 1934 d, 1934 e). Die Benachteiligung, die in der Verweisung auf den schuldrechtlichen Erbersatzanspruch liegt, vermag er nicht zu kompensieren (STÖCKER JZ 1979, 87, 90).

45 c)   Durch §§ 1934 a ff ist der Erblasser nicht gehindert, zugunsten oder zum Nachteil nichtehelicher Nachkommen zu **testieren** (BT-Drucks V/2370, 92, 93). Er kann nichteheliche Nachkommen allein oder neben ehelichen und neben seinem Ehegatten zu Erben oder Vermächtnisnehmern einsetzen. Ebenso kann er den **Erbersatzanspruch entziehen.** Ist ein nichtehelicher Nachkomme gesetzlicher Erbe, kann der Erblasser ihn enterben (BT-Drucks V/2370, 92; OLG Stuttgart FamRZ 1972, 471). Der nichteheliche Verwandte erhält dann jedoch den Pflichtteilsanspruch gem § 2303 Abs 1 S 1 iVm § 2338 a S 2. Da der Erbersatzanspruch an die Stelle eines gesetzlichen Erbteils tritt, gelten für die Enterbung und Entziehung des Erbersatzanspruches die gleichen Grundsätze. Dies schon deswegen, weil der Erblasser bei der Enterbung noch nicht weiß, ob die nichtehelichen Verwandten zur dinglichen Erbfolge gelangen oder nur den schuldrechtlichen Anspruch haben, denn es kommt auf die Zusammensetzung der Miterbengemeinschaft zZt des Erbfalles an. Eine Enterbung gem § 1937 bedeutet allerdings noch keinen Entzug des Erbersatzanspruchs iSv § 2338 a S 1, denn dieser würde voraussetzen, daß ein Erbersatzanspruch überhaupt entstanden ist, was wiederum nur der Fall ist, wenn der Berechtigte, ließe man seine Nichtehelichkeit außer Betracht, gesetzlicher Erbe wäre. Dafür finden § 2303 Abs 1 S 1 iVm § 2338 a S 2 Anwendung (BGHZ 80, 290, 292 f = NJW 1981, 1735; bestätigend BGH NJW 1988, 136, 137 f; **aA** Voraufl Rn 33 mwN).

3. Verwandtschaft durch Annahme als Kind

Durch Adoption wird ein Verwandtschaftsverhältnis kraft Rechtsakt begründet **46** (BEITZKE/LÜDERITZ § 33). Der Adoptierte scheidet ganz oder teilweise aus seiner bisherigen Verwandtschaft (Abstammung) aus und tritt in ein Verwandtschaftsverhältnis zum Annehmenden und idR auch zu dessen Verwandten. Die Annahme als Kind (Adoption) ist in §§ 1741 ff durch das am 1. 1. 1977 in Kraft getretene AdoptG v 2. 7. 1976 (BGBl I 1749) neu geregelt worden. Sofern der Erbfall vor dem 1. 1. 1977 liegt, sind die bis dahin geltenden Vorschriften, nach denen ein Erbrecht für den Annehmenden nicht bestand (§ 1759 aF), maßgebend, Art 12 §§ 1-3 AdoptG. Ist der an Kindes Statt Angenommene am 1. 1. 1977 minderjährig, finden bis zum 31. 12. 1977 die alten Vorschriften ebenfalls Anwendung (zur alten Regelung vgl 11. Aufl Rn 14). Für vor dem 1. 1. 1977 begründete Adoptionsverhältnisse kann grundsätzlich die Anwendung des neuen Rechts ausgeschlossen werden (Art 12 § 2 Abs 2, 3, 4 AdoptG). Darüber hinaus zeitigt ein nach § 1767 aF vereinbarter Ausschluß des Erbrechts des Kindes gegenüber dem Annehmenden für Erbfälle nach dem 1. 1. 1977 Wirkung (Art 12 § 1 Abs 4, 5 AdoptG), so daß das Kind kein gesetzlicher Erbe des Annehmenden, dieser aber auch kein solcher des Kindes ist (BT-Drucks VII/3061, 69). Nach der Neufassung des Adoptionsrechts ist ein vereinbarter Ausschluß des Erbrechts nicht mehr möglich, die gleiche Wirkung kann aber durch Erbverzicht bzw durch letztwillige Verfügung herbeigeführt werden.

Die Begründung des gesetzlichen Erbrechts durch Adoption ist bei der Annahme Volljähriger (§§ 1767–1772) und Minderjähriger (§§ 1741–1766) unterschiedlich ausgestaltet.

a) Die **Adoption eines Minderjährigen** begründet nach § 1754 für den Adoptierten **47** die rechtliche Stellung eines ehelichen Kindes des (bzw der) Annehmenden. Nehmen Eheleute ein fremdes oder ein nichteheliches Kind eines Eheteiles als Kind an, wird dieses gemeinschaftliches eheliches Kind beider Elternteile. Adoptiert nur ein Ehepartner oder ein Nichtverheirateter ein minderjähriges Kind, wird ein eheliches Kindesverhältnis und Verwandtschaft allein mit dem Annehmenden und dessen Verwandten begründet. In beiden Fällen des § 1754 erwerben die Adoptierten die volle Stellung eines ehelichen Abkömmlings des Adoptierenden, dh sie sind mit diesem und dessen Verwandten wie bei Abstammung verwandt. Gleichzeitig erlischt das Verwandtschaftsverhältnis des Angenommenen zu seinen bisherigen Verwandten (§ 1755). Das angenommene Kind verliert seine gesetzliche Erbenstellung gegenüber seinen bisherigen Verwandten, es wird allein in die gesetzlich erbberechtigten Verwandten des Annehmenden eingeordnet (Volladoption). Das gilt auch, wenn ein nichteheliches Kind von nur einem unverheirateten Elternteil adoptiert wird (§ 1741 Abs 3 S 2), für die Verwandtschaft zum anderen Elternteil, (MünchKomm/LEIPOLD § 1924 Rn 14). Ebenso sind der Annehmende und seine Verwandten gesetzliche Erben des Adoptierten. Anders, wenn ein Ehegatte das nichteheliche Kind seines Ehepartners annimmt, § 1755 Abs 2. Die Adoption von im zweiten oder dritten Grad Verwandten gem § 1756 Abs 1 kann dazu führen, daß das Kind drei Großelternpaare beerbt (SOERGEL/STEIN § 1924 Rn 18). Dabei ist eines der leiblichen Großelternpaare zugleich Adoptivgroßelternpaar, so daß der Adoptierte insoweit als Angehöriger zweier Stämme erbt, § 1927 (SOERGEL/STEIN § 1926 Rn 6, **aA** DIECKMANN ZBlJugR 1980, 567, 573 Fn 24; vgl auch § 1927 Rn 6).

48 **b)** Die **Adoption eines Volljährigen** (dazu zählen auch alle Adoptivkinder, die am 1. 1. 1977 volljährig waren, Art 12 § 1 AdoptG) beschränkt die Verwandtschaft auf das Verhältnis des Annehmenden zu dem Adoptierten und seinen Abkömmlingen. Die Wirkungen der Adoption erstrecken sich nicht auf den Ehegatten oder die Verwandten des Annehmenden, §§ 1767 Abs 2, 1770. Im Gegensatz zum Minderjährigen verbleibt der volljährig Adoptierte in der Verwandtschaft seiner Ursprungsfamilie. Aufgrund dieser „doppelten" Verwandtschaft (einmal aufgrund Abstammung, zum anderen infolge Adoption) zählen der volljährig Adoptierte und seine Nachkommen zu den gesetzlichen Erben des Annehmenden und zugleich zu den gesetzlichen Erben seiner Ursprungsfamilie. Verwandte und gesetzliche Erben des Angenommenen sind neben seinen Nachkommen seine leiblichen Eltern, deren Verwandte und der (bzw die) Adoptierende(n). Der Adoptierte zählt dagegen nicht zu den gesetzlichen Erben der Verwandten des Annehmenden, ebensowenig beerben diese ihn aufgrund gesetzlicher Regelung.

Nach § 1772 kann das Vormundschaftsgericht unter besonderen Voraussetzungen durch Ausspruch auf Antrag eines volljährig Adoptierten und des Adoptierenden die Wirkungen wie bei der Adoption eines Minderjährigen (Volladoption) herbeiführen. Die verwandtschaftlichen und erbrechtlichen Beziehungen regeln sich dann nach den für einen **minderjährig** Adoptierten geltenden Grundsätzen (vgl Rn 47).

49 **4.** Der **für die Verwandtschaft maßgebende Zeitpunkt,** in dem dieser Berufungsgrund gegeben sein muß, ist der des Erbfalles. Ein gesetzlicher Erbe muß daher zZt des Erbfalles nicht nur gelebt haben (§ 1923 Abs 1, 2), sondern auch mit dem Erblasser schon und noch verwandt gewesen sein.

50 **a)** Die seit dem 1. 7. 1970 bestehende Verwandtschaft des **nichtehelichen Kindes** mit seinem Erzeuger und dessen Verwandten gilt allein für Erbfälle nach diesem Datum und für nichteheliche Kinder, die nicht vor dem 1. 7. 1949 geboren worden sind (vgl Rn 35 ff). Die völlige Gleichstellung eines nichtehelichen Kindes mit einem ehelichen durch spätere Heirat der Eltern (vgl Rn 31) oder durch Ehelicherklärung (vgl Rn 33) erfolgt nicht rückwirkend, so daß die jeweilige Ehelicherklärung über die Anwendbarkeit der §§ 1934 a ff und der sonstigen erbrechtlichen Sonderregelungen für das nichteheliche Kind entscheidet (Soergel/Stein § 1924 Rn 23). Beachte aber §§ 1733 Abs 3, 1753 Abs 3 (vgl § 1934 a Rn 12). Bei Erbfällen, die vor der Erlangung der Ehelichkeit liegen, unterstehen das nichteheliche Kind bzw seine Abkömmlinge den Beschränkungen der §§ 1934 a ff. Ein vor dem Tod des väterlichen Großvaters erzeugtes Kind, das durch eine vor seiner Geburt, aber nach dem Erbfall geschlossene Ehe legitimiert worden ist, ist zwar gem § 1591 ehelich, da es aber gem § 1923 Abs 2 als vor dem Erbfall geboren behandelt wird, zu diesem Zeitpunkt aber die Eltern noch nicht verheiratet waren, gilt es als nichtehelich bei der Erbfolge im Hinblick auf den väterlichen Großvater (aM MünchKomm/Leipold § 1924 Rn 7; Soergel/ Stein § 1924 Rn 23, der die nichteheliche Leibesfrucht für semantisch fragwürdig und eine solche Gesetzesauslegung weder vom Sinn des § 1923 Abs 2, der dem nasciturus lediglich Rechte an dem Nachlaß sichern soll, noch von dem der §§ 1934 a ff her für geboten hält).

51 Erst der **Ausspruch der Annahme als Kind** durch Beschluß des Vormundschaftsgerichtes begründet die Verwandtschaft mit dem Annehmenden (§§ 1752, 1754). Damit erlöschen die verwandtschaftlichen Beziehungen zu den bisherigen Verwandten

(§ 1755), dh das adoptierte minderjährige Kind zählt nicht mehr zu den erbberechtigten gesetzlichen Erben seiner nach der Adoption versterbenden früheren Verwandten. Mit dem Zeitpunkt des Beschlusses des Vormundschaftsgerichtes gem § 1752 wird das Kind gesetzlicher Erbe des Annehmenden und, soweit es minderjährig ist, auch der Verwandten des Annehmenden.

b) **Durch Aufhebung** des die Annahme als Kind begründenden Rechtsverhältnisses **52** (§§ 1759 ff) endigen die Wirkungen der Adoption und das damit begründete Erbrecht. Da die Aufhebung einer Annahme als Kind gem § 1764 nur für die Zukunft wirkt, rechnet ein Adoptierter nur dann zu den gesetzlichen Erben des Annehmenden und dessen Verwandten, wenn der Erbfall nach dem Beschluß aus § 1752 und vor Aufhebung der Adoption eingetreten ist. Allein während dieser Zeit besteht kein Verwandtschaftsverhältnis zu seinen leiblichen Verwandten und dementsprechend auch kein Erbrecht. Mit Aufhebung der Adoption lebt die Verwandtschaft zu den Blutsverwandten auch rechtlich und damit das gesetzliche Erbrecht wieder auf (§ 1764 Abs 3). Zu beachten ist jedoch die Sonderregelung der §§ 1753 Abs 3, 1764 Abs 1: eine Annahme nach dem Tod des Annehmenden hat die gleiche Wirkung, wie wenn sie vor dem Tod erfolgt wäre, dh es wird rückwirkend die gesetzliche Erbfolge begründet (§ 1753 Abs 3). Entsprechend besteht eine Rückwirkung der Aufhebung des Annahmeverhältnisses vor den Tod des Annehmenden, wenn die Aufhebung von dem Annehmenden beantragt, er aber vor der Aufhebung durch das Vormundschaftsgericht verstorben ist (§ 1764 Abs 1).

c) Nach dem Zeitpunkt des Erbfalles entscheidet sich auch, wer der **nächstberu- 53 fene gesetzliche Erbe** ist, selbst wenn etwa die Berufung zur Erbfolge erst nach dem Wegfall eines vorher Berufenen erfolgt. Mit dem Erbfall ergeht rechtlich eine gleichzeitige Berufung *(Simultanberufung)* an alle, die in diesem Zeitpunkt als gesetzliche Erben in Betracht kommen, an den Nächstberufenen als *unbedingte,* an die nach ihm Berufenen als eine durch seinen rückwirkenden Wegfall (infolge Ausschlagung, Erbunwürdigkeit) *bedingte Berufung.* Ist der danach berufene Erbe in der Zwischenzeit verstorben, so gilt die Erbschaft als von ihm erworben und mit dem Recht der Ausschlagung auf seine Erben übergegangen, §§ 1952, 2344 Abs 2.

IV. Obwohl ein „Erbrecht" auf den Nachlaß eines noch lebenden Dritten nicht **54** besteht und daher eine Klage auf Feststellung eines erbrechtlichen Verhältnisses als Feststellung evtl künftiger Rechtsverhältnisse bezüglich des Nachlasses im allgemeinen ausgeschlossen ist (RGZ 49, 370 f; 92, 1; BGB-RGRK/Kregel § 1924 Rn 3), kann eine **Feststellungsklage** auf *Nichtbestehen eines gesetzlichen Erbrechtes* uU schon zu Lebzeiten des Erblassers zulässig sein (RGZ 169, 98; OLG Hamm HEZ 2, 111; BGB-RGRK/ Kregel § 1924 Rn 3).

V. **Kritische Würdigung des gesetzlichen Erbrechts**

Die Ausgestaltung des gesetzlichen Erbrechts als Verwandten- und Ehegattenerb- **55** recht ist grundsätzlich zu billigen. Sie wird dem Familiengedanken gerecht und entspricht dem in der Bevölkerung verwurzelten und anerkannten Bestreben, das Vermögen nach dem Tod den Verwandten und dem Ehegatten eines Verstorbenen zukommen zu lassen. Allerdings bedeutet die unbegrenzte Verwandtenerbfolge bis in die fernste Parentel (§ 1929) eine kaum mehr gerechtfertigte Übersteigerung des

Familiengedankens auf Kosten der Gemeinschaft. Zu den entfernteren Parentelen besteht bei den heutigen Kleinfamilien kein Gefühl der Familienzugehörigkeit mehr. Diese Verwandten sind dem Erblasser idR sogar unbekannt. Der Staat, die Gemeinschaft, steht mittels seiner Für- und Vorsorge dem Erblasser näher, denn er sichert ihm Lebens- und Entfaltungsmöglichkeiten, schützt sein Vermögen. Diese Aufgaben nahm früher die Sippe, die Großfamilie wahr. Die Gemeinschaft hat die Pflichten übernommen und sollte daher als Korrelat auch entsprechende Rechte erhalten.

56 Bereits die zweite Kommission wollte den Verwandten, die nicht den ersten vier Parentelen angehören, ein gesetzliches Erbrecht versagen (E II § 1806; Prot V 470 f). Aus politischen Gründen, um Sozialisierungstendenzen in jeder Weise zu begegnen, hielt die Reichstagskommission am unbegrenzten Verwandtenerbrecht fest (RT-Drucks Nr 440, Session 1895—1897, 2097). Eine Zusammenstellung der insoweit unterschiedlichen Regelungen in Deutschland vor Inkrafttreten des BGB enthalten die Mot zum Teilentwurf des Erbrechts von 1879, 589.

57 Die Verwandten entfernterer Ordnungen lassen sich zumeist nur mit Schwierigkeiten und erheblichem Arbeitsaufwand ermitteln. Ihre Feststellung ist eine Quelle verwickelter Prozesse. Der Erbrechtsausschuß der AkDR hat daher vorgeschlagen, das gesetzliche Verwandtenerbrecht nur bis zur dritten Parentel anzuerkennen (LANGE DR 1942, 1715). Ebenso beschloß der 49. DJT, den Kreis der gesetzlichen Erben auf die ersten drei Ordnungen zu beschränken (49. DJT 1972 Beschl Nr 2 S K 165; Gutachten COING 49. DJT I A 37 ff, 73; Referat DIECKMANN 49. DJT II K 11 ff, 32). Eine solche Einschränkung der Verwandtenerbfolge zugunsten eines Erbrechts des Staates wird heute überwiegend für erforderlich gehalten (BGB-RGRK/KREGEL § 1929 Rn 1; MERTENS 54 ff; DÄUBLER ZRP 1975, 165; KÜHNE JR 1972, 224 aA neuestens aber Rauscher, Reformfragen des gesetzlichen Erb- und Pflichtteilsrechts II 1, 157—168).

58 Das gesetzliche Erbrecht beinhaltet lediglich eine Verteilungsregel, die dem mutmaßlichen Willen des Erblassers entsprechen soll. Das in Art 14 Abs 1 GG ausdrücklich gewährleistete Erbrecht verlangt daher nicht, daß der Gesetzgeber entfernteste Verwandte, die zu dem Erblasser in keiner Beziehung stehen, von Gesetzes wegen zur Erbschaft beruft, weil der Erblasser keine letztwillige Verfügung erstellt hat. Der Gesetzgeber könnte die Familienerbfolge einschränken, ohne gegen die Verfassung zu verstoßen (MAMPE NJW 1976, 596; JUNG FamRZ 1976, 135).

59 Eine Beschränkung der gesetzlichen Erbfolge auf die ersten drei Ordnungen besteht in **Österreich** (§§ 730—741 AGBGB) und in der Schweiz (Art 457—460, 466 ZGB). Bis zum sechsten Grad besteht ein gesetzliches Erbrecht in Frankreich und Italien (Art 755 cc, Art 572 cc it). Unbegrenzt wie im BGB ist dagegen die Erbfolge in den USA (KÜHNE JR 1972, 224; rechtsvergleichende Überblicke bei REICHERT-FACILIDES 49. DJT I A 57 ff; FIRSCHING JZ 1972, 451; RHEINSTEIN/KNAPP/SUNDBERG/BROMLEY/RIEG/REICHERT-FACILIDES aaO; RAUSCHER, Reformfragen des gesetzlichen Erb- und Pflichtteilsrechts II 1, 131 ff).

60 Abzulehnen ist jedoch eine bereits von den Saint-Simonisten in Frankreich aufgestellte Forderung, die Erbmasse wegen der Herkunft aus Privatvermögen nicht dem Staat, sondern verdienten oder bedürftigen Privatpersonen (Stiftungen, Verbänden usw) zukommen zu lassen (dazu MERTENS 23, 24; ähnlich heute KÜHNE JR 1972, 225; COING 49. DJT I A 40, 73; STEFFEN DRiZ 1972, 266). Abgesehen davon, daß hierfür kein Zuteilungsmaßstab besteht, würde eine solche Möglichkeit zum Bereicherungsstreben der Personen und Verbände führen, die Einfluß auf das Zuteilungsverfahren hätten (Korruption). Die Abkehr von einem über bestimmte Parentelen hinausgehenden Verwandtenerbrecht ist allein aus der Eingliederung des Erblassers in die Gemeinschaft (Staat) gerechtfertigt, so daß nur letztere den Nachlaß bei Fehlen eines testamentarischen oder aufgrund naher Verwandtschaft mit dem Erblasser verbundenen Erben erhalten darf. Durch die Erbschaftsteuer ist der Staat zwar insbesondere bei höheren Ordnungen weitgehend am Nachlaß (nicht dinglich) beteiligt. Dies erübrigt jedoch nicht die og Schwierigkeiten bei Feststellung des Erben und beläßt letzterem doch immer noch den wesentlichen Teil des Vermögens, ohne daß es hierfür eine Rechtfertigung gäbe. (Zur Kritik am Erbrecht des nichtehelichen Kindes vgl § 1934 a Rn 39.)

§ 1924

[1] **Gesetzliche Erben der ersten Ordnung sind die Abkömmlinge des Erblassers.**

[2] **Ein zur Zeit des Erbfalls lebender Abkömmling schließt die durch ihn mit dem Erblasser verwandten Abkömmlinge von der Erbfolge aus.**

[3] **An die Stelle eines zur Zeit des Erbfalls nicht mehr lebenden Abkömmlinges treten die durch ihn mit dem Erblasser verwandten Abkömmlinge (Erbfolge nach Stämmen).**

[4] **Kinder erben zu gleichen Teilen.**

Materialien: E I § 1965; II § 1801; III § 1900;
Mot V 358 ff; Prot V 463 ff, 847 ff; Denkschr
719.

I.   Grundsätzliches

§ 1924 bestimmt die Erben erster Ordnung und damit die Personen, die als erste für   **1** die Vermögensnachfolge in Betracht kommen und die gem § 1930 Verwandte anderer Ordnungen ausschließen. Zum Zusammentreffen von Erben erster Ordnung mit dem Ehegatten des Erblassers vgl § 1931 Rn 21.

1.   Abkömmlinge: Der Erblasser ist Stammelternteil der ersten Parentel. Gesetzli- **2** che *Erben erster Ordnung sind seine Abkömmlinge,* dh seine (ehelichen und nichtehelichen) Kinder (Sohn, Tochter), deren Kinder (Kindeskinder, Enkel) und deren weitere Nachkommen (Urenkel, Ururenkel usw). Zum Umfang und Nachweis der Abstammung vgl Vorbem 20-33 zu §§ 1924-1936. Als Nachkommen gelten allein die Blutsverwandten iSd familienrechtlichen Vorschriften (vgl Vorbem 20 zu §§ 1924-1936), nicht die Ehefrauen der Kinder, Enkel, Urenkel usw (Schwiegertochter, Schwiegersohn usw), sie werden nicht von § 1924 erfaßt.

Unbekannt ist dem BGB der sog **Einkindschaftsvertrag,** wodurch Kinder aus einer früheren Ehe des einen Gatten dem anderen Gatten gegenüber die volle Stellung eines ehelichen Kindes erhalten und den in der neuen Ehe geborenen ehelichen Kindern rechtlich gleichgestellt werden.

3 **Neben den Kindern** des Erblassers und deren Nachkommen erbt lediglich der überlebende **Ehegatte,** der gem § 1931 ein Viertel und gem § 1371 Abs 1 ein weiteres Viertel erhalten kann (vgl § 1931). Außerdem erhält der Ehegatte die Gegenstände, die er zur Führung eines angemessenen Haushaltes benötigt, gem § 1932 Abs 1 S 2 als Voraus.

2. **Nichteheliche Abkömmlinge des Erblassers**

4 **a)** Nach dem **bis zum 30. 6. 1970 geltenden Recht** gehörten uneheliche Kinder nicht zu den gesetzlichen Erben ihres Vaters, sondern nur zu denen der Mutter und deren Verwandten (dazu 11. Aufl Rn 2).

5 **b)** Nichteheliche Abkömmlinge des Erblassers gehören nach Aufhebung des § 1589 Abs 2 aF **seit dem 1. 7. 1970** (vgl Vorbem 24, 34 ff zu §§ 1924-1936) wie die ehelichen zu den gesetzlichen Erben erster Ordnung ihrer leiblichen Vorfahren (dh auch des leiblichen Vaters und dessen Vorfahren). Zu den gesetzlichen Erben erster Ordnung zählen ein nichteheliches Kind und seine Abkömmlinge somit nur dann, wenn der Erbfall nicht vor dem 1. 7. 1970 liegt und das nichteheliche Kind des Erblassers (auf das seine Nachkommen ihre Verwandtschaft mit dem Erblasser begründen) nicht vor dem 1. 7. 1949 geboren ist. Diese erbrechtliche Stellung wird jedoch durch § 1934 a beim Tod eines väterlichen Vorfahren eingeschränkt, wenn neben dem nichtehelichen Kind auch eheliche Abkömmlinge oder der Ehegatte des Erblassers Erben sind. In diesem Fall haben das nichteheliche Kind bzw die an seine Stelle tretenden Abkömmlinge lediglich einen *Erbersatzanspruch* in Höhe des Wertes seines gesetzlichen Erbteils. Es ist damit kein gesetzlicher Erbe, sondern Nachlaßgläubiger (vgl § 1934 b Rn 11). Stirbt die Mutter oder ein Vorfahre der Mutter, wird die gesetzliche Erbenstellung des nichtehelichen Kindes nicht durch §§ 1934 a ff eingeschränkt. Verstirbt der Vater oder ein väterlicher Vorfahre des nichtehelichen Kindes, zählen es und seine Nachkommen nur dann zu den gesetzlichen Erben erster Ordnung, wenn weder eheliche Abkömmlinge des Vaters noch die Ehefrau Erben sind. Hinterläßt der Erblasser nur nichteheliche Kinder und keine Ehefrau, sind alle nichtehelichen Kinder bzw deren Nachkommen vollberechtigte Erben (Näheres bei § 1934 a).

6 **3. a)** Die **Adoption eines Minderjährigen** (Volladoption) führt zu dessen unbeschränkter Anerkennung als ehelicher Abkömmling (Vorbem 47 zu §§ 1924-1936). Das folgt zum einen aus der Entstehungsgeschichte des BGB, zum anderen daraus, daß die Funktion der Adoption früher gerade darin bestand, sich einen Erben zu schaffen, um Namen und Vermögen über den Tod hinaus zu sichern (BAUSCH FamRZ 1980, 413, 414). Der Adoptierte und seine Abkömmlinge zählen somit zu den gesetzlichen Erben erster Ordnung des Adoptierenden oder der Personen, von denen der Adoptierende in gerader Linie abstammt aufgrund Geburt oder Volladoption. Da gem § 1755 das Verwandtschaftsverhältnis des Adoptierten zu seinen leiblichen Eltern und deren Verwandten erlischt, zählt der Adoptierte nicht mehr zu den gesetzlichen Erben seiner leiblichen Eltern und Vorfahren (BT-Drucks VII/3061, 44). Bei Adoption durch seinen Bruder kann das angenommene Kind seine leiblichen Eltern trotz § 1756 Abs 1 als Adoptivgroßeltern gem § 1924 Abs 1 beerben (SOERGEL/STEIN Rn 18).

b) Durch **Adoption eines Volljährigen** (vgl Vorbem 40 zu § 1924) werden der Adoptierte **7** und seine Nachkommen gesetzliche Erben erster Ordnung allein des Adoptierenden, nicht aber des Ehegatten des Adoptierenden und der Personen, von denen der Annehmende in gerader Linie abstammt. Da der volljährig Adoptierte mit seiner **Ursprungsfamilie** verwandt bleibt, zählen er und seine Abkömmlinge auch weiterhin zu den gesetzlichen Erben seiner leiblichen Eltern und all der Personen, von denen diese in gerader Linie abstammen. Werden gem § 1772 die Wirkungen der Volladoption herbeigeführt, so gelten die dafür aufgestellten Grundsätze (vgl Rn 6).

c) Bei **Erbfällen vor dem 1.1.1977** und bei Ausschluß der durch das AdoptG **8** getroffenen Neuregelung gelten die §§ 1741 ff aF (vgl Vorbem 46 zu §§ 1924–1936). Es wird kein Unterschied zwischen der Adoption eines Minder- und Volljährigen gemacht. Gem §§ 1757, 1762, 1763 aF zählt der Adoptierte zu den gesetzlichen Erben erster Ordnung nur des Adoptierenden, nicht aber der Personen, von denen der Adoptierende in gerader Linie abstammt. Ein Abkömmling des Adoptierten bzw seine Nachkommen sind nur dann gesetzliche Erben erster Ordnung des Adoptierenden, wenn sie bei Abschluß des Adoptionsvertrages bereits vorhanden waren. Ein zZt des Vertragsschlusses noch nicht lebender Abkömmling und seine Nachkommen können gesetzliche Erben des Adoptierenden werden, wenn der Adoptionsvertrag auch mit ihnen (den bereits lebenden Abkömmlingen) geschlossen worden ist (§ 1762 aF).

4. Zum Begriff der Abkömmlinge im *Erbschaftsteuerrecht* vgl MÜHLEN VersR **9** 1962, 1123.

II. Vorrang des Stammelternteiles (Abs 2)

1. Nach dem für die gesetzliche Erbfolge maßgebenden Stammesgrundsatz (vgl **10** Vorbem 14 f zu §§ 1924-1936) wird ein *entfernterer Nachkomme durch einen näheren,* der seine Verwandtschaft mit dem Erblasser vermittelt und den Erbfall erlebt, *ausgeschlossen.* Da jeder Nachkomme des Erblassers mit seinen Abkömmlingen eine eigene Parentel bildet (vgl Vorbem 13 zu §§ 1924–1936), schließt der dem Erblasser nächste noch lebende eheliche oder nichteheliche Nachkomme die seiner Parentel angehörenden Nachkommen von der Erbfolge aus.

2. Der **Ausschluß der entfernteren Nachkommen** durch einen *lebenden* näher ver- **11** wandten Nachkommen erfolgt nur, wenn letzterer auch wirklich zur Erbfolge gelangt oder einen vorzeitigen Erbausgleich gem §§ 1934 d, 1934 e erhalten hat. Dies ergibt sich unzweideutig aus der Rechtsfolge bei Wegfall eines Abkömmlings durch Ausschlagung (§ 1953 Abs 2), Erbunwürdigkeitserklärung (§ 2344) oder Erbverzicht (§ 2346 Abs 1 S 2), denn in diesen Fällen ist nach dem Gesetzeswortlaut der Wegfallende so zu behandeln, wie wenn er zZt des Erbfalls nicht gelebt hätte. Der sich hieraus ergebende allgemeine Grundsatz (vgl Vorbem 42 zu §§ 1924–1936), daß eine erbrechtlich vorangehende Person eine nachgeordnete lediglich dann von der Erbfolge ausschließt, wenn erstere tatsächlich die Erbenstellung einnimmt (§ 2349 betrifft lediglich das Eintrittsrecht), bedeutet auch, daß ein gem § 1938 von der gesetzlichen

Olaf Werner

Erbfolge Ausgeschlossener *(Enterbung)* ebenfalls als den Erbfall nicht erlebend behandelt wird und seine Nachkommen nicht von der gesetzlichen Erbfolge ausschließen kann (dazu Rn 19).

12 3.   Auch ein **nichtehelicher Nachkomme** des Erblassers bildet mit seinen Abkömmlingen eine Parentel, so daß er – wenn er zu den *gesetzlichen Erben* des Erblassers gehört – seine Abkömmlinge von der Erbfolge ausschließt. Steht dem nichtehelichen Nachkömmling des Erblassers lediglich ein *Erbersatzanspruch* zu, ist er kein gesetzlicher Erbe des Erblassers und kann auch seinen Nachkommen keine solche Erbenstellung vermitteln (vgl Vorbem 41 zu §§ 1924–1936 und § 1934 a Rn 3). Die Frage des Ausschlusses durch ihn als den dem Erblasser näheren Verwandten stellt sich in diesem Fall nicht. Ein vorzeitiger Erbausgleich gem § 1934 d schließt mit dem eigenen Erbrecht – vorbehaltlich späterer Ehelicherklärung, §§ 1723 ff, 1740 a ff – auch die Abkömmlinge eines nichtehelichen Kindes von der Erbfolge aus.

13 4.   Ein **Adoptierter** oder durch späteren Eheschluß **legitimierter Nachkomme** des Erblassers steht einem ehelichen gleich, er schließt als Stammelternteil seiner Parentel seine Nachkommen aus.

III.   Eintrittsrecht (Abs 3)

14 1.   An die Stelle eines vorverstorbenen (bzw wegfallenden) Nachkommen **treten dessen** durch ihn mit dem Erblasser verwandte **Nachkommen** (Erbfolge nach Stämmen), nicht sein Ehegatte. Die jeweils einer Parentel angehörenden Personen rücken in der Reihenfolge des Abs 2 (vgl Rn 10 ff) in die erbrechtliche Stellung ihres Stammelternteils ein, wenn dieser aufgrund Vorversterbens oder Wegfalls die Erbschaft nicht antrat (vgl Rn 11). Dieses Eintrittsrecht ist unabhängig davon, ob der Eintretende Erbe des Wegfallenden ist, zB der Wegfallende hat den Eintretenden enterbt (RGZ 61, 14, 16; ERMAN/SCHLÜTER Rn 17; SOERGEL/STEIN Rn 26). Verstirbt ein vorrangiger Erbe dagegen nach dem Erbfall, geht der dem Vorverstorbenen zustehende Erbteil nur auf seine Erben über. Ein Eintritt im obigen Sinne erfolgt nicht (vLÜBTOW I 49, 50). § 1924 Abs 3 ist entgegen seinem Wortlaut auch dann einschlägig, wenn ein lebender Abkömmling infolge Ausschlagung der Erbschaft (vgl § 1953 Abs 3) oder Erbunwürdigerklärung (§ 2344 Abs 2) nicht gesetzlicher Erbe wird (MünchKomm/LEIPOLD § 1924 Rn 25).

15 2.   Das Eintrittsrecht **des nichtehelichen Nachkommen** eines Stammelternteils besteht in bezug auf einen mütterlichen Verwandten unbeschränkt, beim Tode eines väterlichen Verwandten wird es durch § 1934 a in ein obligatorisches Erbrecht umgewandelt. Bei der Verwandtenadoption gem § 1756 Abs 1 erlischt die Verwandtschaft des Adoptierten zu seinen leiblichen Eltern. Teilweise wird dennoch beim Tod der Großeltern ein Eintrittsrecht nach den leiblichen Eltern analog § 1924 Abs 3 befürwortet (SOERGEL/STEIN Rn 26; MünchKomm/LEIPOLD Rn 13; DIECKMANN FamRZ 1979, 389, 394). Zwar bleibt das Verwandtschaftsverhältnis zu leiblichen Großeltern von der Verwandtenadoption unberührt, doch kann dem Adoptierten mangels Verwandtschaft mit seinen leiblichen Eltern von diesen kein Erbrecht vermittelt werden (ERMAN/SCHLÜTER Rn 11).

16 3.   Soweit Nachkommen eines weggefallenen Vorfahren aufgrund des Eintrittsrechts an dessen Stelle treten, findet eine *Erhöhung* des Anteils der Miterben des Weggefallenen nach § 1935 nicht statt.

4. Die entfernteren Abkömmlinge treten an die Stelle eines Vorverstorbenen **17** **kraft eigenen Rechts** (RGZ 61, 16; MünchKomm/LEIPOLD Rn 24; SOERGEL/STEIN Rn 26), kraft ihrer blutsmäßigen Verwandtschaft zum Erblasser. Ihr Eintrittsrecht ist unabhängig davon, ob sie Erbe des vorverstorbenen Nachkommen sind, der ihre Verwandtschaft mit dem Erblasser mittelt. Davon gehen die Mot als selbstverständlich aus (Mot V 367). Es geht also nicht ein an sich dem Vorrangigen zustehendes Erbrecht auf sie über. Dies ergibt sich unzweideutig aus den Bestimmungen der §§ 1953 Abs 2, 2344 Abs 2, 2346 Abs 1 S 2, wonach die entfernteren Abkömmlinge an die Stelle eines dem Erblasser näheren Verwandten treten, wenn letzterer infolge Ausschlagung, Erbunwürdigkeitserklärung oder Erbverzichts (zu beachten ist aber § 2349) nicht zur Erbfolge gelangt ist.

Damit ist die in der alten **gemeinrechtlichen Lehre** vertretene und von vielen *Partiku-* **18** *larrechten* anerkannte Auffassung unzweideutig abgelehnt, nach der das Eintrittsrecht als unselbständiges Repräsentationsrecht ausgestaltet war, also ausgeschlossen wurde, wenn das Erbrecht des vermittelnden Stammelternteils aus besonderem Grunde (Ausschlagung, Erbunwürdigkeit) wegfiel (vgl WINDSCHEID/KIPP III § 572 Fn 4). Für das BGB ist die Selbständigkeit des Eintrittsrechts heute unbestritten (RGZ 61, 16; RG JW 1913, 869; PLANCK/FLAD Anm 2; ERMAN/SCHLÜTER Rn 17).

5. Durch **Enterbung des Stammvaters** (§ 1938) wird das Eintrittsrecht nicht ausge- **19** schlossen. Dies ergibt sich folgerichtig aus der grundsätzlich anerkannten Selbständigkeit des Eintrittsrechts. § 1972 des I. Entwurfes faßte den Fall der Enterbung mit den noch heute ausdrücklich geregelten Fällen der Ausschlagung, Erbunwürdigkeit und des persönlichen Verzichts in gleicher Behandlung zusammen. Die Protokolle (Prot V 483) billigten diese Auffassung. Die Redaktionskommission hat diese Bestimmung indes gestrichen. Gleichwohl wird man grundsätzlich an der im I. Entwurf vorgenommenen Gleichstellung festhalten und die Wirkungen des Ausschlusses eines Stammvaters auf ihn beschränken müssen, es sei denn, der Erblasser hatte erkennbar *auch die entfernteren Nachkommen mit enterben wollen* (RGZ 61, 16; 93, 193; RG WarnR 13 Nr 329; BGB-RGRK/KREGEL Rn 8). Ein solcher Wille ist grundsätzlich nicht vorhanden, wenn der Erblasser nur einen bestimmten Abkömmling von der Erbfolge ausschließt. Im Gegensatz zu § 2349 spricht § 1938 nicht von einer Erstreckung der Ausschlußwirkung auf entferntere Verwandte. § 2309 erkennt ein bedingtes Pflichtteilsrecht der entfernteren Abkömmlinge an, setzt also deren Erbrecht auch bei Enterbung ihres Stammelternteils grundsätzlich voraus.

6. Eine *Ausnahme von der Unabhängigkeit* des Eintrittsrechts von der erbrechtli- **20** chen Stellung des Stammelternteiles postuliert § 2349 für den **Erbverzicht** eines Abkömmlings oder Seitenverwandten des Erblassers. Die Wirkung des Verzichts erstreckt sich *auch auf seine Abkömmlinge,* soweit nicht ein anderes bestimmt wird, da der Erbverzicht zumeist die Gegenleistung für eine vorweggenommene Erbzuteilung ist. Der Verzicht kann aber auch auf die Person des Verzichtenden beschränkt werden, dessen Abkömmlinge behalten damit das Eintrittsrecht.

7. Aus der Selbständigkeit des Eintrittsrechts der entfernteren Abkömmlinge **21**

folgt, daß durch **Gerichtsentscheidung, Vergleich** oder anderes **Abkommen über das Erbrecht** des näheren Abkömmlings das Erbrecht entfernterer **Abkömmlinge** nicht betroffen sein kann. Es findet keine Erstreckung der Rechtskraftwirkung auf diese statt. Miterben, die eine endgültige Klärung erstreben, müssen daher gegen den näheren und die entfernteren Abkömmlinge vorgehen (PLANCK/FLAD Anm 2; EBBECKE LZ 1919, 509). Zur Beweislastverteilung bei Berufung auf das Eintrittsrecht § 1930 Rn 8 aE.

IV. Gleichteilung nach Köpfen (Abs 4)

22 **1.** Abs 4 postuliert den Grundsatz der Gleichberechtigung gleich naher Erben. Innerhalb eines Stammes erben gleich nahe Erben zu gleichen Teilen: „Gleiche Brüder gleiche Kappen." Dies allein entspricht dem Blutgedanken als tragendem Rechtfertigungsgrund des Verwandtenerbrechts, der eine stärkere Beachtung persönlicher Besonderheit nicht zuläßt (vgl 2. Denkschr d ErbrA d AkDR 13). Die Berücksichtigung solcher Besonderheiten muß der letztwilligen Verfügung überlassen bleiben. Das Gesetz hat mit Recht die in manchen älteren Rechten ausgesprochene Bevorzugung der Männer (Verstoß gegen Art 3 GG!) oder die Anerkennung eines Voraus zugunsten des Mannes- oder Frauenstammes unberücksichtigt gelassen (Mot V 360). Auch die ledige im Hause verbleibende Tochter wird gegenüber den selbständigen Söhnen nicht bevorzugt, ebensowenig die Witwe eines vorverstorbenen Sohnes (Prot V 463—467).

23 **2.** Im Zusammenhang mit Abs 3 ergibt sich auch der Grundsatz der **Gleichteilung für Stämme,** indem die Abkömmlinge eines vorverstorbenen Kindes zusammen soviel erben, als auf dieses entfallen wäre. Der Nachlaß wird nach Stämmen geteilt und innerhalb eines jeden Stammes nach Zahl der Unterstämme usw (vgl Vorbem 15 zu §§ 1924-1936). Auf die Anzahl der einem Stamm zugehörenden Erben kommt es nicht an. Zugehörigkeit zu mehreren Stämmen führt nach § 1927 auch zur mehrfachen Erbenstellung. Erben also ein lebender Sohn des Erblassers und zwei Kinder einer vorverstorbenen Tochter, so erhalten der Sohn 1/2, die beiden Enkelkinder je 1/4 des Nachlasses. Die Abkömmlinge eines vorverstorbenen Stammvaters bilden mit den übrigen Erben zusammen eine einzige Miterbengemeinschaft, dh die für einen Stammvater eintretenden Personen bilden keine für sich getrennte Gemeinschaft.

24 **3.** Der Grundsatz der Gleichberechtigung der Stämme muß auch bei **Auslegung letztwilliger Verfügungen** beachtet werden. Soll laut Testament der Nachlaß an die überlebenden Kinder und die Kinder einer vorverstorbenen Tochter „gleichmäßig" verteilt werden, ist dies nicht eindeutig als Teilung nach Köpfen zu verstehen und daher im Zweifel eine Verteilung nach Stämmen gewollt (OLG München HRR 1938 Nr 156 = JFG 16, 246; SOERGEL/STEIN rn 29). Regelmäßig sind mit eingesetzten „Kindern", „Abkömmlingen", „Verwandten" und „gesetzlichen Erben" auch nichteheliche Kinder und Adoptivkinder erfaßt (SOERGEL/STEIN aaO; s auch OLG Köln Rpfleger 1993, 404 zu § 2069).

25 **V.** In der früheren DDR bestand seit dem 1. 1. 1976 mit § 365 ZGB eine dem § 1924 entsprechende Regelung, wobei jedoch der Ehegatte neben den ersten Kindern und deren Nachkommen zu den gesetzlichen Erben erster Ordnung gehörte. Ein den §§ 1934 a ff entsprechender Erbersatzanspruch existierte nicht, nichteheliche Kinder waren den ehelichen Kindern erbrechtlich in vollem Umfang gleichgestellt. Durch § 8 EGZGB wurde die vorher bestehende Einschränkung des Erbrechts volljähriger nichtehelicher Kinder aus § 9 EGFGB beseitigt.

Im Einzelfall kann § 365 ZGB auch heute noch anzuwenden sein (vgl Vorbem 2 zu §§ 1924–1936).

§ 1925

[1] **Gesetzliche Erben der zweiten Ordnung sind die Eltern des Erblassers und deren Abkömmlinge.**

[2] **Leben zur Zeit des Erbfalls die Eltern, so erben sie allein und zu gleichen Teilen.**

[3] **Lebt zur Zeit des Erbfalls der Vater oder die Mutter nicht mehr, so treten an die Stelle des Verstorbenen dessen Abkömmlinge nach den für die Beerbung in der ersten Ordnung geltenden Vorschriften. Sind Abkömmlinge nicht vorhanden, so erbt der überlebende Teil allein.**

[4] **In den Fällen des § 1756 sind das angenommene Kind und die Abkömmlinge der leiblichen Eltern oder des anderen Elternteils des Kindes im Verhältnis zueinander nicht Erben der zweiten Ordnung.**

Materialien: E I § 1966; II § 1802; III § 1901; MotV 361 f; ProtV 467; Denkschr 719; BT-Drucks VII/3061, 44, 54, 75, 85; VII/5087, 17 f, 22, 44.

I. Grundsätzliches

1. § 1925 Abs 4 wurde durch Art 1 Nr 2 b AdoptG v 2. 7. 1976 (BGBl I 1749) ein- **1** gefügt und ist am 1. 7. 1977 in Kraft getreten, Art 12 § 10 AdoptG.

2. § 1925 bestimmt die **Erben zweiter Ordnung.** Diese gelangen nach § 1930 erst **2** zur Erbfolge, wenn kein Nachkomme des Erblassers, kein Erbe erster Ordnung iSd § 1924 vorhanden ist (vgl § 1924 Rn 1). Ein solcher die Erben zweiter Ordnung ausschließender Erbe erster Ordnung ist auch nicht vorhanden, wenn ein Nachkomme des Erblassers iSd § 1924 zwar existiert, aber aufgrund Ausschlagung, Erbunwürdigkeit, Verzicht, Enterbung oder aufgrund vorzeitigen Erbausgleichs (§§ 1934 d, 1934 e) seine Erbenstellung nicht einnimmt (vgl § 1924 Rn 11). Dann geht die Erbschaft *aufwärts zu den Eltern* des Erblassers und, soweit diese schon zZt des Erbfalls weggefallen sind, auf deren Nachkommen, also zu den Geschwistern (auch Halbgeschwistern), Geschwisterkindern, Neffen, Nichten des Erblassers, deren Kindern usw über. Die Eltern schließen ihre Nachkommen von der Erbfolge aus *(Repräsentationsprinzip)*. Alle Erben zweiter Ordnung schließen wiederum die einer höheren Ordnung (§§ 1926 ff) von der Erbschaft aus (Vorbem 13 zu §§ 1924–1936).

Olaf Werner

II. Erben zweiter Ordnung

3 **1.** **Die Eltern** des Erblassers sind die Personen, von denen der Erblasser unmittelbar abstammt, dh **die leiblichen Eltern** des Erblassers. (Zur Feststellung der Abstammung vgl Vorbem 20 ff zu §§ 1924—1936.).

4 Die **Mutter eines nichtehelichen Kindes** und ihre Nachkommen sind Erben zweiter Ordnung ohne Einschränkung gegenüber der Regelung bei ehelicher Elternschaft. Der **Vater eines nichtehelichen Kindes** und seine Nachkommen gehören nach Aufhebung des § 1589 Abs 2 aF grundsätzlich auch zu den Erben iSd § 1925, ihnen steht gem § 1934 a Abs 2, 3 lediglich ein Erbersatzanspruch zu, wenn beim Tod des nichtehelichen Kindes dessen Mutter oder für diese eintretende eheliche Abkömmlinge oder ein Ehegatte des nichtehelichen Kindes Erben sind. Hinterläßt das nichteheliche Kind seinen Vater und seine Mutter, ist allein letztere gem § 1925 Erbe zweiter Ordnung. Ist die Mutter vorverstorben, sind aber von ihr eheliche Kinder vorhanden, erben diese allein (der Vater hat lediglich den Erbersatzanspruch) als Erben zweiter Ordnung kraft Eintrittsrechts. Ebenso scheiden der nichteheliche Vater und seine Nachkommen als Erben iSd § 1925 aus, wenn die Ehefrau des nichtehelichen Kindes lebt und Erbe ist. Der Vater eines nichtehelichen Kindes und väterliche Nachkommen sind nur dann Erben zweiter Ordnung, wenn weder Kinder, die Ehefrau (§ 1931) noch die Mutter oder von ihr abstammende eheliche Kinder leben und die Erbschaft antreten (Näheres § 1934 a). Zur Stellung legitimierter und für ehelich erklärter Kinder sowie solcher aus nichtigen, aufhebbaren und aufgehobenen Ehen vgl Vorbem 30 ff zu §§ 1924—1936, zur Stellung künstlich erzeugter Kinder Vorbem 26 ff zu §§ 1924—1936.

5 **2.** Adoptiveltern und ihre Nachkommen unterliegen unterschiedlichen Regelungen, je nachdem, ob sie den Vorschriften des ab 1. 1. 1977 geltenden Adoptivrechtes oder dem bis dahin geltenden Recht unterliegen (dazu Vorbem 46 ff zu §§ 1924—1936).

6 **a)** Bei **Erbfällen vor dem 1. 1. 1977** wurde für den Annehmenden ein Erbrecht nicht begründet, § 1759 aF, dh die Adoptiveltern sind keine gesetzlichen Erben zweiter Ordnung geworden. Ebensowenig erstreckte sich nach § 1763 aF die Wirkung der Annahme auf die Verwandten des Annehmenden, daher zählen auch die Nachkommen der Adoptiveltern nicht zu den Erben des Adoptierten. Die erbrechtliche Stellung der leiblichen Eltern und deren Nachkommen wurde durch die Annahme nicht berührt, § 1764 aF, so daß diese gesetzliche Erben zweiter Ordnung des vor dem 1. 1. 1977 verstorbenen Adoptierten sind.

7 **b)** Bei **Erbfällen nach dem 31. 12. 1976** ist zwischen der Adoption eines Minderjährigen (Volladoption) und der eines Volljährigen zu unterscheiden (vgl Vorbem 47 f zu §§ 1924—1936).

Adoptiveltern bei einer *Volladoption* stehen gem § 1754 Abs 1, 2 den leiblichen Eltern gleich. Der bzw die Adoptierenden und ihre Nachkommen sind Erben zweiter Ordnung des Adoptivkindes. Gleichzeitig erlöschen gem § 1755 die verwandtschaftlichen Bindungen des Angenommenen zu seinen leiblichen Eltern, letztere sind keine gesetzlichen Erben des Kindes. Nimmt ein Ehegatte das nicht gemeinsame Kind des anderen an, sind allein beide Ehegatten Erben iSd § 1925, der andere (leibliche) Elternteil des Angenommenen ist entweder vorverstorben (§ 1756 Abs 2, eheliche Abstammung des Angenommenen) oder aber gem § 1755 Abs 2 (nichteheliche Abstammung des Angenommenen) als Erbe ausgeschieden, auch wenn die Adoptiveltern mit dem Kind im zweiten oder dritten Grad verwandt oder verschwägert sind (§§ 1589, 1590), etwa Annahme durch Großeltern, Geschwister, Onkel, Tante. Nach § 1756 Abs 1 scheiden die **leiblichen Eltern** als Erben aus, sie können damit auch kein Erbrecht ihrer Abkömmlinge (leibliche Geschwister des Erblassers) vermitteln (SCHMITT-KAMMLER FamRZ 1978, 571). Es erben allein die Adoptiveltern (BT-Drucks VII/3061, 44). Sind die Adoptiveltern einer nach § 1756 Abs 1 erfolgten Kindesannahme vorverstorben, können die leiblichen Geschwister des Erblassers, wenn sie Abkömmlinge des Adoptierenden sind, kraft Eintrittsrechts gem § 1925 Abs 3 Erbe sein (SCHMITT-KAMMLER FamRZ 1978, 571). Die leiblichen Eltern des Erblassers haben bei dessen Adoption durch Großeltern als Abkömmlinge des Adoptierenden ebenfalls ein solches Eintrittsrecht (MünchKomm/LEIPOLD Rn 13; DIECKMANN FamRZ 1979, 389, 395). § 1756 Abs 1 beendet lediglich die verwandtschaftlichen Beziehungen des Angenommenen zu seinen leiblichen Eltern als *solchen*, nicht aber die der Annehmenden zu ihren Abkömmlingen. Allein auf letzterem Verhältnis beruht das Eintrittsrecht (SCHMITT-KAMMLER FamRZ 1978, 572 f; **aM** ERMAN/SCHLÜTER Rn 11, der jedoch den Sinn der §§ 1755 Abs 1, 1756 Abs 1 zu weit faßt). Dementsprechend schließt § 1925 Abs 4 auch das Eintrittsrecht von Abkömmlingen leiblicher Eltern nach dem Adoptierenden nicht aus, sondern enthält lediglich eine Klarstellung dahingehend, daß diese Abkömmlinge nicht in eine Erbenstellung ihrer Eltern nach § 1925 Abs. 2 einrücken (SOERGEL/STEIN Rn 10; DIECKMANN ZBlJugR 1980, 567, 572 Fn 17).

Bei der **Adoption eines Volljährigen** (vgl Vorbem 48 zu §§ 1924—1936), bei dem nicht die **8** Volladoption gem § 1772 herbeigeführt worden ist (dann steht der Angenommene einem minderjährig Adoptierten gleich), wird der Angenommene ebenfalls Kind des Annehmenden, letzterer damit gesetzlicher Erbe zweiter Ordnung des Adoptierten. Darüber hinaus bleibt nach § 1770 Abs 2 das Verwandtschaftsverhältnis zwischen dem Adoptierten und seinen leiblichen Eltern bestehen, damit bleiben letztere auch Erben iSd § 1925. Gesetzliche Erben zweiter Ordnung eines volljährig Adoptierten sind daher seine leiblichen und die Adoptivelternteile (BT-Drucks VII/3061, S 54; PALANDT/DIEDERICHSEN § 1770 Rn 2; PALANDT/EDENHOFER Rn 7).

Da bei der Adoption eines Volljährigen ein Verwandtschaftsverhältnis zu den leibli- **9** chen und den Adoptiveltern besteht, der Adoptierte neben den beiden leiblichen Elternteilen auch noch ein oder zwei Adoptivelternteile hat, kommen hier drei oder vier Elternteile als Erben zweiter Ordnung in Betracht. Diese erben, da einer Ordnung angehörend, zu gleichen Anteilen, dh bei einem lebenden Adoptivelternteil und zwei leiblichen Elternteilen zu je 1/3, hatte der Angenommene zwei Adoptivelternteile, erben diese und die leiblichen Elternteile jeweils zu 1/4 (SOERGEL/STEIN Rn 6). Eine solche Erbteilung nach Köpfen gebietet der Grundsatz, daß die Eltern nicht als Einheit iS einer Elternschaft, sondern als Einzelpersonen Erben sind. Ein volljährig Adoptierter hat drei oder vier Elternteile, die iSd § 1925 alle gleichberechtigt sind und gleichwertig behandelt werden.

3. **Väter,** deren Ehen mit der Mutter des Erblassers **vor dem 1. 8. 1938** für nichtig **10** erklärt worden sind, hatten gem dem durch § 78 (früher § 84) EheG aufgehobenen § 1701 nicht die sich aus der Vaterschaft ergebenden Rechte, also auch kein Erbrecht, wenn ihnen die *Nichtigkeit der Ehe* beim Eheschluß bekannt war. Ein solcher sog bösgläubiger Vater ist für die Beerbung des Kindes und der Abkömmlinge als vorverstorben anzusehen.

11 4. **Leben beide leiblichen Elternteile** des Erblassers zZt des Erbfalles und werden Erbe, so fällt der Nachlaß des Kindes in ihren Schoß, sog *Schoßfall* (Sachsenspiegel I 17 § 1). Beide Elternteile erben allein zu gleichen Teilen und schließen ihre Abkömmlinge, dh die Geschwister des Erblassers und deren Nachkommen, von der Erbschaft aus (Abs 2). Diese Ausschlußwirkung des Abs 2 setzt lediglich das Erleben des Erbfalles durch die Eltern als Einzelperson und ihre Erbenstellung voraus. Nicht erforderlich ist, daß die Eltern des Erblassers in einer gültigen Ehe leben oder gelebt haben (MünchKomm/Leipold Rn 3; Soergel/Stein Rn 6). Eine Elternschaft, in der sie zur höheren Einheit zusammengefaßt würden, erkennt das BGB nicht an (RGZ 94, 242). Dies ergibt sich daraus, daß bei Ausfall eines Elternteiles dessen Nachkommen an seiner Stelle erben, nicht aber der überlebende Elternteil alleine erbt (Abs 3).

12 5. Ist **ein Elternteil vorverstorben** oder fällt er als Erbe durch Ausschlagung (§ 1953 Abs 2), Erbunwürdigkeitserklärung (§ 2344 Abs 2) oder Enterbung aus (vgl Rn 2; MünchKomm/Leipold § 1925 Rn 6), treten seine Nachkommen an seine Stelle. Gleiches gilt beim Erbverzicht (§ 2346), weil § 2349 nur für Abkömmlinge oder Seitenverwandte gilt (MünchKomm/Leipold § 1925 Rn 6). Der überlebende Elternteil erbt nicht allein, sofern Abkömmlinge (auch nichteheliche oder adoptierte) vorhanden sind. Existieren solche nicht, erbt der überlebende Elternteil allein (Abs 3 S 2). Bei dem Tod eines volljährig Adoptierten haben die Nachkommen der Adoptiveltern kein Eintrittsrecht, so daß bei Vorversterben eines Adoptivelternteiles der Nachlaß auch dann allein unter den noch lebenden Elternteilen verteilt wird, wenn der vorverstorbene Adoptivelternteil Nachkommen hinterläßt. Zunächst fällt der dem Adoptivelternpaar zufallende Anteil gem § 1925 Abs 3 S 2 dem anderen Teil allein zu; fehlt ein solcher, so erhält ihn analog § 1926 Abs 4 das leibliche Elternpaar (Soergel/Stein Rn 7).

13 Das BGB anerkennt damit *keinen unbedingten Schoßfall* wie das Sächsische BGB zugunsten aller Voreltern oder wie das ALR II 2 § 489 wenigstens zugunsten der Eltern. Danach schloß ein lebender Vorfahre oder Elternteil die Geschwister und Seitenverwandten völlig aus. Die heute geltende Lösung vermittelt zwischen dem Gedanken der Versorgung der Eltern und der Zuteilung des Vermögens an die jüngere Generation, die es nutzbringender zu verwerten vermag (Aufbau einer Existenz). Gegen das unbedingte Schoßfallrecht spricht, daß es zum völligen und unbilligen Ausschluß der halbbürtigen Geschwister führt, die nur durch den verstorbenen Elternteil mit dem Erblasser verwandt sind, und daß das Vermögen sogar in ganz andere Kreise gelangen kann als die der nächsten Blutsverwandten, wenn man das Schoßfallrecht entsprechend dem Sächsischen Recht zugunsten aller Vorfahren anerkennen würde (Mot V 362; Prot V 467; 2. Denkschr d ErbrAkDR 45 f). Erwägenswert wäre allenfalls ein Mittelweg, wonach den Geschwistern des Erblassers die Hälfte neben beiden Elternteilen und drei Viertel neben einem Elternteil zustände (so Art 748, 749, 751 CC). (s auch Rauscher, Reformfragen des gesetzlichen Erb- und Pflichtteilsrechts II 1, 169—171).

6. Die **Geschwister und ihre Nachkommen** treten als Abkömmlinge eines vorver- **14** storbenen oder weggefallenen Elternteiles an dessen Stelle (Abs 3). Anders als die Erben vierter Ordnung (§ 1928 Abs 3) erben die Nachkommen der Eltern des Erblassers bereits bei Wegfall eines Elternteiles und treten an dessen Stelle (RGZ 94, 242). Sind beide Elternteile verstorben, erben ihre Abkömmlinge getrennt nach Vater- und Mutterlinie. Vollbürtige Geschwister des Erblassers treten an die Stelle beider Elternteile und sind damit zu mehreren Erbteilen iSd § 1951 berufen. Die Berufung beruht auf doppelter Verwandtschaft mit dem Erblasser, nämlich auf der über den Vater und der über die Mutter. Dies verdeutlicht auch das nur auf einer Verwandtschaft mit dem Erblasser beruhende Eintrittsrecht der Halbgeschwister, denn mit den *vollbürtigen* erben auch die *halbbürtigen,* wenn sie den verstorbenen Elternteil mit dem Erblasser gemeinsam haben. An der durch den Tod des nicht gemeinsamen Elternteils freigewordenen Hälfte sind sie nicht beteiligt, sie erben nur mit „einer Hand". Sind beide Eltern gestorben, so nehmen die vollbürtigen Nachkommen sowohl am Vater- wie am Mutterstamm teil, die halbbürtigen nur an einer dieser Hälften (dazu 2. Denkschr d ErbrA d AkDR 28 f; BOEHMER, Vorschläge 44, 80 f). Anders ist es aber, wenn der Erblasser als Erben zweiter Ordnung nur halbbürtige Geschwister hinterläßt; gem § 1930 schließen diese dann alle gesetzlichen Erben höherer Ordnung von der Erbfolge aus. Namentlich Großelternteile als Erben dritter Ordnung sind neben Halbgeschwistern also nicht als gesetzliche Erben berufen (LG Bochum Rpfleger 1989, 509 f).

a) Die auf den verstorbenen Elternteil entfallende Hälfte (bei Adoption vgl Rn 5 ff) **15** wird unter die Geschwister und Geschwisterkinder sowie deren Nachkommen nach den in der ersten Ordnung (§ 1924 Abs 2, 3) maßgebenden Grundsätzen **verteilt,** also **nach Stämmen mit Eintrittsrecht** (Abs 3). Die Geschwister erben also zu gleichen Teilen, den Kopfteil eines Verstorbenen oder Weggefallenen erhalten dessen Kinder zu gleichen Teilen usw. Leben zum Todeszeitpunkt die Mutter des Erblassers und zwei vollbürtige Geschwister, erben die Mutter zu 1/2 und die Geschwister kraft Eintrittsrechts nach ihrem Vater je zu 1/4 (weitere Beispiele und Schaubilder vgl 11. Aufl Rn 12). Die Erbfolge nach Stämmen gilt auch, wenn nur Geschwisterkinder vorhanden sind (anders das gemeine Recht, das hier Teilung nach Köpfen vorsah, DERNBURG Pand III § 132, 2 d).

b) Sind Halbgeschwister oder Nachkommen der Geschwister *nichtehelich,* so **16** haben sie wegen § 1934 a ein volles Eintrittsrecht bei Ausfall ihres Vaters nur, wenn sie allein oder mit sonstigen nichtehelichen Kindern an die Stelle ihres Vaters treten. Sind eheliche (Halb-)Geschwister vorhanden, erlangen sie allein die Erbenstellung ihres Vaters, das nichteheliche Kind muß sich mit dem Erbersatzanspruch begnügen.

c) Sind **Adoptiveltern vorverstorben,** so sind erbberechtigte Geschwister (bzw **17** deren Nachkommen) eines Adoptivkindes bei Volladoption allein die Kinder der Adoptiveltern und deren Nachkommen (BT-Drucks VII/3061, 85). Die Wirkung der Volladoption erstreckt sich neben der Lösung jeder Verwandtschaft zu den leiblichen Eltern und deren Nachkommen auf eine völlige Einordnung in die Familie der Adoptiveltern, §§ 1754, 1755 (vgl Rn 7). Die Adoptiveltern und deren Nachkommen treten an die Stelle der leiblichen Eltern und deren Nachkommen. Umgekehrt haben Adoptivkinder ein Eintrittsrecht beim Tod der leiblichen oder adoptierten Kinder

Olaf Werner

der Adoptiveltern. Adoptiert ein Ehegatte das nicht gemeinsame Kind des anderen, so sind die Ehegatten, der eine als Adoptiv-, der andere als leiblicher Elternteil, erbberechtigt (Rn 7). An ihre Stelle treten die jeweiligen Kinder, also bei Fortfall des leiblichen Elternteils die leiblichen Geschwister des Erblassers und deren Nachkommen, bei Vorversterben des Adoptivelternteiles dessen Nachkommen. Bei einer Adoption gem § 1756 werden lediglich die leiblichen gegen die Adoptiveltern ausgewechselt, ansonsten bleiben die verwandtschaftlichen Beziehungen zu den Abkömmlingen der leiblichen Eltern bestehen (vgl § 1756). Deren von den Eltern abgeleitetes Erbrecht wird jedoch durch § 1925 Abs 4 ausgeschlossen (vgl Rn 7), so daß auch hier die leiblichen Geschwister und der Adoptierte gegenseitig kein Erbrecht haben, sofern sie nicht als Abkömmlinge der Adoptierenden kraft Eintrittsrechts gem § 1925 Abs 3 erben (SCHMITT-KAMMLER FamRZ 1978, 571, vgl auch Rn 7). Namentlich schließt § 1925 Abs 4 ein Erbrecht der leiblichen Geschwister nicht aus, wenn diese wie der Erblasser von ihrer Schwester bzw ihrem Bruder adoptiert wurden (DIECKMANN FamRZ 1979, 389, 394 Fn 35).

Adoptiert ein Ehepartner gem § 1756 Abs 2 das eheliche Kind des anderen aus einer früheren durch Tod aufgelösten Ehe, würde § 1925 Abs 4 nach seinem Wortlaut eine erbrechtliche Beziehung zu den vollbürtigen Geschwistern aus dieser Ehe als Erben zweiter Ordnung ausschließen. Darin liegt ein Wertungswiderspruch zur Adoption nach Ehescheidung, wo die Verwandtschaft zu den vollbürtigen leiblichen Geschwistern über die Mutter und damit die erbrechtliche Position als Erben zweiter Ordnung durch die Annahme nicht berührt wird. Insoweit ist § 1925 Abs 4 daher einschränkend auszulegen (MünchKomm/LEIPOLD Rn 14; SOERGEL/STEIN Rn 11; DIECKMANN FamRZ 1979, 389, 395 Fn 42; aA LANGE/KUCHINKE § 14 IV 2 b, 3). Die leiblichen Geschwister können Erben der dritten Ordnung des Adoptierten – und umgekehrt – sein, wenn gesetzliche Erben der zweiten Ordnung (Adoptiveltern, Adoptivgeschwister) und die gemeinsamen Großeltern als Erben der dritten Ordnung nicht vorhanden sind (BT-Drucks VII/5087, 17; LÜDERITZ NJW 1976, 1870; NÄGELE BWNotZ 1978, 79).

18 Bei der **Adoption eines Volljährigen** bleibt gem § 1770 Abs 2 die Verwandtschaft zu den leiblichen Eltern und deren Nachkommen bestehen, seine leiblichen Geschwister und deren Kinder haben ein Eintrittsrecht iSd § 1925 Abs 3. Nach § 1770 Abs 1 erstrecken sich die Wirkungen der Annahme nicht auf die Verwandten der Adoptiveltern, die Kinder des Annehmenden, dh die Adoptivgeschwister des Adoptierten und deren Nachkommen sind mit dem Adoptierten nicht verwandt (vgl Erl zu § 1770) und haben damit auch kein Erbrecht gegenüber dem Angenommenen und umgekehrt. Sie treten nicht an die Stelle eines vorverstorbenen Adoptivelternteiles. Vielmehr erbt statt seiner in erster Linie der andere Adoptivelternteil (MünchKomm/LEIPOLD § 1925 Rn 8), in Ermangelung eines solchen geht der Nachlaß des Adoptierten gänzlich auf die leiblichen Verwandten über, auf die leiblichen Eltern bzw bei deren Wegfall auf die leiblichen Geschwister, deren Kinder usw (DITTMANN Rpfleger 1978, 282, 283). Umgekehrt erben bei Vorversterben der leiblichen Eltern die Adoptiveltern allein (MünchKomm/LEIPOLD § 1925 Rn 8).

19 d) Hinterläßt der **vorverstorbene Elternteil keine Nachkommen,** fällt die ganze Erbschaft an den anderen Elternteil und dessen Nachkommen, Abs 3 S 2. Das gilt namentlich für halbbürtige Geschwister des Erblassers (LG Bochum Rpfleger 1989, 509 f). Der Grundsatz früherer Rechte: „Paterna paternis, materna maternis", wonach das Gut an die Verwandten zurückfließen soll, von denen es herrührt, ist verworfen (Ausnahme: § 5 Abs 1 Nr 3 HöfeO). Das kann unbillig sein, wenn das Vermögen des Erblassers ausschließlich oder überwiegend aus dem Nachlaß des vorverstorbenen Elternteiles stammt. Gleichwohl hat sich der ErbrA d AkDR (2. Denkschr 75 ff) gegen die Einführung eines sog Fallrechts wegen Schwierigkeiten der Durchführung ausgesprochen, sowohl gegen ein reales Fallrecht, wie gegen eine verschiedene Bemessung der Erbteile im Hinblick auf die Herkunft des Vermögens aus der einen oder anderen Linie. Er erblickte auch in der letzten Lösung, die die Abweichung von den gesetzlichen Regeln der Verwandtenerbfolge in die Hand des Richters legen müßte, eine bedenkliche Durchbrechung der Rechtssicherheit.

7. Das Erfordernis des „**Lebens**" in Abs 2, 3 ist wie in § 1924 dahin zu verstehen, **20** daß diese Person *lebt* und *erbt* (vgl § 1924 Rn 11). Dem Tod eines Elternteiles steht also gleich, wenn dieser infolge Erbausschlagung, Erbunwürdigkeit, Erbverzichts, Enterbung nicht zur Erbfolge gelangt. Der Erbverzicht erstreckt sich nicht auf die Abkömmlinge, § 2349 gilt nicht (vgl § 1924 Rn 20).

III. Das Erbrecht der Verwandten der zweiten Ordnung wird beschränkt durch das **21** **Erbrecht des überlebenden Ehegatten** des Erblassers, der neben ihnen gem § 1931 Abs 1 zur Hälfte und über § 1371 Abs 1 zu einem weiteren Viertel zur Erbschaft berufen ist und außerdem den Voraus beanspruchen kann, § 1932.

IV. Erben der zweiten Ordnung schließen die einer höheren Ordnung aus, § 1930. **22** Erben der dritten Ordnung, also die Großeltern des Erblassers (und deren Abkömmlinge), § 1926, werden nach der in § 1930 anerkannten **Ordnungsfolge** (successio ordinis) folgerichtig auch durch halbbürtige Geschwister des Erblassers, also durch nichteheliche Halbgeschwister und deren Abkömmlinge ausgeschlossen. Halbgeschwister und Halbneffen gehen den Großeltern unbedingt vor (KG OLGE 20, 425 = KGJ 39 A 52; OLG München JFG 18, 374; PLANCK/FLAD Anm 2; PALANDT/EDENHOFER Rn 4). Das mag unbefriedigend erscheinen, ist aber folgerichtig, wenn man bedenkt, daß der überlebende Elternteil auch die Eltern des vorverstorbenen Elternteiles schlechthin ausschließt (Abs 3 S 2).

V. Für die frühere DDR bestimmte § 367 Abs 1 ZGB die Erben der zweiten Ord- **23** nung ebenso wie § 1925 Abs 1. Erlebten beide Elternteile den Erbfall, erbten sie allein und zu gleichen Teilen, § 367 Abs 2 S 1 ZGB (entsprechend § 1925 Abs 2). Abweichend von § 1925 erbte bei Vorversterben eines Elternteiles der überlebende allein. Das Eintrittsrecht der Nachkommen richtete sich bei Vorversterben beider Elternteile gem § 367 Abs 3 ZGB nach den Bestimmungen für die Erbfolge in der ersten Ordnung (dazu § 1924 Rn 25).

Zur Anwendbarkeit des § 367 ZGB auf heutige Rechtsverhältnisse vgl Vorbem 2 zu §§ 1924 – 1936.

§ 1926

[1] Gesetzliche Erben der dritten Ordnung sind die Großeltern des Erblassers und deren Abkömmlinge.

[2] Leben zur Zeit des Erbfalls die Großeltern, so erben sie allein und zu gleichen Teilen.

[3] Lebt zur Zeit des Erbfalls von einem Großelternpaar der Großvater oder die Großmutter nicht mehr, so treten an die Stelle des Verstorbenen dessen Abkömmlinge. Sind Abkömmlinge nicht vorhanden, so fällt der Anteil des Verstorbenen dem anderen Teile des Großelternpaars und, wenn dieser nicht mehr lebt, dessen Abkömmlingen zu.

[4] Lebt zur Zeit des Erbfalls ein Großelternpaar nicht mehr und sind Abkömmlinge der Verstorbenen nicht vorhanden, so erben die anderen Großeltern oder ihre Abkömmlinge allein.

[5] Soweit Abkömmlinge an die Stelle ihrer Eltern oder ihrer Voreltern treten, finden die für die Beerbung in der ersten Ordnung geltenden Vorschriften Anwendung.

Materialien: E I § 1968; II § 1803; III § 1902;
MotV 364 f; ProtV 467 ff; Denkschr 719; BT-
Drucks VII/3061, 9, 44, 56; VII/5087, 22, 45.

I. Grundsätzliches

1 1. § 1926 Abs 3 und Abs 4 wurden durch Art 1 Nr 2 AdoptG v 2. 7. 1976 (BGBl I 1749) dahingehend geändert, als die in der aF stehenden Worte „den väterlichen oder von den mütterlichen Großeltern" durch „einem Großelternpaar" und in Abs 4 statt „leben zur Zeit des Erbfalls die väterlichen oder die mütterlichen Großeltern" durch „lebt zur Zeit des Erbfalls ein Großelternpaar" ersetzt wurden. Damit ist berücksichtigt, daß bei der Verwandtenadoption drei (BT-Drucks VII/3061, 22, 44, 56) und bei der Erwachsenenadoption der Eltern des Erblassers sogar vier Großelternpaare erben können (vgl Rn 10, 11).

2 2. In der **dritten Ordnung** erben die **Großeltern** und deren Nachkommen (Onkel, Tante, Vetter, Base usw des Erblassers). Diese Personen treten die Erbfolge nur dann an, wenn keine Erben der ersten oder zweiten Ordnung vorhanden sind, und schließen Personen der vierten und höherer Ordnungen von der Erbfolge aus (§ 1930). Erben der dritten Ordnung sind nicht pflichtteilsberechtigt, § 2303 Abs 2.

II. Großeltern des Erblassers

3 1. Großeltern sind Vater und Mutter der Eltern des Erblassers. Diese Linie bestimmt sich zunächst nach den Regeln der Abstammung (vgl Vorbem 20 ff zu §§ 1924–1936), damit sind grundsätzlich die **leiblichen Großeltern** (Blutsverwandten) Erben gem § 1926 Abs 1.

2. Nichteheliche Abstammung

a) Nach der **bis zum 30. 6.** 1970 geltenden Fassung bestand bei nichtehelicher **4** Abstammung (vgl Vorbem 24, 25 zu §§ 1924—1936) ein erbberechtigendes Verwandtschaftsverhältnis ausschließlich zu den mütterlichen Vorfahren und deren Abkömmlingen; daher zählten bei dem Tod eines nichtehelichen Kindes vor dem 1. 7. 1970 allein die *mütterlichen Großeltern* zu den Erben dritter Ordnung, wenn die Mutter eheliches Kind des Großvaters war. Bei *nichtehelicher Abstammung auch der Mutter* war lediglich die Großmutter Erbe dritter Ordnung ihres Enkelkindes. Die *väterlichen Großeltern* waren wegen § 1589 aF nicht erbberechtigt, ebensowenig der väterliche Großvater eines ehelichen Erblassers, sofern sein Vater nichteheliches Kind des Großvaters war.

b) Nach der **seit dem 1. 7.** 1970 geltenden Fassung (vgl Vorbem 39 ff zu §§ 1924-1936) **5** zählen die leiblichen Großeltern grundsätzlich immer zu den erbberechtigten Erben dritter Ordnung, gleich ob es sich um die väterlichen oder mütterlichen handelt und ob die Eltern des Erblassers eheliche oder nichteheliche Kinder der Großeltern sind. Die *väterlichen Großeltern* eines *nichtehelichen Erblassers* haben gem § 1934 a Abs 3 lediglich einen Erbersatzanspruch, ebenso wenn ein *ehelicher Erblasser von einem nichtehelichen Vater* abstammt, sofern in beiden Fällen neben ihnen die Ehefrau des Erblassers Erbe ist. In diesen Fällen zählen die väterlichen Großeltern nicht zu den gesetzlichen Erben dritter Ordnung (näheres § 1934 a Rn 34).

3. Verwandtschaft durch Kindesannahme

a) Bei Erbfällen **vor dem 1. 1. 1977** gelten §§ 1759, 1763 aF, ein erbberechtigendes **6** Verwandtschaftsverhältnis besteht weder zugunsten der Adoptiveltern noch zugunsten der Adoptivgroßeltern und deren Abkömmlingen. Daher sind Großeltern weder beim Tod eines Adoptivkindes ihres Kindes noch beim Tod eines Kindes ihres Adoptivkindes Erben gem § 1926. Erben dritter Ordnung bleiben allein die *leiblichen Großeltern* und deren Nachkommen, § 1764 aF.

b) **Erbfälle nach dem 31. 12. 1976:** Bei einer **Volladoption** des Erblassers (vgl Vorbem **7** 47 zu §§ 1924—1936) wird nach § 1754 eine eheliche Stellung des Adoptivkindes auch im Verhältnis zu seinen Adoptivgroßeltern herbeigeführt, die verwandtschaftlichen Beziehungen zu den leiblichen Großeltern und deren Erbrecht erlöschen, § 1755. Erben dritter Ordnung sind Adoptivgroßeltern, wenn der Erblasser oder (und) Elternteile des Erblassers durch Kindesannahme mit ihnen verwandt sind. Nimmt ein Ehegatte das leibliche Kind des anderen als Kind an, sind die Eltern des Adoptierenden und die des Ehegatten des Adoptierenden als leibliche Großeltern Erben dritter Ordnung. War das Kind nichtehelich, so scheiden gem § 1755 die Eltern des leiblichen Elternteiles, der nicht mit dem Adoptierenden verheiratet ist, als Erben aus. Bei einer Adoption gem § 1756 Abs 2 (ein Ehegatte nimmt das Kind aus der früheren durch Tod aufgelösten Ehe des anderen an) stehen die Eltern der leiblichen Eltern und die des Adoptierenden als gleichberechtigte Erben dritter Ordnung nebeneinander. Ebenso sind bei einer Adoption gem § 1756 Abs 1 (vgl § 1925 Rn 7) neben den Eltern der Adoptiveltern die leiblichen Großeltern Erben dritter Ordnung. Es existieren drei erbberechtigte Großelternpaare (BT-Drucks VII/3061, 22). Da bei der Verwandtenadoption gem § 1756 Abs 1 die leiblichen Eltern ein Erbrecht nur kraft Eintrittsrecht nach ihren Großeltern nach § 1926 Abs 3 S 1 besitzen, treten deren Eltern (leibliche Großeltern des Erblassers) ohne Rücksicht auf die Existenz der leiblichen Eltern die Erbfolge an. Eines der leiblichen Großelternpaare ist zugleich Adoptivgroßelternpaar und erbt somit doppelt (SOERGEL/STEIN Rn 6; aA DIECK-MANN ZBlJugR 1980, 567, 573 Fn 24; vgl auch § 1927 Rn 6). Über § 1926 können Geschwister eines nach § 1756 Adoptierten seine Erben sein (vgl § 1925 Rn 17).

8 Stirbt das *leibliche Kind von minderjährig Adoptierten* (Volladoption zwischen Groß-eltern und leiblichen Eltern des Erblassers), führt dies zur Erbenstellung der **Adoptiveltern der Eltern** des Erblassers, nicht aber der leiblichen Großeltern, §§ 1754, 1755. War ein Elternteil (oder beide) des Erblassers lediglich ein leibliches Kind eines Großelternteils und wurde der Elternteil von dem anderen Großelternteil adoptiert, so sind diese Großeltern allein Erben gem § 1926, wenn es sich um die Adoption eines nichtehelichen Kindes handelte, § 1755 Abs 2. Der andere, nicht mit dem adoptierenden Großelternteil verheiratete leibliche Großelternteil scheidet als Erbe aus, § 1755 Abs 2. Stammt der angenommene Elternteil des Erblassers aus einer früheren Ehe des anderen Großelternteils, sind wiederum neben dem Adop-tierenden die leiblichen Großeltern gleichberechtigte Erben dritter Ordnung, § 1756 Abs 2. Bei einer Adoption nach § 1756 Abs 1 (vgl Rn 7) sind allein die Adoptiveltern der Eltern des Erblassers Erben gem § 1926, die leiblichen Großeltern scheiden dagegen als Erben aus, da sie keine verwandtschaftlichen Beziehungen mehr zu ihrem leiblichen Kind und dessen Abkömmlingen haben.

9 Ist der **Erblasser als Volljähriger adoptiert** worden, so erben allein die Eltern der leiblichen Eltern, die *leiblichen Großeltern,* denn gem § 1770 Abs 1 erstreckt sich die Wirkung der Annahme nicht auf die Verwandten der Annehmenden, nach § 1770 Abs 2 bleiben die leiblichen Verwandtschaftsverhältnisse durch die Adoption unbe-rührt.

10 Ist der **Erblasser Kind eines volljährig Adoptierten,** dh die Großeltern bzw ein Groß-elternteil haben einen leiblichen Elternteil des Erblassers als Kind angenommen, so sind die Adoptiveltern und die leiblichen Eltern der Eltern des Erblassers Erben iSd § 1926, denn die Verwandtschaft wird über die Eltern des Erblassers gem § 1770 Abs 1 zu deren Adoptiveltern und gem § 1770 Abs 2 zu deren leiblichen Eltern ver-mittelt. Sind sogar beide leiblichen Elternteile des Erblassers als Erwachsene adop-tiert worden, erhöht sich die Zahl der erbberechtigten Großelternpaare auf vier, von jedem Elternteil die leiblichen und die Adoptivelternpaare.

11 Sind der **Erblasser als Volljähriger** und sein **Elternteil** (oder beide) **als Minderjähriger adoptiert** worden, so erben allein die *leiblichen Großeltern,* § 1770 Abs 3, Abs 2, denn die Eltern der Adoptiveltern sind mit dem Erblasser nicht verwandt, § 1770 Abs 1. Ist der **Erblasser als Minderjähriger** und sein **Elternteil (oder beide)** als Volljäh-riger als Kind angenommen worden, besteht kein erbberechtigendes Verwandt-schaftsverhältnis zu seinen leiblichen Vorfahren (Eltern, Großeltern usw), § 1755 Abs 1 (aber §§ 1755 Abs 2, 1756), sondern allein zu den Eltern seiner Adoptiveltern, und zwar zu deren leiblichen Eltern gem § 1770 Abs 2 und zu deren Adoptiveltern gem § 1770 Abs 1, so daß auch hier wiederum bis zu vier Großelternpaare (bei Volljäh-rigenadoption beider Elternteile) als Erben gem § 1926 in Betracht kommen.

III. Erben dritter Ordnung sind **Abkömmlinge eines** nach § 1926 erbberechtigten **12** **Großelternteils,** dh die von einem Großelternteil abstammenden Nachkommen (zur Abstammung vgl Vorbem 20 ff zu §§ 1924–1936). Dieser Grundsatz erfährt jedoch eine Einschränkung, wenn der Erblasser Kind eines volljährig Adoptierten ist, denn dann erstreckt sich die Verwandtschaft gem § 1770 Abs 1 nicht auf die Verwandten des Annehmenden, dh die Nachkommen der Adoptiveltern der Eltern des Erblassers scheiden als Erben dritter Ordnung aus.

IV. Erbfolge in der dritten Ordnung

1. Auch in der dritten Ordnung gilt das reine *Parentelsystem*. Es findet Erbfolge **13** nach Linien statt, die Großeltern werden in die Vater- und Mutterlinie geschieden und die *beiden Stämme eines Großelternpaares* zu einer *Einheit* zusammengefaßt (Einheit der Großelternpaare). Es geht also der Anteil eines bestimmten Großelternstammes, wenn dieser völlig ausfällt (es sind in einer Linie weder Großeltern noch Abkömmlinge vorhanden), zunächst an den damit verbundenen Stamm, der aus dem anderen Teil des Großelternpaares und dessen Abkömmlingen gebildet wird (Abs 3 S 2), und erst wenn auch dieser weggefallen ist, an die beiden Stämme der anderen Linien (Abs 4).

Der I. Entwurf hatte (wie auch später § 368 Abs 2 ZGB der DDR) schon in der **14** dritten Parentel das reine Parentelsystem verlassen und die Großeltern zu gleichen Teilen, einen Überlebenden allein, zur Nachfolge berufen, um eine zu große Zersplitterung des Nachlasses zu verhüten (Mot V 364). Die II. Komm hat das geändert (Prot V 418), um Ungerechtigkeiten gegenüber den nächsten Verwandten (Onkel und Vettern) zu vermeiden. Dem hat sich auch der ErbrA d AkDR (2. Denkschr 53) angeschlossen.

a) Die aufsteigende Linie wird nicht unbedingt vor den Seitenverwandten bevor- **15** zugt. **Schoßfall** (vgl § 1925 Rn 11) tritt nur ein, wenn alle erbberechtigten *Großeltern vorhanden* sind, dann erben sie allein und zu gleichen Teilen (Abs 2) und schließen alle Seitenverwandten aus, Abs 2, 3 (Repräsentationsprinzip). An die Stelle eines ausgefallenen Großelternpaares treten dessen Abkömmlinge (Rn 12) nach dem Grundsatz der *Stammesfolge mit Eintrittsrecht*, vgl Abs 3 und 4 (vgl Vorbem 16 zu §§ 1924–1936). Dabei erben *halbbürtige* ebenso wie *vollbürtige* Verwandte. Nur erben gemeinschaftliche Abkömmlinge eines ausgefallenen Großelternpaares in der Linie beider Großeltern und Elternteile, einseitige Nachkommen des einen Teiles (zB halbbürtiger Onkel) nur in einer Linie. Volljährig Adoptierte haben nach ihren Adoptivgroßeltern kein Eintrittsrecht, da sie mit ihnen nicht verwandt sind (Soergel/ Stein Rn 2).

b) Sind **keine Abkömmlinge eines weggefallenen Großelternteils vorhanden**, so erhält **16** dessen Anteil der andere Großelternteil derselben Linie, bei dessen Ausfall geht der ihm zustehende Anteil zusammen mit dem anderen an dessen Abkömmlinge (Abs 3). Der einer Linie zugefallene Teil der Erbschaft verbleibt also in dieser Linie, solange nur ein einziges Glied derselben vorhanden ist (RG SeuffA 56 Nr 52). Erst bei Wegfall der ganzen Linie tritt das Großelternpaar einer anderen Linie oder deren Abkömmlinge an ihre Stelle, auch hier überall nach dem Stammesgrundsatz und Eintrittsrecht (Abs 3, 4).

Olaf Werner

17 2.   Auch in der dritten Ordnung sind unter **lebenden** Großeltern und Abkömmlingen nur solche zu verstehen, die wirklich zur *gesetzlichen Erbfolge gelangen* (vgl § 1924 Rn 11).

18 3.   Der **überlebende Ehegatte** des Erblassers erbt *neben Großeltern* gem § 1931 Abs 1 die Hälfte, zusätzlich ein weiteres Viertel aus § 1371 Abs 1. Fallen Großelternteile aus, so geht deren Anteil nicht auf ihre Nachkommen, sondern ebenfalls auf den überlebenden Ehegatten über, dh das Erbrecht der überlebenden Abkömmlinge der Großeltern wird in der dritten Ordnung durch das des überlebenden Ehegatten des Erblassers verdrängt, § 1931 Abs 1. Sind keine Großeltern mehr vorhanden, erbt der Ehegatte allein, § 1931 Abs 2.

19 V.   In der früheren **DDR** bestand mit § 368 ZGB eine dem § 1926 entsprechende Regelung, allerdings schloß (wie der I. Entwurf zum BGB) bereits ein Großelternteil die Nachkommen des anderen aus, § 368 Abs 2 ZGB.

Siehe dazu auch die Vorbem 2 zu §§ 1924 – 1936.

§ 1927

Wer in der ersten, der zweiten oder der dritten Ordnung verschiedenen Stämmen angehört, erhält den in jedem dieser Stämme ihm zufallenden Anteil. Jeder Anteil gilt als besonderer Erbteil.

Materialien: E I § 1967; II § 1804; III § 1903;
Mot V 363 f; Prot V 467.

1 I.   Mit der dritten Ordnung ist die Geltung des *Parentelsystems beendet.* Von der vierten Ordnung an entscheidet unter Seitenverwandten die Gradesnähe, § 1928 Abs 3 (vgl Vorbem 18 zu §§ 1924–1936). Innerhalb der ersten drei Ordnungen führt aber die folgerichtige Durchführung des Stammeserbrechts zur **Anerkennung mehrfachen Erbrechts** aufgrund *Zugehörigkeit zu mehreren Stämmen.* Obschon diese Folgerung selbstverständlich ist, schien es ratsam, dies entsprechend den meisten früheren Rechten ausdrücklich auszusprechen, um Zweifel auszuschließen (Mot V 363). Eine dem § 1927 entsprechende Vorschrift für mehrfache Erbberechtigung aus Eheschluß und Verwandtschaft enthält § 1934.

2 II.   Zugehörigkeit zu verschiedenen Stämmen innerhalb derselben Ordnung ist die Voraussetzung für das mehrfache Erbrecht, denn bei verschiedenen Ordnungen gilt § 1930.

3 1.   Die **mehrfache Verwandtschaft** kann zunächst eine **Zugehörigkeit zu verschiedenen Ordnungen** begründen, zB der Bruder des Erblassers hat dessen Tochter geheiratet, dann gehört das dieser Ehe entsprossene Kind sowohl der ersten wie der zweiten Ordnung an. Es gelangt zur Erbfolge allein als Angehöriger der ersten Ordnung, § 1930.

2. Die mehrfache Verwandtschaft kann auch innerhalb derselben Ordnung eine **4** **mehrfache Stammeszugehörigkeit** und damit ein mehrfaches Erbrecht begründen. Wer mehreren Stämmen angehört, erhält in jedem Stamm den ihm zufallenden Anteil.

a) Diese Voraussetzungen sind erfüllt bei Abkömmlingen aus einer *Ehe unter* **5** *Verwandten,* zB die Kinder aus einer Ehe unter Geschwisterkindern sind in der Vater- und Mutterlinie mit dem Erblasser (Urgroßvater, Urgroßmutter) verwandt und gehören der ersten Ordnung an.

b) Mehrfache Verwandtschaft kann auch durch **Kindesannahme** herbeigeführt **6** werden. Verwandtschaft durch Abstammung und Adoption ist insoweit allein bei einer Verwandtenadoption iSd § 1756 möglich, zB der Erblasser hat sein Enkelkind angenommen, dann ist es als sein Adoptivkind unmittelbar und als Enkel über seinen Elternteil mit dem Erblasser verwandt und gehört in beiden Fällen den Erben erster Ordnung an. Ebenso, wenn ein Kind von seiner Tante bzw seinem Onkel angenommen worden ist, gehört es über die Linie des leiblichen und über die des Adoptivelternteils zu den gesetzlichen Erben erster Ordnung des Großvaters (Soergel/Stein § 1926 Rn 6; aA Dieckmann ZBlJugR 1980, 567, 573 Fn 24; vgl Vorbem 47 zu §§ 1924 – 1936; § 1926 Rn 7; zum vor dem 1. 1. 1977 geltenden Adoptionsrecht vgl 11. Aufl Rn 4). Adoption eines nichtehelichen Kindes durch den Vater (§ 1741 Abs 2 S 2) führt nicht zu mehrfacher Verwandtschaft, es handelt sich um eine einheitliche Verwandtschaft (Eltern-Kindesverhältnis) aus verschiedenen Rechtsgründen, Adoption-Abstammung (Erman/Schlüter Rn 2; Soergel/Stein Rn 1).

III. Wesentliche praktische Bedeutung hat § 1927 S 2, wonach die aufgrund mehr- **7** facher Stammeszugehörigkeit zufallenden Anteile als **besondere Erbteile** gelten. Über § 1922 Abs 2 finden auf jeden Erbteil die Erbschaftsvorschriften Anwendung. Der Erbe kann über jeden Erbteil getrennt verfügen, § 2033.

1. **Vermächtnisse** und **Auflagen** beziehen sich allein auf den Anteil, der belastet ist **8** (§§ 2161, 2187, § 2095), dh der Erbe ist nur im Hinblick auf diesen beschwert. Der andere Erbteil braucht zur Erfüllung der Belastung nicht angegriffen zu werden (Kipp/Coing § 4 III). Die Behandlung als selbständiger Erbteil gilt auch hinsichtlich der Ausgleichspflicht (§§ 2051, 2056), der Berechnung eines Pflichtteils (§ 2303) und der Haftung für Nachlaßverbindlichkeiten (§ 2007). Zur Frage der Erhöhung und Anwachsung nach §§ 1935, 2095 vgl dort.

2. Die einzelnen Erbteile können nach § 1951 Abs 1 getrennt **angenommen** oder **9** **ausgeschlagen** werden. Dies ist aus den Motiven zwar nicht eindeutig ersichtlich (vgl Mot V 363 einerseits, 510 andererseits), für dieses Ergebnis spricht jedoch der Gesetzeszweck (ebenso § 1951 Rn 2, wie hier KG JFG 1, 143; Palandt/Edenhofer Rn 3; Erman/Schlüter Rn 3; Soergel/Stein Rn 2; BGB-RGRK/Kregel Rn 8; Kipp/Coing § 4 III; vLübtow I 54). Der Erbe muß und kann auf jeden Erbteil gesondert verzichten.

IV. Das ZGB der früheren DDR enthielt keine dem § 1927 entsprechende Norm, **10** da die von dieser Vorschrift bestimmte Regelung als selbstverständlich keiner Kodifizierung bedurfte (vgl Rn 2).

Olaf Werner

§ 1928

[1] **Gesetzliche Erben der vierten Ordnung sind die Urgroßeltern des Erblassers und deren Abkömmlinge.**

[2] **Leben zur Zeit des Erbfalls Urgroßeltern, so erben sie allein; mehrere erben zu gleichen Teilen, ohne Unterschied, ob sie derselben Linie oder verschiedenen Linien angehören.**

[3] **Leben zur Zeit des Erbfalls Urgroßeltern nicht mehr, so erbt von ihren Abkömmlingen derjenige, welcher mit dem Erblasser dem Grade nach am nächsten verwandt ist; mehrere gleich nahe Verwandte erben zu gleichen Teilen.**

Materialien: E I § 1969; II § 1805; III § 1904;
Mot V 366; Prot V 469 ff; Denkschr 720.

I. Allgemeines

1 1. Das in den ersten drei Ordnungen strikt durchgeführte Parentelsystem wird in der vierten und in den ferneren Ordnungen dahingehend abgeändert, daß die Abkömmlinge erst berufen sind, wenn alle Voreltern der Ordnung ausfallen, und daß unter ihnen die Nähe der Verwandtschaft zum Erblasser entscheidet, Abs 2 u 3 (BayObLG SeuffA 56 Nr 52). Damit ist in der vierten Ordnung die reine *Durchführung des Parentelsystems* nach den Grundsätzen der Stammesfolge mit Eintrittsrecht *zugunsten des Gradualsystems aufgegeben,* um erheblichen Durchführungsschwierigkeiten zu entgehen und um eine zu große Zersplitterung des Nachlasses zu vermeiden (Mot V 364; zust auch 2. Denkschr d ErbrA d AkDR 55).

2 2. Die Erben der vierten Ordnung werden von der Erbschaft ausgeschlossen durch den **überlebenden Ehegatten** des Erblassers, § 1931 Abs 2, und durch Erben der ersten bis dritten Ordnung, § 1930.

3 II. Erben der vierten Ordnung sind die Urgroßeltern des Erblassers und deren Abkömmlinge. Urgroßeltern sind die Personen, von denen die leiblichen Großeltern des Erblassers (vgl § 1926 Rn 3) unmittelbar *abstammen* (zur Abstammung vgl Vorbem 20 ff zu §§ 1924-1936). Ein Erblasser hat aufgrund leiblicher Abstammung acht Urgroßelternteile.

4 1. Verwandtschaft iSd § 1928 zwischen dem Erblasser und den Urgroßeltern durch **Adoption** (vgl Vorbem 46 ff zu §§ 1924-1936) ist bei *Erbfällen vor dem 1. 1. 1977* (vgl Vorbem 46 zu §§ 1924-1936) nicht möglich, denn nach §§ 1759, 1763 aF haben weder der Annehmende noch dessen Verwandte ein Erbrecht am Nachlaß des Angenommenen. Es erben allein die leiblichen Urgroßeltern und deren Abkömmlinge, § 1764 aF.

5 2. **Erbfälle nach dem 31. 12. 1976** führen zu einer Erbenstellung der Urgroßeltern des Adoptivkindes (bzw ihrer Abkömmlinge) allein bei einer Volladoption (vgl Vorbem 47 zu §§ 1924-1936) des Erblassers oder seiner ihn mit dem Urgroßelternteil verbindenden Vorfahren. Die leiblichen Vorfahren eines minderjährig *Adoptierten* scheiden aus der Erbfolge aus (Ausnahme § 1756). Ist der Urgroßelternteil durch eine *Volljährigenadoption* mit dem Erblasser verbunden, so besteht erbberechtigende Verwandtschaft idR (Ausn § 1772) nur, wenn der Urgroßelternteil einen Großelternteil des Erblassers angenommen hat. In diesem Falle erben die Abkömmlinge der Urgroßeltern jedoch nicht. Bei der Annahme des Erblassers oder seiner Eltern wird wegen § 1770 Abs 1 keine Verwandtschaft begründet. Nach § 1770 Abs 2 bleiben die leiblichen Urgroßeltern eines volljährig Adoptierten auf jeden Fall nach § 1928 erbberechtigt.

III. Zuteilung des Nachlasses

1. Lebende Urgroßeltern erben zu *gleichen Teilen* ohne Rücksicht darauf, wel- **6** chen Linien sie angehören. Sie schließen die *Nachkommen verstorbener Urgroßeltern* unabhängig davon aus, ob sie von ihm oder anderen Urgroßelternteilen abstammen (Abs 2). Lebt nur noch ein *Urgroßelternteil,* erhält er die gesamte Erbschaft (unbedingtes Schoßfallrecht). Erst wenn kein Urgroßelternteil vorhanden ist, erben von den *Nachkommen der Urgroßeltern* die dem Grade nach Nächsten nach Kopfteilen (Abs 3). Halb- und vollbürtige Nachkommen stehen sich völlig gleich. Ein dem Grade nach näherer halbbürtiger Verwandter geht entfernteren vollbürtigen Nachkommen vor und teilt mit dem gleich nahen vollbürtigen nach Köpfen.

2. Mehrfache Verwandtschaft begründet *kein mehrfaches Erbrecht.* § 1927 gilt **7** nur für die ersten drei Ordnungen.

3. **Vorverstorbenen** stehen auch hier die aus anderen Gründen Weggefallenen **8** gleich (vgl § 1924 Rn 11).

IV. In der **DDR** war die gesetzliche Erbfolge nur bis zur dritten Ordnung aner- **9** kannt. Waren keine Erben bis zur dritten Ordnung vorhanden, wurde der Staat gesetzlicher Erbe, § 369 Abs 1 ZGB.

Zur Anwendbarkeit dieser Regelung nach heutigem Recht vgl Vorbem 2 zu §§ 1924 – 1936.

§ 1929

[1] Gesetzliche Erben der fünften Ordnung und der ferneren Ordnungen sind die entfernteren Voreltern des Erblassers und deren Abkömmlinge.

[2] Die Vorschriften des § 1928 Abs. 2, 3 finden entsprechende Anwendung.

Materialien: E I § 1969; II § 1806; III § 1905;
Mot V 366 f; Prot V 469 ff; Denkschr 720;
Kommissionsbericht 2096 f.

Olaf Werner

1 I. Mit § 1929 erkennt das BGB das **Verwandtenerbrecht ohne Grenzen** an (Vorbem 13 zu §§ 1924-1936). In der fünften und in den folgenden Ordnungen tritt innerhalb jeder Ordnung *reine Gradualerbfolge* (Vorbem 13, 18 zu §§ 1924—1936) ein nach den für die vierte Ordnung aufgestellten Grundsätzen (Abs 2). Jeder noch lebende Voretternteil schließt als dem Grade nach näherer Verwandter alle Nachkommen eines anderen Voretternteiles – ohne Rücksicht auf Linien – aus. Leben zZt des Erbfalles noch direkte Vorfahren, so erben sie ohne Rücksicht darauf, welcher Linie sie angehören, allein und zu gleichen Teilen. Lebt kein Voretternteil mehr, so erbt der dem Grade nach nächste Abkomme ohne Rücksicht auf Abstammung (vgl § 1928 Rn 6). Mehrere gleichnahe Verwandte erben zu gleichen Teilen.

2 II. **Erben** der fünften und der ferneren Ordnungen sind alle Personen, von denen die Urgroßeltern (vgl § 1928) des Erblassers in gerader Linie abstammen: Eltern, Großeltern, Urgroßeltern der Urgroßeltern usw.

3 1. Durch **Adoption** kann die Erbenstellung iSd § 1929 allein erlangt werden, wenn der Erbfall nach dem 1. 1. 1977 liegt und die Verbindung zu dem Erblasser – gleich auf welcher Stufe – durch eine *Volladoption* hergestellt worden ist. Bei einer *Volljährigenadoption* zählt idR (Ausn § 1772) nur der Adoptierende (nicht seine Abkömmlinge) zu den gesetzlichen Erben, wenn er einen Urgroßelternteil des Erblassers oder einen von den Voreltern des Urgroßelternteils als Volljährigen adoptiert hat (vgl im übrigen § 1928 Rn 5).

4 2. Die Erben der fünften und fernerer Ordnungen werden gem § 1930 durch **Erben** vorangehender Ordnungen und nach § 1931 Abs 2 durch den überlebenden Ehegatten des Erblassers **ausgeschlossen.**

5 III. Die Erbfolge auch der entferntesten Verwandten findet ihre tatsächliche Grenze an den **Schwierigkeiten des Nachweises** der Verwandtschaft über die dritte Ordnung hinaus. Erbfälle mit Urgroßeltern und deren Voreltern als Erben kommen äußerst selten vor. Sie nötigen Gerichte und Nachlaßpfleger, das durch §§ 1964, 1965 vorgeschriebene Ermittlungsverfahren zur Feststellung der Erben bei geringem oder überschuldetem Nachlaß weitherzig zu handhaben. Zur Kritik an der unbeschränkten Verwandtenerbfolge vgl Vorbem 55 ff zu §§ 1924—1936.

§ 1930

Ein Verwandter ist nicht zur Erbfolge berufen, solange ein Verwandter einer vorhergehenden Ordnung vorhanden ist, auch wenn diesem nur ein Erbersatzanspruch zusteht.

Materialien: E I § 1970; II § 1807; III § 1906;
Mot V 367; Prot V 471; BT-Drucks V/2370, 107;
V/4179, 29; BR-Drucks 468/67, 32, Beschl 23.

I. Allgemeines

1.   Durch Art 1 Nr 86 NichtehelG ist § 1930 um den letzten Satzteil „auch wenn **1**
diesem nur ein Erbersatzanspruch zusteht" erweitert worden (BT-Drucks V/4179, 29).
Diese Fassung ist in Kraft seit 1. 7. 1970 (Art 12 § 27 NichtehelG) und berücksichtigt
die gleichzeitig in Kraft getretene Regelung der §§ 1934 a-1934 e, wonach das Erbrecht des nichtehelichen Kindes und seiner Abkömmlinge oder das des nichtehelichen Vaters und seiner Verwandten in bestimmten Fällen ausgeschlossen ist und
lediglich ein Erbersatzanspruch in Höhe des Wertes des Erbteiles besteht.

2.   § 1930 spricht ausdrücklich einen **Grundsatz** aus, der sich bereits aus den vor- **2**
angehenden Bestimmungen ergibt, nämlich daß die Berufung, dh Erbanfall zugunsten eines Angehörigen der nachfolgenden Ordnung, nur erfolgt, wenn kein
Angehöriger einer vorangehenden Ordnung vorhanden ist, sog successio ordinum
(Ordnungsfolge).

II. Ausschluß durch vorrangige Verwandte

1.   Da die erbberechtigten Verwandten aller Ordnungen des Erblassers zu dem **3**
Kreis seiner gesetzlichen Erben zählen, scheidet § 1930 die Verwandten aus, die
wegen des Vorranges anderer nicht zur Erbschaft gelangen, dh nicht *zur Erbfolge
berufen* sind. Keinen Vorrang gibt es gegenüber den gesetzlichen Erben der ersten
Ordnung (§ 1924). Die Erben der zweiten Ordnung (§ 1925) sind Alleinerben, wenn
kein Erbe der ersten Ordnung vorhanden ist. Erben der dritten Ordnung (§ 1926)
sind erst berufen, wenn keine der ersten und zweiten Ordnung vorhanden sind usw
(vgl § 1924 Rn 1; § 1925 Rn 2; § 1926 Rn 2; § 1929 Rn 1). *Ein einziger Verwandter* einer vorangehenden Ordnung schließt das Erbrecht aller Verwandten einer späteren Ordnung aus. Dabei spielt es keine Rolle, ob der Vorrangige ein voll- oder halbbürtiger
Verwandter des Erblassers, ob er von ehelicher oder nichtehelicher Abstammung ist.
Entscheidend für den Ausschluß ist allein die Zugehörigkeit eines Verwandten zu
einer niedrigeren Ordnung, nicht die Gradesnähe (vgl Vorbem 13 zu §§ 1924—1936).

2.   Die Worte *„vorhanden ist"* sind gleichbedeutend mit *„lebt"* iSd vorhergehenden **4**
Paragraphen und besagen, daß ein vorgehender Verwandter Erbe, der Erbanfall an
ihn erfolgt sein muß (vorhanden = leben und Erbe sein). Ein vorangehender Verwandter ist somit nicht vorhanden, wenn er vorverstorben ist (Tod vor dem Erbfall),
oder wenn er zwar den Erbfall erlebt, aber infolge Enterbung (§ 1938), Erbausschlagung (§ 1953 Abs 2), Erbverzichts (§ 2346 Abs 1 S 2), Erbunwürdigkeit (§ 2344
Abs 2) oder vorzeitigen Erbausgleichs (§ 1934 e) nicht zur Erbfolge gelangt. Er wird
in diesen Fällen so behandelt, als wäre er zZt des Erbfalls nicht vorhanden gewesen.

Stirbt der vorrangige Verwandte **nach dem Erbfall,** so war er Erbe geworden, der von **5**
ihm ererbte Nachlaß geht zusammen mit seinem übrigen Vermögen auf seine eigenen Erben über (§§ 1922, 1942). Die bedingte Berufung entfernterer Verwandten des
ersten Erblassers kann nicht mehr wirksam werden.

3.   *Personen, die gem § 1934 a auf den Erbersatzanspruch verwiesen* worden sind, **6**
werden keine gesetzlichen Erben (vgl Vorbem 42 zu §§ 1924—1936; § 1934 a Rn 3) und wür-

den daher ohne § 1930 aE keinen Ausschluß nachrangiger Verwandter herbeiführen. Da der Erbersatzanspruch wertmäßig dem Erbteil entspricht, hat durch den Erbersatzanspruch der Verwandte den vollen (Geld-)Anteil an dem Nachlaß erlangt. Würden seine nachrangigen Verwandten ebenfalls am Nachlaß beteiligt, würde dieser Stamm doppelt erben. Deswegen ist mit Einführung des Erbersatzanspruches in § 1930 klargestellt worden, daß die Zuerkennung eines Erbersatzanspruches **dem Erbfall gleichsteht,** dh ein vorrangiger Verwandter, dem ein Erbersatzanspruch zusteht, ist iSd § 1930 vorhanden und schließt Verwandte der ferneren Ordnungen von der Erbfolge aus. Ein nichteheliches Kind des Erblassers schließt – auch wenn die Ehefrau des Erblassers erbt – die Eltern des Erblassers und deren Verwandte von der Erbfolge aus. Der nichteheliche Vater des Erblassers, der neben dessen Witwe lediglich einen Erbersatzanspruch hat (§ 1934 a Abs 2), verhindert einen Eintritt der väterlichen Großeltern des Erblassers.

7 III. Der Wegfall eines nachrangigen Verwandten, „solange" ein solcher einer vorangehenden Ordnung vorhanden ist, darf nicht iS von zeitlich nacheinander folgenden Vorberufungen verstanden werden, bei denen der später Berufene den Wegfall des Vorberufenen erleben müßte (so das GemR). Mit dem Erbfall ergeht eine **gleichzeitige Berufung** an alle, die als gesetzliche Erben in Betracht kommen, an die Nächstberufenen als *unbedingte,* an die Nachberufenen als eine durch den rückwirkenden Wegfall jener (Ausschlagung, Erbunwürdigkeit usw) *bedingte.* Das „solange" trägt der Möglichkeit Rechnung, daß die Entscheidung über den Wegfall erst nach dem Erbfall fällt. Nur insofern kann von einer sukzessiven Berufung gesprochen werden. Die tatsächliche sukzessive Berufung ist aber rechtlich als *bedingte Simultanberufung* zu behandeln (BGB-RGRK/KREGEL Rn 2).

8 IV. Der Grundsatz des **§ 1930** gilt **entsprechend** für die Berufung *innerhalb derselben Ordnung* für die näheren und entfernteren Verwandten, sog successio graduum. Zu beachten ist jedoch, daß der Ausschluß von der Erbfolge aufgrund vorzeitigen Erbausgleichs gem § 1934 e auch zu Lasten der Abkömmlinge wirkt (zur gleichen Wirkung des Erbverzichts vgl § 1924 Rn 20). Umstritten ist, ob im Rechtsstreit derjenige, der sein Erbrecht geltend macht, die Beweislast dafür trägt, daß keine näheren oder gleichnahen Verwandten vorhanden sind. Soweit dafür auf § 2354 Abs 1 Nr 3 rekurriert wird, wird übersehen, daß der Erbschein eine Vermutung gegenüber jedermann begründet, während es beim Rechtsstreit um den Nachweis inter partes geht (BAUMGÄRTEL/STRIEDER, Handbuch der Beweislast, §§ 1924 – 1930 Rn 4). Der Sache nach handelt es sich um einen das Erbrecht einschränkenden Einwand, für den der Beklagte darlegungs- und beweispflichtig ist (BAUMGÄRTEL/STRIEDER aaO). Anders ist es nur, sofern das Erbrecht aufgrund des Repräsentationsprinzips erst auf dem Wegfall einer die Verwandtschaft vermittelnden Person beruhte (§§ 1924 Abs 3, 1925 Abs 3, 1926 Abs 3 – 5; BAUMGÄRTEL/STRIEDER Rn 5; SOERGEL/STEIN § 1924 Rn 31).

9 V. In der **DDR** war der Grundsatz des § 1930 in § 364 Abs 2 ZGB ebenfalls ausdrücklich festgelegt. Wegen der völligen Gleichbehandlung der ehelichen und nichtehelichen Abstammung und dementsprechenden Fehlens eines Erbersatzanspruches iSd § 1934 a war eine Formulierung iSd § 1930 aF ausreichend.

Zum Anwendungsbereich dieser Regelungen nach heutiger Rechtslage Vorbem 2 zu §§ 1924 – 1936.

§ 1931

[1] **Der überlebende Ehegatte des Erblassers ist neben Verwandten der ersten Ordnung zu einem Vierteile, neben Verwandten der zweiten Ordnung oder neben Großeltern zur Hälfte der Erbschaft als gesetzlicher Erbe berufen. Treffen mit Großeltern Abkömmlinge von Großeltern zusammen, so erhält der Ehegatte auch von der anderen Hälfte den Anteil, der nach § 1926 den Abkömmlingen zufallen würde.**

[2] **Sind weder Verwandte der ersten oder der zweiten Ordnung noch Großeltern vorhanden, so erhält der überlebende Ehegatte die ganze Erbschaft.**

[3] **Die Vorschriften des § 1371 bleiben unberührt.**

[4] **Bestand beim Erbfall Gütertrennung und sind als gesetzliche Erben neben dem überlebenden Ehegatten ein oder zwei Kinder des Erblassers berufen, so erben der überlebende Ehegatte und jedes Kind zu gleichen Teilen; § 1924 Abs. 3 gilt auch in diesem Falle.**

Materialien: E I § 1971 Abs 1; II § 1808; III § 1907; Mot V 367 ff; Prot V 471 ff, VI 101 f; Denkschr 720; BT-Drucks II/3409, 3, Ber 23; V/4179 S 29, Ber 5, 6.

Schrifttum

BATTES, Die Änderung erbrechtlicher Vorschriften im Zusammenhang mit der Reform des Scheidungsrechts, FamRZ 1977, 433
BOCK, Die Änderung erbrechtlicher Vorschriften durch das 1. EheRG und ihre Auswirkungen auf die Rechtsstellung des überlebenden Ehegatten, MittRhNotk 1977, 205
BOSCH, Ergänzendes zum Nichtehelichengesetz, FamRZ 1970, 507
BRAGA, Das Ehegattenerbrecht nach § 1931 Abs. IV BGB, FamRZ 1972, 105
ders, Das ehegüterrechtliche Erbrecht des überlebenden Ehegatten, FamRZ 1957, 334
BÜHLER, Pflichtteilsregelung nach § 1371 BGB n.F., BWNotZ 1961, 109
EPPLE, Beerbung eines bigamen Erblassers, in dessen Ehe die Zugewinngemeinschaft gegolten hat, FamRZ 1964, 184
FERID, Zwei Gesichtspunkte zur erbrechtlichen Lösung des Zugewinnausgleichs bei Auflösung der Ehe durch den Tod des Ehegatten, FamRZ 1957, 70
ders, Beerbung eines bigamen Erblassers, in dessen Ehe die Zugewinngemeinschaft gegolten hat, FamRZ 1963, 410
FamRZ 1964, 185
FRANKE, Der Erbteil der Witwe neben ehelichen und nichtehelichen Kindern nach § 1931 Abs. 4 BGB, BWNotZ 1976, 166
GÖRG, Der Einfluß des § 1931 IV BGB auf das Pflichtteilsrecht des überlebenden Ehegatten bei der Zugewinngemeinschaft, (Diss Mainz 1986)
HAEGELE, Zum gesetzlichen Erbrecht nach Gütertrennung, BWNotZ 1972, 130
LANGE, Das Erbrecht des überlebenden Ehegatten, Annales Universitatis Saraviensis, Mlanges Senn III 1954, 56 ff
ders, Die Stellung des überlebenden Ehegatten bei der Zugewinngemeinschaft, NJW 1957, 1381
ODERSKY, Die Erbquote des Ehegatten und der Kinder in den Fällen des 1931 Abs. 4 BGB, Rpfleger 1973, 239
vOLSHAUSEN, Gesetzliches Ehegattenerbrecht neben Großeltern und deren Abkömmlingen

Olaf Werner

im Güterstand der Zugewinngemeinschaft,
FamRZ 1981, 633

RIEDEL, Das gesetzliche Ehegüterrecht und
Ehegattenerbrecht der Deutschen, BWNotZ
1965, 193

SCHINDLER, Erbrecht des Ehegatten nach 1931
Abs. 1 BGB, BWNotZ 1961, 213

STAUDENMAIER, Ehegattenerbrecht und Großeltern, BWNotZ 1961, 323

STÖCKER, Der Ausbau des Ehegattenerbrechts,
FamRZ 1970, 444

ders, 1931 IV wegen objektiver Zweck-
untauglichkeit unanwendbar?, FamRZ 1972,
429

ders, Das Ehegattenerbrecht im zukünftigen
Höferecht, AgrarR 1972, 341

WAHL, Die Erhöhung des Ehegatten-Erbrechts
um ein Viertel als Zugewinn-Ausgleich bei Auflösung der Ehe durch den Tod, FamRZ 1956,
133

WERNER, Fälle zum Erbrecht (1976) Fall 2, S 19

ders, Zugewinnausgleich bei gleichzeitigem Tod
der Ehegatten, FamRZ 1976, 249

vgl auch die Literatur zu 1371 und Vorbem zu
§§ 1924 ff

Systematische Übersicht

Alphabetische Übersicht

Abs 3, eingefügt durch Gleichberechtigungsgesetz vom 18. 6. 1957 (BGBl I 609), ist **1** in Kraft seit 1. 7. 1958 (vgl Rn 30). Abs 4 eingefügt durch Art 1 Nr 87 NichtehelG (BGBl I 1243) und in Kraft seit 1. 7. 1970 für alle Erbfälle seit diesem Zeitpunkt, Art 12 § 27 NichtehelG (vgl Vorbem 26 ff zu § 1924).

I.   Allgemeines

1.   Nach der Verwandtschaft (§§ 1924–1930) regeln §§ 1931–1934 den zweiten **2** **Berufungsgrund** für die gesetzliche Erbfolge, die **Ehe** (vgl Vorbem 3 zu § 1924). Die durch die eheliche Gemeinschaft begründete enge Beziehung der Ehegatten hat in der Rechtsentwicklung zu einer ständigen *Verstärkung der erbrechtlichen Stellung des überlebenden Ehegatten* geführt unter Zurückdrängung des durch den Blutsgedanken gerechtfertigten Verwandtenerbrechts. Dabei hat der Versorgungsgedanke zugunsten der zumeist überlebenden Ehefrau entscheidend mitgewirkt. Vor allem im gesetzlichen Güterstand soll das Erbrecht außerdem zum Ausgleich von während der Ehe gemeinsam erzielten Vermögenszuwächsen beitragen (BELLING Jura 1986, 579, 584). Verwandtschaft und Ehe als die beiden das Erbrecht des Staates ausschließenden Berufungsgründe stehen nebeneinander. Im Verhältnis zu entfernteren Verwandten wird der überlebende Ehegatte eindeutig bevorzugt (§ 1931 Abs 1 S 2) oder sogar allein berechtigt (§ 1931 Abs 1 S 2, Abs 2). Damit kann der Nachlaß, wenn keine Kinder vorhanden sind, in eine fremde Familie gelangen. Trotzdem ist diese Lösung gerechtfertigt, da der Ehegatte dem Erblasser idR näher steht als entferntere Verwandte (vgl Rn 53).

2.   Dem *älteren deutschen Recht* war ein eigentliches Erbrecht der Gatten unbe- **3** kannt. Auch das prätorische *römische Recht* berief den überlebenden Ehegatten erst nach allen Verwandten zur Erbfolge. Das wurde im justinianischen Recht durch die Anerkennung der Quart der armen Witwe gemildert. Später wurde in der partikularrechtlichen Entwicklung die erbrechtliche Stellung der Ehegatten verbessert, zT durch selbständige erbrechtliche Sätze, so durch Gewährung eines Nießbrauchs oder eines Erbteils, zT durch Gewährung gewisser Vorteile als Nachwirkung des ehelichen Güterrechts. Die großen Kodifikationen billigten dem überlebenden Ehegatten demgemäß bald ein Nießbrauchsrecht, bald ein Erbrecht an einem Teil des Nachlasses zu, zT verbanden sie beide Gestaltungsmöglichkeiten.

Einen festen Bruchteil zu Eigentum gewährten das *ALR* und *Sächs BGB*. Das ALR **4** (II 1 §§ 623–627) gab dem überlebenden Ehegatten neben Abkömmlingen ein Viertel (aber nicht mehr als ein Kindesteil), neben Aszendenten, Geschwistern und

Olaf Werner

Geschwisterkindern ein Drittel, neben weiteren Verwandten bis zum sechsten Grade
die Hälfte und neben allen übrigen Verwandten den ganzen Nachlaß. Auch das
Sächs BGB (§§ 2049 ff) gab bei beerbter Ehe ein Viertel und, wenn weder Aszendenten noch Geschwister oder Geschwisterkinder vorhanden waren, das Ganze
(§ 2053). Zur österreichischen, französischen, englischen und italienischen Entwicklung vgl 11. Aufl Rn 2; ferner MERTENS 65; LANGE/KUCHINKE § 12 I 2; RHEINSTEIN/
KNAPP/SUNDBERG/BROMLEY/RIEG/REICHERT-FACILIDES aaO.

5 3.   Das **BGB** ist dem ALR und Sächs BGB gefolgt und gewährt dem überlebenden
Ehegatten stets ein Erbrecht, kein Nießbrauchsrecht (dazu MERTENS 64–80). Dies entsprach der zunehmenden Verbreitung der Kleinfamilie (BELLING Jura 1986, 579, 584)
und wurde mit dem „Wesen des ehelichen Verhältnisses" und der „Würde und
Bedeutung der Ehe" gerechtfertigt (Mot V 369). Zur Motivation des Gesetzgebers
vgl Mot V 368 ff; MERTENS 64 ff. Soll dem überlebenden Ehegatten die Aufrechterhaltung des bisherigen Lebensstandards nur annähernd gesichert werden, bedarf er
einer dinglichen Beteiligung am Nachlaß zu einem Viertel und einer zusätzlichen
Zuteilung der Haushaltsgegenstände (§ 1932). Zur Kritik des ErbrA vgl 11. Aufl
Rn 19. Darüberhinaus wird dem Verdienst des Überlebenden an Erhaltung und Vermehrung des Vermögens des vorverstorbenen Ehegatten die über §§ 1931 Abs 3,
1371 Abs 1 mögliche pauschale Beteiligung am Zugewinn gerecht (vgl Rn 35 ff). Da
eine solche bei Gütertrennung nicht möglich ist, wird zumindest eine Schlechterstellung des Ehegatten gegenüber den Kindern durch Abs 4 verhindert (dazu Rn 44).

6 4.   In der **gesetzlichen Hoferbfolge** erbt die Ehefrau gem § 5 Nr 2 HöfeO, § 16 Abs 1
Nr 2 HöfeO RhPf, Art 8 Abs 2 Württembergisches Anerbenrecht als gesetzlicher
Hoferbe zweiter Ordnung. Hier gehen lediglich die Abkömmlinge des Erblassers vor
(vgl Vorbem 7 zu §§ 1924-1936).

7 II.   Erbberechtigter Ehegatte ist derjenige, der zZt des Erbfalls mit dem Erblasser
in einer **gültigen Ehe** gelebt hat. Die Dauer der Ehe ist unerheblich, entscheidend ist
allein ihr Bestand zZt des Erbfalles. Das *Getrenntleben* bis zum Tode beseitigt das
Erbrecht nicht, sofern nicht das für eine vor dem 1. 1. 1900 geschlossene Ehe vorbe-
haltene Landesrecht eine solche Trennung der Auflösung der Ehe gleichstellt (Art
202 EGBGB). Eine analoge Anwendung auf nichteheliche Lebensgemeinschaften
scheidet hingegen aus (PALANDT/EDENHOFER Rn 6).

8 1. a)   Erbrechtsbegründend sind auch die durch das Bundesgesetz v 23. 6. 1956 über
die Anerkennung freier Ehen rassisch und politisch Verfolgter (idF v 7. 3. 1956, BGBl I
104) einer gesetzlich geschlossenen Ehe gleichgestellten *freien Ehen* rassisch und politisch Verfolgter (dazu Erl zu § 13 a EheG). Durch eine solche Anerkennung wird zwar
keine wirkliche Ehe rückwirkend geschaffen, es treten allein – auch hinsichtlich des
Ehegattenerbrechts – die Rechtswirkungen einer gesetzlichen Ehe ein (BGHZ 22, 65 =
NJW 1957, 57; dazu GUGGUMOS NJW 1957, 530). Dritte müssen die Anerkennung der Ehe
ebenso wie eine vor dem Standesbeamten eingegangene akzeptieren, selbst wenn
hierdurch ihre erbrechtliche Position beeinträchtigt wird. Am Anerkennungsverfah-
ren sind allein der überlebende Verlobte und der Staat beteiligt, nur sie können die
für oder gegen eine Anerkennung sprechenden Umstände vorbringen und geltend
machen (BVerwG NJW 1958, 725, 726).

b) Das gesetzliche Erbrecht begründen auch die durch **Nottrauungen** und **Fern-** 9
trauungen geschlossenen Ehen (AHKG 23 v 17. 3. 1950; BundesG v 2. 12. 1950, BGBl I
778).

c) Die Wirkung einer **nachträglichen Eheschließung** nach dem Tod des Mannes 10
aufgrund des Hitler-Erlasses v 6. 11. 1941 (abgedr JR 1947, 113 und bei Massfeller StAZ
1951, 83) war bis zum Erlaß des BundesG über die Rechtswirkungen des Ausspruchs
einer nachträglichen Eheschließung v 29. 3. 1951 (BGBl I 215; West-Berl DVBl 1952, 75)
umstritten (dazu 11. Aufl Rn 18 und Massfeller StAZ 1951, 83 ff). Nach § 1 dieses Gesetzes
erlangt die Frau eines im Felde gefallenen Wehrmachtsangehörigen nur in
beschränktem Umfang die Stellung einer ehelichen Frau, sie hat im Gegensatz zu
den Kindern (vgl Vorbem 32 zu §§ 1924—1936) **kein gesetzliches Erbrecht** (Massfeller StAZ
1951, 85, 86). Jedoch hat dieses BundesG Ansprüche, die aufgrund der für die einzelnen Zonen erlassenen VO'en (Hamburg v 19. 1. 1946, VOBl 6; BrZ v 13. 8. 1948, VOBl BrZ
237 mit AV v 19. 8. 1949, VOBl BrZ 210; Rhl-Pf Ges v 24. 2. 1949, GVBl I 81 mit Vfg v 6. 9. 1949,
JBl 87; Berl v 19. 9. 1949, VOBl für Groß-Berlin 333) erworben sind, unberührt gelassen (§ 7
Abs 3 des Ges). Ebenso behalten nach § 5 Abs 1 des Ges rechtskräftige gerichtliche
Entscheidungen ihre Wirkungen, die unter der Feststellung, daß eine gültige Ehe
zustande gekommen sei, der Frau ein gesetzliches Erbrecht zuerkannt haben (Massfeller StAZ 1951, 87, 88). Für die ehemalige DDR hatte das KG mehrfach die
Wirksamkeit einer solchen Ehe verneint (KG NJ 1948, 62; SJZ 1947, 665; dagegen OLG
Dresden JR 1948, 322). Nicht anwendbar ist das Gesetz v 29. 3. 1951, wenn der als
gefallen gemeldete Soldat, mit dem die nachträgliche Ehe geschlossen worden ist,
noch lebt. Es handelt sich – selbst wenn eine eheliche Lebensgemeinschaft nach
seiner Heimkehr bestanden hat – um eine Nichtehe (OLG Nürnberg FamRZ 1965,
380).

2. Kein Erbrecht besteht bei einer Nichtehe (§ 11 EheG). Auf eine Nichtehe darf 11
sich jeder berufen, ohne daß es einer besonderen gerichtlichen Feststellung bedarf.
§ 23 EheG gilt hier nicht. Der Erbprätendent kann gegen den Überlebenden das
Nichtbestehen einer Ehe iSd § 11 EheG in einer Feststellungsklage geltend machen,
§ 638 ZPO (RGZ 166, 342).

Eine **nichtige Ehe** zeigt bis zur Nichtigerklärung die Wirkungen einer gültigen Ehe. 12
Das Erbrecht aus § 1931 entfällt nur, wenn die Ehe vor dem Tode des Erblassers auf
Nichtigkeitsklage hin rechtskräftig für nichtig erklärt worden ist (§§ 16, 23 EheG),
denn niemand kann sich auf die Nichtigkeit einer Ehe berufen, solange sie nicht
durch gerichtliches Urteil für nichtig erklärt ist. Das gilt auch nach **Auflösung** der Ehe
durch Tod oder Scheidung (anders früher § 1329, dazu 11. Aufl Rn 4 aE), hier kann
Nichtigkeitsklage allein der Staatsanwalt erheben, § 24 Abs 1 S 2 EheG. Ein eventueller Erbprätendent ist auf den Weg der Feststellungsklage des § 638 ZPO verwiesen
(Baumgärtel/Strieder, Handbuch der Beweislast, § 1931 Rn 1). Stirbt einer der Ehegatten
vor Rechtskraft des Urteils, so ist nach § 619 ZPO der Rechtsstreit als in der Hauptsache erledigt anzusehen. Der Staatsanwalt kann aber gem § 24 Abs 1 S 2 EheG,
§ 632 ZPO Nichtigkeitsklage gegen den überlebenden Ehegatten erheben. Hatte er
die Nichtigkeitsklage bereits zu Lebzeiten beider Ehegatten erhoben, findet § 619
ZPO keine Anwendung, das Verfahren wird gegen den Überlebenden weitergeführt,
§ 636 ZPO. Sind beide Ehegatten verstorben, kann Nichtigkeitsklage nicht mehr
erhoben werden (§ 24 Abs 2 EheG), dh das Erbrecht des länger Lebenden nach

§ 1931 kann nicht beseitigt werden. Nur wenn das auf Klage des Staatsanwaltes ergehende Nichtigkeitsurteil noch zu Lebzeiten des länger Lebenden rechtskräftig geworden ist, hat es rückwirkende Kraft, wirkt für und gegen jeden (§ 636 a ZPO) und beseitigt das Erbrecht des überlebenden Ehegatten.

13 Bei einer **Doppelehe** (bigamische Ehe, § 20 EheG) haben beide Ehepartner des Bigamisten ein Erbrecht, wenn die bigame Ehe auch nach dessen Tod nicht für nichtig erklärt worden ist, § 24 EheG. Die Ehepartner des Bigamisten erhalten zusammen den nach § 1931 an sich einem Ehepartner zustehenden Anteil zu je gleichen Teilen (KG FamRZ 1977, 481; BGB-RGRK/KREGEL Rn 2; dazu auch FERID FamRZ 1963, 410; 1964, 185; EPPLE FamRZ 1964, 184). Ebenso § 2090 Rn 4.

14 **3.** Das Erbrecht nach § 1931 besteht nicht, wenn die **Ehe** durch rechtskräftiges Urteil **geschieden** (§ 1564) oder **aufgehoben** (§ 29 EheG) worden ist, ebenso, wenn sie durch Schließung einer *neuen Ehe nach Todeserklärung* (§ 38 Abs 2 EheG) oder Feststellung der Todeszeit (§ 39 VerschG) vor dem Tod des Erblassers **aufgelöst** worden ist. Auf ein Verschulden kommt es in diesen Fällen nicht an. Der überlebende Teil einer geschiedenen, aufgehobenen oder aufgelösten Ehe hat allenfalls einen Unterhaltsanspruch (§ 1569, §§ 37, 39 Abs 2 EheG), den er nach dem Tod des Verpflichteten auch gegen dessen Erben durchsetzen kann (§ 1586 b). Zur Anfechtung der Ehe und Aufhebung der ehelichen Gemeinschaft, die bis zum Inkrafttreten des EheG möglich war, vgl 11. Aufl Rn 8, 9.

15 **4.** Nach dem eindeutigen Wortlaut des § 1931 Abs 1 hat lediglich der **überlebende Ehegatte** ein gesetzliches Erbrecht. Erbfähigkeit erfordert nach § 1923 Abs 1 das *Erleben des Erbfalles.* Kein Erbe iSd § 1931 ist somit der vorverstorbene Ehegatte. Mit dem Tod des *Vorverstorbenen* ist die Ehe aufgelöst, sie bestand nicht zur Zeit des Todes des länger Lebenden (vgl Rn 7), so daß auch unabhängig von § 1923 der Vorverstorbene nicht Erbe sein könnte. Kein Erbe ist auch der gleichzeitig mit dem anderen verstorbene Ehegatte, denn er überlebt diesen nicht (ERMAN/SCHLÜTER Rn 3; dazu ausführlich WERNER FamRZ 1976, 249, 250). Das Überleben des einen Ehegatten, dh das Erleben des Erbfalls, muß von demjenigen bewiesen werden, der sich darauf beruft. Kommen beide Eheleute bei einem Unfall (Unglück) ums Leben (Autounfall, Flugzeugabsturz, Erdbeben, Lawinenunglück, Hauseinsturz usw) und läßt sich das Längerleben eines von ihnen nicht nachweisen, gelten beide gem § 11 VerschG als gleichzeitig verstorben. Hier beerbt keiner den anderen als gesetzlicher Erbe (WERNER FamRZ 1976, 249; BAUMGÄRTEL/STRIEDER, Handbuch der Beweislast, § 1931 Rn 2).

16 **a)** Ein überlebender Ehegatte ist trotz Bestandes der Ehe zZt des Erbfalles **von der Erbschaft ausgeschlossen,** wenn der Erblasser zZt seines Todes berechtigt war, auf Scheidung zu klagen und die *Scheidung beantragt* oder ihr zugestimmt hatte (§ 1933 S 1) oder eine *berechtigte Eheaufhebungsklage erhoben* hatte (§ 1933 S 2). Die nach der 5. DurchVO 2. EheG v 18. 3. 1943 (RGBl I 145) bestehende (jedoch umstrittene) Möglichkeit, einem überlebenden Ehegatten die Rechtsstellung eines Verwitweten zu nehmen (dazu 11. Aufl Rn 11), ist mit Aufhebung dieser VO durch das FamRÄndG v 11. 8. 1961 (BGBl I 1221) beseitigt worden.

17 Darüber hinaus gelten die *allgemeinen Erbausschließungsgründe:* Enterbung durch letztwillige Verfügung des Erblassers, §§ 1938, 2303 Abs 2; Erbverzicht, § 2346;

Erbunwürdigkeit, § 2344 (vgl Vorbem 16 zu §§ 1924-1936; § 1930 Rn 4). Bei Enterbung ist der Ehegatte gem § 2303 Abs 2 pflichtteilsberechtigt.

Den Unbilligkeiten, die dadurch entstehen können, daß ein Ehegatte bzw seine **18** Erben nicht an dem Vermögen des anderen kraft Erbrechts teilhaben, selbst wenn der nicht erbende Ehegatte durch seine Mitarbeit einen wesentlichen Beitrag zur Schaffung und Erhaltung des Vermögens geleistet hat, versucht die Rechtsprechung durch Annahme einer sog **Ehegatteninnengesellschaft** zu begegnen (dazu BGH NJW 1975, 1774; BELZ Betrieb 1965, 133).

b) Ist ein Ehegatte mangels Längerlebens oder aus den anderen in Rn 16, 17 **19** genannten Gründen von der gesetzlichen Erbfolge ausgeschlossen, besteht in Abweichung von der Verwandtenerbfolge **kein Eintrittsrecht** der Verwandten des ausgefallenen Ehegatten. Ist der Ehegatte selbst nicht Erbe, verbleibt der Nachlaß bei den aufgrund der Verwandtenerbfolge nach dem Erblasser Berufenen (§§ 1923–1930), er fällt auch nicht den Erben des Ehegatten zu (WERNER FamRZ 1976, 249). Die Verwandten des Ehegatten sind selbst dann nicht zur Erbfolge berufen, wenn keine Erben iSd §§ 1923 f, 1930 vorhanden sind, es gilt § 1936. Die Verwandten und Erben eines Ehegatten nehmen allein über dessen Erbschaft am Vermögen des anderen Ehegatten teil, dh nur wenn ein Ehegatte gem § 1931 die Erbschaft angetreten hat, kann dieser Anteil am Nachlaß als Aktivposten, als Teil des eigenen Nachlasses, bei seinem Tod auf die Erben (bei gesetzlicher Erbfolge auf die Verwandten) übergehen (WERNER FamRZ 1976, 249, 253), selbst wenn diese nicht aus der Ehe mit dem Erblasser stammen.

III. Umfang des Erbrechts

Der überlebende Ehegatte wird **vollberechtigter Erbe,** nicht lediglich Nießbraucher **20** oder Vorerbe. Die Größe des Erbteils ist davon abhängig, welcher Ordnung die miterbenden Verwandten des Erblassers angehören, neben Nachkommen des Erblassers – also Angehörigen der ersten Ordnung – ist sie am geringsten und wächst in dem Maße, als die miterbenden Verwandten entfernteren Ordnungen angehören. Gehört der Ehegatte zu den erbberechtigten Verwandten, erhält er seinen Anteil aus beiden Gründen, § 1934. § 1931 regelt in Abs 1 und Abs 2 die Stellung des überlebenden Ehegatten unabhängig vom jeweiligen Güterstand. Diesem wird erst in Abs 3 (Zugewinngemeinschaft) und Abs 4 (Gütertrennung) Rechnung getragen. Der Ehegatte bildet mit den übrigen Erben eine Miterbengemeinschaft, §§ 2032 ff. Dieser Anteil an der Gesamthandsgemeinschaft geht bei seinem Tod auf seine Erben über.

1. **Neben Verwandten der ersten Ordnung** (§ 1924) erbt der Ehegatte gem § 1931 **21** Abs 1 S 1 1. Fall ein Viertel, gleichgültig, wie viele Kinder vorhanden sind (vgl § 1924 Rn 3) und ob diese gemeinschaftliche Nachkommen der Eheleute oder nur solche des Erblassers sind. Nichteheliche Abkömmlinge des Erblassers haben lediglich einen Erbersatzanspruch, sie sind keine gesetzlichen Erben, wenn ein überlebender Ehegatte vorhanden ist, § 1934 a Rn 14. Neben nichtehelichen Abkömmlingen erbt der überlebende Ehegatte daher allein, erstere haben lediglich einen Zahlungsanspruch in Höhe des ihnen bei Ehelichkeit zustehenden Anteiles. Wegen § 1931 Abs 3, 4 verbleibt es bei der Zuteilung des Viertels jedoch nur, wenn die Ehegatten zZt des

Erbfalls in Gütergemeinschaft gelebt haben oder wenn bei Gütertrennung mehr als zwei Kinder des Erblassers vorhanden sind (vgl Rn 43 ff).

22 **2.** **Neben Verwandten zweiter Ordnung** (§ 1925) erbt der Ehegatte gem § 1931 Abs 1 S 1 2. Fall die Hälfte (vgl § 1925 Rn 21), wobei jedoch ebenfalls § 1931 Abs 3 zu berücksichtigen ist (Rn 36).

23 **3.** Als Verwandte der dritten Ordnung (§ 1926) sind lediglich die **Großeltern des Erblassers** neben dessen Ehegatten gesetzliche Erben. Sind weder Verwandte der ersten beiden Ordnungen noch Großeltern vorhanden, erbt der überlebende Ehegatte allein.

24 **Leben** noch **alle Großeltern** des Erblassers, erbt der Ehegatte die Hälfte, §§ 1931 Abs 1 S 1 2. Fall, und über § 1931 Abs 3, 1371 Abs 1 ein weiteres Viertel (Rn 36). Sind *Großelternteile weggefallen,* so erhält er, wenn diese Nachkommen hinterlassen, die nach § 1926 an der anderen Hälfte teilnehmen würden, den auf diese Abkömmlinge entfallenden Anteil, § 1931 Abs 1 S 2. Ein Ehegatte geht lediglich den Abkömmlingen der dritten Ordnung, nicht den Großeltern vor. Ist daher ein Großelternteil weggefallen, der keine Abkömmlinge hinterlassen hat, so fällt dessen Anteil an den anderen Teil desselben Großelternpaares, § 1926 Abs 3 S 2. Der Ehegatte erhält davon nichts. Ist auch der andere Teil weggefallen, ohne Nachkommen zu hinterlassen, so fällt der Anteil dem (bei Adoption entspr den) anderen noch lebenden Großelternpaar(en) (der anderen Linie) zu, §§ 1931 Abs 1 S 2, 1926 Abs 4. Ein Ehegatte erbt somit außer seiner Hälfte lediglich den Anteil eines Großelternteils, der Nachkommen hinterlassen hat. Die Anteile der weggefallenen Großelternteile, die keine Nachkommen hinterlassen haben, gehen gem § 1926 Abs 3, 4 auf die anderen lebenden Großeltern über. Sind außer einem Großelternteil keine Abkömmlinge als Erben der dritten Ordnung vorhanden, erbt dieser Großelternteil die ganze auf die Großeltern fallende Hälfte des Nachlasses allein (zum Ganzen auch BELLING Jura 1986, 579, 585).

25 Damit ergibt sich folgende **Aufteilung des Nachlasses:** Da auf jeden lebenden Großelternteil 1/8 des Nachlasses fallen würde (bei mehr als vier Großelternteilen bei Adoption entsprechend weniger, vgl § 1926 Rn 7 ff), erbt jeder Ehegatte außer seiner Hälfte das Achtel jedes wegfallenden Großelternteiles, der Nachkommen hinterlassen hat. Sind Abkömmlinge eines weggefallenen Großelternteils nicht vorhanden, so fällt dessen Achtel dem anderen Teil desselben Großelternpaares zu. Ist auch dieser andere Teil nicht vorhanden, so fallen, wenn er Nachkommen hinterlassen hat, die beiden Achtel dem Ehegatten des Erblassers zu. Hinterläßt der andere Großelternteil ebenfalls keine Nachkommen, so fallen die zwei Achtel anteilig an das andere Großelternpaar (der anderen Linie), dh jedes Teil des Großelternpaares erhält zu seinem eigenen ein weiteres Achtel. Ist auch von diesem anderen Großelternpaar ein Teil weggefallen, so erhält der Ehegatte, wenn Nachkommen des Großelternteils vorhanden sind, die beiden Achtel dieses Großelternteiles (so auch BELLING Jura 1986, 579, 585; wenn BGB-RGRK/KREGEL Rn 8 hier von 3/8 spricht, übersieht er, daß die beiden Achtel des ohne Abkömmlinge wegfallenden Großelternpaares sich zu je 1/8 auf die noch vorhandenen Großelternteile der anderen Linie verteilen, dh jedem wächst 1/8 zu seinem eigenen Achtel zu, so daß nur diese 2/8 übergehen können). Sind keine Nachkommen dieses weggefallenen Großelternteiles vorhanden, so gehen die beiden Achtel an den einzigen noch lebenden Großelternteil, der damit zur Hälfte erbt (BGB-RGRK/Kregel Rn 8; Esch/Schulze zur Wiesche Rn 88; Lange/Kuchinke § 12 III 4 a).

Diese vom Gesetz getroffene Regelung erscheint merkwürdig und unbefriedigend, **26** wenn allein das zufällige Vorhandensein bzw Nichtvorhandensein von Abkömmlingen des Großelternteiles darüber entscheidet, ob der Anteil dem Ehegatten des Erblassers oder einem anderen Großelternteil zufällt. Dieser Unterschied entbehrt jeder Rechtfertigung (Lange/Kuchinke § 12 III 4 a). Zudem erscheint diese Lösung wenig folgerichtig. Da die Abkömmlinge weggefallener Großeltern den anderen Großeltern vorgehen, der Gatte aber diesen Abkömmlingen, müßte er folgerichtig auch dem anderen Großelternteil vorgehen (so zutreffend Kipp/Coing § 5 Fn 14). Aber die gesetzliche Regelung ist eindeutig und zwingend, es ist die Konsequenz aus dem Grundsatz, daß der Ehegatte allein die Abkömmlinge, nicht aber die Großeltern von ihrem gesetzlichen Erbrecht aus § 1926 ausschließt (Leipold § 6 II Fn 3).

4. Ebenso wie die Seitenverwandten der dritten Ordnung *schließt* der überle- **27** bende Ehegatte alle *Verwandten* des Erblassers *aus,* die zu der vierten (§ 1928) und zu entfernteren Ordnungen (§ 1929) gehören, § 1931 Abs 2.

5. Bei der Feststellung des Ehegattenerbteils können nur die **Verwandten des Erb-** **28** **lassers** berücksichtigt werden, die *wirklich zur Erbfolge gelangen* oder als Abkömmlinge von Großeltern ohne Ausschaltung durch den Ehegatten *zur Erbfolge gelangen würden,* aber nicht die Verwandten, die aufgrund Erbausschlagung, Erbunwürdigkeitserklärung, Erbverzichts oder Enterbung als weggefallen anzusehen sind (vgl § 1930 Rn 4). Anders § 2310 für die Berechnung des Pflichtteils.

Der Wegfall eines Verwandten führt freilich nicht ohne weiteres zur Erhöhung des **29** **Ehegattenerbteils.** Dieser ist ein **fester** (LG Bochum Rpfleger 1989, 509, 510). Schlägt zB eines von drei Kindern des Erblassers aus, so kommt das den beiden Geschwistern zugute, das Viertel der Witwe wird nicht berührt. Anders wenn der weggefallene Verwandte der einzige der betreffenden Ordnung ist. Wird das einzig nachkommenlose Kind des Erblassers für erbunwürdig erklärt, so erhält der überlebende Ehegatte mindestens die Hälfte, wenn er neben Verwandten der zweiten Ordnung erbt, und die ganze Erbschaft, wenn er neben einem der dritten Ordnung angehörigen Vetter zur Erbschaft berufen wäre.

Eine Durchbrechung des Prinzips vom festen Erbteil sieht § 1931 Abs 1 S 2 BGB für den Fall vor, daß der Ehegatte mit Abkömmlingen von Großeltern des Erblassers zusammentrifft (Rn 24 ff). Für niedere Ordnungen gibt es eine entsprechende Norm jedoch nicht (LG Bochum aaO).

6. Gehört der überlebende Ehegatte *zugleich* zu den *erbberechtigten Verwandten,* **30** erbt er auch als solcher, § 1934. Muß er sich die Erbschaft mit Erben der ersten drei Ordnungen teilen, erhält er den sog *Voraus* des § 1932.

IV. Einfluß der Güterstände

Mit Inkrafttreten des Gleichberechtigungsgesetzes am 1. 7. 1958 (BGBl I 609) ist **31** gesetzlicher Güterstand die sog Zugewinngemeinschaft, §§ 1363 ff. Die Ehegatten

Olaf Werner

können allerdings durch Ehevertrag Gütertrennung (§§ 1414, 1388) und die sog Gütergemeinschaft (§§ 1415 ff) vereinbaren. Lebten Eheleute aufgrund Ehevertrages vor dem 1. 7. 1958 in Errungenschafts- bzw Fahrnisgemeinschaft des BGB aF, bleiben diese Güterstände bestehen (Art 8 Abs 1 Nr 7 GleichBerG). Zur Rechtslage vor Inkrafttreten des GleichBerG vgl 11. Aufl Rn 17. Für die erbrechtliche Regelung ist der Güterstand allein zZt des Erbfalls von Bedeutung und muß vom Nachlaßrichter bei Erteilung des Erbscheins beachtet werden. Die vor Inkrafttreten des BGB geltenden Güterstände wirken gem Art 200 EGBGB auch auf das Erbrecht ein.

32 1.　　Bei der **Zugewinngemeinschaft** besteht hinsichtlich des Vermögens der Eheleute Gütertrennung (§§ 1363 Abs 2, 1364). Jeder Ehegatte kann sein Vermögen selbständig verwalten und vererben. Die Testierfreiheit wird nicht eingeschränkt. Das Vermögen eines jeden Ehegatten bildet bei dessen Tod einen selbständigen Nachlaß, an dem mangels letztwilliger Verfügung gesetzliche Erbfolge eintritt (§§ 1924 ff). Das gilt nicht nur hinsichtlich der Verwandtenerbfolge, sondern auch für das gesetzliche Erbrecht des überlebenden Ehegatten, dh zunächst gilt § 1931 Abs 1, 2. Dem *Gemeinschaftsgedanken* wird dadurch Rechnung getragen, daß die Eheleute zwar den ehelichen Aufwand gemeinsam zu tragen haben (§§ 1360 ff), andererseits jeder von ihnen an den während der Ehe von dem anderen erarbeiteten oder ersparten Vermögenswerten beteiligt wird. Dies äußert sich bei Ende der Zugewinngemeinschaft durch Tod eines Ehegatten in einem Zugewinnausgleich, der *zusätzlich zu dem Erbteil aus § 1931 Abs 1, 2* gewährt wird, § 1931 Abs 3 (zur rechtspolitischen Wertung vgl SCHLÜTER § 10 V 2). Damit behält der überlebende Ehegatte seinen Zugewinn und ist zusätzlich an dem des Vorverstorbenen beteiligt. Sein so erhöhtes Vermögen geht auf seine Erben über, während die Erben des Erstverstorbenen von dessen Zugewinn nur die Hälfte erlangen und an dem des länger Lebenden nicht beteiligt sind (WERNER FamRZ 1976, 250 ff). Es hängt daher weitgehend vom Zufall ab, wessen Erben letztlich den Hauptanteil des Zugewinnes erhalten. Dies ist in den Fällen ohne Bedeutung, in denen beide Eheleute von denselben Personen beerbt werden. Unterschiedliche Vermögenszuteilung zeigt jedoch diese Regelung, wenn keine gemeinsamen Erben vorhanden sind. So gehen die Erben des Erstverstorbenen (zB nichtgemeinsame Kinder, Eltern der Eheleute) hinsichtlich des Zugewinnes leer aus (WERNER FamRZ 1976, 250, 251). Bei gleichzeitigem Versterben der Eheleute geht der jeweilige Zugewinn auf die Erben des einzelnen Ehepartners über. Ein Ausgleich findet nicht statt (BGH NJW 1978, 1855 = DNotZ 1978, 732 m Anm WERNER; LG Augsburg FamRZ 1976, 523; LG Stuttgart BWNotZ 1978, 121; WERNER FamRZ 1976, 251 ff). Dies läßt sich allenfalls damit rechtfertigen, daß der Zugewinnausgleich dem überlebenden Ehegatten, nicht den Erben zur Beibehaltung des bisherigen Lebensstandards dienen soll (vgl Rn 5).

33 a)　　Lebten die Eheleute zZt des Erbfalls im gesetzlichen Güterstand der Zugewinngemeinschaft (genauer Gütertrennung mit Zugewinnausgleich), so gilt für *Erbfälle nach dem 30. 6. 1958 über* § 1931 Abs 3 die Sonderregelung des § 1371 (vgl Rn 1). Die Ausdrucksweise des Gesetzes in § 1931 Abs 3, daß „die Vorschriften des § 1371 unberührt bleiben", wird der systematischen Stellung dieser Norm nicht gerecht. § 1371 ist in das Vierte Buch eingeordnet und soll die Forderung auf Ausgleich des Zugewinnes bei Beendigung des gesetzlichen Güterstandes durch Tod eines Ehegatten erfüllen. Diese Vorschrift enthält zumindest in Abs 1 erbrechtliche Bestimmungen zur Erfüllung familienrechtlicher Grundforderungen, gehört also nur ihrem weiteren Zweck nach ins Familienrecht. Rechtssystematisch gehört sie in erster Linie in das Erbrecht (OLG Köln FamRZ 1970, 605, 607; ERMAN/SCHLÜTER Rn 1, 28; vLÜBTOW I 66; SCHLÜTER § 10 V 1 a). § 1931 Abs 3 lautete daher klarer: „Bei der Zugewinngemeinschaft finden auf das gesetzliche Erbrecht des überlebenden Ehegatten die Sonderbestimmungen des § 1371 Anwendung."

b) § 1371 bietet bei Beendigung der Zugewinngemeinschaft durch Tod eines Ehe- **34** gatten verschiedene **Wege des Zugewinnausgleichs,** den pauschalen Zugewinnausgleich nach Abs 1 durch Erhöhung des gesetzlichen Erbteils um 1/4 *(sog erbrechtliche Lösung)* und den rechnerischen Zugewinnausgleich nach §§ 1371 Abs 2, 1373 ff, wenn der überlebende Ehegatte weder gewillkürter Erbe noch Vermächtnisnehmer ist *(güterrechtliche Lösung).* § 1371 Abs 3 eröffnet dem überlebenden Ehegatten die Möglichkeit, die Erbschaft auszuschlagen, trotzdem aber auf der Grundlage des nicht erhöhten gesetzlichen Erbteils den kleinen Pflichtteil nach § 2303 Abs 2 und zusätzlich den rechnerischen Zugewinnausgleich nach § 1371 Abs 2 zu verlangen. Beträgt der Zugewinn des Verstorbenen nicht mehr als 6/7 des Nachlaßwertes, lohnt sich dieser Weg allerdings idR nicht (BELLING Jura 1986, 579, 586; relativierend hinsichtlich des festen Bruchteils GEISSLER BWNotZ 1990, 38, 41). § 1371 Abs 4 schließlich belastet das aus Abs 1 erhaltene zusätzliche Viertel mit einem Vermächtnis zugunsten erbberechtigter Abkömmlinge (Rn 42). Damit betrifft *allein § 1371 Abs 1* eine Regelung über das *gesetzliche Erbrecht* des Ehegatten. Nur diese Vorschrift hat für § 1931 unmittelbare Bedeutung. Beide Normen (§§ 1931, 1371 Abs 1) bestimmen den gesetzlichen Erbteil des Ehegatten. Darüber hinaus richtet sich bei der erbrechtlichen Lösung nach diesem Erbteil das Pflichtteilsrecht aus § 2303 Abs 2. Einer Erörterung im Rahmen des gesetzlichen Ehegattenerbrechts bedarf daher allein § 1371 Abs 1 iVm § 1931 Abs 3. Hinsichtlich der übrigen Absätze des § 1371, die den Fall des nicht oder teilweise nicht in gesetzlicher Höhe erbenden Ehegatten betreffen oder dessen *Verpflichtung* aus § 1371 Abs 4, ist auf die Erläuterungen zu § 1371 zu verweisen.

c) Wird die Ehe und damit die Zugewinngemeinschaft durch den Tod eines Ehe- **35** gatten aufgelöst, **erhöht** sich der dingliche gesetzliche **Erbteil** des Überlebenden gem § 1371 Abs 1 **um ein Viertel,** ohne Rücksicht darauf, welcher Ehegatte einen Zugewinn gemacht hat. Der Zugewinn wird nicht errechnet, sondern *pauschaliert.* Damit soll Berechnungs- und Beweisschwierigkeiten begegnet werden, insbesondere angesichts der Geldentwertung in neuerer Zeit (WAHL, in: FS Lehmann I 419 ff). So verhindert eine solche pauschale Regelung Streit und Prozesse zwischen dem Ehegatten und den übrigen Erben, der Nachlaß wird vor zusätzlichen Belastungen mit Geldforderungen (aus § 1371 Abs 2) bewahrt. § 1371 Abs 1 führt allerdings zu einer schematischen Bevorzugung des überlebenden Ehegatten zu Lasten der Verwandten des Erblassers, denn deren Erbteile werden durch die Erhöhung des gesetzlichen Erbteils des Ehegatten entsprechend gekürzt. IdR besteht jedoch die Hoffnung, den überlebenden Ehegatten zu beerben und damit letztlich das gesamte Vermögen beider Ehegatten zu erhalten.

§ 1371 Abs 1 führt zu einer **Erhöhung des dinglichen Erbteils,** nicht wie § 1371 Abs 2 zu **36** einem schuldrechtlichen Ausgleichsanspruch in Geld. Der überlebende Ehegatte erbt neben Verwandten der ersten Ordnung insgesamt zu 1/2 (je 1/4 aus § 1931 Abs 1 und § 1371 Abs 1), neben den der zweiten Ordnung oder Großeltern zu 3/4 (1/2 aus

Olaf Werner

§ 1931 Abs 1 und 1/4 aus § 1371 Abs 1). Entsprechend der Erhöhung verringern sich die Erbteile der Erben erster Ordnung auf insgesamt die Hälfte, die der zweiten Ordnung und der Großeltern auf insgesamt 1/4. Wenn in der dritten Ordnung neben Großeltern noch Abkömmlinge eines anderen vorverstorbenen Großelternteiles vorhanden sind, erhält der überlebende Ehegatte auch deren Anteil (§ 1931 Abs 1 S 2).

37 Bei der **Berechnung der Erbanteile** des Ehegatten und der anderen gesetzlichen Erben ist von dem Grundsatz des § 1931 Abs 1 S 1 auszugehen. Dieser Erbanteil des Ehegatten ist um ein Viertel zu erhöhen, der Rest ist unter den übrigen Erben entsprechend §§ 1924–1930 zu verteilen, wobei einige Anteile nach § 1931 Abs 1 S 2 ebenfalls dem Ehegatten zufallen können (Rn 24, 25). Die hM (ERMAN/SCHLÜTER Rn 25; BROX Rn 65; DÖLLE I 780; vLÜBTOW I 69; SCHLÜTER § 10 V 1 c cc; BELLING Jura 1986, 579, 586; BÜHLER BWNotZ 1961, 112; STAUDENMAIER BWNotZ 1961, 323, 324) sieht den Ehegatten als Alleinerben an, wenn er über § 1931 Abs 1 S 2 bereits 3/4 des Nachlasses erhalten würde, weil durch Zuschlag eines weiteren Viertels aus § 1371 Abs 1 den anderen Erben kein Anteil mehr verbleibe, dh diese Ansicht rechnet den erhöhten Anteil aus § 1371 Abs 1 dem Anteil zu, den er ohne diese Norm aus § 1931 Abs 1 S 1, 2 erhalten würde. Dem kann jedoch nicht gefolgt werden, denn über § 1931 Abs 1 S 2 erhält der Ehegatte allein den Anteil, den an sich ein weggefallener Großelternteil erhalten hätte (BGB-RGRK/KREGEL Rn 8). Was einem Großelternteil zusteht, berechnet sich nach dem Rest, den der Ehegatte nach § 1931 Abs 1, 1371 Abs 1 nicht erhält, dh § 1931 Abs 1 S 2 betrifft einen Teil des Viertels, der den Großeltern zur Verfügung steht, und kann dem Ehegattenerbteil erst zugeschlagen werden, nachdem die Berechnung aus dem restlichen Viertel erfolgt ist (vOLSHAUSEN FamRZ 1981, 633). Wenn nach der hM mehr als nur der Anteil des weggefallenen Großelternteils dem überlebenden Ehegatten zufällt, widerspricht dies dem Wesen des § 1931 Abs 1 S 2 als subsidiärer Zuteilungsnorm (vOLSHAUSEN 634). Es ist daher allein von § 1931 Abs 1 S 1 auszugehen und dem dort angegebenen Anteil das Viertel aus § 1371 Abs 1 zuzuschlagen, der Rest ist nach 1931 Abs 1 S 2 zu behandeln (wie hier KIPP/COING § 5 IV; SCHINDLER BWNotZ 1961, 213; vOLSHAUSEN FamRZ 1981, 633). § 1371 Abs 1 kann nur zu einer Erhöhung des Anteils des Ehegatten und entsprechender Minderung des Anteils der anderen gesetzlichen Erben, nicht zu deren Ausschluß führen (SCHINDLER BWNotZ 1961, 214; MünchKomm/LEIPOLD § 1931 Rn 24; PALANDT/EDENHOFER § 1931 Rn 8). Eine Alleinerbenstellung des überlebenden Ehegatten kann § 1371 Abs 1 daher nicht herbeiführen. Anderenfalls würde sich der Wegfall eines Großelternteils zum Nachteil der konkurrierenden Großeltern auswirken; ein Großelternteil könnte durch Ausschlagung dafür sorgen, daß auch der Anteil von Mitgroßeltern an den überlebenden Ehegatten fällt. Das widerspräche aber der Regelungstechnik der §§ 1926, 1931 (vOLSHAUSEN 634 f). Sind allerdings weder Verwandte der ersten beiden Ordnungen noch Großeltern vorhanden, verbleibt es bei der Regelung des § 1931 Abs 2, Alleinerbschaft des Ehegatten. Auch wenn der Ehegatte über § 1931 Abs 2 allein erbt, ist § 1371 Abs 2 steuerrechtlich von Bedeutung, da auch bei der erbrechtlichen Regelung der Betrag nicht erbschaftssteuerpflichtig ist, der dem Ehegatten bei rechnerischem Zugewinnausgleich zufallen würde (§ 5 ErbStG).

38 Die Erhöhung des dinglichen Erbteiles gem § 1371 Abs 1 um 1/4 ist eine *Erhöhung des gesetzlichen Erbteils* (darin wird die erbrechtliche Regelung des § 1371 deutlich), dh das Viertel aus § 1371 Abs 1 fällt dem Ehegatten nur zu, wenn er *gesetzlicher Erbe*

des § 1931, nicht wenn er testamentarischer Erbe ist (vLÜBTOW I 68). Es kommt nur dem überlebenden und nicht von der gesetzlichen Erbfolge ausgeschlossenen Ehegatten zu. Bei *Ausschluß von der gesetzlichen Erbfolge* kann der überlebende Ehegatte den rechnerischen Zugewinnausgleich gem §§ 1371 Abs 2, 1372 ff verlangen, nicht aber eine dingliche Nachlaßbeteiligung gem § 1371 Abs 1. Das Verlangen vorzeitigen Zugewinnausgleichs gem §§ 1385 ff führt nach § 1388 zur Beendigung der Zugewinngemeinschaft und zum Ausschluß des § 1371. Ist der Ehegatte *testamentarischer Erbe* des anderen, kann er die Berufung als gesetzlicher und damit die Beteiligung aus §§ 1931 Abs 3, 1371 Abs 1 über § 1948 herbeiführen.

Bei dem Anteil aus § 1931 und § 1371 Abs 1 handelt es sich um einen **einheitlichen** **39** **Erbteil** (ERMAN/SCHLÜTER Rn 22, 32; vLÜBTOW I 69) mit einheitlichem Schicksal. Er kann nur als Ganzes angenommen oder ausgeschlagen werden (ERMAN/SCHLÜTER Rn 32). Will der Ehegatte die Rechte aus § 1371 Abs 2 erlangen, muß er die gesamte Erbschaft ausschlagen, § 1371 Abs 3. Eine Teilausschlagung allein des gesetzlichen Erbteils, der ihm ohne Rücksicht auf den Güterstand zusteht (§ 1931), oder nur des aus § 1371 Abs 1 angefallenen Viertels ist nicht möglich (§ 1950 Rn 4; vLÜBTOW I 69). § 1951 ist mangels Mehrheit der Berufungsgründe nicht anwendbar (ERMAN/SCHLÜTER Rn 22). Eine Teilausschlagung über § 1951 analog (so STAUDINGER/LEHMANN[11] § 1931 Nachtr Rn 10, 11) mag zwar rechtspolitisch erwägenswert sein, würde aber der eindeutigen Gesetzesentscheidung für einen einheitlichen Erbteil widersprechen. Eine solche Analogie würde zudem – auch nach LEHMANN – nicht dazu führen, daß der überlebende Ehegatte den erhöhten Erbteil aus § 1371 Abs 1 ausschlagen und dafür neben dem Erbteil aus § 1931 den rechnerischen Zugewinnausgleich verlangen könnte; dem überlebenden Ehegatten wird allein über § 1371 Abs 3, durch Ausschlagung der gesamten Erbschaft, der Weg zum rechnerischen Zugewinnausgleich ohne Erbenstellung gewährt. Wegen der Einheitlichkeit des erhöhten Erbteils erfaßt die **Erbunwürdigkeit** (§§ 2339 ff) die gesamte gesetzliche Erbenstellung. Die Erhöhung aus § 1371 Abs 1 gilt jedoch als Bruchteil des einheitlichen Erbteils und ist damit Gegenstand eines **Erbverzichts**, §§ 2346 ff (RGZ 71, 133; ERMAN/SCHLÜTER Rn 32). Bei Verzicht auf den *gesetzlichen Erbteil* dagegen kann es überhaupt nicht zu einer Erhöhung kommen (ERMAN/SCHLÜTER Rn 22, 32). Gegenstand der **Anteilsübertragung** kann ebenfalls ein Bruchteil des Erbanteils und damit sowohl der aus § 1931 wie der aus § 1371 Abs 1 sein.

Nach § 1414 kann die **Zugewinngemeinschaft** durch Ehevertrag **ausgeschlossen** oder **40** **beschränkt** werden, indem der Ausgleich des Zugewinns ausgeschlossen wird. Damit wird auch die erbrechtliche Regelung des § 1371 Abs 1 ausgeschlossen (SCHLÜTER § 10 V 1 b aa; KNUR DNotZ 1957, 471). Statt des Ausschlusses kann der Zugewinnausgleich auch quotenmäßig abweichend geregelt werden, ebenso auch die Erbquote (MASS-FELLER Betrieb 1958, 564).

Die Wirkung des § 1371 Abs 1 kann einseitig durch eine **letztwillige Verfügung** besei- **41** tigt oder eingeschränkt werden, denn das erhöhte gesetzliche Erbrecht entfällt, wenn der Erblasser die erbrechtliche Stellung des überlebenden Ehegatten abweichend durch letztwillige Verfügung (zB § 2269) regelt. Belastet der Erblasser den Ehegatten durch Vermächtnis oder verkürzt er dessen Anteil stark, besteht die Wahrscheinlichkeit, daß letzterer die Erbschaft ausschlägt und den rechnerischen Zugewinn und seinen Pflichtteil verlangt (§ 1371 Abs 3). Dagegen schützt allein eine erbvertragli-

Olaf Werner

che Regelung. Von Ausnahmen wie extremen Hinzurechnungen beim Erblasserend-
vermögen abgesehen, beträgt der Zugewinnausgleichsanspruch maximal die Hälfte
des Nachlaßwertes, so daß sich bei normaler gesetzlicher Erbfolge eine Ausschlagung selten lohnt (GEISSLER BWNotZ 1990, 38, 41).

42 Erhält der überlebende Ehegatte die Erhöhung aus § 1371 Abs 1, ist dieses zusätzliche Viertel gem § 1371 Abs 4 mit einem Vermächtnis zugunsten erbberechtigter
Abkömmlinge des Erblassers auf eine **angemessene Ausbildung** belastet. Hierdurch soll
die Benachteiligung der Abkömmlinge ausgeglichen werden.

43 2.   Hatten die Eheleute **Gütertrennung** vereinbart, so ändert sich der Erbteil des
überlebenden Gatten aus § 1931 nur, wenn neben ihm ein oder zwei Kinder des
Erblassers zu gesetzlichen Erben berufen sind (§ 1931 Abs 4). Der überlebende Ehegatte erhält dann nicht das Viertel aus § 1931 Abs 1, sondern *neben einem Kind* wie
dieses *die Hälfte,* neben *zwei Kindern* wie diese *ein Drittel des Nachlasses* (Erbschaft
nach Kopfteilen). Sind Kinder des Erblassers weggefallen, so treten ihre Abkömmlinge an ihre Stelle (§ 1931 Abs 4 letzter HS iVm § 1924 Abs 3), *Erbfolge nach
Stämmen* (vgl § 1924 Rn 14 ff). Hinterläßt der Erblasser *drei oder mehr Kinder,* verbleibt es bei dem Viertelanteil aus § 1931 Abs 1, die Kinder erben zusammen 3/4.
Abs 4 trifft insoweit keine Sonderregelung. Ebenso verbleibt es allein bei der Regelung des § 1931 Abs 1, 2, 3, wenn der Erblasser keine Kinder hinterläßt.

44 a)   § 1931 Abs 4 wurde auf Vorschlag des Rechtsausschusses über Art 1 Nr 87
NichtehelG eingefügt (BT-Drucks V/4179, 29, Ber 5, 6) und ist im Zusammenhang mit
dem gleichzeitig eingefügten § 2057 a zu sehen. § 2057 a begründet eine Ausgleichspflicht zugunsten der Abkömmlinge, die durch Mitarbeit im Haushalt, Beruf oder
Geschäft des Erblassers dazu beigetragen haben, dessen Vermögen zu erhalten und
zu mehren. Diese Wirkung zeitigt im gesetzlichen Güterstand § 1371, bei der Gütergemeinschaft § 1416. Da eine entsprechende Vorschrift bei Gütertrennung nicht gilt,
soll durch § 1931 Abs 4 verhindert werden, daß ein Ehegatte bei Gütertrennung
neben einem oder zwei Kindern des Erblassers weniger als diese erben würde, so daß
die Mitwirkung des Ehegatten bei Erhalt und Vermehrung des gegenseitigen Vermögens unberücksichtigt bliebe (ODERSKY Anm III; kritisch BRAGA FamRZ 1972, 109; GÖRG
21 f). Der Anreiz, durch Gütertrennung den Zugewinnausgleich zu ersparen, insbesondere die Beteiligung des anderen Eheteils an einem Unternehmen zu verhindern,
ist durch Abs 4 erheblich verringert worden (WESTERMANN, in: FS Bosch 1040).

An der Regelung des Abs 4 ist wegen der dadurch entstehenden Streitfragen Kritik
geübt worden (KÜHNE JR 1972, 221; BRAGA FamRZ 1972, 105, der sogar die Verfassungsmäßigkeit bezweifelt; dagegen STÖCKER FamRZ 1972, 429), die letztlich eine umfassende Reform
der gesetzlichen Erbfolge fordert, um die Einzelnovelle mit dem gesamten System
wieder in Einklang zu bringen.

Abs 4 gilt für *Erbfälle seit dem 1. 7. 1970* (Inkrafttreten des NichtehelG). Bei Tod des
Erblassers vor diesem Zeitpunkt gilt gem Art 12 § 10 Abs 1 S 1 NichtehelG allein
§ 1931 Abs 1. Zur Geltung des Nichtehelichenrechts vgl Vorbem 34 ff zu
§§ 1924—1936.

45 b)   **Kinder des Erblassers** sind in Abs 4 alle von ihm abstammenden (vgl Vorbem 20 zu

§§ 1924–1936), wobei es unerheblich ist, ob sie aus einer Verbindung mit dem erbenden Ehegatten oder aus der Verbindung mit einer anderen Person stammen (BT-Drucks V/4179 Ber 6), und die **Adoptierten.** Ferner müssen sie zur gesetzlichen Erbfolge gelangen, dh sie dürfen nicht durch Enterbung, § 1938, Erbverzicht, § 2346, Erbunwürdigkeitserklärung, § 2344, Ausschlagung, § 1953, oder vorzeitigen Erbausgleich, § 1934 e, ausgeschlossen sein (Braga FamRZ 1972, 107; Haegele BWNotZ 1972, 131), wobei jedoch das Eintrittsrecht gem § 1924 Abs 3 zu beachten ist.

Als **Kinder** iSd § 1931 Abs 4 gelten die **ehelicher und nichtehelicher Abstammung** **46** (Palandt/Edenhofer Rn 13; Erman/Schlüter Rn 43; BGB-RGRK/Kregel Rn 15; Soergel/Stein Rn 32; Odersky Anm IV 2, 3; ders Rpfleger 1973, 240, 241; vLübtow I 65; Leipold § 6 IV; Schlüter § 10 VI 3; Braga FamRZ 1972, 107; Haegele BWNotZ 1972, 130, 131; Franke BWNotZ 1976, 166). Zwar spricht diese Norm von der gesetzlichen Erbenstellung der Kinder, so daß nach dem Wortlaut nichteheliche Kinder nicht erfaßt wären, denn sie hätten neben der Ehefrau des Erblassers nach § 1934 a lediglich einen Erbersatzanspruch, nicht aber die Stellung eines gesetzlichen Erben (Vorbem 41 zu §§ 1924–1936). Bei Berechnung der Erbanteile werden nichteheliche Kinder den ehelichen jedoch auch sonst gleichgestellt. Nichteheliche Abkömmlinge zählen nach Streichung des § 1589 Abs 2 aF zu den gesetzlichen Erben der Mutter und des Vaters (Vorbem 24 f zu §§ 1924–1936) und werden lediglich bei einem Zusammentreffen mit bestimmten anderen Erben von der dinglichen Erbschaft ausgeschlossen und auf den Erbersatzanspruch verwiesen, der ihnen wertmäßig den Anteil zukommen läßt, den sie auch als gesetzliche Erben (dinglich) hätten. Die Regelung des § 1931 Abs 4 soll verhindern, daß dem Ehegatten ein geringerer Anteil am Nachlaß zukommt als den Kindern (Rn 44). Dieser Gedanke gilt auch bei einem Zusammentreffen mit nichtehelichen Abkömmlingen des verstorbenen Ehemannes, denn auch die wegen § 1934 a Abs 1 allein erbende Ehefrau muß den nichtehelichen Kindern wertmäßig den vollen Erbanteil auszahlen und würde daher bei einem oder zwei Kindern, selbst bei deren nichtehelicher Abstammung, wertmäßig weniger als diese erhalten. Sinn und Zweck des § 1931 Abs 4 verlangen daher eine Gleichstellung ehelicher mit den nichtehelichen Abkömmlingen, denn allein aus wirtschaftlichen Gesichtspunkten wurde diese Regelung getroffen. Auch der Rechtsausschuß, auf dessen Veranlassung Abs 4 eingefügt wurde (Rn 44), ging bei seinen Hinweisen auf nichteheliche Kinder als selbstverständlich davon aus, daß sie als Kinder iSd § 1931 Abs 4 zu gelten haben (BT-Drucks V/4179 Ber 5). Der Wortlaut des Gesetzes muß daher insoweit als ungenau angesehen werden (Erman/Schlüter Rn 43). Nichteheliche Abkömmlinge schließen auch ansonsten nach § 1930 bei der Berechnung der Erbteile andere gesetzliche Erben von der Erbfolge aus, dh sie werden in bezug auf Ausschluß von der Erbfolge und Berechnung der Erbteile den gesetzlichen (dinglichen) Erben wirtschaftlich gleichgestellt. Diese Gleichstellung ist auch in § 1931 Abs 4 berechtigt und erforderlich. Allerdings gilt dies allein im Hinblick auf die wirtschaftliche Stellung des überlebenden Ehegatten, § 1934 a behält seine volle Wirkung, dh die nichtehelichen Abkömmlinge werden neben dem Ehegatten nicht zum Erben, sondern erhalten lediglich den Erbersatzanspruch, der sich entsprechend § 1931 Abs 4 berechnet.

Sind *nur nichteheliche Kinder* des Mannes vorhanden, wird die Ehefrau Alleinerbin, **47** ein nichteheliches Kind hat einen Erbersatzanspruch in Höhe der Hälfte, zwei nichteheliche Kinder in Höhe von je einem Drittel des Nachlaßwertes. Bei drei und mehr nichtehelichen Kindern *gilt* für die Berechnung nicht mehr § 1931 Abs 4, sondern

Abs 1 (§ 1371 Abs 1 ist bei Gütertrennung nicht anwendbar), dh der Erbersatzanspruch aller nichtehelichen Kinder gegen die alleinerbende Ehefrau besteht in Gesamthöhe von insgesamt drei Vierteln.

48 Hinterläßt der Ehemann ein **eheliches und** ein **nichteheliches Kind,** erben ersteres und die Ehefrau dinglich zu je 1/2, das nichteheliche Kind hat einen Erbersatzanspruch in Höhe von einem Drittel des Nachlaßwertes gegen die Erben. Sind zwei eheliche und ein oder mehrere nichteheliche Kinder vorhanden, so will ODERSKY (Anm IV 6; ders Rpfleger 1973, 240, 241; ebens KIPP/COING § 5 II 2 b; DIECKMANN FamRZ 1979, 389, 390 f; BEHR RpflStud 1983, 49, 52 f) für die Erbfolge Abs 4, für die Berechnung des Erbersatzanspruches jedoch Abs 1 anwenden, dh die ehelichen Kinder und die überlebende Ehefrau sollen je zu 1/3 erben, ein nichteheliches Kind dagegen lediglich einen Erbersatzanspruch in Höhe von 1/4 (zwei nichteheliche Kinder von 3/16 usw) haben. Nicht anders als bei Vorhandensein je eines ehelichen und nichtehelichen Kindes sei der Nachlaß zwischen der Ehefrau und den ehelichen Abkömmlingen gleichmäßig aufzuteilen (DIECKMANN aaO). Die in Rn 46 aufgestellten Grundsätze wiegen jedoch schwerer. Es findet allein § 1931 Abs 1, nicht Abs 4 Anwendung, da für letztere Vorschrift kein Raum mehr ist, wenn mehr als zwei erbberechtigte bzw erbersatzanspruchsberechtigte Abkömmlinge des Erblassers vorhanden sind, denn der Wortlaut des § 1931 Abs 4 wurde insoweit als ungenau erkannt. Es ist ein Widerspruch, zwar einerseits die Gleichstellung der nichtehelichen mit den ehelichen Kindern bei realer Erbteilung anzuerkennen, bei Berechnung der Anteile aber diese Gleichstellung zu ignorieren. Die vom Gesetzgeber bezweckte wirtschaftliche Gleichstellung des Ehegatten neben ein und zwei Abkömmlingen des Erblassers trifft allein zu, wenn nicht mehr als zwei Abkömmlinge vorhanden sind, gleich ob ehelicher oder nichtehelicher Abstammung. Der Ehegatte erbt daher zu 1/4, der den Abkömmlingen verbleibende Rest von 3/4 geht real auf die beiden ehelichen Kinder über, jedes ist Erbe zu 3/8. Das nichteheliche Kind hat einen Erbersatzanspruch in Höhe seines Erbteils, der zB neben zwei ehelichen Abkömmlingen 1/4 betragen würde. Bei drei ehelichen Abkömmlingen würden diese neben dem Ehegatten zu je 1/4 Erbe, ein nichteheliches Kind hätte einen Anspruch aus § 1934 a in Höhe von 3/16 usw, dh die den Kindern verbleibenden 3/4 erben die ehelichen real, die nichtehelichen haben den Erbersatzanspruch in Höhe des Wertes, den diese 3/4 geteilt durch die Anzahl aller ehelichen und nichtehelichen Kinder ergeben. Im Innenverhältnis müssen die ehelichen Kinder allein, nicht die Ehefrau für diesen Erbersatzanspruch aufkommen, dazu § 1934 b Rn 14 (wie hier auch PALANDT/EDENHOFER Rn 14; HAEGELE Rpfleger 1973, 76, FRANKE BWNotZ 1976, 166, 167; zumeist mit der Begründung, daß bei der realen Erbteilung keine andere Quotenberechnung zugrunde gelegt werden dürfe als bei der Berechnung des Erbersatzanspruches).

49 Das **Eintrittsrecht** des Kindes eines nichtehelichen Kindes des väterlichen Erblassers besteht auch hinsichtlich des Erbersatzanspruches, §§ 1934 a Abs 1, 1931 Abs 4, 1924 Abs 3 (FIRSCHING Rpfleger 1970, 50; HAEGELE BWNotZ 1972, 131).

50 c)   Bestand beim Erbfall Gütertrennung, findet *§ 1371 keine Anwendung,* daher auch keine Verpflichtung gem § 1371 Abs 4, so daß sich der überlebende Ehegatte bei Gütertrennung besser stehen kann als bei Zugewinngemeinschaft (BRAGA FamRZ 1972, 108).

3. Bestand zZt des Erbfalls zwischen den Ehegatten **Gütergemeinschaft** **51**
(§§ 1415–1482), so gehört der Anteil des verstorbenen Ehegatten an der Gesamthandsgemeinschaft ebenso wie bei der Errungenschafts- oder Fahrnisgemeinschaft
zum Nachlaß, § 1482 S 1. Für die Beerbung gelten die allgemeinen Vorschriften
(§ 1482 S 2). Die andere Hälfte steht dem überlebenden Ehegatten kraft ehelichen
Güterrechts zu, §§ 1416, 1419. Tritt nach dem Tode eines *Ehegatten fortgesetzte
Gütergemeinschaft* ein (§§ 1483–1518), wird das Gesamtgut vom Nachlaß gesondert,
der Anteil des Verstorbenen gehört nicht zu seinem Nachlaß (§ 1483 S 3 HS 1). Eine
Erbfolge nach den allgemeinen Vorschriften findet nur statt in dessen Vorbehalts-
und Sondergut (§§ 1483 S 3 HS 2, 1486). Sind nichtgemeinsame Abkömmlinge des
Ehegatten vorhanden, gilt § 1483 Abs 2.

V. In der DDR war der Ehegatte gem 365 ZGB Erbe der ersten Ordnung (vgl **52**
§ 1924 Rn 25) und erbte allein, wenn keine Nachkommen des Erblassers vorhanden
waren, § 366 ZGB.

Der Güterstand der Eigentums- und Vermögensgemeinschaft wurde gem Art 234 § 4
Abs 4 EGBGB mit dem Beitritt am 3. 10. 1990 grundsätzlich durch den Güterstand
der Zugewinngemeinschaft abgelöst, so daß für spätere Erbfälle über § 1931 Abs 3
auf das gesetzliche Erbrecht des Ehegatten § 1371 Anwendung findet. Besteht dagegen infolge einer Erklärung nach Art 234 § 4 Abs 2 EGBGB die Eigentums- und
Vermögensgemeinschaft fort, erhält der Ehepartner gem § 1931 Abs 1 1/4 sowie
unter den Voraussetzungen des § 1932 den Voraus (MünchKomm/Leipold Art 235
EGBGB Anlage I EV Rn 691 – 693; Bosch FamRZ 1992, 993, 995). Im übrigen ist er auf
güterrechte Ansprüche nach dem FGB verwiesen (dazu Staudinger/Rauscher[12] Art 235
§ 1 EGBGB Rn 13).

VI. Kritische Würdigung

Die Durchbrechung des Verwandtenerbrechts zugunsten des überlebenden Ehegat- **53**
ten entspricht dem sittlichen Wesen der Ehe, ebenso die Verstärkung des Erbteils in
dem Maß, als der Gatte mit Verwandten entfernterer Ordnungen zusammentrifft
(Coing 49. DJT I A 24). Seit Auflösung der Großfamilie bestehen zwischen Erblasser
und seinem Ehegatten engere Bindungen als zu den Verwandten der zweiten und
fernerer Ordnungen. Der Nachlaß dient im wesentlichen der Aufrechterhaltung des
bisherigen Lebensstandards des Überlebenden, wie auch vor dem Erbfall das Vermögen beider Eheleute fast ausschließlich ihnen selbst und ihren Kindern zur
Verfügung stand, nicht aber anderen Verwandten. Deswegen ist es auch gerechtfertigt, dem überlebenden Ehegatten ein Erbrecht aus § 1931 und die Erhöhung aus
§ 1371 Abs 1 zukommen zu lassen. Der Versorgungsgedanke rechtfertigt eine Bevorzugung des Ehegatten zu Lasten der Verwandten, wenn ersterer aufgrund seines
Längerlebens den Nachlaß zu seiner eigenen Versorgung nutzen kann. Diesen
Grundgedanken hat das Gesetz in § 1931 bei der Erbfolge ebenso wie in § 1371
Abs 1, 2 hinsichtlich des pauschalierten und rechnerischen Zugewinnausgleichs eindeutig zum Ausdruck gebracht, wenn es dem Vorverstorbenen bzw seinen Erben
einen Anteil am Nachlaß oder Zugewinn des länger Lebenden versagt. Bestrebungen, den Verwandten des Vorverstorbenen zumindest hinsichtlich des Zugewinnausgleichs beim Tod des länger Lebenden ein Eintrittsrecht zustehen zu wollen,
widersprechen eindeutig der vom Gesetzgeber angeordneten Verteilung des Vermö-

gens Verstorbener (Werner FamRZ 1976, 250 ff mwN). Aus dem Versorgungsgedanken rechtfertigt sich auch die Bevorzugung des Ehegatten (§§ 1931, 1371 Abs 1, 2) zu Lasten der Abkömmlinge (aA Rauscher, Reformfragen des gesetzlichen Erb- und Pflichtteilsrechts II 1, 111 ff). Bei der heute üblichen Lebenserwartung können Abkömmlinge idR erst mit dem Erbfall rechnen und das Vermögen erhalten, wenn sie selbst bereits erwachsen sind und ihre Existenz aufgebaut haben. Als Starthilfe zum Aufbau eigener wirtschaftlicher Existenz ist der Nachlaß kaum mehr geeignet. Hier muß die Hilfe zu Lebzeiten des Erblassers erfolgen, und dies ist durch Unterhalt und Ausbildung, die idR von den Eltern getragen werden, heute in weitem Umfang der Fall, dh die Abkömmlinge werden bereits zu Lebzeiten in größerem Umfang als der Ehegatte am Vermögen des Erblassers beteiligt. Der überlebende Ehegatte ist, will er sein bisheriges Leben fortführen, weit mehr auf den Nachlaß des anderen angewiesen als die Nachkommen (s auch Rauscher Reformfragen des gesetzlichen Erb- und Pflichtteilsrechts I, 249–253). Der Wunsch, auch dem Ehepartner den bisherigen Lebensstandard aufrechtzuerhalten, dürfte allgemeiner Wille der Eheleute sein. Dies gilt nicht nur für die Hausfrauenehe. Auch wenn beide Eheleute berufstätig sind und eigene Versorgungsansprüche erwerben, haben sie in der Ehe gemeinsam das gegenseitige Vermögen genutzt und zur Grundlage ihres Lebensstandards gemacht (das verkennt Kühne JR 1972, 222). Eine Sicherung noch nicht voll ausgebildeter Kinder bietet § 1371 Abs 4. Zudem bleibt jedem Ehegatten die Möglichkeit, durch letztwillige Verfügung die Position der Verwandten gegenüber dem Ehegatten zu stärken. Die gesetzliche Erbfolge beruht auf dem vermuteten Willen des Erblassers, und dieser ist in erster Linie auf Sicherung des Ehepartners gerichtet (vgl die EMNID-Umfrage bei Stöcker FamRZ 1971, 612 f). Weitergehend als das geltende Recht möchte Coing (49. DJT I A 42, 73), Dieckmann (49. DJT II K 22, 33), Stöcker (FamRZ 1970, 444 ff) das Erbrecht des überlebenden Ehegatten verstärken, wobei Stöcker (aaO) ihn sogar zum Alleinerben erklären will, allerdings mit weitgehenden Pflichten gegenüber den Abkömmlingen (Erbersatzanspruch). Ob eine solche Regelung den Vorteil der Vereinfachung des Erbrechts herbeiführen kann (so Kühne JR 1972, 223), muß sehr bezweifelt werden. Zudem verstößt der Ausschluß der Abkömmlinge von der dinglichen Nachlaßbeteiligung gegen Art 14 GG (Rauscher I, 78 f). Zu erwägen ist hingegen eine Stärkung der Rechtsstellung der Ehegatten bezüglich der Ehewohnung – beispielsweise durch dingliches Wohnrecht (s Rauscher II 1, 93–110). Kritische Auseinandersetzung mit dem Ehegattenerbrecht auch bei Lange, Annales Universitatis Saraviensis Mlanges Senn III 1954, 56 ff. Zum Ehegattenerbrecht de lege ferenda: Steffen DRiZ 1962, 264 ff.

§ 1932

[1] **Ist der überlebende Ehegatte neben Verwandten der zweiten Ordnung oder neben Großeltern gesetzlicher Erbe, so gebühren ihm außer dem Erbteil die zum ehelichen Haushalt gehörenden Gegenstände, soweit sie nicht Zubehör eines Grundstücks sind, und die Hochzeitsgeschenke als Voraus. Ist der überlebende Ehegatte neben Verwandten der ersten Ordnung gesetzlicher Erbe, so gebühren ihm diese Gegenstände, soweit er sie zur Führung eines angemessenen Haushalts benötigt.**

[2] Auf den Voraus sind die für Vermächtnisse geltenden Vorschriften anzuwenden.

Materialien: TE I 1971 Abs 3; II 1809; III 1908;
Mot V 372–375; Prot V 472, 480, 481; BT-
Drucks I/3802, 28, 29, 84; II/224, 20, 67, 92; II/
3409, 30 f, Ber 23.

Schrifttum

ECKSTEIN, Gehören gemietete Sachen zum gesetzlichen Voraus?, KGBl 1921, 23
HALM, Wohnungsmiete und Voraus nach 1932 BGB, BWNotZ 1966, 270
KIEFER BadRspr 1900, 235
KLAUS, Ein Vorschlag über die Behandlung des Voraus nach 1932 BGB, DGWR 1937, 294
RIPFEL, Der gesetzliche Voraus des überlebenden Ehegatten, BWNotZ 1965, 267
ders, Der gesetzliche Voraus des überlebenden Ehegatten gem § 1932 BGB, seine Rechte aus 569 a und b BGB bezüglich der ehelichen Wohnung sowie sein Übernahmerecht aus 1477 BGB bei fortgesetzter Gütergemeinschaft, Jur-Büro 1979, Sp 655 ff
SCHÄFER, Der Voraus des Ehegatten und das Pflichtteilsrecht der Eltern, WürttNotV 1932, 86
SCHIFFNER, Pflichtteil, Erbenausgleichung und die sonstigen gesetzlichen Vermächtnisse nach dem BGB (1897) 123–130
SCHLEGELMILCH, Rechtliches über Hochzeitsgeschenke, DRiZ 1926, 342
SONNTAG, Können Rechte zum Voraus des überlebenden Ehegatten gehören?, DJZ 1909, 1141
STAUDENMAIER, Abzug des Voraus bei Pflichtteilsberechnung, DNotZ 1965, 68
VLASSOPOULOS, Der eheliche Hausrat im Familien- und Erbrecht (1983)
WESENER, Der Voraus des überlebenden Ehegatten, FamRZ 1959, 84
WINKLER, Die Behandlung der zum persönlichen Gebrauch eines Ehegatten bestimmten Sachen bei der allgemeinen Gütergemeinschaft, insbesondere der Voraus, Recht 1924, 114
vgl auch Schrifttum zu 1931.

I.   Allgemeines

Der Voraus als Sonderrecht auf die zum gemeinsamen Haushalt gehörenden Gegen- **1**
stände soll dem überlebenden Ehegatten, namentlich in weniger bemittelten Kreisen, die Fortsetzung des Haushalts in der bisherigen Weise ermöglichen (Mot V 372 f). In vielen Fällen erhält der Ehegatte durch den Voraus praktisch den gesamten Nachlaß, ohne jedoch Alleinerbe zu sein (KIPP/COING § 5 I 2; RIPFEL BWNotZ 1965, 266). Jüngere Erben ohne eigenen Hausstand verbleiben idR im Haushalt des überlebenden Ehegatten und nehmen an der Nutzung der Haushaltsgegenstände teil, während die älteren Erben idR zZt des Erbfalles ihren eigenen Hausstand bereits begründet und wenig Interesse an diesen Gegenständen haben, wogegen sie der überlebende Ehegatte benötigt. Trotzdem war diese Regelung lange umstritten (dazu LANGE NJW 1957, 1385). Der Bundesrat wollte § 1932 streichen (BT-Drucks II/224, 92).

1.   Der Voraus hat sich als Sondererbrecht oder Sonderanspruch im **älteren deut-** **2**
schen Recht entwickelt. Die Witwe durfte die zum Haushalt gehörenden Gegenstände aus dem Nachlaß herausnehmen. Nach II 1 §§ 628–630 ALR gebührten dem überlebenden Ehegatten, wenn er nicht neben Abkömmlingen erbte, das Bett- und

Olaf Werner

Tischzeug, Möbel und Hausrat. Weiter wurden Heergeräte (Waffenausrüstung, ein Bett und Zubehör), Gerade oder Niftel (die der Frau dienenden Gegenstände, vornehmlich Kleidung und Schmuck) besonders vererbt, II 1 §§ 502 ff ALR (WESENER FamRZ 1959, 85; VLASSOPOULOS 67 Fn 1).

3   Das BGB hat den Voraus im Anschluß an die partikularrechtliche Entwicklung anerkannt, zunächst jedoch nicht neben Abkömmlingen (§ 1932 aF). Er begründet kein Sondererbrecht, sondern ein gesetzliches *Vorausvermächtnis* (Abs 2), dies um den Grundsatz der Gesamtnachfolge nicht zu durchbrechen (vgl Rn 22 f).

4   **2.**   Durch Art 1 Nr 42 GleichberG ist § 1932 nach dem Vorbild des heutigen § 758 des ABGB für Erbfälle seit dem 1. 7. 1958 neu gefaßt worden. Abs 1 S 2 nF wurde eingefügt, Abs 1 S 2 aF wurde Abs 2 nF. Nach § 1932 aF erhielt der Ehegatte zwecks Aufrechterhaltung des bisherigen häuslichen Lebenszuschnitts den Voraus nur, wenn er mit Verwandten zweiter Ordnung oder mit Großeltern Erbe war. Neben Abkömmlingen wurde der Voraus verweigert, da eine Nachlaßbelastung zugunsten des Ehegatten durch sein Viertel und den Voraus zu groß erschien (Mot V 373). Dementgegen steht nach Abs 1 S 2 der Neufassung dem Ehegatten dieser Voraus auch neben Abkömmlingen zu, allerdings mit der Einschränkung, daß ihm die zum Haushalt gehörigen Gegenstände nur gebühren, soweit er sie zur Führung eines angemessenen Haushalts benötigt. Diese Beschränkung des Voraus berücksichtigt den erhöhten Anteil des überlebenden Ehegatten beim gesetzlichen Güterstand durch § 1371 Abs 1 (dazu WESENER FamRZ 1959, 86, 87; ablehnend VLASSOPOULOS 68 Fn 7).

5   **3.**   Trotz der Regelung durch das GleichberG ist § 1932 eine **rein erbrechtliche Bestimmung** und hat mit dem ehelichen Gleichberechtigungsgrundsatz nichts zu tun. Die Zuteilung des Voraus ist vom *Güterstand* der Eheleute *unabhängig* (RIPFEL JurBüro 1979, Sp 658; VLASSOPOULOS 68 mit Fn 6).

6   **4.**   Im Gegensatz zu § 12 Abs 3 HöfeO aF (v 24. 4. 1947, AmtsBl d Brit Militärregierung Nr 18 S 505) enthält die ab 1. 7. 1976 geltende Fassung (BGBl I 1933) keine Bestimmung über die Berücksichtigung des **Voraus des Hoferben** bei Berechnung des Hofwertes.

7   **II.**   Der Voraus steht dem überlebenden Ehegatten – einerlei ob Ehefrau oder Ehemann – nur zu, wenn er neben Verwandten erster oder zweiter Ordnung oder Großeltern des Erblassers **gesetzlicher Erbe** wird (BOSCH FamRZ 1972, 172).

8   **1.**   Der berechtigte Ehegatte muß den anderen **überleben,** dh er darf nicht vor oder gleichzeitig mit seinem Ehepartner verstorben sein (vgl § 1931 Rn 15).

9   **a)**   Neben dieser Erbfähigkeit des § 1923 ist die **Erbberechtigung aus § 1931** erforderlich, dh die Ehe zwischen dem Erblasser und dem Berechtigten muß im Erbfall bestanden und zur gesetzlichen Erbfolge geführt haben. Der Ehegatte muß **gesetzlicher Erbe** sein, also nicht durch letztwillige Verfügung oder aus sonstigen Gründen (§§ 1933, 1944, 2339, 2346) von der gesetzlichen Erbfolge ausgeschlossen sein. Die Dauer der Ehe ist wie bei § 1931 unerheblich. Der überlebende Ehegatte kann wegen der Abhängigkeit des Voraus von der gesetzlichen Erbfolge nicht die Erb-

schaft ausschlagen und den Voraus annehmen, wohl aber kann er die Erbschaft annehmen und den Voraus ausschlagen (PLANCK/FLAD Anm 4; vgl auch Rn 24).

Eine *testamentarische Bestimmung,* daß jemand so erben solle, als sei er Ehegatte **10** des Erblassers, begründet keinen Anspruch auf den Voraus des § 1932 (OLG Karlsruhe HRR 1936 Nr 366).

b) Nicht gesetzlicher Erbe und daher nicht Berechtigter iSd § 1932 ist der Ehe- **11** gatte, der aufgrund **letztwilliger Verfügung** erbt (RGZ 62, 110), selbst wenn der Erblasser ihn auf den gesetzlichen Erbteil gesetzt hat. Deswegen kann auch nicht von einer gesetzlichen Erbfolge gesprochen werden, wenn im Falle des § 2066 der Erblasser seine gesetzlichen Erben ohne nähere Bestimmung bedacht hat, denn eine derartige Einsetzung führt allein zur dinglichen Erbenstellung, nicht zu der eines Vermächtnisnehmers iSd § 1932 (so im Ergebnis auch PALANDT/EDENHOFER Rn 2; anders 11. Aufl Rn 3). Der Ehegatte kann jedoch nach § 1948 die gewillkürte Erbfolge ausschlagen und die gesetzliche Erbfolge herbeiführen (vgl aber § 1948 Rn 2 f).

2. **Neben Abkömmlingen von Großeltern** und Verwandten der dritten und ferneren **12** Ordnungen erübrigt sich ein Voraus, denn der Ehegatte erhält den gesamten Nachlaß als gesetzlicher Alleinerbe, § 1931 Abs 2.

III. Gegenstand des Voraus sind die Hausratsgegenstände und Hochzeitsge- **13** schenke nur, soweit sie zum Nachlaß gehören. Nicht erfaßt werden also wegen § 1483 Abs 1 S 3 bei fortgesetzter Gütergemeinschaft die zum Gesamtgut gehörenden Gegenstände (RIPFEL JurBüro 1979 Sp 658). Auch auf Sachen, die im Eigentum des Überlebenden stehen, bezieht sich der Voraus nicht. Bei Miteigentum des Erblassers und erbenden Ehegatten ist der Miteigentumsanteil Gegenstand des Voraus (vgl Rn 18). Dem Wesen der Ehe als Lebensgemeinschaft entspricht bei Zusammenleben der Ehegatten die Begründung gemeinschaftlichen Eigentums an Haushaltsgegenständen, die während der Ehe – gleich aus wessen Mitteln – erworben worden sind (OLG München NJW 1972, 542).

1. Zum Voraus zählen die zum ehelichen Haushalt gehörenden Gegenstände. **14** Das ist ein familienrechtlicher Begriff und wie in §§ 1361 a, 1369 zu verstehen. AM HALM BWNotZ 1966, 270, 271, wegen fehlender Verweisung in § 1932 und wegen unterschiedlicher Schutzrichtung. §§ 1361 a, 1369 sollen aber die Aufrechterhaltung des bisherigen Hausstands ermöglichen. Eine Verweisung auf §§ 1361 a, 1369 konnte in § 1932 schon deswegen nicht erfolgen, weil sie bei Schaffung des § 1932 aF noch nicht existiert haben. Die dem Voraus unterfallenden Gegenstände müssen dem Zweck des **gemeinschaftlichen Haushalts** während der Ehe **gedient** haben. Dabei ist die *individuelle Gestaltung* des Haushalts maßgebend (VLASSOPOULOS 70). Der gemeinschaftliche Haushalt muß zZt des Erbfalls bereits begründet gewesen sein (LG Göttingen NdsRpfl 1946, 91). Es genügt daher nicht, daß die Eheleute die Gegenstände für eine noch nicht vorhandene gemeinsame Wohnung angeschafft haben. Ebenso fehlt es an einem gemeinsamen Haushalt, wenn die Eheleute immer getrennt gelebt haben (LG Göttingen NdsRpfl 1946, 91). Ein Fortbestand des Haushalts bis zum Erbfall ist dagegen nicht erforderlich (RG SeuffA 77 Nr 86). Leben die Ehegatten zZt des Erbfalls getrennt, bezieht sich der Voraus auf die zum früheren gemeinsamen Haushalt gehörenden Gegenstände einschl der an ihre Stelle getretenen Ersatzstücke (KG

OLGE 24, 80), nicht die für den Haushalt des getrennt Lebenden neu angeschafften Sachen (VLASSOPOULOS 69). Entgegen dem E I § 1971 Abs 3 kommt es nicht darauf an, ob die Ehegatten die Gegenstände im gewöhnlichen Gebrauch gehabt haben (Prot V 480). Der Gebrauch im Haushalt beweist jedoch die Zugehörigkeit der Gegenstände zum Haushalt (BAUMGÄRTEL/STRIEDER, Handbuch der Beweislast, § 1932 Rn 2). Bestand ein gemeinsamer Haushalt, erfaßt § 1932 auch die Gegenstände, die zum Zweck der Eingliederung angeschafft, aber noch nicht in die gemeinsamen Räume verbracht worden sind (zB bereits gekaufte, jedoch nicht angelieferte, vorübergehend anderweit untergestellte Gegenstände).

15 2.   Der **Begriff der Haushaltsgegenstände** ist nicht eng zu verstehen (MICHAELIS JR 1949, 436), sondern umfaßt alle Sachen ohne Rücksicht auf ihren Wert, die zur Annehmlichkeit und Ausschmückung der Wohnung dienen, zB Musikinstrumente, Gemälde, Teppiche, Bücher, auch Fernseher und Radio (RIPFEL JurBüro 79 Sp 657). *Besonderen Zwecken* (zB beruflichen, wissenschaftlichen, künstlerischen) dienende Sachen (zB Bücher, Arbeitsmaterial, Sammlung) und solche zum *persönlichen Gebrauch* eines Gatten (zB Kleidung, Schmuck) gehören nicht zum Hausrat (BGHZ 73, 255 = NJW 1979, 977; RIPFEL BWNotZ 1965, 268). Ein gemeinsam benutztes Auto wird zum ehelichen Haushalt gehören, selbst wenn es ein Eheteil für Fahrten zum Arbeitsplatz benutzt, nicht aber wenn er es zur Berufsausübung braucht (zB Taxifahrer, Vertreter).

16 3.   Nach dem Wortlaut und Zweck des § 1932, dem überlebenden Gatten die Fortsetzung des bisherigen Haushalts zu ermöglichen, erfaßt der Voraus **Sachen** (körperliche Gegenstände, § 90) und **Rechte** (zB Herausgabeansprüche, Ersatzansprüche gegen Dritte wegen Wegnahme, Zerstörung oder Beschädigung der zum gemeinschaftlichen Haushalt gehörenden Sachen). Das Mietrecht an der Ehewohnung geht gem §§ 569 a Abs 1, 569 b unmittelbar auf den überlebenden Ehegatten über, so daß es nicht eines schuldrechtlichen Anspruches aus § 1932 bedarf (MünchKomm/LEIPOLD § 1931 Rn 12; VLASSOPOULOS 71). Noch nicht abgewohnte Mietzinsvorauszahlungen bzw. auf den Mietzins anzurechnende Baukostenzuschüsse gehören wegen § 569 a Abs 4 nicht zum Voraus (RIPFEL JurBüro 1979 Sp 658 f). Diese Norm erfaßt dagegen sonstige Mietsachen (ECKSTEIN KGBl 1921, 23; HALM BWNotZ 1966, 270, 271) und Rechte an den auf Abzahlung gekauften Gegenständen (RIPFEL JurBüro 1979 Sp 657), insbesondere Anwartschaftsrechte, weiterhin Miteigentumsrechte oder Anteile an Gelegenheitsgesellschaften hinsichtlich der Haushaltsgegenstände. Für diese weite Deutung des § 1932 spricht auch Abs 2 iVm § 2169 Abs 3, wo für Vermächtnisse Entsprechendes bestimmt wird (**aM** SONNTAG DJZ 1909, 114 f). Die Einbeziehung von Rechten in den Voraus ist heute vorherrschend (ERMAN/SCHLÜTER Rn 10; SOERGEL/STEIN Rn 7; KIPP/COING § 5 V Fn 17; LANGE/KUCHINKE § 12 IV 2 c; vLÜBTOW I 82 f; HALM BWNotZ 1966, 270, 271; **aA** VLASSOPOULOS 71 unter Hinweis darauf, daß 2169 Abs 3 auf den wirklichen Willen des Erblassers abzielt, der für 1932 irrelevant sei).

17   Ausdrücklich ausgenommen sind Gegenstände, die **Grundstückzubehör** sind (dazu §§ 97, 98). Das Zubehör einer Gerechtigkeit wurde bewußt nicht ausdrücklich ausgeschlossen (Mot V 374; vgl 11. Aufl Rn 6).

18 4.   Zum Voraus gehören auch die **Hochzeitsgeschenke,** dh unentgeltliche Zuwendungen, die den Brautleuten bzw Ehegatten anläßlich der Hochzeit (nicht zur

Verlobung) vor oder nach derselben gemacht worden sind. Sie stehen im Miteigentum der Gatten, sofern sie nicht ausdrücklich oder durch schlüssiges Verhalten nur einem der Gatten geschenkt worden sind (BGHZ 8, 249; BGH FamRZ 1954, 136; KG Recht 1907 Nr 701, Nr 1452; OLGE 15, 400; KIPP/COING § 5 V; vLÜBTOW I 83). Erfaßt werden auch Geschenke, die der überlebende Ehegatte dem erstverstorbenen anläßlich der Hochzeit gemacht hat, nicht aber die Surrogate (zB Verkaufserlös) von Hochzeitsgeschenken (RIPFEL JurBüro 1979 Sp 657). Gehören sie allein dem überlebenden Ehegatten, werden sie nicht von § 1932 erfaßt (Rn 13). Bei Miteigentum ist die ideelle Hälfte des *Vorverstorbenen* vom Voraus erfaßt (KG Recht 1907 Nr 1452; RIPFEL JurBüro 1979 Sp 657 f), bei Gütergemeinschaft seine ideelle Beteiligung bzw die Hälfte des Verkaufserlöses (RIPFEL Sp 658). Kein Hochzeitsgeschenk bildet die Ausstattung des § 1624 (ERMAN/SCHLÜTER Rn 11; BGB-RGRK/KREGEL Rn 7; PALANDT/EDENHOFER Rn 4; RIPFEL JurBüro 1979 Sp 657).

IV. Umfang des Anspruches

1. *Neben Verwandten der zweiten Ordnung* (§ 1925) oder neben Großeltern des 19 Erblassers gebührt dem gesetzlich erbenden Ehegatten der Voraus im ganzen (Abs 1 S 1).

2. *Neben Verwandten der ersten Ordnung* stehen dem überlebenden Ehegatten bei 20 Erbfällen nach dem 30. 6. 1958 (vgl Rn 4) die von Abs 1 S 1 erfaßten Gegenstände (Haushaltsgegenstände, Hochzeitsgeschenke) nur zu, „soweit er sie zur Führung eines angemessenen Haushalts benötigt" (Abs 1 S 2). Dieser leider ungenauen Bestimmung unterliegen die Gegenstände, von denen der überlebende Ehegatte selbst nicht genügend zur angemessenen Haushaltsführung besitzt und bzgl derer eine Neuanschaffung unzumutbar ist (VLASSOPOULOS 71). Bei der Frage der Unzumutbarkeit ist der Bedarf der Abkömmlinge nicht mitzuberücksichtigen. Das Gesetz stellt allein auf den Bedarf des Ehegatten ab ohne Beschränkung auf das unbedingt Notwendige (VLASSOPOULOS 71; aM ERMAN/SCHLÜTER Rn 12). Da es nicht auf die Fortsetzung des bisherigen, sondern lediglich eines angemessenen Haushaltes ankommt, ist ein objektiver Maßstab anzulegen, in erster Linie gemessen an dem Lebensstandard, den die Eheleute zZt des Erbfalls hatten. Jedoch kann allein der Voraus den bisherigen Lebensstandard nicht garantieren. Sinkt dieser nach dem Erbfall, so ist die angemessene Haushaltsführung an dem neuen Standard zu messen (ERMAN/SCHLÜTER Rn 12; SOERGEL/STEIN Rn 9; VLASSOPOULOS 72). Eine Differenzierung nach der Gradesnähe der Abkömmlinge sieht § 1932 nicht vor (unschlüssig VLASSOPOULOS aaO).

Für die Frage, ob der überlebende Ehegatte **bestimmte Gegenstände** zur angemesse- 21 nen Haushaltsführung benötigt, ist allein auf den *Zeitpunkt des Erbfalls* abzustellen. Der mit dem Erbfall entstandene Anspruch wird daher nicht durch spätere Anschaffungen beeinträchtigt, noch durch späteren Verlust von Haushaltsgegenständen erweitert (RIEDEL BWNotZ 1965, 268).

V. Rechtsnatur des Voraus

1. Der Voraus ist nicht als gesetzliches Erbrecht ausgestaltet, sondern als ein dem 22 Ehegatten **neben** seinem **gesetzlichen Erbrecht** vom Gesetz zugewandtes **Vermächtnis,** Abs 2 (KG FamRZ 1960, 72), als *Vorausvermächtnis* iSd § 2150 (BELLING Jura 1986, 579,

587; zweifelnd wegen seines Wegfalls bei Erbschaftsausschlagung VLASSOPOULOS 73). Als solches wird er nicht im Erbschein vermerkt (SCHLÜTER § 10 X 2). Das Recht des Nacherben erstreckt sich im Zweifel nicht auf den Voraus (§ 2110 Abs 2), ebensowenig gilt er beim Erbschaftskauf als mitverkauft (§ 2373). Beim Tod des überlebenden Ehegatten geht der Anspruch auf den Voraus ebenso wie sein Erbteil aus §§ 1931, 1371 auf seine Erben über.

23 **2.** Die Zuwendung des Vermächtnisses *durch Gesetz* bedeutet die lediglich *entsprechende Anwendung* der für Vermächtnisse geltenden Vorschriften (vLÜBTOW I 81). Das wurde im E I § 1971 ausdrücklich festgestellt und von der II. Komm gebilligt (Prot V 481), aber von der Redaktionskomm anscheinend als selbstverständlich gestrichen. Aus der gesetzlichen Natur und der Abhängigkeit des Voraus von der gesetzlichen Erbenstellung folgt, daß der testamentarisch eingesetzte Erbe nicht die Erbschaft ausschlagen, das Vermächtnis aber annehmen kann (vgl auch Rn 11).

24 Aus der **entsprechenden Anwendung des Vermächtnisrechtes** ergibt sich:

a) Für die **Annahme und Ausschlagung** des Voraus gilt § 2180 (vgl auch Rn 23).

25 **b)** Der Anspruch auf den Voraus ist gem § 2345 Abs 1 anfechtbar.

26 **c)** Der überlebende Ehegatte wird nicht über § 1922 Inhaber der zum Voraus gehörenden Rechte, er hat lediglich eine schuldrechtliche **Forderung gegen die Erbengemeinschaft** auf Übertragung (§ 2174). Die Forderung entsteht mit dem Erbfall (§ 2176). Beschwert sind die Erben im Verhältnis ihrer Erbteile, §§ 2147, 2148. Nach § 2150 gilt das Vorausvermächtnis auch insoweit, als der Erbe selbst beschwert ist. Aus der Zielsetzung des Anspruchs verbietet sich ein Zurückbehaltungsrecht (DÜTZ NJW 1967, 1105, 1107).

27 **d)** Der Voraus begründet eine **Nachlaßverbindlichkeit,** deren Erfüllung vor der Auseinandersetzung der Erbengemeinschaft verlangt werden kann (§ 2046). Der überlebende Ehegatte hat die Stellung eines Nachlaßgläubigers iSd § 1967 Abs 2; er muß sich uU eine Kürzung wegen übergroßer Nachlaßverbindlichkeiten gefallen lassen (§§ 2318, 2322). Er hat gegenüber den übrigen Nachlaßgläubigern keinen Vorzug, steht vielmehr den Nachlaßgläubigern nach, die den Vermächtnisgläubigern vorgehen (VLASSOPOULOS 73). Im Konkurs ist er Konkursgläubiger minderen Ranges (§ 226 Abs 2 Nr 5 KO). Diese Regelung gilt über § 1991 Abs 4 auch im Falle des § 1990.

28 **e)** Der **Pflichtteil** des Ehegatten ist vom reinen Bestand des Nachlasses zu berechnen, *ohne Rücksicht auf den Voraus* (§ 2311 Abs 1 S 2). Ist der Ehegatte von der gesetzlichen Erbfolge und damit auch vom Voraus ausgeschlossen, sind die Gegenstände des § 1932 bei Berechnung des Pflichtteils als zum Nachlaß gehörig anzusehen. Der Voraus ist also in den eigenen Pflichtteil des Ehegatten mit einzurechnen (§§ 2303 Abs 2, 2307 Abs 1). Der Pflichtteil der Eltern und Abkömmlinge des Erblassers wird durch den Voraus des kraft Gesetzes erbenden überlebenden Ehegatten gemindert, § 2311 Abs 1 S 2 (RGZ 62, 109, 110). Dies gilt nicht, wenn der Ehegatte testamentarischer Alleinerbe ist (BGHZ 73, 29 ff = NJW 1979, 546). Dafür spricht zum einen der Wortlaut von § 2311 Abs 1 S 2, wonach ihm der Voraus gebühren muß, was nur bei gesetzlicher Erbfolge der Fall ist (BGHZ 73, 31). Zum anderen wird der Zweck dieser Vorschrift verfehlt, dem Ehegatten die Fortführung des Haushalts mit dem bisherigen Hausrat auch gegenüber Pflichtteilsberechtigten zu sichern, wenn dem Ehegatten der Voraus als solcher wie bei gewillkürter Erbfolge nicht zusteht (BGHZ 73, 34 f; str, dazu STAUDINGER/FERID/CIESLAR[12] § 2311 Rn 79 und STAUDENMAIER DNotZ 1965, 68).

f) **Verweigert** der **Ehegatte** den Miterben den **Mitbesitz** am Nachlaß, so ist er trotz **29** § 1932 bei einer Klage aus § 2018 gem § 2027 auch hinsichtlich der dem Voraus unterfallenden Gegenstände *auskunftspflichtig* (OLG Kiel SeuffA 66 Nr 141; OLG Hamburg HansGZ 1904 B 173; SOERGEL/STEIN Rn 10).

3. Der Erblasser kann seinem Ehegatten den **Voraus** ganz oder teilweise **entziehen,** **30** da dieser nicht den Charakter eines Pflichtteilsrechtes hat (vLÜBTOW I 84). Entziehung des Voraus erfolgt durch ausdrückliche Bestimmung, durch *anderweitige Verfügung* über die zum Voraus gehörenden Gegenstände oder durch übermäßige Beschwerung der Erben mit anderen Vermächtnissen (vgl Rn 27). Bei Ausschluß von der gesetzlichen Erbfolge ist auch der Voraus entzogen (vgl Rn 7, 9–11).

VI. Zuständig für einen Rechtsstreit über den Voraus ist das **Prozeßgericht** (SOER- **31** GEL/SCHIPPEL Rn 12).

VII. In der **DDR** standen dem Ehegatten gem § 365 Abs 1 S 3 ZGB neben seinem **32** Erbteil die zum ehelichen Haushalt gehörenden Gegenstände zu, dh es wurde ebenfalls ein Voraus wie in § 1932 gewährt, allerdings als dingliches Recht (MAMPEL NJW 76, 595). Zur Bedeutung des ZGB nach heutiger Rechtslage vgl Vorbem 2 zu §§ 1924–1936.

§ 1933

Das Erbrecht des überlebenden Ehegatten sowie das Recht auf den Voraus ist ausgeschlossen, wenn zur Zeit des Todes des Erblassers die Voraussetzungen für die Scheidung der Ehe gegeben waren und der Erblasser die Scheidung beantragt oder ihr zugestimmt hatte. Das gleiche gilt, wenn der Erblasser auf Aufhebung der Ehe zu klagen berechtigt war und die Klage erhoben hatte. In diesen Fällen ist der Ehegatte nach Maßgabe der §§ 1569 bis 1586 b unterhaltsberechtigt.

Materialien: E II § 1810; III § 1909; Mot V 370, 371; Prot V 472, 480; BT-Drucks I/3802, 29, 84; VII/650, 18, 179, 274, 292; VII/4361, 52.

I. Allgemeines

1. Die durch Art 1 Nr 43 des ersten EheRG v 14. 6. 1976 (BGBl I 1421) erfolgte **1** *Neufassung* des § 1933 gilt für Erbfälle seit dem *1. 7. 1977* (Art 12 Nr 13 a 1. EheRG). Zur vor dem 1. 7. 1977 geltenden Fassung vgl die 11. Aufl.

Olaf Werner

2 **2.** Wie § 1933 aF stellt § 1933 nF die Erhebung einer begründeten Ehescheidungs- oder Aufhebungsklage, die wegen Todes des Klägers nicht mehr zum Urteil geführt hat, der rechtskräftigen Auflösung der Ehe durch Richterspruch gleich. Ursprünglich erschien diese Gleichstellung nicht gerechtfertigt, weil der Bruch, der sich zunächst in der Klageerhebung zeige, nicht selten durch Verzeihung oder Vergleich im Verlauf des Rechtsstreits geheilt werde (Mot V 371). Der E II (§ 1810) enthielt im Anschluß an ALR II 1 §§ 827, 829 und SächsBGB § 2055 die Gleichstellung, weil das „Rechtsgefühl und die Rücksicht auf den mutmaßlichen Willen des verstorbenen Ehegatten" es erfordern, daß dem überlebenden Ehegatten das gesetzliche Erbrecht und der Voraus versagt werden. Der ErbrA d AkDR (2. Denkschr 159) hat trotz gewisser Bedenken vorgeschlagen, es bei der Gleichstellung zu belassen. Durch das 1. EheRG v 14. 6. 1976 wurde die Vorschrift lediglich dem neuen Scheidungsrecht (§§ 1564 ff) angepaßt, wonach unter Aufgabe des bisherigen Verschuldensprinzips das Zerrüttungsprinzip gilt (BT-Drucks VII/4361, 8 ff, 52). Mußten nach § 1933 aF die Verwandten des Erblassers im Erbscheinsverfahren oder Erbschaftsprozeß den Nachweis erbringen, daß der Verstorbene wirklich aus Verschulden des überlebenden Gatten klageberechtigt war, kann nach § 1933 nF das gesetzliche Erbrecht des Ehegatten aus § 1931 und der Anspruch auf den Voraus des § 1932 ausgeschlossen sein, wenn die Ehe gescheitert ist und der Erblasser durch Antragstellung gem § 622 ZPO oder Zustimmung zum Scheidungsantrag des anderen Ehegatten gezeigt hat, die Scheidung (nach §§ 1564 ff) oder Aufhebung (§ 28 EheG) der Ehe herbeiführen zu wollen (BT-Drucks VII/4361, 52). Daß diesem Verfahren die prozessualen Sicherungen des Eheprozesses fehlen, wurde bewußt in Kauf genommen (2. Denkschr d ErbrA d AkdR 159).

3 Der Gesetzesentwurf der Bundesregierung sah zunächst eine ersatzlose Streichung des § 1933 vor (BT-Drucks VII/650, 18, 179). Mit Aufgabe des Verschuldensprinzips fehle bei der Scheidung die Grundlage für eine Erbrechtsentziehung, und ein nicht geschiedener Ehegatte stehe sich ohne Pflichtteil schlechter als ein geschiedener, weil dieser gegen die Erben ohne Rücksicht auf sein Verschulden beim Scheitern der Ehe einen Unterhaltsanspruch in Höhe des Pflichtteils habe. Auf Vorschlag des BR wurde dieser Unbilligkeit durch Anfügung des S 3 begegnet (BT-Drucks VII/650, 274, 292). Der Verlust des Erbrechts und des Voraus in den Fällen des § 1933 wurde als dem mutmaßlichen Erblasserwillen entsprechend anerkannt, zumal der Erblasser unter der Belastung des Scheidungsprozesses idR nicht an die erbrechtlichen Konsequenzen denke und daher die Abfassung einer letztwilligen Verfügung vergesse (BT-Drucks VII/4361, 52). Die neue Regelung des § 1933 erscheint gerechtfertigt, da der die Scheidung bzw Auflösung der Ehe betreibende Ehegatte nur geringen Einfluß auf die Beschleunigung des Verfahrens hat. Andererseits ist eine Verzögerung möglich. Der Zufall, ob eine Entscheidung vor dem Tod des Ehegatten ergeht oder ein Verfahren durch den Tod erledigt wird, spielt dann keine Rolle mehr, wenn nach § 1933 eine Gleichstellung der Personen erfolgt, die vor dem Erbfall geschieden worden sind, mit denjenigen, die ohne den Tod eines Ehegatten geschieden worden wären. Durch § 1933 wird damit die Einleitung eines begründeten Scheidungs- oder Eheaufhebungsverfahrens, das wegen Todes eines Ehegatten nicht mit dem Scheidungs- bzw Aufhebungsurteil endet (§ 619 ZPO), einer rechtskräftigen Scheidung bzw Eheaufhebung gleichgestellt.

Die Frage, ob § 1933 verfassungsrechtlich unbedenklich ist, hat BGHZ 111, 329,

333 f offengelassen. Soweit durch den Scheidungsantrag eines Ehegatten der andere Teil einseitig sein gesetzliches Erbrecht einbüßt, wird dies durch den Unterhaltsanspruch gem §§ 1933 S 3, 1569 ff sowie dadurch ausgeglichen, daß der andere Teil seinerseits den Erblasser enterben konnte; ein Verstoß gegen die Erbrechtsgarantie des Art 14 GG liegt somit nicht vor (OLG Zweibrücken OLGZ 1983, 160, 162).

Schließlich ist es im Hinblick auf Art 3 Abs 1 GG auch nicht zu beanstanden, wenn gem §§ 2268 Abs 1, 2279 Abs 1 wechselbezügliche erbrechtliche Verfügungen durch den Scheidungsantrag nicht einseitig, sondern insgesamt entfallen; der sachliche Grund hierfür liegt im gegenseitigen Bezug der Verfügungen (OLG Zweibrücken 162 f).

II. Voraussetzungen des § 1933

1. Der Erblasser muß seinen Willen, die Scheidung oder Aufhebung der Ehe **4** herbeizuführen, eindeutig und bestimmt bekundet haben (RGZ 96, 201, 203). Dies ist der Fall:

a) Bei **Scheidungsantrag** oder **Aufhebungsklage** durch den Erblasser (nicht durch **5** den überlebenden Ehegatten) beim Familiengericht, §§ 606 ff ZPO, § 23 b Abs 1 Nr 1 GVG. Das Scheidungsverfahren wird durch Einreichung und Zustellung der Antragsschrift rechtshängig, § 1564 BGB, §§ 622 Abs 1, 2 S 2, 253 ZPO. Die Aufhebungsklage wird durch Einreichung und Zustellung der Klageschrift erhoben, § 35 EheG, §§ 608, 253 ZPO. Einreichung der Aufhebungsklage oder des Scheidungsantrages genügt nicht, erforderlich ist die Zustellung (BGHZ 111, 329 ff; BayObLG FamRZ 1990, 666; MünchKomm/Leipold Rn 5; BGB-RGRK/Kregel Rn 3; Soergel/Stein Rn 4). Für die Aufhebungsklage folgt das bereits aus dem Wortlaut des § 1933 S 2 in Verbindung mit § 253 Abs 1 ZPO (BGH 330). § 1933 ist als Ausnahmevorschrift eng auszulegen (BayObLG FamRZ 1990, 666, 667). Auch spricht die Entstehungsgeschichte von § 1933 nF nicht dafür, daß der Gesetzgeber, als er die Scheidungswiderklage durch die Zustimmung ersetzte, damit die Wirkung des § 1933 BGB vorverlagern wollte (BGH 331 f; BayObLG 666 f). Die Zustimmung muß vor dem Tod des Erblassers zugestellt worden sein; sie wird nicht analog § 270 Abs 3 ZPO auf den Zeitpunkt des Eingangs der Klage beim Familiengericht zurückbezogen (BGH 333; BayObLG FamRZ 1990, 666, 667; MünchKomm/Leipold § 1933 Rn 5; aA Soergel/Stein Rn 4). § 262 ZPO hat bereits materiellrechtliche Wirkungen von Prozeßhandlungen, zu denen auch die Zustimmung gehört (vgl Rn 7), zum Gegenstand, so daß eine Regelungslücke nicht vorliegt (BGH aaO). Auch dient § 270 Abs 3 ZPO der Erhaltung von Rechten, während in Verbindung mit § 1933 das Ehegattenerbrecht entzogen würde (BayObLG aaO). Der Anwendung des § 1933 steht nicht die Einreichung beim örtlich oder sachlich unzuständigen Gericht entgegen (Palandt/Edenhofer Rn 3; BGB-RGRK/Kregel Rn 3; Soergel/Stein Rn 4), da auch hierdurch der Wille des Erblassers eindeutig zum Ausdruck kommt. Wesentliche, aber heilbare Mängel sind unschädlich, wenn die **Zustellung erfolgt** ist (KG HRR 1942 Nr 478 = Recht 1942 Nr 2790). Ausreichend ist auch die Erhebung der *Widerklage* durch Widerklageantrag in der mündlichen Verhandlung oder Zustellung eines dem § 253 Abs 2 ZPO entsprechenden Schriftsatzes (KG HRR 1942 Nr 478; OLG Bamberg MDR 1949, 557; BayObLG FamRZ 1975, 515 = Rpfleger 1975, 223; Baumbach/Lauterbach/Albers/Hartmann Anh zu § 253 Rn 16, § 611 Rn 1, § 622 Rn 2), selbst wenn er vor Zustellung des Scheidungsantrags bzw der Aufhebungsklage zugestellt worden ist (KG HRR 1942 Nr 478). Stirbt ein Ehegatte vor Einleitung des Verfahrens, kann ein Antrag auf Scheidung bzw Aufhebung nicht über § 242 fingiert werden, weil der überlebende Ehegatte diese Voraussetzung des § 1933 verhindert hat (BayObLG FamRZ 1975, 514, 516 = Rpfleger 1975, 223). Es ist allein auf die klare Willensäußerung in den Formen des § 1933 abzustellen. Dies folgt aus dem Ausnahmecharakter der Norm (BayObLG FamRZ 1975, 515). Nicht ausreichend ist die Einreichung des Zustellungsgesuches für eine Klage nach § 207 ZPO, wenn die Zustellung erst nach dem Tod des klagenden Gatten erfolgt ist. Der bestimmte Scheidungswille kommt noch nicht zum Ausdruck in einem bloßen *Prozeßkostenhilfeantrag* Bei Rücknahme des Scheidungsantrags bzw der Aufhebungsklage (§§ 269, 626, 622 Abs 2 S 2 ZPO) findet § 1933 keine Anwendung mehr (BGH FamRZ 1974, 649, 650). Der Antrag auf Aussetzung gem § 614 Abs 3 ZPO ist keine Rücknahme.

6 Ist ein Verfahren in der **I. Instanz abgeschlossen,** so können sich die Erben und der überlebende Ehegatte auf eine Unrichtigkeit des Urteils nicht berufen, wenn das Urteil zZt des Erbfalles rechtskräftig geworden ist. Hatte der Erblasser gegen ein den Aufhebungs- bzw Scheidungsantrag abweisendes Urteil **Rechtsmittel** eingelegt, wurde aber das Rechtsmittelverfahren wegen des Todes eines Ehegatten nicht zu Ende geführt, findet § 1933 Anwendung, die Einleitung des Rechtsmittels ist einem Scheidungsantrag bzw der Erhebung der Aufhebungsklage gleichzusetzen. Hat der Erblasser *kein Rechtsmittel* eingelegt, findet § 1933 keine Anwendung, denn auch für die Fortsetzung des Verfahrens gilt der Grundsatz, daß der Erblasser durch eindeutige Erklärung im Verfahren (Form) seinen Willen zur Auflösung der Ehe kundgetan haben muß. Ob ein solcher Wille, die Eheauflösung im Rechtsmittelverfahren letztlich doch noch herbeizuführen, vorliegt, kann allein aus einem Verhalten in der ersten Instanz nicht geschlossen werden (BGH FamRZ 1974, 649, 650). Wegen seines Ausnahmecharakters und der weitreichenden Wirkung ist § 1933 auch insoweit eng auszulegen.

7 **b)** Die **Zustimmung** des Erblassers muß ebenfalls formell und bestimmt sein und sich auf einen von dem anderen, dem überlebenden Ehepartner eingereichten Scheidungsantrag beziehen. Wie lediglich der Ehescheidungswille des Erblassers allein nicht genügt, sondern in der Form des Scheidungs- oder Aufhebungsantrages (vgl Rn 5) bestätigt werden muß, genügt auch für die Zustimmung nicht irgendeine Willensäußerung, sie muß formell in dem vom anderen Ehepartner eingeleiteten Verfahren erklärt werden, dh im Scheidungsverfahren als Zustimmung gem § 1566 Abs 1 aE BGB, § 630 Abs 2 ZPO zu Protokoll der Geschäftsstelle, in mündlicher Verhandlung zur Niederschrift des Gerichts – wegen § 630 Abs 2 S 2 ZPO insoweit frei von Anwaltszwang (OLG Saarbrücken FamRZ 1992, 109, 110 f) – oder im Schriftsatz eines bevollmächtigten Rechtsanwalts (BayObLG FamRZ 1983, 96 f; OLG Frankfurt NJW-RR 1990, 136 = FamRZ 1990, 210). Im Hinblick auf § 78 Abs 3 ZPO dürfte – ohne daß eine Einbuße an Rechtsklarheit zu befürchten wäre – auch die unterzeichnete schriftliche Zustimmung der Partei selbst gegenüber dem Familiengericht genügen (OLG Stuttgart Rpfleger 1993, 244 gegen MünchKomm/LEIPOLD Rn 7 und SOERGEL/STEIN Rn 6). Der Ausdruck „Zustimmung" muß nicht verwendet werden, sofern durch Auslegung der Erklärung nach allgemeinen Grundsätzen deutlich wird, daß auch der Erblasser die Ehe für gescheitert hält und sich dem Scheidungsbegehren des Antragstellers nicht widersetzt (OLG Saarbrücken 111 f; OLG Frankfurt aaO gegen OLG Stuttgart NJW 1979, 662 L). Daß die Zustimmung wegen Vorliegens der Voraussetzungen des § 1566 Abs 2 unnötig war oder nur aus prozeßtaktischen Gründen abgegeben wurde, macht sie für § 1933 nicht unerheblich (LG Tübingen aaO). Auch ein Fehler im Protokollierungsverfahren hat nicht ihre Nichtigkeit zur Folge (OLG Saarbrücken aaO). Im Aufhebungsverfahren fehlt eine der Zustimmung des § 1566 Abs 1 entsprechende Zustimmungsmöglichkeit. Keine Zustimmung beinhaltet ein Abweisungsantrag (BayObLG FamRZ 1975, 515) oder der Antrag, das Verfahren auszusetzen. Auch die Zustimmung zu einer Scheidungsfolgenvereinbarung reicht für § 1933 nicht aus (OLG Zweibrücken OLGZ 1983, 160). Die alles in allem strengen formellen Anforderungen an die Zustimmung beruhen darauf, daß es sich nicht nur um eine materiellrechtliche Willenserklärung handelt (so aber STEIN/JONAS/SCHLOSSER § 630 ZPO Rn 3), sondern um eine Prozeßhandlung „für das Verfahren auf Scheidung nach § 1565 iVm § 1566 Abs 1" (BGHZ 111, 329, 331; OLG Saarbrücken FamRZ 1992, 109, 110; LG Düsseldorf Rpfleger 1980, 187, 188; LANGE/KUCHINKE § 12 II 2 c). Sie entsprechen einem Bedürfnis nach Rechtssicherheit, dem der Gesetzgeber vor dem 1. 7. 1977 Rechnung trug, indem er den Wegfall des Ehegattenerbrechts mit der Erhebung der Scheidungs-(wider-)klage durch den Erblasser an einen klar bestimmbaren Sachverhalt knüpfte, und das er auch bei der Gesetzesneufassung anerkannt hat (OLG Zweibrücken OLGZ 1983, 160; LG Düsseldorf Rpfleger 1980, 187, 188). Der Gesichtspunkt des mutmaßlichen Erblasserwillens, der auch bei formloser Zustimmung gegen ein gesetzliches Erbrecht des überlebenden Ehegatten spräche, muß demgegenüber zurücktreten (anders OLG Frankfurt NJW-RR 1990, 136).

8 Ein *Widerruf der Zustimmung* (§ 630 Abs 2 ZPO) führt zur Unanwendbarkeit des § 1933. Dem steht gleich, wenn der andere Ehegatte mit Zustimmung des Erblassers Scheidungsantrag gestellt bzw Aufhebungsklage erhoben hatte und diese gem §§ 626, 622 Abs 2 S 2, 269 Abs 1 ZPO mit Zustimmung des Erblassers zurückgenommen hat. Die einseitige Rücknahme des Scheidungsantrages nach dem Tod des Erblassers läßt dagegen das nach § 1933 weggefallene Erbrecht nicht wieder aufleben (LG Tübingen BWNotZ 1986, 22).

9 **c)** Hatte nur der **überlebende Ehegatte** den **Scheidungsantrag** gestellt oder *Aufhebungsklage* erhoben und hatte der Erblasser der Scheidung bzw Aufhebung nicht zugestimmt, findet § 1933 keine Anwendung.

10 **2.** Der **Scheidungsantrag** und die **Aufhebungsklage** des Erblassers bzw des überlebenden Ehegatten, denen der Erblasser zugestimmt hatte, müssen **begründet** gewesen sein, dh wenn nicht wegen des Todes des Erblassers das Scheidungs- bzw Aufhebungsverfahren durch Erledigung in der Hauptsache gem § 619 ZPO beendet worden wäre, hätte das Gericht durch Urteil die Scheidung bzw Aufhebung der Ehe aussprechen müssen. Damit haben die Verwandten die Darlegungslast für die Zerrüttung und die Aufhebungsgründe der Ehe (§§ 1565 ff; BayObLG FamRZ 1992, 1349, 1350). Liegt nur ein Scheidungsantrag vor, so sind an den Nachweis strenge Anforderungen zu stellen, um zu verhüten, daß der überlebende Ehegatte sein gesetzliches Erbrecht durch einen Antrag des Erblassers verliert, der von anderen Erbprätendenten kurz vor dessen Tod erschlichen wurde (BAUMGÄRTEL/STRIEDER, Handbuch der Beweislast Rn 1; abw MünchKomm/LEIPOLD Rn 8; offengelassen von BayObLG aaO). Bei einverständlicher Scheidung bedarf es zusätzlich einer Regelung der Scheidungsfolgen iSv § 630 ZPO (OLG Schleswig NJW 1993, 1082, 1083; OLG Bremen FamRZ 1986, 833; PALANDT/EDENHOFER Rn 6; SOERGEL/STEIN Rn 8; ERMAN/SCHLÜTER Rn 4; wohl auch OLG Stuttgart Rpfleger 1993, 244; aA OLG Frankfurt OLGZ 1990, 215, 218 f = NJW-RR 1990, 136, 137; LG Tübingen BWNotZ 1986, 22; MünchKomm/Leipold Rn 8; Dieckmann FamRZ 1979, 389, 396). Zwar wird eine Scheidungsfolgenvereinbarung mit Erledigung des Scheidungsverfahrens durch den Tod des Ehepartners an sich gegenstandslos (OLG Frankfurt aaO). Dies ändert jedoch nichts daran, daß eine Prognose, daß die Ehe ohne diesen Umstand einverständlich geschieden worden wäre, wegen § 630 Abs 3 ZPO ohne eine solche Vereinbarung nicht möglich ist (OLG Schleswig aaO). Hiervon unberührt bleibt die Möglichkeit, daß die Ehe gem § 1565 nicht einverständlich geschieden worden wäre (OLG Schleswig aaO, OLG Stuttgart aaO). Hierfür ist beweislastpflichtig, wer sich auf den Ausschluß des Erbrechts nach § 1933 beruft (OLG Schleswig aaO).

Ein Verschulden des überlebenden Ehegatten an der Zerrüttung oder Aufhebung ist nicht erforderlich. Waren die Voraussetzungen für eine Scheidung bzw Eheaufhebung nicht gegeben, bleiben das Erbrecht des Ehegatten und der Anspruch auf den Voraus erhalten, zB bei Vorliegen des § 1568, Bestätigung (§ 32 Abs 2 EheG) oder Fristversäumung nach § 36 EheG.

III. Wirkung des Ausschlusses

11 **1.** Der Ausschluß erstreckt sich nur auf den **Voraus** des § 1932 und das **gesetzliche Erbrecht** des Ehegatten aus § 1931 (und damit auch aus § 1371 Abs 1), nicht auf ein anderweitiges Erbrecht des Überlebenden. Doch gelten entsprechende Grundsätze ebenfalls für andere Zuwendungen: § 2077 (letztwillige Verfügungen zugunsten des Ehegatten), § 2268 (gemeinschaftliche Testamente), § 2279 (Erbvertrag unter Ehegatten). Der Anspruch auf den rechnerischen Zugewinnausgleich nach § 1371 Abs 2 wird durch § 1933 in seinem Bestand nicht beeinträchtigt (BGHZ 46, 343, 350 = NJW 1966, 2109), jedoch ist § 1381 Abs 1 zu beachten. Für die Berechnung des Zugewinnausgleichs ist analog § 1384 dann nicht auf den Zeitpunkt der Beendigung des Güterstandes durch Tod, sondern auf den der Rechtshängigkeit des Scheidungsantrages abzustellen (BGHZ 99, 304 ff; vgl auch Staudinger/Thiele [1994] § 1384 Rn 7, jeweils mwN zum Streitstand).

12 Bei Ausschluß des Erbrechts gem § 1933 scheidet der überlebende Ehegatte auch aus der gesetzlichen **Hoferbenordnung** aus, § 6 Abs 2 Nr 2 HöfeO (idF v 26. 7. 1976, BGBl I 1933).

13 **2.** Mit dem gesetzlichen Erbrecht **entfällt** auch das **Pflichtteilsrecht,** weil der Ehegatte nicht durch Verfügung von Todes wegen von der Erbfolge ausgeschlossen ist (vgl § 2303), sondern durch Gesetz (§ 1933). Eine letztwillige Verfügung, durch die der Erblasser seine Frau für den Fall seines Todes vor Erledigung des Scheidungsprozesses auf den Pflichtteil gesetzt hat, kann dahin auszulegen sein, er habe ihr nur das gesetzlich Zustehende zuwenden wollen, also auch kein Pflichtteilsrecht, wenn § 1933 ihr dieses aberkennt (KG OLGE 40, 137). Ist kein Verfahren auf Scheidung oder Aufhebung der Ehe eingeleitet worden, hat der Erblasser die Möglichkeit, gem § 2335 dem Ehegatten den Pflichtteil zu entziehen (dazu Battes FamRZ 1977, 439).

14 **3.** Die in S 3 ausgesprochene **Unterhaltspflicht** ist mit der Neufassung erstmals in § 1933 eingefügt worden, um eine Gleichstellung des Geschiedenen mit dem nach § 1933 enterbten Ehegatten herzustellen (vgl Rn 3). Da der Ehegatte bei Scheidung vor Tod des Erblassers gem §§ 1569—1586 b unterhaltsberechtigt wäre, steht ihm dieser Unterhalt gegen die Erben auch zu, wenn er über § 1933 einem Geschiedenen gleichgestellt wird. Ein vorbehaltloser Erb- und Pflichtteilsverzicht schließt die Entstehung eines Unterhaltsanspruchs nach § 1933 S 3 aus, da dieser nur als Ausgleich für den Verlust des Erbrechts dient und der „fiktive Pflichtteil" als Bemessungsrahmen wegfällt (DIECKMANN FamRZ 1993,633,634 f gegen GRZIWOTZ FamRZ 1993,1258).

IV. Durchsetzung des Ausschlusses

1. Der Tod eines Ehegatten führt nach § 619 ZPO zur Erledigung des Scheidungs- **15** bzw Aufhebungsprozesses. Die Erben können den Prozeß nicht fortsetzen, sie müssen im Erbscheinsverfahren (Nachlaßgericht), im Streit um die Zuteilung des Nachlasses (§ 2018) oder in einem Feststellungsverfahren (das Erbscheinsverfahren enthält keine rechtskräftige Feststellung) den Ausschluß des überlebenden Ehegatten von der Erbfolge nach § 1933 geltend machen. Die besonderen Vorschriften über das Verfahren in Ehesachen finden keine Anwendung. Die Erben sind nicht auf das Vorbringen des Erblassers im erledigten Prozeß beschränkt, sie können gegen das Ehegattenerbrecht noch andere Gründe zur Stützung des § 1933 vorbringen, sofern diese zZt des Erbfalles bestanden haben und im Eheprozeß hätten geltend gemacht werden können (LG Kassel MDR 1950, 616).

2. **Beweislast:** Der das Ehegattenerbrecht Bestreitende trägt die Beweislast hin- **16** sichtlich der Zerrüttung der Ehe, des Vorliegens der Aufhebungsgründe sowie der Klageerhebung, Antragstellung oder Zustimmung. Der überlebende Ehegatte muß beweisen, daß diese Gründe ausnahmsweise nicht zur Eheauflösung geführt hätten (Voraussetzungen der § 1568, §§ 32 Abs 2, 36 EheG, vgl Rn 10). Im Erbscheinsverfahren gilt § 2358. Allerdings wäre es ermessensmißbräuchlich, die Erteilung des Erbscheins routinemäßig von der eidesstattlichen Versicherung abhängig zu machen, daß beim Tod des Erblassers keine Ehesache anhängig war (OLG Hamm FamRZ 1993, 365, 366).

V. Das ZGB der **DDR** enthielt keine dem § 1933 entsprechende Regelung. **17**

§ 1934

Gehört der überlebende Ehegatte zu den erbberechtigten Verwandten, so erbt er zugleich als Verwandter. Der Erbteil, der ihm aufgrund der Verwandtschaft zufällt, gilt als besonderer Erbteil.

Materialien: E I § 1971 Abs 2; II § 811; III § 1910; Mot V 372; Prot V 472.

I. Daß einem **Ehegatten,** der **zugleich erbberechtigter Verwandter** ist, auch das Ver- **1** wandtenerbrecht zukommt, ist eigentlich selbstverständlich. Trotzdem erschien es dem Gesetzgeber ratsam, dies besonders zum Ausdruck zu bringen, um Zweifel zu

Olaf Werner

beseitigen (Mot V 372). § 1934 hat daher wie § 1927 lediglich klarstellende Bedeutung.

2 II. Da ein Ehegatte nicht den Erben der ersten Ordnung zugehören kann (§ 4 EheG), ist ein mehrfaches Erbrecht des Ehegatten nach § 1934 nur möglich, sofern er auch als Verwandter der **zweiten Ordnung** (§ 1925) erbt, so wenn der überlebende Mann mit seiner Tante, die überlebende Ehefrau mit ihrem Onkel verheiratet war, ebenso bei einer Ehe zwischen Großonkel und Großnichte, Großtante und Großneffe usw, und keine Abkömmlinge des Erblassers vorhanden sind, die als Erben der vorangehenden Ordnung das Erbrecht der Verwandten der zweiten Ordnung ausschließen (§ 1930). Gehört der Ehegatte hinsichtlich seines Verwandtenerbrechts zu der dritten (zB Ehe zwischen Vetter und Base) oder einer ferneren Ordnung, so schließt sein Erbrecht als Ehegatte das als Verwandter gem § 1931 Abs 2 aus.

3 III. Die dem Ehegatten aufgrund des Ehegatten- und Verwandtenerbrechts zufallenden Anteile gelten als **besondere Anteile**, § 1934 S 2 entspricht insoweit § 1927 S 2.

4 IV. Das ZGB der **DDR** enthielt keine dem § 1934 entsprechende Norm. Da der Ehegatte zu den gesetzlichen Erben erster Ordnung gehörte (§ 365 ZGB), kam ein doppeltes Verwandtenerbrecht nicht in Betracht (vgl Rn 2).

Zum Anwendungsbereich des ZGB nach heutiger Rechtslage vgl Vorbem 2 zu §§ 1924 – 1936.

§ 1934 a

[1] Einem nichtehelichen Kinde und seinen Abkömmlingen steht beim Tode des Vaters des Kindes sowie beim Tode von väterlichen Verwandten neben ehelichen Abkömmlingen des Erblassers und neben dem überlebenden Ehegatten des Erblassers an Stelle des gesetzlichen Erbteils ein Erbersatzanspruch gegen den Erben in Höhe des Wertes des Erbteils zu.

[2] Beim Tode eines nichtehelichen Kindes steht dem Vater und seinen Abkömmlingen neben der Mutter und ihren ehelichen Abkömmlingen an Stelle des gesetzlichen Erbteils der im Absatz 1 bezeichnete Erbersatzanspruch zu.

[3] Beim Tode eines nichtehelichen Kindes sowie beim Tode eines Kindes des nichtehelichen Kindes steht dem Vater des nichtehelichen Kindes und seinen Verwandten neben dem überlebenden Ehegatten des Erblassers an Stelle des gesetzlichen Erbteils der im Absatz 1 bezeichnete Erbersatzanspruch zu.

[4] Soweit es nach den Absätzen 1 und 2 für die Entstehung eines Erbersatzanspruchs darauf ankommt, ob eheliche Abkömmlinge vorhanden sind, steht ein nichteheliches Kind im Verhältnis zu seiner Mutter einem ehelichen Kinde gleich.

Materialien: BT-Drucks V/2370, 14, 88 ff; V/ 4179, 29.

Schrifttum

ANDRESEN, Erbrecht durch Notzucht, JZ 1970, 621

BARTH/WAGENITZ, Der Entwurf eines Gesetzes zur erbrechtlichen Gleichstellung nichtehelicher Kinder, ZEV 1994, 79

BEHR, Zur Erbberechtigung nichtehelicher Kinder, Rpfl Stud 1983, 49

BEITZKE, Internationalrechtliches zum nichtehelichen Kind, StAZ 1970, 235

BENDEL, Das neue Nichtehelichen-Recht im Verhältnis zum landwirtschaftlichen Sondererbrecht, RdL 1970, 29

BENKÖ, Das Erbrecht des nichtehelichen Kindes beim Tod eines Verwandten seines Vaters, JZ 1973, 500

dies, Zur Auslegung des § 1934 a III BGB bei der nichtehelichen Geburt in der zweiten Generation, JR 1973, 51

BÖHM, Zur Auslegung des § 1934 a Abs III BGB, FamRZ 1971, 351

ders, Der Einfluß des Gesetzes über die rechtliche Stellung des nichtehelichen Kindes auf erbrechtliche Auslegungs- oder Ergänzungsregeln, FamRZ 1972, 180

BOSCH, Reform des Unehelichenrechts? Ja – aber wie?, FamRZ 1968, 621

ders, Einführung in das neue „Nichtehelichenrecht", FamRZ 1969, 505

ders, Das neue Recht des nichtehelichen Kindes in Deutschland, FamRZ 1970, 157

ders, Aktuelle Probleme des Familien- und Erbrechts, FamRZ 1970, 497

ders, Ergänzendes zum Nichtehelichengesetz, FamRZ 1970, 507

ders, Gedanken zum „Nichtehelichengesetz", RhNotK 1970, 283

ders, Erbrechtliche Probleme des „Nichtehelichengesetzes" – vor allem in der notariellen Praxis, FamRZ 1972, 169

ders, Zum Erbrecht nichtehelicher Kinder: Ein verfehlter Gesetzesvorschlag, FamRZ 1993, 1257

BRINKMANN, Der Zeitpunkt der Aktualisierung von Art 6 V GG, FamRZ 1970, 70

BRÜGGEMANN, Das neue Erbrecht des nichtehelichen Kindes, Grundriß, Probleme, Kritik, ZblJugR 1969, 305

ders, Das neue Erbrecht, DAVorm 1969, 221

ders, Offene Probleme aus dem Erbrecht des nichtehelichen Kindes, in Nichtehelichenrecht in der Bewährung (1972) 164

COING, Erbersatzanspruch, Erbausgleich und Testierfreiheit, NJW 1988, 1753

DAMRAU, Erbersatzanspruch und Erbausgleich, FamRZ 1969, 579

ders, Der Ausstattungsanspruch des nichtehelichen Kindes, FamRZ 1969, 129

ders, Die Bedeutung des Nichtehelichen-Erbrechts für den Unternehmer, BB 1970, 467

ders, Überblick über die Verfahren in Rechtssachen nichtehelicher Kinder, FamRZ 1970, 285

DEICHFUSS, Recht des Kindes auf Kenntnis seiner blutsmäßigen (genetischen) Abstammung, NJW 1988, 113

DIECKMANN, Zum Erbrecht des unehelichen Kindes, FamRZ 1966, 72

ders, Zur vermögensrechtlichen Stellung des unehelichen Kindes nach dem Tod des Vaters, FamRZ 1967, 10

ders, Zum Erbrecht des nichtehelichen Kindes beim Tode eines väterlichen Verwandten, § 1934 a I BGB – Ein Formulierungsversehen?, JZ 1970, 344

ders, Zur Auslegung des § 1934 a. Eine Erwiderung, JZ 1973, 502

DISTELBARTH, Das Erbrecht des nichtehelichen Kindes in der Reform und die Auswirkungen in den Anerbenrechten Baden-Württembergs, (Diss Hohenheim 1972)

DOPFEL, Zum Erbrecht des unehelichen Kindes, FamRZ 1968, 175

EBERHARDT/LÜBCHEN, Zum Erbrecht des nichtehelichen Kindes nach Art 235 § 1 II EGBGB, DtZ 1992, 206

FIRSCHING, Gesetz über die rechtliche Stellung der nichtehelichen Kinder vom 19. 8. 1969, Rpfleger 1970, 8, 41

ders, DNotZ 1970, 455, 519

ders, Umgestaltung des Erbrechts durch das Nichtehelichengesetz, BayNotV 1970, 1 = Rpfleger 1970, 48 ff

FLESSNER, Interregnum im Recht der nichtehelichen Kinder, JuS 1969, 558

FRANK, Zur Realisierung erbrechtlicher Ansprüche des nichtehelichen Kindes: Wie erfährt das erb- und erbersatzanspruchsberechtigte nichteheliche Kind vom Todes seines Vaters?, StAZ 1971, 45

FUNK, Das nichteheliche Kind eines Mannes in der fortgesetzten Gütergemeinschaft, BWNotZ 1971, 13

GÖPPINGER, Die Reform des Rechts der nichtehelichen Kinder, JR 1969, 401, 408

ders, Die Neuregelung der rechtlichen Stellung der nichtehelichen Kinder, DRiZ 1970, 141, 177 = BWNotZ 1970, 93

GRASNICK, Das neue Nichtehelichenrecht (1971)

GROSS, Das Nichtehelichengesetz (1970) 91 ff

HOCHLEITNER, Die rechtliche Stellung nichtehelicher Kinder vor und nach der Reform von 1970, (Diss Bielefeld 1982)

JANSEN/KNÖPFEL, Das neue Unehelichengesetz (1967) 392−452

JOCHEM, Das Erbrecht des nichtehelichen Kindes nach deutschem Recht bei Sachverhalten mit Ausländerberührung (1972)

JOHANNSEN, Erbfolge bei nichtehelicher Abstammung, WM 1970 Beil 3

KELLER, Das deutsche nichteheliche Kind und sein ausländischer Vater, ZblJugR 1971, 371

KITTEL, Zum Erbrecht des nichtehelichen Kindes, NJW 1971, 22

KNUR, Die Auswirkungen der Reform des Unehelichenrechts auf den Unternehmensbereich, Betrieb 1969, 203

ders, Familienrechtliche und erbrechtliche Probleme des Gesetzes über die rechtliche Stellung der nichtehelichen Kinder, Betrieb 1970, 1061, 1113 = FamRZ 1970, 269

KÖRTING, Das Erbrecht des nichtehelichen Kindes, NJW 1970, 1525

ders, Zum Erbrecht des nichtehelichen Kindes, NJW 1971, 22

KÖSTER, Nichtehelichen-Erbrecht nach dem Einigungsvertrag, Rpfleger 1992, 369

KRALIK, Die Neuordnung der Rechtsstellung des unehelichen Kindes in Österreich, JurBl 1971, 273

KROESCHELL, Die Stellung des nichtehelichen Kindes im landwirtschaftlichen Erbrecht, AgrarR 1971, 3

KROPHOLLER, Kritische Bestandsaufnahme im Nichtehelichenrecht, AcP 185 (1985), 244

KUMME, Der Erbersatzanspruch des nichtehelichen Kindes im Erbscheinsverfahren, ZblJugR 1972, 256

ders, Die Nichterwähnung des nichtehelichen Kindes in einer letztwilligen Verfügung, ZblJugR 1973, 13

LANGE, Das neue Nichtehelichenrecht, NJW 1970, 297, 304

LINDACHER, Änderung der gesetzlichen Erbfolge, mutmaßlicher Erblasserwille und Normativität des dispositiven Rechts. Gedanken zur Novellierung des Verwandtenerbrechts durch das Nichtehelichengesetz, FamRZ 1974, 345

LOCKEMANN, Die Anwendung des § 1934 a Abs III BGB bei nichtehelicher Geburt in zwei Generationen, JR 1972, 414

LÜCK, Kollisionsrecht oder Auslegung? – Zum Geltungsbereich des Art 235 § 1 EGBGB, JR 1994, 45

LUTTER, Das Erbrecht des nichtehelichen Kindes (2. Aufl 1972)

ders, Zum Erbrecht des nichtehelichen Kindes, FamRZ 1967, 65

ders, Zum Erbrecht der nichtehelichen Kinder, NJW 1968, 1801

ders, Zum Erbrecht des nichtehelichen Kindes, StAZ 1971, 6

MADLENER, Das französische Unehelichenrecht (1969)

MAGENAU, Der Erbersatzanspruch nichtehelicher Verwandter, (Diss Tübingen 1972)

MANSEES, Jeder Mensch hat ein Recht auf Kenntnis seiner genetischen Herkunft, NJW 1988, 2984

MERGENTHALER, Neue Aufgaben der Testamentskartei aufgrund des Nichtehelichengesetzes, FamRZ 1972, 430

MÜMMLER, Das neue „Nichtehelichengesetz" ab 1. Juli 1970, JurBüro 1970, 43

ders, Die Bedeutung des Nichtehelichengesetzes für die Vollstreckungstätigkeit des Gerichtsvollziehers, DGVZ 1970, 181

1. Abschnitt. Erbfolge

ODERSKY, Nichtehelichengesetz (4. Aufl 1978)

OHNESORGE, Das Erbrecht des nichtehelichen Kindes, Zeitschrift für das Fürsorgewesen 1969, 370

OSWALD, Das Erbrecht der nichtehelichen Kinder aufgrund des deutschen Gesetzes vom 19. 8. 1969, Zentralbl f Ehe- und Familienkunde 1970, 112

RICHTER, Grundzüge des neuen Nichtehelichenrechts, BWNotZ 1970, 1, 6 ff

ROSENAU, Die rechtliche Stellung der nichtehelichen Kinder in der Sicht des am 1. 7. 1970 in Kraft tretenden Nichtehelichengesetzes vom 19. 8. 1969, Betrieb 1970, Beil 10

ROTH, Die aktuelle Bedeutung des Art 6 V GG für das Recht des nichtehelichen Kindes, FamRZ 1991, 139

ROTH, Die Erbfolge des nichtehelichen Kindes in OHG- und KG-Anteile, BB 1972, 1540

ROTH-STIELOW, § 1934 d BGB ist nicht verfassungswidrig, Justiz 1974, 350

RUPP/vBRÜNNECK, Zur Einführung in das neue Recht der nichtehelichen Kinder, StAZ 1970, 226

SANDWEG, Deutsch-deutsches Erbrecht, BWNotZ 1992, 45

SCHNITZERLING, Das Recht des nichtehelichen Kindes ab 1. 7. 1970 (1970) 165 ff

SCHRAMM, Die Auswirkungen des neuen Nichtehelichenrechts im Erbrecht, BWNotZ 1970, 9 ders, Nochmals Erbrecht und neues Nichtehelichenrecht, BWNotZ 1970, 133

SCHRÖDER, Der Erbersatzanspruch (Diss Bonn 1972)

SCHULTZ, Zum Gesetz über die rechtliche Stellung der nichtehelichen Kinder, MDR 1969, 985

SCHWARZHAUPT, Das Erbrecht des nichtehelichen Kindes, Nachrichten des dt Vereins f öffentl und private Fürsorge 1970 H 4, 87

SCHWENZER, Die Rechtsstellung des nichtehelichen Kindes, FamRZ 1992, 121

SIEHR, Auswirkungen des Nichtehelichengesetzes auf das Internationale Privat- und Verfahrensrecht, FamRZ 1970, 457

SPELLENBERG, Zum Erbrecht des nichtehelichen Kindes, FamRZ 1977, 185

STAUDER/WESTERHOFF, Die Auswirkungen des Erbrechts des nichtehelichen Kindes auf den Unternehmensbereich, FamRZ 1972, 601

STÖCKER, Der Erbvorrang des adoptierten vor dem „nichtehelichen" Kind und die Grundrechtsgarantie des gleichen Erbrechts aller Abkömmlinge der ersten Generation, ZBlJugR 1980, 553

STORR, Der Verfassungsauftrag an den Gesetzgeber unter besonderer Berücksichtigung der Stellung des nichtehelichen Kindes. Erfüllt das Nichtehelichengesetz vom 19. 8. 1969 den Verfassungsauftrag? (Diss Würzburg 1971)

TOMFORDE/WEBLER, Das Recht des nichtehelichen Kindes und seiner Mutter im In- und Ausland (5. Aufl 1979, 17. Lieferung 1988) Deutschland I S 17 ff

VOSS, Das Erbrecht des nichtehelichen Kindes in beiden Teilen Deutschlands (1974)

WÄHLER, Intertemporale, interlokale und materiellrechtliche Probleme des Erbrechts nach der Wiedervereinigung, ROW 1992, 103

WANDEL, Die Bedeutung des Einigungsvertrags für die notarielle Praxis, BwNotZ 1991, 1

vWENDORFF, Das neue Nichtehelichen-Recht und die Bestimmungen der §§ 13 und 17 HöfeO, RdL 1970, 197

WESTPHAL, Die erbrechtliche Stellung des nichtehelichen Kindes nach seinem Vater und seinen väterlichen Verwandten und die Regelung des Nachlasses, ZBlJugR 1979, 479

WIESER, Zum Pflichtteilsrecht des nichtehelichen Kindes, BayNotV 1970, 135

ZARTMANN, Das neue Erbrecht des nichtehelichen Kindes. Folgerungen für den Unternehmer, Recht- u Wirtschaftspraxis 1970, 811, 5

ZEMEN, Zur gesetzlichen Erbfolge aus unehelicher Verwandtschaft in Österreich und Deutschland, ZfRVgl 1976, 285

ZILIAS, Änderungen des Erbrechts ab 1. Juli 1970, Die Wirtschaftsprüfung 1970, 529

Olaf Werner

Systematische Übersicht

Alphabetische Übersicht

I.   Allgemeines zum Nichtehelichenerbrecht

§§ 1934 a-1934 e regeln das **Erbrecht zwischen nichtehelichen Abkömmlingen und ihrem** **1** **Vater bzw den väterlichen Verwandten.** Dieses Rechtsverhältnis wurde neu geregelt durch das Gesetz über die rechtliche Stellung der nichtehelichen Kinder (NichtehelG). Überblick über diese Neuregelung und zur früheren Rechtslage vgl Vorbem 28 ff zu § 1924. Zur Geltung des neuen und alten Rechts vgl Vorbem 34 ff zu §§ 1924—1936. §§ 1934 a—1934 e erfassen einen Teil der Verwandtenerbfolge (Vorbem 24, 25 zu §§ 1924—1936) und sind daher im Anschluß an §§ 1924—1930 zu verstehen. Ihre Einordnung nach dem Ehegattenerbrecht der §§ 1931—1934 rechtfertigt sich aus der Berührung des Nichtehelichenerbrechts mit dem Erbrecht der Ehefrau, denn der Erbersatzanspruch wurde geschaffen, um eine Miterbengemeinschaft des nichtehelichen Kindes mit den ehelichen Abkömmlingen und der Ehefrau des Erblassers zu verhindern (vgl Vorbem 42 zu §§ 1924—1936). Der Anwendung der §§ 1934 a ff hat die Feststellung der Erbenstellung leiblicher Abkömmlinge und der Ehefrau des Erblassers voranzugehen.

Nach Streichung des § 1589 Abs 2 aF zählen auch nichteheliche Verwandte zu den **2** gesetzlichen Erben. Dieser **Grundsatz der dinglichen Erbfolge** nichtehelicher Verwandter wird durch §§ 1934 a-1934 e im Einzelfall zugunsten eines Erbersatzanspruches als *Ausnahme* durchbrochen. In diesem Fall ist der nichteheliche Verwandte nicht Erbe. Bei der Ermittlung der Erbquote der bevorrechtigten Erben bleibt er unberücksichtigt. Der nichteheliche Verwandte haftet nicht für Nachlaßverbindlichkeiten, sondern ist Nachlaßgläubiger und kann als solcher weder durch Teilungsanordnungen und Vor- und Nacherbfolge noch durch Testamentsvollstreckung beschränkt werden (MünchKomm/Leipold § 1934 b Rn 41; Soergel/Stein § 1934 b Rn 4). Eine Belastung des Erbersatzanspruchs mit Vermächtnissen und Auflagen ist angesichts der Ähnlichkeiten zwischen Vermächtnisnehmer und Erbersatzanspruchsinhaber dagegen unbedenklich (MünchKomm/Leipold § 1934 b Rn 42; Soergel/Stein § 1934 b Rn 4; Coing NJW 1988, 1753, 1755; aA Soergel/Dieckmann § 2306 Rn 32). Soweit es um die Ausführung solcher Belastungen geht, kann auch eine Testamentsvollstreckung angeordnet werden (§ 2223, Soergel/Stein aaO; Coing aaO).

Zur geschichtlichen Entwicklung des Nichtehelichenrechts s Voss 17—37; Jansen/ Knöpfel 395—416. Rechtsvergleichende Hinweise bei Kropholler AcP 185, 244, 300.

II.   Allgemeines zum Erbersatzanspruch

1. § 1934 a ist eingefügt durch Art 1 Nr 88 NichtehelG (Rn 1) und bestimmt die **3** Fälle, in denen nach Aufhebung des § 1589 Abs 2 aF unter Ausschluß der an sich geltenden Verwandtenerbfolge (vgl Vorbem 12 ff zu §§ 1924—1936) das nichteheliche Kind und seine Nachkommen bzw der nichteheliche Vater und seine Verwandten lediglich einen schuldrechtlichen Erbersatzanspruch haben. Art und Umfang dieses Anspruchs regelt § 1934 b. Der Erbersatzanspruch tritt an die Stelle des sich aus der Verwandtschaft (§§ 1924—1930) ergebenden Erbteils. Erste Voraussetzung für den Erbersatzanspruch ist daher, daß nach den Vorschriften des Verwandtenerbrechts ein Erbrecht bestehen würde, das sich über § 1934 a in einen Erbersatzanspruch

Olaf Werner

umwandelt. Eintrittsrecht und Vorrang der niedrigeren Ordnungen richten sich damit nach den Grundsätzen des Verwandtenerbrechts.

Die praktische Durchsetzung des Erbersatzanspruchs eines nichtehelichen Kindes setzt voraus, daß es um seine genetische Herkunft weiß. Prinzipiell wird aus dem allgemeinen Persönlichkeitsrecht (Art 2 Abs 1 iVm 1 Abs 1 GG) das **Recht des Kindes auf Kenntnis seiner eigenen Abstammung** hergeleitet (BVerfGE 79, 256, 269; abw DEICHFUSS NJW 1988, 113). Die staatliche Zulassung von anonymer Samenspende bzw anonymem Embryotransfer ist insoweit bedenklich (MANSEES NJW 1988, 2984, 2987; **aA** DEICHFUSS NJW 1988, 113, 115 ff; vgl auch SOERGEL/STEIN Vor § 1934 a Rn 13 mwN).

Uneinheitlich wird die Frage beurteilt, ob dem nichtehelichen Kind gem § 1618 a iVm §§ 1934 a ff und Art 6 Abs 5 GG ein Auskunftsanspruch über Name und Adresse des leiblichen Vaters gegen die Mutter zusteht. Bei der Gefährdung so bedeutender Interessen wie möglicher Erbansprüche kann die Beistandsverpflichtung des § 1618 a eine solche direkte Rechtspflicht begründen; dies legt bereits der Gesetzeswortlaut („. . . sind schuldig") nahe (AG Passau FamRZ 1987, 1309; LG Passau NJW 1988, 144; LG Saarbrücken NJW-RR 1991, 1479; **aA** DEICHFUSS NJW 1988, 113; vgl auch SOERGEL/STEIN Vor § 1934 a Rn 13 mwN). Zu weit dürfte es dagegen gehen, auf § 1618 a unabhängig von einem solchen Interesse einen allgemeinen Auskunftsanspruch zu stützen (OLG Zweibrücken NJW 1990, 719, 720; abw aber MANSEES NJW 1988, 2984). Zudem bedarf es einer Abwägung mit entgegenstehenden Interessen wie der Wahrung des Familienfriedens bzw der Intimsphäre der Mutter, bei der das Interesse des Kindes jedoch gegenüber dem seiner leiblichen Eltern, die seine nichteheliche Existenz zu vertreten haben, regelmäßig vorrangig ist (AG Passau FamRZ 1987, 1309, 1311; LG Passau NJW 1988, 144, 145 f; LG Saarbrücken NJW-RR 1991, 1479 f; MANSEES NJW 1988, 2984, 2985 f).

4 **2.** § 1934 a enthält in den Abs 1, 2, 3 die **drei Grundtatbestände,** in denen die dingliche Nachlaßbeteiligung einem obligatorischen Anspruch weichen muß:

a) **Abs 1:** Beim *Tod des Vaters oder eines väterlichen Verwandten* sind das *nichteheliche Kind oder dessen Abkömmlinge* nur erbersatzanspruchsberechtigt, wenn sie *neben dem Ehegatten oder neben ehelichen Abkömmlingen* Miterben wären.

b) **Abs 2:** Beim *Tod des nichtehelichen Kindes* sind der *Vater und seine Abkömmlinge* auf den Erbersatzanspruch verwiesen, wenn sie *neben der Mutter und ihren ehelichen Abkömmlingen* Miterben wären.

c) **Abs 3:** Beim *Tod des nichtehelichen Kindes oder Kindern des nichtehelichen Kindes* haben der *Vater und seine Verwandten* nur den Erbersatzanspruch, wenn sie *neben dem überlebenden Ehegatten* Miterben wären.

5 **3.** Das **Erbrecht des nichtehelichen Kindes** bzw seiner Abkömmlinge im Verhältnis **zu seiner Mutter** bzw deren Verwandten und umgekehrt war schon nach bisherigem Recht voll der ehelichen Verwandtschaftserbfolge gleichgestellt. Das nichteheliche Kind hatte im Verhältnis zu seiner Mutter die Stellung eines ehelichen (§ 1705 aF). Es bedurfte insoweit keiner Änderung durch das NichtehelG. Da das nichteheliche Kind anders als zu seinem Vater zu seiner Mutter idR die gleichen familiären Bindungen hat wie ein eheliches (elterliche Gewalt der Mutter, § 1705; Einbettung in die mütterliche Familie), ist bei einer Mitgliedschaft des nichtehelichen Kindes und seiner Abkömmlinge in einer Erbengemeinschaft zusammen mit der Mutter und ihren Verwandten kein Spannungsverhältnis zu erwarten. Eine Beschränkung auf einen Erbersatzanspruch eines Beteiligten ist nicht erforderlich. § 1934 a Abs 4 stellt dies ausdrücklich klar. Für nichteheliche Kinder gilt im Verhältnis zur Mutter der Ausschluß von der Erbfolge und der Verweis auf den Erbersatzanspruch nicht, sie sind den ehelichen gleichgestellt. Sie verweisen als nichteheliche Verwandte die nichtehelichen Verwandten (des Vaters) auf den Erbersatzanspruch des § 1934 a. §§ 1934 a-1934 e berühren das Erbschaftsverhältnis des nichtehelichen Kindes und seiner Abkömmlinge zu seiner Mutter und deren Verwandten daher nur insoweit, als durch das nunmehrige Erbrecht (bzw den Erbersatzanspruch) des nichtehelichen Vaters und seiner Verwandten die Nachlaßbeteiligung der Mutter und ihrer Verwandten eingeschränkt wird.

4. §§ 1934 a−1934 e haben **nur Geltung für die gesetzliche Erbfolge.** Die letztwillige 6 Zuwendung eines Erbersatzanspruchs an gesetzlich Erbberechtigte ist als solche nicht möglich, sondern ist ggf als Vermächtnis aufzufassen (MünchKomm/LEIPOLD Rn 59; SOERGEL/STEIN Rn 17; COING NJW 1988, 1753, 1755, der die Beschwerungsmöglichkeit betont). Der Erblasser kann sein nichteheliches Kind jedoch auch letztwillig zum Erben, sogar zum Alleinerben einsetzen. Geschieht dies unter Zurücksetzung der Ehefrau und ehelicher Kinder, so führt das ohne besondere Umstände noch nicht zur Nichtigkeit gem § 138 Abs 1, zumal das nichteheliche Kind in den Schutz der Familie nach Art 6 Abs 1 GG einbezogen ist (OLG Hamm FamRZ 1979, 1074, 1075). Hat der Erblasser sein nichteheliches Kind oder sonstige nichteheliche Verwandte durch letztwillige Verfügung allein oder zusammen mit ehelichen Verwandten oder seinem Ehegatten zu seinen Erben bestimmt, schließt § 1934 a die dingliche Erbenstellung nicht aus. Wenn der Erblasser keine Bedenken hat, nichteheliche Verwandte zusammen mit ehelichen in einer Gesamthandsgemeinschaft zu verbinden, müssen diese eventuelle Spannungen selber verhindern, denn die gesetzliche Erbfolge, zu der §§ 1934 a ff gehören, kann sich allein am mutmaßlichen Erblasserwillen orientieren, nicht aber einem geäußerten entgegenstehen. §§ 1934 a ff verbieten ebensowenig, daß der Erblasser den nichtehelichen Abkömmling mit einem Vermächtnis bedenkt (BGH NJW 1979, 917 = FamRZ 1979, 229 = MDR 1979, 479), wobei er ebenfalls bestimmen kann, ob es ihm neben, anstatt oder in Anrechnung auf den Erbersatzanspruch zukommen soll (BGH aaO).

Ist das nichteheliche Kind **von der gesetzlichen Erbfolge ausgeschlossen** – sei es, daß es 7 gewillkürter Erbe ist, sei es, daß es aufgrund Enterbung, Entzugs des Erbersatzanspruchs, Erbverzichts, Erbunwürdigkeit nicht zum Kreis der gesetzlichen Erben gehört -, kann es auch keinen an die Stelle des Erbrechts tretenden Erbersatzanspruch erlangen. Ein Erbunwürdigkeitsgrund nach § 2339 Abs 1 berechtigt mangels Erbschaftsanfall (§ 2340 Abs 2) zwar nicht zur Anfechtung nach § 2342, aber nach § 1934 b Abs 2 S 1 iVm § 2345 Abs 2 (MünchKomm/LEIPOLD Rn 13). Die Enterbung der gesetzlichen Erben durch volle Zuteilung des Nachlasses an eine andere Person (gewillkürten Erben, § 1937) schließt einen Erbersatzanspruch des übergangenen Berechtigten regelmäßig aus, denn es entspricht – vorbehaltlich einer im Einzelfall abweichenden Verfügung (BGH NJW 1988, 138, 139) – typischerweise dem Erblasserwillen, den Bedachten, denen er seinen Nachlaß vollständig vermacht, auch in größtmöglichem Umfang den Nachlaßwert zukommen zu lassen (MünchKomm/Leipold Rn 55 mN auch zur Gegenansicht). Dabei handelt es sich allerdings nicht um einen Entzug iSv § 2338 a S 1, denn das Entstehen eines Erbersatzanspruchs setzt gerade voraus, daß die Stellung als gesetzlicher Erbe nur an der Nichtehelichkeit scheitert (Dieckmann FamRZ 1979, 389, 393). Jedoch bleibt das enterbte nichteheliche Kind gem § 2303 Abs 1 S 1 iVm § 2338 a S 2 pflichtteilsberechtigt (BGHZ 80, 290, 292 f; BGH NJW 1988, 136, 137 f; abw insoweit Voraufl; vgl auch Vorbem 45 zu §§ 1924—1936).

8 Verfügt der Erblasser letztwillig nur über einen Teil des Nachlasses, so gilt hinsichtlich des Restes die gesetzliche Erbfolge, § 2088 (Lutter § 2 III 4 a bb). Inwieweit das nichteheliche Kind durch sie am Nachlaß beteiligt ist, hängt nicht zuletzt von der Auslegung des Testamentes ab (MünchKomm/Leipold Rn 17). Ergibt der Inhalt des Testamentes, daß die in § 1934 a bevorrechtigten Personen (eheliche Verwandte, Ehefrau, Mutter des Erblassers) als testamentarische Erben nicht mehr an der gesetzlichen Erbfolge teilhaben sollen, gilt § 1934 a für den nicht letztwillig vermachten Nachlaßteil nicht (Soergel/Stein Rn 5; Coing NJW 1988, 1753, 1755; Staudinger/Otte[12] § 2088 Rn 14; aA MünchKomm/Leipold Rn 17).

Allein gesetzliche Erben finden in § 1934 a Berücksichtigung. Eine *entsprechende Anwendung* des § 1934 a verbietet sich (so jedoch Erman/Schlüter Rn 15; MünchKomm/ Leipold Rn 17; Johannsen WM 1970 Beil 3 S 8; Damrau FamRZ 1969, 583), denn der in der letztwilligen Verfügung geäußerte Wille des Erblassers verdrängt die am mutmaßlichen Willen orientierten Regeln der §§ 1934 a-1934 e. Kann der Erblasser durch Testament über den gesamten Nachlaß eine Miterbengemeinschaft herbeiführen, die § 1934 a verhindern soll, so darf er das auch hinsichtlich eines Teiles des Nachlasses (wie hier Lutter § 2 III 4 b bb; Voss 124; Odersky Anm II 7; Spellenberg FamRZ 1976, 188; vgl auch Staudinger/Otte[12] § 2088 Rn 14). Besteht insoweit eine Miterbengemeinschaft mit den nach § 1934 a Bevorrechtigten bereits, so widerspricht es der Intention dieser Norm, bezüglich des übrigen Teils iSv § 2088 am Erbersatzanspruch festzuhalten (MünchKomm/Leipold Rn 15; Soergel/Stein Rn 16). In den Fällen der §§ 2066—2069 liegt keine gesetzliche, sondern gewillkürte Erbfolge vor, ein Erbersatzanspruch kommt daher nicht in Betracht. Es ist zudem jeweils Auslegungsfrage, ob bei einer festgelegten Erbfolge iSd §§ 2066—2069 auch nichteheliche Verwandte berufen sind. Ist dies der Fall, erlangen sie die ungeschmälerte – dingliche – Erbenstellung (dazu ausführlich Staudinger/Otte[12] § 2066 Rn 5, § 2068 Rn 4, 7, § 2069 Rn 19; unklar MünchKomm/ Leipold Rn 14).

9 Kommt die von § 1934 a nicht gewollte Gemeinschaft durch **Erbteilserwerb unter Lebenden** zustande (zB das nichteheliche Kind erwirbt vom ehelichen Kind einen Anteil an einer Miterbengemeinschaft, der auch die Ehefrau des Erblassers angehört), findet bezüglich dieses Teils § 1934 a keine Anwendung, da keine gesetzliche Erbfolgeregelung erfolgt ist (Odersky Anm II; MünchKomm/Leipold Rn 16; Soergel/Stein Rn 13; s auch Rn 36). Ein unabhängig davon beim Erwerber entstandener Erbersatzanspruch bleibt jedoch unberührt (MünchKomm/Leipold aaO).

III. Entstehung des Erbersatzanspruches

10 Der Erbersatzanspruch steht nur einer Person zu, die aufgrund gesetzlicher Erbfolge (§§ 1924—1930) zu den erbberechtigten Verwandten des Erblassers zählt und aufgrund *nichtehelicher Abstammung* mit dem Erblasser verwandt ist. Das ist nicht der Fall, wenn das nichtehelich geborene Kind zZt des Erbfalls durch Adoption (Vorbem 46 ff zu §§ 1924–1936), Legitimation (vgl Vorbem 31 zu §§ 1924–1936) oder Ehelicherklärung (vgl Vorbem 33 zu §§ 1924–1936) ehelich ist. Weiterhin darf der nichteheliche Verwandte nicht von der gesetzlichen Erbfolge ausgeschlossen sein (vgl § 1930 Rn 4). Den Erbersatzanspruch kann also nur haben, wer ohne die Regelung des § 1934 a aufgrund Verwandtenerbrechts dinglicher (Mit)Erbe wäre. Dieses dingliche Verwandtenerbrecht wird durch §§ 1934 a ff in ein wertmäßig gleich hohes obligatorisches Recht umgewandelt, wenn zwischen dem Erblasser und dem Verwandten ein nichteheliches Verwandtschaftsverhältnis besteht (zur ehelichen und nichtehelichen Verwandtschaft vgl Vorbem 20 ff zu §§ 1924–1936). Die nichteheliche Abstammung richtet sich nach §§ 1600 a ff. Das Verwandtenerbrecht im Hinblick auf nichteheliche Verwandtschaft setzt die rechtskräftige Feststellung der nichtehelichen Vaterschaft gem §§ 1600 a ff voraus (vgl Vorbem 24, 25 zu § 1924). Nach Art 12 § 3 Abs 1 NichtehelG sind alle nach altem Recht bestehenden „Zahlvaterschaften" des § 1708 den festgestellten Vaterschaften des neuen Rechts gleichgestellt (Bosch FamRZ 1972, 175).

Ist der nichteheliche Verwandte Alleinerbe, verbleibt es bei der gesetzlichen dinglichen Erbfolge. Nur beim Zusammentreffen mit Ehegatten und ehelichen Verwandten des Erblassers, dh diese müssen neben dem nichtehelichen Verwandten zur Erbfolge gelangen, also ebenfalls nicht von der Erbfolge ausgeschlossen sein (vgl Vorbem 42 zu §§ 1924–1936), kommt eine Beschränkung auf den Erbersatzanspruch in Betracht. Für die Existenz verdrängender erbberechtigter Personen ist der Erbersatzanspruchsinhaber beweispflichtig (Baumgärtel/Strieder, Handbuch der Beweislast, § 1934 a Rn 2). **11**

Gleichgültig ist, ob die nach § 1934 a Bevorrechtigten kraft Gesetzes oder aufgrund letztwilliger Verfügung erben (MünchKomm/Leipold Rn 17). Zu weit ginge es, § 1934 a generell analog auf die Fälle anzuwenden, bei denen eheliche und uneheliche Verwandte zusammentreffen, da eine Interessengemeinschaft, wie sie von Ehegatten und ehelichen Kindern des nichtehelichen Vaters gebildet wird, zwischen ehelichen Verwandten nicht in vergleichbarer Weise besteht (LG Bielefeld Rpfl 1981, 237; vgl auch MünchKomm/Leipold Rn 28; Ebenroth Rn 126). Die Höhe des Erbersatzanspruchs entspricht dem Anteil, den der Berechtigte aufgrund der Verwandtenerbfolge bei dinglicher Nachlaßbeteiligung haben würde.

Maßgebend für die Anwendbarkeit des § 1934 a ist der **Zeitpunkt des Erbfalls.** Ein **12** Zusammentreffen der in § 1934 a benannten Personen allein in diesem Augenblick führt zum Ausschluß der dinglichen **Erbfolge** und zum obligatorischen Anspruch. Fallen später, nach dem Erbfall, in § 1934 a benannte Personen weg (Ausschlagung wirkt jedoch ex tunc), ändert dies an der einmal entstandenen Nachlaßbeteiligung nichts mehr (Odersky Anm II 8). Eine rückwirkende Statusänderung nach §§ 1733 Abs 3, 1753 Abs 3 hat jedoch noch nach dem Erbfall Auswirkungen auf die erbrechtliche Position (MünchKomm/Leipold Rn 17; vgl auch Vorbem 50 zu §§ 1924–1936). Auch die Miterben können einen Erbersatzanspruch nicht kraft Parteidisposition in einen dinglichen Erbteil umwandeln (MünchKomm/Leipold Rn 48).

1. Tod des nichtehelichen Vaters

13 a) **Hinterläßt** der **Erblasser** nur **nichteheliche Kinder,** dh sind weder andere Abkömmlinge noch die Ehefrau vorhanden, so erben die nichtehelichen Kinder dinglich gem § 1924. §§ 1934 a ff schränken das dingliche Erbrecht nicht ein (kein Erbersatzanspruch). Nichteheliche Kinder schließen ihre eigenen Abkömmlinge und sonstige Verwandte des Vaters von der Erbfolge aus, §§ 1924 Abs 2, 1930. Abkömmlinge eines nichtehelichen Kindes treten gem § 1924 Abs 3, 4 an dessen Stelle. Diese Regelung gilt auch, wenn zwar die Ehefrau oder ein leiblicher Abkömmling des Erblassers leben, diese aber von der Erbfolge ausgeschlossen sind (vgl Rn 11).

14 b) Ist **neben nichtehelichen Kindern** (oder deren Abkömmlingen) nur die **erbberechtigte Ehefrau,** aber kein erbberechtigter ehelicher Abkömmling des Erblassers vorhanden, ist die *Ehefrau* gem § 1931 *Alleinerbin.* Die nichtehelichen Kinder (entsprechend ihre Abkömmlinge) schließen gem § 1930 als gesetzliche Erben der ersten Ordnung (§ 1924) alle anderen Verwandten des Erblassers von der Erbfolge aus, obwohl sie selbst lediglich auf den Erbersatzanspruch verwiesen werden. Der *Güterstand* des Erblassers ist lediglich für die Höhe des Erbersatzanspruches von Bedeutung, nicht aber für den Ausschluß der nichtehelichen Kinder von der dinglichen Erbfolge. Beim gesetzlichen Güterstand erhalten die nichtehelichen Kinder (anteilsmäßig) einen Anspruch gegen die Ehefrau von insgesamt 1/2 des Nachlaßwertes und den Ausbildungsanspruch aus § 1371 Abs 4.

15 Lebten die Eheleute zZt des Erbfalles in **Gütertrennung,** berechnet sich die Höhe des Erbersatzanspruchs nach § 1931 Abs 4, dh ein nichteheliches Kind hat einen solchen in Höhe von 1/2, zwei nichteheliche Kinder in Höhe von je 1/3 des Nachlaßwertes gegen die Ehefrau. Drei und mehr nichtehelichen Kindern steht anteilig ein Anspruch in Höhe von insgesamt 3/4 des Nachlaßwertes zu (vgl § 1931 Rn 43 ff).

16 Bestand zZt des Erbfalles **Gütergemeinschaft** (vgl § 1931 Rn 51), beträgt der Erbersatzanspruch des oder der nichtehelichen Kinder anteilig insgesamt 3/4 des Nachlaßwertes. Eine fortgesetzte Gütergemeinschaft wird mit den Abkömmlingen fortgesetzt, die gesetzliche Erben des verstorbenen Elternteiles sind, § 1483 Abs 1. Das nichteheliche Kind kann wegen § 1934 a neben der Ehefrau des nichtehelichen Vaters und den ehelichen Abkömmlingen nicht Erbe und damit auch nicht Mitglied einer fortgesetzten Gütergemeinschaft sein.

17 War der nichteheliche **Vater Mitglied einer fortgesetzten Gütergemeinschaft** mit seiner Mutter und seinen ehelichen Geschwistern, so wächst bei seinem Tod sein Anteil den Geschwistern zu, nicht geht er auf sein einziges ihn beerbendes nichteheliches Kind über, §§ 1490, 1483 Abs 1 S 2, da das nichteheliche Kind seinen Großelternteil nicht dinglich beerben konnte (§ 1934 a Abs 1), denn es lebten dessen Ehefrau und eheliche Abkömmlinge (BGH JR 1976, 196 m Anm BOCKELMANN; SOERGEL/STEIN Rn 9; SCHRAMM BWNotZ 1970, 16; FUNK BWNotZ 1971, 13 f).

18 c) Sind beim Tode des Erblassers **neben dem nichtehelichen Kind** (bzw dessen Abkömmling) nur erbberechtigte **eheliche Abkömmlinge** (bzw deren Abkömmlinge) vorhanden, so erben allein letztere, § 1924 Abs 1, 3. Gem § 1754 stehen Adoptivkinder auch insoweit ehelichen Abkömmlingen gleich (OLG Hamm AgrarR 1980, 84, 345; SOERGEL/STEIN Rn 8; MünchKomm/LEIPOLD Rn 19; **aA** STÖCKER ZBlJugR 1980, 553, 556 f). Das nichteheliche Kind bzw die an seine Stelle tretenden Abkömmlinge haben gegen die Erben einen Erbersatzanspruch in Höhe des Wertes der Erbschaft, der dem dinglichen Anteil entsprechen würde, dh bei der Berechnung des Erbersatzanspruches ist der Nachlaßwert durch die Anzahl aller ehelichen und nichtehelichen Kinder zu teilen. ZB bei einem ehelichen und einem nichtehelichen Abkömmling ist das eheliche Kind Alleinerbe, das nichteheliche hat einen Erbersatzanspruch in Höhe von 1/2 des Nachlaßwertes. Bei zwei ehelichen und drei nichtehelichen Kindern sind erstere Erben zu je 1/2, die nichtehelichen Kinder haben gegen die Erben einen Anspruch auf Zahlung von je 1/5 des Nachlaßwertes. An dieser Regelung ändert sich nichts durch Ausfall eines ehelichen oder nichtehelichen Abkömmlings, sofern gem § 1924 Abs 3 an deren Stelle die jeweiligen Abkömmlinge treten.

d)   Hinterläßt der Erblasser **neben nichtehelichen Kindern** (bzw deren Abkömmlingen) seine **erbberechtigte Ehefrau** und **eheliche Abkömmlinge** (bzw deren Abkömmlinge), so sind die Ehefrau und die ehelichen Abkömmlinge seine Erben zu den von §§ 1924, 1931, 1371 Abs 1 bestimmten Anteilen. Die nichtehelichen Nachkommen des Erblassers haben lediglich einen Erbersatzanspruch. Beim gesetzlichen Güterstand der *Zugewinngemeinschaft* erben die Ehefrau zu 1/2 und die ehelichen Kinder gem § 1924 Abs 1, 3 anteilig die andere Hälfte. Die nichtehelichen Kinder haben je einen Erbersatzanspruch in Höhe von 1/2 des Nachlaßwertes dividiert durch die Anzahl aller ehelichen und nichtehelichen Kinder des Erblassers. Bei einem ehelichen und einem nichtehelichen Kind erbt ersteres neben der Ehefrau zu 1/2, das nichteheliche hat einen Erbersatzanspruch in Höhe von 1/4 des Nachlaßwertes. Bei zwei ehelichen und einem nichtehelichen Kind erben erstere zu je 1/4, letzteres hat einen Zahlungsanspruch in Höhe von 1/6 des Nachlaßwertes usw. Hinzu kommt in allen Fällen ggf der Anspruch aus § 1371 Abs 4 (WESTPHAL ZBlJugR 1979, 479, 485). **19**

Lebte der Erblasser beim Erbfall in *Gütertrennung* (§ 1931 Rn 43 ff), so bestimmen sich Erbanteil und Erbersatzanspruch der ehelichen und nichtehelichen Kinder nach § 1931 Abs 4 (dazu § 1931 Rn 46). **20**

Bestand zZt des Erbfalls *Gütergemeinschaft* (vgl § 1931 Rn 51), erben die Ehefrau zu 1/4, die ehelichen Kinder anteilig zu insgesamt 3/4. Der Erbersatzanspruch der nichtehelichen Kinder errechnet sich durch die Division von 3/4 des Nachlaßwertes durch die Anzahl der ehelichen und nichtehelichen Kinder, dh bei einem ehelichen und einem nichtehelichen Kind erbt ersteres neben der Ehefrau zu 3/4, der Erbersatzanspruch des nichtehelichen Kindes besteht in Höhe von 3/8 des Nachlaßwertes. Zwei eheliche Kinder erben zu je 3/8, daneben hat ein nichteheliches Kind einen Erbersatzanspruch in Höhe von 1/4 des Nachlaßwertes usw. **21**

e)   Bei **Wegfall eines ehelichen oder nichtehelichen Kindes** treten gem § 1924 Abs 3, 4 dessen Abkömmlinge anteilig an seine Stelle, sowohl hinsichtlich des dinglichen Erbrechts des ehelichen wie der obligatorischen Beteiligung des nichtehelichen Kindes. **22**

Ist ein ehelicher Sohn des Erblassers vorverstorben und hinterläßt er nichteheliche Kinder, sind diese nichteheliche Abkömmlinge (nichteheliche Enkel) und würden ein nichteheliches Kind des Erblassers nicht von der Erbfolge ausschließen (Münch-Komm/Leipold Rn 20; Soergel/Stein Rn 8; Lutter § 2 III 5 a bb; ders StAZ 1971, 12). In den Motiven ist zwar die gegenteilige Ansicht zum Ausdruck gekommen (BT-Drucks V/ 2370, 93), jedoch hätte eine solche Regelung im Gesetz leicht und deutlich bestätigt werden können und an Stelle von „ehelichen Abkömmlingen" die Worte „eheliche Kinder" gesetzt werden müssen. Die nichtehelichen Kinder einer Tochter des Erblassers dagegen schließen wegen § 1934 a Abs 4 ein nichteheliches Kind des Erblassers von der dinglichen Erbfolge aus (MünchKomm/Leipold Rn 21).

2. Tod eines Verwandten des nichtehelichen Vaters

23 a) Ist das nichteheliche Kind aufgrund Verwandtenerbfolge der §§ 1924 ff Erbe eines Verwandten seines Vaters, so erhält es lediglich den Erbersatzanspruch, wenn auch der **Ehegatte oder ein ehelicher Abkömmling des Erblassers** Erbe ist, zB: beim Tod eines Elternteils des *vorverstorbenen* nichtehelichen Vaters leben der andere Elternteil und das nichteheliche Kind. Dann ist der noch lebende Elternteil des Erblassers gem § 1931 Alleinerbe, der nichteheliche Enkel des Erblassers hat einen Erbersatzanspruch in Höhe seines gesetzlichen Miterbenanteils aus § 1924 Abs 1, 3, also von 1/2 bei Erhöhung des Ehegattenerbteils aus §§ 1371 Abs 1 bzw 1931 Abs 4. Ein *ehelicher Abkömmling* muß bis zum Erblasser ununterbrochen ehelicher Abstammung sein (MünchKomm/Leipold Rn 22; Soergel/Stein Rn 8; Lutter StAZ 1971, 12).

24 b) Wäre nach der gesetzlichen Erbfolge beim Tod eines ehelichen (Halb)Bruders des nichtehelichen Kindes die Mutter des ersteren gem § 1925 Abs 2 und das nichteheliche Kind gem § 1925 Abs 3 S 1 zur Erbschaft berufen, so würde nach dem Wortlaut des § 1934 a keine Beschränkung des nichtehelichen Kindes auf den Erbersatzanspruch erfolgen. Der Zweck dieser Norm, eine Miterbengemeinschaft des nichtehelichen Kindes mit der Ehefrau des nichtehelichen Vaters auszuschließen (vgl Vorbem 42 zu §§ 1924–1936), fordert in diesem Fall aber eine *entsprechende Anwendung* dieser Norm. Wird schon eine Miterbengemeinschaft zwischen nichtehelichem Kind und der Ehefrau väterlicher Verwandter als unzumutbar angesehen, gilt dies erst recht bei einem Zusammentreffen mit der Frau des nichtehelichen Vaters (wie hier: Erman/Schlüter Rn 15 f; Odersky Anm II 1; Palandt/Edenhofer Rn 10; Kipp/Coing § 4 V 2 a [3]; Ebenroth Rn 126; Dieckmann JZ 1970, 344, 345; ders JZ 1973, 502 f; Bosch FamRZ 1972, 176; Spellenberg FamRZ 1976, 186). Ein solches wird beim Tod des Vaters durch § 1934 a Abs 1 unterbunden; weshalb es beim Tode der ehelichen Halbgeschwister anders sein soll, ist nicht ersichtlich (OLG Stuttgart NJW 80, 601). Auch ist beim Tod des nichtehelichen Kindes dessen Mutter gem § 1934 a Abs 2 vor einer Erbengemeinschaft mit ehelichen Abkömmlingen des Vaters geschützt. Weshalb die Mutter eines ehelichen Kindes nicht vor dem Zusammentreffen mit nichtehelichen Kindern des Vaters in gleichem Maße geschützt werden soll, ist unerfindlich (OLG Stuttgart aaO; Soergel/Stein Rn 14; eingehend MünchKomm/Leipold Rn 25 ff, insbes Rn 30). Anders Jansen/Knöpfel (§ 1934 a Anm 2 d), Firsching (DNotZ 1970, 531), Benkö (JZ 1973, 500–502), die sich zu Unrecht gegen eine extensive Interpretation des § 1934 a wenden, da das nichteheliche dem ehelichen Kind auch im Erbrecht gleichgestellt werden müsse. Wie bereits ausgeführt (vgl Vorbem 41 zu §§ 1924–1936), soll das NichtehelG keine völlige Gleichstellung, sondern lediglich eine gleichwertige Position für das nichteheliche Kind im Vergleich zum ehelichen herbeiführen. Dieser Forderung *entspricht* der Erbersatzanspruch. Das NichtehelG bringt eindeutig zum Ausdruck, daß eine Miterbengemeinschaft des nichtehelichen Kindes mit der Ehefrau des nichtehelichen Vaters verhindert werden soll. Dieser tragende Leitgedanke des Nichtehelichenerbrechts fordert daher eine entsprechende Anwendung des § 1934 a Abs 1 auch im og Fall. Mit Rücksicht auf den Gesetzeszweck kann eine Analogie zu § 1934 a auch über diesen Fall hinaus gerechtfertigt sein, um das Zusammentreffen mit der Ehefrau des nichtehelichen Vaters in einer Miterbengemeinschaft zu verhindern (insoweit abweichend MünchKomm/Leipold Rn 31, 36; Soergel/Stein Rn 13). Namentlich gilt das für ein Aufeinandertreffen in der dritten Erbordnung (Dieckmann aaO; Spellenberg aaO; aA MünchKomm/Leipold Rn 36; Soergel/Stein Rn 15). Generell Miterbengemeinschaften zwischen ehelichen und nichtehelichen Verwandten verhindern zu wollen, ginge jedoch zu weit (LG Bielefeld Rpfl 1981, 237; vgl auch Rn 11, 36).

3. Tod des nichtehelichen Kindes (Abs 2, 3)

a) Erbberechtigte **Abkömmlinge des nichtehelichen Kindes** (§ 1924) schließen gem 25 § 1930 die Eltern (also auch den nichtehelichen Vater) und deren Verwandte von der Erbfolge aus.

b) Sind keine Abkömmlinge des nichtehelichen Kindes vorhanden und würden 26 nach gesetzlicher Erbfolge allein die **Eltern des nichtehelichen Kindes** zu Erben berufen sein (§ 1925), so ist die Mutter Alleinerbin, der Vater hat einen Erbersatzanspruch in Höhe des halben Nachlaßwertes (§§ 1925 Abs 2, 1934 a Abs 2).

c) Wäre nach gesetzlicher **Erbfolge** der **nichteheliche Vater neben Abkömmlingen der** 27 **vorverstorbenen Mutter** des nichtehelichen Kindes erbberechtigt (§ 1925 Abs 1, 2, 3), so erben allein die (Halb-)Geschwister des nichtehelichen Kindes, der Vater hat einen Erbersatzanspruch in Höhe des halben Nachlaßwertes (§§ 1925 Abs 2, 1934 a Abs 2). An die Stelle der Mutter tretende Abkömmlinge schließen den nichtehelichen Vater und seine Abkömmlinge nur von der dinglichen Erbfolge aus, sofern sie ehelich sind. Da die Kinder einer Mutter gem § 1934 a Abs 4 immer als ehelich gelten, erbt der Vater dinglich nur, wenn ein nichteheliches Kind eines Sohnes der Mutter des Erblassers zur Erbfolge gelangt. Dieses schließt als nichtehelicher Abkömmling der Mutter den nichtehelichen Vater und dessen Abkömmlinge nicht gem § 1934 a von der dinglichen Erbfolge aus (Lutter § 2 III 5 c).

d) Wären nach §§ 1924 ff der **Vater und der Ehegatte des nichtehelichen Kindes** erb- 28 berechtigt (§§ 1925, 1931), so ist der *Ehegatte Alleinerbe*. Der Vater hat einen Erbersatzanspruch in Höhe seines gesetzlichen Erbteils, § 1934 a Abs 3, dh bei gesetzlichem Güterstand und pauschaliertem Zugewinnausgleich aus § 1371 Abs 1 in Höhe von 1/4 des Nachlaßwertes. Lebte der Erblasser zZt des Erbfalls in Gütertrennung oder Gütergemeinschaft, beläuft sich der Erbersatzanspruch auf 1/2 des Nachlaßwertes.

e) Wären **Abkömmlinge des vorverstorbenen nichtehelichen Vaters** gem § 1925 Abs 3 29 S 1 zur Erbfolge berufen, so erhalten sie wie der nichteheliche Vater lediglich den Erbersatzanspruch, wenn sie zusammen mit der Mutter (vgl Rn 26), deren Abkömmlingen (vgl Rn 27) oder dem Ehegatten des nichtehelichen Kindes (vgl Rn 28) erben würden. Anderes gilt jedoch, wenn diese Abkömmlinge gleichfalls aus der Verbindung mit der nichtehelichen Mutter stammen, Abs 4 (MünchKomm/Leipold Rn 38).

30 f) Würden andere **Verwandte des vorverstorbenen nichtehelichen Vaters** (also ausgenommen dessen Abkömmlinge, Rn 29, dh Großeltern des Erblassers, § 1926) **zusammen mit dem Ehegatten des nichtehelichen Kindes** (§ 1931) zur Erbfolge gelangen, so ist der *Ehegatte Alleinerbe.* Den Großeltern steht lediglich ein Erbersatzanspruch in Höhe ihres gesetzlichen Erbteiles zu, § 1934 a Abs 3, dh die Großeltern des Erblassers haben einen solchen in Höhe von insgesamt 1/2, bei gesetzlichem Güterstand und Ausgleich gem § 1371 Abs 1 in Höhe von 1/4 des Nachlaßwertes. Andere Verwandte sind gem § 1931 Abs 2 von der Erbfolge ausgeschlossen und damit auch nicht erbersatzanspruchsberechtigt.

4. Tod eines ehelichen Kindes des nichtehelichen Kindes (Abs 3 2. Alt)

31 Beim Tod eines Kindes des nichtehelichen Kindes (Erblasser) schließt § 1934 a Abs 3 2. Alt unter Zuerkennung eines Erbersatzanspruches ein dingliches Erbrecht des nichtehelichen Großvaters und seiner Verwandten lediglich in dem Fall aus, in dem der Erblasser eine **erbberechtigte Ehefrau** hinterläßt. Ist das nicht der Fall, verbleibt es bei der dinglichen Erbfolge der §§ 1924—1934. Da neben der Ehefrau des Erblassers gem § 1931 Abs 2 nur Verwandte der ersten beiden Ordnungen und die Großeltern erbberechtigt sein können, kommt als Anspruchsberechtigter iSd Abs 3 2. Alt lediglich der Vater des nichtehelichen Elternteils, dh der nichteheliche Großvater in Betracht.

32 a) Sind beim Tod eines Kindes des nichtehelichen Kindes (Erblasser) erbberechtigte **Abkömmlinge** vorhanden, so erben diese gem § 1924 bzw haben den Erbersatzanspruch aus §§ 1924, 1934 a Abs 1, wenn sie als nichteheliche Abkömmlinge neben ehelichen oder der *Ehefrau* des Erblassers (§§ 1931, 1371 Abs 1) berufen wären. In diesem Fall sind die Eltern des Erblassers von der Erbfolge ausgeschlossen, §§ 1925, 1930.

33 b) Sind keine Abkömmlinge des Erblassers vorhanden, sondern nur die **erbberechtigte Ehefrau und** die **Eltern,** so gelten §§ 1924—1931. Dies ist kein Fall des § 1934 a Abs 3 2. Alt, denn die Eltern des Kindes schließen ihre Verwandten von der Erbfolge aus, §§ 1926, 1930. An die Stelle eines vorverstorbenen Elternteiles würden dessen Abkömmlinge treten.

34 c) Fehlen nicht nur Abkömmlinge des Erblassers, sondern ist auch der **Elternteil, der nichtehelicher Abstammung war, ohne Hinterlassung von Abkömmlingen vorverstorben,** so treten an dessen Stelle nach gesetzlicher Erbfolge dessen Mutter (die väterliche Großmutter des Erblassers) und dessen nichtehelicher Vater (dh der nichteheliche Großvater des Erblassers). Würde dieser mit dem *Ehegatten* des Erblassers in einer Miterbengemeinschaft zusammentreffen, so wäre er nicht dinglicher Erbe, sondern in Höhe seines gesetzlichen Erbteils erbersatzanspruchsberechtigt (§§ 1926, 1934 a Abs 3). Dingliche Erben wären die Ehefrau zu 1/2 bzw 3/4 bei § 1371 Abs 1, die Eltern des Elternteils, der ehelicher Abstammung war, zu je 1/16 und die Mutter des Elternteils, der nichtehelicher Abstammung war, zu 2/16 (MünchKomm/ Leipold Rn 44). Die Großelternpaare werden bei der gesetzlichen Erbfolge als Einheit behandelt und anteilig bedacht (§ 1926 Rn 13). Der nichteheliche Großvater, der nichteheliche Vater des Vaters des Erblassers, hat einen Erbersatzanspruch in Höhe von 1/16 des Nachlaßwertes. Bei Wegfall eines Großelternteiles gilt § 1926. Ein Erbrecht und ebenso ein Erbersatzanspruch der Abkömmlinge der Großeltern wird bei Vorhandensein einer Ehefrau des Erblassers gem § 1931 Abs 2 ausgeschlossen. Ein Erbersatzanspruch iSd § 1934 a Abs 3 2. Alt steht als Verwandtem des Kindes (Erblassers) eines nichtehelichen Kindes daher lediglich dem nichtehelichen Großvater zu (vgl Rn 35).

5. Tod eines nichtehelichen Kindes des nichtehelichen Kindes

Ist der Erblasser ein nichteheliches Kind eines nichtehelichen Kindes, findet § 1934 a **35** Abs 3 nach seinem Wortlaut in der 1. Alt (Tod eines nichtehelichen Kindes, vgl Rn 25) und in der 2. Alt (Tod eines Kindes des nichtehelichen Kindes) Anwendung. Der nichteheliche Vater des Erblassers und seine Verwandten würden nach § 1934 a Abs 3 1. Alt einen Erbersatzanspruch neben dem Ehegatten des Erblassers haben. Bei Vorversterben des nichtehelichen Kindes und seiner Abkömmlinge würde den Großeltern, dem nichtehelichen Großvater und der Großmutter, dessen Erbersatzanspruch zukommen (so Soergel/Stein Rn 11; MünchKomm/Leipold Rn 45 f; Odersky Anm II 3; Lutter § 2 III 3 e; ders StAZ 1971, 10; Firsching DNotZ 1970, 533; Johannsen WM 1970 Beil 3 S 9; Lockemann JR 1972, 414 ff; Benkö JR 1973, 51; Spellenberg FamRZ 1976, 189, 190). Nach § 1934 a Abs 3 2. Alt dagegen wäre auf die nichteheliche Geburt des Vaters des Erblassers abzustellen und nur der Großvater väterlicherseits auf einen Erbersatzanspruch verwiesen, die Großmutter väterlicherseits wäre Erbin.

§ 1934 a Abs 3 beschränkt sich nicht in der 2. Alt auf einen ehelichen Erblasser, sondern stellt in den beiden Alternativen darauf ab, ob es sich um eine Beteiligung des nichtehelichen Vaters und seiner Verwandten am Nachlaß des nichtehelichen Kindes oder um die des väterlichen Großvaters am Nachlaß seines Enkels handelt. Entscheidend dafür, welche Alternative des Abs 3 heranzuziehen ist, bleibt damit, ob es sich um das Erbrecht des Vaters (und seiner Abkömmlinge) oder des väterlichen Großvaters handelt. Mit der 2. Alt ist das Erbrecht des väterlichen Großvaters bei den Abkömmlingen seines nichtehelichen Kindes speziell gestaltet worden und kann nicht durch die auf den Vater zugeschnittene Regelung der 1. Alt unterlaufen werden. Ist der nichteheliche Vater des Erblassers vorverstorben, ist daher die Ehefrau des Erblassers zu 3/4 neben den Großeltern mütterlicherseits zu insgesamt 1/8 und der Großmutter väterlicherseits zu 1/8 Erbe. Der Großvater väterlicherseits hat einen Erbersatzanspruch in Höhe von 1/16 des Nachlaßwertes (so auch Erman/Schlüter Rn 21 ; BGB-RGRK/Kregel Rn 4; Palandt/Edenhofer Rn 12; Schröder 43 f; Voss 147; Damrau FamRZ 1969, 584; Böhm FamRZ 1971, 352 f). Dieser Lösung ist schon deswegen zuzustimmen, weil sie die vom Gesetz nicht gewollte Unterscheidung bei verschiedenen Geschlechtern des vorverstorbenen nichtehelichen Elternteils des Erblassers verhindert (dazu Erman/Schlüter Rn 21). Die 2. Alt des § 1934 a Abs 3 läßt nach ihrem Wortlaut keine unterschiedliche Behandlung des Nachlasses eines ehelichen und nichtehelichen Erblassers zu, denn Abs 4 verweist nur auf Abs 1, 2, nicht auf Abs 3. § 1934 a Abs 3 stellt ohne Rücksicht auf die Abstammung des Erblassers lediglich auf die nichteheliche Geburt des Vaters ab, so daß eine am Wortlaut orientierte Auslegung die 2. Alt auch in den Fällen heranziehen muß, in denen der Erblasser ebenfalls nichtehelicher Abstammung ist. Für die Erbfolge nach entfernteren Abkömmlingen des nichtehelichen Kindes gilt § 1934 a Abs 3 jedoch nicht (MünchKomm/Leipold Rn 41).

36 6. Ist im Nachlaß ein **Anteil an** einer **Miterbengemeinschaft,** zu der eine gem § 1934 a den nichtehelichen Verwandten ausschließende Person gehört, führt dies nicht zu einem Ausschluß des nichtehelichen Verwandten im Hinblick auf die dingliche Beteiligung am Nachlaß des zweiten Erblassers. Eine entsprechende Anwendung des § 1934 a auf die Fälle, in denen ein Zusammentreffen der ehelichen und nichtehelichen Verwandten aufgrund **Überschneidung verschiedener Erbengemeinschaften** erfolgt, ist nicht zu befürworten (MünchKomm/Leipold Rn 16; Soergel/Stein Rn 13; Ebenroth Rn 127; Lutter § 2 II 4; III 5 b cc; ders StAZ 1971, 13; **aM** wohl Dieckmann JZ 1970, 346, 347). Der bevorrechtigte Erbe kann aufgrund gesetzlicher bzw gewillkürter Erbfolge oder durch Anteilskauf (§ 2033) Mitglied einer Erbengemeinschaft geworden sein, der auch der nichteheliche Verwandte angehörte (zB Erbengemeinschaft des nichtehelichen Vaters und seiner Ehefrau). Verstirbt der nichteheliche Vater vor der Auseinandersetzung der Gemeinschaft und würde er nach Enterbung seiner Frau allein von seinen beiden nichtehelichen Kindern beerbt, wären diese trotz Zusammentreffens mit der Ehefrau des Erblassers nicht auf den Erbersatzanspruch verwiesen. Es kommt für § 1934 a allein auf das *Verhältnis zum Erblasser,* auf die gesetzliche Erbfolge nach diesem an. Die Erbfolge wird im Erbfall begründet. Sie kann nicht wegen späteren Zusammentreffens von Personen, die § 1934 a nicht zu einer Miterbengemeinschaft zusammenführen will, rückwirkend geändert werden. Ebensowenig kann bei dem zweiten Erbfall die dingliche Erbfolge nur aus dem Grund ausgeschlossen werden, weil zum Nachlaß ein Anteil an einer noch nicht auseinandergesetzten Miterbengemeinschaft gehört. Es wäre willkürlich, § 1934 a deswegen heranzuziehen, weil die Miterbengemeinschaft, der der Erblasser angehört hat, sich zufällig noch nicht auseinandergesetzt hat.

Nicht unter diese Konstellation fällt der in der Lit (zB Erman/Schlüter Rn 16; BGB-RGRK/Kregel Rn 6) aufgeführte Fall, daß ein Erblasser neben seiner Ehefrau einen ehelichen Sohn und eine nichteheliche Tochter hinterläßt, vor Auseinandersetzung der Erbengemeinschaft aus Frau und Sohn letzterer verstirbt und von seiner Mutter und der nichtehelichen Halbschwester zu je 1/2 beerbt wird. Wie in Rn 24 dargestellt, ist die nichteheliche Halbschwester nicht Erbe ihres Bruders. Eine analoge Anwendung des § 1934 a Abs 1, nicht des Abs 3, schließt hier das nichteheliche Kind von der dinglichen Erbfolge aus.

37 IV. Zur Rechtsnatur und zum Umfang des Anspruches vgl § 1934 b Rn 11, 2 ff.

38 V. In der **DDR** war seit dem 1. 4. 1966 durch den FGB die nichteheliche der ehelichen Abstammung in vollem Umfang gleichgestellt, das Institut des Erbersatzanspruches existierte nicht. Das nichteheliche Kind erbte nach denselben Regeln wie ein eheliches Kind und wurde vom nichtehelichen Vater beerbt (Staudinger/Rauscher[12] Art 235 § 1 EGBGB Rn 19, 23). Zur Rechtslage vor dem 1. 4. 1966 vgl BezG Erfurt FamRZ 1994, 465.

Für Erbfälle vor dem 3. 10. 1990 bleibt es gem Art 230 § 1 Abs 1 EGBGB bei dieser Regelung. Stirbt der Erblasser später, sieht Art 235 § 1 Abs 2 EGBGB einen Bestandsschutz insoweit vor, als für vor dem 3. 10. 1990 geborene nichteheliche Kinder an die Stelle der Regelungen des ZGB die des BGB über das gesetzliche Erbrecht der ehelichen Kinder treten (MünchKomm/Leipold, Zivilrecht im Einigungsvertrag Art 235 § 1 EGBGB Rn 676; Adlerstein/Desch DtZ 1991, 193, 196). Anders als nach Art

12 § 10 Abs 2 NichtehelG spielt es dabei keine Rolle, ob das nichteheliche Kind vor 1949 geboren wurde, da das ZGB auch diesen Kindern ein gleiches Erbrecht zusprach (Bosch FamRZ 1992, 993, 994). Bestandsschutz genießen auch nichteheliche Kinder, die vor Wirksamwerden des Beitritts erzeugt, aber noch nicht geboren waren (näher Staudinger/Rauscher[12] Art 235 § 1 EGBGB Rn 53; Adlerstein/Desch DtZ 1991, 193, 197; aA Palandt/Edenhofer Art 235 § 1 EGBGB Rn 2; MünchKomm/Leipold, Zivilrecht im Einigungsvertrag, Art 235 § 1 EGBGB Rn 686; Sandweg BWNotZ 1992, 45, 46). Entscheidend ist, ob zum Zeitpunkt des Wirksamwerdens des Beitritts nach Maßgabe des interlokalen Privatrechts das ZGB maßgebend gewesen wäre, sog. fiktives Erbstatut (OLG Köln FamRZ 1993, 484 = MDR 1993, 453; LG Berlin FamRZ 1992, 1105, 1106; Köster Rpfleger 1992, 369, 370; Schotten/Johnen DtZ 1991, 225, 233 aA Lück JR 1994, 45, 49, der Konfliktfälle durch Auslegung des Einigungsvertrags lösen will).

Analog Art 25 Abs 1 EGBGB wäre grundsätzlich auf den gewöhnlichen Aufenthalt des Erblassers zum Zeitpunkt seines Todes abzustellen (sog tatsächliches Erbstatut, hierfür Dörner/Meyer-Sparenberg DtZ 1991, 1, 6). Es liefe jedoch dem erbrechtlichen Bestandsschutz des nichtehelichen Kindes zuwider, würde seine erbrechtliche Stellung dadurch beeinflußt, daß der Erblasser nach dem Beitritt seinen gewöhnlichen Aufenthalt in die neuen bzw alten Bundesländer verlegt. Zwar wird auch durch Wohnsitznahme im Ausland das Erbstatut verändert; anders als bei Umzügen innerhalb des Bundesgebiets geht damit aber auch ein Wechsel des Kulturkreises einher (Wandel BWNotZ 1991, 1, 27). Überwiegend wird daher Art 235 § 1 Abs 2 EGBGB nur angewandt, wenn der Vater des vor dem Beitritt geborenen Kindes mit dessen Wirksamwerden am 3. 10. 1990 seinen gewöhnlichen Aufenthalt in den neuen Ländern hatte (OLG Köln, OLGZ 1993, 487, 488 = FamRZ 1993, 484 = MDR 1993, 453; LG Berlin aaO; MünchKomm/Leipold, Zivilrecht im Einigungsvertrag Art 235 § 1 EGBGB Rn 681; Bosch FamRZ 1992, 993, 995; Eberhardt/Lübchen DtZ 1992, 206 ff; Frieser AnwBl 1992, 296; Köster Rpfleger 1992, 369, 370, Wandel BWNotZ 1991, 1, 27 ähnlich Staudinger/Rauscher[12] Art 235 § 1 EGBGB Rn 54, der zusätzlich an die DDR-Staatsbürgerschaft des Erblassers anknüpft, jeweils mN zum Streitstand). Völlig belanglos ist dagegen der Wohnsitz des Erblassers zur Zeit seines Todes (Staudinger/Rauscher[12] aaO; Bosch FamRZ 1992, 993, 995; Köster Rpfleger 1992, 369, 370; aA LG Berlin aaO; Adlerstein/Desch DtZ 1991, 193, 197; Wähler ROW 1992, 103, 111 differenzierend Lück JR 1994, 45, 49 f: Änderung des Erbstatuts bei Umzug des Vaters in neue Bundesländer unbedenklich), da andernfalls ein Umzug innerhalb der Bundesrepublik die Erbaussicht des nichtehelichen Kindes beeinträchtigen würde.

Auch bei Beerbung des nichtehelichen Kindes ist für die Anwendbarkeit von Art 235 § 1 Abs 2 EGBGB an den gewöhnlichen Aufenthalt des Erblassers anzuknüpfen (Köster Rpfleger 1992, 369, 376). Die Gegenansicht, die auch hier auf den gewöhnlichen Aufenthalt des nichtehelichen Vaters abstellt (MünchKomm/Leipold, Zivilrecht im Einigungsvertrag Art 235 § 1 EGBGB Rn 683, 688; Staudinger/Rauscher[12] Art 235 § 1 EGBGB Rn 59; Palandt/Edenhofer, Art 235 § 1 EGBGB Rn 2 hält diese Norm für auf das Erbrecht des Vaters unanwendbar), mißachtet, daß dem Vater gleichfalls der Bestands- und Vertrauensschutz dieser Norm gebührt (Köster aaO).

VI. Kritik am Erbersatzanspruch

Glaubte der Gesetzgeber, das nichteheliche Kind im Verhältnis zum nichtehelichen **39** Vater und seinen Verwandten auf den obligatorischen Erbersatzanspruch verweisen

Olaf Werner

zu müssen, weil das nichteheliche Verwandtschaftsverhältnis idR keine engen Bindungen erzeuge, so gilt dies nicht allein für die nichteheliche Abstammung. Gerade in heutiger Zeit lösen sich Kinder lange vor dem Erbfall von ihren Eltern. Selbst ein sehr schlechtes Verhältnis zu Verwandten führt ansonsten nicht zum Ausschluß von der dinglichen Verwandtenerbfolge (ROTH FamRZ 1991, 139, 146; SCHWENZER FamRZ 1992, 121, 128 RAUSCHER, Reformfragen des gesetzlichen Erb- und Pflichtteilsrechts I, S 120). Das in einer Miterbengemeinschaft befürchtete Spannungsverhältnis bei Mitgliedschaft ehelicher und nichtehelicher Verwandter ist nicht auf die von § 1934 a erfaßte Konstellation beschränkt. Erbauseinandersetzungen bergen natur- und erfahrungsgemäß Reibungspunkte zwischen den Verwandten, so daß die nichteheliche Abstammung eines Mitgliedes kaum zusätzlich ins Gewicht fallen dürfte. Zudem sind derartige Gefahren davon unabhängig, ob es sich um väterliche oder mütterliche nichteheliche Verwandtschaft handelt. Die Miterben nehmen idR keine Rücksicht auf Bindungen zu Eltern. Den mütterlichen Verwandten wird das nichteheliche Kind ggf ebenso als Eindringling erscheinen wie den väterlichen. Mit dem Ausschluß von der dinglichen Erbfolge hat das Gesetz den nichtehelichen Verwandten von der übrigen Verwandtschaft des Erblasser getrennt und somit gegen den Auftrag aus Art 6 Abs 5 GG verstoßen, das gegen nichteheliche Geburten bestehende Vorurteil zu beseitigen und die gesellschaftliche Stellung des nichtehelichen Kindes zu verbessern (BT-Drucks V/2370, 90). Das gilt umso mehr, als das vom Gesetzgeber angenommene Spannungsverhältnis des Art 6 Abs 5 GG zu Art 6 Abs 1 GG (BT Drucks V/2370 90 f) nicht in dem Maße besteht, daß die ungleiche rechtliche Behandlung der nichtehelichen Lebensgemeinschaft zu Lasten des Kindes gehen darf (SOERGEL/STEIN Vor § 1934 a Rn 10; ROTH FamRZ 1991, 139, 141 RAUSCHER, Reformfragen des gesetzlichen Erb- und Pflichtteilsrechts I, S 64). Daß der Familienschutz zwischen Vater und ehelichen Kindern höher bewertet wird als der zwischen Vater und nichtehelichen Kindern, ist unakzeptabel (RAUSCHER I, S 119). Mit der Einführung des Erbersatzanspruches ist ein weiterer Grundstein für Ungleichbehandlung und ungleiche Stellung des nichtehelichen Kindes zum ehelichen gesetzt, zumindest sind bestehende Vorurteile manifestiert worden. Durch die Verweisung auf einen bloßen Erbersatzanspruch wird das nichteheliche Kind erheblich benachteiligt (im einzelnen STÖCKER JZ 1979, 87, 89; RAUSCHER I, S 122–124). Ein sachlicher Grund dafür, etwa iS eines „Besänftigungseffekts" (MünchKomm/LEIPOLD Rn 11), besteht angesichts zunehmender Öffnung der Kleinfamilienstrukturen nach außen zumindest nicht mehr, so daß der Erbersatzanspruch auch im Hinblick auf Art 3 Abs 1 GG nicht unbedenklich ist (so auch SOERGEL/STEIN aaO; für Differenzierung nach den Lebensverhältnissen des nichtehelichen Kindes, insbes Bindungen zu beiden Elternteilen STAUDINGER/OTTE Einl 96 zu §§ 1922 ff, doch wirft dies Praktikabilitätsprobleme auf, vgl BR-Drucksache 219/94 vom 18. 3. 94, S 17; BARTH/WAGENITZ ZEV 1994, 79, 80). Verletzt ist zudem das durch Art 14 GG geschützte Interesse der erbrechtlichen Gleichstellung von Verwandten gleichen Grades, das dem gesetzlichen Erbrecht für Inhalts- und Schrankenbestimmungen wenig Raum läßt (RAUSCHER I, S 124-127).

40 Ehegatten und Verwandte wissen von der nichtehelichen Abstammung und von der Existenz nichtehelicher Kinder. Sie müssen diese vor dem Erbfall akzeptieren. Das kann auch nach dem Erbfall erwartet werden und zumutbar sein. Wenn sich bereits vorher Spannungen ergeben oder andeuten, kann dem Zusammentreffen in einer Erbengemeinschaft durch letztwillige Verfügung begegnet werden. Sind sich die späteren Erben so unbekannt, daß sie nichts von der nichtehelichen Abstammung eines von ihnen wissen, oder ist ihnen eine solche gleichgültig, dürfte sich auch nach dem

Erbfall kein zusätzlicher Spannungsgrund aus der nichtehelichen Verwandtschaft ergeben.

Spannungen beruhen manchmal darauf, daß Erben nicht die gleichen Eltern haben, Geschwister sich untereinander deswegen fremd sind. Dies ist in größerem Maße der Fall, wenn die Halbgeschwister ehelich sind, aber einer anderen Ehe eines Elternteiles entspringen. Besonders der geschiedene Elternteil wird die eigene Abneigung gegen den späteren oder früheren Partner des Ehegatten – weil er evtl sogar der Scheidungsgrund war – auf die Kinder zu übertragen versuchen und damit das Verhältnis der Miterben belasten. Die gerechteste und dem Art 6 Abs 5 GG angemessene Regelung wäre daher die völlige Gleichstellung nichtehelicher mit ehelicher Verwandtschaft, die wegen der Möglichkeit letztwilliger Verfügung nicht zu Härten führen dürfte (hierfür fast einhellig auch der 59. DJT 1992, vgl NJW 1992, 3016, 3018).

Diese Erwägungen haben dazu beigetragen, daß seit neuestem ein Gesetzentwurf **41** der Bundesregierung vorliegt, der die Streichung der §§ 1934 a bis 1934 e, 2338 a BGB zum Inhalt hat (BR-Drucks 219/94 vom 18. 3. 1994, vgl insbes S 15 f). Hinzu kamen der wachsende Anteil nichtehelicher Geburten und nichtehelicher Lebensgemeinschaften mit Kindern (BR-Drucks 7 f). Diesen heterogenen Formen nichtehelichen Zusammenlebens entspricht eine Vielfalt von Lebenssituationen nichtehelicher Kinder, die es nicht gestattet, Spannungen zur Verwandtschaft des nichtehelichen Vaters ohne weiteres als typisch anzusehen. Die pauschale erbrechtliche Zurücksetzung dieser Personengruppe ist daher nicht mehr zu rechtfertigen (BR-Drucks 9 f), zumal sie einem Beitritt der Bundesrepublik zum Europäischen Übereinkommen über die Rechtsstellung der nichtehelichen Kinder entgegensteht (vgl dessen Art 9).

Der Gesetzentwurf gilt nicht, sofern der Erblasser vor seinem Inkrafttreten verstorben ist oder bereits eine wirksame Regelung über einen vorzeitigen Erbausgleich getroffen wurde (Art 7 des Entwurfs). Für Altfälle behalten die §§ 1934 a ff BGB also auch dann Bedeutung, wenn der Entwurf Gesetz wird. Auch vor dem 1. Juli 1949 geborene nichteheliche Kinder werden durch das sog Erbrechtsgleichstellungsgesetz nicht erbberechtigt (BR-Drucks 27 f). (Kritisch zum Entwurf Bosch FamRZ 1993, 1257, 1259, der den derzeitigen Erbersatzanspruch lediglich modifiziert, insbes auf Kinder aus geschiedenen Ehen ausgedehnt sehen möchte).

§ 1934 b

[1] Der Berechnung des Erbersatzanspruchs wird der Bestand und der Wert des Nachlasses zur Zeit des Erbfalls zugrunde gelegt. Der Wert ist, soweit erforderlich, durch Schätzung zu ermitteln. § 2049 gilt entsprechend.

[2] Auf den Erbersatzanspruch sind die für den Pflichtteil geltenden Vorschriften mit Ausnahme der §§ 2303 bis 2312, 2315, 2316, 2318, 2322 bis 2331, 2332 bis 2338 a sowie die für die Annahme und die Ausschlagung eines Vermächtnisses geltenden Vorschriften sinngemäß anzuwenden. Der Erbersatzanspruch verjährt in drei Jahren von dem Zeitpunkt an, in dem der Erbersatzberechtigte von dem Eintritt des Erbfalls

Olaf Werner

und den Umständen, aus denen sich das Bestehen des Anspruchs ergibt, Kenntnis erlangt, spätestens in dreißig Jahren von dem Eintritt des Erbfalls an.

[3] Auf den Erbersatzanspruch eines Abkömmlings des Erblassers sind auch die Vorschriften über die Ausgleichungspflicht unter Abkömmlingen, die als gesetzliche Erben zur Erbfolge gelangen, entsprechend anzuwenden.

Materialien: BT-Drucks V/2370, 14, 94 ff, 107, 108, 111; V/4179, 30, Ber 6; BR-Drucks 468/67, 33 Beschl 24.

Systematische Übersicht

Alphabetische Übersicht

I. Allgemeines

§ 1934 b wurde eingefügt durch Art 1 Nr 88 NichtehelG (vgl Vorbem 34 zu §§ 1924–1936) **1** und regelt die nähere Ausgestaltung des Erbersatzanspruches. Da dieser Anspruch wertmäßig dem gesetzlichen Erbteil entsprechen soll (vgl § 1934 a Rn 11), sind für die Berechnung der Bestand und Wert des Nachlasses zZt des Erbfalls zugrunde zu legen (Abs 1). Insoweit stimmt § 1934 b Abs 1 S 1 wörtlich mit § 2311 Abs 1 S 1, § 1934 b Abs 1 S 2 mit § 2311 Abs 2 S 1 überein, denn der Erbersatzanspruch ist wie der Pflichtteilsanspruch ein am Wert des Nachlasses orientierter schuldrechtlicher Anspruch gegen die Erben. Neben der Berechnungsgrundlage des Abs 1 bestimmt § 1934 b Abs 2 die Verjährung des Erbersatzanspruches und die sinngemäße Anwendung einiger Pflichtteils- und Vermächtnisvorschriften, Abs 3 die entsprechende Anwendung der Vorschriften über die Ausgleichungspflicht unter Abkömmlingen (§§ 2050–2057 a).

II. Berechnung des Erbersatzanspruches

Der Erbersatzanspruch ist ein Geldanspruch, dessen Höhe sich als der Anteil am **2** Wert des gesamten Nachlasses darstellt, den der Berechtigte bei dinglicher Erbfolge erhalten hätte. Der Erbersatzanspruch orientiert sich somit am Wert des gesamten Nachlasses, wie er auch den Erben zur Verfügung steht. Von dem Geldwert aller Nachlaßgegenstände (Sachen, Rechte) sind alle Passiven (Erblasserschulden, Erbfallschulden, Belastungen) abzuziehen, für die der Erbe einzustehen hat (WESTPHAL ZBlJugR 1979, 479, 483). Insoweit hat die gleiche Berechnung wie bei Feststellung eines Pflichtteilsanspruches zu erfolgen, der ebenso wie der Erbersatzanspruch ein (allerdings um die Hälfte geringerer) am Wert des gesamten Nachlasses gemessener Geldanspruch ist. In § 1934 b Abs 2 S 1 wurden daher folgerichtig die Grundsätze der Pflichtteilsberechnung übernommen, dies kommt in der Übereinstimmung des Gesetzestextes des § 1934 b Abs 1 mit § 2311 Abs 1 S 1, Abs 2 S 1 deutlich zum Ausdruck (MünchKomm/LEIPOLD Rn 8). Hinsichtlich der Erläuterung kann daher auf § 2311 verwiesen werden.

1. Maßgebender **Zeitpunkt** für die Bestandsbewertung ist, wie bei § 2311, der des **3**

Erbfalls. Nachträgliche Wertsteigerungen oder -minderungen der Aktiv- oder Passivposten haben keinen Einfluß auf die Berechnung (§ 2311 Rn 5-9).

4 2.   Ausgangspunkt der Berechnung ist der **Aktivbestand,** von dem alle **Passiven**
abzuziehen sind. Insoweit ist der Geldwert jeder einzelnen Sache, jedes einzelnen
Rechtes auf der Aktiv- und Passivseite zu ermitteln.

5 5   Abzuziehen vom Aktivwert sind wie bei § 2311 alle **Erblasserschulden** (STAUDIN-
GER/FERID/CIESLAR[12] § 2311 Rn 64-66) und alle Erbfallschulden (STAUDINGER/FERID/CIES-
LAR[12] § 2311 Rn 67-69), auch soweit sie durch Konfusion erloschen sind (MünchKomm/
LEIPOLD Rn 11). Im Gegensatz zu § 2311 sind im Rahmen des § 1934 b auch abzuziehen
alle *Pflichtteilsansprüche, Vermächtnisse* und *Auflagen,* da sie dem an die Stelle des
gesetzlichen Erbteils tretenden Erbersatzanspruch vorgehen, § 226 KO (BGH NJW
1988, 136, 137; PALANDT/EDENHOFER Rn 5; ERMAN/SCHLÜTER Rn 6; LUTTER § 2 IV 3 c bb). Abzuziehen sind auch gesetzliche Vermächtnisse wie der sog **Dreißigste** des § 1969 und ein
evtl **Voraus** des überlebenden Ehegatten aus § 1932, da auch die Erben diesen
Anspruch erfüllen müssen, ihr Nachlaß entsprechend verringert wird (ebenso
PALANDT/EDENHOFER Rn 5; MünchKomm/LEIPOLD Rn 11; SOERGEL/STEIN Rn 6; ERMAN/SCHLÜ-
TER Rn 6, 9; ODERSKY Anm I 2 ; LUTTER § 2 IV 3 b bb; DAMRAU FamRZ 1969, 584; **aM**
BGB-RGRK/KREGEL Rn 3). § 2311 Abs 1 S 2 verbietet für die Pflichtteilsberechnung
den Vorabzug des Voraus. § 1934 b enthält keine dem § 2311 Abs 1 S 2 entsprechende Regelung, allerdings in Abs 2 auch keinen Ausschluß dieser Norm. § 1934 b
hat ansonsten Sätze des § 2311 wörtlich übernommen und ist dieser Vorschrift nach-
gebildet. Es wäre daher ebenfalls eine entsprechende Übernahme des § 2311 Abs 1
S 2 bzw eine Verweisung darauf erfolgt, wenn der Voraus nicht als Passivposten in
§ 1934 b berücksichtigt werden sollte. Im Regierungsentw (BT-Drucks V/2370, 14)
wurde in Abs 1 S 2 der Voraus ausdrücklich nicht dem Nachlaßwert zugerechnet.
Dieser Satz wurde auf Wunsch des BR als überflüssig gestrichen (BT-Drucks V/2370,
107; BR-Drucks 468/67, 33 Beschl 24; krit dazu MünchKomm/LEIPOLD Rn 12). Der hypothetische Voraus ist auch abzuziehen, falls der Ehegatte als alleiniger gesetzl Erbe den
Erbersatzanspruchsberechtigten verdrängt (MünchKomm/LEIPOLD aaO; SOERGEL/STEIN
Rn 6). Der Abzug der Pflichtteilsansprüche ist nicht vorweg vom gesamten Nachlaßwert vorzunehmen. Es muß bei der Bemessung des Erbersatzanspruches nämlich
berücksichtigt werden, inwieweit der Anspruchsberechtigte, wäre er Erbe, gem
§ 2320 im Innenverhältnis die Pflichtteilslast zu tragen hat, dieser Betrag ist dann
vom Anspruch abzuziehen (MünchKomm/LEIPOLD Rn 11).

6 a)   Die **Feststellung der Aktiv- und Passivposten** (dazu STAUDINGER/FERID/CIESLAR[12]
§ 2311 Rn 36 ff, 62 ff) ist unproblematisch, sofern wie bei Bargeld oder sicheren Geldforderungen der Geldwert feststeht. Die Bewertung bedingter, ungewisser oder
unsicherer Rechte erfolgt in sinngemäßer Anwendung des § 2313 (§ 1934 b Abs 2).
Für die Bewertung einzelner Gegenstände ist nicht der Ertragswert, sondern der
„gemeine Verkaufswert" maßgebend, wie er durch die allgemeine Verkehrsanschau-
ung bestimmt wird (vgl STAUDINGER/FERID/CIESLAR[12] § 2311 Rn 42, einschränkend für Verbindlichkeiten Rn 63). Der gemeine Wert ist notfalls durch Gutachten eines Sachverständi-
gen zu ermitteln.

Bei einem Handelsgeschäft bzw einer Beteiligung an einem solchen ist der Firmen-
wert unter Berücksichtigung des sog goodwill anzusetzen (dazu im einzelnen STAUDIN-

GER/FERID/CIESLAR[12] § 2311 Rn 49). Hat ein Handelsunternehmen (zB Handelsvertretung) keinen Verkehrswert, ist der Substanzwert durch den Ertragswert zu berichtigen (BGH NJW 1973, 509; 1977, 949). Bei Beteiligungen an Handelsgeschäften ist ein vereinbarter Abfindungsbetrag anzusetzen (dazu HECKELMANN, Abfindungsklauseln in Gesellschaftsverträgen [1973] § 10 S 241 ff; JOHANNSEN WM 1970 Beil 3 S 10).

Ein zum Nachlaß gehörendes **Landgut** (zum Begriff vgl STAUDINGER/DILCHER[12] § 98 Rn 10) **7** wird gem Abs 1 S 3 entsprechend *§ 2049* im Zweifel mit dem Ertragswert anzusetzen sein. Soweit nach Art 137 EGBGB Landesrecht unberührt bleibt, besteht die Gefahr einer Wertverschiebung der vom Bundesgesetzgeber dem Erbersatzanspruchsberechtigten zugewiesenen Mittel durch den Landesgesetzgeber, wenn man diese Norm als dynamische Verweisung begreift. Sie ist daher so auszulegen, daß sie nur die seit Inkrafttreten des NichtehelG geltenden landesrechtlichen Regelungen erfaßt (SOERGEL/STEIN Rn 7). Da § 2049 nur bei letztwilliger Anordnung der Übernahme des Landgutes durch einen Erben Anwendung findet, gilt diese Vorschrift über § 1934 b Abs 1 S 3 nur, wenn in einer solchen letztwilligen Verfügung keine Erbeinsetzung oder Enterbung des Erbersatzanspruchsberechtigten enthalten ist, denn den Anspruch aus § 1934 a hat nur der nichteheliche Verwandte, der nicht von der Erbfolge ausgeschlossen und nicht gewillkürter Erbe ist. § 1934 a ist eine Regelung der gesetzlichen Nachlaßbeteiligung und gegenüber der gewillkürten subsidiär (vgl § 1934 a Rn 6 ff). § 2049 gilt auch, wenn der eheliche Verwandte wegen Verweisung des nichtehelichen auf den Erbersatzanspruch Alleinerbe wird und das Landgut übernimmt (BT-Drucks V/2370, 95; ERMAN/SCHLÜTER Rn 5), unabhängig davon, ob der Erblasser die Übernahme durch den gesetzlichen Alleinerben eigens angeordnet hat (OLG Hamm AgrarR 1980, 84, 345; aA STÖCKER ZBlJugR 1980, 553, 555 f, der die Erhaltung des Hofes in der Familie, der § 2049 dienen soll, nur bei tatsächlicher Weiterbewirtschaftung für sinnvoll hält, MünchKomm/LEIPOLD Rn 9; SOERGEL/STEIN Rn 7). Fehlt bei mehreren dinglichen Erben eine Anordnung des Erblassers, wird das Landgut mit dem Verkaufswert zu berechnen sein, sofern es nicht als Hof iSd HöfeO (§ 1) mit dem eineinhalbfachen Einheitswert anzusetzen ist (§ 12 Abs 2, 10 HöfeO),

b) Läßt sich der Wert des gesamten Nachlasses oder einzelner Posten nicht entsprechend dem allgemeinen Verkehrswert berechnen, ist der Wert durch *Schätzung* **8** zu ermitteln, Abs 1 S 2 (entspr § 2311 Abs 2 S 1, s STAUDINGER/FERID/CIESLAR[12] § 2311 Rn 42-61), wobei erforderlichenfalls Sachverständige hinzuzuziehen sind.

c) Der Erblasser kann anders als nach § 2311 Abs 2 S 2 (nur) durch letztwillige **9** Verfügung den **Wert des Nachlasses festlegen,** da der Erbersatzanspruch auch in seiner Höhe der freien Verfügungsbefugnis des Erblassers unterliegt (BT-Drucks V/2370, 94, 95; MünchKomm/LEIPOLD Rn 10; SOERGEL/STEIN Rn 4; ERMAN/SCHLÜTER Rn 7; SCHLÜTER § 9 II 3 b cc; BROX Rn 77; COING NJW 1988, 1753, 1755). Dieser Unterschied erklärt sich daraus, daß der Erbersatzanspruch auch sonst zur Disposition des Erblassers steht (MünchKomm/LEIPOLD aaO). Wie der Erbteil, so kann auch der an seine Stelle tretende Erbersatzanspruch vom Erblasser in seiner Höhe festgelegt oder entzogen werden durch Bestimmung der Berechnungsgrundlage, dh der Erblasser kann den gesamten Nachlaßwert als Berechnungsgrundlage oder einzelne Berechnungsposten (Aktiva oder Passiva) summenmäßig bestimmen. Führt eine solche Erblasserbestimmung zu einem Anspruch, der geringer als der Pflichtteilsanspruch wäre, besteht ein

Olaf Werner

Anspruch aus § 2305 auf den Zusatzpflichtteil (§§ 2303, 2338 a; MünchKomm/LEI-POLD aaO).

III. Anwendung des Pflichtteils- und Vermächtnisrechts

10 Die nach § 1934 b Abs 2 angeordnete **entsprechende Anwendung des Pflichtteils- und Vermächtnisrechts** bestimmt *Rechtsnatur* und *Ausgestaltung* des Erbersatzanspruches. Ebenso wie Pflichtteils- und Vermächtnisansprüche begründet der Erbersatzanspruch *Erbfallschulden* zu Lasten der (des) Erben auf Zahlung einer bestimmten Geldsumme. Wie der Pflichtteilsanspruch stellt der Erbersatzanspruch einen gesetzlich begründeten wertmäßigen Anteil am Nachlaß dar. Der Erbersatzberechtigte ist wie der Inhaber des Pflichtteils- oder Vermächtnisanspruches Nachlaßgläubiger. Aufgrund gesetzlicher Analogie sind auf den Erbersatzanspruch anwendbar die Vorschriften des Vermächtnisrechts nur in bezug auf Annahme und Ausschlagung, die des Pflichtteilsrecht grundsätzlich mit Ausnahme der in § 1934 b Abs 2 S 1 genannten Normen, auch soweit sie nicht im fünften Abschn des fünften Buches stehen (BT-Drucks V/2370, 95), zB §§ 1967 Abs 2; 1972—1974; 1991 Abs 4 iVm § 226 KO. Über den Ausnahmekatalog des § 1934 b Abs 2 S 1 hinaus sind Pflichtteilsvorschriften ausgeschlossen, soweit sie vom Sinn und Zweck und ihrem Wesen nach nicht auf den Erbersatzanspruch übertragbar sind (ODERSKY Anm III 2). Das trifft namentlich auf solche Normen zu, die die prinzipielle Unentziehbarkeit des Pflichtteilsanspruchs konkretisieren (MünchKomm/LEIPOLD Rn 1). Im einzelnen zu den anwendbaren Vorschriften MünchKomm/LEIPOLD Rn 3 ff.

11 **1.** Die Rechtsnatur des Erbersatzanspruchs läßt sich entgegen COING NJW 1988, 1753 trotz der Verweisung in § 1934 b Abs 2 nicht als gesetzliches Vermächtnis umschreiben, da er keinen zusätzlichen Vermögensvorteil schafft (MünchKomm/LEIPOLD § 1934 a Rn 51; HARDER NJW 1988, 2715, 2716). Gegen eine Charakterisierung als Pflichtteilsrecht spricht, daß er der Testierfreiheit des Erblassers unterliegt (Münch-Komm/LEIPOLD aaO; **aA** LANGE/KUCHINKE § 14 V 4 b). Es handelt sich vielmehr um das gesetzliche „Erbrecht in Geld" (so plastisch MünchKomm/LEIPOLD aaO; ähnlich SOERGEL/STEIN Rn 2). Als **obligatorischer Anspruch eigener Art** führt er zu einer Nachlaßverbindlichkeit iSd § 1967, gerichtet auf Zahlung einer Geldsumme, die sich nach dem Nachlaßanteil berechnet, den der Anspruchsinhaber haben würde, wenn er nicht durch § 1934 a von der dinglichen Erbfolge ausgeschlossen wäre.

12 **2.** **Die Höhe des Erbersatzanspruches** entspricht dem Wert des Anteils am Nachlaß, der dem Berechtigten als Miterbe zustehen würde, dh zu welcher Quote er Miterbe wäre. Der Berechtigte erhält den ihm aufgrund Verwandtenerbrechts zufallenden Erbteil in Geld ausgezahlt. Der nichteheliche Verwandte des Erblassers erhält wertmäßig dasselbe wie bei dinglicher Erbfolge. Da idR Miterbengemeinschaften über eine Versilberung des Nachlasses zur Auseinandersetzung führen, wird zumeist eine völlige Gleichstellung mit den ehelichen Verwandten des Erblassers erreicht.

13 **3.** Der Erbersatzanspruch ist eine **Nachlaßverbindlichkeit** (Erbfallschuld), er richtet sich gegen den oder die gesetzlichen Erben (§ 1934 a Abs 1 aE). Miterben haften dem Anspruchsberechtigten als Gesamtschuldner, §§ 2058 ff. Der Erbersatzberechtigte kann vor Teilung des Nachlasses gem § 2059 Abs 2 die Gesamthandsklage oder gem § 2058 die Gesamtschuldklage gegen einen oder mehrere Miterben erheben, sofern diese die Erbschaft gem § 1958 angenommen haben (SOERGEL/STEIN Rn 12). Die Miterben sind auch bei Verwaltungsvollstreckung wegen Abs 2 S 1 iVm § 2213 Abs 1 S 3 richtiger Klagegegner (MünchKomm/LEIPOLD Rn 31 mwN). Ein pflichtteilsberechtigter Miterbe kann gem §§ 1934 b Abs 2 S 1, 2319 nach Auseinandersetzung die Leistung insoweit verweigern, als hierdurch sein eigener Pflichtteil angegriffen würde. Für seinen Ausfall haften die anderen Miterben. § 2319 garantiert allein den Pflichtteil, nicht über § 1934 b Abs 2 S 1 auch den Erbersatzanspruch (MünchKomm/LEIPOLD Rn 30). Ein nichtehelicher zum Miterben bestimmter Verwandter kann sich somit nicht bis zur Höhe des Erbersatzanspruches auf § 2319 berufen (ERMAN/SCHLÜTER Rn 16).

Im Innenverhältnis werden die Erben belastet, die durch den Ausfall des Anspruchsberechtigten als dinglicher Erbe eine erhöhte dingliche Nachlaßbeteiligung erlangt haben, § 2320 analog (MünchKomm/LEIPOLD Rn 33; SOERGEL/STEIN Rn 12; EBENROTH Rn 30; LEIPOLD § 7 IV 3). Es ist also ein Vergleich der nunmehrigen dinglichen Nachlaßbeteiligung mit der herzustellen, die bestehen würde, wenn der Erbersatzberechtigte nicht gem § 1934 a von der dinglichen Erbfolge ausgeschlossen wäre. Aus dieser Differenz ergibt sich, welcher Miterbe in welchem Umfang sich bei der Auseinandersetzung die Erfüllung des Erbersatzanspruches anrechnen lassen muß (vgl auch § 1931 Rn 48). **14**

Der Regierungsentw (BT-Drucks V/2370, 95) und die sich darauf berufende überwiegende Ansicht (ODERSKY Anm II 5; PALANDT/EDENHOFER Rn 13; MünchKomm/LEIPOLD Rn 36; SOERGEL/STEIN Rn 12; LUTTER § 2 IV 6 d; DAMRAU FamRZ 1969, 585; JOHANNSEN WM 1970 Beil 3 S 12; SCHRAMM BWNotZ 1970, 12) geben dem **Erblasser** die Möglichkeit, durch letztwillige Verfügung die *Belastung der Erben im Innenverhältnis* abweichend vom obigen Grundsatz zu **regeln**, obwohl § 2324 durch § 1934 b Abs 2 S 1 ausdrücklich für unanwendbar erklärt ist. § 2324 sei nur deshalb ausgeschlossen, weil der Erblasser allgemein das Recht zur abweichenden Anordnung habe, § 2324 diesen allgemeinen Grundsatz nur hervorhebe, aber nicht begründe. Eine ausdrückliche Verweisung in § 1934 b würde Zweifel an diesem Grundsatz aufkommen lassen (BT-Drucks V/2370, 95). Damit wird aber § 2324 in Frage gestellt, denn auch außerhalb des Nichtehelichenerbrechts könnte diese Norm den befürchteten Irrtum hervorrufen. Weitaus bedenklicher ist die Anwendung einer ausdrücklich ausgeschlossenen Vorschrift. Die aufgezeigte Meinung ignoriert den Ausnahmekatalog des § 1934 b Abs 2 S 1, der die Anwendung des § 2324 zu Recht verbietet. Während die Pflichtteilslast nur dem halben Wert des gesetzlichen Erbteils entspricht, führt die Belastung mit dem Erbersatzanspruch zu einer solchen in voller Höhe des Erbteilswertes. Der Erblasser kann keine so weitgehende Regelung treffen, die den Belasteten idR nicht nur den Wert des Erbteils, sondern auch des Pflichtteiles nehmen würde. **15**

§ 2321 regelt über § 1934 b Abs 2 S 1 die Belastung im Innenverhältnis. Hat der Erblasser dem Erbersatzberechtigten ein **Vermächtnis** mit der Bestimmung ausgesetzt, daß es auf den Anspruch *anzurechnen* sei, so kommt die Ausschlagung idR allen Erben zugute. Wenn lediglich ein Miterbe beschwert war, hat er den Erbersatzanspruch in Höhe des ausgeschlagenen Vermächtnisses zu tragen. Sollte der Erbersatzanspruchsberechtigte ausschließlich das Vermächtnis erhalten (also Entzug des Erbersatzanspruches), so erlangt er nach dessen Ausschlagung allein den Pflichtteilsanspruch gem § 2338 a (SOERGEL/STEIN Rn 12). § 2321 gilt nicht für ein zusätzlich zum **16**

Olaf Werner

Erbersatzanspruch gewährtes Vermächtnis (eingehend MünchKomm/Leipold Rn 35; Soer-
gel/Stein aaO).

17 **4.** Der **Erbersatzanspruch entsteht mit dem Erbfall** (Tod des Erblassers), §§ 1934 b
Abs 2 S 1, 2317 Abs 1, 1922 Abs 1, sofern der Berechtigte nicht von der Erbfolge
ausgeschlossen worden ist (vgl § 1934 a Rn 7), durch Erbverzichtsvertrag auf das Erbrecht oder auch nur gem §§ 1934 b Abs 2 S 1, 2346 Abs 2 auf den Erbersatzanspruch
(vgl MünchKomm/Leipold Rn 28; Soergel/Stein Rn 3) verzichtet hat, den vorzeitigen
Erbausgleich erhalten hat (§§ 1934 d, 1934 e) oder wegen Überschuldung des Nachlasses ein negativer Nachlaßwert den Anspruch inhaltslos macht (Notariat Bruchsal
DAV 1973, 627; MünchKomm/Leipold Rn 11; Soergel/Stein Rn 3; Erman/Schlüter Rn 15).
Für das minderjährige nichteheliche Kind macht ihn idR das Jugendamt als Pfleger
geltend, §§ 1706 Nr 3, 1709 (Soergel/Stein Rn 13). Da der Erbersatzanspruch an die
Stelle des gesetzlichen Erbteils tritt, erfolgt der Ausschluß auch durch Erbunwürdig-
keit gem §§ 2339—2344, nicht nach § 2345 (so jedoch Odersky Anm II 13; MünchKomm/
Leipold Rn 29). Letztere Norm gilt allein für die Pflichtteilsunwürdigkeit des nichtehelichen Verwandten.

Der Anfall des Anspruchs kann durch letztwillige Verfügung bedingt oder befristet
werden. Möglich ist auch die Anordnung von Ratenzahlung (MünchKomm/Leipold
Rn 43; Soergel/Stein Rn 4). Vor dem Erbfall besteht wie bei der dinglichen Erbfolge
noch keine gesicherte Rechtsposition. Sicherung durch Arrest oder einstweilige Verfügung ist insoweit nicht möglich (MünchKomm/Leipold Rn 21; Soergel/Stein Rn 3).

18 **5.** **Annahme und Ausschlagung** des Erbersatzanspruches richten sich gem § 1934 b
Abs 2 S 1 nach den Vorschriften über Annahme und Ausschlagung eines Vermächtnisses. Gem §§ 1934 b Abs 2, 2180 Abs 2 S 1 erfolgen Annahme oder Ausschlagung
des Erbersatzanspruches durch einseitige formlose Erklärung gegenüber dem Erben
als Schuldner (Notariat Bruchsal DAV 1973, 626, 627). Eine Frist für die Annahme oder
Ausschlagung besteht nicht (Notariat Bruchsal DAVorm 1973, 626, 627). § 2307 Abs 2 ist
durch die Verweisung des § 1934 b Abs 2 S 1 auf das Vermächtnisrecht nicht anwendbar (MünchKomm/Leipold Rn 24; Soergel/Stein Rn 10). Bei mehreren Erben erfolgt die
Annahmeerklärung gegenüber allen Miterben (Odersky Anm IV 2; Erman/Schlüter
Rn 24; Soergel/Stein Rn 10 lassen die Erklärung gegenüber einem Miterben genügen). Die Aus-
schlagung muß gegenüber allen erfolgen (MünchKomm/Leipold Rn 24; Erman/Schlüter
Rn 24; Odersky Anm IV 4 a; BGB-RGRK/Kregel Rn 3; Lutter § 2 IV 7 b). Adressat beider
Erklärungen sind auch Nachlaßpfleger (§§ 1960 Abs 2, 1961) und Testamentsvollstrecker (§ 2213 Abs 1; Soergel/Stein Rn 10; bezüglich Testamentsvollstrecker abweichend
MünchKomm/Leipold Rn 24 unter Hinweis auf § 2213 Abs 1 S 3, der jedoch nur passive Prozeß-
führungsbefugnis betrifft). Erklärung der Annahme oder Ausschlagung kann erst nach
dem Erbfall abgegeben werden. Sie ist unwiderruflich. Anfechtung der Annahme
oder Ausschlagungserklärung ist gem §§ 119 ff möglich (MünchKomm/Leipold Rn 25;
Soergel/Stein Rn 10). Bei Ausschlagung eines beschwerten Erbersatzanspruchs nach
§ 2306 Abs 1 S 2 ist der Rechtsgedanke des § 2308 heranziehbar (Soergel/Stein
aaO).

19 **a)** Der Erbersatzanspruch **entsteht** kraft Gesetzes **mit dem Erbfall** (§§ 1934 b,
2317; vgl Westphal ZBlJugR 1979, 479, 485). Gleich der dinglichen Erbfolge, an deren
Stelle der Anspruch tritt, braucht der Berechtigte ihn nicht anzunehmen. Wie bei der

Erbschaft und bei dem Vermächtnis ist die Annahme keine Entstehungsvoraussetzung des Erbersatzanspruches, sie führt nur zum Verlust des Ausschlagungsrechtes (§ 2180 Abs 1). Die vorläufige Gläubigerstellung wird zu einer endgültigen. Nach der Annahme kann jedoch ein Erlaßvertrag mit dem Erben als Beschwertem zur Aufhebung des Anspruches führen, § 397.

b) **Ausschlagung** des Erbersatzanspruches ist nur hinsichtlich des *gesamten* 20 *Anspruchs* möglich, §§ 2180 Abs 3, 1950 S 2. Die Ausschlagung zeitigt Rückwirkungen auf den Zeitpunkt des Erbfalles, sie bewirkt, daß der Anspruch nie in der Person des Ausschlagenden, auch nicht als Anwartschaft, entstanden ist, §§ 1934 b Abs 2 S 1, 2180 Abs 3, 1953. Bei Ausschlagung durch den gesetzlichen Vertreter gelten §§ 1643 Abs 2, 1822 Nr 2 (MünchKomm/Leipold Rn 24; Damrau FamRZ 1969, 585).

Zwar ist § 2306 nach dem Ausnahmekatalog des § 1934 b Abs 2 S 1 nicht unmittelbar anwendbar, findet aber trotzdem über § 2338 a S 2 Anwendung, so daß ein Erbersatzanspruchsberechtigter den Pflichtteil verlangen kann, wenn er den Erbersatzanspruch ausschlägt, weil der Erblasser Beschwerungen oder Beschränkungen iSd § 2306 angeordnet hat (Erman/Schlüter Rn 20). Ansonsten begründet die Ausschlagung keine Pflichtteilsansprüche (MünchKomm/Leipold Rn 27; Soergel/Stein Rn 5, 11, jeweils mwN).

Durch Ausschlagung fällt der Erbersatzanspruch an denjenigen, der nach den 21 Regeln der gesetzlichen Erbfolge **an die Stelle des Ausschlagenden** treten würde, der Ausschlagende wird so behandelt, als hätte er zZt des Erbfalls nicht gelebt (§§ 1934 b Abs 2 S 1, 2180 Abs 3, 1953 Abs 2). Sind keine Eintrittsberechtigten vorhanden, entfällt der Anspruch.

c) **Entzug des Erbersatzanspruches** ist möglich durch letztwillige Verfügung des 22 Erblassers (vLübtow I 57; Westphal ZBlJugR 1979, 479, 483), dh durch ausdrücklichen Entzug (entsprechend Enterbung, § 1938). Der Anspruch entfällt auch bei Verlust der Stellung als (potentieller) gesetzlicher Erbe, etwa durch anderweitige Erbeinsetzung gem § 1937 (MünchKomm/Leipold § 1934 a Rn 55 mN auch zur Gegenansicht). Insoweit gelten die für den Erbteil bestehenden Regelungen, denn der Erbersatzanspruch tritt an die Stelle des gesetzlichen Erbteils. Der erbersatzanspruchsberechtigte Abkömmling oder Vater des Erblassers erhält bei Entzug des Anspruchs nach § 2338 a einen Pflichtteilsanspruch. Der Erblasser kann aber von sich aus den Erbersatzanspruch testamentarisch bis zur Höhe des Pflichtteils beschränken (Westphal aaO). Einen Pflichtteilsanspruch hat auch der Erbersatzberechtigte, der ein angefallenes Vermächtnis ausschlägt, §§ 2338 a, 2307 Abs 1 S 1 (Erman/Schlüter Rn 17; vgl auch Rn 20). Demgegenüber führt die Enterbung gem § 1937 nicht zu einem Entzug iSv § 2338 a S 1, da dem Enterbten der gesetzliche Erbteil und damit der Erbersatzanspruch von vornherein nicht zusteht. Ihm bleiben aber Pflichtteilsansprüche gem § 2303 I 1 iVm § 2338 a S 2 (BGHZ 80, 290, 292 f = NJW 1981, 1735). Zum Entzug des Erbersatzanspruches vgl Vorbem 45 zu §§ 1924—1936.

6. Der Erbersatzanspruch ist wie der Pflichtteilsanspruch erst nach dem Erbfall 23 gem §§ 1934 b Abs 2 S 1, 2317 **vererblich** und **übertragbar** (vgl Staudinger/Ferid/Cieslar[12] § 2317 Rn 2).

Die Übertragung bedarf wie eine auf sie gerichtete Verpflichtung keiner Form (§ 398; MünchKomm/LEIPOLD Rn 22) und ist auch möglich, soweit die Pfändung ausgeschlossen ist (vgl Rn 24). Verträge über den Anspruch vor dem Erbfall unterliegen § 312 Abs 1, 2 (MünchKomm/LEIPOLD Rn 21; DAMRAU FamRZ 1969, 585; SCHRAMM BWNotZ 1970, 13).

24 7.   Nach der Entstehung (nach dem Erbfall) ist der Erbersatzanspruch entsprechend seiner Übertragbarkeit auch gem §§ 1069, 1274 **rechtsgeschäftlich belastbar** (vgl § 2317 Rn 12). § 852 ZPO findet keine Anwendung. **Pfändbar** ist der Anspruch (vgl § 2317 Rn 13—22) abweichend von § 400 wegen § 852 Abs 1 ZPO jedoch nur, soweit er durch Vertrag anerkannt oder rechtshängig geworden ist (ERMAN/SCHLÜTER Rn 13; BGB-RGRK/KREGEL Rn 3; **aM** EBENROTH Rn 128; PALANDT/EDENHOFER Rn 4; MünchKomm/ LEIPOLD Rn 23; SOERGEL/STEIN Rn 3; ODERSKY Anm II 3 c). Wie der Inhaber eines Pflichtteilsanspruchs soll auch allein der Erbersatzberechtigte entscheiden, ob er den Anspruch geltend machen will, da der Anspruch auf persönlichen Beziehungen zum Erblasser (Verwandtschaft) beruht. Insoweit wäre ein Unterschied zum Pflichtteilsanspruch nicht begründet. Mit Anerkennung oder Rechtshängigkeit (§ 852 ZPO) gehört der Erbersatzanspruch zur Konkursmasse (§ 1 KO).

25 8.   **Aufrechnung** gegen den Erbersatzanspruch ist dem Erben gem § 394 S 1 erst nach Anerkennung oder Rechtshängigkeit möglich (STAUDINGER/FERID/CIESLAR[12] § 2317 Rn 25).

IV.   Ausgleichungspflicht unter Abkömmlingen

26 § 2316 ist nach § 1934 b Abs 2 S 1 auf den Erbersatzanspruch nicht anwendbar. § 1934 b Abs 3 bestimmt vielmehr für erbersatzberechtigte Abkömmlinge des Erblassers die entsprechende Anwendung der Vorschriften über die Ausgleichungspflicht unter Abkömmlingen, die als gesetzliche Erben zur Erbfolge gelangen, §§ 2050—2057 a. Hierdurch wird der Erbersatzberechtigte wertmäßig so gestellt, wie wenn er dinglich Erbe und ausgleichspflichtig wäre.

27 1.   Nichteheliche wie eheliche Abkömmlinge des Erblassers müssen sich gleichberechtigt vom Erblasser erhaltene **Zuwendungen** gem §§ 2050 ff auf ihren Erbanteil bzw Erbersatzanspruch **anrechnen** lassen. Dazu zählen namentlich Zuwendungen im Hinblick auf einen nicht zustandegekommenen Erbausgleich, § 1934 a Abs 4 S 3. Der Nachlaßwert erhöht sich um die ausgleichspflichtigen Zuwendungen, § 2055 (WESTPHAL ZBlJugR 1979, 479, 483). Hat der Nachlaß einen Wert von 50.000,– DM, hat das allein erbende eheliche Kind des Erblassers eine ausgleichspflichtige Zuwendung in Höhe von 20.000,– DM, das nichteheliche Kind eine solche von 10.000,– DM erhalten, beträgt der rechnerische Nachlaßwert 80.000,– DM. Der Erbersatzanspruch beläuft sich auf 40.000,– DM, worauf das nichteheliche Kind sich die erhaltenen 10.000,– DM anrechnen lassen muß, also von dem ehelichen Kind 30.000,– DM verlangen kann. Bei Wegfall eines ausgleichsverpflichteten erbersatzberechtigten Abkömmlings geht die *Ausgleichsverpflichtung* auf den an seine Stelle tretenden Abkömmling über, §§ 1934 b Abs 3, 2051.

28 Bei **Zuwendungen** an einen **Abkömmling** des Erbersatzberechtigten oder an den Erbersatzberechtigten vor Wegfall eines ihn ausschließenden Berechtigten gilt § 2053 Abs 1, 2, dh Ausgleich nur bei Anordnung des Erblassers. Ob § 2053 Abs 2 auch für *Zuwendungen vor Inkrafttreten des NichtehelG* entsprechend gilt, ist umstritten. Teilweise wird auf den hypothetischen Erblasserwillen abgestellt (so ERMAN/SCHLÜTER Rn 27; ODERSKY Anm VI 2 c), teilweise auf die generelle Vermutung, daß das Zugewandte mit Blick auf die Rechtsbeziehung zum nichtehelichen Kind geleistet worden ist, die schon vor Einführung des NichtehelG bestand (MünchKomm/ LEIPOLD Rn 18). Zudem habe der Gesetzgeber bei Schaffung des § 2053 nicht an eine Erstreckung auf nichteheliche Verwandte gedacht. Mit der Einführung des NichtehelG hat der Gesetzgeber aber ausdrücklich auch die Geltung des § 2053 angeordnet. § 1934 b Abs 3 enthält keine über die allgemeinen zeitlichen Geltungsvoraussetzungen hinausgehenden Beschränkungen. § 2053 ist daher auch auf Zuwendungen vor dem 1. 7. 1970 anwendbar (SOERGEL/STEIN Rn 8). Dies entspricht der bezweckten Gleichstellung der nichtehelichen mit ehelichen Verwandten.

2. Bei der entsprechenden **Anwendung des § 2052** ist zu berücksichtigen, daß eine 29 letztwillige Erbeinsetzung des nichtehelichen Abkömmlings auf den gesetzlichen Erbteil den Erbersatzanspruch insgesamt ausschließt (vgl § 1934 a Rn 6 ff), § 2052 kann somit nicht über § 1934 b Abs 3 Anwendung finden. Da das nichteheliche Kind bei dinglicher Erbfolge mehr, die gesetzlichen Erben weniger als bei gesetzlicher Erbfolge erhalten würden, kann § 2052 auch nicht unmittelbar gelten (SOERGEL/STEIN Rn 8; MünchKomm/LEIPOLD Rn 17; aM ERMAN/SCHLÜTER Rn 27). Weil eine letztwillige Einsetzung auf den Erbersatzanspruch als Quotenvermächtnis anzusehen ist, kann der nichteheliche Abkömmling ebenfalls nicht iSd § 2052 durch letztwillige Verfügung die Stellung erhalten, die ihm aufgrund gesetzlicher Erbfolge im weiten Sinne zukommen würde. Der rechtspolitische Grund des § 2052 liegt darin, daß der Erblasser mit Einsetzung auf die gesetzlichen Erbteile die gesetzliche Erbfolge gutheißt und damit auch die Nebenregelung, dh die Ausgleichspflicht der §§ 2050 ff herbeiführen will. Die von § 1934 b Abs 3 gewollte wertmäßige Gleichstellung ehelicher und nichtehelicher Abkömmlinge unter ausdrücklicher Ausklammerung des § 2316 erfordert daher, diese Norm auch dann anzuwenden, wenn der Erblasser dem nichtehelichen Abkömmling ein (Quoten-)Vermächtnis in Höhe des Erbersatzanspruchs aussetzt und die ehelichen Abkömmlinge auf ihre gesetzlichen Erbteile setzt. In diesem Falle stehen alle Abkömmlinge rechtlich wie bei gesetzlicher Erbfolge, die Ausgleichspflicht nach §§ 2050, 2051 ist im Zweifel anzunehmen (MünchKomm/LEIPOLD Rn 17; SOERGEL/STEIN Rn 8). Hat der Erblasser nur die ehelichen Abkömmlinge letztwillig in Höhe ihrer gesetzlichen Erbanteile, nicht aber den nichtehelichen Abkömmling mit einem Geldanspruch bedacht, liegt darin die Enterbung des nichtehelichen Abkömmlings, § 2052 kann über § 1934 b Abs 3 keine Anwendung finden (vgl § 1934 a Rn 7).

3. Zum Gegenstand der **Ausgleichungspflicht** und zum **Ausgleichsverfahren** vgl 30 Erläuterungen zu §§ 2050 ff.

V. Durchsetzung des Erbersatzanspruchs

Die Durchsetzung erfolgt im Wege der Leistungsklage vor dem Prozeßgericht. Diese 31 ist nach Annahme der Erbschaft durch die Erben (§ 1958) gegen diese einzeln oder als Gesamtschuldner gem § 2058 zu richten (MünchKomm/LEIPOLD § 1934 a Rn 52). Die örtl Zuständigkeit bestimmt sich nach §§ 12, 27 ZPO, die sachliche nach dem Streitwert, §§ 23 Abs 1 Nr 1, 71 Abs 1 GVG. Ein minderjähriges nichteheliches Kind erhält gem § 1706 Nr 3 einen Pfleger zur Wahrnehmung seines Anspruches (zu beachten sind §§ 1915, 1822 Ziff 1, 2).

32 **1.** **Auskunft** über den Bestand und Wert des Nachlasses kann der Erbersatzberechtigte von dem (den) Erben nach § 2314 verlangen und dadurch alle Umstände (Tatsachen) in Erfahrung bringen, die für die Berechnung erforderlich sind (AG Köln DAV 1974, 661; Baumgärtel/Strieder, Handbuch der Beweislast Rn 1; Westphal ZBlJugR 1979, 479, 483), ua auch die eine Ausgleichspflicht nach §§ 2050–2057 a begründenden (Erman/Schlüter Rn 11 ; Johannsen WM 1970 Beil 3 S 11), da diese auch den Wert des Erbteils unter Miterben mitbestimmen, sowie über Schenkungen, da sich daraus über §§ 2338 a, 2326 ein Ergänzungsanspruch ergeben kann (MünchKomm/Leipold Rn 37; aA Soergel/Stein Rn 14; Odersky Anm II 2). Zum Anspruch auf Schätzung des gesamten Nachlasses auf Nachlaßkosten Baumgärtel/Strieder Rn 2. Der Auskunftsanspruch erfaßt nicht ein Gutachten über den Schätzwert einzelner Nachlaßgegenstände (OLG Oldenburg NJW 1974, 2093 = FamRZ 1974, 542). Unter den Voraussetzungen des § 260 besteht Anspruch auf Abgabe einer eidesstattlichen Versicherung (Soergel/Stein Rn 14; Baumgärtel/Strieder, Handbuch der Beweislast Rn 1).

33 **2.** Im **Erbschein** werden lediglich die Erben, nicht der Inhaber eines Erbersatzanspruchs vermerkt, § 2353 (dazu MünchKomm/Leipold § 1934 a Rn 53; Kumme ZblJugR 1972, 577 ff; Bosch FamRZ 1972, 179). Die Ausstellung eines Erbscheins kann er nicht über § 2353, sondern nur über §§ 792, 896 ZPO erreichen (MünchKomm/Leipold aaO). Deswegen ist das Nachlaßgericht im Erbscheinsverfahren nicht verpflichtet, den Inhaber eines Erbersatzanspruchs zu ermitteln (eingehend Soergel/Stein Vor § 1934 a Rn 12; Hochleitner 153; aA MünchKomm/Leipold § 1934 a Rn 54, der den Erbersatzanspruchsberechtigten sogar am Erbscheinsverfahren beteiligt sehen will). Insoweit teilt er das Los aller gesetzlichen Erben, die – insbesondere bei weiter Verwandtschaft – oft nur zufällig von dem Erbfall erfahren. Eine gravierende Benachteiligung des nichtehelichen Kindes liegt darin nicht (Soergel/Stein aaO). Da das nichteheliche Kind ebenso wie das eheliche dem Nachlaßgericht bekannt ist (dazu Brüggemann ZblJugR 1969, 311; Frank StAZ 1971, 45, 46; Mergentaler FamRZ 1972, 430 f), muß es bei testamentarischer Erbfolge – auch soweit sein Pflichtteilsrecht in Betracht kommt – gem § 2262 informiert werden. Darüber hinaus folgt aus Art 6 Abs 5 GG und der Fürsorgepflicht (vgl § 1960) die Verpflichtung des Nachlaßgerichts, ihm bekannte erbersatzanspruchsberechtigte nichteheliche Kinder vom Tod des Erblassers in Kenntnis zu setzen (MünchKomm/Leipold aaO; Soergel/Stein aaO).

34 **3.** **Verjährung** des Erbersatzanspruchs ist in § 1934 b Abs 2 S 2 ähnlich wie bei dem Pflichtteilsanspruch (§ 2332) geregelt. Entgegen dem Willen des BR wurde am Ausschluß des § 2332 für den Erbersatzanspruch festgehalten (BT-Drucks V/2370, 108, 111). Die dreijährige Verjährungsfrist beginnt mit der Kenntnis des Anspruchsberechtigten vom Erbfall (Tod des Erblassers) und von den anspruchsbegründenden Umständen. Dabei reicht die Kenntnis der natürlichen Vaterschaft bzw der Voraussetzungen der Vaterschaftsvermutung des § 1600 o Abs 2 allein nicht aus. Entscheidend ist vielmehr die Kenntnis der Anerkennung bzw rechtskräftigen Feststellung der nichtehelichen Vaterschaft (dafür wohl OLG Hamm NJW-RR 1986, 165; MünchKomm/Leipold Rn 44; Soergel/Stein Rn 17). Außerdem muß der Berechtigte um die Existenz bevorrechtigter ehelicher Verwandter wissen, die ihn auf den Erbersatzanspruch verdrängen (MünchKomm/Leipold aaO). Bei Minderjährigen ist Kenntnis des gesetzlichen

Vertreters erforderlich, § 166 Abs 1. Ohne Kenntnis der ihn nach § 1934 a von der Erbfolge ausschließenden Umstände darf sich der Anspruchsinhaber für einen dinglich Erbenden halten, wobei er nicht der kurzen Verjährungsfrist des § 1934 b Abs 2 S 2 unterworfen wäre.

Weil der Berechtigte nur von Tatumständen Kenntnis erlangt, nicht aber eine rechtliche Würdigung vorgenommen haben muß, ist allein ein Tatirrtum, nicht ein Rechtsirrtum erheblich (MünchKomm/LEIPOLD Rn 44). Unabhängig von der Kenntniserlangung verjährt der Erbersatzanspruch auf jeden Fall in dreißig Jahren nach dem Erbfall. Hemmung und Unterbrechung der Verjährung richten sich nach §§ 202 ff. Namentlich kann es als Anerkennung gem § 208 BGB zur Unterbrechung der Verjährung führen, wenn die Erben dem Anspruchsberechtigten Auskunft über den Nachlaß erteilen (WESTPHAL ZBlJugR 1979, 479, 483).

Stundung des Erbersatzanspruchs erfolgt gem §§ 1934 b Abs 2 S 1, 2331 a (dazu LUT- **35** TER § 2 IV 5). Gem §§ 1934 b Abs 2 S 1, 2331 a Abs 2 S 2, 1382 Abs 2 und 4 ist der gestundete Erbersatzanspruch nach billigem Ermessen zu verzinsen. Dabei sind alle wesentlichen Umstände des Einzelfalles, sowohl die Verhältnisse des Gläubigers als auch die des Schuldners zur Zeit der Entscheidung über die Stundung zu berücksichtigen (BayObLGZ 1980, 421, 426 = FamRZ 1981, 392, 393 f). Die von PALANDT/EDENHOFER Rn 2 und DAMRAU (BB 1970, 468) anerkannte testamentarische Anordnung ratenweiser Zahlung des Erbersatzanspruches entspricht einer teilweisen Stundung und ist damit zulässig. Nicht gefolgt werden kann dagegen der These von SCHRAMM (BWNotZ 1970, 11; ebenso BOSCH FamRZ 1972, 175), der dem Erben, der im Innenverhältnis nicht haftet (vgl Rn 13 ff), bei Inanspruchnahme Stundung bis zur Leistung der im Innenverhältnis verpflichteten Erben gewähren will. Die Ansicht SCHRAMMS führt letztlich dazu, daß ein im Innenverhältnis nicht haftender Erbe nicht als Gesamtschuldner in Anspruch genommen werden könnte (BOSCH FamRZ 1972, 175). Dies widerspricht dem Grundsatz der gesamtschuldnerischen Haftung, die im Außenverhältnis zur vollen Haftung eines Gesamtschuldners führt. Die Regelung der Haftung der Gesamtgläubiger untereinander bleibt allein auf das Innenverhältnis beschränkt (so auch MünchKomm/LEIPOLD Rn 38; SOERGEL/STEIN Rn 15).

4. **Im Aufgebot der Nachlaßgläubiger** (§§ 1970 ff) sind gem § 1972 Pflichtteils- **36** rechte, Vermächtnisse und Auflagen nicht betroffen, da sie idR aus der letztwilligen Verfügung bekannt sind. Das gilt aber nur für Vermächtnisse und Auflagen. Die Existenz eines Pflichtteilsberechtigten ergibt sich nicht aus dem Testament (allenfalls bei ausdrücklicher Enterbung). Zwar wird der Erbersatzanspruchsberechtigte, der nichteheliche Verwandte des Erblassers, idR auch wie ein Pflichtteilsberechtigter den Erben bekannt sein, aber selbst ohne diese Voraussetzung soll dem Erbersatzberechtigten der gleiche Schutz wie einem Pflichtteilsberechtigten zukommen. §§ 1972, 1973, 1974 sind somit auf den Erbersatzanspruchsberechtigten anwendbar, so daß der Erbersatzanspruch nicht vom Aufgebot betroffen wird, ihm aber ausgeschlossene Gläubiger, Pflichtteilsberechtigte und Vermächtnisnehmer im Range vorgehen, § 1974 Abs 2, § 226 KO (ODERSKY Anm II 11; MünchKomm/LEIPOLD Rn 39).

§ 1934 c

[1] *War beim Tod des Vaters eines nichtehelichen Kindes die Vaterschaft weder aner-*
kannt noch rechtskräftig festgestellt, so steht dem Kinde ein gesetzliches Erbrecht oder
ein Erbersatzanspruch nur zu, wenn das gerichtliche Verfahren zur Feststellung der
Vaterschaft bereits zur Zeit des Erbfalls anhängig war. Ist der Vater gestorben, bevor
das Kind geboren oder sechs Monate alt war, so genügt es, wenn der Antrag auf
Feststellung der Vaterschaft binnen sechs Monaten gestellt wird; die Frist beginnt mit
dem Erbfall, jedoch nicht vor der Geburt des Kindes.

[2] *Im Falle des Todes eines Verwandten des Vaters gilt Absatz 1 Satz 1 entspre-*
chend.

Materialien: BT-Drucks V/2370, 14, 96 ff; V/
4179, 30.

Schrifttum

BRÜGGEMANN, Zum Verständnis des § 1934 c   STÖCKER, Nichtigkeit des § 1934 c BGB – Aus-
BGB, in: FS Beitzke (1979) 373   wirkungen im Höferecht, AgrarR 1987, 149

I.   Die Nichtigerklärung durch das Bundesverfassungsgericht

1 Das BVerfG hat mit Beschluß vom 18. November 1986 die Norm wegen Verstoßes
gegen Art 6 Abs 5 GG für nichtig erklärt (BVerfGE 74, 33 = NJW 1987, 1007, Anm HOH-
LOCH JuS 1987, 568 f). Das BGB sehe keine ähnlichen zeitlichen Beschränkungen etwa
für den Fall vor, daß der zweite Ehemann der Kindesmutter die Ehelichkeit des
während der zweiten Ehe geborenen Kindes erfolgreich anficht, so daß dieses gem
§ 1600 Abs 2 als eheliches Kind des ersten Ehemanns gelte (BVerfGE 74, 33, 40; vgl
ROTH FamRZ 1991, 139, 147). Die Ungleichbehandlung ehelicher und nichtehelicher
Kinder sei aber wegen Art 6 Abs 5 GG nur gerechtfertigt, wenn durch die Gleichstellung in andere, nicht weniger schutzwürdige Rechtspositionen eingegriffen
würde oder der Regelungshintergrund von der sozialen Situation des Kindes her
betrachtet anders sei (BVerfGE 74, 33, 39). Daß der Erblasser möglicherweise nicht
damit gerechnet habe, daß sein Nachlaß erbrechtlichen Ansprüchen eines nichtehelichen Kindes ausgesetzt sei, reiche als Rechtfertigung nicht aus. Eventuelle Beweisschwierigkeiten würden überschätzt (BVerfGE 74, 33, 41; im Ergebnis abw BRÜGGEMANN,
in: FS Beitzke 397, der in der Abwägung mit Art 6 Abs 1 GG dem Gesetzgeber einen größeren
Gestaltungsspielraum zubilligt) und die mit der nachträglichen Vaterschaftsfeststellung
verbundene Ungewißheit der Nachlaßregelung sei hinnehmbar (BVerfGE 74, 33, 42; vgl
auch Vorlagebeschluß OLG Düsseldorf NJW 1985, 2834, 2836 f).

II.   Erbersatzanspruch beim Tod des nichtehelichen Vaters (Abs 1)

2 **1.**   **Grundsatz:** Das nichteheliche Kind und seine Abkömmlinge zählen bei anerkannter oder rechtskräftig festgestellter Vaterschaft gem § 1924 zu den Erben erster
Ordnung des nichtehelichen Vaters (§ 1924 Rn 5). In jedem Fall steht nichtehelichen

Abkömmlingen ein gesetzliches Erbrecht bzw ein Erbersatzanspruch zu, wenn das Verwandtschaftsverhältnis zu dem Erblasser beim Tod des Vaters anerkannt oder festgestellt war. Die gem § 1600 c erforderliche Zustimmung des nichtehelichen Kindes zur Anerkennungserklärung kann noch nach dem Tod des nichtehelichen Vaters (Erbfall) erfolgen (MünchKomm/LEIPOLD Rn 5; BRÜGGEMANN, in: FS Beitzke 376; BGB-RGRK/KREGEL Rn 1), denn auch für die gerichtliche Feststellung der Vaterschaft ist nur Anhängigkeit, nicht Rechtskraft beim Tod des nichtehelichen Vaters erforderlich (so ODERSKY Anm II 1 a).

Für die Beerbung des nichtehelichen Vaters hat die Nichtigkeit des § 1934 c zur **3** Folge, daß die erfolgreiche Durchführung des Vaterschaftsfeststellungsverfahrens gem § 1600 n Abs 2 iVm § 55 b FGG prinzipiell ohne zeitliche Begrenzung rückwirkend erbrechtliche Ansprüche des nichtehelichen Kindes gegen den väterlichen Nachlaß begründet (SOERGEL/STEIN Rn 2; MünchKomm/LEIPOLD Rn 1; aA allerdings STÖCKER AgrarR 1987, 149, der wegen § 1600 a S 2 die Rückwirkung der Vaterschaftsfeststellung negiert; § 1600 a S 2 hemmt jedoch nur die Geltendmachung der Rechtswirkungen einer Vaterschaftsfeststellung, ohne deren Entstehung zu verhindern; es handelt sich um eine bloße Rechtsausübungssperre, MünchKomm/LEIPOLD Fn 4; BRÜGGEMANN, in: FS Beitzke 379). Entsprechend kann sie im Höferecht zur Hoferbenberufung bzw zu Abfindungsansprüchen führen (MünchKomm/LEIPOLD Rn 1; aA STÖCKER aaO aufgrund seines verfehlten Ansatzes).

Die Nichtigkeit des § 1934 c hat grundsätzlich Konsequenzen auch für Erbfälle vor **4** der Entscheidung des BVerfG, und zwar auch, wenn die Vaterschaft noch vor diesem Zeitpunkt festgestellt worden ist. Insbesondere kann ein übergangenes nichteheliches Kind gem § 2079 ein Testament seines Vaters anfechten (BRÜGGEMANN DAVorm 1987, 249, 252). Anderes gilt aber für den Fall einer rechtskräftigen Entscheidung gem § 79 Abs 2 iVm § 95 Abs 3 S 2, 3 BVerfGG, wozu jedoch Entscheidungen im Erbscheinsverfahren nicht zählen (MünchKomm/LEIPOLD Rn 3; SOERGEL/STEIN Rn 3 aE).

Auch setzt dem Wiederaufrollen von Altfällen die Verjährung gem § 1934 b Abs 2 S 2 iVm § 2332 Abs 1 Grenzen. Zwar beginnt die Dreijahresfrist erst, wenn das nichteheliche Kind Kenntnis von den Umständen hatte, aus denen das Bestehen des Erbersatzanspruchs folgt, wozu teilweise auch die Entscheidung des BVerfG gerechnet wird (SOERGEL/STEIN Rn 3; MünchKomm/LEIPOLD Rn 4; BRÜGGEMANN DAVorm 1987, 249, 252). Dagegen spricht jedoch, daß das Verkennen der objektiven Verfassungswidrigkeit und damit Unbeachtlichkeit einer Norm lediglich einen Rechtsirrtum darstellt, der Kenntnis iS von § 1934 b Abs 2 S 2 gerade nicht ausschließt (OLG Köln DAVorm 1988, 836, 837; ERMAN/SCHLÜTER Rn 5; vgl auch § 1934 b Rn 34). Auch ist die Verjährung nicht gem § 203 Abs 2 gehemmt, da jeder Betroffene durch Verfassungsbeschwerde die Nichtigkeit von § 1934 c feststellen lassen konnte (OLG Köln DAVorm 1988, 836, 838; ERMAN/SCHLÜTER Rn 6).

2. Die Feststellung der nichtehelichen Vaterschaft des Erblassers ist nach dessen **5** Tod nun auch für die erbrechtliche Stellung des nichtehelichen Kindes ohne zeitliche Begrenzung von Belang (OLG Düsseldorf NJW 1990, 1244). Allerdings ist ein bereits anhängiges Vaterschaftsfeststellungsverfahren durch den Tod des Erblassers gem §§ 619, 640 Abs 1 ZPO als erledigt anzusehen (MünchKomm/LEIPOLD Rn 8; SOERGEL/STEIN § 1924 Rn 12; BRÜGGEMANN, in: FS Beitzke 376). Jedoch kann das nichteheliche Kind

durch Antrag gem § 1600 n Abs 2 iVm § 55 b FGG beim Vormundschaftsgericht die
Feststellung erlangen, die es wegen § 1600 a S 2 benötigt. Dabei ist es an keine Frist
gebunden (MünchKomm/LEIPOLD aaO; SOERGEL/STEIN aaO; BRÜGGEMANN aaO). Die Erben
können sie auch nicht durch ein negatives Feststellungsurteil betreffs Erbrecht bzw.
Erbersatzanspruch des nichtehelichen Kindes verkürzen, da die Feststellung der
Vaterschaft des Erblassers von der Rechtskraft eines solchen Urteils nicht gedeckt
wäre (MünchKomm/LEIPOLD aaO; aA SOERGEL/STEIN aaO; BRÜGGEMANN aaO). Diese Konsequenz hat der Gesetzgeber bewußt hingenommen (MünchKomm/LEIPOLD aaO; krit
BRÜGGEMANN DAVorm 1987, 249, 255). Ein Bedürfnis dafür, bei scheinehelichen Kindern
noch vor Entscheidung des Ehelichkeitsanfechtungsverfahrens (vgl § 1593) zur Frist-
wahrung ein Vaterschaftsfeststellungsverfahren einzuleiten und es dann analog § 153
ZPO bzw gem § 148 ZPO bis zur Feststellung der Nichtehelichkeit auszusetzen (dafür
zuletzt OLG Hamm NJW 1985, 442, 443 = OLGZ 1985, 7, 10 f; Voraufl Rn 11; aA OLG Düsseldorf
NJW 1985, 2834, 2837; BRÜGGEMANN, in: FS Beitzke 389), besteht mangels des Zeitdrucks
der Sechsmonatsfrist des § 1934 c Abs 1 S 2 insoweit nicht mehr (SOERGEL/STEIN § 1924
Rn 12). Nach Einleitung des Verfahrens nach § 1600 n kann die Position des nichtehe-
lichen Kindes bei der Durchsetzung eventueller dinglicher Nachlaßbeteiligung durch
Anordnung einer Nachlaßpflegschaft nach § 1960 Abs 1 S 2 (MünchKomm/LEIPOLD
Rn 9; BRÜGGEMANN DAVorm 1987, 249, 256 f) oder durch Mitteilung des Feststellungsver-
fahrens an das Nachlaßgericht gesichert werden (BRÜGGEMANN aaO).

6 Die Erben haften für die erbrechtlichen Ansprüche des nichtehelichen Kindes nach
fünf Jahren nur noch gem §§ 1974, 1973. Zuvor müssen sie bei Berufung auf § 1990
mit persönlicher Haftung gem §§ 1991, 1978, 1979 rechnen. Ein Aufgebotsverfahren
hilft wegen §§ 1972, 1934 b Abs 2 S 1 oft nicht (BRÜGGEMANN DAVorm 1987, 249, 252 f).
Eine Haftung gem § 2024 als bösgläubiger Erbschaftsbesitzer wird dagegen auch
nach der Entscheidung des BVerfG allein durch die Kenntnis von einem anhängigen
Vaterschaftsfeststellungsverfahren nicht begründet (SOERGEL/STEIN § 1934 c Rn 5).

III.   Erbersatzanspruch beim Tod eines Verwandten des nichtehelichen Vaters

7 **1.**   **Grundsatz:** Die verwandtschaftlichen Beziehungen des nichtehelichen Kindes
und seiner Abkömmlinge zu den Verwandten des nichtehelichen Vaters und das
darauf beruhende gesetzliche Erbrecht werden durch den nichtehelichen Vater,
durch die nichteheliche Geburt vermittelt. Da die Verwandtschaft zu dem Vater und
dessen Verwandten in erbrechtlicher Hinsicht nicht allein durch die Blutsverwandtschaft, sondern durch die *Anerkennung* oder *gerichtliche Feststellung* der Vaterschaft
begründet wird (vgl Rn 2), ist das nichteheliche Kind jedenfalls dann Erbe von väterlichen Verwandten (bzw hat es einen Erbersatzanspruch), wenn zZt des Erbfalles die
Vaterschaft anerkannt oder gerichtlich festgestellt worden war.

8 **2.**   Nach §§ 1924 Abs 2, 1925 Abs 2, 1926 Abs 2, 1928 Abs 2, 3 wird ein Kind von
der Erbfolge beim Tod väterlicher Verwandter durch den Vater ausgeschlossen. Entsprechend kann ein nichteheliches Kind beim Tod väterlicher Verwandter nur dann
dinglich erben bzw einen Erbersatzanspruch haben, wenn der Vater vorverstorben ist
oder aus anderen Gründen nicht zur Erbschaft gelangt. Der Tod des nichtehelichen
Vaters ist daher für das Erbrecht des nichtehelichen Kindes eine wesentliche Voraussetzung bei der Erbfolge nach väterlichen Verwandten. Soweit beim Tod des väterlichen Verwandten ein Anerkenntnis bzw die gerichtliche Feststellung der Vater-

schaft noch nicht erfolgt ist, kann das nichteheliche Kind eine erbrechtsbegründende Vaterschaftsfeststellung iSd § 1600 n Abs 2 ohne zeitliche Begrenzung herbeiführen (MünchKomm/LEIPOLD Rn 10; SOERGEL/STEIN Rn 6).

IV. Erbersatzanspruch beim Tod des nichtehelichen Kindes

Schon vor Nichtigerklärung durch das BVerfG blieb die Beerbung des nichtehelichen **9** Kindes von § 1934 c unberührt, so daß auch hier die Vaterschaftsanerkennung gem § 1600 n Abs 2 unabhängig von ihrem Zeitpunkt grundsätzlich erbrechtliche Ansprüche des Vaters und väterlicher Verwandter begründete. Als gesetzliche Alleinerbin bzw im Verhältnis zum Ehegatten des nichtehelichen Kindes gem §§ 1934 b Abs 2 S 1, 2320 Abs 1 allein Belastete ist nur die Mutter des nichtehelichen Kindes vom Erbersatzanspruch des Vaters betroffen, dem auch nur sie gem § 1600 n Abs 2 iVm § 55 b FGG durch einen entsprechenden Antrag Geltung verschaffen kann (MünchKomm/LEIPOLD Rn 11; SOERGEL/STEIN Rn 7 und § 1924 Rn 12).

V. Auch das Geltendmachen von Pflichtteilsansprüchen des nichtehelichen Kin- **10** des bzw. Vaters ist vor Feststellung der Vaterschaft ausgeschlossen (MünchKomm/ LEIPOLD Rn 12).

§ 1934 d

[1] **Ein nichteheliches Kind, welches das einundzwanzigste, aber noch nicht das siebenundzwanzigste Lebensjahr vollendet hat, ist berechtigt, von seinem Vater einen vorzeitigen Erbausgleich in Geld zu verlangen.**

[2] **Der Ausgleichsbetrag beläuft sich auf das Dreifache des Unterhalts, den der Vater dem Kinde im Durchschnitt der letzten fünf Jahre, in denen es voll unterhaltsbedürftig war, jährlich zu leisten hatte. Ist nach den Erwerbs- und Vermögensverhältnissen des Vaters unter Berücksichtigung seiner anderen Verpflichtungen eine Zahlung in dieser Höhe entweder dem Vater nicht zuzumuten oder für das Kind als Erbausgleich unangemessen gering, so beläuft sich der Ausgleichsbetrag auf das den Umständen nach Angemessene, jedoch auf mindestens das Einfache, höchstens das Zwölffache des in Satz 1 bezeichneten Unterhalts.**

[3] **Der Anspruch verjährt in drei Jahren von dem Zeitpunkt an, in dem das Kind das siebenundzwanzigste Lebensjahr vollendet hat.**

[4] **Eine Vereinbarung, die zwischen dem Kinde und dem Vater über den Erbausgleich getroffen wird, bedarf der notariellen Beurkundung. Bevor eine Vereinbarung beurkundet oder über den Erbausgleich rechtskräftig entschieden ist, kann das Kind das Ausgleichsverlangen ohne Einwilligung des Vaters zurücknehmen. Kommt ein Erbausgleich nicht zustande, so gelten für Zahlungen, die der Vater dem Kinde im Hinblick auf den Erbausgleich geleistet und nicht zurückgefordert hat, die Vorschriften des § 2050 Abs. 1, des § 2051 Abs. 1 und des § 2315 entsprechend.**

[5] **Der Vater kann Stundung des Ausgleichsbetrages verlangen, wenn er dem Kinde laufenden Unterhalt zu gewähren hat und soweit ihm die Zahlung neben der Gewäh-**

rung des Unterhalts nicht zugemutet werden kann. In anderen Fällen kann der Vater Stundung verlangen, wenn ihn die sofortige Zahlung des gesamten Ausgleichsbetrages besonders hart treffen würde und dem Kinde eine Stundung zugemutet werden kann. Die Vorschriften des § 1382 gelten entsprechend.

Materialien: BT-Drucks V/4179, 30, 31, Ber 6; BR-Drucks 271/2/69, 1, 2.

Schrifttum

ANONYMUS, Vorzeitiger Erbausgleich nach § 1934 d BGB auch für vor dem 1. Juli 1949 geborene nichteheliche Kinder, FamRZ 1971, 20

BOCK, Empfiehlt es sich, den vorzeitigen Erbausgleich nach § 1934 d und § 1934 e BGB wieder abzuschaffen? (Diss Bonn 1976)

BRÜGGEMANN, Einige Bemerkungen zur Verfassungsmäßigkeit des vorzeitigen Erbausgleichs, ZblJugR 1972, 242

CHRISTIANSEN, Der Anspruch des nichtehelichen Kindes auf den vorzeitigen Erbausgleich nach den §§ 1934 d, 1934 e BGB, (Diss Freiburg 1971)

DAMRAU, Der Ausstattungsanspruch des nichtehelichen Kindes, FamRZ 1969, 129

EBERT, Der vorzeitige Erbausgleich: Vorläufiges oder endgültiges Rechtsinstitut? (1971)

JÄGER, Probleme des vorzeitigen Erbausgleichs, FamRZ 1971, 504

JOCHEM, Der vorzeitige Erbausgleich – Beerbung nach Bedarf?, FamRZ 1974, 360

KÖRTING, Vorzeitiger Erbausgleich auch für vor dem 1. 7. 1949 geborene nichteheliche Kinder, NJW 1971, 414

KUMME, Streitfragen zum vorzeitigen Erbausgleich des nichtehelichen Kindes (§§ 1934 d und e BGB), ZblJugR 1974, 22

ders, Zur Berechnung des vorzeitigen Erbausgleichs des nichtehelichen Kindes, ZfJ 1984, 127

SIEGTMEYER, Der vorzeitige Erbausgleich nach §§ 1934 d, 1934 e BGB – Eine rechtsdogmatische Analyse des neuartigen Rechtsinstitutes (Diss Münster 1977)

STÖCKER, Vorzeitiger Erbausgleich auch für vor dem 1. 7. 1949 geborene nichteheliche Kinder?, NJW 1970, 2003

ders, Beerbung bei lebendigem Leibe?, Kritik der §§ 1934 d, 1934 e BGB, JZ 1970, 675

ders, „Beerbung bei lebendigem Leibe" – Stand und Perspektiven der Diskussion um den vorzeitigen Erbausgleich (§§ 1934 d, e BGB), JZ 1979, 87.

Systematische Übersicht

Alphabetische Übersicht

Olaf Werner

I. Allgemeines zum vorzeitigen Erbausgleich

1 1. § 1934 d wurde eingefügt durch Art 1 Nr 88 NichtehelG (vgl Vorbem 34 zu §§ 1924–1936). §§ 1934 d, 1934 e führen ein bis dahin unbekanntes Rechtsinstitut, den sog **vorzeitigen Erbausgleich** in das Erbrecht ein, um eine weitere Gleichstellung des nichtehelichen Kindes mit dem ehelichen herbeizuführen. Das eheliche Kind erhält von dem Vater nicht allein den angemessenen Unterhalt, sondern – da mit dem Vater in Familiengemeinschaft lebend – darüber hinaus Vorteile aus dessen Vermögen, insbesondere beim Aufbau der eigenen Existenz und Gründung der eigenen Familie. Dagegen ist das nichteheliche Kind allein auf den Unterhalt angewiesen, am sonstigen väterlichen Vermögen nimmt es erst bei dem Tod des Vaters über den Erbersatzanspruch teil. Bei heute üblicher Lebenserwartung erhält das nichteheliche Kind ein zum Aufbau der Existenz benötigtes Kapital nicht vom Vater, der Erbfall als Voraussetzung des Erbersatzanspruches tritt idR erst ein, wenn es bereits Existenz und Familie aufgebaut hat. Mit dem Institut des vorzeitigen Erbausgleichs kann das nichteheliche Kind eine über den Unterhalt hinausgehende Teilhabe am väterlichen Vermögen herbeiführen, und zwar in einer Zeit, in der das Kind seine Existenz und Familie aufbaut, in der es das Kapital eher benötigt als bei dem Erbfall.

2 Mit diesem Anspruch auf vorzeitigen Erbausgleich wird dem nichtehelichen Kind lediglich wie dem ehelichen **Starthilfe beim Eintritt in sein selbständiges Berufsleben** gewährt (BT-Drucks V/4179 Ber 6). Diese ist weder im Hinblick auf Art 3 Abs 1, 6 Abs 5 GG noch wegen Verstoßes gegen Art 6 Abs 1, 14 Abs 1 GG verfassungsrechtlich zu beanstanden (BVerfGE 58, 377 = NJW 1982, 565 = JZ 1982, 105; OLG Nürnberg NJW-RR 1986, 83, 84; **aA** neuestens etwa SOERGEL/STEIN Vor § 1934 a Rn 7; vgl Voraufl mwN). Entgegen häufiger Behauptung (vgl KROPHOLLER AcP 185, 244, 298; STÖCKER JZ 1979, 87, 88; ODERSKY Anm I 1; LUTTER § 3 I 3; BARTH/WAGENITZ ZEV 1994, 79, 80)) wird das nichteheliche Kind durch den vorzeitigen Erbausgleich nicht besser gestellt als das eheliche, für das es keinen entsprechenden Anspruch gegen den Vater gibt, denn das eheliche Kind genießt ohne einen solchen Rechtsanspruch aufgrund Familienbindung zum Vater bereits diese Vorteile (SOERGEL/STEIN Vor § 1934 a Rn 6). Diese familiäre Bindung fehlt dem nichtehelichen Kind regelmäßig zu seinem leiblichen Vater, weshalb damit zu rechnen ist, daß dieser bestrebt ist, die erbrechtliche Beteiligung jenes Kindes auf ein Minimum zu beschränken (BVerfGE 58, 377, 394). Darüber hinaus verliert das nichteheliche Kind gem § 1934 e mit Fixierung des Anspruchs auf vorzeitigen Erbausgleich sein Erbrecht bzw seinen Erbersatzanspruch aus §§ 1924, 1934 a. Das eheliche Kind wird trotz entsprechender wirtschaftlicher Unterstützung durch den Vater nicht von der Erbfolge ausgeschlossen. Es bleibt also letztlich immer noch eine Besserstellung des ehelichen Kindes erhalten. Das nichteheliche Kind ist in seiner rechtlichen Position gegenüber dem ehelichen zwar durch den Anspruch besser gestellt, wirtschaftlich aber – und dies ist entscheidend – bleibt das eheliche Kind der größere Nutznießer väterlichen Vermögens (vgl hierzu BGHZ 76, 109, 113). Eine Gesamtwürdigung der sozialen und rechtlichen Stellung des nichtehelichen Kindes kann also seine partielle rechtliche Bevorzugung rechtfertigen (BVerfGE 58, 377, 390). Die Schlechterstellung von Scheidungswaisen gegenüber nichtehelichen Kindern wäre vom Reformgesetzgeber zu beheben; Art 6 Abs 5 GG zielt jedenfalls auf eine Gleichstellung mit dem „Normalfall" des ehelichen Kindes (BVerfGE 58, 377, 393; BGHZ 76, 109, 113 f). Soweit sich das nichteheliche Kind durch den vorzeitigen Erbausgleich gegenüber ehelichen Kindern eines vermögenslosen Erblassers besser steht, ermöglicht es § 1934 d Abs 2, die berechtigten Interessen der ehelichen Kinder in die Beurteilung der Leistungsfähigkeit des Ausgleichsschuldners einfließen zu lassen (BVerfGE 58, 377, 396). Das Bedenken einer Beerbung bei lebendigem Leibe im Hinblick auf Art 14 GG wird schließlich dadurch entkräftet, daß der vorzeitige Erbausgleich in seiner Zweckrichtung und Ausgestaltung eher einem familienrechtlichen Ausstattungsanspruch ähnelt (BVerfGE 58, 377, 399; BGHZ 76, 109, 114 f; vgl dazu Rn 5). Soweit der Ausgleichspflichtige unfreiwillig sein Erbrecht nach dem nichtehelichen Kind einbüßt, steht dies im Zusammenhang mit dem Verlust erbrechtlicher Ansprüche gegen seinen Nachlaß und dürfte damit noch von Art 14 Abs 1 S 2 GG gedeckt sein (MünchKomm/LEIPOLD Rn 7; aA RAUSCHER, Reformfragen des gesetzlichen Erb- und Pflichtteilsrechts I, S 139-141).

Rechtspolitisch wird jedoch die Tendenz erkennbar, den vorzeitigen Erbausgleich wieder abzuschaffen (zuletzt 59. DJT NJW 1992, 3018 fast einhellig, SCHWENZER FamRZ 1992, 121, 128). Einen entsprechenden Gesetzentwurf hat die Bundesregierung am 18. 3. 1994 vorgelegt (BR-Drucks 219/94). Damit trägt sie der gewachsenen gesellschaftlichen Anerkennung nichtehelicher Lebensgemeinschaften Rechnung, durch die sich das Lebensdefizit nichtehelicher Kinder von einem generellen zu einem individuellen Problem gewandelt hat (BR-Drucks S 20). Lediglich § 1934 d Abs 4 S 3 wird nahezu wörtlich in Art 7 § 2 Erbrechtsgleichstellungsgesetz übernommen (krit BOSCH FamRZ 1993, 1257, 1260, der eine Erweiterung des Instituts eines vorzeitigen Erbausgleichs für angezeigt hält; jedoch ist das Institut noch zu unausgereift, wie die Schwierigkeiten bei der Fixierung des Ausgleichsbetrags im Einzelfall zeigen; näher BARTH/WAGENITZ ZEV 1994, 79, 81; RAUSCHER II 1, 225-227).

2. Wollte der Gesetzgeber mit der lediglich obligatorischen Nachlaßbeteiligung **3** nichtehelicher Verwandter ein Zusammentreffen mit ehelichen in einer Erbengemeinschaft verhindern, um naturgemäß befürchteten Spannungen zu begegnen (vgl Vorbem 42 zu § 1924), so ist es nur konsequent, einen Weg zu schaffen, der das nichteheliche Kind durch vorherige Abfindung gänzlich von einer Nachlaßbeteiligung ausschließt. Besteht weder eine dingliche noch eine obligatorische Nachlaßbeteiligung, wird jeglicher rechtliche Kontakt aufgrund eines Erbrechts verhindert.

Ohne §§ 1934 d, 1934 e bietet sich als solche Möglichkeit der Ausschließung schon zu Lebzeiten des nichtehelichen Vaters allein der Erbverzicht des § 2346 an. Denn selbst bei Entzug des Erbersatzanspruchs (§ 1934 b Rn 22) verbleibt dem Kind gem § 2338 a ein Pflichtteilsanspruch gegen die Erben, der sich nur durch die Höhe der Forderung von dem Erbersatzanspruch unterscheidet und zudem eine vom Vater evtl nicht gewollte Distanzierung von seinem nichtehelichen Kind bedeutet. Wegen der bei § 2345 erforderlichen Pflichtteilsunwürdigkeit kann das Pflichtteilsrecht nicht ohne Grund entzogen werden. Ein Erbverzicht des nichtehelichen Kindes aufgrund entsprechender Vorleistung des nichtehelichen Vaters zu dessen Lebzeiten wird idR an der Höhe des Abfindungsbetrages scheitern, da weitgehende Ermittlungen über den Vermögensstand angestellt werden müßten, um einen adäquaten Gegenwert für den Verzicht des nichtehelichen Kindes auf sein Erbrecht zu erreichen.

4 3.   Um den zuvor genannten Schwierigkeiten zu begegnen, wurde mit §§ 1934 d, 1934 e der „vorzeitige Erbausgleich" geschaffen. Dieses Institut war im Regierungsentw (BT-Drucks V/2370) noch nicht enthalten, sondern wurde auf *Initiative des Rechtsausschusses* in das NichtehelG eingefügt (BT-Drucks V/4179, 30, 31 Ber 6; zur Entstehungsgeschichte CHRISTIANSEN 11 ff).

5 Das Erbrecht regelt die Zuordnung des Vermögens einer Person nach ihrem Tod. Insoweit zeitigen §§ 1934 d, 1934 e Wirkungen, die mit dem Ableben des nichtehelichen Vaters eintreten, nämlich den Ausschluß des nichtehelichen Kindes und des Vaters von der gegenseitigen Erbfolge. Der vorzeitige Erbausgleich ist jedoch eine Verpflichtung des nichtehelichen Vaters zu seinen Lebzeiten. Eine derartige Rechtsbeziehung gehört nicht in das **Erbrecht**, sondern entspringt dem Vater-Kind-Verhältnis, das im **Familienrecht** geregelt ist. Entstehung, Ausgestaltung und Durchsetzbarkeit des Anspruchs als seine wesentlichen Merkmale sind bei dem vorzeitigen Erbausgleich damit *familienrechtlich orientiert* (Starthilfe zugunsten des Kindes, Orientierung am Unterhalt, Ausgestaltung des Anspruches). Die erbrechtlichen Wirkungen des § 1934 e sind lediglich Folgen des familienrechtlichen Anspruchs. Der Anspruch auf vorzeitigen Erbausgleich ist damit ein primär **familienrechtlicher Ausstattungsanspruch** mit lediglich **erbrechtlichen Folgen**, ebenso wie die Abstammungs- und Verwandtschaftsregeln dem Familienrecht zugeordnet werden, obwohl sie über die gesetzliche Erbfolge mitentscheiden (so BGHZ 76, 109, 114 f; KG FamRZ 1972, 149; FamRZ 1973, 51; LG Waldshut-Tiengen FamRZ 1976, 374; ERMAN/SCHLÜTER Rn 3; Voss 130; KIPP/COING § 4 V 3 a; LUTTER § 3 I 1, III 1 a; ders StAZ 1971, 14, 16; COING NJW 1988, 1753, 1754; EBERT 27, 28; SIEHR FamRZ 1970, 463; KÖRTING NJW 1971, 414; für rein erbrechtliche Natur: LG Hamburg FamRZ 1994, 403; SOERGEL/STEIN Rn 4; MünchKomm/LEIPOLD Rn 2; LEIPOLD § 7 VI 1; JOHANNSEN WM 1970 Beil 3 S 19). Für das internationale Privatrecht ist jedoch entsprechend dem Erbstatut der Art 24, 25 EGBGB das Recht des Staates maßgebend, dem der Vater zur Zeit des Erbausgleichs angehört. Der Grund hierfür liegt in dem Regelungszusammenhang mit der Regelung der erbrechtlichen Stellung des nichtehelichen Kindes, dem die Zugrundelegung unterschiedlicher Rechtsordnungen nicht gerecht würde (BGHZ 96, 262, 268 mwN). Auch in der steuerrechtlichen Praxis wird der vorzeitige Erbausgleich wegen seiner erbrechtlichen Folgen wie eine Erbauseinandersetzung im Wege der vorweggenommenen Erbfolge behandelt (BFH ZEV 1994, 126).

6 4.   Entsprechend seinem Zweck, dem in das selbständige Berufsleben eintretenden Kind eine wirtschaftliche Starthilfe zu geben, beschränkt sich die **Anspruchsberechtigung** auf die *Zeit zwischen dem vollendeten 21. und dem vollendeten 27. Lebensjahr* des nichtehelichen Kindes. Wie auch das eheliche Kind nur von seinem Vater eine solche Hilfe erwarten kann, richtet sich der Anspruch des nichtehelichen Kindes *allein gegen seinen Vater,* nicht gegen die väterlichen Verwandten, bei deren Tod das Kind einen künftigen Erbersatzanspruch haben kann, weil der nichteheliche Vater vorverstorben ist.

Die sehr schwierige und kaum gerecht zu lösende Frage, in welcher **Höhe** ein vorzei- 7
tiger Erbausgleichsanspruch bestehen soll, ist aus *praktischen Gründen* an dem
durchschnittlichen Unterhaltsbetrag ausgerichtet worden (Abs 2). Zwar soll der vorzeitige Erbausgleich neben seiner Starthilfefunktion auch ein Äquivalent für den
Ausschluß von der Nachlaßbeteiligung bieten. Der Wert des väterlichen Vermögens
zZt des noch unbestimmten Erbfalles und damit die Höhe des zu erwartenden
Ersatzanspruchs läßt sich letztlich nicht errechnen oder schätzen. Da der Unterhalt
am Lebensstandard des Vaters und damit an dessen Vermögen und Leistungsfähigkeit ausgerichtet ist, ist er ein bereits feststehender Maßstab, der einen Rückschluß
auf Vermögen und späteren Nachlaßwert, insbes aber auf die Mittel zuläßt, die das
Kind, lebte es mit dem Vater in Familiengemeinschaft, als Starthilfe erhalten
würde.

II. Anspruchsvoraussetzungen (Abs 1)

1. Anspruchsinhaber: Den vorzeitigen Erbausgleich kann nur ein *nichteheliches* 8
Kind von seinem Vater verlangen. Der Gläubiger muß nichtehelich geboren sein (vgl
Vorbem 24 zu §§ 1924–1936) und darf nicht durch spätere Legitimation (Vorbem 31 zu
§§ 1924–1936), Ehelicherklärung (Vorbem 33 zu §§ 1924–1936) oder Adoption (Vorbem
46 ff zu §§ 1924–1936) den Status eines nichtehelichen Kindes verloren haben. Die Voraussetzung der nichtehelichen Abstammung muß bis zur letzten mündlichen Verhandlung (bzw entsprechend bei Abschluß der notariellen Vereinbarung) gegeben
sein. Hat das Kind in diesem Zeitpunkt den Status eines ehelichen erlangt, ist
§ 1934 d nicht mehr anwendbar (Körting NJW 1970, 1526, 1527; Dittmann, Rpfleger 1978,
281). Der nichteheliche Vater hat dann ein Leistungsverweigerungsrecht (Soergel/
Stein Rn 6).

Der vorzeitige Erbausgleich tritt an die Stelle des späteren Erbrechts, der Anspruch 9
steht daher nur dem nichtehelichen Kind zu, das nach Art 12 § 10 Abs 2 NichtehelG
(vgl Vorbem 35 zu §§ 1924–1936) **gesetzlicher Erbe** seines Vaters werden kann. Anspruchsinhaber können nur Kinder sein, die nach dem 1. 7. 1949 geboren worden sind (KG
FamRZ 1972, 149 = NJW 1971, 1005; Soergel/Stein Rn 5; Stöcker NJW 1970, 2003; Anonymus
FamRZ 1971, 20; Lutter StAZ 1971, 18; Körting NJW 1971, 414). Hat der nichteheliche
Vater sein Kind durch *letztwillige Verfügung* zum gewillkürten Erben bestimmt, ist
zwar die gesetzliche Erbenstellung gegenüber der gewillkürten subsidiär und damit
verdrängt, das Kind gehört aber nach wie vor zu den gesetzlichen Erben. Zudem ist
vor dem Erbfall nicht sicher, ob es die gewillkürte Erbenstellung erhalten wird. Ist
dem nichtehelichen Kind in einem Erbvertrag mit dem Vater die gewillkürte Erbenstellung gesichert und damit die gesetzliche Erbenstellung für den Erbfall aufgehoben, soll nach Erman/Schlüter Rn 13 der Anspruch aus § 1934 d ausgeschlossen
sein. Dem steht der Zweck des Institutes entgegen, dem nichtehelichen Kind in
einem bestimmten Alter vor dem Erbfall wirtschaftliche Hilfe zukommen zu lassen,
die auch dem ehelichen trotz Beibehaltung der Erbenstellung zugute kommt. Diesen
Vorteil würde das nichteheliche Kind verlieren, auch wenn es in der Form des Erbvertrages zum gewillkürten Erben bestimmt wird. Mit der Erbeinsetzung durch
letztwillige Verfügung, selbst wenn sie bindend ist, hat der Eingesetzte (zB wegen
§ 1923) nicht die Sicherheit, die er durch den vorherigen Anspruch aus § 1934 d
genießt. Ein zusätzlicher Verzicht auf diesen Vorteil kann nicht allein durch gewillkürte Erbeinsetzung herbeigeführt werden. § 1934 e schließt lediglich die gesetzliche

Erbenstellung aus, nicht aber eine gewillkürte. Der Anspruch auf vorzeitigen Erbausgleich kann somit neben gewillkürter Erbberechtigung geltend gemacht werden (§ 1934 e Rn 8). Auf welcher Grundlage der Ausgleichspflichtige im Gegenzug zur Ausgleichsforderung seines Kindes von diesem Verzicht auf dessen erbvertraglichen Rechte verlangen kann (so MünchKomm/LEIPOLD Rn 15) ist zweifelhaft, wenn sich im Erbvertrag kein Anhalt dafür findet. Denkbar ist demgegenüber ein Anfechtungsrecht gem §§ 2281 Abs 1, 2078 Abs 2. Ein Vater, der sein nichteheliches Kind durch Erbvertrag bindend zum Erben bestimmt, muß deshalb, soll hierdurch der vorzeitige Erbausgleich ausgeschlossen werden, einen entsprechenden Verzicht des Kindes herbeiführen (MünchKomm/LEIPOLD Rn 15; SOERGEL/STEIN Rn 7; MITTELBACH Rn 49; VOSS 131, 132). Es hängt vom Inhalt des jeweiligen Erbvertrages ab, ob dieser einen solchen Verzicht des nichtehelichen Kindes enthält (LUTTER § 3 II 1 d; DAMRAU FamRZ 1971, 480).

10 Wegen des Regelungszusammenhangs mit der erbrechtlichen Stellung des nichtehelichen Kindes ist gem Art 24, 25 EGBGB das **Heimatrecht des nichtehelichen Vaters** entscheidend (BGHZ 96, 262, 268 mwN; aA noch KG FamRZ 1972, 149, ODERSKY Anm XII 1, SIEHR FamRZ 1970, 463 u Voraufl: Art 19, 20 EGBGB analog; vgl näher Rn 5), dh das nichteheliche Kind hat als Ausländer den Anspruch auf vorzeitigen Erbausgleich nur gegen einen nichtehelichen Vater, der Deutscher ist oder in dessen Land eine dem § 1934 d entsprechende Regelung gilt (ERMAN/SCHLÜTER Rn 32; ODERSKY Anm XII 2). Die erbrechtliche Wirkung des Erbausgleichs bleibt von späteren Veränderungen des Erbstatuts unberührt (MünchKomm/LEIPOLD Rn 3).

11 Da der vorzeitige Erbausgleich an die Stelle des Erbrechts bzw Erbersatzanspruches tritt, kann der nichteheliche Vater die **Leistung einredeweise verweigern,** wenn das Kind nach § 2339 erbunwürdig oder ein Grund zur Entziehung des Pflichtteils (§ 2333) gegeben ist (BGHZ 76, 109, 116; PALANDT/EDENHOFER Rn 9; ERMAN/SCHLÜTER Rn 14; ODERSKY Anm IV 4; EBERT 27; BOSCH FamRZ 1972, 178; einschränkend MünchKomm/ LEIPOLD Rn 14, der für den Rückgriff auf § 2339 kein Bedürfnis sieht). Entgegen LUTTER (§ 3 II 1 d) kann nicht gesagt werden, der Anspruch aus § 1934 d entstehe in diesen Fällen nicht, denn ein wirksamer Entzug des Erbrechts ist nicht erfolgt. Erbunwürdigkeit kann erst nach dem Erbfall geltend gemacht werden und zum Verlust des Anspruchs führen (§§ 2340 ff). Der Pflichtteilsentzug zeitigt, weil er durch letztwillige Verfügung erfolgt (§ 2336), ebenfalls erst Wirkungen nach dem Tod des Vaters. Zudem kann durch Verzeihung die Anwendung der §§ 2333 ff, 2339 ff ausgeschlossen werden (§§ 2337, 2343). Auf jeden Fall bedarf es einer Geltendmachung der Entziehungsgründe, ihr Bestehen allein führt nicht zum Ausschluß der Ansprüche auf den Nachlaß. Erb- und Pflichtteilsunwürdigkeit können, da §§ 2339 ff, 2333 ff nicht auf eine Leistung unter Lebenden zugeschnitten sind, nicht in entsprechender Anwendung dieser Normen (so jedoch EBERT 27; DAMRAU FamRZ 1969, 588; KITTEL NJW 1971, 22), sondern allein durch Einrede gegen den Anspruch auf vorzeitigen Erbausgleich geltend gemacht werden (BGHZ 76, 109, 117; COING NJW 1988, 1753, 1756). § 2338 kann dem Ausgleichsverlangen nicht entgegengehalten werden, da die Rechtsfolgen den Anfall des Nachlasses voraussetzen (MünchKomm/LEIPOLD Rn 14; SOERGEL/STEIN Rn 16; aA COING NJW 1988, 1753, 1756). Für diese Lösung spricht auch die stark familienrechtliche Ausprägung des Erbausgleichsanspruches (KÖRTING NJW 1970, 1527). Sollen auch Pflichtteilsansprüche des nichtehelichen Kindes abgeschnitten werden, ist der Erblasser von der Errichtung einer letztwilligen Verfügung nach § 2336 nicht entbunden (MünchKomm/Leipold Rn 14).

Hat das nichteheliche Kind auf die Erbschaft verzichtet, liegt darin auch ein **Verzicht** 12 auf den Anspruch des § 1934 d. Dies gilt wegen der Rechtsnatur des Erbausgleichs als „Erbrecht in Geld", auch wenn sich der Verzichtende den Pflichtteil vorbehalten hat (Soergel/Stein Rn 7; aA Palandt/Edenhofer § 1934 b Rn 10). Ein Pflichtteilsverzicht gem § 2346 Abs 2 schließt sein künftiges Erbrecht zwar nicht aus, macht jedoch seine Rechte hinsichtlich des Nachlasses vom Willen des Erblassers abhängig, so daß er auch keinen vorzeitigen Erbausgleich fordern kann (MünchKomm/Leipold Rn 15; Soergel/Stein Rn 7). Möglich ist auch ein auf den vorzeitigen Erbausgleich beschränkter Verzicht (MünchKomm/Leipold aaO).

2. Zeitraum der Geltendmachung: Das nichteheliche Kind kann sein Verlangen auf 13 vorzeitigen Erbausgleich nur nach *Vollendung des 21. Lebensjahres* bis zu dem Tag, der der Vollendung des 27. Lebensjahres vorausgeht, erheben. Der Zeitraum der Geltendmachung beginnt mit dem 21. Geburtstag und endet mit dem dem 27. Geburtstag vorausgehenden Tag (§ 187 Abs 2). Der Anspruch muß innerhalb dieser Zeit erhoben werden. Es genügt also, wenn das vorzeitige Ausgleichsverlangen am Tag vor dem 27. Geburtstag erklärt wird. Wird das Ausgleichsverlangen innerhalb der gesetzlichen Frist gestellt, kann es noch nach Vollendung des 27. Lebensjahres durchgesetzt werden, allerdings kann der nichteheliche Vater die Verjährungseinrede erheben, wenn seit Vollendung des 27. Lebensjahres drei Jahre vergangen sind (Abs 3; vgl Rn 73).

Umstritten ist, ob der nichteheliche Vater und das nichteheliche Kind auch **außerhalb** 14 der von Abs 1 gesetzten **Altersgrenzen** einen vorzeitigen Erbausgleich mit der Wirkung des § 1934 e herbeiführen können (bejahend: Damrau FamRZ 1969, 579, 588; ders BB 1970, 467, 470; Brüggemann ZblJugR 1969, 314; Johannsen WM 1970 Beil 3 S 18; Jäger FamRZ 1971, 507, 508; verneinend: Ebert 23; Schlüter § 9 II 3 c ee; Lutter § 3 II 1 c; ders StAZ 1971, 15; Bosch FamRZ 1972, 178; Kumme ZblJugR 1974, 25; Palandt/Edenhofer Rn 8; Soergel/Stein Rn 12, 35; differenzierend MünchKomm/Leipold Rn 13: nicht vor Vollendung des 21. Lebensjahres, aber nach Vollendung des 27. Lebensjahres). § 1934 e bezieht sich nur auf § 1934 d und die von ihm geforderten Voraussetzungen. Mit der Möglichkeit eines Erbverzichts haben die Beteiligten Gelegenheit, einverständlich auch außerhalb der von § 1934 d Abs 1 gesetzten Zeit einen Ausschluß von der Erbfolge herbeizuführen. §§ 1934 d, 1934 e sind allein auf den Anspruch des nichtehelichen Kindes bei Eintritt in das Berufsleben gerichtet. Einer solchen zusätzlichen Regelung bedarf es bei beiderseitigem Einverständnis über die vorzeitige Unterstützung und den Ausschluß von der Erbfolge wegen §§ 2346 ff nicht. Mit § 1934 d wurde kein allgemeines Institut des vorzeitigen Erbausgleichs geschaffen, sondern nur eine Möglichkeit für das nichteheliche Kind, in einem bestimmten Alter einseitig diesen Anspruch mit den Wirkungen des § 1934 e herbeizuführen.

3. Das nichteheliche Kind entscheidet allein darüber, ob es beim Tod des nicht- 15 ehelichen Vaters den Erbersatzanspruch bzw die dingliche Erbfolge oder vorher die Zahlung des vorzeitigen Erbausgleichs erhalten will. Das Wahlrecht übt es zugunsten des vorzeitigen Erbausgleichs durch **formlose Erklärung des Ausgleichsverlangens** aus (§ 263). Inhaltlich genügt die eindeutige Erklärung, den vorzeitigen Erbausgleich fordern zu wollen, die Höhe der Forderung braucht dabei noch nicht bestimmt zu sein. §§ 1613 Abs 1, 1585 b Abs 2 sind nicht analog heranziehbar, da die Höhe der Gesamtzahlung nicht in vergleichbarer Weise vom Ausgleichsverlangen abhängt und der Erbausgleich nicht nur aus laufenden Einkünften zu erbringen ist (KG FamRZ 1986, 725). Zudem wären zu strenge Anforderungen an die Bestimmtheit mit der Tendenz von § 1934 d unvereinbar, das Wohl des nichtehelichen Kindes zu fördern (KG FamRZ 1986, 725, 726; MünchKomm/Leipold Rn 16). Das Ausgleichsverlangen ist eine *einseitige empfangsbedürftige Willenserklärung* (OLG Nürnberg NJW-RR 1986, 83, 84; Palandt/Edenhofer Rn 5; Odersky Anm II 3 d) und als solche nach §§ 119 ff, 142 anfechtbar. Sie wird mit Zugang beim nichtehelichen Vater wirksam (§ 130), dh der Zugang muß innerhalb der durch Vollendung des 21. und 27. Lebensjahres gesetzten Frist (Rn 14) erfolgen. Ein Ausgleichsverlangen vor Vollendung des 21. und nach Vollendung des 27. Lebensjahres zeitigt keine Rechtswirkung (Odersky Anm II 3 d), der Anspruch gem § 1934 d entsteht nicht, das nichteheliche Kind behält sein Erbrecht gem §§ 1924, 1934 a. Entscheidend ist die Wirksamkeit der Erklärung, ein innerhalb der Frist erklärtes Ausgleichsbegehren läßt den wirksam entstandenen Anspruch auch nach Vollendung des 27. Lebensjahres bestehen (Odersky Anm II 3 d).

16 **Gegen den Willen** des nichtehelichen **Kindes** kann der vorzeitige Erbausgleich nicht herbeigeführt werden. Der nichteheliche Vater hat kein dem Ausgleichsverlangen des Kindes entsprechendes Recht.

17 **4.**   Problematisch ist der **Entstehungszeitpunkt**, dh wann der Anspruch auf Zahlung des vorzeitigen Erbausgleichs entsteht. Teilweise wird angenommen, der Anspruch entstehe als verhaltener *kraft Gesetzes* mit der nichtehelichen Geburt, Erfüllung könne aber erst nach Vollendung des 21. Lebensjahres und vor Vollendung des 27. Lebensjahres verlangt werden. Mit dem Erfüllungsbegehren verwandle sich der Inhalt des Anspruchs in einen identischen jederzeit erfüllbaren. Mit dem Erfüllungsverlangen könne der nichteheliche Vater mit dem Kind in notarieller Urkunde eine Vereinbarung über die Höhe der Zahlung treffen, anderenfalls müsse das Kind auf Vollzug klagen, um einen rechtskräftigen Titel zu erwerben (so ausführlich Erman/Schlüter Rn 4; BGB-RGRK/Kregel Rn 2, 3; Schlüter § 9 II 3 c bb). Dagegen soll nach **aM** der Anspruch *durch das Ausgleichsverlangen* seitens des nichtehelichen Kindes entstehen, die Fälligkeit aber erst *mit* der *Fixierung* durch notarielle Vereinbarung oder rechtskräftige Entscheidung eintreten (so Palandt/Edenhofer Rn 3 f; Soergel/Stein Rn 9; Odersky Anm II 3 c; Leipold § 7 VI 2 a; Voss 131; Ebert 22 f; Lutter § 3 II 2 a, VI; ders StAZ 1971, 14). Allerdings ist es nicht möglich, dies damit zu begründen, daß der Anspruch nach Vollendung des 27. Lebensjahres nicht erlösche (vgl Rn 13). Das Entstehen kraft Gesetzes erfordert nicht auch ein Erlöschen kraft Gesetzes (so jedoch Odersky aaO). Die Möglichkeit der Rücknahme des Ausgleichsverlangens gem Abs 4 S 2 (vgl Rn 51 ff) besagt ebenfalls nichts über den Entstehungszeitpunkt (so jedoch Odersky aaO). Ausgangspunkt für die Entscheidung ist das grundsätzlich bestehende Erbrecht des nichtehelichen Kindes, das nur in Ausnahmefällen gem §§ 1934 a, 2338 a in einen obligatorischen Erbersatzanspruch oder Pflichtteilsanspruch umgewandelt wird (§ 1934 a Rn 1). § 1934 d gibt dem nichtehelichen Kind nur innerhalb bestimmter Frist die Möglichkeit, das zukünftige Erbrecht durch das Ausgleichsverlangen in einen sofort fälligen Anspruch umzuwandeln. Erst mit dieser Umwandlung entsteht der Anspruch aus § 1934 d. Weil diese Umwandlung durch die Erklärung des nichtehelichen Kindes herbeigeführt wird, ist auch die Wirksamkeit dieser Erklärung (Zugang) Entstehungszeitpunkt der Forderung auf vorzeitigen Erbausgleich. Das Ausgleichsverlangen ist eine *Gestaltungserklärung* (MünchKomm/LEIPOLD Rn 16; SOERGEL/STEIN Rn 9; LEIPOLD § 7 VI 2 a; LUTTER § 3 II 1; ders StAZ 1971, 13). Ohne sie verbleibt es bei dem voraussichtlichen Erbrecht aus §§ 1924, 1934 a, denn nach § 1934 e schließen sich Erbrecht und der Anspruch auf vorzeitigen Erbausgleich gegenseitig aus. Es kann also nur ein Recht bestehen, das aus §§ 1924, 1934 a oder das aus § 1934 d. Ohne Erklärung des nichtehelichen Kindes besteht allein das aus §§ 1924, 1934 a, nach dieser (zurücknehmbaren) Erklärung die Forderung aus § 1934 d. Damit ist das Ausgleichsverlangen eindeutig als Entstehungszeitpunkt für den Anspruch festgelegt. Die nach § 1934 d Abs 4 erforderliche notarielle Vereinbarung oder rechtskräftige Verurteilung besagt nicht, daß die Ausgleichsforderung erst mit dieser notariellen Erklärung entstehe (so jedoch DAMRAU FamRZ 1969, 587, 589). Die Vereinbarung bestimmt allein die Fälligkeit und Durchsetzbarkeit der durch Abs 1 S 2 auch in der Höhe bereits festgelegten Forderung. Sie ermöglicht das Ausgleichsverlangen und beseitigt das Rücknahmerecht. Die Umwandlung in den Anspruch aus § 1934 d unter Verlust des Erbrechts aus §§ 1924, 1934 a ist endgültig (zur Lage bei Nichtleistung § 1934 e Rn 7). Die notarielle Beurkundung wird in § 1934 d Abs 4 S 2 der rechtskräftigen Entscheidung über den Erbausgleich gleichgestellt. Ein entsprechendes Urteil kann aber nur ergehen, wenn der Anspruch nicht erst durch das Urteil entsteht (ODERSKY Anm II 3 c; JÄGER FamRZ 1971, 505; KUMME ZblJugR 1974, 23).

5. **Schuldner** des vorzeitigen Erbausgleichs ist der nichteheliche Vater, dessen 18 Vaterschaft gem § 1600 a anerkannt oder gerichtlich festgestellt worden ist. Die Feststellung bzw Anerkennung muß bei Geltendmachung des Anspruchs bereits erfolgt sein (SOERGEL/STEIN Rn 6), ebenso die nach § 1600 c erforderliche Zustimmung des Kindes. Nach dem eindeutigen Gesetzeswortlaut beschränkt sich die Leistungspflicht auf den nichtehelichen Vater. Väterliche Verwandte, bei deren Tod das nichteheliche Kind ein Erbrecht bzw einen Erbersatzanspruch erlangen würde, sind nicht verpflichtet (vgl Rn 6), ebenso nicht die Erben des nichtehelichen Vaters. Bei dessen Tod hat das nichteheliche Kind bereits eine dingliche oder schuldrechtliche Nachlaßbeteiligung erlangt, für einen vorzeitigen Erbausgleich besteht keine Notwendigkeit mehr. Ist jedoch der Anspruch aufgrund rechtsgültiger Vereinbarung oder gerichtlicher Entscheidung (Abs 4) vor dem Tod des nichtehelichen Vaters unwiderruflich entstanden, so geht die Leistungspflicht auf dessen Erben über, § 1967 (vgl Rn 36).

III. Art und Umfang des Anspruches

Der Anspruch auf vorzeitigen Erbausgleich ist einerseits auf Abschluß einer entspre- 19 chenden Vereinbarung, andererseits auf Zahlung der Ausgleichssumme gerichtet. Dennoch ist nur „auf Zahlung" eines nach Abs 2 zu bemessenden Geldbetrages „nach Eintritt der Rechtskraft" zu klagen (BGHZ 96, 262, 273; MünchKomm/LEIPOLD Rn 18; SOERGEL/STEIN Rn 33).

1. Der **Regelbetrag** ist das dreifache des dem Durchschnitt der letzten fünf Jahre 20 entsprechenden Jahresunterhaltes. Diese Pauschalierung trägt den Schwierigkeiten bei der Ermittlung von Einkommens- und Vermögensverhältnissen im einzelnen und damit dem Rechtsfrieden Rechnung (LG Braunschweig FamRZ 1989, 546, 547).

Olaf Werner

21 a)   Bei der **Feststellung des Unterhaltes,** den der nichteheliche Vater im Durchschnitt der letzten fünf Jahre zu entrichten hatte, ist die Zeit heranzuziehen, die der Stellung des Ausgleichsverlangens unmittelbar voranging, denn sie gibt einen Anhaltspunkt für die Vermögensverhältnisse und *Verpflichtungen* des nichtehelichen Vaters gegenüber seinem Kind (OLG Köln OLGZ 1993, 487, 489 = FamRZ 1993, 484, 485). Daher ist eine frühere gerichtliche Verurteilung nicht bindend (aA MünchKomm/Leipold Rn 34), auch nicht notwendig vorausgesetzt (Kumme ZfJ 1984, 127), jedoch wird die dort festgestellte Höhe der *Unterhaltsverpflichtung* Ausgangspunkt neuer Berechnungen sein. Entscheidend ist der Unterhalt, zu dem der Vater nach §§ 1615 a, 1602, 1603, 1615 c, 1615 f *verpflichtet* war, nicht der Betrag, den er tatsächlich geleistet hat (Odersky Anm III 1 c; Palandt/Edenhofer Rn 14; MünchKomm/Leipold Rn 34; Soergel/ Stein Rn 21; Erman/Schlüter Rn 19). Dies wird normalerweise der Regelunterhalt des § 1615 f Abs 2 sein (Kumme ZfJ 1984, 127; aA OLG Braunschweig NJW 1988, 2743, wonach §§ 1615 h, i zu berücksichtigen sind, weil sonst eine direkte Verweisung auf § 1615 f Abs 2 nahegelegen hätte).

22 b)   Eine teilweise *Unterhaltsbefreiung* des nichtehelichen Vaters nach § 1615 f S 1 HS 2 (weil das Kind in seinem Haushalt lebte) oder eine ganze oder teilweise Zahlungsbefreiung nach §§ 1615 g, 1615 h bleibt unberücksichtigt (ebenso ein nach § 1708 aF am Lebensstandard der Mutter orientierter Unterhaltsbetrag). Ist in den letzten fünf Jahren durch derartige Befreiungen, oder weil das Kind nicht mehr unterhaltsbedürftig war, vom nichtehelichen Vater nicht durchgängig Unterhalt geleistet worden, ist der Betrag anzusetzen, den dieser ohne die Befreiungsgründe hätte leisten müssen (Palandt/Edenhofer Rn 14; Soergel/Stein Rn 21; aA OLG Braunschweig aaO, abw auch MünchKomm/Leipold Rn 35; Kumme ZfJ 1984, 127, die Jahre fehlender Unterhaltsbedürftigkeit des Kindes bzw Leistungsfähigkeit des Vaters außer Betracht lassen wollen). Dies gilt auch, wenn das nichteheliche Kind als Erwachsener von einer anderen Person adoptiert worden ist und von ihr Unterhalt erhalten hat. Ist das Kind als Minderjähriger adoptiert worden, erlischt das Erbrecht gegenüber dem leiblichen Vater und damit auch das Recht aus § 1934 d (vgl Vorbem 47 zu §§ 1924–1936). Hat das nichteheliche Kind einen Teil des fünfjährigen Zeitraumes iSv § 1934 d Abs 2 in der ehemaligen DDR gelebt und wäre die Unterhaltslast des in den alten Bundesländern ansässigen Vaters wegen verminderter Bedürftigkeit des Kindes zu dieser Zeit geringer ausgefallen, so kommt ihm das bei der Bemessung des Ausgleichsanspruchs nicht zugute. Entscheidend ist insoweit der fiktive in der Bundesrepublik zu zahlende Unterhalt (OLG Köln OLGZ 1993, 487, 489 = FamRZ 1993, 484, 485; vgl Rn 28).

23 2.   Eine **Abweichung** von dem in § 1934 d Abs 2 S 1 festgelegten **Regelbetrag** ist nach Abs 2 S 2 zugunsten des verpflichteten nichtehelichen Vaters und des berechtigten nichtehelichen Kindes nur ausnahmsweise möglich (LG Braunschweig FamRZ 1989, 546 f; OLG Köln FamRZ 1990, 667 f).

24 a)   Ist **dem nichtehelichen Vater** nach seinen Erwerbs- und Vermögensverhältnissen die Zahlung des Regelbetrages wegen seiner anderen Verpflichtungen **nicht zumutbar,** beläuft sich die Ausgleichsforderung auf einen *angemessenen* Betrag, dessen Untergrenze ein durchschnittlicher Jahresunterhalt der letzten fünf Jahre bildet (vgl Rn 21, 22). Unzumutbarkeit liegt vor, wenn der Vater den Regelbetrag weder aus seinem Vermögen noch aus seinen Einkünften begleichen kann, weil entweder seine

Einnahmen deutlich unter dem Durchschnitt liegen oder er überproportionalen Belastungen ausgesetzt ist (OLG Köln FamRZ 1990, 667 f).

aa) Welche Verpflichtung dem Vater zuzumuten ist, ist eine Frage des Einzelfalles **25** unter *Berücksichtigung der Erwerbs- und Vermögensverhältnisse* zZt der Fixierung (LG Waldshut-Tiengen FamRZ 1976, 373). Da der Ausgleichsbetrag idR vom Vater sofort zu leisten ist, ist grundsätzlich von seinen gegenwärtigen Vermögensverhältnissen auszugehen (LG Waldshut-Tiengen aaO). Unzumutbarkeit ist daher regelmäßig anzunehmen, wenn der Ausgleichsbetrag auch bei Ratenzahlung oder Stundung weder aus dem Vermögen noch aus den laufenden Einkünften des nichtehelichen Vaters aufgebracht werden kann (OLG Köln OLGZ 1993, 487, 489 = FamRZ 1993, 484, 485; OLG Oldenburg FamRZ 1994, 406). Maßgebend ist dabei nicht allein das Barvermögen, sondern der Vermögensstand, auf der auch die Berechnung von Erb- und Pflichtteilen basiert (LG Braunschweig FamRZ 1989, 546, 547). Die zukünftige Entwicklung ist nur insoweit einzubeziehen, als sie in eine Zeit der Leistungspflicht fällt, eine Kreditaufnahme oder bei einer Stundung eine höhere Leistung rechtfertigt (zu weitgehend SOERGEL/STEIN Rn 24). Ein feststehender zukünftiger Vermögenszuwachs (angefallene, noch nicht ausgezahlte Erbschaft, Renten, Zinsen aus Wertpapieren, Lebensversicherung usw) ist mit anzusetzen, um festzustellen, welchen Betrag der Vater für seinen eigenen Unterhalt behält, wenn er seiner Verpflichtung aus § 1934 d nachzukommen hat (vgl § 1603 Abs 1).

bb) Die *Vermögensverhältnisse* einer Person bestimmen sich nicht nur nach den **26** Aktiven, sondern auch nach den Passiven, um die sich vorhandenes Kapital und zu erwartende Einkünfte verringern. Die Frage der Zumutbarkeit erfordert daher eine *Berücksichtigung der anderen Verpflichtungen* des nichtehelichen Vaters. Hierzu gehören nicht allein die Unterhaltsverpflichtungen gegenüber dem nichtehelichen Kind oder anderen Familienmitgliedern (§ 1609 Abs 2), sondern alle Verpflichtungen, denen der nichteheliche Vater nachzukommen hat, gleich auf welchem Rechtsgrund sie beruhen (zB Ratenzahlungen, Mietzins, Kreditschulden; LG Waldshut-Tiengen FamRZ 1976, 373). Im Gegensatz zu der insoweit gleichlautenden Formulierung des § 1603 Abs 1 kommt es nicht auf den Vorrang des bereits bestehenden Unterhaltsbetrages, sondern auf die gesamte Vermögenslage an. Es ist daher ein vernünftiger Tilgungsplan zugrunde zu legen, aus dem sich die Belastungen und zumutbare Belastbarkeit des väterlichen Vermögens ergeben (ODERSKY Anm III 2 a). Dabei ist auch eine Altersvorsorge des nichtehelichen Vaters anzuerkennen (LG Braunschweig FamRZ 1972, 148). Zeitweilig zusätzlich anfallende Verpflichtungen, zB Prozeßkosten oder Schadensersatzforderungen, rechtfertigen noch nicht eine Minderung des Regelbetrages, sondern können durch Ratenzahlung gem §§ 1934 d Abs 5, 1382 kompensiert werden (OLG Köln aaO).

cc) Letztlich ist bei der Feststellung eines dem Vater zumutbaren Erbausgleichs zu **27** berücksichtigen, daß hierdurch die spätere Erbschaft bzw der Erbersatzanspruch vorzeitig abgegolten werden soll. Der Ausgleichsbetrag muß daher in vernünftiger Relation zu dem **Wert des** zu erwartenden **Erbanteiles** stehen (OLG Nürnberg NJW-RR 1986, 83, 84; LG Braunschweig FamRZ 1972, 147; LG Waldshut-Tiengen FamRZ 1976, 373; ODERSKY Anm III 2 a; **aA** MünchKomm/LEIPOLD Rn 36: Bemessung nach Pflichtteilswert). Bei normalen Einkommens- und Vermögensverhältnissen ist der Vergleich mit dem hypothetischen Erb- oder Pflichtteil nicht ausschlaggebend; ansonsten hat er indizielle Bedeutung (OLG Oldenburg FamRZ 1994, 406; LG Braunschweig FamRZ 1989, 546, 547; abw für den Fall, daß überdurchschnittlich viele Kinder erb- oder pflichtteilsberechtigt sind AG Bielefeld FamRZ 1984, 1270). Insoweit sind, wie bei Rn 25 erörtert, wiederum die zukünftigen wirtschaftlichen Verhältnisse des Vaters zu berücksichtigen. Ein nichtehelicher Vater ohne Kapital, aber mit hohem Einkommen, wird, da sich der Unterhalt an letzterem orientiert, eine hohe Unterhaltspflicht gegenüber dem nichtehelichen Kind haben, aber voraussichtlich keinen wertvollen Nachlaß hinterlassen. Ein allein am Unterhalt orientierter vorzeitiger Erbausgleich würde einen späteren Erbteil bzw Erbersatzanspruch um ein vielfaches übersteigen und daher unangemessen sein. Unzulässig ist jedoch, von dem hypothetischen Pflichtteilsanspruch an Stelle des Erbrechts auszugehen, weil das Kind gerichtlich gegen den Vater vorgeht (so LG Waldshut-Tiengen FamRZ 1976, 373), denn die familiären Bindungen zwischen nichtehelichem Kind und Vater, die eine Inanspruchnahme des Gerichtes verwerflich erscheinen lassen, bestehen zwischen den Parteien gerade nicht. Zudem darf die Ausnutzung der zustehenden Rechte sich nicht zum Nachteil des nichtehelichen Kindes auswirken.

28 **dd)** Die Vermögensverhältnisse des nichtehelichen Kindes sind ohne Bedeutung (LG Waldshut-Tiengen FamRZ 1976, 373). Es kommt bei der Abweichung zugunsten des Vaters allein darauf an, ob ihm die Zahlung in Höhe des Regelbetrages unzumutbar ist. Auf die verminderte Bedürftigkeit eines nichtehelichen Kindes, das einen Teil des fünfjährigen Bemessungszeitraumes in der ehemaligen DDR gelebt hat, kann sich der in den alten Bundesländern ansässige Vater also nicht berufen (OLG Köln FamRZ 1993, 484, 485; vgl Rn 22).

29 **b)** Ein **Abweichen** vom Regelunterhalt **zugunsten des nichtehelichen Kindes**, dh ein höherer Anspruch auf vorzeitigen Erbausgleich, ist möglich, wenn die Zahlung des dreifachen Jahresunterhaltes für das Kind „unangemessen gering" wäre.

30 **aa)** Bei der Frage, inwieweit eine über den Regelbetrag hinausgehende Leistung angemessen erscheint, sind wie bei der Senkung des Ausgleichsbetrages zugunsten des Vaters *im Einzelfall* dessen Erwerbs- und Vermögensverhältnisse und ihre voraussichtliche Entwicklung zu berücksichtigen (OLG Köln OLGZ 1979, 206; ODERSKY Anm III 2 b). Hierbei ist der Grund für die Schaffung des vorzeitigen Erbausgleichs zu berücksichtigen, das nichteheliche Kind wie ein eheliches am gegenwärtigen Vermögen des Vaters teilhaben zu lassen, wenn es um den Aufbau einer eigenen wirtschaftlichen Existenz geht. Hat der Vater für seine ehelichen Kinder entsprechende Aufwendungen (zB Ausbildungskosten) in einer Höhe getätigt, die den Regelausgleich überschreitet, fordert der in § 1934 d verwirklichte Gleichheitsgrundsatz auch eine entsprechend hohe Leistung an das nichteheliche Kind. Ein Maßstab für eine über den Regelausgleich hinausgehende Zahlungspflicht sind daher die an eheliche Kinder erbrachten Leistungen.

31 **bb)** Die *persönlichen Verhältnisse des Kindes* können nur insoweit eine den Regelausgleich überschreitende Verpflichtung rechtfertigen, als das nichteheliche Kind aufgrund Krankheit oder persönlicher Gebrechen in seiner Erwerbstätigkeit beschränkt und im Aufbau einer eigenen Existenz behindert ist, so daß es als eheliches vom Vater erhöhte Zuwendungen erhalten hätte, um diese Nachteile auszugleichen. Hier ist das Kind so zu behandeln, wie es in Familiengemeinschaft mit dem

Vater voraussichtlich behandelt worden wäre, dh eine Erhöhung erfolgt auch, wenn die ehelichen Kinder des nichtehelichen Vaters, nur am Unterhalt gemessen, normale Zuwendungen erhalten haben (PALANDT/EDENHOFER Rn 16; aA SOERGEL/STEIN Rn 27). Jedoch ist – da Maßstab das potentielle Verhalten eines ehelichen Vaters ist – die Leistungsfähigkeit des Vaters entscheidend. Ein momentanes oder dauerndes *allgemeines Bedürfnis* des nichtehelichen Kindes wirkt nicht forderungserhöhend.

cc) Auch bei der Erhöhung zugunsten des nichtehelichen Kindes ist wiederum zu **32** berücksichtigen, daß der vorzeitige Erbausgleich an die Stelle des zu erwartenden Erbteils oder Erbersatzanspruches tritt (LG Braunschweig FamRZ 1972, 148; OLG Köln OLGZ 1979, 205, 206; aA OLG Stuttgart FamRZ 1981, 1009). Wird der **hypothetische Erbteil** bzw Erbersatzanspruch herangezogen, ist das Alter des Vaters von großer Bedeutung, dh wann das nichteheliche Kind bei normaler Lebenserwartung des Vaters in den Genuß des väterlichen Erbteils gelangen würde, denn es bedeutet einen Vorteil für das nichteheliche Kind, schon vor dem Erbfall eine Zuwendung zu erhalten. Unangemessen gering dürfte ein Betrag sein, der unter der Hälfte des hypothetischen Pflichtteilsanspruches liegt (LG Waldshut-Tiengen FamRZ 1976, 374; aA OLG Stuttgart FamRZ 1981, 1009). Nach LG Braunschweig (FamRZ 1972, 148) soll er sich am vollen Pflichtteil orientieren (dazu Rn 27).

Besitzt der Vater erhebliche Werte, aber ein nicht entsprechendes Einkommen, steht der Unterhalt nicht in echter Relation zu dem wirklichen Reichtum des Vaters (zB der nichteheliche Vater hat wertvolle Antiquitäten, Grundstücke, Briefmarken, Schmuckstücke, aber kein hohes Einkommen). Eine Diskrepanz zwischen Unterhalt und voraussichtlichem Nachlaßwert besteht auch dann, wenn der Vater zukünftigen, aber sicheren Vermögenszuwachs erwartet (zB Versicherungen, ausgesetzte Schenkungen). Ein am Unterhalt orientierter vorzeitiger Erbausgleich steht in keinem Verhältnis zum Nachlaßwert, so daß in diesen Fällen ein höherer Erbausgleich für den Verlust des Erbrechts gerechtfertigt ist. In diesem Fall ist dem Vater der Verkauf von Vermögenswerten oder die Aufnahme eines Kredites zumutbar (OLG Oldenburg FamRZ 1973, 550).

dd) Wie die vorangehenden Beispiele zeigen, muß das **wirkliche Vermögen** des **33** Vaters **nicht den Unterhaltsbetrag** bestimmen, nach dem sich der Regelausgleich berechnet. Es kann daher DAMRAU (FamRZ 1969, 589; ders BB 1970, 469) nicht zugestimmt werden, wenn er glaubt, die Höhe des väterlichen Vermögens sei bereits im Unterhalt angemessen berücksichtigt. Übrigens orientiert sich die Höhe des Unterhalts nicht allein am Vermögen des Vaters, sondern auch an den Bedürfnissen des Kindes (zB es hat selbst Vermögen) und den Leistungen der Mutter (wie hier LG Braunschweig FamRZ 1972, 147; ODERSKY Anm III 2 b). Maßstab für den vorzeitigen Erbausgleich ist aber grundsätzlich nicht das Bedürfnis des Kindes, sondern das Vermögen des Vaters. Gem §§ 1934 d, 242 (abw SOERGEL/STEIN Rn 29; MünchKomm/ LEIPOLD Rn 37: § 2314 analog) steht dem nichtehelichen Kind gegen den ausgleichspflichtigen Vater ein Auskunftsanspruch hinsichtlich der Tatsachen zu, die für die Bemessung des vorzeitigen Erbausgleichsanspruchs maßgebend sind, wenn es entschuldbar über dessen Bestehen und Umfang im Unklaren ist, der Vater die Auskunft jedoch unschwer erteilen kann (OLG Nürnberg NJW-RR 1986, 83; OLG Düsseldorf FamRZ 1989, 545, 546). Dieser Anspruch wirkt sich zum einen dahingehend aus, daß der Ausgleichsschuldner seiner Erklärungspflicht nach § 138 ZPO nicht bereits

Olaf Werner

durch bloßes Bestreiten oder pauschale Angaben genügt. Er kann zudem selbständig geltend gemacht werden (OLG Köln OGLZ 1979, 205, 206 = FamRZ 1979, 178, 179).

Der Auskunftsanspruch umfaßt die Tatsachen, die zur Berechnung des Erbausgleichs unbedingt erforderlich sind, also die gegenwärtigen Erwerbs- und Vermögensverhältnisse, deren vergangene und voraussichtliche künftige Entwicklung sowie die Frage, welche Personen zu welchen Teilen beim Tod des nichtehelichen Vaters erben würden (OLG Nürnberg NJW-RR 1986, 83, 84; SOERGEL/STEIN Rn 29). Der Ausgleichspflichtige muß jedoch nicht analog § 2314 die Kosten für eine Wertermittlung seines Grundbesitzes tragen, weil eine detaillierte Feststellung darüber für die Höhe des Erbausgleichs regelmäßig nicht erheblich ist (OLG Düsseldorf FamRZ 1989, 545 f; aA SOERGEL/STEIN Rn 29).

34 c) Wie bei Unterschreitung des Regelbetrages zugunsten des nichtehelichen Vaters ein **Mindestbetrag** von einem Jahresunterhalt besteht, ist bei der Erhöhung zugunsten des Kindes ein **Höchstbetrag** mit dem Zwölffachen des durchschnittlichen Jahresunterhaltes festgesetzt. In beiden Fällen bedeutet der Jahresunterhalt den Durchschnitt der letzten fünf Jahre (Rn 21, 22). Es handelt sich um *absolute* Grenzen, an die das Gericht gebunden ist. Ein vorzeitiger Erbausgleich nahe der Höchstgrenze wird regelmäßig angemessen sein, wenn der Vater über Vermögen im Werte von erheblich über einer Million DM verfügt (OLG Köln MDR 1993, 1088). Vereinbaren die Parteien einen die Mindestgrenze unterschreitenden Betrag, greift § 1934 e nicht ein (ODERSKY Anm III 2 c). Dem steht nicht entgegen, daß das Kind auch ohne Gegenleistung auf seine Erb- und Pflichtteilsansprüche gegenüber dem nichtehelichen Vater verzichten kann (so jedoch SOERGEL/STEIN Rn 28; MünchKomm/LEIPOLD Rn 38), denn es wählt gerade nicht das Institut des (Teil-)Verzichts, sondern des § 1934 d. Bei Überschreitung der Höchstgrenze dagegen erlischt das Recht des nichtehelichen Kindes aus §§ 1924, 1934 a gem § 1934 e.

35 In beiden von Abs 2 S 2 erfaßten Fällen entscheidet im Streitfall das **Prozeßgericht** über die Höhe des angemessenen Ausgleiches. Es setzt entsprechend den og Grundsätzen die Höhe des Ausgleichsbetrages nach *freiem Ermessen* fest (BGHZ 96, 262, 271; LG Braunschweig FamRZ 1972, 147; ODERSKY Anm III 2 c).

IV. Natur des Ausgleichsanspruchs

36 § 1934 d begründet einen gesetzlichen Anspruch. Dieser ist eine Geldforderung, ein obligatorischer Anspruch des nichtehelichen Kindes gegen seinen Erzeuger. Diese höchstpersönliche Forderung richtet sich zu Lebzeiten des Vaters gegen diesen, nach dessen Tod gegen die Erben als gewöhnliche Nachlaßverbindlichkeit (§ 1967).

37 1. **Übertragbarkeit:** Da die Entstehung des Anspruchs im freien Belieben des nichtehelichen Kindes steht (vgl Rn 15, 16), ist er vor Erklärung des Ausgleichsverlangens unbestritten nicht übertragbar. Gem Abs 4 S 2 ist dieses bis zur Fixierung, dh bis zur formgültigen Vereinbarung oder rechtskräftigen Entscheidung jederzeit zurücknehmbar. Bis zur endgültigen Fixierung steht es weiterhin im Belieben des nichtehelichen Kindes, ob der Anspruch verwirklicht werden soll. Diese höchstpersönliche Natur der Entscheidung würde einer Übertragbarkeit auch vor endgültiger Fixierung entgegenstehen. Der Anspruch auf vorzeitigen Erbausgleich ist damit erst nach der notariell beurkundeten Vereinbarung oder rechtskräftigen Entscheidung übertragbar (PALANDT/EDENHOFER Rn 19; MÜNCHKOMM/LEIPOLD Rn 22 f; ODERSKY Anm IV 1 b; ERMAN/SCHLÜTER Rn 29; EBERT 26; LUTTER § 3 II 2 a). Demgegenüber wollen DAMRAU (FamRZ 1969, 589; ders FamRZ 1970, 612), EBERT (26) und JOHANNSEN (WM 1970 Beil 3 S 14) eine Übertragbarkeit des Zahlungsanspruches vor der Fixierung zulassen, da er als Zahlungsanspruch nicht höchstpersönlich und als bedingter Anspruch abtretbar sei. Eine solche Abtretung könnte jedoch die Entschließungsfreiheit des Kindes hinsichtlich der Geltendmachung des Erbausgleichs beeinträchtigen (MünchKomm/ LEIPOLD Rn 22).

Die **Übertragung** erfolgt mangels entgegenstehender gesetzlicher Regelung durch **38** formlose Abtretungserklärung. Dies läßt sich auch aus § 2317 rechtfertigen, der schuldrechtliche Ansprüche aus Erbrecht gegen den Nachlaß für vererblich und übertragbar erklärt, ohne besondere Bedingungen oder Schranken aufzustellen. § 312 findet keine Anwendung (ODERSKY Anm IV 1 c). *Ausschluß der Übertragbarkeit* kann durch Vereinbarung zwischen nichtehelichem Vater und nichtehelichem Kind wirksam bestimmt werden, § 399 (MünchKomm/LEIPOLD Rn 23; ODERSKY Anm IV 1 c).

2. Aus der Übertragbarkeit folgt die **Pfändbarkeit** (§ 851 Abs 1 ZPO) und **Aufre- 39 chenbarkeit** (§ 394). Dem steht ein vereinbarter Ausschluß der Übertragbarkeit nicht entgegen, § 851 Abs 2 ZPO, § 394 S 1 (MünchKomm/LEIPOLD Rn 23; ERMAN/SCHLÜTER Rn 31; ODERSKY Anm IV 1 c).

3. **Vererblichkeit** eines bereits wirksam fixierten Anspruches auf vorzeitigen **40** Erbausgleich ergibt sich nach allgemeinen Grundsätzen, § 1922 (ODERSKY Anm IV 2).

a) *Stirbt* das nichteheliche *Kind nach dem Ausgleichsverlangen,* aber vor einer **41** notariell beurkundeten Vereinbarung oder gerichtlichen Entscheidung (Abs 4), ist der Anspruch zwar bereits vor dem Erbfall entstanden (vgl Rn 17), kann aber wegen der Höchstpersönlichkeit (Rn 37) von den Erben des Kindes nicht weiter verfolgt werden. Sie können weder die Vereinbarung des Abs 4 mit dem nichtehelichen Vater treffen noch Klage gegen ihn erheben, um die zur Durchsetzung erforderliche Fixierung des Anspruchs herbeizuführen (PALANDT/EDENHOFER Rn 5). Damit sind die Erben des nichtehelichen Kindes nicht über § 1922 Inhaber der Ausgleichsforderung geworden, sondern sind ggf auf eigene erbrechtliche Positionen gegenüber dem nichtehelichen Vater und dessen Verwandten verwiesen. Dies rechtfertigt auch der Zweck des § 1934 d. Eine Starthilfe soll nur dem lebenden Kind zuteil werden, nicht aber dessen Erben.

b) *Stirbt* das nichteheliche *Kind,* nachdem es bereits **Klage** gegen den nichtehe- **42** chen Vater **erhoben** hatte, dürfte aus den zuvor genannten Grundsätzen ebenfalls der Anspruch nicht auf seine Erben übergehen, denn er soll allein dem nichtehelichen Kind den Eintritt in das Berufsleben erleichtern, nicht aber den Erben (vgl Rn 41). Die Erben des nichtehelichen Kindes können den Prozeß daher nicht fortführen (PALANDT/EDENHOFER Rn 21; ODERSKY Anm VIII 1; SCHRAMM BWNotZ 1970, 14; **aA** Münch-Komm/LEIPOLD Rn 31, demzufolge zwar die Erben das Klageziel nicht weiter verfolgen können, der Prozeß aber gem §§ 239, 246 ZPO auf sie übergeht).

Olaf Werner

43   **V.**   Die **Vereinbarung über den Erbausgleich** iSd Abs 4 S 1 bestimmt die Zeit und Art der Erfüllung, nicht die Höhe des Anspruchs (so jedoch Soergel/Stein Rn 31), diese ist gesetzlich in Abs 2 festgelegt und wird damit nicht durch die Vereinbarung verbindlich. Soweit eine Regelung über die Höhe getroffen wird, ist sie auf Angemessenheit und Zumutbarkeit gerichtlich überprüfbar (aA Soergel/stein Rn 28). Die Vereinbarung bedeutet die Bindung des nichtehelichen Kindes an das Ausgleichsverlangen und des nichtehelichen Vaters an seine Zusage insbesondere hinsichtlich der Höhe. Da der Anspruch bereits mit dem Ausgleichsverlangen entstanden ist (Rn 17), begründet nicht erst die Vereinbarung die Verpflichtung des nichtehelichen Vaters. Sie bedeutet lediglich die **Fixierung** des bestehenden Anspruches. Die Parteien bestimmen die genauen Modalitäten und binden sich hinsichtlich der Höhe. Ferner tritt die Unwiderruflichkeit des Ausgleichsverlangens und damit die Wirkung des § 1934 e ein.

44   **1.**   § 1934 d setzt allein *zeitliche Schranken* für das Ausgleichsverlangen, nicht für die **notarielle Vereinbarung. Diese braucht nicht** innerhalb der **Frist** des Abs 1 getroffen zu werden. Es genügt, wenn das Ausgleichsverlangen innerhalb dieser Zeit erfolgt und die Ausgleichsforderung zur Entstehung bringt, denn die Vereinbarung bezieht sich auf eine bestehende Ausgleichsforderung. Wie die Verjährungsvorschrift des Abs 3 beweist, besteht die Ausgleichsforderung auch noch nach Vollendung des 27. Lebensjahres, so daß auch dann noch die Vereinbarung getroffen werden kann, selbst wenn die Forderung verjährt ist. Durch die Verjährung wird die Existenz des Anspruches nicht berührt, § 222 (Odersky § 1934 e Anm II 3 c; Damrau FamRZ 1969, 588; ders BB 1970, 470; Jäger FamRZ 1971, 507; Bosch FamRZ 1972, 178; Kumme ZblJugR 1974, 24).

45   **2.**   Die Vereinbarung soll nach überwiegender Ansicht ein gegenseitiger **Vertrag** sein (Odersky Anm V 6; Brox Rn 85). Dem kann nur insoweit zugestimmt werden, als durch die Vereinbarung Rechtswirkungen herbeigeführt werden: die Bindung an das Ausgleichsverlangen, die Fixierung des Anspruchs und die Folgen des § 1934 e. Insoweit handelt es sich mit MünchKomm/Leipold Rn 26 um ein dem Erbverzicht nahestehendes erbrechtliches Verfügungsgeschäft. Allerdings begründet der Vertrag nicht die Zahlungspflicht, denn diese ergibt sich bereits aus dem Gesetz. Deswegen handelt es sich auch nicht um einen Vergleich iSd § 779 (MünchKomm/Leipold Rn 26; aA Soergel/Stein Rn 44; Odersky Anm V 4; Ebert 22). Begründet die Vereinbarung keinen Anspruch, ist mangels gegenseitiger Verpflichtung für §§ 320 ff selbst in entsprechender Anwendung kein Raum (MünchKomm/Leipold Rn 26; Palandt/Edenhofer Rn 19; aM Odersky Anm V 6; Ebert 21; Bosch FamRZ 1972, 178). Insbesondere kann das Kind bei Nichtleistung des vorzeitigen Erbausgleichs nicht über § 326 zurücktreten, um die Wirkungen des § 1934 e zu verhindern (so jedoch Bosch FamRZ 1972, 178). Anderenfalls droht im Hinblick auf zwischenzeitlich entstandene erbrechtliche Beziehungen erhebliche Rechtsunsicherheit (MünchKomm/Leipold Rn 28). Voraussetzung des § 1934 e ist allein ein wirksames Ausgleichsverlangen und die Fixierung der Forderung, nicht aber deren Erfüllung (vgl § 1934 e Rn 7).

46   **3.**   Da die Erklärung des Kindes den Untergang des Erbrechts und des Rücknahmerechts enthält, die des Vaters sein Einverständnis hierzu und damit den Untergang auch seines Erbrechts gegenüber dem nichtehelichen Kind, handelt es sich um **Willenserklärungen**, auf die die allgemeinen Regeln anwendbar sind (zB §§ 119 ff, 142). Die Vereinbarung kann auch unter einer auflösenden oder aufschiebenden

Bedingung erfolgen (ODERSKY Anm V 5; SCHRAMM BWNotZ 1970, 14; aA MünchKomm/LEIPOLD Rn 28).

4. Form der Vereinbarung: Notarielle Beurkundung der Erklärung des nichtehelichen Kindes und des nichtehelichen Vaters (§ 128), die durch Erklärung zu Protokoll des Prozeßgerichts ersetzt werden kann (§ 127 a). Die Erklärungen brauchen nicht gleichzeitig abgegeben zu werden. Zulässig ist Erklärung durch einen Bevollmächtigten. Bei gesetzlicher Vertretung ist vormundschaftsgerichtliche Genehmigung erforderlich, wobei allerdings die Begründung umstritten ist (Analogie zu §§ 1822 Nr 1, 2347: MünchKomm/LEIPOLD Rn 27; BRÜGGEMANN FamRZ 1990, 5, 12; Analogie zu § 1822 Nr 2: SOERGEL/STEIN Rn 31; Analogie zu § 1822 Nr 12: SOERGEL/DAMRAU § 1822 Rn 43; MünchKomm/SCHWAB § 1822 Rn 69). Aus der Summe aller Normen läßt sich ein allgemeiner Rechtsgedanke gewinnen, der einer Gesamtanalogie zugänglich ist. Gleiches gilt wegen der gleichen Wirkung auch für die Geltendmachung des Ausgleichsanspruchs im Klagewege (MünchKomm/SCHWAB § 1822 Rn 8). **47**

Für die Kosten haften gegenüber dem Notar Vater und nichteheliches Kind gem §§ 2 Nr 1, 2. Var, 5 Abs 1 S 1 KostO als Gesamtschuldner. Abweichend von § 426 Abs 1 dürfte es der Intention des Gesetzgebers entsprechen, daß im Innenverhältnis der Ausgleichsschuldner allein haftet (MünchKomm/LEIPOLD Rn 29; SOERGEL/STEIN Rn 32).

5. Eine **Aufhebung der Vereinbarung** durch Vertrag zwischen nichtehelichem Kind und seinem Vater ist mangels entgegenstehender Vorschriften zulässig (§ 1934 d Abs 4 S 2 untersagt nur die einseitige Lösung von der Vereinbarung nach der Fixierung des Anspruchs) und bedarf als „Vereinbarung über den Erbausgleich" gem § 1934 d Abs 4 S 1 ebenfalls der notariellen Beurkundung (ODERSKY Anm V 8; abw MünchKomm/LEIPOLD Rn 28). **48**

VI. Die der notariellen Vereinbarung in Abs 4 S 2 gleichgesetzte **rechtskräftige Entscheidung** (§ 705 ZPO) über den Erbausgleich führt ebenfalls zum Verlust des Rechtes, das Ausgleichsverlangen zurückzunehmen. Zusätzlich tritt die Wirkung des § 1934 e ein. Wie bei der notariellen Vereinbarung genügt nicht ein (Grund-)Urteil über den Bestand des Ausgleichsanspruches, erforderlich ist ein *Leistungsurteil,* das dem nichtehelichen Vater die Zahlung eines bestimmten Ausgleichsbetrages auferlegt (SOERGEL/STEIN Rn 33). Einer solchen Entscheidung bedarf es, wenn der nichteheliche Vater seine Mitwirkung an der notariellen Vereinbarung verweigert oder aber trotz einer solchen nicht zahlt. In beiden Fällen muß Zahlungsklage vor dem Prozeßgericht (Rn 72) erhoben werden. Bei fehlender Vereinbarung muß der Klageantrag nicht beziffert sein, wenn die für die Bemessung relevanten Tatsachen hinreichend bestimmt angegeben werden (MünchKomm/LEIPOLD Rn 30; zurückhaltender BGHZ 96, 262, 273 f; OLG Oldenburg FamRZ 1994, 406). Hält das Gericht einen niedrigeren Betrag als den vom Kind beantragten für angemessen, so ist zu bedenken, daß dieses mit dem Verlust seines Erbrechts um diesen Preis möglicherweise nicht einverstanden ist (MünchKomm/LEIPOLD Rn 30). Nach gerichtlicher Aufklärung (§ 139 ZPO) hat der Kläger dann die Möglichkeit der Zurücknahme seines Begehrens (vgl Rn 51 ff; BGHZ 96, 262, 273 f; SOERGEL/STEIN Rn 33). Es kann sinnvoll sein, hilfsweise die Verurteilung bis zu einer bestimmten Untergrenze zu beantragen (BGH aaO; OLG Oldenburg aaO). **49**

50 **VII.** Soweit die notarielle Vereinbarung oder das rechtskräftige Urteil keine anderweitigen Bestimmungen enthält, ist der **Anspruch** auf vorzeitigen Erbausgleich mit seiner Fixierung (Feststellung in notarieller Vereinbarung oder gerichtlicher Entscheidung) **fällig** (BGHZ 96, 262, 273).

51 **VIII. Zurücknahme des Ausgleichsverlangens** ist ohne Einwilligung des nichtehelichen Vaters nur bis zur notariellen Vereinbarung oder rechtskräftigen Entscheidung über den vorzeitigen Erbausgleich zulässig (Abs 4 S 2). Die Rücknahme liegt im Belieben des nichtehelichen Kindes und ist eine höchstpersönliche Entscheidung, die ihm bis zur Fixierung der Forderung offen bleiben soll. Eine Verpflichtung gegenüber dem Vater oder einem Dritten, das Rücknahmerecht nicht auszuüben, ist daher unwirksam (Johannsen WM 1970 Beil 3 S 14).

52 **1.** Die **Erklärung der Rücknahme** ist eine Willenserklärung und nimmt dem vorher erklärten Ausgleichsverlangen seine Wirkung, der Ausgleichsforderung wird die Grundlage entzogen (Odersky Anm VI 3). Eine bereits anhängige Klage ist aus diesem Grunde abzuweisen (Palandt/Edenhofer Rn 11). Die Wirkungen des § 1934 e treten nicht ein.

53 **2.** **Zeitliche Grenze** für die Rücknahme des Ausgleichsverlangens ist der Abschluß der notariellen Beurkundung (vgl § 13 BeurkG) oder die Rechtskraft des Urteils. Eine Rücknahme ist damit auch noch nach der Vollendung des 27. Lebensjahres und nach Verjährung des Ausgleichsanspruches möglich (MünchKomm/Leipold Rn 32; Soergel/Stein Rn 14), wenn obige Voraussetzungen gewahrt sind. Ein vorläufig vollstreckbares Urteil hindert die Rücknahme selbst dann nicht, wenn aus ihm die Vollstreckung erfolgt ist. Der durch die Vollstreckung entstandene Schaden ist nach § 717 Abs 2, 3 ZPO zu ersetzen, denn aufgrund der Rücknahme wird ein vom Vater eingelegtes Rechtsmittel Erfolg haben (Johannsen WM 1970 Beil 3 S 14; Soergel/Stein Rn 14). Ein durch Wiederaufnahmeklage aufgehobenes rechtskräftiges Urteil steht der Zurücknahme nicht entgegen (MünchKomm/Leipold Rn 32).

54 **3.** Ein **erneutes Ausgleichsverlangen** nach wirksamer Rücknahme eines vorherigen innerhalb der von § 1934 d Abs 1 festgelegten Zeiten verbietet das Gesetz nicht. Diese Frage wurde bewußt offen gelassen (Kurzprot d Unterausschusses Unehelichenrecht des Rechtsausschusses des BT Nr 23, 11, 12). Das Gesetz läßt auch nicht erkennen, daß ein Ausgleichsverlangen nur einmal erklärt werden darf. In der Rücknahme eines Ausgleichsverlangens einen endgültigen Verzicht auf den vorzeitigen Erbausgleich (auch für den Vater ersichtlich) zu sehen (so Erman/Schlüter Rn 17; BGB-RGRK/Kregel Rn 4), würde dem Willen des nichtehelichen Kindes nicht entsprechen, es sei denn, es liegen diesbezügliche Anhaltspunkte vor (wie hier Voss 131). Einem erneuten Verlangen steht daher grundsätzlich auch nicht die Arglisteinrede entgegen (Palandt/Edenhofer Rn 11; Odersky Anm VI 4; Soergel/Stein Rn 11; MünchKomm/Leipold Rn 32; Lutter § 3 III 2; V 2; Ebert 24; Damrau FamRZ 1969, 586; Johannsen WM 1970 Beil 3 S 16; Körting NJW 1970, 1526).

55 **4.** Für die **Rücknahme einer Klage** gilt allein § 269 ZPO (Odersky Anm VI 5). § 1934 d zeigt lediglich materielle Wirkungen, er läßt nicht entsprechend der Rücknahme des Ausgleichsverlangens auch eine Klagerücknahme ohne Einwilligung des Vaters zu (so jedoch Soergel/Stein Rn 14; MünchKomm/Leipold Rn 33; Damrau FamRZ

1969, 587; wie hier ERMAN/SCHLÜTER Rn 16). Möglich ist aber eine einverständliche Erledigungserklärung mit der Kostenfolge des § 91 a ZPO (SOERGEL/STEIN Rn 14).

5. § 1934 d Abs 4 S 2 regelt nur den **einseitigen Rücktritt** des nichtehelichen Kindes 56 von seinem Ausgleichsverlangen. Der nichteheliche Vater und sein Kind können daher auch noch nach der Fixierung eine *Rücktrittsvereinbarung* treffen (ODERSKY Anm V 5).

IX. Scheitern des vorzeitigen Erbausgleichs liegt vor, wenn es zu keiner wirksamen 57 Vereinbarung iSd § 1934 d Abs 4 S 1 oder zu keiner rechtskräftigen Verurteilung des nichtehelichen Vaters iSd § 1934 d kommt, nicht dagegen wenn der Vater trotz Vereinbarung oder Verurteilung nicht zahlt, dann hat das nichteheliche Kind die Forderung gegen den Vater oder dessen Erben (§ 1967). *Stirbt der nichteheliche Vater* vor wirksamer Vereinbarung oder rechtskräftiger Verurteilung, kann kein vorzeitiger Erbausgleich mehr verlangt werden, da die Erbfolge (Erbersatzanspruch) dem nichtehelichen Kind die Beteiligung am väterlichen Vermögen garantiert. Ein bereits anhängiger Rechtsstreit wird durch den Tod des nichtehelichen Vaters erledigt (ODERSKY Anm VII 1). *Stirbt das nichteheliche Kind* vor seinem Vater, ist ebenfalls für den vorzeitigen Erbausgleich kein Raum mehr, wenn noch kein rechtskräftiges Urteil oder keine wirksame Vereinbarung erfolgt ist, denn der vorzeitige Erbausgleich steht nicht den Erben des nichtehelichen Kindes zu (vgl Rn 41). Ein anhängiger Rechtsstreit ist ebenfalls in der Hauptsache erledigt (ODERSKY Anm VII 1). War es jedoch beim Tod des Kindes bereits zu einer wirksamen Einigung mit dem nichtehelichen Vater oder zu dessen rechtskräftiger Verurteilung gekommen, kann die Ausgleichsforderung als zum Nachlaß gehörend von den Erben des nichtehelichen Kindes durchgesetzt werden.

X. Rückgewähr vorzeitig gezahlten Erbausgleichs erfolgt nach Bereicherungsrecht, 58 § 812 Abs 1 S 1 1. Alt, wenn der nichteheliche Vater geleistet hat, ohne daß das nichteheliche Kind sein Ausgleichsverlangen wirksam erklärt hatte, ebenso, wenn ein erklärtes Verlangen zurückgenommen oder unwirksam ist. Da der Anspruch bereits mit dem Ausgleichsverlangen entsteht, aber noch nicht fällig ist (Rn 17), war eine Leistung nach dem Ausgleichsverlangen, aber vor Vereinbarung bzw rechtskräftiger Verurteilung ebenfalls rechtsgrundlos. Unterläßt das nichteheliche Kind trotz Zahlung des Vaters auf dessen Aufforderung hin die notarielle Vereinbarungserklärung, liegt hierin eine Rücknahme des Ausgleichsverlangens und der Untergang des Anspruches (vgl Rn 51).

1. Hat der *Vater* seine *Leistung zurückgefordert,* steht der Bereicherungsanspruch 59 auch seinen Erben gegen das nichteheliche Kind bzw gegen dessen Erben zu (§ 1967). Hat der nichteheliche Vater *keine Rückzahlung gefordert* (§ 1934 d Abs 4 S 3), muß sich das nichteheliche Kind die Zahlung gem § 2050 Abs 1 auf seinen Erbteil bzw Erbersatzanspruch anrechnen lassen. Entsprechendes gilt für die an seine Stelle tretenden Abkömmlinge, wenn das nichteheliche Kind nach Erhalt des Geldes, aber vor dem Vater verstorben ist (§ 2051 Abs 1). Ebenso erfolgt gem § 2315 eine Anrechnung auf den Pflichtteil, ohne daß eine entsprechende ausdrückliche Anordnung erforderlich ist, denn die Leistung durch den Vater erfolgte, um das spätere Erbrecht abzulösen, also mit dem Willen, durch seine Zahlung Ansprüche des nichtehelichen Kindes nach dem Erbfall auszuschließen (iE ebenso ODERSKY Anm

Olaf Werner

VII 3). Zurückfordern iSd Abs 4 S 3 bedingt das *ernstliche Rückgabeverlangen* des nichtehelichen Vaters gegenüber seinem Kind. Die Einleitung gerichtlicher Schritte (Mahnantrag, Klageerhebung) ist nicht erforderlich (Lutter § 3 VII 2 c).

60 **2.**   Umstritten ist, ob § 1934 d Abs 4 S 3 einen Bereicherungsanspruch der Erben des nichtehelichen Vaters ausschließt, wenn dieser **keine Rückzahlung begehrt** hat, also allein eine Anrechnung gem §§ 2050 Abs 1, 2051 Abs 1, 2315 erfolgen kann (für einen Ausschluß des Bereicherungsanspruches: MünchKomm/Leipold Rn 39; Soergel/Stein Rn 45; Lutter § 3 VII 2, X 2, 3; Johannsen WM 1970 Beil 3 S 15; Odersky Anm VII 3; Damrau FamRZ 1969, 587). Dies ist insbesondere dann von Bedeutung, wenn der Bereicherungsanspruch wertmäßig höher als der Erbteil bzw Pflichtteil des nichtehelichen Kindes ist. Dem Gesetz läßt sich ein Ausschluß des § 812 nicht ausdrücklich entnehmen, allerdings beziehen sich die von § 1934 d Abs 4 S 3 erwähnten Anrechnungsvorschriften auf Leistungen an den Erben, die mit Rechtsgrund erfolgt sind, setzen also keine anderen Rückforderungsmöglichkeiten voraus. Das Nichtbestehen solcher Rückforderungsmöglichkeiten rechtfertigt erst die besonderen Anrechnungsvorschriften. Eine Anrechnung soll nur erfolgen, wenn der Erblasser dies bestimmt hat, ansonsten sollen die Erben die Leistung des Erblassers anerkennen und hinnehmen. Aus diesem Grunde dürfte ein Bereicherungsanspruch zugunsten der Erben nicht bestehen. Begründen läßt sich dies aus dem Verhalten des Erblassers, der durch Unterlassen des Rückforderungsverlangens auf den Bereicherungsanspruch stillschweigend verzichtet hat. Er hat die Leistung an das nichteheliche Kind erbracht, um das Kind vorzeitig abzufinden. Nach seinem Tod sollen weder Ansprüche des Kindes gegen die Erben noch der Erben gegen das nichteheliche Kind bestehen. Dieses sollte nach seinem Willen die Leistung auch nach seinem Tod behalten. Der Verzichtswille des Erblassers kommt damit in der Leistung selbst zum Ausdruck und kann allein durch ein Rückforderungsbegehren widerlegt werden (bezüglich der Begründung kritisch Soergel/Stein Rn 45; einschränkend MünchKomm/Leipold Rn 39, der Kenntnis vom Scheitern des vorzeitigen Erbausgleichs verlangt). Von einem Verzichtswillen kann man auch nicht ausgehen, wenn der Erbausgleich erst nach dem Tod des Erblassers scheitert (Soergel/Stein aaO). Die Beschränkung der Ausgleichsvorschriften auf die Fälle, in denen der Erbausgleich von dem nichtehelichen Vater nicht zurückgefordert worden ist, hat nur einen Sinn, wenn damit Bereicherungsansprüche ausgeschlossen sind. Wenn in beiden Fällen, bei erklärter und unterlassener Rückforderung, Ansprüche aus § 812 beständen, müßte das nichteheliche Kind die Leistung zurückerstatten bzw sich bei seinem Anspruch gegen die Erben anrechnen lassen (§§ 387 ff). Einer besonderen Regelung über §§ 2050, 2051, 2315 hätte es nicht bedurft. Gegenüber der Witwe des Erblassers besteht weder eine Ausgleichungspflicht noch eine Pflicht zur Rückabwicklung nach Bereicherungsrecht (MünchKomm/ Leipold Rn 39 mwN).

XI. Stundung der Ausgleichsforderung (Abs 5)

61 Während ein eheliches Kind beim Eintritt in das Berufsleben zumeist nicht durch eine einmalige hohe Zahlung unterstützt wird, sondern entsprechend dem Leistungsvermögen des Vaters ratenweise oder erst dann Leistungen erhält, wenn dem Vater entsprechende Beträge zur Verfügung stehen, kann das nichteheliche Kind einseitig durch sein Ausgleichsverlangen den Zeitpunkt der Zahlung bestimmen und die gesamte ihm zustehende Summe verlangen. Dies wird oft das Leistungsvermögen des Vaters übersteigen, insbesondere wenn dieser noch andere Verpflichtungen zu erfüllen hat. Dem trägt § 1934 d Abs 5 Rechnung, indem – sofern nicht schon in der notariellen Vereinbarung festgelegt – dem nichtehelichen Vater die Möglichkeit der Stundung gewährt wird, und zwar auch dann, wenn die Vereinbarung bereits getroffen, eine rechtskräftige Entscheidung erstrebt (dh im Prozeß) oder bereits ergangen ist (§§ 1934 d Abs 5 S 3, 1382 Abs 1, 5, 6; einschränkend MünchKomm/LEIPOLD Rn 41: nur bei nachträglicher Änderung der Verhältnisse auch nachträgliche Stundung möglich). Zum Ausgleich temporärer zusätzlicher Belastungen ist auf sie, nicht auf eine Unterschreitung des Regelbetrages zurückzugreifen (OLG Köln FamRZ 1990, 667 f; vgl Rn 26). Notfalls kann von ihm auch der Einsatz des eigenen Vermögens erwartet werden (SOERGEL/STEIN Rn 36). Möglich ist auch die Beschränkung der Stundung auf einen Teil des Ausgleichsbetrages sowie die Anordnung von Ratenzahlung (MünchKomm/LEIPOLD Rn 40). Gerechtfertigt wird das Stundungsbegehren letztlich aus **Billigkeitserwägungen,** wenn die sofortige Zahlung dem Vater neben der gleichzeitigen Unterhaltsgewährung „unzumutbar" ist (Abs 5 S 1) oder ihn aus sonstigen Gründen „besonders hart treffen" würde und dem Kind die Stundung zugemutet werden kann (Abs 5 S 2).

1. Stundung wegen Unterhaltsgewährung (Abs 5 S 1)

Nach §§ 1615 a, 1615 c hat der nichteheliche Vater seinem nichtehelichen Kind wie **62** dem ehelichen nach §§ 1602 ff auch nach Volljährigkeit weiterhin Unterhalt zu gewähren, wenn die Voraussetzungen der §§ 1602 Abs 1, 1603 Abs 1 gegeben sind. Einem unterhaltsberechtigten nichtehelichen Kind nach Vollendung des 21. Lebensjahres steht damit neben dem Unterhalt auch das Recht auf vorzeitigen Erbausgleich zu. Wegen der in § 1934 d Abs 1 gesetzten Zeitbeschränkung darf das nichteheliche Kind mit der Geltendmachung des vorzeitigen Erbausgleiches nicht warten, bis die Unterhaltpflicht des Vaters erloschen ist. Der Vater muß daher neben dem Unterhalt auch die Mittel für den vorzeitigen Erbausgleich aufbringen. Das ist ihm nicht zumutbar, wenn eine solche Doppelbelastung seine eigene Existenzgrundlage gefährden kann, bei Stundung aber ein Erbausgleich ohne diese Gefährdung aufgebracht werden könnte. Zwar kann diese Situation bereits bei der Höhe des Ausgleichsbetrages berücksichtigt werden (Rn 26), jedoch führt sie dort zu einer Minderung der Forderung des nichtehelichen Kindes. Zu seinen Gunsten kann daher durch die Stundung ein höherer Betrag erreicht werden. Die Stundung würde damit idR auch dem Interesse des Kindes dienen. Inwieweit eine Barzahlung dem Vater nicht zumutbar ist, richtet sich nach dessen Vermögens- und Einkommensverhältnissen und ist eine Frage des Einzelfalles.

2. Stundung in anderen Fällen (Abs 5 S 2), wenn die sofortige Leistung den Vater **63** besonders hart trifft. Damit ist in Abs 5 S 2 die gleiche Stundungsvoraussetzung wie in § 1382 Abs 1 festgelegt, auch hinsichtlich der Zumutbarkeit der Stundung für den Gläubiger (nichteheliches Kind). Insoweit kann auf die Erläuterung zu § 1382 Abs 1 verwiesen werden. Zu beachten ist hierbei, daß das Gesetz besonders strenge Voraussetzungen, insbesondere härtere als in Abs 5 S 1 aufstellt, die zB verwirklicht sind, wenn dem Vater die Erfüllung aus eigenen Mitteln nicht möglich ist, ohne besondere Werte zu veräußern. Eine angemessene Kreditaufnahme dürfte dagegen zumutbar sein (LG Waldshut-Tiengen FamRZ 1976, 374).

64 Der vorzeitige Erbausgleich wurde geschaffen, um dem Kind den Eintritt in das selbständige Berufsleben und die Gründung einer eigenen Familie zu erleichtern. Das Kind selbst bedarf des Geldes daher in besonderen Situationen. Dem Kind muß die Stundung zumutbar sein. Das ist der Fall, wenn es selbst hinreichend Kapital besitzt, um seinen Eintritt in das eigene Wirtschaftsleben und die Gründung einer eigenen Familie zu finanzieren, oder wenn es den gesamten Ausgleich zZt nicht benötigt, da der Eintritt in das eigene Berufsleben noch nicht ansteht. Bei der Gewährung einer Stundung ist deshalb auch auf die Bedürfnisse des Kindes abzustellen, damit der vorzeitige Erbausgleich seinen Zweck erfüllen kann (SOERGEL/STEIN Rn 36).

3. Geltendmachung des Stundungsbegehrens

65 Hinsichtlich des Verfahrens zur Durchführung des Stundungsverlangens gelten kraft Verweisung in Abs 5 S 3 § 1382 und § 53 a FGG entsprechend.

66 a) Bei **unstreitigem Ausgleichsanspruch** (der Anspruch ist durch notarielle Vereinbarung oder rechtskräftige Entscheidung fixiert) ist das *Familiengericht* für die Entscheidung über das Stundungsbegehren zuständig, denn nach § 1382, auf den § 1934 d Abs 5 S 3 verweist, ist an Stelle des Vormundschaftsgerichtes mit Wirkung vom 1. 7. 1977 das Familiengericht für die Stundung zuständig (Art 1 Nr 10 1. EheRG). Damit ist gem Art 12 Nr 11 1. EheRG auch für das Verfahren des § 1934 d Abs 5 die sachliche Zuständigkeit des Familiengerichts begründet (aA MünchKomm/ LEIPOLD Rn 42). Dem steht nicht entgegen, daß § 1934 d Abs 5 in § 23 b Abs 1 GVG und § 621 Abs 1 ZPO nicht ausdrücklich genannt ist (so jedoch PALANDT/EDENHOFER Rn 25; SOERGEL/STEIN Rn 38, die das Vormundschaftsgericht für zuständig erachten). Für § 1934 d Abs 5 gilt kraft Verweisung das Verfahren nach § 1382, und dies ist in § 23 b Abs 1 GVG und § 621 Abs 1 ZPO ausdrücklich den Familiengerichten zugewiesen. Auch in § 53 a FGG wird das Verfahren nach § 1382 und § 1934 d Abs 5 gleichgestellt. Bei dem vorzeitigen Erbausgleich handelt es sich nicht um einen rein erbrechtlichen, sondern um einen primär familienrechtlichen Anspruch, der an die Stelle einer (erbrechtlichen) Nachlaßbeteiligung tritt (vgl Rn 5). Aus der Natur des Anspruchs rechtfertigt sich die Zuständigkeit des Familiengerichtes ebenso wie daraus, daß der vorzeitige Erbausgleich am Unterhalt orientiert ist, dessen Feststellung dem Familiengericht obliegt (§ 1615 a, § 23 b Abs 1 Nr 5 GVG, § 621 Abs 1 Nr 4 ZPO). Der vorzeitige Erbausgleich ist wie die in § 1382 behandelte Ausgleichsforderung des § 1378 ein Anspruch unter lebenden Familienmitgliedern wegen Teilhabe am Vermögen des anderen. In beiden Fällen sind die gleichen Grundlagen für die Stundung heranzuziehen, die Vermögens- und Einkommensverhältnisse sowie die Leistungsfähigkeit des Schuldners. Die Entscheidungskonzentration dieser Stundungsfälle bei einem speziellen Familiengericht dient der Rechtssicherheit und Verfahrensbeschleunigung.

67 Das Familiengericht (Familienrichter, § 14 Nr 2 RpflG) entscheidet im *Verfahren der freiwilligen Gerichtsbarkeit* auf **Antrag des Vaters.** Es gilt § 53 a FGG. Kommt der anzustrebende Vergleich nicht zustande, entscheidet das Gericht, wenn es eine Stundung für erforderlich hält, entsprechend § 1382 (vgl dort). Sind die Voraussetzungen des § 1934 d Abs 5 S 1, 2 nicht gegeben, weist es den Stundungsantrag ab. Gegen diese Entscheidung ist sofortige Beschwerde möglich, § 60 Abs 1 Nr 6 iVm § 53 a

Abs 2 S 1 FGG. Zwar regelt sich die örtliche Zuständigkeit im Verfahren des § 1382 nach § 45 FGG. Diese Norm ist jedoch eindeutig auf den gemeinsamen Hausstand der Eheleute zugeschnitten, so daß sich die örtliche Zuständigkeit bei den nicht in gemeinsamem Hausstand lebenden Parteien des vorzeitigen Erbausgleichs nach den allgemeinen Regeln bestimmt (Soergel/Stein Rn 38).

b) Bei **streitigem Ausgleichsanspruch** (es liegt keine notarielle Vereinbarung oder **68** rechtskräftige Entscheidung vor) ist für den Stundungsantrag das *Prozeßgericht* zuständig, bei dem der Rechtsstreit über den Ausgleichsanspruch anhängig ist, § 1382 Abs 5. Der Antrag kann während des gesamten Verfahrens, also auch in der Berufungsinstanz gestellt werden. Die Entscheidung über den Stundungsantrag erfolgt mit im Urteil über die Ausgleichsforderung, ebenso der Ausspruch gem § 1382 Abs 2, 3, 4 (Odersky Anm IX 3).

c) Ist die Ausgleichsforderung weder durch notarielle Beurkundung oder rechts- **69** kräftige Entscheidung fixiert noch ein Rechtsstreit anhängig, kann *kein Stundungsantrag* gestellt werden (Palandt/Edenhofer Rn 22; Soergel/Stein Rn 36).

d) **Änderung einer rechtskräftigen Stundungsentscheidung** erfolgt gem §§ 1934 d **70** Abs 5, 1382 Abs 6 auf Antrag des nichtehelichen Vaters oder des nichtehelichen Kindes durch das Familiengericht (vgl Rn 66, 67), auch soweit es sich um einen Vergleich iSd § 53 a Abs 1 FGG handelt. Voraussetzung ist eine wesentliche Veränderung der Verhältnisse seit Erlaß der Stundungsentscheidung. Zu berücksichtigen sind die Einkommens- und Vermögensverhältnisse des Vaters und des Kindes, denn beiden muß die jeweilige Entscheidung zumutbar sein (vgl im übrigen die Erl zu § 1382 Abs 4).

e) Die **Änderung einer** in der notariellen Vereinbarung (Abs 4 S 1) getroffenen **71** **Stundungsvereinbarung** erfolgt ebenfalls gem §§ 1934 d Abs 5 S 3, 1382 Abs 6, denn in § 1934 d sind notarielle Vereinbarung und rechtskräftige Entscheidung über den vorzeitigen Erbausgleich gleichgestellt, § 1934 d Abs 4 S 1, 2 (ebenso Palandt/Edenhofer Rn 27).

XII. Verfahren zur Erlangung des vorzeitigen Erbausgleichs

1. Einigen sich der nichteheliche Vater und das nichteheliche Kind nicht iSd **72** Abs 4 S 1 über die Ausgleichsforderung in notariellen Erklärungen, entscheidet das **Prozeßgericht** im ordentlichen Verfahren über Bestand und Höhe des Anspruchs (zum Stundungsantrag in diesem Verfahren vgl Rn 68). Für diese Zahlungsklage bestehen keine besonderen Verfahrensvorschriften (Damrau FamRZ 1970, 269). Die sachliche Zuständigkeit bestimmt sich nach der Höhe der geltend gemachten Ausgleichsforderung, §§ 23, 71 GVG. Die Verweisung des § 1934 d Abs 5 S 3 auf § 1382 gilt allein für das Stundungsbegehren, nicht für den vorzeitigen Erbausgleich insgesamt. Nach dem Ausnahmekatalog der § 23 b GVG, § 621 ZPO ist eine Zuständigkeit des Familiengerichts für den Ausgleichsanspruch nicht begründet. Die örtliche Zuständigkeit bestimmt sich nach dem Wohnsitz des Vaters, §§ 12, 13 ZPO (**aA** LG Hamburg FamRZ 1994, 403, das den Erbausgleich als erbrechtliches Rechtsinstitut ansieht und § 27 Abs 1 ZPO mit der Maßgabe entsprechend anwendet, daß statt auf den Todeszeitpunkt des Erblassers auf die Anhängigkeit der Klage abgestellt wird).

73 **2.** **Verjährung** des Anspruchs erfolgt gem Abs 3 in drei Jahren, sie beginnt nicht mit seiner Entstehung, sondern erst mit der Vollendung des 27. Lebensjahres. *Hemmung* der Verjährung nach §§ 202, 203, 205, 206. § 207 ist nicht anwendbar, da die Forderung gegen den nichtehelichen Vater keine Nachlaßforderung ist. *Unterbrechung* der Verjährung nach §§ 208 ff. Wirkung der Verjährung: § 222.

74 Bei *rechtskräftiger Zuerkennung* gilt gem § 218 Abs 1 S 1 die dreißigjährige Verjährungsfrist. Bei *notarieller Beurkundung* gilt dies gem § 218 Abs 1 S 2 auch, wenn die Voraussetzungen der §§ 794 Abs 1 Ziff 5, 800, 801 ZPO (vollstreckbare Urkunde) erfüllt sind. Nach allgemeiner Meinung soll § 218 Abs 1 S 2 bzw § 195, nicht aber § 1934 d Abs 3, dann gelten, wenn lediglich die notariell beurkundete Vereinbarung über den Ausgleich gem Abs 4 S 1 erfolgt ist, eine Unterwerfung unter die Zwangsvollstreckung gem § 794 Abs 1 Ziff 5 aber fehlt (so ODERSKY Anm IV 3 b; SOERGEL/STEIN Rn 42; LUTTER § 3 II 3 Fn 24; JÄGER FamRZ 1971, 507), da sich § 1934 d Abs 3 offenbar nur auf den Anspruch bis zur Fixierung durch Urteil oder Beurkundung beziehe (ODERSKY aaO; MünchKomm/LEIPOLD Rn 44). Dem kann jedoch nicht gefolgt werden. Grund für die dreißigjährige Verjährungsfrist des § 218 ist die Existenz eines vollstreckbaren Titels, nicht aber lediglich die Durchsetzbarkeit der Forderung.

§ 1934 e

Ist über den Erbausgleich eine wirksame Vereinbarung getroffen oder ist er durch rechtskräftiges Urteil zuerkannt, so sind beim Tode des Vaters sowie beim Tode väterlicher Verwandter das Kind und dessen Abkömmlinge, beim Tode des Kindes sowie beim Tode von Abkömmlingen des Kindes der Vater und dessen Verwandte nicht gesetzliche Erben und nicht pflichtteilsberechtigt.

Materialien: BT-Drucks V/4179, 31, Ber 6; BR-Drucks 271/2/69, 1, 2.

I.   Allgemeines

1 § 1934 e wurde durch Art 1 Nr 88 NichtehelG eingefügt (Vorbem 34 zu §§ 1924–1936) und bestimmt die Rechtswirkung des vorzeitigen Erbausgleiches. Da dieser als Geldforderung zu Lebzeiten des nichtehelichen Vaters an die Stelle des späteren Erbrechts tritt, werden das den vorzeitigen Erbausgleich beanspruchende nichteheliche Kind und seine Abkömmlinge beim Tod des Vaters und väterlicher Verwandter von der gesetzlichen Erbfolge ausgeschlossen. Dies bedeutet eine weitere Schlechterstellung des nichtehelichen Kindes gegenüber dem ehelichen, das den Vater und dessen Verwandte trotz Erhalts wirtschaftlicher Hilfe beerbt und beim Tod des Vaters nicht mehr mit dem Erbersatzanspruch des nichtehelichen Kindes belastet ist. Zudem orientiert sich der vorzeitige Erbausgleich am Vermögen des nichtehelichen Vaters und an der zu erwartenden Nachlaßbeteiligung beim Tod des nichtehelichen Vaters (§ 1934 d Rn 21 ff). Die Beteiligung am *Nachlaß väterlicher Verwandter* wird bei der Bemessung des Ausgleichsbetrages *nicht berücksichtigt.* Hierfür erhält das nichteheliche Kind keinen Gegenwert. Ein nichteheliches Kind wird sich daher sein

Ausgleichsverlangen sehr überlegen müssen, wenn begüterte väterliche Verwandte vorhanden sind. Unproblematisch ist dagegen der Ausschluß auch der Abkömmlinge des nichtehelichen Kindes von der Erbfolge. Dies entspricht den Grundsätzen des Eintrittsrechts (Vorbem 14 zu §§ 1924–1936), wonach Abkömmlinge nur dann Verwandte eines Vorfahren beerben, wenn der die Verwandtschaft mittelnde Vorfahre die Erbschaft nicht erhält. Der vorzeitige Erbausgleich stellt das nichteheliche Kind jedoch so, als hätte es seinen Vater beerbt. § 1934 e beendet in erbrechtlicher Hinsicht das Verwandtschaftsverhältnis zwischen dem nichtehelichen Vater und seinem Kind. Dementsprechend erlischt nicht allein das Erbrecht des nichtehelichen Kindes und seiner Abkömmlinge beim Tod des nichtehelichen Vaters oder seiner Verwandten, sondern umgekehrt auch das des Vaters und seiner Verwandten beim Tod des nichtehelichen Kindes und seiner Abkömmlinge.

II. **Voraussetzung** für das Erlöschen des Erbrechts gem § 1934 e ist der **Bestand einer** **2** **fälligen Ausgleichsforderung** gem § 1934 d Abs 1 durch das Ausgleichsverlangen des Kindes, eine wirksame *notarielle Vereinbarung* zwischen dem nichtehelichen Kind und dem nichtehelichen Vater iSd § 1934 d Abs 4 S 1 oder eine *rechtskräftige Verurteilung* des nichtehelichen Vaters zur Zahlung eines bestimmten Ausgleichsbetrages iSd § 1934 d Abs 4 S 2. Sind diese Voraussetzungen nicht erfüllt, ist der vorzeitige Erbausgleich gescheitert, selbst wenn bereits Zahlung erfolgt ist (vgl § 1934 d Rn 57 ff). Die Wirkungen des § 1934 e können nicht eintreten, da nur ein wirksamer Ausgleichsanspruch an die Stelle des Erbrechts tritt.

1. Da die Ausgleichsforderung an die Stelle des Erbrechts tritt, kann das Erb- **3** recht gem § 1934 e nur bei **Existenz der Forderung** erloschen sein. Die Entstehung der Ausgleichsforderung setzt daher ein zZt des Erbfalls noch gültiges Ausgleichsverlangen voraus. Das nichteheliche Kind muß innerhalb der von § 1934 d Abs 1 gesetzten Frist von seinem Vater den vorzeitigen Erbausgleich verlangt und dieses Verlangen nicht zurückgenommen haben. Die Erklärung darf nicht nach allgemeinen Grundsätzen (Anfechtung, Rücktritt usw) unwirksam sein. Die Verjährung berührt die Existenz der Forderung nicht, so daß die Wirkung des § 1934 e auch bei Nichtzahlung und nach Verjährung eintritt (ERMAN/SCHLÜTER Rn 4). Fehlt ein Ausgleichsverlangen und damit eine entsprechende Forderung, können die Wirkungen des § 1934 e nicht eintreten. Eine trotzdem geschlossene notarielle Vereinbarung kann in einen Erbverzichtsvertrag umgedeutet werden (ODERSKY Anm II 3 e).

2. Die **notarielle Vereinbarung** muß durch Abschluß der notariellen Beurkundung **4** (§ 1934 d Rn 53) beider Erklärungen (des Vaters und des Kindes) wirksam und nicht durch Anfechtung, Aufhebung oder aus sonstigen Gründen beseitigt sein. Sie kann auch nach Vollendung des 27. Lebensjahres abgeschlossen werden, wenn das Ausgleichsverlangen innerhalb der Fristen des § 1934 d Abs 1 gestellt worden ist, selbst wenn inzwischen Verjährung eingetreten ist (§ 1934 d Rn 44).

Die **Vereinbarung** muß im Zeitpunkt des Erbfalles noch **wirksam** sein. Ist sie nichtig **5** oder später unwirksam geworden, ist das nichteheliche Kind bei erfolgter Zahlung mit einem Rückzahlungsanspruch bzw mit der Anrechnungspflicht gem § 1934 d Abs 4 S 3 belastet (§ 1934 d Rn 57 ff). Nur eine durch wirksame Fixierung fällige Ausgleichsforderung berechtigt das Kind zum Behalten der Leistung und kann damit an die Stelle des Erbrechts treten (wie hier ODERSKY Anm II 4; EBERT 25).

6 3.   Das die notarielle Vereinbarung ersetzende *rechtskräftige Urteil* (§ 1934 d Rn 49) muß ebenfalls zZt des Erbfalles Bestand haben, es darf nicht in einem Wiederaufnahmeverfahren beseitigt worden sein.

7 4.   Eine **Erfüllung der Ausgleichsforderung** durch Zahlung ist keine Voraussetzung des § 1934 e (ODERSKY Anm II 5; PALANDT/EDENHOFER Rn 1; EBERT 24; DAMRAU FamRZ 1969, 586). Die Forderung tritt bereits an die Stelle des Erbrechts. Eine nicht erfüllte Ausgleichsforderung ist beim Tod des nichtehelichen Vaters als Nachlaßverbindlichkeit von den Erben zu erfüllen (§ 1934 d Rn 57).

III.   Wirkungen des vorzeitigen Erbausgleichs

8 1.   Mit der Fixierung des Ausgleichsanspruches treten die schuldrechtlichen Beziehungen zwischen Kind und Vater an die Stelle der erbrechtlichen, letztere erlöschen.

Das Kind und seine Abkömmlinge scheiden als gesetzliche Erben des Vaters und seiner Verwandten aus. Der Vater und seine Verwandten scheiden als gesetzliche Erben des Kindes und seiner Abkömmlinge aus. Damit geht § 1934 e über die Wirkungen eines Verzichts hinaus (§§ 2346 ff). § 1934 e gilt hinsichtlich dinglicher Erbfolge, Erbersatz- und Pflichtteilsanspruch. Bei der Pflichtteilsberechnung der anderen Berechtigten werden die nach § 1934 e Ausgeschlossenen nicht mitgezählt, § 2310 S 2 analog (ODERSKY Anm III 3; PALANDT/EDENHOFER Rn 2; MünchKomm/LEIPOLD Rn 6). Die gewillkürte Erbfolge wird durch § 1934 e nicht berührt. Der Vater kann sein Kind trotz fixierter Ausgleichsforderung und trotz Zahlung zu seinem Erben bzw zum Vermächtnisnehmer bestimmen und umgekehrt. Ein Widerruf früherer Verfügungen von Todes wegen ist in der Ausgleichsvereinbarung nicht notwendig enthalten (MünchKomm/LEIPOLD Rn 7). Möglich erscheint es, die erbrechtsausschließende Wirkung des § 1934 e auf bestimmte Erbfälle und -konstellationen einzugrenzen. Hat er das Testament vor Inkrafttreten des NichtehelG abgefaßt und ist er danach auf Erbausgleich in Anspruch genommen worden, so muß aus dem Umstand der Aufrechterhaltung der letztwilligen Verfügung geschlossen werden, daß die Erbeinsetzung trotz Erbausgleich weiterhin bestehen soll (aM BGB-RGRK/KREGEL Rn 2).

9 Der nichteheliche **Vater erhält** im Gegensatz zu seinem Kind **kein Äquivalent** für das Erlöschen seines Erbrechts gegenüber dem Kind. Dies rechtfertigt sich einmal aus den Altersverhältnissen, nach denen idR der Vater von seinem Kind beerbt wird, nicht aber umgekehrt. Zum anderen zeigt sich in dieser Regelung der primär familienrechtliche Ausstattungscharakter des vorzeitigen Erbausgleichs, das Kind erhält weniger einen Ausgleich für den Verlust seines Erbrechts, sondern für seine Benachteiligung gegenüber den ehelichen Abkömmlingen bei der finanziellen Unterstützung durch den Vater zu dessen Lebzeiten (§ 1934 d Rn 1). Ein Korrelat hierzu zugunsten des Vaters besteht idR nicht, er erhält von seinen ehelichen Kindern keine Leistungen, die ihm nun auch das nichteheliche Kind erbringen müßte.

10 2.   Umstritten ist, ob die Wirkungen des § 1934 e auch bestehen bleiben, wenn das **nichteheliche Kind** nach Fixierung des Ausgleichsanspruchs durch Legitimation (Vorbem 31 zu §§ 1924–1936), Ehelicherklärung (Vorbem 33 zu §§ 1924–1936) oder Adoption

(Vorbem 46 zu §§ 1924–1936) ein **eheliches** seines Vaters **wird** (für Anwendung des § 1934 e: ODERSKY Anm III 4; MünchKomm/LEIPOLD Rn 9 f; LEIPOLD § 7 VI 3; DAMRAU FamRZ 1969, 586; **aM** SOERGEL/STEIN Rn 8; ERMAN/SCHLÜTER Rn 5; BGB-RGRK/KREGEL Rn 3; LUTTER § 3 IX 2 c; KÖRTING NJW 1970, 1527; JOHANNSEN WM 1970 Beil 3 S 13; SCHRAMM BWNotZ 1970, 15; JÄGER FamRZ 1971, 509 ff; KUMME ZblJugR 1974, 24; DITTMANN Rpfleger 1978, 281). Diesen Fall hat der Gesetzgeber nicht bedacht. Mit dem Schweigen des Gesetzes kann nicht die Anwendung des § 1934 e begründet werden (so jedoch ODERSKY Anm III 4). Wenn der nichteheliche Vater seinem Kind die Stellung eines ehelichen gibt, so will er ihm auch alle Rechte und Vorteile zukommen lassen, die es als eheliches hätte. Da ein eheliches Kind trotz wirtschaftlicher Starthilfe beim Eintritt in das Berufsleben oder bei Gründung der eigenen Familie sein Erbrecht nicht verliert, erlangt das nunmehr eheliche Kind die gleiche Stellung nur, wenn es auch trotz Erhalts des vorzeitigen Erbausgleichs zu den gesetzlichen Erben zählt. Der nichteheliche Vater weiß, daß er den vorzeitigen Erbausgleich dem Kind allein aufgrund der nichtehelichen Abstammung zahlen mußte und daß sich diese Stellung des Kindes nunmehr geändert hat. Wollte er diese Änderung hinsichtlich der Erbenstellung nicht herbeiführen, sondern es bei der schlechteren Stellung des nichtehelichen Kindes belassen, muß er dies durch entsprechende letztwillige Verfügung (Enterbung) herbeiführen. Aus dem Unterlassen einer letztwilligen Verfügung kann nicht geschlossen werden, daß das Kind erbrechtlich nicht entsprechend seinem neuen Status als ehelich behandelt werden soll. Die Folgen des § 1934 e treten nur ein, wenn das nichteheliche Verhältnis bis zum Erbfall bestanden hat. Der vorzeitige Erbausgleich ist jedoch als Vorempfang gem §§ 2050 ff auszugleichen (KUMME ZblJugR 1974, 24).

3. Der vorzeitige Erbausgleich führt die **Wirkungen** des § 1934 e für die Zukunft, **11** dh erst **ab** dem Zeitpunkt der **Fixierung** der Ausgleichsforderung herbei. Damit erlischt das gesetzliche Erbrecht, soweit es auf Verwandtschaft zum nichtehelichen Vater bzw zum nichtehelichen Kind beruht. § 1934 e zeitigt *keine Rückwirkungen* auf vor dem Erbausgleich eingetretene gesetzliche Erbfolge (SOERGEL/STEIN Rn 3; PALANDT/ EDENHOFER Rn 2).

4. Bei einer **Vereinbarung** des nichtehelichen Vaters mit dem Kind darüber, daß **12** die erbrechtlichen Verwandtschaftsbeziehungen trotz Bestandes einer vorzeitigen **Erbausgleichsforderung erhalten bleiben** sollen, ist danach zu unterscheiden, *wann* diese Absprache getroffen worden ist:

a) Haben die Parteien bereits **in der notariellen Vereinbarung** (§ 1934 d Abs 4 S 1) **13** festgelegt, daß die Wirkungen des § 1934 e nicht eintreten sollen, handelt es sich nicht um einen vorzeitigen Erbausgleich iSd §§ 1934 d, 1934 e, denn die Forderung soll nicht an die Stelle des Erbrechts treten. Hier wurde lediglich ein Vertrag über die Zuwendung von Geldmitteln (Schenkung) geschlossen. § 1934 e findet keine Anwendung.

b) Vereinbaren das nichteheliche Kind und sein Vater **nach der Fixierung** der For- **14** derung und Erlöschen des Erbrechts (§ 1934 e), daß die erbrechtlichen Beziehungen in vollem Umfang wieder aufleben sollen, so handelt es sich um eine zulässige Aufhebung der notariellen Vereinbarung iSd § 1934 d Abs 4 S 1 (vgl § 1934 d Rn 48) und damit um die Beseitigung einer Voraussetzung des § 1934 e, dessen Wirkungen damit beim Erbfall nicht eintreten können (PALANDT/EDENHOFER Rn 4; SOERGEL/STEIN Rn 7; **aM**

LUTTER § 3 IX 2; MünchKomm/LEIPOLD Rn 3; § 1934 d Rn 28; EBENROTH Rn 133). Nachträgliche Veränderungen der Erbrechtslage werden auch in anderen Fällen hingenommen (SOERGEL/STEIN Rn 7). Ist die Ausgleichsforderung nicht durch notarielle Vereinbarung, sondern durch ein rechtskräftiges Urteil fixiert worden, ist den Parteien die Verfügungsmacht über die Erbenstellung endgültig entzogen. Das Urteil kann nicht durch eine Vereinbarung der Parteien beseitigt werden (aA aber SOERGEL/STEIN Rn 7; PALANDT/EDENHOFER Rn 4). Diese können die nicht bestehende gesetzliche Erbfolge nicht durch Vertrag begründen. Ihnen bleibt allein der Weg, durch letztwillige Verfügung (Erbvertrag) die gewillkürte Erbfolge, die von § 1934 e nicht berührt wird, herbeizuführen. Der nichteheliche Vater kann sein Kind und dessen Abkömmlinge zu Erben bestimmen, das nichteheliche Kind seinen Vater und als Ersatzerben dessen Verwandte letztwillig bedenken. Zum Erbrecht des Vaters und seiner Verwandten nach den Abkömmlingen des nichtehelichen Kindes bzw des nichtehelichen Kindes und seiner Abkömmlinge nach den Verwandten des nichtehelichen Vaters bedarf es weiterer entsprechender letztwilliger Verfügungen.

15 5.   Das Nachlaßgericht hat bei der **Erteilung eines Erbscheins** von Amts wegen die Erben festzustellen und daher einen Ausfall gem § 1934 e zu berücksichtigen.

§ 1935

Fällt ein gesetzlicher Erbe vor oder nach dem Erbfalle weg und erhöht sich infolgedessen der Erbteil eines anderen gesetzlichen Erben, so gilt der Teil, um welchen sich der Erbteil erhöht, in Ansehung der Vermächtnisse und Auflagen, mit denen dieser Erbe oder der wegfallende Erbe beschwert ist, sowie in Ansehung der Ausgleichungspflicht als besonderer Erbteil.

Materialien: E I § 1973; II § 1812; III § 1911;
Mot V 377; Prot V 483, 484.

1 I.   § 1935 soll eine **Überschwerung** des gesetzlichen Erben **verhindern,** die sich daraus ergeben könnte, daß sich ein Erbteil infolge Wegfalles einer anderen Person erhöht, die mit Vermächtnissen, Auflagen oder einer Ausgleichungspflicht beschwert war (Mot V 377).

2 II.   **Wegfall** eines gesetzlichen Erben kann vor oder nach dem Erbfall erfolgen:

3 1.   **Vor dem Erbfall** durch Tod vor dem Erblasser, § 1923; Ausschluß von der gesetzlichen Erbfolge durch Enterbung, § 1938; Erbverzicht, § 2346; Ausschluß des Ehegattenerbrechts, § 1933; vorzeitigen Erbausgleich, § 1934 e.

4 2.   **Nach dem Erbfall** durch Totgeburt der Leibesfrucht, § 1923 Abs 2; Ausschlagung, § 1953; Erbunwürdigkeitserklärung, § 2344. Tod nach dem Erbfall fällt nicht unter § 1935, denn das Ausschlagungsrecht geht auf die Erben über, § 1952 Abs 1, so daß es eines besonderen Schutzes gegen Überschwerung nicht bedarf (vLÜBTOW I 92).

3. Bei einem Wegfall des gesetzlichen Erben wird der Nachlaß so aufgeteilt, als 5 ob der **Wegfallende zZt des Erbfalles nicht vorhanden** gewesen wäre. Die Erbschaft fällt an die Personen, die beim Erbfall gesetzliche Erben sind oder – bei nachträglichem Wegfall – gewesen wären, wenn der Weggefallene nicht gelebt hätte. Daraus kann sich eine zweifache Gestaltung ergeben:

a) In den ersten drei Ordnungen (§§ 1924–1927) rücken vorhandene *Nachkom-* 6 *men* an die Stelle des Wegfallenden, sofern sie ein **Eintrittsrecht** haben (§ 1924 Rn 14 ff). Verstirbt ein so Berechtigter nach dem Erbfall, gehört sein Anteil zum Nachlaß und geht auf seine Erben über ohne Rücksicht auf ihre Beziehung zum ersten Erblasser.

b) **Besteht kein Eintrittsrecht** (also ab der vierten Ordnung oder bei Fehlen von 7 Abkömmlingen), erhöht sich der Erbteil der übrigen Erben. Bei einem Wegfall *vor dem Erbfall* kann von einer Erhöhung im rechtstechnischen Sinne der Vergrößerung eines schon bestehenden Erbteils nicht gesprochen werden, weil zu Lebzeiten des Erblassers noch kein evtl berufener Erbe einen bestimmten Erbteil hat, sondern nur eine unsichere Aussicht. Sein Erbrecht entsteht erst im Augenblick des Erbfalles. Da aber der Erblasser bereits vorher einen gesetzlichen Erben mit einem Vermächtnis oder einer Auflage beschweren kann (§ 2147) und diese durch den Tod des Beschwerten nicht unwirksam werden (§§ 2161, 2192), kann vom Standpunkt des Erblassers aus und von dem für die Anordnung des Vermächtnisses und der Auflage maßgebenden Zeitpunkt aus gesehen gleichwohl von einer Erhöhung gesprochen werden, wenn ein anderer berufener gesetzlicher Erbe infolge späteren Wegfalls des Beschwerten einen größeren Erbteil erhält, als ihm im Zeitpunkt der Anordnung zugekommen wäre. Die gleiche Betrachtungsweise ist geboten, wenn ein vorher weggefallener Erbe Zuwendungen erhalten hat, die nach § 2050 zur Ausgleichung zu bringen wären.

Bei einem *nach dem Erbfall* eintretenden Wegfall erfahren die bereits entstandenen Erbteile eine nachträgliche Veränderung, die allerdings aufgrund der Rückbeziehung auf den Zeitpunkt des Erbfalls zur gleichen Behandlung wie bei Wegfall vor dem Erbfall führt.

Die Erhöhung hat grundsätzlich nicht die **Rechtsnatur** eines besonderen Erbteils, 8 sondern bildet mit dem ursprünglichen Erbteil des begünstigten Miterben einen **einheitlichen Erbteil**. Annahme und Ausschlagung des ursprünglichen Erbteils erstrecken sich damit auch auf die Erhöhung (§ 1951). Über den ursprünglichen und erhöhten Erbteil kann nur einheitlich dinglich verfügt werden. Dagegen soll sich nach der Auslegungsregel des § 2373 der Verkauf eines Erbteils im Zweifel nicht auf die Erhöhung erstrecken. Die Erfüllung erfolgt aber in solchen Fällen nicht durch die Übertragung des ursprünglichen Erbteils nach § 2033, sondern durch Übertragung eines Bruchteils (ERMAN/SCHLÜTER Rn 6). § 1935 behandelt aus Billigkeitserwägungen die Erhöhung in gewissen Beziehungen als besonderen Erbteil (Rn 11 ff).

4. Die gleiche Rechtslage kann sich auch bei **gewillkürter Erbfolge** ergeben, wenn 9 ein Erbteil infolge Wegfalls eines Miterben (§§ 2094, 2095) oder der ursprüngliche Anteil eines Vermächtnisnehmers infolge Wegfalls eines Mitvermächtnisnehmers (§§ 2158, 2159) erweitert wird. Hier spricht das Gesetz jedoch nicht von Erhöhung, sondern von **Anwachsung.** Dabei handelt es sich um dieselbe Erscheinung. Die Anwachsung ist die Erhöhung des Erb- oder Vermächtnisanteils eines Testaments- oder Vertragserben oder Vermächtnisnehmers durch Wegfall eines Miterben oder Mitvermächtnisnehmers; nur hat sie ihren Grund nicht wie die Erhöhung in einer gesetzlichen Anordnung, sondern im mutmaßlichen Willen des Erblassers, an dem sich wiederum die Regeln der gesetzlichen Erbfolge orientieren (vgl Vorbem 1 zu §§ 1924—1936).

§ 1935 ist **entspr anwendbar,** wenn der Erblasser gem § 2088 nur über einen Teil der Erbschaft letztwillig verfügt hat und der *eingesetzte* Erbe wegfällt, wodurch sich die Erbteile der (des) *gesetzlichen* Erben erhöhen (Soergel/Stein Rn 2; MünchKomm/Leipold Rn 5). Diesen Fall hat der Gesetzgeber nicht behandelt, denn § 1935 erfaßt die Erhöhung der Erbteile *gesetzlicher Erben* durch Wegfall eines *gesetzlichen* Erben, § 2095 den Fall, daß infolge Wegfalls eines *testamentarischen* Erben sich die Erbteile anderer *testamentarischer* Erben erhöhen. Beide Vorschriften verdeutlichen die vom Gesetzgeber auf jeden Fall gewollte Behandlung der Erhöhung als besonderen Erbteil hinsichtlich der Vermächtnisse, Auflagen und Ausgleichung.

10 **5.** Ob die Unterscheidung zwischen Erhöhung und Sukzession gerechtfertigt ist, weil die Erhöhung auch als Sukzession der Miterben gesehen werden kann, ist durch die Entscheidung des Gesetzgebers außer Streit gestellt. Das Gesetz will eine Sukzession in einen Erbteil, der als Erweiterung des Erbteils eines aus eigenem Recht zur Erbschaft berufenen Erben aufgefaßt werden kann, wegen der durch diese Erweiterung entstehenden besonderen Probleme, die in den Fällen des Eintrittsrechts oder mehrfacher Erbenberechtigung (§§ 1927, 1934) nicht auftreten, besonders behandelt wissen.

11 **III.** Eine *Erhöhung* iSd § 1935 tritt allein zugunsten eines anderen *gesetzlichen Erben* ein, der bereits *aus eigenem Recht* zu einem Erbteil berufen ist. Sein Erbteil erhöht sich durch den Wegfall eines anderen gesetzlichen Erben. Entgegen dem Grundsatz der Einheitlichkeit der Erbteile wird in § 1935 die Erhöhung in zwei Richtungen *als besonderer Erbteil* behandelt (Fiktion mehrerer Erbteile), dh wie wenn die Erbteile auch jetzt noch verschiedenen Erben zugefallen wären:

12 **1.** In Ansehung der *Vermächtnisse und Auflagen,* mit denen der verbleibende oder weggefallene Erbe beschwert ist. Ohne die Sonderbehandlung durch § 1935 müßte der verbleibende Erbe, wenn der ihm zuwachsende Erbteil mit Vermächtnissen oder Auflagen überbelastet wäre, auch mit seinem ursprünglichen Erbteil für diese aufkommen (§ 2161). Umgekehrt müßte er, wenn sein Erbteil überbelastet wäre, die Erhöhung zur Befriedigung der Vermächtnisgläubiger usw verwenden. Das verhindert die Regelung des § 1935. Ein Vermächtnis oder eine Auflage braucht von dem Erben nur in der Höhe des Erbteils erfüllt zu werden, der dem Belasteten vor der Erhöhung zugedacht war. Beispiel: Ein Erblasser E hinterläßt zwei Söhne A und B, wobei er B mit einem Vermächtnis von 5000,- DM beschwert hat. Verstirbt B ohne Nachkommen vor A (bzw er fällt infolge Erbunwürdigkeit aus), so braucht A das Vermächtnis – obwohl ihm der Erbteil des B auch zufällt – nicht zu entrichten, soweit der zugefallene Erbteil nicht zur Zahlung von 5000,- DM ausreicht.

13 **2.** In Ansehung der Ausgleichspflicht (§§ 2050 ff) gelten der ursprüngliche Erbteil und die Erhöhung ebenfalls als besondere Einheiten. Ein Miterbe, der seinen Nachlaßwert übersteigende Zuwendungen erhalten hatte, darf diese behalten (§ 2056). Die seinen Erbteil übersteigenden Zuwendungen werden nicht auf den Erbteil angerechnet, den er durch den Wegfall eines gesetzlichen Erben hinzuerhält. Das gilt ohne Rücksicht darauf, ob die Ausgleichspflicht den ursprünglichen oder zugewachsenen Erbteil betrifft.

a) *Beispiel:* Erblasser E hinterläßt einen Nachlaß von 12 000,– DM, einen noch **14** lebenden Sohn A und zwei Enkel B und C vom vorverstorbenen Sohn S. Es erben A zu 1/2, B und C zu je 1/4. Hat C 6000,– DM vorempfangen, würden bei Zurechnung des Vorempfanges (12 000,– DM + 6000,– DM = 18 000,– DM) erhalten: A = 9000,– DM, B = 4500,– DM, C nichts. Da C zuviel erhalten hat, müssen sein Vorempfang und sein Erbteil nach § 2056 außer Betracht bleiben, dh A erhält 8000,– DM, B 4000,– DM. Schlägt C die Erbschaft aus, fällt sein Erbteil dem B zu. Beide Erbteile werden nach § 1935 getrennt behandelt, so daß es bei der vorherigen Zuteilung bleibt. Würden die Erbteile entgegen § 1935 als Einheit behandelt, müßte sich B die 6000,– DM, die C erhalten hat, voll anrechnen lassen und es erhielten A 9000,– DM, B 9000,– minus 6000,– = 3000,– DM. Die Unbilligkeit, die dadurch eintreten würde, daß sich B den Vorempfang des C anrechnen lassen müßte, verhindert also § 1935. Stirbt B vor dem Erbfall, fällt sein Anteil an C, so daß jetzt A 8000,– DM, C wie vorher B 4000,– DM erhält. Daneben darf C den Vorempfang in Höhe von 6000,– DM behalten. Dies kann nicht als unbillig empfunden werden, da der Erblasser durch seine Zuwendungen den C begünstigen, den dem A und B zukommenden Nachlaß verringern wollte (anders 11. Aufl Rn 11).

b) Der **weggefallene Erbe** muß überhaupt an der **Ausgleichung** aktiv oder passiv **15** **beteiligt** sein (vgl Langheineken BayRpflZ 11, 33). Erhöht sich der Erbteil eines Miterben durch Wegfall eines Ehegatten, findet § 1935 keine Anwendung (vgl Rn 16).

3. Das gesetzliche **Erbrecht des Ehegatten** neben Verwandten des Erblassers ist **16** durch §§ 1931, 1371 Abs 1 quotenmäßig festgelegt und davon unabhängig, ob von mehreren Verwandten einer wegfällt, solange noch einer der ersten beiden Ordnungen oder Großelternteile vorhanden sind. Insoweit kommt eine Erhöhung iSd § 1935 bei Ehegatten nicht in Betracht (vLübtow I 93, 94).

IV. Hinsichtlich der Haftung für die **übrigen Nachlaßschulden** gilt die Erhöhung **17** nicht als besonderer Erbteil. Eine weitere Ausnahme enthält die wenig geglückte Vorschrift des § 2007 S 2.

V. § 1935 zeitigt bei gewillkürter Erbfolge (Enterbung) Wirkungen auf den **Pflicht-** **18** **teil** (§ 2315). Obwohl § 1935 nur von der Erhöhung infolge Wegfalls eines gesetzlichen Erben spricht, ist eine *entsprechende Anwendung* geboten, wenn sich die Erhöhung eines gesetzlichen Erbteils durch Wegfall eines gewillkürten Erben ergibt, zB der Erblasser hat nur über einen Teil des Nachlasses letztwillig verfügt und Anwachsung ausgeschlossen. Bei Wegfall des Testamentserben tritt die gesetzliche Erbfolge ein, §§ 2094, 2096 (Palandt/Edenhofer Rn 5; BGB-RGRK/Kregel Rn 1; Erman/Schlüter Rn 3; vLübtow I 95).

VI. Die **Beweislast** für die Unzulänglichkeit des beschwerten Erbteils hat der durch **19**

die Erhöhung begünstigte Erbe, wenn er aus einem ihm oder dem Weggefallenen auferlegten Vermächtnis in Anspruch genommen wird (BAUMGÄRTEL/STRIEDER, Handbuch der Beweislast, § 1935 Rn 1; BGB-RGRK/KREGEL Rn 6).

20 **VII.** Die Regelung des § 1935 mag **rechtspolitisch** nicht unbedenklich erscheinen (so die 11. Aufl Rn 7), insbesondere daß die Sonderbehandlung der Erbteile auch zugunsten des Beschwerten wirkt, wenn andere unbeschwerte Miterben wegfallen. Wenn ein mit Vermächtnissen belastetes Kind allein erbt, während früher noch vier Geschwister vorhanden waren, die vor dem Erbfall gestorben sind, können die Vermächtnisnehmer nur 1/5 der Erbschaft in Anspruch nehmen. Dies ist jedoch gerechtfertigt, weil der Erblasser die (unentgeltlichen) Zuwendungen zugunsten der Vermächtnisnehmer nur zu Lasten eines Erben (des Beschwerten) erklärt und damit auch den zur Befriedigung bereitstehenden Nachlaßteil festgelegt hat.

§ 1936

[1] **Ist zur Zeit des Erbfalls weder ein Verwandter noch ein Ehegatte des Erblassers vorhanden, so ist der Fiskus des *Bundesstaats*, dem der Erblasser zur Zeit des Todes angehört hat, gesetzlicher Erbe. Hat der Erblasser mehreren *Bundestaaten* angehört, so ist der Fiskus eines jeden dieser *Staaten* zu gleichem Anteile zur Erbfolge berufen.**

[2] **War der Erblasser ein Deutscher, der keinem *Bundesstaat* angehörte, so ist der *Reichs*fiskus gesetzlicher Erbe.**

Materialien: E I § 1974 Abs 1; II § 1813; III § 1912; Mot V 378; Prot V 484–487.

I. Allgemeines

1 **1.** Nach dem Erbrecht der Verwandten und des Ehegatten behandelt § 1936 mit dem gesetzlichen Erbrecht des Staates den dritten und letzten der gesetzlichen Berufungsgründe (vgl Vorbem 3 zu §§ 1924–1936). Zur Geschichte des Staatserbrechts vgl vLÜBTOW I 87; KIPP/COING § 6 I 2; LANGE/KUCHINKE § 13 II 1. Während die ersten beiden Berufungsgründe, Verwandtschaft und Ehe, nebeneinander bestehen können, greift das gesetzliche Erbrecht des Staates grundsätzlich nur ein, wenn weder erbberechtigte Verwandte noch ein erbberechtigter Ehegatte vorhanden sind. Der Staat ist lediglich Noterbe. Ferner wird nach der Subsidiarität der gesetzlichen Erbfolge ein gesetzliches Erbrecht des Staates auch durch die Bestimmung eines gewillkürten Erben ausgeschlossen, die Anwendung des § 1936 erfolgt also verhältnismäßig selten. Da allerdings in der unwirksamen Einsetzung gewillkürter Erben die Enterbung der Verwandten vom Erblasser gewollt und daher wirksam bleiben kann (Aufrechterhaltung des negativen Testaments bei Unwirksamkeit des positiven Testamentes, dazu WEHNERT, Die Enterbung bei Unwirksamkeit testamentarischer Bestimmungen, [Diss Marburg 1987]), dürfte durch Ausschluß der gesetzlichen

Erben ein Staatserbrecht häufiger anzunehmen sein, als in der Praxis erkannt worden ist.

2. Das Erbrecht des Staates trägt den Charakter eines **wirklichen privaten** 2
Erbrechts (SOERGEL/STEIN Rn 1; ERMAN/SCHLÜTER Rn 1; vLÜBTOW I 88; LEIPOLD § 8), für das allerdings gewisse Sonderregelungen gelten. Das Erbrecht des Staates hat also nicht, wie die frühere gemeinrechtliche Theorie annahm, den Charakter eines hoheitlichen Aneignungsrechtes (vgl Mot V 375). Es umfaßt als wirkliches Erbrecht auch die im Ausland befindlichen Nachlaßgegenstände (RG JW 1906, 451) einschl des unbeweglichen Vermögens mit den sich aus Art 28 EGBGB ergebenden Einschränkungen. Für die Beibehaltung dieser Ausgestaltung sprechen die international-privatrechtlichen Schwierigkeiten, die sich aus einer öffentlich-rechtlichen Natur des Okkupationsrechts ergeben. Der Staat würde wegen des öffentlich-rechtlichen Charakters des Einziehungsrechtes, das auf das Staatsgebiet beschränkt bleibt, das im Ausland befindliche bewegliche Vermögen seiner Staatsangehörigen nicht beanspruchen können. Denn nach der Okkupationstheorie fällt der im Ausland befindliche Nachlaß ebenso wie der sich im Ausland aufhaltender Personen dem Staat zu, in dem sich der Nachlaß befindet oder in dem der Erblasser zZt des Todes seinen Wohnsitz hat. Die privatrechtliche Ausgestaltung des staatlichen Erbrechts bevorzugt also den Staat (Heimatstaat), dessen Staatsangehörigkeit der Erblasser besitzt (vgl 2. Denkschr d ErbRA d AkDR 64). Schwierigkeiten unterschiedlicher Erbrechtsgestaltung in verschiedenen Staaten müssen durch Staatsverträge ausgeräumt werden. Die Probleme öffentlich-rechtlicher Ausgestaltung des staatlichen Erbrechts zeigen die Urteile des deutsch-englisch gemischten Schiedsgerichts vom 26. 7. 1925 (JW 1926, 415, 2018) und des deutsch-französisch gemischten Schiedsgerichtshofes (JW 1926, 2021). In ihnen wurde angenommen, daß der Fiskus nach deutschem Recht nicht wirklicher Erbe sein könne und deshalb die Ansprüche gegen den Fiskus nicht unter das Ausgleichsverfahren des Art 296 des Versailler Vertrages fielen (vgl auch JW 1926, 2018–2021).

II. Das Erbrecht des Staates

1. Als gesetzlicher Erbe kommt der Fiskus nur in Betracht, wenn der Erblasser 3
keinen gewillkürten Erben bestimmt oder keine erbberechtigten Verwandten oder Ehegatten hinterlassen hat *(Subsidiarität des staatlichen Erbrechts)*. Entscheidend ist auch hier nicht die Existenz eines eingesetzten Erben, Verwandten oder Ehegatten, sondern dessen Erbberechtigung (vgl § 1930 Rn 4). Der Fiskus erlangt damit seine Erbenstellung, wenn feststeht, daß kein vorrangiger Erbe vorhanden ist (BayObLG JW 1935, 2518) oder wenn ein vorrangiger Erbe nicht innerhalb einer den Umständen entsprechenden Frist ermittelt wird (§ 1964 Abs 1). Es erfolgt in beiden Fällen ein Feststellungsbeschluß gem § 1964 Abs 2, dessen Vermutung der gesetzlichen Erbenstellung durch Gegenbeweis widerlegt werden kann (§ 292 ZPO). Vor dem Feststellungsbeschluß des § 1964 Abs 2 kann der Fiskus seine Erbenstellung nicht wahrnehmen, § 1966. In den Fällen der §§ 2088, 2094 Abs 1, 3 ist der Fiskus neben den testamentarisch eingesetzten Personen Miterbe hinsichtlich der gesetzlichen Erbfolge, wenn keine vorrangigen gesetzlichen Erben existieren (KGJ 48, 73).

Durch das REG (Art 10 AmZ, Art 9 Berlin) ist das *Staatserbrecht* nach Verfolgten *ausgeschlossen* (BGHZ 20, 228). Die Rechte werden von Nachfolgeorganisationen wahrgenommen (dazu GODIN JR 1948, 33 f). REG Art 9 BritZ beläßt dem Staat zwar das Erbrecht, Rückerstattungsansprüche müssen jedoch durch Treuhandgesellschaften wahrgenommen werden (BGHZ 20, 228). Die testamentarische Erbeinsetzung des Fiskus ist durch das REG nicht unwirksam (KG RzW 1966, 212).

4 2. Der **Erblasser** muß zZt des Erbfalls dem **deutschen Erbrecht unterliegen.** Gem Art 24 EGBGB gilt § 1936 für alle Erblasser mit deutscher Staatsangehörigkeit (Deutsche). Personen mit ausländischer (nichtdeutscher) Staatsangehörigkeit (Ausländer) werden gem Art 25 EGBGB nach dem Erbrecht ihres Heimatlandes beerbt. § 1936 gilt somit für Beerbung von Ausländern grundsätzlich nicht. Das Erbrecht des § 1936 kann dann nur eingreifen, wenn aufgrund von Rückverweisungen oder Staatsverträgen deutsches Erbrecht für die Beerbung eines Ausländers heranzuziehen ist.

5 3. Erbberechtigt ist das **Bundesland** (Landesfiskus), dem der Erblasser zZt des Erbfalls angehört hat. Da eine Staatsangehörigkeit in den Bundesländern nicht mehr existiert, sondern allein eine deutsche Staatsangehörigkeit (§ 1 VO über die deutsche Staatsangehörigkeit v 5. 2. 1934, RGBl I 85 = BGBl III 102—2), sind aufgrund der WRV an die Stelle der vom Gesetz aufgeführten Bundesstaaten die Länder getreten. Sie sind als rechts- und vermögensfähige staatsrechtliche Gebilde *(Gebietskörperschaften)* zur gesetzlichen Erbfolge berufen (so für Hamburg KG DR 1941, 1794). Die Erbschaft fällt dem Lande zu, in dem der Erblasser seine Niederlassung gehabt hat (§ 4 der VO vom 5. 2. 1934). Der Begriff der *Niederlassung* ist weiter als der des Wohnsitzes (vgl §§ 7-11 BGB) zu verstehen und bedeutet den tatsächlichen (nachweisbaren) Aufenthalt an einem bestimmten frei gewählten Ort. Es genügt, wenn der Erblasser nicht nur vorübergehend an einem bestimmten Ort Obdach und Unterkommen hatte (BGB-RGRK/Kregel Rn 3; Brox Rn 68). Bei einer Niederlassung in mehreren Bundesländern sind diese gem Abs 1 S 2 zu gleichen Anteilen Erben (Miterben, §§ 1922 Abs 2, 2032 ff).

6 a) Läßt sich eine Niederlassung des Erblassers in einem Bundesland nicht feststellen, so fällt gem § 4 der VO vom 5. 2. 1934 der Nachlaß zunächst dem Fiskus des deutschen Bundeslandes zu, in dem der Erblasser seine letzte Niederlassung hatte (§ 4 Abs 2 Nr 2). Fehlt eine solche, entscheidet die letzte Niederlassung der Vorfahren in einem deutschen Bundesland (§ 4 Abs 2 Nr 4). § 4 Abs 2 Nr 1, 3 gehen von der Staatsangehörigkeit in deutschen Ländern aus und dürften daher für heutige Erbstreitigkeiten ohne Belang sein. Bei Zweifeln über die Zuordnung des Nachlasses an ein Bundesland entscheidet nach § 4 Abs 3 der VO vom 5. 2. 1934 der Bundesinnenminister (aM MünchKomm/Leipold Rn 12, der sofort § 1936 Abs 2 heranzieht; wie hier Soergel/Stein Rn 4).

7 b) Ist die Zuständigkeit eines Bundeslandes nach dem zuvor Gesagten nicht festzustellen, weil weder der Erblasser noch seine Vorfahren die Landesangehörigkeit eines deutschen Bundeslandes noch ihre Niederlassung in einem solchen hatten, erbt gem § 1936 Abs 2 ohne Rücksicht auf den letzten Wohnsitz des Erblassers (§ 24 Abs 1 EGBGB) der *Bundesfiskus* (dieser ist an die Stelle des in § 1936 Abs 2 benannten Reichsfiskus getreten), sofern der Erblasser Deutscher war. Die deutsche Staatsangehörigkeit bestimmt sich nach dem RuStAG. Dies gilt auch dann, wenn der Erblasser neben der deutschen noch eine oder mehrere andere Staatsangehörigkeiten besaß (RGZ 150, 382; BGB-RGRK/Kregel Rn 3). *Staatenlose* werden nach § 1936

Abs 1 vom Landesfiskus beerbt, sofern sie sich in Deutschland aufgehalten haben (Art 29 EGBGB). Bei einem Aufenthalt im Ausland gilt weder Abs 1 noch Abs 2.

c)   Nach Art 138 EGBGB kann kraft landesrechtlicher Bestimmung an Stelle des **8** Fiskus eine **Körperschaft, Stiftung** oder **Anstalt des öffentlichen Rechts** gesetzlicher Erbe sein (vgl dazu die Kommentierung des Art 138 EGBGB, zur früheren Rechtslage STAUDINGER/LEHMANN[11] Rn 4). Soweit andere *Körperschaften* an die Stelle des Fiskus treten, gelten für ihr Erbrecht dieselben gesetzlichen Besonderheiten wie für den Fiskus (BGB-RGRK/KREGEL Rn 8). Insbesondere gelten die §§ 1964—1966 BGB entsprechend (STAUDINGER/MAROTZKE § 1964 Rn 18; MünchKomm/LEIPOLD Rn 14).

d)   Aufgrund der durch Art 139 EGBGB aufrecht erhaltenen landesgesetzlichen **9** Bestimmungen kann uU dem Fiskus oder anderen juristischen Personen auch **neben** oder **anstatt** der **gesetzlichen Erben** ein Erbrecht, ein Pflichtteilsrecht oder ein Recht auf bestimmte Sachen zustehen in Ansehung des Nachlasses einer *verpflegten* oder *unterstützten Person* (vgl PETZOLD JW 1938, 2163 f). In den Landesrechten finden sich zahlreiche derartige Bestimmungen. Nach ALR II 19 §§ 50 ff hat die öffentliche Anstalt, in der der Erblasser unentgeltlich bis zu seinem Tode verpflegt worden ist, ein gesetzliches Erbrecht (hierzu KG JW 1935, 3236; JR 1950, 728 = NJW 1950, 610). Nach ALR II 19 § 56 hat das Waisenhaus am Nachlaß des im Hause erzogenen Erblassers auch nach Verlassen des Hauses ein Erbrecht, wenn dieser vor vollendetem 24. Lebensjahr verstorben ist (dazu BGB-RGRK/KREGEL Rn 1).

4.   Der Inhalt des Erbrechts des Staates ist entsprechend dem privatrechtlichen **10** Charakter (Rn 2) grundsätzlich ebenso ausgestaltet wie der des Erbrechts einer Privatperson.

a)   **Anwendung der allgemeinen Regeln** erfolgt, sofern keine Sonderbestimmung für **11** das fiskalische Erbrecht besteht oder Sinn und Zweck ihre Nichtanwendung gebieten. Der Staat ist zB berechtigt, die Erbunwürdigkeit eines Erben geltend zu machen, § 2341 (LANGE/KUCHINKE § 13 IV 1 b). Der Fiskus ist Besitzer gem § 857 und genießt den Besitzschutz. Er haftet grundsätzlich nach §§ 1922, 1967 für Nachlaßschulden mit den in Rn 12 aufgeführten Besonderheiten. Der Fiskus kann gem § 2105 lediglich Vorerbe, nicht jedoch gesetzlicher Nacherbe sein, § 2104 S 2. Wie zugunsten sonstiger Personen gehen Patent (§ 15 PatG) und Urheberrecht (§ 28 UrhG) auf den Fiskus über (dazu FROMM NJW 1966, 1244, 1245).

b)   **Besonderheiten des Staatserbrechts:** Im Gegensatz zu einer erbenden Privatper- **12** son kann der nach § 1936 erbende Fiskus die Erbschaft *nicht ausschlagen* (§ 1942 Abs 2) oder auf sie verzichten (§ 2346). Auf diese Weise wird ein herrenloser Nachlaß verhindert. Deswegen kann der Fiskus auch nicht ohne Bestimmung eines anderen Erben von der gesetzlichen Erbfolge ausgeschlossen (§ 1938) oder für erbunwürdig (§ 2344 Abs 1) erklärt werden (vLÜBTOW I 90; BELLING Jura 1986, 579, 587). Er ist gesetzlicher **Zwangserbe.** Eine Sonderbehandlung bei der Erbenhaftung erfährt der Fiskus nach § 2011, § 780 Abs 2 ZPO, er hat ein unverlierbares Recht der Haftungsbeschränkung. Diese muß er jedoch wie jeder andere Erbe herbeiführen. Bei Verweigerung einer eidesstattlichen Versicherung des § 2006 haftet er unbeschränkt, § 2006 Abs 3 (vLÜBTOW I 90; **aM** SCHLÜTER § 11 I 2). Der Fiskus zählt nicht zu den gesetz-

Olaf Werner

lichen Vermächtnisnehmern iSd § 2149. Nach § 13 Abs 2 BEG, § 244 LHG, § 42 S 3
RepG, SGB AT § 58 S 2 erlöschen die nach diesen Gesetzen gewährten Ansprüche,
wenn der Fiskus gesetzlicher Erbe ist. Die Vereinbarung der Fortsetzung einer OHG
mit den Erben gilt nicht für den Fiskus, da dies von den Gesellschaftern idR nicht
gewollt ist (BGB-RGRK/KREGEL Rn 7; SCHLÜTER § 11 I 1; vLÜBTOW I 90; LANGE/KUCHINKE § 13
IV 1 e δ). § 167 Abs 3 VVG versagt dem Fiskus ein Bezugsrecht aus einer Lebens-,
Kapitalversicherung auf den Todesfall, dieses steht jedoch den Nachlaßgläubigern
zur Verfügung.

13 **III.** **Analoge Anwendung** des § 1936 gilt kraft Verweisung der §§ 46, 88 für das Ver-
mögen eines *aufgelösten Vereins,* wenn keine Anfallsberechtigten oder berechtigte
Mitglieder vorhanden sind (§ 45 Abs 3), und für das Vermögen einer *erloschenen
Stiftung.*

14 **IV.** Nach dem ZGB der **DDR** war der Staat gesetzlicher Erbe, sofern keine Erben
der ersten drei Ordnungen vorhanden waren, § 369 ZGB. Der Nachlaß ging nach
Begleichung der Nachlaßverbindlichkeiten in Volkseigentum über.

Vorbemerkungen zu §§ 1937−1941

I.   Übersicht

1 Das Gesetz enthält in den §§ 1937−41 grundlegende Bestimmungen über Verfügungen von Todes wegen. Sie betreffen teils die *Form* (§§ 1937, 1941), teils den *Inhalt*
(§§ 1937−40) der Rechtsgeschäfte, durch die der Erblasser das Schicksal seines Vermögens nach seinem Tode regeln kann; die Bestimmungen über den Inhalt behandeln teilweise die Erbfolge (§§ 1937 f), teilweise − entgegen der Überschrift des
Ersten Abschnitts des Fünften Buches des BGB − andere Rechtsbeziehungen.

II.   Begriff der Verfügung von Todes wegen

2 Verfügung von Todes wegen ist ein *Rechtsgeschäft, in welchem der Erblasser über das
Schicksal seines Vermögens nach seinem Tode Anordnungen trifft.* Sollen Rechtswirkungen zu Lebzeiten des Erblassers eintreten, so kann dies nur durch Rechtsgeschäfte unter Lebenden erreicht werden. (Rechtsgeschäfte unter Lebenden können
aber auch über den Tod hinaus wirken oder Wirkungen überhaupt erst nach dem
Tode entfalten.)

III.   Einteilung der Verfügungen von Todes wegen

1.   Formen

3 Bezüglich des Rechtsgeschäfts als äußerer Einheit unterscheidet das BGB zwei
Arten der Verfügungen von Todes wegen: die *einseitige* Verfügung (**Testament** oder
letztwillige Verfügung, § 1937) und den **Erbvertrag** (§ 1941). Die Einzelheiten der
Errichtung des Testaments sind in § 2064 und §§ 2229 ff geregelt, die Einzelheiten

der Errichtung des Erbvertrages und der ihn kennzeichnenden erbrechtlichen Bindung in §§ 2273 ff.

2. Erbrechtliche Verfügungen

Was den Inhalt der Anordnungen betrifft, so führt das BGB in §§ 1937−40 vier **4** wichtige Fälle auf: die *Erbeinsetzung* (§ 1937), den *Ausschluß* eines Verwandten oder Ehegatten *von der gesetzlichen Erbfolge* (§ 1938), das *Vermächtnis* (§ 1939) und die *Auflage* (§ 1940). Einzelheiten hierzu sind an anderer Stelle geregelt, und zwar für sämtliche Verfügungen von Todes wegen in § 2065 Abs 1 und §§ 2078−86, für Zuwendungen, worunter Erbeinsetzungen und Vermächtnisse fallen, in §§ 2065 Abs 2 u 2066−77, für die Erbeinsetzung im besonderen in §§ 2087−2146, für das Vermächtnis im besonderen in §§ 2147−91 und für die Auflage in §§ 2192−96.

Die Inhalte möglicher Verfügungen von Todes wegen werden in den §§ 1937−40 **5** *nicht abschließend* erfaßt. Außer den hier genannten kommen noch in Betracht: Anordnungen über den *Dreißigsten* (§ 1969 Abs 1 S 2); Anordnungen über die Auseinandersetzung einer Erbengemeinschaft (*Teilungsanordnungen*, §§ 2044, 2048 f); Anordnung der *Testamentsvollstreckung* (§§ 2197 ff), insbesondere Ernennung eines Testamentsvollstreckers (§ 2197) und Bestimmung seiner Befugnisse (§§ 2207−09, 2222 f) und seiner Vergütung (§ 2221); Anordnungen bzgl der *Pflichtteilslast* (§ 2324); *Entziehung* oder *Beschränkung des Pflichtteilsrechts* (§§ 2333−38); *Entziehung des Erbersatzanspruchs* (§ 2338 a); auch Anordnungen, die den Erbersatzanspruch modifizieren, sind möglich (vgl Coing NJW 1988, 1754 f; Soergel/Stein § 1934 b Rn 4; Staudinger/Werner § 1934 b Rn 9, 15, 22); *Rechtswahl* nach Art 25 Abs 2 EGBGB.

3. Einsetzung eines Schiedsgerichts

Aus § 1048 ZPO folgt die Zulässigkeit der Anordnung eines Schiedsgerichts durch **6** letztwillige Verfügung. Das Erfordernis der gesonderten, keine anderen Bestimmungen enthaltenden Urkunde (§ 1027 Abs 1 S 1 ZPO) gilt hier nicht, anders bei Anordnung eines Schiedsgerichts durch Erbvertrag, die nicht unter § 1048 ZPO, sondern unmittelbar unter §§ 1025 ff ZPO fällt (OLG Hamm NJW-RR 1991, 455 f).

Soweit die Entscheidung sonst dem ordentlichen Richter zusteht, kann sie auf den **7** Schiedsrichter übertragen werden; namentlich kann ihm die Auslegung, auch die ergänzende, einer letztwilligen Verfügung anvertraut werden (RGZ 100, 77). Hierin liegt kein Verstoß gegen § 2065 (**aA** Baumbach/Albers ZPO § 1048 Rn 2), denn die schiedsrichterliche Entscheidung ist Rechtsanwendung, nicht Willensentscheidung eines „Dritten" (ebenso Soergel/Stein § 1937 Rn 13). Der Schiedsrichter kann also bestellt werden, um nach Rechtsgründen zu entscheiden, ob jemand Erbe geworden ist (wie hier Kipp/Coing § 78 III 1; BGB-RGRK/Kregel Rn 6; R Kohler DNotZ 1962, 129; OLG Celle RdL 1955, 137 f; **aA** Kipp § 128).

Nach Stein/Jonas/Schlosser ZPO § 1025 Rn 27 (anders aber ders § 1048 Rn 4) soll aus § 1025 **8** Abs 1 ZPO folgen, daß ein Schiedsgericht nicht über die Frage entscheiden kann, wer Erbe ist, da die Erbprätendenten hierüber keinen wirksamen Vergleich schließen können. Dieses Argument würde jedoch nur für ein von den Erbprätendenten vereinbartes Schiedsgericht zutreffen. Die sinngemäße Anwendung des § 1025 ZPO auf testamentarisch eingesetzte Schiedsgerichte darf nicht auf die Dispositionsbefugnis der Erbprätendenten, sondern nur auf die des Erblassers abstellen. Der Erblasser kann den Erben bestimmen, insbesondere auch im Wege des Vergleichs einen Erbvertrag mit Erbeinsetzung schließen. Daher steht § 1025 Abs 1 ZPO der Befugnis eines vom Erblasser eingesetzten Schiedsgerichts, auch Streitigkeiten über die Erbfolge zu entscheiden, nicht entgegen (ebenso MünchKomm/LEIPOLD § 1937 Rn 28; unrichtig MERZ ZBernJV 1980, 225: den Verzicht auf den verfassungsmäßigen Richter könne nur der Erbe aussprechen).

9 Inzident kann der Schiedsrichter, wie sich aus §§ 1037, 1041 Abs 1 Nr 1 ZPO ergibt, auch über die Gültigkeit und die Auslegung seiner Bestellung entscheiden (SOERGEL/ STEIN § 1937 Rn 13; unrichtig Voraufl Rn 6 und BGB-RGRK/KREGEL Rn 6). Als Schiedsrichter ausgeschlossen sind die Parteien des Streits (§§ 1032, 41 ZPO), also auch ein zum Schiedsrichter bestellter Testamentsvollstrecker bei Fragen, die seine Tätigkeit oder Rechtsstellung betreffen (SOERGEL/STEIN § 1937 Rn 13; MünchKomm/LEIPOLD § 1937 Rn 30). Aufgaben der freiwilligen Gerichtsbarkeit, zB Entlassung des Testamentsvollstreckers (§ 2227), können dem Schiedsrichter nicht übertragen werden (RGZ 133, 128, 133; aA STEIN/JONAS/SCHLOSSER ZPO § 1048 Rn 3).

10 Dem Schiedsrichter kann nicht die Befugnis eingeräumt werden, Angelegenheiten zu ordnen, die der Erblasser selbst „bewußterweise" nicht geordnet hat oder deren Anordnungen er einem Dritten nach § 2065 nicht überlassen kann (RGZ 100, 76). Der Schiedsrichter kann also nicht bestellt werden, um den Erben auszuwählen oder zu entscheiden, ob die letztwillige Verfügung gelten soll. Wenn ein Schiedsrichter nicht (nur) zur Rechtsanwendung, sondern (auch) zum Erlaß einer gestaltenden Anordnung ernannt ist, etwa bzgl der Erbauseinandersetzung (§ 2048) oder zur Bestimmung der Leistung bei einem Vermächtnis (§§ 2153 ff), wird man diese Ermächtigung aber nicht als unzulässig ansehen, sondern als Bestellung eines *Schiedsgutachters* aufrechterhalten dürfen. Er ist dann ein „Dritter", auf den die vorgenannten Vorschriften iVm §§ 315—319 Anwendung finden und dessen Entscheidung bei offenbarer Unbilligkeit für die Erben nicht verbindlich ist (ebenso BGB-RGRK/KREGEL Rn 6; vgl auch MünchKomm/LEIPOLD § 1937 Rn 29 u § 2065 Rn 6).

4. Verfügungen sonstigen Inhalts

11 Testamente und Erbverträge können außer den genannten erbrechtlichen Anordnungen auch solche *nicht-erbrechtlicher* Art enthalten. Das BGB läßt diese Möglichkeit an verschiedenen Stellen zu: § 83 (*Errichtung einer Stiftung*), § 332 (*Bestimmung des Berechtigten beim Vertrag zugunsten Dritter*), vor allem aber im *Familienrecht*, nämlich auf dem Gebiete des *ehelichen Güterrechts* (§§ 1418 Abs 2 Nr 2, 1486 Abs 1, 1509, 1511—16), des Rechts der *elterlichen Vermögensverwaltung* (§§ 1638 f, 1640 Abs 2 Nr 2) und des *Vormundschaftsrechts* (§§ 1777, 1782, 1792 Abs 4, 1797 Abs 3, 1803, 1856, 1909 Abs 1 S 2 und 1917). Derartige Anordnungen fallen insofern noch unter den Begriff der Verfügung von Todes wegen, obwohl ihr Inhalt nicht erbrechtlich ist, als die *erbrechtlichen Formen* der Verfügungen von Todes wegen *gültige Formen* solcher Anordnungen sind.

12 Soweit in den angeführten Vorschriften gesagt wird, daß solche Anordnungen durch „letztwillige Verfügung" getroffen werden können, ist daraus nicht zu folgern, daß sie nur in Testamenten, nicht aber in Erbverträgen enthalten sein dürften. § 2299

Abs 1 läßt vielmehr ihre Aufnahme in einen Erbvertrag zu; nur unterliegen sie nicht der spezifischen erbvertraglichen Bindung, vgl § 2278 Abs 2.

In einer Testaments- oder Erbvertragsurkunde können auch *sonstige Rechtsgeschäfte* **13** enthalten sein. Deren Gültigkeitsvoraussetzungen und Wirkungen regelt das Erbrecht jedoch weder bezüglich des Inhalts (wie bei den in Vorbem 4 f genannten Verfügungen) noch bezüglich der Errichtungsform (wie bei allen in Vorbem 4–9 genannten Verfügungen). Enthält zB ein Testament eine *Vollmacht*, so genügt die Wahrung der Testamentsform nicht für die Wirksamkeit, da die Vollmacht empfangsbedürftig ist (§ 167 Abs 1), das Testament hingegen nicht. Die Vollmachterteilung muß also noch zugehen, was dadurch geschehen kann, daß die Verfügung von Todes wegen durch Eröffnung (§ 2260) dem zu Bevollmächtigenden zur Kenntnis gebracht wird (OLG Köln NJW 1950, 702; vgl STAUDINGER/REIMANN[12] Vorbem 104 zu § 2197).

IV. Testierfreiheit

Daß der Erblasser Anordnungen über das Schicksal seines Vermögens treffen kann, **14** wird (terminologisch zu eng, weil den Erbvertrag nicht berücksichtigend) als „Testierfreiheit" bezeichnet. *Testierfreiheit ist die erbrechtliche Ausprägung der rechtsgeschäftlichen Privatautonomie.* In ihrem Kern ist sie durch Art 14 Abs 1 GG geschützt (hierzu Einl 63 ff zu § 1922). Die Testierfreiheit ermächtigt aber nicht zu jeder beliebigen nicht verbotenen Rechtsgestaltung (so irrig RGZ 100, 77). Vielmehr besteht im Erbrecht ein (dem Sachenrecht ähnlicher) *Typenzwang* (KIPP/COING § 20 I). Der Erblasser kann nur solche Verfügungen treffen, die im Gesetz ausdrücklich als zulässig anerkannt sind oder deren Zulässigkeit sich aus dem Inhalt der gesetzlichen Bestimmungen ergibt (PLANCK/FLAD Vorbem 2 a zu § 1937).

Er kann beispielsweise außerhalb der anerkannten Sondererbfolgen (Einl 3 zu §§ 1922 ff mwN) **15** keinen Einzelgegenstand mit dinglicher Wirkung zuwenden (hierzu zuletzt OTTE NJW 1987, 3164 f gegen SCHRADER NJW 1987, 117 f), weil Erbfolge Gesamtnachfolge ist und das Vermächtnis nur einen schuldrechtlichen Anspruch auf den zugewandten Gegenstand gibt; er kann den Vorerben nicht über den Rahmen des § 2136 hinaus von Beschränkungen oder Verpflichtungen befreien; er kann durch Anordnung der Testamentsvollstreckung dem Erben nicht die Nutzungen der Erbschaft vorenthalten (vgl OTTE JZ 1990, 1028); auch kann er dem Erben die Verfügungsbefugnis über Nachlaßgegenstände nicht durch Vermächtnis oder Auflage mit dinglicher Wirkung entziehen (vgl § 137 S 1), sondern nur durch Anordnung der Testamentsvollstrekung (§§ 2205, 2211) oder – in gewissem Umfang – der Nacherbfolge (§§ 2112 ff).

Die Kombination der zulässigen Verfügungen eröffnet dem Erblasser aber, zumin- **16** dest im wirtschaftlichen Ergebnis, einen großen Gestaltungsspielraum, dessen Grenzen sich erst dort zeigen, wo die beabsichtigten Verfügungen mehr vom Willen zur Bevormundung des Erben als von vernünftiger Vorsorge getragen sind.

§ 1937

Der Erblasser kann durch einseitige Verfügung von Todes wegen (Testament, letztwillige Verfügung) den Erben bestimmen.

Gerhard Otte

Materialien: E I §§ 1751 Abs 1, 1753 Abs 1,
1755 Abs 1; II § 1814; III § 1913; Mot V 2—7, 9;
Prot V 3—5.

I. Begriff des Testaments

1 Testament ist jede **einseitige Verfügung von Todes wegen** ohne Rücksicht auf ihren
Inhalt. Den Gegensatz bildet der Erbvertrag, § 1941. *Verfügung von Todes wegen* ist
der beides umfassende Oberbegriff. Das Gesetz gebraucht an vielen Stellen den
Ausdruck *„letztwillige Verfügung"* gleichbedeutend mit „Testament". Doch wird
„letztwillige Verfügung" auch eine einzelne im Testament enthaltene Anordnung
genannt, vgl §§ 2085, 2253. Testament ist danach das Rechtsgeschäft, das eine oder
mehrere letztwillige Verfügungen enthalten kann.

2 **„Verfügung"** ist hier im allgemeinen Sinne einer rechtsgeschäftlichen Anordnung zu
verstehen und darf nicht gleichgesetzt werden mit der Verfügung im technischen
Sinne, dh einem Rechtsgeschäft, das ein Recht an einem Gegenstand unmittelbar
begründet, ändert oder aufhebt. Verfügung iS des Erbrechts kann also auch die
Begründung einer schuldrechtlichen Verpflichtung, zB durch Errichtung eines Vermächtnisses, sein.

3 Die Bezeichnung der Anordnung als **„letztwillige"** rechtfertigt sich daraus, daß das
Testament seinem Wesen nach bis zum Tode jederzeit frei widerruflich ist (§ 2253)
und folglich, wenn es nicht widerrufen wird, den letzten Willen des Erblassers hinsichtlich seines Vermögens enthält.

4 Zu den möglichen Inhalten des Testaments vgl §§ 1937—1940 sowie Vorbem 4 ff zu
§ 1937. Einzelheiten betr Inhalt und Form regelt der Dritte Abschnitt,
§§ 2064—2273. (Allg Lit zum Testament s STAUDINGER/OTTE[12] Vorbem zu § 2064.)

II. Erbeinsetzung

5 § 1937 erwähnt als möglichen Testamentsinhalt die Bestimmung eines Erben
(Erbeinsetzung). *Erbeinsetzung ist die Berufung zur Gesamtnachfolge in das Vermö-
gen des Erblassers (Universalsukzession*; hierzu STAUDINGER/MAROTZKE § 1922 Rn 44 ff).
Für das Vermögen eines Dritten kann niemand einen Erben einsetzen (vgl STAUDIN-
GER/OTTE[12] § 2065 Rn 13 ff u 19 ff). Aus §§ 1922 Abs 2, 2052, 2066 ff geht hervor, daß der
Erblasser auch mehrere Personen zugleich zur Erbfolge berufen kann (*Miterben*).
Aus § 2096 ergibt sich die Möglichkeit einer Erbeinsetzung, die durch den Wegfall
eines zunächst berufenen Erben vor dem Erbfall oder mit Rückwirkung auf den
Erbfall bedingt ist (*Ersatzerbschaft*). Aus § 2100 ergibt sich die Möglichkeit einer
zeitlich begrenzten Erbfolge, dh einer auflösend befristeten oder bedingten Erbenstellung (*Vorerbschaft*) und einer aufschiebend befristeten oder bedingten Erbenstellung (*Nacherbschaft*). Eine weder befristete noch bedingte Erbenstellung wird auch
mit dem vom Gesetz nicht verwendeten Terminus *Vollerbschaft* gekennzeichnet (zum
Verhältnis der Begriffe zueinander, insbes zur [Un-]Möglichkeit einer bedingten Vollerbschaft vgl
einerseits BGHZ 96, 198 ff; MünchKomm/MUSIELAK § 2269 Rn 52 ff; BUCHHOLZ, Erbfolge und
Wiederverheiratung [1986] 45 ff; MEIER-KRAUT NJW 1992, 145 ff; andererseits OTTE AcP 187, 605;

WILHELM NJW 1990, 2857; CASPAR, Die rechtliche Stellung des auflösend befristeten und des auflösend bedingten Erben [1992] 57 ff).

Trotz Klarheit des Begriffs der Erbeinsetzung können sich bei Auslegung einer Ver- **6** fügung erhebliche Zweifel ergeben, ob eine Erbeinsetzung vorliegt. Vgl wegen der Abgrenzung der Erbeinsetzung zur Errichtung eines Vermächtnisses (§ 1939) die Auslegungsregeln des § 2087, wegen der Abgrenzung zur Zuwendung (besser: Belassung) des Pflichtteils die Auslegungsregel des § 2304 sowie die Erl zu diesen Vorschriften.

§ 1938

Der Erblasser kann durch Testament einen Verwandten oder den Ehegatten von der gesetzlichen Erbfolge ausschließen, ohne einen Erben einzusetzen.

Materialien: E I § 1755 Abs 2; II § 1815; III
§ 1914; Mot V 9; Prot V 5.

I. Allgemeines

1. Im Gegensatz zum römischen Recht gestattet das BGB dem Erblasser, eine **1** bestimmte Person zu enterben, dh von der gesetzlichen Erbfolge auszuschließen, ohne gleichzeitig eine positive Anordnung über seine Beerbung zu treffen (sog **Negativtestament**). Diese mindere Befugnis ergibt sich aus der konsequenten Anerkennung der Testierfreiheit (vgl Mot V 9).

2. Von der **Enterbung**, dh dem *Ausschluß des gesetzlichen Erbrechts einer Person*, **2** ist der aus dem Vorrang der gewillkürten Erbfolge sich ergebende *Ausschluß der gesetzlichen Erbfolge durch Erbeinsetzung* zu unterscheiden. Zu beachten ist aber, daß in einer Erbeinsetzung auch die Enterbung des Eingesetzten oder eines Dritten enthalten sein kann. Dies ist Frage der Auslegung. Ihre Bedeutung zeigt sich in den beiden folgenden Situationen:

a) Ist ein gesetzlicher Erbe auf einen *Bruchteil* des Nachlasses eingesetzt und ist **3** über einen anderen Bruchteil des Nachlasses nicht wirksam verfügt, so taucht das Problem auf, ob der eingesetzte Erbe an der gesetzlichen Erbfolge in den Rest des Nachlasses (§ 2088) teilhat; er nimmt daran nicht teil, wenn der Erblasser mit seiner Einsetzung auf den Bruchteil zugleich die Beschränkung auf diesen Bruchteil, also den Ausschluß von der gesetzlichen Erbfolge, gewollt hat (hierzu STAUDINGER/OTTE[12] § 2088 Rn 10—13). Er kann dann auch nicht nach § 1948 den zugewandten Erbteil ausschlagen, um den gesetzlichen anzunehmen.

b) Hat dagegen der Erblasser den *gesamten* Nachlaß verteilt und hierbei einen **4** gesetzlichen Erben bewußt übergangen (bei unbewußtem Übergehen bleibt Anfechtung nach §§ 2079 oder 2078 Abs 2 zu prüfen), so stellt sich das Problem, ob bei einer

Gerhard Otte

(gänzlich oder teilweise) unwirksamen Erbeinsetzung, falls die Lücke weder durch Ersatzerbschaft (§ 2096) noch durch Anwachsung (§ 2094) zu schließen ist, der Übergangene als gesetzlicher Erbe zum Zuge kommt; das ist nicht der Fall, wenn der Erblasser ihn unbedingt von der Erbfolge ausschließen wollte und dieser Wille fehlerfrei gebildet ist, also insbesondere nicht an demselben Fehler krankt, der zur Unwirksamkeit der Erbeinsetzung geführt hat (hierzu STAUDINGER/OTTE[12] § 2088 Rn 6 f und 12 f, zur Bedeutung des Problems für die Bestimmung der Anfechtungswirkung nach §§ 2078 f STAUDINGER/OTTE[12] § 2078 Rn 31 ff, § 2079 Rn 12 ff).

5 3. Das Recht zur Enterbung bezieht sich nur auf *Verwandte* und den *Ehegatten*. Das Erbrecht des *Staates* (§ 1936) bzw einer an dessen Stelle tretenden juristischen Person (Art 138 EGBGB) kann nur durch positive Einsetzung eines Erben, nicht aber durch Negativtestament ausgeschlossen werden. Denkbar ist sogar, daß das Erbrecht juristischer Personen nach Landesrecht überhaupt unentziehbar ist (hierzu LANGE/KUCHINKE § 13 III 4 b; STAUDINGER/WINKLER[12] Art 139 EGBGB Rn 5). Die Unausschließbarkeit des gesetzlichen Erbrechts des Staates bewirkt, daß der Nachlaß nicht der Erbfolge entzogen werden kann.

II. Anordnung der Enterbung

6 1. Die Enterbung *bedarf keiner Begründung*. Auch die nächsten Angehörigen können enterbt werden. Zur Frage, wann eine Enterbung wegen Verstoßes gegen § 138 nichtig sein kann, vgl STAUDINGER/OTTE[12] Vorbem 145 ff zu § 2064. Der Ausschluß kann auch auf einen Teil des gesetzlichen Erbteils beschränkt werden; er kann auch bedingt oder befristet erfolgen (ebenso ERMAN/SCHLÜTER Rn 1).

7 2. Enterbungen müssen *nicht ausdrücklich* erfolgen. Sie werden allerdings auch nicht vermutet. Der Ausschließungswille muß im Testament irgendwie zum Ausdruck kommen (vgl KG OLGE 42, 128 f; RG JW 1913, 39 f; DJZ 1915, 1141; BayObLGZ 1965, 166, 174; BayObLG FamRZ 1992, 986). Er liegt uU in der Einsetzung anderer Erben, aber nicht schon in der Erschöpfung des Nachlasses durch Vermächtnisse (RG Recht 1930 Nr 1520; BayObLG MDR 1979, 847; OLG Stuttgart BWNotZ 1981, 141), in der Regel auch in der Zuwendung eines Erbteils, der hinter dem gesetzlichen zurückbleibt (vgl § 1948 Rn 4), uU auch in der Zuwendung des Pflichtteils (RGZ 61, 14 ff; RG WarnR 1913 Nr 329), die im Zweifel jedenfalls keine Erbeinsetzung ist, § 2304. Eine Pflichtteilsentziehung wird, unabhängig davon, ob ihre Voraussetzungen (§§ 2333 ff) vorliegen, als Enterbung auszulegen sein (BROX Rn 265).

8 3. Die Enterbung kann nicht nur in einem *Testament* enthalten sein, sondern auch in einem *Erbvertrag*, allerdings nicht als vertragsmäßige, sondern nur als einseitige, frei widerrufliche Verfügung, §§ 2278 Abs 2, 2299.

III. Wirkung der Enterbung

9 1. Die Enterbung von Abkömmlingen, Eltern und Ehegatten hat nach § 2303 die Folge, daß diese den *Pflichtteil* verlangen können. Zur Entziehung des Pflichtteils vgl §§ 2333 ff.

10 2. Der Ausgeschlossene ist hinsichtlich der Erbfolge *als vor dem Erbfall verstor-*

ben anzusehen. Der Ausschluß erstreckt sich im Zweifel *nicht auf die Abkömmlinge* des Ausgeschlossenen, die vielmehr in den ersten drei Ordnungen an seine Stelle treten (KG DR 1939, 1085; BayOLGZ 34, 279; BayObLG FamRZ 1989, 1006 u 1232). RG JW 1937, 2598 erkennt aber ausdrücklich an, daß die Ausschließung einer bestimmten Person von der Erbfolge in dem Sinne auslegungsfähig sein kann, daß sie sich auf die Abkömmlinge erstreckt (ebenso KG DNotZ 1937, 813; HRR 1938 Nr 12; BayObLGZ 1965, 166, 176; BayObLG Rpfleger 1976, 290). Sind eintrittsberechtigte Abkömmlinge nicht vorhanden, gelangt der Nachlaß an die zunächst Berufenen der gleichen Ordnungen und erst, wenn solche fehlen, an die Berufenen der nächsten Ordnung.

IV. Entziehung anderer erb- oder güterrechtlicher Positionen

Auch der *Erbersatzanspruch* (§ 1934 a) kann durch Verfügung von Todes wegen **11** entzogen werden, § 2338 a (hierzu STAUDINGER/WERNER Vorbem 45 zu §§ 1924 ff). Hat der Erblasser einen gesetzlichen Erben enterbt, so liegt hierin für den Fall, daß dieser Erbe gem § 1934 a Abs 1−3 nur einen Erbersatzanspruch haben würde, zugleich die Entziehung dieses Anspruchs; umgekehrt liegt in der Entziehung des Erbersatzanspruchs zugleich die Enterbung für den Fall, daß der Betreffende wider Erwarten zur normalen gesetzlichen Erbfolge berufen sein würde; denn der Erblasser kann bei seiner Verfügung nicht mit Sicherheit voraussehen, ob beim Erbfall eine der zum Erbersatzanspruch führenden Konstellationen des § 1934 a Abs 1−3 vorliegen wird.

Zum Ausschluß eines Abkömmlings von der *fortgesetzten Gütergemeinschaft* vgl **12** § 1511, zur *Entziehung des Pflichtteilsrechts* vgl §§ 2333−2338.

§ 1939

Der Erblasser kann durch Testament einem anderen, ohne ihn als Erben einzusetzen, einen Vermögensvorteil zuwenden (Vermächtnis).

Materialien: E I § 1756 Abs 1; II § 1816; III § 1915; Mot V 9 f; Prot V 6.

I. Allgemeines

1. Begriff des Vermächtnisses

Die Vorschrift behandelt die zweite Art der Zuwendung; im Gegensatz zur ersten, **1** der Erbeinsetzung, besteht sie nicht in der Berufung (allein oder mit anderen) zur Gesamtnachfolge in das Vermögen des Erblassers, sondern in der *Zuwendung eines sonstigen Vermögensvorteils.* Als Vermächtnis bezeichnet man sowohl diesen Vorteil als auch das Rechtsgeschäft des Erblassers, das die Zuwendung enthält. Die Einzelheiten des Vermächtnisrechts sind in den §§ 2147−2191 geregelt. (Allg Lit zum Vermächtnis s STAUDINGER/OTTE[12] Vorbem zu § 2147.)

2.　　Unterschied zur Erbeinsetzung

2 Die Abgrenzung des Vermächtnisses von der Erbeinsetzung ist begrifflich klar (s Rn 1). Im Einzelfall können aber bei Auslegung einer Verfügung erhebliche Zweifel daran auftauchen, ob es sich um eine Erbeinsetzung oder ein Vermächtnis handelt. Vgl hierzu die Auslegungsregeln des § 2087 und die Erl zu dieser Vorschrift.

3 Das Vermächtnis begründet keine unmittelbare Rechtsnachfolge. Der zugewandte Vorteil geht nicht mit dem Anfall des Vermächtnisses (§ 2176) in das Vermögen des Vermächtnisnehmers über. Dieser hat vielmehr nur einen schuldrechtlichen Anspruch gegen den Beschwerten (§§ 2147, 2174). Dies folgt nicht aus dem Begriff des Vermächtnisses in § 1939, ergibt sich aber aus der Gegenüberstellung mit dem Begriff der Auflage (§ 1940), für den das Fehlen eines Forderungsrechtes des Leistungsempfängers wesentlich ist, und vor allem aus den Vorschriften über den *Vermächtnisanspruch*, §§ 2174 ff. Das BGB kennt also nicht das *Vindikationslegat*, durch das der Erblasser einzelne Gegenstände dem Nachlaß mit dinglicher Wirkung entziehen und dem Vermächtnisnehmer unmittelbar zuweisen konnte (hierzu WINDSCHEID/KIPP III § 646; zur einzigen Ausnahme, dem Vorausvermächtnis für einen alleinigen Vorerben, vgl STAUDINGER/OTTE[12] § 2150 Rn 4).

3.　　Unterschied zur Schenkung

4 Von der Schenkung unterscheidet sich das Vermächtnis dadurch, daß es ein Geschäft von Todes wegen ist, in Errichtung und Wirkung also vom Erbrecht bestimmt wird. Soweit eine Wirkung schon vor dem Erbfall eintreten soll, kann nur eine Schenkung in Betracht kommen. Zur Abgrenzung zwischen Zuwendungen unter Lebenden und von Todes wegen, wenn die Wirkung erst mit oder nach dem Tod des Schenkers eintreten oder durch das Überleben des Beschenkten bedingt sein soll (*Schenkung von Todes wegen*), vgl § 2301 und die Erl zu dieser Vorschrift. Kein Abgrenzungskriterium zwischen Schenkung und Vermächtnis ist die Widerruflichkeit (so aber STAUDINGER/LEHMANN[11] Rn 8), da ein Vermächtnis auch durch Erbvertrag (§ 1941), u zw als vertragsmäßige Verfügung (§ 2278), dh bindend (vgl § 2289 Abs 1 S 2), errichtet werden kann.

II.　　Vermögensvorteil

5 **1.**　　Vermögensvorteil ist in erster Linie eine **Sache** oder ein **Recht**; Beispiele: Nutzungsrecht (KG NJW 1964, 1808), Nießbrauch (BGH WM 1968, 696), Wohnrecht (LG Mannheim MDR 1967, 1012; BGH WM 1970, 1520), Altenteil (OLG Oldenburg RdL 1968, 236), Urheberrecht (§ 29 UrhG; FROMM NJW 1966, 1247), Rente (BGH LM Nr 1 DevG), GmbHAnteil (HAEGELE BWNotZ 1976, 53, 57), das Recht, dem Auseinandersetzungsverlangen eines Miterben zu widersprechen (STAUDINGER/WERNER[12] § 2044 Rn 6).

6 **2.**　　**Forderungsrechte**, die durch Vermächtnis zugewandt werden, können auf all das gerichtet sein, was auch sonst Gegenstand einer schuldrechtlichen Leistungspflicht sein kann, also zB auf Anerkennung oder Sicherung einer Schuld (RFH 29, 150), auf Leistung von Diensten, auf Unterlassung, auf Aufnahme in eine Gesellschaft (RG JW 1927, 1201; JOHANNSEN WM 1972, 868), auf Zahlung einer Geldsumme, die nicht beziffert sein muß, sondern anhand anderer Kriterien, zB Gewinnanteil (BGH

WM 1969, 337) oder Preis einer Ware (BGH WM 1971, 1151), zu bestimmen sein kann, auch in Höhe des Werts des gesetzlichen Erbteils oder eines anderen Bruchteils des Nachlaßwertes (*Quotenvermächtnis*, OLG Bamberg BayZ 1925, 294; BGH NJW 1960, 1759; FamRZ 1974, 880; LG Köln FamRZ 1975, 289) oder in Höhe des Pflichtteils (RGZ 129, 241; RG HRR 1935, 1462; zur Abgrenzung des Pflichtteilsvermächtnisses vom Pflichtteilsanspruch s STAUDINGER/FERID/CIESLAR[12] § 2304 Rn 32 ff).

3.   Mit dem Begriff des Vermögensvorteils wollte der Gesetzgeber klarstellen, daß **7** als Vermächtnisgegenstand nicht nur Sachen und Rechte in Betracht kommen, sondern zB auch die **Befreiung von einer Verbindlichkeit** (Prot V 6). Demnach kann Inhalt eines Vermächtnisses sein der Erlaß von Forderungen, aber auch die bloße Stundung, ferner die Aufhebung von Rechten gegenüber dem Bedachten, auch der Verzicht auf die Ausübung von Gestaltungsrechten oder Einreden. Auch hier ist aber der bloß schuldrechtliche Charakter des Vermächtnisses zu beachten: Erlaß, Aufhebung, Verzicht treten nicht schon mit dem Anfall des Vermächtnisses ein; der Bedachte hat vielmehr nur einen Anspruch auf sie (BGH FamRZ 1964, 140). Zur Befreiung von der Ausgleichspflicht des § 2057 a durch Vermächtnis vgl STAUDINGER/WERNER[12] § 2057 a Rn 4.

4.   Der **Begriff des Vermögensvorteils** ist *im weitesten Sinne* zu verstehen (BayObLG **8** OLGE 32, 59; LANGE/KUCHINKE § 27 II 2 b; BROX Rn 419; MünchKomm/LEIPOLD Rn 5). Eine Bereicherung oder Vermögensmehrung iS einer wirtschaftlichen Besserstellung ist nicht erforderlich. Ein rechtlicher Vorteil genügt, zB das Recht auf Einsichtnahme in Familienpapiere oder andere im Nachlaß befindliche Aufzeichnungen. Hielte man eine wirtschaftliche Besserstellung des Bedachten für begriffsnotwendig (so vLÜBTOW I 366 f; STROTHMANN Jura 1982, 356), würde man in unnötiger Beschränkung der Testierfreiheit dem Erblasser die Begründung von Ansprüchen auf Leistungen von rein ideellem Wert unmöglich machen. Auch eine auf wirtschaftliche Besserstellung des Bedachten gerichtete Absicht des Erblassers ist nicht zu verlangen. Die Gegenmeinung (vLÜBTOW I 367 mwN), die bei fehlender Begünstigungsabsicht ein Vermächtnis ablehnen und eine bloße Teilungsanordnung bejahen will, verkennt, daß der Vermächtnisbegriff nicht vom Vorausvermächtnis (§ 2150) her entwickelt werden kann, weil er dann schon versagen müßte, wenn der Bedachte nicht Erbe ist.

Ein Vermögensvorteil in diesem Sinne ist auch das *Recht zum entgeltlichen Erwerb* **9** eines Gegenstandes (RFH 12, 278; OGHBrZ 1, 65; BayObLG FamRZ 1984, 825). Auf einen günstigen Preis kommt es dabei nicht an. Deshalb kann auch das Recht eines Miterben, einen Nachlaßgegenstand unter voller Anrechnung auf seinen Erbteil zu übernehmen, Inhalt eines Vermächtnisses sein (zur Abgrenzung von Vorausvermächtnis und Teilungsanordnung vgl im einzelnen STAUDINGER/OTTE[12] § 2150 Rn 9–14).

Dauernd braucht der Vermögensvorteil nicht zu sein. Selbstverständlich genügt vor- **10** übergehende Gebrauchsüberlassung. Die Belastung eines Vermächtnisnehmers mit einer Auflage (§ 1940) oder einem Untervermächtnis (§ 2186) bis zur vollen Höhe des Betrages, den er selbst aus dem Vermächtnis erhält, steht einem wirksamen Vermächtnis nicht entgegen (RG Recht 1909 Nr 3718; RG BayZ 1910, 18; JW 1910, 6; BGH v 7. 12. 1967 – III ZR 62/65 – bei JOHANNSEN WM 1972, 866), ebensowenig das Nachvermächtnis, das zur Herausgabe des zugewandten Gegenstandes an einen Dritten verpflichtet (§ 2191). Ein Vermächtnis kann auch darin bestehen, daß ein Gegenstand zugewendet wird, der dem Erblasser nur treuhänderisch, also nicht wirtschaftlich, gehört und auch dem Bedachten nur in gleicher Weise zufallen soll (RG HRR 1928 Nr 1698).

11 5. Aus dem **schuldrechtlichen Charakter des Vermächtnisses** folgt, daß der Erblasser durch Vermächtnis weder den Erben in der Verfügung über Nachlaßgegenstände beschränken (Verstoß gegen § 137 S 1) noch einem Dritten Verfügungsbefugnis übertragen kann. Für diese Zwecke kommt das Institut der Testamentsvollstreckung in Betracht (vgl STAUDINGER/REIMANN[12] § 2197 Rn 11). Doch kann in der Betrauung einer Person mit Verwaltungsbefugnissen über den Nachlaß oder Teile desselben uU ein Vermächtnis liegen, namentlich wenn die Verwaltung gegen Entgelt erfolgen soll (OGHBrZ 4, 223); dann steht aber dem Vermächtnisnehmer nicht unmittelbar die Verfügungsbefugnis zu, sondern er hat nur einen Anspruch (§ 2174) gegen den Erben auf Erteilung der erforderlichen Vollmacht bzw Ermächtigung (übersehen in RG WarnR 1908 Nr 168; wie hier KIPP/COING[13] § 57 Fn 1); der Erbe bleibt auf jeden Fall verfügungsbefugt und ist nur einem Anspruch des Vermächtnisnehmers auf Unterlassung von Verfügungen ausgesetzt.

12 6. Kein Vermögensvorteil iS des § 1939 ist der bloße **Reflex einer einen anderen treffenden Verpflichtung**, mag er auch wirtschaftlich vorteilhaft sein; uU handelt es sich um eine Auflage. Ebensowenig folgt aus der einem Testamentsvollstrecker eingeräumten Befugnis, in dringenden Fällen gewisse Auszahlungen zu bewilligen, ein Vermächtnisanspruch (RG DNotZ 1932, 270). Auch das, was jemand zur Erfüllung einer Bedingung an einen Dritten leistet, stellt kein Vermächtnis an den Dritten dar, weil der Dritte keinen Anspruch auf die Leistung hat (Mot V 9 f).

III. Anordnung des Vermächtnisses

13 Die Anordnung des Vermächtnisses kann außer durch *Testament* (davon allein spricht § 1939) auch durch *Erbvertrag* erfolgen (§ 1941 Abs 1), u zw sowohl durch vertragsmäßige (§ 2278) als auch durch einseitige (§ 2299) Verfügung. Erleichterungen der Errichtungsform gegenüber der Erbeinsetzung wie die *Kodizille* oder *Nachzettel* des früheren Rechts (hierzu Mot V 292 f) kennt das BGB nicht.

14 Weder für den Begriff noch unter allen Umständen für die Gültigkeit des Vermächtnisses ist die Zugehörigkeit des vermachten Gegenstandes zum Nachlaß erheblich (vgl STAUDINGER/OTTE[12] § 2169 Rn 2, 9 f).

IV. Gesetzliche Vermächtnisse

15 Auf einige erbrechtliche Ansprüche, die kraft Gesetzes entstehen, sind die Vorschriften über das Vermächtnis (§§ 2147 ff, auch § 226 Abs 2 Nr 5 KO und §§ 1991 Abs 4, 1992) entspr anzuwenden. Insofern kann von „gesetzlichen Vermächtnissen" gesprochen werden (abl HARDER NJW 1988, 2716; PALANDT/EDENHOFER Rn 1). Hierher gehören der *Voraus* (§ 1932), der *Dreißigste* (§ 1969) und auch Ansprüche auf bestimmte Nachlaßgegenstände, die das Landesrecht dem Fiskus oder einer anderen juristischen Person gewährt (STAUDINGER/WINKLER[12] Art 139 EGBGB Rn 2), nicht jedoch der Anspruch aus § 1963 (s STAUDINGER/MAROTZKE § 1963 Rn 2), wohl auch nicht der Ausbildungsanspruch der Stiefkinder (§ 1371 Abs 4; vgl STAUDINGER/THIELE [1994]

§ 1371 Rn 125–132; ERMAN/HECKELMANN § 1371 Rn 27; MünchKomm/LEIPOLD Rn 10) und die höferechtlichen Ansprüche auf Abfindung gem § 12 HöfeO, auf Nachabfindung gem § 13 HöfeO sowie das Verwaltungs- und Nutznießungsrecht und das Altenteilsrecht des Ehegatten gem § 14 HöfeO (OLG Celle RdL 1979, 76; LANGE/WULFF/LÜDTKE-HAND-JERY HöfeO § 12 Rn 7, § 13 Rn 3, § 14 Rn 3; SOERGEL/M WOLF Vorbem 2 zu § 2147; teilw anders SOERGEL/STEIN Rn 7). Entgegen COING (NJW 1988, 1753 f) ist auch der Erbersatzan-spruch kein gesetzliches Vermächtnis; zwar richtet sich seine Annahme und Aus-schlagung nach Vermächtnisrecht, doch sind i übr weitgehend die Vorschriften des Pflichtteilsrechts maßgebend, vgl § 1934 b Abs 2 (wie hier SOERGEL/M WOLF aaO; HARDER NJW 1988, 2717).

§ 1940

Der Erblasser kann durch Testament den Erben oder einen Vermächtnisnehmer zu einer Leistung verpflichten, ohne einem anderen ein Recht auf die Leistung zuzuwen-den (Auflage).

Materialien: E I § 1757; II § 1817; III § 1916;
Mot V 10 f; Prot V 6 f.

I. Allgemeines

1.   Als weiteren zulässigen Inhalt des Testaments nennt § 1940 die **Auflage** und **1** bestimmt den Begriff nach der positiven Seite dahin, daß sie die Auferlegung der Verpflichtung zu einer Leistung ist, nach der negativen dahin, daß aus ihr nieman-dem ein Recht auf die Leistung erwächst. Letzteres unterscheidet die Auflage vom Vermächtnis. Weil durch die Auflage für den Begünstigten kein Recht entsteht, faßt das Gesetz sie nicht unter den Begriff der Zuwendung (vgl § 2279 Abs 1 sowie § 2065 Abs 2 iVm § 2192). Einzelheiten über die Auflage sind in §§ 2192–2196 geregelt; eine Reihe von Vorschriften über Vermächtnisse sind auf die Auflage entspr anzu-wenden, § 2192. (Allg Lit zur Auflage bei STAUDINGER/OTTE[12] Vorbem zu § 2192.)

2.   Im Hinblick auf das Fehlen eines eigenen Anspruchs entspricht die Stellung **2** des **Begünstigten** bei der Auflage derjenigen, die durch eine Zuwendung unter der Bedingung einer Leistung an einen Dritten für diesen Dritten entsteht. Der durch die Auflage Begünstigte kann auch keinen Schadensersatzanspruch wegen Nichter-füllung der Auflage haben (RG WarnR 1937 Nr 133). Nichterfüllung der Auflage kann allenfalls zum Anspruch eines evtl nachrückenden Beschwerten auf Herausgabe der Zuwendung führen, § 2196.

3.   Im Unterschied zur bedingten Zuwendung begründet aber die Auflage eine **3** **Leistungspflicht** für den Beschwerten. Beschwert sein kann nach § 1940 sowohl ein Erbe als auch ein Vermächtnisnehmer; im Zweifel ist der Erbe beschwert, §§ 2192, 2147. Der Erblasser kann den Druck auf den Beschwerten auch noch dadurch ver-stärken, daß er die Nichterfüllung der Auflage zur auflösenden Bedingung der

Zuwendung macht (Kipp § 114 VI). Dieser Fall ist nicht mit der lediglich bedingten, aber keine Leistungspflicht begründenden Zuwendung zu verwechseln.

4 Die Erfüllung der aus der Auflage entstehenden Verpflichtung des Beschwerten kann nicht vom Begünstigten, wohl aber vom Erben, vom Miterben, von evtl nachrückenden Beschwerten und uU auch von einer Behörde verlangt werden, § 2194. Zu den Aufgaben des Testamentsvollstreckers gehört es, soweit sich aus dem Erblasserwillen nichts anderes ergibt, Auflagen zu erfüllen bzw die Erfüllung vom Erben zu verlangen, §§ 2203, 2208. Der Erblasser kann auch einen lediglich mit der Vollziehung einer Auflage betrauten Testamentsvollstrecker bestellen (BayObLGZ 1986, 34).

II.   Inhalt der Auflage

5 Gegenstand der Auflage kann ein Tun oder Unterlassen sein. Einen Vermögenswert für den Begünstigten braucht die Leistung des Beschwerten nicht darzustellen (ebenso MünchKomm/Leipold Rn 4; jetzt auch Kipp/Coing § 64 I 3; anders noch 9. Aufl § 59 VI). Es braucht auch nicht notwendig jemand durch sie begünstigt zu werden. Beispiele: Anordnung der Errichtung eines Grabdenkmals; Pflege eines Grabes (BFH NJW 1968, 1847) oder Gartens; Öffnung eines Parks für das Publikum; Übernahme eines Ehrenamtes; Anordnung über den Zeitpunkt der Veröffentlichung hinterlassener Papiere; Versorgung von Lieblingstieren des Erblassers; Ansammlung von Zinsen vermachten Geldes zu einem bestimmten Zweck (RG Recht 1913 Nr 1613); Besorgung der Feuerbestattung; Anordnung, die Leiche des Erblassers der Anatomie zu übergeben; Verbot, der Leiche Organe zu entnehmen (Palandt/Edenhofer Rn 2); Veräußerungs- oder Leistungsverbote mit schuldrechtlicher Wirkung, zB das Verbot, ein Nachlaßgrundstück an bestimmte Personen zu übereignen (BGH FamRZ 1985, 278 f), aber nicht – wegen § 2302 – das Verbot, den Nachlaß an bestimmte Personen weiterzuvererben (BayObLG AgrarR 1983, 158 f); Verbot, eine bestimmte Person zum Prokuristen zu bestellen (OLG Koblenz NJW-RR 1986, 1039); Anordnung, daß einer von mehreren Erben den Nachlaß verwalten solle (RG LZ 1929, 254; zur Abgrenzung von einer beschränkten Testamentsvollstreckung vgl OLG Köln FamRZ 1990, 1402). Auch eine Auflage, die lediglich dem Beschwerten zum Vorteil gereicht, ist denkbar.

6 Als Auflage ist regelmäßig auch die *Errichtung einer unselbständigen Stiftung* anzusehen, also die Anordnung, daß ein mildtätigen oder gemeinnützigen Zwecken gewidmetes Sondervermögen gebildet werden solle (RGZ 96, 19; MünchKomm/Leipold Rn 6). Lange/Kuchinke (§ 28 Fn 19) will hier zwischen dem Errichtungsakt und der Verpflichtung des Trägers unterscheiden; nur letztere sei Auflage; indessen kennt die unselbständige Stiftung keinen dem Stiftungsgeschäft iS der §§ 80 ff entsprechenden Errichtungsakt.

III.   Anordnung der Auflage

7 Die Anordnung einer Auflage kann nicht nur durch *Testament*, sondern auch durch *Erbvertrag* erfolgen (§ 1941).

8 Die Verfügung des Erblassers muß den Willen zum Ausdruck bringen, daß der Zuwendungsempfänger zu einer Leistung verpflichtet sein soll. Hiervon zu unter-

scheiden sind Äußerungen des Erblassers, die lediglich einen guten Rat darstellen (Mot V 213). Die Worte „ich wünsche" oder „ich hoffe" sprechen aber nicht ohne weiteres gegen die Verpflichtungsabsicht (RG Recht 1918 Nr 731).

Wegen der *Abgrenzung zum Vermächtnis* ist darauf zu achten, ob der Erblasser **9** gewissen Personen einen Anspruch auf gewisse Leistungen zubilligen wollte (vgl RG WarnR 1917 Nr 148; LZ 1918, 268); ist der begünstigte Personenkreis nicht fest umrissen, spricht das gegen ein Vermächtnis (RGZ 75, 380; 88, 336; 96, 19; LZ 1918, 268).

Die Auflage ist *von der Bedingung einer Zuwendung zu unterscheiden* (vgl RFH 2, 221). **10** Bestehen Bedenken gegen die Annahme einer Verpflichtung, so spricht das gegen eine Auflage. Die Umdeutung einer solchen Auflage, zB jemanden zu heiraten oder nicht zu heiraten, ein Kind zu adoptieren oder zu legitimieren, den Familiennamen zu ändern, ein Testament zu errichten oder aufzuheben oder dies nicht zu tun, in die Bedingung einer Zuwendung (PLANCK/FLAD Anm 3) wird jedoch in der Regel daran scheitern, daß die Bedingung denselben rechtlichen Bedenken unterliegen würde wie die Auflage selbst (MünchKomm/LEIPOLD Rn 6; zu den Schranken von Potestativbedingungen vgl STAUDINGER/OTTE[12] § 2074 Rn 22 ff).

§ 1941

[1] **Der Erblasser kann durch Vertrag einen Erben einsetzen sowie Vermächtnisse und Auflagen anordnen (Erbvertrag).**

[2] **Als Erbe (Vertragserbe) oder als Vermächtnisnehmer kann sowohl der andere Vertragschließende als ein Dritter bedacht werden.**

Materialien: E I §§ 1751 Abs 1, 1940 Abs 1,2, 1962; II § 1818; III § 1917; Mot V 4, 310−314, 349 f; Prot V 365−373, 423; D 738.

I. Allgemeines

1. Das **Wesen des Erbvertrages** liegt in der Bindung an die einmal getroffene Ver- **1** fügung, während das Kennzeichen des Testaments die freie Widerruflichkeit ist. Näheres zum Wesen des Erbvertrages sowie zur geschichtlichen Entwicklung, zu seiner Zulassung in fremden Rechten und zu seiner rechtspolitischen Beurteilung s STAUDINGER/KANZLEITER[12] Vorbem 1 f u 39 zu § 2274; dort auch allgemeine Literatur zum Erbvertrag. Die Einzelheiten des Erbvertrages regelt das BGB in §§ 2274−2300 a.

2. **Inhalt des Erbvertrages**

In § 1941 ist der Erbvertrag als *Erbzuwendungsvertrag* charakterisiert, durch den **2** Erbeinsetzungen, Vermächtnisse oder Auflagen angeordnet werden. Damit will das Gesetz jedoch nicht sagen, daß andere Verfügungen nicht Inhalt eines Erbvertrages sein können, sondern lediglich, daß die den Erbvertrag kennzeichnende Bindungswirkung allein bei Erbeinsetzungen, Vermächtnissen und Auflagen eintreten kann. Inhalt des Erbvertrages kann auch jede andere Verfügung sein, die in einem Testament getroffen werden kann, allerdings nur einseitig und frei widerruflich, §§ 2278, 2299. Im übrigen tritt die Bindungswirkung bei Erbeinsetzungen, Vermächtnissen und Auflagen nicht schon durch die Aufnahme der Verfügung in einen Erbvertrag ein, sondern nur aufgrund des – ggf durch Auslegung zu ermittelnden – Bindungswillens der Vertragspartner (vgl STAUDINGER/KANZLEITER[12] § 2278 Rn 7 ff).

3. Erbrechtlicher Charakter

3 Der Erbvertrag ist ein eigenartiger, einheitlicher Vertrag erbrechtlichen Inhalts, der den Grund für eine Rechtsnachfolge in das Vermögen eines der Vertragsschließenden nach dessen Tode oder für eine Vermächtnis- oder Auflagenverpflichtung unwiderruflich festlegen will.

4 Er darf nicht als schuldrechtlicher Vertrag, etwa als Testament mit Widerrufsverzicht oder mit der Verpflichtung, nicht zu widerrufen, aufgefaßt werden. Ein derartiger Vertrag wäre nach § 2302 nichtig. Der Erblasser will sich durch den Vertrag zu nichts weiterem verpflichten, er hat durch die Setzung des Berufungsgrundes schon alles geleistet. Erst recht nicht darf der Erbvertrag als dinglicher Vertrag aufgefaßt werden, da er dem Bedachten keinerlei Rechte am Vermögen des Erblassers gibt. Er ist auch kein familienrechtlicher Vertrag, da er die Statusverhältnisse unberührt läßt. Das schließt nicht aus, daß dieselbe Vertragsurkunde schuldrechtliche, dingliche oder familienrechtliche Geschäfte enthält. Derartige Geschäfte (zB Verpflichtung zur Unterlassung von Verfügungen oder zu wiederkehrenden Zahlungen, Bestellung oder Übertragung von dinglichen Rechten, güterrechtliche Vereinbarungen, vgl § 2276 Abs 2) kommen im Zusammenhang mit Erbverträgen häufig vor, unterliegen jedoch nicht den §§ 1941, 2274 ff.

II. Einteilung der Erbverträge

5 Man kann die Erbverträge unterscheiden

a) nach der **Art der Zuwendung** in *Erbeinsetzungs-*, *Vermächtnis-* und *Auflagen*verträge,

6 b) nach der **Person des Vertragserblassers** in *einseitige*, wenn nur ein Vertragsteil als Erblasser verfügt, und *zweiseitige*, wenn beide Vertragsteile als Erblasser verfügen (vgl § 2278 Abs 1); im letzten Fall können ihre vertragsmäßigen Verfügungen in einem Abhängigkeitsverhältnis gem § 2298 Abs 1 u 2 stehen (*wechselbezügliche* Erbverträge), wenn nicht ein anderer Wille der Vertragsschließenden anzunehmen ist (§ 2298 Abs 3, *nicht-wechselbezügliche* Erbverträge); die Unterscheidung zwischen einseitigen und zweiseitigen Erbverträgen ist wichtig, weil die Voraussetzungen in der Person des Erblassers und dessen, der sich auf die Annahme der Verfügung des Erblassers beschränkt, verschieden sind; für den Erblasser gelten §§ 2274 f, für den anderen Teil hingegen nur die allgemeinen Vorschriften, §§ 104 f; der andere Teil kann auch eine juristische Person sein;

7 c) je nach der **Person des Vertragsbedachten** in solche zugunsten des Vertragspart-

ners und solche zugunsten eines Dritten, § 1941 Abs 2; ein Erbvertrag zugunsten eines Dritten hat gewisse Ähnlichkeit mit einem schuldrechtlichen Vertrag zugunsten Dritter: Der Erwerb des Dritten vollzieht sich bei ihm, wie nach §§ 328, 331, unmittelbar mit dem Tode des Erblassers, ohne daß sein Beitritt zum Vertrag nötig wäre; die Vorschriften der §§ 328–335 sind auf Erbverträge zugunsten Dritter jedoch nicht anwendbar, da dem Dritten kein Forderungsrecht gegen den Erblasser zusteht.

III. Abgrenzung zu anderen Verträgen

Vom Erbvertrag als Zuwendungsvertrag ist streng zu unterscheiden der Vertrag, **8** durch den jemand auf sein gesetzliches Erbrecht, sein Pflichtteilsrecht oder eine Zuwendung verzichtet (*Erbverzicht*, §§ 2346–2352). Kein Erbvertrag ist auch der Vertrag über den Nachlaß eines noch lebenden Dritten, das sog *pactum de hereditate tertii*, § 312. Es enthält keine Verfügung über den Nachlaß eines Vertragsschließenden, sondern betrifft einen fremden Nachlaß. Ebensowenig ist ein Erbvertrag der nach § 2302 nichtige schuldrechtliche *Vertrag über die Errichtung oder Aufhebung einer letztwilligen Verfügung*. Zum Verhältnis von Erbvertrag und *Schenkungsversprechen auf den Todesfall* vgl STAUDINGER/KANZLEITER[12] Vorbem 15 zu § 2274.

Kein Erbvertrag ist schließlich auch der *Hofübergabevertrag* (hierzu KIPP/COING § 36 V; **9** LANGE/WULFF/LÜDTKE-HANDJERY HöfeO § 7 Rn 38, § 17 Rn 5; KGJ 41, 162). Er ist auf die lebzeitige Übertragung eines Hofes auf eine gesetzlich zur Hoffolge berechtigte Person gerichtet. Er nimmt zwar die Erbfolge in den Hof vorweg (§ 7 HöfeO) und hat insofern erbrechtliche Wirkungen (vgl §§ 5, 7, 17 HöfeO), bleibt aber Rechtsgeschäft unter Lebenden, für das die Formvorschrift des § 313 gilt und das durch Auflassung und Eintragung zu erfüllen ist.

Gerhard Otte

Zweiter Abschnitt
Rechtliche Stellung des Erben

Einleitung zu §§ 1942 ff

1 1. Der zweite Abschnitt behandelt die **rechtliche Stellung** des Erben (nicht das *Erbewerden*, sondern das *Erbesein*). Sie ist für beide Berufungsgründe (Gesetz und Verfügung von Todes wegen) die gleiche. Deshalb schließt sich ihre Regelung im Aufbau des Gesetzes an die Bestimmungen über die gesetzliche Erbfolge (§§ 1924 ff) und die grundsätzlichen Bestimmungen über Verfügungen von Todes wegen (§§ 1937 ff) an und geht den Einzelbestimmungen über Verfügungen von Todes wegen (dritter Abschnitt, §§ 2064 ff, und vierter Abschnitt, §§ 2274 ff) voran.

2 2. Der Abschnitt ist in vier Titel gegliedert.

a) Der erste (§§ 1942–1966) enthält die Vorschriften über den **Erwerb der Erbschaft.** Er betrifft nicht die Frage, wer Erbe wird (das Erbewerden), sondern wann und wodurch der Erbe die Erbschaft erwirbt. §§ 1942–1959 handeln von der *Annahme* und *Ausschlagung* der Erbschaft, §§ 1960 – 1962 von der für besondere Fälle vorgesehenen *Fürsorge des Nachlaßgerichts* in bezug auf den Erbschaftserwerb; § 1963 gewährt der Mutter eines noch nicht geborenen Erben einen *Unterhaltsanspruch;* §§ 1964 – 1966 betreffen die Aufgaben des Nachlaßgerichts bei gesetzlicher *Erbfolge des Fiskus.*

b) Der zweite Titel (§§ 1967–2017) regelt die **Haftung des Erben für die Nachlaßverbindlichkeiten.**

c) Der dritte Titel (§§ 2018–2031) behandelt den **Erbschaftsanspruch**, dh den Anspruch des Erben gegen den Erbschaftsbesitzer auf Herausgabe des aus der Erbschaft Erlangten.

d) Der vierte Titel (§§ 2032–2063) betrifft die **Mehrheit von Erben,** und zwar ordnet er das Rechtsverhältnis zwischen mehreren nebeneinander berufenen Erben (*Miterben*) einschl der Ausgleichungspflicht sowie das Rechtsverhältnis zwischen Miterben und Nachlaßgläubigern.

3 3. Die **Rechtsfolgen des Erbganges** werden im zweiten Abschnitt *nicht erschöpfend behandelt.* Es fehlen Bestimmungen über das (in § 1976 vorausgesetzte) Erlöschen von Rechtsverhältnissen durch Vereinigung von Recht und Verbindlichkeit oder Recht und Belastung (*Konfusion, Konsolidation*) in der Person des Erben (vgl dazu STAUDINGER/MAROTZKE § 1922 Rn 73 f).

4 *An anderer Stelle des BGB* sind geregelt: das Wirksamwerden einer vom Erblasser abgegebenen, beim Erbfall noch nicht zugegangenen Willenserklärung (§ 130 Abs 2), die Annahmefähigkeit eines vom Erblasser abgegebenen, beim Erbfall noch nicht angenommenen Angebots (§ 153), der Fortbestand von Auftrag und Vollmacht über den Tod des Erblassers hinaus (§§ 672, 168 S 1), das Wirksamwerden von Verfügungen, die der Erblasser oder der Erbe als Nichtberechtigte getroffen haben (§ 185 Abs 2), die Verjährung von Ansprüchen, die zu einem Nachlaß gehören oder sich gegen den Nachlaß richten (§ 207), sowie der Übergang des Besitzes auf den Erben (§ 857). Zu den zivilprozessualen Folgen des Erbgangs vgl §§ 239, 246, 325, 727 und 778 – 785 ZPO.

Erster Titel
Annahme und Ausschlagung der Erbschaft.
Fürsorge des Nachlaßgerichts

§ 1942

[1] **Die Erbschaft geht auf den berufenen Erben unbeschadet des Rechtes über, sie auszuschlagen (Anfall der Erbschaft).**

[2] **Der Fiskus kann die ihm als gesetzlichem Erben angefallene Erbschaft nicht ausschlagen.**

Materialien: E I § 1974 Abs 2, § 2025 Abs 1; II
§ 1819; III § 1918; Mot V 379 f, 488; Prot V
487 ff, 613; D 721; Kommissionsbericht 2099.

Schrifttum zu §§ 1942−1957

ADLERSTEIN/DESCH, Das Erbrecht in den neuen Bundesländern, DtZ 1991, 193

BESTELMEYER, Weitere erbrechtliche Fragestellungen nach dem Einigungsvertrag, Rpfleger 1992, 321

BUCHHOLZ, Vererblichkeit des Ausschlagungsrechts und Teilausschlagung, Rpfl-Stud 1990, 161

BÜCKER, Die Erbschaftsausschlagung, RhNK 1964, 97

vCAEMMERER, Zur Nachlaßbehandlung in ausländischen Rechten, DFG 1936, 119

COING, Die gesetzliche Vertretungsmacht der Eltern bei der Ausschlagung einer Erbschaft, NJW 1985, 6

DÖRNER , Interlokales Erb- und Erbscheinsrecht nach dem Einigungsvertrag, IPRax 1991, 392

DREWES, Die Bedeutung des § 1948 Abs 1 BGB in der Praxis, JW 1925, 2104

FAHRENHORST, Die Bestandskraft von Testamenten und Erbausschlagungen im Hinblick auf die deutsche Vereinigung, JR 1992, 265

FRIDERICHS, Der vorläufige Erbe (Diss Köln 1934)

FRIEDMANN, Die Annahme einer Erbschaft, ihre rechtliche Natur und ihre Rechtswirkungen in der Geschichte und im Recht des BGB (1909)

FROHN, Die Erbausschlagung unter dem Vorbehalt des Pflichtteils, Rpfleger 1982, 56

GRUNEWALD, Die Auswirkungen eines Irrtums über politische Entwicklungen in der DDR auf Testamente und Erbschaftsausschlagungen, NJW 1991, 1208

HALLSTEIN, Anfall der Erbschaft, Rechtsvergleichendes Handwörterbuch II 196

ders, Annahme und Ausschlagung der Erbschaft, aaO 221

HAUSER, Die Anfechtung der Versäumung der Erbausschlagungsfrist, JherJb 65, 271

HAWLITZKY, Zur Form der Erbschaftsausschlagung, DNotZ 1937, 876

HELDRICH, Schranken der elterlichen Vertretungsmacht bei der Ausschlagung einer Erbschaft, in: FS Lorenz (1991) 97

HÖVER, Unzuträglichkeiten im geltenden Erbrecht und Nachlaßverfahren, ZAkDR 1935, 226

HOLZHAUER, Die Teilbarkeit von Annahme und Ausschlagung im System des Erbrechts, Erbrechtliche Untersuchungen (1973) 85

JOHANNSEN, Die Rechtsprechung des Bundesgerichtshofs auf dem Gebiete des Erbrechts, WM 1972, 918 und 1973, 549

JOSEF, Die Rechtsstellung des vorläufigen Erben im Verfahren der freiwilligen Gerichtsbarkeit, ZZP 44, 478

KAPP, Die Erbausschlagung in zivilrechtlicher und erbschaftsteuerrechtlicher Sicht, BB 1980, 117

KAUFMANN, Die Ausschlagung der Erbschaft, DJZ 1909, 1325

KESSLER, Erbschaftsausschlagung, BayZ 1907, 186

KIRCHHOFER, Erbschaftserwerb, Verwaltung und Sicherung desNachlasses (1968)

KITTEL, Rechtshilfe bei Erbausschlagung, Rpfleger 1971, 52

KLEINSCHMIDT, Wann kann der Nacherbe die Nacherbschaft annehmen oder ausschlagen? (1916)

KNITSCHKY, Erbschaft und Erbteil, AcP 91, 280

KÖSTER, Erbrechtliche Fragestellungen nach dem Einigungsvertrag, Rpfleger 1991, 97

KRETZSCHMAR, Ausschlagung der Erbschaft durch einen gesetzlichen Vertreter, ZBlFG 1918, 12

HEINRICH LANGE, Erwerb, Sicherung und Abwicklung der Erbschaft, 4. Denkschr d ErbrA d AkDR (1940)

LINDE, Zur Ausschlagung einer Erbschaft – Nasciturus, Sozialhilfe -, BWNotZ 1988, 54

vLÜBTOW, Probleme des Erbrechts (1967)

ders, Die Vererblichkeit des Ausschlagungsrechts, JZ 1969, 502

MANIGK, Das rechtswirksame Verhalten (1939)

MANTEY, Kann nach Eintritt des Erbfalls der Nacherbe die Erbschaft wirksam annehmen, bevor sie ihm angefallen ist?, Gruchot 60, 937

MERTENS, Die Entstehung der Vorschriften des BGB über die gesetzliche Erbfolge und das Pflichtteilsrecht (1970)

NEUFFER Die Anfechtung der Willenserklärung wegen Rechtsfolgeirrtums (1991)

vOHLSHAUSEN, Konkurrenz von Güterrecht und Erbrecht bei Auflösung der Zugewinngemeinschaft bei Tod eines Ehegatten (1968)

ders, Zugewinnausgleich und Pflichtteil bei Erbschaftsausschlagung durch einen von mehreren Erbeserben des überlebenden Ehegatten, FamRZ 1976, 678

POHL, Mängel bei der Erbschaftsannahme und -ausschlagung, AcP 177, 52

RHODE, Erbschaftsausschlagung durch Geschäftsunfähige oder in der Geschäftsfähigkeit beschränkte Personen, ZBlFG 1910, 741, 783

SCHRAMM, Nochmals: Das Wahlrecht des Erben nach § 1948 BGB, DNotZ 1965, 734

SEIFERT/LINGELBACH, Abwicklung des Nachlasses und Nachlaßverfahren im Vergleich von ZGB und BGB, in DROBNIG (Hrsg), Grundstücksrecht und Erbrecht in beiden deutschen Staaten (1993) 69

STACH, Nichtigkeit letztwilliger Verfügungen zugunsten Bediensteter staatlicher Altenpflegeeinrichtungen, NJW 1988, 943

STROBL, Das Wahlrecht des Erben nach § 1948 BGB, DNotZ 1965, 373

TIEDTKE, Zur Bindung des überlebenden Ehegatten an das gemeinschaftliche Testament bei Ausschlagung der Erbschaft als eingesetzter, aber Annahme als gesetzlicher Erbe, FamRZ 1991, 1259

TROLL, Ausschlagung der Erbschaft aus steuerlichen Gründen, BB 1988, 2153

UNGER, Zweifelsfrage aus §§ 1643 Abs 2, 1948 BGB, Recht 1904, 277

VOGT/KOBOLD, Erbrecht nach Erbausschlagung und Restitutionsanspruch – ein Kollisionsproblem, DtZ 1993, 326

WACKE, Der Tote erbt den Lebendigen, JA 1982, 242

WASMUTH, Zur Korrektur abgeschlossener erbrechtlicher Sachverhalte im Bereich der ehemaligen DDR, DNotZ 1992, 3

WEGMANN, Die Begründung des Erbrechts im 19. Jahrhundert (Diss Münster 1969)

WEIDNER, Ausschlagung einer Erbschaft durch den Inhaber der elterlichen Gewalt für ein minderjähriges Kind zu Gunsten des anderen volljährigen Kindes, DFG 1937, 223

WEITHASE, Zurückweisung einer geringfügigen Erbschaft, Rpfleger 1988, 434.

Systematische Übersicht

Gerhard Otte

§ 1942
1, 2

5. Buch
2. Abschnitt. Rechtliche Stellung des Erben

I.   Allgemeines

1.   Systeme des Erbschaftserwerbs

1 Der Eintritt in die volle vererbliche Rechts- und Pflichtenstellung des Erblassers (die sog *Universal-Sukzession)* sollte dem zur Erbfolge Berufenen nicht gegen seinen Willen aufgedrängt werden. Einerseits gehen mit den Aktiven auch die Passiven über, und anderseits ist auf höchstpersönliche Gründe des Berufenen Rücksicht zu nehmen, die sich aus seinem Verhältnis zum Erblasser oder zu den durch ihn ausgeschlossenen Nachberufenen ergeben können. Folglich muß dem Berufenen Entschlußfreiheit gewährt werden, die ohne eine gewisse Überlegungsfrist ein Danaergeschenk wäre.

2 Zur Lösung bieten sich grundsätzlich zwei Wege an. Entweder läßt man den Erwerb sofort mit dem Erbfall kraft Gesetzes eintreten (sog *Vonselbsterwerb* oder *Anfall-prinzip*), stellt aber dem Berufenen die Ausschlagung frei, die mit rückwirkender Kraft ausgestattet wird; der Erbe ist dann, solange er ausschlagen kann, nur *vorläufiger Erbe*, und die Annahme der Erbschaft hat nur die Bedeutung, das Ausschlagungsrecht zu vernichten. Oder man macht den Erwerb der Erbschaft von einer Willensäußerung des Berufenen, die Erbschaft anzunehmen, abhängig (sog *Antrittserwerb*), wobei zusätzlich eine *gerichtliche Einweisung* (so §§ 547, 799, 819 ABGB) oder die Zwischenschaltung eines *Treuhänders* (so das anglo-amerikanische Recht) vorgesehen werden kann. Behördliche Mitwirkung bei der Abwicklung des Erbfalls kann aber auch beim Vonselbsterwerb stattfinden. (Zu den verschiedenen Lösungsmöglichkeiten aus historischer und rechtsvergleichender Sicht vgl STAUDINGER/FIRSCHING[12] Vorbem 295 ff zu Art 24 aF EGBGB; LANGE/KUCHINKE § 8 I 2, 3; KIPP/COING § 86; KIRCHHOFER 47 ff; WACKE JA 1982, 242 f; EBENROTH Rn 379 ff.)

2. Der Standpunkt des BGB

Das BGB hat sich für den Vonselbsterwerb entschieden, u zw wegen der praktischen **3** Vorzüge dieses Systems (vgl MERTENS 29 f). Sie liegen nach Mot V 486 f in folgendem: Einfachheit der gesetzlichen Regelung, Anpassung an die Lebenswirklichkeit, in der Erbschaften häufiger angenommen als ausgeschlagen werden, und bessere Lage der Gläubiger und Schuldner der Erbschaft, insofern ersteren der Beweis der Annahme erspart und letzteren ohne weiteres die Möglichkeit gewährleistet wird, den Erben festzustellen. Dieser Einschätzung des vom BGB gewählten Systems ist grundsätzlich zuzustimmen, doch darf nicht übersehen werden, daß nach § 1958 ein Anspruch, der sich gegen den Nachlaß richtet, gegen den Erben vor der Annahme der Erbschaft nicht gerichtlich geltend gemacht werden kann (vgl auch Rn 13). Auf alle Fälle verbürgt aber der Vonselbsterwerb bei kurzer Ausschlagungsfrist eine rasche Entscheidung über das Schicksal der Erbschaft, während der Schwebezustand sich beim Antrittserwerb unbegrenzt hinziehen kann (vgl auch 4. Denkschr d ErbrA d AkDR 41). Das grundsätzliche Dazwischenschieben eines gesetzlichen Prüfungs- und Einweisungsverfahrens nach österreichischem Vorbild würde die Rechtssicherheit noch erhöhen, aber als ausnahmslose Maßnahme den Übergang der Rechte auf den Erben ohne Not verteuern und erschweren. Es muß genügen, wenn die Fürsorgemaßnahmen des Nachlaßgerichts für Not- und Sonderfälle bereitgestellt werden (vgl 4. Denkschr d ErbrA d AkDR 42 f).

II. Geltung des Anfallprinzips

Der Grundsatz der unmittelbaren gesetzlichen Gesamtnachfolge wird im § 1942 **4** noch einmal in Übereinstimmung mit § 1922 ausgesprochen und durch die Zubilligung eines Ausschlagungsrechts an die Erben ergänzt. Er findet nach § 1922 Abs 2 auch auf Erbteile Anwendung. Der entspr Grundsatz gilt auch für die Nacherbfolge (§§ 2139, 2142) und die Hoferbfolge (§ 11 HöfeO). Auch der Anspruch auf ein Vermächtnis wird vom Vermächtnisnehmer, unbeschadet des Ausschlagungsrechts, ohne sein Zutun erworben (§ 2176), ebenso der Erbersatzanspruch (vgl STAUDINGER/WERNER § 1934 b Rn 19). Auch der Pflichtteilsanspruch entsteht mit dem Erbfall (§ 2317 Abs 1); er ist aber nicht ausschlagbar, wird also endgültig erworben.

§ 1942
5, 6

5. Buch
2. Abschnitt. Rechtliche Stellung des Erben

1.   Zwingender Charakter des Anfallprinzips

5 Der unmittelbare Übergang kraft Gesetzes ist zwingenden Rechts. Irgendeine *Willensentscheidung* des Berufenen ist *unnötig*. Er erwirbt die Erbschaft ohne seinen Willen, nicht einmal Geschäftsfähigkeit ist erforderlich. Dennoch ist es zulässig, daß der Erblasser den Erwerb der Erbschaft durch den Bedachten von einer Annahmeerklärung abhängig macht (**aA** Staudinger/Lehmann[11] Rn 4; Palandt/Edenhofer Rn 1; MünchKomm/Leipold Rn 8, wonach eine solche Bestimmung unbeachtlich und der so Eingesetzte als Vollerbe zu behandeln sein soll). Denn diese Bestimmung verstößt weder gegen § 2065 (vgl Staudinger/Otte[12] § 2065 Rn 18) noch gegen den Grundsatz, daß jemand unmittelbar durch den Erbfall (§ 1922) Erbe werden muß, sondern betrifft die davon zu unterscheidende Frage, wer dies ist. Die Antwort folgt aus § 2105 Abs 1: Die gesetzlichen Erben werden Vorerben (BGB-RGRK/Johannsen Rn 1; Planck/Flad Vorbem II 2). § 2105 ist also auch dann anwendbar, wenn die vom Bedachten abzugebende Erklärung, an die der Erblasser die Einsetzung knüpft, darauf gerichtet ist, die Erbschaft erwerben oder behalten zu wollen (so wohl auch OLG Stuttgart OLGZ 1974, 67, 70). Da die von einer Annahmeerklärung des Bedachten abhängig gemachte Erbeinsetzung die Vorerbschaft des (oder der) gesetzlichen Erben zur Folge hätte, besteht aber Anlaß zu prüfen, ob der Erblasser dies wirklich in Kauf nehmen wollte oder ob seine Erklärung im Sinne eines – überflüssigen – „sofern er nicht ausschlägt" verstanden werden muß (vgl Soergel/Stein Rn 5). Bei der Auslegung können steuerrechtliche Gesichtspunkte sowie die Frage eine Rolle spielen, ob der Erblasser dem Bedachten eine über die Ausschlagungsfrist hinausgehende Bedenkzeit einräumen wollte. Letzteres wäre, da die gesetzliche Ausschlagungsfrist zwingend ist, jedoch vor dem Anfall des Erbes nicht zu laufen beginnt (§ 1944 Abs 2 S 1), nur bei Inkaufnahme von Vorerbschaft möglich.

2.   Landesrechtliche Ausnahmen vom unmittelbaren Erwerb

6 Landesrechtliche Ausnahmen vom Prinzip des sofortigen Übergangs kraft Gesetzes läßt Art 86 EGBGB zu. Nach dieser Bestimmung, die heute jedoch weitgehend aufgehoben ist (Rn 7), bleiben vom BGB unberührt die landesgesetzlichen Vorschriften, welche den Erwerb von Rechten durch juristische Personen beschränken oder von staatlichen Genehmigungen abhängig machen, soweit diese Vorschriften Gegenstände im Werte von mehr als 5.000,- DM betreffen, so zB Art 6 PrAGBGB. Der Anfall an die juristische Person erfolgt in diesen Fällen erst bei Erteilung der Genehmigung (Planck/Flad § 1944 Anm 4; Soergel/Stein Rn 6; wohl auch RGZ 76, 384 f); bis zu diesem Zeitpunkt ist die Erbschaft also herrenlos. Abweichend hiervon hat das KG (KGJ 40, 25; 50, 71 f) die Ansicht vertreten, der Anfall treffe auch hier mit dem Erbfall zusammen, sei also nicht durch die Erteilung der Genehmigung aufschiebend (so aber Crusen/Müller PrAGBGB 127 Anm 5 b, die zu Unrecht Vor- und Nacherbschaft annehmen), sondern durch deren Verweigerung, die in ihren Wirkungen einer Erbausschlagung gleichkomme, auflösend bedingt. Die hierfür gegebene Begründung, Art 86 S 2 EGBGB besage, daß auch die nach dem Erbfall erteilte Genehmigung als vor dem Erbfall erteilt gelte (KGJ 40, 25, 33 ff; MünchKomm/Leipold Rn 9), verkennt das Wesen von Fiktionen. Zu der Bedeutung dieses Streits für den Beginn der Ausschlagungsfrist vgl § 1944 Rn 16. Der bis zur Erteilung oder Verweigerung der Genehmigung bestehenden Schwebelage trägt Art 86 S 2 EGBGB durch zwei alternierende Fiktionen und die Verweisung auf § 2043 Rechnung. Im übrigen kommt bis zur Entscheidung über die Genehmigung Nachlaßsicherung nach § 1960 Abs 1 S 2 HS 1 in Betracht; KGJ 40, 25, 36 will § 1960 Abs 1 analog anwenden (vgl ferner RGZ 76, 384 f).

Art 86 EGBGB ist für *inländische* juristische Personen durch GesEinhG Teil II **7** Art 2 Abs 1 aufgehoben. Für Gesellschaften nach dem Recht eines EG-Staates mit Sitz *innerhalb der EG* sind den Erwerb beschränkende Gesetze nicht mehr anzuwenden; G v 2. 4. 1964 (BGBl I 248). Vgl im übrigen die Erl zu Art 86 EGBGB. Art 87 EGBGB (Weitergeltung landesrechtlicher Genehmigungsvorbehalte für Erwerb durch *Ordensangehörige)* ist durch GesEinhG Teil II Art 2 Abs 3 aufgehoben.

III. Folgerungen aus dem Vonselbsterwerb

1. Ablehnung der ruhenden Erbschaft

Soweit Vonselbsterwerb stattfindet, gibt es grundsätzlich keine *ruhende Erbschaft.* **8** Als ruhende Erbschaft *(hereditas iacens)* wird das Vermögen des Erblassers in einem Zeitraum der Herrenlosigkeit zwischen Erbfall und Erwerb durch den Erben bezeichnet. Mit der Geltung des Antrittserwerbs ist ein solcher Zeitraum notwendig verbunden, so im römischen Recht bei der Erbfolge der *extranei,* dh derjenigen Personen, die nicht durch den Tod des Erblassers gewaltfrei wurden. Gilt hingegen Vonselbsterwerb, so gibt es keine Zwischenzeit, so im römischen Recht bei der Erbfolge der *sui,* dh der Personen, die durch den Tod des Erblassers gewaltfrei wurden, also der Hauskinder, der *uxor in manu* und des unter gleichzeitiger Freilassung eingesetzten Sklaven (Kaser, Das Römische Privatrecht I² § 174 I 2; vLübtow II 647 f), und ebenso nach BGB. Mit dieser Zwischenzeit entfallen zugleich eine Reihe von Konstruktionsproblemen, nämlich solche, die sich bei der Gewährung rechtlichen Schutzes für vorübergehend als subjektlos zu denkende Rechte stellen, aber auch solche, die mit einer zwecks Vermeidung der Subjektlosigkeit vorgenommenen Erhebung der *hereditas iacens* selbst zur juristischen Person verbunden sind (über diese Konstruktionsprobleme, mit denen sich die Pandektenwissenschaft ausgiebig befaßt hat, vgl Windscheid/Kipp III § 531, insbes Fn 10 u 12; Wegmann 32 ff, 45 ff, 108 ff; vLübtow II 649 f).

2. Zeitpunkt des Anfalls

Der Anfall der Erbschaft trifft, abgesehen vom Fall der Nacherbschaft, mit dem **9** Erbfall zusammen. Kraft gesetzlicher Fiktionen gilt dies auch dann, wenn die Erbschaft infolge der Ausschlagung oder Erbunwürdigkeitserklärung des zunächst berufenen Erben dem danach Berufenen zufällt (§§ 1953 Abs 2, 2344 Abs 2). Dieser braucht daher nur den Tod des Erblassers, nicht aber den Zeitpunkt der Ausschlagung bzw Erbunwürdigkeitserklärung zu erleben. Auch beim *nasciturus* wird die Gleichzeitigkeit von Erbfall und Anfall der Erbschaft fingiert (§ 1923 Abs 2); in Wirklichkeit erfolgt hier der Anfall – und beginnt deshalb frühestens der Lauf der Ausschlagungsfrist – im Zeitpunkt der Geburt (Mot V 488; KG OLGE 14, 318; KGJ 34 A 79; Soergel/Stein Rn 6). Vor der Geburt gibt es also niemanden, dem der betreffende Erbteil zugeordnet ist (ähnlich im Fall des Art 86 EGBGB vor Erteilung oder Verweigerung der Genehmigung, vgl Rn 6). Diese Besonderheit ist jedoch mehr theoretischer und konstruktiver Natur (Mot V 488 f); jedenfalls hat der Gesetzgeber das Problem der ruhenden Erbschaft gesehen (Mot V 489 mwN) und durch Schaffung des

§ 1942   5. Buch

10–12   2. Abschnitt. Rechtliche Stellung des Erben

§ 1960 Abs 1 S 2 („unbekannt" ist auch der erst erzeugte Erbe, Mot V 443) entschärft. – Für Stiftungen gilt § 84; der Vorstand einer durch Erbeinsetzung errichteten Stiftung kann nicht ausschlagen (vgl KIPP/COING § 87 Fn 1). – Beim *Nacherben* erfolgt der Anfall erst mit dem Eintritt des Nacherbfalls (§ 2139) und wird nicht auf den Tod des Erblassers zurückbezogen.

IV. Vorläufigkeit des Erwerbs

10 Infolge der Ausschlagungsmöglichkeit ist der Erbschaftserwerb kein endgültiger, sondern ein vorläufiger. Der Erwerb kann durch die Ausübung des Ausschlagungsrechts rückgängig gemacht werden. Bis dahin besteht ein Schwebezustand. Wird die Erbschaft ausgeschlagen, so gilt der Anfall an den Ausgeschlagenen als nicht erfolgt (§ 1953 Abs 1). Die Ausschlagung hat also rückwirkende Kraft. Endgültig wird der Erwerb erst, wenn die Erbschaft angenommen oder die Ausschlagungsfrist ungenutzt verstrichen ist (§ 1943).

1. Konstruktive Natur des Vonselbsterwerbs

11 Die Entscheidung des BGB gegen den Antrittserwerb und für den Vonselbsterwerb ist trotz der in Rn 2 angeführten Gründe überwiegend konstruktiver Natur (Mot V 487), der Grundsatz des unmittelbaren Erwerbes der Erbschaft ist „ein mehr formaler" (Mot V 485; Prot V 633 f, 662; Begründung der KO-Novelle zum heutigen § 9 KO = HAHN, Die gesamten Materialien zu den Reichsjustizgesetzen VII [1898] 235). So behandelt das Gesetz die Ausschlagung einer Erbschaft zum Vorteil eines anderen *nicht* als *Schenkung* (§ 517) oder als Aufgabe eines bereits erworbenen Vermögenswertes (Begr der KO-Novelle aaO). Demzufolge kann die Ausschlagung *nicht* wegen Gläubigerbenachteiligung nach §§ 29 ff KO *angefochten* werden. Dasselbe gilt *außerhalb des Konkurses* (so richtig RGZ 54, 289), obwohl das AnfG keine ausdrückliche Bestimmung enthält.

Nicht anders zu beurteilen ist die Ausschlagung nach §§ 402 ff ZGB (DDR). Mit Recht hat daher KG DtZ 1993, 97 = Rpfleger 1993, 198 den Standpunkt eingenommen, daß der infolge der (politisch erzwungenen) Ausschlagung eingetretene Anfall der Erbschaft beim Nächstberufenen kein nach §§ 1 Abs 3, 3 Abs 1 VermG rückgängig zu machender Vermögenserwerb ist; dies hat zur Folge, daß die Anfechtung der Ausschlagung nicht durch das VermG ausgeschlossen ist. Unzutreffend geht demgegenüber FAHRENHORST (JR 1992, 269 f) davon aus, der endgültige Erbe habe einen Vermögenswert vom Ausschlagenden erhalten, so daß § 1 Abs 3 VermG einschlägig sei.

12 Eine wirksame Ausschlagung hat ferner zur Folge, daß der Erbanfall auch *steuerlich* als nicht erfolgt gilt (RFH RStBl 1936, 1218, 1220; BFH BB 1985 44 f; OSWALD DVerkStRdsch 1976, 52; MEINCKE, ErbStG⁹ § 3 Rn 16; EBENROTH Rn 336 f), u zw auch dann, wenn die Ausschlagung ausschließlich aus erbschaftsteuerrechtlichen Gründen erfolgt und wirtschaftlich folgenlos bleibt (der Erbeserbe schlägt die dem Erben angefallene Erbschaft aus und erhält sie als nächster gesetzlicher Erbe des Erblassers, hierzu § 1952 Rn 6); die Ausschlagung selbst ist kein steuerauslösender Vorgang; vielmehr unterliegt derjenige, dem die Erbschaft gem § 1953 Abs 2 anstelle des Ausschlagenden anfällt, der Erbschaftsteuer nach seinem Verhältnis zum Erblasser (TROLL BB 1988, 2154). Zur steuerrechtlichen Situation bei einer (zB wegen Hinzufügung einer Bedingung, § 1947) unwirksamen Ausschlagung, die von den Beteiligten als wirksam behandelt wird, vgl KAPP BB 1980, 118 f.

2. Schutz des Erben bis zur Annahme

Während der Ausschlagungsfrist schützt das Gesetz den Erben vor der Inanspruch- **13** nahme durch Nachlaßgläubiger und vor der drohenden Verjährung von Nachlaßforderungen. Nach § 1958 kann ein Anspruch, der sich gegen den Nachlaß richtet, gegen den vorläufigen Erben nicht geltend gemacht werden (nach RGZ 60, 179 auch kein Arrestbefehl). Nach § 239 Abs 5 ZPO ist der Erbe vor Annahme der Erbschaft zur Fortsetzung des vom oder gegen den Erblasser angestrengten Rechtsstreits nicht verpflichtet. Nach § 207 wird die Verjährung eines Anspruchs, der zu einem Nachlaß gehört oder sich gegen einen Nachlaß richtet, nicht vor dem Ablauf von sechs Monaten nach der Annahme der Erbschaft vollendet. Nach § 1995 Abs 2 beginnt der Lauf der dem vorläufigen Erben etwa gesetzten Inventarfrist nicht vor Annahme der Erbschaft. Nach § 778 ZPO kann die Zwangsvollstreckung wegen einer Nachlaßverbindlichkeit vor Annahme der Erbschaft nur gegen den Nachlaß gerichtet werden, niemals aber gegen das Eigenvermögen des Erben (vgl REICHEL, in: FS Thon 39 ff, 59 ff).

V. Persönlicher Charakter des Ausschlagungsrechts

Das Ausschlagungsrecht ist ein unselbständiges, an die Erbenstellung gebundenes **14** Gestaltungsrecht und als solches zwar vererblich (§ 1952), aber nicht übertragbar (unstr, vgl nur ERMAN/SCHLÜTER § 1952 Rn 1; SOERGEL/STEIN § 1952 Rn 1). Es geht nicht auf einen Erbteilserwerber (§ 2033) über, da dieser nicht in die Erbenstellung als solche einrückt. Aufgrund seiner Unübertragbarkeit und weil infolge der Bindung an die Erbenstellung seine Ausübung nicht einem anderen überlassen werden kann, ist es auch nicht pfändbar (§ 857 Abs 3 ZPO). Verzicht auf das Ausschlagungsrecht ist vom Erbfall an (§ 1946) möglich und bedeutet die Annahme der Erbschaft. Bzgl einer Verpflichtung zur Ausschlagung vgl § 1945 Rn 25.

Wegen der besonderen Beziehungen des Erben zum Erblasser und zu den evtl neben **15** ihm wie auch zu den im Falle der Ausschlagung nach ihm zur Erbschaft Berufenen hat es eine stark persönliche Note (vgl KIPP/COING § 87 V; HAHN, Die gesamten Materialien zu den Reichsjustizgesetzen VII 235). Daher bedarf ein *Ehegatte* in allen Güterständen zur Ausschlagung nicht der Zustimmung des anderen Ehegatten (SOERGEL/LANGE § 1365 Rn 49; §§ 1432, 1455 Nr 1; in demselben Sinne schon der frühere § 1406 Nr 1). Daß die *Eltern* und der *Vormund* der Genehmigung des Vormundschaftsgerichts bedürfen (§§ 1643, 1822 Nr 2), rechtfertigt sich aus der praktischen Tragweite des Geschäfts für Kind und Mündel. Die Annahme oder Ausschlagung einer vor dem *Konkurs* dem Gemeinschuldner angefallenen Erbschaft steht nur diesem zu (§ 9 KO). Auch der *Gläubiger*, dem der Erbteil verpfändet ist oder der ihn wegen einer Eigenverbindlichkeit des Erben gepfändet hat (wegen einer Nachlaßverbindlichkeit ist die Zwangsvollstreckung gegen den Erben vor der Annahme ohnehin unzulässig, § 778 Abs 1 ZPO), kann über Annahme oder Ausschlagung nicht entscheiden; der Erbe kann daher noch wirksam ausschlagen (vgl zur Ausschlagung des gepfändeten Vermächtnisses STAUDINGER/OTTE[12] § 2180 Rn 3). Die *Vermögensbeschlagnahme* nach § 443 StPO (früher § 433) hindert die Ausschlagung ebenfalls nicht (OLG Stuttgart RJA 14,6; OPPLER DJZ 1911, 975).

Auch der *Sozialhilfeträger*, der einen Pflichtteilsanspruch auf sich *übergeleitet* hat, **16**

§ 1942, 17
§ 1943, 1, 2

5. Buch
2. Abschnitt. Rechtliche Stellung des Erben

kann das Ausschlagungsrecht, das im Falle des § 2306 Abs 1 S 2 ihm zugute käme, nicht ausüben (iE ebenso KARPEN MittRhNotK 1988, 149; KRAMPE AcP 191, 531; KUCHINKE FamRZ 1992, 363, jeweils mit der Begründung, das Ausschlagungsrecht sei als Gestaltungsrecht kein überleitbarer Anspruch iS v § 90 I BSHG; ferner PIEROTH NJW 1993, 177 f [mit mE hier unnötigen verfassungsrechtlichen Argumenten]; aA VAN DE LOO NJW 1990, 2856, der das Ausschlagungsrecht als Annexrecht des Pflichtteilsrechts nach §§ 412, 401 übergehen lassen will, aber die gesetzliche Wertung des Ausschlagungsrechts in §§ 517, 1432, 1455 Nr. 1 und § 9 KO nicht berücksichtigt; gegen ihn mit Recht KRAMPE aaO 532 f). Ebensowenig kann der Sozialhilfeträger, der die Zugriffsmöglichkeit auf eine dem Sozialhilfeempfänger angefallene Erbschaft erhalten möchte, die Ausschlagung verhindern (zutr LINDE BWNotZ 1988, 57 f). Eine andere Frage ist, wie sich das Ausschlagungsrecht und die Ausschlagung selbst angesichts des Nachrangprinzips (§ 2 Abs 1 BSHG) auf den Sozialhilfeanspruch auswirken (dazu VGH Baden-Württemberg v 8. 12. 1989 – 6 S 2339/89 u KRAMPE 533 f).

VI. Kein Ausschlagungsrecht des Fiskus

17 Dem Fiskus ist, soweit er nach § 1936 gesetzlicher Erbe ist, das Ausschlagungsrecht versagt, um eine Herrenlosigkeit des Nachlasses zu verhüten und namentlich im Interesse der Nachlaßgläubiger ein Organ zu schaffen, das die Erbangelegenheiten in letzter Reihe regelt (vgl KÜNTZEL Gruchot 41, 583, 585). Als letztwillig eingesetzter Erbe kann der Fiskus natürlich ausschlagen. Nachteiligen Folgen, die sich aus der notwendigen Erbenstellung des Fiskus ergeben, beugen die §§ 1966, 2011 und § 780 Abs 2 ZPO vor (vgl auch Mot V 380).

§ 1943

Der Erbe kann die Erbschaft nicht mehr ausschlagen, wenn er sie angenommen hat oder wenn die für die Ausschlagung vorgeschriebene Frist verstrichen ist; mit dem Ablaufe der Frist gilt die Erbschaft als angenommen.

Materialien: E I § 2029; II § 1820; III § 1919;
Mot V 494 ff; Prot V 618 ff, VI 336 ff; D 721.

I. Allgemeines

1 Der Erwerb der Erbschaft ist, wie aus § 1942 hervorgeht, ein vorläufiger, der durch Ausschlagung rückgängig gemacht werden kann. § 1943 bestimmt, wann das Ausschlagungsrecht erlischt und wann sich der vorläufige Erwerb in einen endgültigen umwandelt. Das Recht, die Erbschaft auszuschlagen, geht verloren durch Annahme der Erbschaft und durch Fristversäumnis, die als Annahme gilt.

II. Erbschaftsannahme

2 Die Annahme ist möglich, sobald der Erbfall eingetreten ist, § 1946. Sie kann sowohl ausdrücklich als auch stillschweigend erfolgen. In den Motiven wird sie durchweg als

Willenserklärung bezeichnet (Mot V 495, 497, 510). An dieser dogmatischen Einordnung auch der stillschweigenden Annahme *(pro herede gestio)* ist mangels gegenteiliger Anhaltspunkte im Gesetzeswortlaut festzuhalten (ebenso POHL AcP 177, 52, 56 f; BGB-RGRK/JOHANNSEN Rn 3; ERMAN/SCHLÜTER Rn 2, 4; ENNECCERUS/NIPPERDEY § 145 II A 3 und Fn 16 mwN, auch zur aM). Für die Annahme gelten also vorbehaltlich der §§ 1943 ff die allgemeinen Vorschriften des BGB über Rechtsgeschäfte und Willenserklärungen.

1. Form der Annahme

Das Gesetz führt nicht näher aus, wie und wem gegenüber die Annahme zu erfolgen **3**
hat. Daraus wird gefolgert, daß die Annahme an keine Form gebunden und nicht empfangsbedürftig ist (allg M, vgl SOERGEL/STEIN Rn 2; **aA** in bezug auf die Empfangsbedürftigkeit der ausdrücklichen Annahme POHL 55; vgl auch LANGE/KUCHINKE § 8 II 2 Fn 19). Daß die Annahme nicht empfangsbedürftig sein kann, ergibt sich auch daraus, daß sie gegenüber jedermann wirkt, sicher jedoch nicht gegenüber jedermann erklärt zu werden braucht, so daß nicht einzusehen ist, warum sie dann überhaupt gegenüber irgend jemand erklärt werden müßte (denn das Vertrauen dieser Person würde ohne sachlichen Grund mehr geschützt als das Vertrauen aller anderen). Dies soll jedoch nicht heißen, daß der vorläufige Erbe keine *kraft seines Willens empfangsbedürftige* (Umkehrung des § 151!) Annahmeerklärung etwa in der Weise abgeben könnte, daß er sie von sich aus an eine bestimmte Person richtet. Nur in diesem Falle kann er seine Erklärung, solange sie nicht zugegangen ist, nach § 130 Abs 1 S 2 widerrufen (vgl PLANCK/FLAD Anm 3, 5; BGB-RGRK/JOHANNSEN Rn 5; ERMAN/SCHLÜTER Rn 2; Münch-Komm/LEIPOLD Rn 10).

Dem Vorstehenden entspricht nicht völlig, aber weitgehend die Ansicht MANIGKS (Das rechtswirk- **4**
same Verhalten 389 ff), daß die Erbschaft auf dreifache Art endgültig erworben werden könne: (a) durch bloße Betätigung des Annahmewillens („Willensgeschäft" iS MANIGKS), (b) durch eine Annahmeerklärung gegenüber einem Beteiligten, (c) durch Fristversäumnis. Die Besonderheit der Alternative (a) ist *zunächst* eine terminologische, insofern MANIGK vieles, was die hM als nicht-empfangsbedürftige Willenserklärung bezeichnet, Willensgeschäft nennt (§§ 17 ff, bes S 356 ff); eine sachliche ist sie, insofern MANIGK bei „Willensgeschäften" etwaige Willensmängel abweichend von den allgemeinen Regeln der Rechtsgeschäftslehre beurteilen will (358, 390; danach soll stets das subjektiv Gewollte gelten; hiergegen zu Recht ENNECCERUS/NIPPERDEY aaO; vgl auch unten Rn 7 und § 1954 Rn 4).

2. Inhalt der Annahme

Inhaltlich bedeutet die Annahme einer Erbschaft den Verzicht auf das Ausschla- **5**
gungsrecht (Mot V 495). Erforderlich ist eine Erklärung des vorläufigen Erben mit dem Inhalt, Erbe sein und bleiben zu wollen (ähnlich E I § 2029; PALANDT/EDENHOFER § 1943 Rn 2). Dies gilt nicht nur hinsichtlich der ausdrücklich erklärten Annahme, sondern auch für die *pro herede gestio:* Der Gesetzgeber hat sich von der Auffassung, „daß der Erbe, welcher sich in die Erbschaft einmische, gewissermaßen zur Strafe das Ausschlagungsrecht verlieren" solle, bewußt distanziert und die *pro herede gestio* als „stillschweigende Willenserklärung" behandelt (Mot aaO). Stets muß also ein Verhalten des vorläufigen Erben vorliegen, aus dem auf einen Annahmewillen geschlossen werden kann (RG DJZ 1912, 1185).

Gerhard Otte

§ 1943
6—8

5. Buch
2. Abschnitt. Rechtliche Stellung des Erben

6 Obwohl die Annahme von Gesetzes wegen nicht empfangsbedürftig ist und infolgedessen gegenüber jedermann erklärt werden kann, wird man Erklärungen, die der vorläufige Erbe gegenüber einem Unbeteiligten abgibt, nur mit Vorsicht als Ausdruck eines Annahmewillens werten dürfen (Planck/Flad Anm 3; Erman/Schlüter Rn 2; BGB-RGRK/Johannsen Rn 4). Als Beteiligte kommen in Frage zB Miterben, Nachlaßschuldner und -gläubiger, insbes Vermächtnisnehmer und Pflichtteilsberechtigte, Auflagebegünstigte. Annahme durch Zeitungsanzeige ist möglich (Planck/ Flad Anm 3; Palandt/Edenhofer Rn 2; BGB-RGRK/Johannsen Rn 3), erst recht die Annahme durch Erklärung gegenüber dem Nachlaßgericht (Palandt/Edenhofer Rn 2; BGB-RGRK/Johannsen Rn 4; aA Binder I 103; dagegen mit Recht Planck/Flad Anm 3 mwN).

3. Annahme durch schlüssiges Verhalten

7 *Auslegungsschwierigkeiten* bereitet die Annahme durch schlüssiges Verhalten, die *pro herede gestio*. Kritisch sind die Fälle, wo der vorläufige Erbe Handlungen vornimmt, die der Sicherung oder Erhaltung des Nachlasses dienen. Solche Handlungen können sich als Annahme darstellen (Mot V 497; BGB-RGRK/Johannsen Rn 9), sind es jedoch nicht ohne weiteres (Mot aaO; D 722). Als entscheidend sah der Gesetzgeber an, „ob der Wille, Erbe zu sein, der Handlung zu entnehmen ist" (Mot aaO). Ob dieser Wille wirklich subjektiv vorhanden sein muß, ist streitig; nach Manigk (vgl Rn 4) soll der Tatbestand der *pro herede gestio* einen subjektiven Annahmewillen voraussetzen. Die Ansicht Manigks findet im Gesetz jedoch keine Stütze; auch § 1949 Abs 1 drückt keinen allgemeinen Grundsatz des Inhalts aus, daß Willensmängel (bzw Motivmängel) bereits den Tatbestand der Annahme ausschließen, sondern stellt nur die wirkliche Annahme der in § 1943 aE für den Fristablauf fingierten insoweit gleich, als in beiden Fällen einheitlich verlangt wird, daß der Erbe den Berufungsgrund kennt (eine weitere Gleichstellung bringt § 1956). Im übrigen sagt das Gesetz selbst in § 1954 Abs 1, daß die Annahme – also auch die *pro herede gestio* – anfechtbar sein kann (auch wegen Irrtums, Prot V 631); und § 122 Abs 1, der eine erfolgreiche Anfechtung voraussetzt, findet nach seinem Wortlaut auch dann Anwendung, wenn Gegenstand der Anfechtung eine Willenserklärung ist, die nicht „einem anderen gegenüber abzugeben war". Hiermit ist die Ansicht Manigks, nicht an eine bestimmte Person gerichtete Willensbetätigungen seien keine Willenserklärungen und deshalb nur nach Maßgabe des wirklich Gewollten zu beurteilen, schwer zu vereinbaren. Es ist deshalb der hM zuzustimmen, die auf die *pro herede gestio* die allgemeinen Vorschriften des BGB über Auslegung von Willenserklärungen sowie über Willensmängel unter Berücksichtigung der in §§ 1949, 1954 ff enthaltenen Besonderheiten anwendet (BGB-RGRK/Johannsen Rn 9; Planck/Flad Anm 4 aE; Palandt/Edenhofer Rn 2; Kipp/Coing § 87 III 2).

8 Ob eine Annahme durch *pro herede gestio* vorliegt, hängt also vom *objektiven Erklärungswert* des fraglichen Verhaltens ab. Bei der Auslegung sollte jedoch beachtet werden, daß eine Tendenz zu großzügiger Deutung iS schlüssiger Annahme die Fürsorgebereitschaft des vorläufigen Erben mindern würde (Erman/Schlüter Rn 3). Da eine gewisse Fürsorge für den Nachlaß oft unerläßlich ist und das Gesetz den vorläufigen Erben an ihr nicht hindern will (§ 1959), wird man eine Maßnahme des vorläufigen Erben, die den Nachlaß bloß sichert oder in seinem Bestand erhält, idR nicht als Ausdruck des Willens, die Erbschaft behalten zu wollen, deuten dürfen

(OLG Celle OLGZ 1965, 30; OLG Köln OLGZ 1980, 235; MünchKomm/LEIPOLD Rn 5; SOERGEL/
STEIN Rn 4), also nicht zB die Verfügung über einzelne Nachlaßgegenstände (vgl
§ 1959 Abs 2) oder die Geltendmachung von Nachlaßforderungen oder die Fortfüh-
rung des Geschäfts, wenn diese Handlungen als Besorgung erbschaftlicher
Geschäfte iSd § 1959 angesehen werden können (RG DJZ 1909, 1329; 1912, 1185; Bay-
ObLG SeuffA 58 Nr 173; BayObLGZ 4, 60).

4. Einzelfälle

Nicht ohne weiteres Annahme bedeuten: Antrag auf Testamentseröffnung oder auf **9**
Bestellung eines Testamentsvollstreckers (OLG Celle OLGZ 1965, 30); Antrag auf
Nachlaßverwaltung (KGJ 31 A 73; 38 A 51; LANGE/KUCHINKE § 8 II 3 Fn 30; aA JOSEF ZZP 44,
478, wonach ein Antrag an das Nachlaßgericht idR Annahme ist); Angaben zum Nachlaß auf
Anforderung des Nachlaßgerichts (OLG Köln OLGZ 1980, 235); Kontensperrung (OLG
Celle OLGZ 1965, 30); Unterlassen eines Widerspruchs gegen ein vom Nachlaßrichter
rechtsirrtümlich abgefaßtes Protokoll (BayObLGZ 12, 35; SOERGEL/STEIN Rn 5); Ergreifung des Besitzes am Nachlaß und Auflösung des Haushalts durch den Erben, wenn
dieser zugleich Testamentsvollstrecker ist (OLG Hamburg HansGZ 1906 B 114 = SeuffA 62
Nr 2); Fortführung des Handelsgeschäfts unter der bisherigen Firma bei Eintragung
des Erben in das Handelsregister, wenn letztere erforderlich ist, um gleichzeitig die
verschärfte Schuldenhaftung des vielleicht später annehmenden Erben aus § 27
Abs 1 HGB entspr § 25 Abs 2 HGB auszuschließen (PALANDT/EDENHOFER Rn 3). Das
RG hat (Urt v 28. 11. 1921 – VI 437/21) sogar die Verfügung über alle Nachlaßgegenstände nicht als Erbschaftsannahme angesehen, weil sie nur erfolgte, um dem Erben
die Mittel zur Bestattung des Erblassers zu verschaffen. Handlungen, die erkennbar
nur aus Pietät gegen den Erblasser vorgenommen werden, zB Zahlung bedenklicher
Schulden, bedeuten noch keine Annahme (ebenso, allerdings ohne die Erkennbar-
keit dieses Motivs zu fordern, OLG Königsberg SeuffA 64 Nr 153). Nach OLG Königsberg (aaO) soll in der Verfügung über Nachlaßgegenstände (zB in der Einziehung
einer Lebensversicherung oder von Sterbekassengeldern) keine Annahme liegen,
falls der Erbe glaubt, diese Gegenstände gehörten nicht zum Nachlaß. Dem kann für
solche Fälle, in denen der Irrtum des Erben für Dritte nicht erkennbar ist, nicht
zugestimmt werden; hier liegt eine, allerdings nach §§ 119 Abs 1, 1954 ff anfechtbare, *pro herede gestio* vor (ebenso SOERGEL/STEIN Rn 5 Fn 21).

Regelmäßig Annahme bedeuten: Erlaß einer Erbschaftsschuld oder Antrag auf Ertei- **10**
lung eines Erbscheines nach §§ 2353 ff (KGJ 38 A 51; KG OLGE 14, 309; 38, 263; OLG
Colmar KGJ 53, 250; s aber auch RG ZBlFG 1910, 763 Nr 677 zum Antrag eines gleichzeitig gesetzlich berufenen Testamentserben); Erhebung des Erbschaftsanspruchs aus § 2018; Prozeßaufnahme nach § 239 ZPO und Einlassung auf einen Prozeß im Falle des § 1958
(PALANDT/EDENHOFER Rn 3); Annahme oder Ausschlagung einer dem Erblasser angefallenen Erbschaft (vgl § 1952 Rn 2); Verkauf der Erbschaft (§ 2371, BayObLG Recht 1906
Nr 2515; OLG Kiel SchlHAnz 1914, 37); Verfügung des Miterben über seinen Anteil am
ungeteilten Nachlaß (§ 2033); Verfügung über den Erbteil durch Verpfändung (RGZ
80, 385); ein – wenn auch formungültiger – Erbverzicht zugunsten eines Miterben
(OLG Kiel OLGE 40, 104); Antrag auf Erlaß eines Gläubigeraufgebotes (ERMAN/SCHLÜ-
TER Rn 3; SOERGEL/STEIN Rn 5; aA Mot V 644); Verwendung von Nachlaßgegenständen für
eigene Zwecke (RG DJZ 1912, 1185; ERMAN/SCHLÜTER aaO); Antrag auf Berichtigung des
Grundbuchs durch eigene Eintragung (LANGE/KUCHINKE § 8 II 3); Verhandlungen mit

§ 1943
11, 12

5. Buch
2. Abschnitt. Rechtliche Stellung des Erben

einer Versicherungsgesellschaft, die ihre Zahlungspflicht nur dem Erben gegenüber anerkennt (KG OLGE 16, 40); Aneignung und Veräußerung wertvoller Schmucksachen und Kleidungsstücke (RG Recht 1909 Nr 2808); Veräußerung eines Gesellschaftsanteils des Erblassers (BayObLG FamRZ 1988, 214); nach JOHANNSEN (WM 1972, 918) auch Einreichung eines Nachlaßverzeichnisses. Annahme liegt auch vor, wenn in einem durch den Tod des Erblassers unterbrochenen Rechtsstreit der Gegner die Erben zum Nachweis ihres Erbrechts und zu Vergleichsverhandlungen auffordert, ein Erbe daraufhin selbst Vergleichsvorschläge macht, aber sich seinen endgültigen Entschluß über die Annahme der Erbschaft hierbei nicht ausdrücklich vorbehält (OLG Stettin LZ 1929, 278; SOERGEL/STEIN Rn 5).

5. Vertretung bei der Annahme

11 Die Annahme ist *nicht höchstpersönlich* (LG Berlin DFG 1942, 136; AK/DERLEDER Rn 3), die §§ 164 ff finden also Anwendung. Die Bevollmächtigung zur Annahme bedarf keiner Form. – Ein *beschränkt Geschäftsfähiger* kann, da die Annahme ihm nicht lediglich rechtliche Vorteile bringt, nur mit Einwilligung seines gesetzlichen Vertreters annehmen, § 107. Als einseitiges Rechtsgeschäft ist die Annahme nicht genehmigungsfähig, § 111 (PALANDT/EDENHOFER Rn 4). Verfügt der Minderjährige in einer Weise über Nachlaßgegenstände, die an sich die Voraussetzung der *pro herede gestio* erfüllen würde, und genehmigt sein gesetzlicher Vertreter diese Verfügung, so wird sich die Genehmigung idR als *pro herede gestio* durch den gesetzlichen Vertreter darstellen, wegen § 111 aber nicht zugleich als wirksame Genehmigung der *pro herede gestio* des Minderjährigen und daher keine Rückwirkung haben (aA STAUDINGER/LEHMANN[11] Rn 7; PLANCK/FLAD Anm 4; wie hier BGB-RGRK/JOHANNSEN Rn 10; MünchKomm/LEIPOLD Rn 7). Um die Erbschaft für Geschäftsunfähige oder beschränkt Geschäftsfähige anzunehmen, bedarf der gesetzliche Vertreter nicht der Einwilligung des Vormundschaftsgerichts (ERMAN/SCHLÜTER Rn 4); anders bei der Ausschlagung (§§ 1643 Abs 2, 1822 Nr 2).

12 Nach KG (RJA 14, 115; OLGE 32, 13) hat für den Minderjährigen der allgemeine gesetzliche Vertreter anzunehmen oder auszuschlagen, auch wenn zur Verwaltung des zugewandten Vermögens ein *Ergänzungspfleger* nach § 1909 Abs 1 S 2 bestellt ist. Ein Ergänzungspfleger nach § 1909 Abs 1 S 1 kommt nicht in Betracht, weil die Annahme einer Erbschaft für den Vertretenen kein Geschäft zwischen ihm und dem Verteter oder einer der in § 1795 Abs 1 Nr 1 genannten Personen sein kann. Ein *Abwesenheitspfleger* (§ 1911) kann für den Abwesenden die Erbschaft annehmen (KG OLGE 21, 349 f), auch im Falle einer bloßen Auseinandersetzungspflegschaft nach § 88 FGG (OLG Colmar RJA 16, 63 = OLGE 39, 11). Dasselbe gilt für den *Betreuer* im Rahmen seines Aufgabenkreises, §§ 1892, 1902 (ERMAN/SCHLÜTER Rn 4). Ob der *Pfleger einer Leibesfrucht* (§ 1912) die Annahme erklären kann, hängt, da sein Amt mit der Geburt des Kindes endet, davon ab, ob die Annahme schon zuvor erklärt werden kann (hierzu § 1946 Rn 5). *Testamentsvollstrecker* und *Nachlaßpfleger* sind nicht zur Annahme berechtigt (KG OLGE 21, 349). Sie sind nur zur Vertretung des Nachlasses und nicht des vorläufigen Erben befugt (RGZ 106, 47). Gleiches gilt für den *Konkursverwalter* (vgl § 9 KO). Auch *Pfandgläubiger* und *Sozialhilfeträger* können nicht für den Erben annehmen (s o § 1942 Rn 15 f). Ein *Ehegatte* kann ohne Mitwirkung des anderen Ehegatten eine ihm angefallene Erbschaft annehmen oder ausschlagen

(SOERGEL/LANGE § 1365 Rn 48; §§ 1432, 1455 Nr 1); die Ehefrau bedurfte auch früher schon nicht der Zustimmung ihres Mannes (§ 1406 Nr 1 aF).

III.   Annahme durch Fristablauf

Wenn die für die Ausschlagung vorgeschriebene Frist verstrichen ist, „gilt" die Erb- **13** schaft als angenommen. Streitig ist, ob Basis dieser Fiktion lediglich die objektive Tatsache des Fristablaufs ist (so zu Recht POHL AcP 177, 52, 59; MünchKomm/LEIPOLD Rn 6; vgl ferner Prot V 632, wo allerdings der Ablauf der Ausschlagungsfrist fälschlich als *pro herede gestio* bezeichnet wird) oder ob es sich um eine gesetzliche Auslegungsregel für rechtsgeschäftliches Verhalten handelt (so MANIGK 250, 391). Da jedoch die Ausschlagungsfrist des § 1944 für einen geschäftsunfähigen oder beschränkt geschäftsfähigen Erben nicht läuft, bevor der gesetzliche Vertreter oder Vormund die in § 1944 Abs 3 S 1 vorausgesetzte Kenntnis erlangt hat (vgl dort Rn 14), und die Fristversäumung nach § 1956 in gleicher Weise wie die wirklich erklärte Annahme angefochten werden kann, hat die Streitfrage praktische Bedeutung nur bei fehlendem Erklärungsbewußtsein, sofern man dieses als notwendiges Element einer Willenserklärung ansieht: Folgte man in solchen Fällen MANIGKS Ansicht, so brauchte ein Erbe, der die Ausschlagungsfrist verstreichen ließ, jedoch nicht Erbe bleiben will, die Fristversäumnis nicht anzufechten und würde einer Haftung aus § 122 nicht ausgesetzt sein.

IV.   Als Annahme gilt schließlich auch die **Anfechtung der Ausschlagung**, § 1957.   **14**

V.   Beweislast

Da die Erbschaft von selbst erworben wird, braucht der berufene Erbe die Annahme **15** nicht besonders nachzuweisen, wenn er einen zur Erbschaft gehörigen Anspruch geltend macht (BAUMGÄRTEL/STRIEDER Rn 1). Anders nur, wo das Gesetz die Annahme zur Voraussetzung eines Rechtes macht. So kann der Erbe nach § 991 Abs 3 ZPO den Antrag auf Erlaß des Aufgebots der Nachlaßgläubiger erst nach der Annahme der Erbschaft stellen. Nach § 2357 Abs 3 S 1 muß der Miterbe, wenn er einen gemeinschaftlichen Erbschein verlangt, zwar nicht seine eigene Annahme nachweisen (sie liegt schon in der Antragstellung), wohl aber die der Miterben (OLG München DNotZ 1937, 64 f; FIRSCHING DNotZ 1960, 569; BAUMGÄRTEL/STRIEDER § 2357 Rn 2). Der Nachlaßgläubiger, der einen gegen den Nachlaß gerichteten Anspruch gegen den Erben verfolgen (§ 1958) oder einen Rechtsstreit gegen ihn fortsetzen (§ 239 ZPO) oder die Zwangsvollstreckung gegen ihn betreiben will (§ 778 ZPO), muß die Annahme nachweisen. Will er sich hierfür auf den Ablauf der Ausschlagungsfrist stützen, muß er beweisen, daß die Frist nach § 1944 Abs 2 abgelaufen ist, praktisch also den Zeitpunkt der Kenntnis des Erben vom Anfall und seiner Berufung. Sache des Erben ist es dann, die Ausschlagung vor Fristablauf darzutun (PLANCK/FLAD Anm 7; BGB-RGRK/ JOHANNSEN Rn 15).

     Gerhard Otte

§ 1944

[1] Die Ausschlagung kann nur binnen sechs Wochen erfolgen.

[2] Die Frist beginnt mit dem Zeitpunkt, in welchem der Erbe von dem Anfall und dem Grunde der Berufung Kenntnis erlangt. Ist der Erbe durch Verfügung von Todes wegen berufen, so beginnt die Frist nicht vor der Verkündung der Verfügung. Auf den Lauf der Frist finden die für die Verjährung geltenden Vorschriften der §§ 203, 206 entsprechende Anwendung.

[3] Die Frist beträgt sechs Monate, wenn der Erblasser seinen letzten Wohnsitz nur im Auslande gehabt hat oder wenn sich der Erbe bei dem Beginne der Frist im Ausland aufhält.

Materialien: E I § 2030; II § 1821; III § 1920;
Mot V 497 ff; Prot V 620 ff; D 721.

Systematische Übersicht

Alphabetische Übersicht

I. Allgemeines

Das *Ausschlagungsrecht* ist im BGB wie in allen Rechtsordnungen, die den Von- **1** selbsterwerb (§ 1942) kennen, befristet. (In Rechtsordnungen, die vom Antrittser- werb [s o § 1942 Rn 2] ausgehen, hat die Ausschlagung eine andere Bedeutung, nämlich die eines Verzichts auf das Antrittsrecht oder auch nur einer Weigerung, die Nach- laßverbindlichkeiten zu erfüllen, so daß Ausschlagungsfristen entbehrlich sind, vgl EBENROTH Rn 383 ff.) Die Ausschlagung muß bis zum Ablauf einer bestimmten Frist, die zur Unterrichtung und Überlegung dienen soll, erfolgen. Die Regelung ent- spricht im wesentlichen der des ALR (I 9 §§ 384 ff). Eine vom Gericht zu setzende Deliberationsfrist, wie sie das gemeine Recht als Antrittsfrist vorsah, ist dem BGB unbekannt.

II. Bedeutung der Frist

Die Frist ist, wie sich aus den Worten „kann nur" ergibt, eine gesetzliche *Ausschluß-* **2** *frist* (Präklusivfrist), mit deren Ablauf ohne weiteres und für alle Beteiligten die Rechtsfolge eintritt, daß die Erbschaft als angenommen gilt. Das Wort „binnen" bedeutet nicht, daß die Ausschlagung nicht schon vor Fristbeginn erklärt werden kann – sie ist vom Erbfall an möglich (§ 1946) –, sondern nur, daß sie nach Ablauf der Frist ausgeschlossen ist. Eine Verlängerung oder Verkürzung der Frist kann weder durch den Erblasser noch durch das Nachlaßgericht erfolgen; sie wäre unwirk- sam (Mot V 501). Wohl aber kann der Erblasser den *Erben unter der Bedingung der Annahme innerhalb einer (längeren oder kürzeren)* Frist einsetzen. Dann läuft für den Erben allerdings überhaupt keine Ausschlagungsfrist, da die Erbschaft erst mit dem Eintritt der aufschiebenden Bedingung, also mit der Annahme, anfällt und diese die Ausschlagung ausschließt (wie hier ERMAN/SCHLÜTER Rn 2; AK/DERLEDER Rn 2; SOERGEL/STEIN Rn 19 will bei verkürzter Annahmefrist von einer auflösend bedingten Erbenstel- lung ausgehen; LANGE/KUCHINKE § 8 III 2 Fn 61 hält, ohne auf die Möglichkeit bedingter Erbeinsetzungen einzugehen, Fristveränderungen durch den Erblasser für unzulässig; zur Rechts- lage, falls die Erbenstellung durch die Annahme bedingt ist, vgl i ü § 1942 Rn 5).

III. Dauer der Frist

3 Die Dauer der Ausschlagungsfrist beträgt regelmäßig *sechs Wochen,* Abs 1, falls aber der Erblasser seinen letzten Wohnsitz nur im *Ausland* gehabt hat oder der Erbe sich bei Fristbeginn im Ausland aufhält, *sechs Monate,* Abs 3. Auch die DDR war, unabhängig von der staatsrechtlichen Lage, in diesem Sinne Ausland (AG Bleckede MDR 1968, 588; LANGE/KUCHINKE § 8 III 2; PALANDT/EDENHOFER Rn 10; SOERGEL/STEIN Rn 5; ERMAN/SCHLÜTER Rn 2; MünchKomm/LEIPOLD Rn 22; aM BGB-RGRK/JOHANNSEN Rn 25 und STAUDINGER/LEHMANN[11] Rn 4). Abs 3 will nämlich den Kommunikationsproblemen und den sich aus der Verschiedenheit der Rechtsordnungen ergebenden Entscheidungsschwierigkeiten Rechnung tragen, die auftreten können, wenn Erblasser oder Erbe durch Grenzen vom Sitz des Rechtsverhältnisses getrennt sind. Diese Situation bestand aber, und zwar schon vor der Ablösung des BGB-Erbrechts durch das ZGB, auch hinsichtlich der DDR.

4 Die Vorschrift des Abs 3 gilt nur für den *im Ausland wohnenden* Erblasser (er wird unabhängig vom Wohnsitz nach Art 25 Abs 1 EGBGB aufgrund seiner Staatsangehörigkeit oder nach Art 25 Abs 2 infolge Rechtswahl nach deutschem Recht beerbt). Sie ist unanwendbar, wenn der Erblasser auch im Inland einen Wohnsitz hatte (Doppelwohnsitz, § 7 Abs 2) oder sich im Ausland lediglich aufhielt. Gleichgültig ist der Sterbeort (SOERGEL/STEIN Rn 4; MünchKomm/LEIPOLD Rn 23; BayObLGZ 18 A 301).

5 Beim *Erben* kommt es dagegen nicht auf den Wohnsitz, sondern auf den *Aufenthalt* im Ausland an, u zw nicht zur Zeit des Erbfalls, sondern bei *Fristbeginn* (s u Rn 6 ff). Ist der Erbe geschäftsunfähig oder beschränkt geschäftsfähig, ist die Kenntnis seines *gesetzlichen Vertreters* maßgebend; folglich muß auch dessen Aufenthalt für die Dauer der Frist entscheidend sein (vgl Mot V 500 f; BayObLG Rpfleger 1984, 403; OLG Hamburg MDR 1984, 54; PALANDT/EDENHOFER Rn 10; BGB-RGRK/JOHANNSEN Rn 26). Bei *gewillkürter Stellvertretung* kommt es hingegen auf den Aufenthalt des Erben an (str für den Fall, daß sich der Erbe im Ausland und sein für die Erklärung der Annahme oder Ausschlagung bestellter Vertreter, der die nach Abs 2 erforderliche Kenntnis erlangt hat, im Inland aufhält; wie hier MünchKomm/LEIPOLD Rn 24; SOERGEL/STEIN Rn 4; vgl i ü Rn 15).

IV. Fristbeginn

6 Die Frist beginnt mit dem Zeitpunkt, in dem der Erbe Kenntnis vom Anfall und vom Berufungsgrund erlangt; wenn die Berufung durch letztwillige Verfügung erfolgte, beginnt sie jedoch keinesfalls vor der Verkündung der Verfügung, Abs 2 S 2.

7 **1.** Die Kenntnis muß den **Erbanfall** umfassen; der Erbe muß also wissen, daß sich der in § 1942 als Anfall bezeichnete (vorläufige) Erwerb der Erbschaft vollzogen hat (Mot V 499). Dieses Wissen ist grundsätzlich bei Kenntnis der den Anfall begründenden Tatsachen vorhanden. Die erforderlichen Tatsachen sind: Eintritt des Erbfalles und bei *gesetzlicher Erbfolge* das sie begründende verwandtschaftliche oder eheliche Verhältnis, ferner das Nichtvorhandensein (oder der Wegfall, zB durch Ausschlagung) eines vorhergehenden Erben sowie einer die gesetzliche Erbfolge ausschließenden letztwilligen Verfügung (KG Recht 1929 Nr 778), bei *gewillkürter Erbfolge* die Erbeinsetzung, bei Berufung zur *Nacherbfolge* auch Kenntnis vom Eintritt des Nach-

1. Titel. Annahme und Ausschlagung der Erbschaft.
Fürsorge des Nachlaßgerichts

§ 1944
8–10

erbfalles. Die Kenntnis von der gewillkürten Erbfolge kann schon vor der Verkündung der die Erbeinsetzung enthaltenden Verfügung erlangt sein, setzt dann die Frist aber noch nicht in Lauf, Abs 2 S 2. Bei *Berufung infolge Ausschlagung* eines anderen Erben beginnt die Frist schon mit der Kenntnis hiervon und nicht etwa erst mit der Mitteilung des Nachlaßgerichts nach § 1953 Abs 3 S 1 (KG OLGE 11, 225, 227), es sei denn, daß es sich um gewillkürte Erbfolge handelt und die Verkündung nach Abs 2 S 2 noch nicht erfolgt ist.

2. Die Kenntnis muß auch den **Berufungsgrund** umfassen. Dies ist der konkrete **8** Tatbestand, aus dem sich die rechtliche Folge der Berufung zur Erbschaft ergibt (so auch MünchKomm/Leipold Rn 3; AK/Derleder Rn 4; BGB-RGRK/Johannsen § 1949 Rn 1 unter Hinweis auf die Parallele des Klagegrundes im Zivilprozeß). Der Begriff des Berufungsgrundes ist in §§ 1944 Abs 2 und 1949 in gleicher Weise zu verstehen (aM Staudinger/Lehmann[11] § 1949 Rn 6; Soergel/Stein Rn 10; Erman/Schlüter § 1949 Rn 1; vgl auch § 1949 Rn 1, 2, 6). § 1948 Abs 2 faßt hingegen alle Testamente bzw Erbverträge des Erblassers zu dem je einen Berufungsgrund „Testament" bzw „Erbvertrag" zusammen (dazu § 1948 Rn 15); ähnlich § 1951 Abs 2 S 2, mit der Besonderheit, daß dort Erbverträge nur dann zu einem Berufungsgrund zusammengefaßt sind, wenn sie zwischen denselben Personen geschlossen wurden (dazu § 1951 Rn 8 f).

Der Erbe muß wissen, ob er auf Grund *Gesetzes* oder durch *Verfügung von Todes* **9** *wegen* berufen ist. Beim gesetzlichen Erben ist dazu wiederum die Kenntnis der das Erbrecht begründenden Familienverhältnisse und des Nichtvorhandenseins einer die gesetzliche Erbfolge ausschließenden Verfügung erforderlich (KG Recht 1929 Nr 778; BayObLGZ 18 A 301, 303), bei dem durch Verfügung von Todes wegen berufenen Erben die Kenntnis, daß er durch eine solche berufen ist. Die irrtümliche Annahme des Erben, er sei auf Grund eines Testamentes berufen, während er in Wahrheit gesetzlicher Erbe ist, oder umgekehrt, schließt, solange sie besteht, den Fristbeginn aus (BGH LM Nr 4 zu § 2306; RG WarnR 1914 Nr 26 = DJZ 1913, 1322; RG HRR 1931 Nr 1140; KGJ 34 A 79; 41, 55, 57). Die genaue Kenntnis der Verfügung (ob Testament oder Erbvertrag), ihres ganzen Inhalts, ihrer Tragweite und der Größe des zugewandten Erbteils ist hingegen unnötig (RG HRR 1931 Nr 1140; BayObLG Recht 1920 Nr 2451). Die Autoren, die den Begriff des Berufungsgrundes in Abs 2 weiter fassen (Staudinger/Lehmann[11] Rn 10; Soergel/Stein Rn 10; Erman/Schlüter Rn 5), vertreten die Ansicht, der Fristablauf sei nicht ausgeschlossen, wenn der Erbe seine Kenntnis aus einer Verfügung ableitet, die sich aus irgendeinem Grunde als unwirksam herausstellt, während der Anfall in Wahrheit auf einer anderen, ihm unbekannten Verfügung beruht. Dem ist jedoch entgegenzuhalten, daß eine nichtige letztwillige Verfügung gerade kein Berufungsgrund ist und man den Erben, der die Nichtigkeit nicht kennt, nicht schlechter stellen sollte als denjenigen, der die zutreffenden rechtlichen Schlüsse zieht (iE ebenso Lange/Kuchinke § 8 III 1 b Fn 41; MünchKomm/Leipold Rn 4; ferner für den Fall, daß die wirksame Verfügung einen anderen Inhalt als die nichtige hat, BGB-RGRK/Johannsen Rn 4).

3. Die **Kenntnis** muß hinlänglich sicher sein (OLG Hamm JW 1917, 669 Nr 5; OLG **10** Rostock OLGE 35, 16; BayObLG BayZ 1920, 32; BGH LM Nr 4 zu § 2306). Kennenmüssen, selbst grobfahrlässige Unkenntnis, steht der Kenntnis nicht gleich (BayObLG aaO; ferner BayObLGZ 1968, 68, 74; 1969, 14, 18; OLG München DFG 1936, 215; DNotZ 1937, 64; OLG Hamm OLGZ 1969, 288, 290).

§ 1944
11–14

5. Buch
2. Abschnitt. Rechtliche Stellung des Erben

11 Ob und wann die Kenntnis als hinlänglich sicher anzusehen ist, beurteilt sich nach den Umständen des Einzelfalls. Auch ein Tasachen- oder Rechtsirrtum des Erben kann die Kenntnis ausschließen (Mot V 497; KGJ 34 A 79; 40, 47, 51; 41, 55, 57; 46, 128, 131; BGH LM Nr 4 zu § 2306), zB die irrige Annahme der Ungültigkeit der ihn berufenden Verfügung oder der Existenz oder Gültigkeit einer Verfügung, die ihn von der Erbfolge ausschließt (RG WarnR 1914 Nr 26; KG KGBl 1928, 86). Das gilt auch, wenn es zu dieser Annahme erst während des Laufs der Ausschlagungsfrist gekommen ist, der Erbe also zunächst zutreffend davon ausgegangen war, zur Erbfolge berufen zu sein; die bereits angelaufene Ausschlagungsfrist hat dann keine rechtliche Wirkung mehr (OLG Hamm OLGZ 1969, 288). Nicht zu folgen ist allerdings der Ansicht des BGH (Urt v 12. 11. 1964 – V ZR 1923/63 -, zitiert bei BGB-RGRK/Johannsen Rn 4), wonach auch die Annahme der Existenz einer früheren, vom Erben aber für überholt gehaltenen Verfügung die Kenntnis ausschließen könne. Beim Vorhandensein einer in ihrer Gültigkeit umstrittenen (den Erben berufenden oder ihn von der Erbfolge ausschließenden) Verfügung von Todes wegen kann hinlängliche Kenntnis vom Berufungsgrund uU erst mit der rechtskräftigen Entscheidung des Prozeßgerichts angenommen werden (KG OLGE 16, 251). Auch die Annahme, es sei kein Aktivnachlaß vorhanden, kann bei einem Laien die Kenntnis vom Anfall der Erbschaft ausschließen (BayObLGZ 33, 334, 337; aM MünchKomm/Leipold Rn 11). Anfall und Berufungsgrund sind auch demjenigen nicht bekannt, der infolge fortgeschrittenen körperlichen oder geistigen Verfalls vom Anfall der Erbschaft und von dem Berufungsgrund nicht Kenntnis nehmen kann (BayObLG NJW 1953, 1431; Soergel/Stein Rn 5).

12 Die Anforderungen an die Sicherheit der Kenntnis dürfen aber nicht überspannt werden (Lange/Kuchinke § 8 III 1 b; Erman/Schlüter Rn 4). Die entfernte Möglichkeit, daß der Erblasser von Todes wegen verfügt hat, reicht nicht aus, um den Beginn der Ausschlagungsfrist für den gesetzlichen Erben zu hindern (BayObLG aaO; OLGE 36, 227; LZ 1918, 710 Nr 3). „Kenntnis" verlangt nicht, daß der Betroffene derart überzeugt wäre, daß er von Zweifeln nicht berührt werden könnte; es genügt, daß er wenigstens eine feste Vorstellung gewonnen hat, mit der er rechnen und aufgrund deren er sich entschließen kann (BGH LM Nr 4 zu § 2306; OLG Hamm OLGZ 1969, 288). UU kann es auch bei unvollständigem Wissen der einzelnen Tatsachen geboten sein, eine hinlänglich sichere Kenntnis des Erbfalls anzunehmen. Auf Kenntnis von der Größe des Erbteils kommt es keinesfalls an (OLG Dresden AnnSächsOLG 26, 233, 237).

13 Eine Mitteilung des Nachlaßgerichts über den Anfall der Erbschaft und den Grund der Berufung ist nicht erforderlich (OLG Dresden aaO), muß andererseits aber auch nicht unbedingt zur Kenntnis dieser Umstände führen (BayObLGZ 1968, 68; Soergel/Stein Rn 8; BGB-RGRK/Johannsen Rn 8; Erman/Schlüter Rn 3; Palandt/Edenhofer Rn 2). Kenntnis liegt auch nicht zwangsläufig vor, wenn der mit der Prüfung betraute Rechtsberater dem Erben mitteilt, er könne als sicher annehmen, daß ihm die Erbschaft angefallen sei (AK/Derleder Rn 6). Bedenklich OLG Köln (RheinArch 110, 255), wonach Zweifel bzgl Gültigkeit und Auslegung eines Testaments (in Betracht kamen Nießbrauchsvermächtnis, Vor- oder Vollerbschaft mit Beschwerungen) den Beginn der Ausschlagungsfrist nicht hindern.

14 4. Ist der Erbe *geschäftsunfähig* oder *geschäftsbeschränkt,* so entscheidet die *Kenntnis seines Vertreters* (KG OLGE 11, 225; BayObLG Rpfleger 1984, 403; OLG Hamburg MDR 1984, 54; Soergel/Stein Rn 12). Tritt der Anfall der Erbschaft an den Vertretenen erst infolge Ausschlagung des zunächst zum Erben berufenen gesetzlichen Vertreters (zB des Vaters) ein und meint dieser rechtsirrtümlich, die Erbschaft sei einem anderen als dem Vertretenen angefallen, so beginnt die Frist nicht (KGJ 34 A 82; ROHDE ZBlFG 1910, 783 f).

5.   Bei *gewillkürter Vertretung* soll, wenn die Vollmacht die Regelung des Erbfalls **15** umfaßt, der Erbe sich die erlangte Kenntnis seines Vertreters – und in Ansehung des Abs 3 ggf auch dessen Aufenthalt im Inland (BGB-RGRK/JOHANNSEN Rn 26) – entgegenhalten lassen müssen, weil die dem Vertreter anvertraute Willensentscheidung nicht von dem Wissen getrennt werden könne, das ihre Voraussetzung bilde (STAUDINGER/LEHMANN[11] Rn 5; BGB-RGRK/JOHANNSEN Rn 12; PALANDT/EDENHOFER Rn 7; SOERGEL/STEIN Rn 13; ERMAN/SCHLÜTER Rn 3; KIPP/COING § 87 Fn 9; BayObLG NJW 1953, 1431 f). Dagegen ist zu sagen, daß eine Erbschaft auch vor der Erlangung sicherer Kenntnis von Erbfall und Berufungsgrund angenommen oder ausgeschlagen werden kann (§ 1946) und daß die Fiktion des § 1943 aE einen Willensentschluß des die Frist Versäumenden nicht voraussetzt, von einer Vertretung im Willen insoweit also kaum die Rede sein kann. Die hM entbehrt auch der gesetzlichen Grundlage. § 166 Abs 1 ist unanwendbar, da es hier nicht um die Folgen einer wirklich abgegebenen Willenserklärung geht (Mot V 501) und für eine analoge Anwendung dieser Vorschrift auf das – oft nur versehentliche – Unterlassen einer Willenserklärung, für das man einen Vertreter nicht nötig hat und wozu man sich deshalb vernünftigerweise keines Vertreters bedienen wird, kein Bedürfnis besteht. Die hM läßt sich nicht, wie bei der gesetzlichen Vertretung (vgl Rn 5), auf die Mot stützen. Sie ist abzulehnen, weil die dem Schutz des Rechtsverkehrs dienende Regelung des § 1943 aE nur mit der (zumindest auch diesem Schutz dienenden) gesetzlichen Vertretung korrespondiert, nicht aber mit der der Vorsorge für eigene Interessen dienenden Erteilung einer Vollmacht, die daher auch nicht mit der nachteiligen Folge des Fristbeginns ohne persönliche Kenntnis belegt werden sollte (MünchKomm/LEIPOLD Rn 14; AK/DERLEDER Rn 7; iE auch KIPP § 52 Fn 6 mit Hinweis auf den persönlichen Chrakter der Ausschlagung). – Gleiches wie für den gewillkürten Vertreter muß für den Betreuer eines Geschäftsfähigen gelten.

6.   Ist eine *juristische Person*, die zum Erwerb der Erbschaft *staatlicher Genehmi-* **16** *gung* bedarf (Art 86 EGBGB; dazu § 1942 Rn 6 f), als Erbin eingesetzt, so beginnt die Ausschlagungsfrist frühestens mit der Erteilung der Genehmigung (RGZ 76, 384; MünchKomm/LEIPOLD Rn 2; SOERGEL/STEIN Rn 17; BGB-RGRK/JOHANNSEN Rn 14; aM KGJ 40, 25; 50, 71, weil auch in diesen Fällen der Anfall mit dem Erbfall zusammenfalle; vgl dagegen § 1942 Rn 6). Für die hier vertretene Ansicht spricht außer dem dogmatischen Gesichtspunkt auch der sachliche, daß die juristische Person vor der Erteilung der Genehmigung, die häufig an Bedingungen geknüpft ist (zB Abfindung von Verwandten), gar nicht übersehen kann, was ihr zufallen wird.

7.   Beim *nasciturus* kann die Ausschlagungsfrist nicht vor der Geburt beginnen **17** (Mot V 501 iVm 488; KG OLGE 14, 318; KGJ 34 A 79; MünchKomm/LEIPOLD Rn 2; vgl § 1942 Rn 9). Daß die Ausschlagung schon vor Fristbeginn erklärt werden kann, folgt aus § 1946 (vgl dort Rn 5).

8.   Beim *Nacherben* beginnt die Frist erst mit Kenntnis des Eintritts des Nacherb- **18** falles und des Berufungsgrundes (RG LZ 1925, 1071 Nr 10). Der Nacherbe kann aber schon nach Eintritt des Erbfalles ausschlagen (§ 2142 Abs 1).

19 **9.**   Beruht das Erbrecht auf einer *Verfügung von Todes wegen*, so beginnt die Frist nach Abs 2 S 2 nicht vor deren *Verkündung* (§ 2260), wenn auch schon vorher ausgeschlagen werden kann. Das bedeutet aber nicht, daß die Frist sogleich mit der Verkündung beginnen muß. Das ist nur der Fall, wenn der Erbe vom Anfall und Berufungsgrund schon vorher Kenntnis erlangt hat (OLG Braunschweig OLGE 14, 280, 282; OLG München DNotZ 1937, 64) oder die Verkündung in seiner Anwesenheit erfolgt. Kenntnis von der Verkündung ist als solche für den Fristbeginn ohne Bedeutung (aM BGHZ 112, 229; OLG Karlsruhe Rpfleger 1989, 62), ebenso die Mitteilung an den bei der Verkündung nicht anwesenden Erben nach § 2262 (RG HRR 1931 Nr 1140). Soweit der Erbe nicht schon vorher die erforderliche Kenntnis besaß, wird allerdings die Frist in der Regel durch die Mitteilung in Lauf gesetzt, weil sie die Kenntnis verschafft (RG DJZ 1902, 203). Jedoch ist es auch in diesem Fall nicht ausgeschlossen, daß der Erbe infolge eines Mißverständnisses oder Rechtsirrtums das nötige Wissen von Anfall und Berufungsgrund erst später erlangt. Der Verkündung steht die „Kundmachung" des Testaments eines Deutschen durch das österreichische Verlassenschaftsgericht gleich (PALANDT/EDENHOFER Rn 8 im Anschluß an WILL DNotZ 1974, 273 ff; aM JANSEN FGG[2] § 73 Rn 30; MünchKomm/LEIPOLD Rn 18). Bei der gesetzlichen Erbfolge wird der Fristbeginn selbstverständlich nicht bis zur Verkündung einer etwaigen Verfügung hinausgeschoben, durch die dem Erben Beschränkungen oder Beschwerungen auferlegt werden; deren Kenntnis ist für den Fristbeginn bedeutungslos.

20 **10.**   Auch bei *gemeinschaftlichen Testamenten* und *Erbverträgen* beginnt die Frist nicht vor der Verkündung, selbst wenn der überlebende Ehegatte das Testament miterrichtet hat oder Vertragspartner des Erbvertrages ist. Die beim Tode des erstverstorbenen Gatten erfolgte Mitverkündung der untrennbaren Verfügungen des Überlebenden (§ 2273; RGZ 150, 315) ist keine Verkündung dieser letzteren. Die Verkündung ist ein förmlicher Akt. Die frühere tatsächliche Verkündung kann nicht maßgebend sein, da sie sich nicht auf den späteren Erbfall bezogen hat (so RGZ 137, 222, 228 ff mwN).

21 **11.**   Muß die *Verkündung* der Verfügung *wegen Zerstörung oder Verlust* der Urkunde *unterbleiben,* so kann der Fristbeginn nicht von der Verkündung abhängig gemacht werden. Abs 2 S 2 ist dann unanwendbar. Jedoch muß der Erbe in diesen Fällen neben Anfall und Berufungsgrund die Tatsachen kennen, aus denen sich ergibt, daß eine Verkündung nicht in Betracht kommt (BGB-RGRK/JOHANNSEN Rn 18; PALANDT/EDENHOFER Rn 8; KIPP/COING § 87 II 2 b; MünchKomm/LEIPOLD Rn 17; aM STAUDINGER/LEHMANN[11] Rn 18; KG JW 1919, 586 = KGJ 51, 94, 97; LAFRENZ Recht 1902, 553; PLANCK/FLAD Anm 5, die nur Kenntnis nach S 1 fordern). Nach LG Wuppertal (JMBlNRW 1948, 173) soll bei vernichteten, aber wiederherstellbaren öffentlichen letztwilligen Verfügungen Abs 2 S 2 anwendbar sein, die Ausschlagungsfrist also erst mit Verkündung beginnen. Zur Frage der Wiederherstellbarkeit vgl jetzt § 46 BeurkG.

22 **12.**   Bei einem *Pflichtteilsberechtigten,* der *unter Beschränkungen oder Beschwerungen* auf einen Erbteil *eingesetzt* ist, der die Hälfte seines gesetzlichen Erbteils übersteigt, verlangt § 2306 Abs 1 S 2 als weitere Voraussetzung für den Fristbeginn die Kenntnis der Beschränkung oder Beschwerung (zur Auslegung der Vorschrift s STAUDINGER/FERID/CIESLAR[12] § 2306 Rn 64 ff, 74 ff).

1. Titel. Annahme und Ausschlagung der Erbschaft.
Fürsorge des Nachlaßgerichts

§ 1944
23—26

V. Berechnung und Ablauf der Frist

Für die Berechnung der Frist sind die §§ 187 Abs 1, 188 Abs 2, 3 und 193 maßge- **23** bend. Der Tag, an dem die Frist zu laufen beginnt, wird nicht mitgerechnet. Ist also dieser Tag Samstag, der 1. 1., so dauert die sechswöchige Frist bis Montag, den 14. 2., einschließlich. Auf den Ablauf der Frist finden gem Abs 2 S 3 die §§ 203 und 206 entspr Anwendung. Das gilt auch für die 6-monatige Frist des Abs 3 (BINDER I 79 ff; STROHAL II § 61 II 4; PLANCK/FLAD Anm 7 b).

1. Der Lauf der Frist ist nach § 203 *gehemmt,* solange der Erbe durch Stillstand **24** der Rechtspflege oder in anderer Weise durch höhere Gewalt an der Abgabe der Ausschlagungserklärung gehindert ist. Der Tod des Erben ist kein Fall höherer Gewalt (aM BINDER I 85); die Hemmung des Fristablaufs ergibt sich in diesem Fall aus § 1952 Abs 2.

2. Früher war sehr str, ob es als Fall *höherer Gewalt* angesehen werden darf, wenn **25** der gesetzliche Vertreter die Ausschlagung nicht wirksam erklären kann, weil es ihm nicht gelingt, die erforderliche *vormundschaftsgerichtliche Genehmigung* rechtzeitig zu erlangen. Nach der Rechtsprechung des RG war es zwar nicht notwendig, daß die Genehmigung schon zZ der Ausschlagung vorliegt. § 1831 S 1, der die Vornahme einseitiger Geschäfte ohne die vorliegende erforderliche Genehmigung des Vormundschaftsgerichts für unwirksam erklärt, findet keine Anwendung auf einseitige Geschäfte, die binnen einer bestimmten Frist vorzunehmen sind; bei ihnen genügt es, wenn alle zur Gültigkeit erforderlichen Erklärungen bis zum Ablauf der Frist abgegeben werden (so RG WarnR 1915 Nr 120 = Gruchot 60, 136; RGZ 118, 145). Wohl aber verlangte das RG (RGZ 118, 145, 147 f), daß die Genehmigung samt der zu ihrer Wirksamkeit erforderlichen Bekanntmachung an den gesetzlichen Vertreter dem Nachlaßgericht noch vor Ablauf der Ausschlagungsfrist nachgewiesen wird, weil nur so gemäß dem Zweck der Fristbestimmung der bis dahin bestehenden Ungewißheit innerhalb der bestimmten Zeit ein Ende bereitet werde.

Die Härte, die sich daraus ergeben kann, daß der gesetzliche Vertreter für die inner- **26** halb der Frist erklärte Ausschlagung die Genehmigung nicht rechtzeitig beibringen kann, ließe sich am besten beseitigen, wenn man die Erklärung der Ausschlagung und die Beantragung der Genehmigung innerhalb der Frist genügen und die später erteilte Genehmigung auf den Zeitpunkt der Ausschlagungserklärung zurückwirken ließe (dahin ging der Vorschlag der 4. Denkschr d ErbrA d AkDR 51). § 184 Abs 1 führt selbst dann, wenn man diese Vorschrift auf behördliche Zustimmungserklärungen für anwendbar hält (so BGH WM 1956, 637; 1958, 358; MDR 1952, 152), nicht dazu, daß die Frist durch eine nach Ablauf der Ausschlagungsfrist erteilte vormundschaftsgerichtliche Genehmigung als gewahrt gelten kann (BGB-RGRK/JOHANNSEN § 1945 Rn 6; OLG Frankfurt OLGZ 1966, 337, 338 = DNotZ 1966, 613 f). De lege lata kann man eine befriedigende Lösung nur gewinnen, wenn man die Verzögerung der gerichtlichen Genehmigung als Fall höherer Gewalt (§ 203 Abs 2) anerkennt (dafür zutr OLG Frankfurt OLGZ 1966, 337 = DNotZ 1966, 613; PALANDT/EDENHOFER Rn 9; BGB-RGRK/JOHANNSEN Rn 20; SOERGEL/STEIN Rn 21; LANGE/KUCHINKE § 8 III 2; KIPP/COING § 87 IV aE); zu weniger befriedigenden Lösungsmöglichkeiten (Verweisung auf die Regreßhaftung des Staates oder entspr Anwendung des § 206 BGB) vgl STAUDINGER/LEHMANN[11] Rn 22 mwN. Nicht erforderlich ist, daß der gesetzliche Vertreter die Genehmigung so früh-

Gerhard Otte

§ 1944
27—30

5. Buch
2. Abschnitt. Rechtliche Stellung des Erben

zeitig beantragt, daß mit ihrer Erteilung noch innerhalb der Ausschlagungsfrist gerechnet werden kann, denn das würde die Überlegungszeit für den Vertreter verkürzen oder ihn zur Stellung des Genehmigungsantrags vor Abschluß seiner Überlegungen zwingen (SOERGEL/STEIN Rn 21; MünchKomm/LEIPOLD Rn 20; **aM** PLANCK/FLAD § 1943 Anm 6 d; BGB-RGRK/JOHANNSEN Rn 20). Die durch die Verzögerung der Entscheidung über die vormundschaftsgerichtliche Genehmigung bewirkte Hemmung des Fristablaufs fällt mit dem Zugang des Genehmigungsbeschlusses beim gesetzlichen Vertreter fort; der danach noch benötigte Zeitraum für die Übermittlung der Genehmigung an das Nachlaßgericht wird nicht in den Hemmungszeitraum einbezogen (OLG Frankfurt OLGZ 1966, 337).

27 **3.** § 206 findet *nur auf den Ablauf der Frist* Anwendung, führt also nicht zu einer Verlängerung der Sechswochenfrist bei mangelnder Geschäftsfähigkeit, sondern nur zu einer späteren Fristbeendigung. Voraussetzung für die entspr Anwendung des § 206 ist, daß der Fristlauf schon begonnen hatte und nunmehr entweder der *gesetzliche Vertreter* des Geschäftsunfähigen oder Geschäftsbeschränkten *wegfällt,* ohne daß er sofort durch einen neuen Vertreter abgelöst würde, oder der bei Fristbeginn geschäftsfähig gewesene *Erbe* die *Geschäftsfähigkeit* später *verliert.* Dann wird die Ausschlagungsfrist nicht vor dem Ablauf von sechs Wochen (oder in den Fällen des Abs 3 von sechs Monaten) nach dem Zeitpunkt beendet, in dem der Erbe geschäftsfähig wird oder der Mangel der Vertretung aufhört. Es beginnt also mit diesem Zeitpunkt eine neue Frist, ohne daß aber eine erneute Kenntnis nötig wäre. Der geschäftsfähig gewordene Erbe oder der neue Vertreter müssen die Rechtslage so hinnehmen, wie sie diese vorfinden. Die Frist kann also ablaufen, ohne daß sie überhaupt von dem Erbfall und dem Berufungsgrund Kenntnis haben (hM, vgl ERMAN/ SCHLÜTER Rn 8; PALANDT/EDENHOFER Rn 9; LANGE/KUCHINKE § 8 IV 2; **aM** BINDER I 79; AK/ DERLEDER Rn 10). § 206 Abs 2 ist unanwendbar. Hinsichtlich der rechtspolitischen Bedenken gegen die Beschränkung der Anwendung des § 206 nur auf den Ablauf der Frist vgl 4. Denkschr d ErbrA d AkDR 54 f.

VI.   Besondere Fälle

28 **1.**   Ist der Erbe aus **mehreren nacheinander wirksam werdenden Berufungsgründen** berufen (zB als Testamentserbe und dann als gesetzlicher Erbe oder als gesetzlicher Erbe mehrerer Ordnungen), so beginnt für ihn mit der Erledigung des ersten Berufungsgrundes auf Grund des erneuten Anfalls auch eine neue Frist, falls sich nicht die Erledigung des ersten Grundes durch Ausschlagung nach § 1949 Abs 2 auch auf den zweiten Berufungsgrund erstreckt.

29 **2.**   Bei einer **Mehrheit von Erben** läuft für jeden eine gesonderte Frist von seiner Kenntnis des Anfalls und des Berufungsgrundes an. Hemmungen der Frist für einen Miterben können einem anderen Miterben, bei dem sie nicht vorliegen, nicht zugute kommen (ERMAN/SCHLÜTER Rn 9; s auch § 1952 Abs 3).

VII.   Beweislast

30   Die Beweislast für die Ausschlagung hat, wer sich auf sie beruft. Also muß der, der nach Ablauf der Ausschlagungsfrist von Nachlaßgläubigern als Erbe in Anspruch genommen wird oder der den Pflichtteil nach § 2306 Abs 1 S 2 verlangt, ebenso wie der, der infolge der Ausschlagung eines Vorberufenen an dessen Stelle Erbe zu sein beansprucht, die Ausschlagung beweisen, was wegen der Form des § 1945 Abs 1 idR unschwierig ist. Str ist, ob er auch die Rechtzeitigkeit beweisen muß (dafür PALANDT/ EDENHOFER Rn 11; ERMAN/SCHLÜTER Rn 10). Dagegen ist jedoch zu sagen, daß die Frist-versäumung nach § 1943 Ausschlußgrund für die Ausschlagung ist, so daß – wie generell bei rechtsvernichtenden Einwendungen – die Beweislast für Beginn und Ablauf der Frist bei demjenigen liegt, der sich auf die Verspätung der Ausschlagung beruft (BAUMGÄRTEL/STRIEDER Rn 2 ff; MünchKomm/LEIPOLD Rn 26; BGB-RGRK/JOHANNSEN Rn 27 f). Dies gilt nicht nur für die Nachlaßgläubiger wegen § 1958, sondern zB auch für den Erben, der die Verspätung seiner eigenen Ausschlagungserklärung geltend macht. Wer jedoch wegen Irrtums die Kenntniserlangung und damit den Fristbeginn (vgl o Rn 9 ff) bestreitet, aber auch wer Hemmung der Frist nach §§ 203, 206 (s o Rn 24 f) oder Geltung der längeren Ausschlagungsfrist des Abs 3 behauptet, hat die dafür erforderlichen Tatsachen zu beweisen (BAUMGÄRTEL/STRIEDER Rn 4 f; SOERGEL/STEIN Rn 22).

VIII. DDR-Recht

Erbschaften, die in der Zeit vom 1. 1. 1976 bis zum 2. 10. 1990 in der DDR anfielen, **31** konnten nach § 402 Abs 1 ZGB innerhalb einer Frist ausgeschlagen werden, die zwei Monate, für Erben mit Wohnsitz außerhalb der DDR aber sechs Monate betrug. Gem § 403 Abs 1 ZGB begann die Frist mit der Kenntnis vom Erbfall, für den Testamentserben jedoch nicht vor der Eröffnung des Testaments.

War die Frist am 3. 10. 1990 noch nicht abgelaufen, so ist Art 231 § 6 Abs 3 iVm Abs 1 u 2 EGBGB zu **32** beachten: Danach richteten sich – trotz Anwendbarkeit des DDR-Erbrechts auf den Erbfall im übrigen, vgl Art 235 § 1 Abs 1 EGBGB – Beginn und Hemmung der Frist nur in der Zeit bis zum 2. 10. 1990 einschließlich nach ZGB, ab dem 3. 10. 1990 aber nach BGB (Abs 1 S 2); an die Stelle der Zweimonatsfrist des § 402 Abs 1 ZGB trat die Sechwochenfrist des § 1944 Abs 1, die – Fristbeginn vorausgesetzt – am 14. 11. 1990 endete (Abs 2 S 1), soweit nicht das (nach Abs 2 S 2 dann maßgeblich bleibende) Fristende nach ZGB früher eintrat; im Ergebnis änderte sich demnach für die Fristen, deren Lauf bis zum 14. 9. 1990 begonnen hatte, nichts, während die zwischen dem 15. 9. und dem 3. 10. 1990 beginnenden Fristen einheitlich am 14. 11. 1990 endeten.

Zur Ausschlagungserklärung s § 1945 Rn 26 f, zur Anfechtung der Ausschlagung § 1954 Rn 19 ff.

§ 1945

[1] **Die Ausschlagung erfolgt durch Erklärung gegenüber dem Nachlaßgerichte; die Erklärung ist zur Niederschrift des Nachlaßgerichts oder in öffentlich beglaubigter Form abzugeben.**

[2] **Die Niederschrift des Nachlaßgerichts wird nach den Vorschriften des Beurkundungsgesetzes errichtet.**

[3] **Ein Bevollmächtigter bedarf einer öffentlich beglaubigten Vollmacht. Die Voll-**

Gerhard Otte

macht muß der Erklärung beigefügt oder innerhalb der Ausschlagungsfrist nachgebracht werden.

Materialien: E I § 2032; II § 1822; III § 1921; Mot V 502 f; Prot V 624, 626; Denkschr 721; geändert durch § 57 Abs 3 Nr 2 BeurkG; BT-Drucks V/3282, 11, 24, 42.

Systematische Übersicht

Alphabetische Übersicht

1. Titel. Annahme und Ausschlagung der Erbschaft.
Fürsorge des Nachlaßgerichts

§ 1945

1–3

I. Allgemeines

Die *Ausschlagung* ist heute (anders als die Annahme) in allen Rechtsordnungen **1**
formgebunden (vgl EBENROTH Rn 379 ff). Das gemeine Recht, das badische Landrecht
und das sächsBGB kannten allerdings keine Form, wohl aber das ALR I 9 §§ 398 f,
CC Art 784 und CC It Art 519. Nach BGB ist die Ausschlagung eine einseitige
empfangsbedürftige Willenserklärung, die entweder zur Niederschrift des Nachlaßgerichts oder diesem gegenüber in öffentlich beglaubigter Form abzugeben ist.
Solange sie dem Nachlaßgericht nicht zugegangen ist, kann sie – und zwar formlos –
nach § 130 Abs 1 S 2, Abs 3 widerrufen werden. Die Erwähnung der Ausschlagung
durch Erklärung zur Niederschrift des Nachlaßgerichts in Abs 1 sowie die Einfügung
des Abs 2 beruhen auf dem BeurkG, das die gerichtliche Zuständigkeit für öffentliche Beglaubigungen generell beseitigt hat (vgl § 129), aber im Bereich des § 1945 die
sachliche Änderung möglichst gering halten wollte.

II. Inhalt und Voraussetzungen der Ausschlagungserklärung

1. Erklärungsinhalt

Die Erklärung muß zum Ausdruck bringen, daß der Erbe *nicht Erbe sein will*. Der **2**
Gebrauch bestimmter Worte ist nicht erforderlich (BayObLGZ 1967, 33, 37). Es genügt
die Erklärung, die Erbschaft nicht annehmen zu wollen (OLG Dresden OLGE 35, 178).
Nach verbreiteter Ansicht soll notwendige Voraussetzung hierfür die Kenntnis des
Erben davon sein, daß ihm die Erbschaft tatsächlich oder wenigstens möglicherweise
angefallen ist (BayObLGZ 20, 322, 326 = OLGE 41, 80; ebenso AK/DERLEDER Rn 1; Münch-
Komm/LEIPOLD Rn 4). Es kommt jedoch nicht darauf an, ob der Erbe diese Kenntnis
hat, sondern allein darauf, ob seine Erklärung so verstanden werden darf (Lehre
vom Empfängerhorizont; BayObLGZ 1967, 33, 38; ebenso SOERGEL/STEIN Rn 4).

Die bloße Erklärung, das Erbrecht eines anderen anerkennen zu wollen oder von der **3**
eigenen Erbeinsetzung keinen Gebrauch machen zu wollen, muß nicht ohne weiteres
Ausschlagung bedeuten, selbst wenn der Erklärende davon ausgeht, daß er Erbe ist;
sie kann auch den Sinn haben, einen Rechtsstreit über die Erbschaft vermeiden zu
wollen (OLG München NotZ 1937, 706, 708; BayObLGZ aaO). Deshalb wird es darauf
ankommen, in welcher prozessualen Situation die Erklärung abgegeben wird; Äußerungen im Rahmen der Ermittlungen nach § 2358 wegen des Erbscheinantrages
eines Dritten (BayObLGZ aaO) oder anläßlich der Testamentseröffnung (OLG München
aaO) sind jedenfalls nur mit Vorsicht als Ausschlagung zu interpretieren.

Gerhard Otte

§ 1945
4–7

5. Buch
2. Abschnitt. Rechtliche Stellung des Erben

2. Ausschlagung durch Ehegatten

4 Ein Ehegatte bedarf zur Ausschlagung nicht der Zustimmung des anderen (vgl § 1942 Rn 15). Für den Fall, daß er das Gesamtgut nicht oder nicht allein verwaltet, ist dies in § 1432, 1455 Nr 1 sogar ausdrücklich gesagt.

3. Auschlagung für nicht (voll) Geschäftsfähige

5 Die Ausschlagung erfordert *volle Geschäftsfähigkeit.* Ein beschränkt Geschäftsfähiger bedarf der Einwilligung des gesetzlichen Vertreters (§ 107). Das sind normalerweise beide Elternteile (Gesamtvertretung, § 1629 Abs 1 S 2). Auch wenn der Erblasser die Eltern des bedachten Kindes von der Verwaltung des Nachlasses ausgeschlossen hat, bleiben sie als gesetzliche Vertreter zur Ausschlagung der Erbschaft berechtigt (OLG Karlsruhe FamRZ 1965, 573). Die Ausschlagungserklärung des gesetzlichen Vertreters eines Minderjährigen wird wirksam, auch wenn sie dem Nachlaßgericht erst zugeht, nachdem der Vertretene volljährig geworden ist, § 130 Abs 2 analog (vgl OLG Karlsruhe aaO).

4. Ausschlagung für nasciturus

6 Auch für den nasciturus können die Eltern oder ein Pfleger nach § 1912 Abs 1 die Ausschlagung erklären. Die Ansicht, das Vertretungsrecht der Eltern beginne erst mit der Geburt (AG Recklinghausen Rpfleger 1988, 106), verkennt § 1912 Abs 2: Die dort genannte „Fürsorge" ist elterliche Sorge und umfaßt daher die gesetzliche Vertretung des gemäß § 1923 Abs 2 bereits erbfähigen Kindes. Dieses Vertretungsrecht auf *rechts*wahrende Geschäfte zu beschränken und daher die Ausschlagung auszunehmen (so AG Schöneberg Rpfleger 1990, 362 f), ist mit § 1912 Abs 2 nicht vereinbar, denn die Fürsorge umfaßt jede *interessen*wahrende Handlung. Bei Überschuldung des Nachlasses kann aber ein Interesse an möglichst frühzeitiger Klarstellung, daß das Kind nicht Erbe ist, bestehen (PETER Rpfleger 1988, 107). Die Annahme, das Nachlaßgericht werde die Eltern nach der Geburt auf die noch notwendige Ausschlagung hinweisen (AG Schöneberg aaO), verkennt Aufgabe und Erkenntnismöglichkeiten des Nachlaßgerichts. Zudem würde die Verneinung einer Ausschlagungsmöglichkeit für den nasciturus Eltern, die für sich selbst oder bereits geborene Kinder *und* für den nasciturus ausschlagen wollen, zur Abgabe von *zwei* Erklärungen zwingen. Ein Bedürfnis für die Zulassung der Ausschlagung schon vor der Geburt ist also (entgegen AG Schöneberg aaO und LG Berlin Rpfleger 1990, 363) zu bejahen (wie hier OLG Stuttgart Rpfleger 1993, 157; SOERGEL/STEIN § 1946 Rn 2). Der Gesichtspunkt der Wahrung der Interessen des Kindes durch „Entscheidung nach der Sachlage bei seiner Geburt" (AK/DERLEDER § 1946 Rn 2) gehört nicht hierher, sondern ist, wenn wirklich Grund für den Aufschub der Ausschlagung besteht, bei der Genehmigung nach §§ 1643 Abs 2, 1822 Nr 2 zu berücksichtigen.

7 Daß die Ausschlagung bereits vom Erbfall an und nicht erst von dem mit der Geburt des Kindes erfolgenden Anfall der Erbschaft an möglich ist, folgt aus § 1946. Es handelt sich nicht etwa um eine analoge Anwendung dieser Vorschrift (so aber AG Schöneberg aaO), denn § 1946 gilt für Erbschaften, die mit dem Erbfall anfallen oder bei denen der Anfall auf den Zeitpunkt des Erbfalls zurückbezogen wird, ohne jede

1. Titel. Annahme und Ausschlagung der Erbschaft.
Fürsorge des Nachlaßgerichts

§ 1945
8–10

Einschränkung (vgl § 1946 Rn 4 ff), so daß keine Lücke besteht, die durch Analogie geschlossen werden müßte.

5. Kein Ausschluß der Vertretungsmacht wegen Interessenkollision

Ob die Vertretungsbefugnis ausgeschlossen ist, wenn die Erbschaft infolge der **8** namens des Vertretenen erklärten Ausschlagung dem Vertreter selbst anfallen würde, ist str. Die Gefahr, daß der Vertreter die Ausschlagung erklärt, um selbst in den Genuß der (nicht überschuldeten) Erbschaft zu kommen, ist nicht von der Hand zu weisen. Daher tritt LANGE/KUCHINKE § 8 IV 2 mit Erwägungen zu Art 1 u 2 GG für den Ausschluß der Vertretungsmacht ein (zum gleichen Ergebnis gelangen in entspr Anwendung des § 181 Voraufl Rn 8; HELDRICH, in: FS Lorenz [1991] 97; BUCHHOLZ NJW 1993, 1161). Die hM verweist demgegenüber zutreffend darauf, daß § 1643 Abs 2 eine ausreichende Berücksichtigung der Kindesinteressen gewährleistet, ggf auch in der Weise, daß das Vormundschaftsgericht, anstatt die Genehmigung zu erteilen, die Vermögenssorge nach §§ 1629 Abs 2 S 3, 1796 teilweise entzieht und einen Pfleger nach § 1909 bestellt (BayObLGZ 1983, 213; COING NJW 1985, 6, 9; PALANDT/EDENHOFER Rn 2; ERMAN/SCHLÜTER Rn 3; MünchKomm/LEIPOLD Rn 12; SOERGEL/STEIN Rn 6).

6. Vormundschaftsgerichtliche Genehmigung

Vormund, Betreuer, Pfleger und in geringerem Umfange auch die *Eltern* bedürfen **9** zur Ausschlagung der Genehmigung des Vormundschaftsgerichts, §§ 1822 Nr 2, 1908 i Abs 1, 1915 Abs 1, 1643 Abs 2 (über die Anwendung des § 1831 vgl § 1944 Rn 25). Die Reihenfolge der zur Gültigkeit erforderlichen Erklärungen ist gleichgültig, wenn sie nur sämtlich bis zum Fristablauf erfolgen (vgl § 1944 Rn 25 f, auch zur analogen Anwendung von § 203 Abs 2 auf die unabwendbare Verzögerung der Genehmigung). Ist zweifelhaft, ob die Frist zur Ausschlagung einer Erbschaft bereits abgelaufen ist, oder wird der Antrag auf vormundschaftsgerichtliche Genehmigung zwar vor Ablauf der Ausschlagungsfrist, aber so spät gestellt, daß eine Entscheidung des Vormundschaftsgerichts innerhalb der Ausschlagungsfrist nicht mehr möglich ist, so darf das Vormundschaftsgericht die zur Wirksamkeit der Ausschlagung erforderliche Genehmigung nicht mit der Begründung verweigern, die Frist sei bereits abgelaufen. Es hat sich auf die Prüfung zu beschränken, ob die Ausschlagung im Interesse des Mündels liegt; die Entscheidung der Frage, ob die Ausschlagung wirksam ist, hat es dem Nachlaßgericht und im Streitfall dem Prozeßgericht zu überlassen (BayObLGZ 1969, 14; vgl KG OLGE 41, 76, 77; JOSEF Recht 1918, 141; ferner LAUBHARDT ZBlFG 1911, 200; KRETZSCHMAR ZBlFG 1918, 1, 12).

Tritt der *Anfall an das Kind* erst *infolge der Ausschlagung* des Elternteils ein, der das **10** Kind vertritt, so ist die Genehmigung nur erforderlich, wenn dieser neben dem Kinde berufen war, § 1643 Abs 2 S 2. Auf den Normalfall, daß die elterliche Gewalt beiden Elternteilen zusteht, ist diese Vorschrift mit der Maßgabe anwendbar, daß, außer wenn mindestens ein Elternteil neben dem Kinde berufen ist, die Ausschlagungserklärung beider Eltern auch dann nicht der vormundschaftsgerichtlichen Genehmigung bedarf, wenn der Anfall der Erbschaft an das Kind infolge der Ausschlagung eines Elternteiles eingetreten ist (OLG Stuttgart NJW 1962, 52; OLG Hamm NJW 1959, 2215 mwN auch für die Zeit vor dem Urteil des BVerfG vom 29. 7. 1959, das § 1629 Abs 1

Gerhard Otte

in der Fassung des Gleichberechtigungsgesetzes für nichtig erklärt hat, Formel veröffentlicht in BGBl I 633, Gründe in NJW 1959, 1483; Rpfleger 1959, 261).

11 Wenn das Kind nicht *neben,* sondern *nach* einem Elternteil berufen ist und dieser ausgeschlagen hat, ist die Ausschlagung für das Kind genehmigungsfrei, § 1643 Abs 2 S 2. Es darf dann davon ausgegangen werden, daß die Erbschaft unvorteilhaft ist (Mot V 515); auch bei Nacherbfolge des Kindes kann dann ohne vormundschaftsgerichtliche Genehmigung ausgeschlagen werden (KG RJA 17, 37, 39). Die von den Eltern für das minderjährige Kind erklärte Ausschlagung ist aber nur dann genehmigungsfrei, wenn der vor dem Kinde erbberechtigte Elternteil als Erbe endgültig ausgeschieden ist, nicht aber dann, wenn er durch die Ausschlagung namens des Kindes die Voraussetzung für den Eintritt seiner eigenen gesetzlichen Erbschaft unter Ausschluß des Kindes schafft. Schlägt also der zum Erben eingesetzte Elternteil die testamentarische Erbschaft für sich und sein minderjähriges, als Ersatzerbe eingesetztes Kind aus, um die Erbschaft als gesetzlicher Erbe anzunehmen, so bedarf die Ausschlagung für das Kind der vormundschaftsgerichtlichen Genehmigung (OLG Frankfurt NJW 1955, 466 Nr 10; OLGZ 1970, 81, 83 f = FamRZ 1969, 658).

7. Gewillkürte Vertretung

12 Die Ausschlagung kann auch durch einen Bevollmächtigten erfolgen. Es muß nicht, wie E I vorsah, eine Spezialvollmacht erteilt werden; die Auslegung einer Generalvollmacht kann zu dem Ergebnis führen, daß sie genügt (Prot V 62; zum Nachweis der Vollmacht s u Rn 22). Die Vertretungsmacht muß schon bei der Abgabe der Ausschlagungserklärung bestanden haben, § 180 S 1 (aM MünchKomm/LEIPOLD Rn 11, der Abs 3 S 2 für einen ausreichenden Schutz hält). Die nachträgliche Genehmigung der Ausschlagung des vollmachtlosen Vertreters durch den Vertretenen kann als erneute Ausschlagung angesehen werden (KIPP/COING § 87 Fn 16; PLANCK/FLAD Anm 2); sie muß dann, um wirksam zu sein, natürlich form- und fristgerecht erfolgen.

III. Die Form der Ausschlagung

13 **1.** **Adressat der Erklärung** ist bei beiden zugelassenen Formen der Ausschlagung das Nachlaßgericht. Eine Ausschlagung in anderer Weise als gegenüber dem Nachlaßgericht ist unwirksam. Die Ausschlagung muß als die Erklärung eines Lebenden dem Nachlaßgericht zugehen, weswegen die in einem verschlossenen Testament enthaltene Erklärung selbst dann, wenn sie einem Notar zur späteren Aushändigung an das Nachlaßgericht übergeben wird, unwirksam ist, da das Nachlaßgericht ihren Inhalt erst nach dem Tode bei der Eröffnung des Testaments zur Kenntnis nehmen soll und darf (KG OLGE 40, 105, 107 = JW 1919, 998 m Anm HERZFELDER). Doch steht das dem Wirksamwerden einer nur äußerlich in die Testamentsurkunde aufgenommenen, zum Zugang bei Lebzeiten des Erblassers bestimmten Ausschlagungserklärung nicht entgegen; Entsprechendes gilt für den Erbvertrag (vgl PLANCK-FLAD Anm 3). Eine Ausschlagungserklärung wird nicht dadurch unwirksam, daß das Nachlaßgericht sie zurückweist oder zurückschickt (KGJ 35 A 58; zu einer Ausnahme s u Rn 17). Das Nachlaßgericht hat nur seine Zuständigkeit zu prüfen. Eine Entscheidung über die Wirksamkeit der Ausschlagung ist nicht vorgesehen, auch nicht als Folge einer Pflicht zur Ermittlung des Erben nach Landesrecht wie zB § 37 Abs 1 S 1 bay-

AGGVG (BayObLGZ 1985, 244 = Rpfleger 1985, 363); anders natürlich im Erbscheinsverfahren.

Nachlaßgericht ist das *Amtsgericht,* § 72 FGG. In Baden-Württemberg sind die Auf- **14** gaben des Nachlaßgerichts aufgrund von Art 147 EGBGB dem *Notariat* übertragen, §§ 1, 36, 38 LFGG. Im Beitrittsgebiet waren bis zur Einrichtung der Amtsgerichte die *Kreisgerichte* zuständig (Anl I Kap III Sachgebiet A Abschn III Nr 1 e Abs 1 EinigsV).

Während § 19 HöfeO/Rh-PF die Zuständigkeit des Nachlaßgerichts für die Aus- **15** schlagung unberührt läßt, hat nach der HöfeO die Ausschlagung des Hofes gegenüber dem *Landwirtschaftsgericht* zu erfolgen, in dessen Bezirk der Hof, u zw die Hofstelle, liegt (LANGE/WULFF/LÜDTKE-HANDJERY § 11 HöfeO Rn 4; FASSBENDER/HÖTZEL/ VJEINSEN/PIKALO § 11 HöfeO Rn 4). Wird die Ausschlagung des Hofes dennoch gegenüber dem Nachlaßgericht erklärt, so berührt dies ihre Wirksamkeit nicht, falls Nachlaß- und Landwirtschaftsgericht Abteilungen desselben Amtsgerichts sind (SchlHOLG DNotZ 1962, 425 f; vgl auch BGHZ 12, 254); andernfalls kommt es darauf an, ob das Nachlaßgericht die Erklärung zurückweist (s u Rn 17). Die Ausschlagung der *gesamten* Erbschaft muß gegenüber dem Nachlaßgericht erfolgen (LANGE/WULFF/ LÜDTKE-HANDJERY aaO; FASSBENDER/HÖTZEL/VJEINSEN/PIKALO aaO).

2. Die **örtliche Zuständigkeit** des Nachlaßgerichts bestimmt sich nach § 73 FGG. **16** Zuständig ist danach das Gericht des letzten Wohnsitzes des Erblassers, in Ermangelung eines inländischen Wohnsitzes das Gericht des letzten Aufenthaltsortes (Abs 1). Hatte der Erblasser im Inland weder Wohnsitz noch Aufenthalt, so ist das AG Berlin-Schöneberg zuständig (Abs 2 S 1).

Nach früher hM soll die gegenüber einem örtlich unzuständigen Nachlaßgericht **17** abgegebene Ausschlagungserklärung unwirksam sein (JASTROW ZZP 34, 497, 499; KESSLER BayZ 1907, 186; JOSEF Gruchot 54, 581; BINDER I 126; KIPP § 53 Fn 1; SCHLEGELBERGER, FGG § 7 Anm 16 und Gruchot 59, 191, 229; KG OLGE 21, 299 ff; KGJ 39 A 57 = RJA 10, 243; OLG Düsseldorf RheinArch 103 I, 199). Für Unwirksamkeit spricht, daß die später berufenen Erben wissen müssen, an wen sie sich zu wenden haben, um über die Ausschlagung eines Berufenen zuverlässige Auskunft zu erhalten. Eine entspr Anwendung des § 7 FGG, nach dem in den Angelegenheiten der Freiwilligen Gerichtsbarkeit gerichtliche Handlungen wegen örtlicher Unzuständigkeit des Gerichts nicht unwirksam sind, erscheint fraglich, weil es bei der Erbschaftsausschlagung um die Wirksamkeit von Erklärungen gegenüber dem Gericht geht. Gleichwohl hat RGZ 71, 380, 382 f im Anschluß an DERNBURG (Bürgerliches Recht V 410 f) den § 7 auch auf Fälle der vorliegenden Art für anwendbar erklärt, wenn das angegangene Gericht sich als Nachlaßgericht betätigt (hiergegen JANSEN, FGG[2] § 7 Rn 4) oder die Erklärung innerhalb der Frist dem zuständigen Gericht weitergegeben hat. Diese Entscheidung ist zu billigen; denn noch unbefriedigender als die durch sie heraufbeschworene Unsicherheit wäre es, wenn der Ausschlagende, der sich auf die vom Gericht zu prüfende Zuständigkeit verläßt, den Irrtum des Gerichts büßen müßte. Die Erklärung ist nur dann unwirksam, wenn das unzuständige Gericht seine Unzuständigkeit erkennt und die Erklärung zurückweist. Wirksamkeit ist also auch dann anzunehmen, wenn das örtlich unzuständige Gericht die Erklärung entgegennimmt und sonst nichts tut (so auch KIPP/COING § 87 Anm 14; PALANDT/EDENHOFER RN 11; BGB-RGRK/JOHANNSEN RN 12;

§ 1945
18–21

5. Buch
2. Abschnitt. Rechtliche Stellung des Erben

KEIDEL/KUNTZE/WINKLER, FGG[13] § 7 Rn 7; HABSCHEID, Freiwillige Gerichtsbarkeit[6] § 13 I 2 c; SCHMIDT, Hdb d freiwilligen Gerichtsbarkeit Rn 1564).

18 Hat das Nachlaßgericht ein anderes Gericht um Entgegennahme der Erklärung im Wege der *Rechtshilfe* nach § 2 FGG ersucht, so kann die Ausschlagung dem ersuchten Gericht gegenüber innerhalb der Frist mit derselben Wirkung erklärt werden wie gegenüber dem Nachlaßgericht. Es schadet nichts, wenn sie bei diesem erst nach Ablauf der Frist eingeht (BayObLG RJA 16, 48; BayObLGZ 1952, 291, 296; BGB-RGRK/ JOHANNSEN Rn 13; MünchKomm/LEIPOLD Rn 8; **aM** PLANCK/FLAD Anm 1 b; SOERGEL/STEIN Rn 10).

19 3.   Die Ausschlagungserklärung muß zur **Niederschrift des Nachlaßgerichts** oder diesem gegenüber in **öffentlich beglaubigter Form** abgegeben werden. Letzerenfalls ist für das Wirksamwerden Zugang nach § 130 Abs 3 notwendig. Wegen der Gesamtvertretung des Kindes durch die Eltern (§ 1629 Abs 1 S 2) ist die nur von einem Elternteil namens des Kindes formgerecht erklärte Ausschlagung auch dann nicht wirksam, wenn der andere Elternteil formlos zustimmt; § 182 Abs 2 ist unanwendbar (PALANDT/EDENHOFER Rn 2). Für die Entgegennahme der Erklärung durch das Nachlaßgericht, gleich ob zur Niederschrift oder in öffentlich beglaubigter Form, wird nach § 112 Abs 1 Nr 2 KostO ein Viertel der vollen Gebühr erhoben.

20 Zuständig für die Aufnahme der Niederschrift ist der *Rechtspfleger* (§ 3 Nr 1 f RpflG); wegen der Erfordernisse der Niederschrift verweist Abs 2 auf das BeurkG (dort vor allem §§ 8 ff). Für die öffentliche Beglaubigung sind die *Notare* zuständig; das Verfahren richtet sich nach §§ 39 f BeurkG. Die Kosten der Beglaubigung fallen dem Erklärenden zur Last, nicht dem Nachlaß. Für die Beglaubigung der Unterschrift wird ein Viertel der vollen Gebühr, höchstens aber 250,- DM berechnet (§ 45 Abs 1 S 1 KostO).

21 Erklärt eine *Behörde* die Ausschlagung, bedarf es der öffentlichen Beglaubigung nicht, wenn die Erfordernisse einer öffentlichen Urkunde nach §§ 415, 417 ZPO erfüllt sind (BGHZ 45, 362, 365 f zur Einwilligung des Jugendamtes gem § 1706 Abs 2 aF). Erforderlich ist die sachliche Zuständigkeit der Behörde (§ 415 Abs 1 ZPO: „innerhalb der Grenzen ihrer Amtsbefugnisse"), nach BGH aaO auch die Berechtigung des Erklärenden, die Behörde insoweit nach außen zu vertreten. Die Notwendigkeit einer eigenhändigen Unterschrift des Erklärenden folgt hier, da besondere Formvorschriften (§ 415 Abs 1 ZPO: „in der vorgeschriebenen Form aufgenommen") nicht eingreifen und die Unterschrift nicht zum Wesen der öffentlichen Urkunde gehört, daraus, daß die Beglaubigung durch den Notar, die durch die öffentliche Urkunde ersetzt werden soll, schon die Unterschrift des Erklärenden voraussetzt (§§ 39 f BeurkG). Das Gesagte hat vor allem Bedeutung für die Auschlagung, die das *Jugendamt* als Amtspfleger (§ 1709) oder Amtsvormund (§§ 1791 b, c) erklärt (LG Essen DAV 1984, 921; LG Braunschweig Rpfleger 1987, 456; LG Osnabrück Rpfleger 1988, 313; LG Kiel Rpfleger 1990, 420; SOERGEL/STEIN Rn 12), gilt aber auch für eine Ausschlagung, die der Fiskus als eingesetzter Erbe (dazu § 1942 Rn 17) erklärt.

1. Titel. Annahme und Ausschlagung der Erbschaft.
Fürsorge des Nachlaßgerichts

§ 1945
22–25

4. Vollmachtsnachweis

Die Ausschlagung durch einen Bevollmächtigten verlangt eine öffentlich beglaubigte **22** Vollmacht (Abs 3 S 1). Die Vollmachtsurkunde muß nicht schon bei Erklärung der Ausschlagung vorgelegt werden, sondern kann bis zum Ablauf der Ausschlagungsfrist nachgereicht werden (Abs 3 S 2); eine Zurückweisung der Ausschlagungserklärung durch das Nachlaßgericht nach § 174 kommt daher nicht in Betracht (BGB-RGRK/Johannsen Rn 17).

5. Empfangsbestätigung

Das Nachlaßgericht hat auf Verlangen den Empfang der bei ihm eingereichten Aus- **23** schlagungserklärung zu bestätigen. Bei Erklärung zur Niederschrift des Nachlaßgerichts hat es dem Ausschlagenden darüber auf Antrag ein Zeugnis auszustellen, das sich auf die Tatsache der abgegebenen Erklärung beschränken muß (KGJ 35 A 60, 63).

IV. Fälle mit Auslandsberührung

Für eine im *Ausland* abgegebene Ausschlagungserklärung genügt nach Art 11 Abs 1 **24** EGBGB die Wahrung der vom Ortsrecht für die Ausschlagung verlangten Form, zB für eine in der Schweiz abgegebene Erklärung gem Art 570 Abs 1 ZGB die einfache Schriftform (PALANDT/EDENHOFER Rn 6 bezeichnet das zu Unrecht als str); unentbehrlich ist aber der Zugang der Erklärung bei dem nach deutschem Recht zuständigen Nachlaßgericht (zu beidem STAUDINGER/FIRSCHING[12] Vorbem 300 zu Art 24 aF EGBGB).

Die Vorschriften über die Ausschlagung und damit auch die Erforderlichkeit einer **25** Erklärung gegenüber dem Nachlaßgericht gelten auch, soweit auf Grund von *Nachlaßspaltung* (wegen Rückverweisung des nach Art 25 Abs 1 EGBGB maßgeblichen ausländischen Rechts hinsichtlich im Inland belegenen Vermögens [dazu STAUDINGER/ FIRSCHING[12] Art 25 aF EGBGB Rn 46 ff; EBENROTH Rn 1237 f] oder infolge von Rechtswahl gem Art 25 Abs 2 EGBGB) das BGB nur auf einen Teil des Nachlasses anzuwenden ist. Der praktisch wichtigste Fall der Nachlaßspaltung ergab sich aus der Geltung zweier verschiedener Erbrechtsordnungen (BGB/ZGB) in Deutschland für die Zeit vom 1. 1. 1976 bis zum 2. 10. 1990 (hierzu STAUDINGER/RAUSCHER[12] Art 235 § 1 EGBGB Rn 7 ff; SCHOTTEN/JOHNEN DtZ 1991, 227 ff, jeweils mwN). Ist bei Nachlaßspaltung das Erbrecht des BGB nur wegen der Belegenheit von Vermögen anzuwenden, so ist nach § 73 Abs 3 FGG jedes inländische Nachlaßgericht, in dessen Bezirk sich solches Vermögen befindet, für die Entgegennahme der Ausschlagungserklärung zuständig. Die Zuständigkeit des Nachlaßgerichts zur Erteilung eines gegenständlich beschränkten Erbscheins nach § 2369 begründet als solche noch keine Zuständigkeit zur Entgegennahme der Ausschlagung (aM MünchKomm/LEIPOLD Rn 10), da es in den Fällen dieser Vorschrift bei der Anwendbarkeit des fremden Erbrechts bleibt (zur Ausschlagung, wenn DDR-Recht anzuwenden ist, s Rn 26 f).

§ 1945
26—29

5. Buch
2. Abschnitt. Rechtliche Stellung des Erben

V. DDR-Recht

26 Nach § 403 Abs 2 ZGB der DDR konnte die Ausschlagung der Erbschaft durch notariell beglaubigte Erklärung gegenüber jedem staatlichen Notariat erklärt werden (zur Ausschlagungsfrist, auch nach dem EinigsV, vgl § 1944 Rn 31 f).

27 War in der Zeit vom 1. 1. 1976 bis zum 2. 10. 1990 auf den Erbfall insgesamt oder wegen § 25 Abs 2 RAG (DDR) auf das in der DDR belegene unbewegliche Vermögen das dort geltende Recht anzuwenden, so entsprach eine Ausschlagung, die gegenüber einem Nachlaßgericht in der Bundesrepublik erklärt wurde, nicht der gesetzlich vorgeschriebenen Form und war daher unwirksam (§ 66 Abs 2 iVm § 48 Abs 2 ZGB). Das ist ganz hM (BayObLGZ 1991, 103 = NJW 1991, 1237 f; LG Bonn Rpfleger 1991, 507; Notariat Baden-Baden Rpfleger 1991, 252; KG Rpfleger 1992, 158 f; Köster Rpfleger 1991, 99; Dörner IPRax 1991, 395; Adlerstein/Desch DtZ 1991, 198; Bestelmeyer Rpfleger 1992, 325 f; Wasmuth DNotZ 1992, 12 f). Die Gegenansicht, die eine Zuständigkeit bundesrepublikanischer Nachlaßgerichte in § 73 FGG begründet sah (MünchKomm/Birk Art 25 EGBGB Rn 378), verkennt, daß es auf die Wirksamkeit der Ausschlagung nach DDR-Recht ankam und der dem Art 11 Abs 1 EGBGB entsprechende § 16 RAG (DDR) nur für die Form der Erklärung, nicht jedoch für die behördliche Empfangszuständigkeit galt. Eine in der Bundesrepublik notariell beglaubigte oder zur Niederschrift des Nachlaßgerichts erklärte Ausschlagung war also nur dann wirksam, wenn sie innerhalb der Ausschlagungsfrist einem staatlichen Notariat der DDR zugeleitet wurde. Die Unwirksamkeit ist auch nicht durch Art 231 § 7 Abs 1 EGBGB geheilt. Nach dieser Vorschrift sind zwar (Beurkundungen und) Beglaubigungen durch Notare im Geltungsbereich des Grundgesetzes auch dort wirksam, wo das DDR-Recht (Beurkundung oder) Beglaubigung durch das dortige staatliche Notariat verlangte. Damit würde jedoch nur das Erfordernis der notariellen Beglaubigung erfüllt – auf das es wegen § 16 RAG (DDR) nicht mehr ankam – , nicht aber das in § 403 Abs 2 ZGB ausdrücklich aufgestellte weitere Erfordernis der Erklärung gegenüber dem staatlichen Notariat (übersehen von KG DtZ 1993, 89 f = FamRZ 1993, 611).

VI. Verpflichtung zur Ausschlagung

28 Eine *vertragliche* Verpflichtung zur Ausschlagung ist grundsätzlich möglich und bedarf keiner Form, kann allerdings nur durch formgerechte Erklärung erfüllt werden (RG HRR 1929 Nr 292). Zu Lebzeiten des Erblassers ist aber § 312 zu beachten, der auch die Verpflichtung zu Annahme oder Ausschlagung betrifft (unstr, vgl nur Palandt/Heinrichs § 312 Rn 2). § 312 Abs 2 verlangt für Verträge unter gesetzlichen Erben über ihren gesetzlichen Erbteil die notarielle Beurkundung, und § 312 Abs 1 erklärt solche Verträge im übrigen, dh wenn sie unter Testaterben oder zwischen Erben und Dritten oder hinsichtlich eines über den gesetzlichen Erbteil hinausgehenden Erbteils geschlossen werden, für nichtig. Umdeutung einer nach § 312 Abs 1 nichtigen Verpflichtung zur Ausschlagung in einen Erbverzicht (dafür Riedel JurBüro 1980, 1282, 1289) kommt nicht in Betracht, da der Erbverzichtsvertrag nur mit dem Erblasser selbst geschlossen werden kann und eine gegenüber dem Erblasser eingegangene Verpflichtung zur Ausschlagung unschwer als Erbverzicht auszulegen wäre.

29 Eine *gesetzliche* Verpflichtung zur Ausschlagung besteht nicht. Sie kann auch nicht aus den Verboten der Vorteilsannahme in § 43 BRRG, § 70 BBG, § 10 BAT oder § 14 HeimG abgeleitet werden. Soweit die Erbeinsetzung von Heimträgern oder Pflegepersonen wegen Verstoßes gegen § 14 Abs 1 bzw 5 HeimG nichtig sein sollte (vgl BVerwG NJW 1990, 2268; BayObLG NJW 1992, 55 ff; FamRZ 1993, 479), stellt sich die Frage nach Annahme oder Ausschlagung der Erbschaft nicht. Ist die Erbeinsetzung aber wirksam, schließt es die der Anerkennung eines gültigen Erblasserwillens zugrunde liegende Wertung aus, die Annahme als verboten iS von § 134 (so aber RUF/HÜTTEN BayVBl 1978, 41; STACH NJW 1988, 947 für die oa Normen des öffentlichen Dienstrechts; dagegen zutr SOERGEL/STEIN § 1943 Rn 7) und die Ausschlagung als geboten anzusehen (iE ebenso BayObLG NJW 1992, 57; KUNZ/RUF/WIEDEMANN, HeimG[6] § 14 Rn 24). Eine Verpflichtung zur Ausschlagung wäre (entgegen MünchKomm/LEIPOLD §1943 Rn 11) auch de lege ferenda nicht erwägenswert, weil der Erbanfall nach § 1942 von selbst eintritt und durch Nichtausschlagung innerhalb der Ausschlagungsfrist auch dann endgültig wird, wenn eine Pflicht zur Ausschlagung bestände, aber nicht erfüllt wird.

VII. Vermächtnis, Erbersatzanspruch

Die Ausschlagung eines Vermächtnisses erfolgt gegenüber dem Beschwerten (§ 2180 **30** Abs 2), die des Erbersatzanspruches entsprechend (§ 1934 b Abs 2 S 1) gegenüber dem Erben als Schuldner (STAUDINGER/WERNER § 1934 b Rn 18).

§ 1946

Der Erbe kann die Erbschaft annehmen oder ausschlagen, sobald der Erbfall eingetreten ist.

Materialien: E I § 2033; II § 1823; III § 1922;
Mot V 503 f; Prot V 624 ff.

1.   Allgemeines

Der E I wollte die Annahme und Ausschlagung grundsätzlich erst nach dem Beginn **1** der Ausschlagungsfrist zulassen, weil die volle Klarheit des Erben über die maßgebenden Verhältnisse, insbes über den Grund des Anfalls, die Vorbedingung einer so wichtigen Entscheidung sei. Die 2. Kommission hat das geändert, um einer überflüssigen Bevormundung des Erben vorzubeugen (Prot V 625). Die Bedenken der 1. Kommission (Mot V 503 f) gegen die Zulassung der Erklärung schon mit dem Erbfall sind durch § 1949 beseitigt. Demnach ist Voraussetzung für die Abgabe der Erklärung nach § 1946 nur, daß der Erbfall (Tod oder Todeserklärung des Erblassers) bereits eingetreten ist.

2.   Eine **vor dem Erbfall** erklärte Annahme oder Ausschlagung ist wirkungslos; sie **2** müßte nach dem Anfall wiederholt werden. Vorher kommt nur ein Erbverzicht (§ 2346) oder ein Vertrag nach § 312 Abs 2 in Frage.

3.   **Nach dem Erbfall** kann der Erbe wirksam annehmen oder ausschlagen, selbst **3**

wenn er noch keine Kenntnis vom Anfall und Berufungsgrund erlangt hat, die Voraussetzungen für den Beginn der Ausschlagungsfrist in seiner Person also noch nicht
gegeben sind (RGZ 80, 377, 379 ff). Ebensowenig ist bei Berufung durch letztwillige
Verfügung deren Verkündung nötig (anders ALR I 12 § 242).

4 4.   Der **Nachberufene**, dh der Ersatzerbe oder der nächstfolgende gesetzliche
Erbe, kann auch schon vor dem Wegfall des vor ihm zur Erbfolge Berufenen annehmen oder ausschlagen, da § 1946 die Erklärung nicht von dem Anfall an ihn, sondern
vom Erbfall abhängig macht. Insoweit hat die Erklärung bedingten Charakter. Es
handelt sich aber um keine echte (rechtsgeschäftliche) Bedingung, sondern nur um
eine gesetzliche Voraussetzung der Wirkung (Rechtsbedingung). § 1947 bezieht sich
nur auf rechtsgeschäftliche Bedingungen (BGB-RGRK/JOHANNSEN § 1947 Rn 1; Münch-
Komm/LEIPOLD Rn 2; ERMAN/SCHLÜTER Rn 1).

5 5.   Für den **nasciturus** können die Eltern oder ein Pfleger nach § 1912 schon die
Annahme oder Ausschlagung erklären, da nur der Erbfall und nicht der Anfall an
den Berufenen vorausgesetzt ist (vgl ie § 1945 Rn 6 f; ferner PETER Rpfleger 1988, 107; OLG
Stuttgart Rpfleger 1993, 157; SOERGEL/STEIN Rn 2; MünchKomm/LEIPOLD § 1923 Rn 19; aA AG
Recklinghausen, Rpfleger 1988, 106; AG Schöneberg Rpfleger 1990, 362; LG Berlin Rpfleger 1990,
363; PALANDT/EDENHOFER Rn 2; AK/DERLEDER Rn 2); daß seine Lebendgeburt und damit
auch seine Erbenstellung noch ungewiß sind, steht nicht entgegen, ebensowenig wie
die Ungewißheit der Erbenstellung beim Ersatzerben und beim bedingt eingesetzten
Nacherben. Entgegen LINDE (BWNotZ 1988, 55) gilt das nicht nur für die Ausschlagung, sondern auch für die Annahme; denn diese ist nichts weiter als der Verzicht auf
das Ausschlagungsrecht, und die Befugnis zu dessen Ausübung steht dem gesetzlichen Vertreter in vollem Umfang zu. Die Ausschlagungsfrist beginnt selbstverständlich nicht vor der Geburt (§ 1944 Rn 17; vgl im übrigen zum Anfall an den nasciturus § 1942
Rn 9).

6 6.   Eine als Erbe eingesetzte **juristische Person** kann schon vor der Erteilung der
staatlichen Genehmigung zum Erwerb der Erbschaft nach Art 86 EGBGB wirksam
ausschlagen (OLG Marienwerder ZBlFG 1912, 155 Nr 113; KGJ 40, 25; zum Geltungsbereich
dieses landesrechtlichen Genehmigungserfordernisses vgl § 1942 Rn 6 f).

7 7.   Der **Pflichtteilsberechtigte** kann im Falle des § 2306 Abs 1 S 2 den Erbteil schon
ausschlagen, bevor er von seiner Beschränkung Kenntnis erlangt.

8 8.   Auch der **Nacherbe** kann nach § 2142 schon vor dem Eintritt der Nacherbfolge
ausschlagen. Das gilt nach der zutreffenden Ansicht des Reichsgerichts (RGZ 80, 377,
379 ff) für die Annahme ebenso (zust BayObLG BayZ 1915, 77; BayObLGZ 1962, 239, 241;
KIPP/COING § 50 II 1; BGB-RGRK/JOHANNSEN Rn 3; ERMAN/SCHLÜTER Rn 1; aM KIPP § 92
Anm 13 mwN).

§ 1947

**Die Annahme und die Ausschlagung können nicht unter einer Bedingung oder einer
Zeitbestimmung erfolgen.**

1. Titel. Annahme und Ausschlagung der Erbschaft.
Fürsorge des Nachlaßgerichts

§ 1947
1—4

Materialien: E I § 2035; II § 1824; III § 1923;
Mot V 505; Prot V 627.

I.   Zweck und Bedeutung der Vorschrift

Um klare Verhältnisse zu schaffen, erklärt das Gesetz übereinstimmend mit den **1**
früher geltenden Rechten (Mot V 505) die Annahme und Ausschlagung für *bedin-*
gungs- und *befristungsfeindlich.* Das gilt auch für die stillschweigende Annahme
durch Willensbetätigung *(pro herede gestio),* ebenso für die Annahme und Ausschlagung eines Vermächtnisses (§ 2180 Abs 2) und für die Annahme und Ablehnung des
Testamentsvollstreckeramtes (§ 2202).

II.   Begriff der Bedingung

1.   Unter Bedingung ist nur die **rechtsgeschäftliche Bedingung,** dh die kraft Partei- **2**
willens einer Erklärung zugefügte inhaltliche Beschränkung zu verstehen, welche die
Wirkungen des Rechtsgeschäfts von einem ungewissen künftigen Umstand abhängig
macht, nicht aber die sogenannte Rechtsbedingung, die nur eine gesetzliche Voraussetzung der Rechtswirkung ist (hM, vgl BGB-RGRK/Johannsen Rn 1; Planck/ Flad Anm
1; aM Kipp § 53 VI). Unbedenklich ist, wenn der Erbe eine solche Voraussetzung in
seiner Erklärung noch besonders zum Ausdruck bringt, etwa für den Fall die
Annahme erklärt, daß der Erblasser gestorben oder er in dem vorliegenden Testament wirksam zum Erben eingesetzt sei. Dagegen wäre eine unzulässige echte
Bedingung der Zusatz „falls mir die Erbschaftsteuer erlassen wird" oder „falls die
Erbschaft nicht überschuldet ist".

2.   Ob die Annahme oder Ausschlagung **für den Fall der Berufung aus einem 3**
bestimmten Grunde zulässig ist, ist sehr bestritten, richtiger Ansicht nach aber zu
bejahen. In einem solchen Falle handelt es sich zwar um eine Bedingung, aber um
eine sogenannte unechte oder Scheinbedingung, bei der lediglich eine subjektive
Ungewißheit des Erklärenden besteht, aber objektiv bereits feststeht, ob angenommen oder ausgeschlagen ist. Es fehlt der für die echte Bedingung kennzeichnende
Schwebezustand; der gesetzliche Grund des Bedingungsverbotes fällt also weg.
Außerdem ergibt sich aus § 1948 unzweideutig, daß der Ausschlagende seine Erklärung auf einen bestimmten Berufungsgrund beschränken kann. Ist der bei der
Annahme oder Ausschlagung angegebene Berufungsgrund richtig, so ist die Erklä-
rung wirksam. Andernfalls ist sie gegenstandslos.

Zu beachten bleibt aber, daß die Beifügung des Berufungsgrundes nicht ohne wei- **4**
teres als inhaltliche Beschränkung verstanden werden darf, sondern oft nur die
Bedeutung eines unschädlichen Zusatzes hat. Folgerichtig wird man die auf einen
bestimmten Berufungsgrund beschränkte Erklärung auch dann für zulässig halten
müssen, wenn sich erst in Zukunft entscheidet, ob der Berufungsgrund eintritt (zB
durch Wegfall vorher Berufener, Eintritt des Nacherbfalls). Insofern handelt es sich
um eine Rechtsbedingung (ähnlich BGB-RGRK/Johannsen Rn 1; Planck/Flad Anm 2; F
Leonhard Anm II; Kipp § 55 Fn 3 b; aM Binder I 108; OLG Dresden SeuffBl 1907, 499).

Gerhard Otte

§ 1947, 5–10
§ 1948

5. Buch
2. Abschnitt. Rechtliche Stellung des Erben

5 3. Die **Ausschlagung zugunsten eines Dritten** kann verschiedene Bedeutung haben:

a) Wird durch die Äußerung der Erwartung, daß die Erbschaft einem bestimmten Dritten zufalle, lediglich der *Beweggrund* der Ausschlagung angegeben, so ist dieser Zusatz unschädlich und die Ausschlagung wirksam (SOERGEL/STEIN Rn 2).

6 **b)** Erfolgt sie *schlechthin zugunsten der nach dem Gesetz* infolge der Ausschlagung *Berufenen* (§ 1953 Abs 2), so ist der Zusatz wiederum bedeutungslos; der Anfall an diese ist eine gesetzliche Wirkung der Ausschlagung.

7 **c)** Erfolgt sie *nur für den Fall, daß die Erbschaft an einen bestimmten Dritten* gelangen werde, so liegt eine unzulässige Bedingung vor. Denn selbst wenn die Erbschaft diesem anfallen würde, bliebe immer noch ungewiß, ob er sie endgültig behalten würde; so ist zB die Ausschlagung der Abkömmlinge „nur zugunsten der Witwe" nicht als wirksam anerkannt worden, weil diese nach dem Gesetz nicht als Alleinerbin nach Wegfall des Ausschlagenden in Betracht kam (KG DJZ 1927, 323; vgl ferner OLG Bamberg OLGE 6, 171; KG OLGE 24, 99, 100; KG JW 1933, 2067; KGJ 35 A 63, 64; BayObLG Rpfleger 1982, 69).

8 **d)** Falls die Ausschlagung dahin gedeutet werden kann, daß der Ausschlagende die Erbschaft *dem Dritten überlassen* will, so kann darin uU die Annahme der Erbschaft gefunden werden unter Zufügung der Erklärung, sie an den Dritten veräußern zu wollen (§§ 2371, 2385; KGJ 35 A 63, 65; SOERGEL/STEIN Rn 2; AK/DERLEDER Rn 1).

9 **e)** Falls die Begünstigten die unter b) bezeichneten Personen sind, kann ein vor Ablauf der Ausschlagungsfrist mit ihnen geschlossener Vertrag auch die Bedeutung haben, daß der erstberufene Erbe sich *verpflichten* will, in vorgeschriebener Form und Frist *auszuschlagen*. Ein solcher Vertrag bedarf keiner Form (OLG München OLGE 26, 288).

10 4. Wegen **Unzulässigkeit der Beschränkung** der Annahme und Ausschlagung auf einen Teil der Erbschaft vgl § 1950.

§ 1948

[1] **Wer durch Verfügung von Todes wegen als Erbe berufen ist, kann, wenn er ohne die Verfügung als gesetzlicher Erbe berufen sein würde, die Erbschaft als eingesetzter Erbe ausschlagen und als gesetzlicher Erbe annehmen.**

[2] **Wer durch Testament und durch Erbvertrag als Erbe berufen ist, kann die Erbschaft aus dem einen Berufungsgrund annehmen und aus dem anderen ausschlagen.**

Materialien: E I § 2038 Abs 1, 2; II § 1825; III § 1924; Mot V 508 ff; Prot V 628 f.

I.   Allgemeines

§ 1948 betrifft die Fälle, daß jemand zu der ganzen Erbschaft oder zu einem und **1** demselben Erbteil *aus verschiedenen Gründen* (Testament oder Gesetz, Erbvertrag oder Gesetz, Testament oder Erbvertrag) berufen ist, nicht den Fall, daß jemand *zu mehreren Erbteilen* berufen ist; dieser wird durch § 1951 geregelt. Zu beachten ist ferner, daß die Ausschlagung sich nach § 1949 Abs 2 im Zweifel auf alle dem Erben zur Zeit der Erklärung bekannten Berufungsgründe erstreckt. Der Erbe muß sich deshalb das Recht, die Erbschaft aus einem ihm bekannten anderen Grunde auszuschlagen, vorbehalten. Man hat bei § 1948 Abs 1 an die Möglichkeit gedacht (Mot V 509), daß in der letztwilligen Verfügung Vermächtnisse und Auflagen oder sonstige Beschwerungen nur für den Fall vorgesehen sind, daß der Berufene die Erbschaft als eingesetzter Erbe erwirbt, nicht aber, wenn er sie in dieser Eigenschaft ausschlägt und als gesetzlicher Erbe annimmt. Im Regelfall, sofern nicht ein anderer Wille des Erblassers anzunehmen ist, bleiben Vermächtnisse und Auflagen auch bei der gesetzlichen Erbfolge bestehen (§§ 2161, 2192). Gleiches gilt nach § 2085 für andere Beschränkungen, wie zB die Anordnung einer Nacherbschaft (§ 2100), Übertragung von Pflichtteilslasten (§ 2324), Ernennung eines Testamentsvollstreckers (§ 2197) und Teilungsanordnungen.

II.   Abs 1

1.   Voraussetzung des Abs 1 ist, daß der durch Verfügung von Todes wegen (Testa- **2** ment oder Erbvertrag) Berufene ohne die fragliche Verfügung als gesetzlicher Erbe berufen sein würde. Das Wort „Verfügung" meint in diesem Zusammenhang nicht das Testament oder den Erbvertrag als Ganzes, sondern aus der Gesamtheit der von dem Erblasser von Todes wegen getroffenen Verfügungen einzig diejenige, welche die Einsetzung des später Ausschlagenden zum Inhalt hat. Nur wenn bei Wegfall dieser und Bestehenbleiben aller anderen Verfügungen, die der Erblasser sonst getroffen haben mag, der Ausschlagende kraft Gesetzes Erbe wäre, ist § 1948 erfüllt (Holzhauer 88). Hieran fehlt es nach ganz hM, wenn der Erblasser für den Fall des Wegfalls des Ausschlagenden einen Ersatzerben (§ 2096) eingesetzt hatte, ferner in den Fällen der vermuteten Ersatzerbschaft, §§ 2069, 2102 Abs 1, und der Anwachsung, § 2094 (RG LZ 1923, 451; KGJ OLGE 21, 302; KG RJA 16, 39; OLG Frankfurt NJW 1955, 466 und Rpfleger 1969, 386; Palandt/Edenhofer Rn 2; Erman/Schlüter Rn 3; Soergel/Stein Rn 2; BGB-RGRK/Johannsen Rn 6; Holzhauer 89; **aM** Unger Recht 1904, 277).

Somit bleiben für die Anwendung des § 1948 nur die Fälle übrig, in denen jemand, **3** ohne daß für ihn ein *Ersatzerbe* bestimmt ist, *zum Alleinerben eingesetzt* ist oder *als eingesetzter Erbe nur gesetzliche Miterben* hat (Fall des § 2088 Abs 1) oder *zwar eingesetzte Miterben* hat, die *Anwachsung jedoch* nach § 2094 Abs 2 oder 3 *ausgeschlossen* ist. In allen übrigen Fällen führt die Ausschlagung der Erbeinsetzung dazu, daß der Ausschlagende nicht etwa gesetzlicher Erbe wird, sondern überhaupt nicht erbt. Dies kann dem juristisch unberatenen Erben gefährlich werden, da der Irrtum über die Rechtsfolge als bloßer Motivirrtum nicht zur Anfechtung der Ausschlagung berechtigt (BGB-RGRK/Johannsen Rn 6; MünchKomm/ Leipold Rn 3).

Bleibt der durch letztwillige Verfügung *zugewandte Erbteil hinter dem gesetzlichen* **4** *zurück,* so liegt hierin eine Enterbung hinsichtlich der Differenz (Holzhauer 101, 106).

Das gesetzliche Erbrecht ist gemäß § 1938 BGB dann insoweit ausgeschlossen, wie es den ausgeschlagenen zugewandten Erbteil übersteigt (SCHRAMM DNotZ 1965, 734 f). Die von STROBL (DNotZ 1965, 337, 340) vertretene Ansicht, § 1948 BGB finde nur Anwendung, wenn der ausgeschlagene Erbteil gleich groß sei wie der gesetzliche, ist abzulehnen (SCHRAMM aaO; SOERGEL/STEIN Rn 3; MünchKomm/LEIPOLD Rn 4).

5 **2.** Die **praktische Bedeutung** des § 1948 ist gering. Nur für die Fallgestaltung unter d) sowie, wenn man der hM folgt, für die unter f) hat die Vorschrift eine mehr als nur theoretische Funktion. Sie könnte ohne weiteres entbehrt werden, zumal die durch sie bedingte Unsicherheit durch den Wert des gewährten Wahlrechts nicht aufgewogen wird. Die Frage nach dem Wahlrecht des Abs 1 stellt sich in folgenden Situationen (hierzu jetzt auch HOLZHAUER 85 ff):

6 **a)** Der Erbe kann ein *ideelles Interesse* daran haben, die Erbschaft nicht als testamentarischer, sondern als gesetzlicher Erbe zu erwerben. Dem kann jedoch ein persönliches Interesse des Erblassers gegenüberstehen, daß der Bedachte nur als Testamentserbe in Betracht kommen soll (ähnlich HOLZHAUER 100 u 107). Wenn dieses im Testament Anklang gefunden hat, liegt neben der Erbeinsetzung auch ein Ausschluß von der gesetzlichen Erbfolge vor und ist daher § 1948 nicht anwendbar.

7 **b)** Der Erbe kann sich uU von den ihm auferlegten *Belastungen* befreien, wenn diese ihn nach dem Willen des Erblassers nur als eingesetzten Erben treffen sollen, allerdings nach dem bei Rn 1 Gesagten ein seltener Fall (vgl HOLZHAUER 107).

8 **c)** STAUDINGER/LEHMANN[11] Rn 2 hatte vertreten, der Erbe könne seine Lage evtl dadurch verbessern, daß er in seiner Eigenschaft als gesetzlicher Erbe und Abkömmling einen *Ausgleichsanspruch* hinsichtlich Zuwendungen nach § 2050 gegen einen anderen gesetzlichen Miterben erlange (ebenso LANGE/KUCHINKE § 8 VI 2 a; ERMAN/SCHLÜTER Rn 2). Demgegenüber weist HOLZHAUER (107 ff, 114) zu Recht auf die Regelung des § 2052 und darauf hin, daß der *Ausschlagende* auf dem Weg über § 1948 keine höhere Nachlaßbeteiligung als die ihm vom Erblasser zugedachte erreichen darf und kann (ebenso SOERGEL/STEIN Rn 3).

9 **d)** Wenn der Erbe *auf mehr als seinen gesetzlichen Erbteil eingesetzt* ist, kann er über § 1948 mit anderen gesetzlichen Erben eine Teilung erreichen, die ohne diese Vorschrift an § 1950 scheitern würde. Für die Ausschlagung des Zugewandten können verwandtschaftliche Erwägungen, aber auch die Absicht, die Erbschaftsteuerlast zu verringern, sprechen (vgl SOERGEL/STEIN Rn 3; MünchKomm/LEIPOLD Rn 6).

10 **e)** Der eingesetzte Ehegatte kann erreichen, daß ihm als gesetzlichem Erben der *Voraus* (§ 1932) zufällt (vgl STAUDENMAIER DNotZ 1965, 68, 72; HOLZHAUER 115 ff; SOERGEL/STEIN Rn 3). Doch gilt auch hier, daß ein etwaiger gegenteiliger Wille des Erblassers, sofern er im Testament Anklang gefunden hat, Vorrang hat. Ist der Ehegatte zum Alleinerben eingesetzt, so ist der Pflichtteil der Abkömmlinge oder Eltern des Erblassers vom ganzen Nachlaß zu berechnen, also einschließlich des Voraus. Durch die Ausschlagung der Erbschaft als testamentarischer Erbe wird der Ehegatte gesetzlicher Erbe; sind Pflichtteilsberechtigte von der Erbfolge ausgeschlossen, so bleibt nun bei der Berechnung ihres Pflichtteils der Voraus nach § 2311 Abs 1 S 2 außer Ansatz (DREWES JW 1925, 2105; STROBL DNotZ 1965, 337, 340; nach HOLZHAUER 125 soll es zur Erzielung dieses Ergebnisses des Umweges über § 1948 jedoch nicht bedürfen). Jedoch ist zu beachten, daß der Erblasser zugun-

1. Titel. Annahme und Ausschlagung der Erbschaft.
Fürsorge des Nachlaßgerichts

§ 1948
11—14

sten der Pflichtteilsberechtigten (auch stillschweigend) anordnen kann, daß abweichend vom Gesetz der Voraus bei der Ermittlung des Nachlaßwertes einzubeziehen ist (Holzhauer aaO).

f) Der in einem gemeinschaftlichen Testament *wechselbezüglich* (§ 2270) einge- **11** setzte Ehegatte soll nach verbreiteter Ansicht (Drewes JW 1925, 214 f; Schramm DNotZ 1965, 735; Ruhe, Möglichkeiten und Grenzen rechtsgeschäftlicher Vorsorgemaßnahmen für den Todesfall durch den aufgrund eines gemeinschaftlichen Testaments gebundenen Ehegatten [Diss Bielefeld 1978] 19; Lange/Kuchinke § 8 VI a; Erman/Schlüter Rn 2; Soergel/Stein Rn 2; Palandt/Edenhofer § 2271 Rn 17; AK/Däubler § 2271 Rn 17; Tiedtke FamRZ 1991, 1259) die freie Verfügungsbefugnis über sein Vermögen wiedererlangen, „wenn er nach § 2271 Abs 2 S 1 HS 2 die testamentarische Erbschaft ausschlägt und als gesetzlicher Erbe annimmt" (Staudinger/Lehmann[11] Rn 2); zT wird das jedenfalls dann bejaht, wenn der gesetzliche Erbteil erheblich geringer ist als der testamentarische (OLG München DNotZ 1937, 338; KG OLGZ 1991, 7; Strohal I 342 f; Staudinger/Kanzleiter § 2271 Rn 43; Kipp/Coing § 35 Fn 26; BayObLG FamRZ 1991, 1233 bezeichnet das ohne eigene Stellungnahme als hM). Ablehnend gegenüber dem Kriterium eines vom Ausschlagenden zu erbringenden Vermögensopfers zu Recht Battes (Gemeinschaftliches Testament und Ehegattenerbvertrag als Gestaltungsmittel für die Vermögensordnung der Familie [1974] 136 ff). Holzhauer (126 ff, 143) wiederum will darauf abstellen, ob die Auslegung der Verfügung ergibt, daß der Überlebende, ohne auf die Erbschaft nach dem Erstverstorbenen teilweise oder ganz verzichten zu müssen, die Freiheit haben soll, die Verfügung ganz oder teilweise zu widerrufen (ähnlich auch OLG München DNotZ 1937, 338, 340).

Eigene Ansicht: Alle Auffassungen, die eine Ausschlagung bloß des zugewandten **12** Erbteils für die Wiedererlangung der Testierfreiheit ausreichen lassen, nehmen dem Ausschlagenden das Risiko ab, das er eingehen würde, wenn er die eigene Verfügung noch bei Lebzeiten des anderen Ehegatten widerriefe, nämlich daß der andere mit einer Enterbung reagiert. Dies verträgt sich nicht damit, daß bei wechselbezüglichen Verfügungen beide Teile ihre Verfügungsfreiheit im Vertrauen auf die Bindung des anderen beschränken. Der andere soll, wenn er sich von seiner Verfügung löst, der wiedererlangten Verfügungsfreiheit der Gegenseite ausgesetzt sein. Im Lichte dieser für den Widerruf wechselbezüglicher Verfügungen geltenden Rechtslage ist der § 2271 Abs 2 S 1 HS 2 so auszulegen, daß unter dem Zugewendeten das zu verstehen ist, was der vorverstorbene Ehegatte dem Überlebenden durch seine Verfügung nicht nur zugewandt, sondern auch nicht durch Enterbung vorenthalten hat. Eine Ausschlagung nur „als eingesetzter Erbe" ist also keine Ausschlagung iSd § 2271 Abs 2 S 1 HS 2 (iE ebenso AK/Derleder Rn 4). Die hier vertretene Ansicht schafft klare Verhältnisse und trägt deshalb der durch wechselbezügliche Verfügungen erstrebten Rechtssicherheit mehr Rechnung als die hM.

g) Denkbar ist, daß der Berufene die testamentarische Erbschaft *in Unkenntnis seiner Verwandt-* **13** *schaft* mit dem Erblasser ausschlägt; dann kann er später noch auf Grund seiner Verwandtschaft annehmen.

3. **Rechtsfolge** der Ausschlagung als gewillkürter Erbe ist, daß für den Berufenen **14** als gesetzlichen Erben eine neue Ausschlagungsfrist läuft, deren Versäumung als Annahme aus dem Grunde der gesetzlichen Erbfolge gilt (Mot V 508). Den praktischen Unzuträglichkeiten, die sich daraus ergeben, beugt § 1949 Abs 2 vor, indem er die Ausschlagung im Zweifel auf alle dem Erben zZ seiner Erklärung bekannten

§ 1948   5. Buch

15, 16   2. Abschnitt. Rechtliche Stellung des Erben

Berufungsgründe erstreckt. Daraus ergibt sich (vgl Prot V 629), daß durch *eine* Erklärung die Ausschlagung zugleich hinsichtlich aller dem Erben bekannten Berufungsgründe erfolgen kann. Und daraus folgt weiter als Modifikation des Abs 1, daß der durch Verfügung von Todes wegen berufene Erbe, der zZ der Ausschlagung von seiner dadurch eintretenden Berufung als gesetzlicher Erbe Kenntnis hat, die Ausschlagung auf die Berufung als gewillkürter Erbe beschränken muß, um sich die gesetzliche Erbfolge zu wahren (PALANDT/EDENHOFER Rn 2).

III. Abs 2

15 Abs 2 hat eine noch geringere praktische Bedeutung als Abs 1. Er regelt den seltenen Fall, daß jemand durch Testament *und* Erbvertrag berufen ist. Er gibt kein Wahlrecht zwischen der Berufung aus mehreren Testamenten (KG OLGE 42, 127 Fn 1 b) oder mehreren Erbverträgen (BGB-RGRK/JOHANNSEN Rn 11; PALANDT/EDENHOFER Rn 3; MünchKomm/LEIPOLD Rn 11). Zum Verständnis ist davon auszugehen, daß nach § 2289 Abs 1 S 1 eine frühere testamentarische Erbeinsetzung einer Person durch ihre spätere erbvertragliche nicht aufgehoben wird, weil das Recht des vertragsmäßig Bedachten durch sie nicht beeinträchtigt wird. Gleiches gilt, wenn die testamentarische Einsetzung derselben Person ihrer erbvertraglichen nachfolgt (§ 2289 Abs 1 S 2). Soweit Testament und Erbvertrag dasselbe bestimmen, haben sie nebeneinander Geltung. Die Bedeutung des § 1948 Abs 2 zeigt sich nun darin, daß eine auf den einen Berufungsgrund beschränkte Ausschlagung die Annahme aus dem anderen Berufungsgrund nicht ausschließt. Größer scheint die praktische Bedeutung, wenn das Testament besondere Beschränkungen oder Belastungen (Vermächtnisse, Auflagen, Nacherbeinsetzungen) enthält. Der Schein trügt indes. Denn nach § 2289 Abs 1 werden diese besonderen Belastungen durch den Erbvertrag ohnehin aufgehoben bzw unwirksam, während die Erbeinsetzung bleibt. Entsprechendes gilt, wenn der erbvertraglichen Einsetzung später eine testamentarische Einsetzung mit Beschränkungen folgt. Es ist also die Ausschlagung als testamentarischer Erbe gar nicht nötig, um diese Belastungen zu beseitigen. Anders nur, wenn der Wille des Testators dahin geht, daß die Erbeinsetzung ohne die Belastungen nicht wirksam sein solle. Sind umgekehrt im Erbvertrag besondere Beschränkungen enthalten, so bleiben sie nach § 2161 trotz der Ausschlagung der vertragsmäßigen Erbeinsetzung bestehen. Es nützt also die Ausschlagung als erbvertraglicher Erbe dem Ausschlagenden nichts. Anders nur, wenn der Wille des Testators dahin geht, daß das Vermächtnis nur von dem Beschwerten geleistet werden solle.

IV. Auslegungsfragen

16 Die gemeinrechtliche Streitfrage, ob in dem Erwerb aus der einen Berufung eine Ausschlagung der anderen liege (vgl WINDSCHEID/KIPP III § 599 Fn 14), kann nach BGB nicht leicht auftauchen, weil die Ausschlagung nach § 1945 formalisiert ist. Zweifelhaft kann das nur werden, wenn die Annahme in der Form des § 1945 gegenüber dem Nachlaßgericht erklärt ist. Dann liegt eine nach den Umständen des Einzelfalles zu entscheidende Tatfrage vor (OLG Braunschweig OLGE 14, 281). Annahme der gesetzlichen Erbschaft in Kenntnis der Erbeinsetzung spricht für den Willen, letztere auszuschlagen (MünchKomm/LEIPOLD Rn 5). Der Antrag auf Erteilung eines Erbscheins als gesetzlicher Erbe, den ein Testamentserbe stellt, der zugleich gesetzlicher Erbe ist, bedeutet noch keine Ausschlagung als eingesetzter Erbe (RG Recht 1910 Nr 1111; PALANDT/EDENHOFER Rn 1).

§ 1949

[1] Die Annahme gilt als nicht erfolgt, wenn der Erbe über den Berufungsgrund im Irrtume war.

[2] Die Ausschlagung erstreckt sich im Zweifel auf alle Berufungsgründe, die dem Erben zur Zeit der Erklärung bekannt sind.

Materialien: E I § 2038 Abs 3; II § 1826; III § 1925; Mot V 509; Prot V 624 ff, 628 f.

I. Allgemeines

Der E I enthielt bereits in § 2038 Abs 3 S 2 eine dem § 1949 Abs 2 entsprechende **1** Sondervorschrift, aus der sich die Beschränkung der Ausschlagung auf die dem Erben bekannten Berufungsgründe ergab. Dagegen fehlte eine entsprechende Bestimmung über die Annahme. Die 2. Kommission hat diese durch Abs 1 in der Form getroffen, daß sie die Annahme als nicht erfolgt bezeichnet, wenn der Erbe über den Berufungsgrund im Irrtum war. Das entspricht auch dem in § 1944 Abs 2 eingenommenen Standpunkt, daß der Beginn der Ausschlagungsfrist von der Kenntnis des Berufungsgrundes abhängt. Der *Begriff des Berufungsgrundes* ist in § 1949 derselbe wie in § 1944 Abs 2 (wie hier MünchKomm/LEIPOLD Rn 4; AK/DERLEDER Rn 1; **aM** SOERGEL/STEIN Rn 2; ERMAN/SCHLÜTER Rn 2; vgl unten Rn 2, 6 und § 1944 Rn 8 f).

II. Annahme

1. Abs 1 betrifft die **wirklich erklärte Annahme** und stellt sie der in § 1943 für den **2** Fall des Ablaufs der Ausschlagungsfrist fingierten insoweit gleich, als auch hier verlangt wird, daß der Erbe den Berufungsgrund kennt (eine weitere Gleichstellung bringt § 1956). Da die Ausschlagungsfrist vor Kenntnis des Erben vom Berufungsgrund nicht zu laufen beginnt (§ 1944 Abs 2 S 1), kommt eine Anwendung des § 1949 auf die Annahme durch Verstreichenlassen der Ausschlagungsfrist nicht in Betracht (PALANDT/EDENHOFER Rn 3; MünchKomm/LEIPOLD Rn 4). Eine Ausnahme hiervon soll in dem Fall gelten, daß der Erbe „zwar Kenntnis vom Grund der Berufung iSv § 1944 Abs 2 S 1 hat, aber dennoch in einem Irrtum über den (konkreteren) Berufungsgrund iSv § 1949 Abs 1 war" (ERMAN/SCHLÜTER Rn 2). Diese Ansicht beruht auf der oben (§ 1944 Rn 8 f) abgelehnten Auffassung, daß für den Fristbeginn Kenntnis der konkreten Verfügung nicht erforderlich sei (vgl ERMAN/SCHLÜTER § 1944 Rn 5). HAUSER (JherJb 65, 271, 320) will Abs 1 auch auf den Fall anwenden, daß die Ausschlagungsfrist begonnen, aber derjenige, der zur Zeit des Fristablaufs die Ausschlagung zu erklären hätte, vom Erbfall keine Kenntnis hat, was zB vorkommen kann, wenn während des Laufs der Frist der gesetzliche Vertreter wechselt oder der Erbe unbeschränkt geschäftsfähig wird und in dem ersten Falle der neue Vertreter, im zweiten der Erbe

Gerhard Otte

§ 1949
3—6

5. Buch
2. Abschnitt. Rechtliche Stellung des Erben

vom Erbfall nichts weiß. HAUSER setzt die Unkenntnis vom Anfall der Erbschaft einem Irrtum über den Grund der Berufung gleich (hiergegen PLANCK/FLAD Anm 2 c aE). Über den Grund der Berufung kann jedoch nur irren, wer von dem Anfall als solchem weiß und sich somit überhaupt eine Vorstellung macht.

2. Voraussetzung eines bestimmten Berufungsgrundes

3 Da der Annehmende seine Annahme auf einen bestimmten Berufungsgrund beschränken kann und die Annahme, wenn dieser Grund nicht zutrifft, schon nach ihrem Inhalt gegenstandslos ist, kann sich Abs 1 nur auf den Fall beziehen, daß *die Annahme ohne solche Beschränkung, aber in der irrigen Voraussetzung eines in Wahrheit nicht vorhandenen Berufungsgrundes* erfolgt ist. Nach den allgemeinen Bestimmungen der §§ 116 ff würde hier die Anfechtung ausgeschlossen sein, weil (von Betrug und Drohung abgesehen) nur ein unbeachtlicher Irrtum im Beweggrund vorläge (so Mot V 504; STROHAL II § 61 c Fn 4 b). Ob nicht auch unter Umständen ein Inhaltsirrtum vorliegen kann (man denke an den Fall, daß beide Berufungen inhaltlich verschieden waren, zB hinsichtlich einer Testamentsvollstreckung), kann dahingestellt bleiben; denn Abs 1 macht die Annahme der Erbschaft wirkungslos, ohne daß es ihrer Anfechtung bedürfte, behandelt sie also so, als ob sie mit der Beschränkung auf den irrig vorgestellten Berufungsgrund erfolgt wäre. Ein innerer Grund für die Unwirksamkeit ist nicht einzusehen (vgl 4. Denkschr d ErbrA d AkDR 68, wo bloße Anfechtbarkeit vorgeschlagen wurde; ebenso SOERGEL/STEIN Rn 1; BROX Rn 302 ist für Streichung der Vorschrift; MünchKomm/LEIPOLD Rn 1 nennt sie „systemwidrig").

4 Gleichgültig ist, ob die Annahme ausdrücklich oder stillschweigend (durch *pro herede gestio)* erfolgt, ob sie auf den angenommenen Berufungsgrund ausdrücklich Bezug nimmt oder ihn nur stillschweigend voraussetzt. Da der Irrtum über den Berufungsgrund schlechthin die Erklärung unwirksam macht, kommt es auch nicht darauf an, ob der Annehmende bei Kenntnis der Sachlage und verständiger Würdigung des Falles die Annahmeerklärung doch abgegeben haben würde (aA SOERGEL/ STEIN Rn 3; AK/DERLEDER Rn 1). Auch die Entschuldbarkeit des Irrtums spielt keine Rolle. Ebensowenig begründet die Berufung auf ihn eine Ersatzpflicht (§ 122 ist nicht anwendbar). Die Beweislast für den Irrtum trifft den, der sich auf ihn beruft.

III. Ausschlagung

5 Die Wirksamkeit der Ausschlagung wird durch einen Irrtum im Berufungsgrund in gleicher Weise getroffen wie die der Annahme. Denn die Ausschlagung erstreckt sich nach Abs 2 auf alle dem Erben zur Zeit der Erklärung bekannten Berufungsgründe, folglich nicht auf einen ihm wegen Irrtums unbekannten Berufungsgrund (MünchKomm/LEIPOLD Rn 7; LANGE/KUCHINKE § 8 VII 1 e).

IV. Relevanter Irrtum

6 1. Der Erbe **irrt über den Berufungsgrund** (zum Begriff s Rn 1 f und § 1944 Rn 8 f), wenn er eine unrichtige Vorstellung von dem konkreten Tatbestand hat, aus dem sich seine Berufung zur Erbschaft ergibt. Das ist nicht nur der Fall, wenn er sich aufgrund einer Verwandtschaftsbeziehung berufen glaubt, während er in Wahrheit als Ehegatte oder durch Testament berufen ist, sondern auch, wenn er als vermeintlich eingesetz-

ter Erbe infolge Unkenntnis der maßgebenden Verwandtschaftsbeziehungen annimmt, ohne zu wissen, daß er durch Wegfall des Vorberufenen der nächste gesetzliche Erbe ist. Ebenso liegt ein solcher Irrtum vor, wenn er sich aufgrund eines Testaments berufen glaubt, obwohl er durch Erbvertrag berufen ist, und umgekehrt. Ferner dann, wenn er beim Vorliegen mehrerer Testamente oder Erbverträge ein anderes Testament oder einen anderen Erbvertrag als maßgebenden Berufungsgrund ansieht. Wie bei § 1944 Abs 2 S 2 wird man auch bei § 1949 Abs 1 die irrige Vorstellung über unwesentliche Einzelheiten des Tatbestandes als unerheblich bezeichnen müssen und den Irrtum nur insoweit als beachtlich anerkennen dürfen, als er sich auf Umstände bezieht, die für die Identität des Tatbestandes wesentlich sind (PLANCK/FLAD Anm 2; BGB-RGRK/JOHANNSEN Rn 2; ERMAN/ SCHLÜTER Rn 1). Auch ein Rechtsirrtum, also eine falsche rechtliche Würdigung des richtig vorgestellten Tatbestandes, macht die Erklärung unwirksam (RG Recht 1923 Nr 52; OLG Dresden OLGE 16, 265; MünchKomm/LEIPOLD Rn 2).

7 Ist der vermeintliche Erbe *überhaupt nicht berufen,* so ist seine Annahmeerklärung gegenstandslos. Wie nach gemeinem Recht ist als ungültig (weil gegenstandslos) auch eine Annahme zu erachten, die irrtümlich auf einen Erbteil gerichtet ist, auf den die Berufung gar nicht erfolgt ist (WINDSCHEID/KIPP III § 597 Fn 7).

8 **2.** Ein **Irrtum über andere Umstände** als den Berufungsgrund, etwa über die Überschuldung des Nachlasses oder seine Belastung mit Vermächtnissen, kann, abgesehen von § 2308, nur nach den allgemeinen Vorschriften für Willensmängel bei Rechtsgeschäften unter Lebenden (§§ 119 ff, vgl § 1954 Rn 3 ff) und den besonderen Bestimmungen der §§ 1954–56 geltend gemacht werden.

V. Tragweite der Ausschlagung bei mehreren Berufungsgründen

9 **1.** Die Ausschlagung kann **auf einen bestimmten Berufungsgrund beschränkt** werden, wie sich aus § 1948 ergibt, als dessen Abs 3 der heutige § 1949 Abs 2 ursprünglich konzipiert war (vgl E I § 2038). Die auf einen bestimmten Berufungsgrund beschränkte Ausschlagung ist gegenstandslos, wenn der angenommene Grund in Wirklichkeit nicht eingreift. Bringt der Erbe eine Beschränkung nicht zum Ausdruck, so fragt sich, welche Tragweite seiner Ausschlagung beizumessen ist. Nach Abs 2 soll sie sich im Zweifel nur auf die ihm bekannten Berufungsgründe erstrecken. Aus dieser gesetzlichen Auslegungsregel ergibt sich:

10 **a)** *Im Zweifel darf die Erstreckung auf einen dem Ausschlagenden nicht bekannten Berufungsgrund nicht angenommen werden.* Durch den Beweis der Unkenntnis eines bestehenden Berufungsgrundes im Augenblick der Ausschlagung sichert sich also der Berufene die Möglichkeit, die ausgeschlagene Erbschaft aus dem unbekannten Grunde noch anzunehmen. Die Auslegungsregel des Abs 2 kann selbstverständlich bei einer auf alle, auch die unbekannten, Berufungsgründe erstreckten Ausschlagung nicht durchgreifen.

11 **b)** Aber auch *auf die bekannten Berufungsgründe darf die Ausschlagung nur im Zweifel erstreckt werden,* also dann nicht, wenn sich aus der Erklärung des Berufenen die Beschränkung auf einen bestimmten Grund mit hinlänglicher Deutlichkeit ergibt. Dabei ist der Zweck des Abs 2 zu berücksichtigen. Abs 2 will dem Berufenen

§ 1949, 12
§ 1950, 1, 2

5. Buch
2. Abschnitt. Rechtliche Stellung des Erben

die wiederholte Ausschlagung ersparen; mangels der Erstreckung müßte er, wenn mehrere Berufungsgründe nacheinander wirksam werden, erneut ausschlagen, um die durch die neue Berufung eröffnete Ausschlagungsfrist nicht zu versäumen.

12 2.   Abs 2 ist nur dann anwendbar, wenn die Erbschaft **von Anfang an aus mehreren sich überlagernden Berufungsgründen** anfällt, nicht jedoch, wenn sie dem Ausschlagenden *nach der Ausschlagung erneut* anfällt, zB infolge einer Nacherbeinsetzung (Mot V 509; KG JW 1935, 2652 Soergel/Stein Rn 8; **aA** MünchKomm/Leipold Rn 9) oder (frei nach Mot V 508) weil sie – ganz oder zum Teil – dem ausschlagenden Testamentserben aufgrund Gesetzes noch einmal anfällt, da der nach ihm Berufene nach der Ausschlagung weggefallen ist (etwa durch eigene Ausschlagung, § 1953, Erbunwürdigkeit, § 2344, Totgeburt, § 1923 Abs 2), oder wenn der Erbeserbe eine seinem Erblasser angefallene Erbschaft ausschlägt (§ 1952 Abs 1) und diese ihm nun unmittelbar anfällt, weil er Ersatzerbe oder nächster gesetzlicher Erbe ist. Natürlich ist auch eine vorsorglich auf künftig sich möglicherweise realisierende Berufungsgründe bezogene Ausschlagung möglich (vgl §§ 1946, 2142 Abs 1), nur wird sie nicht vermutet.

§ 1950

Die Annahme und die Ausschlagung können nicht auf einen Teil der Erbschaft beschränkt werden. Die Annahme oder Ausschlagung eines Teiles ist unwirksam.

Materialien: E I § 2036; II § 1827; III § 1926;
Mot V 506; Prot V 627.

I.   Allgemeines

1 § 1950 stellt den **Grundsatz der Unteilbarkeit** der Annahme und Ausschlagung auf. Der Erbe kann, wenn ihm die Erbschaft einheitlich angefallen ist, die Annahme nicht willkürlich auf einen Teil der Erbschaft beschränken. Dieser Grundsatz entspricht im wesentlichen dem früheren Recht, während die Rechtsfolgen einer derartig beschränkten Erklärung verschieden ausgestaltet waren (vgl Mot V 506; ferner Hallstein, Rechtsvergleichendes Handwörterbuch II 222 II 1 b; 4. Denkschr d ErbrA d AkDR 74). Nach BGB ist eine beschränkte Annahme wie nach ALR I 9 §§ 395, 396 unwirksam; sie gilt als nicht geschehen, während sie nach gemeinem Recht wirksam war, sich aber auf das Ganze erstreckte; Entsprechendes galt für die Ausschlagung (gegen die Zweckmäßigkeit der letzteren Lösung Mot V 506). Es würde dem Leben und der Auffassung des Erben Zwang antun, wenn er die ganze Erbschaft verlieren sollte, falls er in der Meinung, dazu berechtigt zu sein, einen Teil ausschlägt.

II.   Verhältnis der Vorschrift zu §§ 1951, 1952 Abs 3

2 Unter Erbschaft ist auch ein Erbteil zu verstehen, der dem Erben einheitlich angefallen ist. Nicht bezieht sich § 1950 auf den Fall, daß einem Erben *mehrere Erbteile* angefallen sind, etwa infolge mehrfacher Verwandtschaft bei der gesetzlichen Erbfolge oder infolge unmittelbarer Einsetzung auf einen Erbteil, während ihm ein anderer Teil als Ersatzerbe anfällt. Dieser Fall wird durch § 1951 geregelt. Die Möglichkeit einer *Teilausschlagung* bei einer *Mehrheit von Erbeserben* behandelt § 1952 Abs 3.

III. Bedeutung der Vorschrift im einzelnen

1.   Der zum Ganzen der Erbschaft oder einem einheitlichen Erbteil Berufene kann **3** innerhalb der Erbschaft oder des Erbteils keine Zerlegung in rechtlich nicht existierende Bruchteile oder in einzelne Bestandteile des Nachlasses vornehmen und seine Erklärung auf diese beschränken. Auch der Erblasser kann keine abweichende Bestimmung treffen. Hat er es gleichwohl getan, so ist zu prüfen, ob nicht darin die Einsetzung auf besondere Erbteile iS des § 1951 Abs 3 zu finden ist (vgl Mot V 506; BINDER I 114 f).

2.   Der gesetzliche Erbteil des Ehegatten aus § 1931 Abs 2, 3 und dessen Erhöhung **4** nach § 1371 Abs 1 werden von der hM als ein einheitlicher Erbteil aufgefaßt, der nur als Ganzer angenommen und ausgeschlagen werden kann (PALANDT/EDENHOFER Rn 2; ERMAN/SCHLÜTER § 1931 Rn 22, 32; BGB-RGRK/FINKE § 1371 Rn 20; BRAGA FamRZ 1957, 334, 337). Nach BRAGA (bei Fn 20 mwN) kann diese Regelung zu außergewöhnlichen Schwierigkeiten auf dem Gebiet des IPR führen, da Ehegüterrecht und Erbrecht verschiedenen Rechtsordnungen unterworfen sein können (Art 15, 24, 25 EGBGB). STAUDINGER/LEHMANN[11] (Nachtrag zu § 1931 Rn 10) hat die Zulässigkeit einer gesonderten Ausschlagung der Erhöhung des gesetzlichen Erbteils in Analogie zu § 1951 befürwortet. Das ist abzulehnen (ebenso SOERGEL/STEIN Rn 2). Bedürfnis für eine Analogie besteht nicht, weil der überlebende Ehegatte die Möglichkeit der Teilübertragung seines Erbteils (vgl STAUDINGER/WERNER[12] § 2033 Rn 7) nutzen kann, falls er sich durch den pauschalierten Zugewinnausgleich im Verhältnis zu den Kindern unverdientermaßen begünstigt sieht. Daß über eine Teilausschlagung nicht der schuldrechtliche Zugewinnausgleich und die sich aus ihm ergebende eventuelle Besserstellung des überlebenden Ehegatten erreicht werden darf, hat auch STAUDINGER/LEHMANN[11] aaO anerkannt (im Ergebnis wie hier STAUDINGER/WERNER § 1931 Rn 39 und STAUDINGER/THIELE [1994] § 1371 Rn 10).

3.   Rechtsfolge

Da eine auf einen Teil beschränkte Annahme oder Ausschlagung **unwirksam** ist, **5** regelt sich das Schicksal der Erbschaft nach § 1943.

4.   Auf Vermächtnisse und Erbersatzansprüche findet § 1950 entspr Anwendung **6** (§§ 2180 Abs 3, 1934 b Abs 2 S 1). Zu Besonderheiten im *Höferecht* vgl § 1951 Rn 4.

5.   Eine Ausschlagung unter Vorbehalt des Pflichtteils ist grundsätzlich nicht möglich **7** (RGZ 93, 9; s aber u Rn 9). Der Pflichtteilsanspruch setzt nach § 2303 den Ausschluß des Pflichtteilsberechtigten von der Erbfolge voraus; wer auf einen, uU auch noch so kleinen, Erbteil eingesetzt ist, hat daher keinen Pflichtteilsanspruch und kann ihn auch nicht durch Ausschlagung erlangen (er hat allenfalls den eine Ausschlagung nicht voraussetzenden Pflichtteilsrestanspruch aus § 2305). Da der „Vorbehalt des

§ 1950, 8–10
§ 1951

5. Buch
2. Abschnitt. Rechtliche Stellung des Erben

Pflichtteils" nicht zum Erfolg führen kann, besteht kein Anlaß, die Ausschlagung als wirksam anzusehen, indem man den Vorbehalt als bloßes Motiv auslegt, das nicht zum Inhalt der Ausschlagungserklärung gehört (so aber MünchKomm/Leipold Rn 5; AK/ Derleder Rn 2); dies hätte nämlich nur zur Folge, daß der Ausschlagende weder erbt noch pflichtteilsberechtigt ist. Es handelt sich vielmehr um eine auf eine unmögliche Rechtsfolge gerichtete und daher unwirksame Erklärung. Der Heranziehung des § 1950 bedarf es für dieses Ergebnis nicht.

8 Demgegenüber hält OLG Hamm OLGZ 1982, 41 die Ausschlagung für wirksam, aber wegen Inhaltsirrtums (§ 119 Abs 1) für anfechtbar, weil die erstrebte Rechtsfolge Pflichtteilsanspruch verfehlt wird. Frohn Rpfleger 1982, 56 nimmt Unwirksamkeit der Ausschlagung in Analogie zu § 1947 (Erlangung des Pflichtteilsanspruchs als unzulässige Bedingung) an. MünchKomm/Leipold Rn 5 geht hingegen für den Fall, daß es sich nicht nur um die Angabe eines bloßen Motives handele, von einer nicht unter § 1947 fallenden zulässigen „Gegenwartsbedingung" aus, die aber nicht erfüllt sei, so daß aus diesem Grunde keine wirksame Ausschlagung vorliege. Im Ergebnis unterscheiden sich die Literaturmeinungen nicht; allein die Auffassung, daß eine wirksame, aber anfechtbare Ausschlagung vorliege, führt zu anderen Resultaten.

9 Nur in den Fällen der §§ 2306 Abs 1 S 2 und 1371 Abs 3 besteht bei Ausschlagung des Erbteils kraft ausdrücklicher gesetzlicher Regelung ein Pflichtteilsanspruch.

IV. Rechtspolitisches

10 Mot V 506 beriefen sich für die Berechtigung des Verbots einer Teilausschlagung auf Zweckmäßigkeitsgründe, ohne diese zu benennen. Die Besorgnis, daß ein Teil der Erbschaft erblos werde oder die angeordneten Vermächtnisse mangels eines Beschwerten ungültig würden, ist für das BGB gegenstandslos (Binder I 110). Eine der Teilausschlagung ähnliche Wirkung kann ein Miterbe durch teilweise Übertragung seines Erbteils herbeiführen (Staudinger/Werner[12] § 2033 Rn 7). Einem Alleinerben ist dieser Weg jedoch versperrt. Die 4. Denkschr d ErbrA d AkDR 77 macht demgegenüber zutreffend darauf aufmerksam, daß der alleinige Testamentserbe aus Gründen der Gerechtigkeit ein Interesse haben kann, einen Teil der Erbschaft den gesetzlichen Erben durch Teilausschlagung zu überlassen. Gehört er selbst zu den gesetzlichen Erben, kann er das gewünschte Ergebnis im Rahmen des § 1948 durch Ausschlagung der Zuwendung und Annahme des gesetzlichen Erbteils erreichen (vgl § 1948 Rn 9). Dem Testamentserben, der nicht zu den gesetzlichen Erben gehört, sollte eine entsprechende Möglichkeit durch Zulassung der Teilausschlagung eingeräumt werden. An der Unzulässigkeit der Aussonderung einzelner Gegenstände aus der Erbschaft durch Teilausschlagung ist allerdings unbedingt festzuhalten.

§ 1951

[1] **Wer zu mehreren Erbteilen berufen ist, kann, wenn die Berufung auf verschiedenen Gründen beruht, den einen Erbteil annehmen und den anderen ausschlagen.**

[2] **Beruht die Berufung auf demselben Grunde, so gilt die Annahme oder Ausschlagung des einen Erbteils auch für den anderen, selbst wenn der andere erst später anfällt. Die Berufung beruht auf demselben Grunde auch dann, wenn sie in verschie-**

denen Testamenten oder vertragsmäßig in verschiedenen zwischen denselben Personen geschlossenen Erbverträgen angeordnet ist.

[3] Setzt der Erblasser einen Erben auf mehrere Erbteile ein, so kann er ihm durch Verfügung von Todes wegen gestatten, den einen Erbteil anzunehmen und den anderen auszuschlagen.

Materialien: E I § 2037; II § 1828; III § 1927;
Mot V 506 ff; Prot V 627 f.

I.   Allgemeines

§ 1951 behandelt die Fälle, in denen ein Erbe zu mehreren Erbteilen berufen ist, im **1** Gegensatz zu §§ 1948, 1950, die *einen* angefallenen Erbteil betreffen. Deshalb können die durch § 1951 gegebenen Wahlrechte über die des § 1948 hinausgehen, was zB den Weg zu dem unten bei Rn 11 Ausgeführten öffnet.

II.   Berufung zu mehreren Erbteilen

1.   Die Berufung eines Erben zu mehreren Erbteilen kann eintreten: **2**

a)   bei der *gesetzlichen Erbfolge* nach §§ 1927 und 1934 aufgrund mehrfacher Verwandtschaft (hierzu STAUDINGER/WERNER § 1925 Rn 14 und § 1927 Rn 4 ff) oder aufgrund einer Eheschließung zwischen Verwandten (STAUDINGER/WERNER § 1934 Rn 2);

b)   bei der Erbeinsetzung durch *mehrere Verfügungen von Todes wegen*;

c)   bei der Erbeinsetzung durch ein und dieselbe Verfügung von Todes wegen, wenn der *Erblasser mehrere Erbteile gebildet* hat. Das ist (nach Mot V 507) auch dann der Fall, wenn der Erblasser nur einen Erben auf den ganzen Nachlaß eingesetzt hat, jedoch in der Art, daß er bestimmt hat: „X sei Erbe zur Hälfte, wegen dieser Hälfte hat er folgende Vermächtnisse zu entrichten . . .; X sei auch Erbe zur anderen Hälfte, von dieser Hälfte sind folgende Vermächtnisse zu entrichten . . ." Auch der Fall, daß ein Erbe zugleich als Ersatzerbe für einen Miterben eingesetzt ist, gehört hierher (vgl Mot V 508);

d)   im Falle der *Verfügung nur über einen Teil der Erbschaft*, so daß gesetzliche und gewillkürte Erbfolge zusammentreffen (vgl §§ 2088, 2279).

2.   **Nicht erfaßt** werden durch § 1951 die Fälle des § 1935 (*Erhöhung des gesetzlichen Erbteils*) und des § 2094 (Erweiterung eines testamentarisch oder erbvertraglich **3** [§ 2279] zugewandten Erbteils durch *Anwachsung*). Dies war der Grund für die Schaffung der §§ 1935, 2095 (vgl Mot V 73, 378). Die Annahme oder Ausschlagung des ursprünglichen Erbteils erstreckt sich ohne weiteres auch auf die Anwachsung oder Erhöhung (PALANDT/EDENHOFER Rn 1; ERMAN/SCHLÜTER Rn 1; BGB-RGRK/JOHANNSEN § 1950 Rn 2; PLANCK/FLAD Anm 1 mwN zur Gegenansicht), während die isolierte Ausschlagung der Anwachsungen und Erhöhungen nach § 1950 S 2 unwirksam ist (ebenso

§ 1951
4—7

5. Buch
2. Abschnitt. Rechtliche Stellung des Erben

BGB-RGRK/Johannsen aaO mit der nicht näher erläuterten Einschränkung, „sofern nicht im Falle der Anwachsung ausnahmsweise ein Fall des § 1951 Abs 1 oder 3 gegeben ist"; zur Erhöhung des gesetzlichen Ehegattenerbteils durch § 1371 Abs 1 vgl § 1950 Rn 4 und Staudinger/Werner § 1931 Rn 39).

4 3. Der **Hoferbe** kann den Anfall des in § 4 S 1 HöfeO als „Teil der Erbschaft" (vgl § 1950 BGB) bezeichneten Hofes ausschlagen, ohne die Erbschaft in das übrige Vermögen auszuschlagen (§ 11 S 1 HöfeO). Ob er in entsprechender Anwendung des § 1951 auch umgekehrt die übrige Erbschaft ausschlagen und den Anfall des Hofes annehmen kann, ist streitig, dürfte jedoch zu verneinen sein (ebenso Lange/Wulff/Lüdtke-Handjery § 11 HöfeO Rn 2; Fassbender/Hötzel/vJeinsen/Pikalo § 11 HöfeO Rn 3; Erman/Schlüter § 1951 Rn 6; BGB-RGRK/Johannsen § 1951 Rn 3; **aM** Wöhrmann/Stöcker § 11 HöfeO Rn 1; MünchKomm/Leipold § 1950 Rn 9; vOlshausen AgrarR 1977, 138). Denn § 11 S 1 HöfeO will nur verhindern, daß der Hof gefährdet wird, indem er jemandem aufgezwungen wird; schutzwürdige Belange des Hoferben, die übrige Erbschaft mit Ausnahme des Hofes auszuschlagen, sind hingegen selbst bei überschuldetem Nachlaß nicht anzuerkennen, denn eine Teilausschlagung würde seine Haftung für die Nachlaßverbindlichkeiten wegen § 15 Abs 1 HöfeO nicht berühren (so Lange/Wulff/Lüdtke-Handjery und Erman/Schlüter aaO).

III. Einheit oder Verschiedenheit des Berufungsgrundes

5 Das Gesetz hat die Teilbarkeit bzw Unteilbarkeit von Annahme und Ausschlagung hier sehr verwickelt geregelt. Es unterscheidet, ob die Berufung auf verschiedenen Gründen oder auf demselben Grunde beruht.

6 1. Im ersten Fall (**verschiedene Gründe**) kann der Erbe den einen Erbteil annehmen und den anderen ausschlagen, Abs 1. Eine entgegenstehende Verfügung kann der Erblasser nicht treffen, außer etwa durch Setzen einer Bedingung. Durch Abs 1 wird der Prüfung nicht vorgegriffen, ob sich die Erklärung im einzelnen Fall auf alle Erbteile bezieht (Mot V 507). Schlägt der Berufene den einen Erbteil aus, so kann darin noch nicht ohne weiteres die Annahme des anderen gefunden werden. Nimmt er ohne Beschränkung auf einen Erbteil an oder schlägt er ohne solche Beschränkung aus, so erstreckt sich seine Erklärung in entsprechender Anwendung der Auslegungsregel des § 1949 Abs 2 im Zweifel auf alle in diesem Zeitpunkt bereits angefallenen Erbteile, hinsichtlich deren er Anfall und Berufungsgrund kennt, nicht dagegen auf einen Erbteil, der noch nicht angefallen ist oder von dessen Anfall der Berufene noch keine Kenntnis hat (so zutr BGB-RGRK/Johannsen Rn 9; Crome § 666 bei Fn 97; tw anders Planck/Flad Anm 6; **aM** Kretzschmar § 54 bei Fn 20).

7 2. Im zweiten Fall (**derselbe Grund**) erstreckt sich die Annahme oder Ausschlagung des einen Erbteils ohne weiteres auch auf den anderen, selbst wenn dieser erst später, zB infolge einer Ersatzerbeinsetzung, anfällt, Abs 2 S 1. Dasselbe gilt, wenn der Berufene den weiteren Erbteil erst als Nacherbe erhält (RGZ 80, 382).

Zweifelhaft ist, ob diese Erstreckung auch dann Platz greift, wenn der Erbe in Kenntnis des (möglichen) Anfalls eines weiteren Erbteils seine Erklärung bewußt auf einen Erbteil beschränkt und sich die Ausschlagung des anderen vorbehält oder sie sogar erklärt. Nach § 1950 muß eine auf einen Teil der Erbschaft beschränkte Erklärung als unwirksam behandelt werden. Dementsprechend ist auch

1. Titel. Annahme und Ausschlagung der Erbschaft.
Fürsorge des Nachlaßgerichts

§ 1951
8–11

hier die Erklärung unwirksam; denn die beschränkte Wirkung erkennt das Gesetz nicht an, und die Erstreckung darf man dem Erklärenden nicht wider seinen Willen aufdrängen (KIPP/COING § 88 II 1; BGB-RGRK/JOHANNSEN Rn 11; MünchKomm/LEIPOLD Rn 10; SOERGEL/STEIN Rn 6). Jedoch kann nach Abs 3 der Erblasser, der einen Erben auf mehrere Teile einsetzt, diese durch Verfügung von Todes wegen für trennbar erklären und dem Erben gestatten, den einen Erbteil anzunehmen und den anderen auszuschlagen, u zw auch dann, wenn der andere erst später anfällt (vgl KG HRR 1929 Nr 205; KIPP/COING § 88 II 3; MünchKomm/LEIPOLD Rn 9). Eine Bildung solcher trennbaren Erbteile liegt auch darin, daß der Erblasser dem Erben die teilweise Annahme oder Ausschlagung der Erbschaft oder des Erbteils gestattet (ebenso MünchKomm/LEIPOLD Rn 7; aM ERMAN/SCHLÜTER Rn 3).

3. **Berufungsgrund** iS der §§ 1944 und 1949 ist der konkrete Tatbestand, aus dem **8** sich die Berufung des Erben zur Erbschaft ergibt (vgl § 1944 Rn 8 f). Nach Abs 2 S 2 soll die Berufung aber auch dann auf *demselben* Grunde beruhen, wenn sie in verschiedenen Testamenten oder vertragsmäßig in verschiedenen zwischen denselben Personen geschlossenen Erbverträgen angeordnet ist. (Dies gilt nicht für §§ 1944 und 1949.)

Danach liegt **Einheit des Berufungsgrundes** vor, wenn der Erbe berufen ist: **9**

a) durch *ein* Testament, auch wenn für dieselbe Person mehrere Nacherbeinsetzungen unter verschiedenen Voraussetzungen angeordnet sind (KG HRR 1929 Nr 205);

b) durch *mehrere* Testamente;

c) durch *einen* Erbvertrag;

d) durch *mehrere* Erbverträge, die der Erblasser mit *derselben* Person abgeschlossen hat.

Verschiedenheit der Berufungsgründe ist dagegen anzunehmen: **10**

a) wenn ein Teil durch *Verfügung von Todes* wegen, ein anderer aus *gesetzlichem* Grunde anfällt;

b) wenn ein Teil aus *Testament,* der andere aus *Erbvertrag* anfällt; ob es sich dabei um eine vertragsmäßige Verfügung (§§ 2278 f) oder um eine einseitige (§ 2299) handelt, kann keine Rolle spielen (aM SOERGEL/STEIN Rn 6, der einseitige Verfügungen als testamentarische behandeln will), denn die Zulässigkeit der Teilannahme oder -ausschlagung sollte eher von der klar erkennbaren Errichtungsform als von der nur durch Auslegung zu ermittelnden Widerruflichkeit bzw Unwiderruflichkeit der Verfügung abhängig gemacht werden;

c) wenn mehrere Teile aus *verschiedenen* Erbverträgen anfallen, die der Erblasser mit *verschiedenen* Personen geschlossen hat.

Umstritten sind die Fälle, in denen jemand als gesetzlicher Erbe wegen *doppelter* **11** *Verwandtschaft* zwei Erbteile (§ 1927) erwirbt oder (§ 1934) *einen Teil als Ehegatte* *und einen anderen als Verwandter* erhält. Die Motive äußern sich hier widerspruchs-voll (Mot V 510 und 363). Schrifttum und Rspr nehmen überwiegend eine Mehrheit von Berufungsgründen an (Kipp/Coing § 88 II 2 d; BGB-RGRK/Johannsen Rn 8; Soergel/Stein Rn 2; KG HRR 1929 Nr 205; OLGE 43, 386; Recht 1923 Nr 749). Andere sehen das Gesetz als einheitlichen Berufungtatbestand an, ohne Rücksicht auf das konkrete Verhältnis, auf dem die gesetzliche Berufung beruht (Strohal II § 61 b bei Fn 8; Planck/Flad Anm 3 aE; Hellwig AcP 102, 416 ff). Für die erste Auffassung sprechen entscheidend die aus einem vernünftigen Gesetzeszweck abzuleitenden Erwägungen. Daß nach Abs 2 S 2 die Berufung „auch dann auf demselben Grunde" beruhen soll, wenn sie in verschie-denen Testamenten oder vertragsmäßig in verschiedenen zwischen denselben Perso-nen abgeschlossenen Erbverträgen angeordnet ist, läßt sich nur aus der Annahme eines einheitlichen Willens des Erblassers rechtfertigen, dem durch eine geteilte Annahme oder Ausschlagung zuwider gehandelt würde. Die Frage, ob die sukzes-sive Zuwendung von mehreren Erbteilen durch Testamente oder durch mit demsel-ben Vertragspartner geschlossene Erbverträge nicht als Bildung eines einheitlichen Erbteils auszulegen ist mit der Folge, daß schon die erste Voraussetzung des Abs 1 entfällt, braucht daher nicht mehr entschieden zu werden. Bei der gesetzlichen Beru-fung fällt die Möglichkeit, auf einen entsprechenden Willen des Erblassers zurück-zugreifen, fort. Vielmehr ist zu fragen, ob das Gesetz, wenn es aus verschiedenen Tatbeständen beruft, Wert darauf legen kann, daß die mehreren besonderen Erb-teile, die es einem Erben zuweist, nur gemeinsam angenommen oder ausgeschlagen werden können. Das ist zu verneinen. Da die Ausschlagungsbefugnis die Belange des Erben wahren soll, ist entscheidend, daß dieser ein vernünftiges Interesse daran haben kann, den einen Teil anzunehmen und den anderen auszuschlagen, weil die Erbteile verschieden belastet sind oder die Ausschlagung des einen Teils ganz ande-ren Personen zugute kommen kann als die des anderen. Mithin besteht kein Anlaß, über den Wortlaut des Abs 2 S 2 hinaus auch bei gesetzlicher Berufung zu mehreren Erbteilen einen einheitlichen Berufungsgrund anzunehmen (vgl auch 4. Denkschr des ErbrA d AkDR 80).

IV.   Folgen einer unzulässigen Teilannahme oder -ausschlagung

12 Die unzulässige Teilausschlagung oder -annahme ist unwirksam. § 1943 kommt zur Anwendung; ggf führt die Versäumung der Ausschlagungsfrist zur Unterstellung der Annahme, die notfalls nach § 1956 angefochten werden muß. (Zur Haftung des zu mehreren Erbteilen Berufenen für die Nachlaßverbindlichkeiten vgl § 2007.)

§ 1952

[1] Das Recht des Erben, die Erbschaft auszuschlagen, ist vererblich.

[2] Stirbt der Erbe vor dem Ablaufe der Ausschlagungsfrist, so endigt die Frist nicht vor dem Ablaufe der für die Erbschaft des Erben vorgeschriebenen Ausschlagungs-frist.

[3] Von mehreren Erben des Erben kann jeder den seinem Erbteil entsprechenden Teil der Erbschaft ausschlagen.

1. Titel. Annahme und Ausschlagung der Erbschaft.
Fürsorge des Nachlaßgerichts

§ 1952
1—4

Materialien: E I § 2028 Abs 2, 3, § 2031; II
§ 1829; III § 1928; Mot V 491 ff, 502; Prot V
618, 623.

I. Vererblichkeit des Ausschlagungsrechts

Die Ausschlagungsbefugnis des Erben hat zwar persönlichen Charakter (§ 1942 Rn 14) **1**
und ist insofern nicht übertragbar, geht also insbesondere nicht auf den Erwerber
eines Erbteils (§ 2033) über, sie ist aber ein vererbliches Recht. Infolge des Vonselbsterwerbs der Erbschaft (§ 1942) geht sie als Bestandteil des Erbennachlasses auf
den *Erbeserben* über, natürlich unter der Voraussetzung, daß der Erbe die Ausschlagungsbefugnis nicht bereits nach § 1943 verloren hatte. Der Erbeserbe kann die
Erblassererbschaft durch Ausschlagung derselben wieder aus dem Nachlaß des
Erben ausscheiden und dessen Erbschaft annehmen, er kann aber nicht umgekehrt
die zuletzt angefallene Erbschaft ausschlagen und die zuerst angefallene annehmen
(SOERGEL/STEIN Rn 2); denn diese hat er nur als Bestandteil jener (vgl Mot V 502). Er
muß also die ihm angefallene Erbschaft annehmen, um das Ausschlagungsrecht ausüben zu können.

Das schließt nicht aus, daß er sofort nach Eintritt des zweiten Erbfalls die Annahme **2**
oder Ausschlagung hinsichtlich der zuerst angefallenen Erbschaft erklärt, obwohl er
wegen Abs 2 nicht genötigt ist, diese Erklärung zeitlich vorzuziehen (s u Rn 3 ff).
Annahme oder Ausschlagung der Erblassererbschaft würden jedoch ihre Wirksamkeit durch die spätere Ausschlagung der unmittelbar angefallenen Erbschaft, die
zurückwirkt (§ 1953 Abs 1), verlieren. Regelmäßig wird aber in der Erklärung über
Annahme oder Ausschlagung der ersten Erbschaft eine stillschweigende Annahme
der letzten zu finden sein (PLANCK/FLAD Anm 1; ERMAN/SCHLÜTER Rn 2; BGB-RGRK/
JOHANNSEN Rn 4; PALANDT/EDENHOFER Rn 2; aA SOERGEL/STEIN Rn 2). Die Ausübung des
zur unmittelbar angefallenen Erbschaft gehörenden Gestaltungsrechts läßt nämlich
den Willen erkennen, für diese zuständig zu sein. Nur wenn der Erbeserbe bei der
Ausschlagung der Erblassererbschaft zum Ausdruck bringt, daß er sich die Entscheidung über die zweite Erbschaft noch vorbehält, ist eine andere Auslegung seines
Verhaltens möglich (MünchKomm/LEIPOLD Rn 5; AK/DERLEDER Rn 1). In einem solchen
Fall bleibt die Annahme oder Ausschlagung der Erblassererbschaft nach Ausschlagung der zweiten Erbschaft nur dann wirksam, wenn – was kaum vorkommen dürfte
– die darin gelegene Verfügung nicht ohne Nachteil für die zweite Erbschaft aufgeschoben werden konnte (§ 1959 Abs 2; BGB-RGRK/JOHANNSEN Rn 6; ERMAN/SCHLÜTER
Rn 2).

II. Ausschlagungsfrist

Die Frist für die Ausschlagung der dem Erben angefallenen Erbschaft endet keines- **3**
falls vor Ablauf der für die Erbschaft des Erben vorgeschriebenen Ausschlagungsfrist:

1. War der *Erbe bereits gestorben,* ehe die Ausschlagungsfrist für ihn zu laufen **4**
begonnen hatte (weil er von dem Anfall und Berufungsgrund noch keine Kenntnis
erlangt hatte oder die Verfügung noch nicht verkündet war, § 1944 Abs 2), *beginnt*

§ 1952
5, 6

5. Buch
2. Abschnitt. Rechtliche Stellung des Erben

die Frist hinsichtlich der erstangefallenen Erbschaft *erst für den Erbeserben zu laufen,* und zwar von seiner Kenntnis dieses Anfalls und Berufungsgrundes an. Auch die Voraussetzung des Aufenthalts im Ausland ist dann aus seiner Person zu bestimmen (BGB-RGRK/JOHANNSEN Rn 10; PLANCK/FLAD Anm 2). Die Frist endet hier also unabhängig von Abs 2 nicht vor Ablauf der für die Erbeserbschaft maßgebenden Ausschlagungsfrist.

5 **2.**   Abs 2 gewinnt selbständige Bedeutung, *wenn die Ausschlagungsfrist für den Erben* (den unmittelbaren Erblasser des Erbeserben) *bereits zu laufen begonnen,* er also bereits von dem Anfall der Erbschaft und dem Berufungsgrund Kenntnis erlangt hatte, § 1944 Abs 2. Die Rechtsfolge des Abs 2 gilt auch, wenn die Frist für die Ausschlagung der Erbschaft des Erben eine sechsmonatige ist, während für die erste Erbschaft nur eine sechswöchige Frist gelaufen wäre. Dies, um den Erbeserben, der über die Verhältnisse der ersten Erbschaft noch weniger unterrichtet sein wird als über die der ihm angefallenen, nicht zu einer übereilten Entscheidung zu drängen (ähnlich wie bei der Inventarfrist, vgl § 1998). Gleichgültig ist, ob der Erbeserbe von der ersten Erbschaft und dem vorläufigen Erwerb derselben durch seinen unmittelbaren Erblasser Kenntnis hatte; er tritt in den begonnenen Fristenlauf ein. Abs 2 bestimmt nur die Verlängerung der Ausschlagungsfrist, keineswegs aber ihre Hemmung oder Unterbrechung bis zu dem Augenblick, wo der Erbeserbe davon Kenntnis erlangt, daß in der ihm angefallenen Erbschaft eine seinem unmittelbaren Erblasser angefallene Erbschaft mit Ausschlagungsbefugnis enthalten ist (PLANCK/FLAD Anm 2). Die Unzweckmäßigkeit dieser Lösung tadelt die 4. Denkschr d ErbrA d AkDR 55 und regt an, nach dem Vorbild des Art 569 Abs 2 SchwZGB für den Erbeserben eine neue Frist mit dem Zeitpunkt beginnen zu lassen, in dem er von dem Anfall an seinen Erblasser erfährt.

III. Rechtsfolgen der Ausschlagung der Erblassererbschaft

6 Schlägt der Erbeserbe die seinem unmittelbaren Erblasser angefallene Erbschaft aus, so fällt sie demjenigen an, der berufen gewesen wäre, wenn der unmittelbare Erblasser selbst ausgeschlagen hätte (BayObLG NJW 1953, 1432). Das kann uU der Erbeserbe selbst sein, der nun als Ersatzerbe oder nächster gesetzlicher Erbe des ersten Erblassers berufen ist. Durch eine solche Ausschlagung kann der Erbeserbe den persönlichen Gläubigern seines unmittelbaren Erblassers den Zugriff auf den Nachlaß des ersten Erblassers verwehren. § 1949 Abs 2 ist auf diese Ausschlagung nicht anwendbar (vgl § 1949 Rn 13; **aM** STAUDINGER/LEHMANN[11] Rn 4). Nimmt der Erbeserbe dagegen die seinem unmittelbaren Erblasser angefallene Erbschaft an, so können dessen persönliche Gläubiger als Nachlaßgläubiger auf die gesamte dem Erbeserben angefallene Erbschaft zugreifen. Die Ausschlagung durch den Erbeserben kann auch steuerrechtliche Gründe haben, zB wenn die Kinder unmittelbar nacheinander verstorbener Eltern, die sich gegenseitig zu Erben eingesetzt hatten, das Ausschlagungsrecht des zuletzt Verstorbenen ausüben, um zu erreichen, daß hinsichtlich des Vermögens des zuerst Verstorbenen nur *ein* der Steuer unterworfener Erbgang stattfindet, sie die Freibeträge nach *beiden* Eltern in Anspruch nehmen können und ihr Erwerb infolge des *getrennten* Anfalls des Elternvermögens einem wegen der Progression der Erbschaftsteuer uU erheblich niedrigeren Steuersatz unterliegt (hierzu FinG Düsseldorf FinGE 1965, 183; KAPP BB 1980, 118 f; TROLL BB 1988, 2153 ff; EBENROTH Rn 336).

IV.   Teilausschlagung der Erblassererbschaft

Abs 3 betrifft eine *Mehrheit von Erbeserben* und erkennt in Durchbrechung des **7** Grundsatzes des § 1950 die Möglichkeit einer Teilausschlagung an. Jeder der Erbeserben kann den seinem Erbteil entsprechenden Teil der Erblassererbschaft ausschlagen. Das rechtfertigen Mot V 493 aus „Rücksichten der Billigkeit und des Verkehrsbedürfnisses". Dem einzelnen Erbeserben soll es auch ohne Mitwirkung der übrigen möglich sein, Belastungen durch den Erblassernachlaß zu vermeiden. Darin liegt eine teilweise Durchbrechung des Gesamthandsprinzips (vgl MünchKomm/ LEIPOLD Rn 11; zur unterschiedlichen Haftung gegenüber den Gläubigern des ersten und des zweiten Erblassers ders Rn 12 f).

Streitig war früher, wem der von einem Erbeserben ausgeschlagene Anteil an der **8** Erblassererbschaft zukommt, ob er nämlich an die *sonstigen Erben des ersten Erblassers* fällt (BINDER I 136 f; KRESS § 1 Fn 2; KIPP § 54 Fn 5; SIBER § 24 III 1) oder ob er *den übrigen Erbeserben anwächst* (heute unstr, vgl MünchKomm/LEIPOLD Rn 15; Nachweise aus dem älteren Schrifttum in Voraufl Rn 8).

Zur Erläuterung folgendes Beispiel (in Anlehnung an STROHAL II § 61 d II): X ist gestorben und wird beerbt von seinem Sohn Y. Y stirbt vor der Entscheidung über Annahme und Ausschlagung und wird zu gleichen Teilen beerbt von seiner Frau A und seinem Stiefsohn B. B schlägt die auf ihn übergegangene Hälfte der Erbschaft des X aus. Diese Hälfte würde nach der hM im Sinne der zweiten Lösung an die A fallen und nicht etwa an den noch lebenden Bruder des X, den Z, der bei der ersten Lösung an die Stelle des B träte.

Die Entscheidung muß zugunsten der zweiten Lösung (Anwachsung bei den übrigen Erbeserben) erfolgen. Dagegen scheint zwar zu sprechen, daß nicht die Erbschaft des Erben, sondern ein Teil der Erblassererbschaft ausgeschlagen wird. Wenn der Erbe selbst die Erbschaft teilweise ausgeschlagen hätte (was freilich durch § 1950 ausgeschlossen ist), so würde sie allerdings nach § 1953 Abs 2 an den fallen, der an seine Stelle getreten wäre (im Beispiel an seinen Bruder Z). § 1953 Abs 2 kann aber auf den Fall überhaupt nicht unmittelbar angewandt werden: Schlägt von mehreren Erbeserben einer aus, während ein anderer annimmt, liegt keine Ausschlagung „des Erben" vor. Vielmehr ist § 1953 Abs 2 nur entsprechend anwendbar und der Fall so zu behandeln, als ob von vornherein anstatt des einen Erben die Erbeserben zur Erblassererbschaft berufen gewesen wären. Dann würde der ausgeschlagene Erbteil dem Miterben (im Beispiel der A) anwachsen. Für diese Lösung spricht die Einfachheit und die Zweckmäßigkeit der Ergebnisse; sie paßt auch besser zu dem Gedanken des § 1930. Auch die 4. Denkschr d ErbrA d AkDR 81, die zwar vom Standpunkt des geltenden Rechts der ersten Lösung zuneigte, sprach sich für die zweite Lösung aus. Zu beachten ist, daß die Wahrung der Ausschlagungsfrist durch einen der Erbeserben den anderen nicht zugute kommt, also deren Säumnis nicht heilt (ebenso PLANCK/FLAD Anm 4).

Die Ausschlagung durch nur einen von mehreren Erbeserben kann nicht uneinge- **9** schränkt die Rechtsfolgen haben, welche die Ausschlagung durch den Erben gehabt hätte. So ist kein Raum für einen (anteiligen) Pflichtteilsanspruch aus § 2306 Abs 1 S 2 (MünchKomm/LEIPOLD Rn 16); denn es bleibt ja bei einem, wenn auch verkleinerten, Erbteil des Erben, so daß die Voraussetzungen des Pflichtteilsanspruchs nicht erfüllt

§ 1952   5. Buch

10–12   2. Abschnitt. Rechtliche Stellung des Erben

sind. War der Erbe ein überlebender Ehegatte, so begründet die Ausschlagung durch nur einen der Erbeserben nicht einen (anteiligen) Anspruch auf Zugewinnausgleich und den besonderen Pflichtteil aus § 1371 Abs 3 (vOLSHAUSEN FamRZ 1976, 678 ff; MünchKomm/LEIPOLD Rn 16; AK/DERLEDER Rn 4; **aA** SCHRAMM BWNotZ 1966, 34 f; PALANDT/EDENHOFER Rn 5; SOERGEL/SCHIPPEL[10] Rn 6); andernfalls käme es zu einer Kombination von erb- und güterrechtlichem Zugewinnausgleich, die nicht der Konzeption des § 1371 entspricht. Auf die Ausschlagung des Hofes (§ 11 S 1 HöfeO) ist § 1952 Abs 3 nicht anwendbar. Von mehreren Miterben eines Hoferben kann immer nur der zur Hoferbfolge Berufene über die Ausschlagung entscheiden (LANGE/WULFF/ LÜDTKE-HANDJERY, § 11 HöfeO Rn 14).

V.   Vorerbschaft, Vermächtnis, Erbersatzanspruch

10 **1.**   Bei Vor- und Nacherbschaft ist wie folgt zu unterscheiden:

a)   Übt der Vorerbe sein *eigenes* Ausschlagungsrecht aus – dieser Fall hat mit § 1952 nichts zu tun –, so fällt er als Erbe weg. Es tritt ein eventuell eingesetzter Ersatzvorerbe oder der Nacherbe als Ersatzerbe (§ 2102 Abs 1) an seine Stelle. Der Nachrücker hat ein neues eigenes Ausschlagungsrecht.

11 **b)**   Die Ausübung eines *ererbten* Ausschlagungsrechts – Fall des § 1952 – durch den Vorerben hat Wirkung auch gegen Nacherben (BGB-RGRK/JOHANNSEN Rn 8; PALANDT/EDENHOFER Rn 2). Zwar ergibt sich diese Befugnis nicht unmittelbar aus § 2112, doch entspricht sie dem Grundgedanken dieser Vorschrift (iE auch STAUDINGER/BEHRENDS[12] § 2112 Rn 3), dem Charakter der Ausschlagung als einer bloßen Nichtannahme eines angetragenen Rechts sowie ihrer persönlichen Note (vgl § 1942 Rn 14). § 2113 Abs 2 ist mit Rücksicht auf § 517 nicht anzuwenden. Zum Teil wird vertreten, der ausschlagende Vorerbe könne, weil er dem Nacherben einen Nachlaß ohne die Erblassererbschaft hinterläßt, nach §§ 2130 f schadensersatzpflichtig sein (PALANDT/ EDENHOFER Rn 2; SOERGEL/STEIN Rn 3; AK/DERLEDER Rn 2; STAUDINGER/BEHRENDS[12] aaO). Dagegen spricht jedoch, daß das Ausschlagungsrecht auch im Fall des § 1952 nicht als reines Vermögensrecht, sondern als eine Befugnis aufzufassen ist, die (auch) mit Rücksicht auf die persönlichen Beziehungen zum Erblasser und zu den sonst zur Erbschaft Berufenen verliehen ist.

12 **c)**   Tritt der Nacherbfall ein, bevor die Frist zur Ausübung des Ausschlagungsrechts durch den Vorerben abgelaufen ist, so ist weiter zu differenzieren:

aa)   Handelt es sich um das *ererbte* Ausschlagungsrecht (Fall des § 1952), so geht es als Bestandteil des Nachlasses gemäß § 2139 auf den Nacherben über.

bb)   Das *eigene* Ausschlagungsrecht des Vorerben sollen nach BGHZ 44, 152 seine (mit den Nacherben nicht notwendig identischen) Erben ausüben können. Dem stimmt die Lit überwiegend zu (vgl statt aller STAUDINGER/BEHRENDS[12] § 2102 Rn 6; **aA** vLÜBTOW [1967] 99 ff). Die Frage, ob das Ausschlagungsrecht des Vorerben noch nach Eintritt des Nacherbfalles ausgeübt werden kann oder (so die Vorinstanz zu BGHZ 44, 152) sich gemäß § 2139 erledigt hat, ist unabhängig von § 1952 zu entscheiden, da Nacherbfall nicht notwendig der Tod des Vorerben ist. Die Frage stellt sich demnach genauso, wenn der Vorerbe den Nacherbfall überlebt. Mit Recht verweist der BGH

(156) darauf, daß ungeachtet der Beendigung der Vorerbenstellung gemäß § 2139 noch ein Interesse des Vorerben an der Ausschlagung besteht, und zwar einmal wegen der durch den Nacherbfall nicht hinfällig gewordenen Regelung der Lastentragung (§§ 101, 2124 Abs 1) und der Haftung des Vorerben (§ 2145) und zum andern, um die Voraussetzung für einen Pflichtteilsanspruch aus § 2306 Abs 1 S 2 schaffen zu können. Dem noch lebenden Vorerben kann daher die Ausschlagung auch nach dem Eintritt des Nacherbfalles nicht versagt werden. Ist er aber bereits gestorben, kann dieses Ausschlagungsrecht nur seinen Erben zustehen, so daß ein Fall des § 1952 vorliegt. Durch die Ausschlagung wird die Vorerbenstellung rückwirkend beseitigt. Für die Gestaltung der weiteren Erbfolge gilt das oben zu a) Gesagte.

2. Auf **Vermächtnisse** und **Erbersatzansprüche** findet § 1952 Abs 1 und 3 gemäß §§ **13** 2180 Abs 3, 1934 b Abs 2 S 1 entsprechende Anwendung.

§ 1953

[1] Wird die Erbschaft ausgeschlagen, so gilt der Anfall an den Ausschlagenden als nicht erfolgt.

[2] Die Erbschaft fällt demjenigen an, welcher berufen sein würde, wenn der Ausschlagende zur Zeit des Erbfalls nicht gelebt hätte; der Anfall gilt als mit dem Erbfall erfolgt.

[3] Das Nachlaßgericht soll die Ausschlagung demjenigen mitteilen, welchem die Erbschaft infolge der Ausschlagung angefallen ist. Es hat die Einsicht der Erklärung jedem zu gestatten, der ein rechtliches Interesse glaubhaft macht.

Materialien: E I §§ 1972, 2042; II § 1839; III
§ 1929; Mot V 375 ff, 513 f; Prot V 483, 632; VI
338 ff.

I.　Allgemeines

1.　§ 1953 regelt in seinen beiden ersten Absätzen die Wirkung der Ausschlagung **1** durch **zwei Fiktionen,** aus deren Zusammenspiel eine Rückwirkung der Ausschlagung folgt. Dies gilt sowohl für den Fall der gesetzlichen als auch den der gewillkürten Erbfolge. Durch die der Ausschlagung beigelegte Rückwirkung wird die unmittelbare Überleitung der Erbschaft auf den endgültigen Erben ermöglicht. Die ausgeschlagene Erbschaft fällt dem an, der berufen gewesen wäre, wenn der Ausschlagende zur Zeit des Erbfalls nicht mehr gelebt hätte. Die Bestimmung ist eine *Folgerung aus dem Vonselbsterwerb* der Erbschaft und dem Gedanken der unmittelbaren Gesamtnachfolge. Die Regelung entspricht dem gemeinen Recht in Ansehung der Hauserben, der *sui heredes* (vgl § 1942 Rn 8; Mot V 513).

Aus Abs 1 und 2 ergibt sich eine Zusammenziehung *(Konzentration)* aller denkbaren **2**

Berufungen *auf den Zeitpunkt des Erbfalls.* Der Ersatzerbe (§ 2096) oder der (nächste) gesetzliche Erbe tritt an die Stelle des Ausschlagenden (RGZ 95, 97 f; 142, 171, 174), soweit nicht unter Miterben nach §§ 1935, 2094 eine Erhöhung ihrer Erbteile oder eine Anwachsung stattfindet.

3 2.   Die Absätze 1 und 2 sind nach § 2180 Abs 3 auf **Vermächtnisse** und nach § 1934 b Abs 2 S 1 aE iVm § 2180 Abs 3 auf den **Erbersatzanspruch** entsprechend anzuwenden.

II.   Die Rechtsfolgen der Ausschlagung im einzelnen

4 1.   Die mit dem Erbschaftserwerb **durch Vereinigung erloschenen Rechtsverhältnisse** leben wieder auf (analog §§ 1976, 1991 Abs 2, 2143, 2175, 2377). Auch der nach § 857 erworbene **Besitz** gilt als nicht erworben und als nicht auf den Ausschlagenden übergegangen, wie wenn er ihn niemals gehabt hätte. Soweit der Ausschlagende freilich schon tatsächlichen Besitz ergriffen hatte, dauert dieser bis zur Herausgabe an den wirklichen Erben, zu der der Ausschlagende verpflichtet ist, fort (vgl CROME § 667 Fn 27; STROHAL II § 63 bei Fn 11 und 12; JherJb 38, 102; PLANCK/FLAD Anm 1). Doch darf weder seine Besitzergreifung als verbotene Eigenmacht (§ 858) noch die Sache als dem endgültigen Erben abhanden gekommen (§ 935) angesehen werden, da es sich um eine vom Gesetz gestattete Besitzergreifung handelt (hM, vgl PALANDT/EDENHOFER Rn 4; MünchKomm/LEIPOLD Rn 4; BROX Rn 308; zustimmend wohl auch BGH NJW 1969, 1349; **aM** LANGE/KUCHINKE § 5 III 4 u § 8 V 2 Fn 109, der sich zu Unrecht auf WIEGAND JuS 1972, 91 beruft, vgl dort Fn 27). – Der Ausschlagende wird auch von den **Nachlaßverbindlichkeiten** frei.

5   Nicht anders war die Wirkung der Ausschlagung nach § 404 ZGB (DDR) zu beurteilen. Von der den Anfall beseitigenden Wirkung der Ausschlagung macht aber nun § 1 Abs 2 VermG eine Ausnahme *„für bebaute Grundstücke und Gebäude* [im Beitrittsgebiet] *..., die auf Grund nicht kostendeckender Miete und infolge dessen eingetretener Überschuldung durch ... Erbausschlagung in Volkseigentum übernommen wurden."* Die Ausschlagung begründet wegen solcher Grundstücke unter den sonstigen Voraussetzungen des VermG einen Restitutionsanspruch des Ausschlagenden, also nicht des Nachberufenen (VOGT/KOBOLD DtZ 1993, 226). Das muß auch dann gelten, wenn die Ausschlagung nach der Wende wirksam angefochten worden ist; die Anfechtung ist durch § 1 Abs 2 VermG nicht ausgeschlossen (unzutr FAHRENHORST JR 1992, 269 f), wohl aber durch das vorrangige VermG in ihrer Wirkung auf den Nachlaß im übrigen beschränkt und daher meist wirtschaftlich bedeutungslos.

6 2.   Da der Ausschlagende nach der Fiktion des Abs 2 **als zur Zeit des Erbfalls schon verstorben** anzusehen ist, tritt an seine Stelle bei der gesetzlichen Erbfolge der *nach ihm berufene gesetzliche Erbe*, bei der gewillkürten aber der etwaige *Ersatzerbe* (§§ 2096 ff), und wenn kein solcher eingesetzt ist oder der etwa eingesetzte ebenfalls ausschlägt, der nächste gesetzliche Erbe. Zu beachten ist, daß der letztwillig berufene gesetzliche Erbe als eingesetzter Erbe ausschlagen und als gesetzlicher Erbe annehmen kann, § 1948 Abs 1. Bei Miterben kann es infolge Ausschlagung durch einen derselben zur *Erhöhung* oder *Anwachsung* iSd §§ 1935, 2094 kommen. Schlägt der *Nacherbe* aus, so verbleibt der Nachlaß nicht ohne weiteres dem Vorerben, sondern es treten evtl Ersatzerben des Nacherben (uU auch nach § 2069) an seine Stelle (KG OLGE 24, 774).

1. Titel. Annahme und Ausschlagung der Erbschaft.
Fürsorge des Nachlaßgerichts

§ 1953
7—13

3. Darüber, wem die Erbschaft oder der Erbteil an Stelle des Ausschlagenden **7** anfällt, entscheidet lediglich der Umstand, wer **zur Zeit des Erbfalls** der Berufene sein würde. Wer zu diesem Zeitpunkt noch nicht einmal erzeugt war, ist also nach § 1923 ausgeschlossen.

4. Ist der infolge der Ausschlagung **nächstberufene Erbe** inzwischen **gestorben,** so **8** geht die Erbschaft mit dem Ausschlagungsrecht auf seine Erben über, § 1952. Insoweit kann man von einer dem römischen und gemeinen Recht fremden *Transmission des schwebenden Erbrechts* sprechen (PLANCK/FLAD Anm 2). Nach römischem Recht mußte der evtl Berufene nicht bloß den Erbfall, sondern auch den durch den Wegfall des Vorberufenen bedingten Anfall der Erbschaft erleben. Nach BGB genügt das Erleben des Erbfalls (RGZ 61, 14, 16; vgl die entspr Bestimmung des § 2344 für den Fall der Erbunwürdigkeit). Dies gilt auch beim Ersatzerben; anders nur, wenn der Wille des Erblassers dahin ging, daß der Ersatzerbe die Ausschlagung erlebt haben muß. § 2074 ist nur dann anwendbar, wenn der Wegfall des zuerst Bedachten ausnahmsweise als aufschiebende Bedingung für den Anfall beim hilfsweise Bedachten gedeutet werden darf (vgl PLANCK/FLAD Anm 2; ferner STAUDINGER/OTTE[12] § 2074 Rn 24 u 18).

5. Die auf der ausgeschlagenen Erbschaft lastenden **Beschwerungen** (Vermächt- **9** nisse und Auflagen) bleiben im Zweifel in Kraft (§§ 2161, 2192). Die Ausschlagung bewirkt nicht den Verlust von letztwilligen Vorteilen, die – wie zB Vorausvermächtnisse – dem Ausschlagenden nicht als Erbteile zugedacht sind (vgl STAUDINGER/OTTE[12] § 2150 Rn 2; BGB-RGRK/JOHANNSEN Rn 2; ERMAN/SCHLÜTER Rn 2).

6. Die **Ausschlagungsfrist** für den infolge der Ausschlagung berufenen Erben **10** beginnt erst mit dem Zeitpunkt, in dem er von dem Anfall an ihn und dem Berufungsgrund Kenntnis erlangt, natürlich von den Fällen abgesehen, wo nach § 1951 Abs 2 S 1 eine besondere Ausschlagungsfrist infolge des endgültigen Erwerbs eines Erbteils nicht mehr in Frage kommt (vgl PLANCK/FLAD Anm 3).

7. Solange die Ausschlagung noch möglich ist, läuft die Frist für die **Verjährung 11** von Ansprüchen, die zu einem Nachlasse gehören oder sich gegen einen Nachlaß richten, nach § 207 nicht ab, sofern nicht für die Geltendmachung des Anspruchs ein Vertreter (Nachlaßverwalter, Pfleger, Testamentsvollstrecker) bestellt ist, § 207.

8. Der endgültige Erbe hat gegenüber dem Ausschlagenden ggf einen **Herausga- 12 beanspruch** nach §§ 1959 Abs 1, 681, 667, aber nicht den Erbschaftsanspruch nach §§ 2018 ff (unstr, vgl STAUDINGER/MAROTZKE § 1959 Rn 7; auch LANGE/KUCHINKE § 42 II 2 im Widerspruch zur o Rn 4 erwähnten Ansicht zu §§ 858, 935), sodann das Recht auf **Auskunfterteilung** gem § 2027 Abs 2, schließlich auch das Recht, die Herausgabe des **unrichtigen Erbscheins** an das Nachlaßgericht gem § 2362 zu verlangen, was freilich nur bei einer der Ausschlagung gleichstehenden Annahmeanfechtung denkbar ist. Der endgültige Erbe wird dem vorläufigen Erben wegen der **Besorgung erbschaftlicher Geschäfte** nach §§ 1959 Abs 1, 683, 670 verpflichtet (wegen der beiderseitigen Ansprüche aus der Geschäftsbesorgung vgl ie STAUDINGER/MAROTZKE § 1959 Rn 5 ff u 17). Er ist **nicht Rechtsnachfolger des Ausschlagenden,** sondern des Erblassers (BGHZ 106, 359 zu § 265 ZPO).

9. Ein **Schutz gutgläubiger Dritter** gegenüber den denkbaren Folgen des § 1953 **13** Abs 1 ergibt sich mittelbar aus §§ 2366, 2367; Dritte können von dem, der als Erbe auftritt, die Vorlage eines Erbscheins verlangen, und in dem Antrag auf Erteilung eines solchen ist die Erklärung der Annahme der Erbschaft zu erblicken (wegen der Wirksamkeit von Leistungen an den und Verfügungen, insbesondere dringlichen, durch den vorläufigen Erben vgl ie Staudinger/Marotzke § 1959 Rn 8 ff). Hatte der vorläufige Erbe vor der Eröffnung des Nachlaßkonkurses einem Nachlaßgläubiger eine Grundschuld bestellt, die Erbschaft aber später ausgeschlagen, so kommt es für die Anwendung des § 30 Nr 2 KO auf die Begünstigungsabsicht des vorläufigen, nicht des endgültigen Erben an (BGH NJW 1969, 1349).

14 **10.**   Dazu, daß die Ausschlagung weder der **Gläubiger-** noch der **Konkursanfechtung** unterliegt, sowie zu den **erbschaftsteuerlichen** Auswirkungen vgl § 1942 Rn 11 f.

III. Abs 3

15 **1.**   Die in der Ordnungsvorschrift des Abs 3 ausgesprochene **Mitteilungspflicht** des Nachlaßgerichts hat den Zweck, die Ausschlagungsfrist gegen den weiter Berufenen in Lauf zu setzen (vgl § 1944 Abs 2). Das Nachlaßgericht hat zur Feststellung des infolge der Ausschlagung Berufenen notfalls Ermittlungen anzustellen, u zw von Amts wegen (§ 12 FGG) und gebührenfrei (§ 105 KostO; Palandt/Edenhofer Rn 6). In der Zwischenzeit ist es nach § 1960 zu Fürsorgemaßnahmen verpflichtet. Die Ausschlagungsfrist wird aber auch schon vor Empfang der vorgeschriebenen Mitteilung durch sonstwie erlangte Kenntnis vom Anfall und Berufungsgrund in Lauf gesetzt, aber nicht vor Verkündung der berufenden letztwilligen Verfügung.

16 **2.**   Ein **Recht auf Einsicht der Ausschlagungserklärung** ist jedem zugesprochen, der glaubhaft macht, daß er ein rechtliches Interesse hat, also zunächst jedem, der infolge der Ausschlagung zur Erbschaft berufen sein würde, aber auch den Nachlaßgläubigern. Das Erfordernis des rechtlichen Interesses (vgl § 256 ZPO, § 57 Abs 1 Nr 1 FGG) steht im Gegensatz zum nur berechtigten Interesse, wie es zB in § 12 GBO gefordert wird: Es bedeutet, daß Tatsachen behauptet und glaubhaft gemacht werden müssen, an die sich irgendwelche rechtlich bedeutsamen Folgen für den Betreffenden knüpfen. Nicht genügt ein Interesse, das sich nur auf außerhalb des Rechtsgebiets liegende, beachtenswerte Umstände gründet; ein solches gibt kein Recht auf Einsicht, sondern begründet nur nach § 34 FGG die Befugnis des Nachlaßgerichts, die Einsicht zu gestatten (vgl RG JFG 13, 386, 391; KG OLGE 5, 199, 200; BayObLG OLGE 25, 403; OLG Dresden OLGE 25, 403 ff; zum Begriff des rechtlichen Interesses auch Keidel/Kuntze/Winkler, FGG[13] § 34 Rn 13 ff, § 57 Rn 3, 18 f, 37 ff; Jansen, FGG[2] § 34 Rn 2 u 3; § 57 Rn 4 u 27; BGHZ 4, 323 = LM Nr 1 zu § 16 VerschG; für Gleichsetzung von rechtlichem und berechtigtem Interesse MünchKomm/Leipold Rn 15; Soergel/Stein Rn 6).

§ 1954

[1] **Ist die Annahme oder die Ausschlagung anfechtbar, so kann die Anfechtung nur binnen sechs Wochen erfolgen.**

[2] **Die Frist beginnt im Falle der Anfechtbarkeit wegen Drohung mit dem Zeitpunkt, in welchem die Zwangslage aufhört, in den übrigen Fällen mit dem Zeitpunkt, in welchem der Anfechtungsberechtigte von dem Anfechtungsgrunde Kenntnis erlangt.**

Auf den Lauf der Frist finden die für die Verjährung geltenden Vorschriften der §§ 203, 206, 207 entsprechende Anwendung.

[3] **Die Frist beträgt sechs Monate, wenn der Erblasser seinen letzten Wohnsitz nur im Auslande gehabt hat oder wenn sich der Erbe bei dem Beginne der Frist im Ausland aufhält.**

[4] **Die Anfechtung ist ausgeschlossen, wenn seit der Annahme oder der Ausschlagung dreißig Jahre verstrichen sind.**

Materialien: E I §§ 2040 Abs 3-6, 2041; II § 1831; III § 1930; Mot V 510 ff; Prot V 630 ff; VI 395.

Systematische Übersicht

Alphabetische Übersicht

I.   Allgemeines

1 Die Annahme ist, da nicht empfangsbedürftig, nach der Abgabe der Erklärung *unwiderruflich* (zu einer Ausnahme vgl § 1943 Rn 3), die Ausschlagung hingegen erst nach Zugang beim Nachlaßgericht. Das hatten E I § 2039 und E II § 1824 Abs 2 ausdrücklich bestimmt; später sind diese Bestimmungen als selbstverständlich weggefallen (Prot VI 153; vgl Mot aaO und OLG Colmar OLGE 8, 265). Annahme und Ausschlagung können nur nach den allgemeinen Vorschriften über Willensmängel (§§ 116 ff) angegriffen werden, also vornehmlich durch *Anfechtung* nach §§ 119 ff. *Nichtigkeit wegen durchschauten Vorbehalts* nach § 116 S 2 oder wegen *Einverständnisses mit der Scheinerklärung* nach § 117 Abs 1 kann hingegen bei einer dem Nachlaßgericht gegenüber abzugebenden Ausschlagungserklärung nicht in Betracht kommen (RG HessRspr 1911, 138; BayObLG Rpfleger 1992, 348; MünchKomm/Leipold § 1945 Rn 2).

2 Zu §§ 119 ff enthalten §§ 1954 f *Sondervorschriften über die Form und Frist der Anfechtung*. Die Voraussetzungen der Anfechtung bestimmen sich nach den allgemeinen Vorschriften; ebenso die Wirkungen, hinsichtlich derer § 1957 nur eine Ergänzung bringt. Zur Anfechtbarkeit der Versäumung der Ausschlagungsfrist vgl § 1956. Die Bedeutung des Irrtums über den Berufungsgrund ist in § 1949 besonders geregelt. Ein solcher Irrtum macht die Annahme und Ausschlagung ohne Anfechtung unwirksam. Gleiches gilt, wenn ein Irrtum über den Erbteil vorliegt, auf den die Berufung erfolgt ist (vgl § 1949 Rn 7).

II.   Anfechtungsgründe

3 Als Anfechtungsgründe kommen in Betracht: Erklärungs-, Inhalts- und Eigenschaftsirrtum (§ 119), Übermittlungsfehler (§ 120), widerrechtliche Drohung und arglistige Täuschung (§ 123) sowie Irrtum des Pflichtteilsberechtigten über den Wegfall einer Beschränkung oder Beschwerung (§ 2308) (zu den in den Rückerstattungsgesetzen geregelten Fällen vgl BGB-RGRK/Johannsen Rn 14).

1.   Inhalts- und Erklärungsirrtum

4 Anfechtbar nach § 119 Abs 1 sind Annahme bzw Ausschlagung, wenn der Erbe über den *Inhalt* seiner Erklärung im Irrtum war oder eine *Erklärung* dieses Inhalts überhaupt nicht abgeben wollte. Umstritten war, ob dies auch für die Annahme durch *pro herede gestio* gilt. Staudinger/Lehmann[11] § 1943 Rn 4 hat das im Anschluß an Manigk mit der Begründung verneint, daß die *pro herede gestio* einen wirklichen Annahmewillen voraussetze, der Irrende sich somit „durch einfachen Irrtumsnachweis . . ., ohne nach § 119 anfechten zu müssen, befreien" könne. Entsprechend dem jetzt zu § 1943 in Rn 2, 4 f, 7 Ausgeführten ist die von Manigk vertretene Ansicht jedoch abzulehnen und die *pro herede gestio* den §§ 119, 122, 1954 zu unterstellen (vgl auch Kipp/Coing § 89 I 1; MünchKomm/Leipold Rn 5 mit Beispielsfällen). Die Annahme

durch schlüssiges Verhalten unterliegt also der Anfechtung und ist anfechtbar, wenn der Erbe keine Kenntnis von der Möglichkeit einer Ausschlagung besaß und infolgedessen seinem Verhalten keinen Erklärungswert beigelegt hat (BayObLGZ 1983, 153 = FamRZ 1983, 1061). Bei einer gegenüber dem Nachlaßgericht ausdrücklich erklärten Annahme kommt hingegen ein Fehlen des Erklärungsbewußtseins nicht in Betracht, so daß die Annahme nicht wegen Unkenntnis des Ausschlagungsrechts angefochten werden kann (iE richtig daher BayObLGZ 1987, 356 = NJW 1988, 1270, das Rechtsfolgenirrtum annahm; in Wirklichkeit war die Rechtsfolge, nämlich die Endgültigkeit der Erbenstellung, gewollt, so daß kein Irrtum vorlag).

2. Motiv- und Eigenschaftsirrtum

Ein *Irrtum im Beweggrund* ist nur im Rahmen des § 119 Abs 1 unbeachtlich, gilt **5** jedoch gem § 119 Abs 2 als *Inhaltsirrtum,* wenn er verkehrswesentliche Eigenschaften der Person oder der Sache betrifft. Bei der Erbschaftsausschlagung kommt wohl nur die letzte Variante (Eigenschaften der Sache) in Betracht. Meistens wird der Motivirrtum unbeachtlich sein, so bei einer irrigen Vorstellung über den Wert des Nachlasses oder von Nachlaßgegenständen (s u Rn 8) oder über die Höhe der Erbschaftsteuer. Als Eigenschaftsirrtum kommt hingegen in Betracht der Irrtum eines die Erbschaft ausschlagenden Miterben über seine Erbquote (OLG Hamm NJW 1966, 1080 f mwN; ebenso Lange/Kuchinke § 8 Fn 175; Erman/Schlüter Rn 3; MünchKomm/Leipold Rn 9; AK/Derleder Rn 3).

Ein *unbeachtlicher* Irrtum im Beweggrund liegt auch vor, wenn der Ausschlagende **6** eine falsche Vorstellung davon gehabt hat, wem die Erbschaft zugute kommt (KGJ 35 A 67; KG OLGE 8, 263, 264; 24, 61; SeuffA 58 Nr 216). Auch dann ist kein Inhaltsirrtum anzunehmen, wenn der Ausschlagende geglaubt hat, daß durch seine Ausschlagung und als unmittelbare Folge seines darauf gerichteten Willens die Erbfolge einer bestimmten Person eintreten werde (ebenso Palandt/Edenhofer Rn 2; Soergel/Stein Rn 2). Daher kann der pflichtteilsberechtigte Vorerbe, der die Erbschaft ausgeschlagen hat, weil er davon ausging, der Nacherbe werde sie annehmen, die Ausschlagung nicht anfechten, wenn der Nacherbe ebenfalls ausschlägt (OLG Stuttgart MDR 1983, 751 = OLGZ 1983, 304). Es wäre überspitzt und undurchführbar, diesen Fall anders zu behandeln als den, wo der Ausschlagende gewußt hat, daß unabhängig von seinem Willen die vom Gesetz nächstberufene Person als Erbe eintritt, und er sich nur über die Person des Nächstberufenen getäuscht hat (so zutreffend BGB-RGRK/Johannsen Rn 1; vgl KG HRR 1932 Nr 8; KGJ 35 A 67). Daß ein Inhaltsirrtum vorliege, wenn der Ausschlagende angenommen hat, die Ausschlagungserklärung sei die Form der Übertragung des Erbteils auf einen Miterben (KG JFG 17, 69; Lange/Kuchinke § 8 Fn 170; auch KG Rpfleger 1993, 198 f hält solche Vorstellungen für möglich), erscheint gekünstelt und ist abzulehnen (AK/Derleder Rn 2; MünchKomm/Leipold Rn 6).

Problematisch ist, inwieweit ein *Irrtum über die Zusammensetzung des Nachlasses* **7** (seinen Umfang oder seine Größe) zu beachten ist, ob insbesondere wegen eines Irrtums über die Überschuldung angefochten werden kann. Nach der früheren Rspr des RG (RGZ 103, 21) sollte die Überschuldung grundsätzlich keine Eigenschaft des Nachlasses sein, sondern ein Werturteil (ebenso BayObLG OLGE 41, 80). Diese Auffassung ist aber vom Schrifttum mit Erfolg bekämpft worden. Auch das RG erkannte später an, daß § 119 Abs 2, obwohl er nur von Eigenschaften einer Sache spricht,

Gerhard Otte

§ 1954
8

5. Buch
2. Abschnitt. Rechtliche Stellung des Erben

auch auf andere Geschäftsgegenstände, insbesondere auch auf Vermögensinbegriffe wie die Erbschaft, anwendbar ist (vgl RGZ 149, 235, 238; 158, 50). Als verkehrswesentliche Eigenschaft eines Gegenstandes darf zwar nicht sein Wert angesehen werden, wohl aber können die den Wert unmittelbar bildenden Umstände ihm eine bestimmte Eigenschaft geben (BGH LM Nr 2 zu § 779). Wie bei der Sache die Größe, so muß bei einem Inbegriff seine Zusammensetzung aus einer Reihe von Einzelgegenständen als ein für seine Wertschätzung im Verkehr maßgebendes Merkmal anerkannt werden. Da als verkehrswesentlich alle Merkmale und Verhältnisse des Gegenstandes in Betracht kommen, auf die der Verkehr bei derartigen Geschäften entscheidendes Gewicht legt, wird man mithin auch in der Überschuldung des Nachlasses regelmäßig eine demselben innewohnende Eigenschaft zu sehen haben. Das RG hat sich später dieser Ansicht angeschlossen (RGZ 158, 50 = JW 1938, 2348; vgl KIPP § 56 I und BGB-RGRK/JOHANNSEN Rn 4). Ein Irrtum über die Zusammensetzung des Nachlasses ist nach der aktiven wie nach der passiven Seite (insoweit zu Unrecht anders KIPP § 56 Fn 6; wie hier aber KIPP/COING § 89 I 3) beachtlich, also sowohl wenn dem Ausschlagenden das Vorhandensein eines wertvollen Nachlaßgegenstandes, zB eines Gesellschaftsanteils (MAROTZKE JZ 1986, 463), unbekannt geblieben ist, als auch wenn der Annehmende wesentliche Nachlaßverbindlichkeiten nicht gekannt hat (BGHZ 106, 359), insbes aber wenn er von der Überschuldung des Nachlasses keine Kenntnis hatte (AG Soltau DAV 1980, 861; BROX Rn 302; WEITHASE Rpfleger 1988, 441). Verkehrswesentlich sind auch nennenswerte Verbindlichkeiten aus Vermächtnissen und Auflagen sowie Beschränkungen durch Testamentsvollstreckung und Nacherbeinsetzung (MünchKomm/LEIPOLD Rn 9); ohne Rücksicht auf das Ausmaß der Beschwerung oder Beschränkung kann auch noch § 2308 eingreifen (s u Rn 11; OLG Colmar OLGE 6, 329, 330; OLG Braunschweig OLGE 30, 169). Die Ablehnung der Analogiefähigkeit dieser Norm (OLG Stuttgart MDR 1983, 752; ERMAN/SCHLÜTER Rn 3) kann die Unbeachtlichkeit von Beschwerungen und Beschränkungen nicht begründen, denn es geht um unmittelbare Anwendung des § 119 Abs 2.

8 Da der bloße *Wert eines Gegenstandes* keine Eigenschaft iSd § 119 Abs 2 ist, scheidet die Anfechtung der Annahme wegen nicht bemerkter Überschuldung aus, wenn dieser Irrtum darauf beruht, daß der Erbe zwar weiß, welche Gegenstände zur Erbschaft gehören, sie aber, ohne über ihre Beschaffenheit zu irren, für wertvoller hält, als sie tatsächlich sind (aM LANGE/KUCHINKE § 8 Fn 176; BGB-RGRK/JOHANNSEN Rn 4; wie hier SOERGEL/STEIN Rn 3; MünchKomm/LEIPOLD Rn 8). Entsprechend kann auch die Ausschlagung einer für wertlos oder überschuldet gehaltenen Erbschaft nicht angefochten werden, weil Nachlaßgegenstände, zB Vermögen in den neuen Bundesländern, sich infolge der politischen Entwicklung als wesentlich wertvoller herausgestellt haben (LG Berlin FamRZ 1991, 738; OLG Frankfurt OLGZ 1992, 35 = MDR 1991, 771; KreisG Roßlau NJ 1992, 126; LG Zweibrücken Rpfleger 1992, 108 = DtZ 1993, 122; KG OLGZ 1993, 1 = Rpfleger 1993, 114; GRUNEWALD NJW 1991, 1212; BESTELMEYER, Rpfleger 1992, 325 f; WASMUTH DNotZ 1992, 12; alle von der Anwendbarkeit des BGB ausgehend – nach ZGB wäre die Frage nicht anders zu beurteilen, s u Rn 21 f). Die Ausschlagung einer Erbschaft wegen Überschuldung des Nachlasses kann auch nicht nach § 119 Abs 2 angefochten werden, weil ein Nachlaßgläubiger eine bestehende Nachlaßschuld nach der Ausschlagung erläßt (Justizverwaltungsstelle des Bezirks Cottbus NJ 1954, 482) oder weil er seine Forderung gegen den Nachlaß erst nach Eintritt der Verjährung geltend macht (LG Berlin NJW 1975, 2104; POHL AcP 177, 52, 78 f).

1. Titel. Annahme und Ausschlagung der Erbschaft.
Fürsorge des Nachlaßgerichts

§ 1954
9–12

3. Erheblichkeit des Irrtums

Zu beachten ist, daß der Irrtum nach § 119 nicht bloß subjektiv, sondern auch *objek-* **9** *tiv erheblich* gewesen sein muß. Bei der Annahme wird also die Anfechtung zu versagen sein, wenn der Erklärende sich die nicht-überschuldete Erbschaft lediglich größer vorgestellt hat, als sie ist, da man im allgemeinen bei verständiger Würdigung auch kleinere Erbschaften anzunehmen pflegt (KIPP § 56 I). Ferner ist zu fragen, ob sich der Annehmende bei Kenntnis der Überschuldung auch dann für die Ausschlagung entschieden hätte, wenn er seine Beziehungen zum Erblasser und die Möglichkeit der Haftungsbeschränkung verständig erwogen hätte. Es entspricht der Lebenserfahrung, daß mit Rücksicht auf das Familienverhältnis häufig auch überschuldete Erbschaften angenommen werden (zurückhaltend insoweit LANGE/KUCHINKE § 8 VII 2 e). Hat sich der Annehmende hinsichtlich der Überschuldung überhaupt keine Gedanken gemacht, so wird deren Unkenntnis ihn auch nicht zur Annahme bestimmt haben (ebenso BROX Rn 302). Erfolgt die Ausschlagung wegen Überschuldung, so wird der Irrtum des Ausschlagenden über seine Erbquote kaum erheblich sein können; anders hingegen, wenn eine nicht-überschuldete Erbschaft wegen Geringfügigkeit ausgeschlagen wird.

4. Irrtum des Vertreters

Bei der Annahme oder Ausschlagung durch einen Vertreter kommt es gemäß § 166 **10** Abs 1 für die Anfechtbarkeit auf den Willensmangel des Vertreters an. Hat also der Vater als gesetzlicher Vertreter seines Kindes entgegen dessen erklärten Willen die überschuldete Erbschaft nach der Mutter angenommen, kann die Erbschaftsannahme vom – inzwischen volljährigen – Kinde angefochten werden, wenn in der Person des Vaters Umstände gem §§ 119, 123 vorlagen (vgl LG Koblenz FamRZ 1968, 656).

5. § 2308

Ein besonderer Anfechtungsgrund ergibt sich für den *pflichtteilsberechtigten Erben,* **11** der wegen Beschränkungen oder Beschwerungen ausgeschlagen hat, aus § 2308. Er kann die Ausschlagung anfechten, wenn die Beschränkung oder die Beschwerung zur Zeit der Ausschlagung weggefallen und der Wegfall ihm nicht bekannt war. Auf die Tragweite der Beschränkung oder Beschwerung kommt es dabei nicht an. Die Vorschrift erkennt also einen Motivirrtum als Anfechtungsgrund an ohne Rücksicht darauf, ob er die Voraussetzungen des § 119 Abs 2 erfüllt.

6. Rechtspolitisches

Die 4. Denkschr d ErbrA d AkDR 69 *verneinte ein Bedürfnis* für die Anfechtung der **12** Annahme der Erbschaft, weil dem Erben bei richtigem Vorgehen eine Haftung mit dem eigenen Vermögen nicht drohe. Sie regt an, bei der Rechtserneuerung nur die Ausschlagung für anfechtbar zu erklären, und auch nicht wegen jedes Kalkulationsirrtums, wohl aber wenn der Ausschlagende mit Belastungen gerechnet habe, die in Wahrheit nicht vorhanden oder später ohne sein Zutun weggefallen sind. Das würde den Gedanken des § 2308 verallgemeinern. Es empfiehlt sich aber außerdem, die

Irrtumsanfechtung von dem Nachweis abhängig zu machen, daß der Erklärende mit zumutbarer Sorgfalt die Lage des Nachlasses geprüft hat.

III. Anfechtungsfrist

13 Die Anfechtung kann nur innerhalb einer doppelt bestimmten Ausschlußfrist erfolgen.

14 1. Die – kürzere – eigentliche Anfechtungsfrist beginnt mit dem Zeitpunkt, von dem an die *Hindernisse für die Anfechtung weggefallen* sind (Aufhören der Zwangslage im Fall der Drohung, Erlangung der Kenntnis vom Anfechtungsgrund in den Fällen des Irrtums, der falschen Übermittlung und der arglistigen Täuschung). Diese kürzere Frist beträgt idR nur *sechs Wochen,* dagegen *sechs Monate,* wenn der Erblasser seinen letzten Wohnsitz nur im Ausland gehabt hat oder wenn sich der Erbe bei Fristbeginn im Ausland aufgehalten hat. Die Frist entspricht somit der Ausschlagungsfrist des § 1944. Es ist also nicht nötig, daß die Irrtumsanfechtung unverzüglich nach erlangter Kenntnis erfolgt (wie nach § 121). Ebensowenig kommt die in § 124 vorgesehene Jahresfrist bei arglistiger Täuschung und Drohung in Frage. Vielmehr gilt hier die gleiche Frist wie im Fall des Irrtums.

15 2. Außerdem muß die Anfechtung – ohne Rücksicht auf das Wissen des Anfechtungsberechtigten und auf Hindernisse für die Ausübung des Rechts – spätestens in einer *Frist von dreißig Jahren* erfolgen, die mit dem Zeitpunkt der Annahme bzw Ausschlagung einsetzt. Diese Frist entspricht der in §§ 121 Abs 2, 124 Abs 3 vorgesehenen.

3. Fristlauf

16 Auf den Lauf der Frist finden die für die Verjährung geltenden Vorschriften der §§ 203, 206 und 207 entsprechende Anwendung (zur Anwendung der §§ 203 und 206 vgl § 1944 Rn 24 ff). Die Anwendung des § 207, die erst nachträglich dem E II von der Redaktionskommission zugefügt worden ist, ergibt folgendes: Stirbt der anfechtungsberechtigte Erbe vor Ablauf der Anfechtungsfrist, ohne bereits angefochten zu haben, so gehört das Anfechtungsrecht zu seinem Nachlaß. Die Fristen der Abs 1 bzw 3 laufen dann nicht vor sechs Wochen bzw sechs Monaten nach dem Zeitpunkt ab, in dem die Erbschaft des Anfechtungsberechtigten von seinem Erben angenommen ist oder von dem an die Anfechtung durch einen dazu befugten Vertreter erfolgen kann (MünchKomm/Leipold Rn 16; Erman/Schlüter Rn 8). Eine entsprechende Anwendung der 2. Alt des § 207 (Konkurseröffnung) kommt nicht in Betracht, da nicht der Konkursverwalter, sondern nur der Erbe über die Annahme oder Ausschlagung der Erbschaft, also auch über deren Anfechtung, entscheiden kann (§ 9 KO). Dasselbe gilt wegen der persönlichen Natur von Annahme und Ausschlagung bei Nachlaßverwaltung, Nachlaßpflegschaft und Testamentsvollstreckung (Kipp/ Coing § 89 III 1; BGB-RGRK/Johannsen Rn 11).

IV. Rechtsfolgen der Anfechtung

Wegen der Wirkung der Anfechtung vgl § 1957 Abs 1 und dort Rn 3 f. **17**

V. Beweislast

Die Beweislast für die Voraussetzungen der Anfechtungsnichtigkeit hat der, der aus **18**
der Anfechtung von Annahme bzw Ausschlagung Rechte herleitet. Zu den Voraussetzungen gehören der Anfechtungsgrund und die -erklärung. Die Einhaltung der
Anfechtungsfrist ist nicht Voraussetzung des Anfechtungsrechts, sondern umgekehrt
die Überschreitung der Frist rechtsvernichtender Einwand gegen das Anfechtungsrecht (vgl für den ähnlichen Fall des § 1594 Abs 1 BGH LM Nr 1 zu § 1594). Die Auffassung,
daß die Einhaltung der Frist des Abs 1, anders als der des Abs 4, von dem zu beweisen sei, der das Anfechtungsrecht ausübe (BGB-RGRK/JOHANNSEN Rn 15), ist abzulehnen. Sie wird weder durch den Wortlaut des Abs 1 gestützt, der insofern nicht von
der Fassung zB der §§ 124 Abs 1, 1594 Abs 1 abweicht, noch läßt sie sich systema-
tisch rechtfertigen; sie würde zu einer Ungleichbehandlung der Beweislast bei
Ausschlußfristen führen. Wer also den Ausschluß der Anfechtung behauptet, muß
beweisen, wann die Zwangslage aufgehört bzw der Anfechtungsberechtigte von dem
Anfechtungsgrund Kenntnis erlangt hat (ebenso BAUMGÄRTEL/STRIEDER Rn 3; SOERGEL/
STEIN Rn 11; MünchKomm/LEIPOLD Rn 17).

VI. Anfechtung der Ausschlagung von DDR-Erbschaften

Wegen der Gründe für die Anfechtung von Annahme und Ausschlagung verwies **19**
§ 405 Abs 1 S 2 ZGB auf die entsprechende Vorschrift für Verträge (§ 70 Abs 1
ZGB). Danach kamen in Betracht: Irrtum über den Inhalt der Erklärung, Übermittlungsfehler, arglistige Täuschung und widerrechtliche Drohung. Die Frist für die
Anfechtung betrug zwei Monate, § 405 Abs 1 S 1 ZGB, und begann mit der Kenntnis
vom Anfechtungsgrund, Abs 2 S 1. Die Anfechtung war ausgeschlossen, sobald seit
der Annahme bzw Ausschlagung vier Jahre vergangen waren, Abs 2 S 2.

Infolge der grundlegenden Veränderung der politischen und gesellschaftlichen Ver- **20**
hältnisse seit dem Herbst 1989 ist vielfach versucht worden, zuvor erklärte Ausschlagungen durch Anfechtung wieder zu beseitigen. In der Regel mußten solche
Versuche erfolglos bleiben:

Anzuwendendes Recht ist bei der Anfechtung der Ausschlagung von vor dem **21**
3. 10. 1990 im Gebiet der ehemaligen DDR angefallenen Erbschaften das ZGB (Art
235 § 1 Abs 1 EGBGB). Der bloße Motivirrtum war nach ZGB ebensowenig
Anfechtungsgrund wie nach BGB (vgl ZGB-Kommentar, hrsg v Min d Justiz [1985] § 70 Anm
1.1.a). Mit Recht haben daher Rspr und Lit den Irrtum des Ausschlagenden über die
künftige politische Entwicklung in der DDR nicht als Anfechtungsgrund anerkannt;
dies gilt auch, insofern der Irrtum sich auf die künftige Wertentwicklung des Nachlasses oder eines Nachlaßgegenstandes bezog (KG DtZ 1992, 187 = FamRZ 1992, 611;
OLGZ 1993, 1 = Rpfleger 1993, 114; KÖSTER Rpfleger 1991, 99; TRITTEL DNotZ 1992, 452; ferner
die von der Anwendbarkeit des BGB ausgehende o Rn 8 erwähnte Rspr u Lit; ohne Grund zweifelnd
BOSCH FamRZ 1992, 885).

22 Unrichtig ist allerdings die Auffassung, ein Irrtum über die Zusammensetzung des Nachlasses oder die irrige Annahme der Überschuldung könnten nicht zur Anfechtung der Ausschlagung berechtigen, da das ZGB keinen dem § 119 Abs 2 BGB entsprechenden Anfechtungsgrund des Eigenschaftsirrtums gekannt habe (so Wasmuth DNotZ 1992, 12; Staudinger/Rauscher[12] Art 235 § 1 EGBGB Rn 71). Diese Auffassung beruht auf bloßer Wortlautinterpretation des ZGB. Richtig ist zwar, daß der Wortlaut des § 70 Abs 1 S 1 ZGB allein den Inhaltsirrtum berücksichtigt. Das Bedürfnis, auch anderen Irrtumsfällen gerecht zu werden, hat aber Rechtsprechung und Schrifttum zwangsläufig dahin geführt, andere für wesentlich gehaltene Irrtümer als Irrtümer über die Erklärungsbedeutung zu behandeln. So wurde der Irrtum des Käufers über Eigenschaften des Vertragsgegenstandes grundsätzlich (vorbehaltlich des Vorrangs der Vorschriften über Garantieansprüche, §§ 148 ff ZGB) als Anfechtungsgrund anerkannt, wobei die Formulierungen sich meist nur unwesentlich vom Wortlaut des § 119 Abs 2 BGB unterschieden (vgl OG NJ 1983, 382 f; NJ 1988, 254; BG Gera NJ 1977, 313 f; BG Suhl 1978, 505 f; ZGB-Kommentar, hrsg v Min d Justiz [1985] § 70 Anm 1.1.a; Göhring/Posch Zivilrecht [1985] I 217). Insofern muß die Anfechtung wegen Eigenschaftsirrtums als Bestandteil der Zivilrechtsordnung der DDR angesehen werden. Anwendungsfälle bzgl der Anfechtung einer Erbausschlagung sind allerdings nicht bekannt. Die heutige Rechtsanwendung kann demnach nichts anderes tun, als für diese erst nach der „Wende" relevant gewordene Fallgruppe entsprechend der Praxis zu § 119 Abs 2 BGB den Irrtum über verkehrswesentliche Eigenschaften der angefallenen Erbschaft als Irrtum über den Inhalt der Ausschlagungserklärung gelten zu lassen. Daher ist das in Rn 7 f zum Irrtum über die Zusammensetzung und Überschuldung des Nachlasses Gesagte grundsätzlich auch hier anwendbar. Zu beachten ist jedoch, daß der wohl häufigste Grund, eine Erbschaft wegen Überschuldung auszuschlagen, nämlich die Unmöglichkeit, Hausbesitz kostendeckend zu vermieten, in § 1 Abs 2 VermG spezialgesetzlich geregelt ist (vgl § 1953 Rn 5), so daß eine Anfechtung der Ausschlagung nur in Betracht kommen kann, wenn unabhängig davon ein Anfechtungsgrund besteht.

23 Problematisch ist die Anfechtbarkeit von „*Zwangsausschlagungen*" (mögliche Fallgestaltung: einem DDR-Bürger wurde die Ausreisebewilligung nur für den Fall in Aussicht gestellt, daß er eine ihm angefallene Erbschaft ausschlug, vgl KG FamRZ 1993, 198). Durch § 1 Abs 3 VermG ist die Anfechtung nicht ausgeschlossen (KG aaO; § 1942 Rn 11; **aM** Fahrenhorst JR 1992, 269; wohl auch Staudinger/Rauscher[12] Art 235 § 1 EGBGB Rn 70). Fraglich ist jedoch, ob von einer „rechtswidrigen Drohung" (§ 70 Abs 1 S 2 ZGB) gesprochen werden kann, da das Rechtsverständnis der DDR derartige Praktiken billigte (vgl nur §§ 1, 5, 6, 13, 15 ZGB). Demgegenüber kann aber geltend gemacht werden, daß Normen oder ihrer Handhabung die Anerkennung als rechtens insoweit zu versagen ist, wie sie Gerechtigkeit nicht einmal mehr intendieren, was für Maßnahmen der DDR zur Vermeidung des Zusammenbruchs ihres politischen und ökonomischen Systems weithin gegolten haben dürfte.

24 Die Frist für die Anfechtung einer Ausschlagung ist jedoch, falls nicht ausnahmsweise Hemmung des Fristablaufs nach § 478 Abs 1 oder 2 ZGB und – für die Zeit ab 3. 10. 1990 – Art 231 § 6 EGBGB (hierzu Staudinger/Rauscher[12] Art 231 § 6 EGBGB Rn 27 ff), §§ 1954 Abs 2 S 2, 203, 206 f BGB eingetreten ist, längst abgelaufen. Der Fristbeginn im Falle rechtswidriger Drohung ist zwar in § 405 Abs 2 S 1 ZGB nicht erwähnt. Dieses redaktionelle Versehen muß aber durch Analogie zur Regelung des

Fristbeginns bei Irrtum korrigiert und der Beginn der Frist mit dem Ende der Zwangslage für den Ausschlagenden angesetzt werden (ebenso KG Rpfleger 1993, 199). Die Anfechtung einer politisch erzwungenen Erklärung war spätestens seit den Volkskammerwahlen vom 18. 3. 1990, die zur Bildung der Regierung de Maizière führten, ohne Risiko möglich. KG aaO sagt im Hinblick darauf, daß die Anfechtung gegenüber einem staatlichen Notariat zu erklären war (vgl § 1955 Rn 5), mit Recht, daß die Zwangslage nicht schon mit der erfolgten Ausreise aus der DDR beendet war, geht aber vom Fristbeginn mit dem Rücktritt Honeckers (18. 10. 1989) oder der Öffnung der Grenze (9. 11. 1989) aus. Jedenfalls war die zweimonatige Anfechtungsfrist schon vor der Wiedervereinigung abgelaufen; nichts anderes gilt im Ergebnis für die Anfechtung der Erbausschlagung wegen eines aus der Fehlbeurteilung politisch-ökonomischer Verhältnisse in der DDR resultierenden Irrtums.

§ 1955

Die Anfechtung der Annahme oder der Ausschlagung erfolgt durch Erklärung gegenüber dem Nachlaßgerichte. Für die Erklärung gelten die Vorschriften des § 1945.

Materialien: E I §§ 2040 Abs 2, 2041; II § 1832;
III § 1931; Mot V 512; Prot V 630 ff.

1. **Als Form für die Anfechtung** der Ausschlagung und Annahme – auch soweit **1** diese in der Versäumung der Ausschlagungsfrist liegt – ist **Erklärung gegenüber dem Nachlaßgericht** (vgl § 1945 Rn 13 ff) vorgeschrieben. Nicht genügt die Anfechtung gegenüber dem Nächstberufenen, dem die Erbschaft infolge der Anfechtung zufällt oder wieder entzogen wird. (Er käme ohne die Sondervorschrift des § 1955 nach § 143 Abs 3, 4 als Anfechtungsgegner in Betracht.)

Mot V 5, 12 rechtfertigen das Erfordernis der Abgabe gegenüber dem Nachlaßgericht mit der auf alle Beteiligten sich erstreckenden Wirkung der Erklärung, außerdem damit, daß für die Fälle Abhilfe geschaffen werde, wo die Person oder der Aufenthalt des Nächstberufenen unbekannt sei. Die in § 1957 Abs 2 dem Nachlaßgericht auferlegte Benachrichtigungspflicht sorgt dafür, daß die Nächstberufenen Kenntnis erlangen.

2. Die Erklärung ist in **öffentlich beglaubigter Form** abzugeben, § 1945 Abs 1. **2** Abgabe im Anwaltsschriftsatz genügt daher nicht (BayObLGZ 18 A 301, 304). Wenn sie durch einen Bevollmächtigten abgegeben wird, bedarf dieser einer öffentlich beglaubigten Vollmacht, die der Erklärung beigefügt oder innerhalb der Anfechtungsfrist nachgebracht werden muß (vgl im übrigen § 1945 Rn 12, 22). Gebühren: §§ 112 Abs 1 Nr 2, 115, 38 Abs 2 Nr 4 KostO.

3. Für den **Inhalt** der Anfechtungserklärung stellt das Gesetz hier keine besonde- **3** ren Voraussetzungen auf. Es gelten daher die allgemeinen Grundsätze (vgl die Erl zu § 143). Die Anfechtungserklärung muß also erkennen lassen, daß das angefochtene Geschäft wegen eines Willensmangels nicht gelten soll (MünchKomm/LEIPOLD Rn 4 verlangt weitergehend Begründung der Anfechtung in groben Zügen). **Die Anfechtung ist bedingungs- und befristungsfeindlich, vgl §§ 1957 Abs 1, 1947.**

4 4. Zu den **Rechtsfolgen** der wirksamen Anfechtung vgl § 1957 Rn 1 aE u 3 f.

5 5. Nach § 405 Abs 1 S 1 **ZGB** war die Anfechtung von Annahme oder Ausschlagung gegenüber dem staatlichen Notariat zu erklären. Durch den EinigsV ist dessen Zuständigkeit bis zur Einrichtung der Amtsgerichte auf die Kreisgerichte übergegangen (s § 1945 Rn 14).

§ 1956

Die Versäumung der Ausschlagungsfrist kann in gleicher Weise wie die Annahme angefochten werden.

Materialien: E II § 1833; III § 1932; Mot V 512;
Prot V 630 ff.

I.   Grundsätzliches

1 In § 1943 stattet das Gesetz die Versäumung der Ausschlagungsfrist ohne weiteres mit den Wirkungen einer Annahmeerklärung aus. Die Annahmeerklärung wird unwiderleglich fingiert. Dies rechtfertigt sich durch die Erwägung, daß einer Versäumung der Ausschlagungsfrist im Regelfall – jedoch nicht immer – der objektive Erklärungswert einer Erbschaftsannahme zukommt. Eine derartige Zurechnung ist aber nur erträglich und zumutbar, wenn dem Unterlassenden dieselben Schutzmittel gewährt werden wie gegenüber einer wirklichen Willenserklärung (ähnlich MANIGK 250, 390 f, mit dem Unterschied, daß er die Versäumung der Ausschlagungsfrist als – vorsätzliche oder fahrlässige – echte Willenserklärung ansieht). Der, dessen Annahme durch Fristablauf fingiert wird, darf nicht schlechter gestellt werden als jemand, der wirklich angenommen hat. Er muß die durch § 1943 HS 2 fingierte Erklärung wie eine wirkliche Willenserklärung anfechten können. Im E I war eine Beseitigung der Rechtsfolgen der Fristversäumnis nicht vorgesehen (Mot V 513); erst die 2. Kommission hat „aus Billigkeitsgründen" die Anfechtung zugelassen (Prot V 632).

II.   Einzelheiten

1.   Fristversäumnis als Willenserklärung

2 Falls die Fristversäumnis im Einzelfall eine auf die Annahme gerichtete wirkliche Willenserklärung des Erben darstellt, ist ihre Anfechtung schon nach §§ 1954 und 119 ff zulässig (vgl RGZ 143, 419, 422). Trotz § 1956 wollte RGZ 58, 81, 85 die Irrtumsanfechtung auf solche Fälle beschränken (dagegen zu Recht RGZ 143, 419 ff, vgl unten Rn 3).

2. Fristversäumnis als fingierte Erklärung

Sofern die Erbschaft nur als angenommen „gilt" (§ 1943), finden gem § 1956 die **3**
§§ 119 ff auf die Versäumung der Ausschlagungsfrist mit der Maßgabe Anwendung,
daß anstelle des Tatbestandsmerkmals „Willenserklärung" (hier mit dem objektiven
Erklärungswert einer Erbschaftsannahme) zu lesen ist „Versäumung der Ausschlagungsfrist". Anfechtung kommt also auch in Betracht, wenn der Erbe nicht wußte,
daß sein Schweigen als Annahme gilt, sondern glaubte, es habe die Bedeutung einer
Ausschlagung. Denn in diesem Falle wollte er keine Ausschlagungsfrist versäumen;
er irrte also über die objektive Bedeutung seines Verhaltens, was im Rahmen der
§§ 119 ff, soweit sie iVm § 1956 Anwendung finden, dem objektiven Erklärungswert
einer Willenserklärung gleichsteht (**aM** MEDICUS, BürgR[16] Rn 54; wie hier RGZ 143, 419 ff
unter Aufgabe von RGZ 58, 81, 84 f; ferner BGB-RGRK/JOHANNSEN Rn 2; PALANDT/EDENHOFER
Rn 1; ERMAN/SCHLÜTER Rn 2; SOERGEL/STEIN Rn 2; OLG Posen OLGE 30, 172; OLG Karlsruhe
ZBlFG 1914, 814). Auch ein Irrtum über die Länge der Ausschlagungsfrist kann zur
Anfechtbarkeit führen (OLG Hamm OLGZ 1985, 286), ebenso der Irrtum eines neuen
gesetzlichen Vertreters über eine bereits laufende Ausschlagungsfrist. Ein Fall des
§ 1956 liegt auch vor, wenn der gesetzliche Vertreter die Ausschlagung in Unkenntnis der Notwendigkeit vormundschaftsgerichtlicher Genehmigung nicht wirksam
erklärt und deswegen die Frist versäumt (KG OLGE 10, 294; BayObLGZ 1983, 9). Zur
Möglichkeit einer Versäumung der Ausschlagungsfrist wegen Abgabe der Erklärung
vor einer unzuständigen Behörde, die irrtümlich für zuständig gehalten wurde, vgl
§ 1945 Rn 13 ff.

3. Im übrigen gelten für die Anfechtung nach § 1956 die Ausführungen zu § 1954 **4**
entsprechend. Die Voraussetzungen der §§ 119, 123 müssen vorliegen, insbesondere
muß Kausalität des Anfechtungsgrundes bestehen, dh der Erbe muß durch objektiv
und subjektiv erheblichen Irrtum, durch Täuschung oder durch Drohung von der
Abgabe der Ausschlagungserklärung abgehalten worden sein (BayObLG MittRhNotK
1979, 159 f u LG Bonn Rpfleger 1985, 148, beide zur obj Erheblichkeit d Irrtums, ferner STEIN
Rpfleger 1985, 150 b aa, der wohl subj Erheblichkeit genügen lassen will).

III. Rechtspolitisches

Da die großzügige Zulassung der Anfechtung den Vorteil des Anfallprinzips gefähr- **5**
det, der in der schnellen und endgültigen Regelung der Nachfolge mit dem Ablauf
der Ausschlagungsfrist liegt, empfahl die 4. Denkschr d ErbrA d AkDR 72, die
Anfechtung der Ausschlagung auszuschließen, wenn sie lediglich darauf gegründet
wird, daß dem Erben die Regelung des § 1943 HS 2 unbekannt war. Es ist jedoch
nicht einzusehen, weshalb dem rechtsunkundigen Erben der durch § 1956 gewährte
Schutz nur im Interesse der Rechtsklarheit – etwaige Dritte sind durch § 122 einiger-
maßen geschützt – wieder entzogen werden sollte. § 405 Abs 1 S 3 ZGB der DDR
hatte die Regelung des § 1956 beibehalten.

§ 1957

**[1] Die Anfechtung der Annahme gilt als Ausschlagung, die Anfechtung der Aus-
schlagung gilt als Annahme.**

Gerhard Otte

§ 1957
1–3

5. Buch
2. Abschnitt. Rechtliche Stellung des Erben

[2] **Das Nachlaßgericht soll die Anfechtung der Ausschlagung demjenigen mitteilen, welchem die Erbschaft infolge der Ausschlagung angefallen war. Die Vorschrift des § 1953 Abs. 3 Satz 2 findet Anwendung.**

Materialien: E I §§ 2040 Abs 2 S 2, 2041; II
§ 1834; III § 1933; Mot V 512 ff; Prot V 630 ff;
VI 338 f.

1. Zweck der Vorschrift

1 Die Anfechtungsmöglichkeit gibt Gelegenheit, die frühere Entscheidung zu revidieren. Wird eine Annahmeerklärung angefochten, nachdem die Ausschlagungsfrist abgelaufen ist, beseitigt die wirksame Anfechtung nicht nur die Wirkung der Annahmeerklärung, sondern (entgegen den Bedenken in der Voraufl Rn 1) auch die des Verstreichenlassens der Ausschlagungsfrist (§ 1943 aE), da nicht angenommen werden kann, daß der Anfechtende die auch insoweit bestehende Anfechtungsmöglichkeit (§ 1956) nicht nutzen will (Soergel/Stein Rn 1). Hätte die Anfechtung aber nur die kassierende Wirkung des § 142 Abs 1, würde der vor der angefochtenen Annahme bzw Ausschlagung bestehende Zustand, dh eine vorläufige Erbenstellung des Anfechtenden, wiederhergestellt. Diese erneute Schwebelage will Abs 1 vermeiden und legt daher im Wege der unwiderleglichen Vermutung (nicht einer Fiktion; so aber MünchKomm/Leipold Rn 1; Soergel/Stein Rn 1; Baumgärtel/Strieder Rn 1) der Anfechtung der Annahme die Wirkung einer Ausschlagung und der Anfechtung der Ausschlagung die Wirkung einer Annahme bei. Die Anfechtung der Annahme beseitigt also rückwirkend den Anfall der Erbschaft (§ 1953 Abs 1), während die Anfechtung der Ausschlagung die Endgültigkeit der Erbenstellung des Anfechtenden bewirkt.

2. Voraussetzungen

2 Da die Anfechtung der Annahme als Ausschlagung gilt, müssen bei ihr die Voraussetzungen einer wirksamen Ausschlagung erfüllt werden. Die Form der Anfechtung (Erklärung gegenüber dem Nachlaßgericht, § 1955) entspricht der Form der Ausschlagung (§ 1945). Es muß aber auch die für den gesetzlichen Vertreter erforderliche Genehmigung der Ausschlagung durch das Vormundschaftsgericht nachgewiesen werden (vgl § 1945 Rn 9 ff und § 1944 Rn 25 f). Eine vormundschaftsgerichtliche Genehmigung der Ausschlagung erstreckt sich auch auf die Anfechtung der Annahme (Palandt/Edenhofer § 1956 Rn 3; Erman/Schlüter § 1956 Rn 3; BayObLGZ 1983, 13 f).

§ 1957 findet auch dann Anwendung, wenn eine Annahmeerklärung vor Beginn der Ausschlagungsfrist angefochten wird, zB wenn ein Nacherbe vor Eintritt des Nacherbfalls die Annahme der Nacherbschaft anficht (BayObLGZ 1962, 239, 242).

3. Rechtsfolgen

3 Die Wirkung der Anfechtbarkeit und der wirksamen Anfechtung richtet sich nach den allgemeinen Vorschriften des § 142. Die Anfechtung kann wie jedes Rechtsge-

1. Titel. Annahme und Ausschlagung der Erbschaft.
Fürsorge des Nachlaßgerichts

§ 1957, 4, 5
§ 1958

schäft ihrerseits wegen eines Willensmangels anfechtbar sein, auch wegen Irrtums darüber, daß sie die in Abs 1 genannte Bedeutung hat (SOERGEL/STEIN Rn 1; LANGE/ KUCHINKE § 8 Fn 198; aM MünchKomm/LEIPOLD Rn 1); für die Anfechtung der Anfechtung gelten nicht die Fristen des § 1954, sondern die der §§ 121, 124 (BayObLGZ 1980, 23; aM SOERGEL/STEIN § 1954 Rn 10 mwN). Die erfolgreiche Anfechtung wegen Irrtums oder falscher Übermittlung verpflichtet den Anfechtenden gemäß § 122, jedem Beteiligten, der auf die Wirksamkeit vertraute, den dadurch entstandenen Schaden zu ersetzen, insbesondere also dem Nachlaßgläubiger Kosten der Rechtsverfolgung gegen den Annehmenden, wenn die Annahme dann angefochten wird (PALANDT/ EDENHOFER Rn 11), und die Aufwendungen dessen, der sich als Nachmann des Ausschlagenden zur Erbfolge berufen sah, wenn sich die im Hinblick darauf getätigten Ausgaben nach erfolgter Anfechtung als vergeblich herausstellen (ebenso SOERGEL/ STEIN Rn 2; dagegen mit der – für § 122 irrelevanten – Begründung, der Schaden sei nicht unmittelbar durch die Anfechtung verursacht, MünchKomm/LEIPOLD Rn 4). Schuldner des Nachlasses, die vor der Anfechtung der Ausschlagung an den Nachrücker gezahlt haben und nicht aus besonderen Gründen, zB § 2367 oder § 851, frei geworden sind, können sich unter den Voraussetzungen des § 122 gegen die Inanspruchnahme durch den wahren Erben mit dem Anspruch auf Ersatz des Vertrauensschadens verteidigen.

Für den, der sich wegen einer wirksamen Ausschlagung des zunächst Berufenen als **4** Erbe betrachtet, bedeutet die Anfechtung der Ausschlagung rückwirkenden (vgl § 142 Abs 1) Verlust seiner Erbenstellung. Soweit er Erbschaftsgegenstände in Besitz genommen hat, ist er Erbschaftsbesitzer und den Ansprüchen des Erben aus §§ 2018 ff ausgesetzt. Nach AK/DERLEDER Rn 1 soll diese „strenge" Haftung, da der Anfechtende die Besitzlage durch die Ausschlagung selbst verursacht hat, unangemessen sein. Dabei ist jedoch verkannt, daß die Haftung des Erbschaftsbesitzers nur bei Bösgläubigkeit oder Rechtshängigkeit über die noch vorhandene Bereicherung hinausgeht. Daher besteht auch kein Bedürfnis, zum Schutz des auf die Ausschlagung vertrauenden Nachrückers statt der §§ 2018 ff § 1959 analog anzuwenden (so aber SOERGEL/STEIN Rn 2 u § 1959 Rn 14).

4. Abs 2

Die Anfechtung der Annahme ist als Ausschlagung schon nach § 1953 Abs 3 dem **5** mitzuteilen, dem die Erbschaft infolge der Ausschlagung anfällt (dazu § 1953 Rn 15). Für die Anfechtung der Ausschlagung sieht Abs 2 S 1 eine entspr Mitteilungspflicht vor. Für die Einsichtnahme in die Anfechtungserklärung gilt nach Abs 2 S 2 § 1953 Abs 3 S 2 (dazu § 1953 Rn 16).

§ 1958

Vor der Annahme der Erbschaft kann ein Anspruch, der sich gegen den Nachlaß richtet, nicht gegen den Erben gerichtlich geltend gemacht werden.

Materialien: E I § 2057 Abs 1 S 1; II § 1835; III § 1934; Mot V 539; Prot V 660 ff, 829 ff.

Gerhard Otte
Wolfgang Marotzke

§ 1958
1, 2

5. Buch
2. Abschnitt. Rechtliche Stellung des Erben

Schrifttum zu §§ 1958, 1959

BERTZEL, Der Notgeschäftsführer als Repräsentant des Geschäftsherrn, AcP 158, 107; Eccius, Haftung der Erben für Nachlaßverbindlichkeiten, JherJb 42, 39; HÖRLE, Die Nachlaßpflegschaft nach §§ 1960, 1961 BGB, ZBlFG 1909, 711; JOSEF, Die Rechtsstellung des vorläufigen Erben im Verfahren der Freiwilligen Gerichtsbarkeit, ZZP 44, 478; REICHEL, Aktiv- und Passivprozesse des vorläufigen Erben, in: FS Thon (1911) 101.

I. Prozessuale Bedeutung der Vorschrift

1. Zwingende Prozeßvoraussetzung

1   § 1958 betrifft wie § 1961 nur die Möglichkeit der **gerichtlichen** Geltendmachung, nicht auch die Begründetheit des Anspruchs (Prot V 830/831). Die **materielle** Berechtigung des Erben, die Berichtigung einer Nachlaßverbindlichkeit vorübergehend zu verweigern, folgt nicht aus § 1958, sondern aus § 2014. Der Erbe hat das Leistungsverweigerungsrecht des § 2014 schon vor Annahme der Erbschaft (Prot aaO; AK/ DERLEDER Rn 2; **aM** MünchKomm/LEIPOLD Rn 18); das ist in § 2017 vorausgesetzt und wäre im übrigen *per argumentum a fortiori* zu erschließen. Durch die Geltendmachung des § 2014 wird eine Verurteilung, die dann aber nur unter dem Vorbehalt der beschränkten Erbenhaftung ergehen darf, nicht ausgeschlossen (§ 305 Abs 1 ZPO). Anders als die Rechtsverfolgung gegenüber dem endgültigen Erben während der Dreimonatsfrist des § 2014 steht diejenige gegenüber dem vorläufigen Erben unter dem zusätzlichen Vorbehalt der Erbschaftsausschlagung (zur aktiven Prozeßführung des vorläufigen Erben s § 1959 Rn 21 f). Für diesen in § 305 Abs 1 ZPO nicht geregelten Fall sagt § 1958, daß ein Anspruch, der sich gegen den Nachlaß richtet, gegen den vorläufigen Erben gerichtlich nicht geltend gemacht werden kann. **Die Bedeutung des § 1958 liegt also auf prozeßrechtlichem Gebiet** und hier hauptsächlich im zwingenden Charakter der Vorschrift:

2   Solange der Erbe die Erbschaft nicht angenommen hat, braucht er sich wegen eines gegen den Nachlaß gerichteten Anspruchs nicht „vor Gericht ziehen" zu lassen. Das folgt für das durch den Tod des Erblassers *unterbrochene* Verfahren nicht nur aus § 1958 BGB, sondern auch aus § 239 Abs 5 ZPO (zum nichtunterbrochenen Verfahren, § 246 ZPO, s Rn 8). Gleiches muß für ein *erst nach dem Erbfall anhängig gemachtes* Verfahren gelten. *Versäumnisurteile* gegen einen nicht erschienenen vorläufigen Erben, der sich auf das Verfahren bisher nicht eingelassen hat, sind also schon entspr § 239 Abs 5 ZPO unzulässig. Läßt sich der vorläufige Erbe auf das Verfahren ein, so wird hierin oft eine konkludente Annahme der Erbschaft zu sehen sein und § 1958 somit tatbestandsmäßig ausscheiden. Ist letzteres nicht der Fall, so fragt sich, ob der vorläufige Erbe nicht nur auf den Schutz des § 239 Abs 5 ZPO (diese Vorschrift gilt nicht nur für Passivprozesse!), sondern auch auf den des § 1958 verzichten kann, insbesondere ob der Vortrag des Klägers, der Beklagte habe die Erbschaft angenommen bzw auf den Schutz des § 1958 verzichtet, nach § 331 Abs 1 S 1 ZPO als zugestanden gilt, wenn der Beklagte nach Aufnahme des Prozesses einen Verhandlungstermin versäumt. Die Frage ist zu verneinen: **§ 1958 enthält zwingendes Recht** („kann . . . nicht"; **aM** noch E I § 2057; dazu Mot V 539: prozessuale Einrede), **er regelt also nicht nur die passive Prozeßführungslast, sondern auch das passive Prozeßfüh-**

rungsrecht. Im Versäumnisverfahren gilt bzgl des Vortrags, der Beklagte habe die Erbschaft angenommen, § 335 Abs 1 Nr 1 ZPO. Zu der Frage, ob der vorläufige Erbe berechtigt ist, ein nach § 239 Abs 1 ZPO unterbrochenes Verfahren aufzunehmen, s Rn 8 (Passivprozesse) sowie § 1959 Rn 22 (Aktivprozesse).

Die oben vertretene Ansicht, daß § 1958 nur die *Zulässigkeit* einer etwaigen Klage **3** betreffe, wird geteilt von HELLWIG, Klagrecht und Klagmöglichkeit 69; AK/DERLE-DER Rn 1 f; PALANDT/EDENHOFER Rn 1; SOERGEL/STEIN Rn 2; ERMAN/SCHLÜTER Rn 11; MünchKomm/LEIPOLD Rn 10; STEIN/JONAS/LEIPOLD ZPO § 305 Rn 1; KIPP/COING § 90 III 4. Das RG vertrat dagegen die Ansicht, dem Nachlaßgläubiger stehe ein Anspruch gegen den vorläufigen Erben noch gar nicht zu (RGZ 79, 201, 203 unter Hinweis auf die grundlegende Entscheidung RGZ 60, 179 ff; ebenso wohl BGB-RGRK/JOHANNSEN Rn 1). BROX Rn 306 (= § 22 VIII 1 d) meint, § 1958 bezwecke lediglich den Schutz des vorläufigen Erben, so daß dieser hierauf wirksam verzichten könne und kein Grund für eine Prüfung von Amts wegen vorliege. Dem ist entgegenzuhalten, daß § 1958 iVm §§ 1961, 1960 Abs 3 auch Prozesse verhindern helfen will, die gegenüber dem endgültigen Erben möglicherweise nicht wirken (Prot V 663 f).

2. Besondere Klagearten, vorläufiger Rechtsschutz

Die Vorschrift gilt auch für die *Widerklage* und die *Feststellungsklage*. Zur *negativen* **4** Feststellungsklage des vorläufigen Erben s § 1959 Rn 24. Auch eine *Arrestanordnung* oder eine *einstweilige Verfügung* (§§ 928, 935 ZPO) sind vor Annahme der Erbschaft unzulässig. Doch werden zum Schutz absoluter Rechte einstweilige Maßnahmen insoweit nicht ausgeschlossen, als sie gegenüber jedem Dritten, der das Recht zu achten hätte, zulässig wären. Man denke an einstweilige Maßnahmen nach § 940 ZPO gegen die Gefahr der Zerstörung, Verschlechterung oder Veräußerung einer im Nachlaß befindlichen Sache eines Dritten (vgl REICHEL 164 f; PLANCK/FLAD Anm 2 b).

3. Unanwendbarkeit des § 1958 auf Nachlaßpfleger, Nachlaßverwalter, Testamentsvollstrecker

Dem durch § 1958 bewirkten Schutz des vorläufigen Erben steht eine entsprechende **5** Hintansetzung der Interessen der Nachlaßgläubiger gegenüber. Wichtig für die Nachlaßgläubiger sind deshalb die §§ 1960 Abs 3 und 2213 Abs 2, nach denen § 1958 auf *Nachlaßpfleger* und *Testamentsvollstrecker* keine Anwendung findet. Nach § 1961 kann ein Nachlaßpfleger auf Antrag eines Gläubigers gerade zu dem Zweck bestellt werden, einen Anspruch gegen den Nachlaß geltend zu machen. Auch das Vorgehen gegen einen nach §§ 1975, 1981 bestellten *Nachlaßverwalter* ist von der Erbschaftsannahme unabhängig; doch wird eine Nachlaßverwaltung vor Erbschaftsannahme nicht leicht vorkommen.

4. Außergerichtliche Geltendmachung

Die außergerichtliche Geltendmachung eines Anspruchs gegen den Nachlaß durch **6** Mahnung, Kündigung, Anfechtung, Rücktritt oder Zurückbehaltung wird durch § 1958 nicht ausgeschlossen. Sie bleibt gegenüber dem endgültigen Erben wirksam, § 1959 Abs 3. Der vorläufige Erbe gerät aber nicht in *Leistungsverzug* (§§ 284 f),

Wolfgang Marotzke

wenn er einer Mahnung während der Schwebezeit nicht Folge leistet. RGZ 79, 201, 203 weist in diesem Zusammenhang darauf hin, daß dem Nachlaßgläubiger ein Anspruch gegen den vorläufigen Erben noch gar nicht zustehe; diese Ansicht ist jedoch abzulehnen (s Rn 1, 3). Des weiteren hat das RG aaO zur Begründung ausgeführt, daß der Erbe vor der Annahme zur Sorge für die Erbschaft nicht verpflichtet und seine Befugnis, über Nachlaßgegenstände zu verfügen, nach § 1959 Abs 2 beschränkt sei. Letztlich ist auf das dem Erben schon vor der Annahme zustehende (s Rn 1) Leistungsverweigerungsrecht aus § 2014 hinzuweisen, dessen verzugsausschließende Wirkung freilich umstritten ist (vgl STAUDINGER/MAROTZKE[12] § 2014 Rn 8). Im Ergebnis ist heute weitgehend anerkannt, daß der vorläufige Erbe wegen eines in § 1958 bezeichneten Anspruchs nicht in Verzug geraten kann (AK/Derleder Rn 5; MünchKomm/LEIPOLD Rn 18 [der jedoch wegen angeblicher Unanwendbarkeit des § 2014 zu weitgehende Ausnahmen macht]; BGB-RGRK/JOHANNSEN Rn 13; PLANCK/FLAD Anm 3; PALANDT/EDENHOFER Rn 4; SOERGEL/STEIN Rn 4; ERMAN/SCHLÜTER Rn 12; aM noch MÜLLER DJZ 1905, 687; vgl auch vLÜBTOW II 751, der schon vor der Annahme Verzug *zu Lasten des Nachlasses* eintreten lassen will). Die *Aufrechnung* mit einer gegen den Nachlaß gerichteten Forderung ist gem § 1959 Abs 3 zulässig (REICHEL 127; PALANDT/EDENHOFER Rn 4; BGB-RGRK/JOHANNSEN Rn 3). Die §§ 390 S 1, 2014 stehen, obwohl § 2014 schon vor der Annahme der Erbschaft anwendbar ist (s oben Rn 1), nicht entgegen (s STAUDINGER/MAROTZKE[12] § 2014 Rn 11).

II. Ergänzungen des § 1958

7 Ergänzt wird § 1958 BGB durch die §§ 239 Abs 5, 778, 779, 991 ZPO, 175 ZVG, 216 KO.

8 **1.** Nach § 239 Abs 5 ZPO ist der vorläufige Erbe zur **Fortsetzung eines durch den Tod des Erblassers unterbrochenen Prozesses** nicht verpflichtet. Auch das *Recht*, ohne vorherige oder gleichzeitige Annahme der Erbschaft das Verfahren auf Beklagtenseite nach § 239 ZPO aufzunehmen und so die Abweisung der Klage als nach § 1958 unzulässig zu erzwingen, steht dem vorläufigen Erben nicht zu (so auch REICHEL 154; zur Aufnahme von *Aktiv*prozessen des Erblassers s § 1959 Rn 22): Ebenso wie die *vom Gläubiger* gegenüber dem vorläufigen Erben versuchte gerichtliche Geltendmachung eines gegen den Nachlaß gerichteten Anspruchs muß umgekehrt auch der *vom vorläufigen Erben ausgehende* Versuch unzulässig sein, durch Aufnahme eines durch den Tod des ursprünglich verklagten Erblassers unterbrochenen Verfahrens aktiv an der Herstellung einer Situation mitzuwirken, die den Tatbestand des § 1958 erfüllen würde. Dies folgt aus Sinn und Zweck des § 1958: Der Gesetzgeber hat diese Vorschrift deshalb als eine zur Klageabweisung und nicht nur zur Verfahrensaussetzung führende formuliert, weil er vor einer Klageerhebung während der Ausschlagungsfrist abschrecken wollte (Mot V 663). Bereits gegen den *Erblasser* erhobene Klagen liegen völlig außerhalb dieses Gesetzeszwecks; ihnen gegenüber kommt die im Vergleich zur bloßen Verfahrensunterbrechung schärfere Rechtsfolge einer auf § 1958 gestützten Klageabweisung nicht in Betracht. Nicht einmal Unterbrechung des Verfahrens tritt übrigens ein, wenn der beklagte Erblasser durch einen Prozeßbevollmächtigten vertreten war (§ 246 ZPO); in diesem Falle vertritt der Prozeßbevollmächtigte nicht den *vorläufigen* Erben als solchen, sondern handelt aus dem Recht des Erblassers bzw der Erbschaft (vgl § 86 ZPO) mit Wirkung für und gegen den *endgültigen* Erben (vgl erg § 1922 Rn 332 f). Mit § 1958 hat dies nichts zu tun.

2.   Nach § 778 Abs 1 ZPO ist vor der Annahme der Erbschaft eine **Zwangsvoll-** 9
streckung wegen eines Anspruchs, der sich gegen den Nachlaß richtet, nur in den
Nachlaß zulässig. Hatte die Zwangsvollstreckung bereits begonnen, kann sie ohne
weiteres in den Nachlaß fortgesetzt werden (§ 779 Abs 1 ZPO; vgl auch § 1922 Rn 337).
Hatte sie noch nicht begonnen, so kann gegen den Erben vor der Annahme weder
ein in den Nachlaß vollstreckbares Urteil noch die Vollstreckungsklausel zu einem
gegen den Erblasser ergangenen Urteil erwirkt werden, §§ 727, 778 ZPO (vgl BAUM-
BACH/HARTMANN ZPO § 778 Rn 2). Der Gläubiger muß nach § 1961 die Bestellung eines
Nachlaßpflegers herbeiführen und die Erteilung der Klausel gegen ihn beantragen
(vgl jedoch § 2213 Abs 2 für den Fall, daß ein verwaltender Testamentsvollstrecker
vorhanden ist). Von Klauselerteilung für „die unbekannten Erben, vertreten durch
den näher bezeichneten Nachlaßpfleger", spricht LG Stuttgart Justiz 1994, 87. Aus
einem gegenüber dem Nachlaßpfleger erwirkten Vollstreckungstitel kann der Gläubiger auch gegenüber dem Erben in den Nachlaß vollstrecken. Obwohl keine
Rechtsnachfolge vorliegt, muß wegen der Notwendigkeit der namentlichen Parteibe-
zeichnung (§ 750 Abs 1 ZPO) eine Umstellung der Vollstreckungsklausel stattfinden, wenn der Titel sich gegen den unbekannten Erben, vertreten durch den
Nachlaßpfleger, richtet. Zur Vollstreckung ins Eigenvermögen des Erben muß der
Gläubiger auch noch einen gegen den Erben persönlich gerichteten Vollstreckungstitel erwirken (in entspr Anwendung der §§ 727, 731 ZPO nach Analogie zu § 728
Abs 2 ZPO). Die Entscheidung, ob der Erbe angenommen hat und ob der Annehmende überhaupt Erbe ist, kann unmöglich dem Gerichtsvollzieher überlassen
werden (zutreffend PLANCK/FLAD § 1958 Anm 5 b). Wegen eigener Verbindlichkeiten des
Erben ist eine Zwangsvollstreckung in den Nachlaß vor der Annahme unzulässig,
§ 778 Abs 2 ZPO. Auf die Arrestvollziehung finden die Vorschriften über die
Zwangsvollstreckung entspr Anwendung (vgl RGZ 60, 179; REICHEL 165).

3.   Nach § 991 Abs 3 ZPO kann der Erbe den Antrag auf Einleitung des **Aufge-** 10
botsverfahrens (§ 1970) erst nach der Annahme stellen.

4.   Auch im Verfahren der **Freiwilligen Gerichtsbarkeit** können Ansprüche, die sich 11
gegen den Nachlaß richten, wegen § 1958 nicht vor Annahme der Erbschaft gegen
den Erben geltend gemacht werden, und zwar auch nicht durch Fortsetzung eines
bereits gegen den Erblasser begonnenen Verfahrens (vgl erg § 1922 Rn 340 f). Man
denke an den Antrag auf Vorlegung einer Zwischenbilanz, Festsetzung einer Vergütung für den Verwahrer, auf Regelung des Pfandverkaufs. Eine trotzdem erlassene
Verfügung wäre nach der Erbausschlagung aufzuheben, § 18 FGG (vgl JOSEF ZZP 44,
478 ff; zustimmend PLANCK/FLAD Anm 7 und ENDEMANN § 103 V d).

5.   Aus § 175 ZVG ergibt sich, daß der Erbe erst nach der Annahme die **Zwangs-** 12
versteigerung beantragen kann, wenn ein Nachlaßgläubiger für seine Forderung ein
Recht auf Befriedigung aus einem Nachlaßgrundstück hat.

6.   Dagegen wird nach § 216 KO die **Eröffnung des Nachlaßkonkurses** nicht dadurch 13
gehindert, daß der Erbe die Erbschaft noch nicht angenommen hat; ebensowenig ein
Antrag auf Vergleichsverfahren, § 113 Abs 1 Nr 2 VerglO. Über die Frage, ob ein
vorläufiger Erbe einen Zwangsvergleich im Nachlaßkonkurs beantragen und
abschließen könne, s REICHEL aaO und DJZ 1912, 914 sowie SeuffBl 76, 455.

III.   **Beweislast**: vgl STAUDINGER/OTTE § 1943 Rn 15.   14

§ 1959
1, 2

5. Buch
2. Abschnitt. Rechtliche Stellung des Erben

§ 1959

[1] **Besorgt der Erbe vor der Ausschlagung erbschaftliche Geschäfte, so ist er demjenigen gegenüber, welcher Erbe wird, wie ein Geschäftsführer ohne Auftrag berechtigt und verpflichtet.**

[2] **Verfügt der Erbe vor der Ausschlagung über einen Nachlaßgegenstand, so wird die Wirksamkeit der Verfügung durch die Ausschlagung nicht berührt, wenn die Verfügung nicht ohne Nachteil für den Nachlaß verschoben werden konnte.**

[3] **Ein Rechtsgeschäft, das gegenüber dem Erben als solchem vorgenommen werden muß, bleibt, wenn es vor der Ausschlagung dem Ausschlagenden gegenüber vorgenommen wird, auch nach der Ausschlagung wirksam.**

Materialien: E I § 2056; II § 1836; III § 1935;
Mot V 536 ff; Prot V 657 ff; Denkschr 721.

Schrifttum

FRIEDRICH, Die Haftung des endgültigen Erben
und des „Zwischenerben" bei Fortführung eines
einzelkaufmännischen Unternehmens (1990)
191−218, 254 ff.
Vgl ferner das bei § 1958 angeführte Schrifttum.

I. Allgemeines

1 1. Trotz der Rückwirkung der Ausschlagung bleiben einige **Wirkungen des vorläufigen Erbschaftserwerbs** bestehen. Der vorläufige Erbe ist zwar vor der Annahme grundsätzlich nicht zur Verwaltung des Nachlasses verpflichtet. Wenn er sich des Nachlasses nicht annimmt, hat *das Nachlaßgericht* für die Sicherung des Nachlasses zu sorgen (vgl § 1960). Der vorläufige Erbe ist aber zur Fürsorge *berechtigt*, was das Gesetz als selbstverständlich nicht besonders ausgesprochen hat (vgl Mot V 536). Man denke an die Bestreitung der Kosten der Beerdigung des Erblassers, die Bezahlung seiner Arbeitnehmer, die Vornahme notwendiger Ausbesserungsmaßnahmen u dgl. Der Berufene, welcher derartige erbschaftliche Geschäfte besorgt, ohne damit die Erbschaft anzunehmen, handelt, wenngleich er formell als Erbe tätig wird, „in Wirklichkeit für denjenigen, den es angeht, mag dies er selbst oder ein später Berufener sein" (Mot aaO). Er steht insoweit einem „Geschäftsführer ohne Auftrag" sehr nahe. Deshalb erklärt § 1959 Abs 1 die Vorschriften über die Geschäftsführung ohne Auftrag für entspr anwendbar. Eine allgemeine Regel des Inhalts, daß das Verhalten des vorläufigen Erben dem endgültigen Erben stets zuzurechnen wäre, gibt es jedoch nicht (MünchKomm/LEIPOLD Rn 1; BGH LM VVG § 61 Nr 2 betr gegenüber einem Sachversicherer des Erblassers begangene arglistige Täuschung).

2 2. **Voraussetzung** für § 1959 ist, daß in den Handlungen des vorläufigen Erben keine Annahme der Erbschaft *(pro herede gestio)* enthalten ist. Ob eine solche vorliegt, ist Tatfrage (vgl STAUDINGER/OTTE § 1943 Rn 5-10). Auch müssen Handlungen des wirklich berufenen Erben, nicht eines bloßen Erbschaftsbesitzers (§ 2018), in Frage stehen. Letzteres gilt auch für Handlungen im Rahmen von Arbeitsverhältnissen, an denen der Erblasser als Arbeitgeber beteiligt war (so auch WALKER, Der Vollzug der Arbeitgebererbfolge mit einem vermeintlichen Erben [1985] 27, 175; für vorsichtige Analogie jedoch STUMPF, in: FS Brackmann [1977] 299, 306 ff; vgl zu den Lösungsvorschlägen von WALKER auch MAROTZKE AcP 186, 316 ff).

II. Geschäftsbesorgung durch den vorläufigen Erben

1. Abs 1 spricht von Geschäftsbesorgung **vor Ausschlagung.** Anfechtung der **3** Annahme ist nach § 1957 Abs 1 HS 1 Ausschlagung; vorherige Geschäftsbesorgung fällt also ebenfalls unter § 1959 (nicht jedoch die Geschäftsführung dessen, dem die Erbschaft infolge einer Ausschlagung, die später angefochten wird, zugefallen war; vgl STAUDINGER/OTTE § 1957 Rn 4). Die Ausschlagung bzw die Anfechtung der Annahme müssen wirksam erfolgt sein. Andernfalls wäre der Geschäftsbesorger endgültiger Erbe. (Für den *endgültigen Erben* sieht § 1978 Abs 1 S 2 im Falle der Nachlaßverwaltung oder des Nachlaßkonkurses ebenfalls die Anwendung der Vorschriften über die Geschäftsführung ohne Auftrag vor, u zw im Verhältnis zu den Nachlaßgläubigern wegen der vor der Annahme besorgten Geschäfte.)

2. Eine **Geschäftsführungspflicht** trifft den vorläufigen Erben nicht (hierzu KRETZ- **4** SCHMAR § 58 I 1; OLG Braunschweig LZ 1921, 274 f und OLGE 42, 204). Gegen die Auferlegung einer solchen spricht vor allem, daß dem oft an einem anderen Orte wohnenden ausschlagenden Erben die Verwaltung des Nachlasses nicht schlechthin zugemutet werden kann (4. Denkschr d ErbrA d AkDR 62).

3. **Die Anwendbarkeit der Geschäftsführungsvorschriften ist** keine unmittelbare (so **5** BINDER I 150; ENDEMANN § 103 Fn 18), sondern **nur eine entsprechende** (STROHAL II § 62 Fn 17; CROME § 667 Fn 41; PLANCK/FLAD Anm 3; SOERGEL/STEIN Rn 4; vgl auch STAUDINGER/ WITTMANN[12] Vorbem 40 zu §§ 677—687). ZB kann dem vorläufigen Erben eine Rücksichtnahme auf den wirklichen oder mutmaßlichen Willen einer bestimmten Person (§§ 677, 678, 679, 683, 684) nicht zugemutet werden, solange nicht feststeht, wer endgültiger Erbe wird. Der vorläufige Erbe wird sein Verhalten nach sachlichen Erwägungen einzurichten haben und sich fragen müssen, was nach der Auffassung eines sorgsamen Erben den Interessen des Nachlasses entspricht. Anders nur, wenn ein Nachlaßpfleger oder verwaltender Testamentsvollstrecker bestellt ist. Insbesondere kann sich bei Beendigung eines bereits begonnenen Geschäfts in solchen Fällen eine derartige Rücksichtnahme (Anzeige und Abwarten der Entschließung des Geschäftsherrn nach § 681) als notwendig erweisen (PLANCK/FLAD Anm 3). Keinesfalls kann sich der vorläufige Erbe, wenn er in der Meinung gehandelt hat, der endgültige Erbe zu sein, auf einen abweichenden eigenen Willen berufen (BGB-RGRK/JOHANN-SEN Rn 4). Andererseits kann der die §§ 677—686 für unanwendbar erklärende § 687 Abs 1 nicht schon deshalb Platz greifen, weil ein vorläufiger Erbe in der irrigen Meinung, endgültiger Erbe zu sein, die von ihm besorgten Geschäfte für eigene hält.

Unanwendbar ist ferner § 685 Abs 2. Die in § 681 S 2 angeführten §§ 666—668 sind jedenfalls insoweit anwendbar, als sie Pflichten nach der Beendigung der Geschäftsführung auferlegen, also auf Rechenschaftslegung und Leistung der eidesstattlichen Versicherung, Herausgabe des Erlangten und Verzinsung verwandter Gelder gehen. § 682 findet nur auf eigene Handlungen des vorläufigen Erben, nicht auf die seines gesetzlichen Vertreters Anwendung. Die entspr Anwendung des § 685 Abs 1 setzt voraus, daß der vorläufige Erbe die Absicht hatte, eine von ihm gemachte Auslage unter allen Umständen selbst zu tragen (PLANCK/FLAD Anm 3; pauschal gegen jede Anwendbarkeit des § 685 Abs 1 SOERGEL/STEIN Rn 4; MünchKomm/LEIPOLD Rn 4 mit Fn 6).

6   4.   Die **Ansprüche,** die dem *vorläufigen Erben* nach § 1959 Abs 1 aus seiner Geschäftsführung erwachsen (§§ 683, 670), sind Nachlaßverbindlichkeiten iSd § 1967, im Nachlaßkonkurs sind sie Masseschulden iSd § 224 Abs 1 Nr 6 KO.

Die Ansprüche des *endgültigen Erben* gegen den vorläufigen Erben aus der Geschäftsführung gehören zum Nachlaß. Der vorläufige Erbe hat das, was er aus der Geschäftsführung erlangt hat, nach §§ 681, 667 herauszugeben.

7   5.   Der vorläufige Erbe wird durch die Ausschlagung **nicht** zum **Erbschaftsbesitzer** iSd § 2018 (STAUDINGER/OTTE § 1953 Rn 12). Denn er hat das, was er erlangt hat, auf Grund eines ihm damals wirklich zustehenden Erbrechts erlangt. Es ist nicht anzunehmen, daß die der Ausschlagung durch § 1953 beigelegte Rückwirkung ihm die Stellung des Erbschaftsbesitzers zuweisen soll. Nach hM haftet der Ausschlagende zB nicht nach der Surrogationsvorschrift des § 2019 Abs 1, sondern ausschließlich nach dem Recht der Geschäftsführung (STAUDINGER/GURSKY[12] § 2018 Rn 12; KIPP/COING § 90 III 2; KRETZSCHMAR § 69 II 4; BGB-RGRK/JOHANNSEN Rn 5; ERMAN/SCHLÜTER Rn 3; PLANCK/FLAD Anm 3; vgl jedoch erg Rn 11 aE und zu einer vergleichbaren Problematik STAUDINGER/MAROTZKE[12] § 1978 Rn 15 ff: für *analoge* Anwendung erbrechtlicher Surrogationsvorschriften). Anders jedoch, wenn der vorläufige Erbe nach der Ausschlagung die Herausgabe der Nachlaßsachen verweigert, weil er die Ausschlagung unrichtigerweise für unwirksam hält (ENDEMANN § 103 IV b; STAUDINGER/GURSKY[12] § 2018 Rn 12 mwN). Wenn der vorläufige Erbe nicht nur einzelne Geschäfte geführt, sondern die Verwaltung des Nachlasses im ganzen übernommen hatte, muß er den Nachlaß als einen Inbegriff herausgeben, was zu ähnlichen Ergebnissen führt, wie wenn der Erbschaftsanspruch gegen ihn begründet wäre (vgl §§ 259—261, 666, 681 einerseits, §§ 2027, 2028 andererseits). So PLANCK/FLAD Anm 3; KIPP § 51 III.

III.   Wirksamkeit von Verfügungen

8   Gem § 1953 werden die Wirkungen der Ausschlagung auf den Zeitpunkt des Erbfalls zurückbezogen. Wenn der vorläufige Erbe zwischenzeitlich über Nachlaßgegenstände verfügt hat, müßten diese Verfügungen bei strenger Durchführung des § 1953 eigentlich infolge der Erbschaftsausschlagung hinfällig werden, soweit nicht die Vorschriften über den Schutz des gutgläubigen Erwerbers (vgl Rn 13 ff) eingreifen. § 1959 Abs 2 durchbricht die Rückwirkung der Erbschaftsausschlagung noch durch eine weitere Ausnahme zugunsten unaufschiebbarer Verfügungen.

1.   Dringliche Verfügungen

9   Wirksam bleiben trotz Ausschlagung oder Anfechtung der Annahme dringliche Verfügungen; das sind solche, die nicht ohne Nachteil für den Nachlaß verschoben

werden können. Die Kenntnis des Dritten, daß der Verfügende nur vorläufiger Erbe ist, steht ihrer Wirksamkeit nicht entgegen; ebensowenig ist seine Kenntnis der Dringlichkeit erforderlich. Die Verfügung bleibt nicht bloß den endgültigen Erben, sondern auch Dritten gegenüber wirksam. Voraussetzung ist, daß die Verfügung an sich wirksam ist. Das ist sie zB nicht, wenn sie gegen ein an den vorläufigen Erben erlassenes gerichtliches Veräußerungsverbot verstößt, das dem dritten Erwerber bekannt oder im Grundbuch eingetragen ist (§§ 135, 136 und Mot V 538 f).

Als **Verfügungen** kommen im Gegensatz zu schuldrechtlichen Verpflichtungsgeschäf- **10** ten alle Rechtsgeschäfte in Betracht, durch die auf ein zum Nachlaß gehöriges Recht unmittelbar eingewirkt wird, sei es, daß das Recht unmittelbar übertragen, inhaltlich geändert, belastet oder aufgehoben wird: also Zahlung aus Mitteln des Nachlasses (zur „Dringlichkeit" von Lohnzahlungen an Arbeitnehmer vgl WALKER, Der Vollzug der Arbeitge-bererbfolge mit einem vermeintlichen Erben [1985] 107 f), Abtretung und Erlaß von Forde-rungen, Annahme von Leistungen auf eine Nachlaßforderung (dazu auch Rn 11, 19), Aufrechnung mit einer solchen u dgl; aber auch Ausübung von Rücktritts-, Anfech-tungs- und Kündigungsrechten; gerade bei ihnen kann wegen einer Befristung Dringlichkeit gegeben sein.

Die **Annahme einer Leistung**, die dem vorläufigen Erben zwecks Erfüllung einer **11** Nachlaßforderung angeboten wird, läßt sich uU zugleich als Verfügung über die zugrundeliegende Forderung begreifen (vgl zum Theorienstreit STAUDINGER/KADUK[12] Vor-bem 11 ff, 15 ff, 27 ff zu §§ 362 ff). Zumindest aber wird man die Annahme der Leistung im Rahmen des Abs 2 *wie* eine Verfügung über die zugrundeliegende Forderung behandeln müssen. Entgegen der in der Bearbeitung von 1978 vertretenen Ansicht gilt dies auch, wenn die Leistung, auf die sich die Nachlaßforderung richtet, zu *ihrer eigenen* Wirksamkeit bzw Vollständigkeit keiner rechtsgeschäftlichen Mitwirkung des Gläubigers bedarf. Die den Schuldner befreiende Wirkung auch solcher an den vorläufigen Erben erbrachter Leistungen bleibt nach Abs 2 durch eine spätere Erbausschlagung unberührt, wenn die Entgegennahme der Leistung nicht ohne Nachteil für den Nachlaß verschoben werden konnte. Die hiernach erforderliche Dringlichkeit der Leistungsannahme ergibt sich bei *fälligen* Leistungen idR schon daraus, daß die Ablehnung den Nachlaß mit den Folgen des Gläubigerverzuges bela-sten würde (vgl Rn 19). Nur wenn das Leistungsangebot keinen Gläubigerverzug begründet (etwa weil es verfrüht oder mangelhaft ist), bedarf die Annahme durch den vorläufigen Erben einer besonderen Rechtfertigung nach Abs 2, etwa daß der endgültige Erbe bei längerem Zuwarten ausgefallen wäre oder jedenfalls die Gefahr des Ausfalles bestand (PLANCK/FLAD Anm 5; BGB-RGRK/JOHANNSEN Rn 12; ERMAN/SCHLÜ-TER Rn 6).

Nach KIPP/COING § 90 III 3 c soll die Frage, ob die Erfüllungswirkung einer an den vorläufigen Erben erbrachten Leistung von einer späteren Erbausschlagung unbe-rührt bleibt, nicht nach Abs 2, sondern nach Abs 3 zu beurteilen sein (ebenso AK/DERLEDER Rn 4 und MünchKomm/LEIPOLD Rn 10 für den Fall, daß [„sobald"] der Schuldner berechtigt ist, die Nachlaßforderung zu erfüllen). Sollte diese Ansicht zu dem Ergebnis füh-ren, daß auch eine *nicht dringliche* Leistungsannahme durch den vorläufigen Erben den Schuldner über eine etwaige Erbausschlagung hinaus von seiner Verbindlichkeit befreit (was nach den von KIPP/COING und LEIPOLD gegebenen Begründungen aber durchaus zweifelhaft ist), so wäre sie mE nur dann akzeptabel, wenn man den an den vorläufigen

Erben geleisteten Gegenstand analog §§ 2019 Abs 1, 2041, 2111 Abs 1 mit „dinglicher" Wirkung zum Nachlaß rechnen dürfte (vgl insoweit die Hinweise in Rn 7).

12 Die vom vorläufigen Erben abgeschlossenen **Verpflichtungsgeschäfte** bleiben trotz der Ausschlagung bestehen, begründen aber Rechte und Pflichten nur zwischen dem vorläufigen Erben und dem Vertragspartner, nicht zwischen diesem und dem endgültigen Erben persönlich. UU trifft jedoch den endgültigen Erben „als solchen" nach § 1967 eine auf den Nachlaß beschränkbare Mithaftung für die von dem vorläufigen Erben begründeten Verbindlichkeiten (vgl STAUDINGER/MAROTZKE[12] § 1967 Rn 48; **aM** FRIEDRICH 200 ff). Allein durch einseitige Genehmigung kann der endgültige Erbe den Vertrag nicht auf sich überleiten. Anders nur, wenn der vorläufige Erbe den Vertrag erkennbar nicht für sich, sondern für den abgeschlossen hat, der die Erbschaft endgültig erwerben wird (arg §§ 164, 177). Der vorläufige Erbe haftet in diesem Falle, wenn der endgültige Erbe die Genehmigung verweigert, nach § 179. Der endgültige Erbe kann aber nach dem Recht der auftragslosen Geschäftsführung (§§ 1959 Abs 1, 681, 667) Abtretung der aus dem schuldrechtlichen Geschäft erlangten Ansprüche des vorläufigen Erben gegen den Dritten verlangen und muß dann den vorläufigen Erben nach §§ 683, 670, 257 von übernommenen Verpflichtungen befreien (CROME § 667 Fn 28 und 48; BINDER I 154; PLANCK/FLAD Anm 6). Zu der Frage, ob es einer Abtretung hier überhaupt bedarf, oder ob uU sogar eine „dingliche Surrogation" stattfindet, vgl die Hinweise in Rn 7, 11 aE.

2. Gutgläubiger Erwerb und Genehmigung

13 Wirksam bleiben ferner – ganz ohne Rücksicht auf Dringlichkeit – alle Verfügungen des vorläufigen Erben, soweit die Vorschriften zum Schutz derer eingreifen, die Rechte von einem Nichtberechtigten erwerben. Da jedoch Verfügungen eines vorläufigen Erben über Erbschaftsgegenstände zur Zeit ihrer Vornahme Verfügungen eines Berechtigten sind und diese Tatsache im Falle der Ausschlagung durch § 1953 Abs 1 bloß hinwegfingiert wird, muß sich der gute Glaube auf den Nichteintritt der Fiktionsbasis, also der Ausschlagung, beziehen. **Entspr dem Rechtsgedanken des § 142 Abs 2** besteht deshalb kein Gutglaubensschutz, wenn der Verfügungsempfänger weiß (§ 892) oder infolge grober Fahrlässigkeit nicht weiß (§ 932 Abs 2), daß er von einem Erben erwirbt, der das Ausschlagungsrecht noch hat bzw, was nach § 1957 gleichsteht, die Annahme anfechten kann (vgl auch MünchKomm/LEIPOLD Rn 7; **aM** STAUDINGER/LEHMANN[11] Rn 15).

14 Im Rahmen der den gutgläubigen Erwerb **beweglicher Sachen** regelnden §§ 932 ff ist zu beachten, daß infolge der Ausschlagung eine Sache *nicht zu einer dem endgültigen Erben abhanden gekommenen* iSd § 935 wird, da dieser noch nicht in den tatsächlichen Besitz gelangt war. Zwar geht nach § 857 der Besitz auf den Erben von selbst über. Das hat zur Folge, daß ein Nichterbe, der den Besitz ergreift, verbotene Eigenmacht gegen den Erben übt und die Sache als diesem abhanden gekommen anzusehen ist. Das darf aber nicht auf den Fall übertragen werden, daß der vorläufige Erbe, der bis zur Ausschlagung wirklicher Erbe ist, diese Rechtsstellung durch die Ausschlagung rückwirkend verliert. Es würde zu einer unangemessenen Übersteigerung der Rückwirkung führen, wollte man den vorläufigen Erben hinterher als Eindringling behandeln, der dem endgültigen Erben die Sache eigenmächtig weggenommen hat. Das würde mit der Zubilligung der Verfügungsmacht in Abs 2 und 3 nicht in

Einklang stehen (Kipp/Coing § 99 Anm 8; BGB-RGRK/Johannsen Rn 10; aM Planck/Flad Anm 4 b).

Ebenso ist ein wirksamer Erwerb von Rechten an Grundstücken aufgrund guten 15
Glaubens an den **Inhalt des Grundbuchs** (§§ 892, 893) oder ein **Rechtserwerb aufgrund Erbscheins** (§§ 2366, 2367) möglich, wenn der vorläufige Erbe aufgrund der Annahme bereits im Grundbuch eingetragen war oder einen Erbschein erhalten hatte, die Annahme aber später angefochten (§§ 1954, 1956) oder als unwirksam erkannt wird (§§ 1949, 1950). Gutgläubiger Erwerb ist jedoch ausgeschlossen, wenn der Vertragspartner wußte, daß der ihm als Erbe Gegenüberstehende das Ausschlagungsrecht noch hatte (wie hier MünchKomm/Leipold Rn 7; aM Staudinger/Lehmann[11] Rn 15).

Wirksam werden kann endlich auch jede nicht dringliche Verfügung des vorläufigen 16
Erben durch **Genehmigung** des endgültigen Erben, § 185.

3. Ausgleichsansprüche des endgültigen Erben

Erleidet der endgültige Erbe durch eine wirksame Verfügung des vorläufigen Erben 17
einen Rechtsverlust, so kann er uU von dem vorläufigen Erben Ausgleich fordern (vgl Werner, Fälle zum Erbrecht [1976] Fall 1). Bleibt eine Verfügung des vorläufigen Erben trotz Ausschlagung nur nach den Regeln des Gutglaubenserwerbs – also nicht nach Abs 2 – wirksam, so ist an einen Schadensersatzanspruch des endgültigen Erben aus §§ 1959 Abs 1, 678 wegen Geschäftsführung gegen die Interessen des Nachlasses, die bei dieser Analogie an die Stelle des Geschäftsherrnwillens treten (s Rn 5), zu denken. Daneben erscheint wegen der Rückwirkung der Ausschlagung auch ein Anspruch aus § 823 Abs 1 denkbar (aber: § 993 Abs 1 aE!), er ist aber wegen der konkurrierenden Ansprüche aus dem Recht der GoA ohne praktische Bedeutung. Ein Anspruch auf Herausgabe des durch die Verfügung Erlangten kann sich aus §§ 1959 Abs 1, 681 S 2, 667 und aus § 816 ergeben. Zur Frage einer dinglichen Surrogation s Rn 7.

IV. Abs 3

Einseitige empfangsbedürftige Rechtsgeschäfte, die gegenüber dem Erben (als 18
Nachfolger des Erblassers) vorgenommen werden müssen, bleiben wirksam, wenn sie vor der Ausschlagung dem Ausschlagenden gegenüber wirksam vorgenommen worden sind, u zw ganz ohne Rücksicht auf ihre Dringlichkeit (vgl E I § 2056). Hierunter fallen zB Mahnungen (vgl auch § 1958 Rn 6), Kündigungen, Anfechtungs-, Rücktritts- und Genehmigungserklärungen. Ihrer Wirksamkeit steht nicht entgegen, daß der Dritte weiß, daß der Empfänger nur vorläufiger Erbe ist. Voraussetzung ihres Wirksambleibens ist aber, daß alle übrigen Wirksamkeitsvoraussetzungen erfüllt sind, daß also zB die Erklärung dem Empfänger vor der Ausschlagung zugegangen ist, § 130.

Als ein „gegenüber dem Erben als solchem" vorzunehmendes Rechtsgeschäft 19
(zumindest als eine insoweit gleichzubehandelnde „Rechtshandlung") ist auch das **Leistungsangebot eines Nachlaßschuldners** anzusehen. Durch Nichtannahme des ihm gegenüber gemachten Leistungsangebots belastet der vorläufige Erbe den Nachlaß

§ 1959
20—22

5. Buch
2. Abschnitt. Rechtliche Stellung des Erben

über eine etwaige Erbschaftsausschlagung hinaus (Abs 3) mit den Rechtsfolgen des **Gläubigerverzugs** (§§ 293 ff). Voraussetzung ist natürlich, daß der Schuldner nach dem zugrundeliegenden Rechtsverhältnis schon jetzt leisten darf (arg § 294). Selbst in diesem Falle bleibt die schuldbefreiende Wirkung einer an den vorläufigen Erben erbrachten und von diesem nicht zurückgewiesenen Leistung von einer späteren Erbschaftsausschlagung nur dann unberührt, wenn die Leistungsannahme dringlich iSd Abs 2 war (str; s Rn 11). Zur Erfüllung dieser Voraussetzung genügt jedoch idR, daß – wie soeben ausgeführt – der Nachlaß bei Zurückweisung des Leistungsangebots mit den Rechtsfolgen des Gläubigerverzugs belastet würde. Daß der vorläufige Erbe nicht zur Leistungsannahme verpflichtet ist, hindert den Eintritt des Annahmeverzuges nicht (MünchKomm/Leipold Rn 10; aM BGB-RGRK/Johannsen Rn 13).

In **Schuldnerverzug**, §§ 284 ff, kann der vorläufige Erbe vor Annahme der Erbschaft nicht kommen (vgl § 1958 Rn 6); wohl aber kann die an ihn gerichtete Mahnung den endgültigen Erben vom Tage der Annahme an in Leistungsverzug setzen.

20 Auch **die Annahme eines Vertragsantrags** des Erblassers, § 153, kann gegenüber dem vorläufigen Erben erklärt werden. Dagegen kann ihm ein **Angebot zum Vertragsschluß** mit Wirksamkeit für den endgültigen Erben nicht gemacht werden, da es sich dabei nicht um ein Rechtsgeschäft handelt, das gegenüber dem Erben als solchem vorgenommen werden muß (vgl Planck/Flad Anm 5).

V. Aktivprozesse

21 Da die Zulässigkeit einer Klage idR voraussetzt, daß der Kläger wirksam über den Streitgegenstand verfügen kann – gleich ob als Rechtsinhaber oder als Prozeßstandschafter des Rechtsinhabers –, wird man Aktivprozesse des vorläufigen Erben nur unter den Voraussetzungen des Abs 2 zulassen können (aM BAG AP 1974, Bl 267 R, 268 [= Nr 2 zu § 246 ZPO]; Staudinger/Lehmann[11] Rn 22; BGB-RGRK/Johannsen Rn 2; Soergel/Stein Rn 5, 9; Erman/Schlüter Rn 7; MünchKomm/Leipold Rn 11 und – ausführlich mwN – Planck/Flad Anm 7; Reichel 108 ff; **wie hier** jedoch Planck/Strohal [3. Aufl] Anm 7; AK/Derleder Rn 6; vLübtow II 752; vgl auch K Hellwig, Lehrb d dt Civilprozeßrechts I 198). Zwar kann der vorläufige Erbe für die Zeit bis zur Ausschlagung unbeschränkt wirksam verfügen, doch ist dies nur eine Konsequenz der vom Gesetzgeber aus ganz anderen Gründen (dazu Staudinger/Otte § 1942 Rn 3) gewählten Konstruktion des Vonselbsterwerbs der Erbschaft mit Ausschlagungsmöglichkeit. Der Tendenz des Gesetzes, den Erwerb der angefallenen Erbschaft bis zur Annahme als vermögensmäßig irrelevant zu behandeln (s Staudinger/Otte § 1942 Rn 11), entspricht es, die Verfügungsbefugnis des Erben, solange sie noch durch die Ausschlagungsmöglichkeit auflösend bedingt ist, wie eine aufschiebend bedingte und somit als zur Klageerhebung nicht ausreichend zu behandeln. Dafür spricht auch, daß der Eintritt der (Rechts-)Bedingung vom Willen des vorläufigen Erben abhängt, der sich vor Klageerhebung entscheiden mag. Wie eine Verfügung wirkt daher die Prozeßführung des vorläufigen Erben im Falle der Ausschlagung für und gegen den endgültigen Erben *nur unter der Voraussetzung des Abs 2*. Da der endgültige Erbe wegen der Rückwirkung der Ausschlagung nicht Rechtsnachfolger des vorläufigen Erben ist, kommt eine Rechtskrafterstreckung nach § 325 ZPO nicht in Betracht (vgl BGB-RGRK/Johannsen Rn 2).

22 Indem die hM Aktivprozesse des vorläufigen Erben in weiterem Umfange als in

Abs 2 umschrieben zuläßt, mutet sie dem Beklagten, der ja nicht im Unrecht sein muß, zu, sich ggfls nacheinander gegen mehrere selbständige Klagen zu verteidigen (kritisch dazu schon HELLWIG aaO Fn 16). Dafür bedürfte es aus Gründen der Waffengleichheit und der Symmetrie zu § 1958 einer besonderen Rechtfertigung. Wo diese gegeben ist, werden zugleich die Voraussetzungen des § 1959 Abs 2 vorliegen, dessen analoge Anwendung auf die Prozeßführung das Problem entschärft. Nur wenn der vorläufige Erbe analog Abs 2 prozeßführungsbefugt ist, kann er ein nach § 239 Abs 1 ZPO unterbrochenes Verfahren aufnehmen (zu den Problemen, die man heraufbeschwört, wenn man auf diese Beschränkung verzichtet, vgl die ausführl Anm von GRUNSKY zu BAG AP 1974 Bl 266 ff [= Nr 2 zu § 246 ZPO]). Allerdings kann in der Aufnahme wie auch in der Klageerhebung uU eine Erbschaftsannahme zu sehen sein.

Der Beklagte ist durch § 1958 in seiner Verteidigung insofern beschränkt, als er **23** gegenüber dem vorläufigen Erben wegen eines Anspruchs, der sich gegen den Nachlaß richtet, keine **Widerklage** erheben kann (§ 1958 Rn 4). An der Geltendmachung eines **Zurückbehaltungsrechts** ist er hingegen nicht gehindert. Dies gilt nicht nur außergerichtlich (§ 1958 Rn 6), sondern auch im Prozeß (so auch REICHEL 127) und ergibt sich sowohl aus dem Gebot der prozessualen Waffengleichheit als auch daraus, daß Streitgegenstand nur der zum Nachlaß gehörende Anspruch, gegen den der Beklagte sich verteidigt, nicht jedoch der Gegenanspruch ist, aufgrund dessen er das Zurückbehaltungsrecht geltend macht. Die Frage, ob eine **Prozeßaufrechnung** mit einer gegen den Nachlaß gerichteten Forderung, die wegen § 322 Abs 2 ZPO dogmatisch zwischen der nach § 1958 unzulässigen Widerklage und der zulässigen prozessualen Geltendmachung eines Zurückbehaltungsrechts steht, mit § 1958 vereinbar ist (dafür REICHEL 127 f; **aM** CROME § 712 Fn 24), ist zu bejahen, da § 322 Abs 2 ZPO nur das *Nichtbestehen* der Gegenforderung in Rechtskraft erwachsen läßt. Vgl i übr zur Aufrechnung § 1958 Rn 6.

Hat der vorläufige Erbe eine **negative Feststellungsklage** erhoben, soll es dem Beklag- **24** ten nach STAUDINGER/LEHMANN[11] Rn 24 und PLANCK/FLAD Anm 7 c uU trotz § 1958 möglich sein, gegenüber dem vorläufigen Erben eine rechtskräftige Feststellung seines mit der Klage bestrittenen Anspruchs zu erlangen. Ohne ein Interesse an der alsbaldigen Feststellung sind jedoch Feststellungsklagen gem § 256 ZPO gar nicht zulässig. Damit scheiden solche Klagen des vorläufigen Erben außerhalb des Anwendungsbereichs des Abs 2 (Dringlichkeit) aus. Darüber hinaus sprechen die gegen die Aufnahme eines unterbrochenen Passivprozesses durch den vorläufigen Erben geäußerten Bedenken (§ 1958 Rn 8) generell gegen die Zulassung solcher negativen Feststellungsklagen des vorläufigen Erben.

VI. Konkurs

Bei Konkurseröffnung **über das Vermögen des vorläufigen Erben** muß die Vornahme **25** der gegenüber dem Erben als solchem vorzunehmenden Rechtsgeschäfte (Abs 3) gegenüber dem vorläufigen Erben erfolgen und nicht gegenüber dem Konkursverwalter; denn die Erbschaft gehört vor der Annahme nicht zur Konkursmasse (BGB-RGRK/JOHANNSEN Rn 14; vgl auch STAUDINGER/OTTE § 1942 Rn 11).

Bei Konkurseröffnung **über den Nachlaß**, die gem § 216 Abs 1 KO auch schon vor **26** Annahme der Erbschaft möglich ist, verliert der vorläufige Erbe das ihm nach Abs 1 und 2 zustehende Geschäftsführungs- und Verfügungsrecht (vgl § 6 KO); auch können ihm gegenüber nicht mehr wirksame Rechtsgeschäfte nach Abs 3 vorgenommen werden. Für den Nachlaßkonkursverwalter gilt § 1959 nicht; seine Rechtshandlungen wirken schon kraft Konkursrechts für und gegen den endgültigen Erben. *Verbindlichkeiten* des endgültigen Erben aus der Geschäftsführung des vorläufigen Erben, der die Erbschaft ausgeschlagen hat, sind Masseschulden nach § 224 Abs 1 Nr 6 KO (vgl auch § 113 Abs 1 Nr 6 VerglO), soweit die Nachlaßgläubiger gem §§ 1978, 1979 verpflichtet wären, wenn der vorläufige Erbe die Geschäfte für sie zu besorgen gehabt hätte. *Ansprüche*, die dem endgültigen Erben wegen der Geschäftsführung des vorläufigen Erben diesem gegenüber erwachsen, gehören zum Nachlaß und sind vom Konkursverwalter geltend zu machen (Mot V 539; OLG Celle MDR 1970, 1012, 1013).

Die vor der Konkurseröffnung vorgenommenen Verfügungen des vorläufigen Erben und die ihm gegenüber vorgenommenen Rechtsgeschäfte behalten im Rahmen von Abs 2 und 3 sowie der Vorschriften über den Erwerb vom Nichtberechtigten (s Rn 13 ff) ihre Wirksamkeit. UU unterliegen sie jedoch der Anfechtung nach §§ 29 ff, 222 KO.

VII. Nachlaßverwaltung

27   Auch bei Anordnung einer Nachlaßverwaltung, die ebenfalls schon vor Annahme der Erbschaft möglich ist (STAUDINGER/MAROTZKE[12] § 1981 Rn 21), verliert der vorläufige Erbe das Geschäftsführungs- und Verfügungsrecht (vgl § 1984 Abs 1). Das zum Nachlaßkonkurs Ausgeführte (Rn 26) gilt deshalb entsprechend (mit Ausnahme der Hinweise auf §§ 29 ff, 222, 226 Abs 1 Nr 6 KO). Anders ist die Rechtslage bei der Nachlaßpflegschaft gem § 1960; vgl dort Rn 42.

§ 1960

[1] **Bis zur Annahme der Erbschaft hat das Nachlaßgericht für die Sicherung des Nachlasses zu sorgen, soweit ein Bedürfnis besteht. Das gleiche gilt, wenn der Erbe unbekannt oder wenn ungewiß ist, ob er die Erbschaft angenommen hat.**

[2] **Das Nachlaßgericht kann insbesondere die Anlegung von Siegeln, die Hinterlegung von Geld, Wertpapieren und Kostbarkeiten sowie die Aufnahme eines Nachlaßverzeichnisses anordnen und für denjenigen, welcher Erbe wird, einen Pfleger (Nachlaßpfleger) bestellen.**

[3] **Die Vorschrift des § 1958 findet auf den Nachlaßpfleger keine Anwendung.**

Materialien: E I §§ 2058, 2059 Abs 1; II
§§ 1837, 1838 Abs 2; III § 1936; Mot V 541 ff;
Prot V 660, 664 ff; VI 338; Denkschr 722.

Schrifttum zu §§ 1960—1962

DAMRAU, Pflegschaft für den unbekannten Testamentsvollstrecker, in: FS Lange (1992) 797

DRASCHKA, Gläubigerbefriedigung durch den Nachlaßpfleger – Gesetzliche Vertretung des noch nicht feststehenden Erben?, Rpfleger 1992, 281

FIRSCHING/GRAF, Nachlaßrecht (7. Aufl 1994) 356 ff

FRAEB, Zur Nachlaßbehandlung nach BGB, ZBlFG 1913, 273

H GOLDSCHMIDT, Die Nachlaßpflegschaft (1905)

GREISER, Die Nachlaßpflegschaft, DFG 1938, 167

HAEGELE, Nachlaßpflegschaft und Nachlaßverwaltung (1955)

HARTUNG, Der Nachlaßpfleger im Streit mit Erbprätendenten, Rpfleger 1991, 279

HÖRLE, Die Nachlaßpflegschaft nach §§ 1960, 1961 BGB, ZBlFG 1909, 711, 751

HÖVER, Die Nachlaßpflegschaft, DFG 1937, 29

ders, Vergütung und Auslagen des Nachlaßpflegers und des Nachlaßverwalters, DFG 1940, 9

KOESSLER, Das Wesen der Nachlaßpflegschaft, JherJb 64, 412

ders, Die Stellung des Nachlaßrichters, ZZP 44, 1

JOHANNSEN, Die Rechtsprechung des Bundesgerichtshofs auf dem Gebiete des Erbrechts, WM 1972, 919

MÖHRING/BEISSWINGERT/KLINGELHÖFFER, Vermögensverwaltung in Vormundschafts- und Nachlaßsachen (7. Aufl 1992) 113 ff

W MÜLLER, Abwesenheits-, Nachlaßpflegschaft und Pflegschaft für unbekannte Beteiligte, NJW 1956, 652

REICHEL, Aktiv- und Passivprozesse des vorläufigen Erben, in: FS Thon (1911) 101

ERWIN SCHMIDT, Die Geschäftsführung des Nachlaßpflegers und Nachlaßverwalters (1958)

TIDOW, Aufwendungen und Vergütungen des Nachlaßpflegers (1990)

dies, Die Möglichkeit der Selbstbefriedigung des Sicherungsnachlaßpflegers gemäß § 1960 BGB aus dem Nachlaß, FamRZ 1990, 1060

dies, Die Anordnung der Nachlaßpflegschaft gemäß § 1960 BGB, Rpfleger 1991, 400

ZIEGLTRUM, Sicherungs- und Prozeßpflegschaft, §§ 1960, 1961 BGB (1986).

Systematische Übersicht

Wolfgang Marotzke

§ 1960

5. Buch
2. Abschnitt. Rechtliche Stellung des Erben

Alphabetische Übersicht

1. Titel. Annahme und Ausschlagung der Erbschaft.
Fürsorge des Nachlaßgerichts

§ 1960
1—3

I. Allgemeines

Das BGB geht von dem Grundsatz aus, daß die Abwicklung des Erbfalls Sache der Betei- **1** **ligten und ein Tätigwerden des Nachlaßgerichts nur in besonderen Fällen erforderlich ist** (vgl STAUDINGER/OTTE § 1942 Rn 3). Schwerpunkte der Tätigkeit des Nachlaßgerichts sind die Testamentseröffnung (§§ 2259 ff) und die Erbscheinserteilung (§§ 2353 ff). Ferner hat das Nachlaßgericht ua wichtige Aufgaben bei der Sicherung der Erfüllung von Nachlaßverbindlichkeiten (vgl insbesondere §§ 1981, 1994) und im Falle der Testamentsvollstreckung (§§ 2198, 2200, 2202, 2216, 2224, 2226—28, 2368); auch bei der Erbauseinandersetzung kann das Nachlaßgericht tätig werden (hierzu STAUDINGER/ WERNER[12] § 2042 Rn 7 ff). Darüber hinaus weist § 1960 dem Nachlaßgericht die Aufgabe zu, bei Vorliegen eines entspr Bedürfnisses für die Sicherung des Nachlasses zu sorgen, bis eine als Erbe feststehende Person die Erbschaft unzweifelhaft angenommen hat.

Eine generelle Verpflichtung des Nachlaßgerichts zum Tätigwerden anläßlich eines **2** *Erbfalls besteht nicht.* Insbesondere hat das Nachlaßgericht nicht schlechthin (sondern: § 1964 Rn 2, 3) die Pflicht, die Erbfolge und den Inhalt des Nachlasses zu ermitteln und die Berufenen zu fragen, ob sie die Erbschaft annehmen wollen. Die 4. Denkschr d ErbrA d AkDR 46 f schlug vor, dem Nachlaßgericht diese Aufgaben generell zu übertragen. Ein Bedürfnis hierfür ist jedoch nicht anzuerkennen, weil in den allermeisten Fällen eine längere Ungewißheit nicht besteht, ein etwaiger Streit unter Prätendenten im Erbscheinsverfahren einer ersten und meistens auch ausreichenden Klärung zugeführt wird und den Bedürfnissen der Nachlaßgläubiger durch die Möglichkeit der Bestellung eines Nachlaßpflegers gem § 1961 entsprochen werden kann. Angesichts der Kürze der Ausschlagungsfrist des § 1944 Abs 1 ist es auch nicht sinnvoll, durch gerichtliche Befragung auf eine vorzeitige Annahme der Erbschaft hinzuwirken.

II. Das Nachlaßgericht

1. Nachlaßgericht ist das **Amtsgericht**, § 72 FGG; Zuständigkeit des **Rechtspflegers** **3** nach § 3 Nr 2 c RPflG, nicht jedoch für nachlaßgerichtliche Geschäfte, die den von der Übertragung auf den Rechtspfleger ausgeschlossenen Geschäften in Vormundschaftssachen entsprechen, § 16 Abs 1 Nr 1 RpflG. Vgl auch Rn 17 und Münch-Komm/LEIPOLD Rn 8. Gegen Entscheidungen des Rechtspflegers kommt *Erinnerung*, § 11 RpflG, gegen solche des Richters *Beschwerde* in Betracht (s Rn 4, 30, 32, 36, 38, 56, 58). Landesrechtlich sind zT andere als gerichtliche Behörden für die dem Nachlaßgericht obliegenden Verrichtungen zuständig (vgl STAUDINGER/WINKLER[12] zu Art 147 ff EGBGB; KEIDEL/KUNTZE/WINKLER FGG § 72 Rn 2, 10; JANSEN FGG [2. Aufl] § 72 Rn 2,3). Im Gebiet der ehemaligen DDR nahm seit dem Beitritt am 3. 10. 1990 zunächst das Kreisgericht bis zur Errichtung von Amtsgerichten deren Aufgaben wahr (Einigungsvertrag Anl I Kap III A III Nr 1 a, b, e; zur früheren Rechtslage vgl STAUDINGER/OTTE/MAROTZKE[12] § 1960 Rn 62). Nunmehr jedoch bestimmt § 16 Abs 1 RpflAnpG v 26. 6. 1992 (BGBl I 1147): „Wo Rechtsvorschriften des Bundes die Zuständigkeit der Gerichte regeln, den Gerichten Aufgaben zuweisen oder Gerichte bezeichnen, treten die Amtsgerichte an die Stelle der Kreisgerichte und die Landgerichte an die Stelle der Bezirksgerichte, soweit nichts anderes bestimmt ist." § 17 RpflAnpG erklärt entgegenstehende Maßgaben des Einigungsvertrages für nicht mehr anwendbar.

Wolfgang Marotzke

Die **örtliche Zuständigkeit** der Nachlaßgerichte bestimmt sich nach §§ 73, 74 FGG. Zur **internationalen Zuständigkeit** vgl BGHZ 49,1,2; Staudinger/Firsching[12] Vorbem 315 ff zu Art 24—26 EGBGB sowie die Kommentare zu § 73 FGG. Die Zuständigkeit zur Bestellung eines Pflegers für den Nachlaß eines in Ostberlin verstorbenen Erblassers, der Vermögenswerte in der Bundesrepublik hinterlassen hat, richtete sich während des Bestehens der DDR nach § 73 Abs 2 FGG (LG Landau MDR 1960, 852). Seit dem 3. 10. 1990 gelten für *diese* Fälle wieder die Regelungen der örtlichen Zuständigkeit in § 73 Abs 1 FGG (vgl KG OLGZ 1992, 287; 1993, 15, 17; 1993, 293 f für das Erbscheinsverfahren) und § 74 FGG.

4 2. Das Nachlaßgericht hat, sobald es von einem Erbfall Kenntnis erlangt (über behördliche Mitteilungspflichten vgl zB Art 35 BayAGGVG; §§ 39 f LFGG), **von Amts wegen** für die Sicherung des Nachlasses zu sorgen, soweit ein Bedürfnis besteht. Einem Tätigwerden auf Antrag eines Beteiligten steht natürlich nichts im Wege. Es hat aber von Amts wegen die Voraussetzungen seiner Tätigkeit zu prüfen und festzustellen (KG OLGE 7, 132). Das Wort „kann" in Abs 2 deutet nur an, daß die Wahl der Mittel ebenso wie die Beurteilung des Bedürfnisses dem richterlichen Ermessen unterliegt. Die Beschwerde ist sowohl gegen die Ablehnung des Antrags auf Nachlaßsicherung wie die des Antrags auf Aufhebung der Sicherungsmaßregeln zulässig, §§ 75, 57 Abs 1 Nr 3 FGG (in letzterer Hinsicht aM KG Rpfleger 1982, 184). Der Staat haftet (§ 839, Art 34 GG) wegen schuldhafter **Amtspflichtverletzung** bei Beaufsichtigung der Nachlaßpflegschaft (§§ 1960, 1961) nur den Erben, nicht auch den Nachlaßgläubigern (dazu Tidow Rpfleger 1991, 400, 406); auch den letzteren haftet er jedoch bei Beaufsichtigung des Nachlaß*verwalters* (Staudinger/Marotzke[12] § 1985 Rn 43). Zur **strafrechtlichen** Verantwortlichkeit des Nachlaßrichters bzw Rechtspflegers nach §§ 266 Abs 1, 336 StGB vgl BGH NJW 1988, 2809 ff = JZ 1988, 881 ff m Anm Otto.

III. Voraussetzungen der Nachlaßsicherung

5 Es darf nicht feststehen, daß ein bekannter Erbe die Erbschaft angenommen hat. Diese Voraussetzung, die sich aus einer zusammenfassenden Betrachtung von Abs 1 S 1 und Abs 1 S 2 ergibt, ist erfüllt, wenn
der Erbe zwar bekannt ist, die Erbschaft aber noch nicht angenommen hat, oder
der Erbe unbekannt ist oder
ungewiß ist, ob der (bekannte oder unbekannte) Erbe die Erbschaft angenommen hat.
Außerdem muß ein **Bedürfnis für die Sicherung des Nachlasses** bestehen.

1. Ungewißheit

6 Als **Annahme** gelten auch die Versäumung der Ausschlagungsfrist (§ 1943) und die Anfechtung der Ausschlagung (§ 1957 Abs 1). Solange jedoch eine anfechtbare Ausschlagung nicht angefochten wird, ist der Nächstberufene Erbe (§ 1953 Abs 1 und 2) und kommt es für § 1960 deshalb darauf an, ob feststeht, daß dieser angenommen hat. Zur Anfechtung der Annahme s Rn 12.

7 Als **unbekannt** ist der Erbe insbesondere anzusehen, wenn die Geburt eines Erben oder Miterben (vgl KG RJA 12, 99, 104 [auch zur Frage des Erbscheins]) zu erwarten (Mot V

543) oder eine noch zu errichtende Stiftung als Erbe berufen ist (vgl Mot V 544 und § 84), wenn fraglich ist, ob ein Berufener den Erblasser überlebt hat (zum Verschollenen s Rn 26), oder wenn die Gültigkeit einer letztwilligen Verfügung (OLG Celle FamRZ 1959, 33; KG OLGE 42, 127 Fn 1 b) oder die Verwandtschaft einer Person ernstlich zweifelhaft (vgl OLG Stuttgart NJW 1975, 880 bzgl eines nichtehelichen Kindes vor Feststellung der Vaterschaft des Erblassers) oder die Erbunwürdigkeitsklage gem § 2342 erhoben ist (KG Recht 1929 Nr 2004). Unbekannt kann (nicht muß, vgl Rn 10) der Erbe auch dann sein, wenn mehrere Personen, die als Erben in Frage kommen, über die – zB von der Gültigkeit eines Testaments abhängende – Erbberechtigung streiten (PLANCK/FLAD Anm 2 a; BGB-RGRK/JOHANNSEN Rn 2; KGJ 45, 106 ff unter Aufgabe der früheren Ansicht; KGJ 52, 57, 59; LG Hamburg NJW 1947/48, 117; OLG Düsseldorf JR 1949, 354; BayObLGZ 1960, 405; LG Düsseldorf DNotZ 1963, 564 f; OLG Köln OLGZ 1989, 144 f = FamRZ 1989, 547, 548 = Rpfleger 1989, 238 f). Auch der Fall gehört hierher, daß gem §§ 1964 f durch das Nachlaßgericht erst festzustellen ist, daß ein anderer Erbe als der Fiskus nicht vorhanden ist. Ist der Erbe seiner Person nach bekannt und nur sein Aufenthalt unbekannt, so fällt das als solches nicht unter § 1960 (OLG Colmar OLGE 25, 399 f; anders natürlich, wenn die Annahme ebenfalls nicht feststeht); der bekannte Erbe mit unbekanntem Aufenthalt kann einen Abwesenheitspfleger nach § 1911 erhalten; das ist auch bei einer im übrigen bestehenden Nachlaßpflegschaft möglich. Der Fall, daß nicht der Erbe, sondern **der Testamentsvollstrecker unbekannt** ist, fällt nicht unter § 1960, sondern ist uU durch Anordnung einer „Pflegschaft für den unbekannten Testamentsvollstrecker" nach § 1913 zu lösen (DAMRAU, in: FS Lange [1992] 797, 801).

Ob der Erbe unbekannt ist, muß *vom Standpunkt des Nachlaßgerichts* aus beurteilt **8** werden (KG OLGE 32, 45 f; 37, 250; KG OLGZ 1971, 210, 215; OLG Köln OLGZ 1989, 144 ff = FamRZ 1989, 547, 548 = Rpfleger 1989, 238 ff; TIDOW Rpfleger 1991, 400, 402). Der maßgebende Zeitpunkt ist der der Entschließung des Nachlaßgerichts. Von umfangreichen und zeitraubenden Ermittlungen darf die Anordnung fürsorglicher Maßnahmen, insbesondere der Nachlaßpflegschaft, nicht abhängig gemacht werden, wenn sie ihren Zweck, den Nachlaß dem Erben zu sichern, erreichen soll (KG OLGE 32, 45; OLG Köln OLGZ 1989, 144 ff = FamRZ 1989, 547, 548 = Rpfleger 1989, 238 ff). Ob die Ermittlung des Erben möglich sein wird, hat der ggf nach Abs 2 bestellte Nachlaßpfleger, nicht das Nachlaßgericht zu beurteilen (KGJ 52, 57).

Fehlen Anhaltspunkte für das Vorhandensein einer letztwilligen Verfügung, so sind **9** grundsätzlich die gesetzlichen Erben als Erben anzusehen. Volle Gewißheit kann nicht gefordert werden, es genügt ein hoher Grad der Wahrscheinlichkeit. Die Voraussetzungen eines Erbscheins brauchen nicht gegeben zu sein (vgl BayObLG SeuffA 58 Nr 37; BayObLGZ 3, 676). Der endgültige Erbe ist nicht unbekannt, wenn zwar das Erbscheinsverfahren noch schwebt, aber der Erbe schon feststeht und durch Beantragung eines Erbscheins konkludent angenommen hat (OLG Oldenburg Rpfleger 1966, 18 zu einem Fall mit Vor- und Nacherbschaft). Vgl auch Rn 10 aE.

Bloße Anfechtbarkeit des Erbschaftserwerbs nach §§ 2078 ff oder §§ 2340 ff gibt, **10** solange die Anfechtung nicht tatsächlich erfolgt ist, keinen Anlaß zu Maßnahmen nach § 1960 (KG Recht 1929 Nr 2004). Wird im Verfahren auf Einziehung eines *Erbscheins* dieser nicht eingezogen, so ist der Erbe schon wegen der Vermutung des § 2365 nicht unbekannt (BayObLGZ 1962, 299, 307). Wird der Erbschein dagegen eingezogen (gleichviel ob aufgrund bloßer Erschütterung der Überzeugung des Nach-

§ 1960
11—14

5. Buch
2. Abschnitt. Rechtliche Stellung des Erben

laßgerichts oder aufgrund abschließender Würdigung), so kann damit der Erbe unbekannt sein (BayObLG aaO mwN). Ist gegen den im Erbschein als Erbe Ausgewiesenen Klage auf Herausgabe des Erbscheins an das Nachlaßgericht erhoben, so hat das Nachlaßgericht die Frage, ob seine Überzeugung von der Richtigkeit des Erbscheins erschüttert ist, als Vorfrage für die Anordnung der Nachlaßpflegschaft, die sich auch schon vor Einziehung des Erbscheins als erforderlich erweisen kann, selbständig zu prüfen (BayObLGZ 1960, 405 ff).

Zu dem Erfordernis der Unbekanntheit vgl auch OLG Rostock OLGE 4, 420; KG OLGE 7, 132; OLGE 37, 350; OLG Braunschweig OLGE 37, 351; KG OLGE 43, 388; KGJ 29 A 206; 46, 128; KG RJA 7, 29, 30 f. Daß ein *Erbschein* nicht oder noch nicht vorliegt, rechtfertigt allein noch nicht die Annahme, daß der Erbe unbekannt sei (s OLG Frankfurt a M FamRZ 1994, 265 f = NJW-RR 1994, 75 f und oben Rn 9).

11 Ist zum Erwerb der Erbschaft durch eine ausländische juristische Person *staatliche Genehmigung* erforderlich (dazu STAUDINGER/OTTE § 1942 Rn 6, 7), so kann bis zu ihrer Erteilung oder Verweigerung eine Nachlaßpflegschaft angeordnet werden. Bis zur Bekanntgabe der staatlichen Genehmigung besteht ein Zustand der Ungewißheit iSd § 1960 (RGZ 75, 406; 76, 385; KGJ 40, 25, 36; KG OLGE 32, 90 f).

12 Eine **Ungewißheit über die Erbschaftsannahme** kann zB bestehen bei angeblicher *pro herede gestio* (vgl STAUDINGER/OTTE § 1943 Rn 7 ff), ferner, wenn die Berechnung der Ausschlagungsfrist (§ 1944) oder die Wirksamkeit einer Ausschlagung zweifelhaft ist (KG OLGE 43, 388) oder wenn eine Annahme angefochten, die Anfechtbarkeit aber nicht klargestellt ist (vgl OLG Rostock OLGE 42, 143 Fn 1).

2. Bedürfnis

13 Neben den Voraussetzungen zu 1 a–c muß ein **Bedürfnis für gerichtliche Fürsorge** bestehen. Darüber entscheidet das Ermessen des Nachlaßgerichts, für das die Belange des endgültigen Erben an der Sicherung und Erhaltung des Nachlasses leitend sind. Auch hier kommt es auf die Tatsachenkenntnis des Nachlaßgerichts im Zeitpunkt seiner Entscheidung an (KG Rpfleger 1982, 184), nicht auf eine dem Gericht unbekannte Nachlaßfürsorge durch den Erben (BayObLG v 13. 11. 1974, BReg 3 Z 125/72, mitgeteilt bei STANGLMAIR Rpfleger 1975, 47). TIDOW Rpfleger 1991, 400, 405 macht anhand von Beispielen zutreffend darauf aufmerksam, „daß ein ungesicherter Nachlaß, oftmals lediglich bestehend aus einem Mietverhältnis, einem Bankkonto und unwesentlichen Nachlaßgegenständen (Hausrat etc)", uU dringend der Fürsorge bedürfe, „um zu vermeiden, daß die bestehenden Nachlaßverbindlichkeiten stetig ansteigen". Die Sicherungsmaßnahmen sind beim Wegfall des Bedürfnisses oder der sonstigen Voraussetzungen sofort wieder aufzuheben (BayObLGZ 7, 591, 593), so wenn sich der Erbe meldet und Aufhebung der Maßregel beantragt und dadurch die Erbschaft annimmt.

14 Ein Bedürfnis für gerichtliche Fürsorge ist idR nicht festzustellen, wenn Ehegatten, Abkömmlinge oder ein Testamentsvollstrecker vorhanden sind (KG RJA 15, 28, 31; KG OLGZ 1973, 106; vgl zum folgenden auch TIDOW Rpfleger 1991, 400, 403). Es fehlt überhaupt grundsätzlich, wenn der vorläufige Erbe oder ein Erbprätendent die Erbschaft ordnungsmäßig verwaltet und vertrauenswürdig ist (krit SOERGEL/STEIN Rn 10). Anders,

wenn der berufene Erbe sich nicht um den Nachlaß kümmert. Liegen Hinderungs-
gründe in der Person des vorläufigen Erben, die die Bestellung eines Vormunds,
Betreuers oder Pflegers für ihn selbst rechtfertigen, so wird ein Bedürfnis regelmäßig
nicht bestehen, weil der zu ernennende Vormund, Betreuer oder Pfleger seine Fürsorge auch auf den angefallenen Nachlaß zu erstrecken hat. Doch kann sich auch
hier uU ein Bedürfnis ergeben, so zB wenn der bestellte Vormund usw wegfällt und
die Ernennung seines Nachfolgers nicht alsbald erfolgen kann oder wenn der
bestellte Testamentsvollstrecker verhindert ist oder seinem Amt nicht gerecht wird.
Die bloße Möglichkeit, daß die Beendigung der Verwaltung des Testamentsvollstreckers zu einer Nachlaßsicherung Anlaß geben könnte, vermag dagegen das in
§ 1960 vorausgesetzte gegenwärtige Bedürfnis nicht zu begründen (OLG Colmar OLGE
32, 47 f).

3.   Erbenmehrheit

Die Fürsorgepflicht des Nachlaßgerichts wird auch ausgelöst, wenn die vorgenann- **15**
ten Voraussetzungen nur in der Person eines Miterben gegeben sind (BayObLG OLGE
5, 229 = SeuffA 57 Nr 175; KGJ 23 A 202; 45, 106; 48, 77; KG RJA 7, 29; 15, 28, 31). **Die Fürsorge
erfaßt** aber **nur den betreffenden Erbteil** und darf sich auf den übrigen Nachlaß nur
erstrecken, soweit sonst die Durchführung der notwendigen Fürsorgemaßnahmen
nicht möglich wäre (vgl OLG Köln NJW-RR 1989, 454 f = FamRZ 1989, 435 f). Das Vorhandensein vertrauenswürdiger Miterben kann das Bedürfnis besonderer Fürsorgemaß-
regeln ausschließen.

4.   Höfe- und Anerbenrecht

Auch im Geltungsbereich des Höfe- oder Anerbenrechts kann, wenn die Vorausset- **16**
zungen des § 1960 Abs 1 hinsichtlich des Hof- oder Anerben vorliegen, eine Maßnahme zur Nachlaßsicherung angeordnet werden; zuständig ist das Nachlaßgericht
(BGB-RGRK/Johannsen Rn 13; Lange/Wulff/Lüdtke-Handjery HöfeO § 18 Rn 2).

5.   Nachlässe von Ausländern

Für die Sicherung des Nachlasses eines Ausländers sind in erster Linie etwaige **17**
Staatsverträge entscheidend. Übersicht über solche Verträge bei Keidel/Kuntze/
Winkler FGG § 73 Rn 22 ff. Auch wenn Staatsverträge fehlen, haben die inländischen Nachlaßgerichte das Recht (BGHZ 49, 1, 2) und die Pflicht, alle vorläufigen
Maßnahmen zu treffen, die zur Sicherung des im Inland befindlichen Nachlasses
eines Ausländers erforderlich sind (OLG Dresden RJA 13, 216, 218; KGJ 53, 77; KG DJ
1937, 544; Staudinger/Firsching[12] Vorbem 314 ff, 317 ff zu Art 24—26 EGBGB). Fehlt es an
einem Staatsvertrag, so wird das maßgebende Recht durch das deutsche internationale Privatrecht bestimmt. Anordnung einer Pflegschaft über den Nachlaß eines
nach ausländischem Recht Beerbten ist auch dann möglich, wenn das für die Beerbung geltende Recht eine Nachlaßpflegschaft nicht kennt (BGHZ 49, 1 f m Anm
Rietschel LM Nr 4 zu Art 25 EGBGB). Bei Ausländernachlässen soll wegen §§ 16 Abs 1
Nr 1, 14 Nr 4 RpflG die Bestellung eines Pflegers dem Richter vorbehalten sein (OLG
Hamm Rpfleger 1976, 94 m abl Anm Meyer-Stolte).

IV. Beispiele für gerichtliche Sicherungsmaßnahmen

18 Die in Abs 2 aufgezählten Sicherungsmaßnahmen sind nur Beispiele; die Art der Fürsorge im einzelnen ist dem pflichtmäßigen Ermessen des Nachlaßgerichts überlassen (vgl OLG Celle FamRZ 1959, 33, 34 [ua zur **Einleitung von Ermittlungen** hinsichtlich des Nachlaßbestandes, insbesondere zur Zulässigkeit, Dritte und Erbprätendenten zu **eidesstattlichen Versicherungen** anzuhalten]; KG Rpfleger 1982, 184 [**Sperrung von Nachlaßkonten**]). Zu den in Abs 2 besonders erwähnten Maßnahmen:

19 Die **Anlegung von Siegeln** und die **Aufnahme eines Nachlaßverzeichnisses** kann auch einem Notar übertragen werden (§ 61 Abs 1 Nr 2 BeurkG). Der Erblasser kann die Anlegung von Siegeln nicht, wie nach einigen früheren Rechten, verbieten (Mot V 542 f).

20 Nach Art 140 EGBGB bleiben die **landesrechtlichen** Vorschriften unberührt, nach welchen das Nachlaßgericht auch unter anderen als den in § 1960 Abs 1 bezeichneten Voraussetzungen die Anfertigung eines Nachlaßverzeichnisses sowie bis zu dessen Vollendung die erforderlichen Sicherungsmaßregeln, insbesondere die Anlegung von Siegeln, von Amts wegen anordnen kann oder soll. Preußen hat durch Art 79 PrAGBGB alle derartigen Bestimmungen aufgehoben. Vgl für Bayern Art 36 Bay-AGGVG und im übrigen STAUDINGER/WINKLER[12] EGBGB Art 140 Rn 6.

21 Das in Abs 2 vorgesehene **Nachlaßverzeichnis** ist nicht mit dem in §§ 1993 ff geregelten **Inventar** gleichzusetzen (BayObLGZ 14, 524; BayObLG Recht 1914 Nr 75). Das Verzeichnis hat, da es nur Sicherung bezweckt, lediglich die Aktiven aufzuführen. Soweit es sich um diese handelt, kann § 2001 über den Inhalt des „Inventars" entspr angewandt werden. Analog § 2010 ist die Einsicht in das Verzeichnis jedem zu gestatten, der ein rechtliches Interesse glaubhaft macht (MünchKomm/LEIPOLD Rn 26). Dagegen sind die meisten übrigen Vorschriften über das Inventar (zB §§ 2002, 2003, 2009) weder unmittelbar noch analog anwendbar.

22 Für die **Hinterlegung** ist maßgebend die HintO vom 10. 3. 1937. Art 144−146 EGBGB sind durch § 38 Abs 2 HintO aufgehoben.

V. Nachlaßpflegschaft

23 1. Die **Rechtsnatur** der Nachlaßpflegschaft ist streitig. Von einigen wird sie als eine *Vermögenspflegschaft* angesehen, die dem als selbständiges Sondervermögen zu behandelnden Nachlaß einen Vertreter gebe (so HELLWIG, Anspruch und Klagrecht 73; ders, Wesen und subjektive Begrenzung der Rechtskraft 61 ff; ders, Lehrbuch des dt Civilprozeßrechts I 299; ders, System I § 69 Fn 10; H GOLDSCHMIDT 35 ff). Auch SIBER (Die Prozeßführung des Vermögensverwalters nach dem dt BGB, in: FS Wach [1918] 97, 71 ff; ders, JherJb 67, 209 f) will wenigstens für Prozesse über Nachlaßrechte und -verbindlichkeiten den Nachlaßpfleger als Vertreter des Nachlasses ansehen. Nach der herrschenden, auch von der Rspr vertretenen Auffassung ist sie dagegen eine *Personalpflegschaft* für den zur Zeit noch nicht feststehenden endgültigen Erben (grundlegend RGZ 50, 349; vgl auch RGZ 76, 125; 81, 292; 106, 46; KGJ 23 A 202; BayObLG SeuffA 58 Nr 37; OLG Colmar OLGE 30, 174; BayObLG NJW 1959, 725 f [dazu Rn 39]; BayObLGZ 40, 107 f; KG OLGZ 1971, 210, 214; BGH NJW 1989, 2133, 2134; BGHZ 94, 312, 314; BGH JR 1990, 458, 459 [l Sp] m Anm SCHILKEN; BFHE

135, 406, 409 f = BStBl 1982, 687, 688 f; PLANCK/FLAD Vorbem 5 a zu § 1942; MünchKomm/
LEIPOLD Rn 31; BINDER I 195).

Für die Auffassung als Personalpflegschaft sprechen sowohl die Mot (V 548 ff) als
auch die bessere Vereinbarkeit mit den positiv-rechtlichen Bestimmungen. So
spricht Abs 2 von einem Pfleger „für denjenigen, welcher Erbe wird". Auch kennt
das Gesetz grundsätzlich keine ruhende Erbschaft, sondern gibt dem Nachlaß vom
Augenblick des Erbfalls an einen Herrn (KOESSLER JherJb 64, 422; STAUDINGER/OTTE
§ 1942 Rn 8). Für die Rechtsverfolgung (zB eine Herausgabeklage) gegenüber Personen, die als endgültige Erben in Betracht kommen, will die Rspr dem Nachlaßpfleger hingegen eine **eigene** Parteirolle „kraft Amtes" zuweisen (vgl BGH NJW 1983, 236;
HARTUNG Rpfleger 1991, 279, 281 f: Verbot des Insichprozesses). Ohne Beschränkung auf
derartige Situationen wird die „Amtstheorie" als vorzugswürdig erachtet von ZIEGL-
TRUM 122 ff, 134.

2.   Verhältnis zu anderen Pflegschaften

Zum Verhältnis der §§ 1960, 1961 zu §§ 1911, 1912, 1913 vgl HÖRLE ZBlFG 1909,   24
710–714; MÜLLER NJW 1956, 652–654; MÖHRING/BEISSWINGERT/KLINGELHÖFFER
132 f; FIRSCHING/GRAF 372 ff; ZIEGLTRUM 91 ff.

a)   Unbekannt iSd § 1960 ist der Erbe ua dann, wenn sich eine Person, die nach
§ 1923 Abs 2 als Erbe in Betracht kommt, noch im Stadium der „Leibesfrucht" befindet (Rn 7). Dann kann neben der Nachlaßpflegschaft auch die Einleitung einer
Pflegschaft für die Leibesfrucht nach § 1912 zulässig sein. Beide Einrichtungen decken
sich nicht, sie haben verschiedene Aufgaben. Die nicht vom Nachlaß-, sondern vom
Vormundschaftsgericht anzuordnende Pflegschaft nach § 1912 soll lediglich die
Belange der Leibesfrucht wahren, während die Nachlaßpflegschaft für den angeordnet wird, der sich, je nachdem ob die Schwangerschaft zur Lebendgeburt führt oder
nicht, als endgültiger Erbe herausstellt; sie will also die Interessen des Nachlasses
wahren ohne Rücksicht darauf, wem dies zugute kommt. Das Nachlaßgericht kann
jedoch den vom Vormundschaftsgericht für die Leibesfrucht bestellten Pfleger
gleichzeitig zum Nachlaßpfleger bestellen oder umgekehrt (Mot V 553).

b)   Als Personalpflegschaft für den unbekannten oder ungewissen endgültigen   25
Erben ist die Nachlaßpflegschaft ein Sonderfall der sonst in § **1913** geregelten **Pfleg-
schaft für einen unbekannten oder ungewissen Beteiligten** (vgl Mot IV 1265: § 1913 stelle
„sich als eine Ausdehnung des Prinzipes der Nachlaßpflegschaft für den unbekann-
ten Erben . . . auf andere Angelegenheiten dar"). Ist die „Angelegenheit", in der der
Beteiligte unbekannt oder ungewiß ist, eine diesem zustehende Erbschaft, so kommt
Pflegschaft nach §§ 1960, 1961, nicht nach § 1913 in Betracht (HÖRLE 713). Für einen
Nacherben gilt dies vom Zeitpunkt der Nacherbfolge an; nach § 1913 S 2 darf ihm ein
Pfleger nur „für die Zeit bis zum Eintritte der Nacherbfolge" bestellt werden. Während dieser Zeit ist Nachlaßpflegschaft nur für den Vorerben und nur dann möglich,
wenn in bezug auf ihn die Voraussetzungen des § 1960 erfüllt sind (RG LZ 1919, 1247).
LG Düsseldorf DNotZ 1963, 564 will der Ansicht, eine Pflegschaft nach § 1913 sei
unzulässig, wenn eine solche aus § 1960 in Betracht komme, nur für den Fall folgen,
daß sämtliche Voraussetzungen des § 1960, also auch das Bedürfnis zur Sicherung
des Nachlasses, gegeben sind. Dieses Bedürfnis hat es verneint für den Fall, daß sich

alle in Betracht kommenden Erbprätendenten über eine Verwaltungsmaßnahme (dort: die Veräußerung von Wohnungseigentum) einig sind. Für einen unbekannten **Testamentsvollstrecker** kann eine Pflegschaft nicht nach § 1960, sondern nur nach § 1913 angeordnet werden (vgl DAMRAU, in: FS Lange [1992] 797, 801 ff).

26 c)   Auch die **Abwesenheitspflegschaft nach § 1911** ist von der Nachlaßpflegschaft zu unterscheiden. Da Rechtshandlungen eines Abwesenheitspflegers nur für und gegen die – bekannte – Person des Abwesenden wirken, muß er, um Rechte des Nachlasses ausüben oder einen Erbschein beantragen zu können, notfalls den vollen Beweis dafür erbringen, daß der Abwesende Erbe geworden ist (vgl BGHZ 5, 240, 243 f betr Geltendmachung von Nachlaßforderungen; OLG Karlsruhe NJW 1953, 1303 betr Erbschein). Gelingt dieser Nachweis nicht, so kann der Erbe als unbekannt iSd Abs 1 S 2 anzusehen sein.

Sind als Erben oder Miterben in Betracht kommende Personen bei Eintritt des Erbfalles **verschollen** und besteht weder Lebens- (§ 10 VerschG) noch Todesvermutung (§ 9 VerschG), so ist grundsätzlich *Nachlaß*pflegschaft einzurichten, wenn ein die Nachlaßsicherung erforderndes Fürsorgebedürfnis besteht (ARNOLD NJW 1949, 248 und MDR 1949, 600; AG Hamburg MDR 1949, 680; ZIMMERMANN JR 1950, 751; OLG Karlsruhe NJW 1953, 1303). Anders LG Koblenz (MDR 1950, 42 m abl Anm ARNOLD, gegen ihn wiederum TRIBIAN MDR 1952, 88 f): *Abwesenheits*pflegschaft, falls „von der Wahrscheinlichkeit auszugehen" sei, daß der Vermißte den Erbfall erlebt habe. Auch bei bestehender Nachlaßpflegschaft kann sich die Notwendigkeit der Bestellung eines Abwesenheitspflegers daraus ergeben, daß im Interesse des Verschollenen Rechtshandlungen geboten sind, die ein Nachlaßpfleger nicht vornehmen kann oder darf (BayObLG BayZ 1914, 25). Der bei Verschollenheit eines möglichen Erben eingesetzte Nachlaßpfleger kann den Antrag auf *Todeserklärung* stellen (vgl Rn 39), nicht jedoch einen *Erbschein* beantragen (BayObLG aaO; vgl Rn 48).

3.   Voraussetzungen der Anordnung

27 Die Anordnung einer Nachlaßpflegschaft ist in allen Fällen zulässig, in denen nach Abs 1 überhaupt irgendeine Fürsorgemaßnahme zur Sicherung des Nachlasses vorgesehen wird. Anders E I §§ 2058 Abs 1, 2059 Abs 1, wo die Bestellung eines Nachlaßpflegers nur bei Unbekanntheit des Erben und zur Prozeßführung gegen den Nachlaß (vgl jetzt § 1961) vorgesehen war. Unter Hinweis auf den Charakter der Nachlaßpflegschaft als Personalpflegschaft (Rn 23) hat das KG (OLGZ 1971, 210, 214) entschieden, daß eine Nachlaßpflegschaft auch lediglich zum Zweck der Ermittlung unbekannter Erben eingeleitet werden könne, selbst wenn ohne eine solche Maßnahme der Nachlaß in seinem Bestand nicht gefährdet sei (dazu auch § 1964 Rn 2). Die Bestellung eines Nachlaßpflegers für unbekannte Miterben kommt wegen § 2039 auch lediglich zur Geltendmachung von Nachlaßforderungen in Betracht (OLG Köln JMBlNRW 1963, 249).

28 Liegen die Voraussetzungen nur für den **Anteil eines Miterben** vor, ist die Pflegschaft auf diesen Anteil zu beschränken (KGJ 45, 106; 48, 77; OLG Köln NJW-RR 1989, 454 = FamRZ 1989, 435 f); so zB auf den Anteil eines nasciturus (Mot V 543); zur Frage des Erbscheins in solchen Fällen vgl KG RJA 12, 99. Der Wirkungskreis des Nachlaßpflegers kann auf die **Besorgung bestimmter einzelner Angelegenheiten** oder auf die

1. Titel. Annahme und Ausschlagung der Erbschaft.
Fürsorge des Nachlaßgerichts

§ 1960
29–32

Verwaltung einzelner Nachlaßgegenstände beschränkt werden, wenn damit dem Bedürfnis zur Sicherung des Nachlasses genügt ist (BayObLGZ 1960, 93; KG NJW 1965, 1719 mwN auch zur Gegenansicht). Eine solche Beschränkung liegt zB vor, wenn der Pfleger zur Wahrnehmung der Rechte des Erben gegenüber einem einzelnen Nachlaßgläubiger bestellt wird, der nur eine bestimmte Summe geltend macht (BayObLG aaO). Zur Beendigung der auf einzelne Angelegenheiten beschränkten Pflegschaft s Rn 55. Eine Pflegschaft kann auch bestellt werden zur Sicherung der Rechte des **Hoferben** oder Anerben (KGJ 50, 321; KG JW 1939, 290; vgl Rn 16).

Auch **nach Eröffnung des Konkurses** über den Nachlaß, die gem § 216 KO schon vor **29** der Erbschaftsannahme und gem § 217 KO auch auf Antrag des Nachlaßpflegers möglich ist, kann eine Nachlaßpflegschaft nach § 1960 für den unbekannten Erben bestellt werden. Vgl auch LG Köln KTS 1986, 362 zu der Frage, ob auf Antrag des Nachlaßpflegers den Erben im Nachlaßkonkurseröffnungsverfahren rechtliches Gehör zu gewähren ist.

4. Beschwerde

a) **Gegen die Anordnung der Nachlaßpflegschaft** haben regelmäßig nur die Erbprä- **30** tendenten (vgl OLG Köln FamRZ 1989, 547, 548), nicht aber Ersatzerben oder Dritte ein Beschwerderecht (OLG Braunschweig OLGE 40, 107; vgl auch KG OLGE 21, 306), ebenfalls nicht der Nachlaßkonkursverwalter (OLG Hamburg RJA 3, 179; OLGE 5, 496). Ob der Nachlaßpfleger selbst beschwerdebefugt ist, erscheint zweifelhaft (bejahend OLG Frankfurt a M FamRZ 1994, 265 f = NJW-RR 1994, 75 f m Nachw auch zur Gegenansicht). Ein Testamentsvollstrecker hat die Beschwerdebefugnis gegen die Anordnung einer Nachlaßpflegschaft auch mit dem Ziel einer Beschränkung des Wirkungskreises (KG OLGZ 1973, 106).

b) **Gegen die Ablehnung der Anordnung** einer Nachlaßpflegschaft kann nach §§ 75, 57 Abs 1 Nr 3 FGG Beschwerde einlegen, wer ein rechtliches Interesse an der Änderung dieser Verfügung hat. So zB ein Miterbe, wenn ihm durch die Errichtung einer gesetzlichen Vertretung für die anderen Erben die Aufnahme und Fortführung der mit ihnen aufgrund der Erbengemeinschaft bestehenden Rechtsbeziehungen sowie die Wahrnehmung seiner Rechte an dem gesamthänderisch gebundenen Nachlaß erst möglich würde (KG OLGZ 1971, 210 f mwN).

5. Anwendung des Vormundschaftsrechts

Auch für die Nachlaßpflegschaft gilt § 1915, der im Rahmen des *allgemeinen* Pfleg- **31** schaftsrechts die Vorschriften des Vormundschaftsrechts für entsprechend anwendbar erklärt, soweit sich aus dem Gesetz nichts anderes ergibt. E I § 2060 hatte die Anwendung der Vorschriften über die Pflegschaft noch ausdrücklich angeordnet. Das wurde von der II. Komm (Prot V 667) als selbstverständlich gestrichen. Daß das BGB gleicher Auffassung ist, läßt **§ 1962** erkennen, der für die Nachlaßpflegschaft „an die Stelle des Vormundschaftsgerichts" das Nachlaßgericht setzt. Im einzelnen ist hervorzuheben:

a) Für die **Auswahl des Pflegers** gilt § 1779 Abs 2 S 1; im übrigen sind die **32** §§ 1776–79 unanwendbar, weil es sich nicht um eine Pflegschaft für eine individuell

Wolfgang Marotzke

bestimmte Person handelt. Vgl zur Auswahl des Nachlaßpflegers auch KG OLGE 43, 377 Fn 1. Auch der vorläufige Erbe kann als Nachlaßpfleger bestellt werden (FIRSCHING/GRAF 375). Doch kommt seine Bestellung aus Zweckmäßigkeitsgründen meist nicht in Frage, da der Nachlaßpfleger die Belange des endgültigen Erben oft gerade auch gegenüber dem einstweiligen wahren soll (vgl PLANCK/FLAD Anm 3 b). Auch ein Nachlaßgläubiger ist für das Amt des Nachlaßpflegers idR nicht geeignet (BayObLG NJW-RR 1992, 967). Zum Beschwerderecht bei Auswahl eines ungeeigneten Pflegers vgl LG Heidelberg NJW 1955, 469 f (Erbprätendenten); KG JW 1919, 999 Nr 3 (Miterben) und BayObLG NJW-RR 1992, 967 (Beschwerde der als Pfleger ausgewählten Person).

33 b) Die in § 1785 ausgesprochene allgemeine **Verpflichtung zur Übernahme** einer Vormundschaft besteht auch für die Nachlaßpflegschaft. § 1981 Abs 3, der für die Nachlaßverwaltung die Übernahmepflicht ausdrücklich ablehnt, gilt nicht für die Nachlaßpflegschaft der §§ 1960, 1961 (vgl Prot V 815).

34 c) Der Nachlaßpfleger erhält gem § 1791 Abs 1 eine **Bestallungsurkunde** nach Maßgabe der ihm übertragenen Geschäfte (KGJ 41, 38).

35 d) Aus § 1797 ergibt sich, daß auch **mehrere Nachlaßpfleger** bestellt werden können (ebenso PLANCK/FLAD Anm 3 b).

36 e) Die Nachlaßpflegschaft ist **grundsätzlich unentgeltlich** zu führen; §§ 1836, 1915 Abs 1 und Umkehrschluß aus § 1987 (KGJ 53, 77; BayObLG FamRZ 1994, 590).

Werden jedoch jemandem Vormundschaften und/oder (Nachlaß-)Pflegschaften in solchem Umfange übertragen, daß er sie nur **im Rahmen seiner Berufsausübung** führen kann, so ist ihm nach §§ 1836 Abs 2, 1915 Abs 1 eine Vergütung in Höhe des Ein- bis Fünffachen des Höchstbetrages zu bewilligen, der einem Zeugen als Entschädigung für seinen Verdienstausfall gewährt werden kann (Näheres in den Erl zu § 1836 Abs 2; vgl auch BayObLG FamRZ 1994, 590, 591).

In anderen Fällen kann das Nachlaßgericht dem Pfleger nach § 1836 Abs 1 S 2 eine **angemessene Vergütung** bewilligen, wenn das Vermögen (Aktivnachlaß ohne Abzug der Nachlaßverbindlichkeiten, s RGZ 149, 172, 176; BayObLGZ 33, 147; BayObLG FamRZ 1991, 861 f; OLG Köln FamRZ 1991, 483 f) sowie der Umfang und die Bedeutung der mit der Pflegschaft verbundenen Geschäfte es rechtfertigen. Vgl § 1836 Abs 1 S 3; RG Recht 1914 Nr 1548; KG OLGE 18, 294, 297, 301; KGJ 53, 77 (Ausländernachlaß); RGZ 154, 110 und OLG Köln Rpfleger 1975, 92 (ungetreuer Pfleger; dazu auch BayObLG FamRZ 1992, 106 ff = Rpfleger 1992, 24). Die Vergütung wird vom Nachlaßgericht nach seinem Ermessen unter Berücksichtigung aller Umstände des Falles festgesetzt. Zur Höhe der Vergütung vgl KG MDR 1960, 843; OLG Köln NJW 1967, 2408; LG Darmstadt Rpfleger 1968, 119; OLG Frankfurt JurBüro 1972, 798; BayObLG Jur-Büro 1986, 88 f; OLG Frankfurt OLGZ 1993, 257 f = NJW-RR 1993, 266 f; SCHALHORN JurBüro 1973, 112. In der Praxis hat sich die Übung herausgebildet, bei kleineren Nachlässen 3—5 % und bei größeren (mit Werten zwischen 1 Mio DM und 10 Mio DM; vgl BayObLG FamRZ 1994, 266, 268 l Sp) 1—2 % vom Wert des Aktivnachlasses als Vergütung zuzubilligen (vgl BayObLG Rpfleger 1984, 356, 357; BayObLG FamRZ 1991, 861, 862; OLG Köln FamRZ 1991, 483, 484 und – zur Unanwendbarkeit dieser Praxis bei extrem hohen Nachlaßwerten „im Bereich eines mehrstelligen Millionenbetrags" – BayObLG FamRZ 1994, 266, 268). Für eine entspr Anwendung der für die Vergütung des Testamentsvollstreckers entwickelten Richtsätze plädiert TIDOW 26 ff (anders die hM, zB OLG Frankfurt aaO; BayObLG FamRZ 1994, 590, 591). Die Vergütung kann einmalig oder für bestimmte Zeitabschnitte bewilligt werden (BayObLGZ 1974, 260; BayObLG FamRZ 1994, 266, 267). Vor Beendigung seiner Tätigkeit kann dem Nachlaßpfleger grundsätzlich nur eine Vergütung für einzelne Teilabschnitte oder ein Vorschuß bewilligt werden (BayObLG FamRZ 1994, 590 f). Etwaige Fehler bei der Führung der Nachlaßpflegschaft bleiben bei der Vergütungsfestsetzung unberücksichtigt; entsprechende Schadensersatzansprüche sind durch Klage gegen den Pfleger geltend zu machen (BayObLG NJW 1988, 1919; OLG Köln FamRZ 1991, 483 f; OLG Zweibrücken MDR 1992, 262 f). Durch Untreue kann der Vergütungsanspruch jedoch verwirkt werden (BayObLG NJW 1988, 1919; BayObLG FamRZ 1992, 106 ff = Rpfleger 1992, 24). Die „Aufwendungen" des Nachlaßpflegers bleiben bei der Bemessung der „Vergütung" grundsätzlich (aber: Rn 37) außer Betracht (s BayObLG FamRZ 1994, 266, 268). Die Festsetzung der Vergütung kann nicht mit der Begründung abgelehnt werden, daß eine Vereinbarung über die Vergütung vorliege (KG OLGE 18, 294, 295 f – auch zur Zulässigkeit solcher Vereinbarungen zwischen Nachlaßpfleger und Erben bzw Nachlaßpfleger und Käufer eines Nachlaßgrundstücks). Die Festsetzung kann nicht nur vom Pfleger, sondern auch vom Erben beantragt werden, es sei denn, der Pfleger hätte auf Vergütung verzichtet (KG aaO 297). Der Festsetzungsbeschluß des Nachlaßgerichts begründet keinen Vollstreckungstitel (über landesrechtliche Ausnahmen s MünchKomm/SCHWAB § 1836 Rn 19), sondern nur einen Anspruch des Pflegers in der bewilligten Höhe, der notfalls eingeklagt werden muß (BayObLG Rpfleger 1984, 356 f). Die Festsetzung durch das Nachlaßgericht bindet das Prozeßgericht (OLG Hamburg NJW 1960, 1207). Gegen die Bewilligung der Vergütung kann jeder Erbe Beschwerde nach § 20 FGG einlegen; ein Nachlaßgläubiger hat das Beschwerderecht jedenfalls dann, wenn durch die festgesetzte Vergütung seine Befriedigung aus dem Nachlaß gefährdet wird (BayObLGZ 1958, 74) oder er sich gegenüber dem Erben verpflichtet hat, aus dem ihm zugewandten Teil des Nachlasses die Vergütung des Pflegers zu bezahlen (BayObLG FamRZ 1986, 107 f). Vorsätzliche Festsetzung einer überhöhten Vergütung ist strafbar nach §§ 266 Abs 1, 336 StGB (vgl BGH NJW 1988, 2809 ff = JZ 1988, 881 ff m Anm OTTO). Gegen die Bewilligung einer Vergütung kann nicht geltend gemacht werden, daß die Anordnung der Nachlaßpflegschaft nicht notwendig gewesen sei (BayObLG FamRZ 1990, 801 = Rpfleger 1990, 300 f; OLG Frankfurt NJW-RR 1993, 267; BayObLG FamRZ 1994, 266, 267).

f) Von der Vergütung nach § 1836 sind der **Aufwendungsersatz** nach § 1835 **und** die 37
– der Abgeltung „geringfügiger" Aufwendungen dienende – **Aufwandsentschädigung**
nach § 1836 a zu unterscheiden. Über den Ersatz von Aufwendungen entscheidet nicht das Nachlaßgericht, sondern das Prozeßgericht im Rechtsstreit zwischen dem Nachlaßpfleger und dem Erben (BayObLG Rpfleger 1984, 356; BayObLG FamRZ 1991, 861, 862 aE). Aufwendungsersatz nach § 1835 Abs 2 oder Aufwandsentschädigung nach § 1836 a kann dem Pfleger nicht neben einer nach § 1836 gewährten Vergütung für dieselbe Tätigkeit zustehen (KG MDR 1960, 843; BayObLG FamRZ 1994, 590, 591; vgl aber auch BVerfGE 54, 251, 275). Dies ist bei der Bemessung der Höhe der Vergütung zu berücksichtigen. Denn der Pfleger darf bei Bewilligung einer Vergütung nicht schlechter behandelt werden als er stünde, wenn er lediglich Aufwandsentschädigung verlangen würde (so zutr BayObLG FamRZ 1994, 590, 591). Gebühren, die ein Rechtsanwalt als Nachlaßpfleger in einem Rechtsstreit des unbekannten Erben

verdient hat, sind als Aufwendungsersatz nach § 1835 nicht vom Nachlaßgericht fest-zusetzen (so aber OLG München NJW 1965, 1026), sondern im Streitfalle vor den ordentlichen Gerichten einzuklagen (Haenecke NJW 1965, 1814; OLG Köln NJW 1967, 2408). Der zum Nachlaßpfleger bestellte Rechtsanwalt kann eine Prozeßvergütung gegenüber den von ihm vertretenen Personen nicht im Verfahren nach § 19 BRAGO festsetzen lassen (KG FamRZ 1993, 460). Er kann keine Verkehrsgebühr nach § 52 BRAGO verlangen (OLG Stuttgart Rpfleger 1991, 314 = JurBüro 1991, 839 f m abl Anm Mümmler). Für „mehrere Auftraggeber" iSd § 6 Abs 1 BRAGO ist ein zum Nachlaß-pfleger bestellter Rechtsanwalt nicht allein schon deshalb tätig gewesen, weil sich nach Abschluß der Instanz eines von ihm geführten Rechtsstreits herausstellt, daß der Verstorbene nicht nur von einer, sondern von mehreren Personen beerbt worden ist (OLG München Rpfleger 1990, 436 f = JurBüro 1990, 1156 f).

Für Vergütung, Aufwendungsersatz und Aufwandsentschädigung haften die Erben (OLG Braunschweig OLGE 26, 289 f; RG Recht 1914 Nr 1548, 1582; Hörle 723; Höver DFG 1940, 9 f). Andere Personen sind auch dann nicht zahlungspflichtig, wenn sie die Anordnung der Nachlaßpflegschaft beantragt haben (OLG Frankfurt OLGZ 1993, 259 ff = NJW-RR 1993, 267 f). Grundsätzlich wird man den Nachlaßpfleger als berechtigt ansehen dür-fen, seine diesbezüglichen Ansprüche mit Mitteln des Nachlasses selbst zu erfüllen (Tidow FamRZ 1990, 1060, 1064; vgl erg Rn 61). **Ist der Nachlaß mittellos,** so kann der Pfleger wie ein Vormund Vorschuß und Ersatz aus der Staatskasse verlangen (vgl §§ 1835 Abs 4, 1836 Abs 2 S 4, 1836 a S 4; LG Berlin Rpfleger 1975, 435; aber auch Weit-hase Rpfleger 1988, 434, 437). Vgl im übrigen die Erl zu §§ 1835—1836 a.

38 g)   Der Nachlaßpfleger untersteht der **Aufsicht des Nachlaßgerichts**, §§ 1837, 1962. Die Nachlaßgläubiger haben kein Beschwerderecht, wenn das Nachlaßgericht ein Einschreiten gem § 1837 ablehnt (KG JW 1938, 1453). Auch § 1837 Abs 3 (*Zwangsgeld*) ist anwendbar (KG OLGE 14, 267 f; 32, 48 f). Falls nicht besondere Umstände vorliegen, konnte von einem zum Nachlaßpfleger bestellten Rechtsanwalt und Notar nicht nach § 1844 (inzwischen ersetzt durch den anders formulierten § 1837 Abs 2 S 2) der Abschluß einer *Kautionsversicherung* verlangt werden (OLG Düsseldorf JZ 1951, 643). Das hat sich seit Inkrafttreten des neuen § 1837 Abs 2 S 2 geändert (Soergel/Stein Rn 24). Bei *Einreichung des Vermögensverzeichnisses* durch den Nachlaßpfleger ist das Nachlaßgericht zur Prüfung der Vollständigkeit und Richtigkeit nur verpflichtet, wenn sich aus dem Verzeichnis besondere Bedenken hinsichtlich der Ordnungsmä-ßigkeit herleiten lassen (LG Berlin JR 1955, 261). Dem Pfleger kann nicht ohne weiteres die Auflage gemacht werden, die *Belege und Handakten* bzgl des Nachlasses einzu-reichen (LG Berlin aaO). Die **Entlassung des Nachlaßpflegers** entsprechend § 1886 kommt nur dann in Betracht, wenn weniger einschneidende Maßnahmen erfolglos geblieben sind oder nicht ausreichend erscheinen (BayObLG Rpfleger 1983, 252).

6.   Aufgaben des Nachlaßpflegers

39 a)   Zu den Aufgaben des Nachlaßpflegers gehört die **Ermittlung des endgültigen Erben**, wenn dieser unbekannt ist; vgl KG OLGE 8, 269; 10, 18; 18, 301; OLGZ 1971, 210 (dazu auch Rn 27); OLG Köln FamRZ 1967, 58 f; einschr BGH NJW 1983, 226 f. Ist eine als Erbe berufene Person **verschollen** und deshalb fraglich, ob sie zZ des Erbfalls noch gelebt hat, so kann der Nachlaßpfleger als Vertreter des endgültigen Erben den Antrag auf Todeserklärung stellen (krit MünchKomm/Leipold Rn 46). Das

BayObLG (NJW 1959, 725 ff) hat den Nachlaßpfleger als gesetzlichen Vertreter *des Verschollenen* angesehen und wegen § 16 Abs 2 b, 3 VerschG gemeint, daß der Nachlaßpfleger die Todeserklärung in *dieser* Funktion nur mit Genehmigung des Vormundschaftsgerichts (Nachlaßgerichts? vgl § 1962 und OLG Köln FamRZ 1967, 58, 59) beantragen könne. Dabei wird aber nicht genügend berücksichtigt, daß der Verschollene selbst dann, wenn er als Erbe berufen ist und zZ des Erbfalls noch gelebt hat und vielleicht sogar noch jetzt lebt, mit dem vom Nachlaßpfleger vertretenen *endgültigen* Erben nicht identisch sein muß (vielleicht schlägt er oder sein Erbe, § 1952, die Erbschaft ja noch aus). Nach § 16 Abs 2 c VerschG kann der Antrag auf Todeserklärung auch ohne gerichtliche Genehmigung von jedem gestellt werden, der ein rechtliches Interesse an der Todeserklärung hat. Der Nachlaßpfleger selbst hat solch ein rechtliches Interesse sicherlich nicht (insoweit zutreffend BayObLG aaO). Da sich das rechtliche Interesse auf die Todeserklärung und nicht auf das Unterbleiben einer solchen bezieht, kann es jedoch bei jedem bejaht werden, der bei Wegfall des Verschollenen an dessen Stelle Erbe würde. Gehört der endgültige Erbe zu diesem Personenkreis (was für seine Antragsbefugnis zu unterstellen ist), so kann der Nachlaßpfleger den Antrag als sein Vertreter stellen. Allein die zZ der Antragstellung noch ungewisse Möglichkeit, daß der Verschollene den Erbfall erlebt hat oder daß er sogar jetzt noch lebt, ist kein Grund, das aus dem Recht des unbekannten endgültigen Erben hergeleitete Antragsrecht des Nachlaßpflegers zu verneinen bzw es gem § 16 Abs 3 VerschG von einer gerichtlichen Genehmigung abhängig zu machen. Die Ansicht des BayObLG (aaO Leitsatz b), daß der Nachlaßpfleger aus der Person desjenigen, der bei Wegfall des Verschollenen Erbe ist, ein Recht zur Beantragung der Todeserklärung idR nicht ableiten könne, wenn dieser Erbanwärter von seinem eigenen Antragsrecht aus § 16 Abs 2 c VerschG keinen Gebrauch mache, erscheint vertretbar nur für den Fall, daß der Erbanwärter die in Frage stehende Erbschaft bereits vorsorglich angenommen hat (was nach § 1946 schon vor zuverlässiger Kenntnis vom Wegfall eines vorrangig Berufenen möglich ist). Die Rücksichtnahme auf den Willen einer bestimmten Person kann dem Nachlaßpfleger (wenn überhaupt) nur zugemutet werden, wenn die betr Person zumindest dann *endgültiger* Erbe ist, wenn man als wahr unterstellt, daß der Verschollene vor dem Erblasser gestorben ist. Einen **Erbschein** hinsichtlich des betreuten Nachlasses kann der Pfleger nicht beantragen (Rn 48).

b) **Inbesitznahme, Verwaltung und Erhaltung des Nachlasses.** Zur ordnungsgemäßen **40** Führung der Nachlaßpflegschaft ist idR erforderlich, daß der Pfleger den Nachlaß in Besitz nimmt. Solange der nach § 857 auf den Erben übergegangene Besitz des Erblassers weder von dem Erben noch von einer anderen Person „ergriffen" worden ist (vgl § 1922 Rn 256), begeht der Nachlaßpfleger keine verbotene Eigenmacht, wenn er das Besitzergreifungsrecht des unbekannten endgültigen Erben an dessen Stelle ausübt. Hat schon jemand Besitz „ergriffen" und besteht ein (nur gegenüber einem Nichterben in Betracht kommendes) Selbsthilferecht nach § 859 nicht oder nicht mehr, so ist der Nachlaßpfleger auf den Weg der Herausgabeklage angewiesen (zur richtigen Anspruchsgrundlage vgl STAUDINGER/GURSKY[12] § 2018 Rn 3; BGH NJW 1981, 2299 f; 1983, 226 f = FamRZ 1983, 56 f, 582 m Anm DIECKMANN; BGHZ 94, 312, 314; HARTUNG Rpfleger 1991, 279 ff; MünchKomm/LEIPOLD Rn 47). Gegenüber Besitzern, die unzweifelhaft nicht zu den Erben gehören, kommt wegen § 857 auch ein Anspruch aus § 861 und zu dessen Durchsetzung eine einstweilige Verfügung in Betracht. Der die Nachlaßpflegschaft anordnende Beschluß ist kein Vollstreckungstitel iSd § 794 Abs 1 Nr 3 ZPO (vgl STAUDINGER/MAROTZKE[12] § 1985 Rn 13 zu der entspr Frage bei der Nachlaßverwaltung).

Der Nachlaßpfleger hat ein **Nachlaßverzeichnis** anzufertigen und dem Nachlaßgericht einzureichen, §§ 1802, 1962.

Die **Verwaltungsbefugnis** des Pflegers kann vom Nachlaßgericht *beschränkt*, ja ihm sogar ganz vorenthalten werden (zu einer hiervon wohl unberührten Restbefugnis vgl § 2017 Rn 8). Das ergibt sich daraus, daß für die Maßnahmen des Nachlaßgerichts nach § 1960 Abs 1 grundsätzlich die Bedürfnisfrage entscheidet. Auch die Fassung des § 2017 (vgl aber dort Rn 8) und namentlich § 991 Abs 2 ZPO sprechen dafür (wie hier BGB-RGRK/JOHANNSEN Rn 21, 25; PLANCK/FLAD Vorbem 5 c zu § 1942). Soweit er zur Verwaltung berufen ist, entscheidet er grundsätzlich, wie der Vormund, selbständig (KG OLGE 32, 48 f).

41 c) Zwecks Verwaltung und Erhaltung des Nachlasses kann der Pfleger **Verbindlichkeiten eingehen**, die Nachlaßverbindlichkeiten sind und im Konkurs Masseschulden bilden (§ 224 Abs 1 Nr 5 KO). Der Erbe haftet für diese Verbindlichkeiten grundsätzlich auch mit dem eigenen Vermögen, also unbeschränkt, aber beschränkbar (KIPP/COING § 125 III 5). Als Masseschuld qualifiziert BGHZ 94, 312, 315 f auch die Verpflichtung zur Herausgabe einer ungerechtfertigten Bereicherung, die dadurch entstanden ist, daß der Nachlaßpfleger eine Leistung eingefordert und erhalten hat, auf welche der Nachlaß keinen Anspruch hatte.

Die Befugnis des Nachlaßpflegers, den endgültigen Erben bei einem Vertrag mit einem Dritten zu vertreten, hängt nicht davon ab, daß der Pfleger bei Abschluß des Vertrages zweck- und pflichtmäßig handelt (vgl BGHZ 49, 1, 4 f betr Haftung des Erben aus einem Architektenvertrag, den der Nachlaßpfleger zwecks Wiederaufbaus eines kriegszerstörten Hauses des Erblassers geschlossen hatte).

Zur **Verfügung über Nachlaßgegenstände** ist er nach außen im gleichen Umfang ermächtigt wie jeder andere Pfleger. Dem Grundbuchamt gegenüber ist er auch ohne Nachweis des Erbrechts hinsichtlich der von ihm vertretenen Erben legitimiert (KG RJA 10, 277).

42 d) Die in den §§ 1821, 1822 aufgeführten Rechtsgeschäfte des Pflegers bedürfen der **Genehmigung des Nachlaßgerichts**, §§ 1915, 1962. Ob dem Nachlaßpfleger die Genehmigung zur Veräußerung eines Nachlaßgrundstücks erteilt wird, liegt im pflichtgemäßen Ermessen des Nachlaßgerichts. Die Veräußerung ist erforderlich, wenn das Grundstück ein Zuschußbetrieb ist (KG DFG 1940, 26). Bei Veräußerung eines Grundstücks im Wege privatrechtlicher Versteigerung bedürfen der mit dem Zuschlag an den Meistbietenden zustandegekommene Grundstückskaufvertrag und die nachfolgende Auflassung auch dann der Genehmigung des Nachlaßgerichts, wenn bereits der vom Nachlaßpfleger für die unbekannten Erben mit dem Auktionator geschlossene, weitreichende Bindungen enthaltende Einlieferungsvertrag nachlaßgerichtlich genehmigt worden ist (so jedenfalls KG OLGZ 1993, 266 ff = FamRZ 1993, 733 ff). Die Veräußerung des Erbteils, zu dessen Sicherung die Nachlaßpflegschaft angeordnet wurde, ist idR nicht genehmigungsfähig (LG Aachen Rpfleger 1991,

314). Über Sparkonten kann der Nachlaßpfleger mit Genehmigung (§ 1812 Abs 1 u 3) des Nachlaßgerichts verfügen (vgl OLG Köln WM 1986, 1495 f).

Zur Vornahme von *Schenkungen* oder zum Vollzug einer vom Erblasser vorgenommenen, wegen Formmangels nichtigen Schenkung ist der Pfleger nicht befugt, §§ 1915, 1804 (RGZ 98, 279, 283). Er darf auch nicht zur Verbesserung oder Ergänzung einer auf eine Schenkung hinauslaufenden Rechtshandlung des Erblassers Erklärungen abgeben, zumal wenn dadurch bei überschuldetem Nachlaß in die Rechtssphäre der Nachlaß- oder Konkursgläubiger eingegriffen würde (BayObLGZ 28, 304).

Der vorläufige Erbe behält neben dem Nachlaßpfleger seine Geschäftsfähigkeit und im Rahmen des § 1959 **seine Verfügungsmacht**; er wird insoweit durch die Nachlaßpflegschaft nicht beschränkt (BGB-RGRK/Johannsen Rn 29; MünchKomm/Leipold Rn 44; Planck/Flad Vorbem 5 c zu § 1942; Riezler AcP 98, 372 und 378; Hörle 717; aM Reichel 109; Siber JherJb 67, 126, 148, 183, 191; Hellwig, Lehrbuch des dt Civilprozeßrechts I 296; vgl auch Ziegltrum 186 ff). Daraus sich ergebende Widersprüche sind nach allgemeinen Grundsätzen zu lösen (vgl Mot V 553 und Riezler aaO). Danach hat regelmäßig die zuerst vorgenommene Handlung den Vorzug.

e)   Die gerichtliche Geltendmachung von Ansprüchen, die sich gegen den Nachlaß   **43** richten, ist bis zur Annahme der Erbschaft durch den wahren Erben nicht gegenüber dem Erben (§ 1958), sondern nur gegenüber dem Nachlaßpfleger zulässig (§ 1960 Abs 3; zu weiteren Ausnahmen von § 1958 s dort Rn 5). Jedoch kann der Nachlaßpfleger von Gläubigern des Nachlasses auch dann mit Wirkung für und gegen den endgültigen Erben verklagt werden, wenn die Pflegschaft nicht eigens zu diesem Zweck auf Gläubigerantrag nach § 1961, sondern aus einem anderen Grunde (vgl die Zusammenstellung in Rn 5) angeordnet wurde. Ebenso kann der Pfleger auch die *zum* Nachlaß gehörigen Ansprüche geltend machen. Ausgenommen sind Prozesse über das Erbrecht selbst (Rn 47). Ein gegen den Nachlaßpfleger ergangenes Urteil bedarf keines Vorbehalts der beschränkten Haftung, § 780 Abs 2 ZPO. Als Vertreter des ungewissen Erben kann dem Nachlaßpfleger auch **Prozeßkostenhilfe** bewilligt werden (RGZ 50, 394; 81, 292; BayObLGZ 3, 479; BGH NJW 1964, 1418). Solange der Erbe unbekannt ist, kommt es dafür nicht auf die Vermögensverhältnisse des Erben, sondern auf den Bestand des Nachlasses an (BGH aaO). Will anstelle des Nachlaßpflegers, dem Prozeßkostenhilfe bewilligt ist, der ermittelte Erbe das Verfahren fortsetzen, so bedarf es hinsichtlich der Prozeßkostenhilfe keines neuen Antrages und damit auch keiner neuen Beiordnung des bisherigen Rechtsanwalts (KG NJW 1969, 2207 f). Jedoch ist, sobald die Erben ermittelt sind, die Berechtigung der Prozeßkostenhilfe aufgrund der auf Erbenseite bestehenden Vermögensverhältnisse neu zu prüfen (BGH NJW 1964, 1418).

Der Erbe behält neben dem Nachlaßpfleger **seine Prozeßfähigkeit**. Jedoch kann ein Anspruch, der sich gegen den Nachlaß richtet, gegen den Erben vor Annahme der Erbschaft nicht gerichtlich geltend gemacht werden (§ 1958). In der vom Erben ausgehenden klageweisen Geltendmachung eines zum Nachlaß gehörigen Anspruchs liegt regelmäßig eine Annahme der Erbschaft durch *pro herede gestio*. Die Führung eines von ihm selbst begonnenen Prozesses kann dem Erben vom Nachlaßpfleger nicht wider seinen Willen abgenommen werden. Hat aber der Nachlaßpfleger mit seiner Einwilligung den Prozeß übernommen oder ist er von vornherein als Kläger

§ 1960
44—47

5. Buch
2. Abschnitt. Rechtliche Stellung des Erben

oder Beklagter aufgetreten, so **steht der Erbe** für einen solchen Rechtsstreit **einer nicht prozeßfähigen Person gleich (§ 53 ZPO)**; er kann also weder selbst Prozeßhandlungen vornehmen, noch können sie ihm gegenüber vorgenommen werden.

44 f) **Befriedigung der Nachlaßgläubiger** ist grundsätzlich **nicht** Aufgabe des Nachlaßpflegers (KG JW 1938, 1453 f; OLG Colmar OLGE 30, 173; BGB-RGRK/JOHANNSEN Rn 25; **aM** DRASCHKA Rpfleger 1992, 281 ff, der sich auf § 1960 Abs 3 und § 1961 beruft). Anders jedoch, wenn durch die Gläubigerbefriedigung unnötige Prozesse und Kosten, für die der Nachlaß haften würde, vermieden werden können (vgl JOHANNSEN WM 1972, 919 unter Hinweis auf BGH vom 22. 11. 1957, IV ZR 177/57). Insbesondere muß der Pfleger für die Bezahlung der *Steuerschulden* Sorge tragen, § 34 Abs 1 AO; sonst kann er sich persönlich haftbar machen, § 69 AO.

45 g) Den Nachlaßgläubigern ist der Nachlaßpfleger gem § 2012 Abs 1 S 2 zur **Auskunft über den Bestand des Nachlasses** verpflichtet (zu Anzeigepflichten ggü dem Finanzamt vgl FIRSCHING/GRAF 382, 485 ff). Eine *Inventarfrist* kann ihm nicht gesetzt werden; er kann nicht auf die *Beschränkung der Haftung* verzichten, § 2012 Abs 1 S 1 und 3. Die *aufschiebenden Einreden* der §§ 2014 f kann auch er geltend machen; die dort genannten Fristen beginnen mit der Bestellung des Pflegers, § 2017.

46 h) **Dem Erben gegenüber** ist der Nachlaßpfleger verpflichtet, dafür zu sorgen, daß die einzelnen Nachlaßgläubiger *nur nach Kräften des Nachlasses* entspr der Haftung des Erben für die Nachlaßverbindlichkeiten (§§ 1979, 1980) befriedigt werden. Das hatte E I § 2065 (Mot V 552) besonders ausgesprochen und die II. Komm sachlich gebilligt (Prot V 668 f). Vgl erg § 1961 Rn 12. UU kann auch die *Liquidation* des Nachlasses durch den Nachlaßpfleger geboten sein (BGB-RGRK/JOHANNSEN Rn 25). Er ist jedenfalls befugt zum *Aufgebot* der Nachlaßgläubiger (§ 991 Abs 2 ZPO), zum Antrag auf *Zwangsversteigerung* eines Nachlaßgrundstückes (§ 175 ZVG) und auf Eröffnung des *Nachlaßkonkurses* (§ 217 Abs 1 KO); zur Frage einer Konkursantrags*pflicht* des Nachlaßpflegers vgl STAUDINGER/MAROTZKE[12] § 1980 Rn 20. Die *Nachlaßverwaltung* kann er nicht beantragen, da deren Zwecke, soweit sie dem Erben dienen, bereits durch die Nachlaßpflegschaft erfüllt werden können (RIESENFELD I 29; weitere Nachweise auch zur Gegenansicht bei STAUDINGER/MAROTZKE[12] § 1981 Rn 14).

7. Grenzen der Nachlaßpflegschaft

47 Der Nachlaßpfleger hat den endgültigen Erben nur insofern zu vertreten, als die Erhaltung und Verwaltung des Nachlasses für den, der Erbe wird, es erfordern (Mot V 548 f).

a) Als Vertreter des endgültigen Erben ist der Nachlaßpfleger zur Führung von **Rechtsstreitigkeiten über das Erbrecht** mit denen, die Erben zu sein behaupten, nicht berufen (Mot V 551, 556). Letztere müssen den Streit um das Erbrecht untereinander austragen (Mot V 556; RGZ 106, 46; BGH NJW 1983, 226, 227). Der Nachlaßpfleger kann nicht für das Erbrecht eines Prätendenten gegen den anderen auftreten, auch die Erben oder einen von ihnen beim Streit um das Erbrecht nicht vertreten (KG OLGE 21, 305 f; 26, 288 f; OLG Hamburg OLGE 30, 174). Es steht ihm nicht zu, Vermächtnisse anzufechten oder über Erbquoten und darüber, was auf die Erbanteile anzurechnen ist, zu streiten (OLG Hamburg ZBlFG 1911, 262 Nr 206; OLG Hamburg OLGE 21, 308; RG SchlHA 1908, 183). Daraus folgt nach hM nicht, daß das Erbrecht niemals Gegenstand eines Rechtsstreites zwischen dem Nachlaßpfleger und dem, der das Erbe für sich in Anspruch nimmt, sein kann (**aM** wohl Mot V 551). Er wird als der richtige Beklagte angesehen, wenn ein rechtliches Interesse des Klägers an der alsbaldigen Feststellung seines Erbrechts gegenüber dem Nachlaßpfleger besteht, namentlich wenn dieser das Erbrecht bestritten hat (RGZ 106, 46 f; OGHZ 4, 219; BGH LM Nr 1 zu § 1960; HARTUNG Rpfleger 1991, 279, 282 f; vgl auch BGH NJW 1983, 226 f). Das Urteil wirkt aber nur zwischen dem Pfleger und seinem Gegner (RGZ 106, 46, 49).

b)   Aus der Stellung des Nachlaßpflegers als Vertreter nicht des vorläufigen, son- **48**
dern des ungewissen endgültigen Erben folgt, daß er **weder zur Annahme noch zur Ausschlagung der Erbschaft berufen** ist (Mot V 550 f). Er kann auch **keinen Erbschein** beantragen (BayObLG BayZ 1914, 25; KGJ 40, 37; OLG Celle JR 1950, 58 f). Er hat kein Beschwerderecht gegen eine im Erbscheinsverfahren ergangene Entscheidung des Nachlaßgerichts, sofern sich der zu erteilende Erbschein auf den Erbfall bezieht, in Ansehung dessen die Nachlaßpflegschaft angeordnet ist (KG Recht 1911 Nr 3102; RJA 11, 178; BayObLGZ 32, 552). Wohl aber kann er eine dem Erblasser angefallene Erbschaft, die als Bestandteil des Nachlasses auf die – zZ noch ungewisse – Person übergegangen ist, die sich als endgültiger Erbe dieses Erblassers herausstellt, aus deren Recht annehmen oder mit Genehmigung des Nachlaßgerichts (§ 1822 Nr 2) ausschlagen (PLANCK/FLAD Vorbem 5 c zu § 1942). Hinsichtlich der *bereits dem Erblasser angefallenen* Erbschaft ist er auch zum Erbscheinsantrag berechtigt (BayObLG FamRZ 1991, 230).

c)   Der Nachlaßpfleger ist grundsätzlich **nicht befugt**, als Vertreter des unbekann- **49**
ten endgültigen Erben **mit sich im eigenen Namen einen Vertrag über Nachlaßgegenstände zu schließen** (vgl § 181 und TIDOW, Aufwendungen und Vergütungen des Nachlaßpflegers [1990] 36 ff). Ein trotzdem geschlossener Vertrag kann nur mit Genehmigung des endgültigen Erben wirksam werden, der dazu uU nach Treu und Glauben verpflichtet sein kann (RGZ 110, 214, 216). Jedoch wird die Vertretungsmacht des einmal ordnungsgemäß bestellten Nachlaßpflegers nicht dadurch beeinträchtigt, daß sie *zweck-* bzw *pflichtwidrig* ausgeübt wird (BGHZ 49, 1, 4 f) oder die *Voraussetzungen für seine Bestellung nicht gegeben* waren (OLG Köln JMBlNRW 1954, 187); seine Rechtsgeschäfte bleiben auch nach Aufhebung der Pflegschaft gültig (OLG Kiel SchlHA 1907, 345; 1910, 97; OLG München DR 1943, 491; KIPP/COING § 125 II 2).

d)   Die **Ausführung letztwilliger Verfügungen des Erblassers** gehört an sich nicht zu **50**
den Aufgaben des Nachlaßpflegers, sondern ist für ihn – anders als für den Testamentsvollstrecker – nur „eine Nebensache" (Mot V 548). Nicht selten wird es sogar seine Pflicht sein, eine letztwillige Verfügung nicht sofort auszuführen, sondern damit zu warten. Doch kann er auf ihre Erfüllung in Anspruch genommen werden (WEISSLER I, 130; **aM** HÖRLE 756).

e)   Die **Durchführung der Erbauseinandersetzung** gehört ebenfalls nicht zu den Auf- **51**
gaben eines Nachlaßpflegers (RGZ 154, 110, 114; KG DFG 40, 26; BayObLGZ 1951 Nr 91). Obwohl allein zur Mitwirkung an der Erbauseinandersetzung für einzelne unbekannte Erben kein Teilnachlaßpfleger bestellt werden darf (KG OLGZ 1971, 210, 214 mwN gegen OLG Hamm JMBlNRW 1953, 101 f), kann jedoch ein einmal eingesetzter Teil-

nachlaßpfleger an der Auseinandersetzung wirksam mitwirken (KG OLGZ 1971, 213 mwN).

8. Haftung des Nachlaßpflegers

a) Gegenüber Erben

52 Für die Verantwortlichkeit des Nachlaßpflegers gegenüber den Erben sind §§ 1915, 1833 maßgebend (vgl KGJ 53, 77).

b) Gegenüber Nachlaßgläubigern

53 Den Nachlaßgläubigern ist der Nachlaßpfleger nach § 2012 Abs 1 S 2 zur Auskunft über den Bestand des Nachlasses verpflichtet; er haftet ihnen bei Verletzung dieser ihn selbst treffenden Pflicht persönlich (ERMAN/SCHLÜTER Rn 24; Prot V 669 gegen Mot V 552).

54 Streitig ist, ob er den Nachlaßgläubigern auch sonst für durch pflichtwidriges Verhalten entstandene Schäden verantwortlich ist, ähnlich wie nach § 1985 Abs 2 der Nachlaßverwalter.

Die *verneinende Ansicht* zieht aus § 1985 Abs 2 einen Umkehrschluß (RGZ 151, 57, 63 f; RG JW 1938, 1453 f) und gibt den Nachlaßgläubigern – abgesehen von einer unerlaubten Handlung des Pflegers – einen Ersatzanspruch nur gegen den Erben, der für das Verschulden seines Pflegers als seines gesetzlichen Vertreters nach § 278 (hiergegen HELLWIG, Anspruch und Klagrecht 242 Fn 25) einzustehen hat (PALANDT/EDENHOFER Rn 24; BGB-RGRK/JOHANNSEN Rn 34; KIPP/COING § 125 III 5; DIETZ 127, 3; MÖHRING/BEISSWINGERT/KLINGELHÖFFER 128 f; ZIEGLTRUM 204 f; wohl auch ERMAN/SCHLÜTER Rn 24). *Andere* bejahen daneben die persönliche Haftung des Nachlaßpflegers analog § 1985 Abs 2 (PLANCK/FLAD Vorbem III 5 c zu § 1942; vLÜBTOW II 759; CROME § 671 Fn 48; KOESSLER 414, 429 ff; KRESS 139).

Auch STAUDINGER/LEHMANN[11] Rn 57 hatte sich zu der zweiten Auffassung bekannt. Sie ging zutreffend davon aus, daß eine Haftung für ein die Nachlaßgläubiger schädigendes Verhalten des Pflegers den Erben nur als solchen treffen und somit nur eine *Nachlaßverbindlichkeit* mit allen Möglichkeiten der Haftungsbeschränkung darstellen kann (vgl auch KOESSLER 428 ff; KIPP/COING § 93 II; PALANDT/EDENHOFER Rn 24; PLANCK/ FLAD Vorbem III 5 c zu § 1942). Wer die Nachlaßgläubiger auf einen Anspruch gegen den Erben beschränkt, stellt sie also mit ihren Ersatzansprüchen schlechter als im Falle der Nachlaßverwaltung. STAUDINGER/LEHMANN[11] Rn 57 sah für diese Ungleichbehandlung keinen durchschlagenden Grund und nahm deshalb analog § 1985 Abs 2 eine Verantwortlichkeit des Pflegers auch gegenüber den Nachlaßgläubigern an. Demgegenüber ist darauf hinzuweisen, daß ein Nachlaßpfleger im Gegensatz zum Nachlaßverwalter nur die Interessen des *endgültigen Erben* und nicht auch die der *Nachlaßgläubiger* zu wahren hat; allenfalls die *Bestellung* des Nachlaßpflegers dient uU (§ 1961) auch den Nachlaßgläubigern (unzutreffend OLG Hamburg RJA 8, 24; vgl dagegen RGZ 65, 287, 289; 88, 264 f; KG RJA 8, 24, 26; OLG Colmar OLGE 30, 173). Der Grund für die Schaffung des § 1985 Abs 2, nämlich daß der Nachlaßverwalter „nicht nur die Interessen des Erben, sondern auch jene der Gläubiger zu wahren habe" (Prot V 815), trifft auf den nach §§ 1960, 1961 bestellten Nachlaßpfleger nicht zu. Dessen geringere Haftung läßt sich ferner damit rechtfertigen, daß er anders als der Nachlaßverwalter (§ 1987) grundsätzlich – aber: § 1836 Abs 2 – *keinen Vergütungsanspruch* hat (s hierzu wie auch zu dem erwähnten neuen § 1836 Abs 2 oben Rn 36); der neu eingefügte § 1836 a gewährt bloß eine Entschädigung für geringfügige Aufwendungen. Außerdem spricht der Umstand gegen die Haftung des Pflegers gegenüber den Gläubigern, daß der Gesetzgeber die Nachlaßverwaltung als einen *Sonderfall* der Nachlaßpflegschaft bezeichnet (§ 1975) und nur für diesen Sonderfall ausdrücklich eine Haftung gegenüber den Nachlaßgläubigern ausspricht (§ 1985 Abs 2).

9. Aufhebung der Nachlaßpflegschaft

Die Nachlaßpflegschaft muß **nach § 1919** aufgehoben werden, **wenn der Grund für ihre** 55 **Anordnung weggefallen ist**. Nur für die *auf eine einzelne Angelegenheit beschränkte* Nachlaßpflegschaft (vgl Rn 28) gilt § 1918 Abs 3 (BayObLGZ 22, 111). Abgesehen von dieser Ausnahme findet eine Beendigung kraft Gesetzes nicht statt (OLG Hamburg OLGE 41, 81; BayObLG BayZ 1916, 343; BayNotZ 1922, 102; RGZ 154, 110, 114). Solange die Aufhebung nicht ausdrücklich vom Nachlaßgericht ausgesprochen ist, bleibt der Nachlaßpfleger also gesetzlicher Vertreter aller Personen, die sich als Erben herausstellen (BayObLGZ 22, 111; RGZ 106, 46, 48; 154, 110, 114; BFHE 135, 406, 408, 410 = BStBl 1982 II 687 f, 689). Unrichtig daher BSG MDR 1972, 363, wonach der Klage des Nachlaßpflegers ein Beschluß nach § 1964 soll entgegengehalten werden können.

Ob die Voraussetzungen der Aufhebung gegeben sind, hat das Nachlaßgericht nach sei- 56 nem Ermessen zu entscheiden. Ist die Nachlaßpflegschaft wegen Unbekanntheit des Erben bestellt, so genügt es noch nicht, daß der unbekannte Erbe ermittelt ist, es muß auch feststehen, daß er Erbe bleibt, also angenommen hat. Das sprach E I § 2066 ausdrücklich aus; die II. Komm hat es unter sachlicher Billigung gestrichen (vgl KG OLGE 14, 266—268; 21, 305; KGJ 52, 57, 59; KG RJA 7, 29, 31).

Bei einer Mehrheit von Erben ist, wenn für alle Miterben Nachlaßpflegschaft eingeleitet war, diese hinsichtlich der Miterben aufzuheben, für die die Voraussetzungen weggefallen sind; diese Miterben haben kein Beschwerderecht gegen die Ablehnung ihres Antrags, die Pflegschaft auch hinsichtlich der übrigen Miterben aufzuheben (KG RJA 7, 29).

Die **Eröffnung des Nachlaßkonkurses** führt nicht zur Beendigung der Pflegschaft und 57 ist auch nicht ohne weiteres ein Aufhebungsgrund, da der Nachlaßpfleger, solange noch kein endgültiger Erbe vorhanden oder bekannt ist, im Nachlaßkonkurs den Gemeinschuldner zu vertreten hat; die Verwaltung des Nachlasses und die Verfügung über ihn ist ihm freilich entzogen (Jaeger/Weber KO § 214 Rn 19; OLG Hamburg RJA 3, 179; OLGE 5, 436; KGJ 38 A 116).

Die Frage, ob die Nachlaßpflegschaft aufzuheben sei, sobald eine **Nachlaßverwaltung** nach §§ 1975, 1981 angeordnet wird, ist wenig praktisch. Denn vor Annahme der Erbschaft wird nicht leicht eine Nachlaßverwaltung angeordnet werden (vgl Staudinger/Marotzke[12] § 1981 Rn 11, 21) und somit auch keine während des Bestehens einer Nachlaßpflegschaft. Neben der Nachlaßverwaltung wird selten ein Bedürfnis für die Aufrechterhaltung der Nachlaßpflegschaft bestehen.

Weder dem Pfleger noch einem Nachlaßgläubiger steht das **Beschwerderecht** gegen 58

Wolfgang Marotzke

§ 1960
59—61

5. Buch
2. Abschnitt. Rechtliche Stellung des Erben

die Aufhebung der Nachlaßpflegschaft zu (KG OLGE 23, 364 Fn 1; OLG Colmar OLGE 30, 173 f; KG ZBlFG 1916, 234; BayObLG BayZ 1916, 342). Der Nachlaßgläubiger kann nur nach § 1961 vorgehen (vgl KGJ 22, 71; OLG Colmar OLGE 30, 173; MünchKomm/LEIPOLD Rn 72; aM SOERGEL/STEIN Rn 52; zu der entsprechenden Frage in Fällen des § 1961 s dort Rn 1). Dem Pfleger steht ein Beschwerderecht nur zu, wenn lediglich sein *Wirkungskreis beschränkt*, die Pflegschaft also nicht völlig aufgehoben werden soll (KG ZBlFG 1916, 234); ebenso gegen seine *Entlassung*, §§ 60 Abs 1 Nr 3, 75 FGG.

59 Die **Rechnungslegungs- und Herausgabepflicht** bestimmt sich nach §§ 1915, 1890—92. Vgl zur Prüfung der Rechnungslegung durch das Nachlaßgericht und zur Herausgabepflicht RG WarnR 1915 Nr 264; BayObLG SeuffBl 72, 162; OLG Braunschweig OLGE 23, 313. Erzwingen kann das Nachlaßgericht nur die förmliche Ordnungsmäßigkeit der Rechnungslegung; die sachliche Richtigkeit und Herausgabe des verwalteten Vermögens müssen die Beteiligten im normalen Zivilprozeß durchsetzen (KGJ 24 A 23; KG OLGZ 1969, 293 = FamRZ 1969, 446; KG OLGZ 1977, 129 = Rpfleger 1977, 132; vgl auch SOERGEL/STEIN Rn 28).

60 Man nimmt an, daß bei Beendigung der Nachlaßpflegschaft die Erben anstelle des Pflegers in einen von diesem geführten **Prozeß** eintreten, ohne daß eine Aussetzung oder Unterbrechung des Prozesses erfolgt, also unmittelbar mit der Aufhebung der Pflegschaft (OLG Hamburg OLGE 17, 318; 41, 81; HÖRLE ZBlFG 1909, 751, 770; vgl auch BayObLG FamRZ 1991, 230 f für das Erbscheinsverfahren). Ob diese Ansicht zutreffend ist, erscheint jedoch zumindest dann fraglich, wenn die Person, die vom Nachlaßgericht oder -pfleger als endgültiger Erbe ermittelt wurde, ihre (endgültige) Erbenstellung bestreitet oder wenn der Prozeßgegner diese bestreitet und er das Verfahren deshalb gegen eine andere Person fortsetzen möchte: Analogie zu §§ 242, 246 ZPO? Noch weiter gehend vertritt ZIEGLTRUM 230 ff die Ansicht, daß „in jedem Fall einer Beendigung der Nachlaßpflegschaft" das vom Pfleger geführte Verfahren analog § 239 ZPO unterbrochen wird, bis es der Erbe (§ 239 Abs 1, 5 ZPO) oder der Gegner (§ 239 Abs 2-4 ZPO) aufnimmt.

VI. Kosten

61 Zu den *Gebühren* für die Tätigkeit des Nachlaßgerichts s §§ 104—106 KostO.

Für die Kosten aller nach §§ 1960 und 1961 getroffenen Anordnungen und Maßregeln und der Nachlaßpflegschaft insbesondere haften gem § 6 S 1 KostO „nur die Erben, und zwar nach den Vorschriften ... über Nachlaßverbindlichkeiten". Im Nachlaßkonkurs gehören diese Kosten zu den *Masseschulden*, § 224 Abs 1 Nrn 4 und 5 KO. Sie belasten den ganzen Nachlaß, wenn die Pflegschaft sich auf ihn erstreckt hat – sonst nur den Erbteil, für den sie angeordnet war (KG OLGE 26, 290 f). Selbst wenn die Pflegschaft zu Unrecht eingeleitet war oder weitergeführt wurde, müssen die Beteiligten die ihren Erbteil betreffenden Kosten tragen (KG aaO). Jedoch können sie ihre Haftung nach allgemeinen Grundsätzen auf den Nachlaß (Erbteil) beschränken. Der Pfleger ist berechtigt, die zur Erfüllung seiner Aufwendungsersatzansprüche erforderlichen Geldmittel und die durch das Nachlaßgericht festgesetzte Vergütung aus dem Nachlaß zu entnehmen (s BayObLG FamRZ 1994, 266, 267 r Sp; ausführlich TIDOW FamRZ 1990, 1060 ff) bzw den ihm zustehenden Betrag von dem Nachlaßvermögen, das er nach § 1890 herausgeben muß, abzuziehen (s erg STAUDINGER/

MAROTZKE[12] § 1990 Rn 44, § 1991 Rn 13, 19 f und oben Rn 37). Auch die für den Erben gegenüber einem Nachlaßpfleger aus dessen Geschäftsführung entstandenen Verbindlichkeiten sind Masseschulden nach Maßgabe des § 224 Abs 1 Nr 6 KO.

§ 1961

Das Nachlaßgericht hat in den Fällen des § 1960 Abs. 1 einen Nachlaßpfleger zu bestellen, wenn die Bestellung zum Zwecke der gerichtlichen Geltendmachung eines Anspruchs, der sich gegen den Nachlaß richtet, von dem Berechtigten beantragt wird.

Materialien: E I § 2059 Abs 2; II § 1838 Abs 1;
III § 1937; Mot V 546; Prot V 666 f.

I.   Grundgedanke

Wegen § 1958 kann ein Anspruch, der sich gegen den Nachlaß richtet, vor Annahme 1
der Erbschaft nicht gerichtlich gegen den Erben verfolgt werden. Gem § 1960 Abs 3
gilt diese Beschränkung jedoch nicht für die Rechtsverfolgung gegen einen Nachlaßpfleger. Im Hinblick auf § 243 ZPO ermöglicht die Bestellung eines Nachlaßpflegers
auch die Fortsetzung eines durch Tod des Erblassers unterbrochenen Rechtsstreits
(zu der bei Nichtvorhandensein eines Nachlaßpflegers bestehenden Rechtslage vgl § 1958 Rn 8).
Auch zu Zwecken der Zwangsvollstreckung kann die Beantragung einer Nachlaßpflegschaft in Betracht kommen (Rn 15 f). § 1961 gibt den Nachlaßgläubigern die
Möglichkeit, zum Zwecke der gerichtlichen Geltendmachung ihrer Ansprüche die
Bestellung eines Nachlaßpflegers selbst zu beantragen.

Die Bestellung eines Nachlaßpflegers ist im Falle des § 1961 **zwingend** vorgeschrieben
(„hat ... zu bestellen") und nicht, wie im Falle des § 1960, in das Ermessen des
Nachlaßgerichts gestellt. Gegen Ablehnung des Antrags oder verfrühte Aufhebung
der Nachlaßpflegschaft steht dem antragstellenden Gläubiger die Beschwerde zu
(OLG Hamm Rpfleger 1987, 416).

II.   Die Voraussetzungen der Pflegerbestellung

1.   Allgemeines

Die Voraussetzungen der Pflegerbestellung nach § 1961 weichen zT von denen des 2
§ 1960 ab. Nach § 1960 Abs 1 hat das Gericht in den dort aufgezählten Fällen stets
noch die Bedürfnisfrage zu prüfen. § 1961 enthebt von dieser Prüfung, wenn ein
Nachlaßgläubiger seinen Anspruch gegen den Nachlaß verfolgen will und *deshalb* die
Bestellung eines Nachlaßpflegers beantragt. Voraussetzung bleibt aber auch hier,
daß einer der Fälle des § 1960 Abs 1 vorliegt, also ein Erbe oder Miterbe unbekannt
ist oder noch nicht angenommen hat oder ungewiß ist, ob er angenommen hat, oder
von mehreren bekannten Personen, die alle die Erbschaft angenommen haben, über
das Erbrecht gestritten wird (§ 1960 Rn 5 ff und unten Rn 11). Damit ist das Bedürfnis für

§ 1961
3—6

5. Buch
2. Abschnitt. Rechtliche Stellung des Erben

die Pflegerbestellung zum Zweck der Prozeßführung hinreichend begründet. Der Zweck der Nachlaßsicherung ist hier nicht besonders zu prüfen; ob ein Bedürfnis für sie besteht, ist gleichgültig. Nach OLG Düsseldorf (JMBlNRW 1954, 75 mwN) soll sich das in § 1961 anerkannte Interesse der Gläubiger „grundsätzlich immer" zugleich als ein Interesse des Nachlasses und damit der Erben an der Einleitung der Pflegschaft darstellen, so zB wenn ein Miteigentümer des Erblassers die Zwangsversteigerung des Grundbesitzes zum Zwecke der Aufhebung der Gemeinschaft beantragt hat und die Erben unbekannt sind.

3 Die von Amts wegen vorzunehmenden **Ermittlungen des Nachlaßgerichts** haben sich darauf zu beschränken, ob einer der Fälle des § 1960 Abs 1 vorliegt und ob der Antragsteller einen näher zu bezeichnenden Anspruch ernsthaft durchzusetzen entschlossen ist. Bejaht das Gericht diese beiden Fragen, so *muß* es einen Pfleger bestellen. Anders nur, wenn das Bedürfnis dazu ausnahmsweise bereits durch das Vorhandensein eines nach § 1960 bestellten Nachlaßpflegers oder eines verwaltenden Testamentsvollstreckers befriedigt ist.

4 Ein Nachlaßpfleger ist auch dann zu bestellen, wenn sich der Anspruch des Antragstellers gegen den im Inland befindlichen **Nachlaß eines Ausländers** richtet (KG JW 1934, 909 Nr 5; OLG München JFG 16, 98; vKARGER JW 1933, 147; vgl auch BGHZ 49,1, 2 aE; STAUDINGER/FIRSCHING[12] Vorbem 319 zu Art 24—26 EGBGB). Doch ist die Zuständigkeit eines dt Nachlaßgerichts für die Bestellung eines Nachlaßpflegers nach § 1961 nicht begründet, wenn sich im Inland **nur Verbindlichkeiten** des ausländischen Erblassers befinden (OLG Hamm JMBlNRW 1962, 209).

2. Die Voraussetzungen im einzelnen

a) Antrag eines Nachlaßgläubigers

5 Es muß ein **Antrag** auf Bestellung eines Nachlaßpflegers gestellt werden, u zw nach § 11 FGG zu Protokoll der Geschäftsstelle des zuständigen Nachlaßgerichts oder irgendeines Amtsgerichts oder aber schriftlich. Den Antrag kann auch ein Bevollmächtigter stellen, der aber auf Verlangen eines Beteiligten oder auf Anordnung des Gerichts die Bevollmächtigung durch eine öffentlich beglaubigte Vollmacht nachzuweisen hat, § 13 FGG. Dem Antrag ist, wenn die sonstigen Voraussetzungen gegeben sind, auch dann zu entsprechen, wenn der Antragsteller inzwischen gestorben ist (JOSEF AcP 110, 414).

6 Antragsteller muß eine Person sein, die sich einen nicht offensichtlich unbegründeten Anspruch gegen den Nachlaß zuschreibt und glaubhaft zu erkennen gibt, daß sie diesen Anspruch ernsthaft – notfalls gerichtlich (KG OLGE 3, 251, 253) – geltend machen will. Der geltend gemachte Anspruch muß sich „gegen den Nachlaß" richten. Daran fehlt es, wenn nur gegenüber einem möglichen Erben die Nichtigkeit des Testaments geltend gemacht werden soll (OLG Darmstadt ZBlFG 1920, 89 Nr 63 = HessRspr 20 Nr 5/6, 37). Der Anspruch muß die Erben „als solche" treffen, nicht nur in ihrer – durch Verfügungen willkürlich abänderbaren – Eigenschaft als Eigentümer eines zum Nachlaß gehörenden einzelnen Gegenstandes (unrichtig wohl LG Oldenburg Rpfleger 1982, 105 [betr einen anscheinend nur auf das „dingliche" Recht gestützten Antrag eines Grundpfandgläubigers] und BayObLG Rpfleger 1984, 102 [vom Freistaat Bayern zwecks Vorbereitung und Durchführung eines Enteignungsverfahrens gestellter Antrag nach § 1961] sowie OLG

Frankfurt a M OLGZ 1994, 340, 342 = FamRZ 1994, 179 f [von der Bundesrepublik Deutschland gestellter Antrag nach § 1961, um „unbeschadet einer später mglw in Betracht kommenden Enteignung ... zunächst einmal mit den Erben Verhandlungen ... aufzunehmen"]: in diesen Fällen hätte nach § 1913 BGB oder § 16 Abs 1 Nr 1 VwVfG [vgl Rn 17] vorgegangen werden müssen). Auch ein im Ausland wohnender Gläubiger kann den Antrag stellen (JOSEF ZBlFG 1916, 29). Nicht nötig ist, daß die gerichtliche Durchsetzung in erster Linie in Aussicht genommen ist. Es genügt, daß der Prozeßweg erst notfalls beschritten werden soll (KG OLGE 3, 251 f; großzügiger der oben erwähnte Beschluß des BayObLG). Auch ein *Arrestantrag* genügt (RGZ 60, 179), ferner eine *Zwangsvollstreckung* nach § 794 Abs 1 Nr 5 ZPO (KG OLGE 32, 45, 46). Zum Zwecke der Zwangsvollstreckung in ein Nachlaßgrundstück kann der Gläubiger die Bestellung eines Nachlaßpflegers bei unklaren Erbverhältnissen verlangen, wenn die Vollstreckung wegen einer *Nachlaß*verbindlichkeit erfolgen soll (so im Ausgangspunkt auch der oben kritisierte Beschluß LG Oldenburg Rpfleger 1982, 105).

Die rechtliche Existenz des Anspruchs braucht vom Antragsteller nicht glaubhaft **7** gemacht zu werden (KGJ 33 A 90 = RJA 8, 24; BayObLGZ 19 A 24, 27; **aM** Mot V 547; JOSEF ZBlFG 1907, 479; KIPP § 58 Fn 2 verlangt Glaublichkeit, nicht Erwiesenheit des Anspruchs).

b) Rechtsschutzinteresse
Die Bestellung eines Nachlaßpflegers setzt voraus, daß der sie beantragende Nach- **8** laßgläubiger ein *berechtigtes Interesse* darlegen kann (BayObLGZ 1960, 405). Deshalb ist bei offensichtlich unbegründeter oder mutwilliger Rechtsverfolgung der Rechtsschutz zu versagen und der Antrag abzulehnen, weil hier ein Bedürfnis zu der besonderen Schutzmaßnahme der Pflegerbestellung nicht anerkannt werden kann (Rechtsgedanke des § 114 ZPO; vgl auch PLANCK/FLAD Anm 2; BGB-RGRK/JOHANNSEN Rn 2).

c) Kostenvorschuß?
Für die Kosten der Nachlaßpflegschaft haften gem § 6 KostO „nur die Erben", und **9** zwar ebenso wie für sonstige Nachlaßverbindlichkeiten. Die Erben können sich dieser Haftung nicht mit dem Hinweis entziehen, daß die Pflegschaft von anderer Seite beantragt oder ohne hinreichenden Grund angeordnet worden sei (KG DJZ 1903, 202; KGJ 33 A 90 = RJA 8, 24; BayObLGZ 19 A 24). Auch kann die Anordnung der Nachlaßpflegschaft nicht davon abhängig gemacht werden, daß der antragstellende Gläubiger die Gerichtskosten vorschießt (LG Lüneburg Rpfleger 1989, 460 m zust Anm LOJEWSKI); die in Prot V 666 f vorgeschlagene Ergänzung des GKG ist insoweit nicht erfolgt. Hinsichtlich der auf seiten des Nachlasses anfallenden Rechtsanwaltsgebühr vertritt WEITHASE Rpfleger 1988, 434, 437 die Ansicht, daß ein nicht hilfsbedürftiger (§§ 114 ff ZPO, 14 FGG) Gläubiger diese vorschießen müsse. Auch insoweit fehlt jedoch eine gesetzliche Grundlage.

d) Person des endgültigen Erben unbekannt
Es muß ein **Fall des § 1960 Abs 1** gegeben sein; dh der Erbe muß unbekannt sein oder **10** noch nicht angenommen haben oder es muß ungewiß sein, ob er angenommen hat, oder es muß über das Erbrecht zwischen bekannten Personen gestritten werden. Der Erbe ist als unbekannt anzusehen, solange hinsichtlich der Erbenstellung nicht die Tatsachen bekannt sind, die der Nachlaßgläubiger zur sachgemäßen Rechtsverfolgung kennen muß (KG JFG 17, 105). Ob das der Fall ist, muß das Nachlaßgericht nach

dem Grundsatz der Amtsprüfung (§ 12 FGG) selbständig ermitteln. Eine Glaubhaftmachung kann vom Antragsteller nicht verlangt werden (hM, vgl KIPP § 58 I; HÖRLE ZBlFG 1909, 718; KOESSLER ZZP 44, 17; BGB-RGRK/JOHANNSEN Rn 2; PLANCK/FLAD Anm 2; ferner KGJ 33 A 90; OLG Rostock OLGE 4, 420, 421; KG OLGE 32, 45, 46; aM JOSEF ZBlFG 1907, 479). Pflegerbestellung ist idR schon dann geboten, wenn dem Antragsteller wegen Weitläufigkeit und Schwierigkeit der erbrechtlichen Verhältnisse in tatsächlicher oder rechtlicher Beziehung die Beschaffung der zur Erwirkung eines Erbscheins oder zum Beweis der Passivlegitimation erforderlichen Unterlagen nicht zugemutet werden kann oder das voraussichtliche Ergebnis ihrer Würdigung zweifelhaft ist (KGJ 46, 128; LG Oldenburg Rpfleger 1982, 105; BayObLG Rpfleger 1984, 102; vgl zu den beiden letztgenannten Entscheidungen auch Rn 6). Andererseits soll es nach BGH MDR 1951, 34 für eine Pflegerbestellung nicht genügen, daß ein Nachlaßgläubiger befürchtet, eine Klage gegen den Erbscheinerben könne abgewiesen werden, wenn das Gericht die Ansicht des Gläubigers, daß der Erbschein unrichtig sei, teile. Das Nachlaßgericht hat jedoch die Frage, ob seine Überzeugung von der Richtigkeit des Erbscheins erschüttert ist, als Vorfrage für die Anordnung der Nachlaßpflegschaft selbständig zu prüfen (BayObLGZ 1960, 405 zu § 1960).

11 Der Antrag kann *auf einen von mehreren Erben beschränkt* und darf nicht deshalb in vollem Umfange abgelehnt werden, weil einige der Erben bekannt seien (BayObLG OLGE 5, 229). Zulässig ist nämlich auch eine sog **Erbteilspflegschaft** (vgl § 1960 Rn 15, 28, 61). Die Bestellung eines solchen Erbteilspflegers kommt namentlich in Betracht, wenn eine Zwangsvollstreckung in den Nachlaß nach dem Tode des Erblassers beginnen soll und einer von mehreren Miterben noch nicht angenommen hat oder unbekannt ist (s Rn 15 f).

III. Die Rechtsstellung des Pflegers

12 **Sie ist auch im Falle des § 1961 die eines „normalen" Nachlaßpflegers,** der das Interesse des Nachlasses im ganzen wahrzunehmen hat, **nicht die eines Spezialvertreters zur Erledigung einer einzelnen Aufgabe.** Der Pfleger darf sich also nicht damit begnügen, lediglich für die Befriedigung des einen Gläubigers zu sorgen, der den Antrag auf Anordnung der Pflegschaft gestellt hat (vgl auch § 1960 Rn 46). Ist der Nachlaß überschuldet, muß der Pfleger uU als Vertreter des unbekannten endgültigen Erben Konkursantrag stellen (vgl Mot V 546; STAUDINGER/MAROTZKE[12] § 1980 Rn 20). Ist der überschuldete Nachlaß dürftig iSd § 1990, muß der Pfleger als Vertreter des endgültigen Erben den für diesen geltenden § 1991 Abs 4 beachten. Auch die Einreden aus §§ 2014 ff stehen dem nach § 1961 bestellten Nachlaßpfleger zu (STAUDINGER/ MAROTZKE[12] § 2017 Rn 8). Den in § 2015 vorausgesetzten Antrag auf Aufgebot der Nachlaßgläubiger kann der Pfleger gem § 991 Abs 2 ZPO stellen, wenn ihm die Verwaltung des Nachlasses zusteht (vgl zu dieser Voraussetzung STAUDINGER/MAROTZKE[12] § 2017 Rn 8). Wegen dieser weitreichenden Aufgaben endet die Nachlaßpflegschaft nicht gem § 1918 Abs 3 mit der Erledigung des von dem Antragsteller angestrengten Prozesses von selbst, sondern besteht fort, bis sie vom Nachlaßgericht aufgehoben wird (RGZ 106, 48; 154, 110, 114; PLANCK/FLAD Anm 1). Das Gericht hat zu prüfen, ob die Aufhebung nach der Gesamtlage des Nachlasses gerechtfertigt ist. Ein Aufhebungsgrund ist nicht allein schon deshalb anzunehmen, weil die Eröffnung eines Nachlaßkonkurses mangels Masse abgelehnt wurde (vgl OLG Hamm Rpfleger 1987, 416 – auch zur Beschwerdeberechtigung des Nachlaßgläubigers).

Anders liegen die Dinge, **wenn das Nachlaßgericht den Aufgabenkreis des Pflegers von** 13
vornherein auf eine bestimmte einzelne Aufgabe, etwa die Erledigung eines bestimmten
Rechtsstreits, **beschränkt**, was zulässig ist (vgl BayObLG MDR 1960, 674; BayObLGZ 1960,
93; § 1960 Rn 28) und uU geboten sein kann (zB wenn schon ein Nachlaßpfleger nach
§ 1960 bestellt, aber an der Führung des betreffenden Rechtsstreits verhindert ist,
oder wenn ein verwaltender Testamentsvollstrecker vorhanden ist, ein Pflichtteilsberechtigter aber seinen Pflichtteilsanspruch gem § 2213 Abs 1 S 3 gegen den Erben
geltend machen muß). Eine solche Sonderpflegschaft endet nach § 1918 Abs 3 mit
der Erledigung der betreffenden Angelegenheit (vgl BayObLG FamRZ 1988, 321 Nr 169
betr Pflegschaft zur Durchführung eines Zivilrechtsstreits).

Auch **im Prozeß** vertritt der Nachlaßpfleger denjenigen, der Erbe wird. Dieser steht 14
nach § 53 ZPO für den Rechtsstreit einer nicht prozeßfähigen Person gleich. Solange
aber der Nachlaßpfleger nicht in einen vom Erben etwa nach § 1959 geführten Prozeß eintritt, ist § 53 ZPO nicht anwendbar (SEUFFERT/WALSMANN § 53 Anm 1; STEIN/
JONAS/LEIPOLD ZPO § 53 Rn 15; vgl ergänzend § 1959 Rn 21 f; § 1960 Rn 43).

IV. Pflegerbestellung zum Zwecke der Zwangsvollstreckung

Eine Zwangsvollstreckung, die schon vor dem Erbfall gegen den Erblasser begonnen hatte, 15
wird in seinen Nachlaß fortgesetzt, ohne daß es einer Titelumschreibung oder der
Bestellung eines Nachlaßpflegers bedarf, § 779 Abs 1 ZPO. Sofern aber bei einer
Vollstreckungshandlung die Zuziehung des Schuldners nötig ist, hat, wenn die Erbschaft noch nicht angenommen oder der Erbe unbekannt oder es ungewiß ist, ob er
die Erbschaft angenommen hat, das Vollstreckungsgericht auf Antrag des Gläubigers dem Erben einen *einstweiligen besonderen Vertreter* zu bestellen, § 779 Abs 2 S 1
ZPO. Diese Bestellung hat zu unterbleiben, wenn ein Nachlaßpfleger bestellt ist
oder wenn die Verwaltung des Nachlasses einem Testamentsvollstrecker zusteht,
§ 779 Abs 2 S 2 ZPO. Die Bestellung eines Nachlaßpflegers nur zum Zweck der
Fortsetzung der begonnenen Zwangsvollstreckung kann aber nach § 1961 nicht
beantragt werden.

Hatte dagegen die Zwangsvollstreckung aus einem gegen den Erblasser ergangenen 16
Urteil **noch nicht begonnen**, so ist sie gegen den Erben vor Annahme der Erbschaft
nicht möglich, vgl § 1958 Rn 9. Es kann aber zwecks Vollstreckung in den Nachlaß
Vollstreckungsklausel gegen einen nach § 1960 oder § 1961 bestellten Nachlaßpfleger
beantragt werden, falls nicht ein verwaltender Testamentsvollstrecker vorhanden ist.
Zum Antrag auf Pflegerbestellung s Rn 6. Für die Vollstreckung von Steueransprü-
chen gegen Erben schreibt § 265 AO eine entspr Anwendung der §§ 1958, 1960
Abs 3, 1961 BGB, 747, 748, 778, 779, 781–784 ZPO vor.

V. Parallelvorschriften

In öffentlich-rechtlichen Verwaltungsverfahren hat das Vormundschaftsgericht für einen 17
Beteiligten, dessen Person unbekannt ist, auf Ersuchen der Behörde einen geeigne-
ten Vertreter zu bestellen (vgl § 16 Abs 1 Nr 1 VwVfG, § 81 Abs 1 Nr 1 AO 1977).
Hierunter faßt man auch den Fall, daß der *Erbe* eines Beteiligten unbekannt ist (vgl
STELKENS/BONK/SACHS/LEONHARDT VwVfG [3. Aufl 1990] § 16 Rn 15).

Wolfgang Marotzke

§ 1962

Für die Nachlaßpflegschaft tritt an die Stelle des Vormundschaftsgerichts das Nachlaßgericht.

Materialien: E I § 2061; II § 1839; III § 1938;
Mot V 549; Prot V 667; VI 338.

1   **1.**   Auf die Nachlaßpflegschaft finden grundsätzlich die Vorschriften über die Pflegschaft und deshalb (§ 1915) auch diejenigen über die Vormundschaft Anwendung (vgl § 1960 Rn 31). Aus Zweckmäßigkeitsgründen setzt § 1962 an die Stelle des nach diesen Vorschriften zuständigen Vormundschaftsgerichts das **Nachlaßgericht** (vgl Mot V 549). Auch im Rahmen des § 131 Abs 3 KostO tritt für die Nachlaßpflegschaft das Nachlaßgericht an die Stelle des Vormundschaftsgerichts mit der Folge, daß eine Beschwerde des Erben gebührenfrei bleibt (OLG München JFG 14, 61, 68; BayObLG Rpfleger 1981, 327; MünchKomm/Leipold Rn 1).

2   **2.**   Sachliche und örtliche **Zuständigkeit** des Nachlaßgerichts bestimmen sich nach §§ 72−74 FGG (dazu § 1960 Rn 3). Zur internationalen Zuständigkeit s § 1960 Rn 3, 17 und § 1961 Rn 4. Zur funktionellen Zuständigkeit des Rechtspflegers s § 1960 Rn 3.

Nach §§ 46, 75 FGG kann das Nachlaßgericht aus wichtigen Gründen die Pflegschaft an ein *anderes* Nachlaßgericht abgeben, wenn dieses sich zur Übernahme bereit erklärt. Zu denken ist etwa an den Fall, daß der Nachlaß in der Hauptsache aus Grundstücken besteht und diese nicht in dem Gerichtsbezirk liegen, wo der Erblasser seinen letzten Wohnsitz hatte.

3   **3.**   Eine **vormundschaftsgerichtliche** Genehmigung läßt sich in eine *nachlaßgerichtliche* desselben Gerichts nach hM jedenfalls dann *nicht umdeuten*, wenn die Genehmigungsfrage sich für den Nachlaßrichter wesentlich anders darstellt als für den Vormundschaftsrichter (OGHBrZ 1, 198 [gegen OLG Kiel JR 1948, 159]; Palandt/Edenhofer Rn 3; MünchKomm/Leipold Rn 3; **aM** Müller NJW 1956, 652 ff mit der Begründung, daß für beide Genehmigungen im wesentlichen gleiche objektive Maßstäbe ausschlaggebend seien).

§ 1963

Ist zur Zeit des Erbfalls die Geburt eines Erben zu erwarten, so kann die Mutter, falls sie außerstande ist, sich selbst zu unterhalten, bis zur Entbindung angemessenen Unterhalt aus dem Nachlaß oder, wenn noch andere Personen als Erben berufen sind, aus dem Erbteile des Kindes verlangen. Bei der Bemessung des Erbteils ist anzunehmen, daß nur ein Kind geboren wird.

Materialien: E I § 2027; II § 1840; III § 1939;
Mot V 489 ff; Prot V 614 ff.

Schrifttum

STÖCKER, Der Unterhaltsanspruch der Mutter
des noch nicht geborenen Erben nach § 1963
BGB – ein überholtes Rechtsinstitut, ZBlJugR
1981, 125

I. Allgemeines

1.   Art 1 Nr 41 FamRÄndG v 11. 8. 1961 (BGBl I 1221) hat mit Wirkung vom **1**
1. 1. 1962 das Wort „standesmäßigen" (Unterhalt) durch das Wort „angemessenen"
ersetzt.

2.   **§ 1963 will** im sozialen Interesse und aus Gründen der Menschlichkeit „**das Kind** **2**
in der Mutter schützen, indem für diese gesorgt wird". Ein Grund zur Fürsorge liegt
aber nur dann vor, wenn die Mutter ihren angemessenen Unterhalt nicht selbst zu
bestreiten vermag (Mot V 489). Es soll also nicht der gesetzliche Unterhaltsanspruch
der Mutter um ihretwillen erweitert werden, sondern die Fürsorge für das ungebo-
rene Kind durch Verleihung eines Unterhaltsanspruchs an die Schwangere gesichert
werden. Der Anspruch ersetzt die gemeinrechtliche *missio in possessionem ventris*
nomine (vgl WINDSCHEID/KIPP III § 618; STÖCKER ZBlJugR 1981, 125, 129), die von allen
neueren Gesetzgebungen aufgegeben worden ist. Die praktische Bedeutung des
§ 1963 ist gering (s Rn 5).

Aus dem Zweck des § 1963 ergibt sich der **zwingende Charakter der Vorschrift.** Der
Anspruch kann vom Erblasser nicht ausgeschlossen oder beschränkt werden. Abzu-
lehnen ist die Kennzeichnung des Anspruchs als *„gesetzliches Vermächtnis"* (so aber
SCHIFFNER, Die gesetzlichen Vermächtnisse [1895] 98 ff). Der Anspruch begründet eine
gewöhnliche Nachlaßverbindlichkeit. Er ist im Konkurs nicht als Vermächtnisforde-
rung zu behandeln (s unten Rn 9). Ebensowenig kann er mit der Begründung, daß die
Mutter dem Erblasser gegenüber erbunwürdig sei, nach § 2345 angefochten werden
(PLANCK/FLAD Anm 4). Auch wirksam ausschlagen kann ihn die Mutter nicht (Münch-
Komm/LEIPOLD Rn 2).

II. Subjekt des Anspruchs

Anspruchsinhaber ist nur die Mutter des zu erwartenden Erben, aber jede Mutter, **3**
auch die außereheliche. Gleichgültig ist, ob sie die Witwe des Erblassers ist oder
nicht (Prot V 616). Pflegerbestellung nach § 1912 kommt wegen dieses Anspruchs
nicht in Frage, da er formal nicht der Leibesfrucht, sondern der Mutter zugeordnet
ist (ähnlich KIPP/COING § 126 II).

III. Voraussetzungen des Anspruchs

1.   **Es muß zur Zeit des Erbfalls die Geburt eines** nach § 1923 Abs 2 in Betracht **4**
kommenden **Erben zu erwarten** sein, gleichgültig ob eines gesetzlichen oder gewillkürten Erben. Die zu erwartende Geburt eines *nichtehelichen* Kindes genügt auch
dann, wenn diesem wegen § 1934 a nur ein **Erbersatzanspruch** zustehen würde (BGB-

RGRK/Johannsen Rn 1; MünchKomm/Leipold Rn 2; AK-BGB/Derleder Rn 1; Soergel/ Stein Rn 2; Stöcker ZBlJugR 1981, 125, 126 f; aM Brüggemann ZBlJugR 1969, 305, 310); denn § 1963 bewirkt nicht – was § 1934 a verhindern will – einen Eintritt des nichtehelichen Kindes bzw seiner Mutter in eine Erbengemeinschaft mit Angehörigen des verstorbenen Vaters, sondern gibt nur einen Geldanspruch.

Das Wort „eines" in § 1963 trägt der Möglichkeit Rechnung, daß *mehrere* Erben geboren werden, wodurch aber der Anspruch in keiner Weise verändert wird. Jedenfalls muß für den Zeitpunkt des Erbfalls die Schwangerschaft der betr Mutter und die Erb(ersatz)berechtigung der Leibesfrucht feststehen (vgl Rn 12 f).

Die Erbberechtigung muß ohne weiteres bestehen, sie darf nicht (mehr) vom Wegfall anderer Erben abhängig sein. Gem § 2141 ist § 1963 entsprechend anzuwenden, wenn bei Eintritt eines Nacherbfalls die Geburt eines Nacherben zu erwarten ist. Ersatzerbeinsetzung genügt nur, wenn der Vorberufene bereits weggefallen ist (entweder *vor* dem Erbfall oder mit sich auf diesen beziehender Rückwirkung später; so zutreffend Soergel/Stein Rn 2 mit näherer Erläuterung). Nicht ausreichend ist, daß der Erblasser die Leibesfrucht mit einem Vermächtnis bedacht hat. Auf den Fall, daß die Leibesfrucht nicht als Erbe, sondern nur als Pflichtteilsberechtigter in Betracht kommt, sollte man § 1963 analog anwenden (vgl Stöcker ZBlJugR 1981, 125, 126 f).

5 **2. Die Mutter muß außerstande sein**, sich selbst zu unterhalten. Das ist im Sinne des § 1602 Abs 1 zu verstehen. Die Mutter darf also nicht in der Lage sein, ihre Lebensbedürfnisse aus den Einkünften oder dem Stamm ihres Vermögens oder aus dem Ertrag zumutbarer Arbeit zu bestreiten. Gehört die Mutter zu den nach § 1969 berechtigten Familienangehörigen, kann sie für die Dauer ihrer Berechtigung den Anspruch aus § 1963 nicht erheben, soweit durch den Bezug des „Dreißigsten" für ihren Unterhalt gesorgt ist (Riesenfeld I 7). Ob bzw inwiefern eine ähnliche Subsidiarität auch gegenüber Unterhaltsansprüchen aus §§ 1615 l, 1615 n, 1615 o und gegenüber der Sozialhilfe besteht, ist noch immer nicht abschließend geklärt. Erörtert werden diese Fragen von Stöcker ZBlJugR 1981, 125, 127 ff, der abschließend feststellt, daß sich in § 1963 „ein Stück Rechtsgeschichte erhalten (habe), das unter den sozialen und rechtlichen Bedingungen unserer Zeit seinen praktischen Sinn seit langem eingebüßt" habe. Stöcker empfiehlt, § 1963 ersatzlos zu streichen.

IV. Inhalt und Umfang des Anspruchs

6 **1.** Der Anspruch geht auf **angemessenen Unterhalt bis zur Entbindung.** Nach § 1610 bestimmt sich das Maß des zu gewährenden Unterhalts nach der Lebensstellung des Bedürftigen. Der Anspruch umfaßt auch die durch die Schwangerschaft hervorgerufenen besonderen Kosten für ärztliche Behandlung und gesundheitliche Maßnahmen, namentlich auch die Kosten der Entbindung selbst. Da der Unterhalt nur „bis zur Entbindung" zu gewähren ist, sind die Wochenbettkosten und die infolge der Entbindung etwa durch Krankheit entstehenden Kosten nicht einbegriffen. Angesichts des Zwecks der Vorschrift, das Kind in der Mutter bis zu seiner Loslösung von ihr zu schützen, ist eine Ausdehnung des Anspruchs darüber hinaus nicht zulässig (BGB-RGRK/Johannsen Rn 5). Ein Antrag, wenigstens der Witwe einen Anspruch auf die Kosten des Wochenbetts zu geben, wurde von der II. Komm abgelehnt (Prot V 617). Mit Recht hat Stöcker ZBlJugR 1981, 125, 130 kritisiert, daß dem § 1963 „ein

eher anstößig wirkendes, rein instrumentales Konzept der Mutterfunktion zugrunde (liege), indem er den Unterhaltsanspruch exakt mit der Niederkunft enden läßt".

2. § 1963 spricht (anders als § 1360 a Abs 3 und früher §§ 62, 64 EheG) die **ent-** 7 **sprechende Anwendbarkeit der Vorschriften über die Unterhaltspflicht der Verwandten** nicht aus. Die Analogie ist aber im Hinblick auf die Natur des Anspruchs erlaubt und geboten. Anwendbar ist § 1612, also Anspruch auf Geldrente, u zw nach § 1612 Abs 3 S 1 monatlich im voraus; ferner § 1614, Unzulässigkeit des Verzichts für die Zukunft (BGB-RGRK/JOHANNSEN Rn 6; MünchKomm/LEIPOLD Rn 6; aM PLANCK/FLAD Anm 3). Dagegen dürfte die Anwendung von § 1613 (Unterhaltsanspruch für die Vergangenheit nur von der Inverzugsetzung an) im Hinblick auf § 2014 (vgl § 1958 Rn 6) sowie den Zustand der Mutter zu unbilligen Härten führen (PLANCK/FLAD Anm 3; Münch-Komm/LEIPOLD Rn 6). Die – ja allenfalls analoge – Anwendung des § 1613 verbietet sich auch deshalb, weil § 1963 den Anspruch letztlich um des zu erwartenden Schuldners willen gewährt (s oben Rn 2), es also an einer die Analogie rechtfertigenden Vergleichbarkeit der Interessenlagen fehlt (aM BGB-RGRK/JOHANNSEN Rn 6).

3.   Der Unterhalt ist „aus dem Nachlaß" zu gewähren, wenn der nasciturus als *Allein-* 8 *erbe* berufen ist. Sind neben ihm noch andere Personen als Erben berufen, so tritt an Stelle des Nachlasses der *„Erbteil des Kindes"*. Bei der Bemessung des Erbteils ist anzunehmen, daß nur *ein* Kind geboren wird. Die Mutter kann also, wenn sie in Wirklichkeit Zwillinge zu erwarten hat oder statt des erwarteten einen Kindes Zwillinge zur Welt bringt, keine höheren Forderungen im Hinblick darauf geltend machen, daß der auf mehrere Kinder entfallende Erbteil größer sei. Ebenso Münch-Komm/LEIPOLD Rn 8.

V.   Nachlaßverbindlichkeit

Der Anspruch begründet eine Nachlaßverbindlichkeit iSd § 1967. Er ist nicht auf die 9 Einkünfte aus dem Nachlaß beschränkt, sondern auch aus dessen Substanz zu befriedigen. Streitig ist, ob er auch bei überschuldetem Nachlaß besteht. Das ist zu bejahen (JAEGER/WEBER, KO [8. Aufl] § 226 Rn 32; BGB-RGRK/JOHANNSEN Rn 8; Münch-Komm/LEIPOLD Rn 7; SOERGEL/STEIN Rn 5; aM STROHAL II § 62 I 3; KRESS 101 Fn 47; PLANCK/ FLAD Anm 4 a). Zwar beruht § 1963 auf dem Gedanken, daß das, was der bereits geborene Erbe aus dem Nachlaß erhalten würde, dem noch nicht geborenen wenigstens insoweit zustatten kommen soll, als erforderlich ist, damit er zur Welt komme. Zu weit ginge es jedoch, daraus zu schließen, daß es nicht im Sinne des Gesetzes sei, durch Unterhaltsgewährung an die Mutter zum Nachteile der übrigen Nachlaßgläubiger für die Geburt eines Erben zu sorgen, für den dessen gesetzlicher Vertreter, wenn er bereits geboren wäre, die Erbschaft pflichtgemäß ausschlagen müßte (so aber PLANCK/FLAD aaO). Eine solche Beweisführung arbeitet zu sehr mit rein wirtschaftlichen Gesichtspunkten und wird dem Vorrang des werdenden Lebens nicht gerecht, dessen Geburt § 1963 sicherstellen will. Freilich zählt der Anspruch zu den gewöhnlichen Konkursforderungen; eine Vorzugsstellung wird ihm durch das Gesetz nicht eingeräumt. Andererseits hat der Gesetzgeber aber auch davon abgesehen, dem Anspruch den schlechten Rang eines Vermächtnisses (vgl § 226 Abs 2 Nr 5 KO) zuzuweisen. UU kann eine besondere Berücksichtigung der unterhaltsbedürftigen Mutter des künftigen Erben dadurch herbeigeführt werden, daß der Familie des zu erwartenden Erben (Gemeinschuldners) gem § 129 Abs 1 KO „notdürftige" Unter-

§ 1963
10, 11

5. Buch
2. Abschnitt. Rechtliche Stellung des Erben

stützung aus der Konkursmasse bewilligt wird, die nach § 58 Nr 3 KO zu den Massekosten gehört. Soweit der nach § 1963 zu gewährende Unterhalt bereits vor Konkurseröffnung gewährt worden ist, wird ein Versuch der übrigen Nachlaßgläubiger, von dem (Mit-)Erben, Nachlaßpfleger oder Testamentsvollstrecker, der die Auszahlung veranlaßt hat, Ersatz zu erhalten, idR daran scheitern, daß ihnen iE nicht mehr entgangen ist, als ihnen im Falle sofortiger Eröffnung des Nachlaßkonkurses aufgrund der §§ 129 Abs 1, 58 Nr 3 KO vorenthalten worden wäre: Notwendiger Unterhalt des Schuldners hat Vorrang vor Gläubigerbefriedigung auch dann, wenn sich der „Schuldner" noch im Stadium des nasciturus befindet und der ihm zugute kommende Unterhalt deshalb an die Mutter zu leisten ist.

VI. Anspruchsgegner

10 Der Anspruch kann, außer wenn die Geburt eines nur pflichtteils- oder erbersatzberechtigten Kindes zu erwarten ist (s oben Rn 4), wegen der vor der Geburt noch bestehenden Ungewißheit bzgl des (der) Erben nur gegen einen nach § 1960 oder § 1961 bestellten oder zu bestellenden Nachlaßpfleger oder einen etwa vorhandenen verwaltenden Testamentsvollstrecker geltend gemacht werden. Zu tragen hat die Verbindlichkeiten der endgültige Erbe, also wenn der zu erwartende Erbe als *Alleinerbe* berufen ist, dieser selbst. Ist er nur als *Miterbe* neben anderen berufen, ergeben sich Schwierigkeiten, wenn man den Anspruch aus dem „Erbteil des Kindes" verwirklichen will, da der Erbteil des Kindes vor seiner Geburt noch unbestimmt ist (§ 2043) und erst recht nicht daran gedacht werden kann, die anderen Miterben als Anspruchsgegner zu behandeln. Die Pfändung des zu erwartenden Erbteils nach § 859 Abs 2 ZPO und der Versuch seiner Veräußerung nach § 2033 würden denkbar ungeeignete Wege der Fürsorge für die Leibesfrucht darstellen. Deshalb muß man mit BINDER (I 210) annehmen, daß der Anspruch sich immer – auch bei einer Erbenmehrheit – gegen den Nachlaß und die Gesamtheit der Erben einschl des für die Leibesfrucht zu bestellenden Pflegers richtet und daß der „Erbteil" des zu erwartenden Miterben nur ein Berechnungsmaßstab ist, um den Betrag festzustellen, bis zu dessen Höhe der Nachlaß für den Unterhalt haftet (ebenso STROHAL II § 62 Fn 9; PLANCK/ FLAD Anm 4; BGB-RGRK/JOHANNSEN Rn 11; MünchKomm/LEIPOLD Rn 8). Später ist das Gezahlte auf den Erbteil des Kindes zu verrechnen.

VII. Durchsetzung des Anspruchs

11 Der Unterhaltsanspruch kann auch durch *einstweilige Verfügung* (§ 940 ZPO) gegen den Nachlaßpfleger und die Miterben geltend gemacht werden (RGZ 27, 429, 432). Als Unterhaltsrente, die auf gesetzlicher Vorschrift beruht, genießt dieses Recht den *Pfändungsschutz* des § 850 b Abs 1 Nr 2 ZPO, und dementsprechend gilt das *Aufrechnungsverbot* des § 394 und der daraus folgende Ausschluß des Zurückbehaltungsrechts. Entsprechendes gilt, wenn im Hinblick auf die nach § 1963 maßgebliche Bedürftigkeit keine Rentenbeträge, sondern unregelmäßige Summen zu zahlen sind. Denn bei gesetzlichen Unterhaltsforderungen folgt der Ausschluß eines Zurückbehaltungsrechts jedenfalls aus dem Zweck derartiger Ansprüche (DÜTZ NJW 1967, 1105; PALANDT/EDENHOFER Rn 3).

VIII. Rückforderung

Die Rückerstattung des gewährten Unterhalts kann nicht mit der Begründung ver- **12** langt werden, daß kein lebendes Kind geboren worden sei (MünchKomm/Leipold Rn 10; aM Soergel/Stein Rn 6, der § 812 Abs 1 S 2 Alt 2 anwenden will). Nicht die Geburt eines Erben, sondern die auf Schwangerschaft gegründete (im übrigen aber irrtumsfreie, s Rn 13) *Erwartung*, daß ein Erbe geboren wird, ist Anspruchsvoraussetzung. Einer Heranziehung des § 814 (Anstandspflicht) bedarf es für dieses Ergebnis nicht (so aber Palandt/Edenhofer Rn 4). Wurde die Schwangerschaft *irrtümlich* angenommen, so besteht allerdings eine Rückerstattungspflicht aus § 812 (ebenso MünchKomm/Leipold Rn 10). Hier wegen § 814 einen Ausschluß der Rückforderung anzunehmen (so Staudinger/Lehmann[11] Rn 14; Erman/Schlüter Rn 8), ist verfehlt, da gegenüber einer nicht schwangeren Frau Mutterschutzpflichten auch nicht als Anstandspflichten bestehen. Eine Frau, die *wußte,* daß keine Schwangerschaft bestand, haftet verschärft nach § 819 und macht sich nach §§ 823 (Abs 2 iVm StGB § 263), 826 ersatzpflichtig.

Ergibt sich nach der Geburt des Kindes (durch Ehelichkeitsanfechtung, §§ 1593 ff, **13** Wiederheirat der Mutter, § 1600, Anfechtung des Vaterschaftsanerkenntnisses oder rechtskräftige Feststellung des Nichtbestehens der Vaterschaft, § 1600 f), daß das Kind einen *anderen Familienstand* hat, und entfällt *deswegen* das Erbrecht bzw der Erbersatzanspruch (s oben Rn 4), so ist geleisteter Unterhalt nach §§ 812 ff zurückzuerstatten, nicht anders, als wenn die Erbberechtigung des Kindes aus sonstigen Gründen, zB infolge falscher Testamentsauslegung, irrtümlich angenommen wurde.

§ 1964

[1] Wird der Erbe nicht innerhalb einer den Umständen entsprechenden Frist ermittelt, so hat das Nachlaßgericht festzustellen, daß ein anderer Erbe als der Fiskus nicht vorhanden ist.

[2] Die Feststellung begründet die Vermutung, daß der Fiskus gesetzlicher Erbe sei.

Materialien: E I § 2067 Abs 1, 4; II § 1841 Abs 1; III § 1940; Mot V 555; Prot V 670; VI 338, 395.

Schrifttum zu §§ 1964–1966

Frohn, Feststellung des Fiskalerbrechts und „Erbenaufgebot", Rpfleger 1986, 37
Hörle, Das Erbrecht des Fiskus und der an dessen Stelle tretenden Persönlichkeiten des öffentlichen Rechts, Recht 1904, 369
Matthiessen, Wie hat das Nachlaßgericht zu verfahren, wenn zwar das Vorhandensein gesetzlicher Erben feststeht, das Fehlen oder der Wegfall der nächsten Erben aber nicht nachgewiesen werden kann?, ZBlFG 1906, 387
Rentner, Das Verfahren bei Feststellung des Erbrechts des Fiskus nebst Kritik des Regierungsentwurfs eines Gesetzes über das Erbrecht des Fiskus, Gruchot 59, 675
Romberg, Zur Feststellung des fiskalischen Erbrechts nach § 1964 BGB, DJZ 1909, 1143.

Wolfgang Marotzke

§ 1964
1−4

5. Buch
2. Abschnitt. Rechtliche Stellung des Erben

I.   Allgemeines

1.   Grund und Tragweite der Vorschrift

1 Nach § 1936 ist der Fiskus gesetzlicher Erbe, wenn zZ des Erbfalls weder ein Verwandter noch ein Ehegatte des Erblassers vorhanden ist. Jedoch schließt nicht nur das Vorhandensein eines erbberechtigten Verwandten oder Ehegatten, sondern auch die Existenz eines durch Verfügung von Todes wegen berufenen sonstigen Erben das gesetzliche Erbrecht des Fiskus aus. Erforderlich ist also, daß „ein anderer Erbe als der Fiskus nicht vorhanden ist". Das Fehlen anderer gesetzlicher oder gewillkürter Erben als Voraussetzung des Staatserbrechts bedarf vorheriger Prüfung und Feststellung, ehe die Erbschaft dem Staat überantwortet und eine etwaige Nachlaßpflegschaft aufgehoben werden soll. Dieses Prüfungs- und Feststellungsverfahren regeln die §§ 1964 Abs 1 und 1965. Die Feststellung begründet nach § 1964 Abs 2 aber nur eine widerlegbare Vermutung. „Dem wirklichen Erben wird durch die Vorschrift nicht zu nahe getreten, da er nur zu erleiden hat, daß sein Recht vorläufig unbeachtet bleibt und der Nachlaß dem Fiskus ausgefolgt wird" (Mot V 556).

2 Aus Abs 1 („Wird ... nicht ... ermittelt, so hat das Nachlaßgericht ...") ergibt sich, daß die „Fürsorge des Nachlaßgerichts" (vgl Überschrift des Ersten Titels) in Fällen, in denen als gesetzlicher Erbe der Fiskus in Betracht kommt, ohne weiteres (aM FROHN Rpfleger 1986, 37, 38: nur bei Vorliegen eines Bedürfnisses der Nachlaßsicherung iSd § 1960 Abs 1) auch die Ermittlung von Erben umfaßt (vgl auch den – die Ermittlungspflicht etwas anders regelnden – Art 37 BayAGGVG). Das Nachlaßgericht hat seine Tätigkeit von Amts wegen darauf zu erstrecken (§ 12 FGG) und kann zu diesem Zweck die geeignet erscheinenden Beweise erheben, ua auch Zeugen eidlich vernehmen, § 15 FGG. Es kann zur Ermittlung einen Nachlaßpfleger bestellen, wenn dazu das in § 1960 Abs 1 vorausgesetzte „Bedürfnis" besteht. Wird eine als Erbe in Betracht kommende, bestimmte Person oder Leibesfrucht (vgl Mot V 554) nicht ermittelt, so muß, bevor eine Feststellung des in § 1964 Abs 1 bezeichneten Inhalts erfolgen kann, eine öffentliche Aufforderung zur Anmeldung der Erbrechte unter Bestimmung einer Anmeldefrist vorausgehen, § 1965.

3 Wie weit die Ermittlungen zu gehen haben, ist dem pflichtgemäßen Ermessen des Nachlaßgerichts überlassen (KG RJA 9, 215, 217; nützliche Hinweise gibt FROHN Rpfleger 1986, 37, 39). Von den Ermittlungen darf nicht wegen mangelnden Bedürfnisses oder wegen Überschuldung des Nachlasses abgesehen werden (str, vgl BayObLGZ 1957, 360, 364). Analog § 1965 Abs 1 S 2 darf die Ermittlung jedoch unterbleiben, wenn die Kosten dem Bestande des (Aktiv-)Nachlasses gegenüber unverhältnismäßig groß sind (vgl auch FROHN Rpfleger 1986, 37, 38 f; aM LG Düsseldorf Rpfleger 1981, 358 für den Fall, daß die Feststellung des Staatserbrechts von einem *Nachlaßgläubiger* beantragt wird [ein solcher kann mE jedoch auf § 1961 verwiesen werden]). Nach Art 37 Abs 1 S 2 BayAGGVG unterbleibt die amtswegige Erbenermittlung, „wenn zum Nachlaß kein Grundstück oder grundstücksgleiches Recht gehört und nach den Umständen des Falles anzunehmen ist, daß ein die Beerdigungskosten übersteigender Nachlaß nicht vorhanden ist".

4 Wenn der Fiskus gegenüber dem Nachlaßgericht das Erbrecht eines Prätendenten anerkennt, ist das für das Nachlaßgericht nicht verbindlich, da das Nachlaßgericht seine Ermittlungen von Amts wegen zu treffen und nach freier Beweiswürdigung, ohne an Anerkenntnisse oder Geständnisse gebunden zu sein, zu entscheiden hat. Daß der Fiskus mit der Sache nichts zu tun haben will, hindert das Nachlaßgericht nicht an der Feststellung, daß ein anderer Erbe als der Fiskus nicht vorhanden sei. Auch eine Ausschlagung der Erbschaft ist dem Fiskus ja nach § 1942 Abs 2 verwehrt, wenn er gesetzlicher Erbe nach § 1936 ist. „Der Fiskus kann sich durch ein . . . Nichtbestreiten dem nicht entziehen, daß das Erbrecht ihm gegenüber festgestellt wird" (Mot V 556).

Zu der Frage, ob und ggf inwieweit das Nachlaßgericht an ein zwischen einem Erbprätendenten und dem Fiskus ergangenes rechtskräftiges Feststellungsurteil über das Erbrecht gebunden ist, vgl § 1965 Rn 15 ff.

2. Rechtsgeschichtliches und Gesetzeskritik

Das Ermittlungs- und Aufforderungsverfahren ist den dt Partikularrechten nachge- **5** bildet; vgl II 16 §§ 24, 27 ff und I 9 §§ 471—481, 494—498 ALR; § 2619 SächsBGB; §§ 22—25 lübeckischesG vom 25. 3. 1882. Es ist nicht zu leugnen, daß dieses Verfahren vielfach eine unnötige zeitraubende Arbeit mit sich bringt, da die Ermittlungen auch dann fortgesetzt werden müssen, wenn wegen Wertlosigkeit oder Überschuldung des Nachlasses mit einer Annahme der Erbschaft durch den ermittelten Erben nicht zu rechnen ist. Deshalb wird von der Kritik gefordert, die Ermittlungspflicht zu begrenzen, vgl 4. Denkschr d ErbrA d AkDR 91 f. Als Vorbild kann eine Danziger VO vom 25. 9. 1935 (DJ 1935, 1780) dienen, die bestimmt, daß von weiteren Ermittlungen abgesehen werden soll, wenn mit Rücksicht auf eine oder mehrere Ausschlagungen bevorrechtigter Erben anzunehmen ist, daß nachberechtigte Erben die Erbschaft ebenfalls ausschlagen werden.

II. Die Voraussetzungen des Feststellungsbeschlusses

Voraussetzung der Feststellung, daß ein anderer Erbe als der Fiskus nicht vorhanden **6** sei, ist nach Abs 1, daß der Erbe nicht innerhalb einer den Umständen entsprechenden Frist ermittelt wird.

1. Die **Frist** im Gesetz festzusetzen (wie im ALR), erschien nicht ratsam (Mot V **7** 555), da die Fälle sehr verschieden sein können und demnach die Dauer der Frist besser dem freien Ermessen des Nachlaßgerichts unter Berücksichtigung der Umstände des einzelnen Falles anheimgestellt wird.

2. Die **Überschuldung** oder der **Mangel eines Bedürfnisses** sind kein Grund, die **8** Feststellung nach § 1965 zu unterlassen (vgl auch Rn 3).

3. Die Feststellung ist ausgeschlossen,

a) wenn die Ermittlungen das Erbrecht einer bestimmten Person positiv ergeben **9** haben;

b) wenn zwei oder mehrere Personen, von denen wenigstens eine Erbe ist, über das Erbrecht streiten und der Prozeß noch nicht beendet ist;

10 **c)**   wenn dem Nachlaßgericht das Vorhandensein eines nicht von der Erbfolge ausgeschlossenen Verwandten nachgewiesen wird, mag auch das Nichtvorhandensein näherer Erben nicht dargetan werden können (KG RJA 7, 178; Rentner Gruchot 59, 681 Fn 14; Frohn Rpfleger 1986, 37, 40 f). Es genügt, daß jemand da ist, der dem Fiskus vorgeht (vgl Matthiessen ZBlFG 1906, 392 f).

11 **d)**   Die Ermittlung und Feststellung hat ferner zu unterbleiben, wenn der Fiskus *eingesetzter* Erbe ist.

III. Der Inhalt des Feststellungsbeschlusses

12 Die Aussage des Feststellungsbeschlusses hat den *negativen* Inhalt, daß ein anderer Erbe als der Fiskus nicht vorhanden ist (KGJ 35 A 67). Natürlich kann sich im Falle des § 2105 die Feststellung auch lediglich auf die Vorerbeneigenschaft beziehen. Sie darf auch bei Fehlen eines Nachlasses getroffen werden (BayObLGZ 1957, 360, 364).

IV. Die Wirkung des Feststellungsbeschlusses

13 Die vom Nachlaßgericht nach Abs 1 getroffene Feststellung, daß ein anderer Erbe als der Fiskus nicht vorhanden sei, enthält nicht zugleich die Feststellung des sich in solchen Fällen aus § 1936 ergebenden gesetzlichen Erbrechts des Fiskus, sondern begründet nach § 1964 Abs 2 **nur eine** diesbezügliche **„Vermutung“**. Der *Beweis des Gegenteils* ist also zulässig (vgl § 292 ZPO) und kann sowohl im Prozeß wie im Erbscheinsverfahren erbracht werden. Der wahre Erbe wird durch den Beschluß nicht berührt, der Geltendmachung seiner Rechte kann nicht im Hinblick auf den Beschluß widersprochen werden. Das Nachlaßgericht darf auch ein beantragtes Erbscheinsverfahren nicht im Hinblick auf den Feststellungsbeschluß ablehnen, sondern muß es einleiten und uU aufgrund neuer Nachweise dem Erben den Erbschein erteilen (KGJ 39 A 88; KG Rpfleger 1970, 339, 340; BayObLG 1983, 204 [nur LS]). In Verbindung damit wird es nach § 18 FGG den Feststellungsbeschluß wegen Unrichtigkeit aufheben; gerade so wie ein unrichtiger Erbschein nach § 2361 eingezogen und für kraftlos erklärt werden kann (vgl Kipp/Coing § 127 VI).

14 *Die Feststellung begründet nicht den Verläßlichkeitsschutz des Erbscheins* zugunsten redlicher Dritter, §§ 2366 f. Deshalb kann sich auch der Fiskus nach der Feststellung einen Erbschein als gesetzlicher Erbe erteilen lassen, § 2353 (vgl Rentner 705). Ob der Feststellungsbeschluß für eine Grundbucheintragung des Fiskus genügt oder ob es eines Erbscheins bedarf, ist streitig. Nach hM ersetzt der Feststellungsbeschluß den nach § 35 Abs 1 S 1 GBO erforderlichen Erbschein nicht (OLG Köln MDR 1965, 993; OLG Frankfurt MDR 1984, 145; BayObLG MDR 1987, 762; vgl auch OLG Hamm OLGZ 1966, 109; **aM** AG Lüneburg Rpfleger 1971, 23).

15 Aufgrund des Beschlusses ist der *Nachlaß an den Fiskus* (genauer: Staudinger/Werner § 1936 Rn 5 ff; Firsching/Graf 354), der als gesetzlicher Erbe nicht ausschlagen kann (§ 1942 Abs 2), *auszuhändigen* und die etwa angeordnete Nachlaßpflegschaft aufzuheben, § 1960 Abs 1.

16 Nach § 1966 ist der Feststellungsbeschluß Voraussetzung für die **Geltendmachung von**

Rechten durch den Fiskus als gesetzlichen Erben wie auch für die Rechtsverfolgung gegen ihn.

V. Rechtsmittel und konkurrierende Rechtsschutzformen

1. Der nachlaßgerichtliche Feststellungsbeschluß ist der seitens des Fiskus zustän- 17
digen Behörde (dazu FIRSCHING/GRAF 354 Fn 259) und jedem, der ein Erbrecht angemeldet hat, mitzuteilen. Nach §§ 19, 20 FGG steht dem Fiskus (KGJ 27 A 49 = RJA 4, 21) und dem Erbprätendenten, sofern sich dieser nicht erst nach dem Feststellungsbeschluß meldet (vgl KGJ 39 A 88, 89 f), das Recht der nicht befristeten **Beschwerde** zu. Nach BayObLG FamRZ 1986, 728 f soll der Umstand, daß ein (wirksames?) Testament vorliegt, welches die „Verwandtschaft" vom Erbe ausschließt, der Beschwerdebefugnis eines verwandten Erbprätendenten nicht entgegenstehen. Gegen die Ablehnung der Feststellung hat ein Erbe, der die Erbschaft wirksam ausgeschlagen zu haben glaubt, kein Beschwerderecht (KG RJA 11, 269; OLG München JFG 16, 109); wohl aber haben dieses Recht der Fiskus (OLG München JFG 16, 109) und die Nachlaßgläubiger (BayObLGZ 1957, 360).

2. Der Erbprätendent kann, statt den Feststellungsbeschluß mit der Beschwerde 18
anzugreifen (Rn 17), auch **Feststellungsklage** gegen den Fiskus erheben oder einen **Erbschein beantragen** (vgl KGJ 39 A 88); allerdings muß er dann das Gegenteil der sich aus dem fortbestehenden Feststellungsbeschluß ergebenden Vermutung beweisen (vgl Rn 13). Ebenso kann der Fiskus eine **negative Feststellungsklage** gegen den Prätendenten erheben, deren Abweisung das Erbrecht des Beklagten innerhalb der subjektiven Grenzen der Rechtskraft positiv feststellt.

VI. Kosten

Die Erbenermittlung erfolgt gebührenfrei gem § 105 KostO. Für das Verfahren zur 19
Feststellung des Erbrechts des Fiskus wird dieselbe Gebühr erhoben wie für die Erteilung eines Erbscheins, § 110 KostO. Nach BayObLG Rpfleger 1970, 181 haftet der Fiskus als Erbe nicht für die Auslagen eines nach § 1965 erfolgten Erbenaufgebots. Weitere Einzelheiten bei FROHN Rpfleger 1986, 37, 41.

VII. Entsprechende Anwendung der §§ 1964–1966

Die §§ 1964 – 1966 finden entsprechende Anwendung, soweit landesgesetzliche Vor- 20
schriften an die Stelle des Fiskus als gesetzlichen Erben eine **Körperschaft, Stiftung oder Anstalt des öffentlichen Rechts** treten lassen (vgl Art 138 EGBGB; BGB-RGRK/ JOHANNSEN Rn 5; STAUDINGER/WERNER § 1936 Rn 8). Das gleiche gilt, wenn **Vereins- oder Stiftungsvermögen** an den Fiskus fällt (vgl §§ 46, 88 und STAUDINGER/COING[12] § 46 Rn 4).

§ 1965

[1] Der Feststellung hat eine öffentliche Aufforderung zur Anmeldung der Erbrechte unter Bestimmung einer Anmeldungsfrist vorauszugehen; die Art der Bekanntmachung und die Dauer der Anmeldungsfrist bestimmen sich nach den für das Aufge-

§ 1965
1—3

5. Buch
2. Abschnitt. Rechtliche Stellung des Erben

botsverfahren geltenden Vorschriften. **Die Aufforderung darf unterbleiben, wenn die Kosten dem Bestande des Nachlasses gegenüber unverhältnismäßig groß sind.**

[2] Ein Erbrecht bleibt unberücksichtigt, wenn nicht dem Nachlaßgerichte binnen drei Monaten nach dem Ablaufe der Anmeldungsfrist nachgewiesen wird, daß das Erbrecht besteht oder daß es gegen den Fiskus im Wege der Klage geltend gemacht ist. Ist eine öffentliche Aufforderung nicht ergangen, so beginnt die dreimonatige Frist mit der gerichtlichen Aufforderung, das Erbrecht oder die Erhebung der Klage nachzuweisen.

Materialien: E I § 2067 Abs 1-3; II § 1841 Abs 2, 3; III § 1941; Mot V 554—556; Prot V 670; V 1338.

I. Allgemeines

1 1. Um die Voraussetzungen des Staatserbrechts zuverlässig festzustellen, schreibt § 1965 vor, daß dem in § 1964 vorgesehenen Feststellungsbeschluß regelmäßig eine **öffentliche Aufforderung zur Anmeldung** der Erbrechte unter Bestimmung einer Anmeldefrist vorauszugehen hat. Davon darf nach Abs 1 S 2 abgesehen werden, wenn die Kosten dem Bestand des Nachlasses gegenüber unverhältnismäßig groß sind, also erst recht dann, wenn eine die Verfahrenskosten deckende Masse nicht vorhanden ist. Ob das der Fall ist, hat das Gericht nach Lage des Falles zu entscheiden. Nach BayObLG Rpfleger 1970, 181 haftet der Fiskus als Erbe nicht für die Auslagen des Erbenaufgebots.

2 2. Das Aufforderungsverfahren hat ein **Vorbild** in den Bestimmungen II 16 § 24 und I 9 §§ 471 ff ALR, die indessen den Ablauf von 3 Monaten seit dem Erbfall und die vorherige Bestellung eines Nachlaßpflegers zu weiteren Voraussetzungen des Aufgebots machen. Davon weiß das BGB nichts, es überläßt diese Einzelheiten dem Ermessen des Nachlaßgerichts.

II. Öffentliche Aufforderung und Anmeldefrist

3 Die öffentliche Aufforderung nach Abs 1 **dient** ebenso wie diejenige des § 2358 Abs 2 (Erbscheinsverfahren) **der Ermittlung des Erben.** Sie bezweckt nicht, den wirklichen Erben mit seinen Rechten auszuschließen (KG Rpfleger 1970, 339, 340). Das Verfahren ist deshalb *kein Aufgebotsverfahren im üblichen Sinne* der §§ 946 ff ZPO, in dem Rechtsnachteile angedroht werden müßten (§ 947 Nr 3 ZPO) und ein Ausschlußurteil (§ 952 ZPO) zu erlassen wäre. Es wird durch den Feststellungsbeschluß nur ein vorläufiger Zustand geschaffen, der rückgängig gemacht werden kann (s § 1964 Rn 13, 17 f). Immerhin dürfte es sich empfehlen, in der Aufforderung darauf hinzuweisen, daß als Folge der Verschweigung der in § 1964 vorgesehene Feststellungsbeschluß zu erlassen ist (vgl BGB-RGRK/JOHANNSEN Rn 1). Nach KG Rpfleger 1970, 339, 340 ist eine nach § 2358 Abs 2 ergehende öffentliche Aufforderung zur Anmeldung von Erbrechten nicht rechtsgrundsätzlich ausgeschlossen, wenn das Nachlaßgericht vorher eine öffentliche Aufforderung nach § 1965 Abs 1 erlassen hat.

Nur die **Art der Bekanntmachung** und die **Dauer der Anmeldungsfrist** richten sich gem **4**
Abs 1 S 1 HS 2 nach den Vorschriften des Aufgebotsverfahrens, also nach
§§ 948—950 ZPO.

Die Bekanntmachung hat durch Anheftung an die Gerichtstafel und einmalige Einrückung des vollen Inhalts in den Bundesanzeiger zu erfolgen, § 948 Abs 1 ZPO. Das
Gericht kann nach seinem Ermessen auch noch Einrückung in andere Blätter und zu
mehreren Malen anordnen, § 948 Abs 2 ZPO.

Die Anmeldefrist muß **mindestens sechs Wochen** betragen, gerechnet vom Tag der
ersten Ankündung im Bundesanzeiger, § 950 ZPO. Die Frist muß nach § 1965 Abs 1
S 1 mit der öffentlichen Aufforderung verbunden werden. Die Bestimmung eines
Aufgebotstermins zur Verhandlung über angemeldete Rechte ist bundesgesetzlich
nicht vorgeschrieben, kann aber nach § 200 FGG landesrechtlich angeordnet werden.

Für die **Berechnung der Fristen** der Abs 1 und 2 gelten gem § 17 FGG und § 222 ZPO **5**
die Vorschriften des BGB, also die §§ 186 ff. Nach § 17 Abs 2 FGG endigt eine Frist,
deren Ende auf einen Sonntag, einen allgemeinen Feiertag oder einen Sonnabend
fällt, mit dem Ablauf des nächstfolgenden Werktages.

III. Wartefrist

1. **Nach Ablauf der sechswöchigen Anmeldefrist** muß gem Abs 2 S 1 **noch eine War- 6
tefrist von drei Monaten** beachtet werden, innerhalb derer ein Erbprätendent, der sich
vor Fristablauf gemeldet hat, nachzuweisen hat:

a)   daß sein Erbrecht besteht oder

b)   daß es gegen den Fiskus im Wege der Klage geltend gemacht ist. Andernfalls
ist der Feststellungsbeschluß zu erlassen.

2. **Ist innerhalb der Anmeldefrist keine Anmeldung erfolgt**, so braucht die Wartefrist **7**
nicht eingehalten zu werden. Die Feststellung kann sofort geschehen (hM; vgl KGJ 36
A 67 ff = OLGE 18, 323 [unter Aufgabe der früheren Ansicht in KGJ 31 A 64 ff = RJA 6,
106]; PLANCK/FLAD Anm 3a [anders noch 3. Aufl Anm 4]; PALANDT/EDENHOFER Rn 2; BGB-
RGRK/JOHANNSEN Rn 1; MünchKomm/LEIPOLD Rn 3; KIPP/COING § 127 Fn 4; RENTNER 683 Fn
20; HÖRLE Recht 1904, 375; WEISSLER I 146 f).

3. **Erfolgt eine Anmeldung** zwar nicht vor Ablauf der Anmeldefrist, aber vor Erlaß **8**
des nicht sofort ergehenden Feststellungsbeschlusses, so muß die dreimonatige Wartefrist abgewartet werden (RENTNER 689; BGB-RGRK/JOHANNSEN Rn 1; MünchKomm/
LEIPOLD Rn 3; PLANCK/FLAD Anm 3 a).

IV. Nachweis des angemeldeten Erbrechts und Klageerhebung gegen den Fiskus

Es ist Sache des Erbprätendenten, gegenüber dem Nachlaßgericht fristgerecht sein **9**
Erbrecht oder dessen klageweise Geltendmachung nach Abs 2 nachzuweisen. Nachweisen muß der Prätendent sein *Erbrecht*. Beweis einer nur *entfernten verwandt-*

schaftlichen Beziehung zum Erblasser ist zwar nicht ganz dasselbe, hindert den Erlaß eines Feststellungsbeschlusses nach § 1964 Abs 1 aber idR ebenfalls (vgl § 1964 Rn 9, 10). Das Nachlaßgericht ist nicht verpflichtet, den Sachverhalt von Amts wegen zu erforschen. Ob und wann es das Erbrecht eines Prätendenten als erwiesen ansehen will, steht in seinem Ermessen (vgl auch MünchKomm/Leipold Rn 5; aM Frohn Rpfleger 1986, 37, 40). Hält es die ihm angebotenen Beweise für nicht ausreichend oder trägt es Bedenken, sich einer umfangreichen Beweisaufnahme zu unterziehen, so wird es den Erbprätendenten auf die in Abs 2 ausdrücklich vorgesehene Möglichkeit verweisen, sein Erbrecht im Wege einer gegen den Fiskus gerichteten Feststellungsklage geltend zu machen. Wird dem Nachlaßgericht die Erhebung solch einer Klage fristgerecht nachgewiesen, dann darf es die Feststellung, daß ein anderer Erbe als der Fiskus nicht vorhanden sei, zumindest vorläufig nicht treffen (vgl Rn 14 f).

10 Die gegen den Fiskus zu erhebende Klage ist auf **Feststellung des Erbrechts** des Klägers zu richten (zum Gerichtsstand vgl §§ 18, 27 ZPO).

11 Ein wegen Unbekanntheit des Erben bestellter *Nachlaßpfleger* (§ 1960) kommt in solchen Fällen weder auf Kläger- noch auf Beklagtenseite in Betracht; die Führung von Rechtsstreitigkeiten hinsichtlich der Erbenstellung liegt außerhalb seiner Zuständigkeit (vgl Mot V 556 und § 1960 Rn 47).

12 Da der Fiskus seinerseits eine **negative Feststellungsklage** gegen den Erbprätendenten erheben kann, dürfte für Abs 2 auch der Nachweis einer solchen Klage genügen (ebenso Planck/Flad Anm 3 a; MünchKomm/Leipold Rn 5; Soergel/Stein Rn 2; wohl auch Mot V 556). Denn deren Abweisung als unbegründet würde das Erbrecht des Beklagten im Verhältnis zum Fiskus positiv feststellen (vgl RGZ 50, 416, 417; 74, 121; ohne Begründung aM BGB-RGRK/Johannsen Rn 4: erforderlich sei eine positive Feststellungsklage oder eine Widerklage des Erbprätendenten).

V. Verfahren ohne öffentliche Aufforderung

13 Unterbleibt die öffentliche Aufforderung (vgl Rn 1), so soll, falls ein Erbprätendent sein Recht angemeldet oder sonstwie geltend gemacht hat, an diesen eine *gerichtliche* Aufforderung ergehen, sein Erbrecht oder die Erhebung der Klage nachzuweisen. Mit dieser Aufforderung beginnt die dreimonatige Wartefrist, Abs 2 S 2. Wenn dagegen keine Anmeldung erfolgt und auch kein Erbprätendent bekannt geworden ist, braucht auch die dreimonatige Frist nicht abgewartet zu werden; es bleibt vielmehr dem Ermessen des Nachlaßgerichts überlassen, ob und wie lange es zuwarten will, bis es den Feststellungsbeschluß erläßt (Rentner 687; BGB-RGRK/Johannsen Rn 2; Kipp/Coing § 127 III Fn 4; KGJ 36 A 67 = OLGE 18, 323; aM Planck/Flad Anm 3 b, der die Einhaltung der Dreimonatsfrist für erforderlich hält).

VI. Folgen der Klageerhebung

14 Hat der Erbprätendent gegen den Fiskus Feststellungsklage erhoben und dies dem Nachlaßgericht nach Abs 2 nachgewiesen, dann darf ein nachlaßgerichtlicher Feststellungsbeschluß mit dem in § 1964 bezeichneten Inhalt jedenfalls so lange nicht ergehen, wie der Rechtsstreit von dem Erbprätendenten wirklich betrieben wird. Jedoch wird das Nachlaßgericht bei unbegründetem Ruhenlassen des Prozesses oder

Säumigkeit des Erbprätendenten durch Setzen einer Frist zur Fortführung des Prozesses die Ernsthaftigkeit der prozessualen Geltendmachung zu klären und nach fruchtlosem Ablauf der Frist die Feststellung nach § 1964 auszusprechen haben. Eine Feststellung unter Vorbehalt angemeldeter Erbrechte, wie sie nach früherem preußischen Recht (RGZ 8, 243) zulässig war, ist dem BGB unbekannt. Das Nachlaßgericht muß also den Fortgang des Prozesses beobachten und bis zur Klärung das Verfahren aussetzen.

Ist der **Prozeß rechtskräftig erledigt,** so soll das Nachlaßgericht nach hM an das Urteil **15** des Prozeßgerichts gebunden sein (KIPP/COING § 127 II; PLANCK/FLAD Anm 5 c; PALANDT/EDENHOFER Rn 2; BGB-RGRK/JOHANNSEN Rn 11; **aM** STAUDINGER/LEHMANN[11] Rn 15 und OLG Darmstadt JFG 11, 219 f mit der Begründung, daß für die Freiwillige Gerichtsbarkeit nur Gestaltungsurteile Rechtskraftwirkung hätten; **hiergegen** jedoch ERMAN/SCHLÜTER § 1964 Rn 3; BayObLGZ 1969, 184, 186; BUMILLER/WINKLER FGG § 12 Anm 7 d; HABSCHEID FGG [6. Aufl] § 19 V 3 c bb; vgl auch die im Zusammenhang mit dem Erbscheinsverfahren stehenden Ausführungen von STAUDINGER/FIRSCHING[12] § 2360 Rn 8 ff). Da die Rechtskraft nur zwischen den Parteien des Vorprozesses bzw deren Rechtsnachfolgern wirkt, stellt sich die Frage, wie sich eine etwaige Bindung des Nachlaßgerichts, dessen Feststellungsbeschluß das Gesetz in § 1966 mit Wirkung für und gegen jedermann ausstattet, auswirken soll.

Unproblematisch ist der Fall, daß das Prozeßgericht rechtskräftig festgestellt hat, **16** daß der *Prozeßgegner* des Fiskus *nicht Erbe* ist. Indem das Nachlaßgericht nun den Feststellungsbeschluß erläßt, dehnt es nicht die Rechtskraft unzulässigerweise auf weitere Prätendenten aus, sondern zieht nur die Folgerung daraus, daß diese sich nicht gemeldet haben und der Verlierer des Prozesses den erforderlichen Nachweis nicht erbracht hat (vgl KIPP/COING § 127 II). Im Hinblick auf mögliche andere Prätendenten und wegen der Rechtsfolge des § 1966 ist trotz eines zugunsten des Fiskus ergangenen Urteils die Feststellung des Nachlaßgerichts, daß ein anderer Erbe als der Fiskus nicht vorhanden sei, nicht entbehrlich (vgl KRETZSCHMAR § 12 Fn 20; AK-BGB/DERLEDER § 1966 Rn 1; MünchKomm/LEIPOLD § 1966 Rn 4 sowie ergänzend unten § 1966 Rn 3).

Hat der *Prätendent* hingegen *obsiegt,* so steht dies der Aufstellung einer gegen *alle,* **17** also auch gegen den Prozeßsieger, wirksamen Vermutung für das Erbrecht des Fiskus (§ 1964 Abs 2) entgegen. Vgl auch SOERGEL/STEIN Rn 3. Besinnt sich der Prozeßsieger später eines anderen und leugnet er gegenüber Dritten, zB Nachlaßgläubigern, sein Erbrecht, woran ihn die Rechtskraft des gegen den Fiskus erlangten Urteils nicht hindert, so ist bei begründeten Zweifeln am Erbrecht des Prozeßsiegers zur Ermöglichung der Rechtsverfolgung gegen den Nachlaß ein Pfleger nach § 1961 zu bestellen.

VII. Kosten: Vgl § 1964 Rn 19.   **18**

§ 1966

Von dem Fiskus als gesetzlichem Erben und gegen den Fiskus als gesetzlichen Erben kann ein Recht erst geltend gemacht werden, nachdem von dem Nachlaßgerichte festgestellt worden ist, daß ein anderer Erbe nicht vorhanden ist.

§ 1966
1−3

5. Buch
2. Abschnitt. Rechtliche Stellung des Erben

Materialien: E I § 1974 Abs 5; II § 1842; III § 1942; Mot V 380; Prot V 487−490.

1   1.   Da der Fiskus eine ihm als gesetzlichem (§ 1936) Erben angefallene Erbschaft nicht ausschlagen kann (§ 1942 Abs 2), sind die ein (noch) bestehendes Ausschlagungsrecht voraussetzenden **§§ 1958, 1959 auf ihn nicht anwendbar** (anders jedoch, wenn der Fiskus *durch Verfügung von Todes wegen* berufen ist und deshalb wie jeder andere Erbe das Ausschlagungsrecht hat). Stattdessen bestimmt § 1966, daß von dem Fiskus als gesetzlichem Erben und gegen den Fiskus als gesetzlichen Erben ein Recht erst geltend gemacht werden kann, nachdem vom Nachlaßgericht gem § 1964 festgestellt worden ist, daß ein anderer Erbe nicht vorhanden sei. Im **Unterschied zu § 1958** betrifft § 1966 nicht nur die gerichtliche, sondern auch die außergerichtliche Geltendmachung (MünchKomm/Leipold Rn 1; Soergel/Stein Rn 1), nicht nur die Geltendmachung von „Ansprüchen gegen den Nachlaß", sondern auch die Geltendmachung eines sonstigen „Rechts" (Beispiel in Rn 3), nicht nur die Geltendmachung gegenüber dem Erben, sondern auch die Geltendmachung *durch* den (Fiskus als gesetzlichen) Erben. § 1966 will den Fiskus also nicht nur gegenüber vorzeitiger Inanspruchnahme schützen, sondern darüber hinaus auch verhindern, daß der Fiskus unter Berufung auf § 1936 den Nachlaß an sich zieht, bevor die sich aus § 1936 ergebende Voraussetzung, daß ein anderer Erbe nicht vorhanden ist, durch das Nachlaßgericht im Verfahren nach §§ 1964 f geprüft wurde (vgl Mot V 380).

2   2.   Solange die Rechtsausübung durch und gegen den Fiskus als gesetzlichen Erben gem § 1966 ausgeschlossen ist, kommt bei Unbekanntsein des (endgültigen) Erben die **Bestellung eines Nachlaßpflegers** nach § 1960 oder § 1961 in Betracht. Auf diesen ist § 1966 nicht anzuwenden.

3   3.   Nicht nur die Ausübung von „aus" dem gesetzlichen Erbrecht des Fiskus folgenden Rechten und Pflichten (so aber MünchKomm/Leipold Rn 3), **sondern auch die Geltendmachung der Erbberechtigung als solcher ist nach § 1966 unzulässig** (ebenso wohl Kretzschmar § 12 Fn 20), bevor das Nachlaßgericht festgestellt hat, daß ein anderer Erbe nicht vorhanden ist. Für die Prüfung des in § 1936 vorausgesetzten Nichtvorhandenseins eines anderen Erben ist das in §§ 1964 f vorgeschriebene Verfahren besser geeignet als der vom Zweiparteienprinzip geprägte normale Zivilprozeß, in welchem die Einbeziehung aller in Betracht kommenden Erbprätendenten idR nicht einmal versucht wird. Daß § 1965 Abs 2 die Zulässigkeit einer von einem Erbprätendenten gegen den Fiskus erhobenen Klage voraussetzt, ist in diesem Zusammenhang ohne Bedeutung (**aM** MünchKomm/Leipold Rn 3), da der Erbprätendent mit solch einer Klage *sein eigenes* Erbrecht geltend macht und dieses nicht von so subsidiärer Natur ist wie das gesetzliche Erbrecht des Fiskus aus § 1936. Da der Fiskus durch § 1966 nicht gehindert ist, die Abweisung einer gegen ihn erhobenen Klage eines anderen Erbprätendenten zu beantragen, kann es ihm durch § 1966 auch nicht verwehrt sein, schon vor dem Feststellungsbeschluß des Nachlaßgerichts seinerseits gegen einen Erbprätendenten mit der *negativen Feststellungsklage* gem § 256 ZPO vorzugehen (vgl Mot V 556). Auch kann er schon vorher im Rechtsstreit gegen andere Prätendenten deren Erbrecht bestreiten (Kipp/Coing § 127 IV; Planck/Flad Anm 3). **Sein eigenes gesetzliches Erbrecht kann der Fiskus aber erst geltend machen, wenn das Nachlaßgericht das Nichtvorhandensein eines anderen Erben festgestellt hat** (vgl Kretzschmar aaO und unten Rn 4).

Unzulässig ist bis dahin auch eine *gegen* den Fiskus gerichtete negative Feststellungsklage des Inhalts, daß der Fiskus *nicht* gesetzlicher Erbe sei (ohne Begründung aM FROHN Rpfleger 1986, 37, 40). Denn würde solch eine Klage durch Sachurteil abgewiesen, stünde als kontradiktorisches Gegenteil der beantragten Feststellung genau die Rechtsfolge fest, die der Fiskus selbst zZ noch gar nicht geltend machen könnte (vgl zu einer ähnlichen Problematik auch § 1958 Rn 8).

4.   Aus § 1966 folgt nicht bloß eine prozessuale Einrede, sondern eine **von Amts 4 wegen zu berücksichtigende Sachurteilsvoraussetzung** (SOERGEL/STEIN Rn 1). Insofern besteht eine Ähnlichkeit mit § 1958 (vgl § 1958 Rn 2), dessen Wirkungen jedoch im Gegensatz zu denen des § 1966 (s oben Rn 1) auf die *prozessuale* Ebene beschränkt sind (vgl § 1958 Rn 1 ff, 6). Nach hM soll ein **rechtskräftiges Urteil**, welches das Erbrecht des Fiskus feststellt, die in § 1966 aufgestellte Sachurteilsvoraussetzung auch im Verhältnis zu denjenigen Personen nicht ersetzen können, für und gegen die die Rechtskraft wirkt (STAUDINGER/LEHMANN[11] Rn 3; SOERGEL/STEIN Rn 1; BGB-RGRK/JOHANNSEN Rn 2; MünchKomm/LEIPOLD Rn 4; zweifelnd KRETZSCHMAR § 12 Fn 20). Zur Begründung wird angeführt, daß das Nachlaßgericht einen Feststellungsbeschluß nach § 1964 auch bei Vorliegen eines rechtskräftigen Urteils erlassen könne (vgl MünchKomm/LEIPOLD aaO). Letzteres ist zwar zutreffend (s § 1965 Rn 16), rechtfertigt die Anwendung des § 1966 aber gleichwohl nicht im Verhältnis zu Personen, für und gegen die *bereits rechtskräftig feststeht*, was aufgrund eines nachlaßgerichtlichen Feststellungsbeschlusses *lediglich zu vermuten* wäre (vgl § 1964 Abs 2). Eine andere Frage ist, ob ein Feststellungsurteil des Inhalts, daß der Fiskus gesetzlicher Erbe sei, vor Erlaß eines nachlaßgerichtlichen Feststellungsbeschlusses (§§ 1964, 1966) überhaupt ergehen darf. Denn eine Klage *des Fiskus* auf Feststellung, daß er gesetzlicher Erbe sei, müßte wegen § 1966 als unzulässig abgewiesen werden (str; s Rn 3). Nichts anderes kann für die Klage *eines Erbprätendenten* gelten, wenn mit dieser nicht die positive Feststellung der eigenen Erbberechtigung, sondern nur die negative Feststellung begehrt wird, daß der Fiskus nicht gesetzlicher Erbe sei (vgl Rn 3). Bei richtiger Sachbehandlung kann es also in beiden Fällen nicht zu einem Urteil kommen, welches bereits vor Erlaß eines nachlaßgerichtlichen Feststellungsbeschlusses (§§ 1964, 1966) das gesetzliche Erbrecht des Fiskus positiv feststellt.

5.   **§ 1966 schützt und behindert den Fiskus nur als „gesetzlichen" Erben**. Als *gewill- 5 kürter* Erbe steht der Fiskus anderen erbberechtigten Personen gleich. Ist er nur Erbschafts*besitzer*, so kann er ohne weiteres nach § 2018 in Anspruch genommen werden.

Wolfgang Marotzke

Sachregister

Die fetten Zahlen beziehen sich auf die
Paragraphen, die mageren Zahlen auf die
Randnummern.

J. von Staudingers Kommentar
zum Bürgerlichen Gesetzbuch
mit Einführungsgesetz und Nebengesetzen

Übersicht Nr 6/Oktober 1994

Die Übersicht informiert über die Erscheinungsjahre der Kommentierungen in der 12. Auflage und in der 13. Bearbeitung (Gesamtwerk Staudinger). *Kursiv* geschrieben sind diejenigen Teile, die zur Komplettierung der 12. Auflage noch ausstehen.

	12. Auflage	13. Bearbeitung
Erstes Buch. Allgemeiner Teil		
Einl BGB; §§ 1 - 89; VerschG	1978/1979/1980	
§§ 90 - 240	1979	
Zweites Buch. Recht der Schuldverhältnisse		
§§ 241, 242; AGBG	1980/1981	
§§ 243 - 254	1980/1981/1983	
§§ 255 - 327	1978/1979	
§§ 328 - 397	1983/1985/1987	
§§ 398 - 432	1990/1992/1994	
§§ 433 - 580 a	1978	
§§ 535 - 580 a (2. Bearb.); 2. WKSchG	1981	
§§ 581 - 610; Landpacht	1982/1988/1989	
§§ 611 - 619	1989/1993	
§§ 620 - 651 k	1979/1983/1990	
§§ 652 - 740	1980/1988	
§§ 741 - 811	1982/1985	
§§ 812 - 822		1994
§§ 823 - 832	1985/1986	
§§ 833 - 853	1986	
Drittes Buch. Sachenrecht		
§§ 854 - 902	1982/1983/1985/1986/1987	
§§ 903 - 936	1982/1987/1989	
§§ 937 - 984	1979/1983	
§§ 985 - 1011		1993
ErbbVO; §§ 1018 - 1112		1994
§§ 1113 - 1296	1981	
WEG		
Viertes Buch. Familienrecht		
§§ 1297 - 1302; EheG u.a.; §§ 1353 - 1362	1990/1993	
§§ 1363 - 1563		1994
§§ 1564 - 1568	1994	
§§ 1569 - 1586 b; HausratsVO		
§§ 1587 - 1588		
§§ 1589 - 1625	1983/1985/1992/1993	
§§ 1626 - 1630	1992	
§§ 1631 - 1633; RKEG		
§§ 1634 - 1665	1989	
§§ 1666 - 1772	1984/1991/1992	
§§ 1773 - 1836 a		
§§ 1837 - 1895	1993	
§§ 1896 - 1921; BtG		
Fünftes Buch. Erbrecht		
§§ 1922 - 1966		1994
§§ 1967 - 2063	1978/1981/1987	
§§ 2064 - 2228	1979/1980/1981/1987	
§§ 2229 - 2385; BeurkG	1979/1981/1982/1983	

Dr. Arthur L. Sellier & Co. - Walter de Gruyter & Co., Berlin